2018 North American
Coins & Prices

A GUIDE TO U.S., CANADIAN AND MEXICAN COINS

27TH EDITION

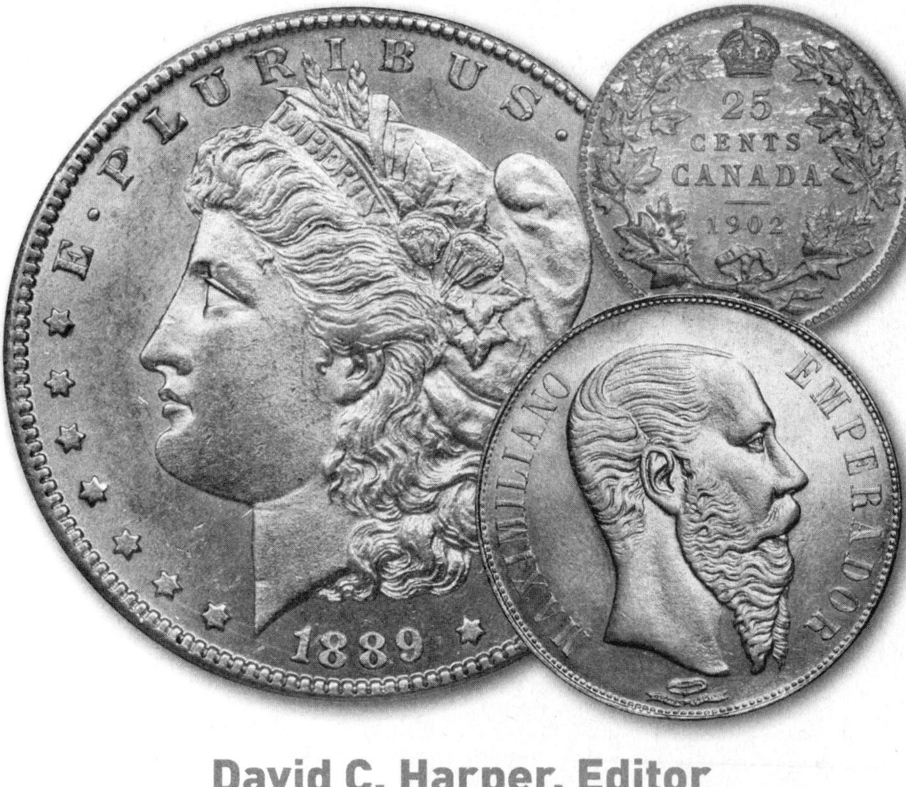

David C. Harper, Editor

Richard Giedroyc & Thomas Michael, Market Analysts

The World's Best-Selling Coin Books

Published by

Krause Publications, a division of F+W Media, Inc.
700 East State Street • Iola, WI 54990-0001
715-445-2214 • 888-457-2873
www.krausebooks.com

To order books or other products call toll-free 1-800-258-0929
or visit us online at www.shopnumismaster.com

ISSN 1935-0562
ISBN-13: 978-1-4402-4849-8
ISBN-10: 1-4402-4849-4

Cover Design by Kevin Ulrich
Designed by Rebecca Vogel
Edited by Tracy Schmidt and Thomas Michael

Printed in the United States of America

10 9 8 7 6 5 4 3 2 1

Contents

The Grading Factor

How to classify a coin's condition

By Arlyn G. Sieber

Grading is one of the most important factors in buying and selling coins as collectibles. Unfortunately, it's also one of the most controversial. Since the early days of coin collecting in the United States, buying through the mail has been a convenient way for collectors to acquire coins. As a result, there has always been a need in numismatics for a concise way to classify the amount of wear on a coin and its condition in general.

A look back

In September 1888, Dr. George Heath, a physician in Monroe, Mich., published a four-page pamphlet titled *The American Numismatist*. Publication of subsequent issues led to the founding of the American Numismatic Association, and *The Numismatist*, as it's known today, is the association's official journal. Heath's first issues were largely devoted to selling world coins from his collection. There were no formal grades listed with the coins and their prices, but the following statement by Heath indicates that condition was a consideration for early collectors:

"The coins are in above average condition," Heath wrote, "and so confident am I that they will give satisfaction, that I agree to refund the money in any unsatisfactory sales on the return of the coins."

As coin collecting became more popular and The Numismatist started accepting paid advertising from others, grading became more formal. The February 1892 issue listed seven "classes" for the condition of coins (from worst to best): mutilated, poor, fair, good, fine, uncirculated, and proof. Through the years, the hobby has struggled with developing a grading system that would be accepted by all and could apply to all coins. The hobby's growth was accompanied by a desire for more grades, or classifications, to more precisely define a coin's condition. The desire for more precision, however, was at odds with the basic concept of grading: to provide a concise method for classifying a coin's condition.

For example, even the conservatively few classifications of 1892 included fudge factors.

"To give flexibility to this classification," *The Numismatist* said, "such modification of fine, good and fair, as 'extremely,' 'very,' 'almost,' etc., are used to express slight variations from the general condition."

The debate over grading continued for decades in *The Numismatist.* A number of articles and letters prodded the ANA to write grading guidelines and endorse them as the association's official standards. Some submitted specific suggestions for terminology and accompanying standards for each grade. But grading remained a process of "instinct" gained through years of collecting or dealing experience.

A formal grading guide in book form finally appeared in 1958, but it was the work of two individuals rather than the ANA. *A Guide to the Grading of United States Coins* by Martin R. Brown and John W. Dunn was a breakthrough in the great grading debate. Now collectors had a reference that gave them specific guidelines for specific coins and could be studied and restudied at home.

The first editions of Brown and Dunn carried text only, no illustrations. For the fourth edition, in 1964, publication was assumed by Whitman Publishing Co. of Racine, Wis., and line drawings were added to illustrate the text.

The fourth edition listed six principal categories for circulated coins (from worst to best): good, very good, fine, very fine, extremely fine, and about uncirculated. But again, the desire for more precise categories were evidenced. In the book's introduction, Brown and Dunn wrote, "Dealers will sometimes advertise coins that are graded G-VG, VG-F, F-VF, VF-XF. Or the description may be ABT. G. or VG plus, etc. This means that the coin in question more than meets minimum standards for the lower grade but is not quite good enough for the higher grade."

When the fifth edition appeared, in 1969, the "New B & D Grading System" was introduced. The six principal categories for circulated coins were still intact, but variances within those categories were now designated by up to four letters: "A," "B," "C" or "D." For example, an EF-A coin was "almost about uncirculated." An EF-B was "normal extra fine" within the B & D standards. EF-C had a "normal extra fine" obverse, but the reverse was "obviously not as nice as obverse due to poor strike or excessive wear." EF-D had a "normal extra fine" reverse but a problem obverse.

But that wasn't the end. Brown and Dunn further listed 29 problem points that could appear on a coin – from No. 1 for an "edge bump" to No. 29 for "attempted re-engraving outside of the Mint." The number could be followed by the letter "O" or "R" to designate whether the problem appeared on the obverse or reverse and a Roman numeral corresponding to a clock face to designate where the problem appears on the obverse or reverse. For example, a coin described as "VG-B-9-O-X" would grade "VG-B"; the "9" designated a "single rim nick"; the "O" indicated the nick was on the obverse; and the "X" indicated it appeared at the 10 o'clock position, or upper left, of the obverse.

The authors' goal was noble – to create the perfect grading system. They again, however, fell victim to the age-old grading-system problem: Precision comes at the expense of brevity. Dealer Kurt Krueger wrote in the January 1976 issue of *The Numismatist*, "Under the new B & D system, the numismatist must contend with a minimum of 43,152 different grading combinations! Accuracy is apparent, but simplicity has been lost." As a result, the "New B & D Grading System" never caught on in the marketplace.

The 1970s saw two important grading guides make their debut. The first was *Photograde* by James F. Ruddy. As the title implies, Ruddy uses photographs instead of line drawings to show how coins look in the various circulated grades. Simplicity is also a virtue of Ruddy's book. Only seven circulated grades are listed (about good, good, very good, fine, very fine, extremely fine, and about uncirculated), and the designations stop there.

In 1977 the longtime call for the ANA to issue grading standards was met with the release of *The Official A.N.A. Grading Standards for United States Coins*. Like Brown and Dunn, the first edition of the ANA grading guide used line drawings to illustrate coins in various states of wear. But instead of using adjectival descriptions, the ANA guide adopted a numerical system for designating grades.

The numerical designations were based on a system used by Dr. William H. Sheldon in his book *Early American Cents*, first published in 1949. He used a scale of 1 to 70 to designate the grades of large cents.

"On this scale," Sheldon wrote, "1 means that the coin is identifiable and not mutilated – no more than that. A 70-coin is one in flawless Mint State, exactly as it left the dies, with perfect mint color and without a blemish or nick." (Sheldon's scale also had its pragmatic side. At the time, a No. 2 large cent was worth about twice a No. 1 coin; a No. 4 was worth about twice a No. 2, and so on up the scale.)

With the first edition of its grading guide, the ANA adopted the 70-point scale for grading all U.S. coins. It designated 10 categories of circulated grades: AG-3, G-4, VG-8, F-12, VF-20, VF-30, EF-40, EF-45, AU-50, and AU-55. The third edition, released in 1987, replaced the line drawings with photographs, and another circulated grade was added: AU-58. A fourth edition was released in 1991.

Grading circulated U.S. coins

Dealers today generally use either the ANA guide or Photograde when grading circulated coins for their inventories. (Brown and Dunn is now out of print.) Many local coin shops sell both books. Advertisers in *Numismatic News*, *Coins* magazine, and *Coin Prices* must indicate which standards they are using in grading their coins. If the standards are not listed, they must conform to ANA standards.

Following are some general guidelines, accompanied by photos, for grading circulated U.S. coins. Grading even circulated pieces can be subjective, particularly when attempting to draw the fine line between, for example, AU-55 and AU-58. Two longtime collectors or dealers can disagree in such a case.

But by studying some combination of the following guidelines, the ANA guide, and Photograde, and by looking at a lot of coins at shops and shows, collectors can gain enough grading knowledge to buy circulated coins confidently from dealers and other collectors. The more you study, the more knowledge and confidence you will gain. When you decide which series of coins you want to collect, focus on the guidelines for that particular series. Read them, reread them, and then refer back to them again and again.

AU-50

AU-50 (about uncirculated): Just a slight trace of wear, result of brief exposure to

Indian cent

Lincoln cent

Buffalo nickel

Jefferson nickel

Mercury dime   Standing Liberty quarter

Washington quarter   Walking Liberty half dollar

Morgan dollar   Barber coins

circulation or light rubbing from mishandling, may be evident on elevated design areas. These imperfections may appear as scratches or dull spots, along with bag marks or edge nicks. At least half of the original mint luster generally is still evident.

XF-40

Indian cent

Lincoln cent

Buffalo nickel

Jefferson nickel

Mercury dime

Standing Liberty quarter

Washington quarter

Walking Liberty half dollar

Morgan dollar

Barber coins

XF-40 (extremely fine): The coin must show only slight evidence of wear on the highest points of the design, particularly in the hair lines of the portrait on the obverse. The same may be said for the eagle's feathers and wreath leaves on the reverse of most U.S. coins. A trace of mint luster may still show in protected areas of the coin's surface.

VF-20

Indian cent

Lincoln cent

Buffalo nickel

Jefferson nickel

Mercury dime

Standing Liberty quarter

Washington quarter   *Walking Liberty half dollar*

Morgan dollar   *Barber coins*

VF-20 (very fine): The coin will show light wear at the fine points in the design, though they may remain sharp overall. Although the details may be slightly smoothed, all lettering and major features must remain sharp.

Indian cent: All letters in "Liberty" are complete but worn. Headdress shows considerable flatness, with flat spots on the tips of the feathers.

Lincoln cent: Hair, cheek, jaw, and bow-tie details will be worn but clearly separated, and wheat stalks on the reverse will be full with no weak spots.

Buffalo nickel: High spots on hair braid and cheek will be flat but show some detail, and a full horn will remain on the buffalo.

Jefferson nickel: Well over half of the major hair detail will remain, and the pillars on Monticello will remain well defined, with the triangular roof partially visible.

Mercury dime: Hair braid will show some detail, and three-quarters of the detail will remain in the feathers. The two diagonal bands on the fasces will show completely but will be worn smooth at the middle, with the vertical lines sharp.

Standing Liberty quarter: Rounded contour of Liberty's right leg will be flattened, as will the high point of the shield.

Washington quarter: There will be considerable wear on the hair curls, with feathers on the right and left of the eagle's breast showing clearly.

Walking Liberty half dollar: All lines of the skirt will show but will be worn on the high points. Over half the feathers on the eagle will show.

Morgan dollar: Two-thirds of the hair lines from the forehead to the ear must show. Ear should be well defined. Feathers on the eagle's breast may be worn smooth.

Barber coins: All seven letters of "Liberty" on the headband must stand out sharply. Head wreath will be well outlined from top to bottom.

F-12

Indian cent

Lincoln cent

Buffalo nickel

Jefferson nickel

Mercury dime

Standing Liberty quarter

Washington quarter

Walking Liberty half dollar

Morgan dollar

Barber coins

F-12 (fine): Coins show evidence of moderate to considerable but generally even wear on all high points, though all elements of the design and lettering remain bold. Where the word "Liberty" appears in a headband, it must be fully visible. On 20th century coins, the rim must be fully raised and sharp.

VG-8

Indian cent

Lincoln cent

Buffalo nickel

Jefferson nickel

Mercury dime

Standing Liberty quarter

Washington quarter

Walking Liberty half dollar

Morgan dollar

Barber coins

VG-8 (very good): The coin will show considerable wear, with most detail points worn nearly smooth. Where the word "Liberty" appears in a headband, at least three letters must show. On 20th century coins, the rim will start to merge with the lettering.

G-4

Indian cent

Lincoln cent

Buffalo nickel

Jefferson nickel

Mercury dime

Standing Liberty quarter

Washington quarter

Walking Liberty half dollar

Morgan dollar

Barber coins

G-4 (good): Only the basic design remains distinguishable in outline form, with all points of detail worn smooth. The word "Liberty" has disappeared, and the rims are almost merging with the lettering.

About good or fair: The coin will be identifiable by date and mint but otherwise badly worn, with only parts of the lettering showing. Such coins are of value only as fillers in a collection until a better example of the date and mintmark can be obtained. The only exceptions would be rare coins.

Collectors have a variety of grading services from which to choose. This set of Arkansas half dollars that appeared in an Early American History Auctions sale used two of the services.

Grading uncirculated U.S. coins

The subjectivity of grading and the trend toward more classifications becomes more acute when venturing into uncirculated, or mint-state, coins. A minute difference between one or two grade points can mean a difference in value of hundreds or even thousands of dollars. In addition, the standards are more difficult to articulate in writing and illustrate through drawings or photographs. Thus, the possibilities for differences of opinion on one or two grade points increase in uncirculated coins.

Back in Dr. George Heath's day and continuing through the 1960s, a coin was either uncirculated or it wasn't. Little distinction was made between uncirculated coins of varying condition, largely because there was little if any difference in value. When *Numismatic News* introduced its value guide in 1962 (the forerunner of today's *Coin Market* section in the *News*), it listed only one grade of uncirculated for Morgan dollars.

But as collectible coins increased in value and buyers of uncirculated coins became more picky, distinctions within uncirculated grade started to surface. In 1975 *Numismatic News* still listed only one uncirculated grade in *Coin Market*, but added this note: "Uncirculated and proof specimens in especially choice condition will also command proportionately higher premiums than these listed."

The first edition of the ANA guide listed two grades of uncirculated, MS-60 and MS-65, in addition to the theoretical but non-existent MS-70 (a flawless coin). MS-60 was described as "typical uncirculated" and MS-65 as "choice uncirculated." *Numismatic News* adopted both designations for *Coin Market*. In 1981, when the second edition of the ANA grading guide was released, MS-67 and MS-63 were added. In 1985 *Numismatic News* started listing six grades of uncirculated for Morgan dollars: MS-60, MS-63, MS-65, MS-65+, and MS-63 prooflike.

Then in 1986, a new entity appeared that changed the nature of grading and trading uncirculated coins ever since. A group of dealers led by David Hall of Newport Beach, Calif., formed the Professional Coin Grading Service. For a fee, collectors could submit a coin through an authorized PCGS dealer and receive a professional opinion of its grade.

The concept was not new; the ANA had operated an authentication service since 1972 and a grading service since 1979. A collector or dealer could submit a coin directly to the service and receive a certificate giving the service's opinion on authenticity and grade. The grading service was the source of near constant debate among dealers and ANA officials. Dealers charged that ANA graders were too young and inexperienced, and that their grading was inconsistent.

Grading stability was a problem throughout the coin business in the early 1980s, not just with the ANA service. Standards among uncirculated grades would tighten during a bear market and loosen during a bull market. As a result, a coin graded MS-65 in a bull market may have commanded only MS-63 during a bear market.

PCGS created several innovations in the grading business in response to these problems:

1. Coins could be submitted through PCGS-authorized dealers only.

2. Each coin would be graded by at least three members of a panel of "top graders," all prominent dealers in the business. (Since then, however, PCGS does not allow its graders to also deal in coins.)

3. After grading, the coin would be encapsulated in an inert, hard-plastic holder with a serial number and the grade indicated on the holder.

4. PCGS-member dealers pledged to make a market in PCGS-graded coins and honor the grades assigned.

5. In one of the most far-reaching moves, PCGS said it would use all 11 increments of uncirculated on the 70-point numerical scale: MS-60, MS-61, MS-62, MS-63, MS-64, MS-65, MS-66, MS-67, MS-68, MS-69, and MS-70.

The evolution of more uncirculated grades had reached another milestone.

Purists bemoaned the entombment of classic coins in the plastic holders and denounced the 11 uncirculated grades as implausible. Nevertheless, PCGS was an immediate commercial success. The plastic holders were nicknamed "slabs," and dealers couldn't get coins through the system fast enough.

In subsequent years, a number of similar services have appeared. Among them, one of the original PCGS "top graders," John Albanese, left PCGS to found the Numismatic Guaranty Corp (NGC). The ANA grading service succumbed to "slab mania" and introduced its own encapsulated product.

There now are numerous other reputable private third-party grading services. PCGS and NGC are the oldest and remain the leaders. In 1990 the ANA sold its grading service to a private company. It operates under the ANACS acronym.

How should a collector approach the buying and grading of uncirculated coins? Collecting uncirculated coins worth thousands of dollars implies a higher level of numismatic expertise by the buyer. Those buyers without that level of expertise should cut their teeth on more inexpensive coins, just as today's experienced collectors did. Inexperienced collectors can start toward that level by studying the guidelines for mint-state coins in the ANA grading guide and looking at lots of coins at shows and shops.

Study the condition and eye appeal of a coin and compare it to other coins of the same series. Then compare prices. Do the more expensive coins look better? If so, why? Start to make your own judgments concerning relationships between condition and value.

According to numismatic legend, a collector walked up to a crusty old dealer at a show one time and asked the dealer to grade a coin the collector had with him. The dealer looked at the coin and said, "I grade it a hundred dollars." Such is the bottom line to coin grading.

Grading U.S. proof coins

Because proof coins are struck by a special process using polished blanks, they receive their own grading designation. A coin does not start out being a proof and then become mint state if it becomes worn. Once a proof coin, always a proof coin.

In the ANA system, proof grades use the same numbers as circulated and uncirculated grades, and the amount of wear on the coin corresponds to those grades. But the number is preceded by the word "proof." For example, Proof-65, Proof-55, Proof-45, and so on. In addition, the ANA says a proof coin with many marks, scratches or other defects should be called an "impaired proof."

Grading world coins

The state of grading non-U.S. issues is similar to U.S. coin grading before Brown and Dunn. There is no detailed, illustrated guide that covers the enormous scope and variety of world coins; collectors and dealers rely on their experience in the field and knowledge of the marketplace.

The *Standard Catalog of World Coins* gives the following guidelines for grading world coins, which apply to the Canadian and Mexican value listings in this book:

In grading world coins, there are two elements to look for: (1) overall wear and (2) loss of design details, such as strands of hair, feathers on eagles, designs on coats of arms, and so on. Grade each coin by the weaker of the two sides. Age, rarity or type of coin should not be considered in grading.

Grade by the amount of overall wear and loss of detail evident in the main design on each side. On coins with a moderately small design element that is prone to early wear, grade by that design alone.

Uncirculated, MS-60: No visible signs of wear or handling, even under a 30X microscope. Bag marks may be present.

Almost uncirculated, AU-50: All detail will be visible. There will be wear on only the highest points of the coin. There will often be half or more of the original mint luster present.

Extremely fine, XF-40: About 95 percent of the original detail will be visible. Or, on a coin with a design that has no inner detail to wear down, there will be light wear over nearly the entire coin. If a small design is used as the grading area, about 90 percent of the original detail will be visible. This latter rule stems from the logic that a smaller amount of detail needs to be present because a small area is being used to grade the whole coin.

Very fine, VF-20: About 75 percent of the original detail will be visible. Or, on a coin with no inner detail, there will be moderate wear over the entire coin. Corners of letters and numbers may be weak. A small grading area will have about 60 percent of the original detail.

Fine, F-12: About 50 percent of the original detail will be visible. Or, on a coin with no inner detail, there will be fairly heavy wear over the entire coin. Sides of letters will be weak. A typically uncleaned coin will often appear dirty or dull. A small grading area will have just under 50 percent of the original detail.

Very good, VG-8: About 25 percent of the original detail will be visible. There will be heavy wear on the entire coin.

Good, G-4: Design will be clearly outlined but with substantial wear. Some of the larger detail may be visible. The rim may have a few weak spots of wear.

About good, AG-3: Typically only a silhouette of a large design will be visible. The rim will be worn down into the letters, if any.

Where to write for more information

American Numismatic Association: 818 N. Cascade Ave.,
   Colorado Springs, CO 80903-3279.
Numismatic Guaranty Corp: P.O. Box 4776, Sarasota, FL 34230.
Professional Coin Grading Service: P.O. Box 9458,
   Newport Beach, CA 92658.

To buy additional books visit the Krause Publications website
www.shopnumismaster.com

2

Introduction to Pricing

This price guide is divided into three basic sections containing listings for the coinage of the United States, Canada and Mexico. Each section is presented in linear fashion from earliest to most recent issues. Divisions have been made by political eras, rulers, issuers, coinage types and other logical criteria. Within those breakdowns a singular sorting method has been applied grouping coins by denomination and date in ascending order.

Please consult the table of contents page to locate specific areas of interest.

Value listings

Values listed in the following price guide are average retail prices. These are the approximate prices collectors can expect to pay when purchasing coins from dealers. They are not offers to buy or sell. The pricing sections should be considered guides only; actual selling prices will vary.

The values were compiled by Krause Publications' independent staff of market analysts. They derived the values listed by monitoring auction results, business on electronic dealer trading networks, business at major shows, and in consultation with a panel of dealers, collectors, researchers and experts. For rare coins, when only a few specimens of a particular date and mintmark are known, a confirmed transaction may occur only once every several years. In those instances, the most recent auction result is listed.

Grading

Values are listed for coins in various states of preservation, or grades. Standards used in determining grades for U.S. coins are those set by the American Numismatic Association. See Chapter 1 for more on grading.

Dates and mintmarks

The dates listed are the individual dates that appear on each coin. The letter that follows the date is the mintmark and indicates where the coin was struck: "C" — Charlotte, N.C. (1838-1861); "CC" — Carson City, Nev. (1870-1893); "D" — Dahlonega, Ga. (1838-1861), and Denver (1906-present); "O" New Orleans (1838-1909); "P" — Philadelphia (1793-present); "S" San Francisco (1854-present); and "W" — West Point, N.Y. (1984-present). U.S. Coins without mintmarks were struck at Philadelphia.

A slash mark in a date indicates an overdate. This means a new date was engraved on a die over an old date. For example, if the date is listed as "1899/8," an 1898 die had a 9 engraved over the last 8 in the date. Portions of the old numeral are still visible on the coin.

A slash mark in a mintmark listing indicates an overmintmark (example: "1922-P/D"). The same process as above occurred, but this time a new mintmark was engraved over an old.

Mintages

Quantities minted of each date are indicated, after the date and mint mark, when that information is available. Est. prior to a mintage figure indicates the figure is an estimate or a mintage limit.

Precious-metal content

Throughout this book precious-metal content is indicated in troy ounces. One troy ounce equals 480 grains, or 31.1035 grams.

Abbreviations

AGW. Actual gold weight.

APW. Actual platinum weight.

ASW. Actual silver weight.

BV. Bullion value. This indicates the coin's current value is based on the amount of its precious-metal content and the current price for that metal.

Est. Indicates the exact mintage is not known and the figure listed is an estimate.

g. Grams.

Inc. above or Inc. below. Indicates the mintage for the date and mintmark listed is included in the previous or next listing.

KM#. Indicates "Krause-Mishler number." This sequential cataloging numbering system originated with the Standard Catalog of World Coins and provides collectors with a means for identifying coins.

Leg. Legend.

Mkt value. Market value.

mm. Millimeters.

Obv. Obverse.

P/L. Indicates "prooflike," a type of finish used on some Canadian coins.

Rev. Reverse.

Spec. Indicates "specimen," a type of finish used on some Canadian coins.

UNITED STATES
COLONIAL COINAGE
MARYLAND
Lord Baltimore
PENNY (DENARIUM)

KM# 1 • Copper • **Obv. Legend:** CAECILIVS Dns TERRAE MARIÆ

Date	AG3	G4	VG8	F12	VF20	XF40	MS60
ND(ca.1659)	—	—	—	65,000	120,000	250,000	—
9 known							

Note: Stack's Auction 5-04, Proof realized $241,500

4 PENCE (GROAT)

KM# 2 • Silver ASW • **Obv. Legend:** CAECILIVS Dns TERRAE MARIÆ • **Obv:** Large bust **Rev:** Large shield

Date	AG3	G4	VG8	F12	VF20	XF40
ND(ca. 1659)	1,250	2,500	5,500	10,000	22,500	35,000

KM# 3 • Silver ASW • **Obv. Legend:** CAECILIVS Dns TERRAE MARIÆ • **Obv:** Small bust **Rev:** Small shield

Date	AG3	G4	VG8	F12	VF20	XF40	MS60
ND(ca.1659) unique	—	—	—	—	—	—	—

Note: Norweb $26,400

6 PENCE

KM# 4 • Silver ASW • **Obv. Legend:** CAECILIVS Dns TERRAE MARIÆ • **Obv:** Small bust **Note:** Known in two other rare small-bust varieties and two rare large-bust varieties.

Date	AG3	G4	VG8	F12	VF20	XF40	MS60
ND(ca.1659)	850	1,400	2,400	5,000	9,500	15,000	—

SHILLING

KM# 6 • Silver ASW • **Obv. Legend:** CAECILIVS Dns TERRAE MARIÆ **Note:** Varieties exist; one is very rare.

Date	AG3	G4	VG8	F12	VF20	XF40
ND(ca.1659)	1,100	1,850	3,250	6,500	13,500	20,000

MASSACHUSETTS
New England
3 PENCE

KM# 1 • Silver ASW • **Obv:** NE **Rev:** III

Date	AG3	G4	VG8	F12	VF20
ND(ca. 1652) Unique	—	—	—	—	—

Note: Massachusetts Historical Society specimen

6 PENCE

KM# 2 • Silver ASW • **Obv:** NE **Rev:** VI

Date	AG3	G4	VG8	F12	VF20
ND(ca. 1652) 8 known	—	32,000	80,000	165,000	275,000

Note: Garrett $75,000

SHILLING

KM# 3 • Silver ASW • **Obv:** NE **Rev:** XII

Date	AG3	G4	VG8	F12	VF20	XF40
ND(ca. 1652)	—	42,500	95,000	200,000	300,000	—

US COLONIAL AMERICA

Willow Tree

3 PENCE

KM# 4 • Silver ASW • **Obv:** Willow tree

Date	AG3	G4	VG8	F12	VF20	XF40	MS60
1652 3 known	—	—	—	—	—	—	—

6 PENCE

KM# 5 • Silver ASW • **Obv:** Willow tree

Date	AG3	G4	VG8	F12	VF20	XF40
1652 14 known	9,500	18,500	30,000	70,000	150,000	250,000

SHILLING

KM# 6 • Silver ASW • **Obv:** Willow tree

Date	AG3	G4	VG8	F12	VF20	XF40
1652	10,000	20,000	35,000	95,000	185,000	285,000

Oak Tree

2 PENCE

KM# 7 • Silver ASW • **Obv:** Oak tree **Note:** Small 2 and large 2 varieties exist

Date	AG3	G4	VG8	F12	VF20	XF40	MS60
1662	—	500	900	2,000	3,850	6,500	15,000

3 PENCE

KM# 8 • Silver ASW • **Obv:** Oak tree **Note:** Two types of legends.

Date	AG3	G4	VG8	F12	VF20	XF40	MS60
1652	350	650	1,250	3,000	6,500	12,000	—

6 PENCE

KM# 9 • Silver ASW • **Obv:** Oak tree **Note:** Three types of legends.

Date	AG3	G4	VG8	F12	VF20	XF40	MS60
1652	400	900	1,350	3,500	8,000	17,500	35,000

SHILLING

KM# 10 • Silver ASW • **Obv:** Oak tree **Note:** Two types of legends.

Date	AG3	G4	VG8	F12	VF20	XF40	MS60
1652	375	750	1,250	3,000	6,000	11,500	32,000

Pine Tree

3 PENCE

KM# 11 • Silver ASW • **Obv:** Pine tree without berries

Date	AG3	G4	VG8	F12	VF20	XF40	MS60
1652	250	500	750	1,650	3,250	6,500	18,500

KM# 12 • Silver ASW • **Obv:** Pine tree with berries

Date	AG3	G4	VG8	F12	VF20	XF40	MS60
1652	250	500	750	1,650	3,500	6,750	19,500

6 PENCE

KM# 13 • Silver ASW • **Obv:** Pine tree without berries; "spiney tree"

Date	AG3	G4	VG8	F12	VF20	XF40	MS60
1652	400	700	1,400	2,000	4,000	7,000	22,000

KM# 14 • Silver ASW • **Obv:** Pine tree with berries

Date	AG3	G4	VG8	F12	VF20	XF40	MS60
1652	300	600	1,000	1,850	3,750	6,500	20,000

SHILLING

KM# 15 • Silver ASW • **Obv:** Pine tree **Note:** Large planchet. Many varieties exist; some are very rare.

Date	AG3	G4	VG8	F12	VF20	XF40	MS60
1652	375	700	1,100	2,200	4,500	7,750	22,500

KM# 16 • Silver ASW • **Obv:** Pine tree **Note:** Small planchet; large dies. All examples are thought to be contemporary fabrications.

Date	AG3	G4	VG8	F12	VF20	XF40	MS60
1652	—	—	—	—	—	—	—

KM# 17 • Silver ASW • **Obv:** Pine tree **Note:** Small planchet; small dies. Many varieties exist; some are very rare.

Date	AG3	G4	VG8	F12	VF20	XF40	MS60
1652	285	550	850	1,750	3,750	7,250	25,000

NEW JERSEY
St. Patrick or Mark Newby
FARTHING

KM# 1 • Copper • **Obv. Legend:** FLOREAT REX
Rev. Legend: QUIESCAT PLEBS

Date	AG3	G4	VG8	F12	VF20	XF40	MS60
ND(ca. 1682)	70.00	125	295	800	2,950	7,500	18,500

Note: One very rare variety is known with reverse legend: QUIESAT PLEBS

KM# 1a • Silver ASW • **Obv. Legend:** FLOREAT REX **Rev. Legend:** QUIESCAT PLEBS

Date	AG3	G4	VG8	F12	VF20	XF40	MS60
ND(ca. 1682)	800	1,750	3,000	8,500	17,500	32,000	—

HALFPENNY

KM# 2 • Copper • **Obv. Legend:** FLOREAT REX **Rev. Legend:** ECCE GREX

Date	AG3	G4	VG8	F12	VF20	XF40	MS60
ND(ca. 1682)	180	365	850	1,650	4,000	12,500	—

EARLY AMERICAN TOKENS
American Plantations
1/24 REAL

KM# Tn5.1 • Tin • **Obv. Legend:** ET HIB REX

Date	AG3	G4	VG8	F12	VF20	XF40	MS60
ND(ca. 1688)	125	200	300	450	850	2,000	—

KM# Tn5.2 • Tin • **Obv:** Rider's head left of "B" in legend **Note:** Restrikes made in 1828 from broken obverse die.

Date	AG3	G4	VG8	F12	VF20	XF40	MS60
ND(ca. 1688)	75.00	110	175	275	500	1,000	—

KM# Tn5.3 • Tin **Rev:** Horizontal 4

Date	AG3	G4	VG8	F12	VF20	XF40
ND(ca. 1688)	275	400	900	1,750	4,250	6,750

KM# Tn5.4 • Tin • **Obv. Legend:** ET HB REX

Date	AG3	G4	VG8	F12	VF20	XF40	MS60
ND(ca. 1688)	—	250	450	850	1,900	3,250	11,500

KM# Tn6 • Tin **Rev:** Arms of Scotland left, Ireland right

Date	AG3	G4	VG8	F12	VF20	XF40
ND(ca. 1688)	450	750	1,250	2,150	5,000	7,750

Chalmers
3 PENCE

KM# Tn45 • Silver ASW

Date	AG3	G4	VG8	F12	VF20	XF40	MS60
1783	650	1,150	2,200	4,250	9,500	20,000	—

6 PENCE

KM# Tn46.1 • Silver ASW **Rev:** Small date

Date	AG3	G4	VG8	F12	VF20	XF40	MS60
1783	900	1,650	2,750	7,000	16,500	29,500	—

KM# Tn46.2 • Silver ASW **Rev:** Large date

Date	AG3	G4	VG8	F12	VF20	XF40	MS60
1783	775	1,450	2,250	6,000	14,500	27,500	—

SHILLING

KM# Tn47.1 • Silver ASW **Rev:** Birds with long worm

Date	AG3	G4	VG8	F12	VF20	XF40	MS60
1783	450	775	1,350	2,750	7,500	13,500	—

KM# Tn47.2 • Silver ASW **Rev:** Birds with short worm

Date	AG3	G4	VG8	F12	VF20	XF40	MS60
1783	450	750	1,250	2,350	6,500	12,000	—

KM# Tn48 • Silver ASW **Rev:** Rings and stars

Date	AG3	G4	VG8	F12	VF20	XF40	MS60
1783 5 known	—	—	—	250,000	—	—	

Note: Garrett $75,000

Elephant

KM# Tn1.1 • 15.55 g., Copper **Note:** Thick planchet.

Date	AG3	G4	VG8	F12	VF20	XF40	MS60
ND(ca. 1664)	125	200	300	550	1,000	1,750	4,500

KM# Tn1.2 • Copper **Note:** Thin planchet.

Date	AG3	G4	VG8	F12	VF20	XF40	MS60
ND(ca. 1664)	175	300	500	950	3,200	5,500	12,500

KM# Tn2 • Copper **Rev:** Diagonals tie shield

Date	AG3	G4	VG8	F12	VF20	XF40	MS60
ND(ca. 1664)	250	450	650	2,250	7,000	11,500	37,500

KM# Tn3 • Copper **Rev:** Sword right side of shield

Date			VG8	F12	VF20	XF40	MS60
ND(ca. 1664) 3 known			—	—	25,000	—	—

Note: Norweb $1,320

KM# Tn4 • Copper **Rev. Legend:** LON DON

Date	AG3	G4	VG8	F12	VF20	XF40	MS60
ND(ca. 1684)	340	650	1,100	2,450	4,850	8,500	25,000

KM# Tn7 • Copper **Rev. Legend:** GOD / PRESERVE / NEW / ENGLAND

Date	AG3	G4	VG8	F12	VF20	XF40	MS60
ND1694 2 known	—	—	55,000	95,000	125,000	165,000	—

Note: Norweb $25,300

KM# Tn8.1 • Copper • **Obv:** Elephant **Rev. Legend:** GOD / PRESERVE / CAROLINA / AND THE LORDS / PROPRIETORS

Date		VG8	F12	VF20	XF40	MS60
ND1694 5 known		4,750	7,500	15,000	25,000	80,000

Note: Norweb $35,200

KM# Tn8.2 • Copper • **Obv:** Elephant **Rev. Legend:** GOD / PRESERVE / CAROLINA / AND THE LORDS / PROPRIETORS **Note:** O over E in Proprietors

Date	AG3	G4	VG8	F12	VF20	XF40	MS60
1694	1,300	2,500	4,500	7,000	12,500	20,000	75,000

Note: Norweb $17,600

Gloucester

KM# Tn15 • Copper • **Obv. Legend:** GLOVCESTER • COVRTHOVSE • VIRGINIA / XII **Rev. Legend:** RIGHAVLT • DAWSON • ANNO • DOM • 1714 •

Date	G4	VG8	F12	VF20	XF40	MS60
ND(ca. 1714) 2 known	—	—	—	—	—	—

Note: Garrett $36,000

HIBERNIA-VOCE POPULI

FARTHING

KM# Tn21.1 • Copper **Note:** Large letters

Date	AG3	G4	VG8	F12	VF20	XF40	MS60
1760	145	250	375	750	1,850	3,500	11,500

KM# Tn21.2 • Copper **Note:** Small letters

Date	AG3	G4	VG8	F12	VF20	XF40	MS60
1760	—	—	3,250	6,500	25,000	60,000	

Note: Norweb $5,940.

HALFPENNY

KM# Tn22 • Copper

Date	AG3	G4	VG8	F12	VF20	XF40	MS60
1700	—	—	—	—	—	—	—
Extremely rare							
Note: Date is in error; ex-Roper $575. Norweb $577. Stack's Americana, VF, $2,900							
1760	40.00	75.00	145	185	365	675	2,500
1760 P below bust	65.00	120	200	375	750	1,750	8,250
1760 P in front of bust	55.00	110	180	325	650	1,450	6,500
1760	50.00	80.00	135	195	425	775	3,750

Note: legend VOOE POPULI

Higley or Granby

KM# Tn16 • Copper • **Obv. Legend:** CONNECTICVT **Rev. Legend:** THE VALVE OF THREE PENCE

Date	AG3	G4	VG8	F12	VF20	XF40	MS60
1737	—	10,000	18,500	40,000	85,000	—	—

Note: Garrett $16,000

KM# Tn17 • Copper • **Obv. Legend:** THE VALVE OF THREE PENCE **Rev. Legend:** I AM GOOD COPPER

Date	AG3	G4	VG8	F12	VF20
1737 3 known	—	12,000	25,000	50,000	100,000

Note: ex-Norweb $6,875

KM# Tn18.1 • Copper • **Obv. Legend:** VALUE ME AS YOU PLEASE **Rev. Legend:** I AM GOOD COPPER

Date	AG3	G4	VG8	F12	VF20	XF40	MS60
1737	6,500	10,000	18,500	42,000	87,500	—	—

KM# Tn18.2 • Copper • **Obv. Legend:** VALVE. ME.AS.YOU.PLEASE. **Rev. Legend:** I AM GOOD COPPER.

Date	AG3	G4	VG8	F12	VF20	XF40	MS60
1737 3 known	—	—	—	—	—	275,000	—

KM# Tn19 • Copper **Rev:** Broad axe

Date	AG3	G4	VG8	F12	VF20
ND(ca. 1737)	—	10,000	20,000	45,000	125,000

Note: Garrett $45,000

1739 5 known	—	—	—	—	—

Note: Eliasberg $12,650. Oechsner $9,900. Steinberg (holed) $4,400.

KM# Tn20 • Copper • **Obv. Legend:** THE WHEELE GOES ROUND • **Obv:** Wheel **Rev:** Broad axe **Rev. Legend:** J CUT MY WAY THROUGH

Date	AG3	G4	VG8	F12	VF20
ND(ca. 1737) unique	—	—	—	150,000	—

Note: Roper $60,500

New Yorke

KM# Tn9 • Brass • **Obv. Legend:** NEW • YORKE • IN • AMERICA • **Obv:** Eagle

Date	AG3	G4	VG8	F12	VF20	XF40
CA1700	1,800	3,750	7,250	17,500	28,500	60,000

KM# Tn9a • White Metal • **Obv. Legend:** NEW • YORKE • IN • AMERICA • **Obv:** Eagle

Date	AG3	G4	VG8	F12	VF20	XF40
CA1700 4 known	—	—	7,750	22,500	32,500	75,000

Pitt

FARTHING

KM# Tn23 • Copper

Date	AG3	G4	VG8	F12	VF20	XF40	MS60
1766	—	3,750	7,000	11,500	28,500	42,500	—

HALFPENNY

KM# Tn24 • Copper

Date	AG3	G4	VG8	F12	VF20	XF40	MS60
1766	145	275	450	750	1,650	3,000	9,500

KM# Tn24a • Silver Plated Copper

Date	AG3	G4	VG8	F12	VF20	XF40	MS60
1766	—	—	—	—	2,250	5,000	12,500

Rhode Island Ship

KM# Tn27a • Brass • **Obv:** Without wreath below ship.

Date	AG3	G4	VG8	F12	VF20	XF40	MS60
1779	—	—	325	550	1,000	2,000	7,500

KM# Tn27b • Pewter • **Obv:** Without wreath below ship.

Date	AG3	G4	VG8	F12	VF20	XF40	MS60
1779	—	—	—	—	4,750	8,500	18,500

KM# Tn28a • Brass • **Obv:** Wreath below ship.

Date	AG3	G4	VG8	F12	VF20	XF40	MS60
1779	—	—	—	675	1,100	2,100	7,750

KM# Tn28b • Pewter • **Obv:** Wreath below ship.

Date	AG3	G4	VG8	F12	VF20	XF40	MS60
1779	—	—	—	—	5,500	9,000	20,000

KM# Tn29 • Brass • **Obv:** VLUGTENDE below ship

Date	AG3	G4	VG8	F12	VF20	XF40	MS60
1779 unique	—	—	—	—	—	35,000	—

Note: Garrett $16,000

ROYAL PATENT COINAGE

Hibernia

FARTHING

KM# 20 • Copper **Note:** Pattern.

Date	AG3	G4	VG8	F12	VF20	XF40	MS60
1722	135	250	425	700	1,750	3,500	13,500

KM# 24 • Copper • **Obv. Legend:** ...D:G:REX. • **Obv:** 1722 obverse

Date	AG3	G4	VG8	F12	VF20	XF40	MS60
1723	20.00	75.00	120	200	325	600	1,250

KM# 25 • Copper • **Obv. Legend:** DEI • GRATIA • REX •

Date	AG3	G4	VG8	F12	VF20	XF40	MS60
1723	25.00	45.00	60.00	180	300	550	1,000
1724	—	90.00	125	225	700	1,750	4,250

KM# 25a • Silver ASW

Date	AG3	G4	VG8	F12	VF20	XF40	MS60
1723	—	—	1,600	2,250	4,200	6,500	15,000

HALFPENNY

KM# 21 • Copper • **Obv. Legend:** GEORGIUS • DEI • GRATIA • REX • **Obv:** Bust right **Rev:** Harp left, head left **Rev. Legend:** • HIBERNIA • 1722 •

Date	AG3	G4	VG8	F12	VF20	XF40	MS60
1722	50.00	90.00	110	160	325	700	1,750

KM# 22 • Copper • **Obv. Legend:** GEORGIVS D: G: REX • **Obv:** Bust right **Rev:** Harp left, head right **Rev. Legend:** • HIBERNIÆ • **Note:** Rocks Reverse pattern.

Date	AG3	G4	VG8	F12	VF20	XF40	MS60
1722	—	—	5,000	7,750	12,500	42,000	

KM# 23.1 • Copper **Rev:** Harp right

Date	AG3	G4	VG8	F12	VF20	XF40	MS60
1722	35.00	60.00	80.00	120	285	600	1,950
1723	20.00	35.00	45.00	75.00	190	285	850
1723/22	35.00	60.00	80.00	150	400	850	2,500
1724	25.00	50.00	90.00	160	400	850	2,500

KM# 23.2 • Copper • **Obv:** DEII error in legend

Date	AG3	G4	VG8	F12	VF20	XF40	MS60
1722	75.00	125	160	325	750	1,500	3,250

KM# 26 • Copper **Rev:** Large head **Note:** Rare. Generally mint state only. Probably a pattern.

Date	AG3	G4	VG8	F12	VF20	XF40	MS60
1723	—	—	—	—	—	—	—

KM# 27 • Copper **Rev:** Continuous legend over head

Date	AG3	G4	VG8	F12	VF20	XF40	MS60
1724	45.00	80.00	150	300	900	1,850	4,500

Rosa Americana

HALFPENNY

KM# 1 • Copper • **Obv. Legend:** • D : G : REX •

Date	AG3	G4	VG8	F12	VF20	XF40	MS60
1722	20.00	50.00	140	250	525	1,050	4,000

KM# 2 • Copper • **Obv. Legend:** ... • DEI • GRATIA • REX • **Obv:** Uncrowned rose **Note:** Several varieties exist.

Date	AG3	G4	VG8	F12	VF20	XF40	MS60
1722	50.00	90.00	135	250	450	975	3,500
1723	385	700	850	1,750	3,600	5,500	—

US COLONIAL AMERICA

KM# 3 • Copper **Rev. Legend:** VTILE DVLCI

Date	AG3	G4	VG8	F12	VF20	XF40	MS60
1722	250	450	950	2,250	4,000	7,500	—

KM# 9 • Copper **Rev:** Crowned rose

Date	AG3	G4	VG8	F12	VF20	XF40	MS60
1723	45.00	85.00	110	165	425	900	4,500

PENNY

KM# 4 • Copper **Rev. Legend:** UTILE DULCI **Note:** Several varieties exist.

Date	AG3	G4	VG8	F12	VF20	XF40	MS60
1722	60.00	100	135	240	450	950	3,750

KM# 5 • Copper **Note:** Several varieties exist. Also known in two rare pattern types with long hair ribbons, one with V's for U's on the obverse.

Date	AG3	G4	VG8	F12	VF20	XF40	MS60
1722	18.00	35.00	150	275	750	1,450	6,000

KM# 10 • Copper **Note:** Several varieties exist.

Date	AG3	G4	VG8	F12	VF20	XF40	MS60
1723	40.00	75.00	110	175	425	875	3,600

KM# 12 • Copper **Note:** Pattern.

Date	AG3	G4	VG8	F12	VF20	XF40	MS60
1724 2 known	—	—	—	—	—	—	—

KM# 13 • Copper **Rev. Legend:** ROSA: SINE: SPINA •

Date	AG3	G4	VG8	F12	VF20	XF40	MS60
ND(ca. 1724) 5 known	—	—	—	—	—	—	—

Note: Stack's Bowers 5-05, VF ralized $21,850; Norweb $2,035

KM# 14 • Copper • **Obv:** George II **Note:** Pattern.

Date	AG3	G4	VG8	F12	VF20	XF40	MS60
1727 2 known	—	—	—	—	—	—	—

2 PENCE

KM# 6 • Copper **Rev:** Motto in scroll

Date	AG3	G4	VG8	F12	VF20	XF40	MS60
ND(ca.1722)	80.00	150	200	425	750	1,650	7,000

KM# 7 • Copper **Rev:** Motto without scroll

Date	G4	VG8	F12	VF20	XF40	MS60
ND(ca.1722) 3 known	—	—	—	—	—	—

KM# 8.1 • Copper • **Obv. Legend:** ...REX • **Rev:** Dated

Date	AG3	G4	VG8	F12	VF20	XF40	MS60
1722	70.00	125	175	275	750	1,500	5,500

KM# 8.2 • Copper • **Obv. Legend:** ...REX

Date	AG3	G4	VG8	F12	VF20	XF40	MS60
1722	70.00	125	175	275	775	1,600	6,000

KM# 11 • Copper • **Obv:** No stop after REX **Rev:** Stop after 1723 **Note:** Several varieties exist.

Date	AG3	G4	VG8	F12	VF20	XF40	MS60
1723	65.00	125	175	300	550	1,200	3,500

KM# 15 • Copper **Note:** Pattern. Two varieties exist; both extremely rare.

Date	AG3	G4	VG8	F12	VF20	XF40	MS60
1724	—	—	—	—	—	—	—

Note: Stack's Bowers 5-05 choice AU realized $25,300. Ex-Garrett $5,775. Stack's Americana, XF, $10,925

KM# 16 • Copper • **Obv:** Bust left **Rev:** Crowned rose **Note:** Pattern.

Date	AG3	G4	VG8	F12	VF20	XF40	MS60
1733 4 known	—	—	—	—	—	—	—

Note: Stacks-Bowers 5-05, Gem Proof realized $63,250; Norweb $19,800

Virginia Halfpenny

KM# Tn25.1 • Copper **Rev:** Small 7s in date. **Note:** Struck on Irish halfpenny planchets.

Date	AG3	G4	VG8	F12	VF20	XF40	MS60
1773							

KM# Tn25.2 • Copper • **Obv. Legend:** GEORGIVS •... **Rev:** Varieties with 7 or 8 strings in harp

Date	AG3	G4	VG8	F12	VF20	XF40	MS60
1773	30.00	50.00	70.00	110	225	425	1,000

KM# Tn25.3 • Copper • **Obv. Legend:** GEORGIVS... **Rev:** Varieties with 6, 7 or 8 strings in harp

Date	AG3	G4	VG8	F12	VF20	XF40	MS60
1773	35.00	60.00	75.00	135	275	525	1,350

KM# Tn25.4 • Copper • **Obv. Legend:** GEORGIVS... **Rev:** 8 harp strings, dot on cross

Date	AG3	G4	VG8	F12	VF20	XF40	MS60
1773	—	—	—	—	—	—	—

Note: ex-Steinberg $2,600

KM# Tn26 • Silver ASW **Note:** So-called "shilling" silver proofs.

Date	AG3	G4	VG8	F12	VF20	XF40	MS60
1774 6 known	—	—	—	—	—	—	—

Note: Garrett $23,000

CONTINENTAL CURRENCY

Continental "Dollar"

KM# EA1 • Pewter • **Obv. Legend:** CURRENCY.

Date	AG3	G4	VG8	F12	VF20	XF40	MS60
1776	—	7,500	9,350	12,000	22,000	33,500	70,000

US COLONIAL AMERICA

KM# EA2 • Pewter • **Obv. Legend:** CURRENCY, EG FECIT.

Date	AG3	G4	VG8	F12	VF20	XF40	MS60
1776	—	8,000	10,500	14,500	27,500	40,000	80,000

KM# EA2a • Silver ASW • **Obv. Legend:** CURRENCY, EG FECIT.

Date	AG3	G4	VG8	F12	VF20	XF40	MS60
1776 2 known	—	—	—	—	450,000	650,000	—

KM# EA3 • Pewter • **Obv. Legend:** CURRENCEY

Date	AG3	G4	VG8	F12	VF20	XF40	MS60
1776 Rare	—	—	—	—	—	150,000	—

KM# EA4 • Pewter • **Obv. Legend:** CURRENCY. **Rev:** Floral cross.

Date	AG3	G4	VG8	F12	VF20	XF40	MS60
1776 3 known	—	—	—	—	—	400,000	—

Note: Norweb $50,000. Johnson $25,300.

KM# EA5 • Pewter • **Obv. Legend:** CURENCY.

Date	AG3	G4	VG8	F12	VF20	XF40	MS60
1776	—	7,500	9,500	12,000	22,500	35,000	75,000

KM# EA5a • Brass • **Obv. Legend:** CURENCY. **Note:** Two varieties exist.

Date	AG3	G4	VG8	F12	VF20	XF40	MS60
1776	—	22,500	28,500	40,000	75,000	145,000	—

KM# EA5b • Silver ASW • **Obv. Legend:** CURENCY.

Date	AG3	G4	VG8	F12	VF20	XF40	MS60
1776 2 known	—	—	—	285,000	425,000	—	—

Note: Stacks-Bowers 5-2005, VF $345000; Romano $99,000.

UNITED STATES POST REVOLUTIONARY AMERICA

STATE COINAGE

CONNECTICUT

KM# 1 • Copper • **Obv:** Bust facing right.

Date	AG3	G4	VG8	F12	VF20	XF40	MS60
1785	35.00	55.00	90.00	200	650	1,750	—

KM# 2 • Copper • **Obv:** African head.

Date	AG3	G4	VG8	F12	VF20	XF40	MS60
1785	55.00	85.00	150	600	1,500	3,800	—

KM# 3.1 • Copper • **Obv:** Mailed bust facing left.

Date	AG3	G4	VG8	F12	VF20	XF40	MS60
1785	125	220	375	750	1,800	3,850	—
1786	30.00	50.00	90.00	175	500	1,400	—
1787	30.00	50.00	85.00	160	450	1,350	—
1788	30.00	50.00	80.00	160	435	1,150	—

KM# 3.3 • Copper • **Obv:** Perfect date. **Rev. Legend:** IN DE ET.

Date	AG3	G4	VG8	F12	VF20	XF40	MS60
1787	50.00	80.00	125	350	750	1,850	—

KM# 3.4 • Copper • **Obv. Legend:** CONNLC.

Date	AG3	G4	VG8	F12	VF20	XF40	MS60
1788	44.00	65.00	130	265	700	2,150	—

KM# 4 • Copper • **Obv:** Small mailed bust facing left. **Rev. Legend:** ETLIB INDE.

Date	AG3	G4	VG8	F12	VF20	XF40	MS60
1786	45.00	90.00	175	400	1,100	2,750	—

KM# 5 • Copper • **Obv:** Small mailed bust facing right. **Rev. Legend:** INDE ET LIB.

Date	AG3	G4	VG8	F12	VF20	XF40	MS60
1786	60.00	100	175	450	2,000	4,250	—

KM# 6 • Copper • **Obv:** Large mailed bust facing right.

Date	AG3	G4	VG8	F12	VF20	XF40	MS60
1786	55.00	90.00	160	400	1,750	3,750	—

KM# 7 • Copper • **Obv:** Hercules head.

Date	AG3	G4	VG8	F12	VF20	XF40	MS60
1786	60.00	110	220	600	2,500	5,800	—

KM# 8.1 • Copper • **Obv:** Draped bust.

Date	AG3	G4	VG8	F12	VF20	XF40	MS60
1786	50.00	100	200	500	1,250	2,850	—

KM# 8.2 • Copper • **Obv:** Draped bust. **Note:** Many varieties.

Date	AG3	G4	VG8	F12	VF20	XF40	MS60
1787	28.00	42.00	70.00	115	325	775	—

KM# 8.3 • Copper • **Obv. Legend:** AUCIORI.

Date	AG3	G4	VG8	F12	VF20	XF40	MS60
1787	30.00	55.00	90.00	175	450	1,100	—

KM# 8.4 • Copper • **Obv. Legend:** AUCTOPI.

Date	AG3	G4	VG8	F12	VF20	XF40	MS60
1787	35.00	65.00	110	200	650	1,650	—

US COLONIAL AMERICA

KM# 8.5 • Copper • **Obv. Legend:** AUCTOBI.

Date	AG3	G4	VG8	F12	VF20	XF40	MS60
1787	35.00	65.00	110	200	625	1,550	—

KM# 8.6 • Copper • **Obv. Legend:** CONNFC.

Date	AG3	G4	VG8	F12	VF20	XF40	MS60
1787	32.00	60.00	95.00	185	525	1,100	—

KM# 8.7 • Copper • **Obv. Legend:** CONNLC.

Date	AG3	G4	VG8	F12	VF20	XF40	MS60
1787	60.00	90.00	180	375	950	3,000	—

KM# 8.8 • Copper **Rev. Legend:** FNDE.

Date	AG3	G4	VG8	F12	VF20	XF40	MS60
1787	35.00	55.00	85.00	175	525	1,650	—

KM# 8.9 • Copper **Rev. Legend:** ETLIR.

Date	AG3	G4	VG8	F12	VF20	XF40	MS60
1787	32.00	50.00	75.00	160	475	1,275	—

KM# 8.10 • Copper **Rev. Legend:** ETIIB.

Date	AG3	G4	VG8	F12	VF20	XF40	MS60
1787	35.00	50.00	75.00	160	485	1,300	—

KM# 9 • Copper • **Obv:** Small head. **Rev. Legend:** ETLIB INDE.

Date	AG3	G4	VG8	F12	VF20	XF40	MS60
1787	65.00	110	180	425	1,750	4,300	—

KM# 10 • Copper • **Obv:** Small head. **Rev. Legend:** INDE ET LIB.

Date	AG3	G4	VG8	F12	VF20	XF40	MS60
1787	75.00	135	200	525	2,300	4,600	—

KM# 11 • Copper • **Obv:** Medium bust. **Note:** Two reverse legend types exist.

Date	AG3	G4	VG8	F12	VF20	XF40	MS60
1787	60.00	90.00	150	400	1,750	3,450	—

KM# 12 • Copper • **Obv:** Muttonhead variety. **Note:** Extremely rare with legend INDE ET LIB.

Date	AG3	G4	VG8	F12	VF20	XF40	MS60
1787	60.00	90.00	175	575	2,550	5,200	—

KM# 13 • Copper • **Obv:** Laughing head

Date	AG3	G4	VG8	F12	VF20	XF40	MS60
1787	35.00	60.00	120	240	650	1,800	—

KM# 14 • Copper • **Obv:** Horned head

Date	AG3	G4	VG8	F12	VF20	XF40	MS60
1787	30.00	50.00	80.00	165	450	1,200	—

KM# 15 • Copper **Rev. Legend:** IND ET LIB

Date	AG3	G4	VG8	F12	VF20	XF40	MS60
1787/8	100	150	250	750	2,000	5,000	—
1787/1887	85.00	150	225	600	1,750	4,750	—

KM# 16 • Copper • **Obv. Legend:** CONNECT. **Rev. Legend:** INDE ET LIB. **Note:** Two additional scarce reverse legend types exist.

Date	AG3	G4	VG8	F12	VF20	XF40	MS60
1787	35.00	50.00	120	240	675	1,750	—

KM# 20 • Copper • **Obv:** Mailed bust facing right.

Date	AG3	G4	VG8	F12	VF20	XF40	MS60
1788	28.00	45.00	90.00	200	650	1,650	—

KM# 21 • Copper • **Obv:** Small mailed bust facing right.

Date	AG3	G4	VG8	F12	VF20	XF40	MS60
1788	850	1,650	3,750	5,500	12,500	22,500	—

KM# 22.1 • Copper • **Obv:** Draped bust facing left. **Rev. Legend:** INDE ET LIB.

Date	AG3	G4	VG8	F12	VF20	XF40	MS60
1788	49.50	75.00	140	325	750	1,800	—

KM# 22.2 • Copper **Rev. Legend:** INDLET LIB.

Date	AG3	G4	VG8	F12	VF20	XF40	MS60
1788	60.00	90.00	195	425	875	1,950	—

KM# 22.3 • Copper • Obv. Legend: CONNEC. Rev. Legend: INDE ET LIB.

Date	AG3	G4	VG8	F12	VF20	XF40	MS60
1788	58.00	85.00	190	400	875	1,850	—

KM# 22.4 • Copper • Obv. Legend: CONNEC. Rev. Legend: INDL ET LIB.

Date	AG3	G4	VG8	F12	VF20	XF40	MS60
1788	58.00	85.00	190	400	925	2,250	—

MASSACHUSETTS

HALFPENNY

KM# 17 • Copper

Date	VG8	F12	VF20	XF40	MS60
1776 unique	—	200,000	—	—	—
Note: Garrett $40,000					

PENNY

KM# 18 • Copper

Date	AG3	G4	VG8	F12	VF20	XF40	MS60
1776 unique	—	—	—	—	—	—	—

HALF CENT

KM# 19 • Copper Note: Varieties exist; some are rare.

Date	AG3	G4	VG8	F12	VF20	XF40	MS60
1787	60.00	90.00	140	225	575	1,000	3,250
1788	70.00	115	175	275	600	1,100	3,500

CENT

KM# 20.1 • Copper Rev: Arrows in right talon

Date	AG3	G4	VG8	F12	VF20	XF40	MS60
1787 7 known	—	9,500	17,500	30,000	55,000	75,000	175,000

Note: Ex-Bushnell-Brand $8,800. Garrett $5,500

KM# 20.2 • Copper Rev: Arrows in left talon

Date	AG3	G4	VG8	F12	VF20	XF40	MS60
1787	60.00	90.00	165	240	650	1,350	6,250

KM# 20.3 • Copper Rev: Horned eagle die break

Date	AG3	G4	VG8	F12	VF20	XF40	MS60
1787	70.00	110	190	275	775	1,550	6,000

KM# 20.4 • Copper **Rev:** Without period after Massachusetts

Date	AG3	G4	VG8	F12	VF20	XF40	MS60
1788	70.00	105	190	260	675	1,600	6,250

KM# 20.5 • Copper **Rev:** Period after Massachusetts, normal Ss

Date	AG3	G4	VG8	F12	VF20	XF40	MS60
1788	60.00	90.00	170	235	600	1,350	5,750

KM# 20.6 • Copper **Rev:** Period after Massachusetts, Ss like 8s

Date	AG3	G4	VG8	F12	VF20	XF40	MS60
1788	50.00	75.00	135	200	575	1,250	5,250

NEW HAMPSHIRE

KM# 1 • Copper

Date	G4	VG8	F12	VF20	XF40	MS60
1776 extremely rare	—110,000	—	—	—	—

Note: Garrett $13,000

NEW JERSEY

KM# 8 • Copper • **Obv:** Date below draw bar.

Date	VG8	F12	VF20	XF40	MS60
1786 extremely rare	—	80,000	135,000	225,000	—

Note: Garrett $52,000

KM# 9 • Copper • **Obv:** Large horse head, date below plow, no coulter on plow.

Date	AG3	G4	VG8	F12	VF20	XF40	MS60
1786	450	850	1,500	2,750	6,500	22,500	—

KM# 10 • Copper **Rev:** Narrow shield, straight beam.

Date	AG3	G4	VG8	F12	VF20	XF40	MS60
1786	38.00	60.00	140	210	550	1,350	—

KM# 11.1 • Copper **Rev:** Wide shield, curved beam. **Note:** Varieties exist.

Date	AG3	G4	VG8	F12	VF20	XF40	MS60
1786	45.00	75.00	150	225	600	2,000	—

KM# 11.2 • Copper • **Obv:** Bridle variety (die break). **Note:** Reverse varieties exist.

Date	AG3	G4	VG8	F12	VF20	XF40	MS60
1786	45.00	70.00	145	235	650	2,400	—

KM# 12.1 • Copper • **Rev:** Plain shield. **Note:** Small planchet. Varieties exist.

Date	AG3	G4	VG8	F12	VF20	XF40	MS60
1787	35.00	55.00	110	200	500	950	—

KM# 12.2 • Copper • **Rev:** Shield heavily outlined. **Note:** Small planchet.

Date	AG3	G4	VG8	F12	VF20	XF40	MS60
1787	38.00	60.00	120	215	550	1,150	—

KM# 13 • Copper • **Obv:** Serpent head.

Date	AG3	G4	VG8	F12	VF20	XF40	MS60
1787	55.00	85.00	200	375	1,650	4,200	—

KM# 14 • Copper • **Rev:** Plain shield. **Note:** Large planchet. Varieties exist.

Date	AG3	G4	VG8	F12	VF20	XF40	MS60
1787	45.00	60.00	135	240	750	1,650	—

KM# 15 • Copper • **Rev. Legend:** PLURIBS.

Date	AG3	G4	VG8	F12	VF20	XF40	MS60
1787	85.00	150	275	500	1,500	3,250	—

KM# 16 • Copper • **Obv:** Horse head facing right. **Note:** Varieties exist.

Date	AG3	G4	VG8	F12	VF20	XF40	MS60
1788	42.00	60.00	115	190	700	1,275	—

KM# 17 • Copper • **Rev:** Fox before legend. **Note:** Varieties exist.

Date	AG3	G4	VG8	F12	VF20	XF40	MS60
1788	75.00	145	295	575	2,150	4,750	—

KM# 18 • Copper • **Obv:** Horse head facing left. **Note:** Varieties exist.

Date	AG3	G4	VG8	F12	VF20	XF40	MS60
1788	235	425	900	1,650	4,800	13,000	—

NEW YORK

KM# 1 • Copper • **Obv. Legend:** NON VI VIRTUTE VICI. • **Obv:** Bust right **Rev. Legend:** NEO-EBORACENSIS

Date	AG3	G4	VG8	F12	VF20	XF40	MS60
1786	3,250	5,000	8,000	16,000	35,000	65,000	—

KM# 2 • Copper • **Obv. Legend:** EXCELSIOR • **Obv:** Eagle on globe facing right. **Rev. Legend:** E. PLURIBUS UNUM

Date	AG3	G4	VG8	F12	VF20	XF40	MS60
1787	1,400	2,250	3,850	7,500	20,000	37,500	—

KM# 3 • Copper • **Obv. Legend:** EXCELSIOR • **Obv:** Eagle on globe facing left. **Rev. Legend:** E. PLURIBUS UNUM

Date	AG3	G4	VG8	F12	VF20	XF40	MS60
1787	1,250	2,000	3,500	7,000	15,000	30,000	—

KM# 4 • Copper • **Obv. Legend:** EXCELSIOR **Rev:** Large eagle, arrows in right talon. **Rev. Legend:** E. PLURIBUS UNUM

Date	AG3	G4	VG8	F12	VF20	XF40	MS60
1787	—	4,500	9,000	16,500	35,000	55,000	—

Note: Norweb $18,700

KM# 5 • Copper • **Obv:** George Clinton. **Rev. Legend:** EXCELSIOR

Date	AG3	G4	VG8	F12	VF20	XF40	MS60
1787	5,000	9,500	17,500	45,000	95,000	250,000	450,000

KM# 6 • Copper • **Obv. Legend:** LIBERNATUS LIBERTATEM DEFENDO • **Obv:** Indian. **Rev:** New York arms. **Rev. Legend:** EXCELSIOR

Date	AG3	G4	VG8	F12	VF20	XF40
1787	4,500	7,500	12,500	35,000	80,000	170,000

KM# 7 • Copper • **Obv. Legend:** LIBERNATUS LIBERTATEM DEFENDO • **Obv:** Indian. **Rev:** Eagle on globe. **Rev. Legend:** NEO EBORACUS EXCELSIOR

Date	AG3	G4	VG8	F12	VF20	XF40
1787	6,500	11,500	17,500	37,500	75,000	160,000

KM# 8 • Copper • **Obv:** Indian. **Rev:** George III.

Date	AG3	G4	VG8	F12	VF20	XF40	MS60
1787	3 Known	—	—	—	—	—	—

Machin's Mill

KM# 13 • Copper **Note:** Crude, lightweight imitations of the British Halfpenny were struck at Machin's Mill in large quantities bearing the obverse legends: GEORGIVS II REX, GEORGIVS III REX, and GEORGIUS III REX, with the BRITANNIA reverse. There are many different mulings. Plain crosses in the shield of Britannia are noticeable on high grade pieces, unlike common British made imitations, which usually have outlined crosses in the shield. Some Machin's Mill varieties are very rare.

Date	AG3	G4	VG8	F12	VF20	XF40	MS60
(1747-1788)	40.00	75.00	145	325	800	2,250	—

Note: Prices are for most common within date ranges. Examples are dated: 1747, 1771, 1772, 1774, 1775, 1776, 1777, 1778, 1784, 1785, 1786, 1787 and 1788. Other dates may exist

Nova Eboracs

KM# 9 • Copper • **Obv. Legend:** NOVA EBORAC. • **Obv:** Bust right **Rev:** Figure seated right. **Rev. Legend:** VIRT.ET.LIB.

Date	AG3	G4	VG8	F12	VF20	XF40	MS60
1787	75.00	115	220	360	1,150	2,700	—

KM# 10 • Copper • **Obv. Legend:** NOVA EBORAC • **Obv:** Bust right **Rev:** Figure seated left. **Rev. Legend:** VIRT.ET.LIB.

Date	AG3	G4	VG8	F12	VF20	XF40	MS60
1787	60.00	100	200	325	825	1,750	—

KM# 11 • Copper • **Obv. Legend:** NOVA EBORAC.
• **Obv:** Small head, star above. **Rev:** Figure seated
left **Rev. Legend:** VIRT.ET.LIB.

Date	AG3	G4	VG8	F12	VF20	XF40	MS60
1787	2,450	3,750	5,500	9,500	22,500	—	—

KM# 12 • Copper • **Obv. Legend:** NOVA EBORAC.
• **Obv:** Large head, two quatrefoils left. **Rev:** Figure
seated left **Rev. Legend:** VIRT.ET.LIB.

Date	AG3	G4	VG8	F12	VF20	XF40	MS60
1787	350	600	1,250	2,500	7,750	15,000	—

VERMONT

KM# 1 • Copper **Rev. Legend:** IMMUNE COLUMBIA

Date	AG3	G4	VG8	F12	VF20	XF40	MS60
ND1785	4,000	6,000	9,500	13,750	35,000	—	—

KM# 2 • Copper • **Obv. Legend:** VERMONTIS.
RES. PUBLICA. • **Obv:** Sun rising over field with
plow **Rev:** Eye, with rays and stars **Rev. Legend:**
QUARTA. DECIMA. STELLA.

Date	AG3	G4	VG8	F12	VF20	XF40	MS60
1785	140	300	750	1,650	5,250	12,500	—

KM# 3 • Copper • **Obv. Legend:** VERMONTS.
RES. PUBLICA. • **Obv:** Sun rising over field with
plow **Rev:** Eye, with rays and stars **Rev. Legend:**
QUARTA. DECIMA. STELLA.

Date	AG3	G4	VG8	F12	VF20	XF40	MS60
1785	150	285	550	1,150	2,250	7,500	—

KM# 4 • Copper • **Obv. Legend:** VERMONTENSIUM.
RES.PUBLICA • **Obv:** Sun rising over field with plow
Rev: Eye, with pointed rays and stars **Rev. Legend:**
QUARTA. DECIMA. STELLA.

Date	AG3	G4	VG8	F12	VF20	XF40	MS60
1786	140	235	425	775	2,000	4,500	13,500

KM# 5 • Copper • **Obv. Legend:** AUCTORI:
VERMON: • **Obv:** Baby head. **Rev:** Seated figure
left **Rev. Legend:** ET:LIB: INDE

Date	AG3	G4	VG8	F12	VF20	XF40	MS60
1786	200	350	650	1,250	3,500	9,500	—

KM# 6 • Copper • **Obv. Legend:** VERMON:
AUCTORI: • **Obv:** Bust facing left. **Rev:** Seated
figure left **Rev. Legend:** INDE ETLIB

Date	AG3	G4	VG8	F12	VF20	XF40
1786	115	175	325	750	2,250	3,850
1787	—	4,500	10,000	22,500	42,500	—
extremely rare						

US COLONIAL AMERICA

KM# 7 • Copper • **Obv. Legend:** VERMON. AUCTORI. • **Obv:** Bust facing right. **Rev:** Seated figure left **Rev. Legend:** INDE ETLIB **Note:** Varieties exist.

Date	AG3	G4	VG8	F12	VF20	XF40	MS60
1787	70.00	150	260	575	1,450	3,000	—

KM# 8 • Copper • **Obv. Legend:** VERMON AUCTORI • **Obv:** Bust right **Rev:** Seated figure left **Note:** Britannia mule.

Date	AG3	G4	VG8	F12	VF20	XF40	MS60
1787	65.00	120	170	300	700	1,650	—

KM# 9.1 • Copper • **Obv. Legend:** VERMON. AUCTORI. • **Obv:** Bust right **Rev:** Seated figure left **Rev. Legend:** INDE . ET LIB. **Note:** Varieties exist.

Date	AG3	G4	VG8	F12	VF20	XF40	MS60
1788	65.00	125	200	450	950	2,250	—

KM# 9.2 • Copper • **Obv:** Bust right. "C" backward in AUCTORI. **Rev:** Seated figure left

Date	G4	VG8	F12	VF20	XF40	MS60
1788 extremely rare	4,200	7,000	17,500	38,000	—	—

Note: Stack's Americana, Fine, $9,775

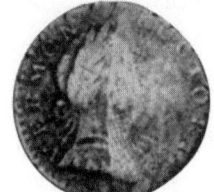 

KM# 10 • Copper • **Obv:** Bust right **Rev:** Seated figure left **Rev. Legend:** .ET LIB. .INDE.

Date	AG3	G4	VG8	F12	VF20	XF40	MS60
1788	200	325	675	1,750	3,500	11,500	—

KM# 11 • Copper • **Obv:** Bust right **Rev:** Seated figure left **Note:** George III Rex mule.

Date	AG3	G4	VG8	F12	VF20	XF40	MS60
1788	300	500	850	2,000	4,750	12,500	—

POST REVOLUTION AMERICAN TOKENS

Albany Church "Penny"

KM# Tn54.1 • Copper • **Obv:** Without "D" above church. **Note:** Uniface.

Date	VG8	F12	VF20	XF40
ND(ca. 1790) 5 known	10,000	25,000	45,000	75,000

KM# Tn54.2 • Copper • **Obv:** With "D" above church. **Note:** Uniface.

Date	VG8	F12	VF20	XF40
ND(ca. 1790) rare	9,000	22,500	42,500	67,500

Auctori Plebis

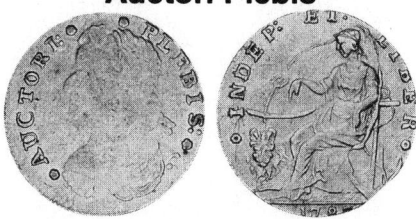

KM# Tn50 • Copper • **Obv. Legend:** AUCTORI: PLEBIS: • **Obv:** Bust left **Rev:** Seated figure left **Rev. Legend:** INDEP: ET. LIBER

Date	AG3	G4	VG8	F12	VF20	XF40	MS60
1787	—	100	165	340	700	1,650	15,000

Bar "Cent"

KM# Tn49 • Copper • **Obv:** USA monogram **Rev:** Horizontal bars

Date	AG3	G4	VG8	F12	VF20	XF40	MS60
ND(ca.1785)	—	1,400	1,750	3,100	6,250	9,500	27,500

Castorland "Half Dollar"

KM# Tn87.1 • Silver ASW • **Obv. Legend:** FRANCO • AMERICANA / COLONIA **Edge:** Reeded.

Date	AG3	G4	VG8	F12	VF20	XF40	MS60
1796	—	—	—	—	—	4,500	12,500

KM# Tn87.1a • Copper • **Obv. Legend:** FRANCO • AMERICANA / COLONIA **Edge:** Reeded.

Date		G4	VG8	F12	VF20	XF40	MS60
1796 3 known		—	—	—	—	3,500	—

KM# Tn87.1b • Brass • **Obv. Legend:** FRANCO • AMERICANA / COLONIA **Edge:** Reeded

Date	AG3	G4	VG8	F12	VF20	XF40	MS60
1796	—	—	—	—	—	275	700

KM# Tn87.2 • Copper • **Obv. Legend:** FRANCO • AMERICANA / COLONIA **Edge:** Plain. **Note:** Thin planchet.

Date	AG3	G4	VG8	F12	VF20	XF40	MS60
1796 unique	—	—	—	—	—	—	—

KM# Tn87.3 • Silver ASW • **Obv. Legend:** FRANCO • AMERICANA / COLONIA **Edge:** Reeded. **Note:** Thin planchet. Restrike.

Date		G4	VG8	F12	VF20	XF40	MS60
1796		—	—	—	—	—	1,450

KM# Tn87.3a • Copper • **Obv. Legend:** FRANCO • AMERICANA / COLONIA **Edge:** Reeded. **Note:** Thin planchet. Restrike.

Date		G4	VG8	F12	VF20	XF40	MS60
1796		—	—	—	—	—	350

KM# Tn87.4 • Silver ASW • **Obv. Legend:** FRANCO • AMERICANA / COLONIA **Edge:** Lettered. **Edge Lettering:** ARGENT. **Note:** Thin planchet. Restrike.

Date		G4	VG8	F12	VF20	XF40	MS60
1796		—	—	—	—	—	150

KM# Tn87.5 • Copper • **Obv. Legend:** FRANCO • AMERICANA / COLONIA **Edge:** Lettered. **Edge Lettering:** CUIVRE. **Note:** Thin planchet. Restrike.

Date		G4	VG8	F12	VF20	XF40	MS60
1796		—	—	—	—	—	45.00

Copper Company of Upper Canada

HALFPENNY

KM# Tn86 • Copper • **Obv. Legend:** BRITISH SETTLEMENT KENTUCKY

Date		G4	VG8	F12	VF20	XF40	MS60	PF60
1796		—	—	—	—	—	—	9,500

FRANKLIN PRESS

KM# Tn73 • Copper • **Obv. Legend:** SIC ORITUR DOCTRINA SURGETQUE LIBERTAS • **Obv:** Printing press **Rev. Inscription:** PAYABLE AT THE FRANKLIN PRESS LONDON **Edge:** Plain.

Date	AG3	G4	VG8	F12	VF20	XF40	MS60
1794	30.00	75.00	110	150	285	450	1,350

KENTUCKY TOKEN

KM# Tn70.1 • Copper • **Obv. Legend:** UNANIMITY IS THE STRENGTH OF SOCIETY **Rev. Legend:** E. PLURIBUS UNUM **Edge:** Plain. **Note:** 1793 date is circa.

Date	AG3	G4	VG8	F12	VF20	XF40	MS60
ND(ca. 1793)	12.00	25.00	40.00	150	200	375	1,150

KM# Tn70.2 • Copper • **Obv. Legend:** UNANIMITY IS THE STRENGTH OF SOCIETY **Rev. Legend:** E. PLURIBUS UNUM **Edge:** Engrailed.

Date	AG3	G4	VG8	F12	VF20	XF40	MS60
ND(ca. 1793)	35.00	75.00	125	200	500	950	3,250

KM# Tn70.3 • Copper • **Obv. Legend:** UNANIMITY IS THE STRENGTH OF SOCIETY **Rev. Legend:** E. PLURIBUS UNUM **Edge:** Lettered. **Edge Lettering:** PAYABLE AT BEDWORTH.

Date	VG8	F12	VF20	XF40	MS60
ND(ca. 1793) unique	—	—	—	2,500	—

KM# Tn70.4 • Copper • **Obv. Legend:** UNANIMITY IS THE STRENGTH OF SOCIETY **Rev. Legend:** E. PLURIBUS UNUM **Edge:** Lettered. **Edge Lettering:** PAYABLE AT LANCASTER.

Date	AG3	G4	VG8	F12	VF20	XF40	MS60
ND(ca. 1793)	14.00	28.00	45.00	65.00	225	400	1,250

KM# Tn70.5 • Copper • **Obv. Legend:** UNANIMITY IS THE STRENGTH OF SOCIETY **Rev. Legend:** E. PLURIBUS UNUM **Edge:** Lettered. **Edge Lettering:** PAYABLE AT I.FIELDING.

Date	G4	VG8	F12	VF20	XF40	MS60
ND(ca. 1793) unique	—	—	—	—	—	—

KM# Tn70.6 • Copper • **Obv. Legend:** UNANIMITY IS THE STRENGTH OF SOCIETY **Rev. Legend:** E. PLURIBUS UNUM **Edge:** Lettered. **Edge Lettering:** PAYABLE AT W. PARKERS.

Date	G4	VG8	F12	VF20	XF40	MS60
ND(ca. 1793) unique	—	—	20,000	—	—

KM# Tn70.7 • Copper • **Obv. Legend:** UNANIMITY IS THE STRENGTH OF SOCIETY **Rev. Legend:** E. PLURIBUS UNUM **Edge:** Ornamented branch with two leaves.

Date	G4	VG8	F12	VF20	XF40	MS60
ND(ca. 1793) unique	—	—	—	—	—	—

MOTT TOKEN

KM# Tn52.1 • Copper • **Obv:** Clock **Rev:** Eagle with shield **Note:** Thin planchet.

Date	AG3	G4	VG8	F12	VF20	XF40	MS60
1789	50.00	80.00	150	300	550	1,200	1,750

KM# Tn52.2 • Copper • **Obv:** Clock **Rev:** Eagle with shield **Note:** Thick planchet. Weight generally about 170 grams.

Date	AG3	G4	VG8	F12	VF20	XF40	MS60
1789	60.00	95.00	175	325	525	1,000	—

KM# Tn52.3 • Copper • **Obv:** Clock **Rev:** Eagle with shield **Edge:** Fully engrailed. **Note:** Specimens struck with perfect dies are scarcer and generally command higher prices.

Date	AG3	G4	VG8	F12	VF20	XF40	MS60
1789	90.00	160	325	450	700	1,750	4,800

Myddelton Token

KM# Tn85 • Copper • **Obv. Legend:** BRITISH SETTLEMENT KENTUCKY **Rev. Legend:** PAYABLE BY P • P • P • MYDDELTON •

Date	G4	VG8	F12	VF20	XF40	MS60	PF60
1796	—	—	—	—	—	—	18,500

KM# Tn85a • Silver ASW

Date	G4	VG8	F12	VF20	XF40	MS60	PF60
1796	—	—	—	—	—	—	24,500

New York Theatre

KM# Tn90 • Copper • **Obv. Legend:** THE • THEATRE • AT • NEW • YORK • / AMERICA • **Obv:** Theater building **Rev:** Ships at sea, viewed from dock **Rev. Legend:** MAY • COMMERCE • FLOURISH

Date	G4	VG8	F12	VF20	XF40	MS60	PF60
ND (ca 1796)	—	—	—	—	—	—	35,000

NORTH AMERICAN
HALFPENNY

KM# Tn30 • Copper • **Obv. Legend:** NORTH AMERICAN TOKEN • **Obv:** Seated figure left, with harp **Rev:** Ship **Rev. Legend:** COMMERCE

Date	AG3	G4	VG8	F12	VF20	XF40	MS60
1781	32.00	50.00	70.00	140	300	750	3,250

STANDISH BARRY

3 PENCE

KM# Tn55 • Silver ASW • **Obv. Legend:** BALTIMORE • TOWN • JULY • 4 • 90 • **Obv:** Bust left **Rev:** Denomination **Rev. Legend:** STANDISH BARRY •

Date	AG3	G4	VG8	F12	VF20	XF40	MS60
1790	—	—	15,000	25,000	55,000	75,000	125,000

TALBOT, ALLUM & LEE

CENT

KM# Tn71.1 • Copper **Rev:** NEW YORK above ship **Edge:** Lettered. **Edge Lettering:** PAYABLE AT THE STORE OF

Date	AG3	G4	VG8	F12	VF20	XF40	MS60
1794	32.00	50.00	85.00	165	275	550	1,850

KM# Tn71.2 • Copper **Rev:** NEW YORK above ship **Edge:** Plain. **Note:** Size of ampersand varies on obverse and reverse dies.

Date		G4	VG8	F12	VF20	XF40	MS60
1794 4 known		—	—	—	15,000	27,000	—

KM# Tn72.1 • Copper **Rev:** Without NEW YORK above ship **Edge:** Lettered. **Edge Lettering:** PAYABLE AT THE STORE OF

Date	AG3	G4	VG8	F12	VF20	XF40	MS60
1794	200	375	600	1,250	3,750	7,500	22,000

KM# Tn72.2 • Copper **Edge:** Lettered. **Edge Lettering:** WE PROMISE TO PAY THE BEARER ONE CENT.

Date	AG3	G4	VG8	F12	VF20	XF40	MS60
1795	30.00	50.00	75.00	135	250	400	1,200

KM# Tn72.3 • Copper **Edge:** Lettered. **Edge Lettering:** CURRENT EVERYWHERE.

Date			AG3	G4	VG8	F12	VF20	XF40	MS60
1795 unique			—	—	—	—	—	—	—

KM# Tn72.4 • Copper **Edge:** Olive leaf.

Date		AG3	G4	VG8	F12	VF20	XF40	MS60
1795 unique		—	—	—	—	—	18,000	—

Note: Norweb $4,400

KM# Tn72.5 • Copper **Edge:** Plain.

Date		VG8	F12	VF20	XF40	MS60
1795 Lettered edge; unique		—	—	—	18,000	—

Note: Edge: Cambridge Bedford Huntington.X.X.; Norweb, $3,960

1795 plain edge; 2 known	—	—	—	—	—

WASHINGTON PIECES

KM# Tn35 • Copper • **Obv. Legend:** GEORGIVS TRIUMPHO.

Date	AG3	G4	VG8	F12	VF20	XF40	MS60
1783	—	95.00	135	285	550	850	—

KM# Tn36 • Copper • **Obv:** Large military bust. **Note:** Varieties exist.

Date	AG3	G4	VG8	F12	VF20	XF40	MS60
1783	—	—	50.00	90.00	185	450	2,600

KM# Tn37.1 • Copper • **Obv:** Small military bust. **Edge:** Plain.

Date	AG3	G4	VG8	F12	VF20	XF40	MS60
1783	—	—	70.00	95.00	220	525	3,800

Note: One proof example is known. Value: $25,000

KM# Tn37.2 • Copper • **Obv:** Small military bust. **Edge:** Engrailed.

Date	AG3	G4	VG8	F12	VF20	XF40	MS60
1783	—	75.00	110	150	300	750	4,750

KM# Tn38.1 • Copper • **Obv:** Draped bust, no button on drapery.

Date	AG3	G4	VG8	F12	VF20	XF40	MS60
1783	—	40.00	60.00	95.00	175	350	2,250

KM# Tn38.2 • Copper • **Obv:** Draped bust, button on drapery.

Date	AG3	G4	VG8	F12	VF20	XF40	MS60
1783	—	75.00	110	150	300	600	4,500

KM# Tn38.4 • Copper **Edge:** Engrailed. **Note:** Restrike.

Date	G4	VG8	F12	VF20	XF40	MS60	PF60
1783	—	—	—	—	—	—	800

KM# Tn38.4a • Copper **Note:** Bronzed. Restrike.

Date	G4	VG8	F12	VF20	XF40	MS60	PF65
1783	—	—	—	—	—	—	300

KM# Tn83.3 • Copper • **Obv:** Large modern lettering. **Edge:** Plain. **Note:** Restrike.

Date	G4	VG8	F12	VF20	XF40	MS60	PF60
1783	—	—	—	—	—	—	950

KM# Tn83.4b • Silver ASW **Note:** Restrike.

Date	G4	VG8	F12	VF20	XF40	MS60	PF60
1783	—	—	—	—	—	—	1,750

KM# Tn83.4c • Gold AGW **Note:** Restrike.

Date	AG3	G4	VG8	F12	VF20	XF40	MS60
1783 2 known	—	—	—	—	—	—	—

KM# Tn60.1 • Copper • **Obv. Legend:** WASHINGTON PRESIDENT. **Edge:** Plain.

Date	AG3	G4	VG8	F12	VF20	XF40	MS60
1792	1,150	2,850	6,500	12,500	27,500	47,500	—

Note: Steinberg $12,650. Garrett $15,500

KM# Tn60.2 • Copper • **Obv. Legend:** WASHINGTON PRESIDENT. **Edge:** Lettered. **Edge Lettering:** UNITED STATES OF AMERICA.

Date	AG3	G4	VG8	F12	VF20	XF40	MS60
1792	—	—	—	—	—	—	—

KM# Tn61.1 • Copper • **Obv. Legend:** BORN VIRGINIA. **Note:** Varieties exist.

Date	AG3	G4	VG8	F12	VF20	XF40	MS60
ND(ca.1792)	500	1,000	2,000	4,000	7,500	12,000	—

KM# Tn61.1a • Silver ASW **Edge:** Plain.

Date	AG3	G4	VG8	F12	VF20	XF40	MS60
ND(ca.1792) 4 known	—	—	—	—	—	250,000	—

Note: Roper $16,500

KM# Tn61.2 • Silver ASW **Edge Lettering:** UNITED STATES OF AMERICA •

Date	AG3	G4	VG8	F12	VF20	XF40	MS60
ND(ca.1792) 2 known	—	—	—	—	—	—	—

KM# Tn62 • Silver ASW **Rev:** Heraldic eagle. 1792 half dollar. **Note:** Mule.

Date	AG3	G4	VG8	F12	VF20	XF40	MS60
ND(ca.1792) 3 known	—	—	—	—	60,000	85,000	—

KM# Tn77.1 • Copper • **Obv. Legend:** LIBERTY AND SECURITY. **Edge:** Lettered. **Note:** "Penny."

Date	AG3	G4	VG8	F12	VF20	XF40	MS60
ND(ca. 1795)	70.00	110	165	300	500	850	3,500

KM# Tn77.2 • Copper **Edge:** Plain. **Note:** "Penny."

Date	AG3	G4	VG8	F12	VF20	XF40	MS60
ND(ca. 1795) extremely rare	—	—	—	—	—	—	—

KM# Tn77.3 • Copper **Note:** "Penny." Engine-turned borders.

Date	AG3	G4	VG8	F12	VF20	XF40	MS60
ND(ca. 1795) 12 known	—	275	450	650	1,250	2,400	7,500

KM# Tn78 • Copper **Note:** Similar to "Halfpenny" with date on reverse.

Date	AG3	G4	VG8	F12	VF20	XF40	MS60
1795 very rare	—	—	—	—	—	—	—

Note: Roper $6,600

HALFPENNY

KM# Tn56 • Copper • **Obv. Legend:** LIVERPOOL HALFPENNY

Date	AG3	G4	VG8	F12	VF20	XF40	MS60
1791	40.00	70.00	1,000	125	300	550	3,250

KM# Tn66.1 • Copper **Rev:** Ship **Edge:** Lettered.

Date	AG3	G4	VG8	F12	VF20	XF40	MS60
1793	25.00	45.00	85.00	225	450	825	3,500

KM# Tn66.2 • Copper **Rev:** Ship **Edge:** Plain.

Date	AG3	G4	VG8	F12	VF20	XF40	MS60
1793 5 known	—	—	—15,000			—	—

KM# Tn75.1 • Copper • **Obv:** Large coat buttons **Rev:** Grate **Edge:** Reeded.

Date	AG3	G4	VG8	F12	VF20	XF40	MS60
1795	—	70.00	110	200	400	900	

KM# Tn75.2 • Copper **Rev:** Grate **Edge:** Lettered.

Date	AG3	G4	VG8	F12	VF20	XF40	MS60
1795	90.00	140	210	275	400	800	2,800

KM# Tn75.3 • Copper • **Obv:** Small coat buttons **Rev:** Grate **Edge:** Reeded.

Date	AG3	G4	VG8	F12	VF20	XF40	MS60
1795	50.00	75.00	120	190	275	575	2,550

KM# Tn76.1 • Copper • **Obv. Legend:** LIBERTY AND SECURITY. **Edge:** Plain.

Date	AG3	G4	VG8	F12	VF20	XF40	MS60
1795	18.00	35.00	60.00	160	350	650	3,250

KM# Tn76.2 • Copper **Edge:** Lettered. **Edge Lettering:** PAYABLE AT LONDON ...

Date	AG3	G4	VG8	F12	VF20	XF40	MS60
1795	40.00	65.00	90.00	140	300	600	3,000

KM# Tn76.3 • Copper **Edge:** Lettered. **Edge Lettering:** BIRMINGHAM ...

Date	AG3	G4	VG8	F12	VF20	XF40	MS60
1795	55.00	85.00	125	175	350	750	3,500

KM# Tn76.4 • Copper **Edge:** Lettered. **Edge Lettering:** AN ASYLUM ...

Date	AG3	G4	VG8	F12	VF20	XF40	MS60
1795	18.00	35.00	60.00	275	600	1,500	6,250

KM# Tn76.5 • Copper **Edge:** Lettered. **Edge Lettering:** PAYABLE AT LIVERPOOL ...

Date	AG3	G4	VG8	F12	VF20	XF40	MS60
1795 unique	—	—	—	—	—	—	—

KM# Tn76.6 • Copper **Edge:** Lettered. **Edge Lettering:** PAYABLE AT LONDON-LIVERPOOL.

Date	AG3	G4	VG8	F12	VF20	XF40	MS60
1795 unique	—	—	—	—	—	—	—

KM# Tn81.1 • Copper **Rev. Legend:** NORTH WALES **Edge:** Plain.

Date	AG3	G4	VG8	F12	VF20	XF40	MS60
ND(ca.1795)	60.00	110	175	265	625	1,750	—

KM# Tn81.2 • Copper **Rev. Legend:** NORTH WALES **Edge:** Lettered.

Date	AG3	G4	VG8	F12	VF20	XF40	MS60
(ca.1795)	350	550	1,150	1,750	5,500	9,500	—

KM# Tn82 • Copper **Rev:** Four stars at bottom **Rev. Legend:** NORTH WALES

Date	AG3	G4	VG8	F12	VF20	XF40
ND(ca.1795)	1,250	2,250	4,750	7,750	21,500	—

CENT

KM# Tn39 • Copper • **Obv. Legend:** WASHINGTON & INDEPENDENCE • **Obv:** Draped Bust left **Rev:** Denomination in wreath **Rev. Legend:** UNITY STATES OF AMERICA

Date	AG3	G4	VG8	F12	VF20	XF40	MS60
1783	30.00	50.00	70.00	100	265	550	2,150

KM# Tn40 • Copper **Note:** Double head.

Date	AG3	G4	VG8	F12	VF20	XF40	MS60
ND(ca. 1783)	25.00	45.00	60.00	95.00	250	500	2,650

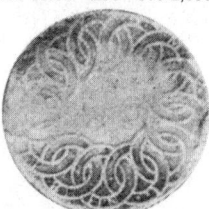

KM# Tn41 • Copper • **Obv:** Ugly head. **Note:** 3 known in copper, 1 in white metal.

Date	AG3	G4	VG8	F12	VF20	XF40	MS60
1784	80,000	120,000	—	—	—	—	—

Note: Roper $14,850. Heritage PCGS Poor $9,775 (2010)

KM# Tn57 • Copper • **Obv. Legend:** WASHINGTON PRESIDENT. • **Obv:** Military bust left **Rev:** Small eagle

Date	AG3	G4	VG8	F12	VF20	XF40	MS60
1791	—	—	350	500	725	1,000	4,250

KM# Tn58 • Copper • **Obv. Legend:** WASHINGTON PRESIDENT • **Obv:** Military bust left **Rev:** Large eagle

Date	AG3	G4	VG8	F12	VF20	XF40	MS60
1791	—	200	325	485	650	900	3,200

KM# Tn65 • Copper • **Obv. Legend:** WASHINGTON PRESIDENT. • **Obv:** "Roman" head

Date	F12	VF20	XF40	MS60	PF60	PF63	PF65
1792	—	—	—	75,000	—	95,000	120,000

HALF DOLLAR

KM# Tn59.1 • Copper **Edge Lettering:** UNITED STATES OF AMERICA

Date	G4	VG8	F12	VF20	XF40	MS60
1792 2 known	—	—	—	150,000	—	

Note: Roper $2,860. Benson, EF, $48,300

KM# Tn59.1a • Silver ASW **Edge Lettering:** UNITED STATES OF AMERICA

Date	AG3	G4	VG8	F12	VF20	XF40	MS60
1792 rare	—	—	—	—	70,000	120,000	—

Note: Roper $35,200

KM# Tn59.1b • Gold AGW **Edge Lettering:** UNITED STATES OF AMERICA

Date	AG3	G4	VG8	F12	VF20	XF40	MS60
1792 unique	—	—	—	—	—	—	—

KM# Tn59.2 • Copper **Edge:** Plain.

Date	G4	VG8	F12	VF20	XF40	MS60
1792 3 known	—	—	—	145,000	225,000	—

KM# Tn59.2a • Silver ASW **Edge:** Plain.

Date	AG3	G4	VG8	F12	VF20	XF40	MS60
1792 rare	—	—	—	—	—	—	—

KM# Tn63.1 • Silver ASW **Rev:** Small eagle **Edge:** Plain.

Date	AG3	G4	VG8	F12	VF20	XF40	MS60
1792	—	—	—	—	250,000	350,000	—

KM# Tn63.1a • Copper **Edge:** Plain.

Date	AG3	G4	VG8	F12	VF20	XF40	MS60
1792	—	4,000	6,500	12,500	32,000	48,000	95,000

Note: Garrett $32,000

KM# Tn63.2 • Silver ASW **Edge:** Ornamented, circles and squares.

Date	AG3	G4	VG8	F12	VF20	XF40	MS60
1792 5 known	—	—	—	—	100,000	175,000	400,000

KM# Tn63.3 • Silver ASW **Edge:** Two olive leaves.

Date	AG3	G4	VG8	F12	VF20	XF40	MS60
1792 unique	—	—	—	—	—	—	—

KM# Tn64 • Silver ASW **Rev:** Large heraldic eagle

Date	AG3	G4	VG8	F12	VF20	XF40	MS60
1792 unique	—	—	—	—	120,000	—	—

Note: Garrett $16,500

UNITED STATES FEDERAL AMERICA

EARLY FEDERAL PATTERNS

NOVA CONSTELLATIO

KM# EA6.1 • Copper • **Obv. Legend:** NOVA • CONSTELLATIO • **Obv:** Pointed rays **Rev:** Small "U•S"

Date	AG3	G4	VG8	F12	VF20	XF40	MS60
1783	50.00	70.00	100	225	440	950	3,250

KM# EA6.2 • Copper • **Obv. Legend:** NOVA • CONSTELLATIO • **Obv:** Pointed rays **Rev:** Large "US"

Date	AG3	G4	VG8	F12	VF20	XF40	MS60
1783	55.00	75.00	110	250	600	1,400	7,000

KM# EA7 • Copper • **Obv. Legend:** NOVA • CONSTELATIO • **Obv:** Blunt rays

Date	AG3	G4	VG8	F12	VF20	XF40	MS60
1783	50.00	75.00	110	250	575	1,350	5,000

KM# EA8 • Copper • **Obv. Legend:** NOVA • CONSTELATIO • **Obv:** Blunt rays

Date	AG3	G4	VG8	F12	VF20	XF40	MS60
1785	50.00	75.00	110	260	650	1,550	6,500

US COLONIAL AMERICA

KM# **EA9** • Copper • **Obv. Legend:** NOVA • CONSTELLATIO • **Obv:** Pointed rays

Date	AG3	G4	VG8	F12	VF20	XF40	MS60
1785	—	—	100	225	450	1,000	3,600

KM# **EA10** • Copper **Note:** Contemporary circulating counterfeit. Similar to previously listed coin.

Date			G4	VG8	F12	VF20	XF40	MS60
1786 extremely rare			—	—	—	—	—	—

5 UNITS

KM# **EA12** • Copper • **Obv. Legend:** NOVA CONSTELLATIO • **Obv:** Eye, with pointed rays & stars **Rev. Legend:** • LIBERTAS • JUSTITIA •

Date	AG3	G4	VG8	F12	VF20	XF40	MS60
1783 unique	—	—	—	—	—	—	—

100 (BIT)

KM# **EA13.1** • Silver ASW • **Obv. Legend:** NOVA CONSTELLATIO • **Obv:** Eye, with pointed rays & stars **Rev. Legend:** • LIBERTAS • JUSTITIA • **Edge:** Leaf.

Date	AG3	G4	VG8	F12	VF20	XF40	MS60
1783 2 known	—	—	—	—	—	—	—

Note: Garrett $97,500. Stack's auction, May 1991, $72,500

KM# **EA13.2** • Silver ASW • **Obv. Legend:** NOVA CONSTELLATIO • **Obv:** Eye, with pointed rays & stars **Rev. Legend:** • LIBERTAS • JUSTITIA • **Edge:** Plain

Date	AG3	G4	VG8	F12	VF20	XF40	MS60
1783 unique	—	—	—	—	—	—	—

Note: Newman, AU55, $705,000

500 (QUINT)

KM# **EA14** • Silver ASW • **Obv. Legend:** NOVA CONSTELLATIO • **Obv:** Eye with pointed rays & stars **Rev. Legend:** • LIBERTAS • JUSTITIA •

Date	AG3	G4	VG8	F12	VF20	XF40	MS60
1783 unique	—	—	—	—	—	—	—

Note: Garrett $165,000

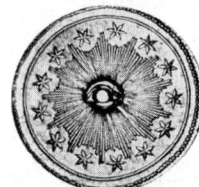 

KM# **EA15** • Silver ASW • **Obv:** Eye, with rays & stars, no legend **Rev. Legend:** • LIBERTAS • JUSTITIA •

Date	AG3	G4	VG8	F12	VF20	XF40	MS60
1783 unique	—	—	—	—	—	—	—

Note: Perschke, AU53, $1,175,000. Garrett $55,000

1000 (MARK)

KM# **EA16** • Silver ASW • **Obv. Legend:** NOVA CONSTELLATIO • **Obv:** Eye, with pointed rays & stars **Rev. Legend:** • LIBERTAS • JUSTITIA •

Date	AG3	G4	VG8	F12	VF20	XF40	MS60
1783 unique	—	—	—	—	—	—	—

Note: Garrett $190,000

IMMUNE COLUMBIA

KM# **EA17** • Copper • **Obv. Legend:** IMMUNE COLUMBIA. **Rev:** Eye, with pointed rays & stars **Rev. Legend:** NOVA • CONSTELLATIO

Date	AG3	G4	VG8	F12	VF20	XF40	MS60
1785	—	—	—	—	25,000	45,000	115,000

KM# EA17a • Silver ASW • **Obv. Legend:** IMMUNE COLUMBIA • **Rev:** Eye, with pointed rays & stars **Rev. Legend:** NOVA CONSTELLATIO

Date	AG3	G4	VG8	F12	VF20	XF40	MS60
1785	—	—	—	—	45,000	75,000	150,000

KM# EA18 • Copper • **Obv. Legend:** IMMUNE COLUMBIA • **Rev:** Eye, with pointed rays & stars. Extra star in reverse legend **Rev. Legend:** NOVA • CONSTELLATIO *

Date	AG3	G4	VG8	F12	VF20	XF40	MS60
1785	—	—	—	—	25,000	45,000	115,000

Note: Caldwell $4,675

KM# EA19 • Copper • **Obv. Legend:** IMMUNE COLUMBIA • **Rev:** Blunt rays **Rev. Legend:** NOVA CONSTELATIO

Date	AG3	G4	VG8	F12	VF20	XF40	MS60
1785 2 known	—	—	—	—	—	—	—

Note: Partrick, XF40, $54,050. Norweb $22,000

KM# EA19a • Gold AGW • **Obv. Legend:** IMMUNE COLUMBIA • **Rev:** Blunt rays **Rev. Legend:** NOVA CONSTELATIO •

Date	AG3	G4	VG8	F12	VF20	XF40	MS60
1785 Unique	—	—	—	—	—	—	—

Note: In the Smithsonian Collection

KM# EA20 • Copper • **Obv. Legend:** GEORGIVS III • REX • **Obv:** George III **Rev. Legend:** IMMUNE COLUMBIA •

Date	AG3	G4	VG8	F12	VF20	XF40	MS60
1785	3,500	5,250	7,750	12,500	22,500	37,500	—

KM# EA21 • Copper • **Obv. Legend:** VERMON AUCTORI • **Obv:** Head right **Rev. Legend:** IMMUNE COLUMBIA •

Date	AG3	G4	VG8	F12	VF20	XF40	MS60
1785	—	6,000	9,500	14,500	37,500	—	—

KM# EA24 • Copper • **Obv:** Washington **Rev:** Stars in rayed circle **Rev. Legend:** • CONFEDERATIO •

Date	AG3	G4	VG8	F12	VF20	XF40	MS60
1786 3 known	—	—	—	—	60,000	—	—

Note: Garrett $50,000. Steinberg $12,650

KM# EA25 • Copper • **Obv. Legend:** * E • PLURIBUS UNUM • **Obv:** Eagle, raw shield **Rev:** Shield **Rev. Legend:** * E * PLURIBUS * UNUM *

Date	AG3	G4	VG8	F12	VF20	XF40	MS60
1786 unique	—	—	—	—	—	—	—

Note: Garrett $37,500

KM# EA26 • Copper • **Obv. Legend:** GEN • WASHINGTON • **Obv:** Washington **Rev:** Eagle

Date	AG3	G4	VG8	F12	VF20	XF40	MS60
1786 2 known	—	—	—	—	—	—	—

KM# EA27 • Copper • **Obv. Legend:** IMMUNIS COLUMBIA • **Rev:** Shield **Rev. Legend:** * E * PLURIBUS * UNUM *

Date	AG3	G4	VG8	F12	VF20	XF40	MS60
1786	—	—	—	—	—	65,000	137,500

Note: Rescigno, AU, $33,000. Steinberg, VF $11,000

KM# EA28 • Copper • **Obv. Legend:** IMMUNIS COLUMBIA **Rev:** Eagle **Rev. Legend:** * E * PLURIBUS * UNUM *

Date	AG3	G4	VG8	F12	VF20	XF40	MS60
1786	—	—	—	—	—	80,000	165,000

CONFEDERATIO
Confederatio

KM# EA22 • Copper **• Obv. Legend:** INIMICA TYRANNIS • AMERICANA **• Obv:** Standing figure with bow & arrow **Rev:** Small circle of stars **Rev. Legend:** • CONFEDERATIO •

Date	AG3	G4	VG8	F12	VF20	XF40	MS60
1785	—	—	—	—	70,000	116,500	—

KM# EA23 • Copper **• Obv. Legend:** INIMICA TYRANNIS • AMERICANA **• Obv:** Standing figure with bow & arrow **Rev:** Large circle of stars **Rev. Legend:** • CONFEDERATIO • **Note:** The Confederatio dies were struck in combination with 13 other dies of the period. All surviving examples of these combinations are extremely rare.

Date	AG3	G4	VG8	F12	VF20	XF40	MS60
1785	—	—	—	—	80,000	137,500	—

Note: Newman, MS63, $352,500

KM# EA23a • Silver ASW **• Obv. Legend:** INIMICA TYRANNIS • AMERICANA **• Obv:** Standing figure with bow & arrow **Rev:** Large circle of stars **Rev. Legend:** • CONFEDERATIO • **Note:** Only know example is holed

Date	AG3	G4	VG8	F12	VF20	XF40	MS60
1785 Unique	—	—	—	—	—	—	—

Note: Partrick, VF, $44,650

EARLY FEDERAL COINAGE

FUGIO "CENT"

KM# EA30.1 • Copper **• Obv:** Club rays, round ends.

Date	AG3	G4	VG8	F12	VF20	XF40	MS60
1787	225	325	450	950	2,000	3,850	—

KM# EA30.2 • Copper **• Obv:** Club rays, concave ends.

Date	AG3	G4	VG8	F12	VF20	XF40	MS60
1787	1,500	2,500	4,500	9,000	27,500	—	—

KM# EA30.3 • Copper **• Obv. Legend:** FUCIO.

Date	AG3	G4	VG8	F12	VF20	XF40	MS60
1787	—	2,000	3,000	7,000	25,000	35,000	—

KM# EA31.1 • Copper **• Obv:** Pointed rays. **Rev:** UNITED above, STATES below.

Date	AG3	G4	VG8	F12	VF20	XF40	MS60
1787	600	950	1,500	3,250	8,000	11,500	—

KM# EA31.2 • Copper **Rev:** UNITED STATES at sides of ring.

Date	AG3	G4	VG8	F12	VF20	XF40	MS60
1787	110	175	275	550	900	1,800	3,500

KM# EA31.3 • Copper **Rev:** STATES UNITED at sides of ring.

Date	AG3	G4	VG8	F12	VF20	XF40	MS60
1787	110	190	275	550	850	1,650	2,500

KM# EA31.4 • Copper **Rev:** Eight-pointed stars on ring.

Date	AG3	G4	VG8	F12	VF20	XF40	MS60
1787	150	285	475	700	1,250	2,750	9,000

KM# EA31.5 • Copper **Rev:** Raised rims on ring, large lettering in center.

Date	AG3	G4	VG8	F12	VF20	XF40	MS60
1787	185	325	550	950	2,750	6,000	18,500

KM# EA32.1 • Copper **• Obv. Legend:** UNITED STATES. **• Obv:** No cinquefoils, cross after date.

Date	AG3	G4	VG8	F12	VF20	XF40	MS60
1787	300	—	750	1,450	3,750	5,750	—

KM# EA32.2 • Copper **• Obv. Legend:** STATES UNITED. **• Obv:** No cinquefoils, cross after date.

Date	AG3	G4	VG8	F12	VF20	XF40	MS60
1787	175	350	750	1,500	4,000	7,200	—

KM# EA32.3 • Copper **• Obv:** No cinquefoils, cross after date. **Rev:** Raised rims on ring.

Date	AG3	G4	VG8	F12	VF20	XF40	MS60
1787	—	—	—	—	27,500	—	—

KM# EA33 • Copper • **Obv:** No cinquefoils, cross after date. **Rev:** With rays. **Rev. Legend:** AMERICAN CONGRESS.

Date	VG8	F12	VF20	XF40	MS60
1787 extremely rare	—	—	225,000	300,000	—

Note: Norweb $63,800

KM# EA34 • Brass **Note:** New Haven restrike.

Date	AG3	G4	VG8	F12	VF20	XF40	MS60
1787 (ca.1858)	—	—	—	—	—	450	950

KM# EA34a • Copper **Note:** New Haven restrike.

Date	AG3	G4	VG8	F12	VF20	XF40	MS60
1787 (ca.1858)	—	—	—	—	—	450	750	1,250

KM# EA34b • Silver ASW **Note:** New Haven restrike.

Date	AG3	G4	VG8	F12	VF20	XF40	MS60
1787 (ca. 1858)	—	—	—	—	—	2,750	6,750

KM# EA34c • Gold AGW **Note:** New Haven restrike.

Date	G4	VG8	F12	VF20	XF40	MS60
1787 (ca. 1858) 2 known	—	—	—	—	—	—

Note: Norweb (holed) $1,430

BRASHER

KM# Tn51.1 • Gold AGW • **Obv:** Sunrise over mountains. **Rev:** Displayed eagle with shield on breast, EB counterstamp on wing.

Date	AG3	G4	VG8	F12	VF20	XF40	MS60
1787 6 known	—	—	—	—	—	—	—

Note: Heritage FUN Sale, January 2005, AU-55, $2,415,000.

KM# Tn51.2 • Gold AGW • **Obv:** Sun rise over mountains **Rev:** Displayed eagle with sheild on breast. EB counterstamp on breast.

Date	AG3	G4	VG8	F12	VF20	XF40	MS60
1787 unique	—	—	—	—	—	—	—

Note: Heritage FUN sale, January 2005, XF-45, $2,9900. Foreign gold coins with EB counterstamp exist. These are valued at over $5,000, with many much higher.

ISSUES OF 1792

CENT

KM# PnE1 • Bi-Metallic Silver center in Copper ring, Silver center in Copper ring

Date	VG8	F12	VF20	XF40	MS60
1792 14 known	—	185,000	325,000	475,000	950,000

Note: Norweb, MS-60, $143,000; Heritage 4-12; MS61 $1.15 million

KM# PnF1 • Copper **Note:** No silver center.

Date	G4	VG8	F12	VF20	XF40	MS60
1792 9 known	—	—	250,000	550,000	800,000	—

Note: Norweb, EF-40, $35,200; Benson, VG-10, $57,500

KM# PnG1 • Copper **Edge:** Plain **Note:** Commonly called "Birch cent."

Date	G4	VG8	F12	VF20	XF40	MS60
1792 unique	—	—	—	—	850,000	—

KM# PnH1 • Copper • Obv: One star in edge legend
Note: Commonly called "Birch cent."

Date	G4	VG8	F12	VF20	XF40	MS60
1792 2 known	—	—	—	—	650,000	750,000

Note: Norweb, EF-40, $59,400

KM# Pnl1 • Copper • Obv: Two stars in edge legend
Note: Commonly called "Birch cent."

Date	VG8	F12	VF20	XF40	MS60
1792 8 known	100,000	200,000	400,000	550,000	—

Note: Partrick, MS65, $2,585,000. Hawn, strong VF, $57,750

KM# PnJ1 • White Metal **Rev:** G.W.Pt. below wreath tie **Note:** Commonly called "Birch cent."

Date	AG3	G4	VG8	F12	VF20	XF40	MS60
1792 unique	—	—	—	—	—	—	—

Note: Garrett, $90,000

HALF DISME

KM# 5 • Silver ASW

Date	G4	VG8	F12	VF20	XF40	MS60
1792	25,000	45,000	65,000	90,000	125,000	325,000

KM# PnA1 • Copper

Date	AG3	G4	VG8	F12	VF20	XF40	MS60
1792 unique	—	—	—	—	—	—	—

Note: Heritage 4-06, Sp-67, $1,322,500

DISME

KM# PnB1 • Silver ASW

Date	G4	VG8	F12	VF20	XF40	MS60
1792 3 known	—	—	—	700,000	1,000,000	—

Note: Norweb, EF-40, $28,600

KM# PnC1 • Copper **Edge:** Reeded

Date	G4	VG8	F12	VF20	XF40	MS60
1792 14 known	—	—	—	150,000	250,000	500,000

Note: Hawn, VF, $30,800; Benson, EF-45, $109,250

KM# PnD1 • Copper **Edge:** Plain

Date	G4	VG8	F12	VF20	XF40	MS60
1792 2 known	—	—	—	450,000	750,000	—

Note: Garrett, $45,000

QUARTER

KM# PnK1 • Copper **Edge:** Reeded **Note:** Commonly called "Wright quarter."

Date	AG3	G4	VG8	F12	VF20	XF40	MS60
1792 2 known	—	—	—	—	—	—	—

Note: Partrick, MS63, $2,232,500

KM# PnL1 • White Metal **Edge:** Plain **Note:** Commonly called "Wright quarter."

Date	AG3	G4	VG8	F12	VF20	XF40	MS60
1792 4 known	—	—	—	—	—	400,000	—

Note: Partrick, XF45, $376,000. Norweb, VF-30 to EF-40, $28,600

KM# PnM1 • White Metal **Note:** Commonly called "Wright quarter."

Date	AG3	G4	VG8	F12	VF20	XF40	MS60
1792 die trial	—	—	—	—	—	—	—

Note: Garrett, $12,000

CIRCULATION COINAGE

HALF CENT

Liberty Cap Half Cent
Head facing left obverse

KM# 10 • 6.74 g., Copper, 22 mm. • **Designer:** Henry Voigt

Date	Mintage	G4	VG8	F12	VF20	XF40	MS60
1793	35,334	3,300	5,000	9,000	13,000	21,000	50,000

Head facing right obverse

KM# 14 • Copper, 6.74 g. (1794-95) and 5.44 g. (1795-97), 23.5 mm. • **Designer:** Robert Scot (1794) and John Smith Gardner (1795) **Note:** The "lettered edge" varieties have TWO HUNDRED FOR A DOLLAR inscribed around the edge. The "pole" varieties have a pole upon which the cap is hanging, resting on Liberty's shoulder. The "punctuated date" varieties have a comma after the 1 in the date. The 1797 "1 above 1" variety has a second 1 above the 1 in the date.

Date	Mintage	G4	VG8	F12	VF20	XF40	MS60
1794 Normal Relief Head, lg letters	81,600	400	775	1,300	1,700	5,000	30,000
1794 High Relief Head, Lt wreath	Inc. above	400	775	1,300	1,700	5,000	30,000
1795 lettered edge, pole	25,600	400	600	925	1,500	3,300	15,000
1795 plain edge, no pole	109,000	400	600	925	1,500	3,300	12,000
1795 lettered edge, punctuated date	Inc. above	400	600	925	1,500	3,300	15,000
1795 plain edge, punctuated date	Inc. above	400	600	925	1,500	3,300	75,000
1796 pole	5,090	17,000	20,000	28,500	45,000	65,000	150,000
1796 no pole	1,390	25,000	34,000	90,000	120,000	165,000	300,000
1797 plain edge	119,215	400	575	1,300	1,700	3,100	15,000
1797 lettered edge	Inc. above	900	1,700	3,400	12,000	23,000	50,000
1797 1 above 1	Inc. above	400	575	925	1,500	3,000	14,500
1797 gripped edge	Inc. above	15,500	38,500	48,000	60,000	72,000	—

Draped Bust Half Cent
Draped bust right, date at angle below obverse
Value within thin wreath reverse

Stemless   Stems

KM# 33 • 5.44 g., Copper, 23.5 mm. • **Obv. Legend:** LIBERTY **Rev. Legend:** UNITED STATES OF AMERICA **Designer:** Robert Scot **Note:** The wreath on the reverse was redesigned slightly in 1802, resulting in "reverse of 1800" and "reverse of 1802" varieties. The "stems" varieties have stems extending from the wreath above and on both sides of the fraction on the reverse. On the 1804 "crosslet 4" variety, a serif appears at the far right of the crossbar on the 4 in the date. The "spiked chin" variety appears to have a spike extending from Liberty's chin, the result of a damaged die. Varieties of the 1805 strikes are distinguished by the size of the 5 in the date. Varieties of the 1806 strikes are distinguished by the size of the 6 in the date.

Date	Mintage	G4	VG8	F12	VF20	XF40	MS60
1800	211,530	50.00	80.00	115	185	345	1,800
1802/0 rev. 1800	14,366	24,000	18,000	32,000	40,500	70,000	—
1802/0 rev. 1802	Inc. above	650	1,900	5,000	8,300	18,500	—

Date	Mintage	G4	VG8	F12	VF20	XF40	MS60
1803	97,900	50.00	80.00	115	230	700	2,700
1804 plain 4, stemless wreath	1,055,312	50.00	80.00	115	185	325	1,100
1804 plain 4, stems	Inc. above	50.00	80.00	120	225	880	3,100
1804 crosslet 4, stemless	Inc. above	50.00	80.00	115	185	325	1,100
1804 crosslet 4, stems	Inc. above	50.00	80.00	115	185	325	1,100
1804 spiked chin	Inc. above	50.00	80.00	115	185	325	2,000
1805 small 5, stemless	814,464	50.00	80.00	115	185	325	1,100
1805 small 5, stems	Inc. above	700	1,300	3,000	6,000	11,000	—
1805 large 5, stems	Inc. above	50.00	80.00	115	185	325	1,100
1806 small 6, stems	356,000	155	300	500	900	2,500	8,000
1806 small 6, stemless	Inc. above	50.00	80.00	115	185	325	1,100
1806 large 6, stems	Inc. above	50.00	80.00	115	185	325	1,300
1807	476,000	50.00	80.00	115	185	350	1,300
1808/7	400,000	90.00	185	400	1,100	2,900	85,000
1808	Inc. above	50.00	80.00	115	185	450	2,300

Classic Head Half Cent
Classic head left, flanked by stars, date below obverse
Value within wreath reverse

KM# 41 • 5.44 g., Copper, 23.5 mm. • **Rev. Legend:** UNITED STATES OF AMERICA **Designer:** John Reich
Note: Restrikes listed were produced privately in the mid-1800s. The 1831 restrikes have two varieties with different sized berries in the wreath on the reverse. The 1828 strikes have either 12 or 13 stars on the obverse.

Date	Mintage	G4	VG8	F12	VF20	XF40	MS60
1809/6	1,154,572	45.00	60.00	65.00	80.00	220	650
1809	Inc. above	45.00	60.00	62.00	65.00	80.00	450
1809 circle in 0	Inc. above	45.00	60.00	65.00	80.00	200	600
1810	215,000	45.00	60.00	65.00	130	500	1,000
1811 Close Date	63,140	250	500	1,200	1,600	4,000	30,000

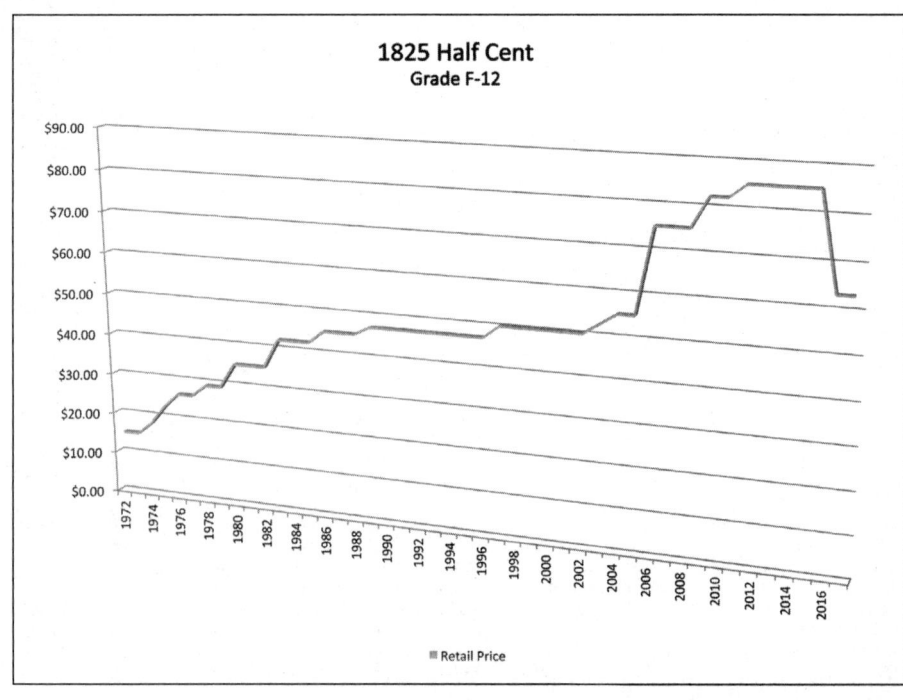

1825 Half Cent
Grade F-12

Date	Mintage	G4	VG8	F12	VF20	XF40	MS60
1811 Wide Date Inc. Above	—	250	500	1,200	1,600	4,000	30,000
1811 restrike, reverse of 1802, uncirculated	—	250	500	1,200	—	—	—
1825	63,000	45.00	60.00	63.00	65.00	115	525
1826	234,000	45.00	60.00	63.00	65.00	90.00	300
1828 13 stars	606,000	45.00	60.00	63.00	65.00	85.00	190
1828 12 stars	Inc. above	45.00	60.00	63.00	65.00	135	750
1829	487,000	45.00	60.00	63.00	65.00	90.00	250
1831 original	2,200	—	—	—	—	50,000	—
1831 1st restrike, lg. berries, reverse of 1836	—	—	—	—	—	—	—
1831 2nd restrike, sm. berries, reverse of 1840, proof	—	—	—	—	—	—	—
1832	154,000	45.00	60.00	62.00	65.00	85.00	200
1833	120,000	45.00	60.00	62.00	65.00	85.00	200
1834	141,000	45.00	60.00	62.00	65.00	85.00	200
1835	398,000	45.00	60.00	62.00	65.00	85.00	200
1836 original, proof	—	—	—	—	—	—	—
1836 restrike, reverse of 1840, proof	—	—	—	—	—	—	—

Braided Hair Half Cent
Head left, braided hair, within circle of stars, date below obverse
Value within wreath reverse

KM# 70 • 5.44 g., Copper, 23 mm. • **Rev. Legend:** UNITED STATES OF AMERICA **Designer:** Christian Gobrecht **Note:** 1840-1849 and 1852 strikes, both originals and restrikes, are known in proof only; mintages are unknown. The small-date varieties of 1849, both originals and restrikes are known in proof only. The restrikes were produced clandestinely by Philadelphia Mint personnel in the mid-1800s.

Date	G4	VG8	F12	VF20	XF40	AU50	MS60	PF60BRN
1840 original	—	—	—	—	—	—	—	3,250
1840 1st restrike	—	—	—	—	—	—	—	3,250
1840 2nd restrike	—	—	—	—	—	—	—	5,500
1841 original	—	—	—	—	—	—	—	3,250
1841 1st restrike	—	—	—	—	—	—	—	3,250
1841 2nd restrike	—	—	—	—	—	—	—	6,000
1842 original	—	—	—	—	—	—	—	3,250
1842 1st restrike	—	—	—	—	—	—	—	3,250
1842 2nd restrike	—	—	—	—	—	—	—	6,000
1843 original	—	—	—	—	—	—	—	3,250
1843 1st restrike	—	—	—	—	—	—	—	3,250
1843 2nd restrike	—	—	—	—	—	—	—	6,500
1844 original	—	—	—	—	—	—	—	3,250
1844 1st restrike	—	—	—	—	—	—	—	3,250
1844 2nd restrike	—	—	—	—	—	—	—	6,000
1845 original	—	—	—	—	—	—	—	6,000
1845 1st restrike	—	—	—	—	—	—	—	6,000
1845 2nd restrike	—	—	—	—	—	—	—	3,250
1846 original	—	—	—	—	—	—	—	6,000
1846 1st restrike	—	—	—	—	—	—	—	3,250
1846 2nd restrike	—	—	—	—	—	—	—	3,250
1847 original	—	—	—	—	—	—	—	6,000
1847 1st restrike	—	—	—	—	—	—	—	3,250
1847 2nd restrike	—	—	—	—	—	—	—	3,250
1848 original	—	—	—	—	—	—	—	6,000
1848 1st restrike	—	—	—	—	—	—	—	6,000
1848 2nd restrike	—	—	—	—	—	—	—	3,250
1849 original, small date	—	—	—	—	—	—	—	6,000
1849 1st restrike small date	—	—	—	—	2,500	3,000	3,100	3,250
1849 large date	45.00	60.00	65.00	70.00	90.00	140	325	3,250
1850	45.00	60.00	65.00	70.00	90.00	140	250	—
1851	45.00	60.00	63.00	65.00	70.00	125	175	—
1852 original	12,000	45,000	20,000	25,000	30,000	37,000	—	90,000
1852 1st restrike	—	—	—	—	—	—	900	5,000
1852 2nd restrike	—	—	—	—	—	—	900	7,000
1853	45.00	60.00	63.00	65.00	70.00	125	175	—

Date	G4	VG8	F12	VF20	XF40	AU50	MS60	PF60BRN
1854	45.00	60.00	63.00	65.00	70.00	125	175	—
1855	45.00	60.00	63.00	65.00	70.00	125	175	3,250
1856	45.00	60.00	63.00	70.00	75.00	125	180	3,250
1857	45.00	65.00	80.00	90.00	100	155	200	3,250

CENT

Flowing Hair Cent
Chain reverse

KM# 11 • 13.48 g., Copper, 26-27 mm. • **Designer:** Henry Voigt

Date	Mintage	G4	VG8	F12	VF20	XF40	MS60
1793 AMERI	36,103	9,575	14,000	23,500	38,000	75,000	170,000
1793 AMERICA	Inc. above	5,600	8,800	16,000	29,000	66,000	150,000
1793 periods after "LIBERTY"	Inc. above	6,550	10,000	18,500	28,000	66,000	145,000

Wreath reverse

KM# 12 • 13.48 g., Copper, 26-28 mm. • **Designer:** Henry Voigt

Date	Mintage	G4	VG8	F12	VF20	XF40	MS60
1793 vine and bars edge	63,353	2,800	3,875	6,600	11,000	20,000	49,500
1793 lettered edge	Inc. above	3,000	4,500	7,200	12,000	22,000	78,000
1793 strawberry leaf; 4 known	—	135,000	220,000	600,000	—	—	—

Liberty Cap Cent

KM# 13 • Copper, 13.48 g., 29 mm. • **Designer:** Joseph Wright **Note:** The heavier pieces were struck on a thicker planchet. The Liberty design on the obverse was revised slightly in 1794, but the 1793 design was used on some 1794 strikes. A 1795 "lettered edge" variety has ONE HUNDRED FOR A DOLLAR and a leaf inscribed on the edge.

Date	Mintage	G4	VG8	F12	VF20	XF40	MS60
1793 cap	11,056	6,000	9,500	13,000	35,000	60,000	265,000
1794 NO FRACTION BAR	Inc. above	500	800	1,350	2,750	8,000	33,000
1794 head '93	918,521	1,075	1,525	2,100	5,000	12,000	115,000
1794 head '94	Inc. above	450	600	1,050	1,825	3,750	14,750
1794 head '95	Inc. above	450	600	1,050	1,825	3,750	10,000
1794 starred rev.	Inc. above	23,000	35,000	65,000	220,000	360,000	—
1795 Lettered Edge	Inc. above	450	600	1,050	1,825	3,200	11,000
1795 plain edge	501,500	450	600	1,050	1,825	3,200	7,000
1795 reeded edge	Inc. above	160,000	540,000	1,000,000	—	—	—
1795 Jefferson head plain edge	Inc. above	16,000	19,000	30,000	45,000	120,000	—
1795 Jefferson head lettered edge	Inc. above	70,000	75,000	140,000	220,000	—	—

KM# 13A • 10.89 g., Copper, 29 mm. • **Designer:** John Smith Gardner

Date	Mintage	G4	VG8	F12	VF20	XF40	MS60
1795 lettered edge, "One Cent" high in wreath	37,000	400	600	10,000	1,800	4,400	12,000
1796	109,825	400	600	10,000	1,800	3,800	27,500

Draped Bust Cent
Draped bust right, date at angle below obverse
Value within wreath reverse

Stemless   Stems

KM# 22 • 10.98 g., Copper, 29 mm. • **Obv. Legend:** LIBERTY **Rev. Legend:** UNITED STATES OF AMERICA **Designer:** Robert Scot **Note:** The 1801 "3 errors" variety has the fraction on the reverse reading "1/000," has only one stem extending from the wreath above and on both sides of the fraction on the reverse, and UNITED in UNITED STATES OF AMERICA appears as "linited".

Date	Mintage	G4	VG8	F12	VF20	XF40	MS60
1796 reverse of 1794	363,375	500	700	1,600	2,650	7,500	35,000
1796 reverse of 1795	Inc. above	475	650	1,200	4,500	9,500	23,000
1796 reverse of 1797	Inc. above	350	500	925	1,875	4,500	9,500
1796 Liherty error	Inc. above	1,150	1,550	2,200	4,700	12,000	—
1797 reverse of 1795 plain edge	897,510	225	1,500	2,100	2,800	4,500	27,000
1797 reverse of 1795 gripped edge	Inc. above	225	1,500	2,100	2,750	5,800	27,000
1797 stems	Inc. above	225	350	650	1,325	2,200	4,100
1797 stemless	Inc. above	225	1,300	1,750	2,750	6,000	27,750
1797 reverse of 1795	—	—	—	—	—	—	8,500
1798 reverse of 1795	—	—	—	—	—	—	6,000
1798 reverse of 1796	Inc. above	2,500	5,000	8,000	12,000	17,500	23,000
1798 1st hair style	Inc. above	250	375	550	900	1,700	12,500
1798 2nd hair style	Inc. above	225	300	450	600	2,100	9,000
1798/7	1,841,745	475	700	1,000	1,050	1,400	13,000
1799	42,540	4,200	8,000	14,500	31,000	120,000	720,000
1799/98	Inc. above	6,000	9,500	18,250	43,000	165,000	—
1800	2,822,175	175	300	475	950	1,700	10,000
1800/798	Inc. above	175	300	500	900	3,000	—
1800/79	Inc. above	175	300	500	825	2,000	18,000
1801	1,362,837	175	300	500	825	1,750	12,750
1801 3 errors	Inc. above	300	650	1,200	2,750	6,000	—
1801 1/000	Inc. above	200	300	525	875	4,000	14,250
1801 100/000	Inc. above	200	300	525	900	5,525	38,000
1802	3,435,100	125	200	300	525	1,125	6,000
1802 stemless	Inc. above	125	200	375	550	1,350	4,200
1802 1/000	Inc. above	200	275	475	650	1,700	6,800
1803 small date, small fraction	2,471,353	150	240	350	525	1,100	5,600
1803 small date, large fraction	Inc. above	150	240	350	525	1,100	4,400
1803 large date, small fraction	Inc. above	9,000	14,000	22,500	38,000	120,000	—
1803 large date, large fraction	Inc. above	350	500	875	1,950	3,600	40,000
1803 1/100 over 1/1000	—	200	300	500	925	1,750	17,000
1803 Stemless wreath	—	200	300	500	775	1,700	12,000

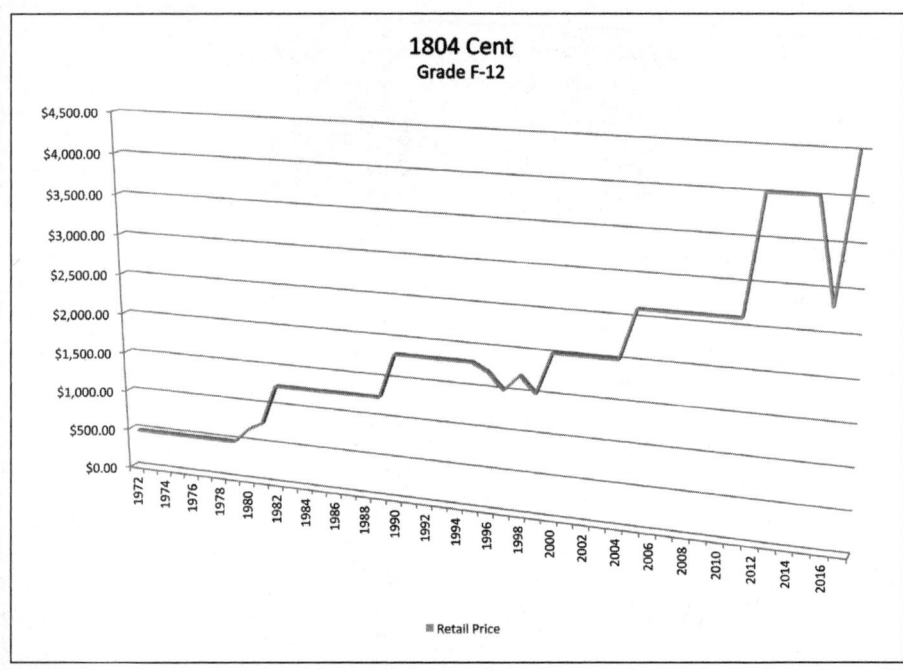

1804 Cent
Grade F-12

■ Retail Price

Date	Mintage	G4	VG8	F12	VF20	XF40	MS60
1804	96,500	2,300	3,500	4,500	8,500	13,000	225,000
1804 Restrike of 1860	—	—	—	475	500	550	775
1805	941,116	150	200	300	500	1,100	4,200
1806	348,000	150	250	400	625	1,725	6,800
1807 small fraction	727,221	1,700	4,000	6,000	12,000	23,000	55,000
1807 large fraction	Inc. above	150	200	350	700	1,325	12,000
1807/6 large 7/6	Inc. above	200	350	500	725	1,050	12,000
1807/6 small 7/6	Inc. above	2,400	5,000	8,500	30,000	65,000	—
1807 Comet Variety	Inc. above	250	350	600	1,200	2,300	17,500

Classic Head Cent
Classic head left, flanked by stars, date below obverse
Value within wreath reverse

KM# 39 • 10.89 g., Copper, 29 mm. • **Rev. Legend:** UNITED STATES OF AMERICA **Designer:** John Reich

Date	Mintage	G4	VG8	F12	VF20	XF40	MS60
1808	1,109,000	175	250	500	975	2,000	9,750
1809	222,867	300	600	875	1,325	3,300	12,500
1810/09	1,458,500	175	250	500	1,200	2,150	10,000
1810	Inc. above	175	250	500	900	2,000	10,500
1811/10	218,025	350	500	775	1,750	6,000	22,000
1811	Inc. above	250	400	600	1,150	2,400	10,000
1812 small date	1,075,500	175	250	500	775	2,250	8,500
1812 large date	—	175	250	500	775	2,250	8,500
1813	418,000	175	250	500	775	2,250	8,500
1814 Plain 4	357,830	175	250	500	775	2,250	8,500
1814 Crosslet 4	Inc. above	175	250	500	775	2,250	8,500

Coronet Cent
Coronet head left, within circle of stars, date below obverse
Value within wreath reverse

KM# 45 • 10.89 g., Copper, 28-29 mm. • **Rev. Legend:** UNITED STATES OF AMERICA **Designer:** Robert Scot

Date	Mintage	G4	VG8	F12	VF20	XF40	MS60
1816	2,820,982	38.00	42.00	50.00	100	275	600
1817 13 obverse stars	3,948,400	26.00	28.00	42.00	95.00	150	450
1817 15 obverse stars	Inc. above	40.00	50.00	65.00	175	600	2,200
1818	3,167,000	28.00	34.00	40.00	70.00	130	350
1819 Large date, 9/8	2,671,000	—	—	—	—	—	—
1819	—	30.00	32.00	40.00	90.00	300	825
1819/8	—	30.00	32.00	40.00	90.00	300	825
1819 Large date	Inc. above	26.00	33.00	44.00	70.00	130	650
1819 Small date	Inc. above	30.00	36.00	44.00	75.00	205	550
1820 Large date, 20/19	4,407,550	35.00	41.00	52.00	95.00	425	1,325
1820 Large date	—	31.00	38.00	48.00	75.00	145	375
1820 Small date	—	30.00	38.00	48.00	77.00	225	600
1821	389,000	44.00	65.00	130	450	1,225	8,500
1822	2,072,339	35.00	46.00	65.00	135	350	1,100
1823 Included in 1824 mintage	—	175	275	550	875	2,600	21,000
1823/22 Included in 1824 mintage	—	175	310	600	900	2,200	19,000
1823 Restrike	—	500	600	650	750	800	1,700
1824	1,262,000	125	150	200	400	600	2,700
1824/22	Inc. above	150	175	225	450	875	6,000
1825	1,461,100	60.00	80.00	105	175	425	1,950
1826	1,517,425	60.00	80.00	105	175	275	800
1826/25	Inc. above	175	200	300	450	1,000	9,000
1827	2,357,732	80.00	125	175	190	240	925
1828 Large date	2,260,624	50.00	65.00	85.00	105	325	1,150
1828 Small date	—	135	200	225	325	500	2,600
1829 Large letters	1,414,500	65.00	85.00	130	175	350	1,100
1829 Medium letters	Inc. above	65.00	85.00	130	175	500	5,000
1830 Large letters	1,711,500	50.00	80.00	95.00	125	235	875
1830 Medium letters	Inc. above	50.00	100	250	650	1,600	7,500
1831 Large letters	3,359,260	50.00	80.00	95.00	125	175	550
1831 Medium letters	—	50.00	100	250	650	235	650
1832 Large letters	2,362,000	50.00	80.00	95.00	125	175	640
1832 Medium letters	—	50.00	80.00	95.00	200	225	750
1833	2,739,000	50.00	80.00	95.00	130	180	500
1834 Large 8, stars and letters	1,855,100	65.00	80.00	105	150	225	950
1834 Large 8 & stars, medium letters	Inc. above	600	875	1,350	2,000	4,500	8,800
1834 Large 8, small stars, medium letters	Inc. above	65.00	80.00	105	150	225	950
1834 Small 8 & stars	Inc. above	65.00	80.00	105	150	225	950
1835 Large 8 & stars	3,878,400	45.00	65.00	150	175	400	1,200
1835 Head '36	—	45.00	65.00	125	150	325	900
1835 Small 8 & stars	—	45.00	65.00	125	150	325	900
1836	2,111,000	40.00	60.00	65.00	100	175	600
1837 Plain hair cords, medium letters	5,558,300	23.00	33.00	42.00	70.00	135	290
1837 Plain hair cords, small letters	Inc. above	23.00	33.00	42.00	70.00	135	290
1837 Head '38	Inc. above	23.00	33.00	42.00	70.00	135	290
1838	6,370,200	23.00	33.00	42.00	70.00	135	290
1839 Head '38, beaded hair cords	3,128,661	45.00	65.00	80.00	105	185	500
1839/36 Plain hair cords	Inc. above	450	725	1,250	2,500	5,500	—
1839 Silly head	Inc. above	45.00	65.00	80.00	105	185	675
1839 Booby head	Inc. above	45.00	65.00	80.00	105	185	700

Braided Hair Cent
Head left, braided hair, within circle of stars, date below obverse
Value within wreath reverse

KM# 67 • 10.89 g., Copper, 27.5 mm. • **Rev. Legend:** UNITED STATES OF AMERICA **Designer:** Christian Gobrecht **Note:** 1840 and 1842 strikes are known with both small and large dates, with little difference in value. A slightly larger Liberty head and larger reverse lettering were used beginning in 1843.

Date	Mintage	G4	VG8	F12	VF20	XF40	MS60
1839 Petite Head	3,128,661	45.00	55.00	83.00	105	210	900
1840 Large date	2,462,700	28.00	30.00	36.00	50.00	95.00	575
1840 Small date	Inc. above	28.00	30.00	36.00	50.00	95.00	575
1840 Small date over large 18	Inc. above	30.00	40.00	60.00	100	150	1,000
1841	1,597,367	35.00	65.00	95.00	175	275	800
1842 Small date	2,383,390	28.00	31.00	37.00	55.00	95.00	600
1842 Large date	Inc. above	28.00	31.00	37.00	55.00	95.00	600
1843 Petite Head, small date	2,425,342	29.00	31.00	42.00	55.00	95.00	600
1843 Petite Head, (rev '44)	Inc. above	29.00	31.00	42.00	55.00	95.00	600
1843 Mature Head	—	29.00	31.00	42.00	55.00	95.00	725
1844	2,398,752	29.00	31.00	42.00	55.00	95.00	600
1844/81	Inc. above	125	200	250	300	500	1,650
1845	3,894,804	28.00	30.00	50.00	68.00	75.00	190
1846 Small date	4,120,800	28.00	30.00	50.00	68.00	75.00	190
1846 MD	Inc. above	28.00	30.00	50.00	68.00	75.00	190
1846 TD	Inc. above	36.00	75.00	100	150	260	1,650
1847	6,183,669	28.00	40.00	45.00	68.00	100	300
1847/7	Inc. above	100	150	200	225	375	1,400
1848	6,415,799	28.00	30.00	50.00	68.00	75.00	190
1849	4,178,500	28.00	30.00	25.00	68.00	75.00	190
1850	4,426,844	28.00	30.00	50.00	68.00	75.00	190
1851	9,889,707	28.00	30.00	50.00	68.00	75.00	190
1851/81	Inc. above	85.00	105	150	175	225	600
1852	5,063,094	28.00	30.00	50.00	68.00	75.00	190
1853	6,641,131	28.00	30.00	50.00	68.00	75.00	190
1854	4,236,156	28.00	30.00	50.00	68.00	75.00	190
1855 Slanted 5's	1,574,829	28.00	30.00	50.00	68.00	75.00	190
1855 Upright 5's	Inc. above	28.00	30.00	50.00	68.00	75.00	190
1855 Slanted 5's Knob on Ear	Inc. above	65.00	75.00	105	150	175	400
1856 Slanted 5	2,690,463	28.00	30.00	50.00	68.00	75.00	190
1856 Upright 5	Inc. above	28.00	30.00	50.00	68.00	75.00	190
1857 Large date	333,456	100	180	210	260	285	450
1857 Small date	Inc. above	100	160	200	275	350	525

Flying Eagle Cent
Flying eagle above date obverse   Value within wreath reverse

   Large letters — AM touch at bottom  Small letters — Space between AM

KM# 85 • 4.67 g., Copper-Nickel, 19 mm. • **Obv. Legend:** UNITED STATES OF AMERICA **Designer:** James B. Longacre **Note:** On the large-letter variety of 1858, the "A" and "M" in AMERICA are connected at their bases; on the small-letter variety, the two letters are separated.

Date	Mintage	G4	VG8	F12	VF20	XF40	AU50	MS60	MS65	PRF65
1856	Est. 2500	6,100	6,550	8,800	10,500	12,000	13,000	13,750	62,500	28,750
1857	17,450,000	21.00	32.00	3.60	45.00	110	180	450	3,300	25,500
1858/7	Inc. below	55.00	75.00	150	325	650	1,100	2,900	70,000	—
1858 large letters	24,600,000	21.00	32.00	3.60	45.00	110	180	450	3,000	17,500
1858 small letters	Inc. above	21.00	32.00	3.60	45.00	110	180	475	3,300	26,000

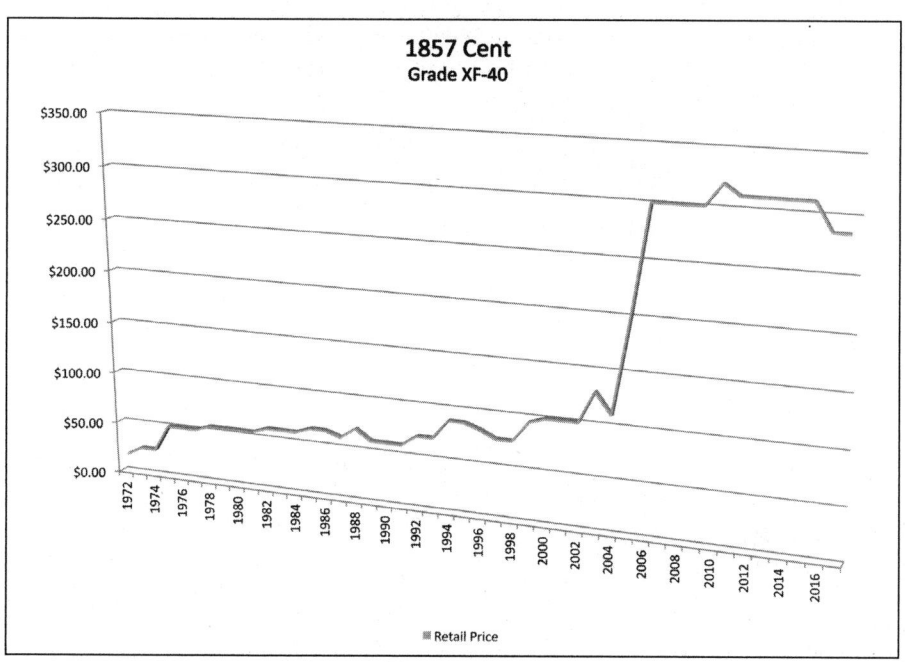

1857 Cent
Grade XF-40

Indian Head Cent
Indian head with headdress left above date obverse
Value within wreath reverse

KM# 87 • 4.67 g., Copper-Nickel, 19 mm. • **Obv. Legend:** UNITED STATES OF AMERICA **Designer:** James B. Longacre

Date	Mintage	G4	VG8	F12	VF20	XF40	AU50	MS60	MS65	PRF65
1859	36,400,000	12.00	15.00	20.00	40.00	100	165	285	2,700	4,200

Indian head with headdress left above date obverse
Value within wreath, shield above reverse

KM# 90 • 4.67 g., Copper-Nickel, 19 mm. • **Obv. Legend:** UNITED STATES OF AMERICA **Designer:** James B. Longacre

Date	Mintage	G4	VG8	F12	VF20	XF40	AU50	MS60	MS65	PRF65
1860 Rounded Bust	20,566,000	10.00	15.00	22.00	40.00	60.00	90.00	160	1,000	2,200
1860	1,000	—	—	—	—	—	—	—	—	—
1860 Pointed Bust	Inc. above	15.00	20.00	30.00	50.00	75.00	120	200	3,200	—
1861	10,100,000	23.00	26.00	40.00	55.00	90.00	135	155	1,100	1,900
1862	28,075,000	9.00	10.00	11.00	22.00	45.00	60.00	100	975	1,900
1863	49,840,000	8.00	9.00	10.00	22.00	45.00	60.00	100	900	1,900
1864	13,740,000	20.00	23.00	60.00	65.00	115	135	200	1,200	1,900

1864-L Indian Cent
Grade F-12

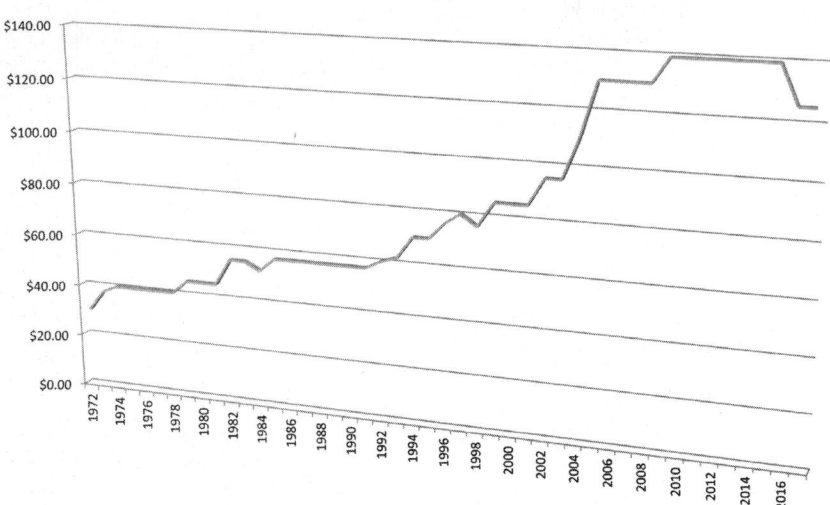

■ Retail Price

Indian head with headdress left above date obverse
Value within wreath, shield above reverse

1864 "L"

KM# 90a • 3.11 g., Bronze, 19 mm. • **Obv. Legend:** UNITED STATES OF AMERICA **Designer:** James B. Longacre **Note:** The 1864 "L" variety has the designer's initial in Liberty's hair to the right of her neck.

Date	Mintage	G4	VG8	F12	VF20	XF40	AU50	MS60	MS65	PRF65
1864	39,233,714	12.00	17.00	25.00	44.00	60.00	70.00	90.00	600	1,100
1864 L pointed bust	Inc. above	45.00	65.00	125	155	225	275	360	1,750	60,000
1865 plain 5	35,429,286	11.00	12.00	17.00	23.00	50.00	60.00	75.00	700	400
1865 fancy 5	Inc. above	11.00	12.00	17.00	21.00	33.00	50.00	75.00	650	—
1866	9,826,500	45.00	52.00	70.00	80.00	155	185	220	1,250	400
1867	9,821,000	40.00	55.00	80.00	95.00	150	180	240	1,400	425
1867/1867	Inc. above	68.00	140	200	300	450	475	550	1,800	—
1868	10,266,500	45.00	60.00	75.00	105	150	200	265	1,075	450
1869/9	6,420,000	125	245	435	600	875	950	1,000	2,300	—
1869	Inc. above	55.00	90.00	175	225	425	500	525	1,900	500
1870 Bold N	5,275,000	55.00	110	200	265	400	450	500	1,600	450
1870 Shallow N*	Inc. above	70.00	130	230	475	525	550	—	—	—
1871 Bold N	3,929,500	80.00	120	235	250	400	460	525	2,200	500
1871 Shallow N*	Included above	115	125	235	500	600	650	—	—	—
1872 Bold N	4,042,000	85.00	120	2,250	310	435	525	635	3,000	655
1872 Shallow N*	Included above	120	190	340	600	685	700	—	—	—
1873 closed 3	11,676,500	20.00	40.00	60.00	85.00	160	210	240	1,500	400
1873 open 3	Inc. above	20.00	35.00	60.00	75.00	160	205	245	1,100	—
1873 Double Liberty die 1	Inc. above	300	450	800	1,175	2,300	3,650	6,600	36,000	—
1873 Double Liberty die 2	Inc. above	------	75.00	250	400	500	900	4,200	—	—
1874	14,187,500	18.00	30.00	50.00	59.00	95.00	115	160	750	370
1875	13,528,000	15.00	25.00	45.00	55.00	85.00	125	165	825	400
1876	7,944,000	25.00	35.00	60.00	100	160	220	250	1,065	400
1877	852,500	500	625	900	1,250	1,875	2,500	3,300	13,000	4,950
1878	5,799,850	23.00	30.00	60.00	125	220	240	290	825	375

Date	Mintage	G4	VG8	F12	VF20	XF40	AU50	MS60	MS65	PRF65
1879	16,231,200	6.00	8.00	14.00	28.00	60.00	65.00	75.00	400	375
1880	38,964,955	3.00	4.00	5.00	9.00	25.00	40.00	65.00	450	375
1881	39,211,575	3.00	4.00	5.00	7.00	20.00	25.00	50.00	425	375
1882	38,581,100	3.00	3.25	4.00	8.00	20.00	25.00	50.00	325	375
1883	45,589,109	2.75	3.00	3.50	6.00	15.00	25.00	50.00	375	375
1884	23,261,742	3.50	4.00	6.00	10.00	25.00	35.00	55.00	425	375
1885	11,765,384	7.00	8.00	10.00	25.00	55.00	70.00	100	625	375
1886 Type 1 obverse	17,654,290	4.00	6.00	15.00	45.00	115	125	160	1,150	375
1886 Type 2 obverse	Inc. above	6.00	8.00	22.00	75.00	150	170	225	1,850	7,500
1887	45,226,483	1.50	1.60	2.50	4.00	13.00	21.00	45.00	600	375
1888	37,494,414	2.50	3.00	4.00	6.00	17.00	20.00	60.00	750	375
1888/7	Included above	2.00	2.40	2.65	5.00	11.00	24.00	—	—	—
1889	48,869,361	1.70	2.10	2.25	5.00	9.00	21.00	33.00	400	375
1890	57,182,854	1.50	1.75	2.00	4.00	8.00	20.00	40.00	440	375
1891	47,072,350	1.75	2.25	2.50	4.00	10.00	18.00	40.00	550	375
1892	37,649,832	1.50	2.75	3.50	4.00	16.00	20.00	40.00	450	375
1893	46,642,195	1.50	2.25	2.50	4.00	8.00	18.00	38.00	450	375
1894	16,752,132	4.50	5.00	11.00	16.00	38.00	48.00	65.00	475	—
1894/94	Inc. above	25.00	45.00	65.00	120	300	750	1,100	3,500	375
1895	38,343,636	1.75	2.00	2.50	3.00	9.00	18.00	38.00	250	375
1896	39,057,293	1.75	2.00	2.50	3.00	10.00	21.00	40.00	250	375
1897	50,466,330	1.35	1.75	1.85	3.00	8.00	19.00	38.00	250	375
1898	49,823,079	1.35	1.80	2.00	3.00	8.00	19.00	38.00	200	375
1899	53,600,031	1.35	1.80	2.00	3.00	8.00	19.00	38.00	175	375
1900	66,833,764	1.35	1.80	2.00	3.00	8.00	19.00	38.00	175	375
1901	79,611,143	1.35	1.80	2.00	3.00	8.00	19.00	38.00	175	375
1902	87,376,722	1.35	1.80	2.00	3.00	8.00	19.00	38.00	175	375
1903	85,094,493	1.35	1.80	2.00	3.00	8.00	19.00	38.00	175	375
1904	61,328,015	1.35	1.80	2.00	3.00	8.00	19.00	38.00	175	375
1905	80,719,163	1.35	1.80	2.00	3.00	8.00	19.00	38.00	175	375
1906	96,022,255	1.35	1.80	2.00	3.00	8.00	19.00	38.00	175	375
1907	108,138,618	1.35	1.80	2.00	3.00	8.00	19.00	38.00	175	375
1908	32,327,987	1.35	1.80	2.00	3.00	8.00	19.00	38.00	175	375
1908S	1,115,000	90.00	95.00	120	145	200	220	225	1,250	—
1909	14,370,645	10.00	12.00	13.00	14.00	18.00	26.00	43.00	185	375
1909S	309,000	435	445	480	550	600	750	1,050	2,625	—

Lincoln Cent
Wheat Ears reverse

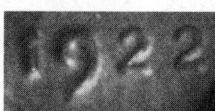

1922 Plain

KM# 132 • 3.11 g., Bronze, 19 mm. • **Designer:** Victor D. Brenner **Note:** The 1909 "VDB" varieties have the designer's initials inscribed at the 6 o'clock position on the reverse. The initials were removed until 1918, when they were restored on the obverse • MS60 and MS63 prices are for brown coins and MS65 prices are for coins that are at least 90% original red.

Date	Mintage	G4	VG8	F12	VF20	XF40	AU50	MS60	MS65	PRF65
1909 VDB	27,995,000	10.00	11.00	12.00	13.00	14.00	15.00	20.00	125	27,000
1909 VDB Doubled Die Obverse	Inc. above	—	—	45.00	65.00	90.00	110	180	1,400	—
1909S VDB	484,000	660	725	850	900	1,000	1,100	1,500	4,600	—
1909	72,702,618	2.75	3.00	3.50	12.00	14.00	16.00	22.00	100	900
1909S	1,825,000	70.00	80.00	95.00	125	140	250	325	1,175	—
1909S/S S over horizontal S	Inc. above	110	125	135	180	250	280	235	750	—
1910	146,801,218	0.30	0.40	0.50	0.60	4.00	8.00	16.00	210	850
1910S	6,045,000	12.00	17.00	18.00	20.00	45.00	65.00	90.00	650	—
1911	101,177,787	0.35	0.45	1.25	1.75	6.00	9.00	16.00	360	1,100
1911D	12,672,000	4.25	5.00	8.00	20.00	45.00	65.00	80.00	1,100	—
1911S	4,026,000	40.00	45.00	48.00	50.00	65.00	90.00	160	2,125	—
1912	68,153,060	1.20	1.40	2.00	4.50	12.00	23.00	30.00	500	1,200
1912D	10,411,000	6.00	8.00	9.00	24.00	65.00	95.00	145	1,900	—
1912S	4,431,000	18.00	20.00	25.00	40.00	60.00	95.00	155	1,650	—
1913	76,532,352	0.65	0.75	1.25	3.00	16.00	25.00	30.00	440	1,000
1913D	15,804,000	2.35	2.60	3.00	9.00	45.00	55.00	90.00	1,600	—
1913S	6,101,000	9.00	13.00	17.00	25.00	50.00	95.00	170	3,200	—

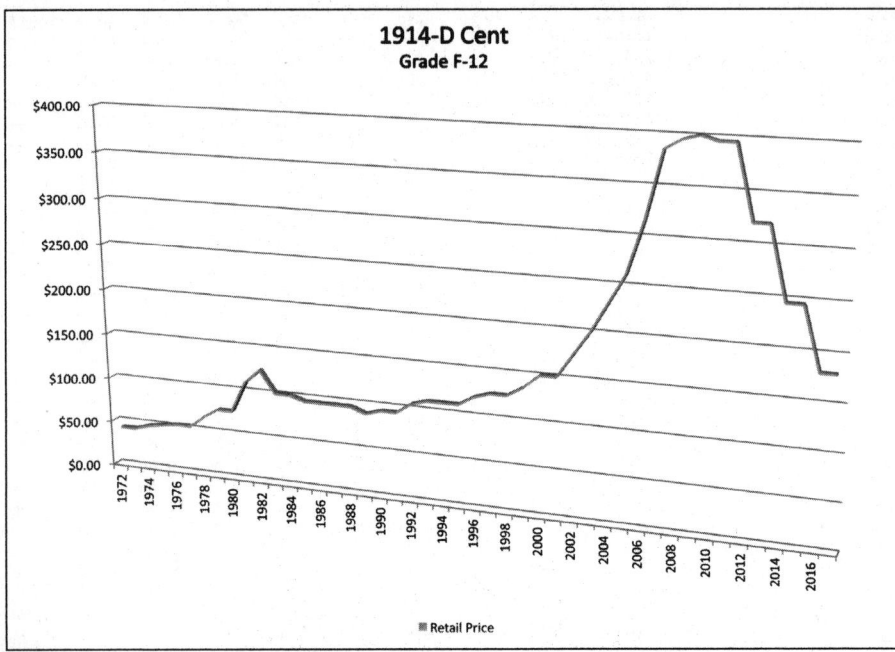

1914-D Cent
Grade F-12

Date	Mintage	G4	VG8	F12	VF20	XF40	AU50	MS60	MS65	PRF65
1914	75,238,432	0.40	0.55	2.00	5.00	16.00	35.00	50.00	475	1,100
1914D	1,193,000	130	135	180	250	625	1,200	1,800	15,000	—
1914S	4,137,000	20.00	23.00	25.00	35.00	75.00	115	275	4,800	—
1915	29,092,120	1.35	2.50	3.30	16.00	55.00	65.00	75.00	850	1,800
1915D	22,050,000	1.35	2.50	3.50	6.00	21.00	4.00	65.00	1,000	—
1915S	4,833,000	16.00	20.00	23.00	25.00	60.00	85.00	1,654	7,500	—
1916	131,833,677	0.30	0.35	0.65	2.00	7.00	12.00	17.00	330	4,000
1916D	35,956,000	1.00	1.65	3.00	5.00	16.00	33.00	80.00	1,850	—
1916S	22,510,000	1.35	2.75	4.00	8.00	24.00	42.00	95.00	7,700	—
1917	196,429,785	0.25	0.30	0.35	1.50	4.00	12.00	14.00	325	—
1917 Doubled Die Obverse	Inc. above	125	195	240	300	1,000	1,500	2,500	13,000	—
1917D	55,120,000	0.85	1.00	2.50	4.25	33.00	40.00	65.00	1,800	—
1917S	32,620,000	0.40	0.65	1.00	2.00	10.00	25.00	65.00	7,900	—
1918	288,104,634	0.25	0.30	0.35	0.55	4.00	8.00	11.00	330	—
1918D	47,830,000	0.75	1.00	2.00	4.00	14.00	31.00	70.00	2,500	—
1918S	34,680,000	0.25	0.75	1.00	3.00	9.00	30.00	60.00	10,000	—
1919	392,021,000	0.25	0.30	0.35	0.40	1.00	5.00	7.00	125	—
1919D	57,154,000	0.65	0.90	1.25	4.00	9.50	24.00	55.00	1,400	—
1919S	139,760,000	0.20	0.35	1.25	2.00	5.00	15.00	45.00	7,500	—
1920	310,165,000	0.15	0.20	0.45	1.00	2.50	7.00	13.00	225	—
1920D	49,280,000	1.00	1.25	2.50	3.50	13.00	32.00	65.00	1,200	—
1920S	46,220,000	0.45	0.50	1.25	2.25	11.00	31.00	95.00	11,000	—
1921	39,157,000	0.40	0.50	0.75	2.50	9.50	20.00	37.00	360	—
1921S	15,274,000	1.20	1.75	3.00	6.00	33.00	60.00	95.00	10,000	—
1922D	7,160,000	16.00	18.00	19.00	20.00	33.00	60.00	90.00	1,600	—
1922D Weak Rev	Inc. above	22.00	23.00	24.00	25.50	34.00	65.00	95.00	400	—
1922D Weak D	Inc. above	20.00	30.00	40.00	50.00	105	150	225	1,500	—
1922 No D Die 2 Strong Rev	Inc. above	425	475	535	650	1,600	2,600	8,000	130,000	—
1922 No D Die 3 Weak Rev	Inc. above	75.00	100	125	175	400	600	1,000	-	—
1923	74,723,000	0.30	0.40	0.50	1.00	5.00	10.00	12.00	330	—
1923S	8,700,000	5.85	7.00	8.50	12.50	38.00	90.00	165	16,000	—
1924	75,178,000	0.25	0.35	0.45	1.00	4.50	9.00	16.00	440	—
1924D	2,520,000	30.00	33.00	37.00	45.00	105	160	260	11,250	—
1924S	11,696,000	1.25	1.50	2.75	5.35	30.00	60.00	100	16,500	—
1925	139,949,000	0.25	0.35	0.45	0.70	3.00	6.50	8.00	95.00	—
1925D	22,580,000	1.00	1.65	3.10	6.25	13.00	26.00	55.00	3,000	—
1925S	26,380,000	0.80	1.20	1.85	2.75	10.00	25.00	75.00	15,500	—
1926	157,088,000	0.25	0.35	0.45	0.60	1.65	5.00	6.00	50.00	—
1926D	28,020,000	1.50	1.70	3.40	5.25	13.00	28.00	75.00	2,000	—

Date	Mintage	G4	VG8	F12	VF20	XF40	AU50	MS60	MS65	PRF65
1926S	4,550,000	9.00	10.00	11.75	16.50	30.00	60.00	120	85,000	—
1927	144,440,000	0.20	0.25	0.35	0.60	1.60	5.25	7.50	80.00	—
1927D	27,170,000	1.15	1.70	2.25	3.35	7.50	25.00	50.00	2,000	—
1927S	14,276,000	1.40	1.85	2.65	5.25	13.00	36.00	55.00	8,000	—
1928	134,116,000	0.20	0.25	0.35	0.60	1.45	4.00	7.50	95.00	—
1928D	31,170,000	0.90	1.40	2.15	3.65	6.75	17.00	32.00	815	—
1928S Small S	17,266,000	1.00	1.65	2.60	4.00	8.00	27.00	60.00	2,500	—
1928S Large S	Inc. above	1.65	2.85	4.25	7.50	15.00	45.00	110	1,000	—
1929	185,262,000	0.20	0.25	0.35	0.55	2.75	4.50	5.50	85.00	—
1929D	41,730,000	0.50	1.00	1.40	2.75	5.00	12.00	21.00	445	—
1929S	50,148,000	0.60	1.10	1.85	2.80	6.00	13.00	17.00	345	—
1930	157,415,000	0.20	0.25	0.35	0.60	1.25	2.75	4.00	35.00	—
1930D	40,100,000	0.25	0.35	0.60	0.90	2.00	5.50	9.00	140	—
1930S	24,286,000	0.25	0.35	0.55	0.80	1.50	6.50	9.50	85.00	—
1931	19,396,000	0.65	0.75	1.10	2.00	4.00	9.50	17.00	120	—
1931D	4,480,000	5.00	5.85	6.50	8.00	13.00	33.50	45.00	860	—
1931S	866,000	60.00	65.00	70.00	75.00	80.00	85.00	145	560	—
1932	9,062,000	1.60	1.95	2.85	3.50	6.75	11.00	15.00	90.00	—
1932D	10,500,000	1.50	1.90	2.50	2.85	4.15	9.00	16.00	140	—
1933	14,360,000	1.50	1.80	2.65	2.85	6.50	10.00	14.00	77.00	—
1933D	6,200,000	3.50	4.25	5.65	7.50	12.00	17.00	21.00	110	—
1934	219,080,000	0.15	0.25	0.30	0.45	1.25	4.00	9.00	25.00	—
1934D	28,446,000	0.35	0.50	0.80	1.25	5.50	9.00	20.00	30.00	—
1935	245,338,000	0.15	0.20	0.25	0.40	0.90	1.50	5.00	20.00	—
1935D	47,000,000	0.20	0.30	0.40	0.55	0.95	2.50	5.50	20.00	—
1935S	38,702,000	0.25	0.35	0.60	1.75	3.00	5.00	11.00	44.00	—
1936 (Proof in Satin Finish)	309,637,569	0.15	0.20	0.30	0.40	0.85	1.40	1.90	10.00	2,500
1936 Brilliant Proof	Inc. above	—	—	—	—	—	—	—	—	2,300
1936 DDO	Inc. above	—	—	25.00	50.00	80.00	125	175	1,000	—
1936D	40,620,000	0.20	0.30	0.40	0.55	0.90	1.50	4.00	15.00	—
1936S	29,130,000	0.20	0.30	0.45	0.60	1.50	2.25	5.00	18.00	—
1937	309,179,320	0.15	0.20	0.30	0.40	0.50	0.75	1.75	13.50	300
1937D	50,430,000	0.20	0.30	0.40	0.60	0.80	1.20	2.65	15.00	—
1937S	34,500,000	0.20	0.30	0.40	0.55	0.90	1.25	2.75	16.50	—
1938	156,696,734	0.15	0.20	0.30	0.40	0.50	1.20	2.25	18.00	185
1938D	20,010,000	0.20	0.30	0.45	0.60	1.00	1.50	3.50	20.00	—
1938S	15,180,000	0.30	0.40	0.50	0.70	1.00	1.75	3.00	15.00	—
1939	316,479,520	0.15	0.20	0.30	0.40	0.45	0.75	1.00	16.00	165
1939D	15,160,000	0.35	0.45	0.50	0.60	0.95	1.75	3.00	18.00	—
1939S	52,070,000	0.30	0.40	0.50	0.60	0.80	1.20	2.50	16.00	—
1940	586,825,872	0.10	0.20	0.30	0.35	0.45	0.75	1.00	12.00	130
1940D	81,390,000	0.20	0.30	0.40	0.55	0.75	1.10	2.00	11.00	—
1940S	112,940,000	0.20	0.30	0.40	0.55	0.70	1.25	2.50	12.50	—
1941	887,039,100	0.10	0.20	0.30	0.35	0.45	0.60	1.25	10.00	170
1941 Doubled Die Obv	Inc. above	35.00	50.00	70.00	80.00	95.00	135	200	1,000	—
1941D	128,700,000	0.20	0.30	0.40	0.55	0.90	1.35	2.20	12.50	—
1941S	92,360,000	0.20	0.30	0.40	0.55	0.95	1.75	2.50	15.00	—
1942	657,828,600	0.10	0.20	0.30	0.35	0.40	0.55	0.85	11.00	170
1942D	206,698,000	0.20	0.25	0.30	0.35	0.45	0.60	1.00	12.00	—
1942S	85,590,000	0.25	0.35	0.45	0.85	1.25	2.50	5.00	18.00	—
1943 Copper planchet error	—	—	—	35,000	42,000	45,000	80,000	155,000	—	—
1943S Copper planchet error	—	—	—	125,000	150,000	185,000	275,000	—	—	—

Wheat Ears reverse

KM# 132a • 2.70 g., Zinc Coated Steel, 19 mm. • **Designer:** Victor D. Brenner

Date	Mintage	G4	VG8	F12	VF20	XF40	AU50	MS60	MS65	PRF65
1943	684,628,670	0.20	0.30	0.35	0.45	0.60	0.85	1.25	18.00	—
1943D	217,660,000	0.35	0.40	0.45	0.50	0.70	1.00	1.50	—	—
1943D/D RPM	Inc. above	30.00	38.00	50.00	65.00	90.00	125	200	—	—
1943S	191,550,000	0.40	0.45	0.50	0.65	0.90	1.40	4.00	28.00	—

CENT

Wheat Ears reverse

1955 Double die

KM# A132 • 3.11 g., Brass, 19 mm. • **Designer:** Victor D. Brenner **Note:** KM#132 design and composition resumed • MS60 prices are for brown coins and MS65 prices are for coins that are at least 90% original red.

Date	Mintage	XF40	MS65	PRF65
1944	1,435,400,000	0.30	8.00	—
1944D	430,578,000	0.40	14.00	—
1944D/S Type 1	Inc. above	115	3,300	—
1944D/S Type 2	Inc. above	115	2,500	—
1944S	282,760,000	0.35	8.00	—
1945	1,040,515,000	0.40	13.50	—
1945D	226,268,000	0.40	8.00	—
1945S	181,770,000	0.40	7.50	—
1946	991,655,000	0.25	13.50	—
1946D	315,690,000	0.30	10.00	—
1946S	198,100,000	0.30	13.50	—
1946S/D	—	70.00	650	—
1947	190,555,000	0.45	18.50	—
1947D	194,750,000	0.35	7.50	—
1947S	99,000,000	0.35	8.00	—
1948	317,570,000	0.35	18.50	—
1948D	172,637,000	0.40	12.00	—
1948S	81,735,000	0.40	12.00	—
1949	217,775,000	0.40	18.00	—
1949D	153,132,000	0.40	15.00	—
1949S	64,290,000	0.50	10.00	—
1950	272,686,386	0.35	16.50	85.00
1950D	334,950,000	0.35	12.50	—
1950S	118,505,000	0.30	9.00	—
1951	295,633,500	0.40	16.50	80.00
1951D	625,355,000	0.30	8.50	—
1951S	136,010,000	0.40	9.00	—
1952	186,856,980	0.40	16.00	50.00
1952D	746,130,000	0.30	8.50	—
1952S	137,800,000	0.60	12.00	—
1953	256,883,800	0.25	18.00	40.00
1953D	700,515,000	0.25	8.50	—
1953S	181,835,000	0.40	8.00	—
1954	71,873,350	0.25	20.00	19.00
1954D	251,552,500	0.25	8.50	—
1954S	96,190,000	0.25	10.00	—
1955	330,958,000	0.25	9.00	20.00
1955 Doubled Die	Inc. above	1,450	35,000	—

Note: The 1955 "doubled die" has distinct doubling of the date and lettering on the obverse.

Date	Mintage	XF40	MS65	PRF65
1955S	563,257,500	0.20	8.00	—
1955S	44,610,000	0.35	7.50	—
1956	421,414,384	0.20	12.00	5.00
1956D	1,098,201,100	0.20	7.00	—
1957	283,787,952	0.20	7.50	4.00
1957D	1,051,342,000	0.20	6.00	—
1958	253,400,652	0.20	9.00	6.50
1958D	800,953,300	0.20	7.00	—

Lincoln Memorial reverse

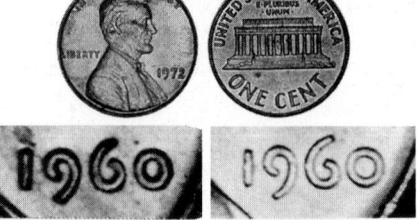

Small date	Large date

Small date   Large date

KM# 201 • 3.11 g., Brass, 19 mm. • **Rev. Designer:** Frank Gasparro **Note:** MS60 prices are for brown coins and MS65 prices are for coins that are at least 90% original red. The dates were modified in 1960, 1970 and 1982, resulting in large-date and small-date varieties for those years. The 1972 "doubled die" shows doubling of IN GOD WE TRUST. The 1979-S and 1981-S Type II proofs have a clearer mint mark than the Type I proofs of those years. Some 1982 cents have the predominantly copper composition; others have the predominantly zinc composition. They can be distinguished by weight.

Date	Mintage	XF40	MS65	PRF65
1959	610,864,291	—	15.00	6.50
1959D	1,279,760,000	—	7.50	—
1960 small date, low 9	588,096,602	1.85	12.00	16.00
1960 large date, high 9	Inc. above	—	8.00	7.50
1960 small over large date	Inc. above	—	—	600
1960D small date, low 9	1,580,884,000	—	10.00	—
1960D large date, high 9	Inc. above	—	8.00	—
1960D/D small over large date	Inc. above	—	300	—
1961	756,373,244	—	8.50	9.00
1961D	1,753,266,700	—	18.00	—
1962	609,263,019	—	8.00	8.00
1962D	1,793,148,400	—	14.00	—
1963	757,185,645	—	10.00	6.00
1963D	1,774,020,400	—	12.00	—
1964	2,652,525,762	—	8.50	6.00
1964D	3,799,071,500	—	10.00	—
1965	1,497,224,900	—	10.00	—
1965 SMS	Inc. above	—	7.50	—
1966	2,188,147,783	—	10.00	—
1966 SMS	Inc. above	—	8.00	—
1967	3,048,667,100	—	12.00	—
1967 SMS	Inc. above	—	8.00	—
1968	1,707,880,970	—	12.00	—
1968D	2,886,269,600	—	12.50	—
1968S	261,311,510	—	10.00	4.50
1969	1,136,910,000	—	7.00	—
1969D	4,002,832,200	—	10.00	—
1969S	547,309,631	—	15.00	5.50
1969S Doubled Die Obverse	Inc. above	10,000	125,000	100,000
1970	1,898,315,000	—	8.00	—
1970D	2,891,438,900	—	6.00	—

Date	Mintage	XF40	MS65	PRF65
1970S small date, level 7	Inc. above	30.00	65.00	60.00
1970S large date, low 7	Inc. above	—	15.00	5.00
1970S Doubled Die Obverse	Inc. above	—	20,000	15,000
1971	1,919,490,000	—	20.00	—
1971D	2,911,045,600	—	6.50	—
1971S	528,354,192	—	7.50	5.50
1971S Doubled Die Obverse	Inc. above	—	—	400
1972	2,933,255,000	—	6.00	—
1972 Doubled Die Obverse	Inc. above	240	625	—
1972D	2,665,071,400	—	12.00	—
1972S	380,200,104	—	26.50	5.50
1973	3,728,245,000	—	8.00	—
1973D	3,549,576,588	—	11.00	—
1973S	319,937,634	—	10.00	5.50
1974	4,232,140,523	—	12.00	—
1974D	4,235,098,000	—	9.00	—
1974S	412,039,228	—	12.00	5.00
1975	5,451,476,142	—	8.00	—
1975D	4,505,245,300	—	13.50	—
1975S	2,845,450	—	—	5.00
1976	4,674,292,426	—	14.00	—
1976D	4,221,592,455	—	16.00	—
1976S	4,149,730	—	—	6.00
1977	4,469,930,000	—	16.00	—
1977D	4,149,062,300	—	16.00	—
1977S	3,251,152	—	—	5.00
1978	5,558,605,000	—	16.00	—
1978D	4,280,233,400	—	14.00	—
1978S	3,127,781	—	—	5.00
1979	6,018,515,000	—	12.00	—
1979D	4,139,357,254	—	8.00	—
1979S type I, proof	3,677,175	—	—	5.00
1979S type II, proof	—	—	—	10.00
1980	7,414,705,000	—	6.50	—
1980D	5,140,098,660	—	12.00	—
1980S	3,554,806	—	—	5.00
1981	7,491,750,000	—	8.50	—
1981D	5,373,235,677	—	9.00	—
1981S type I, proof	4,063,083	—	—	5.00
1981S type II, proof	—	—	—	42.00
1982 large date	10,712,525,000	—	7.00	—
1982 small date	Inc. above	—	9.00	—
1982D large date	6,012,979,368	—	7.50	—
1982S	3,857,479	—	—	5.00

Lincoln Memorial reverse

KM# 201a • 2.50 g., Copper Plated Zinc, 19 mm. • **Note:** MS60 prices are for brown coins and MS65 prices are for coins that are at least 90% original red.

KM# 201b • Copper Plated Zinc, 19 mm. • **Note:** MS60 prices are for brown coins and MS65 prices are for coins that are at least 90% original red.

Date	Mintage	XF40	MS65	PRF65
1983	7,752,355,000	—	7.00	—
1983 Doubled Die	Inc. above	135	450	—
1983D	6,467,199,428	—	5.50	—
1983S	3,279,126	—	—	3.50

Date	Mintage	XF40	MS65	PRF65
1984	8,151,079,000	—	7.50	—
1984 Doubled Die	Inc. above	90.00	300	—
1984D	5,569,238,906	—	6.50	—
1984S	3,065,110	—	—	3.50
1985	5,648,489,887	—	4.50	—
1985D	5,287,399,926	—	4.50	—
1985S	3,362,821	—	—	3.50
1986	4,491,395,493	—	5.00	—
1986D	4,442,866,698	—	8.00	—
1986S	3,010,497	—	—	3.50
1987	4,682,466,931	—	7.50	—
1987D	4,879,389,514	—	5.50	—
1987S	4,227,728	—	—	3.50
1988	6,092,810,000	—	10.00	—
1988D	5,253,740,443	—	6.00	—
1988S	3,262,948	—	—	3.50
1989	7,261,535,000	—	6.50	—
1989D	5,345,467,111	—	6.50	—
1989S	3,220,194	—	—	5.00
1990	6,851,765,000	—	5.00	—
1990D	4,922,894,533	—	5.50	—
1990S	3,299,559	—	—	3.50
1990 no S, Proof only	Inc. above	—	—	4,650
1991	5,165,940,000	—	6.50	—
1991D	4,158,442,076	—	5.50	—
1991S	2,867,787	—	—	3.50
1992	4,648,905,000	—	5.50	—
1992D	4,448,673,300	—	5.50	—
1992D Close AM, Proof Reverse Die	Inc. above	—	—	—
1992S	4,176,560	—	—	3.50
1993	5,684,705,000	—	5.00	—
1993D	6,426,650,571	—	4.50	—
1993S	3,394,792	—	—	3.50
1994	6,500,850,000	—	6.00	—
1994D	7,131,765,000	—	4.50	—
1994S	3,269,923	—	—	3.50
1995	6,411,440,000	—	5.00	—
1995 Doubled Die Obverse	Inc. above	20.00	60.00	—
1995D	7,128,560,000	—	4.50	—
1995S	2,707,481	—	—	3.50
1996	6,612,465,000	—	4.50	—
1996D	6,510,795,000	—	4.50	—
1996S	2,915,212	—	—	3.50
1997	4,622,800,000	—	3.00	—
1997D	4,576,555,000	—	3.50	—
1997S	2,796,678	—	—	4.00
1998	5,032,155,000	—	3.00	—
1998 Wide AM, reverse from proof die	Inc. above	—	110	—
1998D	5,255,353,500	—	3.00	—
1998S	2,957,286	—	—	4.00
1999	5,237,600,000	—	3.00	—
1999 Wide AM, reverse from proof die	Inc. above	—	450	—
1999D	6,360,065,000	—	3.00	—
1999S	3,362,462	—	—	3.50
2000 Wide AM, reverse from proof die	Inc. above	—	45.00	—
2000	5,503,200,000	—	3.00	—
2000D	8,774,220,000	—	3.00	—
2000S	4,063,361	—	—	3.50
2001	4,959,600,000	—	3.00	—
2001D	5,374,990,000	—	3.00	—
2001S	3,099,096	—	—	3.50
2002	3,260,800,000	—	3.00	—
2002D	4,028,055,000	—	3.00	—
2002S	3,157,739	—	—	3.50
2003	3,300,000,000	—	3.50	—
2003D	3,548,000,000	—	3.50	—
2003S	3,116,590	—	—	3.50
2004	3,379,600,000	—	3.50	—
2004D	3,456,400,000	—	3.50	—
2004S	2,992,069	—	—	3.50

Date	Mintage	XF40	MS65	PRF65
2005	3,935,600,000	—	2.50	—
2005 Satin Finish	1,160,000	—	4.00	—
2005D	3,764,450,000	—	2.50	—
2005D Satin Finish	1,160,000	—	4.00	—
2005S	3,273,000	—	—	3.50
2006	4,290,000,000	—	2.00	—
2006 Satin Finish	847,361	—	4.00	—
2006D	3,944,000,000	—	2.50	—
2006D Satin Finish	847,361	—	4.00	—
2006S	2,923,105	—	—	3.50
2007	3,762,400,000	—	2.00	—
2007 Satin Finish	895,628	—	4.00	—
2007D	3,638,800,000	—	2.00	—
2007D Satin Finish	895,628	—	4.00	—
2007S	2,577,166	—	—	3.50
2008	2,558,800,000	—	2.25	—
2008 Satin Finish	745,464	—	4.00	—
2008D	2,849,600,000	—	2.25	—
2008D Satin Finish	745,464	—	4.00	—
2008S	2,169,561	—	—	4.50

Lincoln Bicentennial
Bust right obverse
Log cabin reverse

KM# 441 • 2.50 g., Copper Plated Zinc, 19 mm. • **Subject:** Early Childhood in Kentucky **Rev. Designer:** Richard Masters and James Licaretz

Date	Mintage	XF40	MS65	PRF65
2009P	284,400,000	—	1.50	—
2009D	350,400,000	—	1.50	—

KM# 441a • 3.31 g., Brass, 19 mm. • **Subject:** Early childhood in Kentucky **Rev. Designer:** Richard Masters and James Licaretz

Date	Mintage	XF40	MS65	PRF65
2009P Satin finish	784,614	—	4.00	—
2009D Satin finish	784,614	—	4.00	—
2009S	2,995,615	—	—	4.00

Lincoln seated on log reverse

KM# 442 • 2.50 g., Copper Plated Zinc, 19 mm. • **Subject:** Formative years in Indiana **Rev. Designer:** Charles Vickers

Date	Mintage	XF40	MS65	PRF65
2009P	376,000,000	—	1.50	—
2009D	363,600,000	—	1.50	—

KM# 442a • 3.11 g., Brass, 19 mm. • **Subject:** Formative years in Indiana **Rev. Designer:** Charles Vickers

Date	Mintage	XF40	MS65	PRF65
2009P Satin finish	784,614	—	4.00	—
2009D Satin finish	784,614	—	4.00	—
2009S	2,995,615	—	—	4.00

Lincoln standing before Illinois Statehouse reverse

KM# 443 • 2.50 g., Copper Plated Zinc, 19 mm. • **Subject:** Professional life in Illinois **Rev. Designer:** Joel Iskowitz and Don Everhart

Date	Mintage	XF40	MS65	PRF65
2009P	316,000,000	—	1.50	—
2009D	336,000,000	—	1.50	—

KM# 443a • 3.11 g., Brass, 19 mm. • **Subject:** Professional life in Illinois **Rev. Designer:** Joel Iskowitz and Don Everhart

Date	Mintage	XF40	MS65	PRF65
2009P Satin finish	784,614	—	4.00	—
2009D Satin finish	784,614	—	4.00	—
2009S	2,995,615	—	—	4.00

Capitol Building reverse

KM# 444 • 2.50 g., Copper Plated Zinc **Subject:** Presidency in Washington, DC **Rev. Designer:** Susan Gamble and Joseph Menna **Shape:** 19

Date	Mintage	XF40	MS65	PRF65
2009P	129,600,000	—	1.50	—
2009D	198,000,000	—	1.50	—

KM# 444a • 3.11 g., Brass, 19 mm. • **Subject:** Presidency in Washington, DC **Rev. Designer:** Susan Ganmble and Joseph Menna

Date	Mintage	XF40	MS65	PRF65
2009P Satin finish	784,614	—	4.00	—
2009D Satin finish	784,614	—	4.00	—
2009S	2,995,615	—	—	4.00

Lincoln - Shield Reverse
Lincoln bust right obverse
Shield reverse

KM# 468 • 2.50 g., Copper Plated Zinc, 19 mm. • **Obv. Designer:** Victor D. Brenner **Rev. Designer:** Lyndall Bass and Joseph Menna

Date	Mintage	XF40	MS65	PRF65
2010P	1,963,630,000	—	1.50	—
2010P Satin finish	583,912	—	—	—
2010D	2,047,200,000	—	1.50	—
2010D Satin finish	583,912	—	—	—
2010S	1,689,364	—	—	4.00
2011P	2,006,800,000	—	1.50	—
2011D	2147483647	—	1.50	—
2011S	1,673,010	—	—	4.00
2012P	3,132,000,000	—	1.50	—
2012D	2,883,200,000	—	1.50	—
2012S	1,237,415	—	—	4.00

Date	Mintage	XF40	MS65	PRF65	Date	Mintage	XF40	MS65	PRF65
2013P	3,750,400,000	—	1.50	—	2015P	4,691,512,561	—	—	—
2013D	3,319,600,000	—	1.50	—	2015D	4,674,212,561	—	—	—
2013S	1,237,926	—	—	4.00	2015S	710,183	—	—	—
2014P	—	—	1.50	—	2016P	—	—	1.50	—
2014D	—	—	1.50	—	2016D	—	—	1.50	—
2014S	—	—	—	4.00	2016S	—	—	—	4.00

2 CENTS

Shield in front of crossed arrows, banner above, date below obverse
Value within wheat wreath reverse

Small motto   Large motto

KM# 94 • 6.22 g., Copper-Tin-Zinc, 23 mm. • **Rev. Legend:** UNITED STATES OF AMERICA **Designer:** James B. Longacre **Note:** The motto IN GOD WE TRUST was modified in 1864, resulting in small-motto and large-motto varieties for that year.

Date	Mintage	G4	VG8	F12	VF20	XF40	AU50	MS60	MS65	PRF65
1864 small motto	19,847,500	200	270	355	515	700	850	1,350	3,100	28,000
1864 large motto	Inc. above	16.50	18.50	20.00	27.50	42.50	72.00	88.00	375	1,100
1865 fancy 5	13,640,000	13.00	15.00	22.00	27.00	40.00	65.00	90.00	475	590
1865 plain 5	Inc. above	10.00	12.00	14.00	19.00	35.00	50.00	60.00	300	650
1866	3,177,000	14.00	16.00	19.00	23.00	40.00	70.00	95.00	550	650
1867	2,938,750	15.00	18.00	30.00	40.00	55.00	80.00	110	700	650
1867 double die obverse	Inc. above	—	175	325	425	675	1,100	1,950	11,000	—
1868	2,803,750	15.00	19.00	32.00	42.00	55.00	90.00	120	980	650
1869	1,546,000	17.00	23.00	36.00	44.00	65.00	110	145	1,100	650
1869 repunched 18	Inc. above	25.00	35.00	65.00	125	275	450	—	—	—
1869/8 die crack	Inc. above	100	130	250	325	500	750	—	—	—
1870	861,250	26.00	35.00	50.00	70.00	115	160	245	1,950	650
1871	721,250	35.00	42.00	60.00	95.00	130	175	250	1,650	650
1872	65,000	370	460	535	635	1,000	1,500	2,700	7,500	725
1873 closed 3 proof only	Est. 600	1,075	1,250	1,350	1,450	1,550	1,700	2,300	4,500	3,650
1873 open 3 proof only	Est. 500	1,125	1,300	1,475	1,600	1,775	1,950	—	—	3,200

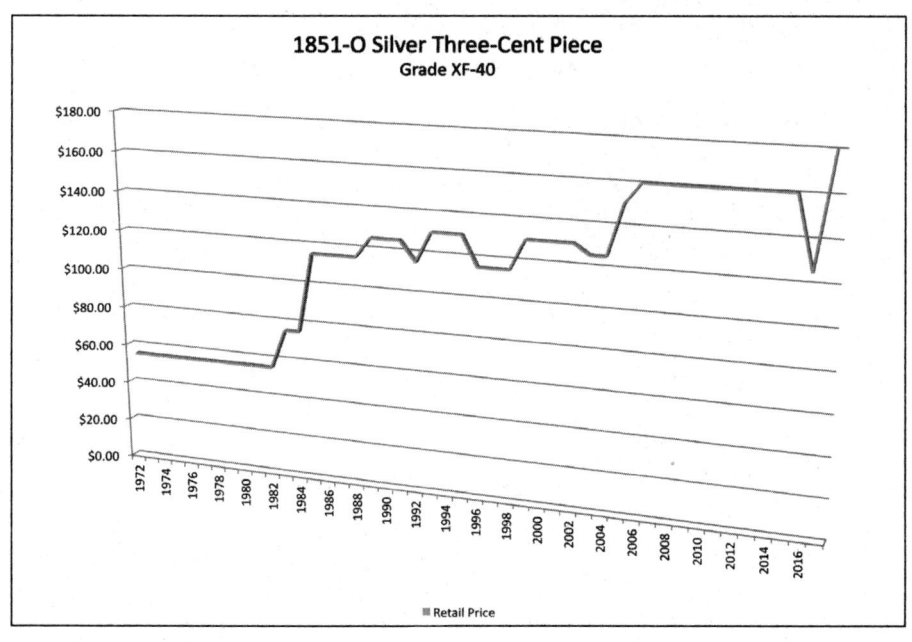

1851-O Silver Three-Cent Piece
Grade XF-40

Retail Price

SILVER 3 CENTS

Silver 3 Cents - Type 1
Shield within star, no outlines in star obverse
Roman numeral in designed C, within circle of stars reverse

KM# 75 • 0.80 g., 0.750 Silver 0.0193 oz. ASW, 14 mm. • **Obv. Legend:** UNITED STATES OF AMERICA
Designer: James B. Longacre

Date	Mintage	G4	VG8	F12	VF20	XF40	AU50	MS60	MS65	PRF65
1851	5,447,400	33.00	49.00	52.00	65.00	75.00	170	210	590	—
1851O	720,000	40.00	53.00	56.00	95.00	180	265	525	3,300	—
1852	18,663,500	33.00	49.00	52.00	65.00	75.00	170	210	590	—
1853	11,400,000	33.00	49.00	52.00	65.00	75.00	170	210	590	—

Silver 3 Cents - Type 2
Shield within star, three outlines in star obverse
Roman numeral in designed C, within circle of stars reverse

KM# 80 • 0.75 g., 0.900 Silver 0.0217 oz. ASW, 14 mm. • **Obv. Legend:** UNITED STATES OF AMERICA
Designer: James B. Longacre

Date	Mintage	G4	VG8	F12	VF20	XF40	AU50	MS60	MS65	PRF65
1854	671,000	43.00	55.00	65.00	75.00	125	160	260	2,100	30,000
1855	139,000	43.00	55.00	60.00	100	175	275	450	5,000	11,000
1856	1,458,000	43.00	55.00	65.00	75.00	125	185	235	2,200	10,000
1857	1,042,000	43.00	55.00	65.00	75.00	125	200	235	2,500	9,000
1858	1,604,000	43.00	55.00	65.00	75.00	125	160	235	1,500	5,000

Silver 3 Cents - Type 3
Shield within star, two outlines in star obverse
Roman numeral in designed C, within circle of stars reverse

KM# 88 • 0.75 g., 0.900 Silver 0.0217 oz. ASW, 14 mm. • **Obv. Legend:** UNITED STATES OF AMERICA
Designer: James B. Longacre

Date	Mintage	G4	VG8	F12	VF20	XF40	AU50	MS60	MS65	PRF65
1859	365,000	43.00	55.00	65.00	75.00	125	150	185	825	1,700
1860	287,000	43.00	55.00	65.00	75.00	105	150	185	900	5,000
1861	498,000	43.00	55.00	65.00	75.00	105	150	185	750	1,700
1862	343,550	43.00	55.00	65.00	75.00	105	150	185	750	1,450
1862/1	Inc. above	43.00	55.00	65.00	75.00	105	165	225	775	—
1863	21,460	460	525	600	750	775	825	1,050	2,700	1,700
1863/62 proof only; Rare	Inc. above	—	—	—	—	—	—	—	—	6,000
1864	12,470	460	525	600	750	775	825	1,050	3,500	1,700
1865	8,500	460	525	600	750	775	825	1,400	4,100	1,700
1866	22,725	450	500	550	600	700	800	900	3,500	1,700
1867	4,625	460	525	600	750	800	1,200	1,700	16,000	1,700
1868	4,100	600	650	700	800	1,050	1,450	2,700	19,000	1,700
1869	5,100	460	525	600	750	800	1,000	1,400	8,500	1,700
1869/68 proof only; Rare	Inc. above	—	—	—	—	—	—	—	—	8,500
1870	4,000	460	525	600	750	775	950	1,400	4,500	1,700
1871	4,360	460	525	600	750	775	825	1,000	1,900	1,700
1872	1,950	600	750	950	1,150	1,400	1,675	2,100	8,500	1,500
1873 proof only	600	—	—	—	—	775	900	—	—	2,500

SILVER 3 CENTS

NICKEL 3 CENTS

Coronet head left, date below obverse
Roman numeral value within wreath reverse

KM# 95 • 1.94 g., Copper-Nickel, 17.9 mm. • **Obv. Legend:** UNITED STATES OF AMERICA **Designer:** James B. Longacre

Date	Mintage	G4	VG8	F12	VF20	XF40	AU50	MS60	MS65	PRF65
1865	11,382,000	15.50	16.50	17.50	22.50	37.50	60.00	100	550	6,500
1866	4,801,000	15.50	16.50	17.50	22.50	37.50	60.00	100	550	1,725
1867	3,915,000	15.50	16.50	17.50	22.50	37.50	60.00	100	670	1,575
1868	3,252,000	15.50	16.50	17.50	22.50	37.50	60.00	100	550	1,450
1869	1,604,000	16.50	17.50	19.50	25.50	40.50	61.00	120	730	1,050
1870	1,335,000	17.50	18.50	20.50	26.50	41.50	62.00	135	725	2,250
1871	604,000	17.50	19.00	22.50	27.50	42.50	64.00	155	740	1,200
1872	862,000	19.00	22.50	24.50	29.00	43.50	68.00	175	995	910
1873 Closed 3	1,173,000	16.50	18.50	22.50	25.50	40.50	62.00	145	1,050	1,125
1873 Open 3	Inc. above	16.50	18.50	22.50	26.00	41.50	68.00	180	4,500	—
1874	790,000	17.50	20.50	22.50	27.50	42.50	66.00	160	950	950
1875	228,000	19.00	22.50	27.50	30.50	45.50	82.00	190	750	1,500
1876	162,000	20.50	23.50	26.50	34.50	49.50	97.00	225	1,290	1,025
1877 proof	Est. 900	1,100	1,150	1,175	1,250	1,275	1,350	—	—	3,750
1878 proof	2,350	615	645	720	770	795	830	—	—	1,200
1879	41,200	70.00	80.00	96.00	110	122	180	320	750	690
1880	24,955	100	115	130	165	185	235	375	730	700
1881	1,080,575	15.50	16.50	19.00	23.50	39.50	60.00	100	585	680
1882	25,300	130	150	180	225	300	325	425	1,025	700
1883	10,609	200	225	265	305	375	425	480	4,850	690
1884	5,642	400	445	550	600	645	730	800	6,250	700
1885	4,790	470	520	645	700	745	775	900	12,000	720
1886 proof	4,290	320	330	345	385	385	420	—	—	715
1887/6 proof	7,961	350	390	415	450	460	515	—	—	940
1887	Inc. above	305	355	395	440	455	500	540	1,200	1,125
1888	41,083	54.00	63.00	70.00	80.00	100	170	315	650	690
1889	21,561	90.00	115	145	180	230	260	320	775	690

HALF DIME

Flowing Hair Half Dime

KM# 15 • 1.35 g., 0.892 Silver 0.0387 oz. ASW, 16.5 mm. • **Designer:** Robert Scot

Date	Mintage	G4	VG8	F12	VF20	XF40	MS60
1794	86,416	1,500	1,700	26,500	3,850	8,000	18,000
1795	Inc. above	1,500	1,500	2,700	2,800	7,350	12,000

Draped Bust Half Dime
Draped bust right obverse Small eagle reverse

KM# 23 • 1.35 g., 0.892 Silver 0.0387 oz. ASW, 16.5 mm. • **Designer:** Robert Scot

Date	Mintage	G4	VG8	F12	VF20	XF40	MS60
1796	10,230	1,400	1,750	3,000	4,100	9,500	20,000
1796 LIKERTY	Inc. above	1,400	1,800	3,050	4,100	9,600	20,500
Note: In 1796 the word LIBERTY was spelled LIKERTY on a die.							
1796/5	Inc. above	2,300	2,850	4,200	5,200	7,900	25,000
1797 13 stars	44,527	2,300	3,500	5,000	5,800	13,750	43,000
1797 15 stars	Inc. above	1,500	18,750	3,000	4,600	6,700	15,000
1797 16 stars	Inc. above	2,200	3,000	3,600	4,200	7,000	15,500

Draped bust right, flanked by stars, date at angle below obverse
Heraldic eagle reverse

KM# 34 • 1.35 g., 0.892 Silver 0.0387 oz. ASW, 16.5 mm. • **Obv. Legend:** LIBERTY **Rev. Legend:** UNITED STATES OF AMERICA **Designer:** Robert Scot

Date	Mintage	G4	VG8	F12	VF20	XF40	MS60
1800	24,000	1,300	1,400	2,000	2,600	4,500	13,000
1800 LIBEKTY	Inc. above	1,400	1,600	2,500	3,000	5,000	15,000
1801	33,910	1,300	1,400	2,000	3,600	6,100	18,500
1802	3,060	60,000	70,000	90,000	115,000	200,000	—
1803 Large 8	37,850	1,250	1,450	2,000	25,000	6,100	13,000
1803 Small 8	Inc. above	2,000	2,750	3,800	5,600	9,500	62,500
1805	15,600	1,400	1,500	2,400	3,700	9,500	—

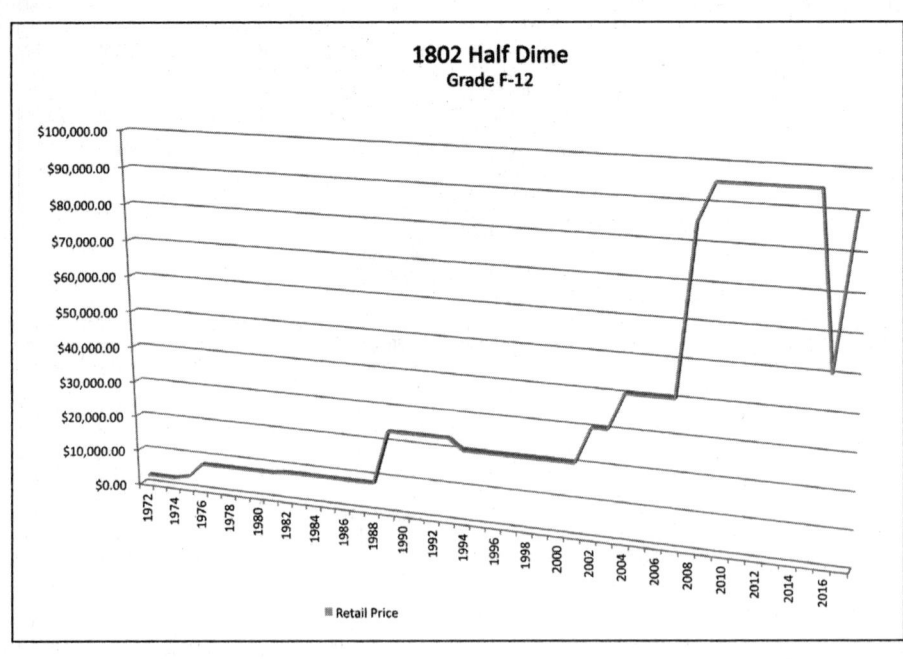

1802 Half Dime
Grade F-12

Liberty Cap Half Dime
Classic head left, flanked by stars, date below obverse
Eagle with arrows in talons, banner above reverse

KM# 47 • 1.35 g., 0.892 Silver 0.0387 oz. ASW, 15.5 mm. • **Rev. Legend:** UNITED STATES OF AMERICA
Designer: William Kneass

Date	Mintage	G4	VG8	F12	VF20	XF40	AU50	MS60	MS65
1829	1,230,000	60.00	85.00	105	125	180	270	375	2,600
1830	1,240,000	60.00	85.00	105	125	180	270	375	2,600
1831	1,242,700	60.00	85.00	105	125	180	270	375	2,600
1832	965,000	60.00	85.00	105	125	180	270	375	2,600
1833	1,370,000	60.00	85.00	105	125	180	270	375	2,600
1834	1,480,000	60.00	85.00	105	125	180	270	375	2,600
1835 large date and 5C.	2,760,000	60.00	85.00	105	125	180	270	375	2,600
1835 large date, small 5C.	Inc. above	60.00	85.00	105	125	180	270	375	2,600
1835 small date, large 5C.	Inc. above	60.00	85.00	105	125	180	270	375	2,600
1835 small date and 5C.	Inc. above	60.00	85.00	105	125	180	270	375	2,600
1836 large 5C.	1,900,000	60.00	85.00	105	125	180	270	375	2,600
1836 small 5C.	Inc. above	60.00	85.00	105	125	180	270	375	2,600
1837 large 5C.	2,276,000	60.00	85.00	105	160	225	300	425	6,200
1837 small 5C.	Inc. above	175	200	250	300	425	750	1,700	9,400

Seated Liberty Half Dime
Seated Liberty, no stars around border, date below obverse
Value within wreath reverse

KM# 60 • 1.34 g., 0.900 Silver 0.0388 oz. ASW, 15.5 mm. • **Rev. Legend:** UNITED STATES OF AMERICA
Designer: Christian Gobrecht **Note:** A design modification in 1837 resulted in small-date and large-date varieties for that year.

Date	Mintage	G4	VG8	F12	VF20	XF40	AU50	MS60	MS65
1837 small date	Inc. above	45.00	60.00	95.00	155	215	460	625	2,300
1837 large date	Inc. above	45.00	60.00	95.00	155	215	460	525	2,300
1838O	70,000	110	165	310	575	1,600	2,550	4,200	23,500

Seated Liberty, stars around top 1/2 of border, date below obverse
Value within wreath reverse

KM# 62.1 • 1.34 g., 0.900 Silver 0.0388 oz. ASW, 15.5 mm. • **Rev. Legend:** UNITED STATES OF AMERICA
Designer: Christian Gobrecht **Note:** The two varieties of 1838 are distinguished by the size of the stars on the obverse. The 1839-O with reverse of 1838-O was struck from rusted reverse dies. The result is a bumpy surface on this variety's reverse.

Date	Mintage	G4	VG8	F12	VF20	XF40	AU50	MS60	MS65
1838 large stars	2,255,000	17.00	22.00	26.00	42.00	88.00	190	250	675
1838 small stars	Inc. above	17.00	31.00	42.00	90.00	175	350	675	3,200
1839	1,069,150	17.00	32.00	35.00	43.00	88.00	200	275	1,525
1839O	1,034,039	23.00	35.00	43.00	53.00	105	325	875	7,800
1839O reverse 1838O	Inc. above	450	650	1,100	1,600	2,600	—	—	—
1840	1,344,085	17.00	24.00	35.00	42.00	85.00	195	250	1,600
1840O	935,000	23.00	29.00	33.00	45.00	135	550	1,350	14,000

Seated Liberty, stars around top 1/2 of border, date below obverse

KM# 62.2 • 1.34 g., 0.900 Silver 0.0388 oz. ASW, 15.5 mm. • **Rev. Legend:** UNITED STATES OF AMERICA **Designer:** Christian Gobrecht **Note:** In 1840 drapery was added to Liberty's left elbow. Varieties for the 1848 Philadelphia strikes are distinguished by the size of the numerals in the date.

Date	Mintage	G4	VG8	F12	VF20	XF40	AU50	MS60	MS65
1840	Inc. above	26.00	38.00	65.00	135	225	325	500	2,500
1840O	Inc. above	32.00	55.00	105	250	775	1,275	7,500	—
1841	1,150,000	17.00	24.00	28.00	31.00	63.00	140	155	1,050
1841O	815,000	75.00	95.00	130	195	325	575	1,100	6,600
1842	815,000	17.00	24.00	28.00	31.00	63.00	140	165	1,100
1842O	350,000	75.00	115	210	325	700	950	1,400	14,750
1843	1,165,000	17.00	24.00	28.00	31.00	63.00	140	210	1,175
1844	430,000	22.00	36.00	30.00	65.00	90.00	185	300	1,300
1844O	220,000	150	200	325	675	1,300	2,150	6,300	22,000
1845	1,564,000	17.00	24.00	28.00	31.00	63.00	140	160	1,050
1845/1845	Inc. above	23.00	40.00	50.00	60.00	75.00	175	200	1,175
1846	27,000	750	1,150	1,750	2,400	3,800	6,000	17,000	—
1847	1,274,000	17.00	24.00	28.00	31.00	63.00	140	195	975
1848 medium date	668,000	17.00	24.00	28.00	31.00	63.00	140	350	3,100
1848 large date	Inc. above	27.00	32.00	43.00	60.00	175	340	510	3,100
1848O	600,000	30.00	35.00	50.00	95.00	185	345	560	2,375
1849/8	1,309,000	45.00	65.00	95.00	140	200	360	750	2,300
1849/6	Inc. above	45.00	65.00	95.00	140	200	360	775	2,650
1849	Inc. above	17.00	24.00	28.00	31.00	63.00	140	260	1,850
1849O	140,000	90.00	130	200	270	525	875	1,550	7,900
1850	955,000	17.00	24.00	28.00	31.00	63.00	140	185	810
1850O	690,000	25.00	30.00	38.00	63.00	130	275	700	4,500
1851	781,000	17.00	24.00	28.00	31.00	63.00	140	165	1,000
1851O	860,000	24.00	26.00	30.00	42.00	105	205	440	4,000
1852	1,000,500	17.00	24.00	28.00	31.00	63.00	140	165	925
1852O	260,000	31.00	42.00	64.00	135	225	450	900	7,800
1853	135,000	60.00	80.00	110	200	310	550	700	2,050
1853O	160,000	300	400	775	1,200	2,500	3,400	7,000	24,500

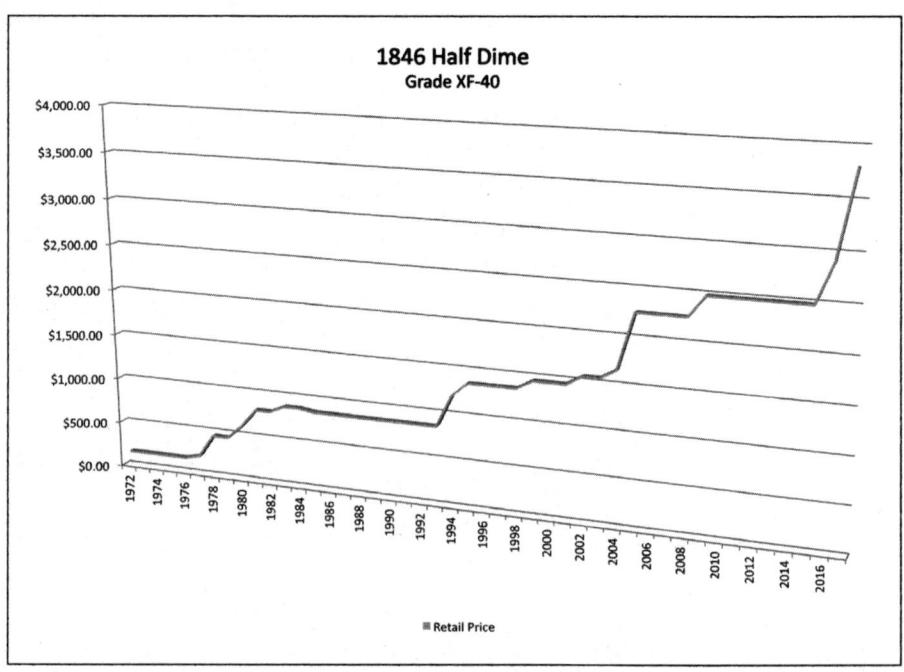

1846 Half Dime
Grade XF-40

Seated Liberty, stars around top 1/2 of border, arrows at date obverse
Value within wreath reverse

KM# 76 • 1.24 g., 0.900 Silver 0.0359 oz. ASW **Rev. Legend:** UNITED STATES OF AMERICA **Designer:** Christian Gobrecht

Date	Mintage	G4	VG8	F12	VF20	XF40	AU50	MS60	MS65	PRF65
1853	13,210,020	17.00	24.00	28.00	31.00	63.00	140	200	950	100,000
1853O	2,200,000	17.00	30.00	47.00	60.00	70.00	155	270	3,500	—
1854	5,740,000	17.00	24.00	28.00	31.00	63.00	140	200	1,000	8,800
1854O	1,560,000	17.00	24.00	28.00	31.00	76.00	165	300	3,200	—
1855	1,750,000	17.00	24.00	28.00	31.00	63.00	140	200	1,550	8,800
1855O	600,000	17.00	24.00	28.00	64.00	135	200	575	4,000	—

Seated Liberty, stars around top 1/2 of border, date below obverse
Value within wreath reverse

KM# A62.2 • 1.24 g., 0.900 Silver 0.0359 oz. ASW **Rev. Legend:** UNITED STATES OF AMERICA **Designer:** Christian Gobrecht **Note:** On the 1858/inverted date variety, the date was engraved into the die upside down and then re-engraved right side up. Another 1858 variety has the date doubled.

Date	Mintage	G4	VG8	F12	VF20	XF40	AU50	MS60	MS65	PRF65
1856	4,880,000	17.00	24.00	28.00	31.00	63.00	140	165	680	8,225
1856O	1,100,000	17.00	24.00	28.00	53.00	110	245	460	1,800	—
1857	7,280,000	17.00	24.00	28.00	37.00	63.00	145	165	680	4,600
1857O	1,380,000	17.00	24.00	45.00	65.00	95.00	205	315	1,225	—
1858	3,500,000	17.00	24.00	28.00	37.00	68.00	145	165	680	2,800
1858 inverted date	Inc. above	75.00	140	185	285	400	875	1,450	3,200	—
1858 double date	Inc. above	60.00	75.00	135	225	375	700	1,250	—	—
1858O	1,660,000	17.00	24.00	28.00	48.00	85.00	145	285	1,500	—
1859	340,000	17.00	24.00	35.00	54.00	84.00	145	230	800	3,000
1859O	560,000	17.00	28.00	55.00	85.00	175	300	400	1,500	—

Seated Liberty, date below obverse   Value within wreath reverse

KM# 91 • 1.24 g., 0.900 Silver 0.0359 oz. ASW **Obv. Legend:** UNITED STATES OF AMERICA **Designer:** Christian Gobrecht

Date	Mintage	G4	VG8	F12	VF20	XF40	AU50	MS60	MS65	PRF65
1860	799,000	17.00	24.00	28.00	31.00	63.00	90.00	160	575	1,000
1860O	1,060,000	17.00	24.00	28.00	35.00	60.00	125	195	950	—
1861	3,361,000	17.00	24.00	28.00	31.00	63.00	115	160	575	1,000
1861/0	Inc. above	30.00	43.00	67.00	130	285	375	500	2,000	—
1862	1,492,550	17.00	24.00	28.00	31.00	63.00	115	185	575	1,000
1863	18,460	175	210	280	350	500	600	750	1,450	1,000
1863S	100,000	30.00	50.00	100	125	275	475	700	4,500	—
1864	48,470	315	425	810	900	1,150	1,300	1,450	2,500	1,000
1864S	90,000	110	145	175	230	500	675	925	3,375	—
1865	13,500	300	425	650	700	950	1,000	1,125	2,200	1,000
1865S	120,000	55.00	75.00	110	175	325	600	1,100	5,000	—
1866	10,725	280	305	550	700	825	850	900	2,500	1,000
1866S	120,000	30.00	42.00	44.00	72.00	180	325	450	4,000	—
1867	8,625	450	490	725	825	900	1,075	1,200	2,800	1,000
1867S	120,000	45.00	65.00	95.00	130	215	285	600	2,900	—
1868	89,200	50.00	65.00	105	180	280	425	650	1,500	1,000
1868S	280,000	17.00	24.00	32.00	40.00	63.00	130	285	1,800	—
1869	208,600	17.00	24.00	31.00	40.00	62.00	135	225	1,025	1,000
1869S	230,000	17.00	24.00	31.00	38.00	52.00	135	375	3,400	—

Date	Mintage	G4	VG8	F12	VF20	XF40	AU50	MS60	MS65	PRF65
1870	536,600	17.00	24.00	28.00	31.00	63.00	95.00	165	850	1,000
1870S unique	—	—	—	—	—	—	—	—	—	—
Note: 1870S, Superior Galleries, July 1986, brilliant uncirculated, $253,000.
1871	1,873,960	17.00	24.00	28.00	31.00	63.00	90.00	165	625	1,000
1871S	161,000	24.00	35.00	45.00	70.00	85.00	190	270	1,800	—
1872	2,947,950	17.00	24.00	28.00	31.00	63.00	90.00	165	625	1,000
1872S mint mark in wreath	837,000	17.00	24.00	28.00	31.00	63.00	90.00	180	625	—
1872S mint mark below wreath	Inc. above	17.00	24.00	28.00	31.00	63.00	90.00	180	625	—
1873	712,600	17.00	24.00	28.00	31.00	63.00	90.00	165	625	1,000
1873S	324,000	17.00	24.00	28.00	31.00	63.00	90.00	165	625	—

5 CENTS

Shield Nickel
Draped garland above shield, date below obverse
Value within center of rays between stars reverse

KM# 96 • 5.00 g., Copper-Nickel, 20.5 mm. • **Obv. Legend:** IN GOD WE TRUST **Rev. Legend:** UNITED STATES OF AMERICA **Designer:** James B. Longacre

Date	Mintage	G4	VG8	F12	VF20	XF40	AU50	MS60	MS65	PRF65
1866	14,742,500	29.00	38.00	55.00	80.00	150	230	280	1,600	3,450
1867	2,019,000	30.00	36.00	51.00	78.00	145	205	330	3,000	40,000

Draped garland above shield, date below obverse
Value within circle of stars reverse

KM# 97 • 5.00 g., Copper-Nickel **Obv. Legend:** IN GOD WE TRUST **Rev. Legend:** UNITED STATES OF AMERICA

Date	Mintage	G4	VG8	F12	VF20	XF40	AU50	MS60	MS65	PRF65
1867	28,890,500	25.00	28.00	30.00	37.50	60.00	105	150	750	2,000
1868 Rev'67	28,817,000	25.00	28.00	30.00	35.00	62.00	115	150	600	1,000
1868 Rev'68	Inc. above	22.00	34.00	36.00	45.00	77.00	144	188	—	—
Note: Star points to center of A in STATES.
1869	16,395,000	25.00	28.00	30.00	35.00	62.00	115	150	625	600
1870	4,806,000	27.00	35.00	54.00	69.00	100	150	210	1,400	800
1871	561,000	75.00	95.00	140	210	310	340	385	1,800	900
1872	6,036,000	39.00	48.00	85.00	96.00	135	180	235	1,350	600
1873 Open 3	4,550,000	29.00	40.00	54.00	68.00	80.00	135	230	1,200	—
1873 Closed 3	Inc. above	50.00	60.00	80.00	135	160	235	375	1,850	575
1874	3,538,000	31.00	45.00	74.00	94.00	120	165	245	1,200	700
1875	2,097,000	46.00	62.00	90.00	125	170	230	290	1,400	1,000
1876	2,530,000	40.00	54.00	84.00	125	165	200	255	1,200	700
1877 proof	Est. 900	—	—	—	1,800	2,000	2,100	—	—	4,000
1878 proof	2,350	—	—	—	1,000	1,100	1,250	—	—	1,700
1879	29,100	390	485	625	600	650	750	1,100	2,800	625
1879/8	Inc. above	—	—	—	—	—	—	—	—	750
1880	19,995	1,400	1,800	2,200	2,500	5,500	8,000	14,000	65,000	600
1881	72,375	260	340	430	500	600	675	900	2,000	650
1882	11,476,600	28.00	30.00	32.00	40.00	60.00	95.00	140	600	600
Note: Many exist with excess metal at numeral 2 & 3 these should not be confused with the following overdate.
1883	1,456,919	25.00	35.00	38.00	40.00	65.00	95.00	160	600	600
Note: Many exist with excess metal at numeral 2 & 3 these should not be confused with the following overdate.
1883/2	Inc. above	220	300	535	800	1,100	1,450	1,650	5,000	—

Liberty Nickel
Liberty head left, within circle of stars, date below obverse
Roman numeral value within wreath, without CENTS below reverse

KM# 111 • 5.00 g., Copper-Nickel, 21.2 mm. • **Rev. Legend:** UNITED STATES OF AMERICA **Designer:** Charles E. Barber

Date	Mintage	G4	VG8	F12	VF20	XF40	AU50	MS60	MS65	PRF65
1883	5,479,519	8.00	9.00	10.00	12.00	14.00	20.00	26.00	210	550

Liberty head left, within circle of stars, date below obverse
Roman numeral value within wreath, CENTS below reverse

KM# 112 • 5.00 g., Copper-Nickel, 21.2 mm. • **Rev. Legend:** UNITED STATES OF AMERICA

Date	Mintage	G4	VG8	F12	VF20	XF40	AU50	MS60	MS65	PRF65
1883	16,032,983	20.00	28.00	35.00	47.00	72.00	100	140	510	550
1884	11,273,942	20.00	31.00	40.00	55.00	80.00	125	180	1,200	1,100
1885	1,476,490	330	550	720	900	1,150	1,550	1,700	6,500	900
1886	3,330,290	245	300	375	425	575	750	900	4,200	550
1887	15,263,652	12.00	18.00	30.00	40.00	75.00	100	145	770	550
1888	10,720,483	26.00	40.00	60.00	125	170	210	260	900	550
1889	15,881,361	12.00	18.00	30.00	50.00	75.00	105	165	700	550
1890	16,259,272	8.00	15.00	30.00	40.00	60.00	100	150	800	550
1891	16,834,350	5.00	8.00	20.00	40.00	55.00	105	140	850	550
1892	11,699,642	5.00	8.00	21.00	40.00	60.00	105	140	1,050	550

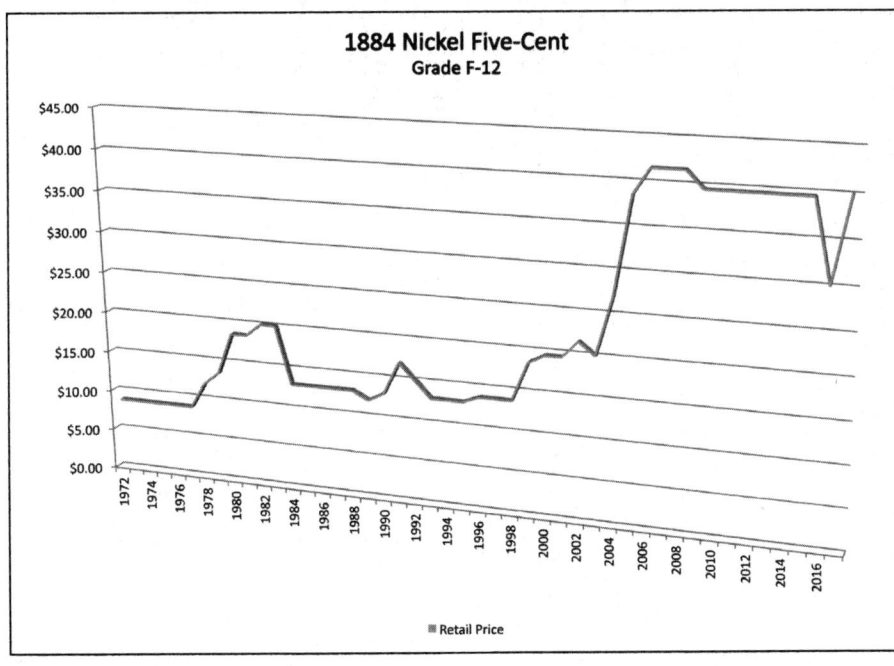

1884 Nickel Five-Cent
Grade F-12

Retail Price

5 CENTS

Date	Mintage	G4	VG8	F12	VF20	XF40	AU50	MS60	MS65	PRF65
1893	13,370,195	5.00	8.00	23.00	34.00	55.00	105	140	750	550
1894	5,413,132	12.00	30.00	100	155	250	300	335	1,300	550
1895	9,979,884	4.50	5.75	16.00	36.00	70.00	105	135	1,475	550
1896	8,842,920	5.75	21.00	40.00	65.00	125	160	200	1,450	550
1897	20,428,735	2.00	4.00	8.00	18.00	45.00	70.00	100	800	550
1898	12,532,087	2.00	4.00	8.00	17.00	60.00	90.00	135	525	550
1899	26,029,031	2.00	4.00	8.00	16.00	35.00	60.00	82.00	475	550
1900	27,255,995	2.00	4.00	8.00	16.00	35.00	60.00	82.00	425	550
1901	26,480,213	2.00	4.00	8.00	16.00	35.00	60.00	82.00	425	550
1902	31,480,579	2.00	4.00	8.00	16.00	35.00	60.00	82.00	425	550
1903	28,006,725	2.00	4.00	8.00	16.00	35.00	60.00	82.00	425	550
1904	21,404,984	2.00	4.00	8.00	16.00	35.00	60.00	82.00	425	550
1905	29,827,276	2.00	4.00	8.00	16.00	35.00	60.00	82.00	425	550
1906	38,613,725	2.00	4.00	8.00	16.00	35.00	60.00	82.00	475	550
1907	39,214,800	2.00	4.00	8.00	16.00	35.00	60.00	82.00	700	550
1908	22,686,177	2.00	4.00	8.00	16.00	35.00	60.00	82.00	675	550
1909	11,590,526	4.00	6.00	7.00	14.00	35.00	78.00	100	550	550
1910	30,169,353	2.00	4.00	8.00	16.00	35.00	60.00	82.00	425	550
1911	39,559,372	2.00	4.00	8.00	16.00	35.00	60.00	82.00	425	550
1912	26,236,714	2.00	4.00	8.00	16.00	35.00	60.00	82.00	425	580
1912D	8,474,000	4.00	5.00	16.00	38.00	105	200	260	1,750	—
1912S	238,000	135	175	200	425	850	1,225	1,350	2,800	—
1913 5 known	—	—	—	—	—	—	—	—	—	—

Note: 1913, Heritage Sale, January 2010, Proof-64 (Olsen), $3,737,500. Private treaty, 2007, (Eliasburg) Proof-66 $5 million.

Buffalo Nickel
American Bison standing on a mound reverse

KM# 133 • 5.00 g., Copper-Nickel, 21.2 mm. • **Designer:** James Earle Fraser

Date	Mintage	G4	VG8	F12	VF20	XF40	AU50	MS60	MS65	PRF65
1913	30,993,520	20.00	21.00	22.00	23.00	27.00	40.00	48.00	150	3,150
1913D	5,337,000	23.00	25.00	26.00	28.00	30.00	55.00	67.00	400	—
1913S	2,105,000	44.00	46.00	50.00	60.00	65.00	92.00	160	675	—

American Bison standing on a line reverse

   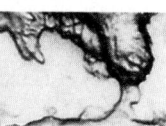

1918/17D   1937D 3-legged

KM# 134 • 5.00 g., Copper-Nickel, 21.2 mm. • **Designer:** James Earle Fraser **Note:** In 1913 the reverse design was modified so the ground under the buffalo was represented as a line rather than a mound. On the 1937D 3-legged variety, the buffalo's right front leg is missing, the result of a damaged die.

Date	Mintage	G4	VG8	F12	VF20	XF40	AU50	MS60	MS65	PRF65
1913	29,858,700	21.00	22.00	23.00	24.00	26.00	32.00	50.00	340	2,500
1913D	4,156,000	195	225	250	260	310	300	355	1,000	—
1913S	1,209,000	300	340	370	445	500	700	850	3,200	—
1914	20,665,738	27.00	28.00	29.00	30.00	31.00	38.00	70.00	425	2,250
1914/3	Inc. above	110	250	400	500	600	825	1,800	30,000	—
1914D	3,912,000	80.00	100	130	190	300	400	430	1,150	—
1914/3D	Inc. above	90.00	200	300	400	590	800	3,200	—	—
1914S	3,470,000	29.00	37.00	43.00	55.00	90.00	165	205	1,825	—
1914/3S	Inc. above	210	400	650	900	1,300	2,000	4,100	—	—
1915	20,987,270	5.00	6.25	11.00	12.00	16.00	35.00	48.00	325	2,100
1915D	7,569,500	18.00	25.00	35.00	50.00	105	140	245	1,400	—
1915S	1,505,000	50.00	60.00	88.00	155	300	500	600	3,500	—
1916	63,498,066	4.50	6.00	8.00	10.00	14.00	25.00	60.00	305	3,250
1916 2 Feathers	Inc. above	40.00	—	65.00	—	—	—	—	200	—
1916/16	Inc. above	3,400	4,400	8,500	10,500	16,000	29,000	55,000	—	—
1916D	13,333,000	18.00	25.00	28.00	32.00	80.00	105	160	1,150	—

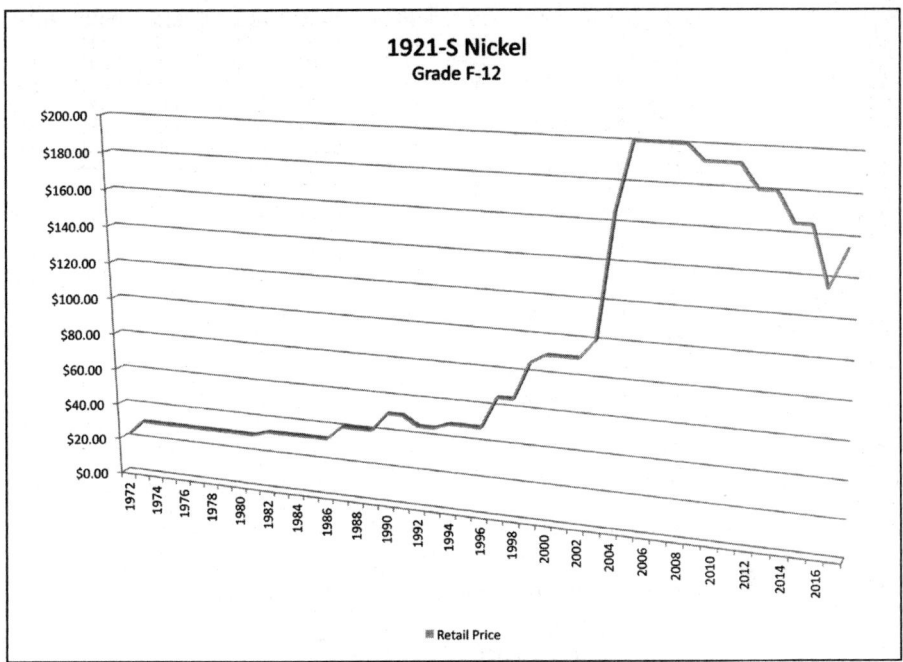

1921-S Nickel
Grade F-12

■ Retail Price

Date	Mintage	G4	VG8	F12	VF20	XF40	AU50	MS60	MS65	PRF65
1916S	11,860,000	12.00	16.00	22.00	32.00	80.00	140	200	1,900	—
1917	51,424,029	5.00	6.00	7.50	8.75	14.00	35.00	54.00	505	—
1917 2 Feathers	Inc. above	30.00	—	40.00	—	—	—	—	145	—
1917D	9,910,800	20.00	30.00	46.00	67.00	135	255	325	1,975	—
1917S	4,193,000	17.50	40.00	70.00	87.00	160	270	475	3,650	—
1917S 2 Feathers	Inc. above	40.00	60.00	85.00	—	—	—	—	255	—
1918	32,086,314	5.25	6.00	7.25	9.75	20.00	48.00	110	1,175	—
1918/17D	8,362,314	825	1,400	2,100	4,700	8,000	10,500	32,000	250,000	—
1918D	Inc. above	21.00	33.00	55.00	105	205	315	450	3,400	—
1918 2 Feathers	Inc. above	40.00	—	85.00	—	—	—	—	275	—
1918S	4,882,000	13.00	23.00	47.00	90.00	160	295	455	13,250	—
1919	60,868,000	2.00	3.25	4.00	6.50	12.00	27.00	51.00	415	—
1919D	8,006,000	14.50	25.00	56.00	100	215	320	610	5,500	—
1919S	7,521,000	7.00	17.00	42.00	82.00	200	330	610	10,500	—
1920	63,093,000	1.25	1.75	3.00	5.00	13.50	26.00	54.00	575	—
1920D	9,418,000	8.50	17.50	31.00	93.00	260	320	485	4,500	—
1920S	9,689,000	4.00	10.00	18.00	70.00	145	255	465	14,000	—
1921	10,663,000	3.25	5.50	6.00	18.00	50.00	100	120	790	—
1921S	1,557,000	60.00	90.00	155	410	800	1,000	1,525	6,600	—
1923	35,715,000	1.75	2.75	4.50	7.00	13.00	35.00	54.00	480	—
1923S	6,142,000	7.00	9.50	21.00	95.00	250	325	550	6,250	—
1924	21,620,000	1.25	1.75	2.75	7.00	22.00	44.00	69.00	770	—
1924D	5,258,000	6.75	10.00	30.00	55.00	160	300	380	3,300	—
1924S	1,437,000	15.00	27.00	80.00	455	1,000	1,550	2,325	9,600	—
1925	35,565,100	2.00	3.25	3.75	6.00	20.00	28.00	39.00	325	—
1925D	4,450,000	9.25	17.50	31.00	62.00	145	270	410	4,500	—
1925S	6,256,000	3.75	8.25	13.50	61.00	170	245	405	17,500	—
1926	44,693,000	1.50	2.50	4.00	6.00	12.00	20.00	29.00	185	—
1926D	5,638,000	10.50	17.00	26.00	100	185	290	335	3,950	—
1926S	970,000	20.00	39.00	80.00	265	615	2,200	4,100	90,000	—
1927	37,981,000	1.00	1.50	3.00	5.00	13.00	21.00	31.00	250	—
1927D	5,730,000	3.50	7.00	10.00	50.00	120	160	180	5,800	—
1927S	3,430,000	1.75	3.00	4.75	45.00	80.00	165	725	13,500	—
1928	23,411,000	2.00	2.25	2.50	4.00	11.00	21.00	40.00	110	—
1928D	6,436,000	2.00	3.00	5.00	14.00	38.00	51.00	80.00	600	—
1928S	6,936,000	2.00	3.00	5.00	14.00	38.00	130	245	2,800	—
1929	36,446,000	1.00	1.50	2.00	4.25	13.00	21.00	33.00	265	—

5 CENTS

Date	Mintage	G4	VG8	F12	VF20	XF40	AU50	MS60	MS65	PRF65
1929D	8,370,000	1.00	1.50	3.00	6.00	30.00	43.00	60.00	900	—
1929S	7,754,000	1.00	1.50	1.90	2.00	16.00	26.00	45.00	400	—
1930	22,849,000	2.00	2.25	2.50	4.00	16.00	21.00	30.00	245	—
1930S	5,435,000	2.00	2.25	2.50	4.00	16.00	35.00	65.00	375	—
1931S	1,200,000	15.00	18.00	21.00	23.00	34.00	45.00	63.00	310	—
1934	20,213,003	1.75	2.00	2.50	4.00	9.50	24.00	41.00	215	—
1934D	7,480,000	1.75	3.00	4.00	9.00	19.00	41.00	70.00	400	—
1935	58,264,000	1.00	1.25	1.60	2.00	3.00	12.00	28.00	120	—
1935 Double Die Rev.	Inc. above	80.00	100	125	185	600	1,100	2,900	22,000	—
1935D	12,092,000	2.00	2.50	3.00	8.00	18.00	40.00	70.00	370	—
1935S	10,300,000	1.00	1.50	1.60	2.00	4.00	21.00	42.00	175	—
1936	119,001,420	1.00	1.50	1.60	2.00	4.00	10.00	25.00	65.00	1,650
1936 Brilliant	Inc. above	—	—	—	—	—	—	—	—	2,300
1936D	24,814,000	1.00	1.50	1.60	2.00	4.00	21.00	32.00	105	—
1936D 3-1/2 leg	Inc. above	400	600	925	1,220	2,465	3,375	12,000	—	—
1936D/S	Inc. above	—	—	10.00	16.00	25.00	—	—	—	—
1936S	14,930,000	1.00	1.50	1.60	2.00	4.00	12.00	31.00	105	—
1937	79,485,769	1.00	1.50	1.60	2.00	4.00	10.00	31.00	72.00	1,600
1937D	17,826,000	1.00	1.50	1.60	2.00	4.00	10.00	31.00	70.00	—
1937D 3-legged	Inc. above	425	485	500	565	700	760	2,000	29,000	—
1937S	5,635,000	1.00	1.50	1.60	2.00	4.00	11.00	28.00	60.00	—
1938D	7,020,000	2.00	2.35	3.00	4.25	4.50	9.25	25.00	45.00	—
1938D/D	Inc. above	6.00	7.00	8.00	10.00	12.00	22.00	40.00	85.00	—
1938D/S	Inc. above	6.50	8.00	10.00	11.00	18.00	33.00	50.00	100	—

Jefferson Nickel
Monticello, mintmark to right side reverse

KM# 192 • 5.00 g., Copper-Nickel, 21.2 mm. • **Designer:** Felix Schlag **Note:** Some 1939 strikes have doubling of the word MONTICELLO on the reverse.

Date	Mintage	VG8	F12	VF20	XF40	MS60	MS65	65FS	PRF65
1938	19,515,365	0.50	0.75	1.00	2.25	7.50	18.00	125	105
1938D	5,376,000	1.00	1.25	1.50	2.00	4.00	15.00	95.00	—
1938S	4,105,000	1.75	2.00	2.50	3.00	5.25	12.00	165	—
1939 T I, wavy steps, Rev. of 1939	120,627,535	—	—	—	—	3.00	30.00	300	125
1939 T II, even steps, Rev. of 1940	Inc. above	—	0.20	0.25	0.30	4.00	45.00	50.00	130
1939 doubled MONTICELLO T II	Inc. above	40.00	60.00	90.00	165	375	1,250	2,000	—
1939D T IT I, wavy steps, Rev. of 1939	3,514,000	—	—	10.00	17.50	75.00	160	275	—
1939D T IIT II, even steps, Rev. of 1940	Inc. above	4.00	5.00	8.00	14.00	55.00	105	400	—
1939S T IT I, wavy steps, Rev. of 1939	6,630,000	0.45	0.60	1.50	4.00	17.00	45.00	250	—
1939S T IIT II, even steps, Rev. of 1940	Inc. above	—	—	—	5.00	24.00	250	275	—
1940	176,499,158	—	—	—	0.25	1.00	12.00	60.00	125
1940D	43,540,000	—	0.20	0.30	0.40	1.50	2.75	25.00	—
1940S	39,690,000	0.25	0.40	0.50	1.25	4.50	20.00	55.00	—
1941	203,283,720	—	—	—	0.20	0.75	20.00	55.00	65.00
1941D	53,432,000	—	0.20	0.30	0.50	2.25	7.50	25.00	—
1941S	43,445,000	0.25	0.40	0.50	1.35	5.00	14.00	60.00	—
1942	49,818,600	—	—	—	0.40	5.00	22.00	75.00	68.00
1942D	13,938,000	1.00	1.75	3.00	5.00	38.00	65.00	85.00	—
1942D D over horizontal D	Inc. above	35.00	60.00	100	165	750	10,000	25,000	—

Note: Fully Struck Full Step nickels command higher prices. Bright, Fully Struck coins command even higher prices. 1938 thru 1989 - 5 Full Steps. 1990 to date - 6 Full Steps. Without bag marks or nicks on steps.

Monticello, mint mark above reverse

1943/2P

KM# 192a • 0.350 Copper-Silver-Manganese, 21.2 mm. • **Designer:** Felix Schlag **Note:** War-time composition nickels have the mint mark above MONTICELLO on the reverse.

Date	Mintage	VG8	F12	VF20	XF40	MS60	MS65	65FS	PRF65
1942P	57,900,600	1.87	1.93	2.13	2.00	9.00	20.00	75.00	150
1942S	32,900,000	1.87	1.93	2.13	2.45	8.00	19.00	170	—
1943P	271,165,000	1.87	1.93	2.13	2.00	5.00	20.00	40.00	—
1943P DDO	Inc. above	—	—	32.00	54.00	125	575	1,100	—
1943/2P	Inc. above	35.00	50.00	75.00	110	300	775	1,000	—
1943D	15,294,000	2.12	2.18	2.38	2.05	4.00	18.00	40.00	—
1943S	104,060,000	1.87	1.93	2.13	2.15	6.75	18.50	48.00	—
1944P	119,150,000	1.87	1.93	2.13	2.15	10.00	28.00	75.00	—
1944D	32,309,000	1.92	1.98	2.18	2.25	10.00	22.50	65.00	—
1944S	21,640,000	1.92	1.98	2.18	2.15	8.50	20.00	185	—
1945P	119,408,100	1.87	1.93	2.13	2.15	6.00	28.00	120	—
1945D	37,158,000	1.97	2.03	2.28	2.30	5.50	20.00	40.00	—
1945S	58,939,000	1.87	1.93	2.13	2.15	5.00	18.00	250	—

Note: Fully Struck Full Step nickels command higher prices. Bright, Fully Struck coins command even higher prices. 1938 thru 1989 - 5 Full Steps. 1990 to date - 6 Full Steps. Without bag marks or nicks on steps.

Pre-war design resumed reverse

KM# A192 • 5.00 g., Copper-Nickel, 21.2 mm. • **Edge:** Plain **Designer:** Felix Schlag

Date	Mintage	XF40	MS65	PRF65
1946	161,116,000	0.25	35.00	—
1946D	45,292,200	0.35	22.00	—
1946D/D	Inc. above	—	1,750	—
1946S	13,560,000	0.40	15.00	—
1947	95,000,000	0.25	18.00	—
1947D	37,822,000	0.30	18.00	—
1947S	24,720,000	0.25	20.00	—
1948	89,348,000	0.25	25.00	—
1948D	44,734,000	0.35	19.00	—
1948S	11,300,000	0.50	15.00	—
1949	60,652,000	0.30	40.00	—
1949D	36,498,000	0.40	18.00	—
1949D/S	Inc. above	65.00	550	—
1949S	9,716,000	0.90	25.00	—
1950	9,847,386	0.75	25.00	75.00
1950D	2,630,030	10.00	28.00	—
1951	28,609,500	0.50	35.00	70.00
1951D	20,460,000	0.50	22.00	—
1951S	7,776,000	1.10	28.00	—
1952	64,069,980	0.25	35.00	42.00
1952D	30,638,000	0.45	30.00	—
1952S	20,572,000	0.25	30.00	—
1953	46,772,800	0.25	26.00	45.00
1953D	59,878,600	0.25	25.00	—
1953S	19,210,900	0.25	35.00	—
1954	47,917,350	—	37.50	20.00
1954D	117,136,560	—	40.00	—
1954S	29,384,000	0.20	35.00	—
1954S/D	Inc. above	20.00	350	—
1955	8,266,200	0.45	25.00	17.00
1955D	74,464,100	—	25.00	—
1955D/S	Inc. above	25.00	300	—
1956	35,885,384	—	16.00	3.00
1956D	67,222,940	—	26.00	—
1957	39,655,952	—	35.00	2.50
1957D	136,828,900	—	22.00	—
1958	17,963,652	0.20	36.00	8.00
1958D	168,249,120	—	13.00	—

Date	Mintage	XF40	MS65	PRF65
1959	28,397,291	—	22.00	1.40
1959D	160,738,240	—	22.00	—
1960	57,107,602	—	30.00	1.25
1960D	192,582,180	—	25.00	—
1961	76,668,244	—	40.00	1.00
1961D	229,342,760	—	35.00	—
1962	100,602,019	—	24.00	1.00
1962D	280,195,720	—	110	—
1963	178,851,645	—	4.00	1.00
1963D	276,829,460	—	100	—
1964	1,028,622,762	—	5.00	1.00
1964D	1,787,297,160	—	12.00	—
1965	136,131,380	—	12.00	—
1965SMS	2,360,000	—	12.00	—
1966	156,208,283	—	10.00	—
1966SMS	2,261,583	—	15.00	—
1967	107,325,800	—	8.00	—
1967SMS	1,863,344	—	12.00	—
1968 none minted		—	—	—
1968D	91,227,880	—	6.00	—
1968S	103,437,510	—	5.00	0.75
1969 none minted		—	—	—
1969D	202,807,500	—	5.00	—
1969S	123,099,631	—	7.50	0.75
1970 none minted		—	—	—
1970D	515,485,380	—	12.00	—
1970S	241,464,814	—	30.00	0.75
1971	106,884,000	—	9.00	—
1971D	316,144,800	—	4.50	—
1971S	3,220,733	—	—	1.00
1972	202,036,000	—	4.00	—
1972D	351,694,600	—	3.00	—
1972S	3,260,996	—	—	1.00
1973	384,396,000	—	5.00	—
1973D	261,405,000	—	4.00	—
1973S	2,760,339	—	—	0.75
1974	601,752,000	—	12.00	—
1974D	277,373,000	—	5.00	—
1974S	2,612,568	—	—	0.75
1975	181,772,000	—	6.00	—
1975D	401,875,300	—	6.00	—
1975S	2,845,450	—	—	0.75
1976	367,124,000	—	8.00	—
1976D	563,964,147	—	6.00	—
1976S	4,149,730	—	—	0.75
1977	585,376,000	—	8.50	—
1977D	297,313,460	—	6.50	—

Note: Fully Struck Full Step nickels command higher prices. Bright, Fully Struck coins command even higher prices. 1938 thru 1989 - 5 Full Steps. 1990 to date - 6 Full Steps. Without bag marks or nicks on steps.

5 CENTS

Date	Mintage	XF40	MS65	PRF65
1977S	3,251,152	—	—	0.75
1978	391,308,000	—	7.00	—
1978D	313,092,780	—	5.00	—
1978S	3,127,781	—	—	0.75
1979	463,188,000	—	8.50	—
1979D	325,867,672	—	5.50	—
1979S type I, proof	3,677,175	—	—	0.75
1979S type II, proof	—	—	—	2.00
1980P	593,004,000	—	6.50	—
1980D	502,323,448	—	5.50	—
1980S	3,554,806	—	—	0.75
1981P	657,504,000	—	5.00	—
1981D	364,801,843	—	6.00	—
1981S type I, proof	4,063,083	—	—	2.00
1981S type II, proof	—	—	—	2.50
1982P	292,355,000	—	15.00	—
1982D	373,726,544	—	14.00	—
1982S	3,857,479	—	—	1.50
1983P	561,615,000	—	9.00	—
1983D	536,726,276	—	6.00	—
1983S	3,279,126	—	—	1.50
1984P	746,769,000	—	5.00	—
1984D	517,675,146	—	4.75	—
1984S	3,065,110	—	—	1.50
1985P	647,114,962	—	4.75	—
1985D	459,747,446	—	4.75	—
1985S	3,362,821	—	—	1.50
1986P	536,883,483	—	5.00	—
1986D	361,819,140	—	4.75	—
1986S	3,010,497	—	—	3.00
1987P	371,499,481	—	5.00	—
1987D	410,590,604	—	4.50	—
1987S	4,227,728	—	—	1.25
1988P	771,360,000	—	4.50	—
1988D	663,771,652	—	5.00	—
1988S	3,262,948	—	—	1.75
1989P	898,812,000	—	4.50	—
1989D	570,842,474	—	6.00	—
1989S	3,220,194	—	—	1.50
1990P	661,636,000	—	4.50	—
1990D	663,938,503	—	5.50	—
1990S	3,299,559	—	—	1.50
1991P	614,104,000	—	4.50	—
1991D	436,496,678	—	4.50	—
1991S	2,867,787	—	—	1.50
1992P	399,552,000	—	5.00	—
1992D	450,565,113	—	4.00	—
1992S	4,176,560	—	—	1.00
1993P	412,076,000	—	4.00	—
1993D	406,084,135	—	4.00	—
1993S	3,394,792	—	—	1.00
1994P	722,160,000	—	4.00	—
1994P Special Uncirculed matte finish	167,703	—	—	—
1994D	715,762,110	—	4.00	—
1994S	3,269,923	—	—	1.00
1995P	774,156,000	—	4.00	—
1995D	888,112,000	—	4.50	—
1995S	2,707,481	—	—	1.50
1996P	829,332,000	—	4.00	—
1996D	817,736,000	—	4.00	—
1996S	2,915,212	—	—	1.50
1997P	470,972,000	—	4.75	—
1997P Special Uncirculated matte finish	25,000	—	—	—
1997D	466,640,000	—	4.50	—
1997S	1,975,000	—	—	1.50
1998P	688,272,000	—	3.75	—
1998D	635,360,000	—	3.75	—
1998S	2,957,286	—	—	1.25
1999P	1,212,000,000	—	3.75	—

Date	Mintage	XF40	MS65	PRF65
1999D	1,066,720,000	—	3.75	—
1999S	3,362,462	—	—	1.25
2000P	846,240,000	—	3.75	—
2000D	1,509,520,000	—	3.75	—
2000S	4,063,361	—	—	1.00
2001P	675,704,000	—	3.75	—
2001D	627,680,000	—	3.75	—
2001S	3,099,096	—	—	1.00
2002P	539,280,000	—	3.75	—
2002D	691,200,000	—	3.75	—
2002S	3,157,739	—	—	1.00
2003P	441,840,000	—	3.75	—
2003D	383,040,000	—	3.75	—
2003S	3,116,590	—	—	1.00

Jefferson - Westward Expansion - Lewis & Clark Bicentennial
Jefferson era peace medal design: two clasped hands, pipe and hatchet reverse

KM# 360 • 5.00 g., Copper-Nickel, 21.2 mm. • **Obv. Designer:** Felix Schlag **Rev. Designer:** Norman E. Nemeth

Date	Mintage	MS65	PRF65
2004P	361,440,000	1.50	—
2004D	372,000,000	1.50	—
2004S	2,992,069	—	5.00

Lewis and Clark's Keelboat reverse

KM# 361 • 5.00 g., Copper-Nickel, 21.2 mm. • **Obv. Designer:** Felix Schlag **Rev. Designer:** Al Maletsky

Date	Mintage	MS65	PRF65
2004P	366,720,000	1.50	—
2004D	344,880,000	1.50	—
2004S	2,965,422	—	5.00

Thomas Jefferson large profile right obverse
American Bison right reverse

KM# 368 • 5.00 g., Copper-Nickel, 21.2 mm. • **Obv. Designer:** Joe Fitzgerald and Don Everhart II **Rev. Designer:** Jamie Franki and Norman E. Nemeth

Date	Mintage	MS65	PRF65
2005P	448,320,000	1.50	—
2005P Satin Finish	1,160,000	4.00	—

Date	Mintage	MS65	PRF65
2005D	487,680,000	1.50	—
2005D Satin Finish	1,160,000	4.00	—
2005S	3,344,679	—	6.50

Jefferson, large profile obverse
Pacific coastline reverse

KM# 369 • 5.00 g., Copper-Nickel, 21.2 mm. • **Subject:** Ocean in View!, oh the joy! **Obv. Designer:** Joe Fitzgerald and Don Everhart **Rev. Designer:** Joe Fitzgerald and Donna Weaver

Date	Mintage	MS65	PRF65
2005P	394,080,000	1.25	—
2005P Satin Finish	1,160,000	4.00	—
2005D	411,120,000	1.25	—
2005D Satin Finish	1,160,000	4.00	—
2005S	3,344,679	—	5.50

Jefferson large facing portrait - Enhanced Monticello Reverse
Jefferson head facing obverse
Monticello, enhanced design reverse

KM# 381 • 5.00 g., Copper-Nickel, 21.2 mm. • **Subject:** Jefferson facing head **Obv. Designer:** Jamie N. Franki and Donna Weaver **Rev. Designer:** Felix Schlag and John Mercanti

Date	Mintage	MS65	PRF65
2006P	693,120,000	2.50	—

Date	Mintage	MS65	PRF65
2006P Satin finish	847,361	4.00	—
2006D	809,280,000	2.50	—
2006D Satin finish	847,361	4.00	—
2006S	3,054,436	—	5.00
2007P	571,680,000	2.50	—
2007P Satin finish	895,628	4.00	—
2007D	626,160,000	2.50	—
2007D Satin finish	895,628	4.00	—
2007S	2,577,166	—	4.00
2008P	279,840,000	2.50	—
2008P Satin finish	745,464	4.00	—
2008D	345,600,000	2.50	—
2008D Satin finish	745,464	4.00	—
2008S	2,169,561	—	4.00
2009P	39,840,000	3.50	—
2009P Satin finish	784,614	4.00	—
2009D	46,800,000	1.75	—
2009D Satin finish	784,614	4.00	—
2009S	2,179,867	—	3.00
2010P	260,640,000	1.50	—
2010P Satin finish	—	4.00	—
2010D	229,920,000	1.50	—
2010D Satin finish	—	4.00	—
2010S	1,689,216	—	3.00
2011P	450,000,000	1.50	—
2011D	540,240,000	1.50	—
2011S	1,673,010	—	4.00
2012P	464,640,000	1.50	—
2012D	558,960,000	1.50	—
2012S	1,237,415	—	4.00
2013P	607,440,000	1.50	—
2013D	615,600,000	1.50	—
2013S	1,237,926	—	3.00
2014P	—	1.50	—
2014D	—	1.50	—
2014S	—	—	3.00
2015P	753,092,561	2.50	—
2015D	846,932,561	2.50	—
2015S	710,183	—	3.00
2016P	—	2.50	—
2016D	—	2.50	—
2016S	—	—	3.00

DIME

Draped Bust Dime
Draped bust right obverse   Small eagle reverse

KM# 24 • 2.70 g., 0.892 Silver 0.0774 oz. ASW, 19 mm. • **Designer:** Robert Scot

Date	Mintage	G4	VG8	F12	VF20	XF40	MS60
1796	22,135	2,400	3,400	4,500	5,800	9,700	22,000
1797 13 stars	25,261	2,650	3,700	6,500	8,000	16,000	65,000
1797 16 stars	Inc. above	2,650	3,700	4,900	6,750	12,000	38,000

DIME

Draped bust right obverse Heraldic eagle reverse

KM# 31 • 2.70 g., 0.892 Silver 0.0774 oz. ASW, 19 mm. • **Obv. Legend:** LIBERTY **Rev. Legend:** UNITED STATES OF AMERICA **Designer:** Robert Scot **Note:** The 1805 strikes have either 4 or 5 berries on the olive branch held by the eagle.

Date	Mintage	G4	VG8	F12	VF20	XF40	MS60
1798 large 8	27,550	715	900	1,300	2,000	3,300	13,200
1798 small 8	Inc. above	1,100	1,650	3,500	6,000	11,000	50,000
1798/97 13 stars	Inc. above	2,200	4,000	6,000	7,700	11,000	44,000
1798/97 16 stars	Inc. above	825	1,100	1,450	2,200	3,300	6,700

Note: The 1798 overdates have either 13 or 16 stars under the clouds on the reverse; Varieties of the regular 1798 strikes are distinguished by the size of the 8 in the date

1800	21,760	880	1,225	1,600	2,200	3,600	22,000
1801	34,640	880	1,250	1,600	3,300	5,200	43,000
1802	10,975	1,150	1,650	2,275	3,300	5,700	30,000
1803	33,040	880	1,200	1,550	2,200	4,500	66,000
1804 13 stars	8,265	3,300	5,500	8,800	14,000	27,000	—
1804 14 stars	Inc. above	4,650	6,300	12,000	23,500	45,000	—
1805 5 berries	Inc. above	625	925	1,300	2,100	2,700	6,500
1805 4 berries	120,780	600	925	1,075	1,650	2,600	5,500
1807	165,000	560	775	1,050	1,425	2,600	5,500

Liberty Cap Dime
Draped bust left, flanked by stars, date below obverse
Eagle with arrows in talons, banner above, value below reverse

KM# 42 • 2.70 g., 0.892 Silver 0.0774 oz. ASW, 18.8 mm. • **Rev. Legend:** UNITED STATES OF AMERICA **Designer:** John Reich **Note:** The 1820 varieties are distinguished by the size of the 0 in the date. The 1823 overdates have either large E's or small E's in UNITED STATES OF AMERICA on the reverse.

Date	Mintage	G4	VG8	F12	VF20	XF40	AU50	MS60	MS65
1809	51,065	660	880	1,350	2,200	3,300	4,400	5,500	25,000
1811/9	65,180	200	350	880	1,250	1,650	2,200	3,300	29,000
1814 small date	421,500	100	150	225	350	660	1,025	1,675	22,000
1814 large date	Inc. above	75.00	120	185	270	540	700	1,250	16,500
1814 large date with period	Inc. above	46.00	60.00	85.00	195	500	775	2,000	—
1814 STATESOF	Inc. above	300	400	650	1,000	1,450	1,800	3,000	24,500
1820 large O	942,587	85.00	125	185	300	600	725	1,300	13,000
1820 small O	Inc. above	50.00	80.00	105	225	525	980	1,650	16,000
1820 STATESOF	Inc. above	225	300	475	650	1,200	2,000	4,000	17,500
1821 large date	1,186,512	80.00	130	185	270	580	800	1,450	16,500
1821 small date	Inc. above	80.00	130	185	270	600	925	2,450	16,500
1822	100,000	2,100	3,000	3,600	6,600	8,800	12,000	15,000	70,000
1823/22 large E's	440,000	50.00	80.00	102	185	450	560	1,100	14,500
1823/22 small E's	Inc. above	125	200	250	450	750	1,000	1,450	18,000
1824/22	—	125	200	250	510	900	1,225	1,650	18,000
1825	510,000	125	200	240	270	600	800	1,425	16,500
1827	1,215,000	125	200	210	270	590	750	1,475	14,000
1827/7	Inc. above	250	—	—	750	1,100	1,500	—	—
1828 large date	125,000	125	200	250	500	900	1,600	3,500	—

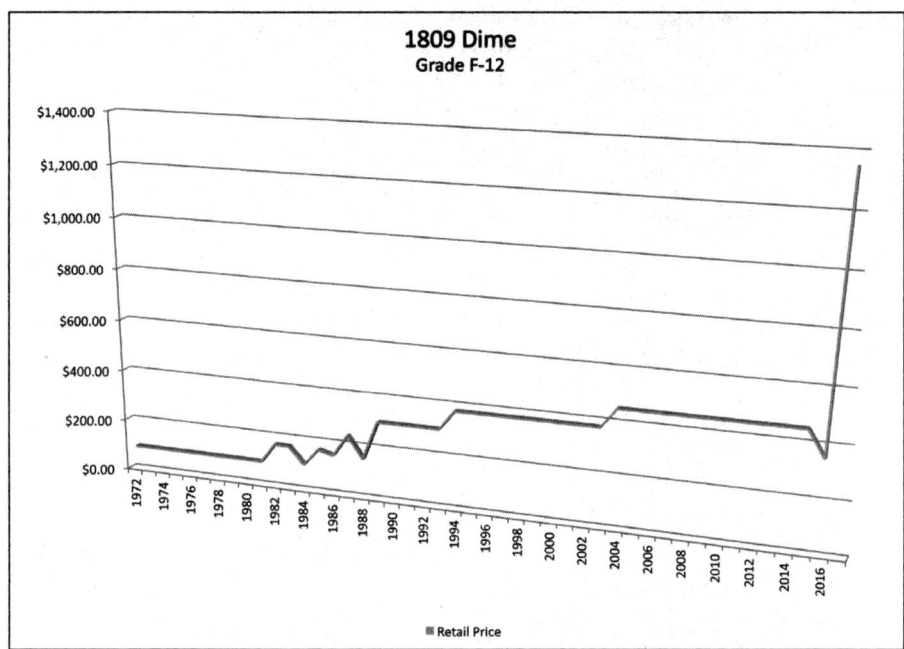

1809 Dime
Grade F-12

Retail Price

Draped bust left, flanked by stars, date below obverse
Eagle with arrows in talons, banner above, value below reverse

KM# 48 • Silver, 18.5 mm. • **Rev. Legend:** UNITED STATES OF AMERICA **Designer:** John Reich **Note:** The three varieties of 1829 strikes and two varieties of 1830 strikes are distinguished by the size of "10C." on the reverse. On the 1833 "high 3" variety, the last 3 in the date is higher thatn the first 3. The two varieties of the 1834 strikes are distinguished by the size of the 4 in the date.

Date	Mintage	G4	VG8	F12	VF20	XF40	AU50	MS60	MS65
1828 small date	Inc. above	60.00	80.00	125	200	400	725	1,250	14,000
1829 very large 10C.	770,000	60.00	70.00	100	195	455	700	1,325	—
1829 large 10C.	Inc. above	65.00	85.00	100	160	400	725	1,375	8,500
1829 medium 10C.	Inc. above	37.50	46.00	54.00	85.00	255	525	900	8,500
1829 small 10C.	Inc. above	37.50	46.00	56.00	90.00	270	460	920	8,700
1829 curl base 2	Inc. above	5,800	9,500	16,500	30,000	—	—	—	—
1830 large 10C.	510,000	37.50	46.00	56.00	95.00	255	440	900	8,500
1830 small 10C.	Inc. above	65.00	75.00	100	160	350	500	1,450	13,500
1830/29	Inc. above	50.00	60.00	90.00	150	350	600	1,350	22,000
1831	771,350	40.00	53.00	62.00	95.00	270	460	875	7,300
1832	522,500	40.00	53.00	62.00	95.00	270	460	875	7,300
1833	485,000	40.00	53.00	62.00	95.00	270	460	875	7,300
1833 last 3 high	Inc. above	40.00	53.00	62.00	95.00	270	460	875	7,300
1834 small 4	635,000	40.00	53.00	62.00	95.00	270	460	875	7,300
1834 large 4	Inc. above	40.00	53.00	62.00	95.00	270	460	875	7,300
1835	1,410,000	40.00	53.00	62.00	95.00	270	460	875	7,300
1836	1,190,000	40.00	53.00	62.00	95.00	270	460	875	11,000
1837	1,042,000	40.00	53.00	62.00	95.00	270	460	875	13,500

Seated Liberty Dime
Seated Liberty, date below obverse   Value within wreath reverse

KM# 61 • 2.67 g., 0.900 Silver 0.0773 oz. ASW, 17.9 mm. • **Rev. Legend:** UNITED STATES OF AMERICA **Designer:** Christian Gobrecht

Date	Mintage	G4	VG8	F12	VF20	XF40	AU50	MS60	MS65
1837 flat top	Inc. above	45.00	60.00	105	250	550	700	925	6,300
1837 curly top	Inc. above	45.00	65.00	110	285	550	700	925	8,000
1838O	406,034	125	200	250	425	800	950	3,600	24,000

Seated Liberty, stars around top 1/2 of border, date below obverse
Value within wreath reverse

  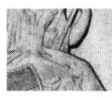

No drapery at elbow

KM# 63.1 • 2.67 g., 0.900 Silver 0.0773 oz. ASW, 17.9 mm. •   **Obv. Designer:** Christian Gobrecht **Rev. Legend:** UNITED STATES OF AMERICA **Note:** The 1839-O with reverse of 1838-O variety was struck from rusted dies, it has a bumpy reverse surface.

Date	Mintage	G4	VG8	F12	VF20	XF40	AU50	MS60	MS65
1838 small stars	1,992,500	30.00	45.00	60.00	85.00	180	320	600	4,000
1838 large stars	Inc. above	22.00	30.00	40.00	60.00	150	315	450	2,300
1838 partial drapery	Inc. above	25.00	40.00	75.00	140	215	325	505	—
1839	1,053,115	20.00	28.00	35.00	55.00	145	310	385	2,500
1839O	1,323,000	30.00	50.00	70.00	135	240	400	725	7,500
1839O reverse 1838O	Inc. above	155	200	325	500	1,000	—	—	—
1840	1,358,580	14.00	17.00	25.00	40.00	120	300	350	3,000
1840O	1,175,000	60.00	85.00	125	200	500	950	7,000	40,000

Seated Liberty, stars around top 1/2 of border, date below obverse
Value within wreath reverse

Drapery at elbow

KM# 63.2 • 2.67 g., 0.900 Silver 0.0773 oz. ASW, 17.9 mm. • **Rev. Legend:** UNITED STATES OF AMERICA **Designer:** Christian Gobrecht **Note:** Drapery added to Liberty's left elbow

Date	Mintage	G4	VG8	F12	VF20	XF40	AU50	MS60	MS65
1840	Inc. above	90.00	125	175	300	750	1,225	2,700	27,000
1841	1,622,500	24.00	26.00	28.00	34.00	55.00	155	425	4,000
1841O	2,007,500	28.00	40.00	50.00	100	175	350	800	8,500
1841O large O	Inc. above	500	800	1,100	2,325	—	—	—	—
1842	1,887,500	20.00	25.00	28.00	32.00	48.00	145	350	3,500
1842O	2,020,000	40.00	60.00	85.00	200	450	1,100	3,500	15,000
1843	1,370,000	18.00	25.00	28.00	34.00	50.00	145	475	4,500
1843/1843	Inc. above	18.00	30.00	35.00	50.00	75.00	200	300	—
1843O	150,000	200	350	600	1,225	2,650	10,000	65,000	—
1844	72,500	185	300	400	625	1,000	1,900	4,000	24,500
1845	1,755,000	24.00	26.00	28.00	36.00	50.00	175	425	2,750
1845/1845	Inc. above	24.00	27.00	29.00	55.00	90.00	185	—	—
1845O	230,000	100	155	240	500	900	2,600	11,000	—
1846	31,300	200	375	600	1,075	2,200	7,000	12,500	—
1847	245,000	24.00	35.00	38.00	60.00	200	425	1,400	8,300
1848	451,500	26.00	29.00	33.00	55.00	95.00	165	700	4,500
1849	839,000	25.00	27.00	30.00	40.00	70.00	175	350	3,300
1849O	300,000	30.00	35.00	70.00	135	350	900	2,000	8,000
1850	1,931,500	25.00	27.00	29.00	50.00	65.00	175	295	4,000
1850O	510,000	30.00	60.00	100	125	300	800	1,725	7,800
1851	1,026,500	25.00	27.00	29.00	40.00	75.00	215	400	4,000

Date	Mintage	G4	VG8	F12	VF20	XF40	AU50	MS60	MS65
1851O	400,000	30.00	34.00	47.00	125	300	875	2,500	16,000
1852	1,535,500	18.00	21.00	26.00	33.00	55.00	145	275	2,350
1852O	430,000	32.00	50.00	100	200	350	550	2,100	—
1853	95,000	140	200	325	500	650	775	950	2,500

Seated Liberty, stars around top 1/2 of border, arrows at date obverse
Value within wreath reverse

KM# 77 • 2.49 g., 0.900 Silver 0.072 oz. ASW **Rev. Legend:** UNITED STATES OF AMERICA **Designer:** Christian Gobrecht

Date	Mintage	G4	VG8	F12	VF20	XF40	AU50	MS60	MS65	PRF65
1853	12,078,010	18.00	22.00	28.00	35.00	55.00	140	350	1,500	—
1853O	1,100,000	23.00	45.00	85.00	125	285	650	2,400	—	—
1854	4,470,000	22.00	23.00	24.00	35.00	60.00	145	325	1,500	18,000
1854O	1,770,000	23.00	27.00	30.00	40.00	80.00	200	425	5,000	—
1855	2,075,000	21.00	22.00	24.00	35.00	55.00	145	325	2,100	22,750

Seated Liberty, stars around top 1/2 of border, date below obverse
Value within wreath reverse

KM# A6.3.2 • 2.49 g., 0.900 Silver 0.072 oz. ASW **Rev. Legend:** UNITED STATES OF AMERICA **Designer:** Christian Gobrecht

Date	Mintage	G4	VG8	F12	VF20	XF40	AU50	MS60	MS65	PRF65
1856 small date	5,780,000	22.00	23.00	24.00	35.00	58.00	140	275	2,000	9,750
1856 large date	Inc. above	45.00	60.00	100	135	200	300	625	7,700	—
1856O	1,180,000	24.00	50.00	60.00	100	160	350	750	5,500	—
1856S	70,000	250	400	600	1,100	1,500	2,150	7,000	—	—
1857	5,580,000	22.00	23.00	24.00	35.00	48.00	145	275	1,650	5,500
1857O	1,540,000	23.00	25.00	30.00	32.00	57.00	165	375	2,200	—
1858	1,540,000	22.00	23.00	24.00	30.00	52.00	145	275	1,650	3,800
1858O	290,000	23.00	27.00	39.00	75.00	175	350	800	8,000	—
1858S	60,000	150	225	350	750	1,200	1,800	7,000	25,500	—
1859	430,000	23.00	26.00	27.00	36.00	57.00	165	275	1,625	2,400
1859O	480,000	25.00	28.00	33.00	38.00	80.00	225	330	—	—
1859S	60,000	200	300	500	950	2,650	6,000	16,000	85,000	—
1860S	140,000	75.00	100	165	325	500	900	2,000	39,000	—

UNITED STATES OF AMERICA replaced stars obverse
Value within wreath reverse

KM# 92 • 2.49 g., 0.900 Silver 0.072 oz. ASW **Obv. Legend:** UNITED STATES OF AMERICA **Obv. Designer:** Christian Gobrecht **Note:** The 1873 "closed-3" and "open-3" varieties are distinguished by the amount of space between the upper left and lower left serifs of the 3 in the date.

Date	Mintage	G4	VG8	F12	VF20	XF40	AU50	MS60	MS65	PRF65
1860	607,000	23.00	25.00	26.00	35.00	40.00	85.00	200	1,050	1,500
1860O	40,000	550	750	1,400	2,000	4,000	8,000	16,500	—	—
1861	1,884,000	22.00	23.00	24.00	27.00	35.00	80.00	175	1,050	1,450
1861S	172,500	160	275	450	650	850	1,150	6,000	—	—
1862	847,550	24.00	25.00	27.00	30.00	45.00	80.00	180	950	1,500
1862S	180,750	160	250	325	600	950	2,300	3,800	35,000	—
1863	14,460	600	850	900	950	1,075	1,200	2,400	—	1,200
1863S	157,500	125	175	300	450	800	1,100	3,200	32,000	—

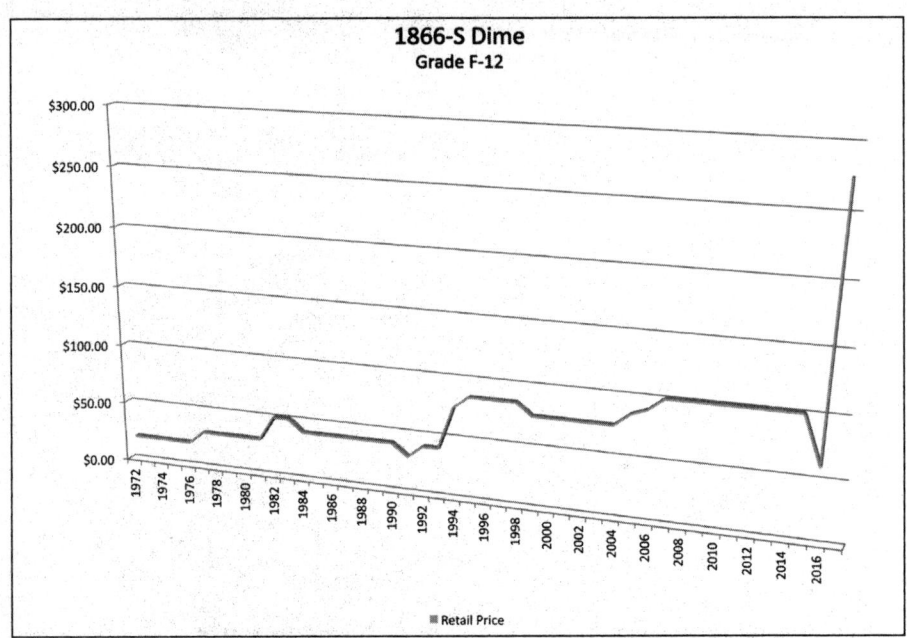

1866-S Dime
Grade F-12

■ Retail Price

Date	Mintage	G4	VG8	F12	VF20	XF40	AU50	MS60	MS65	PRF65
1864	11,470	275	450	600	800	900	1,025	1,200	—	1,550
1864S	230,000	125	150	250	350	700	900	1,200	—	—
1865	10,500	400	600	750	850	950	1,050	1,200	—	1,800
1865S	175,000	125	200	350	650	1,075	2,600	6,600	—	—
1866	8,725	660	775	875	975	1,125	1,325	1,600	—	1,550
1866S	135,000	125	200	275	425	625	1,400	3,200	—	—
1867	6,625	550	725	825	930	990	1,275	1,400	—	1,200
1867S	140,000	125	180	250	375	650	1,375	1,700	9,500	—
1868	464,000	25.00	27.00	34.00	45.00	70.00	145	275	2,950	1,300
1868S	260,000	75.00	100	150	250	500	600	900	5,000	—
1869	256,600	28.00	31.00	43.00	85.00	145	200	375	2,900	1,100
1869S	450,000	25.00	27.00	30.00	38.00	250	325	500	4,000	—
1870	471,000	22.00	23.00	24.00	27.00	50.00	100	250	2,300	1,300
1870S	50,000	300	350	600	750	900	1,025	1,375	7,000	—
1871	907,710	18.00	20.00	30.00	36.00	45.00	130	260	—	1,100
1871CC	20,100	2,450	4,000	5,250	8,000	10,750	23,000	40,000	—	—
1871S	320,000	29.00	75.00	125	200	350	725	1,400	12,000	—
1872	2,396,450	20.00	22.00	23.00	26.00	40.00	75.00	160	—	1,100
1872CC	35,480	900	1,200	2,375	3,375	11,000	17,500	73,000	—	—
1872S	190,000	26.00	75.00	125	175	325	500	1,700	—	—
1873 closed 3	1,568,600	18.00	21.00	45.00	60.00	80.00	125	250	1,300	1,100
1873 open 3	Inc. above	26.00	34.00	60.00	80.00	150	275	775	12,000	—
1873CC	12,400	—	—	—	—	—	—	—	—	—

Note: 1873-CC, Heritage Sale, April 1999, MS-64, $632,500.

Seated Liberty, arrows at date obverse   Value within wreath reverse

KM# 105 • 2.50 g., 0.900 Silver 0.0723 oz. ASW **Obv. Legend:** UNITED STATES OF AMERICA **Designer:** Christian Gobrecht

Date	Mintage	G4	VG8	F12	VF20	XF40	AU50	MS60	MS65	PRF65
1873	2,378,500	24.00	27.00	32.00	63.00	175	300	450	4,500	3,500
1873CC	18,791	2,900	3,150	3,500	7,000	13,000	38,500	63,000	—	—
1873S	455,000	16.00	19.00	30.00	60.00	160	410	800	7,500	—
1874	2,940,700	16.00	19.00	25.00	60.00	150	275	350	2,800	4,100
1874CC	10,817	6,000	8,500	12,000	17,000	28,000	50,000	70,000	—	—
1874S	240,000	26.00	40.00	64.00	100	210	420	800	—	—

Seated Liberty, date below obverse Value within wreath reverse

KM# A92 • 2.50 g., 0.900 Silver 0.0723 oz. ASW **Obv. Legend:** UNITED STATES OF AMERICA **Designer:** Christian Gobrecht **Note:** On the 1876-CC doubled-obverse variety, doubling appears in the words OF AMERICA in the legend.

Date	Mintage	G4	VG8	F12	VF20	XF40	AU50	MS60	MS65	PRF65
1875	10,350,700	19.00	21.00	22.00	25.00	35.00	75.00	175	600	1,100
1875CC mint mark in wreath	4,645,000	33.00	36.00	38.00	60.00	83.00	190	360	2,600	—
1875CC mint mark under wreath	Inc. above	24.00	26.00	28.00	46.00	68.00	185	360	3,600	—
1875S mint mark in wreath	9,070,000	22.00	23.00	24.00	27.00	40.00	85.00	225	1,850	—
1875S mint mark under wreath	Inc. above	22.00	23.00	24.00	27.00	40.00	80.00	175	1,100	—
1876 Type 1 rev	11,461,150	22.00	23.00	23.00	26.00	28.00	75.00	175	750	1,100
1876 Type 2 rev	Inc. above	25.00	30.00	35.00	45.00	65.00	145	205	—	—
1876CC Type 1 rev	8,270,000	33.00	36.00	38.00	56.00	135	175	300	—	—
1876CC Type 2 rev	Inc. above	40.00	44.00	55.00	75.00	140	155	275	—	—
1876CC doubled die obverse	Inc. above	35.00	40.00	55.00	100	185	340	600	—	—
1876S Type 1 rev	10,420,000	21.00	22.00	24.00	27.00	35.00	85.00	175	1,400	—
1876S Type 2 rev	Inc. above	28.00	30.00	32.00	41.00	50.00	100	190	—	—
1877 Type 1 rev	7,310,510	20.00	22.00	23.00	26.00	35.00	80.00	170	725	1,000
1877 Type 2 rev	Inc. above	26.00	32.00	40.00	50.00	60.00	110	170	—	—
1877CC Type 1 rev	7,700,000	30.00	36.00	38.00	53.00	130	185	300	—	—
1877CC Type 2 rev	Inc. above	38.00	40.00	50.00	72.00	90.00	125	210	—	—
1877S Type 1 rev	2,340,000	—	—	—	—	—	—	—	—	—
1877S Type 2 rev	Inc. above	20.00	22.00	23.00	27.00	40.00	80.00	175	—	—
1878 Type 1 rev	1,678,800	22.00	30.00	40.00	55.00	85.00	150	—	—	—
1878 Type 2 rev	Inc. above	21.00	22.00	23.00	26.00	40.00	80.00	175	1,000	1,100
1878CC Type 1 rev	200,000	145	170	225	350	600	800	—	—	—
1878CC Type 2 rev	Inc. above	225	250	325	400	500	850	1,300	4,000	—
1879	15,100	225	250	290	330	600	650	700	1,000	1,000
1880	37,335	160	210	275	310	400	450	550	1,200	1,000
1881	24,975	175	230	270	325	400	475	550	1,300	1,000
1882	3,911,100	20.00	22.00	23.00	26.00	35.00	80.00	170	550	1,000
1883	7,675,712	20.00	22.00	23.00	26.00	35.00	80.00	170	550	1,000
1884	3,366,380	20.00	22.00	23.00	26.00	35.00	80.00	170	550	1,000
1884S	564,969	26.00	28.00	35.00	55.00	105	270	600	4,200	—
1885	2,533,427	20.00	22.00	23.00	26.00	35.00	80.00	165	550	1,000
1885S	43,690	450	650	800	1,125	2,200	4,000	5,500	—	—
1886	6,377,570	20.00	22.00	23.00	26.00	35.00	80.00	165	550	1,000
1886S	206,524	29.00	45.00	55.00	80.00	110	175	475	—	—
1887	11,283,939	20.00	22.00	23.00	26.00	35.00	80.00	165	550	1,000
1887S	4,454,450	20.00	22.00	23.00	26.00	35.00	80.00	165	550	—
1888	5,496,487	20.00	22.00	23.00	26.00	35.00	80.00	165	550	1,000
1888S	1,720,000	20.00	22.00	23.00	26.00	35.00	95.00	325	3,350	—
1889	7,380,711	20.00	22.00	23.00	26.00	35.00	80.00	165	550	1,000
1889S	972,678	23.00	25.00	28.00	46.00	65.00	155	325	4,500	—
1890	9,911,541	21.00	22.00	23.00	26.00	40.00	80.00	175	715	1,000
1890S	1,423,076	22.00	23.00	28.00	45.00	75.00	140	225	1,400	—
1891	15,310,600	20.00	22.00	23.00	25.00	40.00	80.00	175	550	1,000
1891O	4,540,000	20.00	23.00	30.00	32.00	40.00	80.00	175	1,050	1,000
1891O /horizontal O	Inc. above	65.00	95.00	125	175	225	400	—	—	—
1891S	3,196,116	18.00	23.00	24.00	27.00	40.00	80.00	175	850	—
1891S/S	Inc. above	25.00	30.00	40.00	85.00	135	250	—	—	—

Barber Dime

Laureate head right, date at angle below obverse Value within wreath reverse

KM# 113 • 2.50 g., 0.900 Silver 0.0723 oz. ASW, 17.9 mm. • **Obv. Legend:** UNITED STATES OF AMERICA **Designer:** Charles E. Barber

Date	Mintage	G4	VG8	F12	VF20	XF40	AU50	MS60	MS65	PRF65
1892	12,121,245	10.00	11.00	19.00	24.00	30.00	65.00	105	425	1,050
1892O	3,841,700	12.00	17.00	35.00	56.00	70.00	85.00	135	1,000	—
1892S	990,710	60.00	92.00	185	215	235	270	340	2,600	—
1893/2	3,340,792	130	160	195	235	280	405	1,300	6,000	—

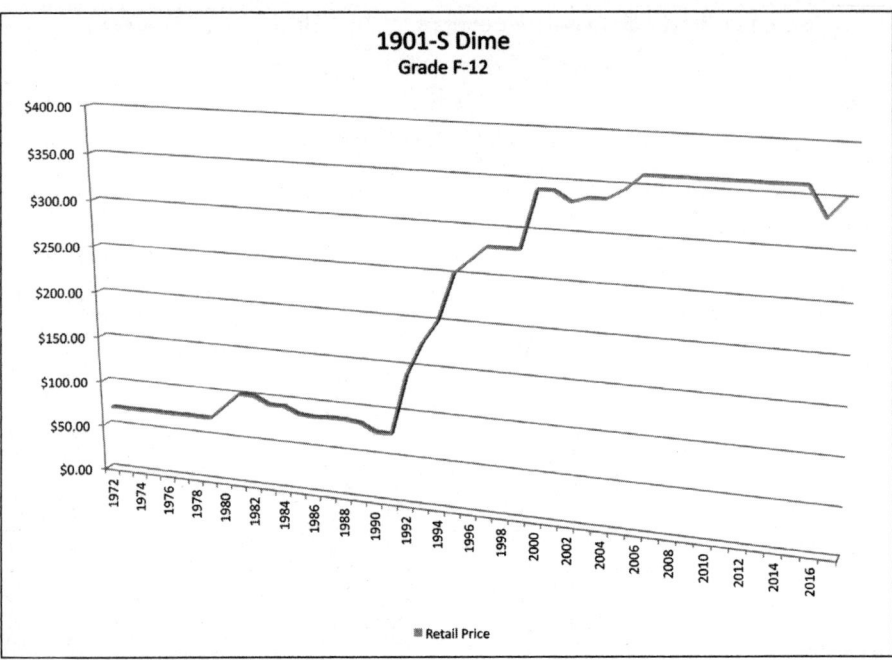

1901-S Dime
Grade F-12

■ Retail Price

DIME

Date	Mintage	G4	VG8	F12	VF20	XF40	AU50	MS60	MS65	PRF65
1893	Inc. above	8.00	12.00	17.00	28.00	40.00	66.00	130	660	1,050
1893O	1,760,000	25.00	37.00	115	150	170	200	265	1,925	—
1893S	2,491,401	10.50	25.00	42.00	50.00	85.00	130	250	1,800	—
1894	1,330,972	25.00	38.00	125	160	190	225	265	1,000	1,050
1894O	720,000	65.00	100	200	270	370	675	1,850	12,000	—
1894S	24	—	—	—	—	—	—	—	—	1,700,000
Note: 1894S, Eliasberg Sale, May 1996, Prf-64, $451,000.										
1895	690,880	85.00	160	310	425	465	525	650	1,800	1,050
1895O	440,000	400	525	800	1,240	2,300	3,000	5,600	32,000	—
1895S	1,120,000	42.00	54.00	125	180	205	270	450	3,150	—
1896	2,000,762	9.25	23.00	56.00	75.00	91.00	100	145	1,050	1,050
1896O	610,000	70.00	160	300	320	365	675	1,100	7,800	—
1896S	575,056	72.00	150	240	285	335	440	675	3,500	—
1897	10,869,264	5.00	8.00	10.00	18.00	35.00	74.00	120	425	1,050
1897O	666,000	75.00	120	280	370	420	550	825	2,950	—
1897S	1,342,844	18.00	30.00	110	135	180	250	375	2,800	—
1898	16,320,735	5.00	6.00	9.00	16.00	32.00	72.00	120	450	1,050
1898O	2,130,000	12.00	30.00	100	145	195	265	425	3,100	—
1898S	1,702,507	8.00	18.00	34.00	50.00	75.00	140	450	2,525	—
1899	19,580,846	4.75	5.50	8.00	12.00	32.00	72.00	120	450	1,050
1899O	2,650,000	8.00	18.00	70.00	100	145	200	350	3,700	—
1899S	1,867,493	7.00	16.00	38.00	40.00	48.00	95.00	320	2,200	—
1900	17,600,912	3.75	4.05	4.50	11.00	32.00	72.00	120	500	1,050
1900O	2,010,000	14.00	34.00	120	155	200	300	550	3,725	—
1900S	5,168,270	3.75	4.05	14.00	24.00	33.00	70.00	175	1,350	—
1901	18,860,478	3.75	4.05	4.50	11.00	32.00	72.00	120	475	1,050
1901O	5,620,000	5.00	7.00	15.00	27.00	85.00	185	525	2,100	—
1901S	593,022	85.00	135	350	415	525	700	1,200	4,600	—
1902	21,380,777	5.00	7.00	8.00	10.00	32.00	72.00	120	600	1,050
1902O	4,500,000	5.00	7.00	15.00	35.00	65.00	175	400	3,300	—
1902S	2,070,000	11.00	25.00	56.00	85.00	135	185	380	3,125	—
1903	19,500,755	3.75	4.05	4.50	8.50	32.00	72.00	140	945	1,050
1903O	8,180,000	4.75	5.50	16.00	23.00	51.00	95.00	205	2,625	—
1903S	613,300	85.00	120	315	460	600	670	925	2,200	—
1904	14,601,027	3.75	4.05	4.50	8.50	32.00	72.00	120	800	1,050
1904S	800,000	45.00	60.00	145	205	270	450	675	3,400	—
1905	14,552,350	3.75	4.05	4.50	11.00	32.00	72.00	120	550	1,050
1905O	3,400,000	5.00	9.00	36.00	54.00	100	135	275	1,100	—

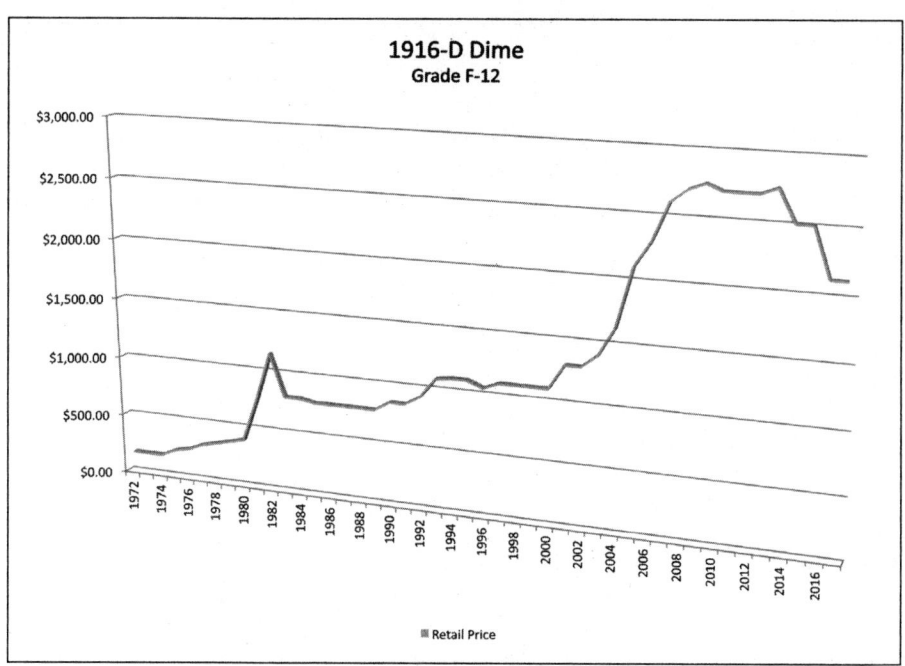

1916-D Dime
Grade F-12

Retail Price

Date	Mintage	G4	VG8	F12	VF20	XF40	AU50	MS60	MS65	PRF65
1905O micro O	Inc. above	75.00	105	155	300	700	1,050	2,325	8,800	—
1905S	6,855,199	4.00	6.00	10.00	22.00	43.00	100	190	900	—
1906	19,958,406	3.75	4.05	4.55	8.50	32.00	72.00	120	430	1,050
1906D	4,060,000	3.75	4.05	4.55	18.00	37.00	70.00	145	1,300	—
1906O	2,610,000	6.00	15.00	50.00	74.00	95.00	125	200	950	—
1906S	3,136,640	3.75	5.05	15.00	23.00	48.00	135	250	900	—
1907	22,220,575	3.75	4.05	4.55	8.50	32.00	72.00	230	450	1,050
1907D	4,080,000	3.75	4.05	14.00	20.00	43.00	105	240	1,500	—
1907O	5,058,000	3.75	7.75	42.00	55.00	65.00	95.00	195	1,025	—
1907S	3,178,470	3.75	4.05	18.00	29.00	65.00	130	340	1,750	—
1908	10,600,545	3.75	4.05	4.55	8.50	32.00	72.00	230	430	1,050
1908D	7,490,000	3.75	4.05	4.55	16.00	34.00	65.00	125	625	—
1908O	1,789,000	4.25	12.00	47.00	65.00	90.00	135	260	960	—
1908S	3,220,000	5.00	6.25	13.00	24.00	48.00	155	285	1,550	—
1909	10,240,650	3.75	4.05	4.55	8.50	32.00	72.00	230	430	1,050
1909D	954,000	7.00	19.00	60.00	95.00	135	200	440	1,575	—
1909O	2,287,000	3.75	8.75	12.75	24.00	60.00	170	275	1,425	—
1909S	1,000,000	11.00	22.00	83.00	125	190	280	490	2,100	—
1910	11,520,551	3.75	4.05	4.55	8.50	32.00	72.00	230	440	1,050
1910D	3,490,000	3.75	3.75	11.00	20.00	48.00	100	195	1,275	—
1910S	1,240,000	6.00	13.00	52.00	75.00	105	200	370	1,700	—
1911	18,870,543	3.75	8.05	8.55	7.50	32.00	72.00	230	430	1,050
1911D	11,209,000	3.75	4.05	4.55	8.50	32.00	72.00	230	475	—
1911S	3,520,000	4.50	6.00	9.00	25.00	40.00	105	200	800	—
1912	19,350,700	3.75	4.05	4.55	8.50	32.00	72.00	230	430	1,050
1912D	11,760,000	3.75	4.05	4.55	8.50	32.00	72.00	230	615	—
1912S	3,420,000	3.75	4.05	4.55	16.00	35.00	85.00	165	975	—
1913	19,760,622	3.75	4.05	4.55	8.50	32.00	72.00	230	430	1,050
1913S	510,000	35.00	65.00	125	185	220	300	600	2,500	—
1914	17,360,655	3.75	4.05	4.55	8.00	32.00	72.00	230	430	1,050
1914D	11,908,000	3.75	5.75	8.75	12.75	32.00	72.00	230	430	—
1914S	2,100,000	3.75	5.25	6.75	21.00	45.00	80.00	130	1,000	—
1915	5,620,450	3.75	4.05	4.55	8.00	32.00	72.00	230	430	1,050
1915S	960,000	7.00	11.00	35.00	50.00	75.00	125	205	1,300	—
1916	18,490,000	3.75	4.05	4.55	4.85	32.00	72.00	230	430	—
1916S	5,820,000	3.75	4.05	4.55	6.50	32.00	72.00	230	430	—

DIME

Mercury Dime

Mint mark

KM# 140 • 2.50 g., 0.900 Silver 0.0723 oz. ASW, 17.8 mm. • **Designer:** Adolph A. Weinman **Note:** All specimens listed as -65FSB are for fully struck MS-65 coins with fully split and rounded horizontal bands on the fasces.

Date	Mintage	G4	VG8	F12	VF20	XF40	MS60	MS65	MS65FSB	PF65
1916	22,180,080	3.50	6.50	7.00	8.50	10.50	40.00	105	165	—
1916D	264,000	625	1,300	2,115	3,600	5,700	10,400	24,000	48,500	—
1916S	10,450,000	3.50	6.50	7.85	12.00	19.00	55.00	205	800	—
1917	55,230,000	3.50	6.50	7.00	8.50	9.50	31.00	170	375	—
1917D	9,402,000	3.50	6.50	13.00	23.00	46.00	125	925	5,650	—
1917S	27,330,000	3.50	6.50	7.00	8.00	12.00	68.00	400	1,265	—
1918	26,680,000	3.50	6.50	7.00	10.00	28.00	85.00	355	1,325	—
1918D	22,674,800	3.50	6.50	7.00	11.00	26.00	110	725	27,500	—
1918S	19,300,000	3.50	6.50	7.00	9.00	20.00	115	800	7,450	—
1919	35,740,000	3.50	6.50	7.00	8.50	9.00	48.00	325	685	—
1919D	9,939,000	3.50	6.50	12.00	27.00	38.00	157	1,200	38,500	—
1919S	8,850,000	3.50	6.50	10.00	17.00	35.00	157	1,550	14,350	—
1920	59,030,000	3.50	6.50	7.00	8.50	9.50	42.00	240	540	—
1920D	19,171,000	3.50	6.50	7.00	8.00	20.00	120	700	4,750	—
1920S	13,820,000	3.50	6.50	9.00	9.00	17.00	120	11,225	8,250	—
1921	1,230,000	40.00	63.00	90.00	220	450	1,000	2,900	4,350	—
1921D	1,080,000	50.00	100	160	320	570	1,250	3,050	5,200	—
1923	50,130,000	3.50	6.50	7.00	8.50	9.50	35.00	125	340	—
1923S	6,440,000	3.50	6.50	8.50	18.00	63.00	190	1,200	7,450	—
1924	24,010,000	3.50	6.50	7.00	8.50	11.00	52.00	181	500	—
1924D	6,810,000	3.50	6.50	8.00	20.00	60.00	180	900	1,365	—
1924S	7,120,000	3.50	6.50	7.00	10.00	50.00	240	1,300	16,750	—
1925	25,610,000	3.50	6.50	7.00	8.50	9.50	41.00	275	990	—
1925D	5,117,000	3.00	4.50	11.00	42.00	110	350	1,520	3,500	—
1925S	5,850,000	3.00	3.40	7.75	16.50	77.00	185	1,050	4,650	—
1926	32,160,000	3.50	6.50	7.00	8.50	9.50	24.00	205	525	—
1926D	6,828,000	3.50	6.50	7.00	11.00	26.00	110	450	2,500	—
1926S	1,520,000	10.00	12.00	25.00	55.00	210	900	3,000	6,750	—
1927	28,080,000	3.50	6.50	7.00	8.50	9.50	28.00	145	350	—
1927D	4,812,000	3.50	6.50	8.50	24.00	77.00	185	1,150	8,500	—
1927S	4,770,000	3.50	6.50	7.00	11.00	25.00	295	1,200	7,600	—
1928	19,480,000	3.50	6.50	7.00	8.50	9.50	28.00	135	345	—
1928D	4,161,000	3.50	6.50	11.50	24.00	52.00	170	750	2,750	—
1928S Large S	7,400,000	3.50	6.50	7.00	7.00	16.50	160	410	6,500	—
1928S Small S	Inc. above	3.50	6.50	7.00	9.50	17.00	205	440	2,000	—
1929	25,970,000	3.50	6.50	7.00	8.50	9.50	24.00	72.00	175	—
1929D	5,034,000	3.50	6.50	7.00	10.50	13.50	28.00	73.00	225	—
1929S	4,730,000	3.50	6.50	7.00	9.50	11.50	33.00	125	560	—
1929S Doubled Die Obv	Inc. above	8.00	11.00	16.00	25.00	40.00	95.00	335	1,150	—
1930	6,770,000	3.50	6.50	7.00	9.50	11.50	28.00	115	575	—
1930S	1,843,000	3.50	6.50	7.00	8.50	15.00	75.00	195	685	—
1931	3,150,000	3.50	6.50	7.00	8.50	10.00	36.00	175	800	—
1931D	1,260,000	6.75	8.00	13.00	18.00	42.50	105	285	375	—
1931 Doubled Die Obv & Rev	Inc. above	?	20.00	27.50	50.00	70.00	135	485	650	—
1931S	1,800,000	3.50	6.50	7.00	9.00	20.00	105	280	2,500	—
1931S Doubled Die Obv	Inc. above	7.50	10.00	13.00	25.00	35.00	140	425	3,850	—
1934	24,080,000	3.00	3.30	3.80	4.10	5.60	32.00	53.00	130	—
1934D	6,772,000	3.00	3.30	3.80	7.50	14.00	54.00	80.00	320	—
1935	58,830,000	3.00	3.30	3.80	4.10	5.60	12.00	32.00	68.00	—
1935D	10,477,000	3.00	3.30	3.80	6.50	13.00	36.00	85.00	500	—
1935S	15,840,000	3.00	3.30	3.80	4.10	5.60	26.00	37.00	360	—
1936	87,504,130	3.00	3.30	3.80	4.10	5.60	9.50	28.00	84.00	1,000
1936 Doubled Die Obv	Inc. above	?	?	8.00	15.00	25.00	50.00	165	—	—
1936D	16,132,000	3.00	3.30	3.80	4.10	8.50	30.00	55.00	290	—
1936S	9,210,000	3.00	3.30	3.80	4.10	5.60	28.00	36.00	88.00	—
1937	56,865,756	3.00	3.30	3.80	4.10	5.60	11.00	25.00	52.00	500
1937 Doubled Die Obv	Inc. above	?	?	?	6.00	9.00	30.00	105	175	—
1937D	14,146,000	3.00	3.30	3.80	4.10	5.60	21.50	40.00	105	—
1937S	9,740,000	3.00	3.30	3.80	4.10	5.60	21.00	33.00	190	—
1937S Doubled Die Obv	Inc. above	?	?	?	5.00	8.00	38.00	135	275	—
1938	22,198,728	3.00	3.30	3.80	4.10	5.60	14.00	28.00	80.00	275

Date	Mintage	G4	VG8	F12	VF20	XF40	MS60	MS65	MS65FSB	PF65
1938D	5,537,000	3.00	3.30	3.80	4.10	5.60	17.50	32.00	62.00	—
1938S	8,090,000	3.00	3.30	3.80	4.10	5.60	21.00	40.00	160	—
1939	67,749,321	3.00	3.30	3.80	4.10	5.60	9.00	28.00	170	235
1939 Doubled Die Obv	Inc. above	?	?	?	4.00	6.00	20.00	45.00	450	—
1939D	24,394,000	3.00	3.30	3.80	4.10	5.60	9.00	28.00	49.00	—
1939S	10,540,000	3.00	7.30	7.80	8.10	9.60	26.00	37.00	765	—
1940	65,361,827	3.00	3.30	3.80	4.10	5.60	9.00	30.00	48.00	200
1940D	21,198,000	3.00	3.30	3.80	4.10	5.60	9.50	32.00	48.00	—
1940S	21,560,000	3.00	3.30	3.80	4.10	5.60	9.50	32.00	95.00	—
1941	175,106,557	3.00	3.30	3.80	4.10	5.60	9.00	30.00	46.00	200
1941 Doubled Die Obv	Inc. above	?	?	?	10.00	16.00	65.00	175	295	—
1941D	45,634,000	3.00	3.30	3.80	4.10	5.60	11.00	24.00	46.00	—
1941D Doubled Die Obv	Inc. above	?	?	?	9.00	14.00	40.00	135	250	—
1941S Small S	43,090,000	3.00	3.30	3.80	4.10	5.60	10.00	30.00	46.00	—
1941S Large S	Inc. above	4.00	5.00	8.00	15.00	25.00	120	265	425	—
1941S Doubled Die Rev	Inc. above	4.00	4.50	5.00	5.50	6.00	20.00	70.00	85.00	—
1942	205,432,329	3.00	3.30	3.80	4.10	5.60	9.00	24.00	46.00	200
1942/41	Inc. above	325	340	375	430	500	2,500	12,000	35,000	—
1942D	60,740,000	3.00	3.30	3.80	4.10	5.60	12.00	27.00	46.00	—
1942/41D	Inc. above	310	330	350	410	500	2,750	12,000	26,500	—
1942S	49,300,000	3.00	3.30	3.80	4.10	5.60	19.00	26.00	145	—
1943	191,710,000	3.00	3.30	3.80	4.10	5.60	9.00	28.00	50.00	—
1943D	71,949,000	3.00	3.30	3.80	4.10	5.60	13.00	28.00	47.00	—
1943S	60,400,000	3.00	3.30	3.80	4.10	5.60	13.00	27.00	66.00	—
1944	231,410,000	3.00	3.30	3.80	4.10	5.60	9.00	25.00	75.00	—
1944D	62,224,000	3.00	3.30	3.80	4.10	5.60	13.00	25.00	46.00	—
1944S	49,490,000	3.00	3.30	3.80	4.10	5.60	14.00	30.00	50.00	—
1945	159,130,000	3.00	3.30	3.80	4.10	5.60	9.00	26.00	97.50	—
1945D	40,245,000	3.00	3.30	3.80	4.10	5.60	11.00	26.00	46.50	—
1945S	41,920,000	3.00	3.30	3.80	4.10	5.60	12.00	26.00	105	—
1945S micro S	Inc. above	3.25	4.00	6.00	9.00	13.00	30.00	90.00	685	—

Roosevelt Dime

Mint mark 1946-64

KM# 195 • 2.50 g., 0.900 Silver 0.0723 oz. ASW, 17.9 mm. • **Designer:** John R. Sinnock

Date	Mintage	G4	VG8	F12	VF20	XF40	AU50	MS60	MS65	PRF65
1946	225,250,000	—	—	—	—	$3.00	$3.30	$3.80	9.00	—
1946D	61,043,500	—	—	—	—	$3.00	$3.30	$3.80	10.00	—
1946S	27,900,000	—	—	—	—	$3.00	$3.30	$3.80	10.00	—
1947	121,520,000	—	—	—	—	$3.00	$3.30	$3.80	12.00	—
1947D	46,835,000	—	—	—	—	$3.00	$3.30	4.00	16.00	—
1947S	34,840,000	—	—	—	—	$3.00	$3.30	3.50	12.00	—
1948	74,950,000	—	—	—	—	$3.00	$3.30	3.25	10.00	—
1948D	52,841,000	—	—	—	—	$3.00	$3.30	5.00	14.00	—
1948S	35,520,000	—	—	—	—	$3.00	$3.30	4.50	15.00	—
1949	30,940,000	—	—	$3.00	$3.30	$5.00	8.50	12.00	25.00	—
1949D	26,034,000	—	—	$3.00	3.30	5.00	5.50	7.00	20.00	—
1949S	13,510,000	—	—	$3.00	3.30	8.00	15.00	35.00	60.00	—
1950	50,181,500	—	—	—	$3.30	3.60	5.30	6.00	12.00	60.00
1950D	46,803,000	—	—	—	—	—	1.63	3.25	10.00	—
1950S	20,440,000	—	—	$3.00	3.30	5.00	9.00	23.00	35.00	—
1951	102,937,602	—	—	—	—	—	$3.00	3.30	13.00	60.00
1951D	56,529,000	—	—	—	—	—	1.73	2.80	12.00	—
1951S	31,630,000	—	—	—	$3.00	3.30	5.00	10.00	18.00	—
1952	99,122,073	—	—	—	—	—	$3.00	3.30	20.00	45.00
1952D	122,100,000	—	—	—	—	—	$3.00	3.30	10.00	—
1952S	44,419,500	—	—	—	$3.00	3.30	5.00	5.50	16.00	—
1953	53,618,920	—	—	—	—	—	$3.00	3.30	12.00	40.00
1953D	136,433,000	—	—	—	—	—	$3.00	3.30	11.00	—
1953S	39,180,000	—	—	—	—	—	$3.70	3.00	12.50	—
1954	114,243,503	—	—	—	—	—	$3.00	3.30	10.00	24.00
1954D	106,397,000	—	—	—	—	—	$3.00	3.30	15.00	—
1954S	22,860,000	—	—	—	—	—	$3.00	3.30	10.00	—
1955	12,828,381	—	—	—	$3.00	$3.30	$3.80	$4.10	8.50	20.00
1955D	13,959,000	—	—	—	$3.00	$3.30	$3.80	$4.10	8.50	—
1955S	18,510,000	—	—	—	$3.00	$3.30	$3.80	$4.10	8.00	—
1956	109,309,384	—	—	—	—	—	$3.00	$3.30	9.50	12.00
1956D	108,015,100	—	—	—	—	—	$3.00	$3.30	9.00	—

DIME

Date	Mintage	G4	VG8	F12	VF20	XF40	AU50	MS60	MS65	PRF65
1957	161,407,952	—	—	—	—	—	$3.00	$3.30	8.50	10.00
1957D	113,354,330	—	—	—	—	—	$3.00	$3.30	7.50	—
1958	32,785,652	—	—	—	—	—	$3.00	$3.30	11.00	10.00
1958D	136,564,600	—	—	—	—	—	$3.00	$3.30	10.00	—
1959	86,929,291	—	—	—	—	—	$3.00	$3.30	8.00	10.00
1959D	164,919,790	—	—	—	—	—	$3.00	$3.30	8.50	—
1960	72,081,602	—	—	—	—	—	$3.00	$3.30	8.50	10.00
1960D	200,160,400	—	—	—	—	—	$3.00	$3.30	7.50	—
1961	96,758,244	—	—	—	—	—	$3.00	$3.30	8.00	10.00
1961D	209,146,550	—	—	—	—	—	$3.00	$3.30	6.50	—
1962	75,668,019	—	—	—	—	—	$3.00	$3.30	6.50	10.00
1962D	334,948,380	—	—	—	—	—	$3.00	$3.30	7.00	—
1963	126,725,645	—	—	—	—	—	$3.00	$3.30	7.50	10.00
1963D	421,476,530	—	—	—	—	—	$3.00	$3.30	7.00	—
1964	933,310,762	—	—	—	—	—	$3.00	$3.30	7.50	10.00
1964D	1,357,517,180	—	—	—	—	—	$3.00	$3.30	7.00	—

Mint mark 1968- present   1982 No mint mark

KM# 195a • 2.27 g., Copper-Nickel Clad Copper, 17.91 mm. • **Designer:** John R. Sinnock **Note:** The 1979-S and 1981-S Type II proofs have clearer mint marks than the Type I proofs of those years. On the 1982 no-mint-mark variety, the mint mark was inadvertently left off.

Date	Mintage	MS65	PRF65
1965	1,652,140,570	6.00	—
1965SMS	—	2.00	—
1966	1,382,734,540	6.50	—
1966SMS	—	2.25	—
1967	2,244,007,320	7.00	—
1967SMS	—	3.50	—
1968	424,470,000	6.50	—
1968D	480,748,280	6.50	—
1968S	3,041,506	—	4.00
1968 no S error	—	—	7,500
1969	145,790,000	7.00	—
1969D	563,323,870	6.00	—
1969S	2,934,631	—	4.00
1970	345,570,000	5.50	—
1970D	754,942,100	5.00	—
1970S	2,632,810	—	4.00
1970S No S	—	—	1,300
1971	162,690,000	10.00	—
1971D	377,914,240	8.00	—
1971S	3,220,733	—	4.00
1972	431,540,000	7.50	—
1972D	330,290,000	8.50	—
1972S	3,260,996	—	4.00
1973	315,670,000	6.00	—
1973D	455,032,426	5.50	—
1973S	2,760,339	—	4.00
1974	470,248,000	5.50	—
1974D	571,083,000	4.50	—
1974S	2,612,568	—	4.00
1975	585,673,900	4.50	—
1975D	313,705,300	4.50	—
1975S	2,845,450	—	4.00
1976	568,760,000	4.50	—

Date	Mintage	MS65	PRF65
1976D	695,222,774	4.50	—
1976S	4,149,730	—	4.00
1977	796,930,000	4.50	—
1977D	376,607,228	8.00	—
1977S	3,251,152	—	4.00
1978	663,980,000	5.00	—
1978D	282,847,540	4.50	—
1978S	3,127,781	—	4.00
1979	315,440,000	5.50	—
1979D	390,921,184	5.00	—
1979S type I	3,677,175	—	5.00
1979S type II	—	—	2.00
1980P	735,170,000	6.00	—
1980D	719,354,321	5.00	—
1980S	3,554,806	—	4.00
1981P	676,650,000	4.00	—
1981D	712,284,143	4.00	—
1981S type I	—	—	4.00
1981S type II	—	—	6.50
1982P	519,475,000	8.50	—
1982 no mint mark	Inc. above	200	—
1982D	542,713,584	3.20	—
1982S	3,857,479	—	4.00
1983P	647,025,000	6.00	—
1983D	730,129,224	4.00	—
1983S	3,279,126	—	4.00
1984P	856,669,000	4.00	—
1984D	704,803,976	3.50	—
1984S	3,065,110	—	4.00
1985P	705,200,962	5.00	—
1985D	587,979,970	3.50	—
1985S	3,362,821	—	4.00
1986P	682,649,693	3.50	—
1986D	473,326,970	3.50	—
1986S	3,010,497	—	4.00
1987P	762,709,481	4.50	—
1987D	653,203,402	4.50	—
1987S	4,227,728	—	4.00
1988P	1,030,550,000	5.50	—
1988D	962,385,488	5.50	—
1988S	3,262,948	—	3.00
1989P	1,298,400,000	4.00	—
1989D	896,535,597	5.00	—
1989S	3,220,194	—	4.00
1990P	1,034,340,000	4.50	—
1990D	839,995,824	5.50	—
1990S	3,299,559	—	4.00
1991P	927,220,000	5.00	—
1991D	601,241,114	5.00	—
1991S	2,867,787	—	3.00
1992P	593,500,000	4.50	—

Date	Mintage	MS65	PRF65
1992D	616,273,932	4.50	—
1992S	2,858,981	—	4.00
1993P	766,180,000	3.50	—
1993D	750,110,166	4.50	—
1993S	2,633,439	—	7.00
1994P	1,189,000,000	4.00	—
1994D	1,303,268,110	5.50	—
1994S	2,484,594	—	5.00
1995P	1,125,500,000	4.00	—
1995D	1,274,890,000	4.50	—
1995S	2,010,384	—	20.00
1996P	1,421,163,000	3.00	—
1996D	1,400,300,000	5.00	—
1996W	1,457,949	24.00	—
1996S	2,085,191	—	3.50
1997P	991,640,000	4.00	—
1997D	979,810,000	3.00	—
1997S	1,975,000	—	14.00
1998P	1,163,000,000	2.75	—
1998D	1,172,250,000	2.75	—
1998S	2,078,494	—	4.00
1999P	2,164,000,000	2.75	—
1999D	1,397,750,000	2.75	—
1999S	2,557,897	—	4.00
2000P	1,842,500,000	2.75	—
2000D	1,818,700,000	2.75	—
2000S	3,097,440	—	1.00
2001P	1,369,590,000	2.75	—
2001D	1,412,800,000	2.75	—
2001S	2,249,496	—	3.75
2002P	1,187,500,000	2.75	—
2002D	1,379,500,000	3.00	—
2002S	2,268,913	—	2.50
2003P	1,085,500,000	3.00	—
2003D	986,500,000	3.00	—
2003S	2,076,165	—	2.60
2004P	1,328,000,000	3.00	—
2004D	1,159,500,000	3.00	—
2004S	1,804,396	—	4.75
2005P	1,412,000,000	2.75	—
2005P Satin Finish	—	4.00	—
2005D	1,423,500,000	2.75	—
2005D Satin Finish	—	4.00	—
2005S	2,275,000	—	2.60
2006P	1,381,000,000	2.50	—
2006P Satin Finish	—	4.00	—
2006D	1,447,000,000	2.50	—
2006D Satin Finish	—	4.00	—
2006S	2,000,428	—	2.50
2007P	1,047,500,000	2.00	—
2007P Satin Finish	—	3.00	—
2007D	1,042,000,000	2.00	—
2007D Satin Finish	—	3.00	—
2007S	1,702,116	—	2.50
2008P	391,000,000	1.25	—
2008 Satin Finish	—	2.50	—
2008D	624,500,000	1.25	—
2008D Satin Finish	—	2.50	—
2008S	1,405,674	—	2.50
2009P	96,500,000	1.25	—
2009P Satin Finish	—	1.00	—
2009D	49,500,000	1.25	—

Date	Mintage	MS65	PRF65
2009D Satin Finish	—	1.00	—
2009S	1,482,502	—	2.50
2010P	557,000,000	4.00	—
2010P Satin Finish	—	2.00	—
2010D	562,000,000	4.00	—
2010D Satin Finish	—	2.00	—
2010S	1,103,815	—	2.50
2011P	748,000,000	4.00	—
2011D	754,000,000	4.00	—
2011S	1,098,835	—	2.50
2012P	808,000,000	4.00	—
2012D	868,000,000	4.00	—
2012S	841,972	—	2.50
2013P	1,086,500,000	4.00	—
2013D	1,025,500,000	4.00	—
2013S	821,031	—	2.50
2014P	1,125,845,813	2.00	—
2014D	1,177,345,813	2.00	—
2014S	764,641	—	2.50
2015P	1,543,712,561	2.00	—
2015D	1,497,722,561	2.00	—
2015S	462,393	—	2.50
2016P	—	2.00	—
2016D	—	2.00	—
2016S	—	—	2.50

KM# 195b • 2.50 g., 0.900 Silver 0.0723 oz. ASW, 17.9 mm. • **Designer:** John R. Sinnock

Date	Mintage	PRF65
1992S	1,317,579	5.00
1993S	761,353	7.00
1994S	785,329	7.00
1995S	838,953	8.00
1996S	830,021	7.00
1997S	821,678	14.00
1998S	878,792	7.00
1999S	804,565	7.00
1999S	1,317,579	7.00
1999S	761,353	7.00
1999S	785,329	7.00
1999S	838,953	7.00
2000S	965,921	5.50
2001S	849,600	5.00
2002S	888,826	5.00
2003S	1,090,425	4.75
2004S	1,175,934	5.00
2005S	1,069,679	5.00
2006S	1,054,008	4.50
2007S	875,050	6.00
2008S	763,887	6.50
2009S	697,365	6.75
2010S	585,401	6.75
2011S	574,175	6.75
2012S	395,443	6.75
2013S	821,031	6.75
2014S	467,074	6.75
2015P	74,430	10.00

Note: Available only in March of Dimes silver set.

2015W	74,430	10.00

Note: Available only in March of Dimes silver set.

2015S	247,790	6.75
2016S	—	6.75

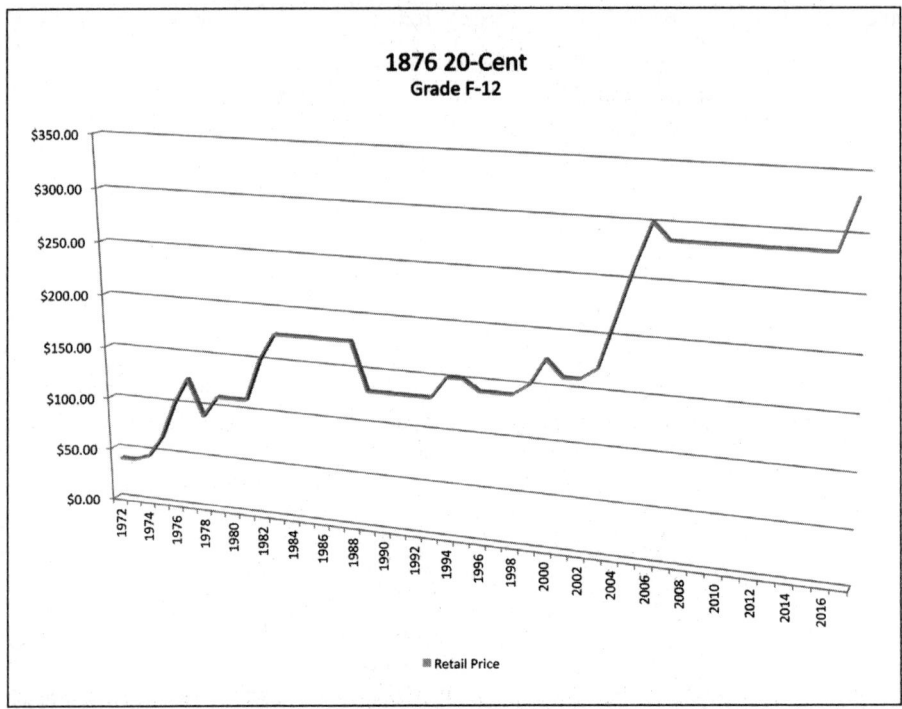

1876 20-Cent
Grade F-12

Retail Price

20 CENTS

Seated Liberty within circle of stars, date below obverse
Eagle with arrows in talons, value below reverse

KM# 109 • 5.00 g., 0.900 Silver 0.1447 oz. ASW, 22 mm. • **Rev. Legend:** UNITED STATES OF AMERICA
Designer: William Barber

Date	Mintage	G4	VG8	F12	VF20	XF40	AU50	MS60	MS65	PRF65
1875	39,700	215	265	390	410	475	650	875	4,400	7,700
1875S Clear S	Inc. above	130	155	180	205	270	385	700	3,000	—
1875S	1,155,000	130	160	180	205	280	385	675	2,700	—
Note: 1875-S exists as a branch mint proof										
1875S over horizontal S	Inc. above	105	140	160	200	235	375	550	4,500	—
Note: Also known as filled S										
1875S as	Inc. above	—	150	170	190	230	280	365	1,250	—
1875CC	133,290	350	375	390	550	715	1,025	1,800	9,300	—
1876	15,900	210	260	330	365	500	600	825	5,200	7,000
1876CC	10,000	—	—	—	—	—	160,000	220,000	585,000	—
1877 proof only	510	—	—	—	—	3,300	3,500	—	—	7,700
1878 proof only	600	—	—	—	—	2,400	2,700	—	—	8,000

QUARTER

Draped Bust Quarter
Draped bust right obverse Small eagle reverse

KM# 25 • 6.74 g., 0.892 Silver 0.1933 oz. ASW, 27.5 mm. • **Designer:** Robert Scot

Date	Mintage	G4	VG8	F12	VF20	XF40	AU50	MS60	MS65
1796	6,146	12,000	1,600	22,000	30,000	49,750	60,000	70,000	375,000

Draped bust right, flanked by stars, date at angle below obverse
Heraldic eagle reverse

KM# 36 • 6.74 g., 0.892 Silver 0.1933 oz. ASW, 27.5 mm. • **Obv. Legend:** LIBERTY **Rev. Legend:** UNITED STATES OF AMERICA **Designer:** Robert Scot

Date	Mintage	G4	VG8	F12	VF20	XF40	AU50	MS60	MS65
1804	6,738	4,500	6,750	10,000	14,000	30,000	48,000	95,000	360,000
1805	121,394	490	600	900	1,600	3,500	5,000	11,000	84,000
1806/5	206,124	490	600	1,025	1,600	3,500	5,000	11,000	100,000
1806	Inc. above	490	600	900	1,600	3,500	5,000	11,000	84,000
1807	220,643	490	600	900	1,600	3,500	5,000	11,000	84,000

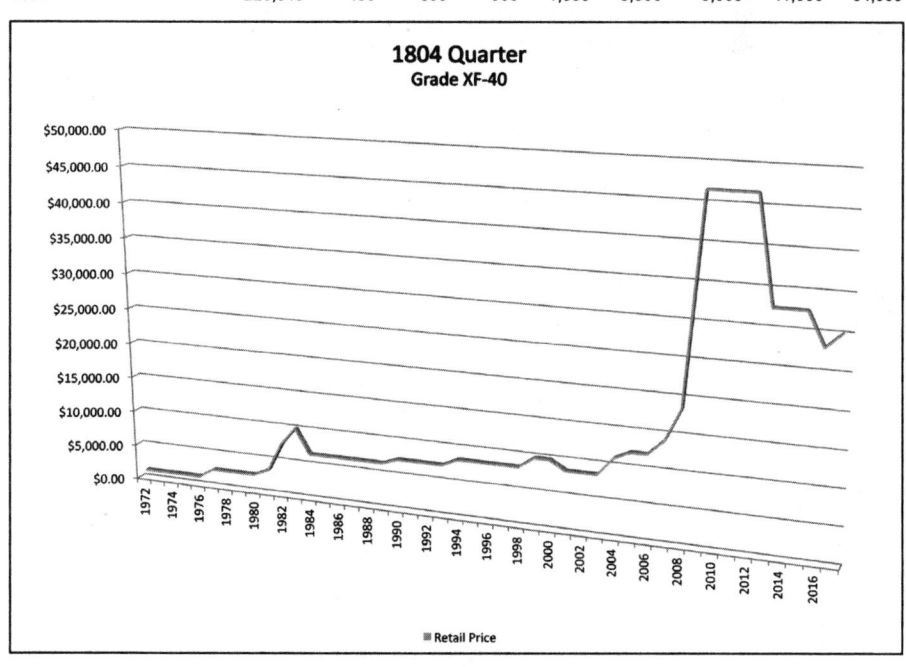

1804 Quarter
Grade XF-40

Retail Price

Liberty Cap Quarter
Draped bust left, flanked by stars, date below obverse
Eagle with arrows in talons, banner above, value below reverse

KM# 44 • 6.74 g., 0.892 Silver 0.1933 oz. ASW, 27 mm. • **Rev. Legend:** UNITED STATES OF AMERICA **Designer:** John Reich **Note:** Varieties of the 1819 strikes are distinguished by the size of the 9 in the date. Varieties of the 1820 strikes are distinguished by the size of the 0 in the date. One 1822 variety and one 1828 variety have "25" engraved over "50" in the denomination. The 1827 restrikes were produced privately using dies sold as scrap by the U.S. Mint.

Date	Mintage	G4	VG8	F12	VF20	XF40	AU50	MS60	MS65
1815	89,235	130	215	310	575	1,500	2,000	4,000	24,000
1818/15	361,174	130	265	360	625	1,500	2,000	4,000	24,000
1818	Inc. above	130	215	310	575	1,500	2,000	4,000	24,000
1819 small 9	144,000	130	215	310	575	1,500	2,000	4,000	30,000
1819 large 9	Inc. above	130	215	310	575	1,500	2,000	4,000	45,000
1820 small 0	127,444	130	215	310	575	1,500	2,200	4,200	30,000
1820 large 0	Inc. above	130	215	310	575	1,500	2,000	4,000	40,000
1821	216,851	130	215	310	575	1,500	2,000	3,600	24,000
1822	64,080	275	350	600	950	1,700	3,500	5,000	—
1822 25/50C.	Inc. above	6,000	11,500	18,000	26,000	35,000	45,000	55,000	—
1823/22	17,800	50,000	60,000	80,000	100,000	125,000	175,000	275,000	—
1824/2	—	800	1,225	1,900	2,500	4,750	8,500	23,000	—
1825/22	168,000	525	700	1,050	1,450	4,500	9,500	14,000	—
1825/23	Inc. above	160	220	350	575	1,600	2,200	3,500	28,000
1825/24	Inc. above	150	220	350	600	1,475	2,300	3,400	30,000
1827 original curl base 2	4,000	—	—	—	100,000	—	—	140,000	550,000
1827 restrike, square base 2	Inc. above	—	—	—	—	—	—	—	85,000
1828	102,000	140	200	325	700	1,600	2,550	4,000	25,000
1828 25/50C.	Inc. above	1,000	1,700	2,250	3,600	7,500	11,500	17,000	—

Draped bust left, flanked by stars, date below obverse
Eagle with arrows in talons, value below reverse

KM# 55 • 0.892 Silver, 24.3 mm. • **Rev. Legend:** UNITED STATES OF AMERICA **Designer:** William Kneass **Note:** Varieties of the 1831 strikes are distinguished by the size of the lettering on the reverse.

Date	Mintage	G4	VG8	F12	VF20	XF40	AU50	MS60	MS65
1831 small letter rev.	398,000	80.00	115	130	160	425	800	1,750	19,000
1831 large letter rev.	Inc. above	80.00	115	130	160	425	800	1,750	28,000
1832	320,000	80.00	115	130	160	425	800	1,750	19,000
1833	156,000	80.00	115	130	160	425	800	1,750	19,000
1834	286,000	80.00	115	130	160	425	800	1,750	19,000
1834 No period after C	Inc. above	160	220	260	310	600	900	1,850	28,500
1834 0 over O	Inc. above	—	—	—	—	—	—	—	—
1835	1,952,000	80.00	115	130	160	425	800	1,750	25,000
1836	472,000	80.00	115	130	160	425	800	1,750	45,500
1837	252,400	80.00	115	130	160	425	800	1,750	19,000
1838	832,000	80.00	115	130	160	425	800	1,750	23,000

Seated Liberty Quarter
Seated Liberty, stars around top 1/2 of border, date below obverse
Eagle with arrows in talons, value below reverse

KM# 64.1 • 6.68 g., 0.900 Silver 0.1933 oz. ASW, 24.3 mm. • **Rev. Legend:** UNITED STATES OF AMERICA
Designer: Christian Gobrecht

Date	Mintage	G4	VG8	F12	VF20	XF40	AU50	MS60	MS65
1838	Inc. above	30.00	35.00	48.00	160	400	880	1,410	30,000
1839	491,146	28.00	35.00	45.00	160	400	900	1,410	34,000
1840O	425,200	35.00	45.00	60.00	195	400	900	2,000	28,500

Drapery added to Liberty's left elbow, stars around top 1/2 of border obverse
Eagle with arrows in talons, value below reverse

KM# 64.2 • 6.68 g., 0.900 Silver 0.1933 oz. ASW, 24.3 mm. • **Rev. Legend:** UNITED STATES OF AMERICA
Designer: Christian Gobrecht

Date	Mintage	G4	VG8	F12	VF20	XF40	AU50	MS60	MS65
1840	188,127	31.00	35.00	60.00	125	210	450	1,250	17,000
1840O	Inc. above	40.00	48.00	100	175	300	600	1,150	17,000
1841	120,000	48.00	65.00	90.00	175	325	600	950	6,500
1841O	452,000	40.00	45.00	55.00	125	265	375	900	9,000
1842 small date	88,000	—	—	—	—	—	—	—	—
1842 large date	Inc. above	60.00	78.00	130	230	350	660	1,300	11,000
1842O small date	769,000	575	1,000	1,400	2,700	6,650	11,000	27,000	—
1842O large date	Inc. above	40.00	45.00	60.00	125	275	500	1,300	—
1843	645,600	30.00	35.00	45.00	75.00	135	220	500	4,100
1843O	968,000	40.00	70.00	140	330	1,100	1,300	2,000	17,000
1844	421,200	30.00	35.00	45.00	55.00	80.00	250	660	9,000
1844O	740,000	40.00	45.00	60.00	80.00	200	500	1,200	10,000
1845	922,000	30.00	35.00	40.00	60.00	105	185	410	4,950
1846	510,000	31.00	35.00	40.00	55.00	150	400	700	10,000
1847	734,000	30.00	35.00	45.00	55.00	90.00	185	500	5,000
1847O	368,000	125	175	325	700	1,150	1,900	7,500	—
1848	146,000	30.00	60.00	100	140	300	500	1,050	9,800
1849	340,000	30.00	35.00	40.00	80.00	125	300	725	8,600
1849O	—	800	1,100	1,700	2,000	6,700	8,000	17,000	—
1850	190,800	32.00	46.00	70.00	90.00	275	600	1,300	10,750
1850O	412,000	40.00	105	145	210	475	800	1,350	12,500
1851	160,000	60.00	90.00	150	300	450	700	1,100	6,000
1851O	88,000	400	550	800	950	2,300	3,000	6,000	—
1852	177,060	65.00	100	150	250	450	550	1,000	4,600
1852O	96,000	200	275	700	1,350	1,900	6,000	10,000	—
1853 recut date	44,200	1,500	2,000	2,700	3,400	5,000	6,000	6,500	10,600

Seated Liberty, arrows at date obverse   Rays around eagle reverse

KM# 78 • 6.22 g., 0.900 Silver 0.180 oz. ASW, 24.3 mm. • **Rev. Legend:** UNITED STATES OF AMERICA
Designer: Christian Gobrecht

Date	Mintage	G4	VG8	F12	VF20	XF40	AU50	MS60	MS65	PRF65
1853	15,210,020	30.00	35.00	40.00	45.00	180	425	1,000	10,000	85,000
1853/4	Inc. above	60.00	100	150	300	450	700	1,500	33,000	—
1853O	1,332,000	40.00	60.00	100	150	475	1,000	4,000	22,000	—

Seated Liberty, arrows at date obverse
Eagle with arrows in talons, value below reverse

KM# 81 • 6.22 g., 0.900 Silver 0.180 oz. ASW, 24.3 mm. • **Rev. Legend:** UNITED STATES OF AMERICA
Designer: Christian Gobrecht

Date	Mintage	G4	VG8	F12	VF20	XF40	AU50	MS60	MS65	PRF65
1854	12,380,000	30.00	35.00	40.00	42.00	110	250	600	6,500	24,000
1854O	1,484,000	40.00	45.00	50.00	55.00	125	300	900	15,000	—
1854O huge O	Inc. above	775	1,300	2,100	2,450	4,500	13,500	—	—	—
1855	2,857,000	30.00	35.00	40.00	45.00	110	250	600	9,000	23,500
1855O	176,000	110	165	300	500	775	1,750	2,600	—	—
1855S	396,400	100	150	250	400	800	1,100	2,000	23,000	—

Seated Liberty, date below obverse
Eagle with arrows in talons, value below reverse

KM# A64.2 • 6.22 g., 0.900 Silver 0.180 oz. ASW, 24.3 mm. • **Rev. Legend:** UNITED STATES OF AMERICA
Designer: Christian Gobrecht

Date	Mintage	G4	VG8	F12	VF20	XF40	AU50	MS60	MS65	PRF65
1856	7,264,000	30.00	35.00	40.00	45.00	85.00	185	375	3,600	11,000
1856O	968,000	37.00	45.00	80.00	130	250	525	850	12,000	—
1856S	286,000	50.00	60.00	85.00	675	1,600	2,700	7,500	38,000	—
1856S/S	Inc. above	500	800	1,100	1,850	8,000	11,000	33,000	—	—
1857	9,644,000	30.00	35.00	40.00	50.00	75.00	180	325	2,750	7,700
1857O	1,180,000	37.00	45.00	100	175	300	675	1,100	—	—
1857S	82,000	150	250	350	650	975	1,600	2,800	—	—
1858	7,368,000	30.00	35.00	40.00	50.00	75.00	180	350	2,800	5,000
1858O	520,000	37.00	45.00	75.00	125	275	725	3,500	—	—
1858S	121,000	250	375	600	975	2,400	4,400	25,000	—	—
1859	1,344,000	30.00	35.00	40.00	50.00	80.00	200	400	3,800	4,500
1859O	260,000	60.00	80.00	110	160	300	1,000	2,450	19,000	—
1859S	80,000	375	600	950	1,400	4,450	12,000	48,000	—	—
1860	805,400	30.00	35.00	40.00	46.00	78.00	185	400	4,600	3,500
1860O	388,000	37.00	45.00	50.00	100	225	400	850	12,000	—
1860S	56,000	1,000	1,700	2,900	6,000	8,800	16,000	55,000	—	—
1861	4,854,600	30.00	35.00	40.00	45.00	80.00	180	325	2,800	4,500
1861S	96,000	600	800	1,250	1,800	3,600	11,000	33,000	—	—
1862	932,550	30.00	35.00	40.00	48.00	85.00	180	325	3,500	3,500
1862S	67,000	200	300	400	600	1,250	2,400	4,600	—	—
1863	192,060	40.00	48.00	60.00	125	185	300	500	3,750	3,500
1864	94,070	150	225	300	400	500	800	1,300	6,000	3,500
1864S	20,000	800	1,000	1,300	2,400	4,000	5,700	11,000	—	—
1865	59,300	70.00	80.00	180	350	425	700	1,100	13,000	3,500
1865S	41,000	200	300	400	650	1,000	1,150	4,000	17,500	—
1866 unique	—	—	—	—	—	—	—	—	—	—

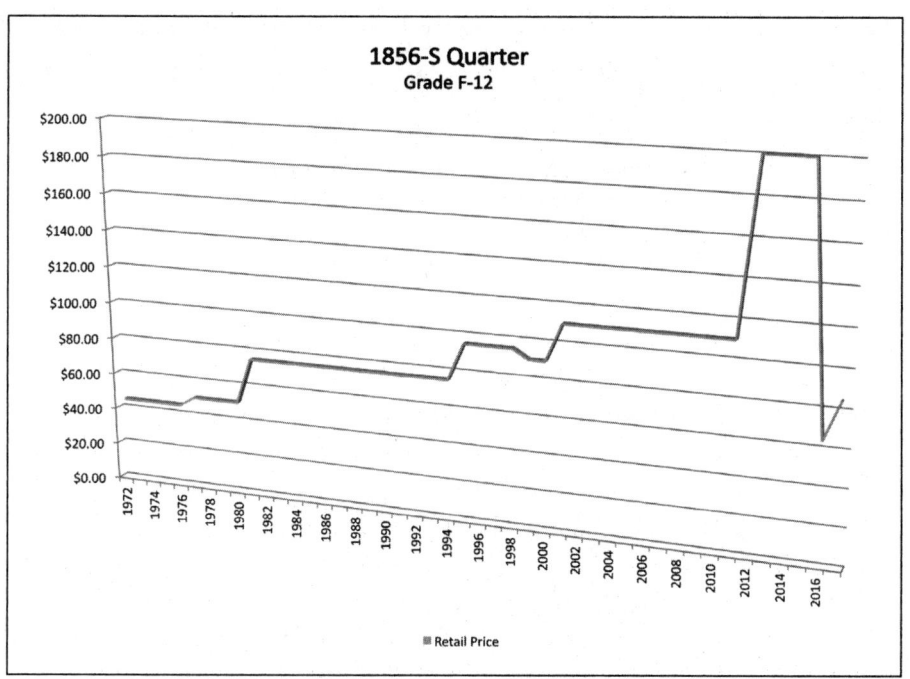

1856-S Quarter
Grade F-12

■ Retail Price

Seated Liberty, date below obverse   In God We Trust above eagle reverse

KM# 98 • 6.22 g., 0.900 Silver 0.180 oz. ASW, 24.3 mm. • **Rev. Legend:** UNITED STATES OF AMERICA
Designer: Christian Gobrecht **Note:** The 1873 closed-3 and open-3 varieties are distinguished by the amount
of space between the upper left and lower left serifs in the 3.

Date	Mintage	G4	VG8	F12	VF20	XF40	AU50	MS60	MS65	PRF65
1866	17,525	660	900	1,100	1,250	1,400	1,550	1,850	8,000	1,900
1866S	28,000	400	550	800	1,200	1,500	2,100	4,500	—	—
1867	20,625	300	450	600	850	1,350	1,700	2,500	—	1,750
1867S	48,000	350	500	700	1,100	2,100	5,250	8,800	—	—
1868	30,000	200	275	350	450	650	950	1,600	7,800	2,300
1868S	96,000	125	175	300	700	900	2,300	5,500	15,000	—
1869	16,600	450	550	750	850	1,025	1,300	1,600	12,000	2,300
1869S	76,000	200	250	400	600	1,100	1,500	400	7,000	—
1870	87,400	65.00	100	150	250	400	600	900	4,600	2,100
1870CC	8,340	8,400	11,500	18,000	23,500	37,000	85,000	220,000	—	—
1871	119,160	60.00	80.00	110	160	300	400	675	6,500	2,300
1871CC	10,890	6,500	11,000	14,500	19,000	33,000	65,000	125,000	—	—
1871S	30,900	750	950	1,475	1,900	2,900	3,700	6,000	19,000	—
1872	182,950	60.00	100	170	275	425	800	1,350	6,500	2,300
1872CC	22,850	1,500	2,000	3,250	6,500	12,000	18,000	55,000	—	—
1872S	83,000	1,600	1,850	2,200	3,000	4,500	6,000	8,500	35,000	—
1873 closed 3	212,600	350	550	850	1,200	3,300	4,400	22,000	—	2,000
1873 open 3	Inc. above	100	125	175	300	450	700	1,100	6,500	—
1873CC 6 known	4,000	—	—	—	—	70,000	80,000	130,000	—	—

Note: 1873CC, Heritage, April 1999, MS-62, $106,375.

Seated Liberty, arrows at date obverse   In God We Trust above eagle reverse

KM# 106 • 6.25 g., 0.900 Silver 0.1808 oz. ASW, 24.3 mm. • **Rev. Legend:** UNITED STATES OF AMERICA
Designer: Christian Gobrecht

Date	Mintage	G4	VG8	F12	VF20	XF40	AU50	MS60	MS65	PRF65
1873	1,271,700	29.00	35.00	40.00	65.00	190	400	800	3,200	5,500
1873CC	12,462	4,600	8,500	11,500	17,000	24,000	45,000	85,000	165,000	—
1873S	156,000	75.00	100	150	200	400	575	1,600	14,500	—
1874	471,900	29.00	35.00	45.00	75.00	200	400	800	3,300	5,500
1874S	392,000	33.00	38.00	52.00	100	250	425	800	3,500	—

Seated Liberty, date below obverse   In God We Trust above eagle reverse

KM# A98 • 6.25 g., 0.900 Silver 0.1808 oz. ASW, 24.3 mm. • **Rev. Legend:** UNITED STATES OF AMERICA
Designer: Christian Gobrecht **Note:** The 1876-CC fine-reeding variety has a more finely reeded edge.

Date	Mintage	G4	VG8	F12	VF20	XF40	AU50	MS60	MS65	PRF65
1875	4,293,500	30.00	33.00	35.00	46.00	73.00	165	275	1,625	1,400
1875CC	140,000	200	300	500	650	950	1,600	3,500	24,000	—
1875S	680,000	34.00	44.00	65.00	105	175	275	550	3,000	—
1876	17,817,150	30.00	33.00	35.00	47.00	68.00	160	275	1,400	1,400
1876CC Ty1 rev. sm wide CC	4,944,000	65.00	85.00	120	160	250	350	500	4,500	—
1876CC Ty1 rev. sm close CC	Inc. above	60.00	80.00	105	140	200	300	475	3,500	—
1876CC Ty1 rev. tall CC	Inc. above	60.00	80.00	105	140	200	300	475	3,500	—
1876CC Ty2 rev. sm CC	Inc. above	60.00	80.00	105	140	200	300	475	3,500	—
1876CC Ty2 rev tall CC	Inc. above	65.00	85.00	120	160	250	350	500	4,500	—
1876S	8,596,000	30.00	33.00	35.00	42.00	68.00	160	275	1,800	—
1877	10,911,710	30.00	33.00	35.00	42.00	68.00	160	275	1,300	1,400
1877CC	4,192,000	65.00	90.00	130	150	200	285	500	2,100	—
1877S	8,996,000	30.00	33.00	35.00	42.00	68.00	160	275	1,500	—
1877S over horizontal S	Inc. above	41.00	62.00	90.00	200	300	500	825	3,400	—
1878	2,260,800	30.00	33.00	35.00	42.00	68.00	160	275	2,000	1,400
1878CC	996,000	65.00	75.00	85.00	125	250	375	825	3,000	—
1878S	140,000	200	300	500	750	1,000	1,350	2,400	—	—
1879	14,700	150	210	275	325	450	550	650	1,900	1,400
1880	14,955	150	210	275	325	450	550	650	2,100	1,400
1881	12,975	150	210	275	325	450	550	650	1,900	1,400
1882	16,300	150	210	275	325	450	550	650	1,900	1,400
1883	15,439	150	210	275	325	450	550	650	2,300	1,400
1884	8,875	225	300	350	400	500	550	650	2,000	1,400
1885	14,530	150	210	275	325	450	550	475	2,200	1,400
1886	5,886	300	350	450	525	700	850	1,000	2,300	1,400
1887	10,710	200	250	325	400	550	575	850	2,150	1,400
1888	10,833	200	250	325	400	550	575	650	1,450	1,400
1888S	1,216,000	32.00	36.00	39.00	50.00	70.00	200	350	2,350	—
1889	12,711	175	210	275	325	400	475	575	1,800	1,400
1890	80,590	125	150	175	250	275	350	450	1,900	1,400
1891	3,920,600	25.00	30.00	35.00	55.00	80.00	160	275	1,300	1,400
1891O	68,000	350	500	880	1,300	2,200	3,500	6,500	25,000	—
1891S	2,216,000	25.00	28.00	32.00	43.00	68.00	160	275	1,675	—

Barber Quarter
Laureate head right, flanked by stars, date below obverse
Heraldic eagle reverse

KM# 114 • 6.25 g., 0.900 Silver 0.1808 oz. ASW, 24.3 mm. • **Obv. Legend:** IN GOD WE TRUST **Rev. Legend:** UNITED STATES OF AMERICA **Designer:** Charles E. Barber

Date	Mintage	G4	VG8	F12	VF20	XF40	AU50	MS60	MS65	PRF65
1892	8,237,245	9.00	10.00	22.00	39.00	63.00	110	220	740	1,300
1892 Type 2 Rev	Inc. above	10.00	12.00	25.00	44.00	70.00	130	250	1,500	
1892O	2,640,000	13.00	19.00	38.00	55.00	88.00	135	300	1,250	—
1892O Type 2 Rev	Inc. above	15.00	23.50	44.00	61.00	98.00	155	340	1,600	—
1892S	964,079	40.00	65.00	105	145	200	330	550	3,500	—
1892S Type 2 Rev	Inc. above	28.00	53.00	82.00	125	175	275	525	3,600	—
1893	5,484,838	9.00	11.00	22.00	33.00	60.00	110	220	1,250	1,300
1893O	3,396,000	9.00	13.00	27.00	52.00	100	150	220	1,550	—
1893O MM far right	Inc. above	11.50	15.50	30.00	58.00	118	170	245	1,760	—
1893S	1,454,535	16.00	33.00	59.00	110	165	285	385	—	—
1893S MM far right	Inc. above	20.00	38.00	65.00	125	190	320	435	4,900	—
1894	3,432,972	10.00	11.00	27.00	41.00	77.00	125	220	960	1,300
1894O	2,852,000	10.00	16.00	38.00	72.00	120	185	275	1,500	—
1894O MM far right	Inc. above	12.00	18.00	42.00	81.00	138	190	270	1,450	—
1894S	2,648,821	10.00	16.00	38.00	72.00	120	185	275	—	—
1894S MM far right	Inc. above	10.00	13.00	34.50	71.00	115	190	295	1,600	—
1895	4,440,880	10.00	11.00	25.00	33.00	65.00	115	220	1,225	1,300
1895O	2,816,000	10.00	17.00	38.00	66.00	120	185	325	—	—
1895O MM far right	Inc. above	9.00	16.00	36.00	60.00	110	175	300	1,800	—
1895S	1,764,681	16.00	31.00	66.00	110	160	245	355	—	—
1895S MM far right	Inc. above	15.00	27.00	62.00	100	120	210	315	3,000	—
1896	3,874,762	10.00	11.00	20.00	35.00	72.00	115	220	825	1,050

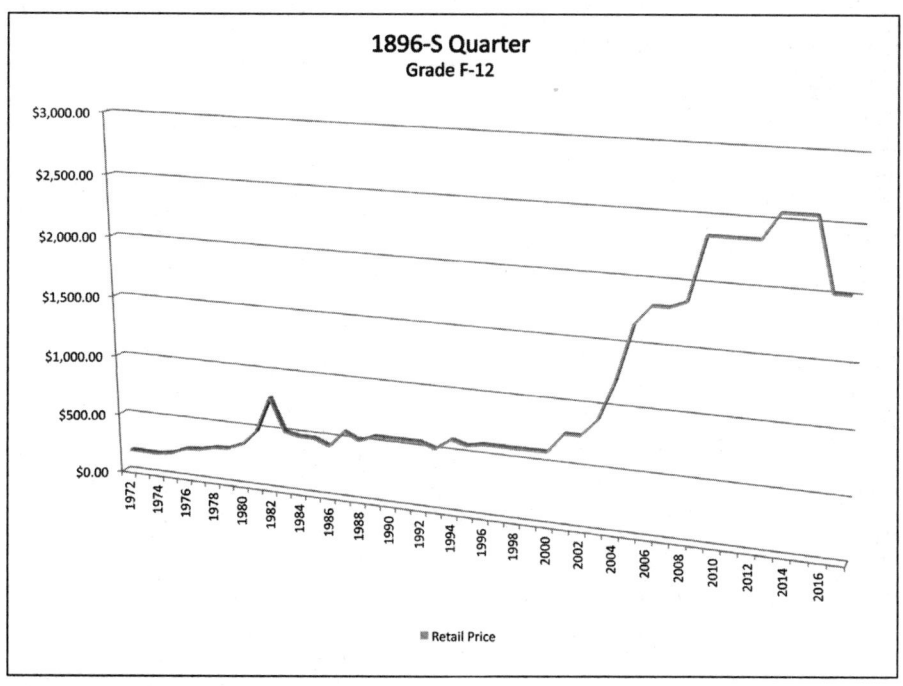

1896-S Quarter
Grade F-12

■ Retail Price

Date	Mintage	G4	VG8	F12	VF20	XF40	AU50	MS60	MS65	PRF65
1896O	1,484,000	54.00	83.00	175	310	550	880	1,050	5,800	—
1896S	188,039	575	1,225	2,000	3,550	4,800	6,250	9,900	50,000	—
1897	8,140,731	10.00	11.00	18.00	27.00	60.00	125	245	740	1,450
1897O	1,414,800	38.00	65.00	175	340	375	540	800	2,600	—
1897S	542,229	110	140	275	560	825	1,000	1,550	4,900	—
1898	11,100,735	10.00	11.00	19.00	30.00	63.00	125	245	740	1,450
1898O	1,868,000	13.00	25.00	66.00	130	250	440	880	7,500	—
1898S	1,020,592	10.00	16.00	44.00	60.00	140	330	980	5,800	—
1899	12,624,846	10.00	11.00	19.00	30.00	63.00	125	245	740	1,450
1899O	2,644,000	11.00	19.00	33.00	60.00	120	250	440	2,350	—
1899S	708,000	26.00	40.00	93.00	105	130	330	1,100	4,300	—
1900	10,016,912	11.00	12.00	20.00	31.00	63.00	115	230	1,150	1,450
1900O	3,416,000	13.00	25.00	60.00	105	150	375	725	3,250	—
1900S	1,858,585	10.00	12.00	31.00	44.00	65.00	200	650	3,850	—
1901	8,892,813	27.00	31.00	39.00	63.00	76.00	115	275	1,050	1,450
1901O	1,612,000	63.00	95.00	185	400	880	1,200	1,725	6,600	—
1901S	72,664	4,000	7,000	15,000	18,500	25,500	34,500	37,500	65,000	—
1902	12,197,744	8.00	9.00	16.00	27.00	55.00	125	245	740	1,450
1902O	4,748,000	10.00	13.00	44.00	72.00	120	220	500	2,900	—
1902S	1,524,612	12.00	19.00	44.00	77.00	140	275	500	2,750	—
1903	9,670,064	8.00	9.00	17.00	29.00	61.00	125	245	1,600	1,450
1903O	3,500,000	10.00	11.00	33.00	55.00	105	210	440	3,300	—
1903S	1,036,000	13.00	21.00	37.00	77.00	125	230	440	1,800	—
1904	9,588,813	8.00	11.00	17.00	30.00	58.00	110	220	1,300	1,450
1904O	2,456,000	27.00	37.00	78.00	140	190	440	875	4,000	—
1905	4,968,250	27.00	31.00	42.00	55.00	60.00	115	220	850	1,450
1905O	1,230,000	39.00	55.00	110	210	220	300	550	4,800	—
1905S	1,884,000	29.00	37.00	62.00	90.00	95.00	180	500	3,300	—
1906	3,656,435	8.00	9.00	16.00	27.00	55.00	125	245	740	1,450
1906D	3,280,000	8.00	16.00	20.00	35.00	57.00	125	220	1,500	—
1906O	2,056,000	10.00	14.00	33.00	51.00	95.00	165	240	1,250	—
1907	7,192,575	8.00	9.00	14.00	27.00	53.00	125	245	740	1,450
1907D	2,484,000	8.00	9.00	22.00	42.00	65.00	200	330	2,200	—
1907O	4,560,000	10.00	11.00	16.00	33.00	55.00	115	220	1,550	—
1907S	1,360,000	10.00	15.00	38.00	60.00	110	220	500	3,450	—
1908	4,232,545	8.00	9.00	16.00	27.00	55.00	125	245	740	1,450
1908D	5,788,000	8.00	9.00	14.00	30.00	55.00	125	245	740	—
1908O	6,244,000	8.00	9.00	14.00	30.00	55.00	125	220	360	—
1908S	784,000	28.00	60.00	120	140	300	525	725	3,700	—
1909	9,268,650	8.00	9.00	14.00	30.00	55.00	125	245	740	1,450
1909D	5,114,000	8.00	9.00	14.00	30.00	55.00	125	245	740	—
1909O	712,000	50.00	175	500	815	2,000	3,100	4,000	7,250	—
1909S	1,348,000	10.00	11.00	30.00	46.00	77.00	200	330	1,550	—
1910	2,244,551	8.00	9.00	14.00	30.00	55.00	125	245	740	1,450
1910D	1,500,000	8.00	9.00	38.00	60.00	105	210	375	1,325	—
1911	3,720,543	8.00	9.00	14.00	30.00	55.00	125	220	740	1,450
1911D	933,600	27.00	37.00	140	275	400	575	800	4,500	—
1911S	988,000	10.00	13.00	46.00	82.00	150	240	320	1,350	—
1912	4,400,700	8.00	9.00	14.00	27.00	46.00	125	245	740	1,450
1912S	708,000	22.00	28.00	65.00	90.00	110	185	350	1,700	—
1913	484,613	26.00	41.00	100	160	330	440	725	2,100	1,450
1913D	1,450,800	12.00	15.00	38.00	53.00	85.00	170	350	1,050	—
1913S	40,000	1,250	1,775	4,200	7,000	9,550	12,000	14,250	31,000	—
1914	6,244,610	8.00	9.00	14.00	27.00	46.00	125	245	740	1,450
1914D	3,046,000	8.00	9.00	14.00	27.00	46.00	125	245	740	—
1914S	264,000	125	165	375	550	800	1,100	1,550	7,000	—
1915	3,480,450	8.00	9.00	14.00	27.00	46.00	125	245	740	1,450
1915D	3,694,000	8.00	9.00	14.00	27.00	46.00	125	245	740	—
1915S	704,000	22.00	37.00	55.00	82.00	88.00	175	250	990	—
1916	1,788,000	8.00	9.00	14.00	27.00	46.00	125	245	740	—
1916D	6,540,800	8.00	9.00	14.00	27.00	46.00	125	245	740	—
1916D/D	Inc. above	12.00	16.00	21.00	32.00	59.00	148	280	—	—

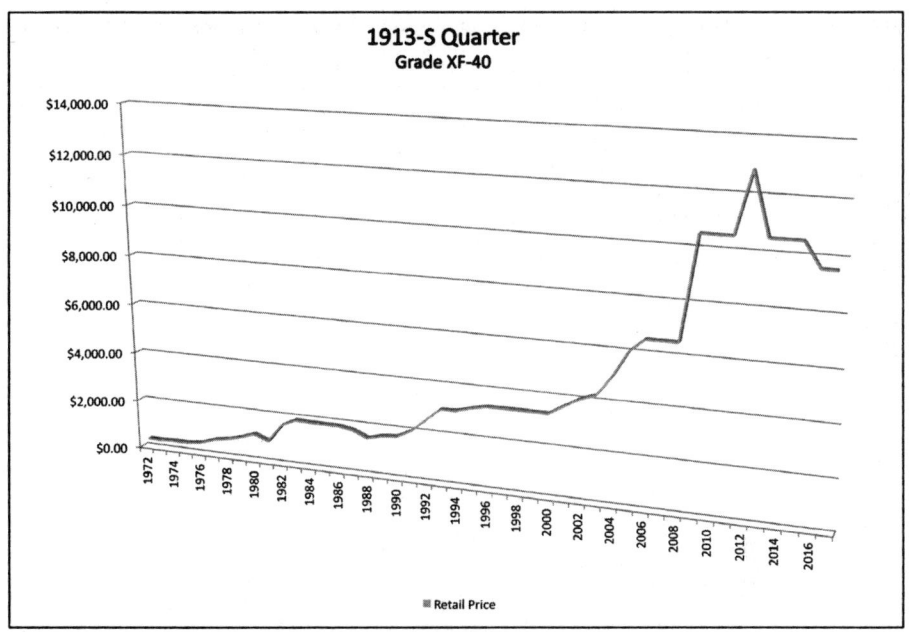

1913-S Quarter
Grade XF-40

■ Retail Price

Standing Liberty Quarter

Right breast exposed

KM# 141 • 6.25 g., 0.900 Silver 0.1808 oz. ASW, 24.3 mm. • **Designer:** Hermon A. MacNeil

Date	Mintage	G4	VG8	F12	VF20	XF40	AU50	MS60	MS65	65FH
1916	52,000	2,650	4,100	5,500	6,300	9,000	10,000	13,000	31,000	36,500
1917	8,792,000	18.00	38.00	55.00	80.00	110	165	205	330	850
1917D	1,509,200	19.00	55.00	80.00	115	175	210	275	750	1,650
1917S	1,952,000	22.00	62.00	95.00	130	180	250	300	1,000	3,200

Right breast covered   Mint mark

KM# 145 • 6.25 g., 0.900 Silver 0.1808 oz. ASW, 24.3 mm. • **Designer:** Hermon A. MacNeil

Date	Mintage	G4	VG8	F12	VF20	XF40	AU50	MS60	MS65	65FH
1917	13,880,000	16.00	35.00	46.00	55.00	88.00	115	175	515	900
1917D	6,224,400	32.00	35.00	77.00	100	135	180	235	1,400	3,350
1917S	5,522,000	29.00	36.00	80.00	100	130	175	225	950	3,650
1918	14,240,000	12.00	18.00	24.00	25.00	35.00	70.00	110	440	1,750
1918D	7,380,000	18.00	32.00	62.00	65.00	120	165	240	1,350	4,850
1918S	11,072,000	13.00	15.00	25.00	28.00	44.00	72.00	145	1,050	10,500
1918/17S	Inc. above	1,400	1,750	3,400	4,500	7,000	10,500	16,750	83,000	320,000
1919	11,324,000	26.00	40.00	53.00	60.00	71.00	100	150	440	1,275
1919D	1,944,000	60.00	80.00	180	345	530	685	900	4,000	37,500
1919S	1,836,000	55.00	80.00	145	325	450	650	1,030	6,500	31,500
1920	27,860,000	11.00	13.00	20.00	31.00	44.00	77.00	125	260	1,850
1920D	3,586,400	125	135	170	205	245	300	500	1,900	6,850
1920S	6,380,000	13.00	18.00	23.00	30.00	50.00	150	325	2,150	24,000
1921	1,916,000	130	150	330	560	700	975	1,450	2,900	5,500

QUARTER

Date	Mintage	G4	VG8	F12	VF20	XF40	AU50	MS60	MS65	65FH
1923	9,716,000	11.00	12.00	28.00	33.00	46.00	82.00	130	400	3,850
1923S	1,360,000	200	300	575	875	1,300	1,750	2,300	4,000	7,500
1924	10,920,000	11.00	13.00	19.00	30.00	40.00	95.00	160	300	1,550
1924D	3,112,000	40.00	50.00	88.00	115	160	200	255	440	4,350
1924S	2,860,000	20.00	25.00	37.00	50.00	105	190	260	1,800	5,650
1925	12,280,000	5.00	6.00	9.00	16.00	38.00	77.00	125	440	950
1926	11,316,000	5.00	6.00	9.00	16.00	38.00	77.00	125	425	1,650
1926D	1,716,000	5.00	15.00	21.00	40.00	80.00	115	150	425	25,000
1926S	2,700,000	5.00	6.00	10.00	16.00	80.00	175	400	2,750	26,000
1927	11,912,000	5.00	6.00	9.00	16.00	38.00	77.00	125	440	1,150
1927D	976,400	15.00	18.00	26.00	66.00	130	185	220	500	2,450
1927S	396,000	40.00	50.00	100	265	775	2,100	4,500	11,500	185,000
1928	6,336,000	5.00	6.00	9.00	16.00	38.00	77.00	125	440	1,850
1928D	1,627,600	5.00	6.00	9.00	16.00	38.00	77.00	125	440	4,950
1928S Large S	2,644,000	5.00	6.00	9.00	16.00	38.00	77.00	125	440	—
1928S Small S	Inc. above	5.00	6.00	9.00	16.00	38.00	77.00	125	440	900
1929	11,140,000	5.00	6.00	9.00	16.00	38.00	77.00	125	440	795
1929D	1,358,000	5.00	6.00	9.00	16.00	38.00	77.00	125	440	5,850
1929S	1,764,000	5.00	6.00	9.00	16.00	38.00	77.00	125	440	795
1930	5,632,000	5.00	6.00	9.00	16.00	38.00	77.00	125	440	795
1930S	1,556,000	5.00	7.00	9.00	16.00	38.00	77.00	125	440	845

Washington Quarter

Mint mark 1932-64

KM# 164 • 6.25 g., 0.900 Silver 0.1808 oz. ASW, 24.3 mm. • **Designer:** John Flanagan

Date	Mintage	G4	VG8	F12	VF20	XF40	AU50	MS60	MS65	PRF65
1932	5,404,000	6.00	7.00	8.00	9.00	10.50	16.00	27.00	200	—
1932D	436,800	80.00	95.00	115	130	160	350	1,025	11,000	—
1932S	408,000	80.00	90.00	105	120	155	240	400	2,800	—
1934 Medium Motto	31,912,052	5.00	6.00	7.00	8.00	8.50	9.00	20.00	90.00	—
1934 Heavy Motto	Inc. Above	6.00	7.00	9.00	12.50	15.00	25.00	45.00	225	—
1934 Light motto	Inc. Above	6.00	7.00	10.00	13.00	17.00	25.00	45.00	290	—
1934 Doubled Die Obverse	Inc. Above	60.00	80.00	140	180	290	410	800	3,000	—
1934D Medium Motto	3,527,200	5.00	6.00	10.00	17.00	25.00	90.00	200	500	—
1934D Heavy Motto	Inc. Above	5.00	7.50	12.50	20.00	30.00	100	240	1,000	—
1935	32,484,000	5.00	6.00	7.00	8.00	8.50	9.00	17.00	70.00	—
1935D	5,780,000	5.00	6.00	9.00	14.00	35.00	125	260	500	—
1935S	5,660,000	5.00	6.00	7.00	8.00	13.00	30.00	82.00	275	—
1936	41,303,837	5.00	6.00	7.00	8.00	8.50	10.00	22.00	85.00	1,550
1936D	5,374,000	5.00	8.00	9.00	31.00	60.00	285	530	870	—
1936S	3,828,000	5.00	6.00	7.00	15.00	20.00	48.00	92.00	245	—
1937	19,701,542	5.00	6.00	7.00	12.00	20.00	45.00	75.00	175	475
1937 Double Die Obverse	Inc. Above	95.00	140	250	350	600	800	1,650	8,000	—
1937D	7,189,600	5.00	6.00	7.00	9.00	14.00	40.00	60.00	135	—
1937S	1,652,000	5.00	6.00	8.00	19.00	38.00	125	195	405	—
1938	9,480,045	5.00	6.00	7.00	8.00	24.00	55.00	100	225	350
1938S	2,832,000	5.00	6.00	7.00	11.00	32.00	60.00	105	200	—
1939	33,548,795	5.00	6.00	7.00	12.00	14.00	15.00	22.00	65.00	250
1939D	7,092,000	5.00	6.00	7.00	12.00	18.00	24.00	41.00	115	—
1939S	2,628,000	5.00	6.00	7.00	10.00	30.00	55.00	105	275	—
1940	35,715,246	5.00	6.00	7.00	8.00	9.00	12.00	15.00	45.00	160
1940D	2,797,600	5.00	6.00	8.00	11.00	22.00	55.00	110	220	—
1940S	8,244,000	5.00	6.00	7.00	8.00	9.00	15.00	25.00	36.00	—
1941	79,047,287	—	—	—	—	—	8.00	9.00	30.00	175
1941 Double Die Obv.	Inc. Above	—	—	—	20.00	30.00	50.00	65.00	120	—
1941D	16,714,800	—	—	—	—	—	12.00	28.00	58.00	—
1941S	16,080,000	—	—	—	—	—	10.00	25.00	55.00	—
1941 Lg S	Inc. Above	—	4.00	8.00	10.00	15.00	40.00	85.00	300	—
1942	102,117,123	—	—	—	—	—	8.00	8.50	25.00	135
1942D	17,487,200	—	—	—	—	—	9.00	16.00	33.00	—
1942D Double Die Obv.	Inc. Above	—	75.00	190	390	575	1,000	1,800	4,000	—
1942D Double Die Rev.	Inc. Above	—	18.00	35.00	50.00	65.00	120	300	1,550	—

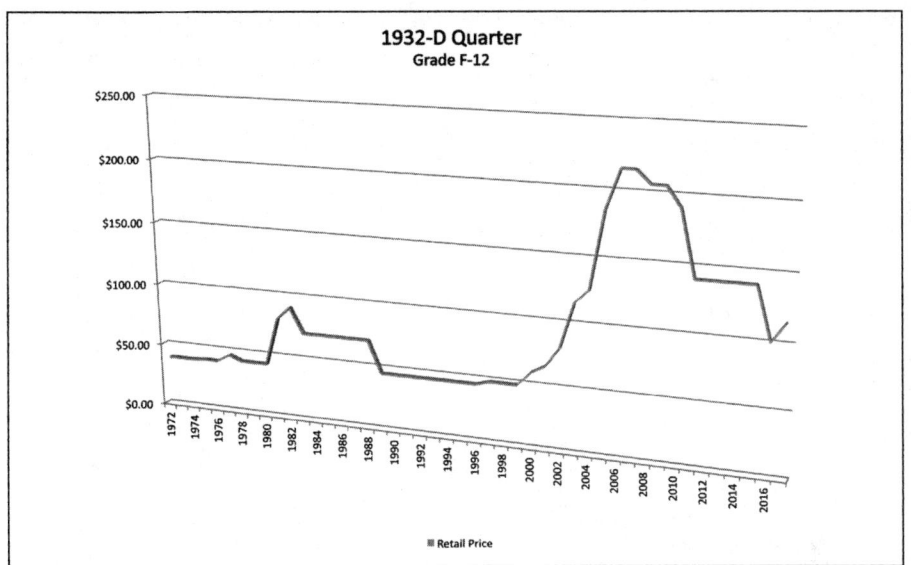

1932-D Quarter
Grade F-12

Retail Price

Date	Mintage	G4	VG8	F12	VF20	XF40	AU50	MS60	MS65	PRF65
1942S	19,384,000	—	—	—	—	—	19.00	63.00	110	—
1943	99,700,000	—	—	—	—	—	8.00	8.50	35.00	—
1943 Double Die Obv.	Inc. Above	—	7.00	15.00	25.00	40.00	60.00	145	380	—
1943D	16,095,600	—	—	—	—	—	14.00	25.00	44.00	—
1943S	21,700,000	—	—	—	—	—	11.00	23.00	45.00	—
1943S Double Die Obv.	Inc. Above	20.00	45.00	65.00	90.00	120	200	300	1,000	—
1943 Trumpet tail S	Inc. Above	6.00	12.00	18.00	30.00	45.00	80.00	140	500	—
1944	104,956,000	—	—	—	—	—	8.00	8.50	25.00	—
1944D	14,600,800	—	—	—	—	—	9.00	16.00	34.00	—
1944S	12,560,000	—	—	—	—	—	9.00	13.00	27.00	—
1945	74,372,000	—	—	—	—	—	8.00	8.50	30.00	—
1945D	12,341,600	—	—	—	—	—	11.00	16.00	33.00	—
1945S	17,004,001	—	—	—	—	—	8.00	9.00	28.00	—
1946	53,436,000	—	—	—	—	—	8.00	8.50	34.00	—
1946D	9,072,800	—	—	—	—	—	8.00	9.00	35.00	—
1946S	4,204,000	—	—	—	—	—	8.00	8.50	26.00	—
1947	22,556,000	—	—	—	—	—	8.00	9.00	28.00	—
1947D	15,338,400	—	—	—	—	—	8.00	9.00	32.00	—
1947S	5,532,000	—	—	—	—	—	8.00	9.00	20.00	—
1948	35,196,000	—	—	—	—	—	8.00	8.50	20.00	—
1948D	16,766,800	—	—	—	—	—	8.00	11.00	45.00	—
1948S	15,960,000	—	—	—	—	—	8.00	9.00	36.00	—
1949	9,312,000	—	—	—	—	—	13.00	31.00	60.00	—
1949D	10,068,400	—	—	—	—	—	10.00	15.00	33.00	—
1950	24,971,512	—	—	—	—	—	8.00	8.50	26.00	65.00
1950D	21,075,600	—	—	—	—	—	8.00	8.50	26.00	—
1950D/S	Inc. Above	18.00	21.00	30.00	49.00	120	185	215	3,300	—
1950S	10,284,004	—	—	—	—	—	8.00	8.50	26.00	—
1950S/D	Inc. Above	18.00	21.00	30.00	49.00	155	260	325	680	—
1950S/S	Inc. Above	6.00	7.00	8.00	10.00	—	18.00	35.00	135	—
1951	43,505,602	—	—	—	—	—	8.00	8.50	26.00	60.00
1951D	35,354,800	—	—	—	—	—	8.00	8.50	26.00	—
1951S	9,048,000	—	—	—	—	—	8.00	8.50	26.00	—
1952	38,862,073	—	—	—	—	—	8.00	8.50	26.00	46.00
1952D	49,795,200	—	—	—	—	—	8.00	8.50	26.00	—
1952S	13,707,800	—	—	—	—	—	8.00	8.50	26.00	—
1953	18,664,920	—	—	—	—	—	8.00	8.50	26.00	44.00
1953D	56,112,400	—	—	—	—	—	8.00	8.50	26.00	—
1953S	14,016,000	—	—	—	—	—	8.00	8.50	26.00	—
1954	54,645,503	—	—	—	—	—	8.00	8.50	26.00	18.00
1954D	42,305,500	—	—	—	—	—	8.00	8.50	26.00	—
1954S	11,834,722	—	—	—	—	—	8.00	8.50	26.00	—
1955	18,558,381	—	—	—	—	—	8.00	8.50	26.00	22.00
1955D	3,182,400	—	—	—	—	—	8.00	8.50	26.00	—
1956	44,813,384	—	—	—	—	—	8.00	8.50	26.00	15.00
1956 Double Bar 5	Inc. Above	—	5.60	5.70	5.80	6.50	9.00	20.00	125	—
1956 Type B rev, proof rev die	Inc. Above	—	—	8.00	12.00	18.00	25.00	35.00	275	—

Date	Mintage	G4	VG8	F12	VF20	XF40	AU50	MS60	MS65	PRF65
1956D	32,334,500	—	—	—	—	—	8.00	8.50	26.00	—
1957	47,779,952	—	—	—	—	—	8.00	8.50	26.00	15.00
1957 Type B rev, proof rev die	Inc. Above	—	—	—	5.60	10.00	20.00	40.00	125	—
1957D	77,924,160	—	—	—	—	—	8.00	8.50	26.00	—
1958	7,235,652	—	—	—	—	—	8.00	8.50	26.00	15.00
1958 Type B rev, proof rev die	Inc. Above	—	—	—	5.60	10.00	16.00	24.00	90.00	—
1958D	78,124,900	—	—	—	—	—	8.00	8.50	26.00	—
1959	25,533,291	—	—	—	—	—	8.00	8.50	26.00	15.00
1959 Type B rev, proof rev die	Inc. Above	—	—	—	5.80	8.00	12.00	18.00	65.00	—
1959D	62,054,232	—	—	—	—	—	8.00	8.50	26.00	—
1960	30,855,602	—	—	—	—	—	8.00	8.50	26.00	15.00
1960 Type B rev, proof rev die	Inc. Above	—	—	—	5.10	10.00	16.00	24.00	90.00	—
1960D	63,000,324	—	—	—	—	—	8.00	8.50	26.00	—
1961	40,064,244	—	—	—	—	—	8.00	8.50	26.00	15.00
1961 Type B rev, proof rev die	Inc. Above	—	—	—	5.80	10.00	14.00	20.00	200	—
1961D	83,656,928	—	—	—	—	—	8.00	8.50	26.00	—
1962	39,374,019	—	—	—	—	—	8.00	8.50	26.00	15.00
1962 Type B rev, proof rev die	Inc. Above	—	—	—	8.00	12.00	15.00	30.00	175	—
1962D	127,554,756	—	—	—	—	—	8.00	8.50	26.00	—
1963	77,391,645	—	—	—	—	—	8.00	8.50	26.00	15.00
1963 Type B rev, proof rev die	Inc. Above	—	—	—	5.80	5.90	8.00	15.00	50.00	—
1963D	135,288,184	—	—	—	—	—	8.00	8.50	26.00	—
1964	564,341,347	—	—	—	—	—	8.00	8.50	26.00	15.00
1964 Type B rev, proof rev die	Inc. Above	—	—	—	5.80	9.00	10.00	18.00	75.00	—
1964 SMS	Inc. Above	—	—	—	—	—	250	750	1,400	—
1964D	704,135,528	—	—	—	—	—	8.00	8.50	26.00	—
1964D Type C rev, clad rev die	Inc. Above	—	—	—	40.00	55.00	75.00	125	450	—

KM# 164a • 5.67 g., Copper-Nickel Clad Copper, 24.3 mm. • **Designer:** John Flanagan

Date	Mintage	MS65	PRF65
1965	1,819,717,540	10.00	—
1965 SMS	2,360,000	9.00	—
1966	821,101,500	7.50	—
1966 SMS	2,261,583	9.00	—
1967	1,524,031,848	10.00	—
1967 SMS	1,863,344	9.00	—
1968	220,731,500	10.00	—
1968D	101,534,000	7.00	—
1968S	3,041,506	—	2.00
1969	176,212,000	14.00	—
1969D	114,372,000	8.00	—
1969S	2,934,631	—	2.25
1970	136,420,000	12.00	—
1970D	417,341,364	6.00	—
1970S	2,632,810	—	2.00
1971	109,284,000	12.00	—
1971D	258,634,428	6.00	—
1971S	3,220,733	—	2.00
1972	215,048,000	7.50	—
1972D	311,067,732	6.00	—
1972S	3,260,996	—	2.00
1973	346,924,000	8.00	—
1973D	232,977,400	7.00	—
1973S	2,760,339	—	1.75
1974	801,456,000	6.00	—
1974D	353,160,300	8.00	—
1974S	2,612,568	—	2.10
1975 none minted	—	—	—
1975D none minted	—	—	—
1975S none minted	—	—	—

Colonial drummer, torch at top left within ring of stars reverse

KM# 204 • 5.67 g., Copper-Nickel Clad Copper, 24.3 mm. • **Rev. Designer:** Jack L. Ahr

Date	Mintage	MS60	MS65	PF65
1976	809,784,016	0.50	7.00	—
1976D	860,118,839	0.50	8.00	—
1976S	4,149,730	—	—	3.25

Bicentennial design, drummer boy reverse

KM# 204a • 5.75 g., Silver Clad, 24.3 mm. • **Rev. Designer:** Jack L. Ahr

Date	Mintage	MS60	MS65	PF65
1976S	4,908,319	1.85	6.00	—
1976S	3,998,621	1.85	6.00	4.50

Eagle, regular design resumed reverse

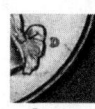

KM# A164a • 5.67 g., Copper-Nickel Clad Copper, 24.3 mm. • **Edge:** Reeded **Note:** KM#164 design and composition resumed. The 1979-S and 1981 Type II proofs have clearer mint marks than the Type I proofs for those years.

Date	Mintage	MS65	PRF65
1977	468,556,000	7.50	—
1977D	256,524,978	8.00	—
1977S	3,251,152	—	2.75
1978	521,452,000	6.00	—
1978D	287,373,152	7.00	—
1978S	3,127,781	—	2.75
1979	515,708,000	8.00	—

Date	Mintage	MS65	PRF65
1979D	489,789,780	7.00	—
1979S T-I	3,677,175	—	2.50
1979S T-II	Inc. above	—	4.00
1980P	635,832,000	8.00	—
1980D	518,327,487	8.50	—
1980S	3,554,806	—	2.75
1981P	601,716,000	7.50	—
1981D	575,722,833	6.50	—
1981S T-I	4,063,083	—	2.75
1981S T-II	Inc. above	—	7.50
1982P	500,931,000	28.00	—
1982D	480,042,788	15.00	—
1982S	3,857,479	—	4.00
1983P	673,535,000	50.00	—
1983D	617,806,446	30.00	—
1983S	3,279,126	—	3.00
1984P	676,545,000	14.50	—
1984D	546,483,064	12.50	—
1984S	3,065,110	—	3.00
1985P	775,818,962	12.50	—
1985D	519,962,888	10.00	—
1985S	3,362,821	—	3.00
1986P	551,199,333	11.00	—
1986D	504,298,660	15.00	—
1986S	3,010,497	—	3.00
1987P	582,499,481	10.50	—
1987D	655,594,696	8.50	—
1987S	4,227,728	—	3.00
1988P	562,052,000	10.00	—
1988D	596,810,688	7.50	—
1988S	3,262,948	—	3.00
1989P	512,868,000	16.00	—
1989D	896,535,597	7.50	—
1989S	3,220,194	—	3.00
1990P	613,792,000	12.00	—
1990D	927,638,181	6.00	—
1990S	3,299,559	—	4.50
1991P	570,968,000	10.00	—
1991D	630,966,693	12.00	—
1991S	2,867,787	—	3.00
1992P	384,764,000	20.00	—
1992D	389,777,107	12.00	—
1992S	2,858,981	—	3.00
1993P	639,276,000	7.50	—
1993D	645,476,128	8.50	—
1993S	2,633,439	—	3.00
1994P	825,600,000	8.00	—
1994D	880,034,110	8.00	—
1994S	2,484,594	—	3.00
1995P	1,004,336,000	7.50	—
1995D	1,103,216,000	6.50	—
1995S	2,117,496	—	6.00
1996P	925,040,000	7.50	—
1996D	906,868,000	11.00	—
1996S	1,750,244	—	4.00
1997P	595,740,000	22.50	—
1997D	599,680,000	17.00	—
1997S	2,055,000	—	9.00
1998P	896,268,000	14.00	—
1998D	821,000,000	18.00	—
1998S	2,086,507	—	9.00

KM# A164b • 6.25 g., 0.900 Silver 0.1808 oz. ASW, 24.3 mm. •

Date	Mintage	MS65	PRF65
1992S	1,317,579	—	6.80
1993S	761,353	6.80	—
1994S	785,329	8.00	—
1995S	838,953	—	8.00
1996S	775,021	—	—

Date	Mintage	MS65	PRF65
1997S	741,678	—	8.00
1998S	878,792	—	6.80

50 State Quarters

Delaware

KM# 293 • 5.67 g., Copper-Nickel Clad Copper, 24.3 mm.

Date	Mintage	MS63	MS65	PRF65
1999P	373,400,000	1.00	5.00	—
1999D	401,424,000	1.00	7.00	—
1999S	3,713,359	—	—	3.50

KM# 293a • 6.25 g., 0.900 Silver, 0.1808 oz. ASW 24.3 mm.

Date	Mintage	MS63	MS65	PRF65
1999S	804,565	—	—	20.00

Pennsylvania

KM# 294 • 5.67 g., Copper-Nickel Clad Copper, 24.3 mm.

Date	Mintage	MS63	MS65	PRF65
1999P	349,000,000	1.00	5.00	—
1999D	358,332,000	1.00	4.00	—
1999S	3,713,359	—	—	3.50

KM# 294a • 6.25 g., 0.900 Silver, 0.1808 oz. ASW 24.3 mm.

Date	Mintage	MS63	MS65	PRF65
1999S	804,565	—	—	20.00

New Jersey

KM# 295 • 5.67 g., Copper-Nickel Clad Copper, 24.3 mm.

Date	Mintage	MS63	MS65	PRF65
1999P	363,200,000	1.00	5.00	—
1999D	299,028,000	1.00	4.00	—
1999S	3,713,359	—	—	3.50

KM# 295a • 6.25 g., 0.900 Silver, 0.1808 oz. ASW 24.3 mm.

Date	Mintage	MS63	MS65	PRF65
1999S	804,565	—	—	20.00

QUARTER

Georgia

KM# 296 • 5.67 g., Copper-Nickel Clad Copper, 24.3 mm.

Date	Mintage	MS63	MS65	PRF65
1999P	451,188,000	1.00	4.50	—
1999D	488,744,000	1.00	4.50	—
1999S	3,713,359	—	—	3.50

KM# 296a • 6.25 g., 0.900 Silver, 0.1808 oz. ASW 24.3 mm.

Date	Mintage	MS63	MS65	PRF65
1999S	804,565	—	—	20.00

Connecticut

KM# 297 • 5.67 g., Copper-Nickel Clad Copper, 24.3 mm.

Date	Mintage	MS63	MS65	PRF65
1999P	688,744,000	0.80	6.00	—
1999D	657,480,000	0.80	5.00	—
1999S	3,713,359	—	—	3.50

KM# 297a • 6.25 g., 0.900 Silver, 0.1808 oz. ASW 24.3 mm.

Date	Mintage	MS63	MS65	PRF65
1999S	804,565	—	—	20.00

Massachusetts

KM# 305 • 5.67 g., Copper-Nickel Clad Copper, 24.3 mm.

Date	Mintage	MS63	MS65	PRF65
2000P	629,800,000	0.80	7.00	—
2000D	535,184,000	0.80	8.00	—
2000S	4,078,747	—	—	3.00

KM# 305a • 6.25 g., 0.900 Silver, 0.1808 oz. ASW 24.3 mm.

Date	Mintage	MS63	MS65	PRF65
2000S	965,921	—	—	9.00

Maryland

KM# 306 • 5.67 g., Copper-Nickel Clad Copper, 24.3 mm.

Date	Mintage	MS63	MS65	PRF65
2000P	678,200,000	0.80	6.00	—
2000D	556,526,000	0.80	6.00	—
2000S	4,078,747	—	—	3.00

KM# 306a • 6.25 g., 0.900 Silver, 0.1808 oz. ASW 24.3 mm.

Date	Mintage	MS63	MS65	PRF65
2000S	965,921	—	—	9.00

South Carolina

KM# 307 • 5.67 g., Copper-Nickel Clad Copper, 24.3 mm.

Date	Mintage	MS63	MS65	PRF65
2000P	742,756,000	0.80	6.00	—
2000D	566,208,000	0.80	9.00	—
2000S	4,078,747	—	—	3.00

KM# 307a • 6.25 g., 0.900 Silver, 0.1808 oz. ASW 24.3 mm.

Date	Mintage	MS63	MS65	PRF65
2000S	965,921	—	—	9.00

New Hampshire

KM# 308 • 5.67 g., Copper-Nickel Clad Copper, 24.3 mm.

Date	Mintage	MS63	MS65	PRF65
2000P	673,040,000	0.80	8.00	—
2000D	495,976,000	0.80	9.00	—
2000S	4,078,747	—	—	3.00

KM# 308a • 6.25 g., 0.900 Silver, 0.1808 oz. ASW 24.3 mm.

Date	Mintage	MS63	MS65	PRF65
2000S	965,921	—	—	9.00

Virginia

KM# 309 • 5.67 g., Copper-Nickel Clad Copper, 24.3 mm.

Date	Mintage	MS63	MS65	PRF65
2000P	943,000,000	0.80	6.50	—
2000D	651,616,000	0.80	6.50	—
2000S	4,078,747	—	—	3.00

KM# 309a • 6.25 g., 0.900 Silver, 0.1808 oz. ASW 24.3 mm.

Date	Mintage	MS63	MS65	PRF65
2000S	965,921	—	—	9.50

New York

KM# 318 • 5.67 g., Copper-Nickel Clad Copper, 24.3 mm.

Date	Mintage	MS63	MS65	PRF65
2001P	655,400,000	0.80	5.50	—
2001D	619,640,000	0.80	5.50	—
2001S	3,094,140	—	—	4.00

KM# 318a • 6.25 g., 0.900 Silver, 0.1808 oz. ASW 24.3 mm.

Date	Mintage	MS63	MS65	PRF65
2001S	889,697	—	—	9.50

North Carolina

KM# 319 • 5.67 g., Copper-Nickel Clad Copper, 24.3 mm.

Date	Mintage	MS63	MS65	PRF65
2001P	627,600,000	1.00	5.50	—
2001D	427,876,000	1.00	6.50	—
2001S	3,094,140	—	—	4.00

KM# 319a • 6.25 g., 0.900 Silver, 0.1808 oz. ASW 24.3 mm.

Date	Mintage	MS63	MS65	PRF65
2001S	889,697	—	—	9.50

Rhode Island

KM# 320 • 5.67 g., Copper-Nickel Clad Copper, 24.3 mm.

Date	Mintage	MS63	MS65	PRF65
2001P	423,000,000	0.80	5.50	—
2001D	447,100,000	0.80	6.00	—
2001S	3,094,140	—	—	4.00

KM# 320a • 6.25 g., 0.900 Silver, 0.1808 oz. ASW 24.3 mm.

Date	Mintage	MS63	MS65	PRF65
2001S	889,697	—	—	9.50

Vermont

KM# 321 • 5.67 g., Copper-Nickel Clad Copper, 24.3 mm.

Date	Mintage	MS63	MS65	PRF65
2001P	423,400,000	0.80	6.50	—
2001D	459,404,000	0.80	6.50	—
2001S	3,094,140	—	—	4.00

KM# 321a • 6.25 g., 0.900 Silver, 0.1808 oz. ASW 24.3 mm.

Date	Mintage	MS63	MS65	PRF65
2001S	889,697	—	—	9.50

Kentucky

KM# 322 • 5.67 g., Copper-Nickel Clad Copper, 24.3 mm.

Date	Mintage	MS63	MS65	PRF65
2001P	353,000,000	1.00	6.50	—
2001D	370,564,000	1.00	7.00	—
2001S	3,094,140	—	—	4.00

KM# 322a • 6.25 g., 0.900 Silver, 0.1808 oz. ASW 24.3 mm.

Date	Mintage	MS63	MS65	PRF65
2001S	889,697	—	—	9.50

QUARTER

Tennessee

KM# 331 • 5.67 g., Copper-Nickel Clad Copper, 24.3 mm.

Date	Mintage	MS63	MS65	PRF65
2002P	361,600,000	1.40	6.50	—
2002D	286,468,000	1.40	7.00	—
2002S	3,084,245	—	—	2.30

KM# 331a • 6.25 g., 0.900 Silver, 0.1808 oz. ASW 24.3 mm.

Date	Mintage	MS63	MS65	PRF65
2002S	892,229	—	—	8.50

Ohio

KM# 332 • 5.67 g., Copper-Nickel Clad Copper, 24.3 mm.

Date	Mintage	MS63	MS65	PRF65
2002P	217,200,000	0.80	5.50	—
2002D	414,832,000	0.80	5.50	—
2002S	3,084,245	—	—	2.30

KM# 332a • 6.25 g., 0.900 Silver, 0.1808 oz. ASW 24.3 mm.

Date	Mintage	MS63	MS65	PRF65
2002S	892,229	—	—	8.50

Louisiana

KM# 333 • 5.67 g., Copper-Nickel Clad Copper, 24.3 mm.

Date	Mintage	MS63	MS65	PRF65
2002P	362,000,000	0.80	5.50	—
2002D	402,204,000	0.80	6.00	—
2002S	3,084,245	—	—	2.30

KM# 333a • 6.25 g., 0.900 Silver, 0.1808 oz. ASW 24.3 mm.

Date	Mintage	MS63	MS65	PRF65
2002S	892,229	—	—	8.50

Indiana

KM# 334 • 5.67 g., Copper-Nickel Clad Copper, 24.3 mm.

Date	Mintage	MS63	MS65	PRF65
2002P	362,600,000	0.80	5.00	—
2002D	327,200,000	0.80	5.00	—
2002S	3,084,245	—	—	2.30

KM# 334a • 6.25 g., 0.900 Silver, 0.1808 oz. ASW 24.3 mm.

Date	Mintage	MS63	MS65	PRF65
2002S	892,229	—	—	8.50

Mississippi

KM# 335 • 5.67 g., Copper-Nickel Clad Copper, 24.3 mm.

Date	Mintage	MS63	MS65	PRF65
2002P	290,000,000	0.80	5.00	—
2002D	289,600,000	0.80	5.00	—
2002S	3,084,245	—	—	2.30

KM# 335a • 6.25 g., 0.900 Silver, 0.1808 oz. ASW 24.3 mm.

Date	Mintage	MS63	MS65	PRF65
2002S	892,229	—	—	8.50

Illinois

KM# 343 • 5.67 g., Copper-Nickel Clad Copper, 24.3 mm.

Date	Mintage	MS63	MS65	PRF65
2003P	225,800,000	1.10	5.00	—
2003D	237,400,000	1.10	5.00	—
2003S	3,408,516	—	—	2.30

KM# 343a • 6.25 g., 0.900 Silver, 0.1808 oz. ASW 24.3 mm.

Date	Mintage	MS63	MS65	PRF65
2003S	1,257,555	—	—	8.50

QUARTER

Alabama

KM# 344 • 5.67 g., Copper-Nickel Clad Copper, 24.3 mm.

Date	Mintage	MS63	MS65	PRF65
2003P	225,000,000	0.65	5.00	—
2003D	232,400,000	0.65	5.00	—
2003S	3,408,516	—	—	2.30

KM# 344a • 6.25 g., 0.900 Silver, 0.1808 oz. ASW 24.3 mm.

Date	Mintage	MS63	MS65	PRF65
2003S	1,257,555	—	—	8.50

Maine

KM# 345 • 5.67 g., Copper-Nickel Clad Copper, 24.3 mm.

Date	Mintage	MS63	MS65	PRF65
2003P	217,400,000	0.65	5.00	—
2003D	213,400,000	0.65	5.00	—
2003S	3,408,516	—	—	2.30

KM# 345a • 6.25 g., 0.900 Silver, 0.1808 oz. ASW 24.3 mm.

Date	Mintage	MS63	MS65	PRF65
2003S	1,257,555	—	—	8.50

Missouri

KM# 346 • 5.67 g., Copper-Nickel Clad Copper, 24.3 mm.

Date	Mintage	MS63	MS65	PRF65
2003P	225,000,000	0.65	5.00	—
2003D	228,200,000	0.65	5.00	—
2003S	3,408,516	—	—	2.30

KM# 346a • 6.25 g., 0.900 Silver, 0.1808 oz. ASW 24.3 mm.

Date	Mintage	MS63	MS65	PRF65
2003S	1,257,555	—	—	8.50

Arkansas

KM# 347 • 5.67 g., Copper-Nickel Clad Copper, 24.3 mm.

Date	Mintage	MS63	MS65	PRF65
2003P	228,000,000	0.65	5.00	—
2003D	229,800,000	0.65	5.00	—
2003S	3,408,516	—	—	2.30

KM# 347a • 6.25 g., 0.900 Silver, 0.1808 oz. ASW 24.3 mm.

Date	Mintage	MS63	MS65	PRF65
2003S	1,257,555	—	—	8.50

Michigan

KM# 355 • 5.67 g., Copper-Nickel Clad Copper, 24.3 mm.

Date	Mintage	MS63	MS65	PRF65
2004P	233,800,000	0.65	5.00	—
2004D	225,800,000	0.65	5.00	—
2004S	2,740,684	—	—	2.30

KM# 355a • 6.25 g., 0.900 Silver, 0.1808 oz. ASW 24.3 mm.

Date	Mintage	MS63	MS65	PRF65
2004S	1,781,810	—	—	8.50

Florida

KM# 356 • 5.67 g., Copper-Nickel Clad Copper, 24.3 mm.

Date	Mintage	MS63	MS65	PRF65
2004P	240,200,000	0.65	5.00	—
2004D	241,600,000	0.65	5.00	—
2004S	2,740,684	—	—	2.30

KM# 356a • 6.25 g., 0.900 Silver, 0.1808 oz. ASW 24.3 mm.

Date	Mintage	MS63	MS65	PRF65
2004S	1,781,810	—	—	8.50

Texas

KM# 357 • 5.67 g., Copper-Nickel Clad Copper, 24.3 mm.

Date	Mintage	MS63	MS65	PRF65
2004P	278,800,000	0.65	5.00	—
2004D	263,000,000	0.65	5.00	—
2004S	2,740,684	—	—	2.30

KM# 357a • 6.25 g., 0.900 Silver, 0.1808 oz. ASW 24.3 mm.

Date	Mintage	MS63	MS65	PRF65
2004S	1,781,810	—	—	8.50

Iowa

KM# 358 • 5.67 g., Copper-Nickel Clad Copper, 24.3 mm.

Date	Mintage	MS63	MS65	PRF65
2004P	213,800,000	0.65	5.00	—
2004D	251,800,000	0.65	5.00	—
2004S	2,740,684	—	—	2.30

KM# 358a • 6.25 g., 0.900 Silver, 0.1808 oz. ASW 24.3 mm.

Date	Mintage	MS63	MS65	PRF65
2004S	1,781,810	—	—	8.50

Wisconsin

KM# 359 • 5.67 g., Copper-Nickel Clad Copper, 24.3 mm.

Date	Mintage	MS63	MS65	PRF65
2004P	226,400,000	0.65	5.00	—
2004D	226,800,000	0.65	5.00	—
2004D Extra Leaf Low	Est. 9000	135	190	—
2004D Extra Leaf High	Est. 3000	175	285	—
2004S	2,740,684	—	—	2.30

KM# 359a • 6.25 g., 0.900 Silver, 0.1808 oz. ASW 24.3 mm.

Date	Mintage	MS63	MS65	PRF65
2004S	1,781,810	—	—	8.50

California

KM# 370 • 5.67 g., Copper-Nickel Clad Copper, 24.3 mm.

Date	Mintage	MS63	MS65	PRF65
2005P	257,200,000	0.65	5.00	—
2005P Satin Finish	1,160,000	1.50	4.50	—
2005D	263,200,000	0.65	5.00	—
2005D Satin Finish	1,160,000	1.50	4.50	—
2005S	3,262,960	—	—	2.30

KM# 370a • 6.25 g., 0.900 Silver, 0.1808 oz. ASW 24.3 mm.

Date	Mintage	MS63	MS65	PRF65
2005S	1,679,600	—	—	8.50

Minnesota

KM# 371 • 5.67 g., Copper-Nickel Clad Copper, 24.3 mm.

Date	Mintage	MS63	MS65	PRF65
2005P	226,400,000	0.65	5.00	—

Date	Mintage	MS63	MS65	PRF65
2005P Satin Finish	1,160,000	1.50	4.50	—
2005D	226,800,000	0.65	5.00	—
2005D Satin Finish	1,160,000	1.50	4.50	—
2005S	3,262,960	—	—	2.30

KM# 371a • 6.25 g., 0.900 Silver, 0.1808 oz. ASW 24.3 mm.

Date	Mintage	MS63	MS65	PRF65
2005S	1,679,600	—	—	8.50

Oregon

KM# 372 • 5.67 g., Copper-Nickel Clad Copper, 24.3 mm.

Date	Mintage	MS63	MS65	PRF65
2005P	316,200,000	0.65	5.00	—
2005P Satin Finish	1,160,000	1.50	4.50	—
2005D	404,000,000	0.65	5.00	—
2005D Satin Finish	1,160,000	1.50	4.50	—
2005S	3,262,960	—	—	2.30

KM# 372a • 6.25 g., 0.900 Silver, 0.1808 oz. ASW 24.3 mm.

Date	Mintage	MS63	MS65	PRF65
2005S	1,679,600	—	—	8.50

Kansas

KM# 373 • 5.67 g., Copper-Nickel Clad Copper, 24.3 mm.

Date	Mintage	MS63	MS65	PRF65
2005P	263,400,000	0.65	5.00	—
2005P Satin Finish	1,160,000	1.50	4.50	—
2005D	300,000,000	0.65	5.00	—
2005D Satin Finish	1,160,000	1.50	4.50	—
2005S	3,262,960	—	—	2.30

KM# 373a • 6.25 g., 0.900 Silver, 0.1808 oz. ASW 24.3 mm.

Date	Mintage	MS63	MS65	PRF65
2005S	1,679,600	—	—	8.50

West Virginia

KM# 374 • 5.67 g., Copper-Nickel Clad Copper, 24.3 mm.

Date	Mintage	MS63	MS65	PRF65
2005P	365,400,000	0.65	5.00	—

Date	Mintage	MS63	MS65	PRF65
2005P Satin Finish	1,160,000	1.50	4.50	—
2005D	356,200,000	0.65	5.00	—
2005D Satin Finish	1,160,000	1.50	4.50	—
2005S	3,262,960	—	—	2.30

KM# 374a • 6.25 g., 0.900 Silver, 0.1808 oz. ASW 24.3 mm.

Date	Mintage	MS63	MS65	PRF65
2005S	1,679,600	—	—	8.50

Nevada

KM# 382 • 5.67 g., Copper-Nickel Clad Copper, 24.3 mm.

Date	Mintage	MS63	MS65	PRF65
2006P	277,000,000	0.65	5.00	—
2006P Satin Finish	847,361	1.50	4.50	—
2006D	312,800,000	0.65	5.00	—
2006D Satin Finish	847,361	1.50	4.50	—
2006S	2,862,078	—	—	2.30

KM# 382a • 6.25 g., 0.900 Silver, 0.1808 oz. ASW 24.3 mm.

Date	Mintage	MS63	MS65	PRF65
2006S	1,571,839	—	—	8.50

Nebraska

KM# 383 • 5.67 g., Copper-Nickel Clad Copper, 24.3 mm.

Date	Mintage	MS63	MS65	PRF65
2006P	318,000,000	0.65	5.00	—
2006P Satin Finish	847,361	1.50	4.50	—
2006D	273,000,000	0.65	5.00	—
2006D Satin Finish	847,361	1.50	4.50	—
2006S	2,862,078	—	—	2.30

KM# 383a • 6.25 g., 0.900 Silver, 0.1808 oz. ASW 24.3 mm.

Date	Mintage	MS63	MS65	PRF65
2006S	1,571,839	—	—	8.50

Colorado

KM# 384 • 5.67 g., Copper-Nickel Clad Copper, 24.3 mm.

Date	Mintage	MS63	MS65	PRF65
2006P	274,800,000	0.65	5.00	—

QUARTER

Date	Mintage	MS63	MS65	PRF65
2006P Satin Finish	847,361	1.50	4.50	—
2006D	294,200,000	0.65	5.00	—
2006D Satin Finish	847,361	1.50	4.50	—
2006S	2,862,078	—	—	2.30

KM# 384a • 6.25 g., 0.900 Silver, 0.1808 oz. ASW 24.3 mm.

Date	Mintage	MS63	MS65	PRF65
2006S	1,571,839	—	—	8.50

North Dakota

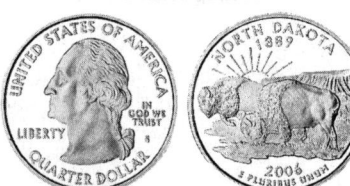

KM# 385 • 5.67 g., Copper-Nickel Clad Copper, 24.3 mm.

Date	Mintage	MS63	MS65	PRF65
2006P	305,800,000	0.65	5.00	—
2006P Satin Finish	847,361	1.50	4.50	—
2006D	359,000,000	0.65	5.00	—
2006D Satin Finish	847,361	1.50	4.50	—
2006S	2,862,078	—	—	2.30

KM# 385a • 6.25 g., 0.900 Silver, 0.1808 oz. ASW 24.3 mm.

Date	Mintage	MS63	MS65	PRF65
2006S	1,571,839	—	—	8.50

South Dakota

KM# 386 • 5.67 g., Copper-Nickel Clad Copper, 24.3 mm.

Date	Mintage	MS63	MS65	PRF65
2006P	245,000,000	0.65	5.00	—
2006P Satin Finish	847,361	1.50	4.50	—
2006D	265,800,000	0.65	5.00	—
2006D Satin Finish	847,361	1.50	4.50	—
2006S	2,862,078	—	—	2.30

KM# 386a • 6.25 g., 0.900 Silver, 0.1808 oz. ASW 24.3 mm.

Date	Mintage	MS63	MS65	PRF65
2006S	1,571,839	—	—	8.50

Montana

KM# 396 • 5.67 g., Copper-Nickel Clad Copper, 24.3 mm.

Date	Mintage	MS63	MS65	PRF65
2007P	257,000,000	0.65	5.00	—

Date	Mintage	MS63	MS65	PRF65
2007P Satin Finish	895,628	1.50	4.50	—
2007D	256,240,000	0.65	5.00	—
2007D Satin Finish	895,628	1.50	4.50	—
2007S	2,374,778	—	—	2.30

KM# 396a • 6.25 g., 0.900 Silver, 0.1808 oz. ASW 24.3 mm.

Date	Mintage	MS63	MS65	PRF65
2007S	1,299,878	—	—	8.50

Washington

KM# 397 • 5.67 g., Copper-Nickel Clad Copper, 24.3 mm.

Date	Mintage	MS63	MS65	PRF65
2007P	265,200,000	0.65	5.00	—
2007P Satin Finish	895,628	1.50	4.50	—
2007D	280,000,000	0.65	5.00	—
2007D Satin Finish	895,628	1.50	4.50	—
2007S	2,374,778	—	—	2.30

KM# 397a • 6.25 g., 0.900 Silver, 0.1808 oz. ASW 24.3 mm.

Date	Mintage	MS63	MS65	PRF65
2007S	1,299,878	—	—	8.50

Idaho

KM# 398 • 5.67 g., Copper-Nickel Clad Copper, 24.3 mm.

Date	Mintage	MS63	MS65	PRF65
2007P	294,600,000	0.65	5.00	—
2007P Satin finish	895,628	1.50	4.50	—
2007D	286,800,000	0.65	5.00	—
2007D Satin finish	895,628	1.50	4.50	—
2007S	2,374,778	—	—	2.30

KM# 398a • 6.25 g., 0.900 Silver, 0.1808 oz. ASW 24.3 mm.

Date	Mintage	MS63	MS65	PRF65
2007S	1,299,878	—	—	8.50

Wyoming

KM# 399 • 5.67 g., Copper-Nickel Clad Copper, 24.3 mm.

Date	Mintage	MS63	MS65	PRF65
2007P	243,600,000	0.65	5.00	—

QUARTER

Date	Mintage	MS63	MS65	PRF65
2007P Satin finish	895,628	1.50	4.50	—
2007D	320,800,000	0.65	5.00	—
2007 Satin finish	895,628	1.50	4.50	—
2007S	2,374,778	—	—	2.30

KM# 399a • 6.25 g., 0.900 Silver, 0.1808 oz. ASW 24.3 mm.

Date	Mintage	MS63	MS65	PRF65
2007S	1,299,878	—	—	8.50

Utah

KM# 400 • 5.67 g., Copper-Nickel Clad Copper, 24.3 mm.

Date	Mintage	MS63	MS65	PRF65
2007P	255,000,000	0.65	5.00	—
2007P Satin finish	895,628	1.50	4.50	—
2007D	253,200,000	0.65	5.00	—
2007D Satin finish	895,628	1.50	4.50	—
2007S	2,374,778	—	—	2.30

KM# 400a • 6.25 g., 0.900 Silver, 0.1808 oz. ASW

Date	Mintage	MS63	MS65	PRF65
2007S	1,299,878	—	—	8.50

Oklahoma

KM# 421 • 5.67 g., Copper-Nickel Clad Copper, 24.3 mm.

Date	Mintage	MS63	MS65	PRF65
2008P	222,000,000	0.65	5.00	—
2008P Satin finish	745,464	1.50	4.50	—
2008D	194,600,000	0.65	5.00	—
2008D Satin finish	745,464	1.50	4.50	—
2008S	2,100,000	—	—	2.30

KM# 421a • 6.25 g., 0.900 Silver, 0.1808 oz. ASW 24.3 mm.

Date	Mintage	MS63	MS65	PRF65
2008S	1,200,000	—	—	8.50

New Mexico

KM# 422 • 5.67 g., Copper-Nickel Clad Copper, 24.3 mm.

Date	Mintage	MS63	MS65	PRF65
2008P	244,200,000	0.65	5.00	—

Date	Mintage	MS63	MS65	PRF65
2008P Satin finish	745,464	1.50	4.50	—
2008D	244,400,000	0.65	5.00	—
2008D Satin finish	745,464	1.50	4.50	—
2008S	2,100,000	—	—	2.30

KM# 422a • 6.25 g., 0.900 Silver, 0.1808 oz. ASW 24.3 mm.

Date	Mintage	MS63	MS65	PRF65
2008S	1,200,000	—	—	8.50

Arizona

KM# 423 • 5.67 g., Copper-Nickel Clad Copper, 24.3 mm.

Date	Mintage	MS63	MS65	PRF65
2008P	244,600,000	0.65	5.00	—
2008P Satin finish	745,464	1.50	4.50	—
2008D	265,000,000	0.65	5.00	—
2008D Satin finish	745,464	1.50	4.50	—
2008S	2,100,000	—	—	2.30

KM# 423a • 6.25 g., 0.900 Silver, 0.1808 oz. ASW 24.3 mm.

Date	Mintage	MS63	MS65	PRF65
2008S	1,200,000	—	—	8.50

Alaska

KM# 424 • 5.67 g., Copper-Nickel Clad Copper, 24.3 mm.

Date	Mintage	MS63	MS65	PRF65
2008P	251,800,000	0.65	5.00	—
2008P Satin finish	745,464	1.50	4.50	—
2008D	254,000,000	0.65	5.00	—
2008D Satin finish	745,464	1.50	4.50	—
2008S	2,100,000	—	—	2.30

KM# 424a • 6.25 g., 0.900 Silver, 0.1808 oz. ASW 24.3 mm.

Date	Mintage	MS63	MS65	PRF65
2008S	1,200,000	—	—	8.50

Hawaii

KM# 425 • 5.67 g., Copper-Nickel Clad Copper, 24.3 mm.

Date	Mintage	MS63	MS65	PRF65
2008P	254,000,000	0.65	5.00	—

QUARTER

Date	Mintage	MS63	MS65	PRF65
2008P Satin finish	745,464	1.50	4.50	—
2008D	263,600,000	0.65	5.00	—
2008D Satin finish	745,464	1.50	4.50	—
2008S	2,100,000	—	—	2.30

KM# 425a • 6.25 g., 0.900 Silver, 0.1808 oz. ASW 24.3 mm.

Date	Mintage	MS63	MS65	PRF65
2008S	1,200,000	—	—	8.50

DC and Territories
District of Columbia

KM# 445 • 5.67 g., Copper-Nickel Clad Copper, 24.3 mm. **Rev. Designer:** Don Everhart

Date	Mintage	MS63	MS65	PRF65
2009P	83,600,000	0.75	5.00	—
2009D	88,800,000	0.75	5.00	—
2009S	2,113,478	—	—	3.75

KM# 445a • 6.25 g., 0.900 Silver, 0.1808 oz. ASW 24.3 mm.

Date	Mintage	MS63	MS65	PRF65
2009S	996,548	—	—	7.75

Puerto Rico

KM# 446 • 5.67 g., Copper-Nickel Clad Copper, 24.3 mm. **Rev. Designer:** Joseph Menna

Date	Mintage	MS63	MS65	PRF65
2009P	53,200,000	0.75	5.00	—
2009D	86,000,000	0.75	5.00	—
2009S	2,113,478	—	—	3.75

KM# 446a • 6.25 g., 0.900 Silver, 0.1808 oz. ASW 24.3 mm.

Date	Mintage	MS63	MS65	PRF65
2009S	996,548	—	—	7.75

Guam

KM# 447 • 5.67 g., Copper-Nickel Clad Copper, 24.3 mm. **Rev. Designer:** James Licaretz

Date	Mintage	MS63	MS65	PRF65
2009P	45,000,000	0.75	5.00	—
2009D	42,600,000	0.75	5.00	—

Date	Mintage	MS63	MS65	PRF65
2009S	2,113,478	—	—	3.75

KM# 447a • 6.25 g., 0.900 Silver, 0.1808 oz. ASW 24.3 mm.

Date	Mintage	MS63	MS65	PRF65
2009S	996,548	—	—	7.75

American Samoa

KM# 448 • 5.67 g., Copper-Nickel Clad Copper, 24.3 mm. **Rev. Designer:** Charles Vickers

Date	Mintage	MS63	MS65	PRF65
2009P	42,600,000	0.75	5.00	—
2009D	39,600,000	0.75	5.00	—
2009S	2,113,478	—	—	3.75

KM# 448a • 6.25 g., 0.900 Silver, 0.1808 oz. ASW 24.3 mm.

Date	Mintage	MS63	MS65	PRF65
2009S	996,548	—	—	7.75

US Virgin Islands

KM# 449 • 5.67 g., Copper-Nickel Clad Copper, 24.3 mm. **Rev. Designer:** Joseph Menna

Date	Mintage	MS63	MS65	PRF65
2009P	41,000,000	0.75	5.00	—
2009D	41,000,000	0.75	5.00	—
2009S	2,113,478	—	—	3.75

KM# 449a • 6.25 g., 0.900 Silver, 0.1808 oz. ASW 24.3 mm.

Date	Mintage	MS63	MS65	PRF65
2009S	996,548	—	—	7.75

Northern Mariana Islands

KM# 466 • 5.67 g., Copper-Nickel Clad Copper, **Rev. Designer:** Pheve Hemphill

Date	Mintage	MS63	MS65	PRF65
2009P	35,200,000	0.75	5.00	—
2009D	37,600,000	0.75	5.00	—
2009S	2,113,478	—	—	3.75

KM# 466a • 6.25 g., 0.900 Silver, 0.1808 oz. ASW

Date	Mintage	MS63	MS65	PRF65
2009S	996,548	—	—	7.75

QUARTER

America the Beautiful
Hot Springs, Ark.

KM# 469 • 5.67 g., Copper-Nickel Clad Copper, 24.3 mm.

Date	Mintage	MS63	MS65	PRF65
2010P	35,600,000	0.75	5.00	—
2010D	34,000,000	0.75	5.00	—
2010S	1,401,903	—	—	3.75

KM# 469a • 6.25 g., 0.900 Silver, 0.1808 oz. ASW

Date	Mintage	MS63	MS65	PRF65
2010S	859,435	—	—	7.75

Yellowstone National Park

KM# 470 • 5.67 g., Copper-Nickel Clad Copper, 24.3 mm. **Rev. Designer:** Don Everhart

Date	Mintage	MS63	MS65	PRF65
2010P	33,600,000	0.75	5.00	—
2010D	34,800,000	0.75	5.00	—
2010S	1,402,756	—	—	3.75

KM# 470a • 6.25 g., 0.900 Silver, 0.1808 oz. ASW

Date	Mintage	MS63	MS65	PRF65
2010	859,435	—	—	7.75

Yosemite National Park

KM# 471 • 5.67 g., Copper-Nickel Clad Copper, 24.3 mm. **Rev. Designer:** Joseph Menna and Phebe Hemphill

Date	Mintage	MS63	MS65	PRF65
2010P	35,200,000	0.75	5.00	—
2010D	34,800,000	0.75	5.00	—
2010S	1,400,215	—	—	3.75

KM# 471a • 6.25 g., 0.900 Silver, 0.1808 oz. ASW

Date	Mintage	MS63	MS65	PRF65
2010	859,435	—	—	7.75

Grand Canyon National Park

KM# 472 • 5.67 g., Copper-Nickel Clad Copper, 24.3 mm. **Rev. Designer:** Phebe Hemphill

Date	Mintage	MS63	MS65	PRF65
2010P	34,800,000	0.75	5.00	—
2010D	35,400,000	0.75	5.00	—
2010S	1,399,970	—	—	3.75

KM# 472a • 6.25 g., 0.900 Silver, 0.1808 oz. ASW

Date	Mintage	MS63	MS65	PRF65
2010	859,435	—	—	7.75

Mount Hood National Park

KM# 473 • 5.67 g., Copper-Nickel Clad Copper, 24.3 mm. **Rev. Designer:** Phebe Hemphill

Date	Mintage	MS63	MS65	PRF65
2010P	34,400,000	0.75	5.00	—
2010D	34,400,000	0.75	5.00	—
2010S	1,397,101	—	—	3.75

KM# 473a • 6.25 g., 0.900 Silver, 0.1808 oz. ASW

Date	Mintage	MS63	MS65	PRF65
2010S	859,435	—	—	7.75

Gettysburg National Military Park

KM# 494 • 5.67 g., Copper-Nickel Clad Copper, 24 mm. **Rev. Designer:** Joel Iskowitz and Phebe Hemphill

Date	Mintage	MS63	MS65	PRF65
2011P	30,800,000	0.75	5.00	—
2011D	30,400,000	0.75	5.00	—
2011S	1,271,553	—	—	3.75

KM# 494a • 6.25 g., 0.900 Silver, 0.1808 oz. ASW

Date	Mintage	MS63	MS65	PRF65
2011S	722,076	—	—	7.75

QUARTER

Glacier National Park

KM# 495 • 5.67 g., Copper-Nickel Clad Copper, 24 mm. **Rev. Designer:** Barbara Fox and Charles L. Vickers

Date	Mintage	MS63	MS65	PRF65
2011P	30,400,000	0.75	5.00	—
2011D	31,200,000	0.75	5.00	—
2011S	1,268,452	—	—	3.75

KM# 495a • 6.25 g., 0.900 Silver, 0.1808 oz. ASW

Date	Mintage	MS63	MS65	PRF65
2011S	722,076	—	—	7.75

Olympic National Park

KM# 496 • 5.67 g., Copper-Nickel Clad Copper, 24 mm.

Date	Mintage	MS63	MS65	PRF65
2011P	30,400,000	0.75	5.00	—
2011D	30,600,000	0.75	5.00	—
2011S	1,267,361	—	—	3.75

KM# 496a • 6.25 g., 0.900 Silver, 0.1808 oz. ASW

Date	Mintage	MS63	MS65	PRF65
2011S	722,076	—	—	7.75

Vicksburg National Military Park

KM# 497 • 5.67 g., Copper-Nickel Clad Copper, 24 mm. **Rev. Designer:** Thomas Cleveland and Joseph Menna

Date	Mintage	MS63	MS65	PRF65
2011P	30,800,000	0.75	5.00	—
2011D	33,400,000	0.75	5.00	—
2011S	1,267,691	—	—	3.75

KM# 497a • 6.25 g., 0.900 Silver, 0.1808 oz. ASW

Date	Mintage	MS63	MS65	PRF65
2011S	722,076	—	—	7.75

Chickasaw National Recreation Area

KM# 498 • 5.67 g., Copper-Nickel Clad Copper, 24 mm. **Rev. Designer:** Donna Weaver and Jim Licaretz

Date	Mintage	MS63	MS65	PRF65
2011P	73,800,000	0.75	5.00	—
2011D	69,400,000	0.75	5.00	—
2011S	1,266,010	—	—	3.75

KM# 498a • 6.25 g., 0.900 Silver, 0.1808 oz. ASW

Date	Mintage	MS63	MS65	PRF65
2011S	722,076	—	—	7.75

El Yunque National Forest

KM# 519 • 5.67 g., Copper-Nickel Clad Copper, 24.3 mm. **Rev. Designer:** Gary Whitley and Michael Gaudioso

Date	Mintage	MS63	MS65	PRF65
2012P	25,800,000	0.75	5.00	—
2012D	25,800,000	0.75	5.00	—
2012S	1,010,361	—	7.50	—
2012S	1,679,240	—	—	3.75

KM# 519a • 6.25 g., 0.900 Silver, 0.1808 oz. ASW 24.3 mm.

Date	Mintage	MS63	MS65	PRF65
2012S	557,891	—	—	7.75

Chaco Culture National Historic Park

KM# 520 • 5.71 g., Copper-Nickel Clad Copper, 24.3 mm.

Date	Mintage	MS63	MS65	PRF65
2012P	22,000,000	0.75	8.00	—
2012D	22,000,000	0.75	8.00	—
2012S	960,049	—	10.00	—
2012S	1,389,020	—	—	4.00

KM# 520a • 6.25 g., 0.900 Silver, 0.1808 oz. ASW 24.3 mm.

Date	Mintage	MS63	MS65	PRF65
2012S	557,891	—	—	7.75

Acadia National Park

KM# 521 • 5.67 g., Copper-Nickel Clad Copper, 24.3 mm. **Rev. Designer:** Barbara Fox and Joseph Menna

Date	Mintage	MS63	MS65	PRF65
2012P	24,800,000	0.75	5.00	—
2012D	21,606,000	0.75	5.00	—
2012S	960,409	—	7.50	—
2012S	1,409,120	—	—	3.75

KM# 521a • 6.25 g., 0.900 Silver, 0.1808 oz. ASW 24.3 mm.

Date	Mintage	MS63	MS65	PRF65
2012S	557,891	—	—	7.75

Hawai'i Volcanoes National Park

KM# 522 • 5.67 g., Copper-Nickel Clad Copper, 24.3 mm. **Rev. Designer:** Charles L. Vickers

Date	Mintage	MS63	MS65	PRF65
2012P	46,200,000	0.75	5.00	—
2012D	78,600,000	0.75	5.00	—
2012S	961,272	—	7.50	—
2012S	1,407,520	—	—	3.75

KM# 522a • 6.25 g., 0.900 Silver, 0.1808 oz. ASW 24.3 mm.

Date	Mintage	MS63	MS65	PRF65
2012S	557,891	—	—	7.75

Denali National Park

KM# 523 • 5.67 g., Copper-Nickel Clad Copper, 24.3 mm.

Date	Mintage	MS63	MS65	PRF65
2012P	135,400,000	0.75	5.00	—
2012D	166,600,000	0.75	5.00	—
2012S	957,856	—	7.50	—
2012S	1,401,920	—	—	3.75

KM# 523a • 6.25 g., 0.900 Silver, 0.1808 oz. ASW 24.3 mm.

Date	Mintage	MS63	MS65	PRF65
2012S	557,891	—	—	7.75

White Mountain National Forest

KM# 542 • 5.67 g., Copper-Nickel Clad Copper, 24.3 mm.

Date	Mintage	MS63	MS65	PRF65
2013P	68,800,000	0.75	5.00	—
2013D	107,600,000	0.75	5.00	—
2013S	950,080	—	7.50	—
2013S	990,144	—	—	3.75

KM# 542a • 6.25 g., 0.900 Silver, 0.1808 oz. ASW 24.3 mm.

Date	Mintage	MS63	MS65	PRF65
2013S	579,409	—	—	7.75

Perry's Victory and International Peace Memorial

KM# 543 • 5.67 g., Copper-Nickel Clad Copper, 24.3 mm. **Rev. Designer:** Don Everhart

Date	Mintage	MS63	MS65	PRF65
2013P	107,800,000	0.75	5.00	—
2013D	131,600,000	0.75	5.00	—
2013S	913,563	—	7.50	—
2013S	947,992	—	—	3.75

KM# 543a • 6.25 g., 0.900 Silver, 0.1808 oz. ASW 24.3 mm.

Date	Mintage	MS63	MS65	PRF65
2013S	579,409	—	—	7.75

Great Basin National Park

KM# 544 • 5.67 g., Copper-Nickel Clad Copper, 24.3 mm. **Rev. Designer:** Ronald D. Sanders and Renata Gordon

Date	Mintage	MS63	MS65	PRF65
2013P	122,400,000	0.75	5.00	—
2013D	141,400,000	0.75	5.00	—
2013S	911,525	—	7.50	—
2013S	945,867	—	—	3.75

KM# 544a • 6.25 g., 0.900 Silver, 0.1808 oz. ASW 24.3 mm.

Date	Mintage	MS63	MS65	PRF65
2013S	579,409	—	—	7.75

QUARTER

Fort McHenry National Monument and Historic Shrine

KM# 545 • 5.67 g., Copper-Nickel Clad Copper, 24.3 mm. **Rev. Designer:** Joseph Menna

Date	Mintage	MS63	MS65	PRF65
2013P	120,000,000	0.75	5.00	—
2013D	151,400,000	0.75	5.00	—
2013S	911,451	—	7.50	—
2013S	946,514	—	—	3.75

KM# 545a • 6.25 g., 0.900 Silver, 0.1808 oz. ASW 24.3 mm.

Date	Mintage	MS63	MS65	PRF65
2013S	579,409	—	—	7.75

Mount Rushmore National Memorial

KM# 546 • 5.67 g., Copper-Nickel Clad Copper, 24.3 mm. **Rev. Designer:** Joseph Menna

Date	Mintage	MS63	MS65	PRF65
2013P	231,800,000	0.75	5.00	—
2013D	272,400,000	0.75	5.00	—
2013S	920,695	—	7.50	—
2013S	959,244	—	—	3.75

KM# 546a • 6.25 g., 0.900 Silver, 0.1808 oz. ASW 24.3 mm.

Date	Mintage	MS63	MS65	PRF65
2013S	579,409	—	—	7.75

Great Smoky Mountains National Park

KM# 566 • 5.67 g., Copper-Nickel Clad Copper, 24.3 mm.

Date	Mintage	MS63	MS65	PRF65
2014P	73,593,253	0.75	5.00	—
2014D	99,793,253	0.75	5.00	—
2014S	1,360,780	—	7.50	—
2014S	882,444	—	—	3.75

KM# 566a • 6.25 g., 0.900 Silver, 0.1808 oz. ASW 24.3 mm.

Date	Mintage	MS63	MS65	PRF65
2014S	586,325	—	—	7.75

Shenandoah National Park

KM# 567 • 5.67 g., Copper-Nickel Clad Copper, 24.3 mm.

Date	Mintage	MS63	MS65	PRF65
2014P	113,191,404	0.75	5.00	—
2014D	198,191,404	0.75	5.00	—
2014S	1,266,720	—	7.50	—
2014S	846,579	—	—	3.75

KM# 567a • 6.25 g., 0.900 Silver, 0.1808 oz. ASW 24.3 mm.

Date	Mintage	MS63	MS65	PRF65
2014S	586,325	—	—	7.75

Arches National Park

KM# 568 • 5.67 g., Copper-Nickel Clad Copper, 24.3 mm.

Date	Mintage	MS63	MS65	PRF65
2014P	214,589,782	0.75	5.00	—
2014D	251,789,782	0.75	5.00	—
2014S	1,235,720	—	7.50	—
2014S	844,957	—	—	3.75

KM# 568a • 6.25 g., 0.900 Silver, 0.1808 oz. ASW 24.3 mm.

Date	Mintage	MS63	MS65	PRF65
2014S	586,325	—	—	7.75

Great Sand Dunes National Park

KM# 569 • 5.67 g., Copper-Nickel Clad Copper, 24.3 mm.

Date	Mintage	MS63	MS65	PRF65
2014P	159,988,214	0.75	5.00	—
2014D	172,188,214	0.75	5.00	—
2014S	1,176,760	—	7.50	—
2014S	843,389	—	—	3.75

KM# 569a • 6.25 g., 0.900 Silver, 0.1808 oz. ASW 24.3 mm.

Date	Mintage	MS63	MS65	PRF65
2014S	586,325	—	—	7.75

QUARTER

Everglades National Park

KM# 570 • 5.67 g., Copper-Nickel Clad Copper, 24.3 mm.

Date	Mintage	MS63	MS65	PRF65
2014P	157,989,610	0.75	5.00	—
2014D	142,788,410	0.75	5.00	—
2014S	1,180,900	—	7.50	—
2014S	856,549	—	—	3.75

KM# 570a • 6.25 g., 0.900 Silver, 0.1808 oz. ASW 24.3 mm.

Date	Mintage	MS63	MS65	PRF65
2014S	586,325	—	—	7.75

Homestead National Monument of America

KM# 597 • 5.67 g., Copper-Nickel Clad Copper, 24.3 mm.

Date	Mintage	MS63	MS65	PRF65
2015P	214,400,000	0.75	5.00	—
2015D	248,600,000	0.75	5.00	—
2015S	—	—	—	3.75

KM# 597a • 6.25 g., 0.900 Silver, 0.1808 oz. ASW 24.3 mm.

Date	Mintage	MS63	MS65	PRF65
2015S	—	—	—	7.75

Kisatchie National Forest

KM# 598 • 5.67 g., Copper-Nickel Clad Copper, 24.3 mm.

Date	Mintage	MS63	MS65	PRF65
2015P	397,200,000	0.75	5.00	—
2015D	379,600,000	0.75	5.00	—
2015S	—	—	—	3.75

KM# 598a • 6.25 g., 0.900 Silver, 0.1808 oz. ASW 24.3 mm.

Date	Mintage	MS63	MS65	PRF65
2015S	—	—	—	7.75

Blue Ridge Parkway

KM# 599 • 5.67 g., Copper-Nickel Clad Copper, 24.3 mm.

Date	Mintage	MS63	MS65	PRF65
2015P	325,616,000	0.75	5.00	—
2015D	505,200,000	0.75	5.00	—
2015S	—	—	—	3.75

KM# 599a • 6.25 g., 0.900 Silver, 0.1808 oz. ASW 24.3 mm.

Date	Mintage	MS63	MS65	PRF65
2015S	—	—	—	7.75

Bombay Hook National Wildlife Refuge

KM# 600 • 5.67 g., Copper-Nickel Clad Copper, 24.3 mm.

Date	Mintage	MS63	MS65	PRF65
2015P	275,000,000	0.75	5.00	—
2015D	206,400,000	0.75	5.00	—
2015S	—	—	—	3.75

KM# 600a • 6.25 g., 0.900 Silver, 0.1808 oz. ASW 24.3 mm.

Date	Mintage	MS63	MS65	PRF65
2015S	—	—	—	7.75

Saratoga National Historical Park

KM# 601 • 5.67 g., Copper-Nickel Clad Copper, 24.3 mm.

Date	Mintage	MS63	MS65	PRF65
2015P	223,000,000	0.75	5.00	—
2015D	215,800,000	0.75	5.00	—
2015S	—	—	—	3.75

KM# 601a • 6.25 g., 0.900 Silver, 0.1808 oz. ASW 24.3 mm.

Date	Mintage	MS63	MS65	PRF65
2015S	—	—	—	7.75

QUARTER

Shawnee National Forest

KM# 635 • 5.67 g., Copper-Nickel Clad Copper, 24.3 mm.

Date	Mintage	MS63	MS65	PRF65
2016P	—	0.75	5.00	—
2016D	—	0.75	5.00	—
2016S Proof	—	—	—	3.75

KM# 635a • 6.25 g., 0.900 Silver, 0.1808 oz. ASW 24.3 mm.

Date	Mintage	MS63	MS65	PRF65
2016S Proof	—	—	—	7.75

Cumberland Gap National Historical Park

KM# 636 • 5.67 g., Copper-Nickel Clad Copper, 24.3 mm.

Date	Mintage	MS63	MS65	PRF65
2016P	—	0.75	5.00	—
2016D	—	0.75	5.00	—
2016S Proof	—	—	—	3.75

KM# 636a • 6.25 g., 0.900 Silver, 0.1808 oz. ASW 24.3 mm.

Date	Mintage	MS63	MS65	PRF65
2016S Proof	—	—	—	7.75

Harper's Ferry National Historical Park

KM# 637 • 5.67 g., Copper-Nickel Clad Copper, 24.3 mm.

Date	Mintage	MS63	MS65	PRF65
2016P	—	0.75	5.00	—
2016D	—	0.75	5.00	—
2016S Proof	—	—	—	3.75

KM# 637a • 6.25 g., 0.900 Silver, 0.1808 oz. ASW 24.3 mm.

Date	Mintage	MS63	MS65	PRF65
2016S Proof	—	—	—	7.75

Theodore Roosevelt National Park

KM# 638 • 5.67 g., Copper-Nickel Clad Copper, 24.3 mm.

Date	Mintage	MS63	MS65	PRF65
2016P	—	0.75	5.00	—
2016D	—	0.75	5.00	—
2016S Proof	—	—	—	3.75

KM# 638a • 6.25 g., 0.900 Silver, 0.1808 oz. ASW 24.3 mm.

Date	Mintage	MS63	MS65	PRF65
2016S Proof	—	—	—	7.75

Fort Moultrie (Fort Sumter) National Monument

KM# 639 • 5.67 g., Copper-Nickel Clad Copper, 24.3 mm.

Date	Mintage	MS63	MS65	PRF65
2016P	—	0.75	5.00	—
2016D	—	0.75	5.00	—
2016S Proof	—	—	—	3.75

KM# 639a • 6.25 g., 0.900 Silver, 0.1808 oz. ASW 24.3 mm.

Date	Mintage	MS63	MS65	PRF65
2016S Proof	—	—	—	7.75

Effigy Mounds National Monument

KM# 653 • 5.67 g., Copper-Nickel Clad Copper, 24.3 mm.

Date	Mintage	MS63	MS65	PRF65
2017P	—	0.75	5.00	—
2017D	—	0.75	5.00	—
2017S Proof	—	—	—	3.75

KM# 653a • 6.25 g., 0.900 Silver, 0.1808 oz. ASW 24.3 mm.

Date	Mintage	MS63	MS65	PRF65
2017S Proof	—	—	—	7.75

Frederick Douglass National Historic Site

KM# 654 • 5.67 g., Copper-Nickel Clad Copper, 24.3 mm.

Date	Mintage	MS63	MS65	PRF65
2017P	—	0.75	5.00	—
2017D	—	0.75	5.00	—
2017S Proof	—	—	—	3.75

KM# 654a • 6.25 g., 0.900 Silver, 0.1808 oz. ASW 24.3 mm.

Date	Mintage	MS63	MS65	PRF65
2017S Proof	—	—	—	7.75

Ozark National Scenic Riverways

KM# 655 • 5.67 g., Copper-Nickel Clad Copper, 24.3 mm.

Date	Mintage	MS63	MS65	PRF65
2017P	—	0.75	5.00	—
2017D	—	0.75	5.00	—
2017S Proof	—	—	—	3.75

KM# 655a • 6.25 g., 0.900 Silver, 0.1808 oz. ASW 24.3 mm.

Date	Mintage	MS63	MS65	PRF65
2017S Proof	—	—	—	7.75

Ellis Island (Statue of Liberty National Monument)

KM# 656 • 5.67 g., Copper-Nickel Clad Copper, 24.3 mm.

Date	Mintage	MS63	MS65	PRF65
2017P	—	0.75	5.00	—
2017D	—	0.75	5.00	—
2017S Proof	—	—	—	3.75

KM# 656a • 6.25 g., 0.900 Silver, 0.1808 oz. ASW 24.3 mm.

Date	Mintage	MS63	MS65	PRF65
2017S Proof	—	—	—	7.75

George Rogers Clark National Historical Park

KM# 657 • 5.67 g., Copper-Nickel Clad Copper, 24.3 mm.

Date	Mintage	MS63	MS65	PRF65
2017P	—	0.75	5.00	—
2017D	—	0.75	5.00	—
2017S Proof	—	—	—	3.75

KM# 657a • 6.25 g., 0.900 Silver, 0.1808 oz. ASW 24.3 mm.

Date	Mintage	MS63	MS65	PRF65
2017S Proof	—	—	—	7.75

HALF DOLLAR
Flowing Hair Half Dollar

KM# 16 • 13.48 g., 0.892 Silver 0.3866 oz. ASW, 32.5 mm. • **Designer:** Robert Scot **Note:** The 1795 "recut date" variety had the date cut into the dies twice, so both sets of numbers are visible on the coin. The 1795 "3 leaves" variety has three leaves under each of the eagle's wings on the reverse.

Date	Mintage	G4	VG8	F12	VF20	XF40	MS60
1794	23,464	4,600	6,900	9,800	24,000	40,000	225,000
1795	299,680	1,100	1,400	2,400	3,900	11,000	42,000
1795 recut date	Inc. above	1,000	1,375	2,400	4,000	12,000	—
1795 3 leaves	Inc. above	2,400	3,000	4,500	6,600	18,000	54,000

Draped Bust Half Dollar
Draped bust right obverse   Small eagle reverse
KM# 26 • 13.48 g., 0.892 Silver 0.3866 oz. ASW, 32.5 mm. • **Designer:** Robert Scot

Date	Mintage	G4	VG8	F12	VF20	XF40	MS60
1796 15 obverse stars	3,918	33,000	40,000	50,000	75,000	112,000	260,000
1796 16 obverse stars	Inc. above	34,000	41,000	50,000	75,000	112,000	260,000
1797	Inc. above	40,000	45,000	60,000	75,000	120,000	255,000

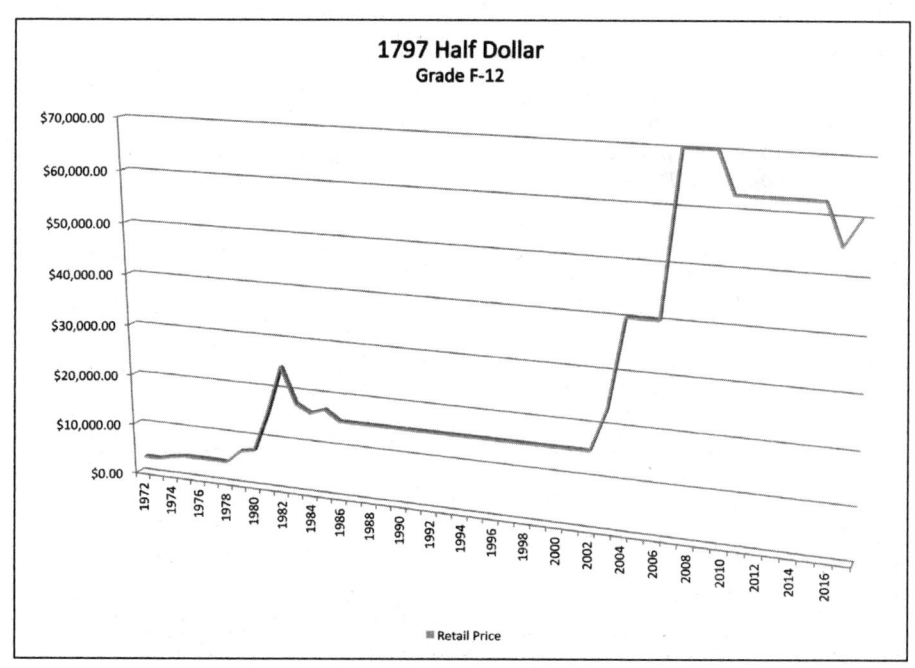

1797 Half Dollar
Grade F-12

HALF DOLLAR

Draped bust right, flanked by stars, date at angle below obverse
Heraldic eagle reverse

KM# 35 • 13.48 g., 0.892 Silver 0.3866 oz. ASW, 32.5 mm. • **Obv. Legend:** LIBERTY **Rev. Legend:** UNITED STATES OF AMERICA **Designer:** Robert Scot **Note:** The two varieties of the 1803 strikes are distinguished by the size of the 3 in the date. The several varieties of the 1806 strikes are distinguished by the style of 6 in the date, size of the stars on the obverse, and whether the stem of the olive branch held by the reverse eagle extends through the claw.

Date	Mintage	G4	VG8	F12	VF20	XF40	MS60
1801	30,289	825	1,350	2,200	2,850	5,000	55,000
1802	29,890	825	1,350	2,200	2,850	7,500	55,000
1803 small 3	188,234	500	600	700	1,050	3,500	26,500
1803 large 3	Inc. above	300	400	500	750	1,925	22,000
1805	211,722	220	250	375	700	1,925	22,000
1805/4	Inc. above	375	650	1,000	1,750	3,850	33,000
1806 knobbed 6, large stars	839,576	220	250	350	630	1,925	—
1806 knobbed 6, small stars	Inc. above	250	325	500	850	1,825	11,500
1806 knobbed 6, stem not through claw	Inc. above	70,000	90,000	100,000	112,000	116,000	—
1806 pointed-top 6, stem not through claw	Inc. above	250	300	400	640	1,850	10,000
1806 pointed-top 6, stem through claw	Inc. above	250	300	400	640	1,850	9,000
1806/5	Inc. above	300	375	500	750	1,825	13,000
1806 /inverted 6	Inc. above	375	500	1,000	1,700	3,500	27,250
1807	301,076	220	300	400	680	1,900	9,000

Capped Bust
Draped bust left, flanked by stars, date at angle below obverse   50 C. below
eagle reverse

KM# 37 • 13.48 g., 0.892 Silver 0.3866 oz. ASW, 32.5 mm. • **Rev. Legend:** UNITED STATES OF AMERICA **Designer:** John Reich **Note:** There are three varieties of the 1807 strikes. Two are distinguished by the size of the stars on the obverse. The third was struck from a reverse die that had a 5 cut over a 2 in the "50C" denomination. Two varieties of the 1811 are distinguished by the size of the 8 in the date. A third has a period between the 8 and second 1 in the date. One variety of the 1817 has a period between the 1 and 7 in the date. Two varieties of the 1820 are distinguished by the size of the date. On the 1823 varieties, the "broken 3" appears to be almost separated in the middle of the 3 in the date; the "patched 3" has the error repaired; the "ugly 3" has portions of its detail missing. The 1827 "curled-2" and "square-2" varieties are distinguished by the numeral's base -- either curled or square. Among the 1828 varieties, "knobbed 2" and "no knob" refers to whether the upper left serif of the digit is rounded. The 1830 varieties are distinguished by the size of the 0 in the date. The four 1834 varieties are distinguished by the sizes of the stars, date and letters in the inscriptions. The 1836 "50/00" variety was struck from a reverse die that has "50" recut over "00" in the denomination.

Date	Mintage	G4	VG8	F12	VF20	XF40	AU50	MS60	MS65
1807 small stars	750,500	220	330	660	1,050	2,200	5,000	16,000	70,000
1807 large stars	Inc. above	200	250	600	750	1,600	2,700	9,000	100,000
1807 50/20 C.	Inc. above	175	200	500	600	1,050	2,500	7,000	38,000
1807 bearded goddess	—	700	1,100	2,500	4,000	7,000	11,000	—	—
1808	1,368,600	70.00	95.00	140	200	400	1,100	3,000	19,000
1808/7	Inc. above	95.00	150	200	330	600	1,600	5,000	25,000
1809 IIIIIII edge	Inc. above	90.00	125	175	300	600	750	3,000	25,000

Date	Mintage	G4	VG8	F12	VF20	XF40	AU50	MS60	MS65
1809 Normal edge	1,405,810	150	200	300	350	600	850	2,350	22,000
1809 XXXX edge	Inc. above	175	225	275	400	1,050	1,600	9,000	—
1810	1,276,276	85.00	105	130	240	400	750	2,200	22,000
1811 small 8	1,203,644	85.00	105	130	200	350	650	2,200	15,000
1811 large 8	Inc. above	85.00	105	130	200	350	950	1,850	21,000
1811 dated 18.11	Inc. above	125	150	250	400	625	1,100	6,500	35,000
1812	1,628,059	85.00	105	130	185	500	800	2,400	12,500
1812/1 small 8	Inc. above	125	150	200	300	600	1,300	3,300	21,000
1812/1 large 8	Inc. above	1,700	2,600	4,500	7,250	10,000	21,000	—	—
1812 Single leaf below wing	Inc. above	350	600	850	1,600	3,300	5,500	—	—
1813	1,241,903	85.00	105	130	165	425	800	2,600	22,000
1813 50/UNI reverse	1,241,903	150	175	250	425	850	1,300	2,200	42,500
1814	1,039,075	110	125	160	250	700	875	1,700	12,500
1814/3	Inc. above	175	225	300	500	900	2,200	4,400	24,500
1814 E/A in States	Inc. above	175	250	400	600	1,300	4,250	7,500	—
1814 Single leaf below wing	Inc. above	175	250	400	600	1,300	3,500	7,000	—
1815/2	47,150	1,400	2,000	3,300	3,800	6,000	10,000	17,500	115,000
1817	1,215,567	85.00	105	135	175	400	900	3,300	17,000
1817/3	Inc. above	200	275	500	700	1,200	2,850	8,500	37,000
1817/4	—	60,000	75,000	125,000	175,000	275,000	350,000	—	—
1817 dated 181.7	Inc. above	85.00	105	135	175	625	1,250	3,700	28,000
1817 Single leaf below wing	Inc. above	85.00	105	135	200	625	1,900	2,700	—
1818	1,960,322	60.00	75.00	95.00	145	300	700	1,700	13,000
1818/7 Large 8	Inc. above	80.00	90.00	165	200	450	1,400	2,600	1,900
1818/7 Small 8	Inc. above	80.00	92.00	150	250	550	1,300	2,750	22,000
1819	2,208,000	65.00	80.00	95.00	145	330	700	1,900	2,000
1819/8 small 9	Inc. above	70.00	80.00	115	200	475	825	2,200	22,000
1819/8 large 9	Inc. above	70.00	80.00	95.00	135	400	600	4,000	26,500
1820 Curl Base 2, small date	751,122	100	175	225	300	500	750	4,250	26,000
1820 Square Base 2 with knob, large date	Inc. above	100	175	200	250	500	900	3,300	22,000
1820 Square Base 2 without knob, large date	Inc. above	85.00	120	175	200	500	900	3,300	33,000
1820 E's without Serifs	Inc. above	600	850	1,350	3,300	7,500	11,000	16,000	—
1820/19 Square Base 2	Inc. above	85.00	125	150	250	800	1,200	2,400	31,000
1820/19 Curled Base 2	Inc. above	85.00	125	150	250	750	1,000	3,300	41,000
1821	1,305,797	62.00	77.00	90.00	140	330	600	1,700	16,000
1822	1,559,573	75.00	100	120	175	330	525	1,300	14,000
1822/1	Inc. above	75.00	90.00	120	175	600	1,300	2,350	21,000
1823	1,694,200	75.00	105	120	150	285	475	1,200	11,000
1823 broken 3	Inc. above	150	175	250	400	700	2,500	6,000	50,000
1823 patched 3	Inc. above	125	150	200	300	800	1,575	4,500	23,000
1823 ugly 3	Inc. above	125	150	200	300	700	2,200	6,000	33,000
1824	3,504,954	65.00	80.00	105	150	175	425	1,075	12,000
1824/21	Inc. above	90.00	125	150	175	350	650	2,100	21,500
1824/4	Inc. above	75.00	100	125	160	275	800	2,200	10,000
1824 1824/various dates	Inc. above	80.00	95.00	125	155	350	1,100	2,600	16,000
1825	2,943,166	65.00	78.00	80.00	90.00	170	375	1,100	11,000
1826	4,004,180	65.00	78.00	80.00	90.00	170	350	1,100	9,600
1827 curled 2	5,493,400	65.00	78.00	80.00	90.00	275	450	1,300	20,000
1827 square 2	Inc. above	65.00	78.00	80.00	90.00	170	330	1,100	10,750
1827/6	Inc. above	100	125	150	200	450	1,100	1,900	13,500
1828 curled-base 2, no knob	3,075,200	60.00	75.00	90.00	110	175	330	1,300	9,600
1828 curled-base 2, knobbed 2	Inc. above	64.00	75.00	100	160	250	600	1,900	12,750
1828 small 8s, square-base 2, large letters	Inc. above	60.00	70.00	75.00	85.00	145	330	1,075	8,700
1828 small 8s, square-base 2, small letters	Inc. above	125	150	175	250	400	800	2,200	25,500
1828 large 8s, square-base 2	Inc. above	60.00	70.00	85.00	90.00	150	330	1,075	12,500
1829	3,712,156	60.00	70.00	75.00	85.00	145	350	1,075	8,700
1829 Large letters	Inc. above	60.00	75.00	85.00	95.00	160	390	1,075	13,000
1829/7	Inc. above	68.00	80.00	125	160	300	775	1,400	21,000
1830 Small O rev	4,764,800	60.00	70.00	75.00	85.00	140	330	1,050	8,800
1830 Large O	Inc. above	60.00	70.00	75.00	85.00	140	330	1,050	8,800
1830 Large letter rev	Inc. above	800	1,100	1,600	3,300	5,500	8,800	14,000	—
1831	5,873,660	60.00	70.00	75.00	85.00	140	330	1,050	8,700
1832 small letters	4,797,000	60.00	70.00	75.00	85.00	140	330	1,050	8,700
1832 large letters	Inc. above	60.00	70.00	75.00	85.00	140	330	1,050	8,700
1833	5,206,000	60.00	70.00	75.00	85.00	140	330	1,050	8,700
1834 small date, large stars, small letters	6,412,004	60.00	70.00	75.00	85.00	140	330	1,050	8,700
1834 small date, small stars, small letters	Inc. above	60.00	70.00	75.00	85.00	140	330	1,050	8,700

Date	Mintage	G4	VG8	F12	VF20	XF40	AU50	MS60	MS65
1834 large date, small letters	Inc. above	60.00	70.00	75.00	85.00	140	330	1,050	8,700
1834 large date, large letters	Inc. above	60.00	70.00	75.00	85.00	140	330	1,050	8,700
1835	5,352,006	60.00	70.00	75.00	85.00	140	330	1,050	8,700
1836	6,545,000	60.00	70.00	75.00	85.00	140	330	1,050	8,700
1836	Inc. above	60.00	70.00	75.00	85.00	140	330	2,300	—
1836 50/00	Inc. above	125	150	200	300	450	800	2,600	30,000

Bust Half Dollar
Draped bust left, flanked by stars, date at angle below obverse
50 Cents below eagle reverse

KM# 58 • 13.48 g., 0.892 Silver 0.3866 oz. ASW, 30 mm. • **Rev. Legend:** UNITED STATES OF AMERICA
Edge: Reeded. **Designer:** Christian Gobrecht

Date	Mintage	G4	VG8	F12	VF20	XF40	AU50	MS60	MS65
1836	1,200	880	1,100	1,600	1,950	3,250	5,500	8,800	68,000

Draped bust left, flanked by stars, date at angle below obverse   50 Cents below eagle reverse

KM# 58a • 13.36 g., 0.900 Silver 0.3866 oz. ASW, 30 mm. • **Rev. Legend:** UNITED STATES OF AMERICA
Edge: Reeded. **Designer:** Christian Gobrecht

Date	Mintage	G4	VG8	F12	VF20	XF40	AU50	MS60	MS65
1837	3,629,820	60.00	70.00	77.00	100	175	400	1,100	16,500

Draped bust left, flanked by stars, date below obverse
HALF DOL. below eagle reverse

KM# 65 • 13.36 g., 0.900 Silver 0.3866 oz. ASW, 30 mm. • **Rev. Legend:** UNITED STATES OF AMERICA
Designer: Christian Gobrecht

Date	Mintage	G4	VG8	F12	VF20	XF40	AU50	MS60	MS65
1838	3,546,000	60.00	70.00	77.00	100	175	400	1,100	16,500
1838O proof only	Est. 20	—	—	—	—	275,000	300,000	375,000	—
1839	1,392,976	60.00	74.00	85.00	125	235	450	1,300	27,000
1839O	116,000	400	600	880	1,100	1,850	2,500	5,500	42,500

Seated Liberty Half Dollar
Seated Liberty, date below obverse   Half Dol. below eagle reverse

KM# 68 • 13.36 g., 0.900 Silver 0.3866 oz. ASW, 30.6 mm. • **Rev. Legend:** UNITED STATES OF AMERICA
Designer: Christian Gobrecht

Date	Mintage	G4	VG8	F12	VF20	XF40	AU50	MS60	MS65
1839 no drapery from elbow	Inc. above	40.00	120	325	550	1,050	2,600	6,300	125,000
1839 drapery	Inc. above	46.00	65.00	70.00	105	240	450	1,300	14,500
1840 small letters	1,435,008	40.00	50.00	55.00	120	250	350	650	7,000
1840 reverse 1838	Inc. above	150	210	360	500	1,000	1,600	3,800	—
1840O	855,100	40.00	50.00	80.00	140	225	425	1,500	—
1841	310,000	38.00	45.00	70.00	140	300	600	1,200	8,500
1841O	401,000	35.00	50.00	95.00	130	225	650	1,100	9,000
1842 small date	2,012,764	35.00	50.00	65.00	80.00	135	375	1,250	14,000
1842 medium date	Inc. above	35.00	50.00	60.00	100	160	300	950	7,500
1842O small date	957,000	600	850	1,200	1,800	3,000	6,000	13,000	—
1842O medium date	Inc. above	35.00	50.00	60.00	70.00	200	500	1,600	18,000
1843	3,844,000	40.00	45.00	55.00	80.00	150	250	750	6,500
1843O	2,268,000	50.00	55.00	60.00	70.00	195	400	1,300	22,000
1844	1,766,000	40.00	45.00	55.00	90.00	150	250	600	8,500
1844O	2,005,000	45.00	55.00	70.00	125	245	475	1,300	12,000
1844/1844O	Inc. above	375	600	800	1,200	2,300	4,850	7,000	—
1845	589,000	35.00	60.00	70.00	110	180	350	800	—
1845O	2,094,000	35.00	50.00	55.00	80.00	125	250	425	7,000
1845O no drapery	Inc. above	75.00	100	125	150	400	770	1,125	—
1846 medium date	2,210,000	35.00	50.00	60.00	70.00	150	400	825	7,200
1846 tall date	Inc. above	45.00	50.00	80.00	110	300	500	600	15,000
1846 /horizontal 6	Inc. above	225	300	525	925	1,600	2,500	4,400	16,000
1846O medium date	2,304,000	50.00	60.00	95.00	135	235	400	1,400	18,000
1846O tall date	Inc. above	250	350	500	950	1,600	2,200	8,700	—
1847/1846	1,156,000	1,150	1,750	2,500	3,500	8,500	11,000	22,000	—
1847	Inc. above	45.00	60.00	85.00	110	205	250	550	6,400
1847O	2,584,000	45.00	60.00	65.00	90.00	200	525	950	12,000
1848	580,000	40.00	53.00	100	160	275	600	1,100	13,000
1848O	3,180,000	35.00	45.00	55.00	100	200	400	1,100	23,000
1849	1,252,000	35.00	60.00	65.00	80.00	150	300	900	11,000
1849O	2,310,000	45.00	550	60.00	100	400	850	1,500	16,000
1850	227,000	225	400	450	525	750	1,050	1,500	26,000
1850O	2,456,000	35.00	45.00	55.00	80.00	175	350	700	13,000
1851	200,750	650	700	800	900	1,200	1,500	2,500	11,000
1851O	402,000	35.00	85.00	125	150	300	800	1,200	9,500
1852	77,130	275	400	475	700	1,000	1,200	1,700	10,000
1852O	144,000	275	425	610	750	1,000	1,700	3,300	33,000
1853O mintage unrecorded	—	135,000	180,000	220,000	300,000	400,000	—	—	—

HALF DOLLAR

Seated Liberty, arrows at date obverse   Rays around eagle reverse

KM# 79 • 12.44 g., 0.900 Silver 0.360 oz. ASW **Rev. Legend:** UNITED STATES OF AMERICA **Designer:** Christian Gobrecht

Date	Mintage	G4	VG8	F12	VF20	XF40	AU50	MS60	MS65	PRF65
1853	3,532,708	45.00	65.00	80.00	115	200	500	1,250	20,000	150,000
1853O	1,328,000	45.00	65.00	80.00	115	250	650	2,300	35,000	—

Seated Liberty, arrows at date obverse   HALF DOL. below eagle reverse

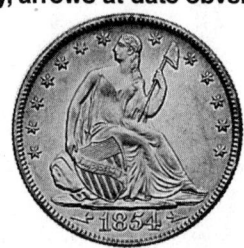

KM# 82 • 12.44 g., 0.900 Silver 0.360 oz. ASW **Rev. Legend:** UNITED STATES OF AMERICA **Designer:** Christian Gobrecht

Date	Mintage	G4	VG8	F12	VF20	XF40	AU50	MS60	MS65	PRF65
1854	2,982,000	36.50	42.00	55.00	75.00	135	300	500	8,000	25,000
1854O	5,240,000	36.50	42.00	60.00	70.00	130	300	500	6,750	—
1855	759,500	38.50	42.00	55.00	70.00	150	350	750	12,000	30,000
1855/4	Inc. above	65.00	90.00	190	360	500	1,025	1,850	11,000	55,000
1855O	3,688,000	39.50	42.00	60.00	70.00	130	300	500	8,600	—
1855S	129,950	400	1,000	1,200	1,600	2,950	5,825	32,000	—	—

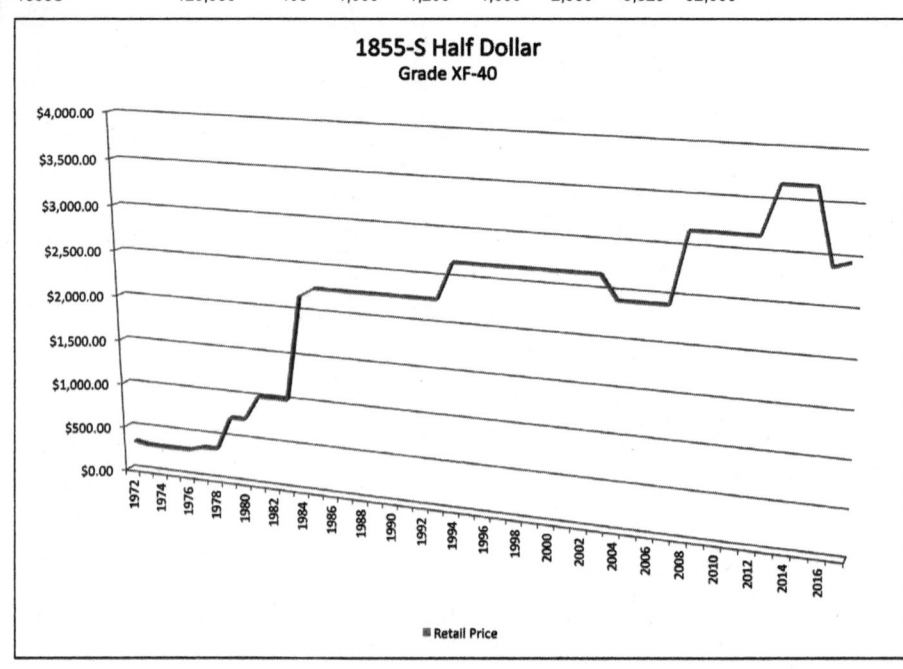

1855-S Half Dollar
Grade XF-40

Seated Liberty, date below obverse   HALF DOL. below eagle reverse

KM# A68 • 12.44 g., 0.900 Silver 0.360 oz. ASW **Rev. Legend:** UNITED STATES OF AMERICA **Designer:** Christian Gobrecht

Date	Mintage	G4	VG8	F12	VF20	XF40	AU50	MS60	MS65	PRF65
1856	938,000	35.00	50.00	55.00	70.00	100	200	500	4,600	18,000
1856O	2,658,000	40.00	50.00	60.00	80.00	100	200	375	6,200	—
1856S	211,000	75.00	125	200	375	1,000	1,800	4,500	—	—
1857	1,988,000	35.00	45.00	55.00	70.00	100	200	375	4,400	18,500
1857O	818,000	40.00	45.00	55.00	70.00	100	200	1,300	10,000	—
1857S	158,000	100	150	200	350	1,200	1,800	3,000	15,000	—
1858	4,226,000	35.00	45.00	550	70.00	100	200	375	4,200	6,000
1858O	7,294,000	40.00	50.00	55.00	70.00	100	200	375	6,300	—
1858S	476,000	45.00	65.00	100	185	300	550	1,500	13,000	—
1859	748,000	45.00	60.00	65.00	80.00	160	310	420	4,200	5,000
1859O	2,834,000	45.00	65.00	70.00	95.00	155	310	625	6,300	—
1859S	566,000	35.00	45.00	55.00	150	225	500	1,200	6,300	—
1860	303,700	40.00	45.00	60.00	70.00	125	250	550	4,200	5,000
1860O	1,290,000	35.00	50.00	55.00	125	200	425	650	4,400	—
1860S	472,000	45.00	80.00	105	135	250	450	1,275	—	—
1861	2,888,400	45.00	50.00	65.00	80.00	120	250	450	4,000	5,000
1861O	2,532,633	60.00	80.00	100	150	300	835	1,400	6,500	—
1861O CSA Obv, cracked die	Inc. above	300	450	650	1,200	3,000	4,400	13,000	—	—
1861S	939,500	45.00	55.00	80.00	100	350	650	1,000	17,500	—
1862	253,550	60.00	85.00	120	200	350	600	850	6,000	5,000
1862S	1,352,000	45.00	65.00	70.00	75.00	200	325	1,000	22,000	—
1863	503,660	35.00	60.00	80.00	125	185	350	650	7,000	5,000
1863S	916,000	35.00	60.00	80.00	175	350	600	1,200	11,250	—
1864	379,570	35.00	55.00	100	250	350	650	1,100	6,000	5,000
1864S	658,000	70.00	95.00	175	275	415	725	1,600	13,000	—
1865	511,900	70.00	95.00	135	180	450	700	1,300	4,500	5,000
1865S	675,000	75.00	105	150	200	400	610	1,825	44,500	—
1866 proof, unique	—	—	—	—	—	—	—	—	—	—
1866S	60,000	375	500	800	975	2,200	2,500	8,000	63,000	—

Seated Liberty, date below obverse   IN GOD WE TRUST above eagle reverse

KM# 99 • 12.44 g., 0.900 Silver 0.360 oz. ASW **Rev. Legend:** UNITED STATES OF AMERICA **Designer:** Christian Gobrecht

Date	Mintage	G4	VG8	F12	VF20	XF40	AU50	MS60	MS65	PRF65
1866	745,625	45.00	60.00	65.00	90.00	160	215	600	4,850	3,000
1866S	994,000	55.00	60.00	85.00	135	200	400	700	11,000	—
1867	449,925	60.00	70.00	105	175	255	500	700	4,300	3,000
1867S	1,196,000	47.00	55.00	80.00	115	225	650	1,200	11,000	—
1868	418,200	55.00	60.00	80.00	155	275	500	675	7,000	3,000
1868S	1,160,000	47.00	55.00	80.00	135	230	375	900	11,000	—
1869	795,900	50.00	60.00	70.00	90.00	175	275	650	9,000	3,000
1869S	656,000	55.00	60.00	70.00	115	225	450	850	6,500	—
1870	634,900	40.00	60.00	70.00	90.00	175	275	675	7,750	3,300
1870CC	54,617	1,100	2,400	4,000	5,500	8,500	27,500	70,000	—	—

Date	Mintage	G4	VG8	F12	VF20	XF40	AU50	MS60	MS65	PRF65
1870S	1,004,000	60.00	75.00	100	150	400	650	2,000	30,000	—
1871	1,204,560	35.00	55.00	70.00	80.00	140	220	550	4,000	3,300
1871CC	153,950	475	725	1,100	1,500	3,000	5,400	27,000	—	
1871S	2,178,000	40.00	50.00	60.00	70.00	125	325	800	7,000	
1872	881,550	40.00	45.00	55.00	70.00	150	300	650	6,000	2,400
1872CC	272,000	275	475	700	1,100	1,800	3,000	20,000	—	
1872S	580,000	40.00	50.00	80.00	200	300	550	1,000	12,750	—
1873 closed 3	801,800	40.00	450	60.00	100	140	260	600	6,000	2,400
1873 open 3	Inc. above	2,750	4,000	4,500	5,000	7,000	12,500	45,000	—	—
1873CC	122,500	325	600	1,000	1,800	3,500	5,000	10,000	80,000	—
1873S no arrows	5,000	—	—	—	—	—	—	—	—	—

Note: 1873S no arrows, no specimens known to survive.

Seated Liberty, arrows at date obverse IN GOD WE TRUST above eagle reverse

KM# 107 • 12.50 g., 0.900 Silver 0.3617 oz. ASW **Rev. Legend:** UNITED STATES OF AMERICA **Designer:** Christian Gobrecht

Date	Mintage	G4	VG8	F12	VF20	XF40	AU50	MS60	MS65	PRF65
1873	1,815,700	35.00	45.00	60.00	70.00	200	380	725	13,000	8,000
1873CC	214,560	200	400	650	950	1,700	3,000	7,500	43,000	—
1873S	233,000	40.00	100	150	175	400	600	1,950	28,000	—
1874	2,360,300	35.00	45.00	60.00	70.00	200	375	725	1,300	8,000
1874CC	59,000	1,100	1,400	1,825	2,650	4,900	7,700	14,000	93,000	—
1874S	394,000	75.00	150	180	200	300	575	1,350	19,500	—

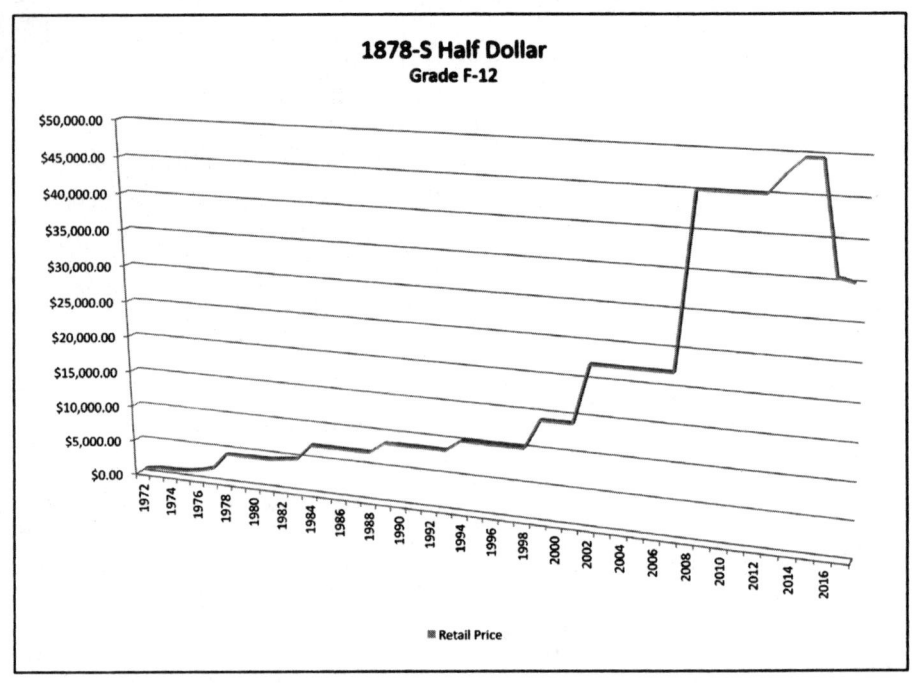

1878-S Half Dollar
Grade F-12

■ Retail Price

Seated Liberty, date below obverse   IN GOD WE TRUST above eagle reverse

KM# A99 • 12.50 g., 0.900 Silver 0.3617 oz. ASW **Rev. Legend:** UNITED STATES OF AMERICA **Designer:** Christian Gobrecht

Date	Mintage	G4	VG8	F12	VF20	XF40	AU50	MS60	MS65	PRF65
1875	6,027,500	35.00	45.00	55.00	70.00	125	200	350	2,800	2,400
1875CC	1,008,000	60.00	100	175	250	400	800	1,300	7,000	—
1875S	3,200,000	35.00	40.00	60.00	70.00	125	200	330	2,600	—
1876	8,419,150	45.00	50.00	60.00	70.00	90.00	200	380	3,500	2,400
1876CC	1,956,000	80.00	90.00	115	175	340	600	950	4,825	—
1876S	4,528,000	36.50	55.00	65.00	70.00	100	200	335	3,000	—
1877	8,304,510	36.50	50.00	60.00	70.00	100	200	335	2,650	2,400
1877CC	1,420,000	85.00	105	125	175	300	400	1,000	4,625	—
1877S	5,356,000	36.50	42.00	55.00	70.00	100	200	330	2,700	—
1878	1,378,400	38.50	75.00	100	105	110	210	330	4,200	2,400
1878CC	62,000	850	1,200	2,000	2,400	3,200	4,500	10,000	40,000	—
1878S	12,000	24,000	34,000	35,500	37,000	54,500	65,000	85,000	210,000	—
1879	5,900	255	280	380	460	660	760	880	2,700	2,400
1880	9,755	255	280	380	460	660	760	880	3,000	2,400
1881	10,975	255	280	380	460	660	760	880	3,500	2,400
1882	5,500	255	280	380	460	660	760	880	4,000	2,400
1883	9,039	255	280	380	460	660	760	880	3,500	2,400
1884	5,275	265	330	385	475	660	770	880	3,800	2,400
1885	6,130	275	330	400	475	660	770	880	3,600	2,400
1886	5,886	300	375	400	425	660	770	880	3,450	2,400
1887	5,710	375	425	475	525	660	770	880	3,300	2,400
1888	12,833	250	300	375	450	660	770	880	3,500	2,400
1889	12,711	200	250	400	475	660	770	880	3,600	2,400
1890	12,590	200	250	400	475	660	770	880	3,400	2,400
1891	200,600	60.00	85.00	125	150	200	250	390	3,325	2,400

Barber Half Dollar
Laureate head right, flanked by stars, date below obverse
Heraldic eagle reverse

KM# 116 • 12.50 g., 0.900 Silver 0.3617 oz. ASW, 30.6 mm. • **Obv. Legend:** IN GOD WE TRUST **Rev. Legend:** UNITED STATES OF AMERICA **Designer:** Charles E. Barber

Date	Mintage	G4	VG8	F12	VF20	XF40	AU50	MS60	MS65	PRF65
1892	935,245	30.00	35.00	70.00	145	225	360	530	1,900	2,200
1892O	390,000	285	355	450	510	600	725	880	4,600	—
1892O micro O	Inc. above	4,000	7,000	12,000	16,000	21,000	23,000	30,000	84,500	—
1892S	1,029,028	220	320	360	500	675	850	1,050	5,500	—
1893	1,826,792	26.00	35.00	75.00	140	225	360	530	3,000	2,200
1893O	1,389,000	38.00	57.00	110	185	300	375	715	7,250	—
1893S	740,000	140	185	500	660	1,150	1,550	2,000	17,500	—
1894	1,148,972	26.00	43.00	145	175	245	340	530	2,400	2,200
1894O	2,138,000	24.00	35.00	82.00	155	270	345	530	5,000	—
1894S	4,048,690	24.00	35.00	65.00	125	200	385	575	6,250	—
1895	1,835,218	24.00	35.00	165	130	260	350	530	2,300	2,200
1895O	1,766,000	40.00	57.00	115	205	275	330	660	5,000	—
1895S	1,108,086	31.00	45.00	130	250	350	425	545	51,502	—
1896	950,762	40.00	48.00	77.00	140	220	375	545	3,000	2,200

HALF DOLLAR

Date	Mintage	G4	VG8	F12	VF20	XF40	AU50	MS60	MS65	PRF65
1896O	924,000	45.00	60.00	180	550	1,975	3,000	5,500	20,500	—
1896S	1,140,948	110	145	210	450	1,000	1,375	2,200	7,500	—
1897	2,480,731	24.00	35.00	55.00	135	195	380	530	3,000	2,200
1897O	632,000	120	175	420	710	935	1,200	1,725	7,700	—
1897S	933,900	120	240	410	550	850	1,450	2,500	6,400	—
1898	2,956,735	24.00	35.00	55.00	135	195	360	530	2,650	2,200
1898O	874,000	29.00	84.00	200	340	600	800	1,400	6,275	—
1898S	2,358,550	26.00	40.00	80.00	170	375	510	1,400	7,775	—
1899	5,538,846	24.00	35.00	55.00	135	235	360	530	1,950	2,200
1899O	1,724,000	26.00	32.00	68.00	180	245	425	660	4,800	—
1899S	1,686,411	24.00	35.00	78.00	130	205	385	660	4,500	—
1900	4,762,912	24.00	35.00	55.00	135	195	360	530	2,000	2,200
1900O	2,744,000	24.00	35.00	61.00	170	305	500	1,100	9,500	—
1900S	2,560,322	24.00	35.00	55.00	135	180	330	550	7,750	—
1901	4,268,813	24.00	35.00	55.00	135	195	360	530	2,400	2,200
1901O	1,124,000	24.00	35.00	70.00	195	1,100	1,500	2,200	12,500	—
1901S	847,044	27.00	44.00	92.00	425	1,200	1,575	3,750	12,000	—
1902	4,922,777	24.00	35.00	55.00	135	200	375	600	2,400	2,200
1902O	2,526,000	24.00	35.00	55.00	145	265	475	900	7,500	—
1902S	1,460,670	24.00	35.00	92.00	155	310	440	880	4,500	—
1903	2,278,755	24.00	35.00	55.00	135	195	360	550	7,000	2,200
1903O	2,100,000	24.00	35.00	55.00	135	195	415	770	4,900	—
1903S	1,920,772	24.00	35.00	80.00	135	225	440	900	3,500	—
1904	2,992,670	24.00	35.00	55.00	135	195	360	630	3,600	2,200
1904O	1,117,600	24.00	35.00	70.00	200	510	865	1,525	10,400	—
1904S	553,038	100	175	375	820	3,100	7,000	12,500	36,000	—
1905	662,727	24.00	38.00	80.00	165	225	425	700	4,700	2,200
1905O	505,000	26.00	40.00	140	220	350	550	850	4,000	—
1905S	2,494,000	24.00	35.00	75.00	135	235	410	660	6,800	—
1906	2,638,675	24.00	35.00	55.00	135	195	360	530	2,000	2,200
1906D	4,028,000	24.00	35.00	55.00	135	195	330	530	2,450	—
1906O	2,446,000	24.00	35.00	55.00	135	195	410	850	5,100	—
1906S	1,740,154	24.00	35.00	80.00	135	195	330	575	3,100	—
1907	2,598,575	24.00	35.00	55.00	135	195	330	530	2,000	2,200
1907D	3,856,000	24.00	35.00	55.00	135	195	330	530	2,000	—
1907O	3,946,000	24.00	35.00	55.00	135	195	360	530	2,000	—
1907S	1,250,000	24.00	35.00	90.00	200	425	700	2,500	9,300	—
1908	1,354,545	24.00	35.00	55.00	135	195	330	530	2,000	2,200
1908D	3,280,000	24.00	35.00	55.00	135	195	330	530	2,350	—
1908O	5,360,000	24.00	35.00	55.00	135	195	330	530	2,000	—
1908S	1,644,828	24.00	35.00	55.00	135	400	625	990	4,400	—
1909	2,368,650	24.00	35.00	55.00	135	195	330	530	2,000	2,200
1909O	925,400	24.00	35.00	80.00	135	480	675	990	4,200	—
1909S	1,764,000	24.00	35.00	55.00	135	275	440	660	3,300	—
1910	418,551	24.00	35.00	75.00	185	315	340	535	3,200	2,200
1910S	1,948,000	24.00	35.00	55.00	135	220	400	660	4,700	—
1911	1,406,543	24.00	35.00	55.00	135	195	330	530	2,000	2,200
1911D	695,080	24.00	35.00	55.00	135	195	330	530	2,000	—
1911S	1,272,000	24.00	35.00	55.00	135	220	400	700	3,500	—
1912	1,550,700	24.00	35.00	55.00	135	195	330	530	2,000	2,200
1912D	2,300,800	24.00	35.00	55.00	135	195	330	530	2,000	—
1912S	1,370,000	24.00	35.00	55.00	135	195	360	550	3,100	—
1913	188,627	65.00	75.00	185	385	770	1,250	1,600	3,900	2,200
1913D	534,000	24.00	35.00	55.00	135	175	330	530	3,500	—
1913S	604,000	24.00	35.00	65.00	155	220	400	660	3,750	—
1914	124,610	120	145	260	500	880	1,100	1,425	5,800	2,200
1914S	992,000	24.00	35.00	55.00	135	220	400	585	3,300	—
1915	138,450	75.00	115	245	325	600	975	1,300	5,500	2,200
1915D	1,170,400	24.00	35.00	55.00	135	195	330	530	2,000	—
1915S	1,604,000	24.00	35.00	55.00	135	195	330	530	2,000	—

Walking Liberty Half Dollar
Liberty walking left wearing U.S. flag gown, sunrise at left obverse
Eagle advancing left reverse

Obverse mint mark
1916-1917

Reverse mint mark
1917-1947

KM# 142 • 12.50 g., 0.900 Silver 0.3617 oz. ASW, 30.6 mm. • **Designer:** Adolph A. Weinman **Note:** The mint mark appears on the obverse below the word "Trust" on 1916 and some 1917 issues. Starting with some 1917 issues and continuing through the remainder of the series, the mint mark was changed to the reverse, at about the 8 o'clock position near the rim.

Date	Mintage	G4	VG8	F12	VF20	XF40	AU50	MS60	MS65	PRF65
1916	608,000	44.00	75.00	130	180	170	300	375	2,400	—
1916D	1,014,400	44.00	75.00	130	180	170	225	375	2,600	—
1916S	508,000	80.00	110	220	350	495	750	1,600	6,400	—
1917	12,292,000	14.00	15.00	21.00	23.00	35.00	85.00	150	1,000	—
1917D obv. mint mark	765,400	21.00	30.00	68.00	130	350	400	600	7,800	—
1917S obv. mint mark	952,000	23.00	37.00	160	300	625	1,225	3,000	24,750	—
1917D rev. mint mark	1,940,000	15.00	16.00	38.00	110	240	460	1,125	16,000	—
1917S rev. mint mark	5,554,000	14.00	15.00	16.00	27.00	67.00	275	700	14,000	—
1918	6,634,000	15.00	16.00	17.00	60.00	100	275	600	5,000	—
1918D	3,853,040	15.00	22.00	38.00	93.00	190	460	1,350	27,500	—
1918S	10,282,000	14.00	15.00	16.00	28.00	65.00	225	600	18,000	—
1919	962,000	21.00	27.00	65.00	255	500	1,000	2,200	8,000	—
1919D	1,165,000	22.00	32.00	85.00	260	660	2,000	4,500	210,000	—
1919S	1,552,000	16.00	24.00	60.00	300	760	1,500	3,650	25,500	—
1920	6,372,000	15.00	16.00	18.00	35.00	60.00	190	425	4,000	—
1920D	1,551,000	15.00	17.00	55.00	200	400	800	2,600	17,750	—
1920S	4,624,000	14.00	16.00	20.00	85.00	200	700	1,100	16,500	—
1921	246,000	130	175	280	675	1,900	3,000	5,750	20,000	—
1921D	208,000	205	320	500	775	2,625	5,050	8,500	38,500	—
1921S	548,000	38.00	52.00	205	680	3,200	7,900	20,000	104,000	—
1923S	2,178,000	16.00	21.00	41.00	130	500	1,450	2,400	16,250	—
1927S	2,392,000	13.00	14.00	16.00	44.00	140	500	1,200	12,000	—
1928S Large S	1,940,000	19.50	22.00	28.00	90.00	290	950	1,700	10,000	—

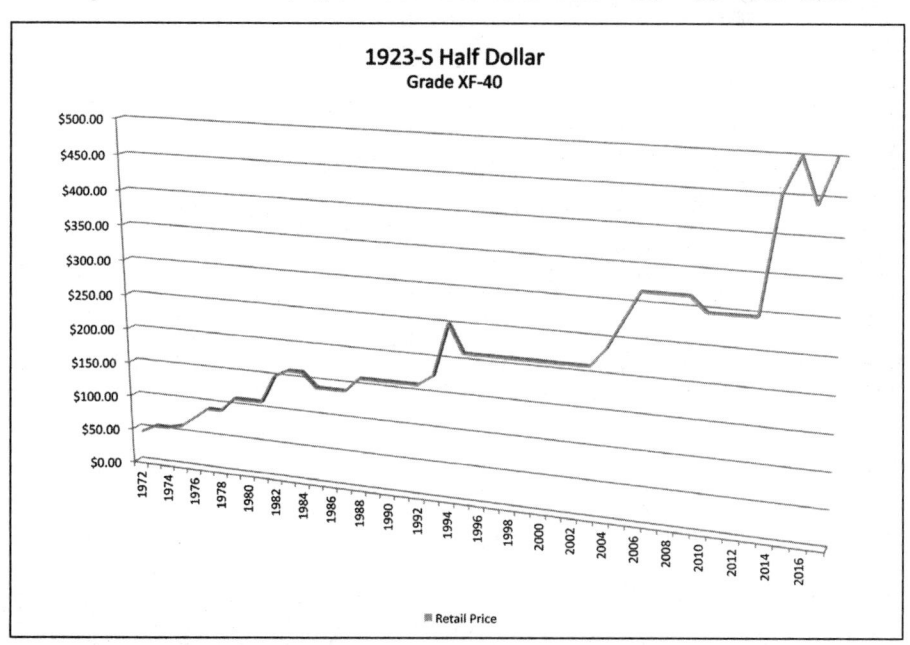

1923-S Half Dollar
Grade XF-40

■ Retail Price

HALF DOLLAR

Date	Mintage	G4	VG8	F12	VF20	XF40	AU50	MS60	MS65	PRF65
1928S Small S	Inc. above	13.00	14.00	15.00	55.00	170	550	1,200	11,000	—
1929D	1,001,200	12.00	14.00	16.00	35.00	80.00	200	450	3,100	—
1929S	1,902,000	12.00	13.00	15.00	25.00	90.00	220	500	3,300	—
1933S	1,786,000	15.00	16.00	19.00	32.00	70.00	260	700	3,100	—
1934	6,964,000	9.00	10.00	12.00	17.00	18.00	29.00	80.00	400	—
1934D	2,361,400	9.00	10.00	12.00	17.00	18.00	105	155	1,100	—
1934S	3,652,000	9.00	10.00	12.00	17.00	42.00	105	345	3,000	—
1935	9,162,000	9.00	10.00	12.00	17.00	18.00	29.00	60.00	275	—
1935D	3,003,800	9.00	10.00	12.00	17.00	18.00	75.00	155	2,000	—
1935S	3,854,000	9.00	10.00	12.00	17.00	42.00	105	265	2,000	—
1936	12,617,901	9.00	10.00	12.00	17.00	18.00	29.00	42.00	210	3,100
1936D	4,252,400	9.00	10.00	12.00	17.00	18.00	42.00	95.00	380	—
1936S	3,884,000	9.00	10.00	12.00	17.00	18.00	75.00	165	575	—
1937	9,527,728	9.00	10.00	12.00	17.00	18.00	29.00	64.00	200	825
1937D	1,676,000	9.00	10.00	12.00	17.00	18.00	120	205	710	—
1937S	2,090,000	9.00	10.00	12.00	17.00	18.00	75.00	180	540	—
1938	4,118,152	9.00	10.00	12.00	17.00	18.00	50.00	100	300	785
1938D	491,600	65.00	75.00	90.00	105	185	290	485	1,400	—
1939	6,820,808	9.00	10.00	12.00	17.00	18.00	40.00	57.00	200	710
1939D	4,267,800	9.00	10.00	12.00	17.00	18.00	29.00	57.00	200	—
1939S	2,552,000	9.00	10.00	12.00	17.00	18.00	100	175	245	—
1940	9,167,279	9.00	10.00	12.00	17.00	18.00	29.00	50.00	145	575
1940S	4,550,000	9.00	10.00	12.00	17.00	18.00	50.00	65.00	370	—
1941	24,207,412	9.00	10.00	12.00	17.00	18.00	29.00	45.00	135	580
1941D	11,248,400	9.00	10.00	12.00	17.00	18.00	29.00	52.00	150	—
1941S Small S	8,098,000	9.00	10.00	12.00	17.00	18.00	43.00	85.00	610	—
1941S Large S	Inc. above	9.00	10.00	12.00	17.00	18.00	29.00	80.00	625	—
1942	47,839,120	9.00	10.00	12.00	17.00	18.00	29.00	47.00	130	605
1942D	10,973,800	9.00	10.00	12.00	17.00	18.00	29.00	52.00	215	—
1942S	12,708,000	9.00	10.00	12.00	17.00	18.00	29.00	52.00	375	—
1943	53,190,000	9.00	10.00	12.00	17.00	18.00	29.00	57.00	130	—
1943D	11,346,000	9.00	10.00	12.00	17.00	18.00	29.00	55.00	225	—
1943D Double Die Obverse	Inc. above	9.00	10.00	12.00	17.00	18.00	50.00	78.00	500	—
1943S	13,450,000	9.00	10.00	12.00	17.00	18.00	29.00	65.00	280	—
1944	28,206,000	9.00	10.00	12.00	17.00	18.00	29.00	62.00	135	—
1944D	9,769,000	9.00	10.00	12.00	17.00	18.00	29.00	62.00	135	—
1944S	8,904,000	9.00	10.00	12.00	17.00	18.00	30.00	67.00	340	—
1945	31,502,000	9.00	10.00	12.00	17.00	18.00	29.00	57.00	130	—
1945D	9,966,800	9.00	10.00	12.00	17.00	18.00	29.00	62.00	155	—
1945S	10,156,000	9.00	10.00	12.00	17.00	18.00	52.00	67.00	140	—
1946	12,118,000	9.00	10.00	12.00	17.00	18.00	29.00	57.00	145	—
1946 Double Die Reverse	Inc. above	—	—	65.00	85.00	105	155	400	2,000	—
1946D	2,151,000	9.00	10.00	12.00	17.00	18.00	65.00	70.00	140	—
1946S	3,724,000	9.00	10.00	12.00	17.00	18.00	65.00	80.00	130	—
1947	4,094,000	9.00	10.00	12.00	17.00	18.00	29.00	58.00	130	—
1947D	3,900,600	9.00	10.00	12.00	17.00	18.00	58.00	68.00	130	—

Franklin Half Dollar
Franklin bust right obverse   Liberty Bell, small eagle at right reverse

Mint mark

KM# 199 • 12.50 g., 0.900 Silver 0.3617 oz. ASW, 30.6 mm. • **Designer:** John R. Sinnock **Note:** The type I reverse is distinguished by the eagle having four full feathers on the wing closest the bell, whereas the type II reverse eagle has three full feathers.

Date	Mintage	G4	VG8	F12	VF20	XF40	AU50	MS60	MS65	65FBL	65CAM
1948	3,006,814	—	—	—	—	—	12.00	18.00	66.00	190	—
1948D	4,028,600	—	—	—	—	—	12.00	18.00	90.00	260	—
1949	5,614,000	—	—	—	—	—	15.00	33.00	100	250	—
1949D	4,120,600	—	—	—	—	—	24.00	48.00	350	1,750	—
1949S	3,744,000	—	—	—	—	—	33.00	70.00	115	700	—
1950	7,793,509	—	—	—	—	—	14.00	23.00	75.00	285	500
1950D	8,031,600	—	—	—	—	—	13.00	24.00	200	900	—
1951	16,859,602	—	—	—	—	—	12.00	15.00	44.00	340	400
1951D	9,475,200	—	—	—	—	—	22.00	33.00	125	540	—

Date	Mintage	G4	VG8	F12	VF20	XF40	AU50	MS60	MS65	65FBL	65CAM
1951S	13,696,000	—	—	—	—	—	15.00	22.00	48.00	750	—
1952	21,274,073	—	—	—	—	—	10.00	15.00	44.00	210	235
1952D	25,395,600	—	—	—	—	—	10.00	16.00	95.00	450	—
1952S	5,526,000	—	—	7.80	—	—	44.00	60.00	90.00	1,500	—
1953	2,796,920	—	—	7.80	—	—	20.00	22.00	63.00	1,000	210
1953D	20,900,400	—	—	—	—	—	10.00	16.00	88.00	400	—
1953S	4,148,000	—	—	—	—	—	22.00	28.00	40.00	160	—
1954	13,421,503	—	—	—	—	—	10.00	14.00	35.00	225	95.00
1954D	25,445,580	—	—	—	—	—	10.00	13.00	65.00	235	—
1954S	4,993,400	—	—	—	—	—	14.00	15.00	30.00	440	—
1955	2,876,381	—	—	—	—	—	14.00	17.00	37.00	140	85.00
1955 Bugs Bunny	Inc. above	—	15.00	17.00	19.00	21.00	22.00	25.00	95.00	750	—
1956 Type 1 rev.	4,701,384	—	—	—	—	—	10.00	15.00	25.00	125	50.00
1956 Type 2 rev.	Inc. above	—	—	—	—	—	—	—	—	—	48.00
1957 Type 1 rev.	6,361,952	—	—	—	—	—	10.00	14.00	28.00	95.00	—
1957 Type 2 rev.	Inc. above	—	—	—	—	—	—	—	—	—	35.00
1957D	19,966,850	—	—	—	—	—	10.00	14.00	30.00	100	—
1958 Type 1 rev.	4,917,652	—	—	—	—	—	10.00	13.00	26.00	110	—
1958 Type 2 rev.	Inc. above	—	—	—	—	—	15.00	20.00	—	—	42.00
1958D	23,962,412	—	—	—	—	—	10.00	13.00	26.00	80.00	—
1959 Type 1 rev.	7,349,291	—	—	—	—	—	10.00	13.00	44.00	250	—
1959 Type 2 rev.	Inc. above	—	—	—	—	—	16.00	25.00	90.00	—	48.00
1959D	13,053,750	—	—	—	—	—	10.00	14.00	55.00	215	—
1960 Type 1 rev.	7,715,602	—	—	—	—	—	10.00	14.00	72.00	340	—
1960 Type 2 rev.	Inc. above	—	—	—	—	—	—	—	—	—	48.00
1960D	18,215,812	—	—	—	—	—	10.00	14.00	170	1,350	—
1961 Type 1 rev.	11,318,244	—	—	—	—	—	10.00	14.00	36.00	1,300	—
1961 Type 2 rev.	Inc. above	—	—	—	—	20.00	—	—	—	—	45.00
1961 Double die rev.	Inc. above	—	—	—	—	—	—	—	—	—	3,000
1961D	20,276,442	—	—	—	—	—	10.00	14.00	90.00	875	—
1962 Type 1 rev.	12,932,019	—	—	—	—	—	10.00	14.00	66.00	1,850	—
1962 Type 2 rev.	Inc. above	—	—	—	—	—	—	—	—	—	42.00
1962D	35,473,281	—	—	—	—	—	10.00	13.00	60.00	800	—
1963 Type 1 rev.	25,239,645	—	—	—	—	—	10.00	13.00	25.00	1,200	—
1963 Type 2 rev.	Inc. above	—	—	—	—	—	—	—	—	—	42.00
1963D	67,069,292	—	—	—	—	—	10.00	13.00	26.00	165	—

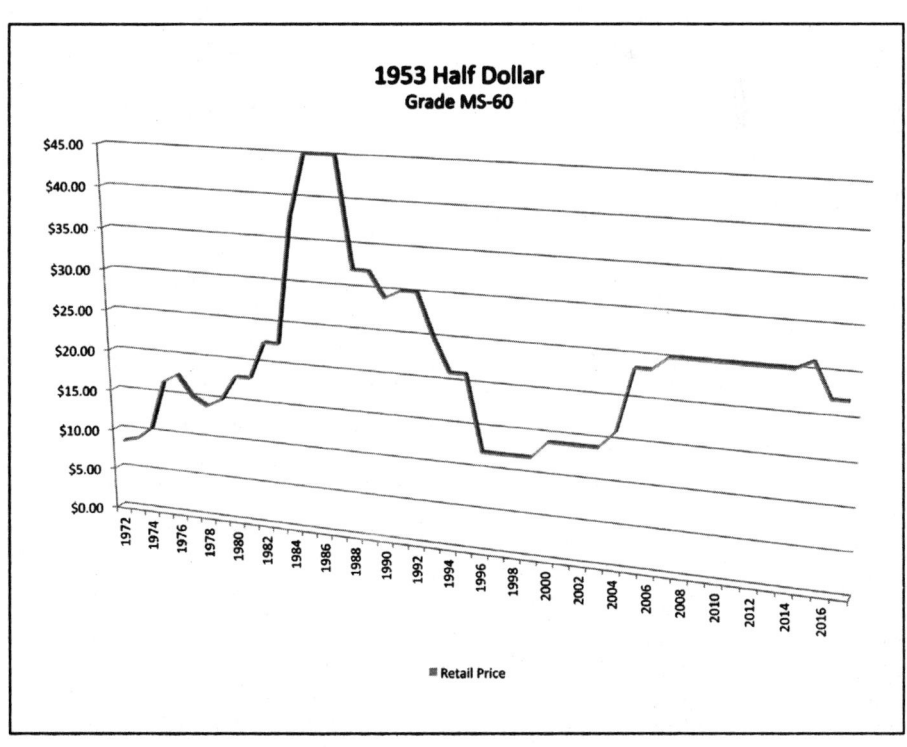

1953 Half Dollar
Grade MS-60

Retail Price

Kennedy Half Dollar

Mint mark 1964

KM# 202 • 12.50 g., 0.900 Silver 0.3617 oz. ASW, 30.6 mm. • **Obv. Designer:** Gilroy Roberts **Rev. Designer:** Frank Gasparro **Edge:** Reeded

Date	Mintage	MS60	MS65	PF65
1964	277,254,766	13.00	19.00	32.00
1964 Accented Hair	Inc. above	—	—	40.00
1964D	156,205,446	13.00	19.00	—

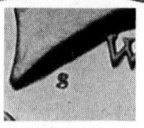

Mint mark 1968 - present

KM# 202a • 11.50 g., 0.400 Silver 0.1479 oz. ASW, 30.6 mm. • **Obv. Designer:** Gilroy Roberts **Rev. Designer:** Frank Gasparro **Edge:** Reeded

Date	Mintage	MS60	MS65	PF65
1965	65,879,366	6.10	14.50	—
1965 SMS	2,360,000	—	15.00	—
1966	108,984,932	6.10	22.50	—
1966 SMS	2,261,583	—	17.00	—
1967	295,046,978	6.10	18.50	—
1967 SMS	1,863,344	—	18.00	—
1968D	246,951,930	6.10	16.50	—
1968S	3,041,506	—	—	8.56
1969D	129,881,800	6.10	20.00	—
1969S	2,934,631	—	—	8.56
1970D	2,150,000	8.50	40.00	—
1970S	2,632,810	—	—	12.00

KM# 202b • 11.34 g., Copper-Nickel Clad Copper, 30.6 mm. • **Obv. Designer:** Gilroy Roberts **Rev. Designer:** Frank Gasparro

Date	Mintage	MS60	MS65	PF65
1971	155,640,000	1.00	17.50	—
1971D	302,097,424	1.00	12.00	—
1971S	3,244,183	—	—	5.00
1972	153,180,000	1.00	15.50	—
1972D	141,890,000	1.00	14.50	—

Date	Mintage	MS60	MS65	PF65
1972S	3,267,667	—	—	5.00
1973	64,964,000	1.00	20.00	—
1973D	83,171,400	—	12.00	—
1973S	2,769,624	—	—	5.00
1974	201,596,000	1.00	25.00	—
1974D	79,066,300	1.00	17.00	—
1974D DDO	Inc. above	32.00	165	—
1974S	2,617,350	—	—	5.00
1975 none minted		—	—	—
1975D none minted		—	—	—
1975S none minted		—	—	—

Independence Hall reverse

KM# 205 • 11.20 g., Copper-Nickel, 30.6 mm. • **Obv. Designer:** Gilroy Roberts **Rev. Designer:** Seth Huntington

Date	Mintage	MS60	MS65	PF65
1976	234,308,000	1.00	16.50	—
1976D	287,565,248	1.00	14.00	—
1976S	7,059,099	—	—	5.00

Bicentennial design, Independence Hall reverse

KM# 205a • 11.50 g., 0.400 Silver 0.1479 oz. ASW, 30.6 mm. • **Rev. Designer:** Seth Huntington

Date	Mintage	MS60	MS65	PF65
1976S	4,908,319	—	12.00	8.70
1976S	3,998,621	—	—	8.70

Regular design resumed reverse

KM# A202b • 11.34 g., Copper-Nickel Clad Copper, 30.61 mm. • **Edge:** Reeded **Note:** KM#202b design and composition resumed. The 1979-S and 1981-S Type II proofs have clearer mint marks than the Type I proofs of those years.

Date	Mintage	MS65	PRF65
1977	43,598,000	12.50	—
1977D	31,449,106	16.50	—
1977S	3,251,152	—	4.50
1978	14,350,000	12.00	—
1978D	13,765,799	15.00	—
1978S	3,127,788	—	5.00
1979	68,312,000	13.50	—
1979D	15,815,422	13.50	—
1979S Type I	3,677,175	—	5.00
1979S Type II	Inc. above	—	18.00
1980P	44,134,000	12.50	

Date	Mintage	MS65	PRF65	Date	Mintage	MS65	PRF65
1980D	33,456,449	17.50	—	2002S	2,268,913	—	5.00
1980S	3,547,030	—	5.00	2003P	2,500,000	6.00	—
1981P	29,544,000	9.00	—	2003D	2,500,000	6.00	—
1981D	27,839,533	12.00	—	2003S	2,076,165	—	5.00
1981S Type I	4,063,083	—	5.00	2004P	2,900,000	4.50	—
1981S Type II	Inc. above	—	18.50	2004D	2,900,000	4.50	—
1982P	10,819,000	18.50	—	2004S	1,789,488	—	6.00
1982P no initials FG	Inc. above	110	—	2005P	3,800,000	6.00	—
1982D	13,140,102	20.00	—	2005P Satin finish	1,160,000	8.00	—
1982S	38,957,479	—	5.00	2005D	3,500,000	5.00	—
1983P	34,139,000	22.50	—	2005D Satin finish	1,160,000	10.00	—
1983D	32,472,244	12.50	—	2005S	2,275,000	—	5.00
1983S	3,279,126	—	5.00	2006P	2,400,000	4.50	—
1984P	26,029,000	12.00	—	2006P Satin finish	847,361	12.00	—
1984D	26,262,158	18.00	—	2006D	2,000,000	4.50	—
1984S	3,065,110	—	6.00	2006D Satin finish	847,361	14.00	—
1985P	18,706,962	16.50	—	2006S	1,934,965	—	6.00
1985D	19,814,034	12.50	—	2007P	2,400,000	4.50	—
1985S	3,962,138	—	5.00	2007P Satin finish	—	8.00	—
1986P	13,107,633	17.50	—	2007D	2,400,000	4.50	—
1986D	15,336,145	14.00	—	2007D Satin finish	—	8.00	—
1986S	2,411,180	—	6.00	2007S	1,702,116	—	6.00
1987P	2,890,758	16.50	—	2008P	1,700,000	4.50	—
1987D	2,890,758	12.50	—	2008P Satin finish	—	8.50	—
1987S	4,407,728	—	5.00	2008D	1,700,000	4.50	—
1988P	13,626,000	16.50	—	2008D Satin finish	—	8.50	—
1988D	12,000,096	10.00	—	2008S	1,405,674	—	9.00
1988S	3,262,948	—	5.00	2009P	1,900,000	4.50	—
1989P	24,542,000	13.00	—	2009P Satin finish	—	8.50	—
1989D	23,000,216	13.00	—	2009D	1,900,000	4.50	—
1989S	3,220,194	—	5.00	2009D Satin finish	—	8.50	—
1990P	22,780,000	17.50	—	2009S	1,482,502	—	6.00
1990D	20,096,242	20.00	—	2010P	1,800,000	4.50	—
1990S	3,299,559	—	5.00	2010P Satin finish	—	8.50	—
1991P	14,874,000	12.50	—	2010D	1,700,000	4.50	—
1991D	15,054,678	16.00	—	2010D Satin finish	—	8.50	—
1991S	2,867,787	—	5.00	2010S	1,103,815	—	13.00
1992P	17,628,000	10.00	—	2011P	1,750,000	4.50	—
1992D	17,000,106	10.00	—	2011D	1,700,000	4.50	—
1992S	2,858,981	—	5.00	2011S	1,098,835	—	9.00
1993P	15,510,000	12.00	—	2012P	1,800,000	4.50	—
1993D	15,000,006	10.00	—	2012D	1,700,000	4.50	—
1993S	2,633,439	—	5.00	2012S	841,972	—	9.00
1994P	23,718,000	12.00	—	2013P	5,000,000	4.50	—
1994D	23,828,110	8.50	—	2013D	4,600,000	4.50	—
1994S	2,484,594	—	5.00	2013S	821,031	—	9.00
1995P	26,496,000	10.00	—	2014D	2,445,813	4.50	—
1995D	26,288,000	8.00	—	2014P	2,845,813	4.50	—
1995S	2,010,384	—	12.00	2014S	761,641	—	9.00
1996P	24,442,000	10.00	—				
1996D	24,744,000	10.00	—				
1996S	2,085,191	—	9.00				
1997P	20,882,000	14.00	—				
1997D	19,876,000	13.50	—				
1997S	1,975,000	—	10.00				
1998P	15,646,000	12.50	—				
1998D	15,064,000	12.50	—				
1998S	2,078,494	—	7.00				
1999P	8,900,000	11.00	—				
1999D	10,682,000	10.00	—				
1999S	2,557,897	—	8.00				
2000P	22,600,000	12.00	—				
2000D	19,466,000	12.00	—				
2000S	3,082,944	—	5.00				
2001P	21,200,000	10.00	—				
2001D	19,504,000	9.00	—				
2001S	2,235,000	—	5.00				
2002P	3,100,000	10.00	—				
2002D	2,500,000	10.50	—				

KM# A202c • 12.50 g., 0.900 Silver 0.3617 oz. ASW, 30.6 mm. • **Designer:** Gilroy Roberts

Date	Mintage	PRF65
1992S	1,317,579	13.20
1993S	761,353	15.20
1994S	785,329	13.20
1995S	838,953	46.00
1996S	830,021	15.20

HALF DOLLAR

HALF DOLLAR

Date	Mintage	PRF65
1997S	821,678	35.00
1998S Matte Finish	62,350	—
1998S	878,792	13.20
1999S	804,565	15.20
2000S	965,921	13.20
2001S	849,600	13.20
2002S	888,816	13.20
2003S	1,040,425	13.20
2004S	1,175,935	13.20
2005S	1,069,679	14.20
2006S	988,140	14.20
2007S	1,384,797	15.70
2008S	620,684	14.20
2009S	697,365	13.20
2010S	585,401	14.20
2011S	574,175	14.20
2012S	395,443	175
2013S	451,342	14.20
2014S	467,074	12.00

KM# A202c.1 • 12.50 g., 0.900 Silver 0.3617 oz. ASW, 30.61 mm. • **Subject:** 50th anniversary of Kennedy half dollar **Note:** In anniversary sets only.

Date	Mintage	PRF65
2014D	221,134	—

KM# A202c.2 • 12.50 g., 0.900 Silver 0.3617 oz. ASW, 30.61 mm. • **Subject:** 50th anniversary of Kennedy half dollar **Note:** In anniversary sets only.

Date	Mintage	PRF65
2014S Enhanced Unc.	221,134	—

KM# A202c.3 • 12.50 g., 0.900 Silver 0.3617 oz. ASW, 30.61 mm. • **Subject:** 50th anniversary of Kennedy half dollar

Date	Mintage	PRF65
2014P	221,134	30.00

Date	Mintage	PRF65
	Note: In anniversary sets only.	
2015S	247,790	9.00
2016S	—	9.00

KM# A202c.4 • 12.50 g., 0.900 Silver 0.3617 oz. ASW, 30.61 mm. • **Subject:** 50th anniversary of Kennedy half dollar **Note:** In anniversary sets only.

Date	Mintage	PRF65
2014W	221,134	30.00
	Note: Reverse Proof	

KM# 587 • 23.33 g., 0.9999 Gold 0.750 oz. AGW, 30.61 mm. • **Subject:** John F. Kennedy Half Dollar, 50th Anniversary **Obv. Designer:** Gilroy Roberts **Rev. Designer:** Frank Gasparro

Date	Mintage	PRF65
1964-2014W	73,772	1,500

KM# 599a • 6.25 g., 0.900 Silver, 0.1808 oz. ASW 24.3 mm.

Date	Mintage	MS63	MS65	PRF65
2015S	—	—	—	7.75

Restored portrait obverse

KM# A202b.1 • 11.34 g., Copper-Nickel Clad Copper, 30.61 mm. • **Subject:** 50th anniversary of Kennedy half dollar **Edge:** Reeded

Date	Mintage	MS65	PRF65
2014P	197,608	6.00	—
	Note: In anniversary sets only.		
2014D	197,608	6.00	—
	Note: In anniversary sets only.		
2015P	2,512,561	4.50	—
2015D	2,512,561	4.50	—
2015S	462,393	—	9.00
2016P	—	4.50	—
2016D	—	4.50	—
2016S	—	—	9.00

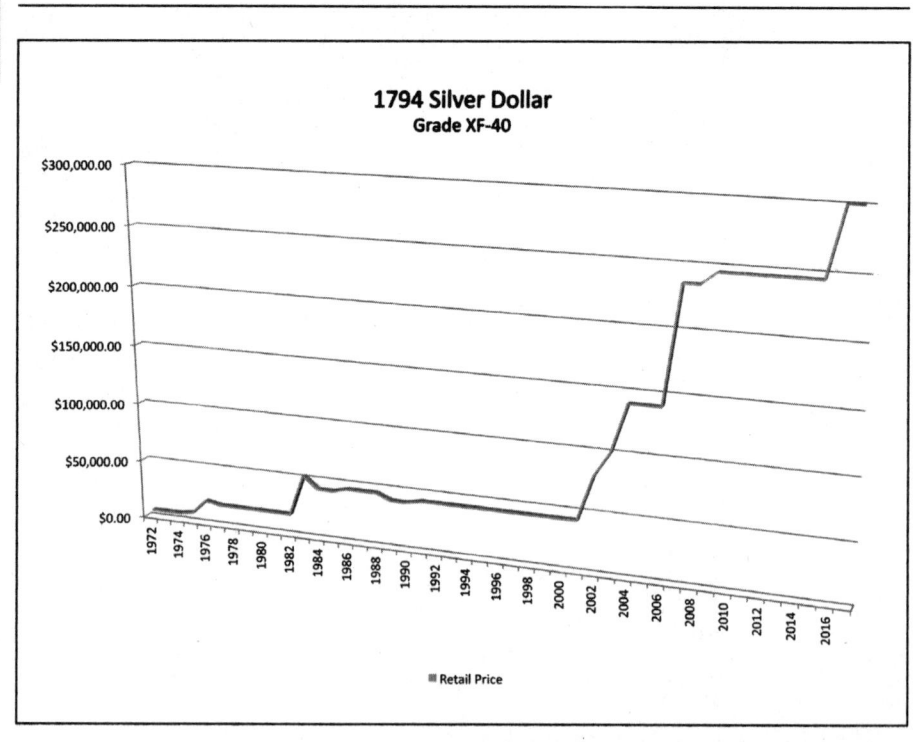

1794 Silver Dollar
Grade XF-40

■ Retail Price

DOLLAR

Flowing Hair Dollar

KM# 17 • 26.96 g., 0.892 Silver 0.7732 oz. ASW, 39-40 mm. • **Designer:** Robert Scot **Note:** The two 1795 varieties have either two or three leaves under each of the eagle's wings on the reverse.

Date	Mintage	F12	VF20	XF40	AU50	MS60	MS63
1794	1,758	125,000	155,000	300,000	500,000	1,000,000	1,500,000
1795 2 leaves	203,033	4,000	5,600	14,000	20,000	63,000	135,000
1795 3 leaves	Inc. above	4,000	5,600	14,000	20,000	63,000	135,000
1795 Silver plug	Inc. above	9,850	13,950	28,500	48,500	115,000	235,000

Draped Bust Dollar
Small eagle reverse

KM# 18 • 26.96 g., 0.892 Silver 0.7732 oz. ASW, 39-40 mm. • **Designer:** Robert Scot

Date	Mintage	F12	VF20	XF40	AU50	MS60	MS63
1795 Off-center bust	Inc. above	3,300	4,500	9,225	14,750	41,000	125,000
1795 Centered bust	—	3,300	4,500	9,225	14,750	41,000	115,000
1796 small date, small letters	72,920	3,300	4,500	9,225	14,750	54,000	175,000
1796 small date, large letters	Inc. above	3,300	4,500	9,225	14,750	95,000	—
1796 large date, small letters	Inc. above	3,300	4,500	9,225	14,750	95,000	165,000
1797 9 stars left, 7 stars right, small letters	7,776	4,200	6,000	15,000	31,000	65,000	—
1797 9 stars left, 7 stars right, large letters	Inc. above	3,500	4,500	9,250	14,750	70,000	210,000
1797 10 stars left, 6 stars right	Inc. above	3,300	5,600	9,250	14,750	65,000	112,000
1798 13 stars	327,536	3,300	4,500	9,250	23,000	113,000	—
1798 15 stars	Inc. above	4,700	7,450	16,150	25,500	95,000	—

Draped bust right, flanked by stars, date below obverse
Heraldic eagle reverse

KM# 32 • 26.96 g., 0.892 Silver 0.7732 oz. ASW, 39-40 mm. • **Obv. Legend:** LIBERTY **Rev. Legend:** UNITED STATES OF AMERICA **Designer:** Robert Scot **Note:** The 1798 "knob 9" variety has a serif on the lower left of the 9 in the date. The 1798 varieties are distinguished by the number of arrows held by the eagle on the reverse and the number of berries on the olive branch. On the 1798 "high-8" variety, the 8 in the date is higher than the other numerals. The 1799 varieties are distinguished by the number and positioning of the stars on the obverse and by the size of the berries in the olive branch on the reverse. On the 1700 "irregular date" variety, the first 9 in the date is smaller than the other numerals. Some varieties of the 1800 strikes had letters in the legend cut twice into the dies; as between the numerals in the date are wider than other varieties and the 8 is lower than the other numerals. The 1800 "small berries" variety refers to the size of the berries in the olive branch on the reverse. The 1800 "12 arrows" and "10 arrows" varieties refer to the number of arrows held by the eagle. The 1800 "Americai" variety appears to have the faint outline of an "I" after "America" in the reverse legend. The "close" and "wide" varieties of the 1802 refer to the amount of space between the numerals in the date. The 1800 large-3 and small-3 varieties are distinguished by the size of the 3 in the date.

Date	Mintage	F12	VF20	XF40	AU50	MS60	MS63
1798 knob 9, 4 stripes	423,515	1,475	2,375	4,300	7,400	23,000	57,000
1798 knob 9, 10 arrows	Inc. above	1,475	2,375	4,300	7,400	23,000	57,000
1798 knob 9, 5 stripes	Inc. above	—	—	—	—	—	124,500
1798 pointed 9, 4 berries	Inc. above	1,475	2,375	4,300	7,400	23,000	57,000
1798 5 berries, 12 arrows	Inc. above	1,475	2,375	4,300	7,400	23,000	57,000
1798 high 8	Inc. above	1,475	2,375	4,300	7,400	23,000	57,000
1798 13 arrows	Inc. above	1,475	2,375	4,300	7,400	23,000	57,000
1799/98 13-star reverse	Inc. above	1,475	2,375	4,300	7,800	20,000	54,000
1799/98 15-star reverse	Inc. above	1,475	2,375	4,300	7,800	20,000	54,000
1799 irregular date, 13-star reverse	Inc. above	1,475	2,375	4,300	7,400	23,000	200,000
1799 irregular date, 15-star reverse	Inc. above	1,475	2,375	4,300	7,400	23,000	200,000
1799 perfect date, 7- and 6-star obverse, no berries	Inc. above	1,475	2,375	4,300	7,400	23,000	200,000
1799 perfect date, 7- and 6-star obverse, small berries	Inc. above	1,475	2,375	4,300	7,400	23,000	200,000
1799 perfect date, 7- and 6-star obverse, medium large berries	Inc. above	1,475	2,375	4,300	7,400	23,000	200,000
1799 perfect date, 7- and 6-star obverse, extra large berries	Inc. above	1,475	2,375	4,300	7,400	23,000	200,000
1799 8 stars left, 5 stars right on obverse	Inc. above	1,475	2,375	4,300	7,400	23,000	200,000
1800 "R" in "Liberty" double cut	220,920	1,475	2,375	4,300	7,400	23,000	107,000
1800 first "T" in "States" double cut	Inc. above	1,475	2,375	4,300	7,400	23,000	107,000
1800 both letters double cut	Inc. above	1,475	2,375	4,300	7,400	23,000	107,000
1800 "T" in "United" double cut	Inc. above	1,475	2,375	4,300	7,400	23,000	107,000
1800 very wide date, low 8	Inc. above	1,550	2,400	4,500	8,800	23,000	—
1800 small berries	Inc. above	1,475	2,375	4,300	7,400	23,000	107,000
1800 dot date	Inc. above	1,475	2,375	4,300	7,400	23,000	107,000
1800 12 arrows	Inc. above	1,475	2,375	4,300	7,400	23,000	—
1800 10 arrows	Inc. above	1,475	2,375	4,300	7,400	23,000	—
1800 Americai	Inc. above	1,475	2,375	4,300	7,400	23,000	107,000
1801	54,454	1,800	3,000	4,400	7,700	28,000	68,000
1801 proof restrike	—	—	—	—	—	—	—
1802/1 close	Inc. above	1,750	2,400	4,500	7,500	25,500	—
1802/1 wide	Inc. above	1,750	2,400	4,500	7,500	25,500	—
1802 close, perfect date	Inc. above	1,675	2,500	4,600	7,500	23,000	60,000
1802 wide, perfect date	Inc. above	1,675	2,500	4,600	7,500	23,000	55,000
1802 proof restrike, mintage unrecorded	—	—	—	—	—	—	—
1803 large 3	85,634	1,700	2,400	4,700	7,500	24,000	54,000
1803 small 3	Inc. above	1,700	2,400	4,700	7,500	24,000	54,000
1803 proof restrike, mintage unrecorded	—	—	—	—	—	—	—
1804 15 known	—	—	—	—	—	—	—

Note: 1804, Childs Sale, Aug. 1999, Prf-68, $4,140,000.

Gobrecht Dollar

C Gobrecht F. in base obverse   Eagle flying left amid stars reverse

KM# 59.1 • 26.73 g., 0.900 Silver 0.7734 oz. ASW, 38.1 mm. • **Obv. Designer:** Christian Gobrecht **Rev. Legend:** UNITED STATES OF AMERICA **Edge:** Plain.

Date	Mintage	G4	VG8	F12	VF20	XF40	AU50	MS60	MS63	MS65	PRF65
1836	1,000	—	—	—	11,500	14,850	18,000	—	—	—	75,000

C. Gobrecht F. in base obverse   Eagle flying in plain field reverse

KM# 59.2 • 26.73 g., 0.900 Silver 0.7734 oz. ASW, 38.1 mm. • **Obv. Designer:** Christian Gobrecht. **Edge:** Plain.

Date	Mintage	G4	VG8	F12	VF20	XF40	AU50	MS60	MS63	MS65	PRF65
1836 Restrike	—	—	—	—	—	—	17,500	—	—	—	68,000

C. Gobrecht F. in base obverse

KM# 59a.1 • 26.73 g., 0.900 Silver 0.7734 oz. ASW, 38.1 mm. • **Obv. Legend:** Eagle flying left amid stars. **Edge:** Plain.

Date	Mintage	G4	VG8	F12	VF20	XF40	AU50	MS60	MS63	MS65	PRF65
1836	600	—	—	—	—	—	—	—	—	—	—

C. Gobrecht F. in base obverse   Eagle flying left amid stars reverse

KM# 59a.2 • 26.73 g., 0.900 Silver 0.7734 oz. ASW, 38.1 mm. • **Edge:** Reeded.

Date	Mintage	G4	VG8	F12	VF20	XF40	AU50	MS60	MS63	MS65	PRF65
1836 Restrike	—	—	—	—	—	—	—	—	—	—	—

Designer's name omitted in base obverse   Eagle in plain field reverse

KM# 59a.3 • 26.73 g., 0.900 Silver 0.7734 oz. ASW, 38.1 mm. • **Edge:** Reeded.

Date	Mintage	G4	VG8	F12	VF20	XF40	AU50	MS60	MS63	MS65	PRF65
1839	300	—	—	—	—	—	27,500	—	—	—	95,000

Designer's name omitted in base obverse   Eagle in plain field reverse

KM# 59a.4 • 26.73 g., 0.900 Silver 0.7734 oz. ASW, 38.1 mm. •

Date	Mintage	G4	VG8	F12	VF20	XF40	AU50	MS60	MS63	MS65	PRF65
1839 Restrike	—	—	—	—	—	—	26,500	—	—	—	90,000

Note: All other combinations are restrikes of the late 1850's.

Seated Liberty Dollar
Seated Liberty, date below obverse   No motto above eagle reverse

KM# 71 • 26.73 g., 0.900 Silver 0.7734 oz. ASW, 38.1 mm. • **Rev. Legend:** UNITED STATES OF AMERICA
Designer: Christian Gobrecht

Date	Mintage	G4	VG8	F12	VF20	XF40	AU50	MS60	MS63	MS65	PRF65
1840	61,005	265	275	375	450	700	1,200	6,000	15,000	—	76,000
1841	173,000	265	275	300	450	525	900	2,200	8,000	28,000	220,000
1842	184,618	265	275	300	450	550	750	2,200	4,000	—	76,000
1843	165,100	265	275	300	450	550	875	2,000	6,300	—	125,000
1844	20,000	300	350	400	500	750	1,400	4,850	12,000	—	72,000
1845	24,500	300	350	400	500	825	1,325	6,000	31,000	—	55,000
1846	110,600	265	300	340	400	530	860	2,100	5,000	65,000	95,000
1846O	59,000	300	340	380	500	800	1,225	5,800	17,000	—	—
1847	140,750	265	275	300	3,380	500	800	2,650	4,300	57,000	60,000
1848	15,000	350	450	550	650	1,200	2,000	6,600	12,000	—	62,000
1849	62,600	300	350	400	500	600	900	2,300	5,650	85,000	66,000
1850	7,500	500	600	750	1,000	1,800	2,500	4,400	14,000	—	42,000
1850O	40,000	300	400	460	700	1,500	3,000	9,500	22,000	—	—
1851	1,300	5,000	9,500	9,800	10,000	17,000	23,000	33,000	50,000	120,000	80,000
1851 Restrike	—	—	—	—	—	—	—	—	—	—	75,000
1852	1,100	2,200	2,700	3,600	5,100	16,000	25,000	30,000	60,000	120,000	80,000
1852 Restrike	—	—	—	—	—	—	—	—	—	—	53,000
1853	46,110	350	450	550	650	1,000	1,200	3,200	5,000	72,000	82,000
1853 Restrike	—	—	—	—	—	—	—	—	—	—	—
1854	33,140	1,200	1,600	2,200	3,000	4,000	5,800	8,000	13,000	85,000	65,000
1855	26,000	1,000	1,250	1,750	2,600	3,800	5,000	9,000	30,000	—	45,000
1856	63,500	450	600	800	1,300	1,700	2,300	3,300	10,000	—	26,000
1857	94,000	450	600	800	1,300	1,800	3,000	4,000	5,500	72,000	24,000
1858 proof only	Est. 800	—	—	3,200	3,800	5,850	6,800	—	—	—	32,000
Note: Later restrike.											
1859	256,500	300	350	450	590	800	1,100	2,500	5,200	72,000	10,000
1859O	360,000	265	275	290	340	470	760	1,775	3,200	42,000	—
1859S	20,000	500	660	900	1,325	1,725	3,400	8,800	18,000	—	—
1860	218,930	265	275	300	425	550	800	2,100	4,425	45,000	10,000
1860O	515,000	265	275	290	340	500	760	1,700	2,800	42,000	—
1861	78,500	425	550	800	1,100	2,200	2,600	33,000	6,600	51,000	10,000
1862	12,090	425	550	800	1,500	2,600	3,200	6,000	8,800	55,000	10,000
1863	27,660	400	850	1,200	1,700	2,200	2,750	3,600	5,400	46,000	10,000
1864	31,170	350	450	725	900	1,300	2,525	3,750	8,800	48,000	10,000
1865	47,000	400	550	650	850	1,625	2,300	4,400	8,000	75,000	10,000
1866 2 known without motto	—	—	—	—	—	—	—	—	—	—	—

Seated Liberty, date below obverse   IN GOD WE TRUST above eagle reverse

KM# 100 • 26.73 g., 0.900 Silver 0.7734 oz. ASW, 38.1 mm. • **Rev. Legend:** UNITED STATES OF AMERICA
Designer: Christian Gobrecht **Note:** In 1866 the motto was added to the reverse above the eagle.

Date	Mintage	G4	VG8	F12	VF20	XF40	AU50	MS60	MS63	MS65	PRF65
1866	49,625	290	300	360	500	600	1,100	2,200	4,500	75,000	9,500
1867	47,525	290	300	360	575	770	1,100	2,200	4,500	50,000	9,500
1868	162,700	280	300	400	575	770	1,000	2,000	6,300	75,000	9,500
1869	424,300	290	300	360	500	600	1,000	2,200	4,300	75,000	9,500
1870	416,000	265	275	300	375	475	700	1,800	4,000	50,000	9,500
1870CC	12,462	700	1,000	1,225	1,700	3,500	6,000	24,000	36,750	—	—
1870S 12-15 known	—150,000	200,000	275,000	400,000	500,000	850,000	1,500,000		—	—	—
Note: 1870S, Eliasberg Sale, April 1997, EF-45 to AU-50, $264,000.											
1871	1,074,760	265	275	290	350	450	700	1,700	3,300	52,000	9,500
1871CC	1,376	2,200	3,000	4,500	6,000	11,000	20,000	55,000	147,000	225,000	—
1872	1,106,450	265	275	290	350	460	800	1,900	3,200	50,000	9,500
1872CC	3,150	1,600	2,000	2,400	3,300	5,000	8,000	21,000	75,000	100,000	—
1872S	9,000	400	600	750	900	1,500	2,800	7,000	26,000	—	—
1873	293,600	265	275	300	375	450	700	1,600	3,300	50,000	9,500
1873CC	2,300	7,000	9,500	13,000	18,000	23,000	40,000	110,000	—	—	—
1873S none known	700	—	—	—	—	—	—	—	—	—	—

Trade Dollar
Seated Liberty, IN GOD WE TRUST in base above date obverse
TRADE DOLLAR below eagle reverse

KM# 108 • 27.22 g., 0.900 Silver 0.7876 oz. ASW, 38.1 mm. • **Rev. Legend:** UNITED STATES OF AMERICA.
Designer: William Barber

Date	Mintage	G4	VG8	F12	VF20	XF40	AU50	MS60	MS65	PRF65
1873	397,500	110	125	130	145	225	350	1,100	9,500	6,000
1873CC	124,500	250	300	450	600	1,200	2,500	7,000	95,000	—
1873S	703,000	110	125	130	150	225	350	1,200	15,000	—
1874	987,800	110	125	130	145	225	350	1,000	13,000	6,000
1874CC	1,373,200	200	250	300	400	600	1,100	2,800	27,000	—
1874S	2,549,000	110	125	130	135	225	300	900	14,500	—
1875	218,900	110	125	250	325	600	850	2,000	14,500	6,000
1875CC	1,573,700	250	280	325	400	500	700	2,200	30,000	—
1875S	4,487,000	110	120	125	135	225	300	900	8,000	—
1875S/CC	Inc. above	175	225	325	450	775	1,200	4,500	48,000	—
1876	456,150	100	120	125	135	225	300	900	8,000	6,000
1876CC	509,000	225	300	400	525	750	1,400	6,500	64,000	—
1876CC DDR	Inc. above	—	—	375	650	1,250	2,000	8,500	—	—
1876S	5,227,000	100	120	125	130	225	300	900	11,000	—

DOLLAR

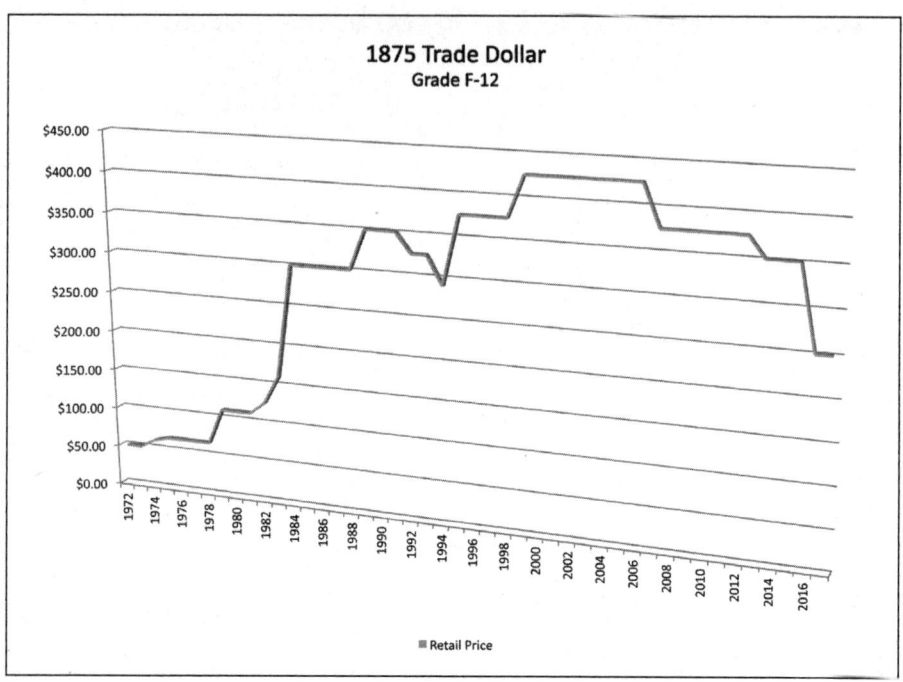

1875 Trade Dollar
Grade F-12

■ Retail Price

Date	Mintage	G4	VG8	F12	VF20	XF40	AU50	MS60	MS65	PRF65
1877	3,039,710	100	120	125	130	225	300	875	8,000	6,000
1877CC	534,000	250	350	450	550	900	2,000	4,000	62,000	—
1877S	9,519,000	110	120	125	130	265	350	900	8,000	—
1878 proof only	900	500	600	675	800	900	1,100	—	—	6,000
1878CC	97,000	550	800	1,200	1,700	4,000	6,500	18,000	130,000	—
1878S	4,162,000	110	120	125	130	225	300	900	7,700	—
1879 proof only	1,541	600	700	800	900	1,000	1,100	—	—	6,000
1880 proof only	1,987	600	700	800	900	1,000	1,100	—	—	6,000
1881 proof only	960	600	700	800	900	1,000	1,100	—	—	6,000
1882 proof only	1,097	600	700	800	900	1,000	1,100	—	—	6,000
1883 proof only	979	600	700	800	900	1,000	1,100	—	—	6,000
1884 proof only	10	—	—	—	—	—	—	—	—	750,000

Note: 1884, Eliasberg Sale, April 1997, Prf-66, $396,000.

| 1885 proof only | 5 | — | — | — | — | — | — | — | — | — |

Note: 1885, Eliasberg Sale, April 1997, Prf-65, $907,500.

Morgan Dollar
Laureate head left, date below flanked by stars obverse
Eagle within 1/2 wreath reverse

 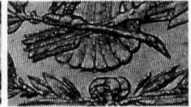 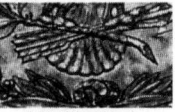

7 Tail feathers   7/8 Tail feathers   8 Tail feathers

KM# 110 • 26.73 g., 0.900 Silver 0.7734 oz. ASW, 38.1 mm. • **Obv. Legend:** E • PLURIBUS • UNUM **Rev. Legend:** UNITED STATES OF AMERICA **Designer:** George T. Morgan **Note:** 65DMPL values are for coins grading MS-65 deep-mirror prooflike. The 1878 "8 tail feathers" and "7 tail feathers" varieties are distinguished by the number of feathers in the eagle's tail. On the "reverse of 1878" varieties, the top of the top feather in the arrows held by the eagle is straight across and the eagle's breast is concave. On the "reverse of 1879 varieties," the top feather in the arrows held by the eagle is slanted and the eagle's breast is convex. The 1890-CC "tail-bar" variety has a bar extending from the arrow feathers to the wreath on the reverse, the result of a die gouge. The Pittman Act of 1918 authorized the melting of 270 Million pieces of various dates. They were not individually recorded.

Date	Mintage	VG8	F12	VF20	XF40	AU50	MS60	MS63	MS64	MS65	65DMPL	PRF65
1878 8 tail feathers	750,000	80.00	85.00	90.00	107	130	215	275	480	1,425	20,000	9,000
1878 7 over 8 tail feathers	9,759,550	57.00	58.00	60.00	65.00	85.00	205	300	530	2,175	14,500	—
1878 7 tail feathers, reverse of 1878	—	57.00	58.00	60.00	65.00	80.00	85.00	150	245	1,050	9,250	11,000
1878 7 tail feathers, reverse of 1879	—	57.00	58.00	60.00	65.00	80.00	130	280	445	1,700	21,250	135,000
1878CC	2,212,000	115	125	130	150	245	425	445	565	1,650	9,100	—
1878S	9,744,000	55.00	58.00	65.00	67.00	76.00	90.00	103	135	315	8,500	—
1879	14,807,100	18.05	25.05	45.00	54.00	60.00	80.00	110	160	780	15,000	6,800
1879CC	756,000	200	210	310	660	2,350	4,200	7,200	9,700	24,000	34,000	—
1879CC capped CC	—	165	200	260	440	1,650	4,250	6,700	9,600	39,000	54,000	—
1879O	2,887,000	53.00	56.00	57.00	58.00	65.00	100	270	550	4,000	20,000	—
1879S reverse of 1878	9,110,000	65.00	68.00	72.00	80.00	90.00	275	675	1,420	5,200	16,000	—
1879S reverse of 1879	—	17.05	25.05	45.00	55.00	60.00	75.00	80.00	95.00	200	1,300	—
1880	12,601,335	46.00	51.00	54.00	54.00	59.00	70.00	98.00	175	675	4,800	6,800
1880CC reverse of 1878	591,000	155	185	205	220	295	575	660	1,050	2,050	15,000	—
1880CC 80/79 reverse of 1878	—	200	240	280	345	420	650	890	1,760	4,100	—	—
1880CC 8/7 reverse of 1878	—	180	210	245	300	370	610	760	1,310	2,900	—	—
1880CC reverse of 1879	—	150	200	240	250	350	600	610	680	1,150	7,000	—
1880CC 8/7 high 7 reverse of 1879	—	185	215	255	300	365	535	695	785	1,900	—	—
1880CC 8/7 low 7 reverse of 1879	—	185	215	255	300	355	535	695	785	1,900	10,500	—
1880O	5,305,000	52.00	54.00	55.00	55.00	59.00	110	365	1,600	22,000	62,500	—
1880S	8,900,000	46.00	47.00	47.00	47.00	54.00	60.00	80.00	95.00	200	800	—

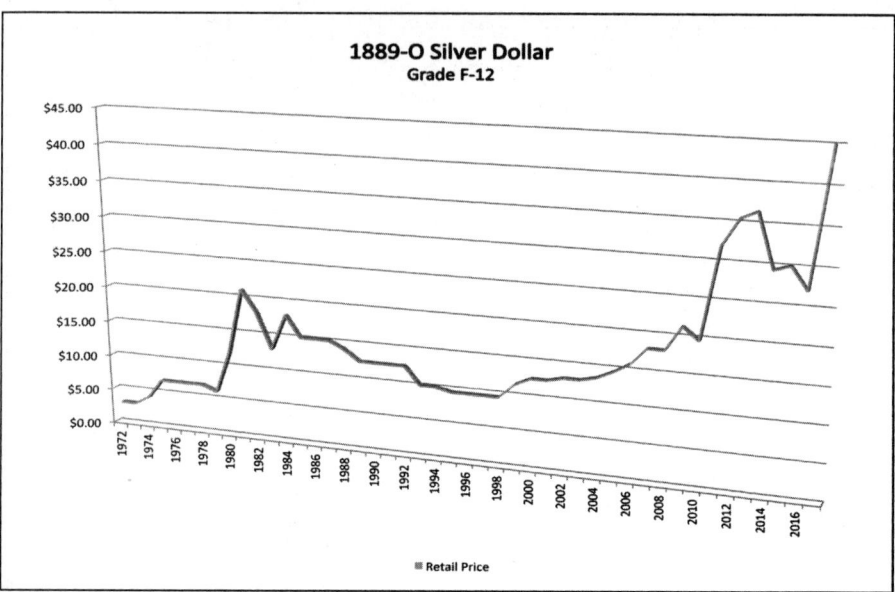

1889-O Silver Dollar
Grade F-12

■ Retail Price

Date	Mintage	VG8	F12	VF20	XF40	AU50	MS60	MS63	MS64	MS65	65DMPL	PRF65
1880S 8/7 crossbar	—	67.00	68.00	75.00	77.00	110	120	360	435	550	—	—
1881	9,163,975	17.05	46.00	46.00	49.00	59.00	70.00	100	175	675	12,250	5,200
1881CC	296,000	345	350	360	375	400	475	550	625	875	3,200	—
1881O	5,708,000	51.00	52.00	53.00	53.00	54.00	70.00	90.00	230	1,325	10,250	—
1881S	12,760,000	17.05	25.05	45.00	56.00	60.00	65.00	86.00	95.00	200	1,000	—
1882	11,101,100	17.05	25.05	45.00	56.00	62.00	70.00	96.00	140	525	6,000	5,000
1882CC	1,133,000	100	102	105	110	145	225	235	265	565	1,900	—
1882O	6,090,000	51.00	52.00	53.00	53.00	59.00	65.00	91.00	140	1,100	3,450	—
1882O/S	—	58.00	59.00	70.00	71.00	100	170	575	1,710	55,000	55,000	—
1882S	9,250,000	17.05	25.05	45.00	56.00	69.00	78.00	88.00	90.00	200	2,500	—
1883	12,291,039	17.05	45.00	46.00	46.00	54.00	67.00	70.00	93.00	210	1,475	5,200
1883CC	1,204,000	105	107	110	115	155	225	240	275	530	1,200	—
1883O	8,725,000	17.05	25.05	45.00	56.00	64.00	70.00	81.00	100	200	1,150	—
1883S	6,250,000	17.05	45.00	46.00	65.00	145	1,020	2,500	5,200	33,000	—	—
1884	14,070,875	17.05	46.00	48.00	48.00	54.00	65.00	90.00	105	340	4,000	4,800
1884CC	1,136,000	137	150	155	158	160	225	245	255	530	1,500	—
1884O	9,730,000	17.05	25.05	45.00	56.00	63.00	70.00	72.00	95.00	305	950	—
1884S	3,200,000	17.05	55.00	56.00	80.00	250	9,000	40,000	130,000	225,000	215,000	—
1885	17,787,767	17.05	25.05	45.00	53.00	64.00	70.00	80.00	100	185	1,050	5,200
1885CC	—	550	575	625	628	635	725	810	875	1,185	2,400	—
1885O	9,185,000	17.05	25.05	45.00	56.00	64.00	70.00	72.00	95.00	200	1,000	—
1885S	1,497,000	21.05	60.00	70.00	61.00	110	255	345	625	1,975	40,000	—
1886	19,963,886	17.05	25.05	45.00	56.00	64.00	70.00	81.00	100	200	1,000	5,200
1886O	10,710,000	44.00	45.00	57.00	57.00	80.00	1,075	3,200	11,000	145,000	—	—
1886S	750,000	65.00	67.00	67.00	100	150	380	460	775	2,500	26,000	—
1887	20,290,710	17.05	25.05	45.00	56.00	64.00	70.00	81.00	100	200	1,125	5,600
1887/6	—	58.00	59.00	60.00	61.00	160	360	515	710	1,800	23,000	—
1887O	11,550,000	17.05	25.05	45.00	57.00	68.00	98.00	170	355	2,500	16,000	—
1887/6O	—	48.00	59.00	55.00	57.00	165	475	2,100	4,000	33,750	—	—
1887S	1,771,000	17.05	45.00	46.00	47.00	57.00	140	315	600	2,425	25,300	—
1888	19,183,833	17.05	45.00	48.00	48.00	59.00	60.00	81.00	110	220	1,875	5,200
1888O	12,150,000	17.05	45.00	46.00	47.00	60.00	75.00	88.00	135	575	4,000	—
1888O Hot Lips	—	80.00	145	300	700	3,100	—	—	—	—	—	—
1888S	657,000	105	145	165	—	190	365	500	835	3,100	—	—
1889	21,726,811	17.05	25.05	45.00	55.00	68.00	80.00	82.00	102	340	3,400	5,200
1889CC	350,000	575	825	1,000	2,475	7,500	26,750	47,000	85,000	278,000	—	—
1889O	11,875,000	17.05	45.00	48.00	50.00	54.00	220	375	825	6,800	26,500	—
1889S	700,000	53.00	65.00	80.00	85.00	135	300	375	620	2,000	29,500	—
1890	16,802,590	17.05	25.05	45.00	57.00	65.00	70.00	85.00	160	1,600	15,000	5,200

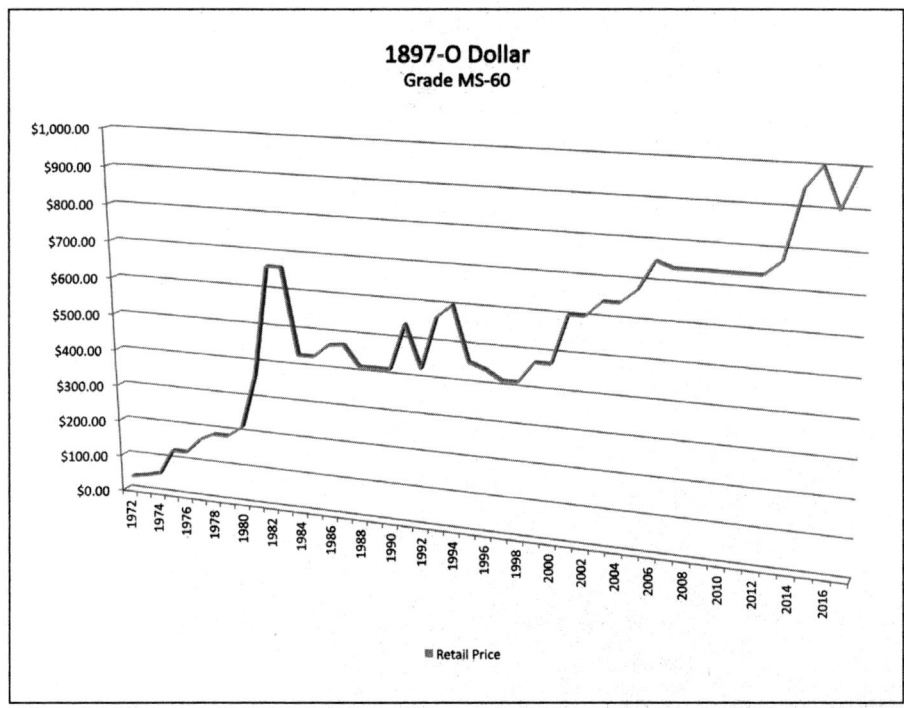

DOLLAR

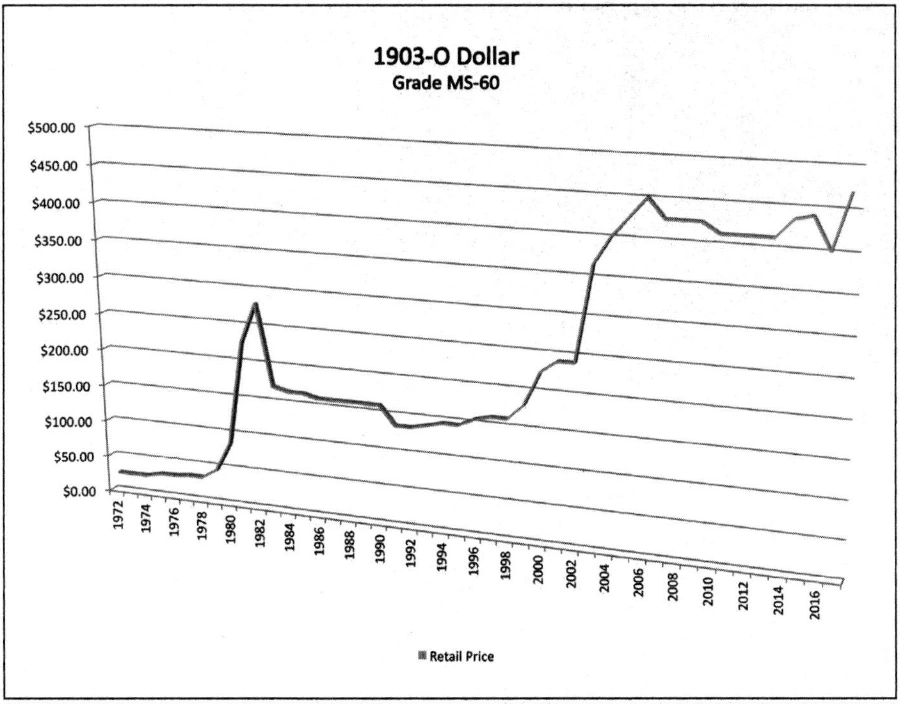

DOLLAR

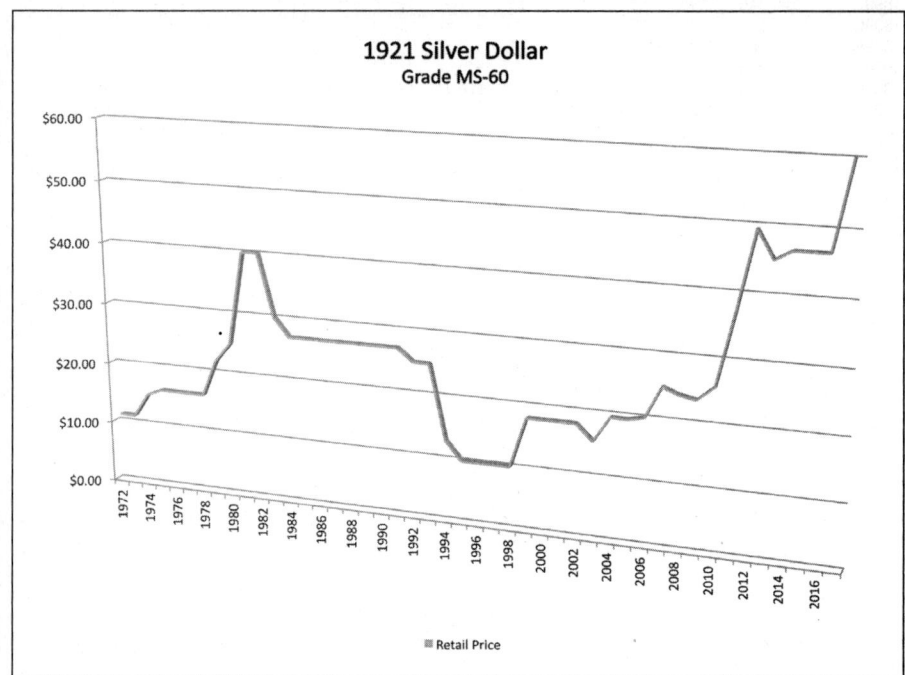

1921 Silver Dollar
Grade MS-60

■ Retail Price

Date	Mintage	VG8	F12	VF20	XF40	AU50	MS60	MS63	MS64	MS65	65DMPL	PRF65
1890CC	2,309,041	95.00	97.00	100	105	195	540	960	1,425	4,600	11,500	—
1890CC tail bar	—	125	145	245	390	700	1,450	3,300	4,700	—	—	—
1890O	10,701,000	17.05	25.05	45.00	56.00	61.00	85.00	135	300	2,000	9,750	—
1890S	8,230,373	17.05	25.05	45.00	56.00	61.00	85.00	130	305	1,225	9,000	—
1891	8,694,206	17.05	25.05	56.00	56.00	58.00	80.00	210	750	5,000	24,500	4,800
1891CC	1,618,000	120	124	132	140	245	600	825	1,350	5,000	28,000	—
1891CC Spitting Eagle	—	105	115	135	185	260	605	865	1,375	5,500	—	—
1891O	7,954,529	17.05	25.05	45.00	58.00	64.00	215	380	700	8,100	32,000	—
1891S	5,296,000	17.05	25.05	45.00	55.00	61.00	100	175	360	1,700	18,000	—
1892	1,037,245	20.05	48.00	49.00	52.00	100	370	550	1,075	5,250	18,000	4,800
1892CC	1,352,000	190	210	260	390	645	1,450	2,275	3,150	9,750	32,500	—
1892O	2,744,000	17.05	25.05	45.00	56.00	78.00	345	460	835	6,750	45,000	—
1892S	1,200,000	45.00	50.00	125	210	1,375	39,000	77,500	105,000	140,000	175,000	—
1893	378,792	185	190	195	230	365	925	1,300	2,275	6,000	—	5,200
1893CC	677,000	325	345	700	910	2,400	6,100	8,600	16,000	77,000	85,500	—
1893O	300,000	210	230	380	510	775	4,100	7,500	17,000	165,000	210,000	—
1893S	100,000	2,500	3,600	4,800	7,100	20,500	130,000	250,000	350,000	700,000	650,000	—
1894	110,972	800	850	900	985	1,150	3,100	4,850	8,400	35,000	80,000	6,400
1894O	1,723,000	43.00	48.00	50.00	65.00	195	1,400	5,500	10,500	59,000	58,000	—
1894S	1,260,000	58.00	60.00	95.00	130	450	900	1,300	2,500	6,400	—	—
1895 proof only	12,880	30,000	32,000	34,000	34,750	37,000	43,500	53,000	60,000	66,000	—	63,000
1895O	450,000	260	280	365	425	1,000	17,000	48,000	86,000	210,000	—	—
1895S	400,000	390	475	725	1,100	1,500	5,200	7,100	9,000	20,000	32,500	—
1896	9,967,762	7.05	15.05	35.00	44.00	51.00	55.00	78.00	100	260	1,000	4,800
1896O	4,900,000	43.00	46.00	47.00	47.80	160	1,650	7,725	38,000	150,000	140,000	—
1896S	5,000,000	43.00	45.00	55.00	165	825	2,400	3,800	6,000	14,780	85,000	—
1897	2,822,731	17.05	20.05	40.00	49.00	50.00	60.00	88.00	95.00	320	2,700	4,900
1897O	4,004,000	17.05	20.05	40.00	49.00	95.00	1,000	5,200	14,000	70,000	60,000	—
1897S	5,825,000	17.05	20.05	48.00	49.00	55.00	90.00	170	245	610	2,300	—
1898	5,884,735	17.05	20.05	40.00	49.00	50.00	65.00	81.00	90.00	245	950	5,200
1898O	4,440,000	17.05	20.05	(5.00)	49.00	50.00	65.00	85.00	90.00	185	1,100	—
1898S	4,102,000	45.00	46.00	47.00	50.00	90.00	270	460	670	1,850	13,000	—

Date	Mintage	VG8	F12	VF20	XF40	AU50	MS60	MS63	MS64	MS65	65DMPL	PRF65
1899	330,846	145	155	160	162	185	275	305	370	880	2,500	5,200
1899O	12,290,000	17.05	25.05	45.00	54.00	59.00	65.00	78.00	90.00	185	1,300	—
1899S	2,562,000	43.00	45.00	47.00	52.00	160	375	600	800	2,100	17,500	—
1900	8,880,938	17.05	25.05	45.00	—	60.00	75.00	81.00	90.00	225	30,000	5,200
1900O	12,590,000	17.05	25.05	45.00	—	60.00	66.00	85.00	95.00	200	5,000	—
1900O/CC	—	70.00	75.00	105	120	170	375	750	975	2,000	15,000	—
1900S	3,540,000	20.05	48.00	50.00	57.00	90.00	335	425	640	1,825	25,000	—
1901	6,962,813	47.00	48.00	55.00	85.00	250	3,300	15,000	48,000	450,000	—	4,800
1901 doubled die reverse	—	275	450	900	2,000	3,850	—	—	—	—	—	—
1901O	13,320,000	50.00	53.00	53.00	54.00	59.00	71.00	82.00	95.00	225	9,000	—
1901S	2,284,000	45.00	50.00	51.00	60.00	185	550	825	1,250	3,000	23,000	—
1902	7,994,777	42.00	46.00	47.00	50.00	56.00	100	170	210	490	17,500	5,000
1902O	8,636,000	43.00	44.00	47.00	—	59.00	65.00	85.00	95.00	230	14,000	—
1902S	1,530,000	102	105	140	160	250	415	615	810	2,350	12,000	—
1903	4,652,755	50.00	51.00	53.00	54.00	55.00	85.00	105	155	340	23,000	4,800
1903O	4,450,000	330	350	375	385	420	470	485	500	675	6,800	—
1903S	1,241,000	80.00	105	195	300	1,600	5,500	7,000	8,000	10,400	32,500	—
1903S Micro S	—	155	245	500	1,250	—	—	—	—	—	—	—
1904	2,788,650	43.00	44.00	45.00	47.00	60.00	135	275	600	2,050	65,000	5,000
1904O	3,720,000	43.00	44.00	45.00	50.00	58.00	70.00	85.00	95.00	205	1,125	—
1904S	2,304,000	45.00	50.00	80.00	110	475	2,550	4,550	6,000	10,500	20,000	—
1921	44,690,000	16.05	25.05	50.00	—	56.00	60.00	66.00	85.00	200	16,500	10,000
1921D	20,345,000	16.05	25.05	50.00	—	56.00	60.00	85.00	135	305	—	—
1921S	21,695,000	19.05	50.00	50.00	—	56.00	60.00	88.00	180	1,790	—	—

Peace Dollar

Liberty Head left obverse   Eagle facing right perched on rock reverse

KM# 150 • 26.73 g., 0.900 Silver 0.7734 oz. ASW, 38.1 mm. • **Designer:** Anthony DeFrancisci **Note:** Prices with a letter after them mean, e=estimated, a=auction realization, h=historical record over 5 years old.

Date	Mintage	G4	VG8	F12	VF20	XF40	AU50	MS60	MS63	MS64	MS65
1921	1,006,473	70.00	95.00	100	110	115	150	285	500	800	1,950
1921 rev ray over first L in DOLLAR Vam 3	—	—	—	—	—	200	250	475	—	—	—
1922	51,737,000	23.00	24.00	25.00	27.00	30.00	34.00	37.00	43.00	55.00	140
1922D	15,063,000	23.00	24.00	25.00	27.00	30.00	34.00	66.00	100	135	625
1922S	17,475,000	23.00	—	25.00	27.00	30.00	34.00	64.00	105	265	2,000
1923	30,800,000	23.00	24.00	25.00	27.00	30.00	34.00	40.00	45.00	55.00	135
1923D	6,811,000	23.00	24.00	25.00	27.00	33.00	45.00	76.00	180	365	1,250
1923S	19,020,000	23.00	24.00	25.00	27.00	32.00	44.00	62.00	105	390	4,200
1924	11,811,000	23.00	24.00	25.00	27.00	30.00	33.00	50.00	58.00	70.00	130
1924S	1,728,000	23.00	24.00	25.00	37.00	47.00	80.00	265	500	1,075	9,000
1925	10,198,000	23.00	24.00	25.00	27.00	32.00	33.00	40.00	45.50	60.00	130
1925S	1,610,000	23.00	24.00	25.00	30.00	37.00	48.00	80.00	275	735	25,500
1926	1,939,000	23.00	24.00	25.00	30.00	37.00	45.00	65.00	110	160	475
1926D	2,348,700	23.00	24.00	25.00	27.00	37.00	60.00	100	260	400	1,050
1926S	6,980,000	23.00	24.00	25.00	27.00	35.00	45.00	70.00	105	275	1,025
1927	848,000	23.00	33.00	34.00	35.00	45.00	55.00	98.00	200	600	2,200
1927D	1,268,900	23.00	31.00	32.00	43.00	46.00	100	165	425	1,125	4,425
1927S	866,000	23.00	33.00	34.00	43.00	56.00	81.00	230	575	1,160	8,550
1928	360,649	185	260	270	280	295	320	480	725	1,020	4,000

DOLLAR

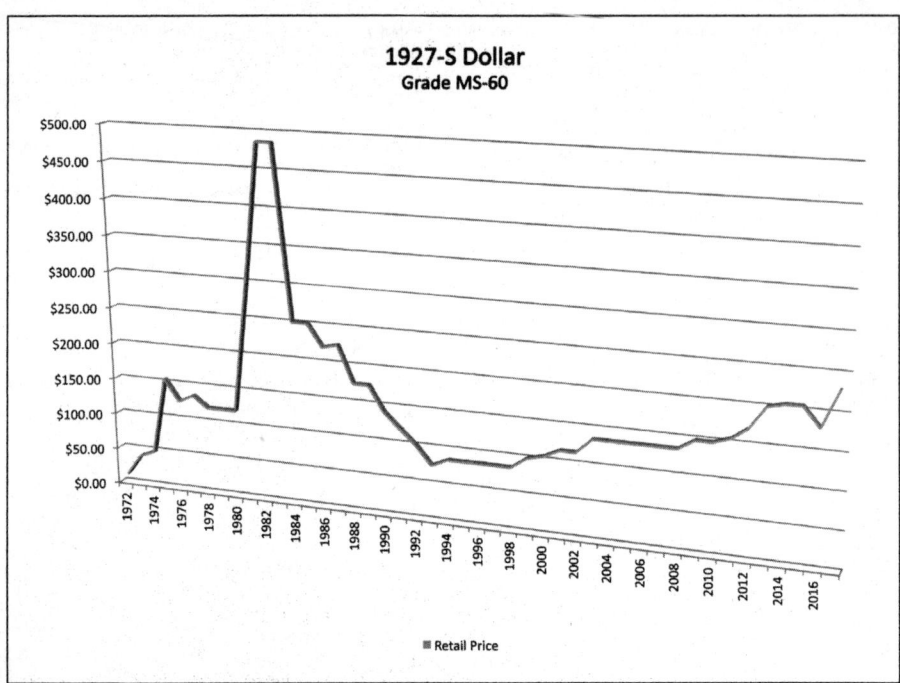

1927-S Dollar
Grade MS-60

■ Retail Price

Date	Mintage	G4	VG8	F12	VF20	XF40	AU50	MS60	MS63	MS64	MS65
1928S	1,632,000	23.00	35.00	40.00	42.00	49.00	70.00	250	510	950	17,000
1934	954,057	25.00	32.00	45.00	47.00	50.00	55.00	125	215	400	725
1934D Large D	1,569,500	25.00	42.00	45.00	47.00	52.00	55.00	175	400	575	1,575
1934D Small D	—	25.00	40.00	45.00	50.00	52.00	55.00	160	410	575	1,550
1934S	1,011,000	—	42.00	42.00	65.00	150	500	2,300	4,250	6,500	8,200
1935	1,576,000	25.00	42.00	44.00	46.00	48.00	65.00	95.00	145	245	730
1935S 3 Rays	1,964,000	25.00	42.00	44.00	47.00	50.00	95.00	285	420	650	1,320
1935S 4 Rays	—	25.00	42.00	44.00	52.00	54.00	100	275	465	660	1,550

Date	Mintage	MS63	MS65	PRF65
1972 Low Relief	75,890,000	—	18.00	—
1972 High Relief	Inc. above	—	100	—
1972 Modified High Relief	Inc. above	—	25.00	—
1972D	92,548,511	—	8.00	—
1973	2,000,056	—	12.00	—
1973D	2,000,000	—	12.00	—
1973S	2,769,624	7.00	—	12.00
1974	27,366,000	—	9.00	—
1974D	35,466,000	—	7.50	—
1974S	2,617,350	6.00	—	11.00

KM# 203 • 22.80 g., Copper-Nickel Clad Copper, 38 mm. • **Designer:** Frank Gasparro

Date	Mintage	MS63	MS65	PRF65
1971	47,799,000	—	5.00	—
1971D	68,587,424	—	4.00	—

KM# 203a · 24.59 g., 0.400 Silver 0.3162 oz. ASW, 38.1 mm. · **Designer:** Frank Gasparro

Date	Mintage	MS63	MS65	PRF65
1971S	6,868,530	6.50	7.50	11.00
1971S	4,265,234	—	—	—
1971S Peg Leg "R" Variety	Inc. above	8.00	—	17.00
1971S Partial Peg Leg "R" Variety	Inc. above	9.00	—	18.00
1972S	2,193,056	—	7.50	—
1972S	1,811,631	6.50	—	9.00
1973S	1,833,140	—	7.50	—
1973S	1,005,617	30.00	—	45.00
1974S	1,720,000	—	7.50	—
1974S	1,306,579	6.50	—	11.00

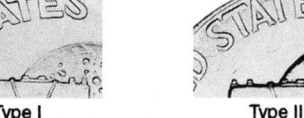

Type I	Type II
Squared "T"	Slant-top "T"

KM# 206 · 22.68 g., Copper-Nickel Clad Copper, 38.1 mm. · **Rev. Designer:** Dennis R. Williams
Note: In 1976 the lettering on the reverse was changed to thinner letters, resulting in the Type II variety for that year. The Type I variety was minted 1975 and dated 1976.

Date	Mintage	MS63	MS65	PRF65
1976 type I	117,337,000	—	12.00	—
1976 type II	Inc. above	—	7.50	—
1976D type I	103,228,274	—	10.00	—
1976D type II	Inc. above	—	7.00	—
1976S type I	2,909,369	5.00	—	10.00
1976S type II	4,149,730	5.00	—	9.00

KM# 206a · 24.59 g., 0.400 Silver 0.3162 oz. ASW
Rev. Designer: Dennis R. Williams

Date	Mintage	MS63	MS65	PRF65
1976S	4,908,319	11.50	7.50	14.00
1976S	3,998,621	—	—	—

KM# A203 · Copper-Nickel Clad Copper, 38.1 mm.
· **Designer:** Frank Gasparro

Date	Mintage	MS63	MS65	PRF65
1977	12,596,000	—	5.50	—
1977D	32,983,006	—	8.00	—
1977S	3,251,152	5.00	—	9.00
1978	25,702,000	—	6.50	—
1978D	33,012,890	—	6.50	—
1978S	3,127,788	5.50	—	9.00

Susan B. Anthony Dollar
Susan B. Anthony bust right obverse
Eagle landing on moon, symbolic of Apollo manned moon landing reverse

KM# 207 · 8.10 g., Copper-Nickel Clad Copper, 26.5 mm. · **Edge:** Reeded **Designer:** Frank Gasparro
Note: The 1979-S and 1981-S Type II coins have a clearer mint mark than the Type I varieties for those years.

Date	Mintage	MS63	MS65	PRF65
1979P Near date	360,222,000	30.00	90.00	—
1979P	Inc. above	2.50	12.50	—
1979D	288,015,744	2.50	12.50	—
1979S Proof, Type I	3,677,175	—	—	6.00
1979S Proof, Type II	Inc. above	—	—	85.00
1979S	109,576,000	2.50	13.50	—
1980P	27,610,000	2.50	12.00	—
1980D	41,628,708	2.50	12.00	—
1980S	20,422,000	5.00	20.00	—
1980S Proof	3,547,030	—	—	5.00
1981P	3,000,000	5.00	18.00	—
1981D	3,250,000	5.00	13.50	—
1981S	3,492,000	5.00	30.00	—
1981S Proof, Type I	4,063,083	—	—	7.00
1981S Proof, Type II	Inc. above	—	—	225
1999P	29,592,000	3.00	10.00	—
1999P Proof	Est. 750000	—	—	22.00
1999D	11,776,000	3.00	10.00	—

Sacagawea Dollar
Sacagawea bust right, with baby on back obverse
Eagle in flight left reverse

KM# 310 • 8.07 g., Copper-Zinc-Manganese-Nickel Clad Copper, 26.5 mm. • **Obv. Designer:** Glenda Goodacre **Rev. Designer:** Thomas D. Rodgers

Date	Mintage	MS63	MS65	PRF65
2000P	767,140,000	2.00	7.50	—
2000P Goodacre Presentation	5,000	—	575	—
2000D	518,916,000	2.00	11.00	—
2000D from Millennium Set	5,500	10.00	50.00	—
2000S	4,048,000	—	—	5.00
2001P	62,468,000	2.25	6.00	—
2001D	70,909,500	2.25	8.00	—
2001S	3,084,000	—	—	16.00
2002P	3,865,610	3.00	9.00	—
2002D	3,732,000	2.75	10.00	—
2002S	3,157,739	—	—	10.00
2003P	3,090,000	4.50	10.00	—
2003D	3,090,000	4.75	12.00	—
2003S	3,116,590	—	—	8.00
2004P	2,660,000	3.50	6.00	—
2004D	2,660,000	4.00	8.00	—
2004S	2,992,069	—	—	7.50
2005P	2,520,000	3.00	9.00	—
2005P Satin Finish	1,160,000	5.00	9.00	—
2005D	2,520,000	3.00	10.00	—
2005D Satin Finish	1,160,000	5.00	9.00	—
2005S	3,273,000	—	—	6.00
2006P	4,900,000	3.25	6.00	—
2006P Satin Finish	847,361	4.50	9.00	—
2006D	2,800,000	3.50	10.00	—
2006D Satin Finish	847,361	4.00	6.00	—
2006S	3,054,436	—	—	9.00
2007P	3,640,000	2.25	5.50	—
2007P Satin Finish	895,628	4.00	6.00	—
2007D	3,920,000	2.25	7.50	—
2007D Satin Finish	895,628	4.00	6.00	—
2007S	2,577,166	—	—	6.50
2008P	1,820,000	2.00	7.00	—
2008P Satin Finish	745,464	4.00	6.00	—
2008D	1,820,000	3.50	10.00	—
2008D Satin Finish	745,464	4.00	6.00	—
2008S	2,169,561	—	—	16.00

Native American Dollar - Planting crops reverse
Sacagawea bust right with baby on back obverse
Native American female planting corn, beans and squash reverse

KM# 467 • 8.07 g., Copper-Zinc-Manganese-Nickel Clad Copper, 26.5 mm. • **Obv. Designer:** Glenda Goodacre **Rev. Designer:** Norm Nemeth **Edge Lettering:** E PLURIBUS UNUM, date, mint mark **Note:** Date and mint mark on edge

Date	Mintage	MS63	MS65	PRF65
2009P	37,380,000	2.00	5.00	—
2009P Satin finish	784,614	4.00	7.00	—
2009D	33,880,000	2.00	5.00	—
2009D Satin finish	784,614	4.00	7.00	—
2009S	2,179,867	—	—	6.00

Hiawatha belt reverse
Sacagawea bust right with baby on back obverse
Hiawatha belt and bundle of five arrows reverse

KM# 474 • 8.07 g., Copper-Zinc-Manganese-Nickel Clad Copper, 26.5 mm. • **Obv. Designer:** Glenda Goodacre **Rev. Designer:** Thomas Cleveland and Charles L. Vickers **Edge Lettering:** E PLURIBUS UNUM, date, mint mark **Note:** Date and mint mark on edge

Date	Mintage	MS63	MS65	PRF65
2010P	32,060,000	2.00	5.00	—
2010P Satin Finish	583,897	4.00	7.00	—
2010D	48,720,000	2.00	5.00	—
2010D Satin Finish	583,897	4.00	7.00	—
2010S	1,689,364	—	—	12.50

Peace Pipe reverse
Sacagawea bust right with baby on back obverse
Hands passing peace pipe reverse

KM# 503 • 8.07 g., Copper-Zinc-Manganese-Nickel Clad Copper, 26.5 mm. • **Obv. Designer:** Glenna Goodacre **Rev. Designer:** Richard Masters and Joseph Menna **Edge Lettering:** E PLURIBUS UNUM, date, mint mark **Note:** Date and mint mark on edge

Date	Mintage	MS63	MS65	PRF65
2011P	29,400,000	2.00	5.50	—
2011D	48,160,000	2.00	5.00	—
2011S	1,453,276	—	—	8.00

DOLLAR

Horse reverse
Sacagawea bust right with baby on back obverse
Horse and Native American profile facing left reverse

KM# 528 • 8.07 g., Copper-Zinc-Manganese-Nickel Clad Copper, 26.5 mm. • **Obv. Designer:** Glenda Goodacre **Rev. Designer:** Thomas Cleveland and Phebe Hemphill **Edge Lettering:** E PLURIBUS UNUM, date, mint mark **Note:** Date and mint mark on edge

Date	Mintage	MS63	MS65	PRF65
2012P	2,800,000	2.00	7.00	—
2012D	3,080,000	2.00	7.00	—
2012S	1,189,445	—	—	12.50

Delaware Treaty of 1778
Turtle, turkey and wolf reverse

KM# 551 • 8.07 g., Copper-Zinc-Manganese-Nickel Clad Copper, 26.5 mm. • **Edge:** E PLURIBUS UNUM, date, mint mark **Note:** Date and mint mark on edge.

Date	Mintage	MS63	MS65	PRF65
2013P	1,820,000	2.00	7.00	—
2013D	1,820,000	2.00	7.00	—
2013S	1,192,690	—	—	12.50

Native Hospitality

KM# 575 • 8.07 g., Copper-Zinc-Manganese-Nickel Clad Copper, 26.5 mm. •

Date	Mintage	MS63	MS65	PRF65
2014P	—	2.00	7.00	—
2014D	—	2.00	7.00	—
2014S	—	—	—	12.50

KM# 575.1 • 8.07 g., Copper-Zinc-Manganese-Nickel Clad Copper, 26.5 mm. • **Note:** In 2014 American $1 Coin & Currency Sets only.

Date	Mintage	MS63	MS65	PRF65
2014D Enhanced Unc.	50,000	5.00	—	—

Mohawk Ironworkers

KM# 603 • 8.07 g., Copper-Zinc-Manganese-Nickel Clad Copper, 26.5 mm. •

Date	Mintage	MS63	MS65	PRF65
2015P	2,467,651	2.00	7.00	—
2015D	3,042,741	2.00	7.00	—
2015S	661,165	—	—	12.50

KM# 603.1 • 8.07 g., Copper-Zinc-Manganese-Nickel Clad Copper, 26.5 mm. • **Note:** In 2015 American $1 Coin & Currency Sets only.

Date	Mintage	MS63	MS65	PRF65
2015W Enhanced Unc.	87,239	5.00	—	—

Code Talkers

KM# 618 • 8.07 g., Copper-Zinc-Manganese-Nickel Clad Copper, 26.5 mm. •

Date	Mintage	MS63	MS65	PRF65
2016P	—	2.00	7.00	—
2016D	—	2.00	7.00	—
2016S	—	—	—	12.50

Sequoyah

KM# 640 • 8.07 g., Copper-Zinc-Manganese-Nickel Clad Copper, 26.5 mm. •

Date	Mintage	MS63	MS65	PRF65
2017D	—	2.00	—	—
2017P	—	2.00	—	—
2017S Proof	—	—	—	12.50

DOLLAR

Presidents
George Washington

KM# 401 • 8.07 g., Copper-Zinc-Manganese-Nickel Clad Copper, 26.5 mm. **Obv. Designer:** Joseph Menna **Rev. Designer:** Don Everhart **Edge Lettering:** IN GOD WE TRUST date, mint mark E PLURIBUS UNUM **Note:** Date and mint mark incuse on edge.

Date	Mintage	MS63	MS65	PRF65
2007P	176,680,000	2.00	3.00	—
2007P Satin Finish	895,628	2.00	4.00	—
-2007 Plain edge error	Inc. above	175	275	—
2007D	163,680,000	2.00	3.00	—
2007D Satin Finish	895,628	2.00	4.00	—
2007S	3,883,103	—	—	3.00

John Adams

KM# 402 • 8.07 g., Copper-Zinc-Manganese-Nickel Clad Copper, 26.5 mm. **Obv. Designer:** Joel Iskowitz and Charles Vickers **Rev. Designer:** Don Everhart **Edge Lettering:** IN GOD WE TRUST date, mint mark E PLURIBUS UNUM **Note:** Date and mint mark incuse on edge.

Date	Mintage	MS63	MS65	PRF65
2007P	112,420,000	2.00	3.00	—
2007P Double edge lettering	Inc. above	45.00	65.00	—
2007D Plain edge error	Inc. above	60.00	70.00	—
2007P Satin Finish	895,628	2.00	4.00	—
2007D	112,140,000	2.00	3.00	—
2007D Satin Finish	895,628	2.00	4.00	—
2007S	3,877,409	—	—	3.00

Thomas Jefferson

KM# 403 • 8.07 g., Copper-Zinc-Manganese-Nickel Clad Copper, 26.5 mm. **Obv. Designer:** Joseph Menna **Rev. Designer:** Don Everhart **Edge Lettering:** IN GOD WE TRUST date, mint mark E PLURIBUS UNUM **Note:** Date and mint mark incuse on edge.

Date	Mintage	MS63	MS65	PRF65
2007P	100,800,000	2.00	3.00	—

Date	Mintage	MS63	MS65	PRF65
2007P Satin Finish	895,628	2.00	4.00	—
2007D	102,810,000	2.00	3.00	—
2007D Satin Finish	895,628	2.00	4.00	—
2007S	3,877,573	—	—	3.00

James Madison

KM# 404 • 8.07 g., Copper-Zinc-Manganese-Nickel Clad Copper, 26.5 mm. **Obv. Designer:** Joel Iskowitz and Don Everhart **Rev. Designer:** Don Everhart **Edge Lettering:** IN GOD WE TRUST date, mint mark E PLURIBUS UNUM **Note:** Date and mint mark incuse on edge.

Date	Mintage	MS63	MS65	PRF65
2007P	84,560,000	2.00	3.00	—
2007P Satin Finish	895,628	2.00	4.00	—
2007D	87,780,000	2.00	3.00	—
2007D Satin Finish	895,628	2.00	4.00	—
2007S	3,876,829	—	—	3.00

James Monroe

KM# 426 • 8.07 g., Copper-Zinc-Manganese-Nickel Clad Copper, 26.5 mm. **Obv. Designer:** Joseph Menna **Rev. Designer:** Don Everhart **Edge Lettering:** IN GOD WE TRUST date, mint mark E PLURIBUS UNUM

Date	Mintage	MS63	MS65	PRF65
2008P	64,260,000	2.00	3.00	—
2008P Satin Finish	745,464	2.00	4.00	—
2008D	60,230,000	2.00	3.00	—
2008D Satin Finish	745,464	2.00	4.00	—
2008S	3,000,000	—	—	4.00

John Quincy Adams

KM# 427 • 8.07 g., Copper-Zinc-Manganese-Nickel Clad Copper, 26.5 mm. **Obv. Designer:** Don Everhart **Rev. Designer:** Don Everhart **Edge Lettering:** IN GOD WE TRUST date, mint mark E PLURIBUS UNUM **Note:** Date and mint mark incuse on edge.

Date	Mintage	MS63	MS65	PRF65
2008P	57,540,000	2.00	3.00	—

Date	Mintage	MS63	MS65	PRF65
2008P Satin Finish	745,464	2.00	4.00	—
2008D	57,720,000	2.00	3.00	—
2008D Satin Finish	745,464	2.00	4.00	—
2008S	3,000,000	—	—	4.00

Andrew Jackson

KM# 428 • 8.07 g., Copper-Zinc-Manganese-Nickel Clad Copper, 26.5 mm. **Obv. Designer:** Joel Iskowitz and Jim Licaretz **Rev. Designer:** Don Everhart **Edge Lettering:** IN GOD WE TRUST date, mint mark E PLURIBUS UNUM **Note:** Date and mint mark incuse on edge.

Date	Mintage	MS63	MS65	PRF65
2008P	61,180,000	2.00	3.00	—
2008P Satin Finish	745,464	2.00	4.00	—
2008D	61,070,000	2.00	3.00	—
2008D Satin Finish	745,464	2.00	4.00	—
2008S	3,000,000	—	—	4.00

Martin van Buren

KM# 429 • 8.07 g., Copper-Zinc-Manganese-Nickel Clad Copper, 26.5 mm. **Obv. Designer:** Joel Iskowitz and Phebe Hemphill **Rev. Designer:** Don Everhart **Edge Lettering:** IN GOD WE TRUST date, mint mark E PLURIBUS UNUM **Note:** Date and mint mark incuse on edge.

Date	Mintage	MS63	MS65	PRF65
2008P	51,520,000	2.00	3.00	—
2008P Satin Finish	745,464	2.00	4.00	—
2008D	50,960,000	2.00	3.00	—
2008D Satin Finish	745,464	2.00	4.00	—
2008S	3,000,000	—	—	4.00

William Henry Harrison

KM# 450 • 8.07 g., Copper-Zinc-Manganese-Nickel Clad Copper, 26.5 mm. **Obv. Designer:** Joseph Menna **Rev. Designer:** Don Everhart **Edge Lettering:** E PLURIBUS UNUM, date, mint mark **Note:** Date and mint mark on edge

Date	Mintage	MS63	MS65	PRF65
2009P	43,260,000	2.00	3.00	—

Date	Mintage	MS63	MS65	PRF65
2009P Satin Finish	784,614	2.00	4.00	—
2009D	55,160,000	2.00	3.00	—
2009P Satin Finish	784,614	2.00	4.00	—
2009S	2,224,827	—	—	3.00

John Tyler

KM# 451 • 8.07 g., Copper-Zinc-Manganese-Nickel Clad Copper, 26.5 mm. **Obv. Designer:** Phebe Hemphill **Rev. Designer:** Don Everhart **Edge Lettering:** E PLURIBUS UNUM, date, mint mark **Note:** Date and mint mark on edge.

Date	Mintage	MS63	MS65	PRF65
2009P	43,540,000	2.00	3.00	—
2009P Satin Finish	784,614	2.00	4.00	—
2009D	43,540,000	2.00	3.00	—
2009D Satin Finish	784,614	2.00	4.00	—
2009S	2,224,827	—	—	3.00

James K. Polk

KM# 452 • 8.07 g., Copper-Zinc-Manganese-Nickel Clad Copper, 26.5 mm. **Obv. Designer:** Susan Gamble and Charles Vickers **Rev. Designer:** Don Everhart **Edge Lettering:** E PLURIBUS UNUM, date, mint mark **Note:** Date and mint mark on edge

Date	Mintage	MS63	MS65	PRF65
2009P	46,620,000	2.00	3.00	—
2009P Satin Finish	784,614	2.00	4.00	—
2009D	41,720,000	2.00	3.00	—
2009D Satin Finish	784,614	2.00	4.00	—
2009S	2,224,827	—	—	3.00

Zachary Taylor

KM# 453 • 8.07 g., Copper-Zinc-Manganese-Nickel Clad Copper, 26.5 mm. **Obv. Designer:** Don Everhart **Rev. Designer:** Don Everhart **Edge Lettering:** E PLURIBUS UNUM, date, mint mark **Note:** Date and mint mark on edge.

Date	Mintage	MS63	MS65	PRF65
2009P	41,580,000	2.00	3.00	—
2009P Satin Finish	784,614	2.00	4.00	—

DOLLAR

DOLLAR

Date	Mintage	MS63	MS65	PRF65
2009D	36,680,000	2.00	3.00	—
2009D Satin Finish	784,614	2.00	4.00	—
2009S	2,224,827	—	—	3.00

Millard Filmore

KM# 475 • 8.07 g., Copper-Zinc-Manganese-Nickel Clad Copper, 26.5 mm. **Obv. Designer:** Don Everhart **Rev. Designer:** Don Everhart **Edge Lettering:** E PLURIBUS UNUM, date, mint mark **Note:** Date and mint mark on edge.

Date	Mintage	MS63	MS65	PRF65
2010P	37,520,000	2.00	3.00	—
2010P Satin Finish	583,897	2.00	4.00	—
2010D	36,960,000	2.00	3.00	—
2010D Satin Finish	583,897	2.00	4.00	—
2010S	2,224,827	—	—	4.00

Franklin Pierce

KM# 476 • 8.07 g., Copper-Zinc-Manganese-Nickel Clad Copper, 26.5 mm. **Obv. Designer:** Susan Gamble and Charles L. Vickers **Rev. Designer:** Don Everhart **Edge Lettering:** E PLURIBUS UNUM, date, mint mark **Note:** Date and mint mark on edge.

Date	Mintage	MS63	MS65	PRF65
2010P	38,220,000	2.00	3.00	—
2010P Satin Finish	583,897	2.00	4.00	—
2010D	38,360,000	2.00	3.00	—
2010D Satin Finish	583,897	2.00	4.00	—
2010S	2,224,827	—	—	4.00

James Buchanan

KM# 477 • 8.07 g., Copper-Zinc-Manganese-Nickel Clad Copper, 26.5 mm. **Obv. Designer:** Phebe Hemphill **Rev. Designer:** Don Everhart **Edge Lettering:** E PLURIBUS UNUM, date, mint mark **Note:** Date and mint mark on edge.

Date	Mintage	MS63	MS65	PRF65
2010P	36,820,000	2.00	3.00	—
2010P Satin Finish	583,897	2.00	4.00	—

Date	Mintage	MS63	MS65	PRF65
2010D	36,540,000	2.00	3.00	—
2010D Satin Finish	583,897	2.00	4.00	—
2010S	2,224,827	—	—	4.00

Abraham Lincoln

KM# 478 • 8.07 g., Copper-Zinc-Manganese-Nickel Clad Copper, 26.5 mm. **Obv. Designer:** Don Everhart **Rev. Designer:** Don Everhart **Edge Lettering:** E PLURIBUS UNUM, date, mint mark **Note:** Date and mint mark on edge.

Date	Mintage	MS63	MS65	PRF65
2010P	49,000,000	2.00	3.00	—
2010P Satin Finish	583,897	2.00	4.00	—
2010D	48,020,000	2.00	3.00	—
2010D Satin Finish	583,897	2.00	4.00	—
2010S	2,224,827	—	—	4.00

Andrew Johnson

KM# 499 • 8.07 g., Copper-Zinc-Manganese-Nickel Clad Copper, 26.5 mm. **Obv. Designer:** Don Everhart **Rev. Designer:** Don Everhart **Edge Lettering:** E PLURIBUS UNUM, date, mint mark **Note:** Date and mint mark on edge.

Date	Mintage	MS63	MS65	PRF65
2011P	35,560,000	2.00	3.00	—
2011D	37,100,000	2.00	3.00	—
2011S	1,706,916	—	—	4.00

Ulysses S. Grant

KM# 500 • 8.07 g., Copper-Zinc-Manganese-Nickel Clad Copper, 26.5 mm. **Obv. Designer:** Don Everhart **Rev. Designer:** Don Everhart **Edge Lettering:** E PLURIBUS UNUM, date, mint mark **Note:** Date and mint mark on edge.

Date	Mintage	MS63	MS65	PRF65
2011P	38,080,000	2.00	3.00	—
2011D	37,940,000	2.00	3.00	—
2011S	1,706,916	—	—	4.00

Rutherford B. Hayes

KM# 501 • 8.07 g., Copper-Zinc-Manganese-Nickel Clad Copper, 26.5 mm. **Obv. Designer:** Don Everhart **Rev. Designer:** Don Everhart **Edge Lettering:** E PLURIBUS UNUM, date, mint mark **Note:** Date and mint mark on edge.

Date	Mintage	MS63	MS65	PRF65
2011P	37,660,000	2.00	3.00	—
2011D	36,820,000	2.00	3.00	—
2011S	1,706,916	—	—	4.00

James Garfield

KM# 502 • 8.07 g., Copper-Zinc-Manganese-Nickel Clad Copper, 26.5 mm. **Obv. Designer:** Phebe Hemphill **Rev. Designer:** Don Everhart **Edge Lettering:** E PLURIBUS UNUM, date, mint mark **Note:** Date and mint mark on edge.

Date	Mintage	MS63	MS65	PRF65
2011P	37,100,000	2.00	3.00	—
2011D	37,100,000	2.00	3.00	—
2011S	1,706,916	—	—	4.00

Chester A. Arthur

KM# 524 • 8.07 g., Copper-Zinc-Manganese-Nickel Clad Copper, 26.5 mm. **Obv. Designer:** Don Everhart **Rev. Designer:** Don Everhart **Edge Lettering:** E PLURIBUS UNUM, date, mintmark **Note:** Date and mintmark on edge

Date	Mintage	MS63	MS65	PRF65
2012P	6,020,000	2.00	3.00	—
2012D	4,060,000	2.00	3.00	—
2012S	—	—	—	5.00

Grover Cleveland, first term

KM# 525 • 8.07 g., Copper-Zinc-Manganese-Nickel Clad Copper, 26.5 mm. **Obv. Designer:** Don Everhart **Rev. Designer:** Don Everhart **Edge Lettering:** E PLURIBUS UNUM, date, mintmark **Note:** Date and mint mark on edge

Date	Mintage	MS63	MS65	PRF65
2012P	5,460,000	2.00	3.00	—
2012D	4,060,000	2.00	3.00	—
2012S	1,438,710	—	—	5.00

Benjamin Harrison

KM# 526 • 8.07 g., Copper-Zinc-Manganese-Nickel Clad Copper, 26.5 mm. **Obv. Designer:** Phebe Hemphill **Rev. Designer:** Don Everhart **Edge Lettering:** E PLURIBUS UNUM, date, mintmark **Note:** Date at mint mark on edge

Date	Mintage	MS63	MS65	PRF65
2012P	5,640,001	2.00	3.00	—
2012D	4,200,000	2.00	3.00	—
2012S	1,438,710	—	—	5.00

Grover Cleveland, second term

KM# 527 • 8.07 g., Copper-Zinc-Manganese-Nickel Clad Copper, 26.5 mm. **Obv. Designer:** Don Everhart **Rev. Designer:** Don Everhart **Edge Lettering:** E PLURIBUS UNUM, date, mintmark **Note:** Date and mint mark on edge

Date	Mintage	MS63	MS65	PRF65
2012P	10,680,000	2.00	3.00	—
2012D	3,920,000	2.00	3.00	—
2012S	1,438,710	—	—	5.00

DOLLAR

DOLLAR

William McKinley

KM# 547 • 8.07 g., Copper-Zinc-Manganese-Nickel Clad Copper, 26.5 mm. **Edge:** E PLURIBUS UNUM, date, mint mark **Note:** Date and mint mark on edge.

Date	Mintage	MS63	MS65	PRF65
2013P	4,760,000	2.00	3.00	—
2013D	3,365,100	2.00	3.00	—
2013S	1,449,415	—	—	5.00

Theodore Roosevelt

KM# 548 • 8.07 g., Copper-Zinc-Manganese-Nickel Clad Copper, 26.5 mm. **Edge:** E PLURIBUS UNUM, date, mint mark **Note:** Date and mint mark on edge.

Date	Mintage	MS63	MS65	PRF65
2013P	5,310,700	2.00	3.00	—
2013D	3,920,000	2.00	3.00	—
2013S	1,449,415	—	—	5.00

William Howard Taft

KM# 549 • 8.07 g., Copper-Zinc-Manganese-Nickel Clad Copper, 26.5 mm. **Edge:** E PLURIBUS UNUM, date, mint mark **Note:** Date and mint mark on edge.

Date	Mintage	MS63	MS65	PRF65
2013P	4,760,000	2.00	3.00	—
2013D	3,360,000	2.00	3.00	—
2013S	1,449,415	—	—	5.00

Woodrow Wilson

KM# 550 • 8.07 g., Copper-Zinc-Manganese-Nickel Clad Copper, 26.5 mm. **Edge:** E PLURIBUS UNUM, date, mint mark **Note:** Date and mint mark on edge.

Date	Mintage	MS63	MS65	PRF65
2013P	4,620,000	2.00	3.00	—

Date	Mintage	MS63	MS65	PRF65
2013D	3,360,000	2.00	3.00	—
2013S	1,449,415	—	—	5.00

Warren G. Harding

KM# 571 • 8.07 g., Copper-Zinc-Manganese-Nickel Clad Copper, 26.5 mm. **Note:** Date and mint mark on edge.

Date	Mintage	MS63	MS65	PRF65
2014P	—	2.00	3.00	—
2014D	—	2.00	3.00	—
2014S	—	—	—	5.00

Calvin Coolidge

KM# 572 • 8.07 g., Copper-Zinc-Manganese-Nickel Clad Copper, 26.5 mm. **Note:** Date and mint mark on edge.

Date	Mintage	MS63	MS65	PRF65
2014P	—	2.00	5.00	—
2014D	—	2.00	5.00	—
2014S	—	—	—	5.00

Herbert Hoover

KM# 573 • 8.07 g., Copper-Zinc-Manganese-Nickel Clad Copper, 26.5 mm. **Note:** Date and mint mark on edge.

Date	Mintage	MS63	MS65	PRF65
2014P	4,944,886	2.00	3.00	—
2014D	4,208,459	2.00	3.00	—
2014S	1,373,569	—	—	5.00

Franklin D. Roosevelt

KM# 574 • 8.07 g., Copper-Zinc-Manganese-Nickel Clad Copper, 26.5 mm. **Note:** Date and mint mark on edge.

Date	Mintage	MS63	MS65	PRF65
2014P	—	2.00	3.00	—
2014D	—	2.00	3.00	—
2014S	—	—	—	5.00

Harry S. Truman

KM# 606 • 8.07 g., Copper-Zinc-Manganese-Nickel Clad Copper, 26.5 mm. **Note:** Date and mint mark on edge.

Date	Mintage	MS63	MS65	PRF65
2015P	—	2.00	3.00	—
2015D	—	2.00	3.00	—
2015S	836,777	—	—	5.00
2015P Reverse Proof	—	—	—	—

Note: In 2015 Truman Coin and Chronicles Sets only, including 1oz. silver Presidential medal and U.S. postage stamp

Dwight D. Eisenhower

KM# 607 • 8.07 g., Copper-Zinc-Manganese-Nickel Clad Copper, 26.5 mm. **Note:** Date and mint mark on edge.

Date	Mintage	MS63	MS65	PRF65
2015P	—	2.00	3.00	—
2015D	—	2.00	3.00	—
2015S	836,777	—	—	5.00
2015P Reverse Proof	17,000	—	—	—

Note: In 2015 Eisenhower Coin and Chronicles Sets only, including 1oz. silver Presidential medal and U.S. postage stamp

John F. Kennedy

KM# 608 • 8.07 g., Copper-Zinc-Manganese-Nickel Clad Copper, 26.5 mm. **Note:** Date and mint mark on edge.

Date	Mintage	MS63	MS65	PRF65
2015P	—	2.00	3.00	—
2015D	—	2.00	3.00	—
2015S	836,777	—	—	5.00
2015P Reverse Proof	—	—	—	—

Note: In 2015 Kennedy Coin and Chronicles Sets only, including 1oz. silver Presidential medal and U.S. postage stamp

Lyndon B. Johnson

KM# 609 • 8.07 g., Copper-Zinc-Manganese-Nickel Clad Copper, 26.5 mm. **Note:** Date and mint mark on edge.

Date	Mintage	MS63	MS65	PRF65
2015P	—	2.00	3.00	—
2015D	—	2.00	3.00	—
2015S	836,777	—	—	5.00
2015P Reverse Proof	25,000	—	—	—

Note: In 2015 Johnson Coin and Chronicles Sets only, including 1oz. silver Presidential medal and U.S. postage stamp

Richard M. Nixon

KM# 619 • 8.07 g., Copper-Zinc-Manganese-Nickel Clad Copper, 26.5 mm. **Note:** Date and mint mark on edge.

Date	Mintage	MS63	MS65	PRF65
2016P	—	2.00	3.00	—
2016D	—	2.00	3.00	—
2016S	—	—	—	5.00

DOLLAR

DOLLAR

Gerald Ford

KM# 620 • 8.07 g., Copper-Zinc-Manganese-Nickel Clad Copper, 26.5 mm. **Note:** Date and mint mark on edge.

Date	Mintage	MS63	MS65	PRF65
2016P	—	2.00	3.00	—
2016D	—	2.00	3.00	—
2016S	—	—	—	5.00

Ronald Reagan

KM# 621 • 8.07 g., Copper-Zinc-Manganese-Nickel Clad Copper, 26.5 mm. **Note:** Date and mint mark on edge.

Date	Mintage	MS63	MS65	PRF65
2016P	—	2.00	3.00	—
2016D	—	2.00	3.00	—
2016S	—	—	—	5.00
2016S Reverse Proof	—	—	—	—

Note: In 2016 Reagan Coin and Chronicles Sets only, including 1oz. silver Presidential medal and U.S. postage stamp

$1

Liberty Head - Type 1
Liberty head left within circle of stars obverse
Value, date within 3/4 wreath reverse

KM# 73 • 1.67 g., 0.900 Gold 0.0484 oz. AGW, 13 mm. • **Rev. Legend:** UNITED STATES OF AMERICA **Designer:** James B. Longacre **Note:** On the "closed wreath" varieties of 1849, the wreath on the reverse extends closer to the numeral 1.

Date	Mintage	F12	VF20	XF40	AU50	MS60
1849 open wreath	688,567	161	211	221	231	316
1849 small head, no L	—	—	—	—	—	—
1849 closed wreath	Inc. above	130	200	240	285	405
1849C closed wreath	11,634	800	1,000	1,400	2,000	8,300
1849C open wreath	Inc. above	100,000	150,000	200,000	300,000	500,000
1849D open wreath	21,588	900	1,100	1,800	2,000	4,000
1849O open wreath	215,000	160	220	240	285	850
1850	481,953	161	211	221	231	316
1850C	6,966	800	1,000	1,600	2,800	6,400
1850D	8,382	900	1,100	1,900	2,800	9,000
1850O	14,000	250	400	650	750	2,400
1851	3,317,671	161	211	221	231	316
1851C	41,267	750	900	1,300	1,600	2,600
1851D	9,882	850	1,050	1,700	2,000	4,400
1851O	290,000	161	211	221	231	625
1852	2,045,351	161	211	221	231	316
1852C	9,434	750	900	1,300	1,600	3,800
1852D	6,360	850	1,050	1,600	2,000	6,800
1852O	140,000	161	211	221	231	316
1853	4,076,051	161	211	221	231	316
1853C	11,515	750	900	1,400	1,650	4,100
1853D	6,583	850	1,100	1,600	2,300	7,100
1853O	290,000	161	211	221	231	316
1854	736,709	161	211	221	231	316
1854D	2,935	1,200	12,600	3,300	5,000	9,000
1854S	14,632	225	300	425	850	2,300

Indian Head - Type 2
Indian head with headdress left obverse   Value, date within wreath reverse

KM# 83 • 1.67 g., 0.900 Gold 0.0484 oz. AGW, 15 mm. • **Obv. Legend:** UNITED STATES OF AMERICA
Designer: James B. Longacre

Date	Mintage	F12	VF20	XF40	AU50	MS60
1854	902,736	175	340	380	400	1,200
1855	758,269	175	340	380	400	1,200
1855C	9,803	1,200	2,000	4,500	6,500	14,000
1855D	1,811	4,500	7,500	20,000	25,000	40,000
1855O	55,000	450	700	1,000	1,700	6,500
1856S	24,600	360	600	1,300	1,900	6,000

Indian Head - Type 3
Indian head with headdress left obverse   Value, date within wreath reverse

KM# 86 • 1.67 g., 0.900 Gold 0.0484 oz. AGW, 15 mm. • **Obv. Legend:** UNITED STATES OF AMERICA
Designer: James B. Longacre **Note:** The 1856 varieties are distinguished by whether the 5 in the date is slanted or upright. The 1873 varieties are distinguished by the amount of space between the upper left and lower left serifs in the 3.

Date	Mintage	F12	VF20	XF40	AU50	MS60	PF65
1856 upright 5	1,762,936	161	211	221	246	450	—
1856 slanted 5	Inc. above	161	211	220	240	310	60,000
1856D	1,460	2,750	3,800	6,800	8,000	24,000	—
1857	774,789	161	211	221	246	310	30,000
1857C	13,280	650	800	1,500	2,800	8,000	—
1857D	3,533	800	1,300	1,800	3,300	9,000	—
1857S	10,000	200	425	650	1,000	4,000	—
1858	117,995	161	211	221	246	310	23,000
1858D	3,477	800	950	2,800	2,500	6,300	—
1858S	10,000	225	350	600	950	4,200	—
1859	168,244	161	211	221	246	310	16,000
1859C	5,235	1,200	1,800	2,800	3,600	6,800	—
1859D	4,952	950	1,200	1,800	2,800	8,000	—
1859S	15,000	200	275	475	1,000	3,700	—
1860	36,668	161	211	221	246	310	13,000
1860D	1,566	2,000	2,800	5,000	9,000	16,000	—
1860S	13,000	260	325	450	650	2,300	—
1861	527,499	161	211	221	246	420	13,000
1861D mintage unrecorded	—	10,000	15,000	28,000	40,000	63,000	—
1862	1,361,390	161	211	221	246	350	17,000
1863	6,250	450	700	1,200	2,200	4,700	17,000
1864	5,950	400	550	650	750	1,100	17,000
1865	3,725	500	600	800	900	1,200	15,000
1866	7,130	300	350	500	600	900	12,000
1867	5,250	300	350	500	650	1,000	13,000
1868	10,525	300	350	500	600	900	13,000
1869	5,925	300	350	500	600	900	12,000
1870	6,335	300	350	500	600	775	11,500
1870S	3,000	450	600	850	1,200	2,000	—
1871	3,930	250	300	375	450	600	14,000
1872	3,530	225	275	325	400	800	14,000
1873 closed 3	125,125	325	400	625	725	1,250	27,000
1873 open 3	Inc. above	186	236	246	271	310	—
1874	198,820	186	236	235	240	310	18,000
1875	420	2,500	3,000	4,300	5,000	9,000	26,000
1876	3,245	300	325	400	500	700	12,500
1877	3,920	300	325	400	500	725	14,000
1878	3,020	300	325	400	500	700	12,000
1879	3,030	250	275	325	375	500	11,000
1880	1,636	250	275	325	375	500	10,000

Date	Mintage	F12	VF20	XF40	AU50	MS60	PF65
1881	7,707	186	236	246	271	450	9,000
1882	5,125	186	236	246	271	450	8,500
1883	11,007	186	236	246	271	450	8,500
1884	6,236	186	236	246	271	450	8,500
1885	12,261	186	236	246	271	450	8,500
1886	6,016	186	236	246	271	450	8,500
1887	8,543	186	236	246	271	450	8,500
1888	16,580	186	236	246	271	450	8,500
1889	30,729	186	236	246	271	310	8,500

$2.50 (QUARTER EAGLE)

GOLD
Liberty Cap
Liberty cap on head, right, flanked by stars obverse   Heraldic eagle reverse

KM# 27 • 4.37 g., 0.916 Gold 0.1287 oz. AGW, 20 mm. • **Obv. Legend:** LIBERTY **Rev. Legend:** UNITED STATES OF AMERICA **Designer:** Robert Scot **Note:** The 1796 "no stars" variety does not have stars on the obverse. The 1804 varieties are distinguished by the number of stars on the obverse.

Date	Mintage	F12	VF20	XF40	MS60
1796 no stars	963	45,000	70,000	85,000	240,000
1796 stars	432	50,000	60,000	75,000	160,000
1797	427	11,500	17,500	30,000	175,000
1798 close date	1,094	4,000	6,000	13,000	58,000
1798 wide date	Inc. above	3,500	8,100	13,000	110,000
1802/1	3,035	3,500	5,500	12,000	28,000
1804 13-star reverse	3,327	45,000	80,000	130,000	—
1804 14-star reverse	Inc. above	6,000	8,000	13,000	29,000
1805	1,781	3,500	5,500	12,000	29,000
1806/4	1,616	3,500	5,100	12,000	29,000
1806/5	Inc. above	3,500	7,500	14,400	73,000
1807	6,812	3,500	5,500	12,000	29,000

Turban Head
Turban on head left flanked by stars obverse
Banner above eagle reverse

KM# 40 • 4.37 g., 0.916 Gold 0.1287 oz. AGW, 20 mm. • **Rev. Legend:** UNITED STATES OF AMERICA **Designer:** John Reich

Date	Mintage	F12	VF20	XF40	MS60
1808	2,710	18,000	31,000	60,000	155,000

Turban on head left within circle of stars obverse
Banner above eagle reverse

KM# 46 • 4.37 g., 0.916 Gold 0.1287 oz. AGW, 18.5 mm. • **Rev. Legend:** UNITED STATES OF AMERICA **Designer:** John Reich

Date	Mintage	F12	VF20	XF40	MS60
1821	6,448	6,000	8,000	14,250	28,000
1824/21	2,600	6,000	8,000	11,250	30,000
1825	4,434	6,000	8,000	11,250	25,500
1826/25	760	8,000	10,500	14,000	55,000
1827	2,800	6,000	8,000	11,250	28,000

Turban on head left within circle of stars obverse
Banner above eagle reverse

KM# 49 • 4.37 g., 0.916 Gold 0.1287 oz. AGW, 18.2 mm. • **Rev. Legend:** UNITED STATES OF AMERICA **Designer:** John Reich

Date	Mintage	F12	VF20	XF40	MS60
1829	3,403	5,200	6,250	8,600	19,000
1830	4,540	5,200	6,250	8,600	19,000
1831	4,520	5,200	6,250	8,600	19,000
1832	4,400	5,200	6,250	8,600	19,000
1833	4,160	5,200	6,250	8,600	19,000
1834	4,000	14,500	17,500	23,000	60,000

Classic Head
Classic head left within circle of stars obverse
No motto above eagle reverse

KM# 56 • 4.18 g., 0.899 Gold 0.1208 oz. AGW, 18.2 mm. • **Rev. Legend:** UNITED STATES OF AMERICA **Designer:** William Kneass

Date	Mintage	F12	VF20	XF40	MS60
1834	112,234	280	480	725	3,300
1835	131,402	280	480	725	3,300
1836	547,986	280	480	725	3,300
1837	45,080	450	700	1,000	3,800
1838	47,030	350	700	900	3,300
1838C	7,880	2,500	4,000	7,000	22,000
1839	27,021	600	850	1,500	13,500
1839C	18,140	1,700	3,000	3,300	22,000
1839/8	Inc. above	—	—	—	—
1839D	13,674	2,000	3,500	5,800	26,000
1839O	17,781	850	1,500	3,000	12,000

Coronet Head
Coronet head left within circle of stars obverse
No motto above eagle reverse

1848 "Cal." reverse

KM# 72 • 4.18 g., 0.900 Gold 0.121 oz. AGW, 18 mm. • **Rev. Legend:** UNITED STATES OF AMERICA **Designer:** Christian Gobrecht

Date	Mintage	F12	VF20	XF40	AU50	MS60	PF65
1840	18,859	650	850	1,100	2,200	6,000	—
1840C	12,822	1,000	1,200	2,300	3,200	8,000	—
1840D	3,532	1,800	2,400	7,000	8,200	31,000	—
1840O	33,580	350	500	1,000	1,700	8,000	—
1841	—	—	42,000	95,000	105,000	—	—
1841C	10,281	950	1,200	1,900	4,000	13,500	—
1841D	4,164	1,350	1,800	4,300	7,500	24,000	—
1842	2,823	900	1,100	3,000	5,500	16,500	125,000
1842C	6,729	1,250	1,650	3,000	5,000	18,500	—
1842D	4,643	1,500	2,000	5,000	6,500	30,000	—
1842O	19,800	265	325	1,000	1,750	8,500	—
1843	100,546	180	240	350	650	2,000	125,000
1843C small date, Crosslet 4	26,064	1,500	1,950	4,400	6,500	20,000	—
1843C large date, Plain 4	Inc. above	850	1,200	1,600	2,500	6,000	—
1843D small date, Crosslet 4	36,209	900	1,500	2,000	2,500	5,000	—
1843O small date, Crosslet 4	288,002	195	250	300	440	1,400	—
1843O large date, Plain 4	76,000	255	300	450	1,600	4,000	—
1844	6,784	300	375	770	2,100	6,700	150,000
1844C	11,622	1,000	1,450	2,450	4,500	14,000	—
1844D	17,332	1,050	1,350	2,000	2,700	5,300	—
1845	91,051	275	300	315	400	1,100	150,000
1845D	19,460	1,100	1,350	1,800	2,400	8,000	—
1845O	4,000	650	900	2,200	6,500	20,000	—
1846	21,598	270	310	400	700	4,000	150,000
1846C	4,808	800	1,400	2,500	4,700	13,500	—
1846D	19,303	780	1,350	2,000	2,600	8,000	—
1846O	66,000	300	350	480	925	3,900	—

$2.50

Date	Mintage	F12	VF20	XF40	AU50	MS60	PF65
1847	29,814	300	350	400	850	2,900	—
1847C	23,226	900	1,200	1,650	2,400	5,000	—
1847D	15,784	900	1,350	1,900	2,400	6,500	—
1847O	124,000	275	310	350	800	3,250	—
1848	7,497	400	500	900	2,600	4,900	150,000
1848 CAL.	1,389	—	26,000	31,500	43,000	68,000	—
1848C	16,788	950	1,200	2,000	2,850	9,000	—
1848D	13,771	1,250	1,800	2,500	3,500	7,300	—
1849	23,294	400	500	700	1,000	2,700	—
1849C	10,220	900	1,200	1,900	4,500	14,000	—
1849D	10,945	1,500	2,000	2,700	3,500	12,000	—
1850	252,923	200	350	425	450	1,000	—
1850C	9,148	800	1,200	2,200	2,900	11,000	—
1850D	12,148	850	1,350	2,400	3,500	11,800	—
1850O	84,000	180	275	400	900	3,400	—
1851	1,372,748	210	280	320	300	550	—
1851C	14,923	800	1,200	1,800	3,000	7,000	—
1851D	11,264	900	1,350	2,000	3,200	9,000	—
1851O	148,000	270	300	340	600	3,700	—
1852	1,159,681	240	290	325	355	400	—
1852C	9,772	975	1,200	1,800	3,500	8,000	—
1852D	4,078	900	1,350	2,800	6,000	13,500	—
1852O	140,000	270	300	350	700	4,000	—
1853	1,404,668	220	280	350	400	420	—
1853D	3,178	900	1,600	2,900	4,100	13,500	—
1854	596,258	215	240	275	285	400	—
1854C	7,295	900	1,200	2,000	3,900	9,000	—
1854D	1,760	1,700	2,700	5,800	9,000	23,000	—
1854O	153,000	250	300	350	425	1,250	—
1854S	246	—	180,000	285,000	375,000	—	—
1855	235,480	220	280	350	370	425	—
1855C	3,677	1,450	2,500	4,000	6,000	17,000	—
1855D	1,123	2,100	2,800	6,000	12,000	43,000	—
1856	384,240	220	240	275	285	350	120,000
1856C	7,913	985	1,225	2,100	3,300	10,000	—
1856D	874	6,500	8,500	15,000	26,000	71,000	—
1856O	21,100	300	400	850	1,500	6,400	—
1856S	71,120	200	375	500	1,300	3,800	—
1857	214,130	165	240	275	285	310	120,000
1857D	2,364	1,025	1,350	2,300	3,200	11,000	—
1857O	34,000	200	275	350	850	3,500	—
1857S	69,200	250	325	450	900	4,900	—
1858	47,377	250	340	375	400	1,200	75,000
1858C	9,056	1,000	1,400	2,000	3,300	7,000	—
1859	39,444	160	240	320	350	1,000	80,000
1859D	2,244	1,150	1,550	2,500	3,300	14,000	—
1859S	15,200	275	350	900	2,000	4,000	—
1860	22,675	165	240	275	400	1,000	35,000
1860C	7,469	1,050	1,400	2,100	2,800	14,000	—
1860S	35,600	300	350	525	900	3,200	—
1861	1,283,878	220	240	275	285	600	35,000
1861S	24,000	325	400	725	3,000	6,000	—
1862	98,543	275	325	500	1,500	4,100	45,000
1862/1	Inc. above	650	850	1,650	3,000	6,600	—
1862S	8,000	975	1,100	2,000	3,600	14,000	—
1863	30	—	—	—	—	—	95,000
1863S	10,800	550	650	2,100	4,500	16,000	—
1864	2,874	3,100	4,500	9,000	18,000	46,000	50,000
1865	1,545	2,950	3,750	7,100	15,000	30,000	50,000
1865S	23,376	400	600	950	1,400	4,000	—
1866	3,110	650	975	2,600	4,700	11,000	40,000
1866S	38,960	400	450	700	1,150	5,100	—
1867	3,250	180	300	650	1,300	4,100	30,000
1867S	28,000	180	300	500	1,200	3,400	—
1868	3,625	375	450	500	625	2,300	40,000
1868S	34,000	240	300	350	1,000	3,000	—
1869	4,345	190	240	365	570	2,300	36,000
1869S	29,500	345	430	600	900	2,950	—
1870	4,555	245	300	400	750	3,100	40,000

Date	Mintage	F12	VF20	XF40	AU50	MS60	PF65
1870S	16,000	245	300	400	750	3,600	—
1871	5,350	290	450	600	850	2,000	36,000
1871S	22,000	240	285	345	475	1,850	—
1872	3,030	350	425	800	1,050	4,000	30,000
1872S	18,000	240	285	450	825	3,800	—
1873 closed 3	178,025	240	285	325	365	500	36,000
1873 open 3	Inc. above	240	285	325	365	425	—
1873S	27,000	240	285	375	700	1,600	—
1874	3,940	240	285	375	675	1,800	40,000
1875	420	3,000	4,000	6,000	10,000	25,000	80,000
1875S	11,600	240	285	375	625	3,200	—
1876	4,221	300	500	750	950	2,800	30,000
1876S	5,000	300	450	700	900	2,600	—
1877	1,652	300	360	725	940	2,750	36,000
1877S	35,400	240	285	315	340	575	—
1878	286,260	240	285	325	335	355	36,000
1878S	178,000	240	285	325	335	355	—
1879	88,990	240	285	325	335	400	28,000
1879S	43,500	240	285	325	475	1,800	—
1880	2,996	240	285	365	535	1,100	30,000
1881	691	950	1,500	2,500	4,500	8,000	25,000
1882	4,067	240	285	325	335	900	23,000
1883	2,002	240	400	800	1,600	3,000	22,000
1884	2,023	240	350	500	625	1,700	24,000
1885	887	400	600	1,600	2,600	5,000	24,000
1886	4,088	280	340	475	550	1,050	24,000
1887	6,282	280	340	475	550	800	26,000
1888	16,098	240	285	325	360	450	25,000
1889	17,648	240	285	325	360	450	24,000
1890	8,813	240	285	325	360	450	17,000
1891	11,040	240	285	325	360	450	17,000
1891 Double die reverse	Inc. above	—	—	—	—	—	—
1892	2,545	240	285	325	360	800	17,000
1893	30,106	240	285	325	360	450	17,000
1894	4,122	240	285	325	360	450	16,000
1895	6,199	240	285	325	360	450	15,000
1896	19,202	240	285	325	360	450	15,000
1897	29,904	240	285	325	360	450	15,000
1898	24,165	240	285	325	360	450	15,000
1899	27,350	240	285	325	360	450	15,000
1900	67,205	240	285	325	360	450	15,000
1901	91,322	240	285	325	345	435	15,000
1902	133,733	240	285	325	345	435	15,000
1903	201,257	240	285	325	345	435	15,000
1904	160,960	240	285	325	345	435	15,000
1905	217,944	240	285	325	345	435	15,000
1906	176,490	240	285	325	345	435	15,000
1907	336,448	240	285	325	345	435	15,000

Indian Head

KM# 128 • 4.18 g., 0.900 Gold 0.121 oz. AGW, 18 mm. • **Designer:** Bela Lyon Pratt

Date	Mintage	VF20	XF40	AU50	MS60	MS63	MS65	PRF65
1908	565,057	—	285	295	310	850	2,500	23,000
1909	441,899	—	285	295	310	1,300	4,000	29,000
1910	492,682	—	285	295	310	950	3,000	26,500
1911	704,191	—	285	295	310	725	4,400	23,000
1911D D strong D	55,680	2,600	2,950	3,775	7,200	12,500	55,000	—
1911D 1D weak D	Inc. above	—	1,800	2,600	4,500	—	—	—
1912	616,197	—	285	295	310	485	13,500	23,000
1913	722,165	—	285	295	310	485	4,300	23,000
1914	240,117	—	285	330	525	2,400	19,000	23,000
1914D	448,000	—	285	295	310	1,250	16,000	—

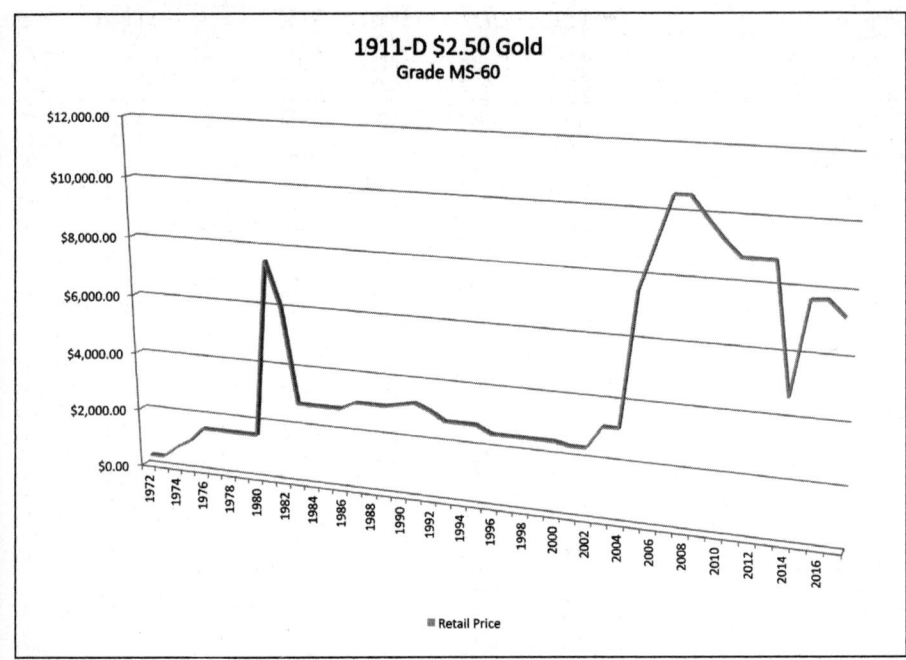

1911-D $2.50 Gold
Grade MS-60

■ Retail Price

Date	Mintage	VF20	XF40	AU50	MS60	MS63	MS65	PRF65
1915	606,100	—	285	295	310	650	3,300	29,250
1925D	578,000	—	285	295	310	385	1,280	—
1926	446,000	—	285	295	310	385	1,280	—
1927	388,000	—	285	295	310	385	1,280	—
1928	416,000	—	285	295	310	385	1,280	—
1929	532,000	—	285	295	310	385	3,700	—

$3

GOLD
Indian head with headdress, left obverse
Value, date within wreath reverse

KM# 84 • 5.02 g., 0.900 Gold 0.1451 oz. AGW, 20.5 mm. • **Obv. Legend:** UNITED STATES OF AMERICA **Designer:** James B. Longacre **Note:** The 1873 "closed-3" and "open-3" varieties are distinguished by the amount of space between the upper left and lower left serifs of the 3 in the date.

Date	Mintage	VF20	XF40	AU50	MS60	MS65	PRF65
1854	138,618	775	1,000	1,000	1,900	13,000	—
1854D	1,120	13,000	22,000	37,000	70,000	—	—
1854O	24,000	1,525	3,000	4,500	38,000	—	—
1855	50,555	775	925	1,050	1,900	33,000	150,000
1855S	6,600	1,400	2,800	6,300	32,000	—	—
1856	26,010	775	925	1,000	2,300	34,500	120,000
1856S	34,500	900	1,325	2,400	10,750	—	—
1857	20,891	775	1,000	1,150	2,850	33,000	120,000
1857S	14,000	950	2,000	3,900	19,000	—	—
1858	2,133	1,100	2,000	3,300	10,000	—	93,000
1859	15,638	925	1,100	1,200	2,900	20,500	53,000
1860	7,155	925	1,250	1,750	3,300	30,000	53,000
1860S	7,000	1,150	2,450	7,000	23,000	—	—

$2.50

Date	Mintage	VF20	XF40	AU50	MS60	MS65	PRF65
1861	6,072	1,300	2,450	3,400	6,450	26,000	53,000
1862	5,785	1,300	2,450	3,800	6,450	34,000	53,000
1863	5,039	1,300	2,450	3,600	7,000	28,000	53,000
1864	2,680	1,450	3,000	5,000	7,700	36,000	53,000
1865	1,165	2,400	4,000	7,700	13,000	48,000	55,000
1866	4,030	1,100	1,350	1,800	3,600	32,000	53,000
1867	2,650	1,100	1,350	2,300	4,400	33,000	53,000
1868	4,875	1,100	1,350	1,800	3,700	28,000	53,000
1869	2,525	1,100	1,350	2,000	3,700	40,000	53,000
1870	3,535	1,100	1,600	1,800	3,800	43,000	53,000
1870S unique	—	—	1,000,000	—	—	—	—
Note: H. W. Bass Collection. AU50, cleaned. Est. value, $1,250,000.							
1871	1,330	1,100	1,600	2,000	4,000	32,000	52,000
1872	2,030	1,100	1,450	2,300	4,500	33,000	53,000
1873 closed 3, mintage unknown	—	4,800	8,800	12,500	25,000	—	—
1873 open 3, proof only	25	—	—	—	—	—	135,000
1874	41,820	800	1,000	1,100	2,000	13,000	55,000
1875 proof only	20	—	—	—	—	—	235,000
1876	45	—	—	22,000	—	—	72,000
1877	1,488	4,000	6,600	8,750	23,000	—	55,000
1878	82,324	775	1,000	1,100	2,000	10,000	55,000
1879	3,030	925	1,200	1,800	2,750	12,000	40,000
1880	1,036	1,300	1,800	3,150	4,400	16,000	35,000
1881	554	2,500	4,000	7,000	13,000	55,000	32,500
1882	1,576	1,200	1,600	2,100	3,400	22,000	30,000
1883	989	1,500	2,200	2,700	3,600	22,000	30,000
1884	1,106	1,600	2,400	3,100	4,400	22,000	30,000
1885	910	1,600	2,400	3,100	5,050	25,000	27,500
1886	1,142	1,300	2,000	2,600	4,000	38,000	26,000
1887	6,160	900	1,300	1,800	2,500	14,000	26,500
1888	5,291	900	1,300	1,500	2,500	10,500	32,000
1889	2,429	900	1,300	1,900	2,800	10,500	26,500

$5 (HALF EAGLE)

GOLD
Liberty Cap
Liberty Cap on head, right, flanked by stars obverse   Small eagle reverse

KM# 19 • 8.75 g., 0.916 Gold 0.2577 oz. AGW

Date	Mintage	F12	VF20	XF40	MS60
1795	8,707	16,000	22,000	26,000	68,000
1796/95	6,196	16,000	22,000	34,000	96,000
1797 15 obverse stars	Inc. above	25,000	35,000	60,000	200,000
1797 16 obverse stars	Inc. above	25,000	35,000	60,000	180,000
1798	—	75,000	130,000	230,000	—

$5 (HALF EAGLE)

Large Heraldic eagle reverse

KM# 28 • 8.75 g., 0.916 Gold 0.2577 oz. AGW, 25 mm. • **Obv. Legend:** LIBERTY **Rev. Legend:** UNITED STATES OF AMERICA **Designer:** Robert Scot

Date	Mintage	F12	VF20	XF40	MS60
1795	Inc. above	8,000	17,000	26,000	80,000
1797/95	3,609	8,000	13,000	19,500	130,000
1797 15 star obv.; Unique	—	—	—	—	—
Note: Smithsonian collection					
1797 16 star obv.; Unique	—	—	—	—	—
Note: Smithsonian collection					
1798 small 8	24,867	4,200	5,000	8,500	31,000
1798 large 8, 13-star reverse	Inc. above	3,600	4,300	9,000	26,000
1798 large 8, 14-star reverse	Inc. above	3,500	4,300	8,500	—
1799 small reverse stars	7,451	3,300	3,900	7,000	20,000
1799 large reverse stars	Inc. above	3,950	4,750	9,000	24,500
1800	37,628	3,200	3,800	6,800	12,000
1802/1	53,176	3,200	3,800	6,800	12,000
1803/2	33,506	3,200	3,800	6,800	12,000
1804 small 8	30,475	3,850	3,200	3,800	11,000
1804 small 8 over large 8	Inc. above	3,200	3,800	6,800	12,000
1805	33,183	3,200	3,800	6,800	12,000
1806 pointed 6	64,093	3,200	3,800	6,800	12,000
1806 round 6	Inc. above	3,200	3,800	6,800	12,000
1807	32,488	3,200	3,800	6,800	12,000

Turban Head
Capped draped bust, left, flanked by stars obverse   Heraldic eagle reverse

KM# 38 • 8.75 g., 0.916 Gold 0.2577 oz. AGW, 25 mm. • **Rev. Legend:** UNITED STATES OF AMERICA **Designer:** John Reich

Date	Mintage	F12	VF20	XF40	MS60
1807	51,605	2,600	3,300	5,500	11,000
1808	55,578	2,600	3,300	5,500	11,000
1808/7	Inc. above	2,600	3,200	5,500	11,000
1809/8	33,875	2,600	3,200	5,500	11,000
1810 small date, small 5	100,287	9,000	19,000	30,000	85,000
1810 small date, large 5	Inc. above	2,600	3,250	5,500	10,200
1810 large date, small 5	Inc. above	12,000	55,000	75,000	150,000
1810 large date, large 5	Inc. above	2,600	3,300	5,500	11,000
1811 small 5	99,581	2,600	3,300	5,500	11,000
1811 tall 5	Inc. above	2,600	3,200	5,500	10,500
1812	58,087	2,600	3,300	5,500	11,000

Capped head, left, within circle of stars obverse

KM# 43 • 8.75 g., 0.916 Gold 0.2577 oz. AGW, 25 mm. • **Rev. Legend:** UNITED STATES OF AMERICA
Designer: John Reich

Date	Mintage	F12	VF20	XF40	MS60
1813	95,428	2,500	3,000	6,500	10,000
1814/13	15,454	4,200	5,400	7,000	20,000
1815	635	28,000	40,000	165,000	195,000
Note: 1815, private sale, Jan. 1994, MS-61, $150,000					
1818	48,588	4,200	5,500	12,000	17,000
1818 5D over 50 Inc. Above	—	4,500	55,000	85,000	21,000
1819	51,723	25,000	35,000	50,000	100,000
1819 5D over 50 Inc. Above		4,600	9,500	31,000	53,000
1820 curved-base 2, small letters	263,806	4,650	6,000	11,000	19,000
1820 curved-base 2, large letters	Inc. above	4,400	5,800	10,500	18,500
1820 square-base 2	Inc. above	4,200	5,400	10,000	17,000
1821	34,641	10,000	18,000	37,000	90,000
1822 3 known	—	—	—	4,000,000	—
1823	14,485	4,200	5,400	11,000	23,000
1824	17,340	4,200	9,000	26,000	34,000
1825/21	29,060	4,400	7,000	19,000	34,500
1825/24	Inc. above	—	—	—	600,000
Note: 1825/4, Bowers & Merena, March 1989, XF, $148,500.					
1826	18,069	5,000	8,000	20,000	40,000
1827	24,913	5,000	8,000	20,000	40,000
1828/7	28,029	11,000	24,000	58,000	90,000
Note: 1828/7, Bowers & Merena, June 1989, XF, $20,900.					
1828	Inc. above	10,000	20,000	30,000	75,000
1829 large planchet	57,442	—	—	—	300,000
Note: 1829 large planchet, Superior, July 1985, MS-65, $104,500.					
1829 small planchet	Inc. above	—	—	—	300,000
Note: 1829 small planchet, private sale, 1992 (XF-45), $89,000.					
1830 small "5D".	126,351	12,000	26,000	40,000	54,000
1830 large "5D".	Inc. above	12,000	26,500	40,000	55,000
1831	140,594	12,000	26,500	40,000	75,000
1832 curved-base 2, 12 stars	157,487	75,000	100,000	125,000	—
1832 square-base 2, 13 stars	Inc. above	13,000	26,500	40,000	65,000
1833 large date	Inc. above	13,000	26,500	40,000	55,000
1833 small date	193,630	13,000	26,500	40,000	52,000
1834 plain 4	50,141	13,000	26,500	40,000	54,500
1834 crosslet 4	Inc. above	13,000	26,500	40,000	62,000

Classic Head

Classic head, left, within circle of stars obverse   No motto above eagle reverse

KM# 57 • 8.36 g., 0.899 Gold 0.2416 oz. AGW, 22.5 mm. • **Rev. Legend:** UNITED STATES OF AMERICA
Designer: William Kneass

Date	Mintage	F12	VF20	XF40	MS60	PRF65
1834 plain 4	450	480	650	1,150	3,800	—
1834 crosslet 4	1,000	1,750	3,000	5,300	21,000	—
1835	450	480	695	1,225	3,800	—
1836	450	480	650	1,400	3,800	—
1837	450	500	875	1,400	3,900	—
1838	450	500	800	1,525	3,800	—
1838C	1,600	3,900	11,700	15,000	67,000	—
1838D	1,750	4,000	6,000	12,000	26,000	—

$5 (HALF EAGLE)

Coronet Head
Coronet head, left, within circle of stars obverse
No motto above eagle reverse

KM# 69 • 8.36 g., 0.900 Gold 0.2419 oz. AGW, 21.6 mm. • **Rev. Legend:** UNITED STATES OF AMERICA
Designer: Christian Gobrecht **Note:** Varieties for 1843 are distinguished by the size of the numerals in the date. One 1848 variety has "Cal." incsribed on the reverse, indicating it was made from California gold. The 1873 "closed-3" and "open-3" varieties are distinguished by the amount of space between the upper left and lower left serifs in the 3 in the date.

Date	Mintage	F12	VF20	XF40	MS60	PRF65
1839	475	700	1,150	1,800	7,000	—
1839C	1,300	2,000	4,000	8,000	19,000	—
1839D	2,000	2,600	4,100	10,200	20,000	—
1840	490	540	650	950	4,000	—
1840C	900	1,700	3,750	5,000	18,000	—
1840D	900	1,450	2,800	4,700	12,000	—
1840O	400	500	950	1,800	8,000	—
1841	375	430	800	1,400	3,700	—
1841C	900	1,400	1,900	7,500	13,000	—
1841D 2 known	—	—	—	—	—	—
1841O 2 known	—	—	—	—	—	—
1842 small letters	450	600	1,100	2,300	11,000	170,000
1842 large letters	500	700	1,500	3,000	8,400	—
1842C small date	4,500	7,500	15,275	23,200	70,000	—
1842C large date	1,000	1,625	2,000	3,600	9,600	—
1842D small date	1,275	1,675	1,900	3,600	11,000	—
1842D large date	1,800	2,400	4,850	10,000	38,500	—
1842O	1,200	1,800	3,100	8,800	20,000	—
1843	400	430	450	540	1,200	—
1843C	900	1,275	1,850	2,900	8,500	—
1843D	1,200	1,500	1,825	2,600	8,500	—

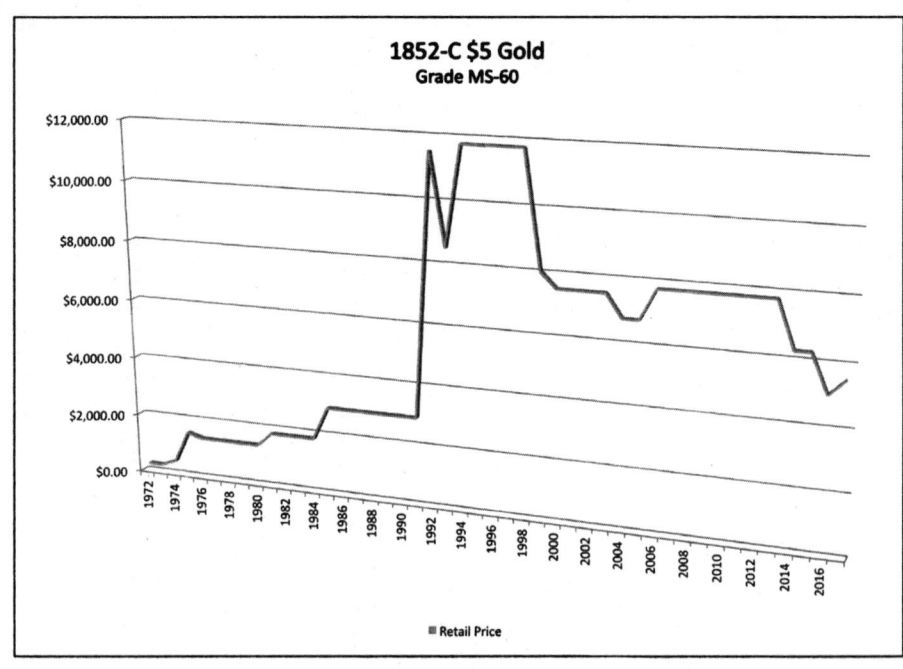

1852-C $5 Gold
Grade MS-60
■ Retail Price

Date	Mintage	F12	VF20	XF40	MS60	PRF65
1843O small letters	490	550	1,525	2,300	16,500	—
1843O large letters	490	550	1,000	1,600	11,000	—
1844	400	430	475	500	1,650	—
1844C	1,100	1,800	2,300	4,300	14,500	—
1844D	1,000	1,500	2,000	2,450	7,300	—
1844O	400	510	600	850	4,700	—
1845	350	400	460	550	1,700	—
1845D	1,000	1,450	1,850	2,650	7,000	—
1845O	500	600	1,000	2,300	8,500	—
1846	370	400	500	530	1,850	—
1846C	1,400	1,600	3,000	4,300	13,000	—
1846D	1,150	1,450	1,900	2,800	9,300	—
1846O	400	500	850	2,700	9,000	—
1847	370	400	460	550	1,500	—
1847C	1,050	1,400	1,750	2,500	8,000	—
1847D	1,100	1,450	2,000	3,300	7,000	—
1847O	2,100	2,500	6,500	10,000	20,000	—
1848	370	400	460	500	1,400	—
1848C	1,400	1,725	1,850	2,800	14,000	—
1848D	1,100	1,400	2,570	3,200	11,000	—
1849	370	400	460	600	2,500	—
1849C	1,000	1,400	1,800	2,500	8,100	—
1849D	1,200	1,600	2,350	3,000	13,000	—
1850	340	400	500	750	2,200	—
1850C	1,300	1,650	1,900	2,400	8,800	—
1850D	1,100	1,450	1,850	3,340	20,000	—
1851	370	400	460	500	1,900	—
1851C	1,000	1,400	1,750	2,575	10,500	—
1851D	1,000	1,400	1,700	2,475	9,000	—
1851O	500	750	1,400	3,500	10,000	—
1852	370	400	460	550	1,500	—
1852C	1,500	1,725	2,150	2,640	6,000	—
1852D	1,200	1,550	1,900	2,400	7,000	—
1853	370	400	460	500	1,200	—
1853C	1,400	1,600	2,200	2,800	500	—
1853D	1,400	1,500	1,900	2,575	5,800	—
1854	340	400	460	500	1,650	—
1854C	1,100	1,400	2,100	2,750	10,500	—
1854D	1,400	1,600	2,100	3,200	7,100	—
1854O	380	430	650	1,100	6,300	—
1854S	—	—	—	300,000	—	—
Note: 1854S, Bowers & Merena, Oct. 1982, AU-55, $170,000.						
1855	370	400	460	500	1,650	—
1855C	1,400	1,500	2,000	2,800	10,000	—
1855D	1,100	1,450	2,300	2,450	12,000	—
1855O	875	1,000	2,400	3,800	17,000	—
1855S	550	650	900	1,650	10,000	—
1856	370	400	460	500	1,775	—
1856C	1,400	1,500	1,900	2,600	12,000	—
1856D	1,250	1,550	2,000	3,000	7,500	—
1856O	650	800	1,500	3,800	11,000	—
1856S	430	500	650	1,000	6,000	—
1857	370	400	460	500	1,600	150,000
1857C	1,050	1,400	1,750	2,400	6,600	—
1857D	1,450	1,800	2,000	3,000	9,500	—
1857O	620	800	1,500	3,400	12,000	—
1857S	370	430	550	825	8,000	—
1858	430	500	600	700	2,800	120,000
1858C	1,400	1,600	2,000	2,600	7,500	—
1858D	1,450	1,650	2,000	3,000	9,000	—
1858S	1,000	1,200	2,800	4,300	25,000	—
1859	370	430	500	650	5,300	93,000
1859C	1,050	1,400	1,850	2,700	8,000	—
1859D	1,100	1,650	2,000	3,000	7,500	—
1859S	1,100	1,450	3,000	4,200	21,000	—
1860	430	500	960	1,200	3,250	95,000
1860C	1,500	1,750	2,400	3,600	9,500	—
1860D	1,500	1,650	2,400	3,200	11,500	—
1860S	1,000	1,600	3,000	5,500	25,000	—

$5 (HALF EAGLE)

Date	Mintage	F12	VF20	XF40	MS60	PRF65
1861	400	450	510	600	1,550	95,000
1861C	4,000	45,000	8,500	12,000	25,000	—
1861D	121,000	15,000	22,000	38,000	60,000	—
1862	1,500	2,000	3,800	6,000	28,000	100,000
1862S	2,400	3,500	6,300	8,500	38,000	—
1861S	1,600	2,500	5,500	7,500	—	—
1863	1,800	3,000	7,500	15,000	45,000	95,000
1863S	2,000	2,800	4,000	10,000	35,000	—
1864	1,100	1,500	2,500	7,000	18,000	95,000
1864S	8,000	10,000	30,000	50,000	80,000	—
1865	4,000	5,000	10,000	18,000	32,000	95,000
1865S	980	2,000	3,300	6,000	12,500	—
1866S	1,000	1,800	4,200	9,100	—	—

Coronet head, left, within circle of stars obverse
IN GOD WE TRUST above eagle reverse

KM# 101 • 8.36 g., 0.900 Gold 0.2419 oz. AGW, 21.6 mm. • **Rev. Legend:** UNITED STATES OF AMERICA
Designer: Christian Gobrecht

Date	Mintage	VF20	XF40	AU50	MS60	MS63	MS65	PRF65
1866	6,730	900	1,800	2,800	11,000	35,000	—	60,000
1866S	34,920	1,100	2,400	6,500	18,500	—	—	—
1867	6,920	800	1,700	3,000	9,000	—	—	50,000
1867S	29,000	925	1,850	6,000	25,000	30,000	—	—
1868	5,725	500	750	2,200	10,000	—	—	50,000
1868S	52,000	475	1,125	2,300	15,000	—	—	—
1869	1,785	675	2,300	4,000	12,000	25,000	—	50,000
1869S	31,000	575	1,400	2,500	19,250	—	—	—
1870	4,035	575	1,500	2,500	13,000	—	—	75,000
1870CC	7,675	14,000	24,000	35,000	90,000	—	—	—
1870S	17,000	900	2,000	4,500	21,000	—	—	—
1871	3,230	700	1,350	2,300	7,500	—	—	70,000
1871CC	20,770	3,000	5,000	10,000	46,000	—	—	—
1871S	25,000	450	900	2,100	12,000	30,000	—	—
1872	1,690	800	1,400	3,500	9,000	14,500	—	70,000
1872CC	16,980	2,500	4,500	12,000	—	—	—	—
1872S	36,400	500	960	2,000	11,000	—	—	—
1873 closed 3	49,305	345	365	380	850	4,300	20,000	65,000
1873 open 3	63,200	345	365	380	700	3,100	14,500	—
1873CC	7,416	6,000	12,000	21,000	65,000	—	—	—
1873S	31,000	525	825	1,600	16,000	—	—	—
1874	3,508	750	1,225	1,850	9,000	19,000	—	65,000
1874CC	21,198	2,000	3,800	8,000	30,000	—	—	—
1874S	16,000	800	1,525	3,600	—	—	—	—
1875	220	33,000	65,000	90,000	160,000	—	—	175,000
1875CC	11,828	3,000	5,500	9,500	36,000	90,000	—	—
1875S	9,000	1,000	2,250	3,500	15,000	—	—	—
1876	1,477	1,500	3,500	4,500	12,000	20,000	37,000	55,000
1876CC	6,887	3,300	6,500	11,000	34,000	—	—	—
1876S	4,000	2,800	5,600	9,500	—	—	—	—
1877	1,152	1,750	3,000	5,000	9,500	—	—	65,000
1877CC	8,680	2,300	4,100	8,800	40,000	—	—	—
1877S	26,700	470	600	1,200	7,500	17,000	—	—
1878	131,740	360	370	385	525	1,700	8,000	55,000
1878CC	9,054	3,500	8,000	13,750	60,000	—	—	—
1878S	144,700	360	370	385	700	3,800	17,000	—
1879	301,950	360	370	385	405	1,500	8,000	55,000
1879CC	17,281	1,600	2,450	5,000	23,000	—	—	—
1879S	426,200	360	370	385	625	1,450	22,000	—
1880	3,166,436	360	370	385	405	800	2,200	43,000
1880CC	51,017	850	1,050	1,625	10,500	37,000	—	—
1880S	1,348,900	360	370	385	405	600	8,000	—

Date	Mintage	VF20	XF40	AU50	MS60	MS63	MS65	PRF65
1881	5,708,802	360	370	385	405	600	3,000	36,000
1881/80	Inc. above	585	600	625	1,000	4,000	—	—
1881CC	13,886	1,400	2,800	5,200	18,500	40,000	—	—
1881S	969,000	360	370	385	405	700	3,800	—
1882	2,514,568	360	370	385	405	600	3,400	36,000
1882CC	82,817	850	1,350	1,750	10,500	34,250	—	—
1882S	969,000	360	370	385	405	600	3,000	—
1883	233,461	450	475	525	625	1,200	12,500	36,000
1883CC	12,958	1,650	2,750	5,750	17,000	43,000	—	—
1883S	83,200	360	370	385	825	1,400	—	—
1884	191,078	360	370	385	405	1,600	9,000	36,000
1884CC	16,402	900	1,350	3,900	19,000	—	—	—
1884S	177,000	360	370	385	405	1,200	12,500	—
1885	601,506	360	370	385	405	750	5,000	34,000
1885S	1,211,500	360	370	385	405	600	2,450	—
1886	388,432	360	370	385	405	800	5,250	34,000
1886S	3,268,000	360	370	385	405	600	2,200	—
1887	87	—	—	26,000	—	—	—	9,300
1887S	1,912,000	360	370	385	405	750	4,000	—
1888	18,296	360	370	385	630	1,500	12,000	36,000
1888S	293,900	360	370	385	1,050	3,700	—	—
1889	7,565	450	475	600	1,225	4,250	—	36,000
1890	4,328	550	650	925	2,750	6,000	—	36,000
1890CC	53,800	650	750	925	1,850	6,000	43,000	—
1891	61,413	360	370	385	600	1,300	—	32,000
1891CC	208,000	750	800	975	1,675	4,000	31,000	—
1892	753,572	360	370	385	405	825	2,200	32,000
1892CC	82,968	650	725	900	2,000	6,725	38,000	—
1892O	10,000	800	1,150	1,625	3,800	—	—	—
1892S	298,400	360	370	385	405	1,850	—	—
1893	1,528,197	360	370	385	405	625	2,200	36,000
1893CC	60,000	800	900	1,200	2,400	7,600	29,000	—
1893O	110,000	360	370	385	1,025	4,750	—	—
1893S	224,000	360	370	385	405	775	7,300	—
1894	957,955	360	370	385	405	700	3,550	32,000
1894O	16,600	450	550	725	1,550	8,800	—	—
1894S	55,900	360	370	385	3,550	10,000	—	—
1895	1,345,936	360	370	385	405	600	2,200	29,000
1895S	112,000	360	370	385	1,900	4,100	16,500	—
1896	59,063	360	370	385	405	675	6,800	25,000
1896S	155,400	360	370	385	1,000	4,450	20,000	—
1897	867,883	360	370	385	405	600	2,200	27,500
1897S	354,000	360	370	385	775	3,850	—	—
1898	633,495	360	370	385	405	775	5,000	25,000
1898S	1,397,400	360	370	385	405	1,125	9,500	—
1899	1,710,729	460	470	485	500	600	2,200	25,000
1899S	1,545,000	360	370	385	405	975	7,250	—
1900	1,405,730	360	370	385	405	600	2,200	25,000
1900S	329,000	360	370	385	405	775	11,000	—
1901	616,040	360	370	385	405	600	2,200	25,000
1901S	3,648,000	360	370	385	405	600	2,200	—
1902	172,562	360	370	385	405	725	2,200	25,000
1902S	939,000	360	370	385	405	600	2,200	—
1903	227,024	360	370	385	405	925	2,200	25,000
1903S	1,855,000	360	370	385	405	600	2,200	—
1904	392,136	360	370	385	405	675	2,200	25,000
1904S	97,000	360	370	385	825	3,000	10,500	—
1905	302,308	360	370	385	405	650	2,200	27,500
1905S	880,700	360	370	385	625	1,350	7,150	—
1906	348,820	360	370	385	405	600	2,200	25,000
1906D	320,000	360	370	385	405	600	2,200	—
1906S	598,000	360	370	385	480	900	4,450	—
1907	626,192	360	370	385	405	600	2,200	25,000
1907D	888,000	360	370	385	405	600	2,200	—
1908	421,874	360	370	385	405	600	2,200	—

Indian Head

KM# 129 • 8.36 g., 0.900 Gold 0.2419 oz. AGW, 21.6 mm. • **Designer:** Bela Lyon Pratt

Date	Mintage	VF20	XF40	AU50	MS60	MS63	MS65	PRF65
1908	578,012	365	385	405	450	1,025	7,200	33,000
1908D	148,000	365	385	405	520	1,150	27,000	—
1908S	82,000	365	385	900	2,200	7,000	20,000	—
1909	627,138	365	385	405	465	1,000	7,200	42,000
1909D	3,423,560	365	385	405	450	655	7,200	—
1909O	34,200	4,200	5,600	9,500	32,000	85,000	450,000	—
1909S	297,200	390	400	475	1,800	11,000	55,000	—
1910	604,250	365	385	405	465	950	7,200	37,000
1910D	193,600	365	385	405	525	2,600	28,500	—
1910S	770,200	365	385	405	1,100	8,000	65,000	—
1911	915,139	365	385	405	645	1,100	7,200	38,000
1911D	72,500	600	800	1,600	7,500	37,000	225,000	—
1911S	1,416,000	365	385	525	700	3,800	50,000	—
1912	790,144	365	385	405	465	1,000	7,200	38,000
1912S	392,000	425	440	525	1,600	14,500	165,000	—
1913	916,099	365	385	405	465	1,025	7,200	38,000
1913S	408,000	400	440	470	1,600	15,000	130,000	—
1914	247,125	365	385	405	500	2,000	13,500	33,000
1914D	247,000	365	385	405	500	2,200	20,000	—
1914S	263,000	390	415	435	1,600	8,000	105,000	—
1915	588,075	365	385	405	465	1,100	7,200	46,000
1915S	164,000	365	385	405	2,000	15,000	120,000	—
1916S	240,000	395	415	435	900	4,350	40,000	—
1929	662,000	—	15,000	17,000	27,000	45,000	110,000	—

$10 (EAGLE)

GOLD
Liberty Cap
Small eagle reverse

KM# 21 • 17.50 g., 0.916 Gold 0.5154 oz. AGW, 33 mm. • **Designer:** Robert Scot

Date	Mintage	F12	VF20	XF40	MS60
1795 13 leaves	5,583	24,000	30,000	45,000	95,000
1795 9 leaves	Inc. above	45,000	55,000	70,000	225,000
1796	4,146	25,000	30,000	45,000	100,000
1797 small eagle	3,615	40,000	50,000	75,000	230,000

Liberty cap on head, right, flanked by stars obverse   Heraldic eagle reverse

KM# 30 • 17.50 g., 0.916 Gold 0.5154 oz. AGW, 33 mm. • **Obv. Legend:** LIBERTY **Rev. Legend:** UNITED STATES OF AMERICA **Designer:** Robert Scot

Date	Mintage	F12	VF20	XF40	MS60
1797 large eagle	10,940	8,500	12,000	18,000	55,000
1798/97 9 stars left, 4 right	900	11,000	15,000	32,000	125,000
1798/97 7 stars left, 6 right	842	40,000	55,000	90,000	435,000
1799 large star obv	37,449	8,000	10,000	14,000	27,000
1799 small star obv	Inc. above	8,500	11,000	14,000	32,000
1800	5,999	8,000	10,000	14,000	27,000
1801	44,344	8,000	10,000	14,000	31,000
1803 extra star	15,017	8,000	10,000	15,000	31,000
1803 large stars rev	Inc. above	7,500	9,000	14,000	28,000
1804 crosslet 4	3,757	16,000	22,000	30,000	70,000
1804 plain 4	—	—	—	—	—

Coronet Head
Old-style head, left, within circle of stars obverse
No motto above eagle reverse

KM# 66.1 • 16.72 g., 0.900 Gold 0.4837 oz. AGW, 27 mm. • **Rev. Legend:** UNITED STATES OF AMERICA **Designer:** Christian Gobrecht

Date	Mintage	F12	VF20	XF40	MS60	PRF65
1838	3,000	3,600	8,500	18,000	65,000	1,500,000
1839/8 Type of 1838	800	1,400	4,750	7,000	26,000	1,500,000
1839 large letters	700	1,200	4,000	6,000	26,000	—

New-style head, left, within circle of stars obverse
No motto above eagle reverse

KM# 66.2 • 16.72 g., 0.900 Gold 0.4837 oz. AGW, 27 mm. • **Rev. Legend:** UNITED STATES OF AMERICA **Designer:** Christian Gobrecht

Date	Mintage	F12	VF20	XF40	MS60	PRF65
1839 small letters	700	1,200	6,000	8,500	26,000	—
1840	900	975	1,125	1,500	81,750	—
1841	850	1,000	1,250	1,375	7,500	—
1841O	2,000	3,800	10,750	19,000	—	—
1842 small date	900	975	1,125	1,600	13,000	—
1842 large date	900	975	1,125	1,600	16,000	—

$10 (EAGLE)

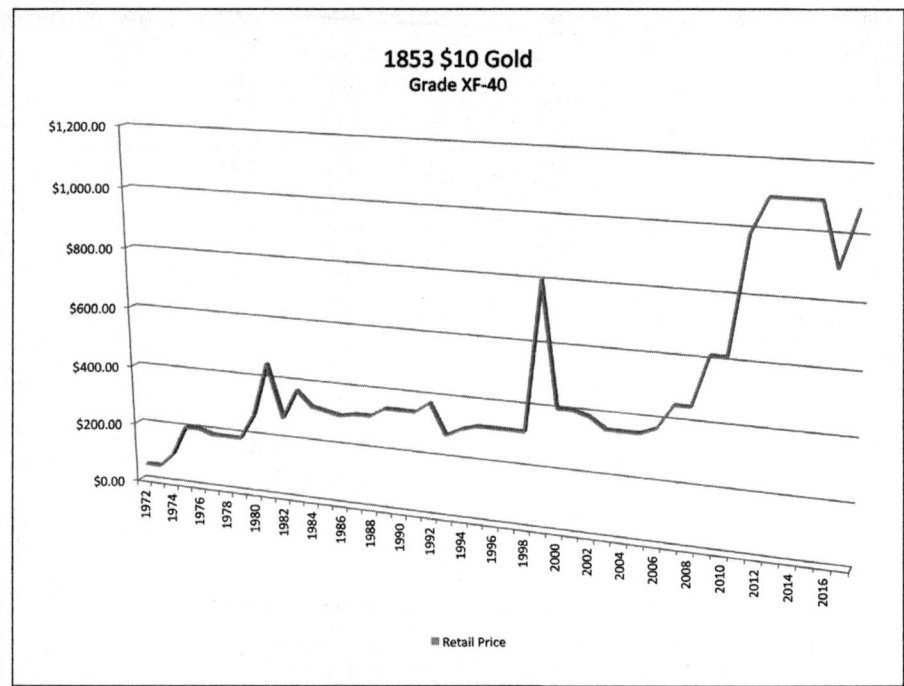

1853 $10 Gold
Grade XF-40

■ Retail Price

Date	Mintage	F12	VF20	XF40	MS60	PRF65
1842O	900	1,300	1,600	2,450	36,000	—
1843	900	975	1,125	1,550	15,250	—
1843O	900	975	1,125	1,700	10,600	—
1844	1,400	2,100	4,200	5,500	21,000	—
1844O	900	975	1,300	1,850	14,000	—
1845	900	975	1,500	2,050	15,000	—
1845O	900	975	1,400	2,500	13,000	—
1845O repunched	900	975	1,400	5,100	—	—
1846	900	1,025	1,400	4,750	19,000	—
1846O	900	1,200	2,350	3,600	13,500	—
1846/5	900	1,200	2,000	4,100	—	—
1847	900	975	900	1,100	3,750	—
1847O	900	975	1,075	1,200	5,400	—
1848	900	975	1,075	1,100	4,000	—
1848O	875	1,000	3,100	3,550	14,000	—
1849	900	975	1,040	1,100	3,950	—
1849O	900	1,250	2,500	5,300	23,000	—
1850 large date	900	975	1,075	1,100	4,100	—
1850 small date	900	975	1,125	1,425	6,750	—
1850O	900	1,150	1,900	3,000	20,000	—
1851	900	975	1,000	1,050	4,000	—
1851O	900	975	1,075	1,375	6,800	—
1852	900	975	1,075	1,100	3,325	—
1852O	1,300	1,500	2,500	6,000	43,000	—
1853	900	975	1,075	1,100	3,750	—
1853/2	900	975	1,450	1,800	14,500	—
1853O	900	1,050	1,325	1,800	13,500	—
1854	900	975	1,075	1,100	6,200	—
1854O small date	900	975	1,400	2,500	9,750	—
1854O large date	900	975	1,500	1,700	9,250	—
1854S	925	1,050	1,300	1,900	11,000	—
1855	900	975	1,075	1,100	4,000	—
1855O	950	1,050	2,450	5,100	26,000	—
1856	900	975	1,075	1,200	3,350	—

Date	Mintage	F12	VF20	XF40	MS60	PRF65
1856O	1,100	1,300	2,500	4,000	27,000	—
1856S	900	975	1,125	1,600	11,250	—
1857	900	975	1,075	1,625	12,750	—
1857O	1,400	2,000	3,800	6,500	—	—
1857S	900	975	1,300	2,150	11,000	—
1858	3,400	4,800	6,500	10,900	28,000	—
1858O	900	1,150	1,550	2,600	8,000	—
1858S	950	1,350	3,000	5,000	—	—
1859	900	975	1,100	1,600	7,200	165,000
1859O	2,600	3,800	8,500	19,500	—	—
1859S	1,800	2,300	4,000	16,000	39,000	—
1860	900	975	1,075	1,425	7,500	165,000
1860O	850	1,050	2,350	3,450	16,000	—
1860S	1,800	2,500	5,500	13,000	—	—
1861	900	975	1,075	1,800	6,800	165,000
1861S	2,100	2,725	7,000	8,600	30,000	—
1862	900	975	2,000	5,100	16,225	165,000
1862S	1,100	2,000	4,500	7,000	—	—
1863	2,700	3,600	13,750	24,000	47,500	165,000
1863S	4,000	6,000	10,000	14,500	42,000	—
1864	1,100	1,525	5,600	8,800	21,500	165,000
1864S	25,000	33,000	66,000	140,000	—	—
1865	1,100	3,400	5,150	16,000	28,500	165,000
1865S	2,000	4,600	7,600	14,750	41,000	—
1865S over inverted 186	—	5,125	6,175	15,000	—	—
1866S	1,800	2,200	3,800	6,000	39,000	—

IN GOD WE TRUST above eagle reverse

KM# 102 • 16.72 g., 0.900 Gold 0.4837 oz. AGW, 27 mm. • **Rev. Legend:** UNITED STATES OF AMERICA
Designer: Christian Gobrecht

Date	Mintage	VF20	XF40	AU50	MS60	MS63	MS65	PRF65
1866	3,780	1,800	3,100	7,000	40,500	—	—	75,000
1866S	11,500	3,300	5,800	7,500	22,000	—	—	—
1867	3,140	800	1,400	1,750	34,000	—	—	64,000
1867S	9,000	1,950	5,800	7,500	35,000	—	—	—
1868	10,655	800	1,000	1,550	14,000	—	—	58,000
1868S	13,500	1,400	2,200	3,500	20,000	—	—	—
1869	1,855	1,550	3,900	5,025	32,250	—	—	58,000
1869S	6,430	2,075	3,500	6,500	20,000	—	—	—
1870	4,025	1,075	1,725	2,450	26,500	—	—	64,000
1870CC	5,908	30,000	46,500	75,000	—	—	—	—
1870S	8,000	1,600	4,500	4,850	29,000	—	—	—
1871	1,820	1,300	2,675	4,800	15,750	—	—	64,000
1871CC	8,085	2,200	5,500	13,500	53,000	135,000	—	—
1871S	16,500	1,400	1,875	3,400	22,000	—	—	—
1872	1,650	2,100	3,900	7,550	13,750	27,000	—	64,000
1872CC	4,600	8,000	11,500	22,000	45,000	65,000	—	—
1872S	17,300	680	1,575	1,625	17,000	—	—	—
1873 closed 3	825	8,500	18,500	31,000	70,000	—	—	85,000
1873CC	4,543	10,500	19,500	43,000	—	—	—	—
1873S	12,000	1,250	2,500	3,750	26,000	—	—	—
1874	53,160	710	840	900	1,550	6,500	38,000	64,000
1874CC	16,767	3,000	4,500	11,750	63,000	155,000	—	—
1874S	10,000	1,250	2,150	4,000	—	—	—	—
1875	120	55,000	80,000	150,000	—	—	—	150,000
Note: 1875, Akers, Aug. 1990, Proof, $115,000.								
1875CC	7,715	4,500	9,000	14,000	85,000	155,000	—	—
1876	732	4,800	8,000	23,500	68,000	—	—	85,000
1876CC	4,696	4,800	12,000	18,500	—	—	—	—

$10 (EAGLE)

$10 (EAGLE)

Date	Mintage	VF20	XF40	AU50	MS60	MS63	MS65	PRF65
1876S	5,000	2,000	4,000	6,700	32,000	—	—	—
1877	817	4,300	6,700	9,500	43,000	—	—	55,000
1877CC	3,332	5,800	8,900	18,750	42,000	—	—	—
1877S	17,000	850	1,350	1,770	27,000	—	—	—
1878	73,800	670	680	820	950	4,800	25,000	55,000
1878CC	3,244	4,500	10,500	22,000	50,000	—	—	—
1878S	26,100	825	925	1,150	12,000	25,500	—	—
1879/78	Inc. above	800	840	950	1,000	2,500	—	—
1879	384,770	670	680	685	725	2,800	13,750	49,000
1879CC	1,762	11,500	22,000	38,000	—	—	—	—
1879O	1,500	9,500	16,000	21,500	72,500	—	—	—
1879S	224,000	670	680	685	1,075	6,250	—	—
1880	1,644,876	670	680	685	725	1,325	—	60,000
1880CC	11,190	1,850	2,550	4,300	25,000	—	—	—
1880O	9,200	900	2,000	4,000	14,500	—	—	—
1880S	506,250	670	680	685	750	1,800	—	—
1881	3,877,260	670	680	685	725	1,075	15,750	55,000
1881CC	24,015	1,300	1,800	2,600	6,600	32,000	—	—
1881O	8,350	800	1,000	1,600	8,800	—	—	—
1881S	970,000	670	680	685	725	1,300	—	—
1882	2,324,480	670	680	685	725	745	—	55,000
1882CC	6,764	1,750	2,750	4,600	30,000	63,000	—	—
1882O	10,820	1,400	1,700	2,600	9,000	34,000	—	—
1882S	132,000	670	680	685	725	2,100	31,000	—
1883	208,740	670	680	685	725	1,350	—	55,000
1883CC	12,000	1,500	2,000	3,750	32,000	—	—	—
1883O	800	8,500	21,500	37,000	95,000	—	—	—
1883S	38,000	670	680	685	1,175	9,000	—	—
1884	76,905	670	680	685	725	3,500	—	60,000
1884CC	9,925	1,475	2,700	5,000	14,000	44,000	—	—
1884S	124,250	670	680	685	725	4,000	—	—
1885	253,527	670	680	685	725	1,800	18,000	48,000
1885S	228,000	670	680	685	725	1,350	—	—
1886	236,160	670	680	685	880	1,875	—	53,000
1886S	826,000	670	680	685	725	950	—	—
1887	53,680	670	680	685	725	5,300	—	75,000
1887S	817,000	670	680	685	725	1,350	—	—
1888	132,996	670	685	680	880	3,450	—	45,000
1888O	21,335	725	775	875	1,125	6,500	—	—
1888S	648,700	670	680	685	725	1,250	—	—
1889	4,485	750	900	1,175	3,850	8,500	—	50,000
1889S	425,400	670	680	685	725	1,175	—	—
1890	58,043	670	680	685	800	3,400	16,500	43,000
1890CC	17,500	1,125	1,350	1,675	3,800	16,000	—	—
1891	91,868	670	680	685	725	2,600	—	40,000
1891CC	103,732	1,000	1,200	1,400	2,050	5,650	43,000	—
1892	797,552	670	680	685	725	750	6,600	37,000
1892CC	40,000	1,125	1,350	1,700	4,400	25,500	—	—
1892O	28,688	670	750	800	1,225	7,500	—	—
1892S	115,500	670	680	685	940	1,600	—	—
1893	1,840,895	670	680	685	725	750	7,500	37,000
1893CC	14,000	1,125	1,375	2,900	13,000	—	—	—
1893O	17,000	670	680	685	1,400	4,800	—	—
1893S	141,350	670	680	685	940	2,300	—	—
1894	2,470,778	670	680	685	725	750	12,750	37,000
1894O	107,500	670	680	850	1,125	4,350	—	—
1894S	25,000	670	1,010	1,030	4,250	—	—	—
1895	567,826	670	680	685	725	750	9,850	37,000
1895O	98,000	670	680	685	1,200	7,200	—	—
1895S	49,000	670	680	925	2,000	8,500	—	—
1896	76,348	670	680	685	725	1,450	—	37,000
1896S	123,750	670	680	685	1,800	8,050	—	—
1897	1,000,159	670	680	685	725	750	3,600	37,000
1897O	42,500	670	680	875	1,450	6,600	23,000	—
1897S	234,750	670	680	685	850	5,250	—	—
1898	812,197	670	680	685	725	750	6,300	37,000
1898S	473,600	670	680	685	725	2,000	—	—
1899	1,262,305	670	680	685	725	750	3,450	37,000
1899O	37,047	670	680	875	1,400	7,850	32,000	—

Date	Mintage	VF20	XF40	AU50	MS60	MS63	MS65	PRF65
1899S	841,000	670	680	685	895	1,550	9,600	—
1900	293,960	670	680	685	725	750	3,500	34,000
1900S	81,000	670	680	685	1,050	4,600	19,000	—
1901	1,718,825	670	680	685	725	750	3,500	34,000
1901O	72,041	670	680	685	1,050	3,000	—	—
1901S	2,812,750	670	680	685	725	750	3,500	—
1902	82,513	670	680	685	725	1,550	8,650	34,000
1902S	469,500	670	680	685	725	750	3,500	—
1903	125,926	670	680	685	725	750	6,750	34,000
1903O	112,771	670	680	685	1,025	2,500	20,500	—
1903S	538,000	670	680	685	725	750	3,500	—
1904	162,038	670	680	685	725	1,500	6,150	37,000
1904O	108,950	670	680	685	900	2,800	2,000	—
1905	201,078	670	680	685	725	750	5,875	34,000
1905S	369,250	670	680	685	925	4,400	—	—
1906	165,497	670	680	685	725	1,175	6,500	34,000
1906D	981,000	670	680	685	725	750	7,100	—
1906O	86,895	670	680	710	1,225	4,350	23,000	—
1906S	457,000	670	680	685	725	2,300	15,750	—
1907	1,203,973	670	680	685	725	750	3,500	37,000
1907D	1,030,000	670	680	685	725	1,550	12,000	—
1907S	210,500	670	680	685	875	3,550	—	—

Indian Head
No motto to left of eagle reverse

KM# 125 • 16.72 g., 0.900 Gold 0.4837 oz. AGW, 27 mm. • **Designer:** Augustus Saint-Gaudens **Note:** 1907 varieties are distinguished by whether the edge is rolled or wired, and whether the legend E PLURIBUS UNUM has periods between each word.

Date	Mintage	VF20	XF40	AU50	MS60	MS63	MS65	PRF65
1907 wire edge, periods before and after legend	500	11,000	16,500	19,000	24,000	37,000	70,000	—
1907 same, without stars on edge, unique	—	—	—	—	—	—	—	—
1907 rolled edge, periods	42	24,500	38,000	48,000	73,000	115,000	275,000	—
1907 without periods	239,406	—	710	740	1,200	2,530	8,500	—
1908 without motto	33,500	—	710	760	1,200	4,600	15,000	—
1908D without motto	210,000	—	710	760	1,200	6,275	33,000	—

IN GOD WE TRUST left of eagle reverse

KM# 130 • 16.72 g., 0.900 Gold 0.4837 oz. AGW, 27 mm. • **Designer:** Augustus Saint-Gaudens

Date	Mintage	VF20	XF40	AU50	MS60	MS63	MS65	PRF65
1908	341,486	—	880	900	950	1,625	9,000	55,000
1908D	836,500	—	685	745	1,225	6,600	24,000	
1908S	59,850	900	975	1,250	3,600	12,000	23,000	
1909	184,863	—	685	745	750	2,800	20,500	68,000
1909D	121,540	—	685	745	1,200	4,000	28,000	—
1909S	292,350	—	675	880	1,800	5,500	19,000	—
1910	318,704	—	685	745	705	810	8,500	55,000
1910D	2,356,640	—	685	745	705	810	8,500	—

Date	Mintage	VF20	XF40	AU50	MS60	MS63	MS65	PRF65
1910S	811,000	—	685	745	1,050	7,600	49,000	—
1911	505,595	—	685	745	705	810	7,500	55,000
1911D	30,100	900	1,250	2,550	8,500	29,000	220,000	—
1911S	51,000	950	1,100	1,200	2,900	11,000	23,000	—
1912	405,083	—	685	745	705	810	8,000	55,000
1912S	300,000	—	685	745	1,425	6,000	35,000	—
1913	442,071	—	685	745	705	810	8,500	55,000
1913S	66,000	840	950	1,200	5,500	18,000	170,000	—
1914	151,050	—	685	745	705	1,650	7,400	60,000
1914D	343,500	—	685	745	705	1,700	11,000	—
1914S	208,000	850	975	1,125	1,800	4,500	30,500	—
1915	351,075	—	685	745	705	1,450	9,000	55,000
1915S	59,000	840	1,100	1,400	5,500	17,500	69,000	—
1916S	138,500	—	740	750	1,750	5,400	24,000	—
1920S	126,500	16,500	23,000	26,000	38,000	93,000	275,000	—
1926	1,014,000	—	685	745	740	810	2,900	—
1930S	96,000	9,000	16,500	19,750	27,000	44,000	93,000	—
1932	4,463,000	—	685	745	730	810	2,900	—
1933	312,500	130,000	140,000	145,000	165,000	225,000	600,000	—

$20 (DOUBLE EAGLE)

GOLD
Liberty Head
Coronet head, left, within circle of stars obverse
TWENTY D. below eagle, no motto above eagle reverse

KM# 74.1 • 33.44 g., 0.900 Gold 0.9675 oz. AGW, 34 mm. • **Rev. Legend:** UNITED STATES OF AMERICA
Designer: James B. Longacre

Date	Mintage	VF20	XF40	AU50	MS60	MS63	MS65	PRF65
1849 unique, in Smithsonian collection	1	—	—	—	—	—	—	—
1850	1,170,261	2,100	2,800	5,000	15,000	53,000	195,000	—
1850O	141,000	5,000	7,000	14,750	75,000	—	—	—
1851	2,087,155	1,825	1,900	2,300	6,000	26,000	—	—
1851O	315,000	2,500	4,700	6,600	28,000	—	—	—
1852	2,053,026	2,000	2,100	2,600	6,200	18,000	—	—
1852O	190,000	2,150	4,600	6,600	30,000	—	—	—
1853	1,261,326	2,000	2,300	2,750	5,600	30,000	165,000	—
1853/2	Inc. above	2,000	3,000	5,600	35,500	—	—	—
1853O	71,000	2,700	6,600	13,000	35,000	—	—	—
1854 SD	757,899	2,000	2,150	2,550	9,000	—	—	—
1854 LD	Inc. above	3,000	4,100	11,000	36,000	61,000	—	—
1854O	3,250	92,000	176,000	310,000	—	—	—	—
1854S	141,468	2,750	4,600	13,000	29,000	47,500	86,000	—
1855	364,666	2,000	2,150	3,100	5,000	9,500	60,000	—
1855O	8,000	14,500	36,000	45,000	120,000	—	—	—
1855S	879,675	2,000	2,200	2,375	6,100	20,400	—	—
1856	329,878	2,000	2,100	3,000	9,000	33,000	—	—
1856O	2,250	175,000	260,000	375,000	—	—	—	—
1856S	1,189,750	2,000	2,100	2,200	5,600	16,000	37,000	—
1857	439,375	2,000	2,300	2,600	7,700	37,500	—	—
1857O	30,000	4,600	9,200	14,500	45,000	250,000	—	—
1857S	970,500	2,000	2,100	2,300	5,100	8,800	13,000	—

Date	Mintage	VF20	XF40	AU50	MS60	MS63	MS65	PRF65
1858	211,714	2,000	2,600	3,200	8,800	35,000	—	—
1858O	35,250	4,600	8,300	19,000	47,500	180,000	—	—
1858S	846,710	2,000	2,300	30,000	8,800	40,000	—	—
1859	43,597	3,000	5,200	9,800	2,500	—	—	—
1859O	9,100	5,600	22,500	41,000	130,000	—	—	—
1859S	636,445	2,000	2,050	2,540	14,250	58,000	—	—
1860	577,670	2,000	2,150	2,300	6,600	18,000	72,000	—
1860O	6,600	10,000	34,000	46,000	—	—	—	—
1860S	544,950	2,000	2,200	2,650	8,800	35,000	—	—
1861	2,976,453	2,000	2,200	2,600	6,200	18,500	52,000	225,000
1861O	17,741	15,000	36,000	55,000	160,000	—	—	—
1861S	768,000	2,000	2,300	3,000	13,500	40,000	—	—

Paquet design, TWENTY D. below eagle reverse

KM# 93 • 33.44 g., 0.900 Gold 0.9675 oz. AGW **Rev. Legend:** UNITED STATES OF AMERICA **Note:** In 1861 the reverse was redesigned by Anthony C. Paquet, but it was withdrawn soon after its release. The letters in the inscriptions on the Paquet-reverse variety are taller than on the regular reverse.

Date	Mintage	VF20	XF40	AU50	MS60	MS63	MS65	PRF65
1861 2 Known	—	—	—	—	—	—	—	—
Note: 1861 Paquet reverse, Bowers & Merena, Nov. 1988, MS-67, $660,000.								
1861S	—	22,000	56,000	90,000	—	—	—	—
Note: Included in mintage of 1861S, KM#74.1								

Longacre design resumed reverse

KM# A74.1 • 33.44 g., 0.900 Gold 0.9675 oz. AGW

Date	Mintage	VF20	XF40	AU50	MS60	MS63	MS65	PRF65
1862	92,133	4,800	11,000	14,000	40,000	—	—	400,000
1862S	854,173	2,000	2,400	3,200	14,000	46,000	—	—
1863	142,790	3,000	4,700	12,000	31,500	90,000	—	400,000
1863S	966,570	2,100	2,400	27,000	12,000	34,000	—	—
1864	204,285	3,000	5,000	9,000	24,000	76,000	240,000	400,000
1864S	793,660	2,000	2,300	3,100	12,500	42,000	—	—
1865	351,200	2,200	2,400	2,900	8,000	22,500	55,000	400,000
1865S	1,042,500	2,100	2,200	2,300	7,600	13,000	27,000	—
1866S	Inc. below	10,000	20,000	34,000	150,000	—	—	—

TWENTY D. below eagle. IN GOD WE TRUST above eagle reverse

KM# 74.2 • 33.44 g., 0.900 Gold 0.9675 oz. AGW, 34 mm. • **Rev. Legend:** UNITED STATES OF AMERICA **Designer:** James B. Longacre

Date	Mintage	VF20	XF40	AU50	MS60	MS63	MS65	PRF65
1866	698,775	1,600	2,300	3,700	12,500	55,000	—	290,000
1866S	842,250	1,900	2,250	4,500	22,000	—	—	—
1867	251,065	1,600	1,700	2,100	5,900	28,000	—	290,000
1867S	920,750	1,600	1,475	1,850	13,000	—	—	—
1868	98,600	1,700	2,100	35,000	18,500	60,000	—	290,000
1868S	837,500	1,600	1,700	2,000	15,000	—	—	—

$20 (DOUBLE EAGLE)

Date	Mintage	VF20	XF40	AU50	MS60	MS63	MS65	PRF65
1869	175,155	1,600	1,700	2,000	11,000	33,000	245,000	290,000
1869S	686,750	1,600	1,750	1,775	9,200	38,000	—	—
1870	155,185	1,600	1,800	2,650	15,000	48,000	—	325,000
1870CC	3,789	175,000	240,000	345,000	—	—	—	—
1870S	982,000	1,600	1,625	1,750	7,000	56,000	—	—
1871	80,150	1,600	1,650	2,950	6,800	40,000	—	—
1871CC	17,387	12,500	29,000	50,000	120,000	225,000	—	—
1871S	928,000	1,600	1,625	1,700	4,400	19,500	—	—
1872	251,880	1,600	1,625	2,000	4,750	24,000	—	—
1872CC	26,900	5,000	9,500	15,000	70,000	—	—	—
1872S	780,000	1,600	1,625	1,625	3,400	25,000	—	—
1873 closed 3	Est. 208925	1,600	1,625	1,700	3,500	—	—	325,000
1873 open 3	Est. 1500900	1,600	1,625	1,675	1,675	7,800	190,000	—
1873CC	22,410	4,000	8,100	19,000	45,000	125,000	—	—
1873S closed 3	1,040,600	1,600	1,625	1,625	2,450	18,500	—	—
1873S open 3	Inc. above	1,600	1,625	1,675	8,000	—	—	—
1874	366,800	1,600	1,625	1,625	3,350	17,250	—	325,000
1874CC	115,085	3,000	4,000	6,000	26,000	—	—	—
1874S	1,214,000	1,450	1,475	1,475	2,200	24,000	—	—
1875	295,740	1,450	1,475	1,475	1,950	7,800	—	—
1875CC	111,151	2,400	2,850	4,000	12,750	30,000	—	—
1875S	1,230,000	1,600	1,625	1,625	1,650	11,000	—	—
1876	583,905	1,600	1,625	1,625	1,650	12,000	—	325,000
1876CC	138,441	2,600	3,400	4,500	14,000	28,000	—	—
1876S	1,597,000	1,600	1,625	1,625	1,500	7,000	185,000	—

TWENTY DOLLARS below eagle reverse

KM# 74.3 • 33.44 g., 0.900 Gold 0.9675 oz. AGW **Rev. Legend:** UNITED STATES OF AMERICA

Date	Mintage	VF20	XF40	AU50	MS60	MS63	MS65	PRF65
1877	397,670	1,220	1,225	1,230	1,900	14,500	—	125,000
1877CC	42,565	3,000	3,400	6,500	23,000	—	—	—
1877S	1,735,000	1,220	1,225	1,230	1,500	16,000	42,500	—
1878	543,645	1,220	1,225	1,230	1,500	12,500	—	125,000
1878CC	13,180	5,500	8,000	13,000	42,500	—	—	—
1878S	1,739,000	1,220	1,225	1,230	1,500	17,000	—	—
1879	207,630	1,220	1,225	1,230	2,400	14,000	53,000	125,000
1879CC	10,708	6,100	11,000	17,250	58,000	—	—	—
1879O	2,325	22,000	40,000	45,000	125,000	—	—	—
1879S	1,223,800	1,220	1,225	1,230	2,300	34,000	—	—
1880	51,456	1,310	1,450	1,900	10,000	27,000	—	125,000
1880S	836,000	1,220	1,225	1,230	1,750	20,000	49,500	—
1881	2,260	17,500	25,000	40,000	125,000	—	—	145,000
1881S	727,000	1,220	1,225	1,230	1,625	2,000	—	—
1882	630	30,000	50,000	85,000	125,000	—	—	210,000
1882CC	39,140	2,600	3,000	4,500	14,000	83,000	—	—
1882S	1,125,000	1,220	1,225	1,230	1,590	12,750	—	—
1883 proof only	92	—	—	—	—	—	—	225,000
1883CC	59,962	2,600	2,700	4,500	11,000	36,000	—	—
1883S	1,189,000	1,220	1,225	1,230	1,600	4,900	—	—
1884 proof only	71	—	—	—	—	—	—	245,000
1884CC	81,139	2,500	2,700	4,000	10,000	43,000	—	—
1884S	916,000	1,220	1,225	1,230	1,475	3,900	37,500	—
1885	828	20,000	30,000	45,000	70,000	115,000	—	90,000
1885CC	9,450	6,000	12,000	16,000	36,000	115,000	—	—
1885S	683,500	1,220	1,225	1,230	1,725	3,400	—	—
1886	1,106	38,000	70,000	88,000	125,000	145,000	—	87,000
1887	121	—	—	—	—	—	—	165,000
1887S	283,000	1,220	1,225	1,230	1,725	12,000	37,500	—
1888	226,266	1,220	1,225	1,230	2,100	10,000	28,000	85,000
1888S	859,600	1,220	1,225	1,230	1,600	4,000	45,000	—
1889	44,111	1,220	1,225	1,230	2,000	13,000	—	85,000
1889CC	30,945	3,000	3,600	5,000	15,000	33,000	—	—

Date	Mintage	VF20	XF40	AU50	MS60	MS63	MS65	PRF65
1889S	774,700	1,220	1,225	1,230	1,600	4,600	20,000	—
1890	75,995	1,220	1,225	1,230	1,300	9,600	—	85,000
1890CC	91,209	2,600	3,100	4,500	14,750	38,500	—	—
1890S	802,750	1,220	1,225	1,230	1,300	4,375	23,000	—
1891	1,442	14,000	21,000	36,000	75,000	136,000	—	87,000
1891CC	5,000	7,800	12,000	18,000	41,000	80,000	—	—
1891S	1,288,125	1,220	1,225	1,230	1,300	2,300	—	—
1892	4,523	4,500	6,800	9,000	20,000	35,000	55,000	84,000
1892CC	27,265	2,700	3,000	4,100	13,500	40,000	—	—
1892S	930,150	1,220	1,225	1,230	1,300	2,700	19,000	—
1893	344,339	1,220	1,225	1,230	1,300	2,700	—	160,000
1893CC	18,402	2,700	3,600	6,000	13,000	50,000	—	—
1893S	996,175	1,220	1,225	1,230	1,300	2,700	—	—
1894	1,368,990	1,220	1,225	1,230	1,300	1,825	23,000	84,000
1894S	1,048,550	1,220	1,225	1,230	1,300	2,700	23,000	—
1895	1,114,656	1,220	1,225	1,230	1,300	1,800	18,000	84,000
1895S	1,143,500	1,220	1,225	1,230	1,300	1,900	11,000	—
1896	792,663	1,220	1,225	1,230	1,300	1,825	19,000	84,000
1896S	1,403,925	1,220	1,225	1,230	1,300	2,100	25,000	—
1897	1,383,261	1,220	1,225	1,230	1,300	1,800	19,000	84,000
1897S	1,470,250	1,220	1,225	1,230	1,300	1,900	16,000	—
1898	170,470	1,220	1,225	1,230	1,300	4,300	—	84,000
1898S	2,575,175	1,220	1,225	1,230	1,300	1,800	7,425	—
1899	1,669,384	1,220	1,225	1,230	1,300	1,550	9,000	84,000
1899S	2,010,300	1,220	1,225	1,230	1,300	2,150	19,000	—
1900	1,874,584	1,220	1,225	1,230	1,300	1,550	5,000	84,000
1900S	2,459,500	1,220	1,225	1,230	1,300	1,900	20,000	—
1901	111,526	1,220	1,225	1,230	1,300	1,800	4,000	84,000
1901S	1,596,000	1,220	1,225	1,230	1,300	3,500	17,000	—
1902	31,254	1,220	1,225	1,230	1,300	11,000	—	84,000
1902S	1,753,625	1,220	1,225	1,230	1,300	2,900	29,000	—
1903	287,428	1,220	1,225	1,230	1,300	1,475	3,900	84,000
1903S	954,000	1,220	1,225	1,230	1,300	1,800	12,000	—
1904	6,256,797	1,220	1,225	1,230	1,300	1,475	4,000	84,000
1904S	5,134,175	1,220	1,225	1,230	1,300	1,475	4,000	—
1905	59,011	1,220	1,225	1,230	2,450	13,000	85,000	84,000
1905S	1,813,000	1,220	1,225	1,230	1,260	3,000	18,000	—
1906	69,690	1,220	1,225	1,230	2,100	6,700	29,000	84,000
1906D	620,250	1,220	1,225	1,230	1,300	3,400	18,000	—
1906S	2,065,750	1,220	1,225	1,230	1,300	1,950	22,000	—
1907	1,451,864	1,220	1,225	1,230	1,300	1,475	7,000	84,000
1907D	842,250	1,220	1,225	1,230	1,300	3,000	7,000	—
1907S	2,165,800	1,220	1,225	1,230	1,300	2,100	22,000	—

Saint-Gaudens High Relief
Roman numerals in date obverse   No motto below eagle reverse

KM# 126 • 33.44 g., 0.900 Gold 0.9675 oz. AGW, 34 mm. • Edge: Plain. Designer: Augustus Saint-Gaudens

Date	Mintage	VF20	XF40	AU50	MS60	MS63	MS65	PRF65
MCMVII (1907) high relief, unique, AU-55, 150,000	—	—	—	—	—	—	—	—
MCMVII (1907) high relief, wire rim	11,250	6,000	8,300	9,800	13,500	23,500	42,000	—
MCMVII (1907) high relief, flat rim	Inc. above	7,000	8,500	11,000	14,000	24,000	45,500	—

$20 (DOUBLE EAGLE)

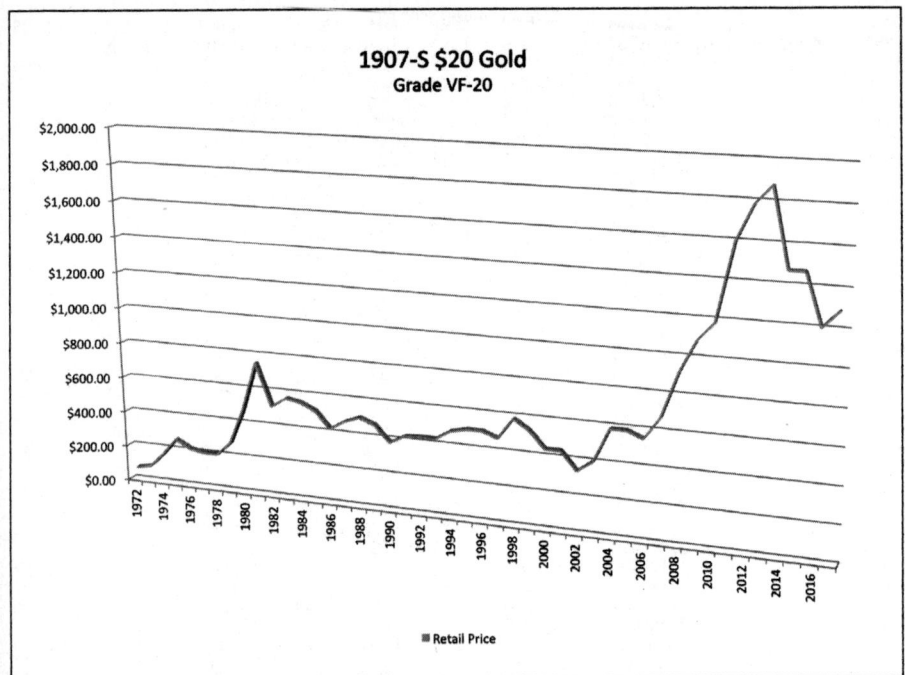

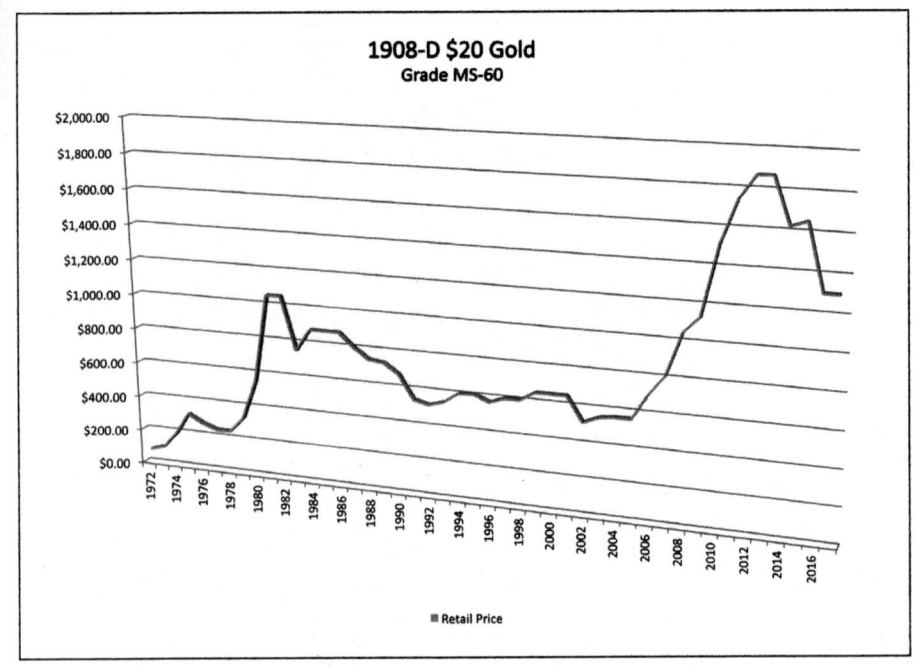

Saint-Gaudens
Arabic numerals in date obverse   No motto below eagle reverse

KM# 127 • 33.44 g., 0.900 Gold 0.9675 oz. AGW, 34 mm. • **Edge:** Lettered; large letters. **Designer:** Augustus Saint-Gaudens

Date	Mintage	VF20	XF40	AU50	MS60	MS63	MS65	PRF65
1907 large letters on edge, unique	—	—	—	—	—	—	—	—
1907 small letters on edge	361,667	1,210	1,225	1,230	1,240	1,600	3,500	—
1908	4,271,551	1,210	1,225	1,230	1,240	1,260	1,625	—
1908D	663,750	1,210	1,225	1,230	1,240	1,260	7,000	—

IN GOD WE TRUST below eagle reverse

KM# 131 • 33.44 g., 0.900 Gold 0.9675 oz. AGW, 34 mm. • **Designer:** Augustus Saint-Gaudens

Date	Mintage	VF20	XF40	AU50	MS60	MS63	MS65	PRF65
1908	156,359	1,210	1,225	1,230	1,400	1,800	20,000	75,000
1908 Roman finish; Prf64 Rare								
Note: Rare								
1908D	349,500	1,210	1,225	1,230	1,240	1,860	6,000	—
1908S	22,000	1,800	3,000	4,250	9,500	20,000	45,000	
1909/8	161,282	1,400	1,600	1,650	2,000	3,800	38,000	—
1909	Inc. Above	1,210	1,225	1,230	1,240	2,300	34,000	75,000
1909D	52,500	1,300	1,225	1,230	1,240	5,000	35,000	—
1909S	2,774,925	1,210	1,225	1,230	1,240	1,400	5,100	—
1910	482,167	1,210	1,225	1,230	1,240	1,260	7,000	80,000
1910D	429,000	1,210	1,225	1,230	1,240	1,260	3,100	—
1910S	2,128,250	1,210	1,225	1,230	1,240	2,000	6,300	—
1911	197,350	1,210	1,225	1,230	1,240	2,580	17,000	74,000
1911D	846,500	1,210	1,225	1,230	1,240	1,260	2,200	—
1911S	775,750	1,210	1,225	1,230	1,240	1,260	5,100	—
1912	149,824	1,210	1,225	1,230	1,240	2,600	24,000	74,000
1913	168,838	1,210	1,225	1,230	1,240	2,300	45,000	79,000
1913D	393,500	1,210	1,225	1,230	1,240	1,750	5,300	—
1913S	34,000	1,210	1,225	1,800	2,200	3,500	29,000	—
1914	95,320	1,210	1,225	1,230	1,240	2,600	20,000	79,000
1914D	453,000	1,210	1,225	1,230	1,240	1,260	3,100	—
1914S	1,498,000	1,210	1,225	1,230	1,240	1,260	2,400	—
1915	152,050	1,210	1,225	1,230	1,240	2,160	22,000	90,000
1915S	567,500	1,210	1,225	1,230	1,240	1,260	2,200	—
1916S	796,000	1,210	1,225	1,230	1,240	1,800	3,200	—
1920	228,250	1,210	1,225	1,230	1,240	1,980	85,000	—
1920S	558,000	11,000	15,500	24,000	42,000	75,000	250,000	—
1921	528,500	—	38,000	48,000	90,000	225,000	585,000	—
1922	1,375,500	1,210	1,225	1,230	1,240	1,260	3,600	—
1922S	2,658,000	1,210	1,225	2,000	2,300	4,600	38,000	—
1923	566,000	1,210	1,225	1,230	1,240	1,260	3,600	—
1923D	1,702,250	1,210	1,225	1,230	1,240	1,260	2,225	—

$20 (DOUBLE EAGLE)

MINT SETS

Mint, or uncirculated, sets contain one uncirculated coin of each denomination from each mint produced for circulation that year. Values listed here are only for those sets sold by the U.S. Mint. Sets were not offered in years not listed. In the years the mint did not offer the sets, some private companies compiled and marketed uncirculated sets. Mint sets from 1947 through 1958 contained two exmples of each coin mounted in cardboad holders, which caused the coins to tarnish. Beginning in 1959, the sets have been packaged in sealed Pliofilm packets and include only one secimen of each coin struck for that year (both P & D mints). Listings for 1965, 1966 and 1967 are for "special mint sets," which were of higher quality than regular mint sets and were prooflike. They were packaged in plastic cases. The 1970 large-date and small-date varieties are distinguished by the size of the date on the coin. The 1976 three-piece set contains the quarter, half dollar and dollar with the Bicentennial design. The 1971 and 1972 sets do not include a dollar coin; the1979 set does not include an S-mint-marked dollar. Mint sets issued prior to 1959 were double sets (containing two of each coin) packaged in cardboard with a paper overlay. Original sets will always be toned and can bring large premiums if nicely preserved with good color.

Date	Sets Sold	Issue Price	Mkt Val
1947 Est. 5,000	—	4.87	2,300
1948 Est. 6,000	—	4.92	1,350
1949 Est. 5,200	—	5.45	1,800
1950 None issued	—	—	—
1951	8,654	6.75	1,500
1952	11,499	6.14	1,250
1953	15,538	6.14	1,000
1954	25,599	6.19	560
1955 flat pack	49,656	3.57	350
1956	45,475	3.34	400
1957	32,324	24.50	620
1958	50,314	4.43	385
1959	187,000	2.40	46.00
1960 large date	260,485	2.40	40.00
1961	223,704	2.40	38.00
1962	385,285	2.40	37.50
1963	606,612	2.40	32.00
1964	1,008,108	2.40	32.00
1965 Special Mint Set	2,360,000	4.00	8.50
1966 Special Mint Set	2,261,583	4.00	8.00
1967 Special Mint Set	1,863,344	4.00	9.00
1968	2,105,128	2.50	6.25
1969	1,817,392	2.50	5.50
1970 large date	2,038,134	2.50	16.00
1970 small date	Inc. above	2.50	44.00
1971	2,193,396	3.50	350
1972	2,750,000	3.50	3.00
1973	1,767,691	8.00	10.50
1974	1,975,981	6.75	5.00
1975	1,921,488	6.00	7.50
1976 3 coins	4,908,319	9.00	15.50
1976	1,892,513	6.00	8.00
1977	2,006,869	7.00	5.00
1978	2,162,609	7.00	5.50
1979 Type I	2,526,000	8.00	5.00
1979 Susan B Anthony PDS Souvenir Set	—	—	6.50
1980	2,815,066	9.00	6.00
1980 Susan B. Anthony PDS Souvenir Set	—	—	6.50

Date	Sets Sold	Issue Price	Mkt Val
1981 Type I	2,908,145	11.00	8.00
1981 Susan B. Anthony PDS Souvenir Set	—	—	22.00
1982 & 1983 None issued	—	—	—
1982 Souvenir set	—	—	55.00
1983 Souvenir set	—	—	60.00
1984	1,832,857	7.00	3.00
1985	1,710,571	7.00	3.50
1986	1,153,536	7.50	6.00
1987	2,890,758	7.00	3.50
1988	1,646,204	7.00	3.50
1989	1,987,915	7.00	3.50
1990	1,809,184	7.00	3.50
1991	1,352,101	7.00	4.00
1992	1,500,143	7.00	3.50
1993	1,297,094	8.00	3.75
1994	1,234,813	8.00	3.00
1995	1,038,787	8.00	4.00
1996	1,457,949	8.00	14.00
1997	950,473	8.00	4.00
1998	1,187,325	8.00	4.50
1999 9 piece	1,421,625	14.95	7.00
2000	1,490,160	14.95	7.00
2001	1,066,900	14.95	7.00
2002	1,139,388	14.95	7.25
2003	1,002,555	14.95	7.75
2004	844,484	16.95	7.75
2005	—	16.95	7.25
2006	—	16.95	7.25
2007	—	—	16.00
2008	—	—	30.00
2009 18 piece clad set	—	—	21.00
2010 28 piece clad set	—	—	20.00
2011 28 piece clad set	532,059	—	21.00
2012 28 piece clad set	365,298	—	58.00
2013 28 piece clad set	—	31.95	35.00
2014 28 piece clad set	—	27.95	30.00
2015 28 piece clad set	—	28.95	30.00
2016 27 piece clad set	—	26.95	28.00

PROOF SETS

Proof coins are produced through a special process involving specially selected, highly polished planchets and dies.They usually receive two strikings from the coin press at increased pressure. The result is a coin with mirrorlike surfaces and, in recent years, a cameo effect on its raised design surfaces. Proof sets have been sold off and on by the U.S. Mint since 1858. Listings here are from what is commonly called the modern era, since 1936. Values for earlier proofs are included in regular-date listings. Sets were not offered in years not listed. Since 1968, proof coins have been produced at the San Francisco Mint; before that they were produced at the Philadelphia Mint. In 1942 the five-cent coin was struck in two compositions. Some proof sets for that year contain only one type (five-coin set); others contain both types. Two types of packaging were used in 1955 -- a box and a flat, plastic holder. The 1960 large-date and small-date sets are distinguished by the size of the date on the cent. Some1968 sets are missing the mint mark on the dime, the result of an error in the preparation of an obverse die. The 1970 large-date and small-date sets are distinguished by the date on the cent. Some 1970 sets are missing the mint mark on the dime, the result of an error in the preparation of an obverse die. Some 1971 sets are missing the mint mark on the five-cent piece, the result in the preparation of an obverse die. The 1976 three-piece set contains the quarter, half dollar and dollar with the Bicentennial designs. The 1979 and 1981 Type II sets have clearer mint marks than the Type I sets for those years. Some1983 sets are missing the mint mark on the dime, the result of an error in the preparation of an obverse die. Prestige sets contain the five regular-issue coins plus a commemorative silver dollar from that year. Sets issued prior 1956 came in transparent envelopes stapled together in a small square box. In mid-1955, sets were changed to a flat clear cellophane envelope. In 1968 sets were changed to a hard plastic case as they still are currrently issued.

Date	Sets Sold	Issue Price	Mkt Val
1936	3,837	1.89	7,500
1937	5,542	1.89	2,800
1938	8,045	1.89	1,135
1939	8,795	—	1,150
1940	11,246	—	900
1941	15,287	—	850
1942 6 coins	21,120	1.89	900
1942 5 coins	Inc. above	1.89	800
1950	51,386	2.10	500
1951	57,500	2.10	500
1952	81,980	2.10	210
1953	128,800	2.10	175
1954	233,300	2.10	90.00

Date	Sets Sold	Issue Price	Mkt Val
1955 box	378,200	2.10	115
1955 flat pack	Inc. above	2.10	95.00
1956	669,384	2.10	58.00
1957	1,247,952	2.10	27.00
1958	875,652	2.10	29.00
1959	1,149,291	2.10	26.00
1960 large date	1,691,602	2.10	27.00
1960 small date	Inc. above	2.10	28.00
1961	3,028,244	2.10	23.00
1962	3,218,019	2.10	23.00
1964	3,950,762	2.10	23.00
2008 14 piece clad set	—	—	25.00
2012 8 piece Limited Edition	—	—	220

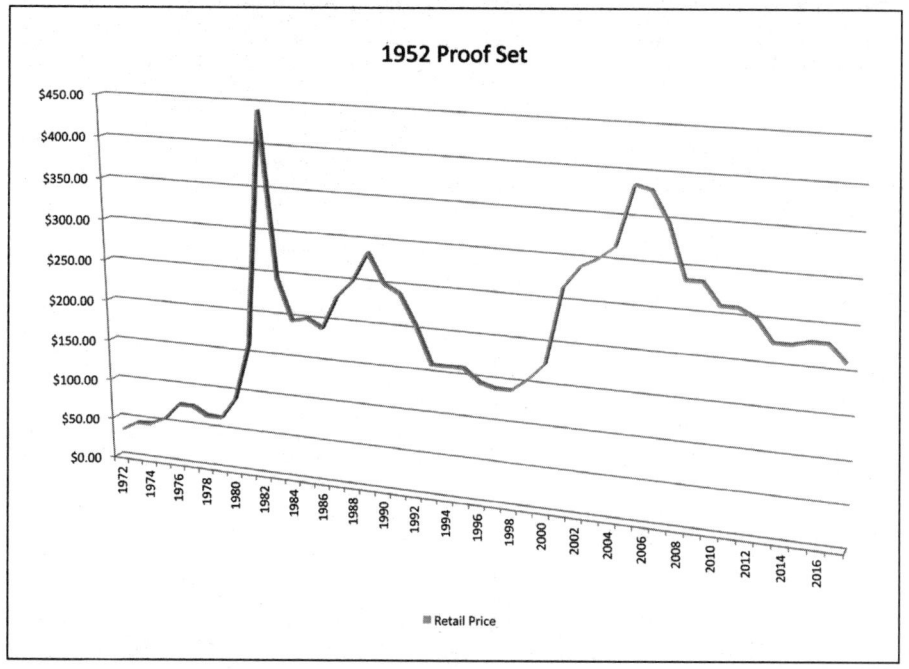

1952 Proof Set

■ Retail Price

Date	Sets Sold	Issue Price	Mkt Val
1968S	3,041,509	5.00	7.00
1968S no mint mark dime	Inc. above	5.00	13,000
1969S	2,934,631	5.00	6.50
1970S large date	2,632,810	5.00	10.00
1970S small date	Inc. above	5.00	77.00
1970S no mint mark dime	Inc. above	5.00	750
1971S	3,224,138	5.00	3.25
1971S no mint mark nickel Est. 1,655	1,655	5.00	1,100
1972S	3,267,667	5.00	3.75
1973S	2,769,624	7.00	7.50
1974S	2,617,350	7.00	9.50
1975S	2,909,369	7.00	9.00
1975S no mint mark dime	Inc. above	7.00	220,000
1976S 3 coins	3,998,621	13.00	21.00
1976S	4,149,730	7.00	8.00
1977S	3,251,152	9.00	6.00
1978S	3,127,788	9.00	5.25
1979S Type I	3,677,175	9.00	7.50
1979S Type II	Inc. above	9.00	45.00
1980S	3,547,030	10.00	4.50
1981S Type I	4,063,083	11.00	4.50
1981S Type II	Inc. above	11.00	250
1982S	3,857,479	11.00	4.50
1983S	3,138,765	11.00	4.00
1983S Prestige Set	140,361	59.00	38.50
1983S no mint mark dime	Inc. above	11.00	650
1984S	2,748,430	11.00	5.00
1984S Prestige Set	316,680	59.00	22.00
1985S	3,362,821	11.00	3.00
1986S	2,411,180	11.00	5.00
1986S Prestige Set	599,317	48.50	26.00
1987S	3,972,233	11.00	3.50
1987S Prestige Set	435,495	45.00	23.00
1988S	3,031,287	11.00	4.00
1988S Prestige Set	231,661	45.00	27.00
1989S	3,009,107	11.00	3.75
1989S Prestige Set	211,087	45.00	26.50
1990S	2,793,433	11.00	4.00
1990S no S 1¢	3,555	11.00	4,100
1990S Prestige Set	506,126	45.00	24.00
1990S Prestige Set, no S 1¢	Inc. above	45.00	4,300
1991S	2,610,833	11.00	3.50
1991S Prestige Set	256,954	59.00	42.00
1992S	2,675,618	12.00	3.50
1992S Prestige Set	183,285	59.00	46.00
1992S Silver	1,009,585	21.00	19.00
1992S Silver premier	308,055	37.00	21.00
1993S	2,337,819	12.50	4.75
1993S Prestige Set	224,045	57.00	31.00
1993S Silver	570,213	21.00	24.00
1993S Silver premier	191,140	37.00	30.00
1994S	2,308,701	13.00	4.50
1994S Prestige Set	175,893	57.00	31.00
1994S Silver	636,009	21.00	22.00
1994S Silver premier	149,320	37.50	30.00
1995S	2,010,384	12.50	9.00
1995S Prestige Set	107,112	57.00	72.00
1995S Silver	549,878	21.00	48.00
1995S Silver premier	130,107	37.50	48.00
1996S	2,085,191	16.00	7.00
1996S Prestige Set	55,000	57.00	285
1996S Silver	623,655	21.00	24.00
1996S Silver premier	151,366	37.50	27.50

Date	Sets Sold	Issue Price	Mkt Val
1997S	1,975,000	12.50	7.00
1997S Prestige Set	80,000	57.00	53.00
1997S Silver	605,473	21.00	30.00
1997S Silver premier	136,205	37.50	34.00
1998S	2,078,494	12.50	9.00
1998S Silver	638,134	21.00	20.00
1998S Silver premier	240,658	26.50	26.00
1999S 9 piece	2,557,899	19.95	7.50
1999S 5 quarter set	1,169,958	13.95	3.25
1999S Silver	804,565	31.95	83.00
2000S 10 piece	3,097,442	19.95	5.00
2000S 5 quarter set	995,803	13.95	2.50
2000S Silver	965,421	31.95	34.00
2001S 10 piece	2,249,498	19.95	9.25
2001S 5 quarter set	774,800	13.95	3.50
2001S Silver	849,600	31.95	40.00
2002S 10 piece	2,319,766	19.95	7.00
2002S 5 quarter set	764,419	13.95	3.00
2002S Silver	892,229	31.95	34.00
2003S 10 piece	2,175,684	16.75	5.50
2003S 5 quarter set	1,225,507	13.95	2.75
2003S Silver	1,142,858	31.95	34.50
2004S 11 piece	1,804,396	22.95	9.50
2004S 5 quarter set	987,960	23.95	3.75
2004S Silver 11 piece	1,187,673	37.95	34.00
2004S Silver 5 quarter set	594,137	—	22.00
2005S American Legacy	—	—	84.50
2005S American Legacy	—	—	66.00
2005S 11 piece	—	22.95	4.25
2005S 5 quarter set	—	15.95	2.25
2005S Silver 11 piece	—	37.95	33.00
2005S Silver 5 quarter set	—	23.95	21.00
2006S 10 piece clad	—	22.95	7.25
2006S 5 quarter set	—	15.95	2.50
2006S Silver 10 piece	—	37.95	34.00
2006S Silver 5 quarter set	—	23.95	21.00
2006S American Legacy	—	—	68.00
2007S 5 quarter set	—	13.95	5.00
2007S Silver 5 quarter set	—	22.95	21.00
2007S 14 piece clad	—	—	14.00
2007S Silver 14 piece	—	—	39.00
2007S Presidental $ set	—	—	5.00
2007S American Legacy	—	—	66.00
2008S 5 quarter clad set	—	22.95	22.00
2008S 5 quarter silver set	—	—	23.00
2008S 14 piece silver set	734,045	—	39.00
2008S Presidental $ set	—	—	10.00
2008S American Legacy	—	—	75.00
2009S 18 piece clad set	1,477,967	—	21.00
2009S 18 piece silver set	694,406	—	43.00
2009S Presidential $ set	627,925	—	7.25
2009S Lincoln Chronicle	—	—	75.00
2009S Lincoln 4 piece	—	—	9.00
2009S 6 quarter clad set	—	—	4.50
2009S 6 quarter silver set	—	—	27.00
2010S 14 piece clad set	1,103,950	—	31.00
2010S 14 piece silver set	583,912	—	46.00
2010S Presidential $ set	535,463	—	20.50
2010S 6 quarter set	276,335	—	12.00
2010S 5 quarter silver set	274,003	—	21.00

Date	Sets Sold	Issue Price	Mkt Val
2011S 5 quarter silver set	147,005	—	23.00
2011S 14 piece silver set	572,247	—	55.00
2011S 5 quarter clad set	151,434	—	14.50
2011S Presidential $ set	299,161	—	26.00
2011S 14 piece clad set	1,095,318	—	31.00
2011S 6 quarter set	—	—	12.00
2012S 5 quarter silver set	—	—	27.00
2012S 14 piece silver set	—	—	220
2012S 5 quarter clad set	—	—	13.75
2012S 14 piece clad set	—	—	110
2012S Presidential $ set	—	—	60.00
2013S 5 quarter silver set	—	36.95	32.00
2013S 14 piece silver set	—	60.95	75.00
2013S 5 quarter clad set	—	14.95	13.00
2013S 14 piece clad set	—	31.95	32.00
2013S Presidential $ set	—	18.95	15.00
2013S 8 piece Limited Edition	—	139	165

Date	Sets Sold	Issue Price	Mkt Val
2014S 5 quarter silver set	—	36.95	32.00
2014S 14 piece silver set	—	60.95	58.00
2014S 5 quarter clad set	—	14.95	14.00
2014S 14 piece clad set	—	31.95	28.00
2014S Presidential $ set	—	18.95	19.00
2014S 8 piece Limited Edition	—	139	165
2015S 5 quarter silver set	—	31.95	25.00
2015S 14 piece silver set	—	53.95	50.00
2015S 5 quarter clad set	—	14.95	14.00
2015S 14 piece clad set	—	32.95	35.00
2015S Presidential $ set	—	18.95	15.00
2016S 5 quarter silver set	—	31.95	25.00
2016S 13 piece silver set	—	52.95	49.00
2016S 5 quarter clad set	—	14.95	14.00
2016S 13 piece clad set	—	31.95	28.00
2016S Presidential $ set	—	17.95	14.00
2016S 8 piece Limited Edition	—	139	165

UNCIRCULATED ROLLS

Listings are for rolls containing uncirculated coins. Large date and small date varieties for 1960 and 1970 apply to the one cent coins.

Date	Cents	Nickels	Dimes	Quarters	Halves
1934	585	3,500	2,350	1,650	2,350
1934D	2,650	4,350	2,950	9,000	—
1934S	—	—	—	—	—
1935	885	1,700	1,450	1,725	1,250
1935D	750	3,150	2,950	8,850	4,000
1935S	2,500	1,725	1,950	4,650	6,500
1936	285	1,450	885	1,300	1,750
1936D	400	1,450	1,700	—	2,750
1936S	885	1,800	1,675	6,250	3,500
1937	250	1,100	710	1,250	1,150
1937D	250	1,200	1,550	3,450	5,000
1937S	335	1,285	1,650	4,850	3,450
1938	665	535	1,100	3,100	1,850
1938D Buffalo	—	1,065	—	—	—
1938D	710	485	1,000	—	—
1938S	440	355	1,350	3,250	—
1939	180	160	630	1,040	1,250
1939D	535	3,850	610	1,875	1,975
1939S	265	2,750	1,900	3,200	2,350
1940	225	145	535	1,850	975
1940D	265	120	780	5,350	—
1940S	300	265	675	1,275	1,200
1941	170	215	430	475	750
1941D	335	330	710	2,750	1,200
1941S	360	295	535	2,450	3,000
1942	140	315	465	450	690
1942P	—	600	—	—	—
1942D	140	2,550	740	1,060	1,350
1942S	585	525	1,050	5,350	1,475
1943	60.00	275	470	365	725
1943D	170	210	610	2,000	1,775
1943S	310	325	650	2,100	1,365
1944	30.00	720	460	280	715
1944D	38.00	680	635	725	1,250
1944S	120	565	660	950	1,300
1945	125	375	410	325	730
1945D	110	315	500	1,000	1,000
1945S	80.00	270	525	575	950
1946	39.00	80.00	140	365	1,025
1946D	36.50	75.00	140	380	900
1946S	185	50.00	140	275	900
1947	220	58.00	215	735	1,000
1947D	46.50	72.00	275	385	1,000
1947S	39.00	72.00	210	415	—
1948	72.50	55.00	188	270	450
1948D	175	155	325	645	425
1948S	165	80.00	255	475	—
1949	180	330	1,200	2,350	1,300
1949D	125	215	550	1,285	1,475
1949S	140	138	2,350	—	2,250
1950	115	120	525	395	750
1950D	42.00	385	200	440	875
1950S	78.00	—	1,550	850	—
1951	165	230	140	435	390
1951D	26.50	285	140	325	800
1951S	60.00	265	690	1,350	750
1952	165	145	140	535	385
1952D	26.50	260	140	300	230
1952S	300	42.00	290	1,000	1,585
1953	42.00	24.50	140	635	490
1953D	22.50	17.00	140	280	280
1953S	35.00	39.00	140	280	850
1954	39.00	57.50	140	280	280
1954D	22.50	24.00	140	280	280
1954S	22.50	39.50	140	280	400
1955	24.50	19.00	140	280	300
1955D	19.00	7.00	170	280	—
1955S	27.50	—	140	—	—
1956	10.50	7.50	140	280	280
1956D	12.50	9.25	140	280	—
1957	10.00	12.50	140	280	280
1957D	9.50	4.75	140	280	280
1958	10.50	6.50	140	280	280
1958D	9.75	5.50	140	280	280
1959	2.50	5.00	140	280	280
1959D	2.10	5.25	140	280	280

UNCIRCULATED ROLLS

1960 large date	1.60	4.40	140	280	280
1960 small date	220	—	—	—	—
1960D large date	1.60	5.00	140	280	280
1960D small date	2.85	—	—	—	—
1961	1.60	4.25	140	280	280
1961D	1.90	4.50	140	280	280
1962	1.65	5.25	140	280	280
1962D	1.65	5.50	140	280	280
1963	1.50	4.25	140	280	280
1963D	1.65	4.75	140	280	280
1964	1.50	3.50	140	280	280
1964D	1.60	3.50	140	280	280
1965	2.25	8.75	8.00	25.00	120
1966	3.75	6.00	10.00	53.00	120
1967	4.50	9.75	8.50	25.00	120
1968	1.75	—	8.50	25.00	—
1968D	1.70	6.00	9.50	33.00	120
1968S	1.90	6.25	—	—	—
1969	7.75	—	44.00	100	—
1969D	2.00	6.25	21.50	82.00	120
1969S	3.75	6.75	—	—	—
1970	2.10	—	8.00	26.00	—
1970D	2.10	4.00	7.75	16.00	235
1970S	3.00	4.50	—	—	—
1970S small date	2,650	—	—	—	—
1971	17.00	26.50	16.00	50.00	26.00
1971D	3.00	7.50	9.50	19.50	15.50
1971S	4.00	—	—	—	—
1972	2.00	6.50	11.00	23.00	32.00
1972D	6.00	5.75	10.00	21.50	23.00
1972S	4.75	—	—	—	—
1973	1.75	6.25	10.50	22.00	25.50
1973D	1.75	6.25	9.00	23.00	18.00
1973S	3.00	—	—	—	—
1974	1.75	4.50	7.50	18.50	15.00
1974D	1.75	5.75	7.75	17.50	21.00
1974S	3.50	—	—	—	—
1975	3.75	12.50	8.75	—	—
1975D	1.75	5.25	15.50	—	—
1976	1.75	13.50	21.00	17.50	18.00
1976D	2.50	11.00	18.00	17.50	15.50
1977	1.75	6.25	9.75	16.50	21.50
1977D	2.85	5.75	8.50	17.50	24.00
1978	3.00	4.50	7.25	16.00	32.00
1978D	10.00	5.00	8.00	16.50	46.50
1979	1.75	4.75	8.75	17.00	22.50
1979D	3.00	5.75	8.00	22.50	22.50
1980	1.75	4.25	8.00	16.50	20.50
1980D	2.50	4.50	7.50	16.50	20.50
1981	1.75	4.25	7.50	16.50	16.50
1981D	1.85	4.25	8.00	16.50	19.00
1982 Large date	2.50	—	—	—	—
1982 Small date	25.00	325	270	250	98.00
1982D Large date	4.00	54.00	66.00	165	80.00
1982 Copper plated Zinc	8.00	—	—	—	—
1982 Small date, copper plated zinc	3.00	—	—	—	—
1982D Large date, copper plated zinc	35.00	—	—	—	—
1982D Small date, copper plated zinc	2.50	—	—	—	—
1983	7.50	90.00	235	945	80.00
1983D	17.50	39.00	39.00	410	120
1984	5.50	22.00	8.50	17.00	26.00
1984D	14.50	6.50	21.00	29.00	37.00
1985	4.25	10.00	9.75	31.00	76.00
1985D	9.75	8.00	9.25	22.00	44.00
1986	20.00	8.75	25.00	85.00	75.00
1986D	31.50	24.50	22.50	210	90.00
1987	6.50	6.00	7.75	15.50	52.00
1987D	13.50	4.50	8.75	15.50	52.00
1988	6.25	5.50	9.75	39.00	75.00
1988D	12.50	9.00	9.25	22.50	45.00
1989	3.25	5.50	12.00	19.50	42.00
1989D	3.50	8.75	12.50	17.00	25.00
1990	4.00	11.50	14.50	20.00	39.00
1990D	5.85	13.75	10.00	25.00	52.00
1991	2.60	12.00	10.00	29.00	37.50
1991D	11.50	12.00	11.00	31.00	33.00
1992	3.00	46.00	8.00	42.00	21.00
1992D	5.00	9.00	8.00	27.50	50.00
1993	3.25	13.50	9.50	39.00	64.00
1993D	7.50	17.50	13.00	36.00	17.00
1994	2.00	7.75	12.00	42.00	15.00
1994D	2.00	8.00	12.00	47.50	20.00
1995	1.85	10.50	16.50	45.00	17.00
1995D	2.00	20.00	19.50	53.00	40.00
1996	2.25	8.75	11.00	19.00	17.00
1996D	2.85	8.25	11.50	27.50	19.00
1997	2.75	14.50	29.00	22.50	20.00
1997D	3.35	60.00	11.00	39.00	16.50
1998	2.00	13.75	9.75	17.00	20.00
1998D	1.85	14.00	12.00	18.00	16.50
1999P	2.35	5.50	8.50	—	20.00
1999D	2.25	6.25	8.50	—	19.00
2000P	2.50	6.25	7.75	—	15.00
2000D	1.75	4.75	7.00	—	17.00
2001P	3.75	4.75	7.75	—	16.50
2001D	2.00	6.50	7.25	—	16.00
2002P	2.00	4.00	7.25	—	20.00
2002D	3.25	4.10	7.25	—	20.00
2003P	3.35	7.50	7.00	—	22.50
2003D	2.00	3.50	7.00	—	19.50
2004P Peace Medal Nickel	1.75	6.75	7.00	—	30.00
2004D Peace Medal Nickel	2.50	7.00	7.00	—	30.00
2004P Keelboat Nickel	—	4.00	—	—	—
2004D Keelboat Nickel	—	3.50	—	—	—
2005P Bison Nickel	1.75	3.25	7.00	—	21.00
2005D Bison Nickel	2.75	3.25	7.00	—	21.00
2005P Ocean in view Nickel	—	3.25	—	—	—
2005D Ocean in view Nickel	—	3.25	—	—	—
2006P	2.75	3.25	8.50	—	29.00
2006D	1.75	3.25	8.50	—	29.00
2007P	1.75	3.50	8.00	—	21.00
2007D	1.75	3.50	7.75	—	21.00
2008P	1.75	3.75	8.00	—	24.50
2008D	1.75	3.75	7.50	—	25.50
2009P Log Cabin	2.00	23.00	13.50	—	18.50
2009D Log Cabin	2.15	13.50	13.50	—	18.50
2009P Log Splitter	1.75	—	—	—	—
2009D Log Splitter	1.75	—	—	—	—

2009P Professional	1.75	—	—	—	—
2009D Professional	1.75	—	—	—	—

2009P President	2.00	—	—	—	—
2009D President	2.00	—	—	—	—

50 STATE QUARTER UNCIRCULATED ROLLS

Listings are for rolls containing uncirculated coins.

Date	Philadelphia	Denver
1999 Delaware	16.50	14.50
1999 Pennsylvania	21.00	21.00
1999 New Jersey	13.00	17.00
1999 Georgia	14.00	14.00
1999 Connecticut	12.00	12.00
2000 Massachusetts	11.50	12.00
2000 Maryland	12.00	12.00
2000 South Carolina	12.00	11.50
2000 New Hampshire	12.00	11.50
2000 Virginia	12.00	12.00
2001 New York	13.00	12.00
2001 North Carolina	12.00	11.00
2001 Rhode Island	12.50	12.50
2001 Vermont	12.50	12.50
2001 Kentucky	12.50	14.00
2002 Tennessee	18.50	22.00
2002 Ohio	113	12.00
2002 Louisiana	11.50	12.00
2002 Indiana	11.50	12.50
2002 Mississippi	14.50	14.50
2003 Illinois	32.00	33.00
2003 Alabama	15.00	16.00
2003 Maine	16.50	22.00
2003 Missouri	12.00	20.00

Date	Philadelphia	Denver
2003 Arkansas	13.00	14.00
2004 Michigan	11.00	11.25
2004 Florida	12.00	11.50
2004 Texas	12.25	12.25
2004 Iowa	12.25	11.00
2004 Wisconsin	14.00	15.00
2005 California	13.50	13.00
2005 Minnesota	13.50	11.00
2005 Oregon	11.50	12.00
2005 Kansas	11.00	11.00
2005 West Virginia	11.50	11.00
2006 Nevada	12.00	12.00
2006 Nebraska	11.50	11.50
2006 Colorado	12.00	11.50
2006 North Dakota	12.50	12.00
2006 South Dakota	11.75	11.75
2007 Montana	12.00	12.00
2007 Washington	13.00	16.00
2007 Idaho	13.00	15.50
2007 Wyoming	12.00	12.00
2007 Utah	12.00	13.00
2008 Oklahoma	11.50	11.50
2008 New Mexico	15.00	15.00
2008 Arizona	13.00	13.00
2008 Alaska	12.00	12.50
2008 Hawaii	13.00	13.00

COMMEMORATIVE COINAGE 1892-1954

All commemorative half dollars of 1892-1954 have the following specifications: diameter — 30.6 millimeters; weight — 12.500 grams; composition — 0.900 silver, 0.3617 ounces actual silver weight. Values for PDS sets contain one example each from the Philadelphia, Denver and San Francisco mints. Type coin prices are the most inexpensive single coin available from the date and mint mark combinations listed.

QUARTER

KM# 115 COLUMBIAN EXPOSITION Weight: 6.25 g., **Composition:**0.900 Silver, 0.1808 oz. ASW, **Diameter:** 24.3mm. **Obv:** Queen Isabella bust left **Rev:** Female kneeling with distaff and spindle

Date	Mintage	AU50	MS60	MS63	MS64	MS65
1893	24,214	300	350	620	925	2,000

HALF DOLLAR

KM# 117 COLUMBIAN EXPOSITION Weight: 12.50 g., **Composition:**0.900 Silver, 0.3617 oz. ASW, **Diameter:** 30.6mm. **Obv:** Christopher Columbus bust right **Rev:** Santa Maria sailing left, two globes below **Obv. Designer:** Charles E. Barber **Rev. Designer:** George T. Morgan

Date	Mintage	AU50	MS60	MS63	MS64	MS65
1892	950,000	24.00	45.00	85.00	150	375
1893	1,550,405	24.00	25.00	75.00	145	385

COMMEMORATIVES

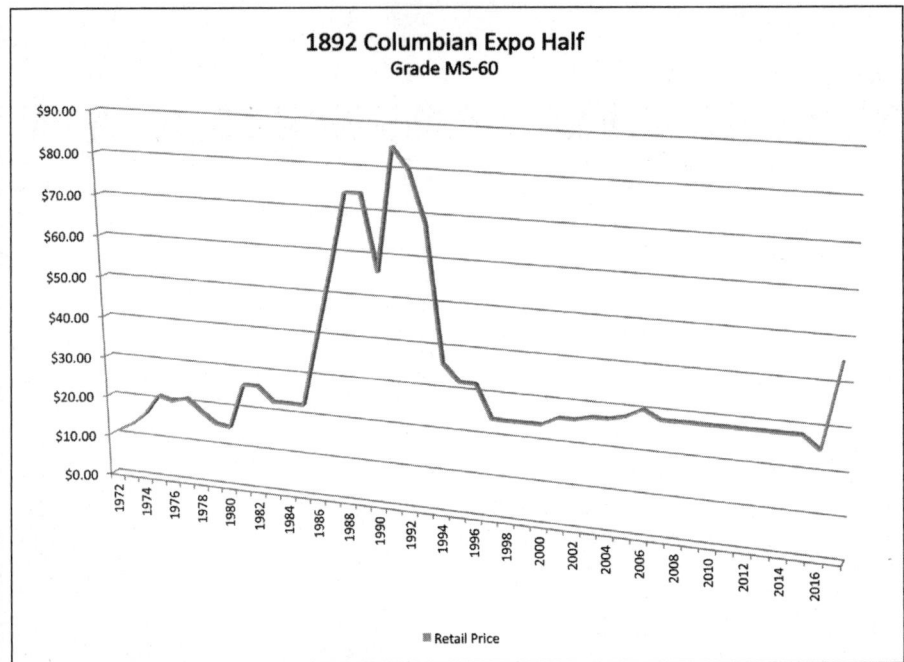

1892 Columbian Expo Half
Grade MS-60

■ Retail Price

KM# 135 PANAMA-PACIFIC EXPOSITION
Weight: 12.50 g., **Composition:**0.900 Silver,
0.3617 oz. ASW, **Diameter:** 30.6mm. **Obv:**
Columbia standing, sunset in background **Rev:**
Eagle standing on shield **Designer:** Charles E.
Barber

Date	Mintage	AU50	MS60	MS63	MS64	MS65
1915 S	27,134	360	475	725	875	1,300

KM# 143 ILLINOIS CENTENNIAL-LINCOLN
Weight: 12.50 g., **Composition:**0.900 Silver,
0.3617 oz. ASW, **Diameter:** 30.6mm. **Obv:**
Abraham Lincon bust right **Rev:** Eagle standing
left **Obv. Designer:** George T. Morgan **Rev.
Designer:** John R. Sinnock

Date	Mintage	AU50	MS60	MS63	MS64	MS65
1918	100,058	155	170	180	210	345

KM# 146 MAINE CENTENNIAL Weight: 12.50
g., **Composition:**0.900 Silver, 0.3617 oz. ASW,
Diameter: 30.6mm. **Obv:** Arms of the State
of Maine **Rev:** Legend within wreath **Designer:**
Anthony de Francisci

Date	Mintage	AU50	MS60	MS63	MS64	MS65
1920	50,028	135	160	165	195	370

KM# 147.1 PILGRIM TERCENTENARY Weight:
12.50 g., **Composition:**0.900 Silver, 0.3617
oz. ASW, **Diameter:** 30.6mm. **Obv:** William
Bradford half-length left **Rev:** Mayflower sailing left
Designer: Cyrus E. Dallin

Date	Mintage	AU50	MS60	MS63	MS64	MS65
1920	152,112	88.00	105	110	130	210

KM# 147.2 PILGRIM TERCENTENARY Weight:
12.50 g., **Composition:** 0.900 Silver, 0.3617 oz.
ASW, **Diameter:** 30.6mm. **Obv:** William Bradford
half-length left, 1921 added at left **Rev:** Mayflower
sailing left **Designer:** Cyrus E. Dallin

Date	Mintage	AU50	MS60	MS63	MS64	MS65
1921	20,053	215	220	230	240	300

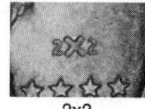

2x2

KM# 148.1 ALABAMA CENTENNIAL Weight:
12.50 g., **Composition:** 0.900 Silver, 0.3617 oz.
ASW, **Diameter:** 30.6mm. **Obv:** William W. Bibb
and T.E. Kilby conjoint busts left. "2x2" at right
above stars **Rev:** Ealge left on shield **Designer:**
Laura G. Fraser **Note:** Fake "2x2" counterstamps
exist.

Date	Mintage	AU50	MS60	MS63	MS64	MS65
1921	6,006	300	320	465	550	1,300

KM# 148.2 ALABAMA CENTENNIAL Weight:
12.50 g., **Composition:** 0.900 Silver, 0.3617
oz. ASW, **Diameter:** 30.6mm. **Obv:** William W.
Bibb and T.E. Kilby conjoint busts left **Rev:** Eagle
standing left on shield **Obv. Designer:** Laura G.
Fraser

Date	Mintage	AU50	MS60	MS63	MS64	MS65
1921	59,038	160	210	420	450	1,050

KM# 149.1 MISSOURI CENTENNIAL Weight:
12.50 g., **Composition:** 0.900 Silver, 0.3617 oz.
ASW, **Diameter:** 30.6mm. **Obv:** Frontiersman in
coonskin cap left **Rev:** Frontiersman and Native
American standing left **Designer:** Robert Aitken

Date	Mintage	AU50	MS60	MS63	MS64	MS65
1921	15,428	375	475	550	850	2,020

2x4

KM# 149.2 MISSOURI CENTENNIAL Weight:
12.50 g., **Composition:** 0.900 Silver, 0.3617 oz.
ASW, **Diameter:** 30.6mm. **Obv:** Frontiersman
in coonskin cap left, 2(star)4 in field at left **Rev:**
Frontiersman and Native American standing left
Designer: Robert Aitken **Note:** Fake "2(star)4"
counterstamps exist.

Date	Mintage	AU50	MS60	MS63	MS64	MS65
1921	5,000	600	675	985	1,050	1,600

KM# 151.1 GRANT MEMORIAL Weight: 12.50
g., **Composition:** 0.900 Silver, 0.3617 oz. ASW,
Diameter: 30.6mm. **Obv:** Grant bust right **Rev:**
Birthplace in Point Pleasant, Ohio **Designer:** Laura
G. Fraser

Date	Mintage	AU50	MS60	MS63	MS64	MS65
1922	67,405	110	125	160	275	600

COMMEMORATIVES

COMMEMORATIVES

KM# 151.2 GRANT MEMORIAL Weight: 12.50 g., **Composition:** 0.900 Silver, 0.3617 oz. ASW, **Diameter:** 30.6mm. **Obv:** Grant bust left, star above the word GRANT **Rev:** Birthplace in Point Pleasant, Ohio **Designer:** Laura G. Fraser **Note:** Fake "star" counterstamps exist.

Date	Mintage	AU50	MS60	MS63	MS64	MS65
1922	4,256	840	1,150	1,580	2,450	5,100

KM# 153 MONROE DOCTRINE CENTENNIAL Weight: 12.50 g., **Composition:** 0.900 Silver, 0.3617 oz. ASW, **Diameter:** 30.6mm. **Obv:** James Monroe and John Quincy Adams conjoint busts left **Rev:** Western Hemisphere portraied by two female figures **Designer:** Chester Beach

Date	Mintage	AU50	MS60	MS63	MS64	MS65
1923 S	274,077	55.00	80.00	130	210	900

KM# 154 HUGUENOT-WALLOON TERCENTENARY Weight: 12.50 g., **Composition:** 0.900 Silver, 0.3617 oz. ASW, **Diameter:** 30.6mm. **Obv:** Huguenot leader Gaspard de Coligny and William I of Orange conjoint busts right **Rev:** Nieuw Nederland sailing left **Designer:** George T. Morgan

Date	Mintage	AU50	MS60	MS63	MS64	MS65
1924	142,080	135	140	175	205	300

KM# 155 CALIFORNIA DIAMOND JUBILEE Weight: 12.50 g., **Composition:** 0.900 Silver, 0.3617 oz. ASW, **Diameter:** 30.6mm. **Obv:** Fourty-Niner kneeling panning for gold **Rev:** Grizzly bear walking left **Designer:** Jo Mora

Date	Mintage	AU50	MS60	MS63	MS64	MS65
1925 S	86,594	200	205	215	375	450

KM# 156 LEXINGTON-CONCORD SESQUICENTENNIAL Weight: 12.50 g., **Composition:** 0.900 Silver, 0.3617 oz. ASW, **Diameter:** 30.6mm. **Obv:** Concord's Minute Man statue **Rev:** Old Belfry at Lexington **Designer:** Chester Beach

Date	Mintage	AU50	MS60	MS63	MS64	MS65
1925	162,013	80.00	95.00	105	135	375

KM# 157 STONE MOUNTAIN MEMORIAL Weight: 12.50 g., **Composition:** 0.900 Silver, 0.3617 oz. ASW, **Diameter:** 30.6mm. **Obv:** Generals Robert E. Lee and Thomas "Stonewall" Jackson mounted left. **Rev:** Eagle on rock at right **Designer:** Gutzon Borglum

Date	Mintage	AU50	MS60	MS63	MS64	MS65
1925	1,314,709	60.00	70.00	80.00	140	195

KM# 158 FORT VANCOUVER CENTENNIAL
Weight: 12.50 g., **Composition:** 0.900 Silver,
0.3617 oz. ASW, **Diameter:** 30.6mm. **Obv:** John
McLoughlin bust left **Rev:** Frontiersmen standing
with musket, Ft. Vancouver in background
Designer: Laura G. Fraser

Date	Mintage	AU50	MS60	MS63	MS64	MS65
1925	14,994	325	380	425	480	625

KM# 159 OREGON TRAIL MEMORIAL Weight:
12.50 g., **Composition:** 0.900 Silver, 0.3617 oz.
ASW, **Diameter:** 30.6mm. **Obv:** Native American
standing in full headdress and holding bow, US
Map in background **Rev:** Conestoga wagon pulled
by oxen left towards sunset **Designer:** James E.
and Laura G. Fraser

Date	Mintage	AU50	MS60	MS63	MS64	MS65
1926	47,955	145	170	190	215	265
1926 S	83,055	145	170	190	215	265
1928	6,028	155	180	200	260	325
1933 D	5,008	350	365	380	390	425
1934 D	7,006	200	205	215	225	325
1936	10,006	170	200	215	250	300
1936 S	5,006	175	200	215	260	300
1937 D	12,008	175	210	215	260	275
1938	6,006	185	220	225	260	325
1938 D	6,005	185	220	225	260	325
1938 S	6,006	185	220	225	260	325
1939	3,004	460	500	525	600	700

Date	Mintage	AU50	MS60	MS63	MS64	MS65
1939 D	3,004	460	500	525	600	700
1939 S	3,005	460	500	525	600	700

KM# 160 U.S. SESQUICENTENNIAL Weight:
12.50 g., **Composition:** 0.900 Silver, 0.3617
oz. ASW, **Diameter:** 30.6mm. **Obv:** George
Washington and Calvin Coolidge conjoint busts
right **Rev:** Liberty Bell **Designer:** John R. Sinnock

Date	Mintage	AU50	MS60	MS63	MS64	MS65
1926	141,120	85.00	95.00	125	210	1,850

KM# 162 VERMONT SESQUICENTENNIAL
Weight: 12.50 g., **Composition:** 0.900 Silver,
0.3617 oz. ASW, **Diameter:** 30.6mm. **Obv:** Ira
Allen bust right **Rev:** Catamount advancing left
Obv. Designer: Charles Keck

Date	Mintage	AU50	MS60	MS63	MS64	MS65
1927	28,142	270	285	300	315	500

COMMEMORATIVES

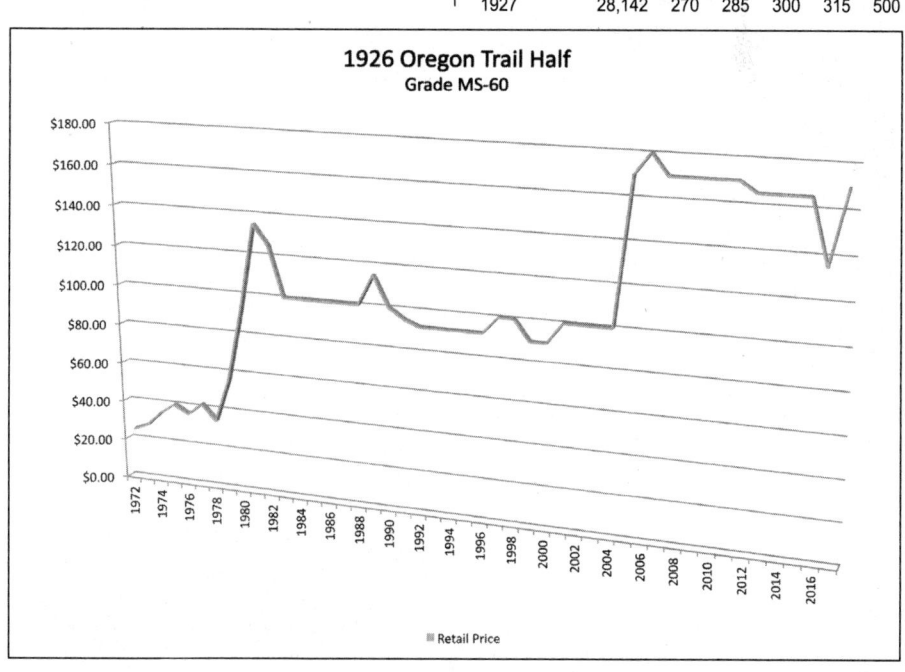

1926 Oregon Trail Half
Grade MS-60

Retail Price

KM# 163 HAWAIIAN SESQUICENTENNIAL
Weight: 12.50 g., **Composition:** 0.900 Silver, 0.3617 oz. ASW, **Diameter:** 30.6mm. **Obv:** Captain James Cook bust left **Rev:** Native Hawaiian standing over view of Diamond Head **Designer:** Juliette May Fraser and Chester Beach **Note:** Counterfeits exist.

Date	Mintage	AU50	MS60	MS63	MS64	MS65
1928	10,008	1,700	2,100	2,100	2,500	3,400

KM# 165.1 DANIEL BOONE BICENTENNIAL
Weight: 12.50 g., **Composition:** 0.900 Silver, 0.3617 oz. ASW, **Diameter:** 30.6mm. **Obv:** Daniel Boone bust left **Rev:** Daniel Boone and Native American standing **Designer:** Augustus Lukeman

Date	Mintage	AU50	MS60	MS63	MS64	MS65
1934	10,007	145	160	185	200	250
1935	10,010	145	160	185	200	250
1935 D	5,005	260	275	300	400	775
1935 S	5,005	260	275	300	375	660

KM# 165.2 DANIEL BOONE BICENTENNIAL
Weight: 12.50 g., **Composition:** 0.900 Silver, 0.3617 oz. ASW, **Diameter:** 30.6mm. **Obv:** Daniel Boone bust left **Rev:** Daniel Boone and Native American standing, "1934" added above the word "PIONEER". **Designer:** Augustus Lukeman

Date	Mintage	AU50	MS60	MS63	MS64	MS65
1935	10,008	160	170	185	200	220
1935 D	2,003	160	170	185	200	220
1935 S	2,004	160	170	185	190	200
1936	12,012	165	180	200	225	290
1936 D	5,005	165	180	200	225	290
1936 S	5,006	155	170	190	215	280
1937	9,810	150	160	180	205	260
1937 D	2,506	225	235	280	310	375
1937 S	2,506	225	235	280	310	380
1938	2,100	290	310	345	390	480

Date	Mintage	AU50	MS60	MS63	MS64	MS65
1938 D	2,100	290	310	345	390	460
1938 S	2,100	290	310	345	390	460

KM# 166 MARYLAND TERCENTENARY
Weight: 12.50 g., **Composition:** 0.900 Silver, 0.3617 oz. ASW, **Diameter:** 30.6mm. **Obv:** Lord Baltimore, Cecil Calvert bust right **Rev:** Maryland state arms **Designer:** Hans Schuler

Date	Mintage	AU50	MS60	MS63	MS64	MS65
1934	25,015	155	160	170	190	210

KM# 167 TEXAS CENTENNIAL
Weight: 12.50 g., **Composition:** 0.900 Silver, 0.3617 oz. ASW, **Diameter:** 30.6mm. **Obv:** Eagle standing left, large star in background **Rev:** Winged Victory kneeling beside Alamo Mission, small busts of Sam Houston and Stephen Austin at sides **Designer:** Pompeo Coppini

Date	Mintage	AU50	MS60	MS63	MS64	MS65
1934	61,463	130	140	155	165	200
1935	9,994	130	140	155	165	200
1935 D	10,007	130	140	155	165	200
1935 S	10,008	130	140	155	165	200
1936	8,911	130	140	155	165	200
1936 D	9,039	130	140	155	165	200
1936 S	9,055	130	140	155	165	200
1937	6,571	130	140	155	165	200
1937 D	6,605	130	140	155	165	200
1937 S	6,637	130	140	155	165	200
1938	3,780	260	270	275	285	500
1938 D	3,775	260	270	275	285	500
1938 S	3,814	260	270	275	285	500

KM# 168 ARKANSAS CENTENNIAL Weight:
12.50 g., **Composition:** 0.900 Silver, 0.3617
oz. ASW, **Diameter:** 30.6mm. **Obv:** Liberty and
Indian Chief's conjoint heads left **Rev:** Eagle
with outstretched wings and flag of Arkansas in
background **Designer:** Edward E. Burr

Date	Mintage	AU50	MS60	MS63	MS64	MS65
1935 D	5,505	105	110	120	145	180
1935 S	5,506	105	110	120	145	225
1935	13,012	105	110	120	145	180
1936	9,660	105	110	120	145	185
1936 D	9,660	105	110	120	145	200
1936 S	9,662	105	110	120	145	225
1937	5,505	105	110	120	145	180
1937 D	5,505	105	110	120	145	180
1937 S	5,506	105	110	120	145	400
1938	3,156	135	140	190	225	425
1938 D	3,155	135	140	170	225	275
1938 S	3,156	135	140	170	225	375
1939	2,104	220	240	250	280	580
1939 D	2,104	220	240	250	280	800
1939 S	2,105	220	240	250	280	910

KM# 169 CONNECTICUT TERCENTENARY
Weight: 12.50 g., **Composition:** 0.900 Silver,
0.3617 oz. ASW, **Diameter:** 30.6mm. **Obv:** Eagle
standing left **Rev:** Charter oak tree **Designer:**
Henry Kreiss

Date	Mintage	AU50	MS60	MS63	MS64	MS65
1935	25,018	205	210	220	245	375

KM# 170 HUDSON, N.Y., SESQUICENTENNIAL
Weight: 12.50 g., **Composition**
.900 Silver, 0.3617 oz. ASW, **Diameter:** 30.6mm.
Obv: Hudson's ship, the Half Moon sailing right
Rev: Seal of the City of Hudson **Designer:** Chester
Beach

Date	Mintage	AU50	MS60	MS63	MS64	MS65
1935	10,008	700	725	800	875	1,025

KM# 171 SAN DIEGO-PACIFIC INTERNATIONAL
EXPOSITION Weight: 12.50 g.,
Composition: 0.900 Silver, 0.3617 oz. ASW,
Diameter: 30.6mm. **Obv:** Seated female with
bear at her side **Rev:** State of California exposition
building **Designer:** Robert Aitken

Date	Mintage	AU50	MS60	MS63	MS64	MS65
1935 S	70,132	105	110	115	120	160
1936 D	30,092	105	110	115	120	160

KM# 172 OLD SPANISH TRAIL Weight: 12.50
g., **Composition:** 0.900 Silver, 0.3617 oz. ASW,
Diameter: 30.6mm. **Obv:** Long-horn cow's head
facing **Rev:** The 1535 route of Cabeza de Vaca's
expedition and a yucca tree **Designer:** L.W.
Hoffecker **Note:** Counterfeits exist.

Date	Mintage	AU50	MS60	MS63	MS64	MS65
1935	10,008	1,050	1,075	1,100	1,200	1,425

KM# 173 ALBANY, N.Y., CHARTER
ANNIVERSARY Weight: 12.50 g., **Composition:**
0.900 Silver, 0.3617 oz. ASW, **Diameter:** 30.6mm.
Obv: Beaver gnawing on maple branch **Rev:**
Standing figures of Thomas Dongan, Peter
Schyuyler and Robert Livingston **Designer:**
Gertrude K. Lathrop

Date	Mintage	AU50	MS60	MS63	MS64	MS65
1936	17,671	210	220	235	245	300

KM# 174 SAN FRANCISCO-OAKLAND BAY
BRIDGE Weight: 12.50 g., **Composition:** 0.900
Silver, 0.3617 oz. ASW, **Diameter:** 30.6mm. **Obv:**
Grizzly bear facing **Rev:** Oakland Bay Bridge
Designer: Jacques Schnier

Date	Mintage	AU50	MS60	MS63	MS64	MS65
1936	71,424	150	175	180	190	220

KM# 175 BRIDGEPORT, CONN., CENTENNIAL
Weight: 12.50 g., **Composition:** 0.900 Silver, 0.3617 oz. ASW, **Diameter:** 30.6mm. **Obv:** P.T. Barnum bust left **Rev:** Eagle standing right **Designer:** Henry Kreiss

Date	Mintage	AU50	MS60	MS63	MS64	MS65
1936	25,015	130	135	145	150	185

KM# 176 CINCINNATI MUSIC CENTER
Weight: 12.50 g., **Composition:** 0.900 Silver, 0.3617 oz. ASW, **Diameter:** 30.6mm. **Obv:** Stephen Foster bust right **Rev:** Kneeling female with lyre **Designer:** Constance Ortmayer

Date	Mintage	AU50	MS60	MS63	MS64	MS65
1936	5,005	280	300	350	375	425
1936 D	5,005	280	300	350	375	425
1936 S	5,006	280	300	350	375	475

KM# 177 CLEVELAND-GREAT LAKES EXPOSITION
Weight: 12.50 g., **Composition:** 0.900 Silver, 0.3617 oz. ASW, **Diameter:** 30.6mm. **Obv:** Moses Cleaveland bust left **Rev:** Dividers and map of the Great Lakes **Designer:** Brenda Putnam

Date	Mintage	AU50	MS60	MS63	MS64	MS65
1936	50,030	110	120	130	145	180

KM# 178 COLUMBIA, S.C., SESQUICENTENNIAL
Weight: 12.50 g., **Composition:** 0.900 Silver, 0.3617 oz. ASW, **Diameter:** 30.6mm. **Obv:** Figure of Justice between capitols of 1786 and 1936 **Rev:** Palmetto tree **Designer:** A. Wolfe Davidson

Date	Mintage	AU50	MS60	MS63	MS64	MS65
1936	9,007	200	225	240	260	300
1936 D	8,009	200	225	240	260	300
1936 S	8,007	200	225	240	260	300

KM# 179 DELAWARE TERCENTENARY
Weight: 12.50 g., **Composition:** 0.900 Silver, 0.3617 oz. ASW, **Diameter:** 30.6mm. **Obv:** Old Swedes Church in Wilmington **Rev:** Kalmar Nyckel sailing left **Designer:** Carl L. Schmitz

Date	Mintage	AU50	MS60	MS63	MS64	MS65
1936	20,993	220	230	245	260	285

KM# 180 ELGIN, ILL., CENTENNIAL
Weight: 12.50 g., **Composition:** 0.900 Silver, 0.3617 oz. ASW, **Diameter:** 30.6mm. **Obv:** Pioneer head left **Rev:** Statue group **Designer:** Trygve Rovelstad

Date	Mintage	AU50	MS60	MS63	MS64	MS65
1936	20,015	185	190	195	210	275

KM# 181 BATTLE OF GETTYSBURG 75TH ANNIVERSARY
Weight: 12.50 g., **Composition:** 0.900 Silver, 0.3617 oz. ASW, **Diameter:** 30.6mm. **Obv:** Union and Confederate veteran conjoint busts right **Rev:** Double blased fasces seperating two shields **Designer:** Frank Vittor

Date	Mintage	AU50	MS60	MS63	MS64	MS65
1936	26,928	475	485	500	600	825

KM# 182 LONG ISLAND TERCENTENARY
Weight: 12.50 g., **Composition:** 0.900 Silver, 0.3617 oz. ASW, **Diameter:** 30.6mm. **Obv:** Dutch settler and Native American conjoint head right **Rev:** Dutch sailing vessel **Designer:** Howard K. Weinman

Date	Mintage	AU50	MS60	MS63	MS64	MS65
1936	81,826	95.00	105	110	120	200

KM# 183 LYNCHBURG, VA., SESQUICENTENNIAL
Weight: 12.50 g., **Composition:** 0.900 Silver, 0.3617 oz. ASW, **Diameter:** 30.6mm. **Obv:** Sen. Carter Glass bust left **Rev:** Liberty standing, old Lynchburg courthouse at right **Designer:** Charles Keck

Date	Mintage	AU50	MS60	MS63	MS64	MS65
1936	20,013	225	235	250	265	300

KM# 184 NORFOLK, VA., BICENTENNIAL
Weight: 12.50 g., **Composition:** 0.900 Silver, 0.3617 oz. ASW, **Diameter:** 30.6mm. **Obv:** Seal of the City of Norfolk **Rev:** Royal Mace of Norfolk **Designer:** William M. and Marjorie E. Simpson

Date	Mintage	AU50	MS60	MS63	MS64	MS65
1936	16,936	300	305	325	350	380

KM# 185 RHODE ISLAND TERCENTENARY
Weight: 12.50 g., **Composition:** 0.900 Silver, 0.3617 oz. ASW, **Diameter:** 30.6mm. **Obv:** Roger Williams in canoe hailing Native American **Rev:** Shield with anchor **Designer:** Arthur G. Carey and John H. Benson

Date	Mintage	AU50	MS60	MS63	MS64	MS65
1936	20,013	110	125	130	140	170
1936 D	15,010	110	125	130	140	170
1936 S	15,011	110	125	130	160	225

KM# 186 ROANOKE ISLAND, N.C.
Weight: 12.50 g., **Composition:** 0.900 Silver, 0.3617 oz. ASW, **Diameter:** 30.6mm. **Obv:** Sir Walter Raleigh bust left **Rev:** Ellinor Dare holding baby Virginia, two small ships flanking **Designer:** William M. Simpson

Date	Mintage	AU50	MS60	MS63	MS64	MS65
1937	29,030	180	185	195	210	275

KM# 187 ARKANSAS CENTENNIAL
Weight: 12.50 g., **Composition:** 0.900 Silver, 0.3617 oz. ASW, **Diameter:** 30.6mm. **Obv:** Eagle with wings outstreatched, Arkansas flag in backgorund **Rev:** Sen. Joseph T. Robinson bust right **Obv. Designer:** Henry Kreiss **Rev. Designer:** Edward E. Burr

Date	Mintage	AU50	MS60	MS63	MS64	MS65
1936	25,265	115	135	145	155	210

KM# 188 WISCONSIN TERRITORIAL CENTENNIAL
Weight: 12.50 g., **Composition:** 0.900 Silver, 0.3617 oz. ASW, **Diameter:** 30.6mm. **Obv:** Badger from the Territorial seal **Rev:** Pick axe and mound of lead ore **Designer:** David Parsons

Date	Mintage	AU50	MS60	MS63	MS64	MS65
1936	25,015	195	200	210	225	275

COMMEMORATIVES

KM# 189 YORK COUNTY, MAINE, TERCENTENARY Weight: 12.50 g., Composition: 0.900 Silver, 0.3617 oz. ASW, Diameter: 30.6mm. Obv: Stockade Rev: York County seal Designer: Walter H. Rich

Date	Mintage	AU50	MS60	MS63	MS64	MS65
1936	25,015	160	170	180	195	205

KM# 190 BATTLE OF ANTIETAM 75TH ANNIVERSARY Weight: 12.50 g., Composition: 0.900 Silver, 0.3617 oz. ASW, Diameter: 30.6mm. Obv: Generals Robert E. Lee and George McClellan conjoint busts left Rev: Burnside Bridge Designer: William M. Simpson

Date	Mintage	AU50	MS60	MS63	MS64	MS65
1937	18,028	530	550	570	590	625

KM# 191 NEW ROCHELLE, N.Y. Weight: 12.50 g., Composition: 0.900 Silver, 0.3617 oz. ASW, Diameter: 30.6mm. Obv: John Pell and a calf Rev: Fleur-de-lis from the seal of the city Designer: Gertrude K. Lathrop

Date	Mintage	AU50	MS60	MS63	MS64	MS65
1938	15,266	300	320	340	350	390

KM# 197 IOWA STATEHOOD CENTENNIAL Weight: 12.50 g., Composition: 0.900 Silver, 0.3617 oz. ASW, Diameter: 30.6mm. Obv: First Capitol building at Iowa City Rev: Iowa state seal Designer: Adam Pietz

Date	Mintage	AU50	MS60	MS63	MS64	MS65
1946	100,057	92.00	100	120	130	155

KM# 198 BOOKER T. WASHINGTON Weight: 12.50 g., Composition: 0.900 Silver, 0.3617 oz. ASW, Diameter: 30.6mm. Obv: Booker T. Washington bust right Rev: Cabin and NYU's Hall of Fame Designer: Isaac S. Hathaway Note: Actual mintages are higher, but unsold issues were melted to produce Washington Carver issues.

Date	Mintage	AU50	MS60	MS63	MS64	MS65
1946	1,000,546	22.00	28.00	32.00	45.00	65.00
1946 D	200,113	22.00	28.00	32.00	45.00	65.00
1946 S	500,729	22.00	28.00	32.00	45.00	65.00
1947	100,017	22.00	28.00	60.00	75.00	85.00
1947 D	100,017	22.00	28.00	60.00	75.00	85.00
1947 S	100,017	22.00	28.00	60.00	75.00	85.00
1948	8,005	22.00	28.00	60.00	75.00	85.00
1948 D	8,005	22.00	28.00	60.00	75.00	85.00
1948 S	8,005	22.00	28.00	60.00	75.00	110
1949	6,004	22.00	35.00	45.00	60.00	175
1949 D	6,004	32.00	50.00	60.00	70.00	150
1949 S	6,004	32.00	50.00	60.00	70.00	140
1950	6,004	30.00	40.00	60.00	70.00	100
1950 D	6,004	22.00	28.00	60.00	65.00	105
1950 S	512,091	22.00	28.00	45.00	55.00	95.00
1951	51,082	22.00	28.00	40.00	55.00	75.00
1951 D	7,004	22.00	40.00	60.00	75.00	100
1951 S	7,004	22.00	35.00	60.00	75.00	100

KM# 200 BOOKER T. WASHINGTON AND GEORGE WASHINGTON CARVER Weight: 12.50 g., **Composition:** 0.900 Silver, 0.3617 oz. ASW, **Diameter:** 30.6mm. **Obv:** Booker T. Washington and George Washington Carver conjoint busts right **Rev:** Map of the United States **Designer:** Isaac S. Hathaway

Date	Mintage	AU50	MS60	MS63	MS64	MS65
1951	110,018	22.00	28.00	40.00	75.00	225
1951 D	10,004	22.00	30.00	40.00	50.00	90.00
1951 S	10,004	22.00	28.00	55.00	60.00	95.00
1952	2,006,292	22.00	28.00	42.00	55.00	75.00
1952 D	8,006	30.00	35.00	45.00	70.00	160
1952 S	8,006	22.00	28.00	40.00	55.00	105
1953	8,003	22.00	28.00	40.00	55.00	110
1953 D	8,003	22.00	28.00	40.00	65.00	120
1953 S	108,020	22.00	28.00	40.00	50.00	75.00
1954	12,006	22.00	28.00	40.00	55.00	75.00
1954 D	12,006	22.00	28.00	40.00	55.00	100
1954 S	122,024	22.00	28.00	40.00	45.00	75.00

DOLLAR

KM# 118 LAFAYETTE Weight: 26.73 g., **Composition:** 0.900 Silver, 0.7734 oz. ASW, **Diameter:** 38.1mm. **Obv:** George Washington and Marquis de Lafayette conjoint busts right **Rev:** Lafayette on horseback left **Designer:** Charles E. Barber

Date	Mintage	AU50	MS60	MS63	MS64	MS65
1900	36,026	500	850	1,600	2,500	6,100

KM# 119 LOUISIANA PURCHASE EXPOSITION - JEFFERSON BUST Weight: 1.67 g., **Composition:** 0.900 Gold, 0.0484 oz. AGW, **Diameter:** 15mm. **Obv:** Jefferson bust left **Rev:** Legend and laurel branch **Designer:** Charles E. Barber

Date	Mintage	AU50	MS60	MS63	MS64	MS65
1903	17,500	570	635	875	900	1,400

KM# 120 LOUISIANA PURCHASE EXPOSITION - MCKINLEY BUST Weight: 1.67 g., **Composition:** 0.900 Gold, 0.0484 oz. AGW, **Diameter:** 15mm. **Obv:** William McKinley bust left **Rev:** Legend and laurel branch **Obv. Designer:** Charles E. Barber

Date	Mintage	AU50	MS60	MS63	MS64	MS65
1903	17,500	560	575	725	875	1,300

KM# 121 LEWIS AND CLARK EXPOSITION Weight: 1.67 g., **Composition:** 0.900 Gold, 0.0484 oz. AGW, **Diameter:** 15mm. **Obv:** Lewis bust left **Rev:** Clark bust left **Obv. Designer:** Charles E. Barber

Date	Mintage	AU50	MS60	MS63	MS64	MS65
1904	10,025	900	1,000	1,525	2,300	4,500
1905	10,041	850	1,300	1,725	3,000	8,200

KM# 136 PANAMA-PACIFIC EXPOSITION Weight: 1.67 g., **Composition:** 0.900 Gold, 0.0484 oz. AGW, **Diameter:** 15mm. **Obv:** Canal laborer bust left **Rev:** Value within two dolphins **Obv. Designer:** Charles Keck

Date	Mintage	AU50	MS60	MS63	MS64	MS65
1915 S	15,000	530	600	725	850	1,250

KM# 144 MCKINLEY MEMORIAL Weight: 1.67 g., **Composition:** 0.900 Gold, 0.0484 oz. AGW, **Diameter:** 15mm. **Obv:** William McKinley head left **Rev:** Memorial building at Niles, Ohio **Obv. Designer:** Charles E. Barber **Rev. Designer:** George T. Morgan

Date	Mintage	AU50	MS60	MS63	MS64	MS65
1916	9,977	520	550	585	695	1,200
1917	10,000	550	700	800	925	1,425

KM# 152.1 GRANT MEMORIAL Weight: 1.67 g., **Composition:** 0.900 Gold, 0.0484 oz. AGW, **Diameter:** 15mm. **Obv:** U.S. Grant bust right **Rev:** Birthplace **Obv. Designer:** Laura G. Fraser **Note:** Without an incuse "star" above the word GRANT on the obverse.

Date	Mintage	AU50	MS60	MS63	MS64	MS65
1922	5,000	1,200	1,300	1,400	1,600	2,350

   Star

KM# 152.2 GRANT MEMORIAL Weight: 1.67 g., **Composition:** 0.900 Gold, 0.0484 oz. AGW, **Diameter:** 15mm. **Obv:** U.S. Grant bust right **Rev:** Birthplace **Obv. Designer:** Laura G. Fraser **Note:** Variety with an incuse "star" above the word GRANT on the obverse.

Date	Mintage	AU50	MS60	MS63	MS64	MS65
1922	5,016	1,400	1,500	1,650	1,785	1,925

$2.50 (QUARTER EAGLE)

KM# 137 PANAMA-PACIFIC EXPOSITION Weight: 4.18 g., **Composition:** 0.900 Gold, 0.121 oz. AGW, **Diameter:** 18mm. **Obv:** Columbia holding cadueus while seated on a hippocamp **Rev:** Eagle standing left **Obv. Designer:** Charles E. Barber **Rev. Designer:** George T. Morgan

Date	Mintage	AU50	MS60	MS63	MS64	MS65
1915 S	6,749	295	310	385	4,500	1,280

KM# 161 U.S. SESQUICENTENNIAL Weight: 4.18 g., **Composition:** 0.900 Gold, 0.121 oz. AGW, **Diameter:** 18mm. **Obv:** Liberty standing holding torch and scroll **Rev:** Independence Hall **Obv. Designer:** John R. Sinnock

Date	Mintage	AU50	MS60	MS63	MS64	MS65
1926	46,019	295	310	385	875	1,280

$50

KM# 138 PANAMA-PACIFIC EXPOSITION ROUND Weight: 83.59 g., **Composition:** 0.900 Gold, 2.4187 oz. AGW, **Diameter:** 44mm. **Obv:** Minerva bust helmeted left **Rev:** Owl perched on California pin branch **Obv. Designer:** Robert Aitken **Shape:** Round

Date	Mintage	AU50	MS60	MS63	MS64	MS65
1915 S	483	50,000	65,500	85,000	110,000	210,000

KM# 139 PANAMA-PACIFIC EXPOSITION OCTAGONAL Weight: 83.59 g., **Composition:** 0.900 Gold, 2.4187 oz. AGW, **Diameter:** 44mm. **Obv:** Minerva bust helmeted left **Rev:** Owl perched on California pine branch **Obv. Designer:** Robert Aitken **Shape:** Octagon

Date	Mintage	AU50	MS60	MS63	MS64	MS65
1915 S	645	50,000	65,500	85,000	110,000	200,000

COMMEMORATIVE COINAGE 1982-PRESENT

All commemorative silver dollar coins of 1982-present have the following specifications: diameter — 38.1 millimeters; weight — 26.7300 grams; composition — 0.9000 silver, 0.7736 ounces actual silver weight. All commemorative $5 coins of 1982-present have the following specificiations: diameter — 21.6 millimeters; weight — 8.3590 grams; composition: 0.9000 gold, 0.242 ounces actual gold weight.

Note: In 1982, after a hiatus of nearly 30 years, coinage of commemorative half dollars resumed. Those designated with a 'W' were struck at the West Point Mint. Some issues were struck in copper-nickel. Those struck in silver have the same size, weight and composition as the prior commemorative half-dollar series.

DIME

KM# 641 • ObvDesc: Mercury • 3.11 g., 0.9999 Gold 0.100 oz. AGW, 16.5

Date	Mintage	MS63	MS65	PRF65
2016W	—	—	280	—

QUARTER

KM# 642 • ObvDesc: Standing Liberty • 7.78 g., 0.9999 Gold 0.250 oz. AGW, 22

Date	Mintage	MS63	MS65	PRF65
2016W	—	—	500	—

HALF DOLLAR

KM# 208 • ObvDesc: George Washington on horseback facing • **RevDesc:** Mount Vernon • 12.50 g., 0.900 Silver 0.3617 oz. ASW, 30.6 • **Obv. Designer:** Elizabeth Jones • **Rev. Designer:** Matthew Peloso

Date	Mintage	MS63	MS65	PRF65
1982D	2,210,458	—	10.00	—
1982S	4,894,044	—	—	11.00

KM# 212 • ObvDesc: Statue of Liberty and sunrise • **RevDesc:** Immigrant family looking toward mainland • 11.34 g., Copper-Nickel Clad Copper • **Obv. Designer:** Edgar Z. Steever • **Rev. Designer:** Sherl Joseph Winter

Date	Mintage	MS63	MS65	PRF65
1986D	928,008	—	5.00	—
1986S	6,925,627	—	—	3.50

KM# 224 • ObvDesc: Statue of Freedom head • **RevDesc:** Capitol building • 11.34 g., Copper-Nickel Clad Copper • **Obv. Designer:** Patricia L. Verani • **Rev. Designer:** William Woodward and Edgar Z. Steever

Date	Mintage	MS63	MS65	PRF65
1989D	163,753	—	7.00	—
1989S	762,198	—	—	6.00

KM# 228 • RevDesc: Mount Rushmore portraits • 11.34 g., Copper-Nickel Clad Copper • **Obv. Designer:** Marcel Jovine • **Rev. Designer:** T. James Ferrell

Date	Mintage	MS63	MS65	PRF65
1991D	172,754	—	13.00	—
1991S	753,257	—	—	10.00

KM# 233 • ObvDesc: Torch and laurel • **RevDesc:** Female gymnast and large flag • 11.34 g., Copper-Nickel Clad Copper • **Obv. Designer:** William Cousins • **Rev. Designer:** Steven M. Bieda

Date	Mintage	MS63	MS65	PRF65
1992P	161,607	—	8.00	—
1992S	519,645	—	—	7.00

COMMEMORATIVES

KM# 237 • ObvDesc: Columbus standing on shore • **RevDesc:** Nina, Pinta and Santa Maria sailing right • 11.34 g., Copper-Nickel Clad Copper • **Obv. Designer:** T. James Ferrell • **Rev. Designer:** Thomas D. Rogers, Sr.

Date	Mintage	MS63	MS65	PRF65
1992D	135,702	—	9.00	—
1992S	390,154	—	—	6.50

KM# 240 • ObvDesc: James Madison writing, Montpelier in background • **RevDesc:** Statue of Liberty torch • 12.50 g., 0.900 Silver 0.3617 oz. ASW • **Obv. Designer:** T. James Ferrell • **Rev. Designer:** Dean McMullen

Date	Mintage	MS63	MS65	PRF65
1993W	193,346	—	18.00	—
1993S	586,315	—	—	15.00

KM# 243 • ObvDesc: Three portraits, plane above, large V in background • **RevDesc:** Pacific island battle scene • 11.34 g., Copper-Nickel Clad Copper • **Obv. Designer:** George Klauba and T. James Ferrell • **Rev. Designer:** William J. Leftwich and T. James Ferrell

Date	Mintage	MS63	MS65	PRF65
ND-1993P	317,396	—	—	14.00
ND-1993P	197,072	—	13.00	—

KM# 246 • ObvDesc: Soccer player with ball • **RevDesc:** World Cup 94 logo • 11.34 g., Copper-Nickel Clad Copper • **Obv. Designer:** Richard T. LaRoche • **Rev. Designer:** Dean McMullen

Date	Mintage	MS63	MS65	PRF65
1994D	168,208	—	9.00	—
1994P	609,354	—	—	9.00

KM# 254 • ObvDesc: Drummer and fenceline • **RevDesc:** Canon overlooking battlefield • 11.34 g., Copper-Nickel Clad Copper • **Obv. Designer:** Don Troiani • **Rev. Designer:** T. James Ferrell

Date	Mintage	MS63	MS65	PRF65
1995S	119,510	—	30.00	—
1995S	330,099	—	—	30.00

KM# 257 • ObvDesc: Three players, one jumping for a shot • **RevDesc:** Hemisphere and Atlanta Olympics logo • 11.34 g., Copper-Nickel Clad Copper • **Obv. Designer:** Clint Hansen and Al Maletsky • **Rev. Designer:** T. James Ferrell

Date	Mintage	MS63	MS65	PRF65
1995S	171,001	—	15.00	—
1995S	169,655	—	—	15.00

KM# 262 • ObvDesc: Baseball batter at plate, catcher and umpire • **RevDesc:** Hemisphere and Atlanta Olympics logo • 11.34 g., Copper-Nickel Clad Copper • **Obv. Designer:** Edgar Z. Steever • **Rev. Designer:** T. James Ferrell

Date	Mintage	MS63	MS65	PRF65
1995S	164,605	—	16.00	—
1995S	118,087	—	—	17.00

KM# 267 • ObvDesc: Swimmer right in butterfly stroke • **RevDesc:** Atlanta Olympics logo • 11.34 g., Copper-Nickel Clad Copper • **Obv. Designer:** William J. Krawczewicz and Edgar Z. Steever • **Rev. Designer:** Malcolm Farley and Thomas D. Rogers, Sr.

Date	Mintage	MS63	MS65	PRF65
1996S	49,533	—	90.00	—
1996S	114,315	—	—	28.00

KM# 271 • ObvDesc: Two female soccer players • **RevDesc:** Atlanta Olympics logo • 11.34 g., Copper-Nickel Clad Copper

Date	Mintage	MS63	MS65	PRF65
1996S	52,836	—	90.00	—
1996S	122,412	—	—	75.00

KM# 323 • ObvDesc: Capitol silhouette, 1800 structure in detail • **RevDesc:** Legend within circle of stars • **Obv. Designer:** Dean McMullen • **Rev. Designer:** Alex Shagin and Marcel Jovine

Date	Mintage	MS63	MS65	PRF65
2001P	99,157	—	18.50	—
2001P	77,962	—	—	15.00

KM# 348 • ObvDesc: Wright Monument at Kitty Hawk • **RevDesc:** Wright Flyer in flight • 11.34 g., Copper-Nickel Clad Copper • **Obv. Designer:** John Mercanti • **Rev. Designer:** Donna Weaver

Date	Mintage	MS63	MS65	PRF65
2003P	57,726	—	14.00	—
2003P	111,569	—	—	16.00

KM# 438 • ObvDesc: Two eaglets in nest with egg • **RevDesc:** Eagle Challenger facing right, American Flag in background • 11.34 g., Copper-Nickel Clad Copper, 30.6 • **Obv. Designer:** Susan Gamble and Joseph Menna • **Rev. Designer:** Donna Weaver and Charles Vickers

Date	Mintage	MS63	MS65	PRF65
2008S	120,180	—	13.00	—
2008S	222,577	—	—	15.00

KM# 506 • ObvDesc: Army contributions during peacetime, surveying, building a flood wall and space exploration • **RevDesc:** Continental soldier with musket • 11.34 g., Copper-Nickel Clad Copper, 30.6 • **Obv. Designer:** Donna Weaver and Charles L. Vickers • **Rev. Designer:** Thomas Cleveland and Joseph Menna

Date	Mintage	MS63	MS65	PRF65
2011D	39,461	—	60.00	—
2011S	68,349	—	—	45.00

KM# 576 • ObvDesc: Glove • **RevDesc:** Baseball • 11.34 g., Copper-Nickel Clad Copper, 30.6

Date	Mintage	MS63	MS65	PRF65
2014S	—	—	—	29.00
2014D	—	—	29.00	—

COMMEMORATIVES

KM# 602 • ObvDesc: Old West and modern Marshals • **RevDesc:** Lady Justice with scale and star, copy of Constitution, books, handcuffs, jug • 11.34 g., Copper-Nickel Clad Copper, 30.61

Date	Mintage	MS63	MS65	PRF65
2015S	76,549	—	—	18.95
2015D	30,231	—	17.95	—

KM# 643 • ObvDesc: Walking Liberty • 15.55 g., 0.9999 Gold 0.500 oz. AGW, 27

Date	Mintage	MS63	MS65	PRF65
2016W	—	—	850	—

KM# 644 • ObvDesc: Hiker and child with frog • **RevDesc:** National Park Service Logo • 11.34 g., Copper-Nickel Clad Copper, 30.61

Date	Mintage	MS63	MS65	PRF65
2016D	—	—	20.00	—
2016S	—	—	—	22.00

KM# 659 • ObvDesc: Older and younger brothers holding hands in 1917 advancing towards Father Flanagan's Boys Town • **RevDesc:** Boys Town neighborhood of homes with young adults • 11.34 g., Copper-Nickel Clad Copper, 30.61

Date	Mintage	MS63	MS65	PRF65
2017D	Est. 300000	—	—	—
2017S Proof	Inc. Ab.	—	—	—

DOLLAR

KM# 209 • ObvDesc: Trippled discus thrower and five star logo • **RevDesc:** Eagle bust left • 26.73 g., 0.900 Silver 0.7734 oz. ASW, 38.1 • **Obv. Designer:** Elizabeth Jones

Date	Mintage	MS63	MS65	PRF65
1983P	294,543	—	23.00	—
1983D	174,014	—	23.00	—
1983S	174,014	—	23.00	—
1983S	1,577,025	—	—	25.00

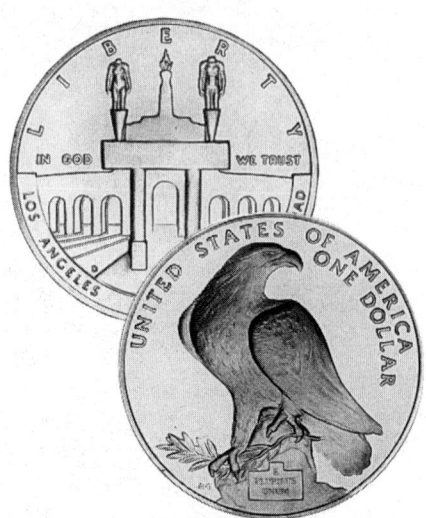

KM# 210 • ObvDesc: Statues at exterior of Los Angeles Memorial Coliseum • **RevDesc:** Eagle standing on rock • 26.73 g., 0.900 Silver 0.7734 oz. ASW, 38.1 • **Obv. Designer:** Robert Graham

Date	Mintage	MS63	MS65	PRF65
1984P	217,954	—	21.00	—
1984D	116,675	—	21.00	—
1984S	116,675	—	21.00	—
1984S	1,801,210	—	—	25.00

KM# 214 • ObvDesc: Statue of Liberty and Ellis Island great hall • **RevDesc:** Statue of Liberty torch • 26.73 g., 0.900 Silver 0.7734 oz. ASW, 38.1 • **Obv. Designer:** John Mercanti • **Rev. Designer:** John Mercanti and Matthew Peloso

Date	Mintage	MS63	MS65	PRF65
1986P	723,635	—	21.00	—
1986S	6,414,638	—	—	21.00

KM# 220 • ObvDesc: Feather pen and document • **RevDesc:** Group of people • 26.73 g., 0.900 Silver 0.7734 oz. ASW, 38.1 • **Obv. Designer:** Patricia L. Verani

Date	Mintage	MS63	MS65	PRF65
1987P	451,629	—	21.00	—
1987S	2,747,116	—	—	21.00

KM# 222 • ObvDesc: Olympic torch and Statue of Liberty torch within laurel wreath • **RevDesc:** Olympic rights within olive wreath • 26.73 g., 0.900 Silver 0.7734 oz. ASW, 38.1 • **Obv. Designer:** Patricia L. Verani • **Rev. Designer:** Sherl Joseph Winter

Date	Mintage	MS63	MS65	PRF65
1988D	191,368	—	21.50	—
1988S	1,359,366	—	—	22.00

KM# 225 • ObvDesc: Statue of Freedom in clouds and sunburst • **RevDesc:** Mace from the House of Represenatives • 26.73 g., 0.900 Silver 0.7734 oz. ASW, 38.1

Date	Mintage	MS63	MS65	PRF65
1989D	135,203	—	22.00	—
1989S	762,198	—	—	25.00

KM# 227 • ObvDesc: Two Eisenhower profiles, as general, left, as President, right • **RevDesc:** Eisenhower home at Gettysburg • 26.73 g., 0.900 Silver 0.7734 oz. ASW, 38.1 • **Obv. Designer:** John Mercanti • **Rev. Designer:** Marcel Jovine and John Mercanti

Date	Mintage	MS63	MS65	PRF65
1990W	241,669	—	29.00	—
1990P	1,144,461	—	—	25.00

KM# 229 • ObvDesc: Mount Rushmore portraits, wreath below • **RevDesc:** Great seal in rays, United States map in background • 26.73 g., 0.900 Silver 0.7734 oz. ASW, 38.1 • **Obv. Designer:** Marika Somogyi and Chester Martin • **Rev. Designer:** Frank Gasparro

Date	Mintage	MS63	MS65	PRF65
1991P	133,139	—	36.00	—
1991S	738,419	—	—	30.00

KM# 231 • ObvDesc: Soldier advancing right up a hill; planes above, ships below • **RevDesc:** Map of Korean peninsula, eagle's head at right • 26.73 g., 0.900 Silver 0.7734 oz. ASW, 38.1 • **Obv. Designer:** John Mercanti • **Rev. Designer:** T. James Ferrell

Date	Mintage	MS63	MS65	PRF65
1991D	213,049	—	30.00	—
1991P	618,488	—	—	25.00

KM# 232 • ObvDesc: USO banner • **RevDesc:** Eagle pearched right atop globe • 26.73 g., 0.900 Silver 0.7734 oz. ASW, 38.1 • **Obv. Designer:** Robert Lamb • **Rev. Designer:** John Mercanti

Date	Mintage	MS63	MS65	PRF65
1991D	124,958	—	30.00	—
1991S	321,275	—	—	25.00

KM# 234 • ObvDesc: Baseball pitcher, Nolan Ryan as depicted on card • **RevDesc:** Shield flanked by stylized wreath, olympic rings above • 26.73 g., 0.900 Silver 0.7734 oz. ASW, 38.1 • **Obv. Designer:** John R. Deecken and Chester Y. Martin • **Rev. Designer:** Marcel Jovine

Date	Mintage	MS63	MS65	PRF65
1992D	187,552	—	34.00	—
1992S	504,505	—	—	33.00

KM# 236 • ObvDesc: White House's north portico • **RevDesc:** John Hoban bust left, main entrance doorway • 26.73 g., 0.900 Silver 0.7734 oz. ASW, 38.1 • **Obv. Designer:** Edgar Z. Steever • **Rev. Designer:** Chester Y. Martin

Date	Mintage	MS63	MS65	PRF65
1992D	123,803	—	26.00	—
1992W	375,851	—	—	28.00

KM# 238 • ObvDesc: Columbus standing with banner, three ships in background • **RevDesc:** Half view of Santa Maria on left, Space Shuttle Discovery on right • 26.73 g., 0.900 Silver 0.7734 oz. ASW, 38.1 • **Obv. Designer:** John Mercanti • **Rev. Designer:** Thomas D. Rogers, Sr.

Date	Mintage	MS63	MS65	PRF65
1992D	106,949	—	35.00	—
1992P	385,241	—	—	30.00

KM# 241 • ObvDesc: James Madison bust right, at left • **RevDesc:** Montpelier home • 26.73 g., 0.900 Silver 0.7734 oz. ASW, 38.1 • **Obv. Designer:** William Krawczewicz and Thomas D. Rogers, Sr. • **Rev. Designer:** Dean McMullen and Thomas D. Rogers, Sr.

Date	Mintage	MS63	MS65	PRF65
1993D	98,383	—	35.00	—
1993S	534,001	—	—	33.00

KM# 244 • ObvDesc: Soldier on Normandy beach • **RevDesc:** Insignia of the Supreme Headquarters of the AEF above Eisenhower quote • 26.73 g., 0.900 Silver 0.7734 oz. ASW, 38.1

Date	Mintage	MS63	MS65	PRF65
1993D	94,708	—	40.00	—
1993W	342,041	—	—	40.00

KM# 247 • ObvDesc: Two players with ball • **RevDesc:** World Cup 94 logo • 26.73 g., 0.900 Silver 0.7734 oz. ASW, 38.1 • **Obv. Designer:** Dean McMullen and T. James Ferrell • **Rev. Designer:** Dean McMullen

Date	Mintage	MS63	MS65	PRF65
1994D	81,698	—	40.00	—

COMMEMORATIVES

Date	Mintage	MS63	MS65	PRF65
1994S	576,978	—	—	33.00

KM# 249 • ObvDesc: Jefferson's head left • **RevDesc:** Monticello home • 26.73 g., 0.900 Silver 0.7734 oz. ASW, 38.1

Date	Mintage	MS63	MS65	PRF65
1993P	266,927	—	26.00	—
1993S	332,891	—	—	28.00

KM# 250 • ObvDesc: Outstretched hand touching names on the Wall, Washington Monument in background • **RevDesc:** Service Medals • 26.73 g., 0.900 Silver 0.7734 oz. ASW, 38.1 • **Obv. Designer:** John Mercanti • **Rev. Designer:** Thomas D. Rogers, Sr.

Date	Mintage	MS63	MS65	PRF65
1994W	57,317	—	65.00	—
1994P	226,262	—	—	57.00

KM# 251 • ObvDesc: Eagle in flight left within circle of barbed wire • **RevDesc:** National Prisioner of War Museum • 26.73 g., 0.900 Silver 0.7734 oz. ASW, 38.1 • **Obv. Designer:** Thomas Nielson and Alfred Maletsky • **Rev. Designer:** Edgar Z. Steever

Date	Mintage	MS63	MS65	PRF65
1994W	54,790	—	65.00	—
1994P	220,100	—	—	42.00

KM# 252 • ObvDesc: Five uniformed women left • **RevDesc:** Memorial at Arlington National Cemetery • 26.73 g., 0.900 Silver 0.7734 oz. ASW, 38.1 • **Obv. Designer:** T. James Ferrell • **Rev. Designer:** Thomas D. Rogers, Sr.

Date	Mintage	MS63	MS65	PRF65
1994W	53,054	—	32.00	—
1994P	213,201	—	—	37.00

KM# 253 • ObvDesc: Capitol dome, Statue fo Freedom surrounded by stars • **RevDesc:** Eagle on shield, flags flanking • 26.73 g., 0.900 Silver 0.7734 oz. ASW, 38.1 • **Obv. Designer:** William C. Cousins • **Rev. Designer:** John Mercanti

Date	Mintage	MS63	MS65	PRF65
1994D	68,352	—	35.00	—
1994S	279,416	—	—	38.00

KM# 255 • ObvDesc: Soldier giving water to wounded soldier • **RevDesc:** Chamberlain quote and battlefield monument • 26.73 g., 0.900 Silver 0.7734 oz. ASW, 38.1 • **Obv. Designer:** Don Troiani and Edgar Z. Steever • **Rev. Designer:** John Mercanti

Date	Mintage	MS63	MS65	PRF65
1995P	45,866	—	53.00	—
1995S	437,114	—	—	45.00

KM# 259 • ObvDesc: Blind runner • **RevDesc:** Two clasped hands, Atlanta Olympic logo above • 26.73 g., 0.900 Silver 0.7734 oz. ASW, 38.1 • **Designer:** Jim C. Sharpe and Thomas D. Rogers, Sr. • **Rev. Designer:** William J. Krawczewicz and T. James Ferrell

Date	Mintage	MS63	MS65	PRF65
1995D	28,649	—	58.00	—
1995P	138,337	—	—	40.00

KM# 260 • ObvDesc: Two gymnasts, female on floor exercise and male on rings • **RevDesc:** Two clasped hands, Atlanta Olympic logo above • 26.73 g., 0.900 Silver 0.7734 oz. ASW, 38.1 • **Obv. Designer:** James C. Sharpe and Thomas D. Rogers, Sr. • **Rev. Designer:** William J. Krawczewicz and T. James Ferrell

Date	Mintage	MS63	MS65	PRF65
1995D	42,497	—	41.00	—
1995P	182,676	—	—	33.00

COMMEMORATIVES

KM# 263 • ObvDesc: Three cyclists approaching • **RevDesc:** Two clasped hands, Atlanta Olympic logo above • 26.73 g., 0.900 Silver 0.7734 oz. ASW, 38.1 • **Obv. Designer:** John Mercanti • **Rev. Designer:** William J. Krawczewicz and T. James Ferrell

Date	Mintage	MS63	MS65	PRF65
1995D	19,662	—	115	—
1995P	118,795	—	—	45.00

KM# 264 • ObvDesc: Two runners on a track, one crossing finish line • **RevDesc:** Two clasped hands, Atlanta Olympic logo above • 26.73 g., 0.900 Silver 0.7734 oz. ASW, 38.1 • **Obv. Designer:** John Mercanti • **Rev. Designer:** William J. Krawczewicz and T. James Ferrell

Date	Mintage	MS63	MS65	PRF65
1995D	24,796	—	65.00	—
1995P	136,935	—	—	38.00

KM# 266 • ObvDesc: Eunice Schriver head left; founder of the Special Olympics • **RevDesc:** Special Olympics Logo on an award medal, rose, quote from Schriver • 26.73 g., 0.900 Silver 0.7734 oz. ASW, 38.1 • **Obv. Designer:** Jamie Wyeth and T. James Ferrell • **Rev. Designer:** Thomas D. Rogers, Sr.

Date	Mintage	MS63	MS65	PRF65
1995W	89,301	—	33.00	—
1995P	351,764	—	—	33.00

KM# 268 • ObvDesc: Wheelchair racer approaching with uplifted arms • **RevDesc:** Atlanta Olympics logo • 26.73 g., 0.900 Silver 0.7734 oz. ASW, 38.1 • **Obv. Designer:** James C. Sharpe and Alfred F. Maletsky • **Rev. Designer:** Thomas D. Rogers, Sr.

Date	Mintage	MS63	MS65	PRF65
1996D	14,497	—	185	—
1996P	84,280	—	—	65.00

KM# 269 • ObvDesc: Female tennis player • **RevDesc:** Atlanta Olympics logo • 26.73 g., 0.900 Silver 0.7734 oz. ASW, 38.1 • **Obv. Designer:** James C. Sharpe and T. James Ferrell • **Rev. Designer:** Thomas D. Rogers, Sr.

Date	Mintage	MS63	MS65	PRF65
1996D	15,983	—	165	—
1996P	92,016	—	—	70.00

KM# 272 • ObvDesc: Four man crew rowing left • **RevDesc:** Atlanta Olympic logo • 26.73 g., 0.900 Silver 0.7734 oz. ASW, 38.1 • **Obv. Designer:** Bart Forbes and T. James Ferrell • **Rev. Designer:** Thomas D. Rogers, Sr.

Date	Mintage	MS63	MS65	PRF65
1996D	16,258	—	165	—
1996P	151,890	—	—	62.00

KM# A272 • ObvDesc: High jumper • 26.73 g., 0.900 Silver 0.7734 oz. ASW • **Obv. Designer:** T. James Ferrell • **Rev. Designer:** Thomas D. Rogers, Sr.

Date	Mintage	MS63	MS65	PRF65
1996D	15,697	—	190	—
1996P	124,502	—	—	46.00

KM# 275 • ObvDesc: Female standing with lamp and shield • **RevDesc:** Legend within wreath • 26.73 g., 0.900 Silver 0.7734 oz. ASW, 38.1 • **Obv. Designer:** Thomas D. Rogers, Sr. • **Rev. Designer:** William C. Cousins

Date	Mintage	MS63	MS65	PRF65
1996S	101,543	—	—	32.00
1996S	23,500	—	95.00	—

COMMEMORATIVES

KM# 276 • ObvDesc: Original Smithsonian building, the "Castle" designed by James Renwick • RevDesc: Female seated with torch and scroll on globe • 26.73 g., 0.900 Silver 0.7734 oz. ASW, 38.1 • Obv. Designer: Thomas D. Rogers, Sr. • Rev. Designer: John Mercanti

Date	Mintage	MS63	MS65	PRF65
1996D	31,230	—	65.00	—
1996P	129,152	—	—	40.00

KM# 278 • ObvDesc: National Botanic Gardens Conservatory building • RevDesc: Rose • 26.73 g., 0.900 Silver 0.7734 oz. ASW, 38.1 • Obv. Designer: Edgar Z. Steever • Rev. Designer: William C. Cousins

Date	Mintage	MS63	MS65	PRF65
1997P	57,272	—	28.00	—
1997P	264,528	—	—	40.00

KM# 279 • ObvDesc: Jackie Robinson sliding into base • RevDesc: Anniversary logo • 26.73 g., 0.900 Silver 0.7734 oz. ASW, 38.1 • Obv. Designer: Alfred Maletsky • Rev. Designer: T. James Ferrell

Date	Mintage	MS63	MS65	PRF65
1997S	30,007	—	65.00	—
1997S	110,495	—	—	53.00

KM# 281 • ObvDesc: Male and female officer admiring name on monument • RevDesc: Rose on a plain shield • 26.73 g., 0.900 Silver 0.7734 oz. ASW, 38.1

Date	Mintage	MS63	MS65	PRF65
1997P	28,575	—	115	—
1997P	110,428	—	—	65.00

KM# 287 • ObvDesc: Kennedy bust facing • **RevDesc:** Eagle on shield, Senate Seal • 26.73 g., 0.900 Silver 0.7734 oz. ASW, 38.1 • **Obv. Designer:** Thomas D. Rogers, Sr. • **Rev. Designer:** James M. Peed and Thomas D. Rogers, Sr.

Date	Mintage	MS63	MS65	PRF65
1998S	106,422	—	40.00	—
1998S	99,020	—	—	60.00

KM# 298 • ObvDesc: Madison bust right, at left • **RevDesc:** Montpelier home • 26.73 g., 0.900 Silver 0.7734 oz. ASW, 38.1 • **Obv. Designer:** Tiffany & Co. and T. James Ferrell • **Rev. Designer:** Tiffany & Co. and Thomas D. Rogers, Sr.

Date	Mintage	MS63	MS65	PRF65
1999P	22,948	—	33.00	—
1999P	158,247	—	—	32.00

KM# 288 • ObvDesc: Crispus Attucks bust right • **RevDesc:** Family standing • 26.73 g., 0.900 Silver 0.7734 oz. ASW, 38.1 • **Obv. Designer:** John Mercanti • **Rev. Designer:** Edward Dwight and Thomas D. Rogers, Sr.

Date	Mintage	MS63	MS65	PRF65
1998S	37,210	—	75.00	—
1998S	75,070	—	—	50.00

KM# 299 • ObvDesc: Old Faithful gyser erupting • **RevDesc:** Bison and vista as on National Parks shield • 26.73 g., 0.900 Silver 0.7734 oz. ASW, 38.1 • **Obv. Designer:** Edgar Z. Steever • **Rev. Designer:** William C. Cousins

Date	Mintage	MS63	MS65	PRF65
1999P	82,563	—	45.00	—
1999P	187,595	—	—	43.00

COMMEMORATIVES

KM# 311 • ObvDesc: Open and closed book, torch in background • **RevDesc:** Skylight dome above the main reading room • 26.73 g., 0.900 Silver 0.7734 oz. ASW • **Obv. Designer:** Thomas D. Rogers, Sr. • **Rev. Designer:** John Mercanti

Date	Mintage	MS63	MS65	PRF65
2000P	52,771	—	26.00	—
2000P	196,900	—	—	22.00

KM# 313 • ObvDesc: Ericson bust helmeted right • **RevDesc:** Viking ship sailing left • 26.73 g., 0.900 Silver 0.7734 oz. ASW • **Obv. Designer:** John Mercanti • **Rev. Designer:** T. James Ferrell

Date	Mintage	MS63	MS65	PRF65
2000P	28,150	—	65.00	—
2000P	58,612	—	—	45.00
2000 Iceland	15,947	—	—	23.00

KM# 324 • ObvDesc: Original and current Capital facades • **RevDesc:** Eagle with shield and ribbon • 26.73 g., 0.900 Silver 0.7734 oz. ASW • **Obv. Designer:** Marika Somogyi • **Rev. Designer:** John Mercanti

Date	Mintage	MS63	MS65	PRF65
2001P	66,636	—	38.00	—
2001P	143,793	—	—	40.00

KM# 325 • ObvDesc: Native American bust right • **RevDesc:** Bison standing left • 26.73 g., 0.900 Silver 0.7734 oz. ASW

Date	Mintage	MS63	MS65	PRF65
2001D	197,131	—	140	—
2001P	272,869	—	—	150

KM# 336 • ObvDesc: Salt Lake City Olympic logo • **RevDesc:** Stylized skyline with mountains in background • 26.73 g., 0.900 Silver 0.7734 oz. ASW, 38.1 • **Obv. Designer:** John Mercanti • **Rev. Designer:** Donna Weaver

Date	Mintage	MS63	MS65	PRF65
2002P	35,388	—	42.00	—
2002P	142,873	—	—	40.00

KM# 338 • ObvDesc: Cadet Review flagbearers, Academy buildings in background • **RevDesc:** Academy emblems - Corinthian helmet and sword • 26.73 g., 0.900 Silver 0.7734 oz. ASW, 38.1 • **Obv. Designer:** T. James Ferrell • **Rev. Designer:** John Mercanti

Date	Mintage	MS63	MS65	PRF65
2002W	103,201	—	26.00	—
2002W	288,293	—	—	37.00

KM# 349 • ObvDesc: Orville and Wilbur Wright busts left • **RevDesc:** Wright Flyer over dunes • 26.75 g., 0.900 Silver 0.774 oz. ASW, 38.1 • **Obv. Designer:** T. James Ferrell • **Rev. Designer:** Norman E. Nemeth

Date	Mintage	MS63	MS65	PRF65
2003P	53,761	—	40.00	—
2003P	193,086	—	—	44.00

KM# 362 • ObvDesc: Edison half-length figure facing holding light bulb • **RevDesc:** Light bulb and rays • 23.73 g., 0.900 Silver 0.6866 oz. ASW • **Obv. Designer:** Donna Weaver • **Rev. Designer:** John Mercanti

Date	Mintage	MS63	MS65	PRF65
2004P	68,031	—	31.00	—
2004P	213,409	—	—	32.00

KM# 363 • ObvDesc: Lewis and Clark standing • **RevDesc:** Jefferson era clasped hands peace medal • 26.73 g., 0.900 Silver 0.7734 oz. ASW

Date	Mintage	MS63	MS65	PRF65
2004P	90,323	—	32.00	—
2004P	288,492	—	—	32.00

KM# 375 • ObvDesc: Marshall bust left • **RevDesc:** Marshall era Supreme Court Chamber • 26.73 g., 0.900 Silver 0.7734 oz. ASW, 38.1 • **Obv. Designer:** John Mercanti • **Rev. Designer:** Donna Weaver

Date	Mintage	MS63	MS65	PRF65
2005P	48,953	—	38.00	—
2005P	141,993	—	—	33.00

KM# 376 • ObvDesc: Flag Raising at Mt. Suribachi on Iwo Jima • **RevDesc:** Marine Corps emblem • 26.73 g., 0.900 Silver 0.7734 oz. ASW, 38.1 • **Obv. Designer:** Norman E. Nemeth • **Rev. Designer:** Charles Vickers

Date	Mintage	MS63	MS65	PRF65
2005P	130,000	—	45.00	—
2005P	370,000	—	—	44.00

KM# 387 • ObvDesc: Youthful Franklin flying kite • **RevDesc:** Revolutionary era "JOIN, or DIE" snake cartoon illustration • 26.73 g., 0.900 Silver 0.7734 oz. ASW, 38.1 • **Obv. Designer:** Norman E. Nemeth • **Rev. Designer:** Charles Vickers

Date	Mintage	MS63	MS65	PRF65
2006P	58,000	—	31.00	—
2006P	142,000	—	—	40.00

KM# 388 • ObvDesc: Bust 3/4 right, signature in oval below • **RevDesc:** Continental Dollar of 1776 in center • 26.73 g., 0.900 Silver 0.7734 oz. ASW, 38.1 • **Obv. Designer:** Don Everhart II • **Rev. Designer:** Donna Weaver

Date	Mintage	MS63	MS65	PRF65
2006P	58,000	—	30.00	—
2006P	142,000	—	—	33.00

KM# 394 • ObvDesc: 3/4 view of building • **RevDesc:** Reverse of 1880s Morgan silver dollar • 26.73 g., 0.900 Silver 0.7734 oz. ASW, 38.1 • **Obv. Designer:** Sherl J. Winter • **Rev. Designer:** George T. Morgan

Date	Mintage	MS63	MS65	PRF65
2006S	65,609	—	38.00	—
2006S	255,700	—	—	36.00

KM# 405 • ObvDesc: Two settlers and Native American • **RevDesc:** Three ships • 26.73 g., 0.900 Silver 0.7734 oz. ASW, 38.1 • **Obv. Designer:** Donna Weaver and Don Everhart II • **Rev. Designer:** Susan Gamble and Charles Vickers

Date	Mintage	MS63	MS65	PRF65
2007P	79,801	—	34.00	—
2007P	258,802	—	—	32.00

KM# 418 • ObvDesc: Children's feet walking left with adult feet in military boots • **RevDesc:** Little Rock's Central High School • 26.73 g., 0.900 Silver 0.7734 oz. ASW, 38.1 • **Obv. Designer:** Richard Masters and Charles Vickers • **Rev. Designer:** Don Everhart II

Date	Mintage	MS63	MS65	PRF65
2007P	66,093	—	30.00	—
2007P	124,618	—	—	32.00

COMMEMORATIVES

KM# 439 • ObvDesc: Eagle with flight, mountain in background at right • **RevDesc:** Great Seal of the United States • 26.73 g., 0.900 Silver 0.7734 oz. ASW, 38.1 • **Obv. Designer:** Joel Iskowitz and Don Everhart II • **Rev. Designer:** James Licaretz

Date	Mintage	MS63	MS65	PRF65
2008P	110,073	—	28.00	—
2008P	243,558	—	—	33.00

KM# 454 • ObvDesc: 3/4 portrait facing right • **RevDesc:** Part of Gettysburg Address within wreath • 26.73 g., 0.900 Silver 0.7734 oz. ASW, 38.1 • **Obv. Designer:** Justin Kunz and Don Everhart II • **Rev. Designer:** Phebe Hemphill

Date	Mintage	MS63	MS65	PRF65
2009P	125,000	—	33.00	—
2009P	375,000	—	—	35.00

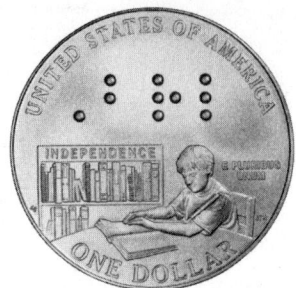

KM# 455 • ObvDesc: Louis Braille bust facing • **RevDesc:** School child reading book in Braille, BRL in Braille code above • 26.73 g., 0.900 Silver 0.7734 oz. ASW, 38.1 • **Obv. Designer:** Joel Iskowitz and Phebe Hemphill • **Rev. Designer:** Susan Gamble and Joseph Menna

Date	Mintage	MS63	MS65	PRF65
2009P	82,639	—	26.00	—
2009P	135,235	—	—	26.00

KM# 479 • ObvDesc: Soldier's feet, crutches • **RevDesc:** Legend within wreath • 0.900 Silver • **Obv. Designer:** Don Everhart II • **Rev. Designer:** Thomas Cleveland and Joseph Menna

Date	Mintage	MS63	MS65	PRF65
2010W	77,859	—	32.00	—
2010W	189,881	—	—	31.00

KM# 480 • ObvDesc: Cub Scout, Boy Scout and Venturer saluting • **RevDesc:** Boy Scouts of America logo • 0.900 Silver • **Obv. Designer:** Donna Weaver • **Rev. Designer:** Jim Licaretz

Date	Mintage	MS63	MS65	PRF65
2010P	105,020	—	29.00	—
2010P	244,963	—	—	35.00

KM# 504 • ObvDesc: Medal of Honor designs for Army, Navy and Air Force awards • **RevDesc:** Army infantry soldier carrying another to safety • 26.73 g., 0.900 Silver 0.7734 oz. ASW, 38.1 • **Obv. Designer:** James Licaretz • **Rev. Designer:** Richard Masters and Phebe Hemphill

Date	Mintage	MS63	MS65	PRF65
2011S	44,769	—	44.00	—
2011S	112,850	—	—	43.00

KM# 507 • ObvDesc: Male and female soldier heads looking outward • **RevDesc:** Seven core values of the Army, Eagle from the great seal • 26.73 g., 0.900 Silver 0.7734 oz. ASW, 38.1 • **Obv. Designer:** Richard Masters and Michael Gaudioso • **Rev. Designer:** Susan Gamble and Don Everhart, II

Date	Mintage	MS63	MS65	PRF65
2011S	43,512	—	44.00	—
2011S	119,829	—	—	42.00

KM# 529 • ObvDesc: Infantry soldier advancing left • **RevDesc:** Crossed rifles insignia • 26.73 g., 0.900 Silver 0.7734 oz. ASW, 38.1 • **Obv. Designer:** Joel Iskowitz and Michael Gaudioso • **Rev. Designer:** Ronald D. Sanders and Norman E. Nemeth

Date	Mintage	MS63	MS65	PRF65
2012	—	—	37.00	—
2012	—	—	—	43.00

COMMEMORATIVES

KM# 530 • ObvDesc: Liberty waving 15 star and stripe flag, Ft. McHenry in background • **RevDesc:** Modern American Flag • 26.73 g., 0.900 Silver 0.7734 oz. ASW, 38.1 • **Obv. Designer:** Joel Iskowitz and Phebe Hemphill • **Rev. Designer:** William C Burgard III and Don Everhart

Date	Mintage	MS63	MS65	PRF65
2012	—	—	43.00	—
2012	—	—	—	38.00

KM# 552 • ObvDesc: Three busts right • **RevDesc:** Trefoil logo • 26.73 g., 0.900 Silver 0.7734 oz. ASW, 38.1

Date	Mintage	MS63	MS65	PRF65
2013W	37,461	—	36.00	—
2013W	86,353	—	—	45.00

KM# 553 • ObvDesc: Two busts facing, strips from flag in background • **RevDesc:** Lamp from U.S. Army Command and General Staff College • 26.73 g., 0.900 Silver 0.7734 oz. ASW, 38.1

Date	Mintage	MS63	MS65	PRF65
2013W	34,639	—	52.00	—
2013S	69,290	—	—	54.00

KM# 577 • ObvDesc: Baseball glove • **RevDesc:** Baseball • 26.73 g., 0.900 Silver 0.7734 oz. ASW

Date	Mintage	MS63	MS65	PRF65
2014P	131,924	—	50.00	—
2014P	268,076	—	—	60.00

KM# 579 • ObvDesc: Three Civil Rights marchers • **RevDesc:** Torch • 26.73 g., 0.900 Silver 0.7734 oz. ASW

Date	Mintage	MS63	MS65	PRF65
2014P	—	—	47.00	—
2014P	—	—	—	60.00

KM# 604 • ObvDesc: President Franklin D. Roosevelt and Dr. Jonas Salk busts right • **RevDesc:** Baby cradled in hand • 26.73 g., 0.900 Silver 0.7734 oz. ASW, 38.1

Date	Mintage	MS63	MS65	PRF65
2015P	22,606	—	50.00	—
2015W	124,671	—	—	60.00

KM# 605 • ObvDesc: Star, deputies on horseback • **RevDesc:** Frontier Marshal • 26.73 g., 0.900 Silver 0.7734 oz. ASW, 38.1

Date	Mintage	MS63	MS65	PRF65
2015P	38,149	—	50.00	—
2015P	124,329	—	—	60.00

KM# 622 • ObvDesc: Twain with pipe, image in smoke • **RevDesc:** Book characters • 26.73 g., 0.900 Silver 0.7734 oz. ASW, 38.1

Date	Mintage	MS63	MS65	PRF65
2016P	—	—	50.00	—
2016P	—	—	—	60.00

KM# 645 • ObvDesc: Yellowstone National Park's Old Faithful geyers and Bison • **RevDesc:** Latina Folk lorico dancer and National Park Service Logo • 26.73 g., 0.900 Silver 0.7734 oz. ASW, 38.61

Date	Mintage	MS63	MS65	PRF65
2016P	—	—	50.00	—
2016P Proof	—	—	—	50.00

KM# 658 • ObvDesc: Melvin Jones with Lions Club International Logo • **RevDesc:** Male and female Lions with cub superimposed over globe • 26.73 g., 0.900 Silver 0.7734 oz. ASW, 38.61

Date	Mintage	MS63	MS65	PRF65
2017P	Est. 400000	—	—	—
2017P Proof	Inc. Ab.	—	—	—

KM# 660 • ObvDesc: Young girl gazing into the branches of an oak tree • **RevDesc:** Oak tree offering shelter, family, including girl from obverse, holding hands below tree • 26.73 g., 0.900 Silver 0.7734 oz. ASW, 38.61

Date	Mintage	MS63	MS65	PRF65
2017P	Est. 350000	—	—	—
2017P Proof	Inc. Ab.	—	—	—

$5 (HALF EAGLE)

KM# 215 • ObvDesc: Statue of Liberty head right • **RevDesc:** Eagle in flight left • 8.36 g., 0.900 Gold 0.2419 oz. AGW, 21.6

Date	Mintage	MS63	MS65	PRF65
1986W	95,248	—	345	—
1986W	404,013	—	—	345

KM# 221 • ObvDesc: Eagle left with quill pen in talon • **RevDesc:** Upright quill pen • 8.36 g., 0.900 Gold 0.2419 oz. AGW, 21.6

Date	Mintage	MS63	MS65	PRF65
1987W	214,225	—	345	—
1987W	651,659	—	—	345

KM# 223 • ObvDesc: Nike head wearing olive wreath • **RevDesc:** Stylized olympic couldron • 8.36 g., 0.900 Gold 0.2419 oz. AGW, 21.6 • **Obv. Designer:** Elizabeth Jones • **Rev. Designer:** Marcel Jovine

Date	Mintage	MS63	MS65	PRF65
1988W	62,913	—	345	—
1988W	281,456	—	—	345

KM# 226 • ObvDesc: Capitol dome • **RevDesc:** Eagle atop of the canopy from the Old Senate Chamber • 8.36 g., 0.900 Gold 0.2419 oz. AGW, 21.6

Date	Mintage	MS63	MS65	PRF65
1989W	46,899	—	345	—
1989W	164,690	—	—	345

KM# 230 • ObvDesc: Eagle in flight towards Mount Rushmore • **RevDesc:** Legend at center • 8.36 g., 0.900 Gold 0.2419 oz. AGW, 21.6 • **Obv. Designer:** John Mercanti • **Rev. Designer:** Robert Lamb and William C. Cousins

Date	Mintage	MS63	MS65	PRF65
1991W	31,959	—	345	—
1991W	111,991	—	—	345

KM# 235 • ObvDesc: Sprinter, U.S. Flag in background • **RevDesc:** Heraldic eagle, olympic rings above • 8.36 g., 0.900 Gold 0.2419 oz. AGW, 21.6 • **Obv. Designer:** James C. Sharpe and T. James Ferrell • **Rev. Designer:** James M. Peed

Date	Mintage	MS63	MS65	PRF65
1992W	27,732	—	345	—
1992W	77,313	—	—	345

KM# 239 • ObvDesc: Columbus' profile left, at right, map of Western Hemisphere at left • **RevDesc:** Arms of Spain, and parchment map • 8.36 g., 0.900 Gold 0.2419 oz. AGW, 21.6 • **Obv. Designer:** T. James Ferrell • **Rev. Designer:** Thomas D. Rogers, Sr.

Date	Mintage	MS63	MS65	PRF65
1992W	24,329	—	345	—
1992W	79,730	—	—	345

KM# 242 • ObvDesc: Madison at left holding document • **RevDesc:** Eagle above legend, torch and laurel at sides • 8.36 g., 0.900 Gold 0.2419 oz. AGW, 21.6 • **Obv. Designer:** Scott R. Blazek • **Rev. Designer:** Joseph D. Peña

Date	Mintage	MS63	MS65	PRF65
1993W	22,266	—	345	—
1993W	78,651	—	—	345

KM# 245 • ObvDesc: Soldier with expression of victory • **RevDesc:** Morse code dot-dot-dot-dash for V, large in background; V for Victory • 8.36 g., 0.900 Gold 0.2419 oz. AGW, 21.6 • **Obv. Designer:** Charles J. Madsen and T. James Ferrell • **Rev. Designer:** Edward S. Fisher and T. James Ferrell

Date	Mintage	MS63	MS65	PRF65
1993W	23,089	—	345	—
1993W	65,461	—	—	325

KM# 248 • ObvDesc: World Cup trophy • **RevDesc:** World Cup 94 logo • 8.36 g., 0.900 Gold 0.2419 oz. AGW, 21.6 • **Obv. Designer:** William J. Krawczewicz • **Rev. Designer:** Dean McMullen

Date	Mintage	MS63	MS65	PRF65
1994W	22,464	—	325	—
1994W	89,619	—	—	325

KM# 256 • ObvDesc: Bugler on horseback right • **RevDesc:** Eagle on shield • 8.36 g., 0.900 Gold 0.2419 oz. AGW, 21.6

Date	Mintage	MS63	MS65	PRF65
1995W	55,246	—	—	325
1995W	12,735	—	350	—

KM# 261 • ObvDesc: Torch runner, Atlanta skyline and logo in background • **RevDesc:** Eagle advancing right • 8.36 g., 0.900 Gold 0.2419 oz. AGW, 21.6

Date	Mintage	MS63	MS65	PRF65
1995W	14,675	—	450	—
1995W	57,442	—	—	345

KM# 265 • ObvDesc: Atlanta Stadium and logo • **RevDesc:** Eagle advancing right • 8.36 g., 0.900 Gold 0.2419 oz. AGW, 21.6 • **Obv. Designer:** Marvel Jovine and William C. Cousins • **Rev. Designer:** Frank Gasparro

Date	Mintage	MS63	MS65	PRF65
1995W	10,579	—	800	—
1995W	43,124	—	—	345

KM# 270 • ObvDesc: Torch bearer lighting cauldron • **RevDesc:** Atlanta Olympics logo flanked by laurel • 8.36 g., 0.900 Gold 0.2419 oz. AGW, 21.6 • **Obv. Designer:** Frank Gasparro and T. James Ferrell • **Rev. Designer:** William J. Krawczewicz and Thomas D. Rogers, Sr.

Date	Mintage	MS63	MS65	PRF65
1996W	9,210	—	900	—
1996W	38,555	—	—	345

KM# 274 • ObvDesc: Flag bearer advancing • **RevDesc:** Atlanta Olympic logo flanked by laurel • 8.36 g., 0.900 Gold 0.2419 oz. AGW, 21.6 • **Obv. Designer:** Patricia Verani and John Mercanti • **Rev. Designer:** William J. Krawczewicz and Thomas D. Rogers, Sr.

Date	Mintage	MS63	MS65	PRF65
1996W	9,174	—	400	—
1996W	32,886	—	—	345

KM# 277 • ObvDesc: Smithson bust left • **RevDesc:** Sunburst museum logo • 8.36 g., 0.900 Gold 0.2419 oz. AGW, 21.6 • **Obv. Designer:** Alfred Maletsky • **Rev. Designer:** T. James Ferrell

Date	Mintage	MS63	MS65	PRF65
1996W	9,068	—	345	—
1996W	29,474	—	—	345

KM# 280 • ObvDesc: Robinson head right • **RevDesc:** Legend on baseball • 8.36 g., 0.900 Gold 0.2419 oz. AGW, 21.6 • **Obv. Designer:** William C. Cousins • **Rev. Designer:** James M. Peed

Date	Mintage	MS63	MS65	PRF65
1997W	5,202	—	1,100	—
1997W	24,072	—	—	400

KM# 282 • ObvDesc: Roosevelt bust right • **RevDesc:** Eagle shield • 8.36 g., 0.900 Gold 0.2419 oz. AGW, 21.6 • **Obv. Designer:** T. James Ferrell • **Rev. Designer:** James M. Peed and Thomas D. Rogers, Sr.

Date	Mintage	MS63	MS65	PRF65
1997W	11,894	—	350	—
1997W	29,474	—	—	345

KM# 300 • ObvDesc: Washington's head right • **RevDesc:** Eagle with wings outstretched • 8.36 g., 0.900 Gold 0.2419 oz. AGW, 21.6

Date	Mintage	MS63	MS65	PRF65
1999W	22,511	—	345	—
1999W	41,693	—	—	345

KM# 326 • ObvDesc: Column at right • **RevDesc:** First Capital building • 8.54 g., 0.900 Gold 0.2471 oz. AGW

Date	Mintage	MS63	MS65	PRF65
2001W	6,761	—	750	—
2001W	27,652	—	—	345

KM# 337 • ObvDesc: Salt Lake City Olympics logo • **RevDesc:** Stylized cauldron • 8.36 g., 0.900 Gold 0.2419 oz. AGW, 21.6

Date	Mintage	MS63	MS65	PRF65
2002W	10,585	—	345	—
2002W	32,877	—	—	345

KM# 395 • ObvDesc: Front entrance façade • **RevDesc:** Eagle as on 1860s $5. Gold • 8.36 g., 0.900 Gold 0.2419 oz. AGW • **Obv. Designer:** Charles Vickers and Joseph Menna • **Rev. Designer:** Christian Gobrecht

Date	Mintage	MS63	MS65	PRF65
2006S	16,230	—	345	—
2006S	41,517	—	—	345

KM# 406 • ObvDesc: Settler and Native American • **RevDesc:** Jamestown Memorial Church ruins • 8.36 g., 0.900 Gold 0.2419 oz. AGW • **Obv. Designer:** John Mercanti • **Rev. Designer:** Susan Gamble and Norman Nemeth

Date	Mintage	MS63	MS65	PRF65
2007W	18,843	—	345	—
2007W	47,050	—	—	345

KM# 440 • ObvDesc: Two eagles on branch • **RevDesc:** Eagle with shield • 8.36 g., 0.900 Gold 0.2419 oz. AGW, 21.6 • **Obv. Designer:** Susan Gamble and Phebe Hemphill • **Rev. Designer:** Don Everhart II

Date	Mintage	MS63	MS65	PRF65
2008W	13,467	—	345	—
2008W	59,269	—	—	345

KM# 505 • ObvDesc: 1861 Medal of Honor design for the Navy • **RevDesc:** Minerva standing with shield and Union flag, field artillery cannon flanking • 8.36 g., 0.900 Gold 0.2419 oz. AGW, 21.1 • **Obv. Designer:** Joseph Menna • **Rev. Designer:** Joel Iskowitz and Michael Gaudioso

Date	Mintage	MS63	MS65	PRF65
2011S	18,012	—	—	330
2011S	8,251	—	425	—

KM# 508 • ObvDesc: Five Soldiers of different eras • **RevDesc:** Elements from the Army's emblem • 8.36 g., 0.900 Gold 0.2419 oz. AGW, 21.1 • **Obv. Designer:** Joel Iskowitz and Phebe Hemphill • **Rev. Designer:** Joseph Menna

Date	Mintage	MS63	MS65	PRF65
2011P	8,062	—	345	—
2011W	17,173	—	—	330

KM# 531 • ObvDesc: Naval battle scene from the War of 1812. American ship in foreground, damaged British ship in background • **RevDesc:** 15 stars and 15 stripes, opening words to the Star-Spangled Banner: O say can you see. • 8.36 g., 0.900 Gold 0.2419 oz. AGW, 21.1 • **Obv. Designer:** Donna Weaver • **Rev. Designer:** Joseph Menna

Date	Mintage	MS63	MS65	PRF65
2012	—	—	350	—
2012	—	—	—	320

KM# 555 • ObvDesc: Head facing at left • **RevDesc:** Lamp • 8.36 g., 0.900 Gold 0.2419 oz. AGW, 21.1

Date	Mintage	MS63	MS65	PRF65
2013P	5,658	—	430	—
2013S	15,843	—	—	380

KM# 578 • ObvDesc: Baseball glove • **RevDesc:** Baseball • 8.36 g., 0.900 Gold 0.2419 oz. AGW, 21.1

Date	Mintage	MS63	MS65	PRF65
2014W	—	—	550	—
2014W	—	—	—	525

KM# 610 • ObvDesc: Star, mountains • **RevDesc:** Eagle • 8.36 g., 0.900 Gold 0.2419 oz. AGW, 21.6

Date	Mintage	MS63	MS65	PRF65
2015W	6,743	—	550	—
2015W	24,959	—	—	600

KM# 626 • ObvDesc: Twain bust right • **RevDesc:** Steamboat • 8.36 g., 0.900 Gold 0.2419 oz. AGW, 21.6

Date	Mintage	MS63	MS65	PRF65
2016W	—	—	550	—
2016W	—	—	—	600

KM# 646 • ObvDesc: John Muir and Theodore Roosevelt with Yosemite National Park's Half Dome in background • **RevDesc:** National Park Service Logo • 8.36 g., 0.900 Gold 0.2419 oz. AGW, 21.6

Date	Mintage	MS63	MS65	PRF65
2016W	—	—	400	—
2016W	—	—	—	400

KM# 661 • ObvDesc: Father Flanagan • **RevDesc:** Outstretched hand holding young oak tree growing from acorn • 8.36 g., 0.900 Gold 0.2419 oz. AGW, 21.6

Date	Mintage	MS63	MS65	PRF65
2014W	Est. 50000	—	—	—
2017W Proof	Inc. Ab.	—	—	—

$10 (EAGLE)

KM# 211 • ObvDesc: Male and female runner with torch • **RevDesc:** Heraldic eagle • 16.72 g., 0.900 Gold 0.4837 oz. AGW, 27 • **Obv. Designer:** James M. Peed and John Mercanti • **Rev. Designer:** John Mercanti

Date	Mintage	MS63	MS65	PRF65
1984W	75,886	—	670	—
1984W	381,085	—	—	670
1984P	33,309	—	—	670
1984D	34,533	—	—	670
1984S	48,551	—	—	670

KM# 312 • ObvDesc: Torch and partial facade • **RevDesc:** Stylized eagle within laurel wreath • 16.26 g., Bi-Metallic • **Obv. Designer:** John Mercanti • **Rev. Designer:** Thomas D. Rogers, Sr.

Date	Mintage	MS63	MS65	PRF65
2000W	6,683	—	1,000	—
2000W	27,167	—	—	800

KM# 350 • ObvDesc: Orville and Wilbur Wright busts facing • **RevDesc:** Wright flyer and eagle • 16.72 g., 0.900 Gold 0.4837 oz. AGW • **Obv. Designer:** Donna Weaver • **Rev. Designer:** Norman Nemeth

Date	Mintage	MS63	MS65	PRF65
2003P	10,129	—	670	—
2003W	21,846	—	—	670

$20 (DOUBLE EAGLE)

KM# 464 • ObvDesc: Ultra high relief Liberty holding torch, walking forward • **RevDesc:** Eagle in flight left, sunrise in background • 31.11 g., 0.999 Gold 0.999 oz. AGW, 27

Date	Mintage	MS63	MS65	PRF65
2009	115,178	—	2,024	—

COMMEMORATIVES

$100

KM# 617 • ObvDesc: Modern Liberty • **RevDesc:** Eagle • 31.10 g., 0.9999 Gold 0.9998 oz. AGW, 30.61

Date	Mintage	MS63	MS65	PRF65
2015W	1,829,517	—	1,550	—

MODERN COMMEMORATIVE COIN SETS

Olympic, 1983-1984

Date	Value
1983 collectors 3 coin set: 1983 PDS uncirculated dollars; KM209.	104
1983 & 1984 3 coin set: 1983 and one 1984 uncirculated dollar and 1984W uncirculated gold $10; KM209, 210, 211.	952
1983S & 1984S 3 coin set: proof 1983 and 1984 dollar and 1984W gold $10; KM209, 210, 211.	956
1983 & 1984 6 coin set in a cherrywood box: 1983S and 1984S uncirculated and proof dollars, 1984W uncirculated and proof gold $10; KM209, 210, 211.	1,909
1984 collectors 3 coin set: 1984 PDS uncirculated dollars; KM210.	105

Statue of Liberty

Date	Value
1986 2 coin set: uncirculated silver dollar and clad half dollar; KM212, 214.	38.00
1986 2 coin set: proof silver dollar and clad half dollar; KM212, 214.	40.00
1986 3 coin set: uncirculated silver dollar, clad half dollar and gold $5; KM212, 214, 215.	480
1986 3 coin set: proof silver dollar, clad half dollar and gold $5; KM212, 214, 215.	483
1986 6 coin set: 1 each of the proof and uncirculated issues; KM212, 214, 215.	963

Constitution

Date	Value
1987 2 coin set: uncirculated silver dollar and gold $5; KM220, 221.	477
1987 2 coin set: proof silver dollar and gold $5; KM220, 221.	479
1987 4 coin set: silver dollar and $5 gold proof and uncirculated issues; KM220, 221.	958

Olympic, 1988

Date	Value
1988 2 coin set: uncirculated silver dollar and gold $5; KM222, 223.	477
1988 2 coin set: proof silver dollar and gold $5; KM222, 223.	479
1988 4 coin set: silver dollar and $5 gold proof and uncirculated issues; KM222, 223.	958

Congress

Date	Value
1989 2 coin set: uncirculated silver dollar and clad half dollar; KM224, 225.	42.00
1989 2 coin set: proof silver dollar and clad half dollar; KM224, 225.	44.00
1989 3 coin set: uncirculated silver dollar, clad half and gold $5; KM224, 225, 226.	485
1989 3 coin set: proof silver dollar, clad half and gold $5; KM224, 225, 226.	487
1989 6 coin set: 1 each of the proof and uncirculated issues; KM224, 225, 226.	973

Mt. Rushmore

Date	Value
1991 2 coin set: uncirculated half dollar and silver dollar; KM228, 229.	57.00
1991 2 coin set: proof half dollar and silver dollar; KM228, 229.	60.00
1991 3 coin set: uncirculated half dollar, silver dollar and gold $5; KM228, 229, 230.	500
1991 3 coin set: proof half dollar, silver dollar and gold $5; KM228, 229, 230.	502
1991 6 coin set: 1 each of proof and uncirculated issues; KM228, 229, 230.	1,004

Olympic, 1992

Date	Value
1992 2 coin set: uncirculated half dollar and silver dollar; KM233, 234.	46.00
1992 2 coin set: proof half dollar and silver dollar; KM233, 234.	47.00
1992 3 coin set: uncirculated half dollar, silver dollar and gold $5; KM233, 234, 235.	489
1992 3 coin set: proof half dollar, silver dollar and gold $5; KM233, 234, 235.	490
1992 6 coin set: 1 each of proof and uncirculated issues; KM233, 234, 235.	978

Columbus Quincentenary

Date	Value
1992 2 coin set: uncirculated half dollar and silver dollar; KM237, 238.	52.00
1992 2 coin set: proof half dollar and silver dollar; KM237, 238.	47.00
1992 3 coin set: uncirculated half dollar, silver dollar and gold $5; KM237, 238, 239.	495
1992 3 coin set: proof half dollar, silver dollar and gold $5; KM237, 238, 239.	489
1992 6 coin set: 1 each of proof and uncirculated issues; KM237, 238, 239.	985

Jefferson

Date	Value
1993 Jefferson: dollar, 1994 matte proof nickel and $2 note; KM249, 192.	109

Madison / Bill of Rights

Date	Value
1993 2 coin set: uncirculated half dollar and silver dollar; KM240, 241.	57.00
1993 2 coin set: proof half dollar and silver dollar; KM240, 241.	58.00
1993 3 coin set: uncirculated half dollar, silver dollar and gold $5; KM240, 241, 242.	499
1993 3 coin set: proof half dollar, silver dollar and gold $5; KM240, 241, 242.	500
1993 6 coin set: 1 each of proof and uncirculated issues; KM240, 241, 242.	999
1993 Coin and stamp set; KM#240 and 20c stamp	21.00

World War II

Date	Value
1993 2 coin set: uncirculated half dollar and silver dollar; KM243, 244.	54.00
1993 2 coin set: proof half dollar and silver dollar; KM243, 244.	57.00
1993 3 coin set: uncirculated half dollar, silver dollar and gold $5; KM243, 244, 245.	496
1993 3 coin set: proof half dollar, silver dollar and gold $5; KM243, 244, 245.	500
1993 6 coin set: 1 each of proof and uncirculated issues; KM243, 244, 245.	1,000

U.S. Veterans

Date	Value
1994 3 coin set: uncirculated POW, Vietnam, Women dollars; KM250, 251, 252.	202
1994 3 coin set: proof POW, Vietnam, Women dollars; KM250, 251, 252.	142

World Cup

Date	Value
1994 2 coin set: uncirculated half dollar and silver dollar; KM246, 247.	48.00
1994 2 coin set: proof half dollar and silver dollar; KM246, 247.	45.00
1994 3 coin set: uncirculated half dollar, silver dollar and gold $5; KM246, 247, 248.	490
1994 3 coin set: proof half dollar, silver dollar and gold $5; KM246, 247, 248.	487
1994 6 coin set: 1 each of proof and uncirculated issues; KM246, 247, 248.	983

Olympic, 1995-96

Date	Value
1995 4 coin set: uncirculated basketball half, $1 gymnast & blind runner, $5 torch runner; KM257, 259, 260, 261.	1,024
1995 4 coin set: proof basketball half, $1 gymnast & blind runner, $5 torch runner; KM257, 259, 260, 261.	533
1995P 2 coin set: proof $1 gymnast & blind runner; KM259, 260.	82.00
1995P 2 coin set: proof $1 track & field, cycling; KM263, 264.	84.00
1995-96 4 coin set: proof halves, basketball, baseball, swimming, soccer; KM257, 262, 267, 271.	75.00
1995 & 96 8 coins in cherry wood case: proof silver dollars: blind runner, gymnast, cycling, track & field, wheelchair, tennis, rowing, high jump; KM259, 260, 263, 264, 268, 269, 272, 272A.	425
1995 & 96 16 coins in cherry wood case: bu and proof silver dollars: blind runner, gymnast, cycling, track & field, wheelchair, tennis, rowing, high jump; KM259, 260, 263, 264, 268, 269, 272, 272A.	10,400
1995 & 96 16 coins in cherry wood case: proof half dollars: basketball, baseball, swimming, soccer, KM257, 262, 267, 271. Proof silver dollars: blind runner, gymnast, cycling, track & field, wheelchair, tennis, rowing, high jump, KM259, 260, 263, 264, 268, 269, 272, 272A. Proof $5 gold: torch runner, stadium, cauldron, flag bearer, KM 261, 265, 270, 274.	2,370
1995 & 96 32 coins in cherry wood case: bu & proof half dollars: basketball, baseball, swimming, soccer, KM257, 262, 267, 271. BU & proof silver dollars: blind runner, gymnast, cycling, track & field, wheelchair, tennis, rowing, high jump, KM259, 260, 263, 264, 268, 269, 272, 272A. BU & proof $5 gold: torch runner, stadium, cauldron, flag bearer, KM261, 265, 270, 274.	12,800
1996P 2 coin set: proof $1 wheelchair & tennis; KM268, 269.	154
1996P 2 coin set: proof $1 rowing & high jump; KM272, 272A.	105
1996 Young collector 4 coin set; Half dollars: KM#257, 262, 267, 271	205

Civil War

Date	Value
1995 2 coin set: uncirculated half and dollar; KM254, 255.	102
1995 2 coin set: proof half and dollar; KM254, 255.	88.00

Date	Value
1995 3 coin set: uncirculated half, dollar and gold $5; KM254, 255, 256.	1,055
1995 3 coin set: proof half, dollar and gold $5; KM254, 255, 256.	530
1995 6 coin set: 1 each of proof and uncirculated issues; KM254, 255, 256.	1,585
1995 Civil War Young Collectors set KM#245	37.50

Smithsonian

Date	Value
1996 2 coin set: proof dollar and $5 gold; KM276, 277.	495
1996 4 coin set: proof and B.U. ; KM276, 277.	1,465

Franklin Delano Roosevelt

Date	Value
1997W 2 coin set: uncirculated and proof; KM282.	3,500

Jackie Robinson

Date	Value
1997 2 coin set: proof dollar & $5 gold; KM279, 280.	680
1997 4 coin set: proof & BU; KM279, 280.	3,660
1997 legacy set.	650

Botanic Garden

Date	Value
1997 2 coin set: dollar, Jefferson nickel and $1 note; KM278, 192.	220

Black Patriots

Date	Value
1998S 2 coin set: uncirculated and proof; KM288.	220

Kennedy

Date	Value
1998 2 coin set: proof; KM287.	88.00
1998 2 coin collectors set: Robert Kennedy dollar and John Kennedy half dollar; KM287, 202b. Matte finished.	225

Dolley Madison

Date	Value
1999 2 coin set: proof and uncirculated silver dollars; KM298.	76.00

Yellowstone National Park

Date	Value
1999 2 coin set: proof and uncirculated silver dollars; KM299.	84.00

George Washington

Date	Value
1999 2 coin set: proof and uncirculated gold $5; KM300.	900

Millennium Coin & Currency

Date	Value
2000 2 coin set: uncirculated Sacagewea $1, silver Eagle & $1 note.	67.50

Leif Ericson

Date	Value
2000 2 coin set: proof and uncirculated silver dollars; KM313.	85.00

American Buffalo

Date	Value
2001 2 coin set: 90% silver unc. & proof $1.; KM325.	330
2001 coin & currency set 90% unc. dollar & replicas of 1899 $5 silver cert.; KM325.	180

Capitol Visitor Center

Date	Value
2001 3 coin set: proof half, silver dollar, gold $5; KM323, 324, 326.	495

Winter Olympics - Salt Lake City

Date	Value
2002 2 coin set: proof 90% silver dollar KM336 & $5.00 Gold KM337.	465
2002 4 coin set: 90% silver unc. & proof $1, KM336 & unc. & proof gold $5, KM337.	925

Thomas Alva Edison

Date	Value
2004 Uncirculated silver dollar and light bulb.	55.00

COMMEMORATIVES

Lewis and Clark Bicentennial

Date	Value
2004 Coin and pouch set.	65.00
2004 coin and currency set: Uncirculated silver dollar, two 2005 nickels, replica 1901 $10 Bison note, silver plated peace medal, three stamps & two booklets.	58.00
2004 Westward Journey Nickel series coin and medal set: Proof Sacagawea dollar, two 2005 proof nickels and silver plated peace medal.	40.00

Chief Justice John Marshall

Date	Value
2005 Coin and Chronicles set: Uncirculated silver dollar, booklet and BEP intaglio portrait.	57.00

U.S. Marine Corps

Date	Value
2005 Uncirculated silver dollar and stamp set.	63.00

Benjamin Franklin Tercentennary

Date	Value
2006 Coin and Chronicles set: Uncirculated "Scientist" silver dollar, four stamps, Poor Richards Almanac and intaglio print.	49.00

Central High School Desegregation

Date	Value
2007 Little Rock Dollar and medal set, KM#418	47.80

American Bald Eagle

Date	Value
2008 Proof half dollar, dollar and $5 gold, KM438, KM439, KM440	490
2008 Bald Eagle young collector's set; Half Dollar, KM#438	23.00

Louis Braille

Date	Value
2009 Braille Education set, KM#455	43.50

AMERICAN EAGLE SILVER BULLION

SILVER DOLLAR

KM# 273 • **ObvDesc:** Liberty walking left • **RevDesc:** Eagle with shield • 31.11 g., 0.9993 Silver 0.9993 oz. ASW, 40.6 • **Obv. Designer:** Adolph A. Weinman • **Rev. Designer:** John Mercanti

Date	Mintage	MS65	Prf65
1986	5,393,005	36.20	—
1986S	1,446,778	—	48.00
1987	11,442,335	19.20	—
1987S	904,732	—	48.00
1988	5,004,646	21.20	—
1988S	557,370	—	48.00
1989	5,203,327	21.20	—
1989S	617,694	—	48.00
1990	5,840,110	21.20	—
1990S	695,510	—	48.00
1991	7,191,066	21.20	—
1991S	511,924	—	48.00
1992	5,540,068	23.20	—
1992S	498,543	—	48.00
1993	6,763,762	23.20	—
1993P	405,913	—	69.20
1994	4,227,319	34.20	—
1994P	372,168	—	150
1995W	4,672,051	30.20	—
1995	407,822	—	55.00
1995P 10th Anniversary	30,102	4,000	—
1996P	3,603,386	55.00	—
1996	498,293	—	69.20
1997P	4,295,004	19.20	—
1997	440,315	—	48.00
1998P	4,847,547	19.20	—
1998	450,728	—	48.00
1999P	7,408,640	19.20	—
1999	549,330	—	48.00
2000	9,239,132	19.20	—
2000P	600,743	—	48.00
2001	9,001,711	19.20	—
2001W	746,398	—	48.00
2002W	10,539,026	19.20	—
2002	647,342	—	48.00
2003W	8,495,008	19.20	—
2003	747,831	—	48.00

BULLION COINS

Date	Mintage	MS65	Prf65
2004	8,882,754	—	48.00
2004W	801,602	19.20	—
2005	8,891,025	19.20	—
2005W	816,663	—	48.00
2006	10,676,522	19.20	—
2006P Burnished Unc.	468,000	50.00	—
2006W	1,093,600	—	48.00
2006W Reverse Proof	Est. 250000	—	175
2006 20th Aniv. 3 pc. set	—	250	—
2007W	9,028,036	19.20	—
2007W Burnished Unc.	690,891	48.00	—
2007	821,759	—	21.70
2008W	20,583,000	19.20	—
2008 Burnished Unc.	Est. 550000	40.00	—
2008 Reverse of '07, U in United with rounded bottom.	Est. 47000	500	—
2008W	713,353	—	48.00
2009	30,459,000	19.20	—
2010	34,764,500	19.20	—
2010	—	—	48.00
2011W	39,764,500	19.20	—
2011P Reverse Proof	100,000	—	280
2011 Burnished Unc.	100,000	45.00	—

Date	Mintage	MS65	Prf65
2011S Burnished Unc.	—	265	—
2011W	850,000	—	48.00
2012	—	19.20	—
2012S Reverse Proof	—	—	100
2012	60,203	—	48.00
2012W Burnished Unc.	33,742,500	53.00	—
2013W	42,675,000	19.20	—
2013W Burnished Unc.	281,310	77.00	—
2013 Enhanced Unc.	281,310	77.00	—
2013 Reverse Proof	281,310	—	77.00
2013W Proof	868,494	—	48.00
2014	44,006,000	19.20	—
2014W	894,614	—	48.00
2015	47,000,000	19.20	—
2015W	699,623	—	48.00
2016	—	19.20	—
2016W	—	—	48.00

KM# 273.1 • ObvDesc: Liberty walking left • **RevDesc:** Eagle with shield • 31.11 g., 0.999 Silver 0.9992 oz. ASW, 40.6

Date	Mintage	MS65	Prf65
2016W Proof	—	—	—
2016W	—	—	—

AMERICA THE BEAUTIFUL SILVER BULLION

SILVER QUARTER

KM# 489 • RevDesc: Park Headquarters and fountain • 155.55 g., 0.999 Silver 4.996 oz. ASW • **Rev. Designer:** Don Everhart II and Joseph Menna

Date	Mintage	MS65	MS69
2010	33,000	130	360
2010P Vapor Blast finish	27,000	230	375

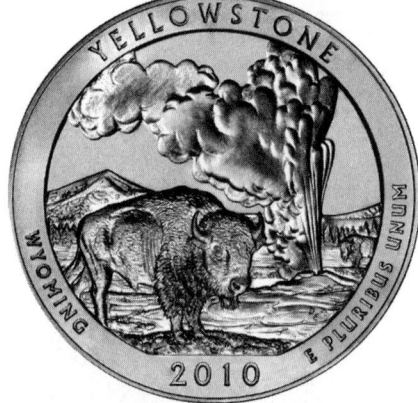

KM# 490 • RevDesc: Old Faithful geyser and bison • 155.55 g., 0.999 Silver 4.996 oz. ASW • **Rev. Designer:** Don Everhart II

Date	Mintage	MS65	MS69
2010	33,000	130	360
2010P Vapor Blast finish	27,000	240	325

KM# 493 • RevDesc: Mt. Hood with Lost Lake in the foreground • 155.55 g., 0.999 Silver 4.996 oz. ASW • **Rev. Designer:** Phebe Hemphill

Date	Mintage	MS65	MS69
2010	33,000	130	360
2010P Vapor blast finish	25,318	210	260

KM# 491 • RevDesc: El Capitan, largest monolith of granite in the world • 155.55 g., 0.999 Silver 4.996 oz. ASW • **Rev. Designer:** Joseph Menna and Phebe Hemphill

Date	Mintage	MS65	MS69
2010	33,000	130	385
2010P Vapor blast finish	27,000	230	260

KM# 492 • RevDesc: Grabarues above the Nankoweap Delta in Marble Canyon near the Colorado River • 155.55 g., 0.999 Silver 4.996 oz. ASW • **Rev. Designer:** Phebe Hemphill

Date	Mintage	MS65	MS69
2010	33,000	130	325
2010P Vapor blast finish	26,019	230	325

KM# 513 • RevDesc: 72nd Pennsylvania Infantry Monumnet on the battle line of the Union Army at Cemetery Ridge • 155.55 g., 0.999 Silver 4.996 oz. ASW • **Rev. Designer:** Joel Iskowitz and Phebe Hemphill

Date	Mintage	MS65	MS69
2011	126,700	130	260
2011P Vapor blast finish	24,625	200	240

KM# 514 • RevDesc: Northeast slope of Mount Reynolds • 155.55 g., 0.999 Silver 4.996 oz. ASW • **Rev. Designer:** Barbara Fox and Charles L. Vickers

Date	Mintage	MS65	MS69
2011	126,700	130	260
2011P Vapor blast finish	20,503	205	240

KM# 516 • RevDesc: U.S.S. Cairo on the Yazoo River • 155.55 g., 0.999 Silver 4.996 oz. ASW • **Rev. Designer:** Thomas Cleveland and Joseph Menna

Date	Mintage	MS65	MS69
2011	39,500	130	260
2011P Vapor blast finish	18,181	225	240

KM# 515 • RevDesc: Roosevelt elk on a gravel river bar along the Hoh River, Mount Olympus in the background • 155.55 g., 0.999 Silver 4.996 oz. ASW • **Rev. Designer:** Susan Gambel and Michael Gaudioso

Date	Mintage	MS65	MS69
2011	85,900	130	260
2011P Vapor blast finish	17,988	200	240

KM# 517 • RevDesc: Limestone Lincoln Bridge • 155.55 g., 0.999 Silver 4.996 oz. ASW • **Rev. Designer:** Donna Weaver and James Licaretz

Date	Mintage	MS65	MS69
2011	29,700	130	260
2011P Vapor blast finish	16,386	235	240

KM# 536 • RevDesc: Coquin tree frog and Puerto Rico parrot • 155.55 g., 0.999 Silver 4.996 oz. ASW

Date	Mintage	MS65	MS69
2012	21,900	130	260
2012P Vapor blast finish	15,271	290	240

KM# 537 • RevDesc: Two elevated kivas at Chetro Ketl complex • 155.52 g., 0.999 Silver 4.9951 oz. ASW

Date	Mintage	MS65	MS69
2012	20,000	130	260
2012P Vapor blast finish	12,679	230	240

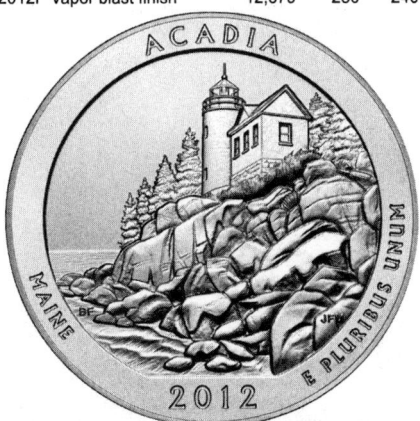

KM# 538 • RevDesc: Bass Harbor Head Lighthouse • 155.52 g., 0.999 Silver 4.9951 oz. ASW

Date	Mintage	MS65	MS69
2012	25,400	130	260
2012P Vapor blast finish	13,196	575	240

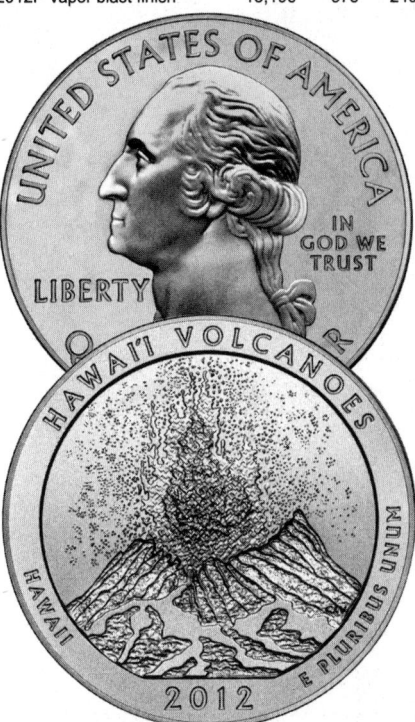

KM# 539 • RevDesc: Volcano erupting • 155.52 g., 0.999 Silver 4.9951 oz. ASW

Date	Mintage	MS65	MS69
2012	20,000	130	260
2012P Vapor blast finish	13,789	750	240

KM# 540 • RevDesc: Dall sheep and Mount McKinley • 155.55 g., 0.999 Silver 4.9961 oz. ASW

Date	Mintage	MS65	MS69
2012	20,000	130	260
2012P Vapor blast finish	10,180	360	240

BULLION COINS

BULLION COINS

KM# 556 • RevDesc: Mountain vista • 155.55 g., 0.999 Silver 4.996 oz. ASW

Date	Mintage	MS65	MS69
2013	35,000	130	260
2013P Vapor blast finish	20,530	210	240

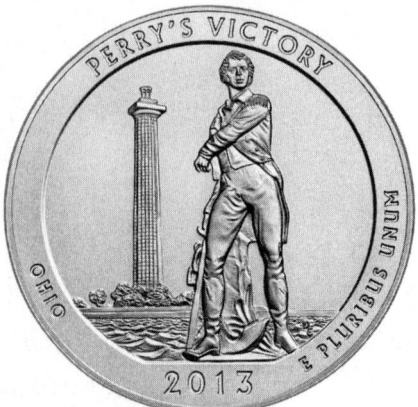

KM# 557 • RevDesc: Perry standing and Memorial column • 155.55 g., 0.999 Silver 4.996 oz. ASW

Date	Mintage	MS65	MS69
2013	30,000	130	260
2013P Vapor blast finsih	17,707	165	240

KM# 558 • RevDesc: Ancient weatherworn tree • 155.55 g., 0.999 Silver 4.996 oz. ASW

Date	Mintage	MS65	MS69
2013	30,000	130	240
2013P Vapor blast finish	17,792	165	260

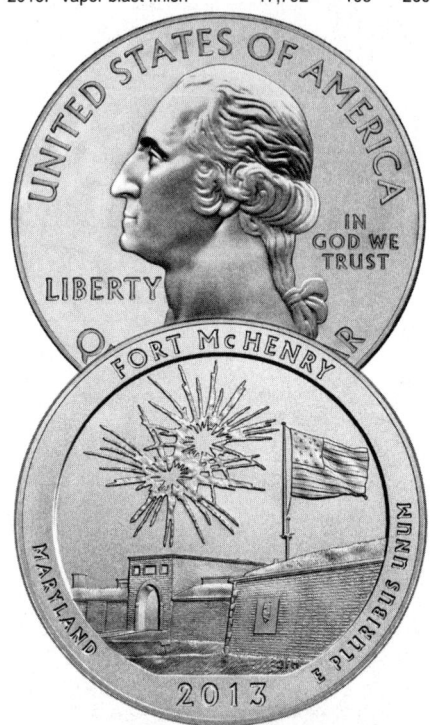

KM# 559 • RevDesc: Fort McHenry and flag • 155.55 g., 0.999 Silver 4.996 oz. ASW

Date	Mintage	MS65	MS69
2013	30,000	130	260
2013 Vapor blast finish	19,802	165	240

KM# 560 • RevDesc: Presidential head sculpture on Mt. Rushmore • 155.55 g., 0.999 Silver 4.996 oz. ASW

Date	Mintage	MS65	MS69
2013	35,000	130	240
2013P Vapor blast finish	23,547	165	260

KM# 580 • 155.550 Silver

Date	Mintage	MS65	MS69
2014	29,500	130	260
2014P Vapor blast finish	24,705	165	240

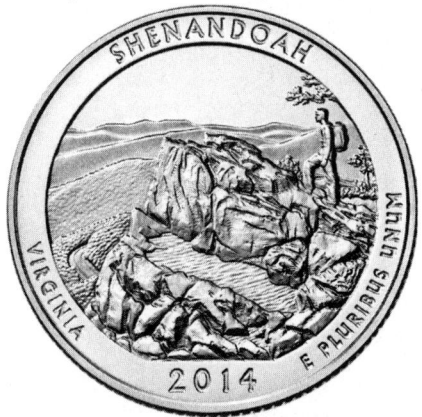

KM# 581 • 155.55 g., 0.999 Silver 4.996 oz. ASW

Date	Mintage	MS65	MS69
2014	—	130	260
2014P Vapor blast finish	—	165	240

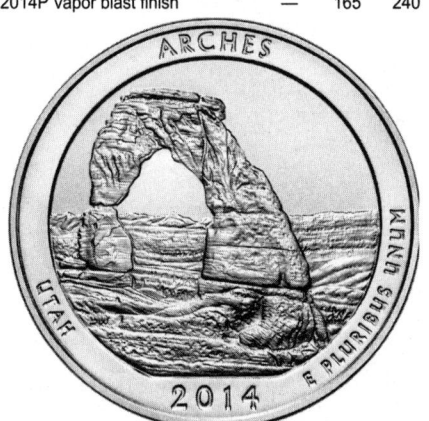

KM# 582 • 155.55 g., 0.999 Silver 4.996 oz. ASW

Date	Mintage	MS65	MS69
2014	—	130	260
2014P Vapor blast finish	—	165	240

KM# 583 • 155.55 g., 0.999 Silver 4.996 oz. ASW

Date	Mintage	MS65	MS69
2014	—	130	260
2014P Vapor blast finish	—	165	240

KM# 584 • 155.55 g., 0.999 Silver 4.996 oz. ASW

Date	Mintage	MS65	MS69
2014	—	130	260
2014P Vapor blast finish	—	165	240

KM# 630 • 155.55 g., 0.999 Silver 4.996 oz. ASW

Date	Mintage	MS65	MS69
2015	35,000	200	260
2015P Vapor blast finish	19,357	190	240

KM# 631 • 155.55 g., 0.999 Silver 4.996 oz. ASW

Date	Mintage	MS65	MS69
2015	42,000	200	260
2015P Vapor blast finish	17,477	190	240

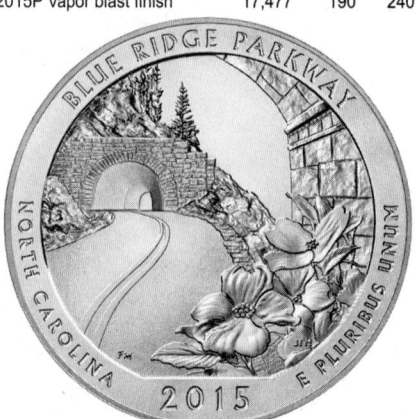

KM# 632 • 155.50 g., 0.999 Silver 4.9944 oz. ASW

Date	Mintage	MS65	MS69
2015	45,000	200	260
2015P Vapor blast finish	16,000	190	240

KM# 633 • 155.50 g., 0.999 Silver 4.9944 oz. ASW

Date	Mintage	MS65	MS69
2015	45,000	200	260
2015P Vapor blast finish	17,309	190	240

KM# 634 • 155.50 g., 0.999 Silver 4.9944 oz. ASW

Date	Mintage	MS65	MS69
2015	45,000	200	260
2015P Vapor blast finish	17,563	190	240

KM# 647 • 155.50 g., 0.999 Silver 4.9944 oz. ASW, 76.2

Date	Mintage	MS65	MS69
2016	—	200	260
2016P	—	190	240

KM# 648 • 155.50 g., 0.999 Silver 4.9944 oz. ASW, 76.2

Date	Mintage	MS65	MS69
2016	—	200	260
2016P	—	190	240

KM# 649 • 155.50 g., 0.999 Silver 4.9944 oz. ASW, 76.2

Date	Mintage	MS65	MS69
2016	—	200	260
2016P	—	190	240

KM# 650 • 155.50 g., 0.999 Silver 4.9944 oz. ASW, 76.2

Date	Mintage	MS65	MS69
2016	—	200	260
2016P	—	190	240

KM# 651 • 155.50 g., 0.999 Silver 4.9944 oz. ASW, 76.2

Date	Mintage	MS65	MS69
2016	—	200	260
2016P	—	190	240

AMERICAN EAGLE GOLD BULLION COINS

GOLD $5

KM# 216 • 3.39 g., 0.9167 Gold 0.100 oz. AGW, 16.5 • **Obv. Designer:** Augustus Saint-Gaudens • **Rev. Designer:** Miley Busiek

Date	Mintage	MS65	Prf65
MCMLXXXVI 1986	912,609	160	—
MCMLXXXVII 1987	580,266	140	—
MCMLXXXVIII 1988	159,500	140	—
MCMLXXXVIII (1988)P	143,881	—	138
MCMLXXXIX 1989	264,790	150	—
MCMLXXXIX (1989)P	84,647	—	138
MCMXC 1990	210,210	165	—
MCMXC (1990)P	99,349	—	138
MCMXCI 1991	165,200	170	—
MCMXCI (1991)P	70,334	—	138
1992	209,300	110	—
1992P	64,874	—	138
1993	210,709	110	—
1993P	45,960	—	138
1994W	206,380	140	—
1994	62,849	—	138
1995	223,025	110	—
1995W	62,667	—	205
1996	401,964	110	—
1996W	57,047	—	138
1997	528,515	110	—
1997W	34,977	—	138
1998	1,344,520	110	—
1998W	39,395	—	138
1999W	2,750,338	160	—
1999W	48,428	—	138
1999 Unfinished Proof die	Est. 6000	825	—

Note: The 1999 W issues are standard matte finished gold that were struck with unfinished proof dies.

Date	Mintage	MS65	Prf65
2000W	569,153	110	—
2000	49,971	—	138
2001	269,147	110	—
2001W	37,530	—	138
2002	230,027	110	—
2002W	40,864	—	138
2003W	245,029	175	—
2003	40,027	—	138
2004W	250,016	195	—
2004	35,131	—	138
2005W	300,043	145	—
2005	49,265	—	138
2006W	285,006	175	—
2006 Burnished Unc.	20,643	160	—
2006W	47,277	—	138
2007	190,010	110	—
2007W Burnished Unc.	22,501	150	—
2007W	58,553	—	138
2008W	305,000	145	—
2008 Burnished Unc.	12,657	220	—

Date	Mintage	MS65	Prf65
2008W	Est. 29000	—	138
2009	27,000	143	—
2010	435,000	151	—
2010W	54,285	—	138
2011	350,000	185	—
2011W	42,697	—	138
2012W	315,000	137	—
2012W	20,740	—	140
2013W	535,000	165	—
2013	21,879	—	138
2014	565,000	165	—
2014	22,725	—	138
2015	980,000	165	—
2015	17,444	—	138
2016	—	165	—
2016W Proof	—	—	138

GOLD $10

KM# 217 • 8.48 g., 0.9167 Gold 0.250 oz. AGW, 22 • **Obv. Designer:** Augustus Saint-Gaudens • **Rev. Designer:** Miley Busiek

Date	Mintage	MS65	Prf65
MCMLXXXVI 1986	726,031	376	—
MCMLXXXVII 1987	269,255	391	—
MCMLXXXVIII 1988	49,000	—	341
MCMLXXXVIII (1988)P	98,028	562	—
MCMLXXXIX 1989	81,789	562	—
MCMLXXXIX (1989)P	54,170	—	341
MCMXC 1990	41,000	—	341
MCMXC (1990)P	62,674	678	—
MCMXCI 1991	36,100	—	341
MCMXCI (1991)P	50,839	678	—
1992	59,546	—	341
1992P	46,269	497	—
1993	71,864	497	—
1993P	33,775	—	341
1994	72,650	497	—
1994W	47,172	—	341
1995	83,752	497	—
1995W	47,526	—	341
1996	60,318	497	—
1996W	38,219	—	341
1997	108,805	—	341
1997W	29,805	276	—
1998	309,829	—	341
1998W	29,503	276	—
1999	564,232	276	—
1999W	34,417	—	341
1999W Unfinished Proof die	Est. 6000	1,500	—

Note: The 1999 W issues are standard matte finished gold that were struck with unfinished proof dies.

Date	Mintage	MS65	Prf65
2000	128,964	276	—
2000W	36,036	—	341
2001	71,280	—	341
2001W	25,613	497	—
2002	62,027	—	341
2002W	29,242	276	—
2003	74,029	276	—
2003W	30,292	—	341
2004	72,014	—	341
2004W	28,839	276	—
2005	72,015	276	—
2005W	37,207	—	341
2006	60,004	276	—
2006W Burnished Unc.	15,188	550	—
2006W	36,127	—	341
2007	34,004	497	—
2007W Burnished Unc.	12,786	375	—
2007W	46,189	—	341
2008	Est. 58000	276	—
2008W Burnished Unc.	8,883	550	—
2008W	28,000	421	—
2009	110,000	341	—
2010	86,000	276	—
2010W	44,507	—	341
2011	80,000	—	341
2011W	28,782	276	—
2012	76,000	276	—
2012W	13,375	—	341
2013	122,000	276	—
2013	12,642	—	341
2014	118,000	276	—
2014	14,790	—	341
2015	158,000	276	—
2015	11,437	—	341
2016	—	276	—
2016W Proof	—	—	341

GOLD $25

KM# 218 • 16.97 g., 0.9167 Gold 0.500 oz. AGW, 27 • **Obv. Designer:** Augustus Saint-Gaudens • **Rev. Designer:** Miley Busiek

Date	Mintage	MS65	Prf65
MCMLXXXVI 1986	599,566	1,105	—
MCMLXXXVII 1987	131,255	—	1,236
MCMLXXXVII (1987)P	143,398	1,105	—
MCMLXXXVIII 1988	45,000	—	1,235
MCMLXXXVIII (1988)P	76,528	1,105	—
MCMLXXXIX 1989	44,829	1,105	—
MCMLXXXIX (1989)P	44,798	—	1,235
MCMXC 1990	31,000	1,105	—
MCMXC (1990)P	51,636	—	1,495
MCMXCI 1991	24,100	—	1,535
MCMXCI (1991)P	53,125	1,105	—
1992	54,404	—	1,200
1992P	40,976	1,105	—
1993	73,324	—	1,650
1993P	31,130	1,105	—
1994	62,400	—	1,300

Date	Mintage	MS65	Prf65
1994W	44,584	1,105	—
1995	53,474	—	1,300
1995W	45,388	1,105	—
1996	39,287	1,105	—
1996W	35,058	—	1,300
1997	79,605	—	1,300
1997W	26,344	1,105	—
1998	169,029	—	1,300
1998W	25,374	1,105	—
1999	263,013	1,105	—
1999W	30,427	—	1,500
2000	79,287	1,105	—
2000W	32,028	—	1,235
2001	48,047	—	1,235
2001W	23,240	1,105	—
2002	70,027	1,105	—
2002W	26,646	—	1,235
2003	79,029	—	1,235
2003W	28,270	1,105	—
2004	98,040	1,105	—
2004W	27,330	—	1,235
2005	80,023	—	2,135
2005W	34,311	1,105	—
2006	66,004	—	1,235
2006W Burnished Unc.	15,164	1,330	—
2006W	34,322	1,105	—
2007	47,002	1,105	—
2007W Burnished Unc.	11,458	1,500	—
2007W	44,025	—	1,235
2008	61,000	1,105	—
2008W Burnished Unc.	15,683	2,200	—
2008W	27,800	—	2,100
2009	55,000	1,105	—
2010	81,000	1,105	—
2010W	44,527	—	1,200
2011	70,000	1,105	—
2011W	26,781	—	1,200
2012	71,000	1,105	—
2012W	12,809	—	1,285
2013	58,000	1,105	—
2013W	12,570	—	1,285
2014	46,000	1,105	—
2014W	14,693	—	1,285
2015	75,000	1,105	—
2015W	9,989	—	1,285
2016	—	1,105	—
2016W Proof	—	—	1,285

GOLD $50

KM# 219 • 33.93 g., 0.9167 Gold 1.000 oz. AGW, 32.7 • **Obv. Designer:** Augustus Saint-Gaudens • **Rev. Designer:** Miley Busiek

Date	Mintage	MS65	Prf65
MCMLXXXVI (1986)W	446,290	—	1,330
MCMLXXXVI -1986	1,362,650	1,273	—
MCMLXXXVII (1987)W	147,498	—	1,330

Date	Mintage	MS65	Prf65
MCMLXXXVII -1987	1,045,500	1,273	—
MCMLXXXVIII (1988)W	87,133	—	1,330
MCMLXXXVIII -1988	465,000	1,273	—
MCMLXXXIX (1989)W	54,570	—	1,330
MCMLXXXIX -1989	415,790	1,273	—
MCMXC (1990)W	62,401	—	1,590
MCMXC -1990	373,219	1,273	—
MCMXCI (1991)W	50,411	—	1,630
MCMXCI -1991	243,100	1,273	—
1992W	275,000	1,273	—
1992	44,826	—	1,295
1993W	480,192	1,273	—
1993	34,369	—	1,745
1994W	221,663	1,273	—
1994	46,674	—	1,395
1995W	200,636	1,273	—
1995	46,368	—	1,395
1995W 10th Anniversary	30,125	—	—
1996W	189,148	1,273	—
1996	36,153	—	1,395
1997	664,508	1,273	—
1997W	28,034	—	1,395
1998	1,468,530	1,273	—
1998W	25,886	—	1,395
1999	1,505,026	1,273	—
1999W	31,427	—	1,595
2000	433,319	1,273	—
2000W	33,007	—	1,295
2001	143,605	1,273	—
2001W	24,555	—	1,295
2002	222,029	1,273	—
2002W	27,499	—	1,295
2003	416,032	1,273	—
2003W	28,344	—	1,295
2004	417,149	1,273	—
2004W	28,215	—	1,295
2005W	356,555	1,273	—
2005	35,246	—	1,295
2006	237,510	1,273	—
2006W Burnished Unc.	45,912	1,340	—
2006W	47,000	—	1,295
2006W Reverse Proof	10,000	—	2,600
2007W	140,016	1,285	—
2007W Burnished Unc.	18,609	1,675	—
2007	51,810	—	1,295
2008W	710,000	1,273	—
2008W Burnished Unc.	11,908	2,200	—
2008W Reverse of '07	Est. 47000	—	—
2008W	29,000	—	2,150
2009	122,000	1,273	—
2010W	1,125,000	1,273	—
2010	59,480	—	1,295
2011	857,000	1,273	—
2011 Burnished Unc.	8,729	2,350	—
2011W	48,306	—	1,295
2012W	—	1,273	—
2012 Burnished Unc.	5,829	2,800	—
2013	—	—	1,850
2013W	24,753	1,273	—
2014	—	—	1,850
2014	—	1,273	—
2015	626,500	1,273	—
2015	—	—	1,850
2016	—	1,273	—
2016W Proof	—	—	1,850

AMERICAN EAGLE PLATINUM BULLION

PLATINUM $10

KM# 283 • RevDesc: Eagle flying right over sunrise • 3.11 g., 0.9995 Platinum 0.0999 oz. APW, 17 • **Obv. Designer:** John Mercanti • **Rev. Designer:** Thomas D. Rogers Sr

Date	Mintage	MS65	Prf65
1997	70,250	120	180
1997W	36,996	—	—
1998	39,525	120	—
1999	55,955	120	—
2000	34,027	120	—
2001	52,017	120	—
2002	23,005	120	—
2003	22,007	120	—
2004	15,010	120	—
2005	14,013	120	—
2006	11,001	120	—
2006W Burnished Unc.	3,544	270	—
2007	13,003	180	—
2007W Burnished Unc.	5,566	200	—
2008	17,000	120	—
2008 Burnished Unc.	3,706	110	—

KM# 289 • RevDesc: Eagle in flight over New England costal lighthouse • 3.11 g., 0.9995 Platinum 0.0999 oz. APW, 17 • **Obv. Designer:** John Mercanti

Date	Mintage	MS65	Prf65
1998W	19,847	—	110

KM# 301 • RevDesc: Eagle in flight over Southeastern Wetlands • 3.11 g., 0.9995 Platinum 0.0999 oz. APW, 17 • **Obv. Designer:** John Mercanti

Date	Mintage	MS65	Prf65
1999W	19,133	—	110

KM# 314 • **RevDesc:** Eagle in flight over Heartland • 3.11 g., 0.9995 Platinum 0.0999 oz. APW, 17 • **Obv. Designer:** John Mercanti

Date	Mintage	MS65	Prf65
2000W	15,651	—	110

KM# 327 • **RevDesc:** Eagle in flight over Southwestern cactus desert • 3.11 g., 0.9995 Platinum 0.0999 oz. APW, 17 • **Obv. Designer:** John Mercanti

Date	Mintage	MS65	Prf65
2001W	12,174	—	110

KM# 339 • **RevDesc:** Eagle fishing in America's Northwest • 3.11 g., 0.9995 Platinum 0.0999 oz. APW, 17 • **Obv. Designer:** John Mercanti

Date	Mintage	MS65	Prf65
2002W	12,365	—	110

KM# 351 • **RevDesc:** Eagle pearched on a Rocky Mountain Pine branch against a flag backdrop • 3.11 g., 0.9995 Platinum 0.0999 oz. APW, 17 • **Obv. Designer:** John Mercanti • **Rev. Designer:** Al Maletsky

Date	Mintage	MS65	PRF65
2003W	9,534	—	368

KM# 364 • **RevDesc:** Chester French, 1907. The sculpture is outside the N.Y. Customs House, now part of the Smithsonian's Museum of the American Indian • 3.11 g., 0.9995 Platinum 0.0999 oz. APW, 17 • **Obv. Designer:** John Mercanti

Date	Mintage	MS65	Prf65
2004W	7,161	—	445

KM# 377 • **RevDesc:** Eagle with cornucopiae • 3.11 g., 0.9995 Platinum 0.0999 oz. APW, 17 • **Obv. Designer:** John Mercanti • **Rev. Designer:** Donna Weaver

Date	Mintage	MS65	Prf65
2005W	8,104	—	265

KM# 389 • **RevDesc:** Liberty seated writing between two columns • 3.11 g., 0.9995 Platinum 0.0999 oz. APW, 17 • **Obv. Designer:** John Mercanti

Date	Mintage	MS65	Prf65
2006W	10,205	—	180

KM# 414 • **RevDesc:** Eagle with shield • 3.11 g., 0.9995 Platinum 0.0999 oz. APW, 17 • **Obv. Designer:** John Mercanti

Date	Mintage	MS65	Prf65
2007W	8,176	—	180

KM# 434 • **RevDesc:** Justice standing before eagle • 3.11 g., 0.9995 Platinum 0.0999 oz. APW, 17 • **Obv. Designer:** John Mercanti

Date	Mintage	MS65	Prf65
2008W	8,176	—	495

KM# 460 • 3.11 g., 0.9995 Platinum 0.0999 oz. APW, 17 • **Obv. Designer:** John Mercanti

Date	Mintage	MS65	Prf65
2009W	5,600	—	—

PLATINUM $25

KM# 284 • **RevDesc:** Eagle in flight over sunrise • 7.79 g., 0.9995 Platinum 0.2502 oz. APW, 22 • **Obv. Designer:** John Mercanti • **Rev. Designer:** Thomas D. Rogers Sr

Date	Mintage	MS65	Prf65
1997	27,100	364	—
1997W	18,628	—	368
1998	38,887	364	—
1999	39,734	364	—
2000	20,054	364	—
2001	21,815	364	—
2002	27,405	364	—
2003	25,207	364	—
2004	18,010	364	—
2005	12,013	364	—

Date	Mintage	MS65	Prf65
2006	12,001	375	—
2006W Burnished Unc.	2,676	590	—
2007	8,402	364	—
2007W Burnished Unc.	3,690	590	—
2008	20,800	336	—
2008 Burnished Unc.	2,481	625	—

KM# 290 • RevDesc: Eagle in flight over New England costal lighthouse • 7.79 g., 0.9995 Platinum 0.2502 oz. APW, 22 • **Obv. Designer:** John Mercanti

Date	Mintage	MS65	Prf65
1998W	14,873	—	368

KM# 302 • RevDesc: Eagle in flight over Southeastern Wetlands • 7.79 g., 0.9995 Platinum 0.2502 oz. APW, 22 • **Obv. Designer:** John Mercanti

Date	Mintage	MS65	Prf65
1999W	13,507	—	368

KM# 315 • RevDesc: Eagle in flight over Heartland • 7.79 g., 0.9995 Platinum 0.2502 oz. APW, 22 • **Obv. Designer:** John Mercanti

Date	Mintage	MS65	Prf65
2000W	11,995	—	368

KM# 328 • RevDesc: Eagle in flight over Southwestern cactus desert • 7.79 g., 0.9995 Platinum 0.2502 oz. APW, 22 • **Obv. Designer:** John Mercanti

Date	Mintage	MS65	Prf65
2001W	8,847	—	368

KM# 340 • RevDesc: Eagle fishing in America's Northwest • 7.79 g., 0.9995 Platinum 0.2502 oz. APW, 22 • **Obv. Designer:** John Mercanti

Date	Mintage	MS65	Prf65
2002W	9,282	—	368

KM# 352 • RevDesc: Eagle perched on a Rocky Mountain Pine branch against a flag backdrop. • 7.79 g., 0.9995 Platinum 0.2502 oz. APW, 22 • **Obv. Designer:** John Mercanti • **Rev. Designer:** Al Maletsky

Date	Mintage	MS65	Prf65
2003W	7,044	—	368

KM# 365 • RevDesc: Chester French, 1907. The sculpture is outside the N.Y. Customs House, now part of the Smithsonian's Museum of the American Indian • 7.79 g., 0.9995 Platinum 0.2502 oz. APW, 22 • **Obv. Designer:** John Mercanti

Date	Mintage	MS65	Prf65
2004W	5,193	—	1,000

KM# 378 • RevDesc: Eagle with cornucopiae • 7.79 g., 0.9995 Platinum 0.2502 oz. APW, 22 • **Obv. Designer:** John Mercanti • **Rev. Designer:** Donna Weaver

Date	Mintage	MS65	Prf65
2005W	6,592	—	610

KM# 390 • RevDesc: Liberty seated writing between two columns • 7.79 g., 0.9995 Platinum 0.2502 oz. APW, 22 • **Obv. Designer:** John Mercanti

Date	Mintage	MS65	Prf65
2006W	7,813	—	368

KM# 415 • RevDesc: Eagle with shield • 7.79 g., 0.9995 Platinum 0.2502 oz. APW, 22 • **Obv. Designer:** John Mercanti

Date	Mintage	MS65	PRF65
2007W Polished Freedom	6,017	—	368
2007W Frosted Freedom, Rare	21	—	—

KM# 435 • RevDesc: Justice holding scales, standing before eagle • 7.79 g., 0.9995 Platinum 0.2502 oz. APW, 22 • **Obv. Designer:** John Mercanti

Date	Mintage	MS65	PRF65
2008W	6,017	—	715

KM# 461 • 7.79 g., 0.9995 Platinum 0.2502 oz. APW, 22 • **Obv. Designer:** John Mercanti

Date	Mintage	MS65	PRF65
2009W	3,800	—	374

PLATINUM $50

KM# 285 • RevDesc: Eagle flying right over sunrise • 15.55 g., 0.9995 Platinum 0.4998 oz. APW, 27 • **Obv. Designer:** John Mercanti • **Rev. Designer:** Thomas D. Rogers Sr

Date	Mintage	MS65	PRF65
1997W	20,500	478	—
1997	15,432	—	541
1998	32,419	478	—
1999	32,309	478	—
2000	18,892	478	—
2001	12,815	478	—
2002	24,005	478	—
2003	17,409	478	—
2004	13,236	478	—
2005	9,013	478	—
2006W	9,602	478	—
2006 Burnished Unc.	—	800	—
2007W	7,001	478	—
2007 Burnished Unc.	—	770	—
2008	14,000	478	—
2008W Burnished Unc.	—	1,025	—

KM# 291 • RevDesc: Eagle in flight over New England costal lighthouse • 15.55 g., 0.9995 Platinum 0.4998 oz. APW, 27 • **Obv. Designer:** John Mercanti

Date	Mintage	MS65	PRF65
1998W	13,836	—	541

KM# 303 • RevDesc: Eagle in flight over Southeastern Wetlands • 15.55 g., 0.9995 Platinum 0.4998 oz. APW, 27 • **Obv. Designer:** John Mercanti

Date	Mintage	MS65	PRF65
1999W	11,103	—	541

KM# 316 • RevDesc: Eagle in flight over Heartland • 15.55 g., 0.9995 Platinum 0.4998 oz. APW, 27 • **Obv. Designer:** John Mercanti

Date	Mintage	MS65	PRF65
2000W	11,049	—	541

KM# 329 • RevDesc: Eagle in flight over Southwestern cactus desert • 15.55 g., 0.9995 Platinum 0.4998 oz. APW, 27 • **Obv. Designer:** John Mercanti

Date	Mintage	MS65	PRF65
2001W	8,254	—	541

KM# 341 • RevDesc: Eagle fishing in America's Northwest • 15.55 g., 0.9995 Platinum 0.4998 oz. APW, 27 • **Obv. Designer:** John Mercanti

Date	Mintage	MS65	PRF65
2002W	8,772	—	541

KM# 353 • RevDesc: Eagle perched on a Rocky Mountain Pine branch against a flag backdrop • 15.55 g., 0.9995 Platinum 0.4998 oz. APW, 27 • **Obv. Designer:** John Mercanti • **Rev. Designer:** Al Maletsky

Date	Mintage	MS65	PRF65
2003W	7,131	—	541

KM# 366 • RevDesc: Chester French, 1907. The sculpture is outside the N.Y. Customs House, now part of the Smithsonian's Museum of the American Indian • 15.55 g., 0.9995 Platinum 0.4998 oz. APW, 27 • **Obv. Designer:** John Mercanti

Date	Mintage	MS65	PRF65
2004W	5,063	—	1,550

KM# 379 • RevDesc: Eagle with cornucopiae • 15.55 g., 0.9995 Platinum 0.4998 oz. APW, 27 • **Obv. Designer:** John Mercanti • **Rev. Designer:** Donna Weaver

Date	Mintage	MS65	PRF65
2005W	5,942	—	1,088

KM# 391 • RevDesc: Liberty seated writing between two columns • 15.55 g., 0.9995 Platinum 0.4998 oz. APW, 27 • **Obv. Designer:** John Mercanti

Date	Mintage	MS65	PRF65
2006W	7,649	—	541

KM# 416 • RevDesc: Eagle with shield • 15.55 g., 0.9995 Platinum 0.4998 oz. APW, 27 • **Obv. Designer:** John Mercanti

Date	Mintage	MS65	PRF65
2007W Reverse Proof	22,873	—	790

Date	Mintage	MS65	PRF65
2007W Frosted Freedom, Rare	21	—	—

KM# 436 • RevDesc: Justice standing before eagle • 15.55 g., 0.9995 Platinum 0.4998 oz. APW, 27 • **Obv. Designer:** John Mercanti

Date	Mintage	MS65	PRF65
2008W	22,873	—	638

KM# 462 • 15.55 g., 0.9995 Platinum 0.4998 oz. APW, 27 • **Obv. Designer:** John Mercanti

Date	Mintage	MS65	PRF65
2009	3,600	—	—

PLATINUM $100

KM# 286 • ObvDesc: Statue of Liberty • **RevDesc:** Eagle in flight over sunrise • 31.11 g., 0.9995 Platinum 0.9995 oz. APW, 33 • **Obv. Designer:** John Mercanti • **Rev. Designer:** Thomas D. Rogers Sr

Date	Mintage	MS65	PRF65
1997W	15,885	—	1,275
1997	56,000	1,003	—
1998	133,002	1,003	—
1999	56,707	1,003	—
2000	10,003	1,003	—
2001	14,070	1,003	—
2002	11,502	1,003	—
2003	8,007	1,003	—
2004	7,009	1,003	—
2005	6,310	1,003	—
2006	6,000	1,003	—
2006W Burnished Unc.	—	2,000	—
2007W	—	1,003	—
2007 Burnished Unc.	7,202	1,825	—
2008	21,800	1,003	—
2008W Burnished Unc.	—	2,050	—
2011	—	—	—

BULLION COINS

KM# 292 • RevDesc: Eagle in flight over New England costal lighthouse • 31.11 g., 0.9995 Platinum 0.9995 oz. APW, 33 • **Obv. Designer:** John Mercanti

Date	Mintage	MS65	PRF65
1998W	14,912	—	1,275

KM# 304 • RevDesc: Eagle in flight over Southeastern Wetlands • 31.11 g., 0.9995 Platinum 0.9995 oz. APW, 33 • **Obv. Designer:** John Mercanti

Date	Mintage	MS65	PRF65
1999W	12,363	—	1,275

KM# 317 • RevDesc: Eagle in flight over Heartland • 31.11 g., 0.9995 Platinum 0.9995 oz. APW • **Obv. Designer:** John Mercanti

Date	Mintage	MS65	PRF65
2000W	12,453	—	1,275

KM# 330 • RevDesc: Eagle in flight over Southwestern cactus desert • 31.11 g., 0.9995 Platinum 0.9995 oz. APW, 33 • **Obv. Designer:** John Mercanti

Date	Mintage	MS65	PRF65
2001W	8,969	—	1,275

KM# 342 • RevDesc: Eagle fishing in America's Northwest • 31.11 g., 0.9995 Platinum 0.9995 oz. APW, 33 • **Obv. Designer:** John Mercanti

Date	Mintage	MS65	PRF65
2002W	9,834	—	1,275

KM# 354 • RevDesc: Eagle pearched on a Rocky Mountain Pine branch against a flag backdrop • 31.11 g., 0.9995 Platinum 0.9995 oz. APW, 33 • **Obv. Designer:** John Mercanti • **Rev. Designer:** Al Maletsky

Date	Mintage	MS65	PRF65
2003W	8,246	—	1,275

KM# 367 • RevDesc: Inspired by the sculpture "America" by Daniel Chester French, 1907. The sculpture is outside the N.Y. Customs House, now part of the Smithsonian's Museum of the American Indian • 31.11 g., 0.9995 Platinum 0.9995 oz. APW, 33 • **Obv. Designer:** John Mercanti • **Rev. Designer:** Donna Weaver

Date	Mintage	MS65	PRF65
2004W	6,007	—	1,950

KM# 380 • RevDesc: Eagle with cornucopiae • 31.11 g., 0.9995 Platinum 0.9995 oz. APW, 33 • **Obv. Designer:** John Mercanti • **Rev. Designer:** Donna Weaver

Date	Mintage	MS65	PRF65
2005W	6,602	—	2,175

KM# 392 • RevDesc: Liberty seated writing between two columns • 31.11 g., 0.9995 Platinum 0.9995 oz. APW, 33 • **Obv. Designer:** John Mercanti

Date	Mintage	MS65	PRF65
2006W	9,152	—	1,275

KM# 417 • RevDesc: Eagle with shield • 31.11 g., 0.9995 Platinum 0.9995 oz. APW, 33 • **Obv. Designer:** John Mercanti

Date	Mintage	MS65	PRF65
2007W Freedom Frosted	12	—	47,000
2007W Freedom Polished	8,363	—	1,275

KM# 437 • RevDesc: Justice standing before eagle • 31.11 g., 0.9995 Platinum 0.9995 oz. APW, 33 • **Obv. Designer:** John Mercanti

Date	Mintage	MS65	PRF65
2008W	8,363	—	1,275

KM# 463 • RevDesc: Four portraits • 31.10 g., 0.9995 Platinum 0.9995 oz. APW, 33 • **Obv. Designer:** John Mercanti

Date	Mintage	MS65	PRF65
2009W Proof	4,900	—	1,275

KM# 488 • RevDesc: Statue of Justice holding scales • 31.11 g., 0.999 Platinum 0.999 oz. APW, 33 • **Obv. Designer:** John Mercanti

Date	Mintage	MS65	PRF65
2010W	—	—	1,275

KM# 616 • RevDesc: Liberty, American bald eagle • 31.12 g., 0.9995 Platinum 1.000 oz. APW, 32.7

Date	Mintage	MS65	PRF65
2015W	—	—	1,250

KM# 652 • RevDesc: Liberty, with torch of enlightenment and olive branch, bald eagle at side • 31.12 g., 0.9995 Platinum 1.000 oz. APW, 32.7 • **Obv. Designer:** John Mercanti • **Rev. Designer:** Paul C. Balan

Date	Mintage	MS65	PRF65
2016W Proof	—	—	1,250

BISON BULLION COINAGE

GOLD $5

KM# 411 • ObvDesc: Indian Head right • **RevDesc:** Bison • 3.11 g., 0.9999 Gold 0.100 oz. AGW

Date	Mintage	MS65	PRF65
2008W	17,429	893	—
2008W	18,884	—	109

GOLD $10

KM# 412 • ObvDesc: Indian Head right • **RevDesc:** Bison • 7.79 g., 0.9999 Gold 0.2503 oz. AGW

Date	Mintage	MS65	PRF65
2008W	9,949	274	—
2008W	13,125	—	856

KM# 518 • RevDesc: Female with dove, walking in field • 31.11 g., 0.9995 Platinum 0.9995 oz. APW, 33

Date	Mintage	MS65	PRF65
2011W	10,299	—	1,275

KM# 541 • RevDesc: Colonial soldier and flag • 31.11 g., 0.9995 Platinum 0.9995 oz. APW, 33

Date	Mintage	MS65	PRF65
2012	—	—	1,275

KM# 585 • RevDesc: Female and gears of industry • 31.11 g., 0.9995 Platinum 0.9995 oz. APW, 33

Date	Mintage	MS65	PRF65
2013	—	—	1,275

KM# 586 • 31.11 g., 0.9995 Platinum 0.9995 oz. APW, 33

Date	Mintage	MS65	PRF65
2014W	—	—	1,275

KM# 592 • 31.11 g., 0.9995 Platinum 0.9995 oz. APW, 33

Date	Mintage	MS65	PRF65
2014W	15,000	—	1,350

GOLD $25

KM# 413 • ObvDesc: Indian Head right • **RevDesc:** Bison • 15.55 g., 0.999 Gold 0.4995 oz. AGW

Date	Mintage	MS65	PRF65
2008W	16,908	1,113	—
2008W	12,169	—	547

GOLD $50

KM# 393 • ObvDesc: Indian head right • **RevDesc:** Bison standing left on mound • 31.11 g., 0.9999 Gold 0.9999 oz. AGW, 32 • **Designer:** James E. Fraser

Date	Mintage	MS65	PRF65
2006	337,012	1,095	—
2006W Proof	246,267	—	1,125
2007	136,503	1,095	—
2007W Proof	58,998	—	1,125
2008	189,500	1,095	—
2008W Burnished	18,863	—	2,225
2008W Moy Family Chop, Proof	—	—	1,095
2009	200,000	1,095	—
2009W Proof	49,306	—	1,125
2010	209,000	1,095	—
2010W Proof	49,263	—	1,125
2011W	174,500	1,095	—
2011 Proof	28,693	—	1,125
2012	132,000	1,095	—
2012W Proof	19,765	—	1,225
2013W	—	1,095	—
2013 Reverse Proof	47,836	1,275	—
2014	—	1,095	—
2014W Proof	—	—	1,275
2015	—	1,095	—
2015W Proof	—	—	1,275
2016	—	1,195	—
2016W Proof	—	—	1,275

FIRST SPOUSE GOLD COINAGE

GOLD $10

KM# 407 • ObvDesc: Bust 3/4 facing • **RevDesc:** Martha Washington seated sewing • 15.55 g., 0.9999 Gold 0.500 oz. AGW, 26.5 • **Obv. Designer:** Joseph Menna • **Rev. Designer:** Susan Gamble and Don Everhart

Date	Mintage	MS65	PRF65
2007W	17,661	660	—
2007W	19,169	—	670

KM# 408 • ObvDesc: Bust 3/4 facing • **RevDesc:** Abigail Adams seated at desk writing to John during the Revolutionary War • 15.55 g., 0.9999 Gold 0.500 oz. AGW, 26.5 • **Obv. Designer:** Joseph Menna • **Rev. Designer:** Thomas Cleveland and Phebe Hemphill

Date	Mintage	MS65	PRF65
2007W	17,142	660	—
2007W	17,149	—	670

KM# 409 • ObvDesc: Bust design from coinage • **RevDesc:** Jefferson's tombstone • 15.55 g., 0.9999 Gold 0.500 oz. AGW, 26.5 • **Obv. Designer:** Robert Scot and Phebe Hemphill • **Rev. Designer:** Charles Vickers

Date	Mintage	MS65	PRF65
2007W	19,823	700	—
2007W	19,815	—	700

KM# 410 • ObvDesc: Bust 3/4 facing • **RevDesc:** Dolley standing before painting of Washington, which she saved from the White House • 15.55 g., 0.9999 Gold 0.500 oz. AGW, 26.5 • **Obv. Designer:** Don Everhart • **Rev. Designer:** Joel Iskowitz and Don Everhart

Date	Mintage	MS65	PRF65
2007W	11,813	660	—
2007W	17,661	—	670

KM# 430 • ObvDesc: Bust 3/4 facing right • **RevDesc:** Elizabeth standing before mirror • 15.55 g., 0.999 Gold 0.4995 oz. AGW, 26.5 • **Obv. Designer:** Joel Iskowitz and Don Everhart • **Rev. Designer:** Donna Weaver and Charles Vickers

Date	Mintage	MS65	PRF65
2008W	4,519	660	—
2008W	7,933	—	670

KM# 431 • ObvDesc: Bust 3/4 facing right • **RevDesc:** Lousia and son Charles before entrance • 15.55 g., 0.999 Gold 0.4995 oz. AGW, 26.5 • **Obv. Designer:** Susan Gamble and Phebe Hemphill • **Rev. Designer:** Joseph Menna

Date	Mintage	MS65	PRF65
2008W	4,223	740	—
2008W	7,454	—	680

KM# 432 • ObvDesc: Capped and draped bust left • **RevDesc:** Andrew Jackson on horseback right • 15.55 g., 0.999 Gold 0.4995 oz. AGW, 26.5 • **Obv. Designer:** John Reich • **Rev. Designer:** Justin Kunz and Don Everhart

Date	Mintage	MS65	PRF65
2008W	4,281	770	—
2008W	7,454	—	770

KM# 433 • ObvDesc: Seated Liberty with shiled • **RevDesc:** Youthful van Buren seated under tree, family tavern in distance • 15.55 g., 0.999 Gold 0.4995 oz. AGW, 26.5 • **Obv. Designer:** Christian Gobrecht • **Rev. Designer:** Thomas Cleveland and James Licaretz

Date	Mintage	MS65	PRF65
2008W	3,443	780	—
2008W	6,187	—	740

KM# 456 • ObvDesc: Bust 3/4 left • **RevDesc:** Anna reading to her three children • 15.55 g., 0.999 Gold 0.4995 oz. AGW, 26.5 • **Obv. Designer:** Donna Weaver and Joseph Menna • **Rev. Designer:** Thomas Cleveland and Charles Vickers

Date	Mintage	MS65	PRF65
2009W	2,993	730	—
2009W	5,801	—	680

KM# 457 • ObvDesc: Bust facing • **RevDesc:** Letitia and two children playing outside of Cedar Grove Plantation • 15.55 g., 0.999 Gold 0.4995 oz. AGW, 26.5 • **Obv. Designer:** Phebe Hemphill • **Rev. Designer:** Susan Gamble and Norm Nemeth

Date	Mintage	MS65	PRF65
2009W	2,381	780	—
2009W	4,341	—	750

KM# 458 • ObvDesc: Bust facing • **RevDesc:** Julia and John Tyler dancing • 15.55 g., 0.999 Gold 0.4995 oz. AGW • **Designer:** Joel Iskowitz and Don Everhart • **Rev. Designer:** 26.5

Date	Mintage	MS65	PRF65
2009W	2,188	890	—
2009W	3,878	—	800

KM# 459 • ObvDesc: Bust 3/4 right • **RevDesc:** Sarah seated at desk as personal secretary to James Polk • 15.55 g., 0.999 Gold 0.4995 oz. AGW, 26.5 • **Designer:** Phebe Hemphill

Date	Mintage	MS65	PRF65
2009W	1,893	680	—
2009W	3,512	—	700

KM# 465 • ObvDesc: Bust 3/4 left • **RevDesc:** Margaret Taylor nurses wounded soldier during the Seminole War • 15.55 g., 0.999 Gold 0.4995 oz. AGW, 26.5 • **Obv. Designer:** Phebe Hemphill and Charles Vickers • **Rev. Designer:** Mary Beth Zeitz and James Licaretz

Date	Mintage	MS65	PRF65
2009W	3,430	680	—
2009W	4,787	—	670

KM# 481 • RevDesc: Abigail Filmore placing books on library shelf • 15.52 g., 0.999 Gold 0.4985 oz. AGW, 26.5 • **Obv. Designer:** Phebe Hemphill • **Rev. Designer:** Susan Gamble and Joseph Menna

Date	Mintage	MS65	PRF65
2010W	3,482	680	—
2010W	6,130	—	690

KM# 482 • RevDesc: Jane Pierce seated on porch • 15.52 g., 0.999 Gold 0.4985 oz. AGW, 26.5 • **Obv. Designer:** Donna Weaver and Don Everhart • **Rev. Designer:** Donna Weaver and Charles Vickers

Date	Mintage	MS65	PRF65
2010W	3,338	680	—
2010W	4,775	—	680

KM# 483 • RevDesc: Buchanan as clerk • 15.52 g., 0.999 Gold 0.4985 oz. AGW, 26.5 • **Obv. Designer:** Christian Gobrecht • **Rev. Designer:** Joseph Menna

Date	Mintage	MS65	PRF65
2010W	5,162	700	—
2010W	7,110	—	700

KM# 484 • RevDesc: Mary Lincoln visiting soldiers at hospital • 15.52 g., 0.999 Gold 0.4985 oz. AGW, 26.5 • **Obv. Designer:** Phebe Hemphill • **Rev. Designer:** Joel Iskowitz and Pheve Hemphill

Date	Mintage	MS65	PRF65
2010W	3,965	660	—
2010W	6,861	—	700

KM# 509 • ObvDesc: Bust of Eliza Johnson • 15.55 g., 0.999 Gold 0.4994 oz. AGW, 26.5

Date	Mintage	MS65	PRF65
2011W	2,915	730	—
2011W	3,907	—	700

KM# 510 • ObvDesc: Bust of Julia Grant • 15.55 g., 0.999 Gold 0.4995 oz. AGW, 26.5

Date	Mintage	MS65	PRF65
2011W	2,952	700	—
2011W	3,969	—	700

KM# 511 • ObvDesc: Bust of Lucy Hayes • 15.55 g., 0.999 Gold 0.4995 oz. AGW, 26.5

Date	Mintage	MS65	PRF65
2011W	2,263	900	—
2011W	3,885	—	700

KM# 512 • ObvDesc: Bust of Lucretia Garfield • 15.55 g., 0.999 Gold 0.4995 oz. AGW, 26.5

Date	Mintage	MS65	PRF65
2011W	2,498	900	—
2011W	3,652	—	815

KM# 532 • 15.55 g., 0.999 Gold 0.4995 oz. AGW, 26.5

Date	Mintage	MS65	PRF65
2012W	2,798	720	—
2012W	3,506	—	720

KM# 533 • **ObvDesc:** Frances Cleveland • 15.55 g., 0.999 Gold 0.4995 oz. AGW, 26.5

Date	Mintage	MS65	PRF65
2012W	2,454	720	—
2012W	3,158	—	710

KM# 534 • **ObvDesc:** Caroline Harrison • 15.55 g., 0.999 Gold 0.4995 oz. AGW, 26.5

Date	Mintage	MS65	PRF65
2012W	2,436	750	—
2012W	3,046	—	700

KM# 535 • **ObvDesc:** Frances Cleveland • 15.55 g., 0.999 Gold 0.4995 oz. AGW, 26.5

Date	Mintage	MS65	PRF65
2012W	2,425	700	—
2012W	3,104	—	720

KM# 561 • **ObvDesc:** Bust of Ida McKinley • 15.55 g., 0.999 Gold 0.4995 oz. AGW, 26.5

Date	Mintage	MS65	PRF65
2013W	—	850	—
2013W	—	—	730

KM# 562 • **ObvDesc:** Bust of Edith Roosevelt • 15.55 g., 0.999 Gold 0.4995 oz. AGW, 26.5

Date	Mintage	MS65	PRF65
2013W	—	720	—
2013W	—	—	740

KM# 563 • **ObvDesc:** Bust of Helen Taft • 15.55 g., 0.999 Gold 0.4995 oz. AGW, 26.5

Date	Mintage	MS65	PRF65
2013W	—	680	—
2013W	—	—	760

KM# 564 • **ObvDesc:** Bust of Ellen Wilson • 15.55 g., 0.999 Gold 0.4995 oz. AGW, 26.5

Date	Mintage	MS65	PRF65
2013W	—	750	—
2013W	—	—	780

KM# 565 • **ObvDesc:** Bust of Edith Wilson • 15.55 g., 0.999 Gold 0.4995 oz. AGW, 26.5

Date	Mintage	MS65	PRF65
2013W	—	750	—
2013W	—	—	720

KM# 593 • ObvDesc: Bust of Florence Harding •
15.55 g., 0.999 Gold 0.4995 oz. AGW, 26.5

Date	Mintage	MS65	PRF65
2014W	—	740	—
2014W	—	—	830

KM# 594 • ObvDesc: Bust of Grace Coolidge •
15.55 g., 0.999 Gold 0.4995 oz. AGW, 26.5

Date	Mintage	MS65	PRF65
2014W	—	720	—
2014W	—	—	830

KM# 595 • ObvDesc: Bust of Lou Hoover • 15.55
g., 0.999 Gold 0.4995 oz. AGW, 26.5

Date	Mintage	MS65	PRF65
2014W	—	740	—
2014W	—	—	740

KM# 596 • ObvDesc: Bust of Eleanor Roosevelt •
15.55 g., 0.999 Gold 0.4995 oz. AGW, 26.5

Date	Mintage	MS65	PRF65
2014W	—	1,500	—
2014W	—	—	1,275

KM# 612 • ObvDesc: Bust of Elizabeth Truman •
15.55 g., 0.999 Gold 0.4995 oz. AGW, 26.5

Date	Mintage	MS65	PRF65
2015W	—	720	—
2015W	—	—	740

KM# 613 • ObvDesc: Bust of Mamie Eisenhower •
15.55 g., 0.999 Gold 0.4995 oz. AGW, 26.5

Date	Mintage	MS65	PRF65
2015W	—	720	—
2015W	—	—	750

KM# 614 • ObvDesc: Bust of Jacqueline Kennedy
• 15.55 g., 0.999 Gold 0.4995 oz. AGW, 26.5

Date	Mintage	MS65	PRF65
2015W	—	745	—
2015W	—	—	765

KM# 615 • ObvDesc: Bust of Lady Bird Johnson •
15.55 g., 0.999 Gold 0.4995 oz. AGW, 26.5

Date	Mintage	MS65	PRF65
2015W	—	745	—
2015W	—	—	765

KM# 627 • ObvDesc: Bust of Pat Nixon • 15.55 g.,
0.999 Gold 0.4995 oz. AGW, 26.5

Date	Mintage	MS65	PRF65
2016W	—	745	—
2016W	—	—	765

KM# 628 • ObvDesc: Bust of Betty Ford • 15.55 g.,
0.999 Gold 0.4995 oz. AGW, 26.5

Date	Mintage	MS65	PRF65
2016W	—	745	—
2016W	—	—	765

KM# 629 • ObvDesc: Bust of Nancy Reagan •
15.55 g., 0.999 Gold 0.4995 oz. AGW, 26.5

Date	Mintage	MS65	PRF65
2016W	—	745	—
2016W	—	—	765

CANADA

Canada is located to the north of the United States, and spans the full breadth of the northern portion of North America from Atlantic to Pacific oceans, except for the State of Alaska. It has a total area of 3,850,000 sq. mi. (9,971,550 sq. km.) and a population of 30.29 million. Capital: Ottawa. Canada is a member of the Commonwealth of Nations. Elizabeth II is Head of State as Queen of Canada.

RULER
British 1763-

MONETARY SYSTEM
1 Dollar = 100 Cents

CONFEDERATION

CIRCULATION COINAGE

CENT

KM# 1 4.54 g., Bronze, **Obv:** Laureate head left **Rev:** Denomination and date within beaded circle, chain of leaves surrounds **Obv. Legend:** VICTORIA DEI GRATIA REGINA. CANADA **Rev. Legend:** ONE CENT **Edge:** plain

Date	Mintage	VG8	F12	VF20	XF40	AU50	MS60	MS63	MS65
1858	421,000	65.00	90.00	125	200	300	500	2,000	6,500
1859 Narrow 9	9,579,000	3.00	4.00	5.00	7.00	15.00	45.00	225	2,000
1859/8 Wide 9	Inc. above	30.00	45.00	60.00	125	225	350	1,800	—
1859 Double punched narrow 9 type I	Inc. above	200	250	350	550	850	1,300	5,000	—
1859 Double punched narrow 9 type II	Inc. above	55.00	75.00	125	175	300	550	3,000	—

KM# 7 5.67 g., Bronze, 25.5mm. **Obv:** Crowned head left within beaded circle **Obv. Designer:** Leonard C. Wyon **Rev:** Denomination and date within beaded circle, chain of leaves surrounds **Obv. Legend:** VICTORIA DEI GRATIA REGINA. CANADA **Edge:** Plain

Date	Mintage	VG8	F12	VF20	XF40	AU50	MS60	MS63	MS65
1876	4,000,000	3.00	4.00	6.00	9.00	27.00	45.00	225	2,200
1881	2,000,000	4.00	5.00	11.00	18.00	45.00	75.00	300	3,000
1882	4,000,000	3.00	3.50	6.00	7.50	23.00	40.00	225	2,400
1884	2,500,000	3.00	4.00	6.50	11.00	35.00	60.00	225	1,900
1886	1,500,000	4.00	7.00	13.00	20.00	55.00	95.00	450	5,500
1887	1,500,000	3.50	5.00	8.00	14.00	40.00	70.00	225	2,000
1888	4,000,000	3.00	4.00	5.00	7.50	22.00	40.00	175	1,200
1890	1,000,000	8.00	12.00	19.00	30.00	65.00	125	350	2,000
1891 Large date	1,452,000	8.00	11.00	17.00	35.00	80.00	150	450	3,000
1891 S.D.L.L.	Inc. above	65.00	125	175	250	500	1,000	4,000	—
1891 S.D.S.L.	Inc. above	60.00	85.00	125	175	250	400	1,400	9,000
1892	1,200,000	5.50	8.00	12.00	27.00	35.00	60.00	225	2,000
1893	2,000,000	3.00	4.00	5.00	9.50	27.00	45.00	200	1,400
1894	1,000,000	11.00	15.00	20.00	40.00	70.00	125	300	1,800
1895	1,200,000	5.00	9.50	13.00	16.00	35.00	60.00	225	1,400
1896	2,000,000	3.00	5.00	6.50	13.00	23.00	40.00	150	1,200
1897	1,500,000	3.00	5.00	6.50	9.00	27.00	45.00	200	1,400
1898	1,000,000	8.00	12.00	17.00	30.00	55.00	100	300	3,500
1899	2,400,000	3.00	3.50	5.00	12.00	26.00	45.00	150	1,000
1900	1,000,000	9.00	13.50	20.00	30.00	75.00	125	500	6,000

Date	Mintage	VG8	F12	VF20	XF40	AU50	MS60	MS63	MS65
1900	2,600,000	3.00	3.50	5.00	7.50	18.50	30.00	95.00	500
1901	4,100,000	3.00	4.00	6.00	10.00	22.00	45.00	100	650

KM# 8 5.67 g., Bronze, 25.5mm. **Obv:** Kings bust right within beaded circle **Obv. Designer:** G. W. DeSaulles **Rev:** Denomination above date within circle, chain of leaves surrounds **Edge:** Plain

Date	Mintage	VG8	F12	VF20	XF40	AU50	MS60	MS63	MS65
1902	3,000,000	2.25	3.00	4.00	8.00	13.50	27.00	70.00	300
1903	4,000,000	2.25	3.00	4.00	8.00	15.00	30.00	90.00	450
1904	2,500,000	2.50	4.00	6.00	10.00	22.00	45.00	100	700
1905	2,000,000	4.00	6.00	9.00	13.00	27.00	55.00	125	700
1906	4,100,000	2.25	3.00	4.00	8.00	18.00	40.00	150	1,200
1907	2,400,000	2.50	3.00	5.00	10.00	19.50	40.00	150	1,400
1907H	800,000	13.00	20.00	30.00	50.00	90.00	175	550	—
1908	2,401,506	3.00	4.00	6.00	10.00	22.00	40.00	100	750
1908	—	PF60 85.00		PF63 175		PF65 700			
1909	3,973,339	2.00	2.50	4.00	7.00	15.00	30.00	100	850
1910	5,146,487	1.50	2.00	3.00	6.00	13.50	30.00	80.00	1,000

KM# 15 5.67 g., Bronze, 25.5mm. **Obv:** King's bust left **Obv. Designer:** E. B. MacKennal **Rev:** Denomination above date within beaded circle, chain of leaves surrounds **Edge:** Plain

Date	Mintage	VG8	F12	VF20	XF40	AU50	MS60	MS63	MS65
1911	4,663,486	0.80	1.50	2.25	3.50	13.50	25.00	65.00	350
1911	—	PF60 125		PF63 250		PF65 900			

KM# 21 5.67 g., Bronze, 25.5mm. **Obv:** King's bust left **Obv. Designer:** E. B. MacKennal **Rev:** Denomination above date within beaded circle, chain of leaves surrounds **Edge:** Plain

Date	Mintage	VG8	F12	VF20	XF40	AU50	MS60	MS63	MS65
1912	5,107,642	0.90	1.75	2.50	4.00	13.00	30.00	70.00	450
1913	5,735,405	0.90	1.75	2.50	5.00	13.00	27.00	90.00	800
1914	3,405,958	1.25	1.75	3.00	5.00	18.00	40.00	100	700
1915	4,932,134	0.90	1.50	2.50	5.00	13.00	35.00	90.00	700
1916	11,022,367	0.60	0.80	1.75	3.00	9.00	19.00	60.00	400
1917	11,899,254	0.60	0.80	1.75	2.50	5.00	16.00	50.00	450
1918	12,970,798	0.60	0.80	1.75	2.50	5.00	14.00	50.00	400
1919	11,279,634	0.60	0.80	1.75	2.50	5.00	14.00	50.00	400
1920	6,762,247	0.70	0.90	1.75	2.50	8.00	22.00	80.00	1,100

Dot below date

KM# 28 3.24 g., Bronze, 19.10mm. **Obv:** King's bust left **Obv. Designer:** E. B. MacKennal **Rev:** Denomination above date, leaves flank **Rev. Designer:** Fred Lewis **Edge:** Plain

Date	Mintage	VG8	F12	VF20	XF40	AU50	MS60	MS63	MS65
1920	15,483,923	0.20	0.45	0.90	1.75	5.00	15.00	50.00	650
1921	7,601,627	0.45	0.75	1.75	5.00	13.00	35.00	250	—
1922	1,243,635	13.00	16.00	25.00	45.00	100	200	1,200	—
1923	1,019,002	29.00	35.00	40.00	60.00	150	300	2,000	—
1924	1,593,195	6.00	7.00	12.00	20.00	55.00	125	850	—
1925	1,000,622	22.00	25.00	30.00	50.00	100	200	1,100	—
1926	2,143,372	4.00	5.00	7.00	16.00	45.00	90.00	600	—
1927	3,553,928	1.25	1.75	3.50	8.00	22.00	40.00	225	3,000
1928	9,144,860	0.15	0.30	0.65	1.50	8.00	20.00	90.00	2,200
1929	12,159,840	0.15	0.30	0.65	1.50	9.00	20.00	80.00	1,600
1930	2,538,613	2.00	2.50	4.50	9.00	27.00	50.00	225	2,200
1931	3,842,776	0.65	1.00	2.50	6.00	22.00	40.00	200	1,800
1932	21,316,190	0.15	0.20	0.50	1.50	5.00	16.00	60.00	1,000
1933	12,079,310	0.15	0.30	0.50	1.50	5.00	16.00	50.00	550
1934	7,042,358	0.20	0.30	0.75	1.50	5.00	16.00	60.00	900
1935	7,526,400	0.20	0.30	0.75	1.50	5.00	16.00	50.00	700
1936	8,768,769	0.15	0.30	0.75	1.50	5.00	14.00	45.00	250
1936 dot below date; Rare	678,823	—	—	—	—	—	—	—	250,000

Note: Only one possible business strike is known to exist. No other examples (or possible business strikes) have ever surfaced.

| 1936 dot below date, specimen, 3 known | | — | — | — | — | — | — | — | — |

Note: At the David Akers auction of the John Jay Pittman collection (Part 1, 10-97), a gem specimen realized $121,000. At the David Akers auction of the John Jay Pittman collection (Part 3, 10-99), a near choice specimen realized $115,000.

Maple leaf

KM# 32 3.24 g., Bronze, 19.10mm. **Obv:** Head left **Obv. Designer:** T. H. Paget **Rev:** Maple leaf divides date and denomination **Rev. Designer:** George E. Kruger-Gray **Edge:** Plain

Date	Mintage	VG8	F12	VF20	XF40	AU50	MS60	MS63	MS65
1937	10,040,231	0.35	0.45	0.65	0.90	1.50	2.50	12.00	55.00
1938	18,365,608	0.10	0.20	0.30	0.70	1.50	2.50	13.00	55.00
1939	21,600,319	0.10	0.20	0.30	0.65	1.25	2.00	8.00	35.00
1940	85,740,532	—	0.10	0.25	0.50	0.90	2.50	8.00	45.00
1941	56,336,011	—	0.10	0.25	0.50	2.25	8.00	50.00	450
1942	76,113,708	—	0.10	0.25	0.50	1.75	7.00	50.00	500
1943	89,111,969	—	0.10	0.25	0.45	1.25	3.50	22.00	225
1944	44,131,216	—	0.10	0.30	0.60	2.25	10.00	65.00	1,800
1945	77,268,591	—	0.10	0.20	0.35	0.90	2.50	20.00	450
1946	56,662,071	—	0.10	0.20	0.35	0.90	2.50	12.00	90.00
1947	31,093,901	—	0.10	0.20	0.35	0.90	2.50	9.00	50.00
1947 maple leaf	47,855,448	—	0.10	0.20	0.35	0.90	2.50	9.00	100

KM# 41 3.24 g., Bronze, 19.10mm. **Obv:** Modified legend **Obv. Designer:** T. H. Paget **Rev. Designer:** George E. Kruger-Gray **Edge:** Plain

Date	Mintage	VG8	F12	VF20	XF40	AU50	MS60	MS63	MS65
1948	25,767,779	—	0.15	0.25	0.70	1.25	4.00	27.00	450
1949	33,128,933	—	—	0.15	0.35	0.90	2.50	9.00	45.00
1950	60,444,992	—	—	0.15	0.25	0.65	1.75	9.00	50.00
1951	80,430,379	—	—	0.15	0.20	0.45	1.75	14.00	125
1952	67,631,736	—	—	0.15	0.20	0.45	1.25	9.00	50.00

CENT

No strap   With strap

KM# 49 3.24 g., Bronze, 19.10mm. **Obv:** Laureate bust right **Obv. Designer:** Mary Gillick **Rev:** Maple leaf divides date and denomination **Rev. Designer:** George E. Kruger-Gray

Date	Mintage	VG8	F12	VF20	XF40	AU50	MS60	MS63	MS65
1953	67,806,016	—	—	—	0.25	0.45	0.80	2.50	35.00
Note: Without strap									
1953	Inc. above	0.50	1.00	1.50	2.50	7.00	12.00	60.00	1,000
Note: With strap									
1954	22,181,760	—	—	0.10	0.40	0.90	1.75	6.00	125
Note: With strap									
1954 Prooflike only	Inc. above	—	—	—	—	—	550	800	1,800
Note: Without strap									
1955	56,403,193	—	—	—	0.15	0.20	0.45	3.00	35.00
Note: With strap									
1955	Inc. above	100	150	175	250	400	600	2,000	—
Note: Without strap									
1956	78,658,535	—	—	—	0.15	0.20	0.30	2.00	30.00
1957	100,601,792	—	—	—	—	—	0.10	1.00	27.00
1958	59,385,679	—	—	—	—	—	0.10	1.00	27.00
1959	83,615,343	—	—	—	—	—	—	0.60	18.00
1960	75,772,775	—	—	—	—	—	—	0.60	18.00
1961	139,598,404	—	—	—	—	—	—	0.60	18.00
1962	227,244,069	—	—	—	—	—	—	0.40	18.00
1963	279,076,334	—	—	—	—	—	—	0.40	15.00
1964	484,655,322	—	—	—	—	—	—	0.40	15.00

KM# 59.1 3.24 g., Bronze, 19.10mm. **Obv:** Queens bust right **Obv. Designer:** Arnold Machin **Rev:** Maple leaf divides date and denomination **Rev. Designer:** George E. Kruger-Gray **Edge:** Plain

Date	Mintage	VG8	F12	VF20	XF40	AU50	MS60	MS63	MS65
1965	304,441,082	—	0.10	0.20	0.40	0.70	1.00	5.00	60.00
Note: Small beads, pointed 5									
1965	Inc. above	—	—	—	—	—	—	0.40	15.00
Note: Small beads, blunt 5									
1965	Inc. above	1.75	3.00	4.50	7.00	12.50	18.00	45.00	250
Note: Large beads, pointed 5									
1965	Inc. above	—	—	—	—	—	—	0.40	15.00
Note: Large beads, blunt 5									
1966	184,151,087	—	—	—	—	—	—	0.40	18.00
1968	329,695,772	—	—	—	—	—	—	0.40	18.00
1969	335,240,929	—	—	—	—	—	—	0.40	18.00
1970	311,145,010	—	—	—	—	—	—	0.40	18.00
1971	298,228,936	—	—	—	—	—	—	0.40	18.00
1972	451,304,591	—	—	—	—	—	—	0.40	18.00
1973	457,059,852	—	—	—	—	—	—	0.40	18.00
1974	692,058,489	—	—	—	—	—	—	0.40	18.00
1975	642,318,000	—	—	—	—	—	—	0.40	18.00
1976	701,122,890	—	—	—	—	—	—	0.40	18.00
1977	453,762,670	—	—	—	—	—	—	0.40	18.00

CENT

KM# 65 3.24 g., Bronze, 19.10mm. **Subject:** Confederation Centennial **Obv:** Queen's bust right **Obv. Designer:** Arnold Machin **Rev:** Dove with wings spread, denomination above, two dates below **Rev. Designer:** Alex Coville

Date	Mintage	VF20	XF40	MS60	MS63	MS65
1967	345,140,645	—	—	—	0.40	18.00
1967 Specimen	—	PF60 2.25		PF63 4.50		PF65 22.00

KM# 59.2 3.24 g., Bronze, 19.10mm. **Obv:** Queen's bust right **Obv. Designer:** Arnold Machin **Rev:** Maple leaves **Rev. Designer:** George E. Kruger-Gray **Edge:** Plain **Note:** Thin planchet.

Date	Mintage	VF20	XF40	MS60	MS63	MS65
1978	911,170,647	—	—	—	0.30	18.00
1979	754,394,064	—	—	—	0.30	18.00

KM# 127 2.80 g., Bronze, 19.10mm. **Obv:** Queen's bust right **Obv. Designer:** Arnold Machin **Rev. Designer:** George E. Kruger-Gray **Edge:** Plain **Note:** Reduced weight.

Date	Mintage	VF20	XF40	MS60	MS63	MS65
1980	912,052,318	—	—	—	0.30	18.00
1981	1,209,468,500	—	—	—	0.30	22.00
1981	199,000	PF65 2.25				

KM# 132 2.50 g., Bronze, 19.10mm. **Obv:** Queen's bust right **Obv. Designer:** Arnold Machin **Rev:** Maple leaf divides date and denomination **Rev. Designer:** George E. Kruger-Gray **Edge:** Plain **Shape:** 10-sided **Note:** Reduced weight.

Date	Mintage	VF20	XF40	MS60	MS63	MS65
1982	911,001,000	—	—	—	0.30	22.00
1982	180,908	PF65 1.75				
1983	975,510,000	—	—	—	0.30	18.00
1983	168,000	PF65 1.75				
1984	838,225,000	—	—	—	0.30	22.00
1984	161,602	PF65 3.00				
1985	771,772,500	2.50	3.50	10.00	19.00	50.00
Note: Pointed 5						
1985	Inc. above	—	—	—	0.30	27.00
Note: Blunt 5						
1985	157,037	PF65 3.00				
Note: Blunt 5						
1986	740,335,000	—	—	—	0.30	22.00
1986	175,745	PF65 3.00				
1987	774,549,000	—	—	—	0.30	27.00
1987	179,004	PF65 3.00				
1988	482,676,752	—	—	—	0.30	35.00
1988	175,259	PF65 3.00				
1989	1,077,347,200	—	—	—	0.30	22.00
1989	170,928	PF65 3.00				

KM# 181 2.50 g., Bronze, 19.10mm. **Obv:** Crowned Queen's head right **Obv. Designer:** Dora dePedery-Hunt **Rev:** Maple leaf divides date and denomination **Rev. Designer:** George E. Kruger-Gray **Edge:** Plain

Date	Mintage	VF20	XF40	MS60	MS63	MS65
1990	218,035,000	—	—	—	0.30	22.00
1990	140,649	PF65 4.50				
1991	831,001,000	—	—	—	0.30	18.00
1991	131,888	PF65 7.00				
1993	752,034,000	—	—	—	0.30	18.00
1993	145,065	PF65 3.50				
1994	639,516,000	—	—	—	0.30	18.00
1994	146,424	PF65 4.50				
1995	624,983,000	—	—	—	0.30	18.00
1995	—	PF65 4.50				
1996	445,746,000	—	—	—	0.30	18.00
1996	—	PF65 7.00				

KM# 204 Bronze, 19.10mm. **Subject:** Confederation 125 **Obv:** Crowned Queen's head right **Obv. Designer:** Dora dePedery-Hunt **Rev:** Maple leaf divides date and denomination **Rev. Designer:** George E. Kruger-Gray

Date	Mintage	VF20	XF40	MS60	MS63	MS65
1992	147,061	PF65 3.00				
1992	673,512,000	—	—	—	0.30	18.00

KM# 289 2.25 g., Copper Plated Steel, 19.05mm. **Obv:** Crowned head right **Obv. Designer:** Dora dePédery-Hunt **Rev:** Maple twig design **Rev. Designer:** George E. Kruger-Gray **Edge:** Round and plain

Date	Mintage	VF20	XF40	MS60	MS63	MS65
1997	549,868,000	—	—	—	0.30	18.00
1997	—	PF65 5.00				
1998	999,578,000	—	—	—	0.30	22.00
1998	—	PF65 5.00				
1998 W PL	—	—	—	—	—	1.00
1999 P PL	—	—	—	—	13.00	—
1999	1,089,625,000	—	—	—	0.30	18.00
1999	—	PF65 8.00				
1999 W	—	—	—	—	—	—
2000	771,908,206	—	—	—	0.30	18.00
2000	—	PF65 5.00				
2000 W	—	—	—	—	2.50	—
2001	919,358,000	—	—	—	0.30	13.00
2001 P	—	PF65 5.00				
2003	92,219,775	—	—	—	0.20	18.00
2003 P	—	PF65 7.50				
2003 P	235,936,799	—	—	—	0.20	13.00

KM# 289a Bronze, 19.10mm.

Date	Mintage	VF20	XF40	MS60	MS63	MS65
1998	—	—	—	—	—	7.00

Note: In Specimen sets only

KM# 309 5.67 g., 0.925 Copper Plated Silver, 0.1686 oz. **Subject:** 90th Anniversary Royal Canadian Mint - 1908-1998 **Obv. Designer:** Dora dePedery-Hunt **Rev. Designer:** G. W. DeSaulles

Date	Mintage	VF20	XF40	MS60	MS63	MS65
1908-1998	25,000	—	—	—	16.00	—
Note: Antique finish						
1908-1998 Proof	—	—	—	—	—	—

KM# 332 5.67 g., 0.925 Silver, 0.1686 oz. ASW **Subject:** 90th Anniversary Royal Canadian Mint - 1908-1998 **Obv:** Crowned Queen's head right, with "Canada" added to head **Obv. Designer:** Dora dePedery-Hunt **Rev:** Denomination above dates withn beaded circle, chain of leaves surrounds **Rev. Designer:** G. W. DeSaulles

Date	Mintage	VF20	XF40	MS60	MS63	MS65
1908-1998	—	PF65 16.00				
Note: Mirror finish						

KM# 445 2.25 g., Copper Plated Steel, 19.1mm. **Subject:** Elizabeth II Golden Jubilee **Obv:** Crowned head right, Jubilee commemorative dates 1952-2002 **Obv. Designer:** Dora dePédery-Hunt **Rev:** Denomination above maple leaves **Rev. Designer:** George E. Kruger-Gray **Edge:** Plain

Date	Mintage	VF20	XF40	MS60	MS63	MS65
1952-2002	716,366,000	—	—	—	0.20	13.00
1952-2002 P	114,212,000	—	—	—	0.45	13.00
1952-2002 P	32,642	PF65 5.00				

KM# 445a 0.925 Silver, **Subject:** Elizabeth II Golden Jubilee **Obv:** Crowned head right, Jubilee commemorative dates 1952-2002 **Obv. Designer:** Dora dePédery-Hunt **Rev:** Denomination above maple leaves **Rev. Designer:** George E. Kruger-Gray

Date	Mintage	VF20	XF40	MS60	MS63	MS65
1952-2002	21,537	PF65 3.00				

KM# 468 2.50 g., Copper, **Subject:** 50th Anniversary of the Coronation of Elizabeth II **Obv:** 1953 Effigy of the Queen, Jubilee commemorative dates 1953-2003 **Obv. Designer:** Mary Gillick

Date	Mintage	VF20	XF40	MS60	MS63	MS65
1953-2003	—	PF65 10.00				

KM# 490 2.25 g., Copper Plated Zinc, 19.05mm. **Obv:** New effigy of Queen Elizabeth II right **Obv. Designer:** Susanna Blunt **Rev:** Two maple leaves **Edge:** Plain

Date	Mintage	VF20	XF40	MS60	MS63	MS65
2003	56,877,144	—	—	—	0.25	—
2004	653,317,000	—	—	—	0.25	—
2004	—	PF65 7.00				
2005	759,658,000	—	—	—	0.25	—
2005	—	PF65 7.50				
2006	886,275,000	—	—	—	0.25	—
2006	—	PF65 7.00				

KM# 490a 2.25 g., Copper Plated Steel, 19.05mm. **Obv:** Bust right **Obv. Designer:** Susanna Blunt **Rev:** Two maple leaves **Rev. Designer:** G. E. Kruger-Gray

Date	Mintage	VF20	XF40	MS60	MS63	MS65
2003 P	591,257,000	—	—	—	0.20	13.00
2003 WP	Inc. above	—	—	—	0.20	13.00
2004 P	134,906,000	—	—	—	0.20	13.00
2005 P	30,525,000	—	—	—	0.20	13.00
2006 P	137,733,000	—	—	—	9.00	27.00
2006 (ml)	Inc. above	—	—	—	0.20	13.00
2007 (ml)	938,270,000	—	—	—	0.20	13.00
2007 (ml)	—	PF65 7.00				
2008 (ml)	787,625,000	—	—	—	0.20	13.00
2008 (ml)	—	PF65 7.00				
2009 (ml)	455,680,000	—	—	—	0.20	13.00
2009 (ml)	—	PF65 7.00				
2010 (ml)	—	—	—	—	0.20	13.00
2010 (ml)	—	PF65 7.00				
2011 (ml)	—	—	—	—	0.20	13.00
2011 (ml)	—	PF65 7.00				
2012 (ml)	—	—	—	—	0.20	13.00
2012 (ml)	—	PF65 4.50				

KM# 490b 2.25 g., Copper Plated Zinc, **Obv:** Head right **Rev:** Maple leaf, selectively gold plated **Note:** Bound into Annual Report.

Date	Mintage	VF20	XF40	MS60	MS63	MS65
2003	7,746	PF65 35.00				

KM# 1023 Copper, 19.1mm. **Obv:** George V bust left **Rev:** Value within wreath, dual dates below

Date	Mintage	VF20	XF40	MS60	MS63	MS65
1935-2010	—	PF65 10.00				

KM# 1153 5.67 g., Copper, 19.1mm. **Obv:** George V bust **Rev:** Value within wreath

Date	Mintage	VF20	XF40	MS60	MS63	MS65
1911-2011	6,000	PF65 10.00				

KM# 1342 Silver, 25.5mm. **Obv:** Edward VII crowned bust right **Rev:** Small leaves in wreath around value, country name and date

Date	Mintage	VF20	XF40	MS60	MS63	MS65
2012	—	PF65 20.00				

KM# 1343 Silver, 25.5mm. **Obv:** George V crowned bust left **Rev:** Small leaves in wreath around value and date

Date	Mintage	VF20	XF40	MS60	MS63	MS65
2012	—	PF65 20.00				

KM# 1344 0.925 Silver, 19.1mm. **Obv:** Elizabeth II bust right **Rev:** Two maple leaves

Date	Mintage	VF20	XF40	MS60	MS63	MS65
2012	—	PF65 20.00				

KM# 1345 0.925 Silver, 19.1mm. **Obv:** Elizabeth II Malouf bust right **Rev:** Dove in flight

Date	Mintage	VF20	XF40	MS60	MS63	MS65
2012	—	PF65 20.00				

KM# 1427 157.60 g., 0.999 Silver, 5.0619 oz. ASW 65mm. **Subject:** Farewell to the cent **Obv. Designer:** Susanna Blunt **Rev:** Two maple leaves **Rev. Designer:** G.E. Kruger-Gray

Date	Mintage	VF20	XF40	MS60	MS63	MS65
2012	Est. 1500	PF65 500				

KM# 1428 15.87 g., 0.999 Silver, 0.5097 oz. ASW 34mm. **Obv. Designer:** Susanna Blunt **Rev:** Two maple leaves selectively gilt **Rev. Designer:** G.E. Kruger-Gray

Date	Mintage	VF20	XF40	MS60	MS63	MS65
2013	Est. 3000	PF65 55.00				

3 CENTS

KM# 410 3.11 g., 0.925 Silver Gilt, 0.0925 oz. ASW 21.3mm. **Subject:** 1st Canadian Postage Stamp **Obv:** Crowned head right **Obv. Designer:** Dora dePédery-Hunt **Rev:** Partial stamp design **Rev. Designer:** Sandford Fleming **Edge:** Plain

Date	Mintage	VF20	XF40	MS60	MS63	MS65
2001	59,573	PF65 12.50				

5 CENTS

Round O's

KM# 2 1.16 g., 0.925 Silver, 0.0346 oz. ASW **Obv:** Head left **Rev:** Denomination and date within wreath, crown above **Obv. Legend:** VICTORIA DEI GRATIA REGINA. CANADA **Designer:** Leonard C. Wyon

Date	Mintage	VG8	F12	VF20	XF40	AU50	MS60	MS63	MS65
1858 Small date	1,500,000	19.00	30.00	45.00	80.00	150	250	550	800
1858 Large date over small date	Inc. above	150	225	350	550	1,300	1,800	3,500	17,000
1870	2,800,000	15.00	24.00	40.00	75.00	150	250	850	3,500
Note: Flat rim									
1870	Inc. above	15.00	24.00	40.00	75.00	150	250	600	2,800
Note: Wire rim									
1871	1,400,000	15.00	24.00	40.00	75.00	175	300	800	2,800
1872H	2,000,000	13.00	20.00	35.00	80.00	200	350	1,250	6,000
1874H Plain 4	800,000	22.00	45.00	90.00	150	300	450	1,000	5,500
1874H Crosslet 4	Inc. above	18.00	40.00	75.00	150	300	500	1,100	7,500
1875H Large date	1,000,000	300	500	800	1,400	3,000	5,000	15,000	—
1875H Small date	Inc. above	150	225	500	700	1,400	2,100	6,000	—
1880H	3,000,000	6.00	12.00	27.00	65.00	175	300	800	3,000
1881H	1,500,000	9.00	15.00	30.00	70.00	150	300	800	3,500
1882H	1,000,000	12.00	18.00	28.00	80.00	175	300	800	3,500
1883H	600,000	23.00	40.00	85.00	200	550	900	3,000	10,000
1884H	200,000	125	200	350	750	1,350	3,500	9,000	—
1885 Small 5	1,000,000	16.00	24.00	50.00	125	400	750	2,900	11,000
1885 Large 5	Inc. above	15.00	27.00	55.00	150	450	850	3,000	12,000
1885 Large 5 over small 5	Inc. above	65.00	125	200	500	—	4,000	—	—
1886 Small 6	1,700,000	9.00	15.00	30.00	60.00	225	400	1,300	5,500
1886 Large 6	Inc. above	11.00	18.00	40.00	70.00	225	425	1,500	6,000
1887	500,000	25.00	50.00	75.00	175	300	500	1,000	4,500
1888	1,000,000	6.00	16.00	24.00	50.00	100	175	450	2,000
1889	1,200,000	24.00	40.00	90.00	175	350	600	1,600	9,000
1890H	1,000,000	8.00	12.00	22.00	70.00	125	200	450	1,700

Date	Mintage	VG8	F12	VF20	XF40	AU50	MS60	MS63	MS65
1891	1,800,000	6.00	9.00	15.00	30.00	90.00	150	400	2,000
1892	860,000	6.00	14.00	28.00	70.00	125	350	700	3,500
1893	1,700,000	6.00	9.00	14.00	30.00	100	175	500	1,800
1894	500,000	19.00	30.00	75.00	125	250	450	1,400	6,000
1896	1,500,000	6.00	9.00	14.00	35.00	100	175	450	2,000
1897	1,319,283	6.00	8.50	20.00	45.00	90.00	150	450	1,600
1898	580,717	12.00	20.00	40.00	90.00	200	350	950	4,500
1899	3,000,000	4.50	6.50	12.00	25.00	80.00	175	350	1,300
1900 Oval 0's	1,800,000	4.50	6.50	12.00	25.00	75.00	125	400	1,500
1900 Round 0's	Inc. above	21.00	40.00	60.00	150	300	450	1,000	4,500
1901	2,000,000	6.00	8.00	16.00	35.00	80.00	175	500	1,300

KM# 9 1.16 g., 0.925 Silver, 0.0346 oz. ASW 15.5mm. **Obv. Designer:** G. W. DeSaulles **Rev. Designer:** Leonard C. Wyon

Date	Mintage	VG8	F12	VF20	XF40	AU50	MS60	MS63	MS65
1902	2,120,000	2.00	3.00	5.00	9.00	19.50	45.00	65.00	200
1902	2,200,000	2.00	4.00	7.00	14.00	27.00	45.00	80.00	400
Note: Large broad H									
1902	Inc. above	10.00	17.00	30.00	50.00	85.00	125	225	750
Note: Small narrow H									

KM# 13 1.16 g., 0.925 Silver, 0.0346 oz. ASW 15.5mm. **Obv:** King's bust right **Rev:** Denomination and date within wreath, crown at top

Date	Mintage	VG8	F12	VF20	XF40	AU50	MS60	MS63	MS65
1903	1,000,000	5.00	9.00	22.00	45.00	100	200	450	1,100
1903H	2,640,000	2.50	4.50	10.00	22.00	65.00	125	400	2,900
1904	2,400,000	4.00	5.00	9.00	30.00	90.00	225	650	2,700
1905	2,600,000	2.50	4.00	10.00	20.00	50.00	125	300	1,100
1906	3,100,000	2.50	3.00	7.00	16.00	45.00	100	250	1,800
1907	5,200,000	2.50	3.00	5.00	12.00	30.00	70.00	175	650
1908	1,220,524	7.00	13.00	30.00	50.00	85.00	125	225	700
1909 Round leaves	1,983,725	4.00	8.00	13.00	40.00	95.00	250	700	2,200
1909 Pointed leaves	Inc. above	16.00	24.00	55.00	125	250	700	1,700	—
1910 Pointed leaves	3,850,325	2.50	3.00	6.00	12.00	27.00	65.00	125	500
1910 Round leaves	Inc. above	18.00	24.00	45.00	100	225	550	1,700	—

KM# 16 1.16 g., 0.925 Silver, 0.0346 oz. ASW **Obv:** King's bust left **Obv. Designer:** E. B. MacKennal **Rev:** Denomination and date within wreath, crown above **Rev. Designer:** Leonard C. Wyon

Date	Mintage	VG8	F12	VF20	XF40	AU50	MS60	MS63	MS65
1911	3,692,350	2.50	4.00	7.00	12.00	40.00	80.00	125	300

KM# 22 1.13 g., 0.925 Silver, 0.0336 oz. ASW 15.5mm. **Obv:** King's bust left **Obv. Designer:** E. B. MacKennal **Rev:** Denomination and date within wreath, crown above **Rev. Designer:** Leonard C. Wyon

Date	Mintage	VG8	F12	VF20	XF40	AU50	MS60	MS63	MS65
1912	5,863,170	2.50	3.00	6.00	10.00	30.00	70.00	200	1,100
1913	5,488,048	2.50	3.00	5.00	8.00	18.00	35.00	70.00	250
1914	4,202,179	2.50	3.00	6.00	10.00	30.00	65.00	200	1,100
1915	1,172,258	14.00	20.00	35.00	65.00	175	350	750	2,500
1916	2,481,675	4.00	7.00	12.00	27.00	65.00	125	300	1,500
1917	5,521,373	2.25	3.00	4.00	9.00	22.00	40.00	100	400
1918	6,052,298	2.25	3.00	4.00	8.00	18.00	40.00	85.00	400
1919	7,835,400	2.25	3.00	4.00	8.00	18.00	35.00	80.00	450

KM# 22a 1.17 g., 0.800 Silver, 0.030 oz. ASW 15.48mm. **Obv. Designer:** E. B. MacKennal **Rev. Designer:** Leonard C. Wyon

Date	Mintage	VG8	F12	VF20	XF40	AU50	MS60	MS63	MS65
1920	10,649,851	2.00	2.50	3.00	6.50	17.00	28.00	65.00	300
1921	2,582,495	4,500	6,000	7,000	9,000	12,500	16,000	28,000	—

Note: Approximately 460 known; balance remelted. Stack's A.G. Carter Jr. Sale (12-89) choice BU, finest known, realized $57,200

Far 6

KM# 29 4.60 g., Nickel, 21.2mm. **Obv:** King's bust left **Obv. Designer:** E. B. MacKennal **Rev:** Maple leaves divide denomination and date **Rev. Designer:** W. H. J. Blakemore

Date	Mintage	VG8	F12	VF20	XF40	AU50	MS60	MS63	MS65
1922	4,794,119	0.30	0.90	1.75	7.00	30.00	60.00	125	900
1923	2,502,279	0.40	1.25	5.50	16.00	60.00	150	350	—
1924	3,105,839	0.30	1.00	4.00	10.00	40.00	100	250	—
1925	201,921	70.00	90.00	125	300	700	1,600	5,000	—
1926 Near 6	938,162	3.00	7.00	16.00	75.00	225	450	1,600	—
1926 Far 6	Inc. above	150	175	300	600	1,100	2,000	6,000	—
1927	5,285,627	0.30	0.65	3.00	13.00	35.00	75.00	175	1,800
1928	4,577,712	0.30	0.65	3.00	13.00	35.00	65.00	125	1,000
1929	5,611,911	0.30	0.65	3.00	13.00	35.00	80.00	200	1,800
1930	3,704,673	0.30	1.25	3.00	15.00	45.00	100	250	—
1931	5,100,830	0.30	1.25	3.50	18.00	70.00	175	650	—
1932	3,198,566	0.30	1.00	3.50	16.00	50.00	150	500	—
1933	2,597,867	0.40	1.50	6.00	18.00	80.00	200	800	—
1934	3,827,304	0.30	1.00	3.00	16.00	50.00	150	500	—
1935	3,900,000	0.30	1.00	3.00	11.00	50.00	125	350	1,800
1936	4,400,450	0.30	0.65	1.75	9.00	30.00	60.00	150	1,100

KM# 33 4.50 g., Nickel, 21.2mm. **Obv:** Head left **Obv. Designer:** T. H. Paget **Rev:** Beaver on rock divides denomination and date **Rev. Designer:** George E. Kruger-Gray

Date	Mintage	VG8	F12	VF20	XF40	AU50	MS60	MS63	MS65
1937 Dot	4,593,263	0.20	0.30	1.25	2.50	5.00	12.00	24.00	27.00
1938	3,898,974	0.30	0.90	2.50	10.00	40.00	80.00	175	7,000
1939	5,661,123	0.20	0.35	1.25	5.00	22.00	55.00	90.00	500
1940	13,920,197	0.20	0.30	1.00	2.25	9.00	20.00	55.00	900
1941	8,681,785	0.20	0.30	1.00	3.00	13.00	28.00	70.00	2,000
1942 Round	6,847,544	0.20	0.30	1.00	2.50	9.00	20.00	50.00	500

KM# 39 Tombac Brass, 21.2mm. **Obv:** Head left **Obv. Designer:** T. H. Paget **Rev:** Beaver on rock divides denomination and date **Rev. Designer:** George E. Kruger-Gray **Shape:** 12-sided

Date	Mintage	VG8	F12	VF20	XF40	AU50	MS60	MS63	MS65
1942	3,396,234	0.40	0.65	1.25	1.75	2.50	4.00	16.00	175

KM# 40 Tombac Brass, 21.2mm. **Subject:** Victory **Obv:** Head left **Obv. Designer:** T. H. Paget **Rev:** Torch on "V" divides date **Rev. Designer:** Thomas Shingles

Date	Mintage	VG8	F12	VF20	XF40	AU50	MS60	MS63	MS65
1943	24,760,256	0.20	0.30	0.40	0.80	1.75	3.50	12.00	150
1944	8,000	—	—	80,000	—	—	—	—	—

Note: 1 known

KM# 40a 4.40 g., Chrome Plated Steel, 21.2mm. **Obv:** Head left **Rev:** Torch on "

Date	Mintage	VG8	F12	VF20	XF40	AU50
1944	11,532,784	0.15	0.20	0.45	0.90	1.25
1945	18,893,216	0.10	0.20	0.40	0.80	1.25

Maple leaf

KM# 39a 4.50 g., Nickel, 21.2mm. **Obv:** Head left **Obv. Designer:** T. H. Paget **Rev:** Beaver on rock divides denomination and date **Rev. Designer:** George E. Kruger-Gray

Date	Mintage	VG8	F12	VF20	XF40	AU50	MS60	MS63	MS65
1946	6,952,684	0.10	0.25	0.50	2.00	8.00	16.00	40.00	1,100
1947	7,603,724	0.20	0.25	0.50	1.25	5.00	12.00	28.00	650
1947 Dot	Inc. above	18.00	22.00	35.00	75.00	125	200	400	1,800
1947 Maple leaf	9,595,124	0.20	0.25	0.45	1.25	5.00	12.00	25.00	225

KM# 42 4.54 g., Nickel, 21.2mm. **Obv:** Head left, modified legend **Obv. Designer:** T. H. Paget **Rev:** Beaver on rock divides date and denomination **Rev. Designer:** George E. Kruger-Gray

Date	Mintage	VG8	F12	VF20	XF40	AU50	MS60	MS63	MS65
1948	1,810,789	0.40	0.70	1.00	3.00	10.50	20.00	40.00	225
1949	13,037,090	0.15	0.25	0.45	1.00	3.50	7.00	16.00	125
1950	11,970,521	0.15	0.25	0.45	1.00	3.50	7.00	16.00	300

KM# 42a Chromium and Nickel Plated Steel, 21.2mm. **Obv:** Head left **Obv. Des** Beaver on rock divides date and denomination **Rev. Designer:** George E. Kruger-G

Date	Mintage	VG8	F12	VF20	XF40	AU50
1951	4,313,410	0.15	0.20	0.45	0.80	1.75

Note: Low relief; Second "A" in GRATIA points between denticles

| 1951 | Inc. above | 400 | 550 | 750 | 1,200 | 1,800 |

Note: High relief; Second "A" in GRATIA points to a denticle

| 1952 | 10,891,148 | 0.15 | 0.20 | 0.45 | 0.80 | 1.75 |

KM# 48 4.55 g., Nickel, 21.2mm. **Subject:** Nickel Bicentennial **Obv:** Head left **Ob Rev:** Buildings with center tower divide dates and denomination **Rev. Designer:** 12-sided

Date	Mintage	VG8	F12	VF20	XF40	AU50	MS60	MS63	MS65
1951	9,028,507	0.15	0.25	0.30	0.45	0.90	1.75	8.00	125

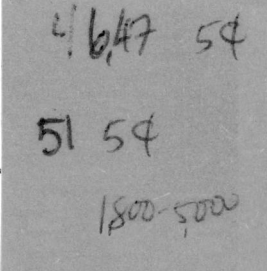

KM# 50 Chromium and Nickel Plated Steel, 21.2mm. **Obv:** Laureate queen's bust, right **Obv. Designer:** Mary Gillick **Rev:** Beaver on rock divides date and denomination **Rev. Designer:** George E. Kruger-Gray **Shape:** 12-sided

Date	Mintage	VG8	F12	VF20	XF40	AU50	MS60	MS63	MS65
1953	16,635,552	—	0.20	0.40	0.90	1.75	3.00	7.00	60.00
Note: Without strap									
1953	Inc. above	175	250	350	550	900	1,500	3,500	—
Note: With strap, far leaf									
1953	Inc. above	300	450	650	900	1,100	1,300	3,500	—
Note: Without strap, near leaf									
1953	Inc. above	—	0.20	0.40	0.90	2.25	5.00	8.00	60.00
Note: With strap									
1954	6,998,662	—	0.25	0.50	1.00	2.50	6.00	12.00	80.00

KM# 50a 4.59 g., Nickel, 21.2mm. **Obv:** Laureate queen's bust right **Obv. Designer:** Mary Gillick **Rev:** Beaver on rock divides date and denomination **Rev. Designer:** George E. Kruger-Gray

Date	Mintage	VG8	F12	VF20	XF40	AU50	MS60	MS63	MS65
1955	5,355,028	—	0.15	0.40	0.75	1.75	3.50	6.50	70.00
1956	9,399,854	—	0.15	0.30	0.45	1.25	2.50	5.00	60.00
1957	7,387,703	—	0.15	0.25	0.30	0.65	1.25	3.50	45.00
1958	7,607,521	—	0.15	0.25	0.30	0.65	1.25	3.50	45.00
1959	11,552,523	—	—	0.15	0.20	0.25	0.45	1.75	45.00
1960	37,157,433	—	—	0.15	0.20	0.25	0.45	1.75	45.00
1961	47,889,051	—	—	0.15	0.20	0.25	0.40	1.25	45.00
1962	46,307,305	—	—	—	—	0.20	0.40	1.25	60.00

KM# 57 Nickel, 21.2mm. **Obv:** Laureate queen's bust right **Obv. Designer:** Mary Gillick **Rev:** Beaver on rock divides date and denomination **Rev. Designer:** George E. Kruger-Gray **Shape:** Round

Date	Mintage	VG8	F12	VF20	XF40	AU50	MS60	MS63	MS65
1963	43,970,320	—	—	—	—	0.15	0.30	0.80	100
1964	78,075,068	—	—	—	—	0.15	0.30	0.80	90.00
1964	—	18.00	20.00	21.00	24.00	30.00	40.00	125	—
Note: Extra water line									

KM# 60.1 4.54 g., Nickel, 21.2mm. **Obv:** Queen's bust right **Obv. Designer:** Arnold Machin **Rev:** Beaver on rock divides date and denomination **Rev. Designer:** George E. Kruger-Gray

Date	Mintage	VF20	XF40	MS60	MS63	MS65
1965	84,876,018	—	—	0.30	0.80	90.00

Date	Mintage	VF20	XF40	MS60	MS63	MS65
1966	27,976,648	—	—	0.30	0.80	300
1968	101,930,379	—	—	0.30	0.80	35.00
1969	27,830,229	—	—	0.30	0.80	50.00
1970	5,726,010	—	0.25	0.50	1.75	35.00
1971	27,312,609	—	—	0.30	0.80	35.00
1972	62,417,387	—	—	0.30	0.80	35.00
1973	53,507,435	—	—	0.30	0.80	27.00
1974	94,704,645	—	—	0.30	0.80	45.00
1975	138,882,000	—	—	0.30	0.80	35.00
1976	55,140,213	—	—	0.30	0.80	35.00
1977	89,120,791	—	—	—	0.80	45.00
1978	137,079,273	—	—	—	0.80	22.00

KM# 66 Nickel, 21.2mm. **Subject:** Confederation Centennial **Obv:** Queen's bust right **Obv. Designer:** Arnold Machin **Rev:** Snowshoe rabbit bounding left divides dates and denomination **Rev. Designer:** Alex Coville

Date	Mintage	VF20	XF40	MS60	MS63	MS65
1867-1967	36,876,574	PF65 2.00				

KM# 60.2 Nickel, 21.2mm. **Obv:** Queen's bust right **Obv. Designer:** Arnold Machin **Rev:** Beaver on rock divides date and denomination **Rev. Designer:** George E. Kruger-Gray

Date	Mintage	VF20	XF40	MS60	MS63	MS65
1979	186,295,825	—	—	—	0.60	22.00
1980	134,878,000	—	—	—	0.60	45.00
1981	99,107,900	—	—	—	0.60	175
1981	199,000	PF65 2.00				

KM# 60.2a 4.60 g., Copper-Nickel, 21.2mm. **Obv:** Queen's bust right **Obv. Designer:** Arnold Machin **Rev:** Beaver on rock divides date and denomination **Rev. Designer:** George E. Kruger-Gray

Date	Mintage	VF20	XF40	MS60	MS63	MS65
1982	64,924,400	—	—	—	0.60	90.00
1982	180,908	PF65 2.00				
1983	72,596,000	—	—	—	0.60	175
1983	168,000	PF65 2.00				
1984	84,088,000	—	—	—	0.60	100
1984	161,602	PF65 2.00				
1985	126,618,000	—	—	—	0.60	125
1985	157,037	PF65 2.00				
1986	156,104,000	—	—	—	0.60	125
1986	175,745	PF65 2.00				
1987	106,299,000	—	—	—	0.60	40.00
1987	179,004	PF65 2.00				
1988	75,025,000	—	—	—	0.60	100
1988	175,259	PF65 2.00				
1989	141,570,538	—	—	—	0.70	40.00
1989	170,928	PF65 2.00				

KM# 182 4.60 g., Copper-Nickel, 19.55mm. **Obv:** Crowned head right **Obv. Designer:** Dora dePedery-Hunt **Rev:** Beaver on rock divides dates and denomination **Rev. Designer:** George E. Kruger-Gray **Edge:** Plain

Date	Mintage	VF20	XF40	MS60	MS63	MS65
1990	42,537,000	—	—	—	0.60	55.00
1990	140,649	PF65 3.50				
1991	10,931,000	—	—	0.45	0.95	35.00
1991	131,888	PF65 7.00				
1993	86,877,000	—	—	—	0.60	40.00
1993	143,065	PF65 2.50				
1994	99,352,000	—	—	—	0.60	27.00
1994	146,424	PF65 3.00				
1995	78,528,000	—	—	—	0.60	55.00
1995		PF65 2.50				
1996 Far 6	36,686,000	—	—	—	1.75	225
1996 Near 6	Inc. above	—	—	—	0.90	27.00
1996		PF65 6.00				
1997	27,354,000	—	—	—	0.60	22.00
1997		PF65 5.00				
1998	156,873,000	—	—	—	0.60	22.00
1998 W PL	—	—	—	—	—	2.25
1998		PF65 5.00				
1999	124,861,000	—	—	—	0.60	18.00
1999 W	—	—	—	—	—	—
1999		PF65 9.00				
2000	108,514,000	—	—	—	0.60	22.00
2000 W PL	—	—	—	—	—	2.25
2000		PF65 5.00				
2001	30,035,000	—	—	—	1.25	65.00
2001 P	—	PF65 9.00				

Date	Mintage	VF20	XF40	MS60	MS63	MS65
2003	—	—	—	—	0.60	22.00

KM# 205 4.60 g., Copper-Nickel, 21.2mm. **Subject:** Confederation 125 **Obv:** Crowned head right **Obv. Designer:** Dora dePedery-Hunt **Rev:** Beaver on rock divides date and denomination **Rev. Designer:** George E. Kruger-Gray

Date	Mintage	VF20	XF40	MS60	MS63	MS65
1992	147,061	PF65 2.50				
1992	53,732,000	—	—	—	0.60	27.00

KM# 182a 5.35 g., 0.925 Silver, 0.1591 oz. ASW 21.2mm. **Obv:** Crowned head right **Obv. Designer:** Dora dePedery-Hunt **Rev:** Beaver on rock divides date and denomination **Rev. Designer:** George E. Kruger-Gray

Date	Mintage	VF20	XF40	MS60	MS63	MS65
1996	—	PF65 8.00				
1997	—	PF65 8.00				
1998	—	PF65 8.00				
1998 O	—	PF65 8.00				
1999	—	PF65 8.00				
2000	—	PF65 8.00				
2001	—	PF65 8.00				
2003	—	PF65 8.00				

KM# 182b 3.90 g., Nickel Plated Steel, 21.2mm. **Obv:** Crowned head right **Obv. Designer:** Dora dePedery-Hunt **Rev:** Beaver on rock divides date and denomination **Rev. Designer:** George E. Kruger-Gray **Edge:** Plain

Date	Mintage	VF20	XF40	MS60	MS63	MS65
1999 P PL	Est. 20000	—	—	—	—	13.00
2000 P	Est. 2300000	—	—	—	0.90	22.00
2001 P	136,650,000	—	—	—	0.50	22.00
2003 P	32,986,921	—	—	—	0.60	22.00

KM# 310 1.17 g., 0.925 Silver, 0.0347 oz. ASW **Subject:** 90th Anniversary Royal Canadian Mint **Obv:** Crowned head right **Obv. Designer:** Dora dePedery-Hunt **Rev:** Denomination and date within wreath, crown above **Rev. Designer:** W. H. J. Blackmore

Date	Mintage	VF20	XF40	MS60	MS63	MS65
1908-1998	25,000	—	—	—	12.00	—
1908-1998	25,000	PF65 12.00				

KM# 400 0.925 Silver, 21.2mm. **Subject:** First French-Canadian Regiment **Obv:** Crowned head right **Obv. Designer:** Dora dePedery-Hunt **Rev:** Regimental drums, sash and baton, denomination above, date at right **Rev. Designer:** R. C. M. Staff **Edge:** Plain

Date	Mintage	VF20	XF40	MS60	MS63	MS65
2000	—		PF65 7.00			

KM# 413 5.35 g., 0.925 Silver, 0.1591 oz. ASW 21.2mm. **Subject:** Royal Military College **Obv:** Crowned head right **Rev:** Marching cadets and arch **Rev. Designer:** Gerald T. Locklin **Edge:** Plain

Date	Mintage	VF20	XF40	MS60	MS63	MS65
2001	—		PF65 8.00			

KM# 446 3.95 g., Nickel Plated Steel, 21.2mm. **Subject:** Elizabeth II Golden Jubilee **Obv:** Crowned head right, Jubilee commemorative dates 1952-2002 **Obv. Designer:** Dora dePedery-Hunt **Rev. Designer:** George E. Kruger-Gray **Note:** Magnetic.

Date	Mintage	VF20	XF40	MS60	MS63	MS65
1952-2002 P	135,960,000	—	—	—	0.45	22.00
1952-2002 P	32,642		PF65 10.00			

KM# 446a 5.35 g., 0.925 Silver, 0.1591 oz. ASW 21.2mm. **Subject:** Elizabeth II Golden Jubilee **Obv:** Queen, Jubilee commemorative dates 1952-2002

Date	Mintage	VF20	XF40	MS60	MS63	MS65
1952-2002	21,573		PF65 11.50			

KM# 453 5.35 g., 0.925 Silver, 0.1591 oz. ASW 21.2mm. **Subject:** Vimy Ridge - WWI **Obv:** Crowned head right **Rev:** Vimy Ridge Memorial, allegorical figure and dates 1917-2002 **Rev. Designer:** S. A. Allward

Date	Mintage	VF20	XF40	MS60	MS63	MS65
2002	—		PF65 11.50			

KM# 469 5.35 g., 0.925 Silver, 0.1591 oz. ASW 21.2mm. **Subject:** 50th Anniversary of the Coronation of Elizabeth II **Obv:** Crowned head right, Jubilee commemorative dates 1953-2003 **Obv. Designer:** Mary Gillick

Date	Mintage	VF20	XF40	MS60	MS63	MS65
1953-2003	21,573		PF65 11.50			

KM# 491 3.95 g., Nickel Plated Steel, 21.2mm. **Obv:** Bare head right **Obv. Designer:** Susanna Blunt **Rev:** Beaver divides date and denomination **Rev. Designer:** George E. Kruger-Gray **Note:** Magnetic.

Date	Mintage	VF20	XF40	MS60	MS63	MS65
2003 P	61,392,180	—	—	—	0.65	90.00
2004 P	132,097,000	—	—	—	0.45	18.00
2004 P	—		PF65 7.00			
2005 P	89,664,000	—	—	—	0.45	18.00
2005 P	—		PF65 9.00			
2006 P	139,308,000	—	—	—	0.50	18.00
2006 P	—		PF65 7.00			
2006 (ml)	184,874,000	—	—	—	0.45	18.00
2006 (ml)	—		PF65 2.50			
2007 (ml)	221,472,000	—	—	—	0.45	18.00
2007 (ml)	—		PF65 7.00			

Date	Mintage	VF20	XF40	MS60	MS63	MS65
2008 (ml)	278,530,000	—	—	—	0.45	18.00
2008 (ml)	—		PF65 7.00			
2009 (ml)	266,488,000	—	—	—	0.45	18.00
2009 (ml)	—		PF65 7.00			
2010 (ml)	—	—	—	—	0.45	18.00
2010 (ml)	—		PF65 7.00			
2011 (ml)	—	—	—	—	0.45	18.00
2011 (ml)	—		PF65 7.00			
2012 (ml)	—	—	—	—	0.45	18.00
2012 (ml)	—		PF65 3.50			
2013 (ml)	—	—	—	—	0.45	18.00
2013 (ml)	—		PF65 2.50			
2014	—	—	—	—	0.45	—
2014	—		PF63 1.50	PF65 2.50		
2015	—	—	—	—	0.45	—
2015	—		PF63 1.50	PF65 2.50		

KM# 491a 5.35 g., 0.925 Silver, 0.1591 oz. ASW 21.1mm. **Obv:** Crowned head right **Obv. Designer:** Susanna Blunt **Rev:** Beaver divides date and denomination **Edge:** Plain

Date	Mintage	VF20	XF40	MS60	MS63	MS65
2004	—		PF65 6.50			

KM# 506 5.35 g., 0.925 Silver, 0.1591 oz. ASW 21.3mm. **Obv:** Bare head right **Rev:** "Victory" design of the KM-40 reverse **Edge:** Plain **Shape:** 12-sided

Date	Mintage	VF20	XF40	MS60	MS63	MS65
1944-2004	20,019		PF65 15.00			

KM# 627 3.95 g., Nickel Plated Steel, 21.2mm. **Subject:** 60th Anniversary, Victory in Europe 1945-2005 **Obv:** Head right **Rev:** Large V **Edge:** Plain

Date	Mintage	VF20	XF40	MS60	MS63	MS65
2005 P	59,269,192	—	—	—	0.65	18.00

KM# 758 5.30 g., 0.925 Silver, 0.1576 oz. ASW **Obv:** George VI head left **Rev:** Torch and large V

Date	Mintage	VF20	XF40	MS60	MS63	MS65
2005	42,792		PF65 35.00			

KM# 758a 5.30 g., 0.925 Silver selectively gold plated, 0.1576 oz. ASW **Obv:** George VI head left **Rev:** Torch and large V **Note:** Bound into Annual Report.

Date	Mintage	VF20	XF40	MS60	MS63	MS65
2005	6,065		PF65 40.00			

KM# 491b 4.60 g., Copper-Nickel, **Obv:** Bust right **Rev:** Beaver

Date	Mintage	VF20	XF40	MS60	MS63	MS65
2006	43,008,000	—	—	—	5.00	—

KM# 1024 Nickel, 21.2mm. **Obv:** George V bust left **Rev:** Denomination and 1935-2010 anniversary dates, two maple leaves below

Date	Mintage	VF20	XF40	MS60	MS63	MS65
1935-2010	—	PF65 15.00				

KM# 1154 1.56 g., 0.925 Silver, 0.0464 oz. ASW 15.5mm. **Obv:** George V bust **Rev:** Value within wreath

Date	Mintage	VF20	XF40	MS60	MS63	MS65
1911-2011	6,000	PF65 15.00				

10 CENTS

KM# 3 2.32 g., 0.925 Silver, 0.0691 oz. ASW 18.03mm. **Obv:** Head left **Rev:** Denomination and date within wreath, crown above **Obv. Legend:** VICTORIA DEI GRATIA REGINA. CANADA **Edge:** Reeded **Designer:** Leonard C. Wyon

Date	Mintage	VG8	F12	VF20	XF40	AU50	MS60	MS63	MS65
1858/5	Inc. below	900	1,400	2,100	4,000	8,000	12,000	—	—
1858	1,250,000	20.00	35.00	65.00	125	225	350	850	2,500
1870 Narrow 0	1,600,000	18.00	40.00	75.00	125	250	400	1,300	3,500
1870 Wide 0	Inc. above	35.00	65.00	125	225	400	600	2,100	6,500
1871	800,000	29.00	50.00	125	200	400	600	2,500	6,500
1871H	1,870,000	35.00	60.00	125	225	400	600	2,100	6,500
1872H	1,000,000	150	225	400	600	1,150	1,750	4,000	9,500
1874H	600,000	14.00	24.00	50.00	125	225	350	1,100	3,500
1875H	1,000,000	400	750	1,200	2,000	4,000	7,000	16,000	35,000
1880H	1,500,000	18.00	30.00	65.00	125	225	350	1,200	2,900
1881H	950,000	21.00	35.00	70.00	150	300	400	1,300	3,500
1882H	1,000,000	21.00	35.00	70.00	150	300	450	1,500	4,500
1883H	300,000	65.00	125	250	500	900	1,300	3,000	7,500
1884	150,000	300	500	950	1,700	3,500	6,000	20,000	45,000
1885	400,000	65.00	125	250	500	1,100	2,600	7,000	16,500
1886 Small 6	800,000	30.00	65.00	125	300	900	1,500	4,000	9,000
1886 Large 6	Inc. above	40.00	80.00	150	350	900	1,500	4,000	11,000
1887	350,000	65.00	125	225	450	1,050	1,700	4,000	9,500
1888	500,000	16.00	27.00	55.00	125	225	350	1,100	2,500
1889	600,000	750	1,200	2,000	4,000	8,500	13,000	35,000	85,000
1890H	450,000	21.00	45.00	90.00	200	350	500	1,100	2,800
1891 21 leaves	800,000	21.00	45.00	90.00	200	350	500	1,300	3,500
1891 22 leaves	Inc. above	21.00	45.00	90.00	200	350	500	1,200	3,500
1892/1	520,000	250	400	700	1,400	2,700	4,000	—	—
1892	Inc. above	20.00	35.00	75.00	150	300	450	1,200	3,500
1893 Flat-top 3	500,000	45.00	80.00	150	300	650	1,000	2,300	6,000
1893 Round-top 3	Inc. above	1,000	1,400	2,700	5,000	9,000	13,000	35,000	85,000
1894	500,000	45.00	80.00	150	250	450	750	1,800	4,000
1896	650,000	14.00	24.00	45.00	90.00	175	300	750	2,100
1898	720,000	14.00	24.00	45.00	90.00	175	300	750	2,100
1899 Small 9's	1,200,000	12.00	22.00	40.00	75.00	150	225	600	1,700
1899 Large 9's	Inc. above	24.00	45.00	85.00	150	300	500	1,200	3,500
1900	1,100,000	8.50	18.00	40.00	85.00	150	225	650	1,600
1901	1,200,000	13.00	24.00	50.00	100	150	250	850	1,800

KM# 10 2.32 g., 0.925 Silver, 0.0691 oz. ASW 18.03mm. **Obv:** Crowned bust right **Obv. Designer:** G. W. DeSaulles **Rev:** Denomination and date within wreath, crown above **Rev. Designer:** Leonard C. Wyon **Edge:** Reeded

Date	Mintage	VG8	F12	VF20	XF40	AU50	MS60	MS63	MS65
1902	720,000	9.00	18.00	35.00	100	200	450	1,200	4,500
1902H	1,100,000	6.00	9.00	20.00	45.00	90.00	150	350	1,100
1903	500,000	15.00	35.00	90.00	250	600	1,200	2,300	8,000
1903H	1,320,000	8.00	18.00	35.00	90.00	150	350	800	2,700
1904	1,000,000	12.00	27.50	50.00	125	225	400	1,000	3,500
1905	1,000,000	7.00	27.50	60.00	150	300	600	1,400	5,000
1906	1,700,000	7.00	13.00	35.00	80.00	150	350	900	2,600

Date	Mintage	VG8	F12	VF20	XF40	AU50	MS60	MS63	MS65
1907	2,620,000	5.00	12.00	25.00	45.00	125	300	600	2,100
1908	776,666	9.00	27.50	60.00	150	200	300	600	1,300
1909	1,697,200	7.00	20.00	45.00	125	225	500	1,200	5,000
Note: Victorian leaves, similar to 1902-08 coins									
1909	Inc. above	11.00	30.00	60.00	150	350	750	1,800	5,500
Note: Broad leaves, similar to 1910-12 coins									
1910	4,468,331	4.00	9.00	20.00	40.00	80.00	150	400	1,200

KM# 17 2.32 g., 0.925 Silver, 0.0691 oz. ASW 23.5mm. **Obv:** Crowned bust left **Obv. Designer:** E. B. MacKennal **Rev:** Denomination and date within wreath, crown above **Rev. Designer:** Leonard C. Wyon **Edge:** Reeded

Date	Mintage	VG8	F12	VF20	XF40	AU50	MS60	MS63	MS65
1911	2,737,584	5.00	12.00	20.00	45.00	80.00	150	300	700

  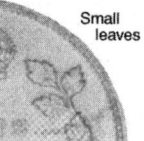 Small leaves 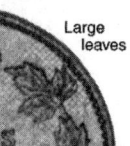 Large leaves

KM# 23 2.32 g., 0.925 Silver, 0.0691 oz. ASW 17.8mm. **Obv:** Crowned bust left **Obv. Designer:** E. B. MacKennal **Rev:** Denomination and date within wreath, crown above **Rev. Designer:** Leonard C. Wyon **Edge:** Reeded

Date	Mintage	VG8	F12	VF20	XF40	AU50	MS60	MS63	MS65
1912	3,235,557	2.50	5.00	10.00	35.00	90.00	250	650	1,900
1913	3,613,937	2.50	3.50	9.00	30.00	80.00	200	500	1,300
Note: Small leaves									
1913	Inc. above	125	225	450	1,200	3,000	8,000	27,500	—
Note: Large leaves									
1914	2,549,811	2.00	4.00	9.00	30.00	75.00	175	500	1,700
1915	688,057	7.00	16.00	40.00	125	225	500	950	2,600
1916	4,218,114	2.00	3.50	6.00	20.00	45.00	100	200	800
1917	5,011,988	2.00	3.50	4.00	12.00	40.00	70.00	125	400
1918	5,133,602	2.00	3.50	4.00	10.00	35.00	60.00	100	350
1919	7,877,722	2.00	3.50	4.00	10.00	35.00	60.00	100	250

KM# 23a 2.33 g., 0.800 Silver, 0.060 oz. ASW 17.9mm. **Obv:** Crowned bust left **Obv. Designer:** E. B. MacKennal **Rev:** Denomination and date within wreath, crown above **Edge:** Reeded

Date	Mintage	VG8	F12	VF20	XF40	AU50	MS60	MS63	MS65
1920	6,305,345	2.00	2.75	3.50	12.00	40.00	75.00	125	400
1921	2,469,562	2.00	2.75	6.00	20.00	50.00	90.00	225	900
1928	2,458,602	2.00	2.75	4.00	12.00	40.00	80.00	150	600
1929	3,253,888	2.00	3.00	3.50	12.00	40.00	75.00	125	400
1930	1,831,043	2.00	3.50	4.50	14.00	45.00	80.00	175	500
1931	2,067,421	2.50	3.50	4.00	12.00	40.00	70.00	125	400
1932	1,154,317	2.00	3.00	9.00	23.00	60.00	125	250	600
1933	672,368	2.50	5.00	12.00	35.00	90.00	200	400	1,300
1934	409,067	4.00	7.00	22.00	60.00	150	350	650	1,800
1935	384,056	4.50	7.00	19.00	60.00	150	350	600	1,600
1936	2,460,871	2.00	2.50	3.00	9.00	30.00	60.00	100	250
1936 Specimen	—	—	—	—	—	—	—	125,000	200,000

Note: Dot on reverse. Specimen, 4 known; David Akers sale of John Jay Pittman collection, Part 1, 10-97, a gem specimen realized $120,000

Maple leaf

KM# 34 2.33 g., 0.800 Silver, 0.060 oz. ASW 18.03mm. **Obv:** Head left **Obv. Designer:** T. H. Paget **Rev:** Bluenose sailing left, date at right, denomination below **Rev. Designer:** Emanuel Hahn **Edge:** Reeded

Date	Mintage	VG8	F12	VF20	XF40	AU50	MS60	MS63	MS65
1937	2,500,095	1.10	3.00	3.50	4.00	8.00	16.00	24.00	175
1938	4,197,323	1.10	3.00	4.50	10.00	30.00	60.00	100	800
1939	5,501,748	1.10	3.00	3.50	6.00	22.00	50.00	85.00	500
1940	16,526,470	—	1.10	3.00	4.00	9.00	20.00	40.00	225
1941	8,716,386	—	1.10	3.00	7.00	22.00	50.00	100	500
1942	10,214,011	—	1.10	3.00	5.00	18.00	40.00	60.00	600
1943	21,143,229	—	1.10	3.00	4.00	9.00	20.00	35.00	225
1944	9,383,582	—	1.10	3.00	5.00	12.00	28.00	45.00	250
1945	10,979,570	—	1.10	3.00	4.00	9.00	20.00	35.00	225
1946	6,300,066	1.10	2.00	4.00	5.00	15.00	30.00	45.00	225
1947	4,431,926	1.10	2.00	3.00	7.00	18.00	40.00	60.00	400
1947	9,638,793	—	1.10	3.00	4.00	7.00	15.00	20.00	125
Note: Maple leaf									

KM# 43 2.33 g., 0.800 Silver, 0.060 oz. ASW 18.03mm. **Obv:** Head left, modified legend **Obv. Designer:** T. H. Paget **Rev:** Bluenose sailing left, date at right, denomination below **Rev. Designer:** Emanuel Hahn

Date	Mintage	VG8	F12	VF20	XF40	AU50	MS60	MS63	MS65
1948	422,741	2.50	3.50	7.50	13.00	35.00	60.00	80.00	650
1949	11,336,172	—	1.10	2.00	2.50	6.00	12.00	18.00	150
1950	17,823,075	—	1.10	2.00	2.50	5.00	10.00	15.00	250
1951	15,079,265	—	—	1.10	2.50	4.00	7.00	12.00	175
1951	—	—	6.00	8.00	12.00	18.00	40.00	65.00	350
Note: Doubled die									
1952	10,474,455	—	—	1.10	2.50	4.00	6.00	10.00	90.00

KM# 51 2.31 g., 0.800 Silver, 0.0594 oz. ASW 18mm. **Obv:** Laureate bust right **Obv. Designer:** Mary Gillick **Rev:** Bluenose sailing left, date at right, denomination below **Rev. Designer:** Emanuel Hahn

Date	Mintage	VG8	F12	VF20	XF40	AU50	MS60	MS63	MS65
1953	Inc. above	—	1.10	2.00	3.00	3.50	4.00	8.00	125
Note: With straps									
1953	17,706,395	—	—	1.10	3.00	3.50	4.50	9.00	50.00
Note: Without straps									
1954	4,493,150	—	1.10	2.00	3.00	7.00	12.00	20.00	125
1955	12,237,294	—	—	1.10	2.00	3.00	4.50	8.00	55.00
1956	Inc. above	1.10	3.50	4.00	7.00	9.50	15.00	24.00	125
Note: Dot below date									
1956	16,732,844	—	—	—	1.10	2.00	3.00	6.00	45.00
1957	16,110,229	—	—	—	1.10	2.25	3.50	4.00	35.00
1958	10,621,236	—	—	—	1.10	2.25	3.50	4.00	35.00
1959	19,691,433	—	—	—	1.10	1.20	3.00	4.00	35.00
1960	45,446,835	—	—	—	1.10	1.20	3.00	4.00	45.00
1961	26,850,859	—	—	—	1.10	1.20	3.00	4.00	45.00
1962	41,864,335	—	—	—	1.10	1.20	2.00	2.50	22.00
1963	41,916,208	—	—	—	1.10	1.20	2.00	2.50	22.00
1964	49,518,549	—	—	—	1.10	1.20	2.00	2.50	22.00

KM# 61 2.33 g., 0.800 Silver, 0.060 oz. ASW 18.03mm. **Obv:** Young bust right **Obv. Designer:** Arnold Machin **Rev:** Bluenose sailing left, date at right, denomination below

Date	Mintage	VF20	XF40	MS60	MS63	MS65
1965	56,965,392	—	—	1.20	2.50	18.00
1966	34,567,898	—	—	1.20	2.50	27.00

KM# 67 2.33 g., 0.800 Silver, 0.060 oz. ASW 18.03mm. **Subject:** Confederation Centennial **Obv:** Bust right **Rev:** Atlantic mackerel left, denomination above, dates below **Rev. Designer:** Alex Colville

Date	Mintage	VF20	XF40	MS60	MS63	MS65
1867-1967	62,998,215	—	—	1.20	2.50	27.00
ND1867-1967	—	PF65 18.00				

KM# 67a 2.33 g., 0.500 Silver, 0.0375 oz. ASW 18.03mm. **Subject:** Confederation Centennial **Obv:** Young bust right **Rev:** Atlantic mackerel left, denomination above, dates below

Date	Mintage	VF20	XF40	MS60	MS63	MS65
1867-1967	Inc. above	—	—	0.70	2.00	27.00

Ottawa

KM# 72 2.33 g., 0.500 Silver, 0.0375 oz. ASW 18.03mm. **Obv:** Bust right **Obv. Designer:** Arnold Machin **Rev:** Bluenose sailing left, date at right, denomination below **Rev. Designer:** Emanuel Hahn **Note:** Ottawa Mint reeding has pointed deep areas in the edge reeding.

Date	Mintage	VF20	XF40	MS60	MS63	MS65
1968	70,460,000	—	—	0.70	1.50	18.00

Ottawa

KM# 72a Nickel, 18.03mm. **Obv:** Young bust right **Obv. Designer:** Arnold Machin **Rev:** Bluenose sailing left, date at right, denomination below **Rev. Designer:** Emanuel Hahn **Note:** Ottawa Mint reeding has pointed deep areas in the edge reeding.

Date	Mintage	VF20	XF40	MS60	MS63	MS65
1968	87,412,930	—	—	—	0.40	90.00

Philadelphia

KM# 73 2.33 g., Nickel, 18.03mm. **Obv:** Young bust right **Obv. Designer:** Arnold Machin **Rev:** Bluenose sailing left, date at right, denomination below **Rev. Designer:** Emanuel Hahn **Note:** Philadelphia Mint reeding has flat deep areas in the edge reeding.

Date	Mintage	VF20	XF40	MS60	MS63	MS65
1968	85,170,000	—	—	—	0.40	40.00

Date	Mintage	VF20	XF40	MS60	MS63	MS65
1969	— 12,000	16,000	25,000	—	—	

Note: Large date, large ship, 10-20 known

KM# 77.1 2.07 g., Nickel, 18.03mm. **Obv:** Young bust right **Obv. Designer:** Arnold Machin **Rev:** Redesigned smaller Bluenose sailing left, date at right, denomination below **Rev. Designer:** Emanuel Hahn **Edge:** Reeded

Date	Mintage	VF20	XF40	MS60	MS63	MS65
1969	55,833,929	—	—	0.25	0.70	30.00
1970	5,249,296	—	—	0.40	1.25	27.00
1971	41,016,968	—	—	0.20	0.70	27.00
1972	60,169,387	—	—	0.20	0.70	30.00
1973	167,715,435	—	—	0.20	0.70	45.00
1974	201,566,565	—	—	0.20	0.70	45.00
1975	207,680,000	—	—	0.20	0.70	45.00
1976	95,018,533	—	—	0.20	0.70	45.00
1977	128,452,206	—	—	—	0.70	35.00
1978	170,366,431	—	—	—	0.70	45.00

KM# 77.2 2.07 g., Nickel, 18.03mm. **Obv:** Smaller young bust right **Obv. Designer:** Arnold Machin **Rev:** Redesigned smaller Bluenose sailing left, denomination below, date at right **Rev. Designer:** Emanuel Hahn **Edge:** Reeded

Date	Mintage	VF20	XF40	MS60	MS63	MS65
1979	237,321,321	—	—	—	0.60	30.00
1980	170,111,533	—	—	—	2.25	45.00
1981	123,912,900	—	—	—	0.60	85.00
1981	199,000	PF65 1.50				
1982	93,475,000	—	—	—	0.60	45.00
1982	180,908	PF65 1.50				
1983	111,065,000	—	—	—	0.60	45.00
1983	168,000	PF65 1.50				
1984	121,690,000	—	—	—	0.60	65.00
1984	161,602	PF65 2.00				
1985	143,025,000	—	—	—	0.60	40.00
1985	157,037	PF65 2.00				
1986	168,620,000	—	—	—	0.60	45.00
1986	175,745	PF65 2.00				
1987	147,309,000	—	—	—	0.60	40.00
1987	179,004	PF65 2.00				
1988	162,998,558	—	—	—	0.60	40.00
1988	175,259	PF65 2.00				
1989	199,104,414	—	—	—	0.70	35.00
1989	170,528	PF65 2.00				

KM# 183 2.14 g., Nickel, 18.03mm. **Obv:** Crowned head right **Obv. Designer:** Dora dePedery-Hunt **Rev:** Bluenose sailing left, date at right, denomination below **Rev. Designer:** Emanuel Hahn **Edge:** Reeded

Date	Mintage	VF20	XF40	MS60	MS63	MS65
1990	65,023,000	—	—	—	0.60	30.00
1990	140,649	PF65 2.50				
1991	50,397,000	—	—	0.65	0.90	27.00
1991	131,888	PF65 4.00				
1993	135,569,000	—	—	—	0.60	27.00
1993	143,065	PF65 2.00				
1994	145,800,000	—	—	—	0.60	30.00
1994	146,424	PF65 2.50				
1995	123,875,000	—	—	—	0.60	27.00
1995	—	PF65 2.50				

Date	Mintage	VF20	XF40	MS60	MS63	MS65
1996	51,814,000	—	—	—	0.60	30.00
1996	—		PF65 3.50			
1997	43,126,000	—	—	—	0.60	27.00
1997	—		PF65 3.50			
1998	203,514,000	—	—	—	0.60	30.00
1998	—		PF65 4.50			
1998 W PL		PF60 2.50				
1999	258,462,000	—	—	—	0.60	30.00
1999	—		PF65 6.00			
2000	159,125,000	—	—	—	0.50	30.00
2000	—		PF65 4.00			
2000 W PL	—	—	—	—	—	1.75

KM# 206 Nickel, 18.03mm. **Subject:** Confederation 125 **Obv:** Crowned head right **Rev:** Bluenose sailing left, date at right, denomination below

Date	Mintage	VF20	XF40	MS60	MS63	MS65
1867-1992	174,476,000	—	—	—	0.60	27.00
1867-1992	147,061		PF65 2.50			

KM# 183a 2.40 g., 0.925 Silver, 0.0714 oz. ASW 18.03mm. **Obv:** Crowned head right **Rev:** Bluenose sailing left, date at right, denomination below

Date	Mintage	VF20	XF40	MS60	MS63	MS65
1996	—		PF65 5.50			
1997	—		PF65 5.50			
1998	—		PF65 4.00			
1998 O	—		PF65 4.00			
1999	—		PF65 5.00			
2000	—		PF65 5.00			
2001	—		PF65 5.00			
2002	—		PF65 7.50			
2003	—		PF65 7.50			

KM# 299 2.40 g., 0.925 Silver, 0.0714 oz. ASW 18.03mm. **Subject:** John Cabot **Obv:** Crowned head right **Rev:** Ship with full sails divides dates, denomination below **Rev. Designer:** Donald H. Curley

Date	Mintage	VF20	XF40	MS60	MS63	MS65
1997	—		PF65 13.50			

KM# 311 2.32 g., 0.925 Silver, 0.069 oz. ASW 18.03mm. **Subject:** 90th Anniversary Royal Canadian Mint **Obv:** Crowned head right **Rev:** Denomination and date within wreath, crown above

Date	Mintage	VF20	XF40	MS60	MS63	MS65
1908-1998 Matte	—		PF65 10.00			
1908-1998	—		PF65 10.00			

KM# 183b 1.77 g., Nickel Plated Steel, 18.03mm. **Obv:** Crowned head right **Obv. Designer:** Dora dePedery-Hunt **Rev:** Bluenose sailing left, date at right, denomination below **Rev. Designer:** Emanuel Hahn **Edge:** Reeded

Date	Mintage	VF20	XF40	MS60	MS63	MS65
1999 P PL	Est. 20000	—	—	—	—	10.00
2000 P	Est. 200	—	—	600	1,000	2,000
2001 P	266,000,000	—	—	—	0.45	27.00
2003 P	162,398,000	—	—	—	0.55	18.00

KM# 409 2.40 g., 0.925 Silver, 0.0714 oz. ASW 18.03mm. **Subject:** First Canadian Credit Union **Obv:** Crowned head right **Rev:** Alphonse Desjardins' house (founder of the first credit union in Canada), dates at right, denomination below **Edge:** Reeded

Date	Mintage	VF20	XF40	MS60	MS63	MS65
2000	—		PF65 7.00			

KM# 412 1.77 g., Nickel Plated Steel, 18mm. **Subject:** Year of the Volunteer **Obv:** Crowned head right **Rev:** Three portraits left and radiant sun **Edge:** Reeded

Date	Mintage	VF20	XF40	MS60	MS63	MS65
2001 P	224,714,000	—	—	—	0.65	27.00

KM# 412a 2.40 g., 0.925 Silver, 0.0714 oz. ASW 18mm. **Subject:** Year of the Volunteer **Obv:** Crowned head right **Rev:** Three portraits left above banner, radiant sun below **Edge:** Reeded

Date	Mintage	VF20	XF40	MS60	MS63	MS65
2001 P	40,634		PF65 7.00			

KM# 447 1.77 g., Nickel Plated Steel, 18mm. **Subject:** Elizabeth II Golden Jubilee **Obv:** Crowned head right, Jubilee commemorative dates 1952-2002

Date	Mintage	VF20	XF40	MS60	MS63	MS65
1952-2002 P	252,563,000	—	—	—	1.00	—
1952-2002	32,642		PF65 2.50			

KM# 447a 2.32 g., 0.925 Silver, 0.069 oz. ASW 18mm. **Subject:** Elizabeth II Golden Jubilee **Obv:** Crowned head right, Jubilee commemorative dates 1952-2002

Date	Mintage	VF20	XF40	MS60	MS63	MS65
2002	21,537		PF65 12.50			

KM# 470 2.32 g., 0.925 Silver, 0.069 oz. ASW **Subject:** 50th Anniversary of the Coronation of Elizabeth II **Obv:** Head right **Rev:** Bluenose sailing left

Date	Mintage	VF20	XF40	MS60	MS63	MS65
1953-2003	21,537		PF65 10.00			

10 CENTS

KM# 492 1.77 g., Nickel Plated Steel, 18mm. **Obv:** Head right **Obv. Designer:** Susanna Blunt **Rev:** Bluenose sailing left

Date	Mintage	VF20	XF40	MS60	MS63	MS65
2003 P	—	—	—	—	0.90	18.00
2004 P	211,924,000	—	—	—	0.60	18.00
2004 P	—		PF65 5.50			
2005 P	212,175,000	—	—	—	0.60	18.00
2005 P	—		PF65 5.50			
2006 P	312,122,000	—	—	—	0.60	18.00
2006 P	—		PF65 4.00			
2007 (ml) Straight 7	304,110,000	—	—	—	0.60	18.00
2007 (ml) Curved 7, PL	Inc. above	—	—	—	—	0.90
2007 (ml)	—		PF65 3.50			
2008 (ml)	467,495,000	—	—	—	0.60	18.00
2008 (ml)	—		PF65 3.50			
2009 (ml)	370,700,000	—	—	—	0.60	18.00
2009 (ml)	—		PF65 3.50			
2010 (ml)	—	—	—	—	0.60	18.00
2010 (ml)	—		PF65 3.50			
2011 (ml)	—	—	—	—	0.60	18.00
2011 (ml)	—		PF65 3.50			
2012 (ml)	—	—	—	—	0.60	18.00
2012 (ml)	—		PF65 3.50			
2013 (ml)	—	—	—	—	—	0.60
2013 (ml)	—		PF65 2.50			
2014	—	—	—	—	0.60	—

Date	Mintage	VF20	XF40	MS60	MS63	MS65
2014	—		PF63 1.50		PF65 2.50	
2015	—	—	—	—	0.60	—
2015	—		PF63 1.50		PF65 2.50	

KM# 492a 2.40 g., 0.925 Silver, 0.0714 oz. ASW 18mm. **Obv:** Bare head right **Obv. Designer:** Susanna Blunt **Rev:** Sailboat **Edge:** Reeded

Date	Mintage	VF20	XF40	MS60	MS63	MS65
2004			PF65 6.00			

KM# 524 2.40 g., 0.925 Silver, 0.0714 oz. ASW 18mm. **Subject:** Golf, Championship of Canada, Centennial. **Obv:** Head right

Date	Mintage	VF20	XF40	MS60	MS63	MS65
2004	39,486	—	—	—	10.00	—

KM# 1025 2.40 g., 0.925 Silver, 0.0714 oz. ASW 18.03mm. **Obv:** George V bust left **Rev:** Value within wreath, dual dates below

Date	Mintage	VF20	XF40	MS60	MS63	MS65
1935-2010	—		PF65 20.00			

KM# 1155 2.40 g., 0.925 Silver, 0.0714 oz. ASW 18.03mm. **Obv:** George V bust **Rev:** Value within wreath

Date	Mintage	VF20	XF40	MS60	MS63	MS65
1911-2011	6,000		PF65 20.00			

20 CENTS

KM# 4 4.65 g., 0.925 Silver, 0.1382 oz. ASW **Obv:** Head left **Rev:** Denomination and date within wreath, crown above **Obv. Legend:** VICTORIA DEI GRATIA REGINA. CANADA

Date	Mintage	VG8	F12	VF20	XF40	AU50	MS60	MS63	MS65
1858	750,000	70.00	100	125	225	500	900	2,500	5,000

25 CENTS

KM# 5 5.81 g., 0.925 Silver, 0.1728 oz. ASW 23.88mm. **Obv:** Crowned head left **Obv. Designer:** Leonard C. Wyon **Rev:** Denomination and date within wreath, crown above **Obv. Legend:** VICTORIA DEI GRATIA REGINA / CANADA

Date	Mintage	VG8	F12	VF20	XF40	AU50	MS60	MS63	MS65
1870	900,000	28.00	45.00	85.00	200	450	750	2,000	5,500
1871	400,000	30.00	50.00	125	250	600	1,000	2,400	6,500
1871H	748,000	40.00	60.00	150	300	700	1,100	2,100	5,500
1872H	2,240,000	17.00	25.00	45.00	125	300	550	1,800	5,000
1872H	Inc. above	75.00	125	250	600	1,500	2,500	6,000	—
Note: Inverted "A" for "V" in Victoria									
1874H	1,600,000	17.00	25.00	45.00	125	250	450	1,400	4,000
1875H	1,000,000	400	700	1,700	3,000	8,500	20,000	35,000	—
1880H Narrow 0	400,000	60.00	125	300	600	1,150	1,700	3,500	8,500

Date	Mintage	VG8	F12	VF20	XF40	AU50	MS60	MS63	MS65
1880H Wide 0	Inc. above	150	350	600	1,400	2,900	4,500	8,000	—
1880H Narrow/wide 0	Inc. above	150	225	600	950	1,850	2,800	10,000	18,000
1881H	820,000	35.00	55.00	125	300	750	1,300	4,000	9,500
1882H	600,000	40.00	65.00	125	300	750	1,200	3,000	8,000
1883H	960,000	25.00	40.00	85.00	200	400	600	1,700	4,500
1885	192,000	150	300	550	1,100	2,500	4,000	10,000	28,000
1886/3	540,000	90.00	200	400	750	1,550	2,400	4,500	—
1886	Inc. above	50.00	90.00	200	450	1,050	1,700	4,500	9,500
1887	100,000	150	300	550	1,200	3,000	7,500	12,500	—
1888	400,000	26.00	55.00	90.00	200	450	750	2,200	5,000
1889	66,324	175	350	650	1,400	2,900	4,500	13,000	—
1890H	200,000	35.00	60.00	150	300	650	1,000	2,300	6,000
1891	120,000	125	225	400	750	1,250	1,800	3,500	8,500
1892	510,000	24.00	40.00	85.00	200	450	750	2,300	5,500
1893	100,000	150	300	550	1,000	1,450	2,000	3,000	8,000
1894	220,000	35.00	65.00	150	300	550	850	2,000	5,000
1899	415,580	17.00	25.00	60.00	150	350	600	1,500	4,500
1900	1,320,000	14.00	20.00	50.00	125	300	550	1,200	2,400
1901	640,000	15.00	24.00	65.00	200	350	650	1,400	2,600

KM# 11 5.81 g., 0.925 Silver, 0.1728 oz. ASW 23.4mm. **Obv:** Crowned bust right **Obv. Designer:** G. W. DeSaulles **Rev:** Denomination and date within wreath, crown above

Date	Mintage	VG8	F12	VF20	XF40	AU50	MS60	MS63	MS65
1902	464,000	16.00	35.00	85.00	250	450	1,000	2,500	7,500
1902H	800,000	11.00	22.50	65.00	125	225	350	650	2,100
1903	846,150	20.00	40.00	100	300	500	1,000	2,600	9,500
1904	400,000	30.00	75.00	200	500	950	2,250	7,000	—
1905	800,000	20.00	45.00	150	350	800	2,000	5,500	—
1906 Large crown	1,237,843	14.00	30.00	75.00	250	450	800	2,200	11,000
1906 Small crown, Rare	Inc. above	3,500	5,500	10,000	18,000	24,000	30,000	40,000	—
1907	2,088,000	11.00	22.50	65.00	175	300	600	1,600	5,000
1908	495,016	27.00	50.00	100	250	400	550	1,000	1,900
1909	1,335,929	15.00	40.00	100	250	450	850	2,000	8,000

KM# 11a 5.83 g., 0.925 Silver, 0.1734 oz. ASW **Obv:** Crowned bust right **Rev:** Denomination and date within wreath, crown above

Date	Mintage	VG8	F12	VF20	XF40	AU50	MS60	MS63	MS65
1910	3,577,569	10.00	22.50	50.00	100	200	350	850	3,500

KM# 18 5.83 g., 0.925 Silver, 0.1734 oz. ASW **Obv:** Crowned bust left **Obv. Designer:** E. B. MacKennal **Rev:** Denomination and date within wreath, crown above **Obv. Legend:** GEORGIVS V REX ET IND IMP

Date	Mintage	VG8	F12	VF20	XF40	AU50	MS60	MS63	MS65
1911	1,721,341	12.00	20.00	50.00	100	175	350	650	1,600

KM# 24 5.83 g., 0.925 Silver, 0.1734 oz. ASW 23.5mm. **Obv:** Crowned bust left **Obv. Designer:** E. B. MacKennal **Rev:** Denomination and date within wreath, crown above **Obv. Legend:** GEORGIVS V DEI GRA REX ET IND IMP

Date	Mintage	VG8	F12	VF20	XF40	AU50	MS60	MS63	MS65
1912	2,544,199	9.00	14.00	30.00	70.00	200	400	1,500	4,500

Date	Mintage	VG8	F12	VF20	XF40	AU50	MS60	MS63	MS65
1913	2,213,595	8.00	14.00	30.00	65.00	175	350	1,250	4,000
1914	1,215,397	9.00	16.00	40.00	80.00	250	650	2,000	7,000
1915	242,382	28.00	70.00	225	600	1,500	3,500	8,000	25,000
1916	1,462,566	7.00	11.00	25.00	50.00	100	250	800	3,500
1917	3,365,644	7.00	9.00	18.00	40.00	65.00	150	300	900
1918	4,175,649	6.00	9.00	13.00	35.00	55.00	100	225	850
1919	5,852,262	6.00	9.00	13.00	35.00	50.00	125	225	950

  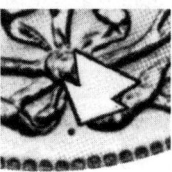

Dot below wreath

KM# 24a 5.83 g., 0.800 Silver, 0.150 oz. ASW **Obv:** Crowned bust left **Obv. Designer:** E. B. MacKennal **Rev:** Denomination and date within wreath, crown below

Date	Mintage	VG8	F12	VF20	XF40	AU50	MS60	MS63	MS65
1920	1,975,278	5.00	9.00	18.00	40.00	90.00	200	500	1,600
1921	597,337	17.00	35.00	125	300	750	1,450	3,500	12,000
1927	468,096	40.00	65.00	125	250	650	1,000	2,100	7,000
1928	2,114,178	5.00	9.00	18.00	50.00	90.00	175	450	1,600
1929	2,690,562	5.00	9.00	18.00	45.00	90.00	150	400	1,200
1930	968,748	5.00	9.00	27.00	50.00	95.00	250	600	1,800
1931	537,815	5.00	10.00	30.00	65.00	100	250	650	2,300
1932	537,994	5.00	10.00	30.00	65.00	100	250	650	2,100
1933	421,282	5.00	10.00	35.00	85.00	125	250	450	1,300
1934	384,350	5.00	12.00	45.00	90.00	150	350	650	2,300
1935	537,772	5.00	10.00	35.00	65.00	125	200	350	1,200
1936	972,094	5.00	8.00	13.00	28.00	55.00	100	225	800
1936 Dot below wreath	153,322	40.00	95.00	225	450	750	1,050	2,400	9,500

Note: David Akers John Jay Pittman sale Part Three, 10-99, nearly Choice Unc. realized $6,900; considered a possible specimen example

Maple leaf after date

KM# 35 5.83 g., 0.800 Silver, 0.150 oz. ASW 23.5mm. **Obv:** Head left **Obv. Designer:** T. H. Paget **Rev:** Caribou left, denomination above, date at right **Rev. Designer:** Emanuel Hahn

Date	Mintage	VG8	F12	VF20	XF40	AU50	MS60	MS63	MS65
1937	2,690,176	2.75	5.00	7.00	7.50	13.00	20.00	40.00	250
1938	3,149,245	2.75	5.00	8.00	15.00	35.00	75.00	150	1,000
1939	3,532,495	2.75	5.00	8.00	11.00	27.00	60.00	125	400
1940	9,583,650	—	2.75	4.00	5.00	10.00	20.00	40.00	250
1941	6,654,672	—	2.75	4.00	6.00	10.00	23.00	45.00	250
1942	6,935,871	—	2.75	4.00	6.00	10.00	24.00	45.00	350
1943	13,559,575	—	2.75	4.00	6.00	10.00	23.00	45.00	350
1944	7,216,237	2.75	4.00	5.00	6.00	15.00	30.00	60.00	400
1945	5,296,495	—	2.75	4.00	6.00	10.00	23.00	50.00	350
1946	2,210,810	2.75	4.00	6.00	12.00	30.00	50.00	100	400
1947	1,524,554	2.75	4.00	6.00	12.00	35.00	60.00	100	1,000
1947 Dot after 7	Inc. above	65.00	90.00	125	225	300	450	900	8,500
1947 Maple leaf after 7	4,393,938	—	2.75	4.00	6.00	11.00	20.00	30.00	250

KM# 44 5.83 g., 0.800 Silver, 0.150 oz. ASW 23.5mm. **Obv:** Head left, modified legend **Obv. Designer:** T. H. Paget **Rev:** Caribou left, denomination above, date at right **Rev. Designer:** Emanuel Hahn

Date	Mintage	VG8	F12	VF20	XF40	AU50	MS60	MS63	MS65
1948	2,564,424	2.75	4.00	6.00	11.00	30.00	65.00	125	500

Date	Mintage	VG8	F12	VF20	XF40	AU50	MS60	MS63	MS65
1949	7,988,830	—	2.75	4.00	8.00	10.50	14.00	30.00	500
1950	9,673,335	—	2.75	4.00	8.00	10.00	12.00	23.00	350
1951	8,290,719	—	2.75	4.00	7.00	9.00	10.00	18.00	350
1952	8,859,642	—	2.75	4.00	7.00	8.50	10.00	17.00	500

KM# 52 5.83 g., 0.800 Silver, 0.150 oz. ASW 23.8mm. **Obv:** Laureate bust right **Obv. Designer:** Mary Gillick **Rev:** Caribou left, denomination above, date at right **Rev. Designer:** Emanuel Hahn

Date	Mintage	VG8	F12	VF20	XF40	AU50	MS60	MS63	MS65
1953 Without strap	10,546,769	—	—	2.75	4.00	6.00	8.00	14.00	100
1953 With strap	Inc. above	—	2.75	4.00	6.00	8.50	11.00	27.00	350
1954	2,318,891	2.75	4.00	5.00	10.00	18.00	30.00	55.00	450
1955	9,552,505	—	—	2.75	6.00	7.50	9.00	16.00	225
1956	11,269,353	—	—	—	2.75	5.50	8.00	12.00	100
1957	12,770,190	—	—	—	2.75	5.50	8.00	10.00	75.00
1958	9,336,910	—	—	—	2.75	5.50	8.00	10.00	65.00
1959	13,503,461	—	—	—	2.75	3.25	5.50	8.00	125
1960	22,835,327	—	—	—	2.75	3.25	5.50	8.00	72.00
1961	18,164,368	—	—	—	2.75	3.25	5.50	8.00	72.00
1962	29,559,266	—	—	—	2.75	3.25	5.50	8.00	62.00
1963	21,180,652	—	—	—	—	2.75	3.25	8.00	47.00
1964	36,479,343	—	—	—	—	2.75	3.25	8.00	42.00

KM# 62 5.83 g., 0.800 Silver, 0.150 oz. ASW 23.8mm. **Obv:** Young bust right **Obv. Designer:** Arnold Machin **Rev:** Caribou left, denomination above, date at right **Rev. Designer:** Emanuel Hahn

Date	Mintage	VF20	XF40	MS60	MS63	MS65
1965	44,708,869	—	—	3.00	8.00	42.00
1966	25,626,315	—	—	3.00	8.00	42.00

KM# 68 5.83 g., 0.800 Silver, 0.150 oz. ASW 23.8mm. **Subject:** Confederation Centennial **Obv:** Young bust right **Rev:** Lynx striding left divides dates and denomination **Rev. Designer:** Alex Colville

Date	Mintage	VF20	XF40	MS60	MS63	MS65
1867-1967	48,855,500	—	—	3.00	6.00	27.00

KM# 68a 5.83 g., 0.500 Silver, 0.0937 oz. ASW 23.8mm. **Subject:** Confederation Centennial **Obv:** Young bust right **Rev:** Lynx striding left divides dates and denomination

Date	Mintage	VF20	XF40	MS60	MS63	MS65
1867-1967	Inc. above	—	—	1.80	4.50	27.00

KM# 62a 5.83 g., 0.500 Silver, 0.0937 oz. ASW 23.8mm. **Obv:** Young bust right **Obv. Designer:** Machin **Rev:** Caribou left, denomination above, date at right

Date	Mintage	VF20	XF40	MS60	MS63	MS65
1968	71,464,000	—	—	1.80	4.50	27.00

KM# 62b 5.06 g., Nickel, 23.8mm. **Obv:** Young bust right **Obv. Designer:** Machin **Rev:** Caribou left, denomination above, date at right

Date	Mintage	VF20	XF40	MS60	MS63	MS65
1968	88,686,931	—	—	0.45	0.80	42.00
1969	133,037,929	—	—	0.45	0.80	42.00
1970	10,302,010	—	—	1.00	2.00	42.00
1971	48,170,428	—	—	0.45	0.80	32.00
1972	43,743,387	—	—	0.45	0.80	32.00
1974	192,360,598	—	—	0.45	0.80	32.00
1975	141,148,000	—	—	0.45	0.80	42.00
1976	86,898,261	—	—	0.45	0.80	42.00
1977	99,634,555	—	—	0.45	0.80	27.00
1978	176,475,408	—	—	0.45	0.80	62.00

KM# 81.1 Nickel, 23.8mm. **Subject:** Royal Candian Mounted Police Centennial **Obv:** Young bust right **Rev:** Mountie divides dates, denomination above **Rev. Designer:** Paul Cedarberg **Note:** 120 beads.

Date	Mintage	VF20	XF40	MS60	MS63	MS65
1873-1973	134,958,587	—	0.55	1.25	32.00	

KM# 81.2 Nickel, 23.8mm. **Subject:** RCMP Centennial **Obv:** Young bust right **Rev:** Mountie divides dates, denomination above **Note:** Large bust, 132 beads.

Date	Mintage	VF20	XF40	MS60	MS63	MS65
1873-1973	Inc. above	125	150	300	700	3,000

KM# 74 5.07 g., Nickel, 23.88mm. **Obv:** Small young bust right **Obv. Designer:** Machin **Rev. Designer:** Emanuel Hahn

Date	Mintage	VF20	XF40	MS60	MS63	MS65
1979	131,042,905	—	—	0.45	0.75	27.00
1980	76,178,000	—	—	0.45	1.00	120
1981	131,580,272	—	—	0.45	1.00	57.00
1981	—		PF65 2.00			
1982	171,926,000	—	—	0.45	1.00	57.00
1982	180,908		PF65 2.00			
1983	13,162,000	—	—	1.00	2.00	62.00
1983	168,000		PF65 3.00			
1984	121,668,000	—	—	0.45	1.00	57.00
1984	161,602		PF65 2.00			
1985	158,734,000	—	—	0.45	1.00	87.00
1985	157,037		PF65 2.00			
1986	132,220,000	—	—	0.45	1.00	62.00
1986	175,745		PF65 2.00			
1987	53,408,000	—	—	0.60	1.25	47.00
1987	179,004		PF65 2.00			
1988	80,368,473	—	—	0.45	0.95	57.00
1988	175,259		PF65 2.00			
1989	119,796,307	—	—	0.45	1.00	57.00
1989	170,928		PF65 2.50			

KM# 184 5.07 g., Nickel, 23.88mm. **Obv:** Crowned head right **Obv. Designer:** Dora dePedery-Hunt **Rev:** Caribou left, denomination above, date at right **Rev. Designer:** Emanuel Hahn

Date	Mintage	VF20	XF40	MS60	MS63	MS65
1990	31,258,000	—	—	0.45	0.90	50.00
1990	140,649		PF65 3.50			
1991	459,000	—	—	6.00	12.00	65.00
1991	131,888		PF65 20.00			
1993	73,758,000	—	—	0.50	0.70	60.00
1993	143,065		PF65 2.50			
1994	77,670,000	—	—	0.50	0.70	50.00
1994	146,424		PF65 3.00			
1995	89,210,000	—	—	0.50	0.70	35.00
1995	—		PF65 3.00			
1996	28,106,000	—	—	0.50	0.70	35.00
1996	—		PF65 6.00			
1997 PL	—	—	—	—	—	4.50
1997	—		PF65 6.00			
1998 W PL	—	—	—	—	—	10.00

Date	Mintage	VF20	XF40	MS60	MS63	MS65
1999 PL	258,888,000	—	—	—	—	5.00
1999	—		PF65 9.50			
2000 PL	434,087,000	—	—	—	—	5.00
2000	—		PF65 6.00			
2000 W PL	—	—	—	—	—	5.00
2001	8,415,000	—	—	—	4.50	30.00
2001	—		PF65 7.00			

KM# 184a 5.90 g., 0.925 Silver, 0.1755 oz. ASW 23.88mm. **Obv:** Crowned head right **Rev:** Caribou left, denomination above, date at right

Date	Mintage	VF20	XF40	MS60	MS63	MS65
1996	—		PF65 9.50			
1997	—		PF65 9.50			
1998	—		PF65 8.50			
1998 O	—		PF65 8.50			
1999	—		PF65 8.50			
2001	—		PF65 9.50			
2003	—		PF65 9.50			

KM# 184b 4.40 g., Nickel Plated Steel, 23.88mm. **Obv:** Crowned head right **Rev:** Caribou left, denomination above, date at right

Date	Mintage	VF20	XF40	MS60	MS63	MS65
1999 P	Est. 20000	—	—	—	—	14.00
2000 P	—	—	—	—	3,500	5,500	—
	Note: 3-5 known					
2001 P	55,773,000	—	—	—	0.90	30.00
2001 P	—		PF65 5.00			
2002 P	156,105,000	—	—	—	0.90	30.00
2002 P	—		PF65 5.00			
2003 P	87,647,000	—	—	—	1.75	22.00
2003 P	—		PF65 5.00			

KM# 207 Nickel, 23.8mm. **Subject:** Confederation 125 **Obv:** Crowned head right **Obv. Designer:** Dora dePedery-Hunt **Rev:** Caribou left, denomination above, date at right **Rev. Designer:** Emanuel Hahn

Date	Mintage	VF20	XF40	MS60	MS63	MS65
1867-1992	147,061		PF65 16.00			
1867-1992 PL	442,986	—	—	—	—	13.00

KM# 203 5.00 g., Nickel, 23.9mm. **Subject:** New Brunswick **Obv:** Crowned head right **Rev:** Covered bridge in Newton, denomination below **Series:** 125th Anniversary of Confederation **Rev. Designer:** Ronald Lambert

Date	Mintage	VF20	XF40	MS60	MS63	MS65
1992	12,174,000	—	—	0.50	1.00	45.00

KM# 203a 5.83 g., 0.925 Silver, 0.1734 oz. ASW 23.8mm. **Subject:** New Brunswick **Obv:** Crowned head right **Rev:** Covered bridge in Newton, denomination below **Series:** 125th Anniversary of Confederation

Date	Mintage	VF20	XF40	MS60	MS63	MS65
1992	149,579		PF65 8.50			

KM# 212 Nickel, 23.8mm.   **Subject:** Northwest Territories **Obv:** Crowned head right **Series:** 125th Anniversary of Confederation **Rev. Designer:** Beth McEachen

Date	Mintage	VF20	XF40	MS60	MS63	MS65
1992	12,582,000	—	—	0.50	1.00	45.00

KM# 212a 5.83 g., 0.925 Silver, 0.1734 oz. ASW 23.8mm.   **Subject:** Northwest Territories **Obv:** Crowned head right **Series:** 125th Anniversary of Confederation

Date	Mintage	VF20	XF40	MS60	MS63	MS65
1992	149,579		PF65 8.50			

KM# 213 Nickel, 23.8mm.   **Subject:** Newfoundland **Rev:** Fisherman rowing a dory, denomination below **Series:** 125th Anniversary of Confederation **Rev. Designer:** Christopher Newhook

Date	Mintage	VF20	XF40	MS60	MS63	MS65
1992	11,405,000	—	—	0.50	1.00	45.00

KM# 213a 5.83 g., 0.925 Silver, 0.1734 oz. ASW 23.8mm.   **Subject:** Newfoundland **Rev:** Fisherman rowing a dory, denomination below **Series:** 125th Anniversary of Confederation

Date	Mintage	VF20	XF40	MS60	MS63	MS65
1992	149,579		PF65 8.50			

KM# 214 Nickel, 23.8mm.   **Subject:** Manitoba **Obv:** Crowned head right **Series:** 125th Anniversary of Confederation **Rev. Designer:** Muriel Hope

Date	Mintage	VF20	XF40	MS60	MS63	MS65
1992	11,349,000	—	—	0.50	1.00	45.00

KM# 214a 5.83 g., 0.925 Silver, 0.1734 oz. ASW 23.8mm.   **Subject:** Manitoba **Obv:** Crowned head right **Series:** 125th Anniversary of Confederation

Date	Mintage	VF20	XF40	MS60	MS63	MS65
1992	149,579		PF65 8.50			

KM# 220 Nickel, 23.8mm.   **Subject:** Yukon **Obv:** Crowned head right **Series:** 125th Anniversary of Confederation **Rev. Designer:** Libby Dulac

Date	Mintage	VF20	XF40	MS60	MS63	MS65
1992	10,388,000	—	—	0.50	1.00	45.00

KM# 220a 5.83 g., 0.925 Silver, 0.1734 oz. ASW 23.8mm.   **Subject:** Yukon **Obv:** Crowned head right **Series:** 125th Anniversary of Confederation

Date	Mintage	VF20	XF40	MS60	MS63	MS65
1992	149,579		PF65 8.50			

KM# 221 Nickel, 23.8mm.   **Subject:** Alberta **Obv:** Crowned head right **Rev:** Rock formations in the badlands near Drumhelter, denomination below **Series:** 125th Anniversary of Confederation **Rev. Designer:** Mel Heath

Date	Mintage	VF20	XF40	MS60	MS63	MS65
1992	12,133,000	—	—	0.50	1.00	45.00

KM# 221a 5.83 g., 0.925 Silver, 0.1734 oz. ASW 23.8mm.   **Subject:** Alberta **Obv:** Crowned head right **Rev:** Rock formations in the badlands near Drumhelter, denomination below **Series:** 125th Anniversary of Confederation **Rev. Designer:** Mel Heath

Date	Mintage	VF20	XF40	MS60	MS63	MS65
1992	—		PF65 8.50			

KM# 222 Nickel, 23.8mm.   **Subject:** Prince Edward Island **Obv:** Crowned head right **Series:** 125th Anniversary of Confederation **Rev. Designer:** Nigel Roe

Date	Mintage	VF20	XF40	MS60	MS63	MS65
1992	13,001,000	—	—	0.50	1.00	60.00

KM# 222a 5.83 g., 0.925 Silver, 0.1734 oz. ASW 23.8mm.   **Subject:** Prince Edward Island **Obv:** Crowned head right **Series:** 125th Anniversary of Confederation **Rev. Designer:** Nigel Roe

Date	Mintage	VF20	XF40	MS60	MS63	MS65
1992	149,579		PF65 8.50			

KM# 223 Nickel, 23.8mm.   **Subject:** Ontario **Obv:** Crowned head right **Rev:** Jack pine, denomination below **Series:** 125th Anniversary of Confederation **Rev. Designer:** Greg Salmela

Date	Mintage	VF20	XF40	MS60	MS63	MS65
1992	14,263,000	—	—	0.50	1.00	60.00

KM# 223a 5.83 g., 0.925 Silver, 0.1734 oz. ASW 23.8mm.   **Subject:** Ontario **Obv:** Crowned head right **Rev:** Jack pine, denomination below **Series:** 125th Anniversary of Confederation **Rev. Designer:** Greg Salmela

Date	Mintage	VF20	XF40	MS60	MS63	MS65
1992	149,579		PF65 8.50			

25 CENTS

KM# 231 5.03 g., Nickel, 23.8mm. **Subject:** Nova Scotia **Obv:** Crowned head right **Rev:** Lighthouse, denomination below **Series:** 125th Anniversary of Confederation **Rev. Designer:** Bruce Wood

Date	Mintage	VF20	XF40	MS60	MS63	MS65
1992	13,600,000	—	—	0.50	1.00	45.00

KM# 231a 5.83 g., 0.925 Silver, 0.1734 oz. ASW 23.8mm. **Subject:** Nova Scotia **Obv:** Crowned head right **Rev:** Lighthouse, denomination below **Series:** 125th Anniversary of Confederation **Rev. Designer:** Bruce Wood

Date	Mintage	VF20	XF40	MS60	MS63	MS65
1992	149,579		PF65 8.50			

KM# 232 Nickel, 23.8mm. **Subject:** British Columbia **Obv:** Crowned head right, dates below **Rev:** Large rock, whales, denomination below **Series:** 125th Anniversary of Confederation **Rev. Designer:** Carla Herrera Egan

Date	Mintage	VF20	XF40	MS60	MS63	MS65
1992	14,001,000	—	—	0.50	1.00	60.00

KM# 232a 5.83 g., 0.925 Silver, 0.1734 oz. ASW 23.8mm. **Subject:** British Columbia **Obv:** Crowned head right, dates below **Rev:** Large rock, whales, denomination below **Series:** 125th Anniversary of Confederation **Rev. Designer:** Carla Herrera Egan

Date	Mintage	VF20	XF40	MS60	MS63	MS65
1992	149,579		PF65 8.50			

KM# 233 Nickel, 23.8mm. **Subject:** Saskatchewan **Obv:** Crowned head right **Rev:** Buildings behind wall, grain stalks on right, denomination below **Series:** 125th Anniversary of Confederation **Rev. Designer:** Brian Cobb

Date	Mintage	VF20	XF40	MS60	MS63	MS65
1992	14,165,000	—	—	0.50	1.00	75.00

KM# 233a 5.83 g., 0.925 Silver, 0.1734 oz. ASW 23.8mm. **Subject:** Saskatchewan **Obv:** Crowned head right **Rev:** Buildings behind wall, grain stalks on right, denomination below **Series:** 125th Anniversary of Confederation **Rev. Designer:** Brian Cobb

Date	Mintage	VF20	XF40	MS60	MS63	MS65
1992	149,579		PF65 8.50			

KM# 234 Nickel, 23.8mm. **Subject:** Quebec **Obv:** Crowned head right **Rev:** Boats on water, large rocks in background, denomination below **Series:** 125th Anniversary of Confederation **Rev. Designer:** Romualdas Bukauskas

Date	Mintage	VF20	XF40	MS60	MS63	MS65
1992	13,607,000	—	—	0.50	1.00	60.00

KM# 234a 5.83 g., 0.925 Silver, 0.1734 oz. ASW 23.8mm. **Subject:** Quebec **Obv:** Crowned head right **Rev:** Boats on water, large rocks in background, denomination below **Series:** 125th Anniversary of Confederation **Rev. Designer:** Romualdas Bukauskas

Date	Mintage	VF20	XF40	MS60	MS63	MS65
1992	149,579		PF65 8.50			

KM# 312 0.925 Silver, 23.88mm. **Subject:** 90th Anniversary Royal Canadian Mint **Obv:** Crowned head right **Rev:** Denomination and date within wreath, crown above

Date	Mintage	VF20	XF40	MS60	MS63	MS65
1998 Matte	—		PF65 15.00			
1998	—		PF65 15.00			

KM# 342 5.07 g., Nickel, 23.8mm. **Subject:** January - A Country Unfolds **Obv:** Crowned head right **Rev:** Totem pole, portraits **Series:** Millennium **Rev. Designer:** P. Ka-Kin Poon

Date	Mintage	VF20	XF40	MS60	MS63	MS65
1999	12,181,200	—	—	—	1.00	32.00

KM# 342a 5.83 g., 0.925 Silver, 0.1734 oz. ASW 23.8mm. **Subject:** January **Obv:** Crowned head right **Rev:** Totem pole, portraits **Series:** Millennium **Rev. Designer:** P. Ka-kin Poon

Date	Mintage	VF20	XF40	MS60	MS63	MS65
1999	113,645		PF65 9.00			

25 CENTS

KM# 343 5.09 g., Nickel, 23.8mm. **Subject:** February - Etched in Stone **Obv:** Crowned head right **Rev:** Native petroglyphs **Series:** Millennium **Rev. Designer:** L. Springer

Date	Mintage	VF20	XF40	MS60	MS63	MS65
1999	14,469,250	—	—	—	0.65	32.00

KM# 343a 5.83 g., 0.925 Silver, 0.1734 oz. ASW 23.8mm. **Subject:** February **Obv:** Crowned head right **Rev:** Native petroglyphs **Series:** Millennium **Rev. Designer:** L. Springer

Date	Mintage	VF20	XF40	MS60	MS63	MS65
1999	—	PF65 9.00				

KM# 344 5.07 g., Nickel, 23.8mm. **Subject:** March - The Log Drive **Obv:** Crowned head right **Rev:** Lumberjack **Series:** Millennium **Rev. Designer:** M. Lavoie

Date	Mintage	VF20	XF40	MS60	MS63	MS65
1999	15,033,500	—	—	—	0.65	32.00

KM# 344a 5.83 g., 0.925 Silver, 0.1734 oz. ASW 23.8mm. **Subject:** March **Obv:** Crowned head right **Rev:** Lumberjack **Series:** Millennium **Rev. Designer:** M. Lavoie

Date	Mintage	VF20	XF40	MS60	MS63	MS65
1999	113,645	PF65 9.00				

KM# 345 5.07 g., Nickel, 23.8mm. **Subject:** April - Our Northern Heritage **Obv:** Crowned head right **Rev:** Owl, polar bear **Series:** Millennium **Rev. Designer:** Ken Ojnak Ashevac

Date	Mintage	VF20	XF40	MS60	MS63	MS65
1999	15,446,000	—	—	—	0.65	32.00

KM# 345a 5.83 g., 0.925 Silver, 0.1734 oz. ASW 23.8mm. **Subject:** April **Obv:** Crowned head right **Rev:** Owl, polar bear **Series:** Millennium **Rev. Designer:** Ken Ojnak Ashevac

Date	Mintage	VF20	XF40	MS60	MS63	MS65
1999	113,645	PF65 9.00				

KM# 346 5.07 g., Nickel, 23.8mm. **Subject:** May - The Voyageures **Obv:** Crowned head right **Rev:** Voyageurs in canoe **Series:** Millennium **Rev. Designer:** S. Mineok

Date	Mintage	VF20	XF40	MS60	MS63	MS65
1999	15,566,100	—	—	—	0.65	32.00

KM# 346a 5.83 g., 0.925 Silver, 0.1734 oz. ASW 23.8mm. **Subject:** May **Obv:** Crowned head right **Rev:** Voyageurs in canoe **Series:** Millennium **Rev. Designer:** S. Mineok

Date	Mintage	VF20	XF40	MS60	MS63	MS65
1999	113,645	PF65 9.00				

KM# 347 5.03 g., Nickel, 23.8mm. **Subject:** June - From Coast to Coast **Obv:** Crowned head right **Rev:** 19th-century locomotive **Series:** Millennium **Rev. Designer:** G. Ho **Edge:** Reeded

Date	Mintage	VF20	XF40	MS60	MS63	MS65
1999	20,432,750	—	—	—	0.65	32.00

KM# 347a 5.83 g., 0.925 Silver, 0.1734 oz. ASW 23.8mm. **Subject:** June **Obv:** Crowned head right **Rev:** 19th-century locomotive **Series:** Millennium **Rev. Designer:** G. Ho **Edge:** Reeded

Date	Mintage	VF20	XF40	MS60	MS63	MS65
1999	113,645	PF65 9.00				

KM# 348 5.07 g., Nickel, 23.8mm. **Subject:** July - A Nation of People **Obv:** Crowned head right **Rev:** 6 stylized portraits **Series:** Millennium **Rev. Designer:** M. H. Sarkany

Date	Mintage	VF20	XF40	MS60	MS63	MS65
1999	17,321,000	—	—	—	0.65	32.00

KM# 348a 5.83 g., 0.925 Silver, 0.1734 oz. ASW 23.8mm. **Subject:** July **Obv:** Crowned head right **Rev:** 6 stylized portraits **Series:** Millennium **Rev. Designer:** M.H. Sarkany

Date	Mintage	VF20	XF40	MS60	MS63	MS65
1999	113,645	PF65 9.00				

KM# 349 5.07 g., Nickel, 23.8mm. **Subject:** August - The Pioneer Spirit **Obv:** Crowned head right **Rev:** Hay harvesting **Series:** Millennium **Rev. Designer:** A. Botelho

Date	Mintage	VF20	XF40	MS60	MS63	MS65
1999	18,153,700	—	—	—	0.65	32.00

KM# 349a 5.83 g., 0.925 Silver, 0.1734 oz. ASW 23.8mm. **Subject:** August **Obv:** Crowned head right **Rev:** Hay harvesting **Series:** Millennium **Rev. Designer:** A. Botelho

Date	Mintage	VF20	XF40	MS60	MS63	MS65
1999	113,645		PF65	9.00		

KM# 350 5.07 g., Nickel, 23.8mm. **Subject:** September - Canada Through a Child's Eye **Obv:** Crowned head right **Rev:** Childlike artwork **Series:** Millennium **Rev. Designer:** Claudia Bertrand

Date	Mintage	VF20	XF40	MS60	MS63	MS65
1999	31,539,350	—	—	—	0.65	32.00

KM# 350a 5.83 g., 0.925 Silver, 0.1734 oz. ASW 23.8mm. **Subject:** September **Obv:** Crowned head right **Rev:** Childlike artwork **Series:** Millennium **Rev. Designer:** Claudia Bertrand

Date	Mintage	VF20	XF40	MS60	MS63	MS65
1999	113,645		PF65	9.00		

KM# 351 5.07 g., Nickel, 23.8mm. **Subject:** October - Tribute to the First Nations **Obv:** Crowned head right **Rev:** Aboriginal artwork **Series:** Millennium **Rev. Designer:** J. E. Read

Date	Mintage	VF20	XF40	MS60	MS63	MS65
1999	32,136,650	—	—	—	0.65	32.00

KM# 351a 5.83 g., 0.925 Silver, 0.1734 oz. ASW 23.8mm. **Subject:** October **Obv:** Crowned head right **Rev:** Aboriginal artwork **Series:** Millennium **Rev. Designer:** J.E. Read

Date	Mintage	VF20	XF40	MS60	MS63	MS65
1999	113,645		PF65	9.00		

KM# 352 5.07 g., Nickel, 23.8mm. **Subject:** November - The Airplane Opens the North **Obv:** Crowned head right **Rev:** Bush plane with landing skis **Series:** Millennium **Rev. Designer:** B. R. Brown

Date	Mintage	VF20	XF40	MS60	MS63	MS65
1999	27,162,800	—	—	—	0.65	32.00

KM# 352a 5.83 g., 0.925 Silver, 0.1734 oz. ASW 23.8mm. **Subject:** November **Obv:** Crowned head right **Rev:** Bush plane with landing skis **Series:** Millennium **Rev. Designer:** B.R. Brown

Date	Mintage	VF20	XF40	MS60	MS63	MS65
1999	113,645		PF65	9.00		

KM# 353 5.07 g., Nickel, 23.8mm. **Subject:** December - This is Canada **Obv:** Crowned head right **Rev:** Eclectic geometric design **Series:** Millennium **Rev. Designer:** J. L. P. Provencher

Date	Mintage	VF20	XF40	MS60	MS63	MS65
1999	43,339,200	—	—	—	0.65	32.00

KM# 353a 5.10 g., 0.925 Silver, 0.1517 oz. ASW 23.8mm. **Subject:** December **Obv:** Crowned head right **Rev:** Eclectic geometric design **Series:** Millennium **Rev. Designer:** J.L.P. Provencher

Date	Mintage	VF20	XF40	MS60	MS63	MS65
1999	113,645		PF65	9.00		

KM# 373 Nickel, 23.8mm. **Subject:** Health **Obv:** Crowned head right, denomination below **Rev:** Ribbon and caduceus, date above **Rev. Designer:** Anny Wassef

Date	Mintage	VF20	XF40	MS60	MS63	MS65
2000	35,470,900	—	—	—	0.65	32.00

KM# 373a 0.925 Silver, 23.8mm. **Subject:** Health **Obv:** Crowned head right, denomination below **Rev:** Ribbon and caduceus, date above **Rev. Designer:** Anny Wassef

Date	Mintage	VF20	XF40	MS60	MS63	MS65
2000	—		PF65	9.00		

KM# 374 5.10 g., Nickel, 23.85mm. **Subject:** Freedom **Obv:** Crowned head right, denomination below **Rev:** 2 children on maple leaf and rising sun, date above **Rev. Designer:** Kathy Vinish

Date	Mintage	VF20	XF40	MS60	MS63	MS65
2000	35,188,900	—	—	—	0.65	32.00

KM# 374a 0.925 Silver, 23.8mm. **Subject:** Freedom **Obv:** Crowned head right, denomination below **Rev:** 2 children on maple leaf and rising sun, date above **Rev. Designer:** Kathy Vinish

Date	Mintage	VF20	XF40	MS60	MS63	MS65
2000	—		PF65 9.00			

KM# 375 Nickel, 23.8mm. **Subject:** Family **Obv:** Crowned head right, denomination below **Rev:** Wreath of native carvings, date above **Rev. Designer:** Wade Stephen Baker

Date	Mintage	VF20	XF40	MS60	MS63	MS65
2000	35,107,700	—	—	—	0.65	32.00

KM# 375a 0.925 Silver, 23.8mm. **Subject:** Family **Obv:** Crowned head right, denomination below **Rev:** Wreath of native carvings, date above **Rev. Designer:** Wade Stephen Baker

Date	Mintage	VF20	XF40	MS60	MS63	MS65
2000	—		PF65 9.00			

KM# 376 5.08 g., Nickel, 23.8mm. **Subject:** Community **Obv:** Crowned head right, denomination below **Rev:** Map on globe, symbols surround, date above **Rev. Designer:** Michelle Thibodeau

Date	Mintage	VF20	XF40	MS60	MS63	MS65
2000	35,155,400	—	—	—	0.65	32.00

KM# 376a 0.925 Silver, 23.8mm. **Subject:** Community **Obv:** Crowned head right, denomination below **Rev:** Map on globe, symbols surround, date above **Rev. Designer:** Michelle Thibodeau

Date	Mintage	VF20	XF40	MS60	MS63	MS65
2000	—		PF65 9.00			

KM# 377 Nickel, 23.8mm. **Subject:** Harmony **Obv:** Crowned **Rev:** Maple leaf, date above **Rev. Designer:** Haver Demirer

Date	Mintage	VF20	XF40	MS60	MS63	MS65
2000	35,184,200	—	—	—	0.65	32.00

KM# 377a 0.925 Silver, 23.8mm. **Subject:** Harmony **Obv:** Crowned head right, denomination below **Rev:** Maple leaf **Rev. Designer:** Haver Demirer

Date	Mintage	VF20	XF40	MS60	MS63	MS65
2000	—		PF65 9.00			

KM# 378 Nickel, 23.8mm. **Subject:** Wisdom **Obv:** Crowned head right, denomination below **Rev:** Man with young child, date above **Rev. Designer:** Cezar Serbanescu

Date	Mintage	VF20	XF40	MS60	MS63	MS65
2000	35,123,950	—	—	—	0.65	32.00

KM# 378a 0.925 Silver, 23.8mm. **Subject:** Wisdom **Obv:** Crowned head right, denomination below **Rev:** Man with young child **Rev. Designer:** Cezar Serbanescu

Date	Mintage	VF20	XF40	MS60	MS63	MS65
2000	—		PF65 9.00			

KM# 379 Nickel, 23.8mm. **Subject:** Creativity **Obv:** Crowned head right, denomination below **Rev:** Canoe full of children, date above **Rev. Designer:** Kong Tat Hui

Date	Mintage	VF20	XF40	MS60	MS63	MS65
2000	35,316,770	—	—	—	0.65	32.00

KM# 379a 0.925 Silver, 23.8mm. **Subject:** Creativity **Obv:** Crowned head right, denomination below **Rev:** Canoe full of children **Rev. Designer:** Kong Tat Hui

Date	Mintage	VF20	XF40	MS60	MS63	MS65
2000	—		PF65 9.00			

25 CENTS

KM# 380 Nickel, 23.8mm. **Subject:** Ingenuity **Obv:** Crowned head right, denomination below **Rev:** Crescent-shaped city views, date above **Rev. Designer:** John Jaciw

Date	Mintage	VF20	XF40	MS60	MS63	MS65
2000	36,078,360	—	—	—	0.65	32.00

KM# 380a 0.925 Silver, 23.8mm. **Subject:** Ingenuity **Obv:** Crowned head right, denomination below **Rev:** Crescent-shaped city views **Rev. Designer:** John Jaciw

Date	Mintage	VF20	XF40	MS60	MS63	MS65
2000	—	PF65 9.00				

KM# 381 Nickel, 23.8mm. **Subject:** Achievement **Obv:** Crowned head right, denomination below **Rev:** Rocket above jagged design, date above **Rev. Designer:** Daryl Dorosz

Date	Mintage	VF20	XF40	MS60	MS63	MS65
2000	35,312,750	—	—	—	0.65	32.00

KM# 381a 0.925 Silver, 23.8mm. **Subject:** Achievement **Obv:** Crowned head right, denomination below **Rev:** Rocket above jagged design **Rev. Designer:** Daryl Dorosz

Date	Mintage	VF20	XF40	MS60	MS63	MS65
2000	—	PF65 9.00				

KM# 382 Nickel, 23.8mm. **Subject:** Natural legacy **Obv:** Crowned head right, denomination below **Rev:** Environmental elements, date above **Rev. Designer:** Randy Trantau

Date	Mintage	VF20	XF40	MS60	MS63	MS65
2000	36,236,900	—	—	—	0.65	32.00

KM# 382a 0.925 Silver, 23.8mm. **Subject:** Natural legacy **Obv:** Crowned head right, denomination below **Rev:** Environmental elements **Rev. Designer:** Randy Trantau

Date	Mintage	VF20	XF40	MS60	MS63	MS65
2000	—	PF65 9.00				

KM# 383 Nickel, 23.8mm. **Subject:** Celebration **Obv:** Crowned head right, denomination below **Rev:** Fireworks, children behind flag, date above **Rev. Designer:** Laura Paxton

Date	Mintage	VF20	XF40	MS60	MS63	MS65
2000	35,144,100	—	—	—	0.65	32.00

KM# 383a 0.925 Silver, 23.8mm. **Subject:** Celebration **Obv:** Crowned head right, denomination below **Rev:** Fireworks, children behind flag **Rev. Designer:** Laura Paxton

Date	Mintage	VF20	XF40	MS60	MS63	MS65
2000	—	PF65 9.00				

KM# 384.1 Nickel, 23.8mm. **Subject:** Pride **Obv:** Crowned head right, denomination below **Rev:** Large ribbon 2 in red with 3 small red maple leaves on large maple leaf, date above **Rev. Designer:** Donald F. Warkentin **Edge:** Reeded **Note:** Colorized version.

Date	Mintage	VF20	XF40	MS60	MS63	MS65
2000 PL	49,399	—	—	—	—	18.00

KM# 384.2 Nickel, 23.8mm. **Subject:** Pride **Obv:** Crowned head right, denomination below **Rev:** Large ribbon 2 with three small maple leaves on large maple leaf, date above **Rev. Designer:** Donald F. Warkentin

Date	Mintage	VF20	XF40	MS60	MS63	MS65
2000	50,666,800	—	—	—	0.65	32.00

KM# 384.2a 0.925 Silver, 23.8mm. **Subject:** Pride **Obv:** Crowned head right, denomination below **Rev:** Ribbon 2 with 3 small maple leaves on large maple leaf **Rev. Designer:** Donald F. Warkentin

Date	Mintage	VF20	XF40	MS60	MS63	MS65
2000	—	PF65 9.00				

KM# 419 4.40 g., Nickel Plated Steel, 23.9mm. **Subject:** Canada Day **Obv:** Crowned head right **Rev:** Maple leaf at center, children holding hands below **Rev. Designer:** Silke Ware **Edge:** Reeded

Date	Mintage	VF20	XF40	MS60	MS63	MS65
2001 PL	96,352	—	—	—	—	13.00

KM# 448 4.40 g., Nickel Plated Steel, 23.9mm. **Subject:** Elizabeth II Golden Jubilee **Obv:** Crowned head right **Rev:** Caribou left

Date	Mintage	VF20	XF40	MS60	MS63	MS65
1952-2002 P	152,485,000	—	—	—	0.90	30.00
1952-2002 P	32,642	PF65 6.00				

KM# 448a 5.90 g., 0.925 Silver, 0.1755 oz. ASW 23.9mm. **Subject:** Elizabeth II Golden Jubilee **Obv:** Crowned head right, Jubilee commemorative dates 1952-2002

Date	Mintage	VF20	XF40	MS60	MS63	MS65
1952-2002	100,000	PF65 12.50				

KM# 451 4.40 g., Nickel Plated Steel, 23.9mm. **Rev:** Small human figures supporting large maple leaf

Date	Mintage	VF20	XF40	MS60	MS63	MS65
2002 P	30,627,000	—	—	—	0.90	22.00

KM# 451a 4.40 g., Nickel Plated Steel, 23.9mm. **Subject:** Canada Day **Obv:** Crowned head right **Rev:** Human figures supporting large red maple leaf **Edge:** Reeded

Date	Mintage	VF20	XF40	MS60	MS63	MS65
2002 P	49,901	—	—	—	6.00	—

KM# 471 5.90 g., 0.925 Silver, 0.1755 oz. ASW 23.9mm. **Subject:** 50th Anniversary of the Coronation of Elizabeth II **Obv:** 1953 Effigy of the Queen, Coronation Jubilee dates 1953-2003 **Obv. Designer:** Mary Gillick

Date	Mintage	VF20	XF40	MS60	MS63	MS65
1953-2003	21,537		PF65 11.00			

KM# 474 4.40 g., 0.925 Silver, 0.1309 oz. ASW 23.9mm. **Subject:** Canada Day **Obv:** Queen's head right **Rev:** Polar bear and red colored maple leaves

Date	Mintage	VF20	XF40	MS60	MS63	MS65
2003	63,511		PF65 11.00			

KM# 493 4.40 g., Nickel Plated Steel, 23.9mm. **Obv:** Bare head right **Obv. Designer:** Susanna Blunt **Rev:** Caribou left, denomination above, date at right

Date	Mintage	VF20	XF40	MS60	MS63	MS65
2003 P	66,861,633	—	—	—	0.90	22.00
2003 P W PL	—	—	—	—	—	3.50
2004 P	177,466,000	—	—	—	0.65	22.00
2004 P	—		PF65 5.00			
2005 P	206,346,000	—	—	—	0.90	22.00
2005 P	—		PF65 5.00			
2006 P	423,189,000	—	—	—	0.90	22.00
2006 P	—		PF65 5.00			
2006 (ml)	—	—	—	—	0.90	22.00
2007 (ml)	386,763,000	—	—	—	0.90	18.00
2007 (ml)	—		PF65 5.00			
2008 (ml)	387,222,000	—	—	—	0.90	18.00
2008 (ml)	—		PF65 5.00			
2009 (ml)	266,766,000	—	—	—	0.90	18.00
2009 (ml)	—		PF65 5.00			
2010 (ml)	—	—	—	—	0.90	18.00
2010 (ml)	—		PF65 5.00			

Date	Mintage	VF20	XF40	MS60	MS63	MS65
2011 (ml)	—	—	—	—	0.90	18.00
2011 (ml)	—		PF65 5.00			
2012 (ml)	—	—	—	—	0.90	18.00
2012 (ml)	—		PF65 5.00			
2013 (ml)	—	—	—	—	2.50	—
2013 (ml)	—		PF65 5.00			
2014	—	—	—	—	2.50	—
2014	—		PF63 4.00	PF65 5.00		
2015	—	—	—	—	2.50	—
2015	—		PF63 4.00	PF65 5.00		

KM# 493a 5.90 g., 0.925 Silver, 0.1755 oz. ASW 23.9mm. **Obv:** Bare head right **Obv. Designer:** Suanne Blunt **Rev:** Caribou **Edge:** Reeded

Date	Mintage	VF20	XF40	MS60	MS63	MS65
2004	—		PF65 6.50			

KM# 510 4.40 g., Nickel Plated Steel, 23.9mm. **Obv:** Bare head right **Rev:** Red poppy in center of maple leaf **Edge:** Reeded

Date	Mintage	VF20	XF40	MS60	MS63	MS65
2004	28,500,000	—	—	—	0.90	22.00

KM# 510a 5.90 g., 0.925 Silver, 0.1755 oz. ASW 23.9mm. **Obv:** Bare head right **Rev:** Poppy at center of maple leaf, selectively gold plated **Edge:** Reeded **Note:** Housed in Annual Report.

Date	Mintage	VF20	XF40	MS60	MS63	MS65
2004	12,677		PF65 20.00			

KM# 525 4.40 g., Nickel Plated Steel, 23.9mm. **Obv:** Bare head right **Rev:** Maple leaf, colorized

Date	Mintage	VF20	XF40	MS60	MS63	MS65
2004	16,028	—	—	—	8.00	—

KM# 628 4.40 g., Nickel Plated Steel, 23.9mm. **Subject:** First Settlement, Ile Ste Croix 1604-2004 **Obv:** Bare head right **Rev:** Sailing ship Bonne-Renommee

Date	Mintage	VF20	XF40	MS60	MS63	MS65
2004 P	15,400,000	—	—	—	0.90	22.00

KM# 698 4.40 g., Nickel Plated Steel, 23.88mm. **Rev:** Santa, colorized

Date	Mintage	VF20	XF40	MS60	MS63	MS65
2004 PL	62,777	—	—	—	—	30.00

25 CENTS

KM# 699 4.40 g., Nickel Plated Steel, 23.9mm. **Rev:** Moose head, humorous **Series:** Canada Day

Date	Mintage	VF20	XF40	MS60	MS63	MS65
2004 PL	44,752	—	—	—	—	13.00

KM# 529 4.40 g., Nickel Plated Steel, 23.9mm. **Subject:** WWII, 60th Anniversary **Obv:** Head right **Rev:** Three soldiers and flag

Date	Mintage	VF20	XF40	MS60	MS63	MS65
1945-2005 PL	3,500	—	—	—	—	70.00

KM# 530 4.40 g., Nickel Plated Steel, 23.9mm. **Subject:** Alberta **Obv:** Head right **Rev:** Oil rig and sunset

Date	Mintage	VF20	XF40	MS60	MS63	MS65
2005 P	20,640,000	—	—	—	0.90	22.00

KM# 531 4.40 g., Nickel Plated Steel, 23.9mm. **Subject:** Canada Day **Obv:** Head right **Rev:** Beaver, colorized

Date	Mintage	VF20	XF40	MS60	MS63	MS65
2005 P PL	58,370	—	—	—	—	13.00

KM# 532 4.40 g., Nickel Plated Steel, 23.9mm. **Subject:** Saskatchewan **Obv:** Head right **Rev:** Bird on fencepost

Date	Mintage	VF20	XF40	MS60	MS63	MS65
2005 P	19,290,000	—	—	—	0.90	22.00

KM# 533 4.40 g., Nickel Plated Steel, 23.9mm. **Obv:** Head right **Rev:** Stuffed bear in Christmas stocking, colorized

Date	Mintage	VF20	XF40	MS60	MS63	MS65
2005 P PL	72,831	—	—	—	—	16.00

KM# 535 4.40 g., Nickel Plated Steel, 23.9mm. **Subject:** Year of the Veteran **Obv:** Head right **Rev:** Conjoined busts of young and veteran left **Edge:** Reeded

Date	Mintage	VF20	XF40	MS60	MS63	MS65
2005 P	29,390,000	—	—	—	0.90	22.00

KM# 534 4.40 g., Nickel Plated Steel, 23.9mm. **Subject:** Toronto Maple Leafs **Obv:** Head right **Rev:** Colorized team logo

Date	Mintage	VF20	XF40	MS60	MS63	MS65
2006 P PL	11,765	—	—	—	—	18.00

KM# 575 4.40 g., Nickel Plated Steel, 23.9mm. **Subject:** Montreal Canadiens **Obv:** Head right **Rev:** Colorized logo

Date	Mintage	VF20	XF40	MS60	MS63	MS65
2006 P PL	11,765	—	—	—	—	18.00

KM# 576 4.40 g., Nickel Plated Steel, 23.9mm. **Subject:** Quebec Winter Carnival **Obv:** Head right **Rev:** Snowman, colorized

Date	Mintage	VF20	XF40	MS60	MS63	MS65
2006 PL	8,200	—	—	—	—	18.00

KM# 629 4.40 g., Nickel Plated Steel, 23.9mm. **Obv:** Head right **Rev:** Medal of Bravery (maple leaf within wreath) **Edge:** Reeded

Date	Mintage	VF20	XF40	MS60	MS63	MS65
2006 (ml)	20,045,111	—	—	—	0.90	22.00

KM# 632 12.61 g., Nickel Plated Steel, 35mm. **Subject:** Queen Elizabeth II 80th Birthday **Rev:** Crown, colorized

Date	Mintage	VF20	XF40	MS60	MS63	MS65
1926-2006 Specimen	24,977	—	—	—	—	22.00

KM# 633 4.43 g., Nickel Plated Steel, 23.9mm. **Subject:** Canada Day **Obv:** Crowned head right **Rev:** Boy marching with flag, colorized

Date	Mintage	VF20	XF40	MS60	MS63	MS65
2006 P PL	30,328	—	—	—	—	13.00

KM# 634 4.43 g., Nickel Plated Steel, 23.88mm. **Subject:** Breast Cancer **Rev:** Four ribbons, all colorized **Note:** Sold housed in a bookmark.

Date	Mintage	VF20	XF40	MS60	MS63	MS65
2006 P	40,911	—	—	—	0.90	22.00

KM# 637 4.43 g., Nickel Plated Steel, 23.88mm. **Subject:** Wedding **Rev:** Colorized bouquet of flowers

Date	Mintage	VF20	XF40	MS60	MS63	MS65
2006 (ml)	10,318	—	—	—	5.00	—

KM# 642 4.43 g., Nickel Plated Steel, 23.88mm. **Subject:** Ottawa Senators **Obv:** Head right **Rev:** Logo

Date	Mintage	VF20	XF40	MS60	MS63	MS65
2006 P PL	11,765	—	—	—	—	18.00

KM# 644 4.43 g., Nickel Plated Steel, 23.88mm. **Subject:** Calgary Flames **Obv:** Head right **Rev:** Logo

Date	Mintage	VF20	XF40	MS60	MS63	MS65
2006 (ml)	1,082	—	—	—	12.50	—

KM# 645 4.43 g., Nickel Plated Steel, 23.88mm. **Subject:** Edmonton Oilers **Obv:** Head right **Rev:** Logo

Date	Mintage	VF20	XF40	MS60	MS63	MS65
2006 (ml)	2,214	—	—	—	12.50	—

KM# 647 4.43 g., Nickel Plated Steel, **Subject:** Santa and Rudolph **Rev:** Colorized Santa in sled led by Rudolph

Date	Mintage	VF20	XF40	MS60	MS63	MS65
2006 P PL	99,258	—	—	—	—	16.00

KM# 638 4.43 g., Nickel Plated Steel, 23.88mm. **Subject:** Birthday **Rev:** Colorized balloons

Date	Mintage	VF20	XF40	MS60	MS63	MS65
2007 (ml) PL	24,531	—	—	—	—	18.00

KM# 639 4.43 g., Nickel Plated Steel, 23.88mm. **Subject:** Baby birth **Rev:** Colorized baby rattle **Edge:** Reeded

Date	Mintage	VF20	XF40	MS60	MS63	MS65
2007 (ml) PL	30,090	—	—	—	—	18.00

KM# 640 4.43 g., Nickel Plated Steel, 23.88mm. **Subject:** Oh Canada **Obv:** Head right **Rev:** Maple leaf, colorized

Date	Mintage	VF20	XF40	MS60	MS63	MS65
2007 (ml) PL	23,582	—	—	—	—	13.00

KM# 641 4.43 g., Nickel Plated Steel, 23.88mm. **Subject:** Congratulations **Obv:** Head right **Rev:** Fireworks, colorized

Date	Mintage	VF20	XF40	MS60	MS63	MS65
2007 (ml) PL	9,671	—	—	—	—	18.00

KM# 643 4.43 g., Nickel Plated Steel, 23.88mm. **Subject:** Vancouver Canucks **Obv:** Head right **Rev:** Logo

Date	Mintage	VF20	XF40	MS60	MS63	MS65
2007 (ml) PL	1,526	—	—	—	—	18.00

KM# 682 4.43 g., Nickel Plated Steel, **Subject:** Curling **Obv:** Head right

Date	Mintage	VF20	XF40	MS60	MS63	MS65
2007	22,400,000	—	—	—	0.90	18.00
2008 Mule	—	—	—	—	—	—

KM# 683 4.43 g., Nickel Plated Steel, **Subject:** Ice Hockey **Obv:** Head right

Date	Mintage	VF20	XF40	MS60	MS63	MS65
2007	22,400,000	—	—	—	0.90	18.00
2008 Mule	—	—	—	—	—	—

KM# 684 4.43 g., Nickel Plated Steel, 23.8mm. **Subject:** Paralympic Winter Games **Obv:** Head right **Rev:** Wheelchair curling

Date	Mintage	VF20	XF40	MS60	MS63	MS65
2007	22,400,000	—	—	—	0.90	18.00
2008 Mule	—	—	—	—	—	—

KM# 685 4.43 g., Nickel Plated Steel, **Subject:** Biathlon **Obv:** Head right

Date	Mintage	VF20	XF40	MS60	MS63	MS65
2007	22,400,000	—	—	—	0.90	18.00
2008 Mule	—	—	—	—	—	—

KM# 686 4.43 g., Nickel Plated Steel, 23.8mm.
Subject: Alpine Skiing **Obv:** Head right

Date	Mintage	VF20	XF40	MS60	MS63	MS65
2007	22,400,000	—	—	—	0.90	18.00
2008 Mule	—	—	—	—	22.00	—

KM# 701 4.43 g., Nickel Plated Steel, 23.88mm.
Subject: Birthday **Rev:** Party hat, multicolor

Date	Mintage	VF20	XF40	MS60	MS63	MS65
2007	11,376	—	—	—	8.00	—

KM# 702 4.43 g., Nickel Plated Steel, 23.88mm.
Subject: Congratulations **Rev:** Trophy, multicolor

Date	Mintage	VF20	XF40	MS60	MS63	MS65
2007 PL	—	—	—	—	—	18.00

KM# 703 4.43 g., Nickel Plated Steel, 23.88mm.
Subject: Wedding **Rev:** Cake, multicolor

Date	Mintage	VF20	XF40	MS60	MS63	MS65
2007	—	—	—	—	8.00	—

KM# 704 4.43 g., Nickel Plated Steel, 23.88mm.
Subject: Canada Day **Rev:** Mountie, colorized

Date	Mintage	VF20	XF40	MS60	MS63	MS65
2007 (ml) PL	27,743	—	—	—	—	18.00

KM# 705 4.43 g., Nickel Plated Steel, 23.88mm.
Subject: Christmas **Rev:** Multicolor tree

Date	Mintage	VF20	XF40	MS60	MS63	MS65
2007 PL	66,267	—	—	—	—	18.00

KM# 706 12.61 g., Nickel Plated Steel, 35.0mm.
Subject: Red-breasted Nuthatch **Obv:** Head right
Obv. Designer: Susanna Blunt **Rev:** Nuthatch
perched on pine branch multicolor **Obv. Legend:**
ELIZABETH II - D • G • REGINA **Rev. Designer:**
Arnold Nogy **Rev. Legend:** CANADA **Edge:** Plain

Date	Mintage	VF20	XF40	MS60	MS63	MS65
2007 (ml) Specimen	11,909	—	—	—	300	—

KM# 707 12.61 g., Nickel Plated Steel, 35mm.
Obv: Elizabeth II **Rev:** Multicolor ruby-throated
hummingbird and flower **Edge:** Plain

Date	Mintage	VF20	XF40	MS60	MS63	MS65
2007 Specimen	17,174	—	—	—	125	—

KM# 708 12.61 g., Nickel Plated Steel, 35mm.
Subject: Queen's 60th Wedding Anniversary **Rev:**
Royal carriage in color

Date	Mintage	VF20	XF40	MS60	MS63	MS65
1947-2007 PL, Specimen	15,235	—	—	—	—	22.00

KM# 713 4.40 g., Nickel Plated Steel, **Rev:** Toronto
Maple Leaf logo, colorized

Date	Mintage	VF20	XF40	MS60	MS63	MS65
2007 (ml) PL	5,365	—	—	—	—	18.00

KM# 714 4.40 g., Nickel Plated Steel, **Rev:** Ottawa
Senators logo, colorized

Date	Mintage	VF20	XF40	MS60	MS63	MS65
2007 (ml) PL	2,474	—	—	—	—	18.00

KM# 723 4.40 g., Nickel Plated Steel, **Rev:** Montreal
Canadiens logo, colorized

Date	Mintage	VF20	XF40	MS60	MS63	MS65
2007 (ml) PL	4,091	—	—	—	—	18.00

KM# 760 4.43 g., Nickel Plated Steel, 23.88mm.
Subject: Baby **Rev:** Multicolor blue teddy bear

Date	Mintage	VF20	XF40	MS60	MS63	MS65
2008 PL	29,639	—	—	—	—	20.00

KM# 761 4.43 g., Nickel Plated Steel, 23.88mm.
Subject: Birthday **Rev:** Multicolor party hat

Date	Mintage	VF20	XF40	MS60	MS63	MS65
2008 PL	11,376	—	—	—	—	18.00

KM# 762 4.43 g., Nickel Plated Steel, 23.88mm.
Subject: Congratulations **Rev:** Multicolor trophy

Date	Mintage	VF20	XF40	MS60	MS63	MS65
2008 PL	6,821	—	—	—	—	18.00

KM# 763 4.43 g., Nickel Plated Steel, 23.88mm.
Subject: Wedding **Rev:** Multicolor wedding cake

Date	Mintage	VF20	XF40	MS60	MS63	MS65
2008 PL	7,407	—	—	—	—	18.00

KM# 764 4.43 g., Nickel Plated Steel, 23.88mm.
Subject: Santa Claus **Rev:** Multicolor Santa

Date	Mintage	VF20	XF40	MS60	MS63	MS65
2008 PL	42,344	—	—	—	—	18.00

KM# 765 4.43 g., Nickel Plated Steel, 23.9mm.
Subject: Vancouver Olympics **Rev:** Freestyle skiing

Date	Mintage	VF20	XF40	MS60	MS63	MS65
2008	—	—	—	—	0.90	18.00

KM# 766 4.43 g., Nickel Plated Steel, 23.88mm.
Subject: Vancouver Olympics **Rev:** Figure skating

Date	Mintage	VF20	XF40	MS60	MS63	MS65
2008	—	—	—	—	0.90	18.00

KM# 768 4.43 g., Nickel Plated Steel, 23.88mm.
Subject: Vancouver Olympics **Rev:** Snowboarding

Date	Mintage	VF20	XF40	MS60	MS63	MS65
2008	—	—	—	—	0.90	18.00

KM# 769 4.43 g., Nickel Plated Steel, 23.88mm.
Subject: Vancouver Olympics **Rev:** Olympic mascot - Miga

Date	Mintage	VF20	XF40	MS60	MS63	MS65
2008 PL	—	—	—	—	—	0.90

KM# 770 4.43 g., Nickel Plated Steel, 23.88mm.
Subject: Vancouver Olympics **Rev:** Olympic mascot - Quatchi

Date	Mintage	VF20	XF40	MS60	MS63	MS65
2008 PL	—	—	—	—	—	0.90

KM# 771 4.43 g., Nickel Plated Steel, 23.88mm.
Subject: Vancouver Olympics **Rev:** Olympic mascot - Sumi

Date	Mintage	VF20	XF40	MS60	MS63	MS65
2008 PL	—	—	—	—	—	0.90

KM# 772 4.43 g., Nickel Plated Steel, 23.88mm.
Subject: Oh Canada **Rev:** Multicolor red flag

Date	Mintage	VF20	XF40	MS60	MS63	MS65
2008 PL	—	—	—	—	—	18.00

KM# 773 12.61 g., Nickel Plated Steel, 35mm.
Obv: Bust right **Obv. Designer:** Susanna Blunt
Rev: Downy woodpecker in tree, multicolor **Rev. Designer:** Arnold Nogy **Edge:** Plain **Note:** Prev. KM#717.

Date	Mintage	VF20	XF40	MS60	MS63	MS65
2008 (ml) Specimen	14,282	—	—	—	—	175

KM# 774 12.61 g., Nickel Plated Steel, 35mm. **Obv:** Bust right **Obv. Designer:** Susanna Blunt **Rev:** Northern cardinal perched on branch - multicolor **Rev. Designer:** Arnold Nogy **Edge:** Plain **Note:** Prev. KM#718.

Date	Mintage	VF20	XF40	MS60	MS63	MS65
2008 (ml) Specimen	11,604	—	—	—	—	250

KM# 775 4.43 g., Nickel Plated Steel, 23.8mm. **Subject:** End of WWI, 90th Anniversary **Rev:** Multicolor poppy

Date	Mintage	VF20	XF40	MS60	MS63	MS65
1918-2008	10,167	—	—	—	—	8.00

KM# 776 12.61 g., Nickel Plated Steel, 35mm. **Subject:** Anne of Green Gables **Rev:** Image of young girl, multicolor **Rev. Designer:** Ben Stahl

Date	Mintage	VF20	XF40	MS60	MS63	MS65
1908-2008 Specimen	32,795	—	—	—	—	25.00

KM# 841 4.43 g., Nickel Plated Steel, 23.8mm. **Subject:** Vancouver Olympics **Rev:** Bobsleigh

Date	Mintage	VF20	XF40	MS60	MS63	MS65
2008	—	—	—	—	0.90	18.00

KM# 1039 4.43 g., Nickel Plated Steel, 23.9mm. **Subject:** Canada Day **Rev:** Colorized moose head

Date	Mintage	VF20	XF40	MS60	MS63	MS65
2008 PL	11,538	—	—	—	—	18.00

KM# 1041 4.43 g., Nickel Plated Steel, **Subject:** WWI **Rev:** Three military men standing over tomb

Date	Mintage	VF20	XF40	MS60	MS63	MS65
2008 (ml)	10,167	—	—	—	—	12.50

KM# 840 4.43 g., Nickel Plated Steel, 23.8mm. **Subject:** Valcouver 2010 Olympics **Rev:** Cross-country skiing

Date	Mintage	VF20	XF40	MS60	MS63	MS65
2009	—	—	—	—	0.90	18.00

KM# 842 4.43 g., Nickel Plated Steel, 23.9mm. **Subject:** Edmonton Olympics **Rev:** Speed skating

Date	Mintage	VF20	XF40	MS60	MS63	MS65
2009	—	—	—	—	0.90	18.00

KM# 885 4.40 g., Nickel Plated Steel, 23.88mm. **Subject:** Canada Day **Rev:** Animals in boat with flag **Rev. Legend:** Canada 25 cents

Date	Mintage	VF20	XF40	MS60	MS63	MS65
2009 PL	11,091	—	—	—	—	16.00

KM# 886 12.61 g., Nickel Plated Steel, 35mm. **Subject:** Notre-Dame-Du-Saguenay **Obv:** Bust right **Obv. Designer:** Susanna Blunt **Rev:** Color photo of fjord and statue **Obv. Legend:** Elizabeth II DG Regina **Rev. Legend:** Canada 25 cents

Date	Mintage	VF20	XF40	MS60	MS63	MS65
2009 Specimen	16,653	—	—	—	—	18.00

KM# 915 4.43 g., Nickel Plated Steel, 23.9mm. **Subject:** Surprise Birthday **Obv:** Bust right **Obv. Designer:** Susanna Blunt **Rev:** Colorized

Date	Mintage	VF20	XF40	MS60	MS63	MS65
2009 PL	9,663	—	—	—	—	13.00

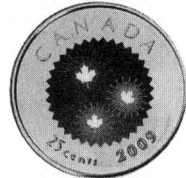

KM# 916 4.43 g., Nickel Plated Steel, 23.9mm. **Subject:** Share the Excitement **Obv:** Bust right **Obv. Designer:** Susanna Blunt **Rev:** Colorized

Date	Mintage	VF20	XF40	MS60	MS63	MS65
2009 PL	4,126	—	—	—	—	12.50

KM# 917 4.43 g., Nickel Plated Steel, 23.9mm. **Subject:** Share the Love **Obv:** Bust right **Obv. Designer:** Susanna Blunt **Rev:** Two doves, colored

Date	Mintage	VF20	XF40	MS60	MS63	MS65
2009 PL	7,571	—	—	—	—	13.00

KM# 918 4.43 g., Nickel Plated Steel, 23.9mm. **Subject:** Thank You **Obv:** Bust right **Obv. Designer:** Susanna Blunt **Rev:** Colorized

Date	Mintage	VF20	XF40	MS60	MS63	MS65
2009 PL	4,415	—	—	—	—	13.00

KM# 933 4.40 g., Nickel Plated Steel, 23.9mm. **Rev:** Santa Claus, multicolor

Date	Mintage	VF20	XF40	MS60	MS63	MS65
2009 PL	—	—	—	—	—	16.00

KM# 934 4.40 g., Nickel Plated Steel, 23.9mm. **Rev:** Multicolor teddy bear, crescent moon

Date	Mintage	VF20	XF40	MS60	MS63	MS65
2009 PL	25,182	—	—	—	—	16.50

KM# 935 4.40 g., Nickel Plated Steel, 23.9mm. **Subject:** Oh Canada **Rev:** Maple leaves, yellow color

Date	Mintage	VF20	XF40	MS60	MS63	MS65
2009 PL	14,451	—	—	—	—	16.00

KM# 952 4.40 g., Nickel Plated Steel, 23.9mm. **Rev:** Sledge hockey

Date	Mintage	VF20	XF40	MS60	MS63	MS65
2009	—	—	—	—	0.90	18.00

KM# 1063 Nickel Plated Steel, **Subject:** Men's Hockey **Rev:** Hockey player and maple leaf outline

Date	Mintage	VF20	XF40	MS60	MS63	MS65
2009	—	—	—	—	—	2.50

KM# 1063a Nickel Plated Steel, **Subject:** Men's Hockey **Rev:** Hockey player and maple leaf outline in red

Date	Mintage	VF20	XF40	MS60	MS63	MS65
2009	—	—	—	—	2.25	35.00

KM# 1064 Nickel Plated Steel, 23.9mm. **Subject:** Women's Hockey **Rev:** Hockey player and maple leaf outline

Date	Mintage	VF20	XF40	MS60	MS63	MS65
2009	—	—	—	—	0.90	18.00

KM# 1064a Nickel Plated Steel, **Subject:** Women's Hockey **Rev:** Hockey player and male leaf outline in red

Date	Mintage	VF20	XF40	MS60	MS63	MS65
2009	—	—	—	—	2.25	35.00

KM# 1065 Nickel Plated Steel, 23.9mm. **Subject:** Klassen - Female speed skater **Rev:** Skater and maple leaf outline

Date	Mintage	VF20	XF40	MS60	MS63	MS65
2009	—	—	—	—	0.90	18.00

KM# 1065a Nickel Plated Steel, **Subject:** Klassen - female skater **Rev:** Skater and maple leaf outline in red

Date	Mintage	VF20	XF40	MS60	MS63	MS65
2009	—	—	—	—	2.25	35.00

KM# 880 4.40 g., Nickel Plated Steel, 23.88mm. **Subject:** Miga Mascot Vancouver Olympics **Rev:** Mica Mascot - color **Rev. Legend:** Vancouver 2010 25 cents

Date	Mintage	VF20	XF40	MS60	MS63	MS65
2010	14,654	—	—	—	—	3.00

KM# 881 4.40 g., Nickel Plated Steel, 23.88mm. **Subject:** Quatchi Mascot - Vancouver Olympics **Obv:** Bust right **Rev:** Quatchi Mascot color **Rev. Legend:** Vancouver 2010 25 cents

Date	Mintage	VF20	XF40	MS60	MS63	MS65
2010	15,310	—	—	—	—	3.00

KM# 882 4.40 g., Nickel Plated Steel, 23.88mm. **Subject:** Sumi Mascot **Rev:** Sumi Mascot color **Rev. Legend:** Vancouver 2010 25 cents

Date	Mintage	VF20	XF40	MS60	MS63	MS65
2010	15,333	—	—	—	—	3.00

KM# 953 4.40 g., Nickel Plated Steel, 23.9mm. **Rev:** Ice hockey

Date	Mintage	VF20	XF40	MS60	MS63	MS65
2010	—	—	—	—	—	3.00

KM# 953a 4.40 g., Nickel Plated Steel, 23.9mm. **Rev:** Ice Hockey - red enamel

Date	Mintage	VF20	XF40	MS60	MS63	MS65
2010	—	—	—	—	2.25	35.00

KM# 954 4.40 g., Nickel Plated Steel, 23.9mm. **Rev:** Curling

Date	Mintage	VF20	XF40	MS60	MS63	MS65
2010	—	—	—	—	—	3.00

KM# 954a 4.40 g., Nickel Plated Steel, 23.9mm. **Rev:** Curling red enamel

Date	Mintage	VF20	XF40	MS60	MS63	MS65
2010	—	—	—	—	—	8.00

KM# 955 4.40 g., Nickel Plated Steel, 23.9mm. **Rev:** Wheelchair curling

Date	Mintage	VF20	XF40	MS60	MS63	MS65
2010	—	—	—	—	—	3.00

KM# 955a 4.40 g., Nickel Plated Steel, 23.9mm. **Rev:** Wheelchair curling - red enamel

Date	Mintage	VF20	XF40	MS60	MS63	MS65
2010	—	—	—	—	—	8.00

KM# 956 4.40 g., Nickel Plated Steel, 23.9mm. **Rev:** Biathlon

Date	Mintage	VF20	XF40	MS60	MS63	MS65
2010	—	—	—	—	—	3.00

KM# 956a 4.40 g., Nickel Plated Steel, 23.9mm. **Rev:** Biathlon - red enamel

Date	Mintage	VF20	XF40	MS60	MS63	MS65
2010	—	—	—	—	—	8.00

KM# 957 4.40 g., Nickel Plated Steel, 23.9mm. **Rev:** Alpine skiing

Date	Mintage	VF20	XF40	MS60	MS63	MS65
2010	—	—	—	—	—	3.00

KM# 957a 4.40 g., Nickel Plated Steel, 23.9mm. **Rev:** Alpine skiing - red enamel

Date	Mintage	VF20	XF40	MS60	MS63	MS65
2010	—	—	—	—	—	8.00

KM# 958 4.40 g., Nickel Plated Steel, 23.9mm. **Rev:** Snowboarding

Date	Mintage	VF20	XF40	MS60	MS63	MS65
2010	—	—	—	—	—	3.00

KM# 958a 4.40 g., Nickel Plated Steel, 23.9mm. **Rev:** Snowboarding - red enamel

Date	Mintage	VF20	XF40	MS60	MS63	MS65
2010	—	—	—	—	—	8.00

KM# 959 23.90 g., Nickel Plated Steel, 23.9mm. **Rev:** Free-style skiing

Date	Mintage	VF20	XF40	MS60	MS63	MS65
2010	—	—	—	—	—	3.00

KM# 959a 4.40 g., Nickel Plated Steel, 23.9mm.
Rev: Free-style skiing - red enamel

Date	Mintage	VF20	XF40	MS60	MS63	MS65
2010	—	—	—	—	—	8.00

KM# 960 4.40 g., Nickel Plated Steel, 23.9mm.
Rev: Alpine skiing

Date	Mintage	VF20	XF40	MS60	MS63	MS65
2010	—	—	—	—	—	3.00

KM# 960a 4.40 g., Nickel Plated Steel, 23.9mm.
Rev: Alpine skiing - red enamel

Date	Mintage	VF20	XF40	MS60	MS63	MS65
2010	—	—	—	—	—	8.00

KM# 988 4.40 g., Nickel Plated Steel, 23.88mm.
Rev: Blue baby carriage

Date	Mintage	VF20	XF40	MS60	MS63	MS65
2010	—	—	—	—	—	10.00

KM# 989 4.40 g., Nickel Plated Steel, 23.9mm.
Rev: Purple gift box

Date	Mintage	VF20	XF40	MS60	MS63	MS65
2010	—	—	—	—	—	10.00

KM# 991 4.40 g., Nickel Plated Steel, 23.9mm.
Rev: Three maple leaves

Date	Mintage	VF20	XF40	MS60	MS63	MS65
2010	—	—	—	—	—	12.50

KM# 992 4.40 g., Nickel Plated Steel, 23.9mm.
Rev: Three zinnias

Date	Mintage	VF20	XF40	MS60	MS63	MS65
2010	—	—	—	—	—	12.50

KM# 993 4.43 g., Nickel Plated Steel, 23.9mm.
Rev: Pink hearts and roses

Date	Mintage	VF20	XF40	MS60	MS63	MS65
2010	—	—	—	—	—	10.00

KM# 994 12.61 g., Nickel Plated Steel, 35mm. **Rev:** Goldfinch, multicolor **Rev. Designer:** Arnold Nogy

Date	Mintage	VF20	XF40	MS60	MS63	MS65
2010 Specimen	Est. 14000	—	—	—	—	150

KM# 1001 12.61 g., Nickel Plated Steel, 35mm. **Subject:** Blue Jay **Rev:** Multicolor blue jay on yellow maple leaves

Date	Mintage	VF20	XF40	MS60	MS63	MS65
2010 Specimen	Est. 14000	—	—	—	—	100

KM# 1006 0.50 g., 0.999 Gold, 0.0161 oz. AGW 11mm. **Rev:** Caribou head left

Date	Mintage	VF20	XF40	MS60	MS63	MS65
2010	15,000	PF65 80.00				

KM# 1021 Nickel Plated Steel, 23.9mm. **Rev:** Santa Claus in color

Date	Mintage	VF20	XF40	MS60	MS63	MS65
2010	—	—	—	—	—	15.00

25 CENTS

KM# 1026 Silver, 23.8mm. **Obv:** George V bust left
Rev: Value within wreath, dual dates below

Date	Mintage	VF20	XF40	MS60	MS63	MS65
1935-2010	—		PF65 25.00			

KM# 1028 4.40 g., Nickel Plated Steel, 23.9mm.
Rev: Soldier standing, two red poppies, large maple
leaf behind

Date	Mintage	VF20	XF40	MS60	MS63	MS65
2010	—	—	—	—	—	15.00

KM# 1079 12.61 g., Nickel Plated Steel, 35mm. **Rev:**
Barn Swallow in color **Rev. Designer:** Arnold Nagy

Date	Mintage	VF20	XF40	MS60	MS63	MS65
2011 Specimen	Est. 14000	—	—	—	—	50.00

KM# 1080 4.43 g., Nickel Plated Steel, 23.88mm.
Subject: Oh Canada! **Rev:** Maple leaf and circular
legend

Date	Mintage	VF20	XF40	MS60	MS63	MS65
2011	—	—	—	—	—	2.50

KM# 1081 4.43 g., Nickel Plated Steel, 23.88mm.
Subject: Wedding **Rev:** Two rings

Date	Mintage	VF20	XF40	MS60	MS63	MS65
2011	—	—	—	—	—	2.50

KM# 1082 4.43 g., Nickel Plated Steel, 23.88mm.
Subject: Birthday **Rev:** Year in four balloons

Date	Mintage	VF20	XF40	MS60	MS63	MS65
2011	—	—	—	—	—	2.50

KM# 1083 4.43 g., Nickel Plated Steel, 23.88mm.
Subject: New Baby! **Rev:** Baby's feet

Date	Mintage	VF20	XF40	MS60	MS63	MS65
2011	—	—	—	—	—	2.50

KM# 1084 4.43 g., Nickel Plated Steel, 23.88mm.
Rev: Tooth Fairy

Date	Mintage	VF20	XF40	MS60	MS63	MS65
2011	—	—	—	—	—	2.50

KM# 1110 12.61 g., Nickel Plated Steel, 35mm.
Subject: Royal Wedding **Rev:** Colored portraits left
of William and Catherine

Date	Mintage	VF20	XF40	MS60	MS63	MS65
2011 Specimen	—	—	—	—	—	18.00

KM# 1113 12.61 g., Nickel Plated Steel, 35mm.
Rev: Fantasy Furry Woods creature in color

Date	Mintage	VF20	XF40	MS60	MS63	MS65
2011	—	—	—	—	—	22.00

KM# 1114 12.61 g., Nickel Plated Steel, 35mm.
Rev: Fantasy sea serpent in color

Date	Mintage	VF20	XF40	MS60	MS63	MS65
2011	—	—	—	—	—	22.00

KM# 1115 12.61 g., Nickel Plated Steel, 35mm.
Rev: Tulip and ladybug in color

Date	Mintage	VF20	XF40	MS60	MS63	MS65
2011	—	—	—	—	—	35.00

KM# 1116 12.61 g., Nickel Plated Steel, 35mm.
Rev: Black capped chickadee in color

Date	Mintage	VF20	XF40	MS60	MS63	MS65
2011 Specimen	—	—	—	—	—	50.00

KM# 1148 4.43 g., Nickel Plated Steel, 23.9mm.
Obv: Bust right **Rev:** Snowflake

Date	Mintage	VF20	XF40	MS60	MS63	MS65
2011	—	—	—	—	—	7.50

KM# 1156 5.90 g., 0.925 Silver, 0.1755 oz. ASW
23.8mm. **Obv:** George V bust **Rev:** Value within
wreath

Date	Mintage	VF20	XF40	MS60	MS63	MS65
1911-2011	6,000	PF65 25.00				

KM# 1168 4.40 g., Nickel Plated Steel, 23.9mm.
Obv: Bust right **Rev:** Stylized bison

Date	Mintage	VF20	XF40	MS60	MS63	MS65
2011	—	—	—	—	0.90	18.00

KM# 1168a 4.40 g., Nickel Plated Steel with color,
23.9mm. **Obv:** Bust right **Rev:** Stylized bison,
green circle in background

Date	Mintage	VF20	XF40	MS60	MS63	MS65
2011	—	—	—	—	—	9.50

KM# 1169 4.40 g., Nickel Plated Steel, 23.9mm.
Obv: Bust right **Rev:** Stylized falcon

Date	Mintage	VF20	XF40	MS60	MS63	MS65
2011	—	—	—	—	0.90	18.00

KM# 1169a 4.40 g., Nickel Plated Steel with color,
23.9mm. **Obv:** Bust right **Rev:** Stylized falcon with
yellow circle in background

Date	Mintage	VF20	XF40	MS60	MS63	MS65
2011	—	—	—	—	—	9.50

KM# 1170 4.40 g., Nickel Plated Steel, 23.9mm. **Obv:** Bust right **Rev:** Stylized orca whale

Date	Mintage	VF20	XF40	MS60	MS63	MS65
2011	—	—	—	—	0.90	18.00

KM# 1170a 4.40 g., Nickel Plated Steel with color, 23.9mm. **Obv:** Bust right **Rev:** Stylized orca whale with blue circle in background

Date	Mintage	VF20	XF40	MS60	MS63	MS65
2011	—	—	—	—	—	9.50

KM# 1171 0.50 g., 0.999 Gold, 0.0161 oz. AGW 11mm. **Obv:** Bust right **Rev:** Cougar head left

Date	Mintage	VF20	XF40	MS60	MS63	MS65
2011	—	PF65 80.00				

KM# 1172 12.61 g., Copper Plated Silver gold plated, 35mm. **Obv:** Bust right **Rev:** Wayne Greskey in hockey helmet left

Date	Mintage	VF20	XF40	MS60	MS63	MS65
2011 Specimen	—	—	—	—	—	35.00

KM# 1192 4.43 g., Nickel Plated Steel, 23.9mm. **Subject:** Canadian Broadcasting Company, 75th Anniversary **Obv:** Bust right **Rev:** Old-time radio microphone

Date	Mintage	VF20	XF40	MS60	MS63	MS65
2011	—	—	—	—	—	2.50

KM# 1193 12.61 g., Nickel Plated Steel, 35mm. **Subject:** Mythical Creature - Mishepishu **Obv:** Bust right **Rev:** Horned lizard in color

Date	Mintage	VF20	XF40	MS60	MS63	MS65
2011	—	—	—	—	—	22.00

KM# 1227 4.43 g., Nickel Plated Steel, 23.9mm. **Obv:** Bust right **Rev:** Tooth Fairy in flight

Date	Mintage	VF20	XF40	MS60	MS63	MS65
2012	—	—	—	—	—	13.00

KM# 1228 4.43 g., Nickel Plated Steel, 23.9mm. **Subject:** Baby **Rev:** Baby's mobile

Date	Mintage	VF20	XF40	MS60	MS63	MS65
2012 PL	—	—	—	—	—	13.00

KM# 1229 4.43 g., Nickel Plated Steel, 23.9mm. **Subject:** Wedding **Rev:** Two wedding rings with small feet

Date	Mintage	VF20	XF40	MS60	MS63	MS65
2012 PL	—	—	—	—	—	13.00

KM# 1230 4.43 g., Nickel Plated Steel, 23.9mm. **Subject:** Birthday **Rev:** Cone with character face

Date	Mintage	VF20	XF40	MS60	MS63	MS65
2012	—	—	—	—	—	2.50

KM# 1231 4.43 g., Nickel Plated Steel, 23.9mm. **Subject:** Oh, Canada! **Rev:** Maple leaves with character faces

Date	Mintage	VF20	XF40	MS60	MS63	MS65
2012	—	—	—	—	—	2.50

KM# 1232 4.43 g., Nickel Plated Steel, 23.88mm.
Subject: Winnipeg Jets **Rev:** Jet superimposed on Maple leaf

Date	Mintage	VF20	XF40	MS60	MS63	MS65
2012	—	—	—	—	—	2.50

KM# 1233 12.51 g., Nickel Plated Steel, 35mm.
Subject: Titanic, 100th Anniversary **Obv:** Bust right **Rev:** Two views of Titanic, one at dockside, one nighttime at sea

Date	Mintage	VF20	XF40	MS60	MS63	MS65
2012	—	—	—	—	—	22.00

KM# 1247 12.61 g., Nickel Plated Steel, 35mm.
Subject: Coast Guard, 100th anniversary **Rev:** Rescue craft in rough seas

Date	Mintage	VF20	XF40	MS60	MS63	MS65
2012	—	—	—	—	—	22.00

KM# 1252 12.61 g., Nickel Plated Steel, 35mm.
Subject: Pachyrhinosaurus Lakusta **Note:** Skeleton glows in the dark.

Date	Mintage	VF20	XF40	MS60	MS63	MS65
2012	—	—	—	—	—	100

KM# 1253 12.61 g., Nickel Plated Steel, 35mm.
Subject: Rose Breasted Grosbeak

Date	Mintage	VF20	XF40	MS60	MS63	MS65
2012	—	—	—	—	—	30.00

KM# 1265 12.61 g., Nickel Plated Steel, 35mm.
Subject: Aster and Bee

Date	Mintage	VF20	XF40	MS60	MS63	MS65
2012	—	—	—	—	—	22.00

KM# 1313 12.61 g., Copper-Nickel, 35mm.
Subject: Grey Cup, 100th Anniversary **Obv:** Bust right **Obv. Designer:** Susana Blunt **Rev:** B.C. Lions logo in color

Date	Mintage	VF20	XF40	MS60	MS63	MS65
2012	—		PF65 25.00			

KM# 1314 12.61 g., Copper-Nickel, 35mm.
Subject: Grey Cup, 100th Anniversary **Obv:** Bust right **Obv. Designer:** Susana Blunt **Rev:** Calgary Stampeders logo in color

Date	Mintage	VF20	XF40	MS60	MS63	MS65
2012	—		PF65 22.00			

KM# 1315 12.61 g., Copper-Nickel, 35mm.
Subject: Grey Cup, 100th Anniversary **Obv:** Bust right **Obv. Designer:** Susana Blunt **Rev:** Edmonton Eskimos logo in color

Date	Mintage	VF20	XF40	MS60	MS63	MS65
2012	—		PF65 25.00			

KM# 1316 12.61 g., Copper-Nickel, 35mm.
Subject: Grey Cup, 100th Anniversary **Obv:** Bust right **Obv. Designer:** Susana Blunt **Rev:** Hamilton Tiger-Cats logo in color

Date	Mintage	VF20	XF40	MS60	MS63	MS65
2012	—		PF65 25.00			

KM# 1317 12.61 g., Copper-Nickel, 35mm.
Subject: Grey Cup, 100th Anniversary **Obv:** Bust right **Obv. Designer:** Susana Blunt **Rev:** Montreal Alouettes logo in color

Date	Mintage	VF20	XF40	MS60	MS63	MS65
2012	—		PF65 25.00			

25 CENTS

25 CENTS

KM# 1318 12.61 g., Copper-Nickel, 35mm. **Subject:** Grey Cup, 100th Anniversary **Obv:** Bust right **Obv. Designer:** Susana Blunt **Rev:** Saskatchewan Roughriders logo in color

Date	Mintage	VF20	XF40	MS60	MS63	MS65
2012	—				PF65 25.00	

KM# 1319 12.61 g., Copper-Nickel, 35mm. **Subject:** Grey Cup, 100th Anniversary **Obv:** Bust right **Obv. Designer:** Susana Blunt **Rev:** Toronto Argonauts logo in color

Date	Mintage	VF20	XF40	MS60	MS63	MS65
2012	—				PF65 25.00	

KM# 1320 12.61 g., Copper-Nickel, 35mm. **Subject:** Grey Cup, 100th Anniversary **Obv:** Bust right **Obv. Designer:** Susana Blunt **Rev:** Winnipeg Blue Bombers logo in color

Date	Mintage	VF20	XF40	MS60	MS63	MS65
2012	—				PF65 25.00	

KM# 1321 12.61 g., Nickel Plated Steel, 35mm. **Subject:** Calgary Stampede **Rev:** Cowboy on bucking horse in color

Date	Mintage	VF20	XF40	MS60	MS63	MS65
2012	—					22.00
Specimen						

KM# 1322 4.43 g., Nickel Plated Steel, 23.9mm. **Subject:** War of 1812 - Brock **Rev:** Portrait at right **Rev. Designer:** Bonnie Ross

Date	Mintage	VF20	XF40	MS60	MS63	MS65
2012	—	—	—	—	0.90	18.00

KM# 1322a 4.43 g., Nickel Plated Steel, 23.9mm. **Subject:** War of 1812 - Brock **Rev:** Portrait at right, red maple leaf **Rev. Designer:** Bonnie Ross

Date	Mintage	VF20	XF40	MS60	MS63	MS65
2012	—	—	—	—	—	10.00

KM# 1324 4.43 g., Nickel Plated Steel, 23.9mm. **Subject:** War of 1812 - Tecumseh **Rev:** Portrait at right **Rev. Designer:** Bonnie Ross

Date	Mintage	VF20	XF40	MS60	MS63	MS65
2012	—	—	—	—	0.90	18.00

KM# 1324a 4.42 g., Nickel Plated Steel, 23.9mm. **Subject:** War of 1812 - Tecumseh **Rev:** Portrait at right, red maple leaf **Rev. Designer:** Bonnie Ross

Date	Mintage	VF20	XF40	MS60	MS63	MS65
2012	—	—	—	—	—	10.00

KM# 1326 12.61 g., Nickel Plated Steel, 35mm. **Rev:** Evening Grosbeak in color

Date	Mintage	VF20	XF40	MS60	MS63	MS65
2012 Specimen	—	—	—	—	—	35.00

KM# 1341 12.16 g., Copper-Nickel, 35mm. **Subject:** Christmas Lenticular **Rev:** Santa Claus with bag of presents **Rev. Designer:** Tony Bianco

Date	Mintage	VF20	XF40	MS60	MS63	MS65
2012 Specimen	25,000	—	—	—	—	30.00

KM# 1351 Nickel Plated Steel, 35mm. **Subject:** Quetzalcoatlus **Rev:** Dinosaur in color and as glow-in-the-dark skeleton

Date	Mintage	VF20	XF40	MS60	MS63	MS65
2013	—	—	—	—	—	35.00

KM# 1353 12.61 g., Copper-Nickel, 35mm. **Rev:** Purple cone flower and butterfly in color

Date	Mintage	VF20	XF40	MS60	MS63	MS65
2013 Specimen	17,500	—	—	—	—	30.00

KM# 1354 12.61 g., Copper-Nickel, 35mm. **Rev:** Male and female mallards in color **Rev. Designer:** Trevor Tennant

Date	Mintage	VF20	XF40	MS60	MS63	MS65
2013 Specimen	17,500	—	—	—	—	27.00

KM# 1368 4.43 g., Nickel Plated Steel, 23.9mm. **Subject:** Oh Canada **Rev:** Maple Leaf

Date	Mintage	VF20	XF40	MS60	MS63	MS65
2013	—	PF65 10.00				

KM# 1373 12.61 g., Nickel Plated Steel, 35mm. **Rev:** American Robin in color

Date	Mintage	VF20	XF40	MS60	MS63	MS65
2013 Specimen	—	—	—	—	—	27.00

KM# 1380 0.50 g., 0.9999 Gold, 0.0161 oz. AGW 11mm. **Rev:** Hummingbird in flight right **Rev. Designer:** Claudio D'Angelo

Date	Mintage	VF20	XF40	MS60	MS63	MS65
2013	Est. 10000	PF65 70.00				

KM# 1419 4.43 g., Nickel Plated Steel, 23.9mm. **Subject:** Birthday **Rev:** Birthday cake and candle

Date	Mintage	VF20	XF40	MS60	MS63	MS65
2013	—	PF65 20.00				

KM# 1420 4.43 g., Nickel Plated Steel, 23.9mm. **Rev:** Two Rings

Date	Mintage	VF20	XF40	MS60	MS63	MS65
2013	—	PF65 20.00				

KM# 1443 Copper-Nickel, 35mm. **Obv:** Bust right **Rev:** Barn owl in flight left, in color

Date	Mintage	VF20	XF40	MS60	MS63	MS65
2013	17,500	PF65 27.00				

KM# 1460 0.50 g., Nickel Plated Steel, 23.9mm. **Rev:** Baby carriage - William and Catherine names around **Rev. Designer:** Laurie McGaw

Date	Mintage	VF20	XF40	MS60	MS63	MS65
2013 Specimen	—	—	—	—	—	22.00

KM# 1465 12.61 g., Nickel Plated Steel, 35mm. **Rev:** Christmas wreath in color

Date	Mintage	VF20	XF40	MS60	MS63	MS65
2013	—	—	—	—	—	25.00

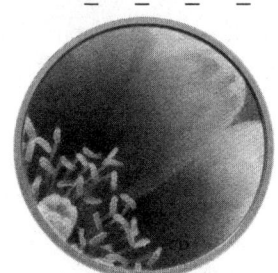

25 CENTS

KM# 1491 15.50 g., Copper-Nickel, 35mm.
Subject: Eastern Prickly Pear Cactus **Rev:** Partial
flower in color **Rev. Designer:** Claudio D'Angelo

Date	Mintage	VF20	XF40	MS60	MS63	MS65
2013	17,500		PF65 22.00			

KM# 1494 0.50 g., 0.999 Gold, 0.0161 oz. AGW
11mm. **Subject:** Rocky Mountain Bighorn Sheep
Rev: Head right

Date	Mintage	VF20	XF40	MS60	MS63	MS65
2013	10,000		PF65 80.00			

KM# 1572 12.61 g., Nickel Plated Steel, 35mm.
Obv: Bust right **Rev:** Montreal Canadians logo in
color

Date	Mintage	VF20	XF40	MS60	MS63	MS65
2014	—	—	—	—	—	10.00

KM# 1573 12.61 g., Nickel Plated Steel, 35mm.
Obv: Bust right **Rev:** Canucks logo in color

Date	Mintage	VF20	XF40	MS60	MS63	MS65
2014	—	—	—	—	—	10.00

KM# 1574 12.61 g., Nickel Plated Steel, 35mm.
Obv: Bust right **Rev:** Calgary Flames logo in color

Date	Mintage	VF20	XF40	MS60	MS63	MS65
2014	—	—	—	—	—	10.00

KM# 1575 12.61 g., Nickel Plated Steel, 35mm.
Obv: Bust right **Rev:** Winnipeg Jets logo in color

Date	Mintage	VF20	XF40	MS60	MS63	MS65
2014	—	—	—	—	—	10.00

KM# 1576 12.61 g., Nickel Plated Steel, 35mm.
Obv: Bust right **Rev:** Toronto Maple Leafs logo in
color

Date	Mintage	VF20	XF40	MS60	MS63	MS65
2014	—	—	—	—	—	10.00

KM# 1577 12.61 g., Nickel Plated Steel, 35mm.
Obv: Bust right **Rev:** Edmonton Oilers logo in color

Date	Mintage	VF20	XF40	MS60	MS63	MS65
2014	—	—	—	—	—	10.00

KM# 1578 12.61 g., Nickel Plated Steel, 35mm.
Obv: Bust right **Rev:** Senators logo in color

Date	Mintage	VF20	XF40	MS60	MS63	MS65
2014	—	—	—	—	—	10.00

KM# 1602 0.50 g., 0.999 Gold, 0.0161 oz. AGW 11mm. **Obv:** Bust right **Rev:** Chipmunk

Date	Mintage	VF20	XF40	MS60	MS63	MS65
2014	—		PF65 80.00			

KM# 1618 12.61 g., Nickel Plated Steel, 35mm. **Obv:** Bust right **Rev:** Eastern Meadowlark in color

Date	Mintage	VF20	XF40	MS60	MS63	MS65
2014	—	—	—	—	—	35.00

KM# 1619 12.61 g., Nickel Plated Steel, 35mm. **Obv:** Bust right **Rev:** Tikaalik creature in glow in the dark format

Date	Mintage	VF20	XF40	MS60	MS63	MS65
2014	—	—	—	—	—	25.00

KM# 1630 12.61 g., Nickel Plated Steel, 35mm. **Obv:** Bust right **Rev:** Pintail ducks in color

Date	Mintage	VF20	XF40	MS60	MS63	MS65
2014	—	—	—	—	—	25.00

KM# 1631 12.61 g., Nickel Plated Steel, 35mm. **Subject:** Ghost of the Fairmont Banff Springs hotel **Obv:** Bust right **Rev:** Female head facing above roofline of hotel

Date	Mintage	VF20	XF40	MS60	MS63	MS65
2014	15,000	—	—	—	35.00	—

KM# 1632 12.61 g., Nickel Plated Stainless Steel, 35mm. **Obv:** Bust right **Rev:** FIFA World Cup, Brazil design in color

Date	Mintage	VF20	XF40	MS60	MS63	MS65
2014	—	—	—	—	35.00	—

KM# 1633 12.61 g., Nickel Plated Steel, 35mm. **Obv:** Bust right **Rev:** Leopard frog and water lily in color

Date	Mintage	VF20	XF40	MS60	MS63	MS65
2014	—	—	—	—	35.00	—

KM# 1779 15.87 g., Copper-Nickel, 35mm. **Obv:** Bust right **Rev:** Scarlet Tanager in color **Rev. Designer:** Pierre Leduc

Date	Mintage	VF20	XF40	MS60	MS63	MS65
2014	17,500	—	—	—	30.00	—

KM# 1810 0.50 g., 0.999 Gold, 0.0161 oz. AGW **Obv:** Bust right **Rev:** Grizzly Bear head left

Date	Mintage	VF20	XF40	MS60	MS63	MS65
2015	10,000		PF65 80.00			

25 CENTS

50 CENTS

KM# 6 11.62 g., 0.925 Silver, 0.3456 oz. ASW 29.72mm. **Obv:** VICTORIA DEI GRATIA REGINA. CANADA
Obv. Designer: Leonard C. Wyon **Rev:** Denomination and date within wreath, crown above **Edge:** Reeded

Date	Mintage	VG8	F12	VF20	XF40	AU50	MS60	MS63	MS65
1870	450,000	1,000	1,400	2,400	5,000	13,500	25,000	40,000	—
1870 LCW	Inc. above	45.00	75.00	175	400	1,150	3,500	9,000	16,000
1871	200,000	75.00	150	350	650	2,000	7,000	15,000	24,000
1871	45,000	150	225	450	1,100	2,800	8,500	22,000	40,000
1872	80,000	55.00	95.00	200	450	1,350	4,000	10,500	17,500
1872 Inverted A for V in Victoria	Inc. above	450	700	1,800	5,000	10,500	25,000	—	—
1881	150,000	75.00	125	225	550	2,100	5,500	14,000	23,000
1888	60,000	225	400	750	1,400	4,000	9,500	22,000	35,000
1890	20,000	1,300	1,900	3,500	6,000	14,000	30,000	65,000	—
1892	151,000	80.00	125	350	650	2,500	9,000	21,000	35,000
1894	29,036	500	900	1,500	2,500	7,000	14,000	35,000	60,000
1898	100,000	85.00	150	350	750	2,800	9,000	24,000	40,000
1899	50,000	200	350	700	1,600	5,000	14,000	30,000	—
1900	118,000	60.00	100	200	500	1,800	5,000	10,500	16,500
1901	80,000	80.00	150	300	750	2,000	7,000	16,000	26,000

Victorian leaves

KM# 12 11.62 g., 0.925 Silver, 0.3456 oz. ASW 29.72mm. **Obv:** Crowned bust right **Obv. Designer:** G. W.
DeSaulles **Rev:** Denomination and date within wreath, crown above **Edge:** Reeded

Date	Mintage	VG8	F12	VF20	XF40	AU50	MS60	MS63	MS65
1902	120,000	28.00	55.00	150	350	650	1,800	4,500	7,500
1903H	140,000	35.00	70.00	225	550	850	2,000	5,000	8,500
1904	60,000	175	350	750	1,500	2,700	5,000	14,500	25,000
1905	40,000	225	450	1,000	2,100	4,000	9,000	18,000	—
1906	350,000	24.00	45.00	150	400	800	1,800	4,500	7,500
1907	300,000	24.00	50.00	125	350	700	1,800	5,000	8,500
1908	128,119	40.00	90.00	250	550	850	1,400	2,700	4,500
1909	302,118	30.00	90.00	250	700	1,600	3,000	11,000	20,000
1910 Victoria leaves	649,521	35.00	65.00	175	500	1,050	2,200	7,000	12,000

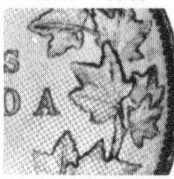

Edwardian leaves

KM# 12a 11.62 g., 0.925 Silver, 0.3456 oz. ASW 29.72mm. **Obv:** Crowned bust right **Obv. Designer:** G. W.
DeSaulles **Rev:** Denomination and date within wreath **Edge:** Reeded

Date	Mintage	VG8	F12	VF20	XF40	AU50	MS60	MS63	MS65
1910 Edwardian leaves	Inc. above	22.00	40.00	100	350	650	1,550	4,500	7,500

50 CENTS

KM# 19 11.62 g., 0.925 Silver, 0.3456 oz. ASW 29.72mm. **Obv:** Crowned bust left **Obv. Designer:** E. B. MacKennal **Rev:** Denomination and date within wreath, crown above **Edge:** Reeded

Date	Mintage	VG8	F12	VF20	XF40	AU50	MS60	MS63	MS65
1911	209,972	25.00	100	350	750	1,100	1,950	4,000	10,000

KM# 25 11.62 g., 0.925 Silver, 0.3456 oz. ASW 29.72mm. **Obv:** Crowned bust left, modified legend **Obv. Designer:** E. B. MacKennal **Rev:** Denomination and date within wreath, crown above **Edge:** Reeded

Date	Mintage	VG8	F12	VF20	XF40	AU50	MS60	MS63	MS65
1912	285,867	16.00	40.00	150	350	650	1,500	4,000	12,000
1913	265,889	16.00	40.00	175	400	800	1,800	6,000	20,000
1914	160,128	40.00	100	300	750	1,800	4,000	10,000	—
1916	459,070	15.00	24.00	75.00	200	400	900	2,700	9,500
1917	752,213	13.00	22.00	50.00	150	300	650	1,600	3,500
1918	754,989	13.00	20.00	40.00	125	250	500	1,300	4,000
1919	1,113,429	13.00	20.00	40.00	125	225	500	1,300	4,000

KM# 25a 11.66 g., 0.800 Silver, 0.300 oz. ASW 29.72mm. **Obv:** Crowned bust left **Obv. Designer:** E. B. MacKennal **Rev:** Denomination and date within wreath, crown below **Edge:** Reeded

Date	Mintage	VG8	F12	VF20	XF40	AU50	MS60	MS63	MS65
1920	584,691	17.00	22.00	55.00	200	400	800	2,000	4,500
1921	—	30,000	40,000	50,000	55,000	60,000	65,000	125,000	—
Note: 75 to 100 known; David Akers John Jay Pittman sale, Part Three, 10-99, Gem Unc. realized $63,250									
1929	228,328	13.00	22.00	50.00	150	300	650	1,500	4,000
1931	57,581	25.00	45.00	100	300	600	1,100	2,200	5,500
1932	19,213	150	250	500	1,000	2,200	5,000	9,500	—
1934	39,539	30.00	50.00	100	300	550	900	1,800	4,500
1936	38,550	24.00	45.00	100	300	450	700	1,300	3,500

KM# 36 11.66 g., 0.800 Silver, 0.300 oz. ASW 29.72mm. **Obv:** Head left **Obv. Designer:** T. H. Paget **Rev:** Crowned arms with supporters, denomination above, date below **Rev. Designer:** George E. Kruger-Gray **Edge:** Reeded

Date	Mintage	VG8	F12	VF20	XF40	AU50	MS60	MS63	MS65
1937	192,016	5.50	12.00	14.00	18.00	25.00	40.00	90.00	1,800
1938	192,018	5.50	15.00	20.00	40.00	85.00	175	450	4,500
1939	287,976	5.50	13.00	15.00	28.00	60.00	100	300	2,500
1940	1,996,566	—	—	5.50	14.00	19.00	35.00	75.00	1,000
1941	1,714,874	—	—	5.50	14.00	19.00	35.00	75.00	1,300
1942	1,974,164	—	—	5.50	14.00	19.00	35.00	75.00	1,300
1943	3,109,583	—	—	5.50	14.00	19.00	35.00	75.00	1,300
1944	2,460,205	—	—	5.50	14.00	19.00	35.00	75.00	1,300
1945	1,959,528	—	—	5.50	14.00	19.00	35.00	90.00	2,700
1946	950,235	—	5.50	13.00	18.00	35.00	75.00	175	3,500
1946 hoof in 6	Inc. above	30.00	40.00	60.00	225	600	1,650	4,500	—
1947 straight 7	424,885	—	5.50	13.00	20.00	45.00	90.00	250	—
1947 curved 7	Inc. above	—	5.50	13.00	29.00	65.00	125	350	3,500
1947 maple leaf, straight 7	38,433	28.00	40.00	50.00	100	150	250	400	3,500
1947 maple leaf, curved 7	Inc. above	1,500	1,950	2,300	3,000	4,000	6,000	13,000	—

KM# 45 11.66 g., 0.800 Silver, 0.300 oz. ASW 29.72mm. **Obv:** Head left, modified legend **Obv. Designer:** T. H. Paget **Rev:** Crowned arms with supporters, denomination above, date below **Rev. Designer:** George E. Kruger-Gray **Edge:** Reeded

Date	Mintage	VG8	F12	VF20	XF40	AU50	MS60	MS63	MS65
1948	37,784	90.00	125	150	175	225	300	450	2,200
1949	858,991	—	—	5.50	13.00	22.00	50.00	125	1,300
1949 hoof over 9	Inc. above	20.00	22.50	45.00	90.00	200	500	1,150	—
1950 no lines in 0	2,384,179	14.00	16.00	18.00	45.00	90.00	175	300	2,700
1950 lines in 0	Inc. above	—	—	5.50	12.00	14.50	16.00	45.00	900
1951	2,421,730	—	—	—	5.50	10.00	14.00	30.00	250
1952	2,596,465	—	—	—	5.50	10.00	14.00	22.00	150

KM# 53 11.66 g., 0.800 Silver, 0.300 oz. ASW 29.72mm. **Obv:** Laureate bust right **Obv. Designer:** Mary Gillick **Rev:** Crowned arms with supporters, denomination above, date below **Edge:** Reeded

Date	Mintage	VG8	F12	VF20	XF40	AU50	MS60	MS63	MS65
1953	1,630,429	—	—	—	5.50	9.50	13.00	22.50	225
Note: small date									
1953	Inc. above	—	—	5.50	12.00	15.00	27.00	50.00	800
Note: large date, straps									
1953	Inc. above	—	5.50	12.00	20.00	45.00	90.00	225	3,500
Note: large date without straps									
1954	506,305	—	—	5.50	14.00	19.50	28.00	50.00	350
1955	753,511	—	—	5.50	12.00	15.00	18.00	30.00	250
1956	1,379,499	—	—	—	5.50	6.50	12.00	20.00	225
1957	2,171,689	—	—	—	5.50	6.50	12.00	13.00	150
1958	2,957,266	—	—	—	5.50	6.50	12.00	13.00	200

KM# 56 11.66 g., 0.800 Silver, 0.300 oz. ASW 29.7mm. **Obv:** Luareate bust right **Obv. Designer:** Mary Gillick **Rev:** Crown divides date above arms with supporters, denomination at right **Rev. Designer:** Thomas Shingles **Edge:** Reeded

Date	Mintage	VF20	XF40	MS60	MS63	MS65
1959	3,095,535	—	—	5.75	12.00	175
Note: horizontal shading						
1960	3,488,897	—	—	5.75	12.00	175
1961	3,584,417	—	—	5.75	12.00	100
1962	5,208,030	—	—	5.75	12.00	80.00
1963	8,348,871	—	—	5.75	12.00	100
1964	9,377,676	—	—	5.75	12.00	80.00

KM# 63 11.66 g., 0.800 Silver, 0.300 oz. ASW 29.72mm. **Obv:** Young bust right **Obv. Designer:** Arnold Machin **Rev:** Crown divides date above arms with supporters, denomination at right **Rev. Designer:** Thomas Shingles **Edge:** Reeded

Date	Mintage	VF20	XF40	MS60	MS63	MS65
1965	12,629,974	—	—	5.75	12.00	80.00
1966	7,920,496	—	—	5.75	12.00	100

KM# 69 11.66 g., 0.800 Silver, 0.300 oz. ASW 29.72mm. **Subject:** Confederation Centennial **Obv:** Young bust right **Rev:** Seated wolf howling divides denomination at top, dates at bottom **Rev. Designer:** Alex Colville **Edge:** Reeded

Date	Mintage	VF20	XF40	MS60	MS63	MS65
1867-1967	4,211,392	PF65 14.00				
1867-1967	—	PF63 14.00				

KM# 75.1 8.10 g., Nickel, 27.13mm. **Obv:** Young bust right **Obv. Designer:** Arnold Machin **Rev:** Crown divides date above arms with supporters, denomination at right **Rev. Designer:** Thomas Shingles **Edge:** Reeded

Date	Mintage	VF20	XF40	MS60	MS63	MS65
1968	3,966,932	—	—	0.80	1.25	62.00
1969	7,113,929	—	—	0.80	1.25	62.00
1970	2,429,526	—	—	0.80	1.25	42.00
1971	2,166,444	—	—	0.80	1.25	62.00
1972	2,515,632	—	—	0.80	1.25	62.00
1973	2,546,096	—	—	0.80	1.25	62.00
1974	3,436,650	—	—	0.80	1.25	42.00
1975	3,710,000	—	—	0.80	1.25	85.00
1976	2,940,719	—	—	0.80	1.25	175

KM# 75.2 8.10 g., Nickel, 27.13mm. **Obv:** Small young bust right **Obv. Designer:** Arnold Machin **Rev:** Crown divides date above arms with supporters, denomination at right **Rev. Designer:** Thomas Shingles **Edge:** Reeded

Date	Mintage	VF20	XF40	MS60	MS63	MS65
1977	709,839	—	—	1.25	2.00	80.00

KM# 75.3 8.10 g., Nickel, 27.13mm. **Obv:** Young bust right **Obv. Designer:** Arnold Machin **Rev:** Crown divides date above arms with supporters, denomination at right, redesigned arms **Rev. Designer:** Thomas Shingles **Edge:** Reeded

Date	Mintage	VF20	XF40	MS60	MS63	MS65
1978	3,341,892	—	—	0.65	1.25	85.00
Note: square jewels						
1978	Inc. above	1.00	2.50	4.50	6.00	95.00
Note: round jewels						
1979	3,425,000	—	—	0.65	1.25	40.00
1980	1,574,000	—	—	0.65	1.25	40.00
1981	2,690,272	—	—	0.65	1.25	55.00
1981	199,000	PF65 3.00				
1982	2,236,674	—	22.00	35.00	55.00	250
Note: small beads						
1982	180,908	PF65 3.00				
Note: small beads						
1982	Inc. above	—	—	0.65	1.25	35.00
Note: large beads						
1983	1,177,000	—	—	0.65	1.25	60.00
1983	168,000	PF65 3.00				
1984	1,502,989	—	—	0.65	1.25	40.00
1984	161,602	PF65 3.00				
1985	2,188,374	—	—	0.65	1.25	65.00
1985	157,037	PF65 3.00				
1986	781,400	—	—	0.80	1.25	40.00
1986	175,745	PF65 3.00				
1987	373,000	—	—	0.80	1.50	40.00
1987	179,004	PF65 3.50				

50 CENTS

Date	Mintage	VF20	XF40	MS60	MS63	MS65
1988	220,000	—	—	1.75	2.25	40.00
1988	175,259		PF65 4.00			
1989	266,419	—	—	0.80	1.25	40.00
1989	170,928		PF65 4.00			

KM# 185 8.10 g., Nickel, 27.13mm. **Obv:** Crowned head right **Obv. Designer:** Dora dePedery-Hunt **Rev:** Crown divides date above arms with supporters, denomination at right **Rev. Designer:** Thomas Shingles **Edge:** Reeded

Date	Mintage	VF20	XF40	MS60	MS63	MS65
1990	207,000	—	—	1.75	2.50	40.00
1990	140,649		PF65 5.00			
1991	490,000	—	—	0.85	1.25	27.00
1991	131,888		PF65 7.00			
1993	393,000	—	—	0.85	1.25	27.00
1993	143,065		PF65 4.00			
1994	987,000	—	—	0.75	1.25	27.00
1994	146,424		PF65 4.00			
1995	626,000	—	—	0.75	1.25	27.00
1995	—		PF65 4.00			
1996	—		PF65 7.00			
1996	458,000	—	—	0.65	1.25	27.00

KM# 208 8.10 g., Nickel, 27.1mm. **Subject:** Confederation 125 **Obv:** Crowned head right **Obv. Designer:** Dora dePedery-Hunt **Rev:** Crown divides date above arms with supporters, denomination at right **Rev. Designer:** Thomas Shingles **Edge:** Reeded

Date	Mintage	VF20	XF40	MS60	MS63	MS65
1992	445,000	—	—	1.50	2.50	40.00
1992	147,061		PF65 5.00			

KM# 261 9.34 g., 0.925 Silver, 0.2778 oz. ASW **Obv:** Crowned head right **Rev:** Atlantic Puffin, denomination and date at right **Rev. Designer:** Sheldon Beveridge

Date	Mintage	VF20	XF40	MS60	MS63	MS65
1995	—		PF65 12.00			

KM# 262 9.34 g., 0.925 Silver, 0.2778 oz. ASW **Obv:** Crowned head right **Rev:** Whooping crane left, denomination and date at right **Rev. Designer:** Stan Witten

Date	Mintage	VF20	XF40	MS60	MS63	MS65
1995	—		PF65 12.00			

KM# 263 9.34 g., 0.925 Silver, 0.2778 oz. ASW **Obv:** Crowned head right **Rev:** Gray Jays, denomination and date at right **Rev. Designer:** Sheldon Beveridge

Date	Mintage	VF20	XF40	MS60	MS63	MS65
1995	—		PF65 12.00			

KM# 264 9.34 g., 0.925 Silver, 0.2778 oz. ASW **Obv:** Crowned head right **Rev:** White-tailed ptarmigans, date and denomination at right **Rev. Designer:** Cosme Saffioti

Date	Mintage	VF20	XF40	MS60	MS63	MS65
1995	—		PF65 12.00			

KM# 185a 11.64 g., 0.925 Silver, 0.3461 oz. ASW **Obv:** Crowned head right **Obv. Designer:** Dora dePedery-Hunt **Rev:** Crown divides date above arms with supporters, denomination at right **Rev. Designer:** Thomas Shingles

Date	Mintage	VF20	XF40	MS60	MS63	MS65
1996	—		PF65 13.00			

KM# 283 9.34 g., 0.925 Silver, 0.2778 oz. ASW 27mm. **Obv:** Crowned head right **Rev:** Moose calf left, denomination and date at right **Rev. Designer:** Ago Aarand

Date	Mintage	VF20	XF40	MS60	MS63	MS65
1996	—		PF65 17.00			

50 CENTS

KM# 284 9.34 g., 0.925 Silver, 0.2778 oz. ASW 27mm. **Obv:** Crowned head right **Rev:** Wood ducklings, date and denomination at right **Rev. Designer:** Sheldon Beveridge

Date	Mintage	VF20	XF40	MS60	MS63	MS65
1996	—	PF65 17.00				

KM# 285 9.34 g., 0.925 Silver, 0.2778 oz. ASW 27mm. **Obv:** Crowned head right **Rev:** Cougar kittens, date and denomination at right **Rev. Designer:** Stan Witten

Date	Mintage	VF20	XF40	MS60	MS63	MS65
1996	—	PF65 17.00				

KM# 286 9.34 g., 0.925 Silver, 0.2778 oz. ASW 27mm. **Obv:** Crowned head right **Rev:** Bear cubs standing, date and denomination at right **Rev. Designer:** Sheldon Beveridge

Date	Mintage	VF20	XF40	MS60	MS63	MS65
1996	—	PF65 17.00				

KM# 290 8.10 g., Nickel, 27.1mm. **Obv:** Crowned head right **Obv. Designer:** Dora dePedery-Hunt **Rev:** Redesigned arms **Rev. Designer:** Cathy Bursey-Sabourin **Edge:** Reeded

Date	Mintage	VF20	XF40	MS60	MS63	MS65
1997	387,000	—	—	0.70	1.25	30.00
1997	—	PF65 7.50				
1998	308,000	—	—	0.70	1.25	60.00
1998	—	PF65 13.00				
1998 W PL	—	—	—	—	—	3.50
1999	496,000	—	—	0.70	1.25	40.00
1999	—	PF65 9.00				
2000	559,000	—	—	0.70	1.25	35.00
2000	—	PF65 8.00				

Date	Mintage	VF20	XF40	MS60	MS63	MS65
2000 W	—	—	—	—	—	1.50
2001 P	—	—	—	0.70	1.50	30.00
2001 P	—	PF65 5.00				
2002	—	—	—	—	15.00	—
2002	—	PF63 15.00				
2003 P PL	—	—	—	—	—	10.00
2003 P	—	PF65 5.00				

KM# 290a 11.66 g., 0.925 Silver, 0.3469 oz. ASW 27.13mm. **Obv:** Crowned head right **Obv. Designer:** Dora dePedery-Hunt **Rev:** Redesigned arms **Rev. Designer:** Cathy Bursey-Sabourin **Edge:** Reeded

Date	Mintage	VF20	XF40	MS60	MS63	MS65
1997	—	PF65 10.00				
1998	—	PF65 13.00				
1999	—	PF65 13.00				
2000	—	PF65 12.00				
2001	—	PF65 9.00				
2003	—	PF65 13.00				

KM# 292 9.34 g., 0.925 Silver, 0.2778 oz. ASW 27mm. **Obv:** Crowned head right **Rev:** Duck Toling Retriever, date and denomination at right **Rev. Designer:** Stan Witten

Date	Mintage	VF20	XF40	MS60	MS63	MS65
1997	—	PF65 16.00				

KM# 293 9.34 g., 0.925 Silver, 0.2778 oz. ASW **Obv:** Crowned head right **Rev:** Labrador leaping left, date and denomination at right **Rev. Designer:** Sheldon Beveridge

Date	Mintage	VF20	XF40	MS60	MS63	MS65
1997	—	PF65 16.00				

KM# 294 9.34 g., 0.925 Silver, 0.2778 oz. ASW **Obv:** Crowned head right **Rev:** Newfoundland right, date and denomination at right **Rev. Designer:** William Woodruff

Date	Mintage	VF20	XF40	MS60	MS63	MS65
1997	—	PF65 16.00				

KM# 295 9.34 g., 0.925 Silver, 0.2778 oz. ASW
27.1mm. **Obv:** Crowned head right **Rev:** Eskimo
dog leaping forward, date and denomination at right
Rev. Designer: Cosme Saffioti

Date	Mintage	VF20	XF40	MS60	MS63	MS65
1997	—			PF65 16.00		

KM# 313 11.66 g., 0.925 Silver, 0.3469 oz. ASW
Subject: 90th Anniversary Royal Canadian Mint
Obv: Crowned head right **Rev:** Denomination and
date within wreath, crown above **Rev. Designer:**
W. H. J. Blakemore

Date	Mintage	VF20	XF40	MS60	MS63	MS65
1908-1998 Matte	—			PF65 14.00		
1908-1998	—			PF65 14.00		

KM# 314 9.34 g., 0.925 Silver, 0.2778 oz. ASW
Subject: 110 Years Canadian Speed and Figure
Skating **Obv:** Crowned head right **Rev:** Speed
skaters, dates below, denomination above **Rev.
Designer:** Sheldon Beveridge

Date	Mintage	VF20	XF40	MS60	MS63	MS65
1998	—			PF65 12.00		

KM# 315 9.34 g., 0.925 Silver, 0.2778 oz. ASW
Subject: 100 Years Canadian Ski Racing **Obv:**
Crowned head right **Rev:** Skiers, dates below,
denomination upper left **Rev. Designer:** Ago
Aarand

Date	Mintage	VF20	XF40	MS60	MS63	MS65
1998	—			PF65 12.00		

KM# 318 9.34 g., 0.925 Silver, 0.2778 oz. ASW
Obv: Crowned head right **Rev:** Killer Whales, date
and denomination at right **Rev. Designer:** William
Woodruff

Date	Mintage	VF20	XF40	MS60	MS63	MS65
1998	—			PF65 16.00		

KM# 319 9.34 g., 0.925 Silver, 0.2778 oz. ASW
27mm. **Obv:** Crowned head right **Rev:** Humpback
whale, date and denomination at right **Rev.
Designer:** Sheldon Beveridge

Date	Mintage	VF20	XF40	MS60	MS63	MS65
1998	—			PF65 16.00		

KM# 320 9.34 g., 0.925 Silver, 0.2778 oz. ASW
Obv: Crowned head right **Rev:** Beluga whales,
date and denomination at right **Rev. Designer:**
Cosme Saffioti

Date	Mintage	VF20	XF40	MS60	MS63	MS65
1998	—			PF65 16.00		

KM# 321 9.34 g., 0.925 Silver, 0.2778 oz. ASW
27mm. **Obv:** Crowned head right **Rev:** Blue whale,
date and denomination at right **Rev. Designer:**
Stan Witten

Date	Mintage	VF20	XF40	MS60	MS63	MS65
1998	—			PF65 16.00		

KM# 327 9.34 g., 0.925 Silver, 0.2778 oz. ASW **Subject:** 110 Years Canadian Soccer **Obv:** Crowned head right **Rev:** Soccer players, dates above, denomination at right **Rev. Designer:** Stan Witten

Date	Mintage	VF20	XF40	MS60	MS63	MS65
1998	—		PF65 12.00			

KM# 328 9.34 g., 0.925 Silver, 0.2778 oz. ASW **Subject:** 20 Years Canadian Auto Racing **Obv:** Crowned head right **Rev:** Race car divides date and denomination **Rev. Designer:** Cosme Saffioti

Date	Mintage	VF20	XF40	MS60	MS63	MS65
1998	—		PF65 12.00			

KM# 290b 6.90 g., Nickel Plated Steel, 27.13mm. **Obv:** Crowned head right **Obv. Designer:** Dora dePedery-Hunt **Rev:** Redesigned arms **Rev. Designer:** Cathy Bursey-Sabourin **Edge:** Reeded

Date	Mintage	VF20	XF40	MS60	MS63	MS65
1999 P	Est. 20000	—	—	—	—	10.00
2000 P	Est. 50	—	—	—	—	3,500
Note: Available only in RCM presentation coin clocks						
2001 P	389,000	—	—	0.90	1.50	30.00
2003 P PL	—	—	—	—	—	10.00

KM# 333 9.34 g., 0.925 Silver, 0.2778 oz. ASW **Subject:** 1904 Canadian Open **Obv:** Crowned head right **Rev:** Golfers, date at right, denomination below **Rev. Designer:** William Woodruff

Date	Mintage	VF20	XF40	MS60	MS63	MS65
1999	—		PF65 14.00			

KM# 334 9.34 g., 0.925 Silver, 0.2778 oz. ASW **Subject:** First U.S.-Canadian Yacht Race **Obv:** Crowned head right **Rev:** Yachts, dates at left, denomination below **Rev. Designer:** Stan Witten

Date	Mintage	VF20	XF40	MS60	MS63	MS65
1999	—		PF65 12.00			

KM# 335 9.34 g., 0.925 Silver, 0.2778 oz. ASW **Obv:** Crowned head right **Rev:** Cymric cat, date below, denomination at bottom **Series:** Canadian Cats **Rev. Designer:** Susan Taylor

Date	Mintage	VF20	XF40	MS60	MS63	MS65
1999	—		PF65 20.00			

KM# 336 9.34 g., 0.925 Silver, 0.2778 oz. ASW **Obv:** Crowned head right **Rev:** Tonkinese cat, date below, denomination at bottom **Series:** Canadian Cats **Rev. Designer:** Susan Taylor

Date	Mintage	VF20	XF40	MS60	MS63	MS65
1999	—		PF65 20.00			

KM# 337 9.34 g., 0.925 Silver, 0.2778 oz. ASW **Obv:** Crowned head right **Rev:** Cougar, date and denomination below **Series:** Canadian Cats **Rev. Designer:** Susan Taylor

Date	Mintage	VF20	XF40	MS60	MS63	MS65
1999	—		PF65 20.00			

KM# 338 9.34 g., 0.925 Silver, 0.2778 oz. ASW **Obv:** Crowned head right **Rev:** Lynx, date and denomination below **Series:** Canadian Cats **Rev. Designer:** Susan Taylor

Date	Mintage	VF20	XF40	MS60	MS63	MS65
1999	—		PF65 20.00			

50 CENTS

KM# 371 9.36 g., 0.925 Silver, 0.2784 oz. ASW 27.1mm. **Subject:** Basketball **Obv:** Crowned head right **Rev:** Basketball players **Rev. Designer:** Sheldon Beveridge **Edge:** Reeded

Date	Mintage	VF20	XF40	MS60	MS63	MS65
1999	—		PF65 10.00			

KM# 372 9.36 g., 0.925 Silver, 0.2784 oz. ASW 27.1mm. **Obv:** Crowned head right **Rev:** Football players **Rev. Designer:** Cosme Saffioti **Edge:** Reeded

Date	Mintage	VF20	XF40	MS60	MS63	MS65
1999	—		PF65 11.00			

KM# 385 9.35 g., 0.925 Silver, 0.2781 oz. ASW **Subject:** Ice Hockey **Obv:** Crowned head right **Rev:** 4 hockey players **Rev. Designer:** Stanley Witten

Date	Mintage	VF20	XF40	MS60	MS63	MS65
2000	—		PF65 11.00			

KM# 386 9.35 g., 0.925 Silver, 0.2781 oz. ASW **Subject:** Curling **Obv:** Crowned head right **Rev:** Motion study of curlers, dates and denomination below **Rev. Designer:** Cosme Saffioti

Date	Mintage	VF20	XF40	MS60	MS63	MS65
1910-2000	—		PF65 11.00			

KM# 389 9.35 g., 0.925 Silver, 0.2781 oz. ASW **Obv:** Crowned head right **Rev:** Great horned owl, facing, date and denomination at right **Rev. Designer:** Susan Taylor

Date	Mintage	VF20	XF40	MS60	MS63	MS65
2000	—		PF65 17.00			

KM# 390 9.35 g., 0.925 Silver, 0.2781 oz. ASW **Obv:** Crowned head right **Rev:** Red-tailed hawk, dates and denomination at right

Date	Mintage	VF20	XF40	MS60	MS63	MS65
2000	—		PF65 17.00			

KM# 391 9.35 g., 0.925 Silver, 0.2781 oz. ASW **Obv:** Crowned head right **Rev:** Osprey, dates and denomination at right **Rev. Designer:** Susan Taylor

Date	Mintage	VF20	XF40	MS60	MS63	MS65
2000	—		PF65 17.00			

KM# 392 9.35 g., 0.925 Silver, 0.2781 oz. ASW **Obv:** Crowned head right **Rev:** Bald eagle, dates and denomination at right **Rev. Designer:** William Woodruff

Date	Mintage	VF20	XF40	MS60	MS63	MS65
2000	—		PF65 17.00			

KM# 393 9.35 g., 0.925 Silver, 0.2781 oz. ASW **Subject:** Steeplechase **Obv:** Crowned head right **Rev:** Steeplechase, dates and denomination below **Rev. Designer:** Susan Taylor

Date	Mintage	VF20	XF40	MS60	MS63	MS65
1840-2000	—		PF65 11.00			

KM# 394 9.35 g., 0.925 Silver, 0.2781 oz. ASW **Subject:** Bowling **Obv:** Crowned head right **Rev. Designer:** William Woodruff

Date	Mintage	VF20	XF40	MS60	MS63	MS65
2000	—		PF65 11.00			

KM# 420 9.30 g., 0.925 Silver, 0.2766 oz. ASW 27.13mm. **Obv:** Crowned head right **Rev:** Snowman and Chateau Frontenac **Series:** Festivals - Quebec **Rev. Designer:** Sylvie Daigneault **Edge:** Reeded

Date	Mintage	VF20	XF40	MS60	MS63	MS65
2001	58,123		PF65 11.00			

50 CENTS

KM# 421 9.30 g., 0.925 Silver, 0.2766 oz. ASW 27.13mm. **Obv:** Crowned head right **Rev:** Dancer, dog sled and snowmobiles **Series:** Festivals - Nunavut **Rev. Designer:** John Mardon **Edge:** Reeded

Date	Mintage	VF20	XF40	MS60	MS63	MS65
2001	—		PF65	11.00		

KM# 422 9.30 g., 0.925 Silver, 0.2766 oz. ASW 27.13mm. **Obv:** Crowned head right **Rev:** Sailor and musical people **Series:** Festivals - Newfoundland **Rev. Designer:** David Craig **Edge:** Reeded

Date	Mintage	VF20	XF40	MS60	MS63	MS65
2001	58,123		PF65	11.00		

KM# 423 9.30 g., 0.925 Silver, 0.2766 oz. ASW 27.13mm. **Obv:** Crowned head right **Rev:** Family, juggler and building **Series:** Festivals - Prince Edward Island **Rev. Designer:** Brenda Whiteway **Edge:** Reeded

Date	Mintage	VF20	XF40	MS60	MS63	MS65
2001	58,123		PF65	11.00		

KM# 424 9.30 g., 0.925 Silver, 0.2766 oz. ASW 27.13mm. **Obv:** Crowned head right **Rev:** Family scene **Series:** Folklore - The Sled **Rev. Designer:** Valentina Hotz-Entin **Edge:** Reeded

Date	Mintage	VF20	XF40	MS60	MS63	MS65
2001	28,979		PF65	11.00		

KM# 425 9.30 g., 0.925 Silver, 0.2766 oz. ASW 27.13mm. **Obv:** Crowned head right **Rev:** Woman shouting **Series:** Folklore - The Maiden's Cave **Rev. Designer:** Peter Kiss **Edge:** Reeded

Date	Mintage	VF20	XF40	MS60	MS63	MS65
2001	28,979		PF65	11.00		

KM# 426 9.30 g., 0.925 Silver, 0.2766 oz. ASW 27.13mm. **Obv:** Crowned head right **Rev:** Jumping children on seashore **Series:** Folklore - The Small Jumpers **Rev. Designer:** Miynki Tanobe **Edge:** Reeded

Date	Mintage	VF20	XF40	MS60	MS63	MS65
2001	28,979		PF65	11.00		

KM# 444 6.90 g., Nickel Plated Steel, 27.13mm. **Subject:** Queen's Golden Jubilee **Obv:** Coronation crowned head right and monogram **Rev:** Canadian arms **Rev. Designer:** Bursey Sabourin **Edge:** Reeded

Date	Mintage	VF20	XF40	MS60	MS63	MS65
1952-2002 P	14,440,000	—	—	0.90	1.75	35.00

KM# 444a 9.30 g., 0.925 Silver, 0.2766 oz. ASW 27.13mm. **Subject:** Elizabeth II Golden Jubilee **Obv:** Crowned head right, Jubilee commemorative dates 1952-2002

Date	Mintage	VF20	XF40	MS60	MS63	MS65
1952-2002	100,000		PF65	17.50		

KM# 444b 9.30 g., 0.925 Silver 24 karat gold plated, 0.2766 oz. ASW 27.13mm. **Subject:** Queen's Golden Jubilee **Obv:** Crowned head right and monogram **Rev:** Canadian arms **Edge:** Reeded

Date	Mintage	VF20	XF40	MS60	MS63	MS65
1952-2002	32,642		PF65	35.00		

KM# 454 9.30 g., 0.925 Silver, 0.2766 oz. ASW 27.13mm. **Subject:** Nova Scotia Annapolis Valley Apple Blossom Festival **Obv:** Crowned head right **Rev. Designer:** Bonnie Ross

Date	Mintage	VF20	XF40	MS60	MS63	MS65
2002	59,998			PF65 9.50		

KM# 455 9.30 g., 0.925 Silver, 0.2766 oz. ASW 27.13mm. **Subject:** Stratford Festival **Obv:** Crowned head right **Rev:** Couple with building in background **Rev. Designer:** Laurie McGaw

Date	Mintage	VF20	XF40	MS60	MS63	MS65
2002	59,998			PF65 9.50		

KM# 456 9.30 g., 0.925 Silver, 0.2766 oz. ASW 27.13mm. **Subject:** Folklorama **Obv:** Crowned head right **Rev. Designer:** William Woodruff

Date	Mintage	VF20	XF40	MS60	MS63	MS65
2002	59,998			PF65 9.50		

KM# 457 9.30 g., 0.925 Silver, 0.2766 oz. ASW 27.13mm. **Subject:** Calgary Stampede **Obv:** Crowned head right **Rev. Designer:** Stan Witten

Date	Mintage	VF20	XF40	MS60	MS63	MS65
2002	59,998			PF65 9.50		

KM# 458 9.30 g., 0.925 Silver, 0.2766 oz. ASW 27.13mm. **Subject:** Squamish Days Logger Sports **Obv:** Crowned head right **Rev. Designer:** Jose Osio

Date	Mintage	VF20	XF40	MS60	MS63	MS65
2002	59,998			PF65 9.50		

KM# 459 9.30 g., 0.925 Silver, 0.2766 oz. ASW 27.13mm. **Obv:** Crowned head right **Rev:** The Shoemaker in Heaven **Series:** Folklore and Legends **Rev. Designer:** Francine Gravel

Date	Mintage	VF20	XF40	MS60	MS63	MS65
2002	19,267			PF65 11.00		

KM# 460 9.30 g., 0.925 Silver, 0.2766 oz. ASW 27.13mm. **Subject:** The Ghost Ship **Obv:** Crowned head right **Series:** Folklore and Legends **Rev. Designer:** Colette Boivin

Date	Mintage	VF20	XF40	MS60	MS63	MS65
2002	19,267			PF65 11.00		

KM# 461 9.30 g., 0.925 Silver, 0.2766 oz. ASW 27.13mm. **Subject:** The Pig That Wouldn't Get Over the Stile **Obv:** Crowned head right **Series:** Folklore and Legends **Rev. Designer:** Laura Jolicoeur

Date	Mintage	VF20	XF40	MS60	MS63	MS65
2002	19,267			PF65 11.00		

KM# 472 11.62 g., 0.925 Silver, 0.3456 oz. ASW 27.13mm. **Subject:** 50th Anniversary of the Coronation of Elizabeth II **Obv:** Crowned head right, Jubilee commemorative dates 1952-2002 **Obv. Designer:** Mary Gillick

Date	Mintage	VF20	XF40	MS60	MS63	MS65
2003	30,000			PF65 15.00		

KM# 475 9.30 g., 0.925 Silver, 0.2766 oz. ASW 27.13mm. **Obv:** Crowned head right **Obv. Designer:** Dora dePédery-Hunt **Rev:** Golden daffodil **Rev. Designer:** Christie Paquet, Stan Witten

Date	Mintage	VF20	XF40	MS60	MS63	MS65
2003	36,293			PF65 25.00		

KM# 476 9.30 g., 0.925 Silver, 0.2766 oz. ASW 27.13mm. **Subject:** Yukon International Storytelling Festival **Obv:** Crowned head right **Obv. Designer:** Dora dePédery-Hunt **Rev. Designer:** Ken Anderson, Jose Oslo

Date	Mintage	VF20	XF40	MS60	MS63	MS65
2003	—			PF65 11.00		

KM# 477 9.30 g., 0.925 Silver, 0.2766 oz. ASW 27.13mm. **Subject:** Festival Acadien de Caraquet **Obv:** Crowned head right **Obv. Designer:** Dora dePédery-Hunt **Rev:** Sailboat and couple **Rev. Designer:** Susan Taylor, Hudson Design Group

Date	Mintage	VF20	XF40	MS60	MS63	MS65
2003	—			PF65 11.00		

KM# 478 9.30 g., 0.925 Silver, 0.2766 oz. ASW 27.13mm. **Subject:** Back to Batoche **Obv:** Crowned head right **Obv. Designer:** Dora dePédery-Hunt **Rev. Designer:** David Hannan, Stan Witten

Date	Mintage	VF20	XF40	MS60	MS63	MS65
2003	—			PF65 11.00		

KM# 479 9.30 g., 0.925 Silver, 0.2766 oz. ASW 27.13mm. **Subject:** Great Northern Arts Festival **Obv:** Crowned head right **Obv. Designer:** Dora dePédery-Hunt **Rev. Designer:** Dawn Oman, Susan Taylor

Date	Mintage	VF20	XF40	MS60	MS63	MS65
2003	—			PF65 11.00		

KM# 494 6.90 g., Nickel Plated Steel, 27.13mm. **Obv:** Crowned head right **Obv. Designer:** Susanna Blunt **Rev:** National arms **Rev. Designer:** Cathy Bursey-Sabourin **Edge:** Reeded

Date	Mintage	VF20	XF40	MS60	MS63	MS65
2003 P W PL	—	—	—	—	—	7.50
2003 P W			PF65 7.50			
2004 P	—	—	—	—	—	3.50
2004 P	—		PF65 7.50			
2005 P	200,000	—	—	—	2.00	20.00
2005 P	—		PF65 5.00			
2006 P	98,000	—	—	—	2.50	20.00
2006 P	—		PF65 5.00			
2007 (ml)	250,000	—	—	—	2.50	20.00
2007 (ml)	—		PF65 5.00			
2008 (ml)	211,000	—	—	—	2.00	20.00
2008 (ml)	—		PF65 5.00			
2009 (ml)	150,000	—	—	—	2.00	20.00
2009 (ml)	—		PF65 5.00			
2010 (ml)	—	—	—	—	2.00	20.00
2010 (ml)	—		PF65 5.00			
2011 (ml)	—	—	—	—	2.00	20.00
2011 (ml)	—		PF65 5.00			
2012 (ml)	—	—	—	—	2.00	20.00
2012 (ml)	—		PF65 5.00			
2013 (ml)	—	—	—	—	1.50	—
2013 (ml)	—		PF65 5.00			
2014	—	—	—	—	1.50	—
2014	—		PF63 4.00	PF65 5.00		
2015	—	—	—	—	1.50	—
2015	—		PF63 4.00	PF65 5.00		

KM# 494a 9.30 g., 0.925 Silver, 0.2766 oz. ASW 27.13mm. **Obv:** Crowned head right **Obv. Designer:** Susanna Blunt **Rev:** Canadian coat of arms **Edge:** Reeded

Date	Mintage	VF20	XF40	MS60	MS63	MS65
2004	—		PF65 11.00			

KM# 509 9.30 g., 0.925 Silver, 0.2766 oz. ASW 27.13mm. **Rev:** Day Lily, gilt

Date	Mintage	VF20	XF40	MS60	MS63	MS65
2004	—		PF65 25.00			

KM# 526 1.27 g., 0.9999 Gold, 0.0408 oz. AGW 14mm. **Subject:** Moose **Obv:** Head right **Rev:** Moose head facing right

Date	Mintage	VF20	XF40	MS60	MS63	MS65
2004	—		PF65 85.00			

KM# 606 9.30 g., 0.925 Silver, 0.2766 oz. ASW 27.13mm. **Obv:** Head right **Obv. Designer:** Susanna Blunt **Rev:** Clouded Sulphur Butterfly, hologram **Rev. Designer:** Susan Taylor

Date	Mintage	VF20	XF40	MS60	MS63	MS65
2004	15,281		PF65 35.00			

KM# 712 9.30 g., 0.925 Silver, 0.2766 oz. ASW 27.13mm. **Rev:** Hologram of Tiger Swallowtail butterfly

Date	Mintage	VF20	XF40	MS60	MS63	MS65
2004	20,462		PF65 35.00			

KM# 536 9.30 g., 0.925 Silver with partial gold plating, 0.2766 oz. ASW 27.13mm. **Subject:** Golden rose **Obv:** Head right **Obv. Designer:** Susanna Blunt **Rev. Designer:** Christie Paquet

Date	Mintage	VF20	XF40	MS60	MS63	MS65
2005	17,418		PF65 30.00			

KM# 537 9.30 g., 0.925 Silver, 0.2766 oz. ASW 27.13mm. **Obv:** Head right **Obv. Designer:** Susanna Blunt **Rev:** Great Spangled Fritillary butterfly, hologram **Rev. Designer:** Jianping Yan

Date	Mintage	VF20	XF40	MS60	MS63	MS65
2005	20,000		PF65 35.00			

KM# 538 9.30 g., 0.925 Silver, 0.2766 oz. ASW 27.13mm. **Subject:** Toronto Maple Leafs **Obv:** Head right **Obv. Designer:** Susanna Blunt **Rev:** Darryl Sittler

Date	Mintage	VF20	XF40	MS60	MS63	MS65
2005 Specimen	25,000					PF65 16.00

KM# 539 9.30 g., 0.925 Silver, 0.2766 oz. ASW 27.13mm. **Subject:** Toronto Maple Leafs **Obv:** Head right **Obv. Designer:** Susanna Blunt **Rev:** Dave Keon

Date	Mintage	VF20	XF40	MS60	MS63	MS65
2005 Specimen	25,000					PF65 16.00

KM# 540 9.30 g., 0.925 Silver, 0.2766 oz. ASW 27.13mm. **Subject:** Toronto Maple Leafs **Obv:** Head right **Obv. Designer:** Susanna Blunt **Rev:** Jonny Bover, goalie

Date	Mintage	VF20	XF40	MS60	MS63	MS65
2005 Specimen	25,000					PF65 16.00

KM# 541 9.30 g., 0.925 Silver, 0.2766 oz. ASW 27.13mm. **Subject:** Toronto Maple Leafs **Obv:** Head right **Obv. Designer:** Susanna Blunt **Rev:** Tim Horton

Date	Mintage	VF20	XF40	MS60	MS63	MS65
2005 Specimen	25,000					PF65 16.00

KM# 543 9.30 g., 0.925 Silver, 0.2766 oz. ASW **Subject:** WWII - Battle of Britain **Obv:** Head right **Rev:** Fighter plane in sky

Date	Mintage	VF20	XF40	MS60	MS63	MS65
2005 Specimen	20,000					PF65 22.00

KM# 544 9.30 g., 0.925 Silver, 0.2766 oz. ASW 27.13mm. **Subject:** WWII - Battle of Scheldt **Obv:** Head right **Obv. Designer:** Susanna Blunt **Rev:** Four soldiers walking down road **Rev. Designer:** Peter Mossman

Date	Mintage	VF20	XF40	MS60	MS63	MS65
2005 Specimen	20,000					PF65 19.00

KM# 545 9.30 g., 0.925 Silver, 0.2766 oz. ASW 27.13mm. **Subject:** WWII - Battle of the Atlantic **Obv:** Head right **Obv. Designer:** Susanna Blunt **Rev:** Merchant ship sinking **Rev. Designer:** Peter Mossman

Date	Mintage	VF20	XF40	MS60	MS63	MS65
2005 Specimen	20,000					PF65 19.00

KM# 546 9.30 g., 0.925 Silver, 0.2766 oz. ASW 27.13mm. **Subject:** WWII - Conquest of Sicily **Obv:** Head right **Obv. Designer:** Susanna Blunt **Rev:** Tank among town ruins **Rev. Designer:** Peter Mossman

Date	Mintage	VF20	XF40	MS60	MS63	MS65
2005 Specimen	20,000					PF65 19.00

KM# 547 9.30 g., 0.925 Silver, 0.2766 oz. ASW 27.13mm. **Subject:** WWII - Liberation of the Netherlands **Obv:** Head right **Obv. Designer:** Susanna Blunt **Rev:** Soldiers in parade, one holding flag **Rev. Designer:** Peter Mossman

Date	Mintage	VF20	XF40	MS60	MS63	MS65
2005 Specimen	20,000					PF65 19.00

KM# 548 9.30 g., 0.925 Silver, 0.2766 oz. ASW 27.13mm. **Subject:** WWII - Raid of Dieppe **Obv:** Head right **Obv. Designer:** Susanna Blunt **Rev:** Three soldiers exiting landing craft **Rev. Designer:** Peter Mossman

Date	Mintage	VF20	XF40	MS60	MS63	MS65
2005 Specimen	20,000					PF65 19.00

KM# 577 9.30 g., 0.925 Silver, 0.2766 oz. ASW 27.13mm. **Subject:** Montreal Canadiens **Obv:** Head right **Obv. Designer:** Susanna Blunt **Rev:** Guy LaFleur

Date	Mintage	VF20	XF40	MS60	MS63	MS65
2005 Specimen	25,000					PF65 17.50

KM# 578 9.30 g., 0.925 Silver, 0.2766 oz. ASW 27.13mm. **Subject:** Montreal Canadiens **Obv:** Head right **Obv. Designer:** Susanna Blunt **Rev:** Jaque Plante

Date	Mintage	VF20	XF40	MS60	MS63	MS65
2005 Specimen	25,000					PF65 17.50

KM# 579 9.30 g., 0.925 Silver, 0.2766 oz. ASW 27.13mm. **Subject:** Montreal Canadiens **Obv:** Head right **Obv. Designer:** Susanna Blunt **Rev:** Jean Beliveau

Date	Mintage	VF20	XF40	MS60	MS63	MS65
2005 Specimen	25,000					PF65 17.50

KM# 580 9.30 g., 0.925 Silver, 0.2766 oz. ASW 27.13mm. **Subject:** Montreal Canadiens **Obv:** Head right **Obv. Designer:** Susanna Blunt **Rev:** Maurice Richard

Date	Mintage	VF20	XF40	MS60	MS63	MS65
2005 Specimen	25,000					PF65 17.50

KM# 599 9.30 g., 0.925 Silver, 0.2766 oz. ASW 27.13mm. **Obv:** Head right . **Obv. Designer:** Susanna Blunt **Rev:** Monarch butterfly, colorized **Rev. Designer:** Susan Taylor

Date	Mintage	VF20	XF40	MS60	MS63	MS65
2005	20,000		PF65 40.00			

KM# 494b 6.90 g., Nickel Plated Steel partially gilt, 27.13mm. **Rev:** State Arms, gilt **Note:** Housed in Mint Annual Report

Date	Mintage	VF20	XF40	MS60	MS63	MS65
2006	—	—	—	—	—	15.00

KM# 648 9.30 g., 0.925 Silver partially gilt, 0.2766 oz. ASW **Subject:** Golden Daisy **Obv:** Head right

Date	Mintage	VF20	XF40	MS60	MS63	MS65
2006	18,190		PF65 30.00			

KM# 649 9.30 g., 0.925 Silver, 0.2766 oz. ASW 27.13mm. **Subject:** Short-tailed swallowtail **Obv:** Head right **Rev:** Colorized butterfly

Date	Mintage	VF20	XF40	MS60	MS63	MS65
2006	24,568				PF65 45.00	

KM# 650 9.30 g., 0.925 Silver, 0.2766 oz. ASW 27.13mm. **Obv:** Head right **Rev:** Butterfly, silvery blue hologram

Date	Mintage	VF20	XF40	MS60	MS63	MS65
2006	16,000				PF65 45.00	

KM# 651 9.30 g., 0.925 Silver, 0.2766 oz. ASW **Subject:** Cowboy **Obv:** Head right

Date	Mintage	VF20	XF40	MS60	MS63	MS65
2006	—	—	—	—	17.50	—

KM# 716 9.30 g., 0.925 Silver, 0.2766 oz. ASW **Rev:** Multicolor holiday ornaments

Date	Mintage	VF20	XF40	MS60	MS63	MS65
2006	16,989	—	—	—	17.50	—

KM# 715 9.30 g., 0.925 Silver with partial gold plating, 0.2766 oz. ASW 27.12mm. **Rev:** Forget-me-not flower

Date	Mintage	VF20	XF40	MS60	MS63	MS65
2007	22,882				PF65 55.00	

KM# 778 20.00 g., 0.925 Silver colorized green, 0.5948 oz. ASW 34.06mm. **Subject:** Milk delivery **Obv:** Bust right **Rev:** Cow head and milk can **Shape:** Triangle

Date	Mintage	VF20	XF40	MS60	MS63	MS65
2008	24,448				PF65 35.00	

KM# 779 9.30 g., 0.925 Silver, 0.2766 oz. ASW 35mm. **Rev:** Multicolor snowman

Date	Mintage	VF20	XF40	MS60	MS63	MS65
2008 PL	21,679	—	—	—	—	17.50

KM# 780 9.30 g., 0.925 Silver, 0.2766 oz. ASW 29.72mm. **Subject:** Ottawa Mint Centennial 1908-2008 **Obv:** Edward bust right **Rev:** Crowned value and dates within wreath

Date	Mintage	VF20	XF40	MS60	MS63	MS65
2008	3,248				PF65 20.00	

KM# 845 9.30 g., 0.925 Silver, 0.2766 oz. ASW 27.13mm. **Rev:** Calgary Flames lenticular design, old and new logos

Date	Mintage	VF20	XF40	MS60	MS63	MS65
2009	—	—	—	—	—	17.00

KM# 846 9.30 g., 0.925 Silver, 0.2766 oz. ASW 27.13mm. **Rev:** Edmonton Oiler's lenticular design, old and new logos

Date	Mintage	VF20	XF40	MS60	MS63	MS65
2009	—	—	—	—	—	17.00

KM# 847 9.30 g., 0.925 Silver, 0.2766 oz. ASW 27.13mm. **Rev:** Montreal Canadiens lenticular design, old and new logos

Date	Mintage	VF20	XF40	MS60	MS63	MS65
2009	—	—	—	—	—	17.00

KM# 848 9.30 g., 0.925 Silver, 0.2766 oz. ASW 27.13mm. **Rev:** Ottawa Senators lenticular design, old and new logos

Date	Mintage	VF20	XF40	MS60	MS63	MS65
2009	—	—	—	—	—	17.00

KM# 849 9.30 g., 0.925 Silver, 0.2766 oz. ASW 27.13mm. **Rev:** Toronto Maple Leafs lenticular design, old and new logos

Date	Mintage	VF20	XF40	MS60	MS63	MS65
2009	—	—	—	—	—	17.00

KM# 850 9.30 g., 0.925 Silver, 0.2766 oz. ASW 27.13mm. **Rev:** Vancouver Canucks lenticular design, old and new logos

Date	Mintage	VF20	XF40	MS60	MS63	MS65
2009	—	—	—	—	—	17.00

KM# 857 6.90 g., Nickel Plated Steel, 35mm. **Rev:** Calgary Flames lenticular old and new logos

Date	Mintage	VF20	XF40	MS60	MS63	MS65
2009	—	—	—	—	25.00	—

KM# 858 6.90 g., Nickel Plated Steel, 35mm. **Rev:** Edmonton Oilers lenticular old and new logos

Date	Mintage	VF20	XF40	MS60	MS63	MS65
2009	—	—	—	—	25.00	—

KM# 859 35.00 g., Nickel Plated Steel, 35mm. **Rev:** Montreal Canadians lenticular old and new logo

Date	Mintage	VF20	XF40	MS60	MS63	MS65
2009	—	—	—	—	25.00	—

KM# 860 6.90 g., Nickel Plated Steel, 35mm. **Rev:** Ottawa Senators lenticular old and new logos

Date	Mintage	VF20	XF40	MS60	MS63	MS65
2009	—	—	—	—	25.00	—

KM# 861 6.90 g., Nickel Plated Steel, 35mm. **Rev:** Toronto Maple Leafs lenticular old and new logos

Date	Mintage	VF20	XF40	MS60	MS63	MS65
2009	—	—	—	—	25.00	—

KM# 862 6.90 g., Nickel Plated Steel, 35mm. **Rev:** Vancouver Canucks lenticular old and new logos

Date	Mintage	VF20	XF40	MS60	MS63	MS65
2009	—	—	—	—	25.00	—

KM# 887 19.10 g., Copper-Nickel, 34.06mm. **Subject:** Six-string national guitar **Obv:** Bust right **Obv. Designer:** Susanna Blunt **Rev:** Hologram with 6" strings **Obv. Legend:** Elizabeth II DG Regina **Rev. Legend:** 50 CENTS Canada **Shape:** Triangle

Date	Mintage	VF20	XF40	MS60	MS63	MS65
2009	13,602		PF65		35.00	

KM# 936 9.30 g., Nickel, **Rev:** Vancouver Canucks goalie jersey

Date	Mintage	VF20	XF40	MS60	MS63	MS65
2009	3,563	—	—	—	15.00	—

KM# 937 6.90 g., Nickel Plated Steel, 35mm. **Rev:** Calgary Flames player - colorized

Date	Mintage	VF20	XF40	MS60	MS63	MS65
2009	3,518	—	—	—	15.00	—

KM# 938 6.90 g., Nickel Plated Steel, 35mm. **Rev:** Edmonton Oilers player

Date	Mintage	VF20	XF40	MS60	MS63	MS65
2009	3,562	—	—	—	15.00	—

KM# 939 6.90 g., Nickel Plated Steel, 35mm. **Rev:** Toronto Maple Leafs player

Date	Mintage	VF20	XF40	MS60	MS63	MS65
2009	5,918	—	—	—	15.00	—

KM# 940 6.90 g., Nickel Plated Steel, 35mm. **Rev:** Montreal Canadiens player

Date	Mintage	VF20	XF40	MS60	MS63	MS65
2009	9,865	—	—	—	15.00	—

KM# 941 6.90 g., Nickel Plated Steel, 35mm. **Rev:** Ottawa Senators player

Date	Mintage	VF20	XF40	MS60	MS63	MS65
2009	3,293	—	—	—	15.00	—

KM# 1035 12.61 g., Brass Plated Steel, 35mm. **Subject:** Christmas toy train **Rev:** movement from far to close

Date	Mintage	VF20	XF40	MS60	MS63	MS65
2009	19,103	—	—	—	—	26.00

KM# 961 6.90 g., Nickel Plated Steel, 35mm. **Rev:** Bob sleigh

Date	Mintage	VF20	XF40	MS60	MS63	MS65
2010	—	—	—	—	12.00	—

KM# 961a 6.90 g., Nickel Plated Steel, 35mm.
Rev: Bob sleigh - red enamel

Date	Mintage	VF20	XF40	MS60	MS63	MS65
2010	—	—	—	—	12.00	—

KM# 962 6.90 g., Nickel Plated Steel, 35mm. **Rev:** Speed skating

Date	Mintage	VF20	XF40	MS60	MS63	MS65
2010	—	—	—	—	12.00	—

KM# 962a 6.90 g., Nickel Plated Steel, 35mm.
Rev: Speed skating - red enamel

Date	Mintage	VF20	XF40	MS60	MS63	MS65
2010	—	—	—	—	12.00	—

KM# 963 6.90 g., Nickel Plated Steel, 35mm. **Rev:** Migaand Quatchi in bob sleigh

Date	Mintage	VF20	XF40	MS60	MS63	MS65
2010	2,119	—	—	—	—	9.00

KM# 964 6.90 g., Nickel Plated Steel, 35mm. **Rev:** Miga in hockey

Date	Mintage	VF20	XF40	MS60	MS63	MS65
2010	5,275	—	—	—	—	9.00

KM# 965 6.90 g., Nickel Plated Steel, 35mm. **Rev:** Quatchi in ice hockey

Date	Mintage	VF20	XF40	MS60	MS63	MS65
2010	5,614	—	—	—	—	9.00

KM# 966 6.90 g., Nickel Plated Steel, 35mm. **Rev:** Sumi Para Sledge

Date	Mintage	VF20	XF40	MS60	MS63	MS65
2010	3,707	—	—	—	—	9.00

KM# 967 6.90 g., Nickel Plated Steel, 35mm. **Rev:** Miga and Quatchi Figure-skating **Edge:** Reeded

Date	Mintage	VF20	XF40	MS60	MS63	MS65
2010	2,981	—	—	—	—	9.00

KM# 968 6.90 g., Nickel Plated Steel, 35mm. **Rev:** Free-style mascot

Date	Mintage	VF20	XF40	MS60	MS63	MS65
2010	2,114	—	—	—	—	9.00

KM# 969 6.90 g., Nickel Plated Steel, 35mm. **Rev:** Skeleton mascot

Date	Mintage	VF20	XF40	MS60	MS63	MS65
2010	1,672	—	—	—	—	9.00

KM# 970 6.90 g., Nickel Plated Steel, 35mm. **Rev:** Parallel giant slalom mascot

Date	Mintage	VF20	XF40	MS60	MS63	MS65
2010	1,730	—	—	—	—	9.00

KM# 971 6.90 g., Nickel Plated Steel, 35mm. **Rev:** Alpine skiing mascot

Date	Mintage	VF20	XF40	MS60	MS63	MS65
2010	2,309	—	—	—	—	9.00

KM# 972 6.90 g., Nickel Plated Steel, 35mm. **Rev:** Para Olympic alpine skiing mascott

Date	Mintage	VF20	XF40	MS60	MS63	MS65
2010	1,902	—	—	—	—	9.00

KM# 973 6.90 g., Nickel Plated Steel, 35mm. **Rev:** Snowboard mascot

Date	Mintage	VF20	XF40	MS60	MS63	MS65
2010	2,090	—	—	—	—	9.00

KM# 974 6.90 g., Nickel Plated Steel, 35mm. **Rev:** Speed-skating mascott

Date	Mintage	VF20	XF40	MS60	MS63	MS65
2010	1,825	—	—	—	—	9.00

KM# 986 12.61 g., Brass Plated Steel, 35mm. **Rev:** Dasplerosaurus Torosus - 3-D lenticular movement

Date	Mintage	VF20	XF40	MS60	MS63	MS65
2010	—	—	—	—	—	18.00

KM# 1015 12.61 g., Brass Plated Steel, 35mm. **Rev:** Sinosauropteryx

Date	Mintage	VF20	XF40	MS60	MS63	MS65
2010	—	—	—	—	—	18.00

KM# 1016 12.61 g., Brass Plated Steel, 35mm. **Rev:** Albertosaurus

Date	Mintage	VF20	XF40	MS60	MS63	MS65
2010	—	—	—	—	—	18.00

KM# 1043 Nickel Plated Steel, 34mm. **Rev:** Santa Claus transforms into Rudolf the red-nosed reindeer

Date	Mintage	VF20	XF40	MS60	MS63	MS65
2010	—	—	—	—	—	17.50

KM# 1157 11.62 g., 0.925 Silver, 0.3456 oz. ASW 29.72mm. **Obv:** George V bust **Rev:** Value within wreath

Date	Mintage	VF20	XF40	MS60	MS63	MS65
1911-2011	6,000	PF65 45.00				

KM# 1180 6.90 g., Nickel Plated Steel, 27.13mm. **Obv:** Bust right **Rev:** Winnipeg Jets Logo, jet over maple leaf **Edge:** Reeded

Date	Mintage	VF20	XF40	MS60	MS63	MS65
2011	—	—	—	—	—	13.00

KM# 1191 12.61 g., Copper Plated Steel, 35mm. **Obv:** Bust right **Rev:** Santa Claus checking list, and in sled over house

Date	Mintage	VF20	XF40	MS60	MS63	MS65
2011	—	—	—	—	—	24.00

KM# 1202 1.27 g., 0.9999 Gold, 0.0408 oz. AGW 13.92mm. **Rev:** Wood Bison **Rev. Designer:** Corrine Hunt **Edge:** Reeded

Date	Mintage	VF20	XF40	MS60	MS63	MS65
2011	Est. 2500	PF65 100				

KM# 1204 1.27 g., 0.9999 Gold, 0.0408 oz. AGW 13.92mm. **Subject:** Boreal Forest **Rev:** Bird and tree **Rev. Designer:** Corrine Hunt **Edge:** Reeded

Date	Mintage	VF20	XF40	MS60	MS63	MS65
2011	Est. 2500	PF65 100				

KM# 1206 1.27 g., 0.9999 Gold, 0.0408 oz. AGW 13.92mm. **Rev:** Peregrine Falcon perched on branch **Rev. Designer:** Corrine Hunt

Date	Mintage	VF20	XF40	MS60	MS63	MS65
2011	Est. 2500	PF65 100				

KM# 1208 1.27 g., 0.9999 Gold, 0.0408 oz. AGW 13.92mm. **Rev:** Orca Whale **Rev. Designer:** Corrine Hunt **Edge:** Reeded

Date	Mintage	VF20	XF40	MS60	MS63	MS65
2011	Est. 2500	PF65 100				

KM# 1234 12.61 g., Nickel Plated Steel, 35mm. **Subject:** Titanic, 100th Anniversary **Obv:** Bust right **Rev:** Titanic sailing forward towards iceberg, colored sea

Date	Mintage	VF20	XF40	MS60	MS63	MS65
2012	—	PF65 65.00				

KM# 1264 1.27 g., 0.999 Gold, 0.0408 oz. AGW 13.92mm. **Subject:** Gold Rush

Date	Mintage	VF20	XF40	MS60	MS63	MS65
2012	—	PF65 100				

KM# 1293 9.30 g., 0.925 Silver, 0.2766 oz. ASW 27.13mm. **Subject:** Elizabeth II Diamond Jubilee **Rev:** Crowned monogram within wreath in color

Date	Mintage	VF20	XF40	MS60	MS63	MS65
2012	—	—	—	—	—	18.00

KM# 1435 Silver Plated Copper-Nickel, 35mm. **Rev:** Canadian Tiger Swallowtail Butterfly in color **Rev. Designer:** Celia Godkin

Date	Mintage	VF20	XF40	MS60	MS63	MS65
2013	Est. 20000	PF65 30.00				

KM# 1444 12.51 g., Copper-Nickel, 35mm. **Subject:** 75th Anniversary of Superman **Rev:** Superman lenticular background - then and now **Rev. Designer:** Joe Shuster and Jim Lee, DC Comics

Date	Mintage	VF20	XF40	MS60	MS63	MS65
2013	—	PF65 30.00				

KM# 1493 1.27 g., 0.9999 Gold, 0.0408 oz. AGW 13.92mm. **Rev:** Starfish **Rev. Designer:** Emily Damstra

Date	Mintage	VF20	XF40	MS60	MS63	MS65
2013	10,000	PF65 130				

KM# 1496 1.27 g., 0.9999 Gold, 0.0408 oz. AGW 13.92mm. **Subject:** Louisbourg, 300th Anniversary **Rev:** Ship, fort gate and fish

Date	Mintage	VF20	XF40	MS60	MS63	MS65
2013	1,000	PF65 100				

KM# 1584 1.27 g., 0.999 Gold, 0.0408 oz. AGW 13.92mm. **Obv:** Bust right **Rev:** Beaver left from 5 Cent coin

Date	Mintage	VF20	XF40	MS60	MS63	MS65
2014	—	PF65 90.00				

KM# 1585 Silver Plated, 35mm. **Subject:** 100 Blessings of Good Fortune **Obv:** Bust right

Date	Mintage	VF20	XF40	MS60	MS63	MS65
2014	—	PF65 50.00				

KM# 1603 1.27 g., 0.999 Gold, 0.0408 oz. AGW 13.92mm. **Obv:** Bust right **Rev:** Osprey head

Date	Mintage	VF20	XF40	MS60	MS63	MS65
2014	—		PF65 100			

KM# 1634 1.27 g., 0.9999 Gold, 0.0408 oz. AGW 13.92mm. **Obv:** Bust right **Rev:** Seahorse

Date	Mintage	VF20	XF40	MS60	MS63	MS65
2014	—		PF63 120		PF65 130	

KM# 1635 12.61 g., Nickel Plated Steel, 35mm. **Obv:** Bust right **Rev:** Canoe beached on island in color

Date	Mintage	VF20	XF40	MS60	MS63	MS65
2014 Proof	—	—	—	—	35.00	—

KM# 1636 12.61 g., Silver Plated Copper-Nickel, 35mm. **Obv:** Bust right **Rev:** Empress of Ireland

Date	Mintage	VF20	XF40	MS60	MS63	MS65
2014	—		PF63 30.00		PF65 35.00	

KM# 1752 1.24 g., 0.999 Gold, 0.0398 oz. AGW 13.92mm. **Subject:** Charlottetown **Obv:** Bust right **Rev:** Views within maple leaf

Date	Mintage	VF20	XF40	MS60	MS63	MS65
2014	—		PF65 100			

KM# 1775 13.70 g., Copper-Nickel, 35mm. **Obv:** Bust right **Rev:** Christmas Tree lenticular

Date	Mintage	VF20	XF40	MS60	MS63	MS65
2014	20,000		PF65 30.00			

KM# 1842 1.27 g., 0.9999 Gold, 0.0408 oz. AGW 13.92mm. **Obv:** Bust right **Rev:** Maple leaf above flag

Date	Mintage	VF20	XF40	MS60	MS63	MS65
2015	—		PF65 100			

DOLLAR

KM# 30 23.33 g., 0.800 Silver, 0.600 oz. ASW 36mm. **Subject:** Silver Jubilee **Obv:** Bust left **Obv. Designer:** Percy Metcalfe **Rev:** Voyager, date and denomination below **Rev. Designer:** Emanuel Hahn

Date	Mintage	VG8	F12	VF20	XF40	AU50	MS60	MS63	MS65
1935	428,707	—	22.00	27.00	30.00	35.00	40.00	65.00	300
1935 Specimen	—	—	—	—	—	—	—	1,800	6,000

KM# 31 23.33 g., 0.800 Silver, 0.600 oz. ASW 36mm. **Obv:** Crowned bust left **Obv. Designer:** E. B. MacKennal **Rev:** Voyageur, date and denomination below **Rev. Designer:** Emanuel Hahn

Date	Mintage	VG8	F12	VF20	XF40	AU50	MS60	MS63	MS65
1936	339,600	—	24.00	28.00	30.00	35.00	50.00	100	750
1936 Specimen	—	—	—	—	—	—	—	2,200	9,000

50 CENTS

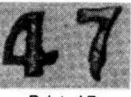

Pointed 7

KM# 37 23.33 g., 0.800 Silver, 0.600 oz. ASW 36mm. **Obv:** Head left **Obv. Designer:** T. H. Paget **Rev:** Voyageur, date and denomination below **Rev. Designer:** Emanuel Hahn

Date	Mintage	VG8	F12	VF20	XF40	AU50	MS60	MS63	MS65
1937	207,406	—	24.00	28.00	30.00	35.00	45.00	90.00	—
1937 Mirror Specimen	1,295	—	—	—	—	—	—	650	1,300
1937 Matte Specimen	—	—	—	—	—	—	—	225	450
1938	90,304	—	32.00	45.00	65.00	80.00	100	250	4,500
1938 Specimen	—	—	—	—	—	—	—	5,000	9,000
1945	38,391	—	125	175	225	250	350	750	13,000
1945 Specimen	—	—	—	—	—	—	—	1,300	5,000
1946	93,055	—	25.00	40.00	55.00	75.00	100	400	9,000
1946 Specimen	—	—	—	—	—	—	—	1,300	5,000
1947 Pointed 7	Inc. below	—	80.00	125	175	225	400	2,000	—
1947 Pointed 7, Specimen	—	—	—	—	—	—	—	2,700	5,000
1947 Blunt 7	65,595	—	60.00	90.00	125	150	175	400	7,000
1947 Blunt 7, Specimen	—	—	—	—	—	—	—	2,700	5,000
1947 Maple leaf	21,135	—	150	200	225	300	400	800	7,000
1947 Maple leaf, Specimen	—	—	—	—	—	—	—	2,200	6,000

KM# 38 23.33 g., 0.800 Silver, 0.600 oz. ASW 36mm. **Subject:** Royal Visit **Obv:** Head left **Obv. Designer:** T. H. Paget **Rev:** Tower at center of building, date and denomination below **Rev. Designer:** Emanuel Hahn

Date	Mintage	VG8	F12	VF20	XF40	AU50	MS60	MS63	MS65
1939	1,363,816	—	—	11.00	16.00	20.00	24.00	35.00	500
1939 Matte specimen	—	—	—	—	—	—	—	450	900
1939 Mirror specimen	—	—	—	—	—	—	—	650	1,300

KM# 46 23.33 g., 0.800 Silver, 0.600 oz. ASW 36mm. **Obv:** Head left, modified left legend **Obv. Designer:** T. H. Paget **Rev:** Voyageur, date and denomination below **Rev. Designer:** Emanuel Hahn

Date	Mintage	VG8	F12	VF20	XF40	AU50	MS60	MS63	MS65
1948	18,780	—	750	950	1,200	1,300	1,600	2,900	15,000
1948 Specimen	—	—	—	—	—	—	—	4,500	9,000
1950	261,002	—	11.00	20.00	24.00	25.00	30.00	60.00	250

Note: With 3 water lines

DOLLAR

Date	Mintage	VG8	F12	VF20	XF40	AU50	MS60	MS63	MS65
1950 Specimen	—	—	—	—	—	—	—	1,000	1,800
Note: With 3 water lines									
1950 Matte Proof	—	PF65 18,000							
Note: With 4 water lines, 1 known									
1950	Inc. above	—	22.00	28.00	35.00	40.00	50.00	125	2,200
Note: Arnprior with 2-1/2 water lines									
1950 Specimen	—	—	—	—	—	—	—	1,300	3,000
Note: Amprior with 2-1/2 water lines									
1951	416,395	—	—	11.00	18.00	22.00	25.00	40.00	650
Note: With 3 water lines									
1951 Specimen	—	—	—	—	—	—	—	900	1,800
Note: With 3 water lines									
1951	Inc. above	—	40.00	55.00	90.00	125	225	450	6,500
Note: Arnprior with 1-1/2 water lines									
1951 Specimen	—	—	—	—	—	—	—	1,300	3,500
Note: Amprior with 1-1/2 water lines									
1952	406,148	—	—	—	11.00	22.00	24.00	35.00	500
Note: With 3 water lines									
1952 Specimen	—	—	—	—	—	—	—	650	1,800
Note: With 3 water lines									
1952	Inc. above	—	11.00	25.00	27.00	35.00	50.00	100	—
Note: Short water links									
1952 Specimen	—	—	—	—	—	—	—	650	1,800
Note: Short water lines									
1952	Inc. above	—	11.00	18.00	22.00	24.00	26.00	55.00	900
Note: Without water lines									
1952 Specimen	—	—	—	—	—	—	—	650	1,800
Note: Without water lines									

KM# 47 23.33 g., 0.800 Silver, 0.600 oz. ASW 36mm. **Subject:** Newfoundland **Obv:** Head left **Obv. Designer:** T. H. Paget **Rev:** "The Matthew", John Cabot's ship, date and denomination below **Rev. Designer:** Thomas Shingles

Date	Mintage	VG8	F12	VF20	XF40	AU50	MS60	MS63	MS65
1949	672,218	—	11.00	20.00	23.00	27.00	30.00	35.00	90.00
1949 Specimen	—	—	—	—	—	—	—	700	1,800
1949	—	PF60 2,600							

KM# 54 23.33 g., 0.800 Silver, 0.600 oz. ASW 36mm. **Obv:** Laureate bust right **Obv. Designer:** Mary Gillick **Rev:** Voyageur, date and denomination below **Rev. Designer:** Emanuel Hahn **Note:** All genuine circulation strike 1955 Arnprior dollars have a die break running along the top of TI in the word GRATIA on the obverse.

Date	Mintage	VG8	F12	VF20	XF40	AU50	MS60	MS63	MS65
1953	1,074,578	—	—	—	—	11.00	23.00	30.00	500
Note: Without strap, wire rim									
1953 Specimen	Inc. above	—	—	—	—	—	—	800	2,200
Note: Without strap, wire rim									
1953	Inc. above	PF60 1,600							
Note: Without strap, wire rim									

Date	Mintage	VG8	F12	VF20	XF40	AU50	MS60	MS63	MS65
1953	Inc. above	—	—	—	—	11.00	23.00	30.00	550
Note: With strap, flat rim									
1953 Specimen	—	—	—	—	—	—	—	900	2,300
Note: With strap, flat rim									
1954	246,606	—	17.00	18.00	20.00	25.00	29.00	50.00	1,300
1955	268,105	—	14.00	16.00	18.00	24.00	29.00	50.00	1,100
Note: With 3 water lines									
1955	Inc. above	—	85.00	90.00	100	125	150	250	2,900
Note: Arnprior with 1-1/2 water lines* and die break									
1956	209,092	—	20.00	22.00	24.00	26.00	35.00	80.00	3,500
1957	496,389	—	—	—	11.00	21.00	23.00	26.00	2,700
Note: With 3 water lines									
1957	Inc. above	—	20.00	22.00	24.00	26.00	28.00	50.00	3,000
Note: With 1 water line									
1959	1,443,502	—	—	—	11.00	16.00	20.00	24.00	2,000
1960	1,420,486	—	—	—	—	11.00	18.00	24.00	1,000
1961	1,262,231	—	—	—	—	11.00	12.50	24.00	1,800
1962	1,884,789	—	—	—	—	11.00	18.00	24.00	900
1963	4,179,981	—	—	—	—	11.00	12.50	24.00	1,300

KM# 55 23.33 g., 0.800 Silver, 0.600 oz. ASW 36mm. **Subject:** British Columbia **Obv:** Laureate bust right **Obv. Designer:** Mary Gillick **Rev:** Totem Pole, dates at left, denomination below **Rev. Designer:** Stephan Trenka

Date	Mintage	VG8	F12	VF20	XF40	AU50	MS60	MS63	MS65
1858-1958	3,039,630	—	—	11.00	18.00	21.00	23.00	26.00	450

KM# 58 23.33 g., 0.800 Silver, 0.600 oz. ASW 36mm. **Subject:** Charlottetown **Obv:** Laureate bust right **Rev:** Design at center, dates at outer edges, denomination below **Rev. Designer:** Dinko Voldanovic

Date	Mintage	VG8	F12	VF20	XF40	AU50	MS60	MS63	MS65
1864-1964	7,296,832	—	—	—	—	11.00	12.50	27.00	1,300
1864-1964 Specimen	—	—	—	—	—	—	—	225	450

Small beads

KM# 64.1 23.33 g., 0.800 Silver, 0.600 oz. ASW 36mm. **Obv:** Young bust right **Obv. Designer:** Arnold Machin **Rev:** Voyageur, date and denomination below **Rev. Designer:** Emanual Hahn

Date	Mintage	VG8	F12	VF20	XF40	AU50	MS60	MS63	MS65
1965	10,768,569	—	—	—	—	11.00	13.00	25.00	750
Note: Small beads, pointed 5									
1965	—	**PF63** 400							
Note: Small beads, pointed 5									
Specimen	—	—	—	—	—	—	—	250	900
Note: Small beads, pointed 5									
1965	Inc. above	—	—	—	—	11.00	13.00	25.00	1,400
Note: Small beads, blunt 5									
1965	—	**PF63** 400							
Note: Small beads, blunt 5									
1965 Specimen	—	—	—	—	—	—	—	250	650
Note: Small beads, blunt 5									
1965	Inc. above	—	—	—	—	11.00	13.00	25.00	650
Note: Large beads, blunt 5									
1965 Specimen	—	—	—	—	—	—	—	225	500
Note: Large beads, blunt 5									
1965	Inc. above	—	—	—	—	12.00	24.00	28.00	650
Note: Large beads, pointed 5									
1965 Specimen	—	—	—	—	—	—	—	450	900
Note: Large beads, pointed 5									
1965	Inc. above	—	—	11.00	22.00	25.00	29.00	45.00	1,800
Note: Medium beads, pointed 5									
1966	9,912,178	—	—	—	—	11.00	13.00	25.00	550
Note: Large beads									
1966 Specimen	—	—	—	—	—	—	—	250	900
Note: Large beads									
1966	485	—	—	—	2,300	2,600	3,000	4,000	—
Note: Small beads									

KM# 70 23.33 g., 0.800 Silver, 0.600 oz. ASW 36mm. **Subject:** Confederation Centennial **Obv:** Young bust right **Obv. Designer:** Arnold Machin **Rev:** Goose left, dates below, denomination above **Rev. Designer:** Alex Colville

Date	Mintage	MS60	MS63	MS65
1867-1967	6,767,496	18.00	23.00	400
1867-1967 Specimen	—	—	30.00	45.00

KM# 76.1 15.64 g., Nickel, 32mm. **Obv:** Young bust right **Obv. Designer:** Arnold Machin **Rev:** Voyageur, date and denomination below **Rev. Designer:** Emanuel Hahn

Date	Mintage	MS60	MS63	MS65
1968	5,579,714	1.75	2.50	45.00

Date	Mintage	MS60	MS63	MS65
1968 Prooflike	1,408,143	—	—	2.50
1968 Small island	—	5.00	10.00	100
1968 Prooflike	—	—	—	10.00
Note: Small island				
1968 No Island	—	5.00	12.00	65.00
1968 Prooflike	—	—	—	4.50
Note: No island				
1968	Prooflike	22.00	30.00	70.00
Note: Doubled die; exhibits extra water lines				
1969	4,809,313	2.25	3.50	225
1969 Prooflike	594,258	—	2.00	—
1965 Specimen	—	—	—	500
1972	2,676,041	2.25	3.50	225
1972 Prooflike	405,865	—	—	2.25

KM# 78 15.60 g., Nickel, 32mm. **Subject:** Manitoba **Obv:** Young bust right **Rev:** Pasque flower divides dates and denomination **Rev. Designer:** Raymond Taylor

Date	Mintage	MS60	MS63	MS65
1870-1970	4,140,058	2.25	3.50	150
1870-1970 Prooflike	645,869	—	—	2.25
1870-1970 Specimen	—	—	—	40.00

KM# 79 15.70 g., Nickel, 32.1mm. **Subject:** British Columbia **Obv:** Young bust right **Rev:** Shield divides dates, denomination below, flowers above **Rev. Designer:** Thomas Shingles

Date	Mintage	MS60	MS63	MS65
1871-1971	4,260,781	2.25	3.50	175
1871-1971 Prooflike	468,729	—	—	2.25
1871-1971 Specimen	—	—	—	40.00

KM# 80 23.33 g., 0.500 Silver, 0.375 oz. ASW 36mm. **Subject:** British Columbia **Obv:** Young bust right **Rev:** Crowned arms with supporters divide dates, maple at top divides denomination, crowned lion atop crown on shield **Rev. Designer:** Patrick Brindley

Date	Mintage	MS60	MS63	MS65
1871-1971 Specimen	585,674	—	—	12.00

KM# 64.2a 23.33 g., 0.500 Silver, 0.375 oz. ASW 36mm. **Obv:** Smaller young bust right **Obv. Designer:** Arnold Machin **Rev:** Voyageur **Rev. Designer:** Emanuel Hahn

Date	Mintage	MS60	MS63	MS65
1972 Specimen	341,598	—	—	13.00
1972 Proof	Inc. above	—	—	—

Note: doesn't exist

KM# 82 Nickel, 32mm. **Subject:** Prince Edward Island **Obv:** Young bust right **Rev:** Building, inscription below divides dates, denomination above **Rev. Designer:** Terry Manning

Date	Mintage	MS60	MS63	MS65
1873-1973	3,196,452	2.25	3.00	65.00
1873-1973 (c) Prooflike	—	—	—	2.25

KM# 83 23.33 g., 0.500 Silver, 0.375 oz. ASW 36mm. **Obv:** Young bust right **Rev:** Mountie left, dates below, denomination at right **Rev. Designer:** Paul Cedarberg

Date	Mintage	MS60	MS63	MS65
1873-1973 Specimen	1,031,271	—	—	12.00
1873-1973 Specimen	—	—	20.00	—

Note: Dollar housed in special blue case with RCMP crest.

KM# 88 Nickel, 32mm. **Subject:** Winnipeg Centennial **Obv:** Young bust right **Rev:** Zeros frame pictures, dates below, denomination at bottom **Rev. Designer:** Paul Pederson and Patrick Brindley

Date	Mintage	MS60	MS63	MS65
1874-1974	2,799,363	2.50	3.50	90.00
1874-1974 (c) Prooflike	—	—	—	2.50

KM# 88a 23.33 g., 0.500 Silver, 0.375 oz. ASW 36mm. **Subject:** Winnipeg Centennial **Obv:** Young bust right **Rev:** Zeros frame pictures, dates below, denomination at bottom **Rev. Designer:** Paul Pederson and Patrick Brindley

Date	Mintage	MS60	MS63	MS65
1974-1974 Specimen	728,947	—	—	12.00

DOLLAR

ELIZABETH II
CANADA
DOLLAR

KM# 76.2 15.62 g., Nickel, 32mm. **Obv:** Smaller young bust right **Obv. Designer:** Arnold Machin **Rev:** Voyageur **Rev. Designer:** Emanuel Hahn

Date	Mintage	MS60	MS63	MS65
1975	3,256,000	2.25	2.50	90.00
1975 Prooflike	322,325	—	—	2.50
1976	2,498,204	2.25	2.50	90.00
1976 Prooflike	274,106	—	—	2.50

KM# 76.3 Nickel, 32mm. **Obv:** Young bust right **Obv. Designer:** Arnold Machin **Rev:** Voyageur **Rev. Designer:** Emanuel Hahn **Note:** Only known in prooflike sets with 1976 obverse slightly modified.

Date	Mintage	MS60	MS63	MS65
1975	Inc. above	—	3.00	—

Note: mule with 1976 obv.

ELIZABETH II
CANADA DOLLAR
DDP
1875 CALGARY 1975

KM# 97 23.33 g., 0.500 Silver, 0.375 oz. ASW 36mm. **Subject:** Calgary **Obv:** Young bust right **Rev:** Figure on bucking horse, dates divided below, denomination above **Rev. Designer:** Donald D. Paterson

Date	Mintage	MS60	MS63	MS65
1875-1975 Specimen	930,956	—	—	12.00

ELIZABETH II
CANADA DOLLAR
1876-1976

KM# 106 23.33 g., 0.500 Silver, 0.375 oz. ASW 36mm. **Subject:** Parliament Library **Obv:** Young bust right **Rev:** Library building, dates below, denomination above **Rev. Designer:** Walter Ott and Patrick Brindley

Date	Mintage	MS60	MS63	MS65
1876-1976 Specimen	578,708	—	—	12.00
1876-1976	—			

Note: Blue VIP case

CANADA
1977
DOLLAR

KM# 117 Nickel, 32mm. **Obv:** Young bust right **Obv. Designer:** Arnold Machin **Rev:** Voyageur modified **Rev. Designer:** Emanuel Hahn

Date	Mintage	MS60	MS63	MS65
1977	1,393,745	2.50	3.50	90.00
1977 Prooflike	—	—	—	2.50

ELIZABETH
SILVER JUBILEE
1952·1977
CANADA
THRONE OF THE SENATE
LE TRÔNE DU SÉNAT
DOLLAR

KM# 118 23.33 g., 0.500 Silver, 0.375 oz. ASW 36mm. **Subject:** Silver Jubilee **Obv:** Young bust right, dates below **Rev:** Throne, denomination below **Rev. Designer:** Raymond Lee

Date	Mintage	MS60	MS63	MS65
1952-1977 Specimen	744,848	—	—	12.00
1952-1977 Specimen	—	—	—	30.00

Note: Red VIP case

ELIZABETH II
CANADA
1982
DOLLAR

KM# 120.1 15.50 g., Nickel, 32.1mm. **Obv:** Young bust right **Obv. Designer:** Arnold Machin **Rev:** Voyageur, date and denomination below **Rev. Designer:** Emanuel Hahn **Note:** Modified design.

Date	Mintage	VF20	XF40	MS60	MS63	MS65
1978	2,948,488	—	—	2.25	2.50	100
1979	2,954,842	—	—	2.25	2.50	175
1980	3,291,221	—	—	2.50	3.00	90.00
1981	2,778,900	—	—	2.50	3.00	125
1981	—		**PF65** 5.00			
1982	1,098,500	—	—	2.50	3.00	90.00
1982	180,908		**PF65** 5.00			
1983	2,267,525	—	—	2.50	4.00	100
1983	166,779		**PF65** 5.00			
1984	1,223,486	—	—	2.50	3.00	100
1984	161,602		**PF65** 6.00			
1985	3,104,092	—	—	2.50	3.50	—
1985	153,950		**PF65** 7.00			
1986	3,089,225	—	—	2.50	4.00	90.00
1986	176,224		**PF65** 7.00			

Date	Mintage	VF20	XF40	MS60	MS63	MS65
1987 PL	287,330	—	—	—	—	5.00
1987	175,686	**PF65** 7.50				

KM# 121 23.33 g., 0.500 Silver, 0.375 oz. ASW 36mm. **Subject:** XI Commonwealth Games **Obv:** Young bust right **Rev:** Commonwealth games, logo at center **Rev. Designer:** Raymond Taylor

Date	Mintage	MS60	MS63	MS65
1978 Specimen	709,602	—	—	12.00

KM# 124 23.33 g., 0.500 Silver, 0.375 oz. ASW 36mm. **Subject:** Griffon **Obv:** Young bust right **Rev:** Ship, dates below, denomination above **Rev. Designer:** Walter Schluep

Date	Mintage	MS60	MS63	MS65
1979 Specimen	826,695	—	—	12.00

KM# 128 23.33 g., 0.500 Silver, 0.375 oz. ASW 36mm. **Subject:** Arctic Territories **Obv:** Young bust right **Rev:** Bear right, date below, denomination above **Rev. Designer:** Donald D. Paterson

Date	Mintage	MS60	MS63	MS65
1980 Specimen	539,617	—	—	17.00

KM# 130 23.33 g., 0.500 Silver, 0.375 oz. ASW 36mm. **Subject:** Transcontinental Railroad **Obv:** Young bust right **Rev:** Train engine and map, date below, denomination above **Rev. Designer:** Christopher Gorey

Date	Mintage	VF20	XF40	MS60	MS63	MS65
1981	699,494	—	—	—	—	10.00
1981	—	**PF65** 14.00				

KM# 133 23.33 g., 0.500 Silver, 0.375 oz. ASW 36mm. **Subject:** Regina **Obv:** Young bust right **Rev:** Cattle skull divides dates and denomination below **Rev. Designer:** Huntley Brown

Date	Mintage	VF20	XF40	MS60	MS63	MS65
1882-1982	144,930	—	—	—	—	10.00
1882-1982	—	**PF65** 14.00				

KM# 134 15.42 g., Nickel, 32mm. **Subject:** Constitution **Obv:** Young bust right **Rev:** Meeting of Government **Rev. Designer:** Ago Aarand

Date	Mintage	VF20	XF40	MS60	MS63	MS65
1867-1982	9,709,422	—	—	1.75	2.50	65.00

KM# 138 23.33 g.,   0.500 Silver, 0.375 oz. ASW 36mm.   **Subject:** Edmonton University Games **Obv:** Young bust right **Rev:** Athlete within game logo, date and denomination below **Rev. Designer:** Carola Tietz

Date	Mintage	VF20	XF40	MS60	MS63	MS65
1983	159,450	—	—	—	—	10.00
1983	—	PF65 14.00				

KM# 140 23.33 g.,   0.500 Silver, 0.375 oz. ASW 36mm.   **Subject:** Toronto Sesquicentennial **Obv:** Young bust right **Rev. Designer:** D. J. Craig

Date	Mintage	VF20	XF40	MS60	MS63	MS65
1984	133,610	—	—	—	—	10.00
1984	—	PF65 14.00				

KM# 141 15.50 g., Nickel, 32mm.   **Subject:** Jacques Cartier **Obv:** Young bust right **Rev:** Cross with shield above figures **Rev. Designer:** Hector Greville

Date	Mintage	VF20	XF40	MS60	MS63	MS65
1534-1984	7,009,323	—	—	1.75	3.50	90.00
1534-1984	—	PF65 6.00				

KM# 120.2 Nickel, 32.13mm. **Obv:** Young bust right **Rev:** Voyageur **Note:** Mule with New Zealand 50 cent, KM-37 obverse.

Date	Mintage	VF20	XF40	MS60	MS63	MS65
1985	—	—	—	—	3,000	10,000	—

KM# 143 23.33 g.,   0.500 Silver, 0.375 oz. ASW 36mm.   **Subject:** National Parks **Obv:** Young bust right **Rev:** Moose right, dates above, denomination below **Rev. Designer:** Karel Rohlicek

Date	Mintage	VF20	XF40	MS60	MS63	MS65
1885-1985	163,314	—	—	—	—	10.00
1885-1985	733,354	PF65 14.00				

KM# 149 23.33 g.,   0.500 Silver, 0.375 oz. ASW 36mm.   **Subject:** Vancouver **Obv:** Young bust right **Rev:** Train left, dates divided below, denomination above **Rev. Designer:** Elliot John Morrison

Date	Mintage	VF20	XF40	MS60	MS63	MS65
1886-1986	125,949	—	—	—	—	10.00
1886-1986	—	PF65 14.00				

KM# 154 23.33 g.,   0.500 Silver, 0.375 oz. ASW 36mm.   **Subject:** John Davis **Obv:** Young bust right **Rev:** Ship "John Davis" with masts, rock in background, dates below, denomination at bottom **Rev. Designer:** Christopher Gorey

Date	Mintage	VF20	XF40	MS60	MS63	MS65
1587-1987	118,722	—	—	—	—	10.00
1587-1987	—	PF65 14.00				

KM# 157 7.00 g., Aureate-Bronze Plated Nickel, 26.5mm. **Obv:** Young bust right **Obv. Designer:** Arnold Machin **Rev:** Loon right, date and denomination below **Rev. Designer:** Robert R. Carmichael **Shape:** 11-sided

Date	Mintage	VF20	XF40	MS60	MS63	MS65
1987	205,405,000	—	—	—	2.25	35.00
1987	178,120	PF65 8.00				
1988	138,893,539	—	—	—	3.50	50.00
1988	175,259	PF65 6.50				
1989	184,773,902	—	—	—	4.00	65.00
1989	170,928	PF65 6.50				

KM# 161 23.33 g., 0.500 Silver, 0.375 oz. ASW 36mm. **Subject:** Ironworks **Obv:** Young bust right **Rev:** Ironworkers, date and denomination below **Rev. Designer:** Robert R. Carmichael

Date	Mintage	VF20	XF40	MS60	MS63	MS65
1988	106,872	—	—	—	—	10.00
1988	—	PF65 15.00				

KM# 168 23.33 g., 0.500 Silver, 0.375 oz. ASW 36mm. **Subject:** MacKenzie River **Obv:** Young bust right **Rev:** People in canoe, date above, denomination below **Rev. Designer:** John Mardon

Date	Mintage	VF20	XF40	MS60	MS63	MS65
1989	99,774	—	—	—	—	13.00
1989	—	PF65 17.50				

KM# 170 23.33 g., 0.500 Silver, 0.375 oz. ASW 36mm. **Subject:** Henry Kelsey **Obv:** Crowned head right **Rev:** Kelsey with natives, dates below, denomination above **Rev. Designer:** D. J. Craig

Date	Mintage	VF20	XF40	MS60	MS63	MS65
1690-1990	99,455	—	—	—	—	12.00
1690-1990	—	PF65 20.00				

KM# 186 7.00 g., Aureate-Bronze Plated Nickel, 26.5mm. **Obv:** Crowned head right **Obv. Designer:** Dora dePedery-Hunt **Rev:** Loon right, date and denomination **Rev. Designer:** Robert R. Carmichael **Shape:** 11-sided

Date	Mintage	VF20	XF40	MS60	MS63	MS65
1990	68,402,000	—	—	—	3.50	63.00
1990	140,649	PF65 7.00				
1991	23,156,000	—	—	—	3.50	63.00
1991	131,888	PF65 13.00				
1993	33,662,000	—	—	—	3.00	63.00
1993	143,065	PF65 6.00				
1994	16,232,530	—	—	—	3.50	32.00
1994	104,485	PF65 7.00				
1995	27,492,630	—	—	—	3.50	42.00
1995	101,560	PF65 7.00				
1996	17,101,000	—	—	—	3.50	32.00
1996	112,835	PF65 7.50				
1997 PL	—	—	—	—	—	13.00
1997	113,647	PF65 8.00				
1998 PL	—	—	—	—	—	6.00
1998 W Prooflike	—	—	—	—	—	10.00
1998	93,632	PF65 10.00				
1999 PL	—	—	—	—	—	6.00
1999	95,113	PF65 13.00				
2000 PL	—	—	—	—	—	6.00
2000 W Prooflike	—	—	—	—	—	9.00
2000	90,921	PF65 8.00				
2001 PL	—	—	—	—	—	6.00
2001	74,194	PF65 8.00				
2002	—	—	—	—	3.50	22.00
2002	65,315	PF65 10.00				
2003	—	—	—	—	3.50	22.00

Note: Mintage of 5,101,000 includes both KM186 and KM495 examples.

| 2003 | — | PF65 12.00 | | | | |

KM# 179 23.33 g., 0.500 Silver, 0.375 oz. ASW 36mm. **Subject:** S.S. Frontenac **Obv:** Crowned head right **Rev:** Ship, "Frontenac", date and denomination below, **Rev. Designer:** D. J. Craig

Date	Mintage	VF20	XF40	MS60	MS63	MS65
1991	73,843	—	—	—	—	12.00
1991	195,424		PF65	23.00		

KM# 209 Aureate, 26.5mm. **Subject:** Loon right, dates and denomination **Obv:** Crowned head right **Rev. Designer:** Robert R. Carmichael

Date	Mintage	VF20	XF40	MS60	MS63	MS65
1867-1992	4,242,085	—	—	—	3.50	45.00
1867-1992	147,061		PF65	8.00		

KM# 210 25.18 g., 0.925 Silver, 0.7487 oz. ASW 36mm. **Subject:** Stagecoach service **Obv:** Crowned head right **Rev:** Stagecoach, date and denomination below **Rev. Designer:** Karsten Smith

Date	Mintage	VF20	XF40	MS60	MS63	MS65
1992	78,160	—	—	—	—	17.00
1992	187,612		PF65	25.00		

KM# 218 Aureate, 26mm. **Subject:** Parliament **Obv:** Crowned head right, dates below **Rev:** Backs of three seated figures in front of building, denomination below **Rev. Designer:** Rita Swanson

Date	Mintage	VF20	XF40	MS60	MS63	MS65
1867-1992	23,915,000	—	—	—	3.50	35.00
1867-1992	—		PF65	9.00		

KM# 235 25.18 g., 0.925 Silver, 0.7487 oz. ASW 36mm. **Subject:** Stanley Cup hockey **Obv:** Crowned head right **Rev:** Hockey players between cups, dates below, denomination above **Rev. Designer:** Stewart Sherwood

Date	Mintage	VF20	XF40	MS60	MS63	MS65
1993	88,150	—	—	—	—	20.00
1993	—		PF65	25.00		

KM# 248 7.00 g., Aureate-Bronze Plated Nickel, 26mm. **Subject:** War Memorial **Obv:** Crowned head right, date below **Rev:** Memorial, denomination at right **Rev. Designer:** R. C. M. Staff

Date	Mintage	VF20	XF40	MS60	MS63	MS65
1994	20,004,830	—	—	—	2.25	35.00
1994	—		PF65	10.00		

KM# 251 25.18 g., 0.925 Silver, 0.7487 oz. ASW 36mm. **Subject:** Last RCMP sled-dog patrol **Obv:** Crowned head right **Rev:** Dogsled, denomination divides dates below **Rev. Designer:** Ian Sparks

Date	Mintage	VF20	XF40	MS60	MS63	MS65
1969-1994	61,561	—	—	—	—	22.00

Date	Mintage	VF20	XF40	MS60	MS63	MS65
1969-1994	170,374		PF65 25.00			

KM# 258 7.00 g., Aureate Bronze, 26mm. **Subject:** Peacekeeping Monument in Ottawa **Obv:** Crowned head right, date below **Rev:** Monument, denomination above right **Rev. Designer:** J. K. Harmon, R. G. Henriquez and C. H. Oberlander **Note:** Mintage included with KM#186.

Date	Mintage	VF20	XF40	MS60	MS63	MS65
1995	18,502,750	—	—	—	2.25	35.00
1995	—		PF65 10.00			

KM# 259 25.18 g., 0.925 Silver, 0.7487 oz. ASW 36mm. **Subject:** Hudson Bay Company **Obv:** Crowned head right **Rev:** Explorers and ship, date and denomination below **Rev. Designer:** Vincent McIndoe

Date	Mintage	VF20	XF40	MS60	MS63	MS65
1995	61,819	—	—	—	—	17.00
1995	166,259		PF65 29.00			

KM# 274 25.18 g., 0.925 Silver, 0.7487 oz. ASW 36mm. **Subject:** McIntosh Apple **Obv:** Crowned head right **Rev:** Apple, dates and denomination below **Rev. Designer:** Roger Hill

Date	Mintage	VF20	XF40	MS60	MS63	MS65
1796-1996	58,834	—	—	—	—	17.00
1796-1996	133,779		PF65 25.00			

KM# 282 25.18 g., 0.925 Silver, 0.7487 oz. ASW 36mm. **Subject:** 25th Anniversary Hockey Victory **Obv:** Crowned head right **Rev:** The winning goal by Paul Aenderson. Based on a painting by Andre l'Archeveque, dates at right, denomination at bottom **Rev. Designer:** Walter Burden

Date	Mintage	VF20	XF40	MS60	MS63	MS65
1972-1997	155,252	—	—	—	20.00	
1972-1997	184,965		PF65 29.00			

KM# 291 7.00 g., Aureate-Bronze Plated Nickel, 26mm. **Subject:** Loon Dollar 10th Anniversary **Obv:** Crowned head right **Rev:** Loon in flight left, dates above, denomination below **Rev. Designer:** Jean-Luc Grondin

Date	Mintage	MS60	MS63	MS65
1987-1997 Prooflike		—	—	22.00

KM# 296 25.18 g., 0.925 Silver, 0.7487 oz. ASW 36mm. **Subject:** Loon Dollar 10th Anniversary **Obv:** Crowned head right **Rev:** Loon in flight left, dates above, denomination below **Rev. Designer:** Jean-Luc Grondin

Date	Mintage	VF20	XF40	MS60	MS63	MS65
1987-1997	—		PF65 95.00			

KM# 306 25.18 g., 0.925 Silver, 0.7487 oz. ASW 36mm. **Subject:** 120th Anniversary Royal Canadian Mounted Police **Obv:** Crowned head right **Rev:** Mountie on horseback, dates at left, denomination above **Rev. Designer:** Adeline Halvorson **Note:** Individually cased prooflikes, proofs or specimens are from broken-up prooflike or specimen sets.

Date	Mintage	VF20	XF40	MS60	MS63	MS65
1873-1998	79,777	—	—	—	—	17.00
1873-1998	120,172	PF65 29.00				

KM# 355 25.18 g., 0.925 Silver, 0.7487 oz. ASW 36mm. **Subject:** International Year of Old Persons **Obv:** Crowned head right **Rev:** Figures amid trees, date and denomination below **Rev. Designer:** S. Armstrong-Hodgson

Date	Mintage	VF20	XF40	MS60	MS63	MS65
1999	—	PF65 40.00				

KM# 356 25.18 g., 0.925 Silver, 0.7487 oz. ASW 36mm. **Subject:** Discovery of Queen Charlotte Isle **Obv:** Crowned head right **Rev:** Ship and three boats, dates at right, denomination below **Rev. Designer:** D. J. Craig

Date	Mintage	VF20	XF40	MS60	MS63	MS65
1999	67,655	—	—	—	—	22.00
1999	126,435	PF65 30.00				

KM# 401 25.18 g., 0.925 Silver, 0.7487 oz. ASW 36mm. **Subject:** Voyage of Discovery **Obv:** Crowned head right **Rev:** Human and space shuttle, date above, denomination below **Rev. Designer:** D. F. Warkentine

Date	Mintage	VF20	XF40	MS60	MS63	MS65
2000	60,100	—	—	—	—	21.00
2000	114,130	PF65 29.00				

KM# 414 25.18 g., 0.925 Silver, 0.7487 oz. ASW 36mm. **Subject:** National Ballet **Obv:** Crowned head right **Rev:** Ballet dancers **Rev. Designer:** Scott McKowen **Edge:** Reeded

Date	Mintage	VF20	XF40	MS60	MS63	MS65
2001	—	PF65 29.00				
2001	65,000	—	—	—	—	21.00

KM# 434 25.18 g., 0.925 Silver, 0.7487 oz. ASW 36mm. **Obv:** Crowned head right **Rev:** Recycled 1911 pattern dollar design: denomination, country name and dates in crowned wreath **Edge:** Reeded

Date	Mintage	VF20	XF40	MS60	MS63	MS65
1911-2001	24,996	PF65 55.00				

KM# 186a Gilt Aureate-Bronze Plated Nickel, 26.5mm. **Subject:** Olympic Win

Date	Mintage	VF20	XF40	MS60	MS63	MS65
2002	—	PF65 40.00				

KM# 443 25.18 g., 0.925 Silver, 0.7487 oz. ASW 36mm. **Subject:** Queen's Golden Jubilee **Obv:** Crowned head right, with anniversary date at left **Obv. Designer:** Dora dePédery-Hunt **Rev:** Queen in her coach and a view of the coach, denomination below **Edge:** Reeded

Date	Mintage	VF20	XF40	MS60	MS63	MS65
1952-2002	65,140	—	—	—	—	21.00
1952-2002	29,688		PF65 29.00			

KM# 443a 25.18 g., 0.925 Silver Gilt, 0.7488 oz. 36mm. **Subject:** Queen's Golden Jubilee **Obv:** Crowned head right with anniversary date **Rev:** Queen in her coach and a view of the coach **Edge:** Reeded **Note:** Special 24 karat gold plated issue of KM#443.

Date	Mintage					
2002	32,642	PF65 45.00				

KM# 462 7.00 g., Aureate-Bronze Plated Nickel, 26mm. **Obv:** Commemorative dates 1952-2002 **Obv. Designer:** Dora dePédery-Hunt **Rev:** Family of Loons

Date	Mintage	MS60	MS63	MS65
2002 Specimen	67,672	—	—	25.00

KM# 467 7.00 g., Aureate-Bronze Plated Nickel, **Subject:** Elizabeth II Golden Jubilee **Obv:** Crowned head right, Jubilee commemorative dates 1952-2002 **Obv. Designer:** Dora dePédery-Hunt

Date	Mintage	VF20	XF40	MS60	MS63	MS65
2002	2,302,000	—	—	—	2.50	—
2002	—		PF65 8.00			

KM# 467a Gold, **Subject:** 50th Anniversary, Accession to the Throne **Obv:** Crowned head right **Note:** Sold on the internet.

Date	Mintage	VF20	XF40	MS60	MS63	MS65
2002	1		PF65 55,500			

KM# 503 25.18 g., 0.925 Silver, 0.7487 oz. ASW 36mm. **Subject:** Queen Mother **Obv:** Crowned head right **Obv. Designer:** Dora de Pedery-Hunt **Rev:** Queen Mother facing

Date	Mintage	VF20	XF40	MS60	MS63	MS65
2002	9,994		PF65 225			

KM# 450 25.18 g., 0.9999 Silver, 0.8093 oz. ASW 36mm. **Subject:** Cobalt Mining Centennial **Obv:** Queens portrait right **Obv. Designer:** Dora dePédery-Hunt **Rev:** Mine tower and fox **Edge:** Reeded

Date	Mintage	VF20	XF40	MS60	MS63	MS65
2003	51,130	—	—	—	—	22.00
2003	88,536		PF65 30.00			

KM# 473 25.18 g., 0.9999 Silver, 0.8093 oz. ASW **Subject:** 50th Anniversary of the Coronation of Elizabeth II **Obv:** 1953 effigy of the Queen, Jubilee dates 1953-2003 **Obv. Designer:** Mary Gillick **Rev:** Voyageur, date and denomination below

Date	Mintage	VF20	XF40	MS60	MS63	MS65
1953-2003	21,537		PF65 45.00			

KM# 480 25.18 g., 0.9999 Silver, 0.8093 oz. ASW **Subject:** Coronation of Queen Elizabeth II **Obv:** Head right **Rev:** Voyaguers **Rev. Designer:** Emanuel Hahn

Date	Mintage	VF20	XF40	MS60	MS63	MS65
1953-2003	29,586		PF65 50.00			

KM# 495 7.00 g., Aureate-Bronze Plated Nickel, 26.5mm. **Obv:** Bare head right **Obv. Designer:** Susanna Blunt **Rev:** Loon right **Rev. Designer:** Robert R. Carmichael **Shape:** 11-sided

Date	Mintage	VF20	XF40	MS60	MS63	MS65
2003	5,102,000	—	—	—	3.50	22.00

Note: Mintage of 5,101,000 includes both KM 186 and 495 examples.

2003 W Prooflike	—	—	—	—	—	7.50
2003	62,507		PF65 12.00			
2004	10,894,000	—	—	—	2.50	22.00
2004	—		PF65 12.00			
2005	44,375,000	—	—	—	3.00	22.00
2005	—		PF65 10.00			
2006	49,111,000	—	—	—	3.00	—
2006	—		PF65 7.50			
2006 (ml)	49,111,000	—	—	—	2.25	13.00
2006 (ml)	—		PF65 7.50			
2007 (ml)	38,045,000	—	—	—	2.25	22.00
2007 (ml)	—		PF65 7.50			
2008 (ml)	29,561,000	—	—	—	2.25	22.00
2008 (ml)	—		PF65 7.50			
2009 (ml)	39,601,000	—	—	—	2.25	22.00
2009 (ml)	—		PF65 7.50			
2010 (ml)	—	—	—	—	2.25	22.00

Date	Mintage	VF20	XF40	MS60	MS63	MS65
2010 (ml)	—		PF65 7.50			
2011 (ml)	—	—	—	—	2.25	22.00
2011 (ml)	—		PF65 7.50			
2012 (ml)	—	—	—	—	2.25	22.00
2012 (ml)	—		PF65 10.00			

KM# 480a Gold, **Subject:** 50th Anniversary of Coronation **Obv. Designer:** Mary Gilick **Rev:** Voyageur **Note:** Sold on the internet.

Date	Mintage	VF20	XF40	MS60	MS63	MS65
1953-2003	1	PF65 60,000				

KM# 507 7.00 g., Aureate-Bronze Plated Nickel, 26.5mm. **Obv:** Bare head right, date below **Obv. Designer:** Susanna Blunt **Rev:** Loon **Edge:** Plain **Shape:** 11-sided

Date	Mintage	VF20	XF40	MS60	MS63	MS65
2004	25,105	PF65 40.00				

KM# 511 25.18 g., 0.9999 Silver, 0.8093 oz. ASW 36mm. **Obv:** Elizabeth II **Rev:** Poppy on maple leaf **Edge:** Reeded

Date	Mintage	VF20	XF40	MS60	MS63	MS65
2004	24,527	PF65 50.00				

KM# 512 25.18 g., 0.9999 Silver, 0.8093 oz. ASW 36mm. **Subject:** First French Settlement in America **Obv:** Crowned head right **Rev:** Sailing ship **Edge:** Reeded

Date	Mintage	MS60	MS63	MS65
2004	42,582	—	—	20.00
2004 Fleur-dis-lis privy mark	8,315	—	—	60.00
2004	106,974			

KM# 513 7.00 g., Aureate-Bronze Plated Nickel, 26.5mm. **Subject:** Olympics **Obv:** Bare head right **Rev:** Maple leaf, Olympic flame and rings above loon **Edge:** Plain **Shape:** 11-sided

Date	Mintage	VF20	XF40	MS60	MS63	MS65
2004	6,526,000	—	—	—	3.50	22.00

KM# 513a 9.31 g., 0.925 Silver, 0.2769 oz. ASW 26.5mm. **Subject:** Olympics **Obv:** Bare head right **Rev:** Multicolor maple leaf, Olympic flame and rings above loon **Edge:** Plain **Shape:** 11-sided

Date	Mintage	VF20	XF40	MS60	MS63	MS65
2004	19,994	PF65 50.00				

KM# 549 25.18 g., 0.925 Silver, 0.7487 oz. ASW 36.07mm. **Subject:** 40th Anniversary of National Flag **Obv:** Head right **Obv. Designer:** Susanna Blunt **Rev. Designer:** William Woodruff

Date	Mintage	VF20	XF40	MS60	MS63	MS65
2005	50,948	—	—	—	—	22.00
2005	95,431	PF65 35.00				

KM# 549a 25.18 g., 0.925 Silver partially gilt, 0.7487 oz. ASW 36.07mm. **Subject:** 40th Anniversary of National Flag **Obv:** Head right **Rev:** Flag partially gilt, fireworks, parliament tower

Date	Mintage	VF20	XF40	MS60	MS63	MS65
2005	62,562	—	—	—	—	65.00

KM# 549b 25.18 g., 0.925 Silver, 0.7488 oz. ASW 36.07mm. **Subject:** 40th Anniversary National Flag **Rev:** National flag, colorized

Date	Mintage	VF20	XF40	MS60	MS63	MS65
2005	4,898	PF65 225				

KM# 552 7.00 g., Aureate-Bronze Plated Nickel, 26.5mm. **Obv:** Head right **Rev:** Terry Fox walking left

Date	Mintage	VF20	XF40	MS60	MS63	MS65
2005	1,290,900	—	—	—	2.50	22.00

KM# 553 7.00 g., Aureate-Bronze Plated Nickel, **Subject:** Tuffed Puffin **Obv:** Head right **Obv. Designer:** Susanna Blunt

Date	Mintage	VF20	XF40	MS60	MS63	MS65
2005 PL	39,818	—	—	—	—	30.00

KM# 581 9.31 g., 0.925 Silver, 0.2769 oz. ASW **Subject:** Lullabies Loonie **Obv:** Head right **Obv. Designer:** Susanna Blunt **Rev:** Loon and moon, teddy bear in stars **Edge:** 11-sided **Shape:** 26.5

Date	Mintage	VF20	XF40	MS60	MS63	MS65
2006	18,103	—	—	—	—	35.00

KM# 582 7.00 g., Aureate-Bronze Plated Nickel, 26.5mm. **Subject:** Snowy owl **Obv:** Head right **Obv. Designer:** Susanna Blunt **Rev:** Snowy owl with year above

Date	Mintage	VF20	XF40	MS60	MS63	MS65
2006	39,935		PF65	30.00		
Specimen						

KM# 583 25.18 g., 0.925 Silver, 0.7487 oz. ASW 36mm. **Obv:** Head right **Rev:** Victoria Cross

Date	Mintage	VF20	XF40	MS60	MS63	MS65
2006	27,254	—	—	—	—	25.00
2006	53,822		PF65	40.00		

KM# 583a 25.18 g., 0.925 Silver partially gilt, 0.7487 oz. ASW 36mm. **Obv:** Head right **Rev:** Victoria Cross gilt

Date	Mintage	VF20	XF40	MS60	MS63	MS65
2006	53,822		PF65	65.00		

KM# 630 7.00 g., Aureate Bronze, 26.5mm. **Obv:** Bust right **Rev:** Loon splashing in water

Date	Mintage	VF20	XF40	MS60	MS63	MS65
2006		—	—	—	2.25	22.00

KM# 630a 9.31 g., 0.925 Silver, 0.2769 oz. ASW 26.5mm. **Subject:** Olympic Games **Obv:** Crowned head right **Rev:** Loon in flight, color olympic logo above **Shape:** 11-sided

Date	Mintage	VF20	XF40	MS60	MS63	MS65
2006	19,956	—	—	—	30.00	—

KM# 654 7.00 g., 0.925 Silver, 0.2082 oz. ASW
26.5mm.   **Obv:**   Head   right   **Rev:**   Snowflake,
colorized **Shape:** 11-sided **Note:** Sold in a CD
package.

Date	Mintage	VF20	XF40	MS60	MS63	MS65
2006 (ml)	34,014	—	—	—	35.00	—

KM# 655 7.00 g., 0.925 Silver, 0.2082 oz. ASW
26.5mm. **Subject:** Baby Rattle **Obv:** Head right
Rev: Baby rattle **Shape:** 11-sided

Date	Mintage	VF20	XF40	MS60	MS63	MS65
2006	3,207	—	—	—	20.00	—

KM# 655a 7.00 g., 0.925 Silver, 0.2082 oz. ASW
26.5mm.   **Obv:**   Bust   right   **Rev:**   Baby   Rattle,
partially gilt **Shape:** 11-sided

Date	Mintage	VF20	XF40	MS60	MS63	MS65
2006	1,911	—	—	—	15.00	—

KM# 656 28.18 g., 0.925 Silver, 0.8379 oz. ASW
Subject: Medal of Bravery **Obv:** Head right

Date	Mintage	VF20	XF40	MS60	MS63	MS65
2006	8,343		PF65 50.00			

KM# 656a 28.18 g., 0.925 Silver with multicolor
enamel, 0.8379 oz. ASW **Subject:** Medal of Bravery
Obv: Head right **Rev:** Maple leaf within wreath.
Colorized.

Date	Mintage	VF20	XF40	MS60	MS63	MS65
2006	4,999		PF65 125			

KM# 1287 7.00 g., Aureate Bronze, 26.5mm. **Rev:**
Goose in flight

Date	Mintage	VF20	XF40	MS60	MS63	MS65
2006	—		PF65 20.00			

KM# 653 25.18 g., 0.925 Silver, 0.7487 oz. ASW
36.07mm. **Subject:** Thayendanegea **Obv:** Head
right **Rev:** Bust 3/4 facing right

Date	Mintage	VF20	XF40	MS60	MS63	MS65
2007	16,378	—	—	—	—	23.00
2007	—		PF65 40.00			

KM# 653a 25.18 g., 0.925 Silver partially gilt, 0.7487
oz. ASW 36.07mm. **Subject:** Thayendanega **Rev:**
Bust 3/4 right, partially gold plated

Date	Mintage	VF20	XF40	MS60	MS63	MS65
2007	60,000		PF65 60.00			

KM# 688 7.00 g., Aureate-Bronze Plated Nickel,
26.5mm. **Obv:** Head right **Rev:** Trumpeter Swan

Date	Mintage	VF20	XF40	MS60	MS63	MS65
2007 (ml)	40,000	—	—	—	—	30.00

KM# 700 7.00 g., 0.925 Silver, 0.2082 oz. ASW
26.5mm.   **Rev:** Alphabet Letter Blocks **Shape:**
11-sided

Date	Mintage	VF20	XF40	MS60	MS63	MS65
2007	3,207		PF65 25.00			

KM# 719 25.18 g., 0.925 Silver, 0.7488 oz. ASW 36.07mm. **Subject:** Celebration of the Arts **Rev:** Book, TV set, musical instruments, film montage **Rev. Designer:** Friedrich Peter **Edge:** Reeded

Date	Mintage	VF20	XF40	MS60	MS63	MS65
2007	6,466		PF65 55.00			

KM# 720 25.18 g., 0.925 Silver, 0.7488 oz. ASW 36.07mm. **Obv:** Bust right **Rev:** Thayendanega multicolor

Date	Mintage	VF20	XF40	MS60	MS63	MS65
2007	4,760		PF65 120			

KM# A727 7.00 g., Aureate-Bronze Plated Nickel, 26.5mm. **Subject:** Vancouver Olympic Games **Rev:** Loon splashing in water, Olympics logo at right

Date	Mintage	VF20	XF40	MS60	MS63	MS65
2007 (ml)	19,973	—	—	—	3.00	—

KM# 724 7.00 g., Nickel, 26.5mm. **Rev:** Ottawa Senators, multicolor logo in circle

Date	Mintage	VF20	XF40	MS60	MS63	MS65
2008	1,633	—	—	—	—	18.00

KM# 725 7.00 g., Aureate-Bronze Plated Nickel, 26.5mm. **Obv:** Bust right **Rev:** Toronto Maple Leafs, multicolor logo in circle

Date	Mintage	VF20	XF40	MS60	MS63	MS65
2008	—	—	—	—	—	18.00

KM# 726 7.00 g., Aureate-Bronze Plated Nickel, 26.5mm. **Obv:** Bust left **Rev:** Vancouver Canucks, logo in center

Date	Mintage	VF20	XF40	MS60	MS63	MS65
2008	1,302	—	—	—	—	18.00

KM# 767 25.18 g., 0.925 Silver, 0.7488 oz. ASW 36.07mm. **Rev:** Poppy at center of large maple leaf

Date	Mintage	VF20	XF40	MS60	MS63	MS65
2008	—		PF65 100			

KM# 781 25.18 g., 0.925 Silver partially gilt, 0.7488 oz. ASW 36.07mm. **Subject:** Ottawa Mint Centennial 1908-2008 **Rev:** Maple leaf transforming into a common loon, gilt rim and 100 **Rev. Designer:** Jason Bowman

Date	Mintage	VF20	XF40	MS60	MS63	MS65
2008	15,000		PF65 100			

KM# 784 7.00 g., Aureate-Bronze Plated Nickel, 26.5mm. **Rev:** Common elder

Date	Mintage	XF40	MS60	MS63	MS65
2008 Specimen	21,227	—	—	—	40.00

KM# 785 25.18 g., 0.925 Silver, 0.7488 oz. ASW 36.07mm. **Subject:** Founding of Quebec 400th Anniversary **Rev:** Samuel de Champlain, ship and town view **Rev. Designer:** Susanne Duranceau

Date	Mintage	VF20	XF40	MS60	MS63	MS65
2008	35,000	—	—	—	—	25.00
2008	65,000		PF65 40.00			

KM# 785a 25.18 g., 0.925 Silver partially gilt., 0.7488 oz. ASW 36.07mm. **Subject:** Founding of Quebec 400th Anniversary **Rev:** Samuel de Champlain selectively gold plated, ship, town view **Rev. Designer:** Susanne Duranceau

Date	Mintage	VF20	XF40	MS60	MS63	MS65
2008	38,630			**PF65** 65.00		

KM# 787 7.00 g., Aureate-Bronze Plated Nickel, 26.5mm. **Subject:** Lucky Loonie **Rev:** Loon splashing and Olympic logo at right **Rev. Designer:** Steve Hepurn

Date	Mintage	VF20	XF40	MS60	MS63	MS65
2008	—	—	—	— 20.00		—

KM# 787a 9.31 g., 0.925 Silver, 0.2769 oz. ASW 26.5mm. **Rev:** Loon splashing with Olympic logo and maple leaf in color at right **Rev. Designer:** Steve Hepurn **Shape:** 11-sided

Date	Mintage	VF20	XF40	MS60	MS63	MS65
2008	52,987			**PF65** 35.00		

KM# 791 6.50 g., Nickel, 26.5mm. **Rev:** Edmonton Oilers

Date	Mintage	VF20	XF40	MS60	MS63	MS65
2008	—	—	—	— 25.00		—

KM# 792 6.50 g., Nickel, 26.5mm. **Rev:** Montreal Canadiens

Date	Mintage	VF20	XF40	MS60	MS63	MS65
2008	—	—	—	— 25.00		—

KM# 793 6.50 g., Nickel, 26.5mm. **Rev:** Ottawa Senators

Date	Mintage	VF20	XF40	MS60	MS63	MS65
2008	—	—	—	— 25.00		—

KM# 794 6.50 g., Nickel, 26.5mm. **Rev:** Toronto Maple Leafs

Date	Mintage	VF20	XF40	MS60	MS63	MS65
2008	—	—	—	— 25.00		—

KM# 795 6.50 g., Nickel, 26.5mm. **Rev:** Vancouver Canucks

Date	Mintage	VF20	XF40	MS60	MS63	MS65
2008	—	—	—	— 25.00		—

KM# 851 33.65 g., Nickel, 26.5mm. **Rev:** Calgary Flames Road Jersey

Date	Mintage	VF20	XF40	MS60	MS63	MS65
2009	382	—	—	— 25.00		—

KM# 852 33.65 g., Nickel, 26.5mm. **Rev:** Edmonton Oilers Road Jersey

Date	Mintage	VF20	XF40	MS60	MS63	MS65
2009	472	—	—	— 25.00		—

KM# 853 33.65 g., Nickel, 26.5mm. **Rev:** Montreal Canadiens Road Jersey

Date	Mintage	VF20	XF40	MS60	MS63	MS65
2009	4,857	—	—	—	25.00	—

KM# 854 33.65 g., Nickel, 26.5mm. **Rev:** Ottawa Senators Road Jersey

Date	Mintage	VF20	XF40	MS60	MS63	MS65
2009	387	—	—	—	25.00	—

KM# 855 33.65 g., Nickel, 26.5mm. **Rev:** Toronto Maple Leafs Road Jersey

Date	Mintage	VF20	XF40	MS60	MS63	MS65
2009	1,328	—	—	—	25.00	—

KM# 856 33.65 g., Nickel, 26.5mm. **Rev:** Vancouver Canucks Road Jersey

Date	Mintage	VF20	XF40	MS60	MS63	MS65
2009	794	—	—	—	25.00	—

KM# 864 7.00 g., Aureate-Bronze Plated Nickel, 26.5mm. **Subject:** Montreal Canadiens, 100th Anniversary **Obv:** Bust right **Rev:** Montreal Canadiens logo and large 100 **Shape:** 11-sided

Date	Mintage	VF20	XF40	MS60	MS63	MS65
2009	—	—	—	—	2.25	22.00

KM# 865 25.17 g., 0.925 Silver, 0.7485 oz. ASW 36.07mm. **Subject:** Montreal Canadiens 100th Anniversary **Obv:** Bust right **Obv. Designer:** Susanna Blunt **Rev:** Montreal Canadiens logo partially gilt

Date	Mintage	VF20	XF40	MS60	MS63	MS65
2009 Proof in black case	15,000		PF65 75.00			
2009 Proof in acrillic stand	5,000		PF65 150			

KM# 889 25.18 g., 0.925 Silver, 0.7488 oz. ASW 36.07mm. **Subject:** 100th Anniversary of flight in Canada **Obv:** Bust right **Obv. Designer:** Susanna Blunt **Rev:** Silhouette with arms spread, 3 planes, plane cutout **Obv. Legend:** Elizabeth II DG Regina **Rev. Designer:** Jason Bouwman **Rev. Legend:** Canada Dollar 1909-2009

Date	Mintage	VF20	XF40	MS60	MS63	MS65
2009	13,074	—	—	—	—	30.00
2009	52,549		PF65 45.00			

KM# 889a 25.18 g., 0.925 Silver partially gilt, 0.7488 oz. ASW 36.07mm. **Obv:** Bust right **Rev:** Boy silouette with arms spread, 3 planes, plane shadow partially gilt

Date	Mintage	VF20	XF40	MS60	MS63	MS65
2009 (ml)	27,549		PF65 65.00			

DOLLAR

KM# 914 7.00 g., Aureate-Bronze Plated Nickel, 26.5mm. **Obv:** Bust right **Obv. Designer:** Susanna Blunt **Rev:** Blue heron in flight

Date	Mintage	MS60	MS63	MS65
2009 Specimen	21,677	—	—	40.00

KM# 883 7.00 g., Aureate-Bronze Plated Nickel, 26.5mm. **Subject:** Lucky Loonie **Obv:** Bust right **Rev:** Canadian Olympic logo **Obv. Legend:** Elizabeth II DG Regina **Rev. Legend:** Canada Dollar

Date	Mintage	VF20	XF40	MS60	MS63	MS65
2010	12,000	—	—	—	2.50	22.00

KM# 883a 9.31 g., 0.925 Silver, 0.2769 oz. ASW 26.5mm. **Subject:** Lucky Loonie **Obv:** Bust right **Rev:** Canadian Olympic logo in color **Obv. Legend:** Elizabeth II DG Regina **Rev. Legend:** Vancouver 2010 Canada Dollar **Shape:** 11-sided

Date	Mintage	VF20	XF40	MS60	MS63	MS65
2010	40,000	PF65 55.00				

KM# 975 0.925 Silver, 36mm. **Rev:** Sun mask **Rev. Designer:** Xwa lack Tun

Date	Mintage	VF20	XF40	MS60	MS63	MS65
2010	1,278	PF65 200				

KM# 995 25.17 g., 0.925 Silver, 0.7485 oz. ASW 36.07mm. **Rev:** HMCS Sackville **Rev. Designer:** Yves Berube

Date	Mintage	VF20	XF40	MS60	MS63	MS65
2010	—	PF65 45.00				

KM# 995a 25.17 g., 0.925 Silver partially gilt, 0.7485 oz. ASW 36.07mm. **Subject:** Navy Centennial **Rev:** HMCS Sackville, sea waves in gilt

Date	Mintage	VF20	XF40	MS60	MS63	MS65
2010	—	PF65 70.00				

KM# 996 7.00 g., Aureate-Bronze Plated Nickel, 26.5mm. **Rev:** Northern Harrier Hawk

Date	Mintage	XF40	MS60	MS63	MS65
2010 Prooflike	35,000	—	—	—	30.00
2010 (ml)	—				

KM# 1017 7.00 g., Aureate-Bronze Plated Nickel, 26.5mm. **Rev:** Male and female sailors saluting, HMCS Halifax and anchor above

Date	Mintage	VF20	XF40	MS60	MS63	MS65
2010	—	—	—	—	5.00	—

KM# 1017a 7.00 g., Aureate Bronze gilt, 26.5mm. **Rev:** Male and female sailors saluting, HMCS Halifax in background and anchor above

Date	Mintage	VF20	XF40	MS60	MS63	MS65
2010	—		PF65 50.00			

KM# 1027 25.18 g., 0.925 Silver, 0.7488 oz. ASW 36.07mm. **Obv:** George V bust left **Rev:** Voyaguers, dual dates below

Date	Mintage	VF20	XF40	MS60	MS63	MS65
2010	7,500		PF65 70.00			

KM# 1046 Aureate-Bronze Plated Nickel, 26.5mm. **Subject:** Roughriders **Rev:** S logo **Shape:** 11-sided

Date	Mintage	VF20	XF40	MS60	MS63	MS65
2010 (ml)	—	—	—	—	2.25	22.00

KM# 1050 25.18 g., 0.925 Silver, 0.7488 oz. ASW 36.07mm. **Rev:** Red poppy in large field of poppies **Edge:** Reeded

Date	Mintage	VF20	XF40	MS60	MS63	MS65
2010	5,000		PF65 150			

KM# 1086 7.00 g., Aureate-Bronze Plated Nickel, 26.5mm. **Rev:** Great Grey Owl **Rev. Designer:** Arnold Nagy

Date	Mintage	XF40	MS60	MS63	MS65
2011 Prooflike	35,000	—	—	—	27.00

KM# 1087 25.18 g., 0.925 Silver, 0.7488 oz. ASW 36.07mm. **Subject:** Parks Canada, 100th Anniversary **Rev:** Female head looking downward into hands holding nature scene **Rev. Designer:** Luc Normandin

Date	Mintage	VF20	XF40	MS60	MS63	MS65
2011	—		PF65 50.00			
2011	25,000	—	—	—	—	45.00

KM# 1087a 25.18 g., 0.925 Silver partially gilt, 0.7488 oz. ASW 36.07mm. **Subject:** Parks Canada, 100th Anniversary **Rev:** Female head looking downward to hands holding nature scene, partially gilt **Rev. Designer:** Luc Normandin

Date	Mintage	VF20	XF40	MS60	MS63	MS65
2011	45,000		PF65 75.00			

KM# 1112 25.17 g., 0.925 Silver, 0.7485 oz. ASW 36.07mm. **Obv:** Crowned bust left of George V **Obv. Designer:** E. B. MacKennal **Rev:** Value and date within maple wreath **Rev. Designer:** W.H.J. Blakemore

Date	Mintage	VF20	XF40	MS60	MS63	MS65
2011	Est. 15000		**PF65** 50.00			

KM# 1166 7.00 g., Aureate-Bronze Plated Nickel, 26.5mm. **Subject:** Canada Parks **Obv:** Bust right **Rev:** Stylized animals

Date	Mintage	VF20	XF40	MS60	MS63	MS65
2011	—	—	—	—	2.50	22.00

KM# 1216 9.31 g., 0.925 Silver, 0.2769 oz. ASW 26.5mm. **Obv:** Bust right, SP/PA below **Rev:** Loon, 1987-2012 below **Shape:** 11-sided

Date	Mintage	VF20	XF40	MS60	MS63	MS65
2012 Specimen	—		**PF65** 30.00			

KM# 1222 7.00 g., Aureate-Bronze Plated Nickel, 26.5mm. **Obv:** Bust right **Rev:** Loon and two young, 1987-2012 dates

Date	Mintage	VF20	XF40	MS60	MS63	MS65
2012 Specimen	—		**PF65** 40.00			

KM# 1225 25.18 g., 0.925 Silver, 0.7488 oz. ASW 36.07mm. **Subject:** War of 1812, 200th Anniversary **Obv:** Bust right **Rev:** Two soldiers and guide on patrol

Date	Mintage	VF20	XF40	MS60	MS63	MS65
2012	—		**PF65** 50.00			
2012	—	—	—	—	50.00	—

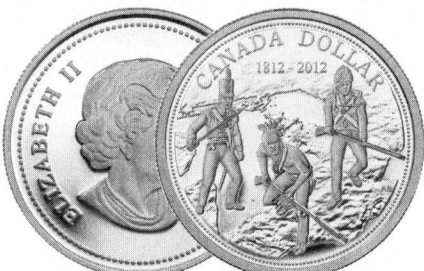

KM# 1225a 25.18 g., 0.925 Silver partially gilt, 0.7488 oz. ASW 36.07mm. **Subject:** War of 1812, 200th Anniversary **Obv:** Bust right, gilt rim **Rev:** Two soldiers and guide, partially gilt

Date	Mintage	VF20	XF40	MS60	MS63	MS65
2012	—		**PF65** 65.00			

KM# 1244 23.17 g., 0.999 Silver, 0.7442 oz. ASW 36.07mm. **Subject:** Calgary Stampede

Date	Mintage	VF20	XF40	MS60	MS63	MS65
2012	10,000		**PF65** 55.00			

KM# 1254 7.89 g., 0.999 Silver, 0.2534 oz. ASW 26.5mm. **Subject:** Loonie, 25th Anniversary **Rev:** Two loons and large 25 **Shape:** 11-sided

Date	Mintage	VF20	XF40	MS60	MS63	MS65
1987-2012	15,000		**PF65** 35.00			

KM# 1255 6.27 g., Brass Plated Steel, 26.5mm. **Rev:** Loon with security feature above **Shape:** 11-sided

Date	Mintage	VF20	XF40	MS60	MS63	MS65
2012	—	—	—	—	2.25	22.00
2012	—		PF65 10.00			
2013	—	—	—	—	5.00	—
2013	—		PF65 7.50			
2014	—	—	—	—	5.00	—
2014	—		PF65 7.50			
2015	—	—	—	—	5.00	—
2015	—		PF65 7.50			

KM# 1256 6.27 g., Brass Plated Steel, 26.5mm. **Subject:** Lucky Loonie **Rev:** Loon and Olympic logo **Shape:** 11-sided

Date	Mintage	VF20	XF40	MS60	MS63	MS65
2012	—	—	—	—	2.50	22.00
2014	—	—	—	—	10.00	—

KM# 1256a 12.16 g., 0.999 Silver, 0.3906 oz. ASW 26.5mm. **Subject:** Lucky loonie **Rev:** Loon and olympic logo in color **Rev. Designer:** Emily S. Damstra **Shape:** 11-sided

Date	Mintage	VF20	XF40	MS60	MS63	MS65
2012	20,000		PF65 35.00			
2014	—		PF63 30.00		PF65 35.00	

KM# 1274 31.39 g., 0.999 Silver, 1.0082 oz. ASW 38mm. **Subject:** Artistic Loonie **Rev:** Four Loons in color

Date	Mintage	VF20	XF40	MS60	MS63	MS65
2012	10,000		PF65 125			

KM# 1294 6.27 g., Brass Plated Steel, 26.5mm. **Subject:** Grey Cup, 100th Anniversary **Obv:** Bust right **Shape:** 11-sided

Date	Mintage	VF20	XF40	MS60	MS63	MS65
2012	—	—	—	—	2.50	22.00

KM# 1295 25.18 g., 0.925 Silver, 0.7488 oz. ASW 36.07mm. **Subject:** Grey Cup, 100th Anniversary

Date	Mintage	VF20	XF40	MS60	MS63	MS65
2012	—		PF65 65.00			

KM# 1360 7.00 g., Bronze Plated Nickel, 26.5mm. **Rev:** Blue wing teal standing on log **Rev. Designer:** Glen Loates

Date	Mintage	VF20	XF40	MS60	MS63	MS65
2013	50,000		PF65 40.00			

KM# 1387 23.17 g., 0.999 Silver, 0.7442 oz. ASW 36.07mm. **Subject:** Arctic Exploration - 100th Anniversary **Rev:** Three explorers and dog sled team, Company Rose in background **Rev. Designer:** Bonnie Ross

Date	Mintage	VF20	XF40	MS60	MS63	MS65
2013	Est. 40000		PF65 50.00			
2013	20,000	—	—	—	—	50.00

DOLLAR

KM# 1387a 23.17 g., 0.999 Silver, 0.7442 oz. ASW 36.07mm. **Subject:** Arctic Exploration - 100th Anniversary **Rev:** Map of North Pole, Arctic Explorers, Selectively Gilt **Rev. Designer:** Bonnie Ross

Date	Mintage	VF20	XF40	MS60	MS63	MS65
2013	—		PF65 125			

KM# 1388 23.17 g., 0.999 Silver, 0.7442 oz. ASW 36.07mm. **Subject:** End of 7 Years War - 250th Anniversary **Rev:** Soldiers and Settlers **Rev. Designer:** Tony Bianco

Date	Mintage	VF20	XF40	MS60	MS63	MS65
2013	Est. 10000		PF65 60.00			

KM# 1394 25.11 g., 0.925 Silver, 0.7467 oz. ASW 36.07mm. **Obv:** Elizabeth II, Mary Gillick portrait

Date	Mintage	VF20	XF40	MS60	MS63	MS65
2013	—		PF65 65.00			

KM# 1464 23.17 g., 0.925 Silver, 0.6891 oz. ASW 36mm. **Subject:** Korean War Armistice, 60th Anniversary **Rev:** Hercules slaying Hydra **Rev. Designer:** Edward Carter Preston **Note:** Based on the design of the Korean Service Medal

Date	Mintage	VF20	XF40	MS60	MS63	MS65
2013	10,000		PF65 60.00			

KM# 1586.1 25.18 g., 0.925 Silver, 0.7488 oz. ASW 36.07mm. **Subject:** WWI **Obv:** Bust right **Rev:** Soldier and woman kissing, soldiers boarding train

Date	Mintage	VF20	XF40	MS60	MS63	MS65
2014	—			—	50.00	—
2014	—		PF65 65.00			

KM# 1586.2 25.18 g., 0.925 Silver partially gilt, 0.7488 oz. ASW **Ruler:** Elizabeth II 36.07mm. **Subject:** WWI, 100th Anniversary **Obv:** Bust right **Rev:** Soldier and woman kissing, soldiers boarding train, partially gilt **Mint:** Royal Canadian Mint

Date	Mintage	F12	VF20	XF40	MS60	MS63
2014	—		PF65 85.00			

KM# 1587 7.00 g., Aluminum-Bronze, 26.5mm. **Subject:** Lucky Loon **Obv:** Bust right **Rev:** Loon, Olympic logo at left

Date	Mintage	VF20	XF40	MS60	MS63	MS65
2014	—	—	—		5.00	—

KM# 1588 7.00 g., Aluminum-Bronze, 26.5mm. **Subject:** Baby loon **Obv:** Bust right **Rev:** Stork in flight left with baby bundle

Date	Mintage	VF20	XF40	MS60	MS63	MS65
2014	—	—	—		5.00	—

KM# 1589 7.00 g., Aluminum-Bronze, 26.5mm. **Subject:** Birthday Loon **Obv:** Bust right **Rev:** Party hats, decorations, presents

Date	Mintage	VF20	XF40	MS60	MS63	MS65
2014	—	—	—	—	5.00	—

KM# 1591 7.00 g., Aluminum-Bronze, **Subject:** Oh Canada Loonie **Obv:** Bust right **Rev:** Maple leaf

Date	Mintage	VF20	XF40	MS60	MS63	MS65
2014	—	—	—	—	5.00	—

KM# 1627 6.27 g., Brass Plated Nickel, 26.5mm. **Subject:** Wedding **Obv:** Bust right **Rev:** Two birds

Date	Mintage	VF20	XF40	MS60	MS63	MS65
2014	—	—	—	—	20.00	—

KM# 1628 6.27 g., Bronze Plated Nickel, 26.5mm. **Obv:** Bust right **Rev:** Ferruginous Hawk in flight right **Rev. Designer:** Trevor Tennant

Date	Mintage	MS60	MS63	MS65
2014 Specimen	50,000	—	50.00	—

KM# 1702 7.00 g., Brass Plated Steel, **Obv:** Bust right **Rev:** Two reindeer and Christmas tree

Date	Mintage	VF20	XF40	MS60	MS63	MS65
2014	—	—	—	—	20.00	—

KM# 1724 23.17 g., 0.999 Silver, 0.7442 oz. ASW 36.07mm. **Subject:** World War II **Obv:** Bust right **Rev:** 3 females working on plane interior

Date	Mintage	VF20	XF40	MS60	MS63	MS65
2014	7,500		PF65 75.00			

KM# 1725 23.17 g., 0.999 Silver, 0.7442 oz. ASW 36.07mm. **Obv:** Bust right **Rev:** WWI troops at station saying farewells

Date	Mintage	VF20	XF40	MS60	MS63	MS65
2014	—		PF65 85.00			
Reverse						
Proof						

KM# 1726 23.17 g., 0.999 Silver partially gilt, 0.7442 oz. ASW **Ruler:** Elizabeth II 36.07mm. **Obv:** Bust right **Rev:** Troops at train station saying farewell, gilt highlights **Mint:** Royal Canadian Mint

Date	Mintage	F12	VF20	XF40	MS60	MS63
2014	—		PF65 100			

KM# 1839.1 23.17 g., 0.9999 Silver, 0.7449 oz. ASW 36mm. **Obv:** Bust right **Rev:** Flag above backpacker

Date	Mintage	VF20	XF40	MS60	MS63	MS65
2015	20,000		PF65 75.00			

KM# 1839.2 23.17 g., 0.9999 Silver, 0.7449 oz. ASW 36mm. **Obv:** Bust right **Rev:** Color flag above backpacker

Date	Mintage	VF20	XF40	MS60	MS63	MS65
2015	20,000		PF65 75.00			

KM# 1840 7.00 g., Aluminum-Bronze, 26.5mm. **Obv:** Bust right **Rev:** Bluejay

Date	Mintage	VF20	XF40	MS60	MS63	MS65
2015	—	—	—	—	—	50.00

DOLLAR

KM# 1847 7.00 g., Aureate Bronze, 26.5mm. **Obv:** Bust right **Rev:** Two swans

Date	Mintage	VF20	XF40	MS60	MS63	MS65
2015	—	—	—	—	—	15.00

KM# 1848 7.00 g., Aureate Bronze, 26.5mm. **Obv:** Bust right **Rev:** Three balloons

Date	Mintage	VF20	XF40	MS60	MS63	MS65
2015	—	—	—	—	—	15.00

KM# 1849 7.00 g., Aureate Bronze, 26.5mm. **Obv:** Bust right **Rev:** Fluttering Maple leaf

Date	Mintage	VF20	XF40	MS60	MS63	MS65
2015	—	—	—	—	—	15.00

KM# 1850 7.00 g., Aureate Bronze, 26.5mm. **Obv:** Bust right **Rev:** Bear doll

Date	Mintage	VF20	XF40	MS60	MS63	MS65
2015	—	—	—	—	—	15.00

KM# 1853 23.17 g., 0.999 Silver, 0.7442 oz. ASW 36.07mm. **Subject:** 100th Anniversary - In Flander Field **Obv:** Crowned bust left of King George V **Rev:** Soldiers at gravesite, 1915-2015, red poppy forms backdrop **Obv. Legend:** GEORGIVS V DEI GRA: REX ET IND:IMP:

Date	Mintage	VF20	XF40	MS60	MS63	MS65
2015	10,000		PF65 75.00			

DOLLAR (LOUIS)

KM# 652 1.50 g., 0.999 Gold, 0.0482 oz. AGW 14.1mm. **Subject:** Gold Louis **Obv:** Bust right **Obv. Designer:** Susanna Blunt **Rev:** Crowned double L monogram within wreath

Date	Mintage	VF20	XF40	MS60	MS63	MS65
2006	5,648		PF65 90.00			

KM# 756 1.56 g., 0.999 Gold, 0.0499 oz. AGW 14.1mm. **Obv:** Bust right **Obv. Designer:** Susanna Blunt **Rev:** Crown above two oval shields

Date	Mintage	VF20	XF40	MS60	MS63	MS65
2007	4,023		PF65 110			

KM# 834 1.56 g., 0.999 Gold, 0.0499 oz. AGW 14.1mm. **Obv:** Bust right **Obv. Designer:** Susanna Blunt **Rev:** Crowned double L monogram, three lis around

Date	Mintage	VF20	XF40	MS60	MS63	MS65
2008	3,793		PF65 100			

2 DOLLARS

KM# 270 7.30 g., Bi-Metallic Aluminum-Bronze center in Nickel ring, 28mm. **Obv:** Crowned head right within circle, date below **Obv. Designer:** Dora dePedery-Hunt **Rev:** Polar bear right within circle, denomination below **Rev. Designer:** Brent Townsend **Edge:** Segmented reeding

Date	Mintage	VF20	XF40	MS60	MS63	MS65
1996	375,483,000	—	—	2.50	5.00	45.00
1996	—		PF65 10.00			
1997	16,942,000	—	—	—	3.50	90.00
1998 PL	4,926,000	—	—	—	—	7.00
1998 W PL	Inc. above	—	—	—	—	7.00
1999 PL	25,130,000	—	—	—	—	7.00
2000 PL	29,847,000	—	—	—	—	5.00
2000 W PL	Inc. above	—	—	—	—	5.00
2001	27,008,000	—	—	2.50	5.00	30.00
2001	74,944		PF65 12.50			
2002	11,910,000	—	—	2.50	5.00	30.00
2002	65,315		PF65 12.50			
2003	7,123,697	—	—	2.50	5.00	35.00
2003	62,007		PF65 12.50			

KM# 270a 11.32 g., Bi-Metallic .916 Gold 6.2679g center in .999 Silver 5.0958g ring, 28mm. **Obv:** Crowned head right within circle, date below **Rev:** Polar bear right within circle, denomination below

Date	Mintage	VF20	XF40	MS60	MS63	MS65
1996	—		PF60 375			

KM# 270b 25.00 g., 0.925 Bi-Metallic Gold plated silver center on Silver planchet, 0.7435 oz. 28mm. **Obv:** Crowned head right within circle, date below **Rev:** Polar bear right within circle, denomination below **Edge:** 4.5mm thick

Date	Mintage	VF20	XF40	MS60	MS63	MS65
1996	10,000		PF60 55.00			
1998 Proof	—	—	—	—	—	—

KM# 270c 8.83 g., 0.925 Silver gold plated center, 0.2626 oz. ASW 28mm. **Obv:** Crowned head right within circle, date below **Rev:** Polar bear right within circle, denomination below **Note:** 1.9mm thick.

Date	Mintage	VF20	XF40	MS60	MS63	MS65
1996	10,000		PF65 12.00			
1997	—		PF65 10.00			
1998 O	—		PF65 12.00			
1999	—		PF65 12.00			
2000	—		PF65 12.00			
2001	—		PF65 12.00			

KM# 357 7.30 g., Bi-Metallic Aluminum-Bronze center in Nickel ring, 28mm. **Subject:** Nunavut **Obv:** Crowned head right **Rev:** Inuit person with drum, denomination below **Rev. Designer:** G. Arnaktavyok **Edge:** Segmented reeding

Date	Mintage	VF20	XF40	MS60	MS63	MS65
1999	—	—	—	2.50	4.00	30.00

KM# 357a 8.52 g., 0.925 Silver gold plated center, 0.2534 oz. ASW 28mm. **Subject:** Nunavut **Obv:** Crowned head right **Rev:** Drum dancer **Edge:** Interrupted reeding

Date	Mintage	VF20	XF40	MS60	MS63	MS65
1999	39,873	PF65 15.00				

KM# 357b Gold Yellow gold center in White Gold ring, **Subject:** Nunavut **Obv:** Crowned head right **Rev:** Drum dancer

Date	Mintage	VF20	XF40	MS60	MS63	MS65
1999	4,298	PF60 400				

KM# 399 7.30 g., Bi-Metallic Aluminum-Bronze center in Nickel ring, 28mm. **Subject:** Knowledge **Obv:** Crowned head right within circle, denomination below **Rev:** Polar bear and 2 cubs right within circle, date above **Rev. Designer:** Tony Bianco **Edge:** Segmented reeding

Date	Mintage	XF40	MS60	MS63	MS65
2000 Specimen	1,500	—	2.50	5.00	30.00

KM# 399a 8.52 g., 0.925 Silver gold plated center., 0.2534 oz. ASW **Subject:** Knowledge **Obv:** Crowned head right within circle, denomination below **Rev:** Polar bear and 2 cubs within circle, date above

Date	Mintage	VF20	XF40	MS60	MS63	MS65
2000	39,768	PF65 15.00				

KM# 399b 6.31 g., 0.916 Gold Yellow gold center in White Gold ring, 0.1858 oz. AGW **Subject:** Knowledge **Obv:** Crowned head right within circle, denomination below **Rev:** Polar bear and two cubs right within circle, date above

Date	Mintage	VF20	XF40	MS60	MS63	MS65
2000	5,881	PF60 350				

KM# 449 7.30 g., Bi-Metallic Aluminum-Bronze center in Nickel ring, 28mm. **Subject:** Elizabeth II Golden Jubilee **Obv:** Crowned head right, jubilee commemorative dates below **Edge:** Segmented reeding

Date	Mintage	VF20	XF40	MS60	MS63	MS65
1952-2002	27,020,000	—	—	2.50	4.00	30.00

KM# 449a 8.83 g., 0.925 Silver gold plated center, 0.2626 oz. ASW 28mm. **Subject:** Elizabeth II Golden Jubilee **Obv:** Crowned head right, jubilee commemorative dates below

Date	Mintage	VF20	XF40	MS60	MS63	MS65
1952-2002	100,000	PF65 14.00				

KM# 270d 8.83 g., 0.925 Silver gold plated center, 0.2626 oz. ASW **Subject:** 100th Anniversary of the Cobalt Silver Strike **Obv:** Crowned head right, within circle, date below **Rev:** Polar bear right, within circle, denomination below

Date	Mintage	VF20	XF40	MS60	MS63	MS65
2003	100,000	PF65 25.00				

KM# 496 7.30 g., Bi-Metallic Aluminum-Bronze center in Nickel ring, 28mm. **Obv:** Head right **Obv. Designer:** Susanna Blunt **Rev:** Polar bear advancing right **Rev. Designer:** Brent Townsend **Edge:** Segmented reeding

Date	Mintage	VF20	XF40	MS60	MS63	MS65
2003	11,244,000	—	—	2.50	5.00	45.00
2003 W PL	71,142	—	—	—	—	5.00
2004	12,908,000	—	—	2.50	5.00	30.00
2004	—	PF65 12.50				
2005	38,317,000	—	—	2.50	5.00	30.00
2005	—	PF65 12.50				
2006 (ml)	35,319,000	—	—	2.50	5.00	30.00
2006 (ml)	—	PF65 12.50				
2007 (ml)	38,957,000	—	—	2.50	5.00	30.00
2007 (ml)	—	PF65 12.50				
2008 (ml)	18,400,000	—	—	2.50	5.00	30.00
2008 (ml)	—	PF65 12.50				
2009 (ml)	38,430,000	—	—	2.50	5.00	30.00
2009 (ml)	—	PF65 12.50				
2010 (ml)	—	—	—	2.50	5.00	30.00
2010 (ml)	—	PF65 12.50				
2011 (ml)	—	—	—	2.50	5.00	30.00
2011 (ml)	—	PF65 12.50				
2012 (ml)	—	—	—	4.50	9.00	45.00
2012 (ml)	—	PF65 12.50				

KM# 496a 10.84 g., 0.925 Bi-Metallic gold plated center, 0.3224 oz. 28mm. **Obv:** Head right **Obv. Designer:** Susanna Blunt **Rev:** Polar Bear **Edge:** Segmented reeding

Date	Mintage	VF20	XF40	MS60	MS63	MS65
2004	—	PF65 25.00				

KM# 835 8.80 g., 0.925 Silver, 0.2617 oz. ASW 27.95mm. **Rev:** Proud Polar Bear advancing right

Date	Mintage	VF20	XF40	MS60	MS63	MS65
2004	12,607	PF65 40.00				

KM# 631 7.30 g., Bi-Metallic Aluminum-Bronze center in Nickel ring, 28mm. **Subject:** 10th Anniversary of $2 coin **Obv:** Crowned head right **Edge:** Segmented reeding

Date	Mintage	VF20	XF40	MS60	MS63	MS65
2006 (ml)	5,005,000	—	—	2.50	5.00	30.00
2006 (ml)	—		PF65	40.00		

KM# 631a Bi-Metallic 24 Kt Gold center in 22 Kt Gold ring, **Subject:** 10th Anniversary of $2 coin **Obv:** Crowned head right **Rev:** Polar bear

Date	Mintage	VF20	XF40	MS60	MS63	MS65
2006	2,068		PF65	400		

KM# 836 7.30 g., Bi-Metallic Aluminum-Bronze center in Nickel ring, 28mm. **Subject:** $2 coin, 10th Anniversary **Rev:** Churchill Polar Bear, northern lights **Edge:** Segmented reeding

Date	Mintage	VF20	XF40	MS60	MS63	MS65
2006 (ml)	31,636	—	—	2.50	5.00	—

KM# 837 7.30 g., Bi-Metallic Aluminum-Bronze center in Nickel ring, **Obv:** Bust left, date at top **Rev:** Polar Bear advancing right

Date	Mintage	VF20	XF40	MS60	MS63	MS65
2006 (ml)	—	—	—	—	7.50	—
2007 (ml)	38,957,000	—	—	—	7.50	—

KM# 796 8.83 g., 0.925 Silver gilt, 0.2626 oz. ASW 28.07mm. **Rev:** Bear, gold plated center

Date	Mintage	VF20	XF40	MS60	MS63	MS65
2008	—	—	—	—	25.00	—

KM# 1040 7.30 g., Bi-Metallic Aluminum-Bronze center in Nickel ring, 28mm. **Subject:** Quebec 400th Anniversary **Rev:** Lis and small sailing ship **Edge:** Segmented reeding

Date	Mintage	VF20	XF40	MS60	MS63	MS65
2008	—	—	—	2.50	5.00	30.00

KM# 1020 7.30 g., Bi-Metallic Aluminum-Bronze center in Nickel ring, 28mm. **Rev:** Two lynx cubs **Rev. Designer:** Christie Paquet **Edge:** Segmented reeding

Date	Mintage	VF20	XF40	MS60	MS63	MS65
2010 Specimen	15,000		PF65	40.00		

KM# 1088 7.30 g., Bi-Metallic Aluminum-Bronze center in Nickel ring, 28mm. **Rev:** Elk Calf **Rev. Designer:** Christine Paquet **Edge:** Segmented reeding

Date	Mintage	VF20	XF40	MS60	MS63	MS65
2011 PL	—	—	—	—	—	40.00

KM# 1167 7.30 g., Bi-Metallic Aluminum-Bronze center in Nickel ring, 28mm. **Subject:** Canada Parks **Obv:** Bust right **Rev:** Stylized trees

Date	Mintage	VF20	XF40	MS60	MS63	MS65
2011	—	—	—	—	3.50	30.00

KM# 1257 6.92 g., Bi-Metallic Brass Plated Aluminum-Bronze center in Nickel Plated Steel ring, 28mm. **Rev:** Polar bear with security device above **Edge:** Lettered and segmented reeding

Date	Mintage	VF20	XF40	MS60	MS63	MS65
2012	—	—	—	—	3.50	30.00
2012	—		PF65	10.00		
2013	—	—	—	2.50	5.00	30.00
2013	—		PF65	10.00		
2014	—	—	—	—	7.50	—

Date	Mintage	VF20	XF40	MS60	MS63	MS65
2014	—	PF65 10.00				
2015	—	—	—	—	7.50	—
2015	—	PF65 10.00				

KM# 1258 6.92 g., Bi-Metallic Brass Plated Aluminum-Bronze center in Nickel Plated Steel ring, 28mm. **Subject:** H.M.S. Shannon **Obv. Designer:** Susana Blunt **Rev. Designer:** Christie Paquet **Edge:** Lettered and segmented reeding

Date	Mintage	VF20	XF40	MS60	MS63	MS65
2012	—	—	—	—	3.50	30.00

KM# 1263 7.30 g., Bi-Metallic Aluminum-Bronze center in Nickel Plated Steel ring, 28mm. **Rev:** Wolf cubs

Date	Mintage	VF20	XF40	MS60	MS63	MS65
2012 PL	—	—	—	—	—	40.00

KM# 1463 7.30 g., Bi-Metallic Aluminum-Bronze center in Nickel ring, 28mm. **Rev:** Two black bear cubs playing **Rev. Designer:** Glen Lontes

Date	Mintage	VF20	XF40	MS60	MS63	MS65
2013	17,500	PF65 50.00				

KM# 1638 6.92 g., Bi-Metallic, **Ruler:** Elizabeth II 28mm. **Obv:** Bust right **Rev:** Two baby rabbits **Mint:** Royal Canadian Mint

Date	Mintage	F12	VF20	XF40	MS60	MS63
2014	—	—	—	—	—	7.50

KM# 1711 7.30 g., Bi-Metallic Brass Plated Aluminum-Bronze center in Nickel Plated Steel ring, 28mm. **Obv:** Bust right **Rev:** WWII photo of child running after dad leaving for war

Date	Mintage	VF20	XF40	MS60	MS63	MS65
2014	—	—	—	—	10.00	—

KM# 1854 6.99 g., Bi-Metallic Aluminum-Bronze center in Nickel ring, 28mm. **Subject:** In Flanders Field **Obv:** Bust right, denomination below **Rev:** Seated soldier writing

Date	Mintage	VF20	XF40	MS60	MS63	MS65
2015	5,000,000	PF65 50.00				

KM# 1855 6.99 g., Bi-Metallic Aluminum-Bronze center in Nickel ring, 28mm. **Subject:** 200th Anniversary - Birth of John A. McDonald **Obv:** Bust right, denomination below **Rev:** Bust 3/4 facing, anniversary dates separated by maple leaves

Date	Mintage	VF20	XF40	MS60	MS63	MS65
2015	5,000,000	—	—	—	10.00	—

KM# 1881.1 31.10 g., 0.9999 Silver, 0.9999 oz. ASW 36.07mm. **Obv:** Bust right, denomination below **Rev:** Grey Wolf howling

Date	Mintage	VF20	XF40	MS60	MS63	MS65
2015	—	—	—	—	—	25.00

KM# 1881.2 31.10 g., 0.9999 Silver, 0.9999 oz. ASW 36.07mm. **Obv:** Bust right, denomination below **Rev:** Grey Wolf howling in color

Date	Mintage	VF20	XF40	MS60	MS63	MS65
2015	—	—	—	—	—	30.00

KM# 1915 31.10 g., 0.9999 Silver, 0.9999 oz. ASW 36.07mm. **Obv:** Bust right, denomination below **Rev:** Two wolves howling at moon

Date	Mintage	VF20	XF40	MS60	MS63	MS65
2016	—	—	—	—	—	25.00

2 DOLLARS

3 DOLLARS

KM# 657 11.72 g., 0.925 Silver gilt, 0.3485 oz. ASW 27x27mm. **Rev:** Beaver within wreath **Shape:** Square

Date	Mintage	VF20	XF40	MS60	MS63	MS65
2006	19,963				PF65 225	

KM# 978 7.96 g., Silver Partially Gilt, 27mm. **Rev:** Return of the Tyee (giant salmon)

Date	Mintage	VF20	XF40	MS60	MS63	MS65
2010	15,000				PF63 35.00	PF65 45.00

KM# 1011 11.60 g., 0.925 Silver gilt, 0.345 oz. ASW 27x27mm. **Rev:** Barn Owl **Rev. Designer:** Jason Bouwman **Shape:** Square

Date	Mintage	VF20	XF40	MS60	MS63	MS65
2010	15,000				PF63 50.00	PF65 60.00

KM# 1051 11.60 g., 0.925 Silver gilt, 0.345 oz. ASW 27x27mm. **Subject:** Wildlife conservation **Rev:** Stylized polar bear and northern lights **Shape:** square

Date		Mintage	XF40	MS60	MS63	MS65
2010	Specimen	15,000	—	— 55.00	—	

KM# 1089 11.60 g., 0.925 Silver gilt, 0.345 oz. ASW 27x27mm. **Rev:** Orca Whale **Rev. Designer:** Jason Bouwman **Shape:** Square

Date	Mintage	VF20	XF40	MS60	MS63	MS65
2011	15,000				PF63 50.00	PF65 60.00

KM# 1090 7.96 g., 0.999 Silver with red and yellow partial gilding, 0.2557 oz. ASW 27mm. **Obv:** Bust right **Rev:** Eskimo mother kneeling, child on back, partially gilt **Rev. Designer:** Andrew Oappik

Date	Mintage	VF20	XF40	MS60	MS63	MS65
2011	10,000				PF63 50.00	PF65 60.00

KM# 1117 7.96 g., 0.9999 Silver, 0.2559 oz. ASW 27mm. **Subject:** January birthstone, Garnet **Obv:** Bust left **Rev:** Birthstone at center of artistic sunburst **Edge:** Reeded

Date	Mintage	VF20	XF40	MS60	MS63	MS65
2011	—				PF63 35.00	PF65 40.00

KM# 1118 7.96 g., 0.9999 Silver, 0.2559 oz. ASW 27mm. **Subject:** February birthstone, Amethyst **Obv:** Bust right **Rev:** Birthstone at center of artistic sunburst **Edge:** Reeded

Date	Mintage	VF20	XF40	MS60	MS63	MS65
2011	—				PF63 35.00	PF65 40.00

KM# 1119 7.96 g., 0.9999 Silver, 0.2559 oz. ASW 27mm. **Subject:** March birthstone, Aquamarine **Obv:** Bust right **Rev:** Birthstone at center of artistic sunburst **Edge:** Reeded

Date	Mintage	VF20	XF40	MS60	MS63	MS65
2011	—				PF63 35.00	PF65 40.00

KM# 1120 7.96 g., 0.9999 Silver, 0.2559 oz. ASW 27mm. **Subject:** April birthstone, diamond **Obv:** Bust right **Rev:** Birthstone at center of artistic sunburst **Edge:** Reeded

Date	Mintage	VF20	XF40	MS60	MS63	MS65
2011	—				PF63 35.00	PF65 40.00

KM# 1121 7.96 g., 0.9999 Silver, 0.2559 oz. ASW 27mm. **Subject:** May birthstone **Obv:** Bust right **Rev:** Birthstone at center of artistic sunburst **Edge:** Reeded

Date	Mintage	VF20	XF40	MS60	MS63	MS65
2011	—				PF63 35.00	PF65 40.00

KM# 1122 7.96 g., 0.9999 Silver, 0.2559 oz. ASW 27mm. **Subject:** June birthstone, Alexandrite **Obv:** Bust right **Rev:** Birthstone at center of artistic sunburst

Date	Mintage	VF20	XF40	MS60	MS63	MS65
2011	—		PF63 35.00	PF65 40.00		

KM# 1123 7.96 g., 0.9999 Silver, 0.2559 oz. ASW 27mm. **Subject:** July birthstone, Ruby **Obv:** Bust right **Rev:** Birthstone at center of artistic sunburst

Date	Mintage	VF20	XF40	MS60	MS63	MS65
2011	—		PF63 35.00	PF65 40.00		

KM# 1124 7.96 g., 0.9999 Silver, 0.2559 oz. ASW 27mm. **Subject:** August birthstone, Priedot **Obv:** Bust right **Rev:** Birthstone at center of artistic sunburst

Date	Mintage	VF20	XF40	MS60	MS63	MS65
2011	—		PF63 35.00	PF65 40.00		

KM# 1125 7.96 g., 0.9999 Silver, 0.2559 oz. ASW 27mm. **Subject:** September birthstone **Obv:** Bust right **Rev:** Birthstone at center of artistic sunburst **Edge:** Reeded

Date	Mintage	VF20	XF40	MS60	MS63	MS65
2011	—		PF63 35.00	PF65 40.00		

KM# 1126 7.96 g., 0.9999 Silver, 0.2559 oz. ASW 27mm. **Subject:** October birthstone **Obv:** Bust right **Rev:** Birthstone at center of artistic sunburst

Date	Mintage	VF20	XF40	MS60	MS63	MS65
2011	—		PF63 35.00	PF65 40.00		

KM# 1127 7.96 g., 0.9999 Silver, 0.2559 oz. ASW 27mm. **Subject:** November birthstone **Obv:** Bust right **Rev:** Birthstone at center of artistic sunburst

Date	Mintage	VF20	XF40	MS60	MS63	MS65
2011	—		PF63 35.00	PF65 40.00		

KM# 1128 7.96 g., 0.9999 Silver, 0.2559 oz. ASW 27mm. **Subject:** December birthstone **Obv:** Bust right **Rev:** Birthstone at center of artistic sunburst

Date	Mintage	VF20	XF40	MS60	MS63	MS65
2011	—		PF63 35.00	PF65 40.00		

KM# 1151 11.80 g., 0.925 Silver gold plated, 0.3509 oz. ASW 27x27mm. **Obv:** Bust right **Rev:** Black footed ferret

Date	Mintage	VF20	XF40	MS60	MS63	MS65
2011	Est. 15000		PF63 50.00	PF65 60.00		

KM# 1300 7.96 g., 0.9999 Silver, 0.2559 oz. ASW 27mm. **Subject:** January birthstone, Garnet **Obv:** Bust right **Obv. Designer:** Susana Blunt **Rev:** Birthstone at center of wreath **Rev. Designer:** Maurice Gervias

Date	Mintage	VF20	XF40	MS60	MS63	MS65
2013	—			PF65 45.00		

KM# 1301 7.96 g., 0.999 Silver, 0.2557 oz. ASW 27mm. **Subject:** February birthstone, Amethyst **Obv:** Bust right **Obv. Designer:** Susana Blunt **Rev:** Birthstone at center of wreath **Rev. Designer:** Maurice Gervais

Date	Mintage	VF20	XF40	MS60	MS63	MS65
2013	—			PF65 60.00		

KM# 1302 7.96 g., 0.999 Silver, 0.2557 oz. ASW 27mm. **Subject:** March birthstone, Aquamarine **Obv:** Bust right **Obv. Designer:** Susana Blunt **Rev:** Birthstone at center of wreath **Rev. Designer:** Maurice Gervais

Date	Mintage	VF20	XF40	MS60	MS63	MS65
2013	—			PF65 45.00		

KM# 1303 7.96 g., 0.999 Silver, 0.2557 oz. ASW 27mm. **Subject:** April birthstone, Diamond **Obv:** Bust right **Obv. Designer:** Susana Blunt **Rev:** Birthstone at center of wreath **Rev. Designer:** Maurice Gervais

Date	Mintage	VF20	XF40	MS60	MS63	MS65
2013	—			PF65 45.00		

KM# 1304 7.96 g., 0.999 Silver, 0.2557 oz. ASW 27mm. **Subject:** May birthstone **Obv:** Bust right **Obv. Designer:** Susana Blunt **Rev:** Birthstone at center of wreath **Rev. Designer:** Maurice Gervais

Date	Mintage	VF20	XF40	MS60	MS63	MS65
2013	—			PF65 45.00		

KM# 1305 7.96 g., 0.999 Silver, 0.2557 oz. ASW 27mm. **Subject:** June birthstone, Alexandrite **Obv:** Bust right **Obv. Designer:** Susana Blunt **Rev:** Birthstone at center of wreath **Rev. Designer:** Maurice Gervais

Date	Mintage	VF20	XF40	MS60	MS63	MS65
2013	—			PF65 45.00		

KM# 1306 7.96 g., 0.999 Silver, 0.2557 oz. ASW 27mm. **Subject:** July birthstone - Ruby **Obv:** Bust right **Obv. Designer:** Susana Blunt **Rev:** Birthstone at center of wreath **Rev. Designer:** Maurice Gervais

Date	Mintage	VF20	XF40	MS60	MS63	MS65
2013	—			PF65 45.00		

KM# 1307 7.96 g., 0.999 Silver, 0.2557 oz. ASW 27mm. **Subject:** August birthstone - Peridot **Obv:** Bust right **Obv. Designer:** Susana Blunt **Rev:** Birthstone at center of wreath **Rev. Designer:** Maurice Gervais

Date	Mintage	VF20	XF40	MS60	MS63	MS65
2013	—			PF65 45.00		

KM# 1308 7.96 g., 0.999 Silver, 0.2557 oz. ASW 27mm. **Subject:** September birthstone **Obv:** Bust right **Obv. Designer:** Susana Blunt **Rev:** Birthstone at center of wreath **Rev. Designer:** Maruice Gervais

Date	Mintage	VF20	XF40	MS60	MS63	MS65
2013	—			PF65 45.00		

KM# 1309 7.96 g., 0.999 Silver, 0.2557 oz. ASW 27mm. **Subject:** October birthstone **Obv:** Bust right **Obv. Designer:** Susana Blunt **Rev:** Birthstone at center of wreath **Rev. Designer:** Maurice Gervais

Date	Mintage	VF20	XF40	MS60	MS63	MS65
2013	—			PF65 45.00		

KM# 1310 7.96 g., 0.999 Silver, 0.2557 oz. ASW 27mm. **Subject:** November birthstone **Obv:** Bust right **Obv. Designer:** Susana Blunt **Rev:** Birthstone at center of wreath **Rev. Designer:** Maurice Gervais

Date	Mintage	VF20	XF40	MS60	MS63	MS65
2013	—			PF65 45.00		

KM# 1311 7.96 g., 0.999 Silver, 0.2557 oz. ASW 27mm. **Subject:** December birthstone **Obv:** Bust right **Obv. Designer:** Susana Blunt **Rev:** Birthstone at center of wreath **Rev. Designer:** Maurice Gervais

Date	Mintage	VF20	XF40	MS60	MS63	MS65
2013	—			PF65 45.00		

KM# 1352 7.96 g., 0.9999 Silver, 0.2559 oz. ASW
27mm. **Rev:** Hummingbirds around crystal **Rev.
Designer:** Yves Bérubé

Date	Mintage	VF20	XF40	MS60	MS63	MS65
2013	20,000		PF63 60.00		PF65 65.00	

KM# 1367 7.96 g., 0.9999 Silver, 0.2559 oz. ASW
27mm. **Subject:** Animal Architects: Bee **Rev:** Bee
and Hive in color **Rev. Designer:** Yves Berube

Date	Mintage	VF20	XF40	MS60	MS63	MS65
2013	Est. 10000		PF63 55.00		PF65 65.00	

KM# 1451 7.96 g., 0.9999 Silver, 0.2559 oz. ASW
27mm. **Rev:** Large maple leaf and many small
maple leaves **Rev. Designer:** Jose Osio

Date	Mintage	VF20	XF40	MS60	MS63	MS65
2013	10,000		PF63 45.00		PF65 55.00	

KM# 1481 19.20 g., 0.950 Copper, 0.5864 oz.
35.75mm. **Subject:** Banknote Allegory **Rev:**
Female seated **Rev. Designer:** Laurie McGaw

Date	Mintage	VF20	XF40	MS60	MS63	MS65
2013	15,000		PF63 35.00		PF65 40.00	

KM# 1485 31.11 g., 0.999 Silver, 0.999 oz. ASW
38mm. **Rev:** Father and son seated, fishing from
lake dock, dog at their side

Date	Mintage	VF20	XF40	MS60	MS63	MS65
2013	—		PF63 50.00		PF65 55.00	

KM# 1492 7.96 g., 0.9999 Silver, 0.2559 oz. ASW
27mm. **Rev:** Hummingbird and morning glory -
crystal insert **Rev. Designer:** Yves Berube

Date	Mintage	VF20	XF40	MS60	MS63	MS65
2013	20,000		PF63 45.00		PF65 55.00	

KM# 1617 7.96 g., 0.999 Silver partially gilt with five
crystal inserts, 0.2557 oz. ASW 27mm. **Subject:**
Jewel of Life **Obv:** Bust right **Rev:** Tree and crystals
Rev. Designer: Caroline Néron

Date	Mintage	VF20	XF40	MS60	MS63	MS65
2014	15,000		PF63 60.00		PF65 70.00	

KM# 1639 7.96 g., Silver, 27mm. **Ruler:** Elizabeth
II. **Obv:** Bust right **Rev:** Caterpillar in color with
Chrysalis in background **Rev. Designer:** Trevor
Tennant **Mint:** Royal Canadian Mint

Date	Mintage	F12	VF20	XF40	MS60	MS63
2014	10,000		PF63 40.00		PF65 45.00	

KM# 1712 7.96 g., 0.9999 Silver, 0.2559 oz. ASW
27mm. **Obv:** Bust right **Rev:** WWII photo of child
running after dad leaving for war

Date	Mintage	VF20	XF40	MS60	MS63	MS65
2014	15,000				PF65 80.00	

KM# 1856 7.96 g., 0.9999 Silver, 0.2559 oz. ASW
27mm. **Subject:** 400th Anniversary - Samuel
de Champlain in Huronia **Obv:** Bust right **Rev:**
Champlain standing, four scenes in background

Date	Mintage	VF20	XF40	MS60	MS63	MS65
2015	10,000				PF65 80.00	

KM# 1902 7.96 g., 0.9999 Silver, 0.2559 oz. ASW
27mm. **Subject:** In Flanders Field - Au champ
d'honneur **Obv:** Bust King George V left **Rev:**
Officer writing near gravesites and ambulance **Obv.
Legend:** GEORGIVS V DEI GRA: REX ET IND:
IMP:

Date	Mintage	VF20	XF40	MS60	MS63	MS65
2015	15,000				PF65 30.00	

4 DOLLARS

KM# 728 15.87 g., 0.925 Silver, 0.472 oz. ASW 34mm. **Subject:** Dinosaur fossil **Obv:** Bust right **Rev:** Parasaurolophus, selective enameling

Date	Mintage	VF20	XF40	MS60	MS63	MS65
2007	14,946		PF63 110		PF65 120	

KM# 797 15.87 g., 0.999 Silver, 0.5097 oz. ASW 34mm. **Subject:** Dinosaur fossil **Obv:** Bust right **Rev:** Triceratops, enameled **Rev. Designer:** Kerri Burnett

Date	Mintage	VF20	XF40	MS60	MS63	MS65
2008	13,046		PF63 60.00		PF65 70.00	

KM# 890 15.87 g., 0.999 Silver, 0.5097 oz. ASW 34mm. **Subject:** Tyrannosaurus Rex **Obv:** Bust right **Obv. Designer:** Susanna Blunt **Rev:** T-Rex skeleton in selective aging **Obv. Legend:** Elizabeth II DG Regina **Rev. Designer:** Kerri Burnette **Rev. Legend:** Canada 4 Dollars

Date	Mintage	VF20	XF40	MS60	MS63	MS65
2009	13,572		PF63 45.00		PF65 55.00	

KM# 942 15.87 g., 0.999 Silver, 0.5097 oz. ASW 34mm. **Rev:** Kids hanging stocking on fireplace mantle, Christmas tree on right

Date	Mintage	VF20	XF40	MS60	MS63	MS65
2009	6,011		PF63 40.00		PF65 45.00	

KM# 1014 15.87 g., 0.999 Silver selectively plated, 0.5097 oz. ASW 34mm. **Rev:** Euoplocephalus **Rev. Designer:** Kerri Burnett

Date	Mintage	VF20	XF40	MS60	MS63	MS65
2010	Est. 13000		PF63 45.00		PF65 55.00	

KM# 1022 15.87 g., 0.999 Silver selective plating, 0.5097 oz. ASW 34mm. **Rev:** Dromaeosaurus

Date	Mintage	VF20	XF40	MS60	MS63	MS65
2010	8,982		PF63 70.00		PF65 80.00	

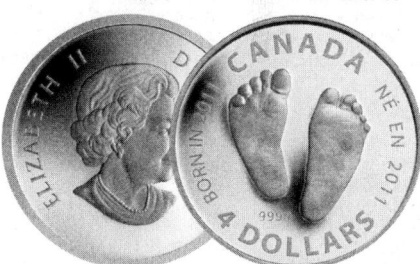

KM# 1129 15.87 g., 0.9999 Silver, 0.5102 oz. ASW 34mm. **Obv:** Bust right **Rev:** Baby's footprint **Edge:** Reeded

Date	Mintage	VF20	XF40	MS60	MS63	MS65
2011	Est. 10000		PF63 45.00		PF65 55.00	

KM# 1323 7.96 g., 0.999 Silver, 0.2557 oz. ASW 27mm. **Subject:** War of 1812 - Brock **Rev:** Portrait at right, red maple leaf **Rev. Designer:** Bonnie Ross

Date	Mintage	VF20	XF40	MS60	MS63	MS65
2012	10,000				**PF63** 40.00	**PF65** 45.00

KM# 1325 7.96 g., 0.999 Silver, 0.2557 oz. ASW 27mm. **Subject:** War of 1812 - Tecumseh **Rev:** Portrait at right, red maple leaf **Rev. Designer:** Bonnie Ross

Date	Mintage	VF20	XF40	MS60	MS63	MS65
2012	10,000				**PF63** 40.00	**PF65** 45.00

KM# 1356 7.96 g., 0.9999 Silver, 0.2559 oz. ASW 27mm. **Subject:** War of 1812 - Salaberry **Rev:** Bust at right, red maple leaf **Rev. Designer:** Bonnie Ross

Date	Mintage	VF20	XF40	MS60	MS63	MS65
2013	10,000				**PF63** 40.00	**PF65** 45.00

KM# 1452 7.96 g., 0.999 Silver, 0.2557 oz. ASW 27mm. **Subject:** War of 1812 - Secord **Rev:** Bust at right, maple leaf in color

Date	Mintage	VF20	XF40	MS60	MS63	MS65
2013	Est. 10000				**PF63** 40.00	**PF65** 45.00

SOVEREIGN

KM# 14 7.99 g., 0.917 Gold, 0.2355 oz. AGW **Rev:** St. George slaying dragon, mint mark below horse's rear hooves

Date	Mintage	VG8	F12	VF20	XF40	AU50	MS60	MS63	MS65
1908C	636	—	1,800	2,500	3,500	4,000	4,500	5,500	8,000
1909C	16,273	—	300	350	400	450	650	2,200	7,000
1910C	28,012	—	300	350	400	450	650	2,700	9,500

KM# 20 7.99 g., 0.917 Gold, 0.2355 oz. AGW **Rev:** St. George slaying dragon, mint mark below horse's rear hooves

Date	Mintage	VG8	F12	VF20	XF40	AU50	MS60	MS63	MS65
1911C Specimen	—	—	—	—	—	—	—	3,000	8,000
1911C	256,946	—	—	300	350	400	450	500	550
1913C	3,715	—	650	800	1,050	1,400	1,800	3,500	—
1914C	14,871	—	300	400	450	500	650	1,150	3,500
1916C About 20 known	—	—	16,000	17,000	18,000	22,000	24,000	40,000	100,000

Note: Stacks' A.G. Carter Jr. Sale 12-89 Gem BU realized $82,500

Date	Mintage	VG8	F12	VF20	XF40	AU50	MS60	MS63	MS65
1917C	58,845	—	—	300	350	400	450	650	2,000
1918C	106,514	—	—	300	350	400	450	1,000	—
1919C	135,889	—	—	300	350	400	450	800	—

5 DOLLARS

KM# 26 8.36 g., 0.900 Gold, 0.2419 oz. AGW **Obv:** Crowned bust left **Obv. Designer:** E. B. MacKennal **Rev:** Arms within wreath, date and denomination below **Rev. Designer:** W. H. J. Blakemore

Date	Mintage	VG8	F12	VF20	XF40	AU50	MS60	MS63	MS65
1912	165,680	—	—	310	350	400	450	650	2,200
1913	98,832	—	—	310	350	400	450	800	2,800
1914	31,122	—	—	310	450	600	900	3,000	15,000

KM# 84 24.30 g., 0.925 Silver, 0.7227 oz. ASW 38mm. **Subject:** 1976 Montreal Olympics **Obv:** Young bust right, small maple below, date at right **Rev:** Sailboat "Kingston", date at left, denomination below **Rev. Designer:** Georges Huel **Note:** Series I.

Date	Mintage	VF20	XF40	MS60	MS63	MS65
1973	—	—	—	—	20.00	—
1973	165,203	PF63 20.00				

KM# 85 24.30 g., 0.925 Silver, 0.7227 oz. ASW 38mm. **Subject:** 1976 Montreal Olympics **Obv:** Young bust right, small maple leaf below, date at right **Rev:** North American map, denominaton below **Rev. Designer:** Georges Huel **Note:** Series I.

Date	Mintage	VF20	XF40	MS60	MS63	MS65
1973	—	—	—	—	20.00	—
1973	165,203	PF63 20.00				

KM# 89 24.30 g., 0.925 Silver, 0.7227 oz. ASW 38mm. **Subject:** 1976 Montreal Olympics **Obv:** Young bust right, small maple leaf below, date at right **Rev:** Olympic rings, denomination below **Rev. Designer:** Anthony Mann **Note:** Series II.

Date	Mintage	VF20	XF40	MS60	MS63	MS65
1974	—	—	—	—	20.00	—
1974	—	PF63 20.00				

KM# 90 24.30 g., 0.925 Silver, 0.7227 oz. ASW 38mm. **Subject:** 1976 Montreal Olympics **Obv:** Young bust right, small maple leaf below, date at right **Rev:** Athlete with torch, denomination below **Rev. Designer:** Anthony Mann **Note:** Series II.

Date	Mintage	VF20	XF40	MS60	MS63	MS65
1974	—	—	—	—	20.00	—
1974	—	PF63 20.00				

KM# 91 24.30 g., 0.925 Silver, 0.7227 oz. ASW 38mm. **Subject:** 1976 Montreal Olympics **Obv:** Young bust right, small maple leaf below, date at right **Rev:** Rower, denomination below **Rev. Designer:** Ken Danby **Note:** Series III.

Date	Mintage	VF20	XF40	MS60	MS63	MS65
1974	—	—	—	—	20.00	—
1974	104,684	PF63 20.00				

5 DOLLARS

KM# 92 24.30 g., 0.925 Silver, 0.7227 oz. ASW 38mm. **Subject:** 1976 Montreal Olympics **Obv:** Young bust right, small maple leaf below, date at right **Rev:** Canoeing, denomination below **Rev. Designer:** Ken Danby **Note:** Series III.

Date	Mintage	VF20	XF40	MS60	MS63	MS65
1974	—	—	—	—	20.00	—
1974	104,684	**PF63** 20.00				

KM# 98 24.30 g., 0.925 Silver, 0.7227 oz. ASW 38mm. **Subject:** 1976 Montreal Olympics **Obv:** Young bust right, small maple leaf below, date at right **Rev:** Marathon, denomination below **Rev. Designer:** Leo Yerxa **Note:** Series IV.

Date	Mintage	VF20	XF40	MS60	MS63	MS65
1975	—	—	—	—	20.00	—
1975	—	**PF63** 20.00				

KM# 99 24.30 g., 0.925 Silver, 0.7227 oz. ASW 38mm. **Subject:** Montreal 1976 - 21st Summer Olympic Games **Obv:** Young bust right, small maple leaf below, date at right **Rev:** Women's javelin event, denomination below **Rev. Designer:** Leo Yerxa **Note:** Series IV.

Date	Mintage	VF20	XF40	MS60	MS63	MS65
1975	—	—	—	—	20.00	—
1975	—	**PF63** 20.00				

KM# 100 24.30 g., 0.925 Silver, 0.7227 oz. ASW 38mm. **Subject:** 1976 Montreal Olympics **Obv:** Young bust right, small maple leaf below, date at right **Rev:** Swimmer, denomination below **Rev. Designer:** Lynda Cooper **Note:** Series V.

Date	Mintage	VF20	XF40	MS60	MS63	MS65
1975	—	—	—	—	20.00	—
1975	—	**PF63** 20.00				

KM# 101 24.30 g., 0.925 Silver, 0.7227 oz. ASW 38mm. **Subject:** Montreal 1976 - 21st Summer Olympic Games **Obv:** Young bust right, small maple leaf below, date at right **Rev:** Platform Diver, denomination below **Rev. Designer:** Lynda Cooper **Note:** Series V.

Date	Mintage	VF20	XF40	MS60	MS63	MS65
1975	—	—	—	—	20.00	—
1975	—	**PF63** 20.00				

KM# 107 24.30 g., 0.925 Silver, 0.7227 oz. ASW 38mm. **Subject:** 1976 Montreal Olympics **Obv:** Young bust right, small maple leaf below, date at right **Rev:** Fencing, denomination below **Rev. Designer:** Shigeo Fukada **Note:** Series VI.

Date	Mintage	VF20	XF40	MS60	MS63	MS65
1976	—	—	—	—	20.00	—
1976	—	**PF63** 20.00				

KM# 108 24.30 g., 0.925 Silver, 0.7227 oz. ASW 38mm. **Subject:** 1976 Montreal Olympics **Obv:** Young bust right, small maple leaf below, date at right **Rev:** Boxers, denomination below **Obv. Legend:** Boxing **Rev. Designer:** Shigeo Fukada **Note:** Series VI.

Date	Mintage	VF20	XF40	MS60	MS63	MS65
1976	—	—	—	—	20.00	—
1976	82,302	**PF63** 20.00				

KM# 109 24.30 g., 0.925 Silver, 0.7227 oz. ASW 38mm. **Subject:** 1976 Montreal Olympics **Obv:** Young bust right, small maple leaf below, date at right **Rev:** Olympic village, denomination below **Rev. Designer:** Elliot John Morrison **Note:** Series VII.

Date	Mintage	VF20	XF40	MS60	MS63	MS65
1976	—	—	—	—	20.00	—
1976	—	**PF63** 20.00				

KM# 110 24.30 g., 0.925 Silver, 0.7227 oz. ASW 38mm. **Subject:** 1976 Montreal Olympics **Obv:** Young bust right, maple leaf below, date at right **Rev:** Olympic flame, denomination below **Rev. Designer:** Elliot John Morrison **Note:** Series VII.

Date	Mintage	VF20	XF40	MS60	MS63	MS65
1976	—	—	—	—	20.00	—
1976	—	**PF63** 20.00				

KM# 316 31.39 g., 0.9999 Silver, 1.0091 oz. ASW **Subject:** Dr. Norman Bethune **Obv:** Young bust right **Rev:** Bethune and party, date at upper right **Rev. Designer:** Harvey Chan

Date	Mintage	VF20	XF40	MS60	MS63	MS65
1998	—	**PF60** 40.00				

KM# 398 Copper-Nickel-Zinc, **Obv:** Young bust right **Rev:** Viking ship under sail **Rev. Designer:** Donald Curley **Note:** Sold in sets with Norway 20 kroner, KM#465.

Date	Mintage	VF20	XF40	MS60	MS63	MS65
1999	28,450	**PF60** 18.50				

KM# 435 16.86 g., 0.925 Silver, 0.5014 oz. ASW 28.4mm. **Subject:** Guglielmo Marconi **Obv:** Crowned head right **Rev:** Gold-plated cameo portrait of Marconi **Rev. Designer:** Cosme Saffioti **Edge:** Reeded **Note:** Only issued in two coin set with British 2 pounds KM#1014a.

Date	Mintage	VF20	XF40	MS60	MS63	MS65
2001	15,011	**PF63** 22.00	**PF65** 30.00			

KM# 519 8.36 g., 0.900 Gold, 0.2419 oz. AGW 21.6mm. **Obv:** Crowned head right **Rev:** National arms **Edge:** Reeded

Date	Mintage	VF20	XF40	MS60	MS63	MS65
1912-2002	2,002	**PF65** 450				

5 DOLLARS

KM# 603 31.11 g., 0.9999 Silver, 0.9999 oz. ASW
Obv: Head right **Rev:** Loon splashing in the water, hologram

Date	Mintage	VF20	XF40	MS60	MS63	MS65
2002 Satin Proof	30,000		**PF65** 50.00			

KM# 518 31.12 g., 0.9999 Silver, 1.0004 oz. ASW 38mm. **Subject:** F.I.F.A. World Cup Soccer , Germany 2006 **Obv:** Crowned head right, denomination **Rev:** Goalie on knees **Edge:** Reeded

Date	Mintage	VF20	XF40	MS60	MS63	MS65
2003	21,542		**PF63** 35.00		**PF65** 40.00	

KM# 514 31.12 g., 0.9999 Silver, 1.0004 oz. ASW 38mm. **Obv:** Crowned head right **Rev:** Moose **Edge:** Reeded

Date	Mintage	VF20	XF40	MS60	MS63	MS65
2004	12,822		**PF65** 175			

KM# 527 31.12 g., 0.9999 Silver, 1.0004 oz. ASW **Subject:** Golf, Championship of Canada, Centennial **Obv:** Head right

Date	Mintage	VF20	XF40	MS60	MS63	MS65
2004	18,750		**PF63** 25.00		**PF65** 30.00	

KM# 554 31.12 g., 0.9999 Silver, 1.0004 oz. ASW **Subject:** Alberta **Obv. Designer:** Head right **Rev. Designer:** Michelle Grant

Date	Mintage	VF20	XF40	MS60	MS63	MS65
2005	20,000		**PF63** 30.00		**PF65** 35.00	

KM# 555 31.12 g., 0.9999 Silver, 1.0004 oz. ASW **Subject:** Saskatchewan **Obv:** Head right **Obv. Designer:** Susanna Blunt **Rev. Designer:** Paulett Sapergia

Date	Mintage	VF20	XF40	MS60	MS63	MS65
2005	20,000		**PF63** 30.00		**PF65** 35.00	

KM# 556.1 31.12 g., 0.999 Silver, 0.9995 oz. ASW 38.02mm. **Subject:** 60th Anniversay Victory WWII - Veterans **Obv:** Bust right **Rev:** Large V and heads of sailor, soldier and aviator on large maple leaf **Edge:** Reeded

Date	Mintage	VF20	XF40	MS60	MS63	MS65
2005	25,000	—	—	32.00	—	

KM# 556.2 31.12 g., 0.9999 Silver, 1.0004 oz. ASW 38.02mm. **Subject:** 60th Anniversary Victory WW II - Veterans **Obv:** Bust right **Rev:** Large V and heads of sailor, soldier and aviator on maple leaf with small maple leaf added at left and right **Edge:** Reeded

Date	Mintage	VF20	XF40	MS60	MS63	MS65
2005	10,000	—	—	—	125	—

KM# 557 31.12 g., 0.9999 Silver, 1.0004 oz. ASW 36mm. **Subject:** Walrus and calf **Obv:** Head right **Obv. Designer:** Susanna Blunt **Rev:** Two walruses and calf **Rev. Designer:** Pierre Leduc

Date	Mintage	VF20	XF40	MS60	MS63	MS65
2005	5,519		**PF63** 40.00		**PF65** 45.00	

KM# 558 31.12 g., 0.9999 Silver, 1.0004 oz. ASW 36mm. **Subject:** White tailed deer **Obv:** Head right **Obv. Designer:** Susanna Blunt **Rev:** Two deer standing **Rev. Designer:** Xerxes Irani

Date	Mintage	VF20	XF40	MS60	MS63	MS65
2005	6,439		**PF63** 40.00		**PF65** 45.00	

KM# 585 31.12 g., 0.9999 Silver, 1.0004 oz. ASW 36mm. **Obv:** Head right **Obv. Designer:** Susanna Blunt **Rev:** Peregrine Falcon feeding young ones **Rev. Designer:** Dwayne Harty

Date	Mintage	VF20	XF40	MS60	MS63	MS65
2006	7,226			PF63 45.00	PF65 50.00	

KM# 586 31.12 g., 0.9999 Silver, 1.0004 oz. ASW 36mm. **Subject:** Sable Island horses **Obv:** Head right **Obv. Designer:** Susanna Blunt **Rev:** Horse and foal standing **Rev. Designer:** Christie Paquet

Date	Mintage	VF20	XF40	MS60	MS63	MS65
2006	10,108			PF63 45.00	PF65 50.00	

KM# 658 31.12 g., 0.9999 Silver, 1.0004 oz. ASW 36.07mm. **Subject:** Breast Cancer Awareness **Rev:** Colorized pink ribbon

Date	Mintage	VF20	XF40	MS60	MS63	MS65
2006	11,048			PF63 45.00	PF65 50.00	

KM# 659 31.12 g., 0.9999 Silver, 1.0004 oz. ASW **Subject:** C.A.F. Snowbirds Acrobatic Jet Flying Team **Rev:** Image of fighter jets and pilot

Date	Mintage	VF20	XF40	MS60	MS63	MS65
2006	10,034			PF63 45.00	PF65 50.00	

KM# 1036 31.12 g., 0.999 Silver, 0.9995 oz. ASW **Subject:** 80th Anniversary **Rev:** Two deer standing, one eating branch

Date	Mintage	VF20	XF40	MS60	MS63	MS65
2009	27,872			PF63 60.00	PF65 70.00	

KM# 1130 8.50 g., 0.925 Silver with Niobium plated reverse center, 0.2528 oz. ASW 28mm. **Subject:** Summer - Buck Moon **Obv:** Bust right **Rev:** Buck against summer moon

Date	Mintage	VF20	XF40	MS60	MS63	MS65
2011	7,500			PF63 115	PF65 125	

KM# 1131 8.50 g., 0.925 Silver with Niobium plated reverse center, 0.2528 oz. ASW 28mm. **Subject:** Fall Moon **Obv:** Bust right **Rev:** Native American hunter seated tracking prey before Harvest Moon

Date	Mintage	VF20	XF40	MS60	MS63	MS65
2011	7,500			PF63 115	PF65 125	

KM# 1149 3.13 g., 0.9999 Gold, 0.1006 oz. AGW 16mm. **Subject:** Norman Bethune **Obv:** Bust right **Rev:** Half-length figure at right, looking left

Date	Mintage	VF20	XF40	MS60	MS63	MS65
2011	Est. 5000			PF65 300		

KM# 1132 8.50 g., 0.925 Silver with Niobium plated reverse center, 0.2528 oz. ASW 28mm. **Subject:** Winter Moon **Obv:** Bust right **Rev:** Wolf howling before Winter Moon

Date	Mintage	VF20	XF40	MS60	MS63	MS65
2012	7,500			PF63 115	**PF65** 125	

KM# 1133 8.50 g., 0.925 Silver with Niobium plated reverse center., 0.2528 oz. ASW 28mm. **Subject:** Spring Moon **Rev:** Phlox blossoming against a Spring Moon, field in color

Date	Mintage	VF20	XF40	MS60	MS63	MS65
2012	—			PF63 115	**PF65** 125	

KM# 1194 3.13 g., 0.999 Gold, 0.1005 oz. AGW 16mm. **Obv:** Bust right **Rev:** Royal Cypher, wreath below

Date	Mintage	VF20	XF40	MS60	MS63	MS65
2012	—			PF65 200		

KM# 1220 3.13 g., 0.9999 Gold, 0.1006 oz. AGW 16mm. **Subject:** Year of the Dragon **Obv:** Bust right **Rev:** Dragon forepart right

Date	Mintage	VF20	XF40	MS60	MS63	MS65
2012	—			PF65 225		
Specimen						

KM# 1236 8.36 g., 0.900 Gold, 0.2419 oz. AGW 21.6mm. **Obv:** Bust right **Rev:** Crowned monogram in wreath

Date	Mintage	VF20	XF40	MS60	MS63	MS65
1952-2012	—			PF65 500		

KM# 1248 31.12 g., 0.999 Silver, 0.9995 oz. ASW 36mm. **Subject:** Rick Hansen **Rev:** Wheelchair bound athlete

Date	Mintage	VF20	XF40	MS60	MS63	MS65
2012	—			PF63 65.00	**PF65** 75.00	

KM# 1281 3.13 g., 0.999 Gold, 0.1005 oz. AGW 16mm. **Subject:** Year of the Dragon

Date	Mintage	VF20	XF40	MS60	MS63	MS65
2012	—			PF65 200		

KM# 1332 31.11 g., 0.999 Silver, 0.999 oz. ASW 36mm. **Subject:** Georgia Pope **Rev:** Four female soldiers

Date	Mintage	VF20	XF40	MS60	MS63	MS65
2012	—			PF63 70.00	**PF65** 75.00	

KM# 1298 3.13 g., 0.999 Gold, 0.1005 oz. AGW 16mm. **Subject:** Year of the Snake

Date	Mintage	VF20	XF40	MS60	MS63	MS65
2013	—			PF65 225		

KM# 1395 3.13 g., 0.9999 Gold, 0.1006 oz. AGW 16mm. **Rev:** Beaver swimming with branch in mouth **Rev. Designer:** Pierre Le Duc

Date	Mintage	VF20	XF40	MS60	MS63	MS65
2013	Est. 4000			PF65 280		

KM# 1401 3.13 g., 0.9999 Gold, 0.1006 oz. AGW 16mm. **Rev:** Polar Bear head **Rev. Designer:** Pierre Le Duc

Date	Mintage	VF20	XF40	MS60	MS63	MS65
2013	Est. 4000			PF65 275		

KM# 1426 23.17 g., 0.9999 Silver, 0.7449 oz. ASW 36mm. **Subject:** Traditions: Hunting **Rev:** Deer and hunter teaching child **Rev. Designer:** Darleen Gait

Date	Mintage	VF20	XF40	MS60	MS63	MS65
2013	Est. 10000			PF63 60.00	PF65 70.00	

KM# 1453 3.13 g., 0.999 Gold, 0.1005 oz. AGW 16mm. **Rev:** Caribou head **Rev. Designer:** Pierre Leduc

Date	Mintage	VF20	XF40	MS60	MS63	MS65
2013	4,000			PF65 275		

KM# 1454 3.13 g., 0.999 Gold, 0.1005 oz. AGW 16mm. **Rev:** Wolf head **Rev. Designer:** Pierre Leduc

Date	Mintage	VF20	XF40	MS60	MS63	MS65
2013	4,000			PF65 275		

KM# 1461 23.17 g., 0.9999 Silver with selective gold-plating, 0.7449 oz. ASW 36mm. **Subject:** Birth of Prince George **Rev:** W and C crowned in gilt center, Infant toys around **Rev. Designer:** Laurie McCaw

Date	Mintage	VF20	XF40	MS60	MS63	MS65
2013	Est. 15000			PF63 65.00	PF65 75.00	

KM# 1461a 23.17 g., 0.9999 Silver, 0.7449 oz. ASW 36mm. **Subject:** Birth of Prince George **Rev:** W and C crowned, infant toys around, gilt reverse **Rev. Designer:** Laurie McCaw

Date	Mintage	VF20	XF40	MS60	MS63	MS65
2013	Est. 15000			PF63 65.00	PF65 75.00	

KM# 1475 8.50 g., 0.9999 Silver with Niobium plated reverse center., 0.2733 oz. ASW 28mm. **Subject:** Father Ice **Rev. Designer:** Ulaayn Pilurtuut

Date	Mintage	VF20	XF40	MS60	MS63	MS65
2013	6,500			PF63 130	PF65 140	

KM# 1476 8.50 g., 0.9999 Silver with Niobium plated reverse center, 0.2733 oz. ASW 28mm. **Subject:** Mother Ice **Rev. Designer:** Ulaayu Pilurtuut

Date	Mintage	VF20	XF40	MS60	MS63	MS65
2013	6,500			PF63 130	PF65 140	

KM# 1497 7.80 g., 0.999 Gold, 0.2505 oz. AGW 20mm. **Subject:** US / Canada Devil's Brigade **Rev:** Special Forces Emblem **Rev. Designer:** Ardell Bourgeois

Date	Mintage	VF20	XF40	MS60	MS63	MS65
2013	2,000			PF65 650		

KM# 1498 23.17 g., 0.9999 Silver, 0.7449 oz. ASW 36mm. **Subject:** US / Canada Devil's Brigade **Rev:** Special Forces Emblem **Rev. Designer:** Ardell Bourgeois

Date	Mintage	VF20	XF40	MS60	MS63	MS65
2013	20,000		PF63 70.00		PF65 80.00	

KM# 1551 23.00 g., 0.9999 Silver, 0.7394 oz. ASW 36mm. **Subject:** Banknote design

Date	Mintage	VF20	XF40	MS60	MS63	MS65
2013	—			PF65 75.00		

KM# 1559 23.00 g., 0.9999 Silver, 0.7394 oz. ASW 36mm. **Obv:** Bust right **Rev:** St. George slaying dragon

Date	Mintage	VF20	XF40	MS60	MS63	MS65
2014	8,500		PF63 65.00		PF65 75.00	

KM# 1611 3.13 g., 0.999 Gold, 0.1005 oz. AGW 16mm. **Obv:** Bust right **Rev:** Grizzly bear

Date	Mintage	VF20	XF40	MS60	MS63	MS65
2014	4,000			PF65 280		

KM# 1615 23.17 g., 0.999 Silver, 0.7442 oz. ASW 36.07mm. **Subject:** Traditions of the Hunt - Seal Spearing **Obv:** Bust right **Rev:** Two men ready to spear seal **Rev. Designer:** Darlene Gait

Date	Mintage	VF20	XF40	MS60	MS63	MS65
2014	10,000		PF63 60.00		PF65 70.00	

KM# 1641 31.12 g., 0.999 Silver, 0.9995 oz. ASW **Ruler:** Elizabeth II 36mm. **Obv:** Bust right **Rev:** WWI Troops and ship transports **Mint:** Royal Canadian Mint

Date	Mintage	F12	VF20	XF40	MS60	MS63
2014	—		PF63 170		PF65 180	

KM# 1642 3.13 g., 0.9999 Platinum, 0.1006 oz. APW **Ruler:** Elizabeth II 16mm. **Obv:** Bust right **Rev:** Nanabzohoo **Rev. Designer:** Cyril Assiniboine **Mint:** Royal Canadian Mint

Date	Mintage	F12	VF20	XF40	MS60	MS63
2014	3,000		PF63 280		PF65 300	

KM# 1643 3.13 g., 0.9999 Gold, 0.1006 oz. AGW **Ruler:** Elizabeth II 16mm. **Obv:** Bust right **Rev:** Nanabozhoo **Rev. Designer:** Cyril Assiniboine **Mint:** Royal Canadian Mint

Date	Mintage	F12	VF20	XF40	MS60	MS63
2014	3,000		PF63 260		PF65 280	

KM# 1644 31.39 g., 0.9999 Silver, 1.0091 oz. ASW **Ruler:** Elizabeth II **Obv:** Bust right **Rev:** Arctic Fox **Rev. Designer:** Maurice Gervais **Mint:** Royal Canadian Mint

Date	Mintage	F12	VF20	XF40	MS60	MS63
2014	750		PF63 85.00		PF65 90.00	

KM# 1645 3.13 g., 0.9999 Gold, 0.1006 oz. AGW
Ruler: Elizabeth II 16mm. **Obv:** Bust right **Rev:**
Canadian Goose **Rev. Designer:** Jean Charles
Daumas **Mint:** Royal Canadian Mint

Date	Mintage	F12	VF20	XF40	MS60	MS63
2014	4,000	PF63 275		PF65 290		

KM# 1646 31.11 g., 0.9999 Silver, 1.0001 oz. ASW
Ruler: Elizabeth II 38mm. **Obv:** Bust right **Rev:**
Orca whale surfacing in color in maple leaf outline
Mint: Royal Canadian Mint

Date	Mintage	F12	VF20	XF40	MS60	MS63
2014	—	—	—	—	—	60.00

KM# 1647 0.9999 Silver, **Ruler:** Elizabeth II
38mm. **Subject:** Alice Munro **Obv:** Bust right **Rev:**
Female figure, hand writing in open book **Mint:**
Royal Canadian Mint

Date	Mintage	F12	VF20	XF40	MS60	MS63
2014	—	PF63 60.00		PF65 70.00		

KM# 1648 3.14 g., 0.999 Gold, 0.1009 oz. AGW
Ruler: Elizabeth II 16mm. **Obv:** Bust right **Rev:**
Moose **Rev. Designer:** Trevor Tennant **Mint:** Royal
Canadian Mint

Date	Mintage	F12	VF20	XF40	MS60	MS63
2014	4,000	PF63 270		PF65 280		

KM# 1720 31.39 g., 0.9999 Silver, 1.0091 oz. ASW
Ruler: Elizabeth II 38mm. **Subject:** Birds of Prey
Obv: Bust right **Rev:** Peregrine Falcon **Mint:** Royal
Canadian Mint

Date	Mintage	F12	VF20	XF40	MS60	MS63
2014	—	—	—	—	—	—
2014	—	PF65 28.00				
2016 Reverse Proof	—	PF65 50.00				

KM# 1728 3.11 g., 0.999 Gold, 0.0999 oz. AGW
16mm. **Obv:** Bust right **Rev:** Five Blessings

Date	Mintage	VF20	XF40	MS60	MS63	MS65
2014	2,000	PF65 280				

KM# 1730 3.14 g., 0.999 Gold, 0.1009 oz. AGW
16mm. **Obv:** Bust right **Rev:** Woolly Mammoth
Rev. Designer: Michael Skrepnick

Date	Mintage	VF20	XF40	MS60	MS63	MS65
2014	3,000	PF65 280				

KM# 1731 23.17 g., 0.9999 Silver, 0.7449 oz. ASW
Ruler: Elizabeth II 36.07mm. **Subject:** Banknote
Design **Obv:** Bust right **Rev:** Lion on the mountain
Mint: Royal Canadian Mint

Date	Mintage	F12	VF20	XF40	MS60	MS63
2014	8,500	PF65 100				

KM# 1740 3.13 g., 0.999 Gold, 0.1005 oz. AGW
16mm. **Obv:** Bust right **Rev:** Eagle head left **Rev.
Designer:** Derek Wicks

Date	Mintage	VF20	XF40	MS60	MS63	MS65
2014	3,000	PF65 100				

KM# 1740a 3.13 g., 0.999 Platinum, 0.1005 oz.
APW 16mm. **Obv:** Bust right **Rev:** Eagle head left
Rev. Designer: Derek Wicks

Date	Mintage	VF20	XF40	MS60	MS63	MS65
2014	3,000	PF65 100				

KM# 1756 3.14 g., 0.999 Gold, 0.1009 oz. AGW
16mm. **Obv:** Bust right **Rev:** Cougar head

Date	Mintage	VF20	XF40	MS60	MS63	MS65
2014	—	PF65 100				

KM# 1756a 3.14 g., 0.999 Platinum, 0.1009 oz.
APW 16mm. **Obv:** Bust right **Rev:** Cougar head

Date	Mintage	VF20	XF40	MS60	MS63	MS65
2014	—	PF65 100				

KM# 1767 9.00 g., 0.9999 Silver, 0.2893 oz. ASW
28mm. **Obv:** Bust right **Rev:** Pointsetta in purple
niobium

Date	Mintage	VF20	XF40	MS60	MS63	MS65
2014	—	PF65 140				

5 DOLLARS

KM# 1768 9.00 g., 0.9999 Silver, 0.2893 oz. ASW
28mm. **Obv:** Bust right **Rev:** Rose in golden color
niobium

Date	Mintage	VF20	XF40	MS60	MS63	MS65
2014	6,000		PF65 140			

KM# 1774 9.00 g., 0.999 Silver, 0.2891 oz. ASW
28mm. **Obv:** Bust right **Rev:** Tulip in niobium **Rev.
Designer:** Bert Liverance

Date	Mintage	VF20	XF40	MS60	MS63	MS65
2014	6,000		PF65 140			

KM# 1778 3.14 g., 0.999 Gold, 0.1009 oz. AGW
Ruler: Elizabeth II 16mm. **Obv:** Bust right **Rev:**
Bison **Mint:** Royal Canadian Mint

Date	Mintage	F12	VF20	XF40	MS60	MS63
2014	2,000		PF65 280			

KM# 1790 3.14 g., 0.9999 Gold, 0.1009 oz. AGW
Ruler: Elizabeth II 16mm. **Obv:** Bust right by Mary
Gilick **Obv. Designer:** Mary Gillick **Rev:** Two maple
leaves **Mint:** Royal Canadian Mint

Date	Mintage	F12	VF20	XF40	MS60	MS63
2014	650		PF65 200			

KM# 1790a 3.13 g., 0.9995 Platinum, 0.1006 oz.
APW **Ruler:** Elizabeth II 16mm. **Obv:** Bust right by
Mary Gilick **Obv. Designer:** Mary Gillick **Rev:** Two
maple leaves **Mint:** Royal Canadian Mint

Date	Mintage	F12	VF20	XF40	MS60	MS63
2014	—		PF65 200			

KM# 1798 23.17 g., 0.999 Silver, 0.7442 oz. ASW
Ruler: Elizabeth II 36.07mm. **Subject:** Traditions
of Hunting **Obv:** Bust right **Rev:** Bow hunting of
goose in flight **Rev. Designer:** Tim Whiskeychan
Mint: Royal Canadian Mint

Date	Mintage	F12	VF20	XF40	MS60	MS63
2014	10,000		PF65 70.00			

KM# 1799 23.17 g., 0.999 Silver, 0.7442 oz. ASW
Ruler: Elizabeth II 36.07mm. **Subject:** Princess
to Monarch **Obv:** Bust right **Rev:** Elizabeth II
reviewing troops **Mint:** Royal Mint

Date	Mintage	F12	VF20	XF40	MS60	MS63
2014	10,000		PF65 65.00			

KM# 1812 23.17 g., 0.9999 Silver, 0.7449 oz. ASW
36.07mm. **Obv:** Bust right **Rev:** Ram head facing
in color **Rev. Designer:** Simon Ng

Date	Mintage	VF20	XF40	MS60	MS63	MS65
2015	8,888		PF65 75.00			

KM# 1815 31.39 g., 0.999 Silver, 1.0082 oz.
ASW 38mm. **Obv:** Bust right **Rev:** Polar bear
and cub advancing left **Rev. Designer:** Germaine
Arnaktauyok

Date	Mintage	VF20	XF40	MS60	MS63	MS65
2015	7,500		PF65 90.00			

KM# 1818 3.15 g., 0.999 Gold, 0.1012 oz. AGW **Ruler:** Elizabeth II 16mm. **Subject:** Year of the Ram **Obv:** Bust right **Rev:** Ram head facing **Mint:** Royal Canadian Mint

Date	Mintage	F12	VF20	XF40	MS60	MS63
2015	2,888			PF65 280		

KM# 1819 23.17 g., 0.999 Gold, 0.7449 oz. ASW **Ruler:** Elizabeth II 36.07mm. **Subject:** Art by Cornelius Krieghoff **Obv:** Bust right **Rev:** Moccasin Seller Crossing St. Lawrence at Quebec City **Mint:** Royal Canadian Mint

Date	Mintage	F12	VF20	XF40	MS60	MS63
2015	7,000			PF65 75.00		

KM# 1820 23.17 g., 0.9999 Silver, 0.7449 oz. ASW 36.07mm. **Subject:** Art by Cornelius Krieghoff **Obv:** Bust right **Rev:** Hunter in Winter

Date	Mintage	VF20	XF40	MS60	MS63	MS65
2015	7,000			PF65 75.00		

KM# 1821 23.17 g., 0.9999 Silver, 0.7449 oz. ASW **Ruler:** Elizabeth II 36.07mm. **Subject:** Art by Cornelius Krieghoff **Obv:** Bust right **Rev:** Wigwam in Montagnais **Mint:** Royal Canadian Mint

Date	Mintage	F12	VF20	XF40	MS60	MS63
2015	7,000			PF65 75.00		

KM# 1882 31.39 g., 0.9999 Silver, 1.0091 oz. ASW 38mm. **Subject:** Birds of Prey **Obv:** Bust right **Rev:** Red Tailed Hawk

Date	Mintage	VF20	XF40	MS60	MS63	MS65
2015	—	—	—	—	—	25.00
2015	—			PF65 28.00		

KM# 1883 31.39 g., 0.9999 Silver, 1.0091 oz. ASW 38mm. **Subject:** Birds of Prey **Obv:** Bust right **Rev:** Great Horned Owl

Date	Mintage	VF20	XF40	MS60	MS63	MS65
2015	—	—	—	—	—	25.00
2015	—			PF65 28.00		

8 DOLLARS

KM# 515 28.80 g., 0.925 Silver, 0.8565 oz. ASW 39mm. **Obv:** Head right **Obv. Designer:** Susanna Blunt **Rev:** Grizzly bear walking left **Edge:** Reeded

Date	Mintage	VF20	XF40	MS60	MS63	MS65
2004	12,942			PF65 85.00		

KM# 597 32.15 g., 0.9999 Silver partially gilt, 1.0335 oz. ASW **Subject:** Canadian Pacific Railway, 120th Anniversary **Obv:** Head right **Obv. Designer:** Susanna Blunt **Rev:** Railway bridge, center is gilt

Date	Mintage	VF20	XF40	MS60	MS63	MS65
2005	9,892			PF63 60.00	PF65 65.00	

KM# 598 32.15 g., 0.9999 Silver partially gilt, 1.0335 oz. ASW **Subject:** Canadian Pacific Railway, 120th Anniversary **Obv:** Head right **Rev:** Railway memorial to the Chinese workers, center gilt

Date	Mintage	VF20	XF40	MS60	MS63	MS65
2005	9,892			PF63 60.00	PF65 65.00	

KM# 730 25.18 g., 0.9999 Silver, 0.8095 oz. ASW 36.07mm. **Obv:** Queens's head at top in circle, three Chinese characters **Rev:** Dragon and other creatures

Date	Mintage	VF20	XF40	MS60	MS63	MS65
2007	19,996			PF63 45.00	PF65 50.00	

KM# 731 25.18 g., 0.999 Silver, 0.8087 oz. ASW 36.1mm. **Rev:** Maple leaf, long life hologram

Date	Mintage	VF20	XF40	MS60	MS63	MS65
2007	15,000			PF65 55.00		

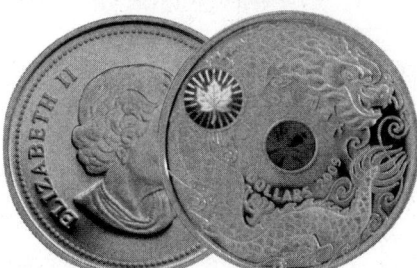

KM# 943 25.18 g., 0.925 Silver, 0.7488 oz. ASW 36.1mm. **Rev:** Hologram maple of wisdom at top left, crystal in center, dragons around

Date	Mintage	VF20	XF40	MS60	MS63	MS65
2009	7,273			PF63 85.00	PF65 90.00	

KM# 1012 25.30 g., 0.925 Silver, 0.7524 oz. ASW 36.07mm. **Rev:** Horses around central maple leaf hologram **Rev. Designer:** Simon Ng

Date	Mintage	VF20	XF40	MS60	MS63	MS65
2010	8,888			PF63 90.00	PF65 100	

10 DOLLARS

KM# 27 16.72 g., 0.900 Gold, 0.4838 oz. AGW 26.92mm. **Obv:** Crowned bust left **Obv. Designer:** E. B. MacKennal **Rev:** Arms within wreath, date and denomination below **Rev. Designer:** W. H. J. Blakemore

Date	Mintage	VG8	F12	VF20	XF40	AU50	MS60	MS63	MS65
1912	74,759	—	—	700	750	800	900	2,500	7,500
1912 Specimen	—	—	—	—	—	—	—	7,000	135,000
1913	149,232	—	—	700	750	800	900	3,000	13,000
1912 Specimen	—	—	—	—	—	—	—	—	—
1914	140,068	—	—	750	800	850	1,100	3,000	13,000
1914 Specimen	—	—	—	—	—	—	—	—	—

KM# 86.1 48.60 g.,   0.925 Silver, 1.4453 oz. ASW 45mm. **Subject:** 1976 Montreal Olympics **Obv:** Young bust right, maple leaf below, date at right **Rev:** World map, denomination below **Rev. Designer:** Georges Huel **Note:** Series I.

Date	Mintage	VF20	XF40	MS60	MS63	MS65
1973	103,426	—	—	—	40.00	—
1973	165,203	**PF63** 40.00				

KM# 87 48.60 g.,   0.925 Silver, 1.4453 oz. ASW 45mm. **Subject:** 1976 Montreal Olympics **Obv:** Young bust right, small maple leaf below, date at right **Rev:** Montreal skyline, denomination below **Rev. Designer:** Georges Huel **Note:** Series I.

Date	Mintage	VF20	XF40	MS60	MS63	MS65
1973	165,203	**PF63** 40.00				
1973	—	—	—	—	40.00	—

KM# 86.2 48.60 g.,   0.925 Silver, 1.4453 oz. ASW 45mm. **Subject:** 1976 Montreal Olympics **Obv:** Young bust right, small maple leaf below, date at right **Rev:** World map **Rev. Designer:** Georges Huel **Note:** Series I.

Date	Mintage	VF20	XF40	MS60	MS63	MS65
1974	320	—	—	—	325	—

Note: Error: mule

KM# 93 48.60 g., 0.925 Silver, 1.4453 oz. ASW 45mm. **Subject:** 1976 Montreal Olympics **Obv:** Young bust right, small maple leaf below, date at right **Rev:** Head of Zeus, denomination below **Rev. Designer:** Anthony Mann **Note:** Series II.

Date	Mintage	VF20	XF40	MS60	MS63	MS65
1974	104,684		PF63 40.00			
1974	—	—	—	—	40.00	—

KM# 94 48.60 g., 0.925 Silver, 1.4453 oz. ASW 45mm. **Subject:** 1976 Montreal Olympics **Obv:** Young bust right, small maple leaf below, date at right **Rev:** Temple of Zeus, denomination below **Rev. Designer:** Anthony Mann **Note:** Series II.

Date	Mintage	VF20	XF40	MS60	MS63	MS65
1974	—	—	—	—	40.00	—
1974	104,684		PF63 40.00			

KM# 95 48.60 g., 0.925 Silver, 1.4453 oz. ASW 45mm. **Subject:** 1976 Montreal Olympics **Obv:** Young bust right, small maple leaf below, date at right **Rev:** Cycling, denomination below **Rev. Designer:** Ken Danby **Note:** Series III.

Date	Mintage	VF20	XF40	MS60	MS63	MS65
1974	—	—	—	—	40.00	—
1974	—		PF63 40.00			

KM# 96 48.60 g., 0.925 Silver, 1.4453 oz. ASW 45mm. **Subject:** 1976 Montreal Olympics **Obv:** Young bust right, small maple leaf below, date at right **Rev:** Lacrosse, denomination below **Rev. Designer:** Ken Danby **Note:** Series III.

Date	Mintage	VF20	XF40	MS60	MS63	MS65
1974	—	—	—	— 40.00		—
1974	—		PF63 40.00			

KM# 102 48.60 g., 0.925 Silver, 1.4453 oz. ASW 45mm. **Subject:** 1976 Montreal Olympics **Obv:** Young bust right, small maple leaf below, date at right **Rev:** Men's hurdles, denomination below **Rev. Designer:** Leo Yerxa **Note:** Series IV.

Date	Mintage	VF20	XF40	MS60	MS63	MS65
1975	—	—	—	— 40.00		—
1975	—		PF63 40.00			

KM# 103 48.60 g., 0.925 Silver, 1.4453 oz. ASW 45mm. **Subject:** Montreal 1976 - 21st Summer Olympic Games **Obv:** Young bust right, small maple leaf below, date at right **Rev:** Women's shot put, denomination below **Rev. Designer:** Leo Yerxa **Note:** Series IV.

Date	Mintage	VF20	XF40	MS60	MS63	MS65
1975	—	—	—	— 40.00		—
1975	—		PF63 40.00			

KM# 104 48.60 g., 0.925 Silver, 1.4453 oz. ASW 45mm. **Subject:** 1976 Montreal Olympics **Obv:** Young bust right, small maple leaf below, date at right **Rev:** Sailing, denomination below **Rev. Designer:** Lynda Cooper **Note:** Series V.

Date	Mintage	VF20	XF40	MS60	MS63	MS65
1975	—	—	—	—	40.00	—
1975	—	PF63	40.00			

KM# 105 48.60 g., 0.925 Silver, 1.4453 oz. ASW 45mm. **Subject:** 1976 Montreal Olympics **Obv:** Young bust right, small maple leaf below, date at right **Rev:** Canoeing, denomination below **Rev. Designer:** Lynda Cooper **Note:** Series V.

Date	Mintage	VF20	XF40	MS60	MS63	MS65
1975	—	—	—	—	40.00	—
1975	—	PF63	40.00			

KM# 111 48.60 g., 0.925 Silver, 1.4453 oz. ASW 45mm. **Subject:** 1976 Montreal Olympics **Obv:** Young bust right, small maple leaf below, date at right **Rev:** Football, denomination below **Rev. Designer:** Shigeo Fukada **Note:** Series VI.

Date	Mintage	VF20	XF40	MS60	MS63	MS65
1976	—	—	—	—	40.00	—
1976	—	PF63	40.00			

KM# 112 48.60 g., 0.925 Silver, 1.4453 oz. ASW 45mm. **Subject:** 1976 Montreal Olympics **Obv:** Young bust right, small maple leaf below, date at right **Rev:** Field hockey **Rev. Designer:** Shigeo Fukada **Note:** Series VI.

Date	Mintage	VF20	XF40	MS60	MS63	MS65
1976	—	—	—	—	40.00	—
1976	—	PF63	40.00			

KM# 113 48.60 g., 0.925 Silver, 1.4453 oz. ASW 45mm. **Subject:** 1976 Montreal Olympics **Obv:** Young bust right, small maple leaf below, date at right **Rev:** Olympic Stadium, denomination below **Rev. Designer:** Elliot John Morrison **Note:** Series VII.

Date	Mintage	VF20	XF40	MS60	MS63	MS65
1976	—	—	—	—	40.00	—
1976	—	PF63	40.00			

KM# 114 48.60 g., 0.925 Silver, 1.4453 oz. ASW 45mm. **Subject:** 1976 Montreal Olympics **Obv:** Young bust right, small maple leaf below, date at right **Rev:** Olympic Velodrome, denomination below **Rev. Designer:** Elliot John Morrison **Note:** Series VII.

Date	Mintage	VF20	XF40	MS60	MS63	MS65
1976	—	—	—	—	40.00	—
1976	—	PF63	40.00			

KM# 520 16.72 g., 0.900 Gold, 0.4838 oz. AGW 26.92mm. **Obv:** Crowned head right **Rev:** National arms **Edge:** Reeded

Date	Mintage	VF20	XF40	MS60	MS63	MS65
1912-2002	2,002		PF65 850			

KM# 559 25.18 g., 0.9999 Silver, 0.8093 oz. ASW 36mm. **Subject:** Pope John Paul II **Obv:** Head right

Date	Mintage	VF20	XF40	MS60	MS63	MS65
2005	24,716		PF63 40.00		PF65 45.00	

KM# 757 25.18 g., 0.9999 Silver, 0.8093 oz. ASW **Subject:** Year of the Veteran **Rev:** Profile left of young and old veteran

Date	Mintage	VF20	XF40	MS60	MS63	MS65
2005	6,549		PF65 225			

KM# 661 25.18 g., 0.9999 Silver, 0.8093 oz. ASW **Subject:** National Historic Sites **Obv:** Head right **Rev:** Fortress of Louisbourg

Date	Mintage	VF20	XF40	MS60	MS63	MS65
2006	5,544		PF63 35.00		PF65 40.00	

KM# 1010 15.87 g., 0.999 Silver, 0.5097 oz. ASW **Subject:** 75th Anniversary Canadian Bank Notes **Rev:** Female seated

Date	Mintage	VF20	XF40	MS60	MS63	MS65
2010	7,500		PF63 45.00		PF65 50.00	

KM# 1096 27.78 g., 0.925 Silver, 0.8262 oz. ASW 40mm. **Obv:** Bust right **Rev:** Blue whale diving in sea

Date	Mintage	VF20	XF40	MS60	MS63	MS65
2010	10,000		PF63 75.00		PF65 85.00	

KM# 1198 15.87 g., 0.999 Silver, 0.5097 oz. ASW 34mm. **Subject:** Highway of Heroes **Obv:** Bust right **Obv. Designer:** Susanna Blunt **Rev:** Citizens on Highway 401 overpass with signs and flags, large maple leaf in background, Memorial Cross medal at top left. **Rev. Designer:** Stan Witten and Major Carl Gauthier **Edge:** Reeded

Date	Mintage	VF20	XF40	MS60	MS63	MS65
2011	25,000		PF63 60.00		PF65 70.00	

KM# 1199 15.87 g., 0.9999 Silver, 0.5102 oz. ASW 34mm. **Subject:** Winter Scene - Skating **Rev:** Three kids skating on pond, colored holly at left

Date	Mintage	VF20	XF40	MS60	MS63	MS65
2011	Est. 8000		PF63 35.00		PF65 40.00	

KM# 1200 15.87 g., 0.9999 Silver, 0.5102 oz. ASW 34mm. **Subject:** Winter scene - Two houses **Rev:** Two houses in snowy lane, colored holly flanking

Date	Mintage	VF20	XF40	MS60	MS63	MS65
2011	—			**PF63** 35.00	**PF65** 40.00	

KM# 1201 15.87 g., 0.9999 Silver, 0.5102 oz. ASW 34mm. **Obv:** Bust right **Rev:** Wood Bison **Rev. Designer:** Corrine Hunt

Date	Mintage	VF20	XF40	MS60	MS63	MS65
2011	Est. 10000			**PF63** 40.00	**PF65** 50.00	

KM# 1203 15.87 g., 0.9999 Silver, 0.5102 oz. ASW 34mm. **Subject:** Boreal Forest **Rev:** Bird and tree **Rev. Designer:** Corrine Hunt

Date	Mintage	VF20	XF40	MS60	MS63	MS65
2011	Est. 10000			**PF63** 40.00	**PF65** 50.00	

KM# 1205 15.87 g., 0.9999 Silver, 0.5102 oz. ASW 34mm. **Obv:** Bust right **Rev:** Peregrine Falcon perched on branch **Rev. Designer:** Corrine Hunt

Date	Mintage	VF20	XF40	MS60	MS63	MS65
2011	Est. 10000			**PF63** 40.00	**PF65** 50.00	

KM# 1207 15.87 g., 0.9999 Silver, 0.5102 oz. ASW 34mm. **Obv:** Bust right **Rev:** Orca Whale **Rev. Designer:** Corrine Hunt

Date	Mintage	VF20	XF40	MS60	MS63	MS65
2011	Est. 10000			**PF63** 40.00	**PF65** 50.00	

KM# 1221 15.87 g., 0.999 Silver, 0.5097 oz. ASW 34mm. **Subject:** Year of the Dragon **Obv:** Bust right **Rev:** Dragon forepart right

Date	Mintage	XF40	MS60	MS63	MS65
2012 Specimen	58,888	—	— 40.00	—	

KM# 1235 25.18 g., 0.999 Silver, 0.8086 oz. ASW 36mm. **Obv:** Bust right **Rev:** Titanic sailing at right, map of Eastern Canada at left

Date	Mintage	VF20	XF40	MS60	MS63	MS65
2012	—			**PF63** 90.00	**PF65** 100	

KM# 1249 15.87 g., 0.999 Silver, 0.5097 oz. ASW 34mm. **Subject:** H.M.S. Shannon

Date	Mintage	VF20	XF40	MS60	MS63	MS65
2012	—			**PF63** 55.00	**PF65** 65.00	

KM# 1259 15.87 g., 0.999 Silver, 0.5097 oz. ASW 34mm. **Subject:** Praying Mantis

Date	Mintage	VF20	XF40	MS60	MS63	MS65
2012	7,500			**PF63** 40.00	**PF65** 45.00	

KM# 1282 7.77 g., 0.999 Gold, 0.2496 oz. AGW 20mm. **Subject:** Year of the Dragon

Date	Mintage	VF20	XF40	MS60	MS63	MS65
2012	—			**PF65** 450		

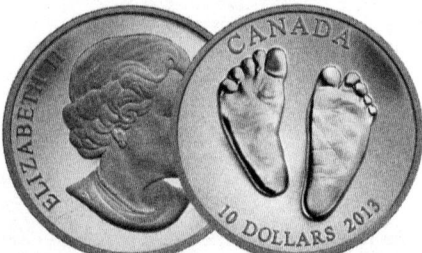

KM# 1346 15.55 g., 0.999 Silver, 0.4994 oz. ASW 34mm. **Rev:** Baby's feet

Date	Mintage	VF20	XF40	MS60	MS63	MS65
2012	—	—	—	— 27.50	—	
Specimen						
2013	—	—	—	— 27.50	—	
2014	—			**PF63** 45.00	**PF65** 50.00	

KM# 1299 31.11 g., 0.999 Silver, 0.999 oz. ASW 34mm. **Subject:** Year of the Snake

Date	Mintage	VF20	XF40	MS60	MS63	MS65
2013	—		PF65 50.00			

KM# 1355 30.00 g., 0.999 Silver, 0.9636 oz. ASW 36.5mm. **Rev:** Male and female mallards in color **Rev. Designer:** Trevor Tennant

Date	Mintage	VF20	XF40	MS60	MS63	MS65
2013	—		PF63 75.00	PF65 85.00		

KM# 1357 15.87 g., 0.999 Silver, 0.5097 oz. ASW 34mm. **Subject:** Year of the Snake **Rev:** Circular coiled snake **Rev. Designer:** Simon Ng

Date	Mintage	VF20	XF40	MS60	MS63	MS65
2013	18,888		PF63 40.00	PF65 45.00		

KM# 1383 15.87 g., 0.999 Silver, 0.5097 oz. ASW 34mm. **Subject:** Ice Skating on Frozen Lake **Rev:** Winter Scene in Color **Rev. Designer:** Remi Clark

Date	Mintage	VF20	XF40	MS60	MS63	MS65
2013	Est. 8000		PF63 55.00	PF65 65.00		

KM# 1392 15.87 g., 0.999 Silver, 0.5097 oz. ASW 35mm. **Subject:** Oh Canada - R.C.M.P. **Rev:** Mountie on horseback

Date	Mintage	VF20	XF40	MS60	MS63	MS65
2013	—		PF63 32.00	PF65 40.00		

KM# 1392a 15.87 g., 0.999 Silver partially gilt, 0.5097 oz. ASW 35mm. **Subject:** Oh Canada - R.C.M.P. **Rev:** Mountie on horseback within gilt border

Date	Mintage	VF20	XF40	MS60	MS63	MS65
2013	—		PF63 65.00	PF65 75.00		

KM# 1393 15.87 g., 0.999 Silver, 0.5097 oz. ASW 34mm. **Rev:** Twelve Spotted Skimmer Dragonfly in color **Rev. Designer:** Celia Godkin

Date	Mintage	VF20	XF40	MS60	MS63	MS65
2013	Est. 10000		PF63 70.00	PF65 80.00		

KM# 1396 15.87 g., 0.9999 Silver, 0.5102 oz. ASW 34mm. **Rev:** Beaver Felling Tree **Rev. Designer:** Pierre Le Duc

Date	Mintage	VF20	XF40	MS60	MS63	MS65
2013	Est. 40000		PF63 35.00	PF65 40.00		

10 DOLLARS

KM# 1396a 15.87 g., 0.999 Silver partially gilt, 0.5097 oz. ASW 34mm. **Subject:** Oh Canada - Beaver **Rev:** Beaver gnawing on tree

Date	Mintage	VF20	XF40	MS60	MS63	MS65
2013	—		PF63 65.00		PF65 75.00	

KM# 1400 15.87 g., 0.999 Silver, 0.5097 oz. ASW 34mm. **Rev:** Stone formation at seaside **Rev. Designer:** Tony Bianco

Date	Mintage	VF20	XF40	MS60	MS63	MS65
2013	40,000		PF63 35.00		PF65 40.00	

KM# 1400a 15.87 g., 0.999 Silver partially gilt, 0.5097 oz. ASW 34mm. **Subject:** Oh Canada **Rev:** Stone formation at seaside

Date	Mintage	VF20	XF40	MS60	MS63	MS65
2013	—		PF63 65.00		PF65 75.00	

KM# 1402 15.57 g., 0.999 Silver, 0.5001 oz. ASW 34mm. **Rev:** Polar Bear walking right **Rev. Designer:** Tony Bianco

Date	Mintage	VF20	XF40	MS60	MS63	MS65
2013	—		PF63 35.00		PF65 40.00	

KM# 1421 15.87 g., 0.9999 Silver, 0.5102 oz. ASW 34mm. **Rev:** Caribou

Date	Mintage	VF20	XF40	MS60	MS63	MS65
2013	Est. 40000		PF63 25.00		PF65 30.00	

KM# 1421a 15.87 g., 0.9999 Silver partially gilt, 0.5102 oz. ASW 34mm. **Subject:** Oh Canada **Rev:** Caribou

Date	Mintage	VF20	XF40	MS60	MS63	MS65
2013	—		PF63 65.00		PF65 75.00	

KM# 1422 15.87 g., 0.9999 Silver, 0.5102 oz. ASW 34mm. **Rev:** Niagra Falls

Date	Mintage	VF20	XF40	MS60	MS63	MS65
2013	Est. 40000		PF63 32.00		PF65 40.00	

KM# 1423 15.57 g., 0.9999 Silver, 0.5005 oz. ASW 34mm. **Rev:** Summer lake swimming

Date	Mintage	VF20	XF40	MS60	MS63	MS65
2013	Est. 40000		PF63 32.00		PF65 40.00	

KM# 1424 15.87 g., 0.9999 Silver, 0.5102 oz. ASW 34mm. **Rev:** Hand holding three Fall colored maple leaves **Rev. Designer:** Emily S. Damstra

Date	Mintage	VF20	XF40	MS60	MS63	MS65
2013	Est. 40000		PF63 32.00		PF65 40.00	

KM# **1424a** 15.87 g., 0.9999 Silver, 0.5102 oz. ASW 34mm. **Subject:** Oh Canada **Rev:** Hand holding three color maple leaves

Date	Mintage	VF20	XF40	MS60	MS63	MS65
2013	—			PF63 65.00	PF65 75.00	

KM# **1425** 15.87 g., 0.9999 Silver, 0.5102 oz. ASW 34mm. **Rev:** Outdoor ice hockey rink

Date	Mintage	VF20	XF40	MS60	MS63	MS65
2013	Est. 40000			PF63 32.00	PF65 40.00	

KM# **1442** 15.87 g., 0.999 Silver, 0.5097 oz. ASW 34mm. **Obv:** Bust right **Obv. Designer:** Susana Blunt **Rev:** Dream catcher in color **Rev. Designer:** Darlene Gait **Edge:** Reeded

Date	Mintage	VF20	XF40	MS60	MS63	MS65
2013	10,000			PF63 70.00	PF65 80.00	

KM# **1445** 7.06 g., 0.999 Silver, 0.2268 oz. ASW 27mm. **Subject:** 75th Anniversary of Superman **Rev:** Superman breaking chains **Rev. Legend:** Joe Shuster, DC Comics

Date	Mintage	VF20	XF40	MS60	MS63	MS65
2013	Est. 15000			PF63 40.00	PF65 45.00	

KM# **1455** 15.57 g., 0.999 Silver, 0.5001 oz. ASW 34mm. **Rev:** Wolf standing right **Rev. Designer:** Pierre Leduc

Date	Mintage	VF20	XF40	MS60	MS63	MS65
2013	Est. 40000			PF63 35.00	PF65 40.00	

KM# **1517** 15.87 g., 0.9999 Silver, 0.5102 oz. ASW 34mm. **Subject:** Year of the Horse **Obv:** Bust right **Rev:** Horse head left **Rev. Designer:** Simon Ng

Date	Mintage	VF20	XF40	MS60	MS63	MS65
2014	58,888			PF63 35.00	PF65 40.00	

KM# **1580** 15.87 g., 0.999 Silver, 0.5097 oz. ASW 34mm. **Obv:** Bust right **Rev:** Igloo

Date	Mintage	VF20	XF40	MS60	MS63	MS65
2014	—			PF63 55.00	PF65 65.00	

KM# **1580a** 15.87 g., 0.999 Silver partially gilt, 0.5097 oz. ASW **Ruler:** Elizabeth II 35mm. **Subject:** Oh Canada **Obv:** Bust right **Rev:** Igloo in gilt border **Mint:** Royal Canadian Mint

Date	Mintage	F12	VF20	XF40	MS60	MS63
2014	—			PF63 65.00	PF65 75.00	

KM# **1590** 15.87 g., 0.999 Silver, 0.5097 oz. ASW 34mm. **Obv:** Bust right **Rev:** Adult teaching child how to ice skate, in color

Date	Mintage	VF20	XF40	MS60	MS63	MS65
2014	—			PF63 50.00	PF65 60.00	

KM# **1607** 15.87 g., 0.999 Silver, 0.5097 oz. ASW 34mm. **Obv:** Bust right **Rev:** Pintail ducks in color **Rev. Designer:** Trevor Tennant

Date	Mintage	VF20	XF40	MS60	MS63	MS65
2014	10,000	—	—	—	35.00	—

KM# 1612 15.87 g., 0.999 Silver, 0.5097 oz. ASW 34mm. **Obv:** Bust right **Rev:** Grizzly bear left **Rev. Designer:** Glen Loates

Date	Mintage	VF20	XF40	MS60	MS63	MS65
2014	40,000			PF63 35.00	PF65 40.00	

KM# 1612a 15.87 g., 0.999 Silver partially gilt, 0.5097 oz. ASW **Ruler:** Elizabeth II 34mm. **Subject:** Oh Canada **Obv:** Bust right **Rev:** Bear in gilt border **Mint:** Royal Canadian Mint

Date	Mintage	F12	VF20	XF40	MS60	MS63
2014	—			PF63 55.00	PF65 65.00	

KM# 1613 0.999 Silver, 34mm. **Subject:** World War I - Mobilization of a nation **Obv:** Bust right **Rev:** Soldier with gear walking up ship's gangway **Rev. Designer:** Maskull Lasserre

Date	Mintage	VF20	XF40	MS60	MS63	MS65
2014	40,000			PF63 40.00	PF65 45.00	

KM# 1625.1 15.87 g., 0.999 Silver, 0.5097 oz. ASW 34mm. **Obv:** Bust right **Rev:** Downhill sking **Rev. Designer:** Kendra Dixon

Date	Mintage	VF20	XF40	MS60	MS63	MS65
2014	40,000			PF63 35.00	PF65 40.00	

KM# 1625.2 15.87 g., 0.999 Silver partially gilt, 0.5097 oz. ASW **Ruler:** Elizabeth II **Subject:** Oh Canada **Obv:** Bust right **Rev:** Skiing in gilt border **Mint:** Royal Canadian Mint

Date	Mintage	F12	VF20	XF40	MS60	MS63
2014	—			PF63 60.00	PF65 75.00	

KM# 1649 15.87 g., 0.999 Silver, 0.5097 oz. ASW **Ruler:** Elizabeth II 34mm. **Obv:** Bust right **Rev:** Moose **Rev. Designer:** Trevor Tennant **Mint:** Royal Canadian Mint

Date	Mintage	F12	VF20	XF40	MS60	MS63
2014	40,000			PF63 35.00	PF65 40.00	

KM# 1651 7.80 g., 0.999 Gold, 0.2505 oz. AGW **Ruler:** Elizabeth II 20mm. **Obv:** Bust right **Rev:** Arctic Fox **Rev. Designer:** Maurice Gervais **Mint:** Royal Canadian Mint

Date	Mintage	F12	VF20	XF40	MS60	MS63
2014	2,000			PF63 640	PF65 650	

KM# 1652 15.55 g., 0.9999 Silver, 0.4999 oz. ASW **Ruler:** Elizabeth II 34mm. **Subject:** D-Day, 70th Anniversary **Obv:** Head left of George VI **Rev:** Troops landing on Juno Beach in Normandy **Mint:** Royal Canadian Mint

Date	Mintage	F12	VF20	XF40	MS60	MS63
2014	8,000			PF63 50.00	PF65 60.00	

KM# 1653 15.87 g., 0.9999 Silver, 0.5102 oz. ASW **Ruler:** Elizabeth II 34mm. **Obv:** Bust right **Rev:** Green Darner Dragonfly **Mint:** Royal Canadian Mint

Date	Mintage	F12	VF20	XF40	MS60	MS63
2014	10,000			PF63 75.00	PF65 85.00	

KM# 1654 15.87 g., 0.9999 Silver, 0.5102 oz. ASW **Ruler:** Elizabeth II 34mm. **Subject:** Sainthood **Obv:** Bust right **Rev:** Pope John Paul II elevating host **Mint:** Royal Canadian Mint

Date	Mintage	F12	VF20	XF40	MS60	MS63
2014	—	PF63 75.00		PF65 80.00		

KM# 1713 15.87 g., 0.9999 Silver, 0.5102 oz. ASW 34mm. **Obv:** Bust right **Rev:** WWII photo of child running after dad leaving for war, with color highlights

Date	Mintage	VF20	XF40	MS60	MS63	MS65
2014	10,000	PF65 60.00				

KM# 1748 15.87 g., 0.999 Silver, 0.5097 oz. ASW 34mm. **Obv:** Bust right **Rev:** Superman lifting auto thus saving child

Date	Mintage	VF20	XF40	MS60	MS63	MS65
2014	10,000	PF65 60.00				

KM# 1787 15.87 g., Silver, **Ruler:** Elizabeth II 34mm. **Obv:** Bust right **Rev:** Harlequin Duck in color **Mint:** Royal Canadian Mint

Date	Mintage	F12	VF20	XF40	MS60	MS63
2014	10,000	PF65 75.00				

KM# 1791 7.78 g., 0.999 Gold, 0.2499 oz. AGW **Ruler:** Elizabeth II 20mm. **Obv:** Bust right by Mary Gillick **Rev:** Two maple leaves **Mint:** Royal Canadian Mint

Date	Mintage	F12	VF20	XF40	MS60	MS63
2014	650	PF65 475				

KM# 1793 15.87 g., 0.999 Silver, 0.5097 oz. ASW **Ruler:** Elizabeth II 34mm. **Subject:** First Nations Art **Obv:** Bust right **Rev:** Salmon hologram **Rev. Designer:** Darlene Gait **Mint:** Royal Canadian Mint

Date	Mintage	F12	VF20	XF40	MS60	MS63
2014	10,000	PF65 75.00				

KM# 1800 7.80 g., 0.9999 Gold, 0.2508 oz. AGW **Ruler:** Elizabeth II 20mm. **Obv:** Gillick portrait of Elizabeth II right **Rev:** Two Maple leaves on twig **Rev. Designer:** Celia Godkin **Mint:** Royal Canadian Mint

Date	Mintage	F12	VF20	XF40	MS60	MS63
2014 Reverse Proof	1,500	PF65 650				

KM# 1811 7.80 g., 0.999 Gold, 0.2505 oz. AGW 20mm. **Obv:** Bust right **Rev:** Polar Bear and cub **Rev. Designer:** Germane Arnaktaryok

Date	Mintage	VF20	XF40	MS60	MS63	MS65
2015	2,000	PF65 650				

KM# 1813 15.87 g., 0.9999 Silver, 0.5102 oz. ASW 34mm. **Obv:** Bust right **Rev:** Ram head, bamboo background **Rev. Designer:** Simon Ng

Date	Mintage	VF20	XF40	MS60	MS63	MS65
2015	22,888	PF65 40.00				

KM# 1826 15.87 g., 0.999 Silver, 0.5097 oz. ASW
Ruler: Elizabeth II 34mm. **Obv:** Bust right **Rev:**
Calgary Flames logo **Mint:** Royal Canadian Mint

Date	Mintage	F12	VF20	XF40	MS60	MS63
2015	5,000			PF65 75.00		

KM# 1827 15.87 g., 0.999 Silver, 0.5097 oz. ASW
Ruler: Elizabeth II 34mm. **Obv:** Bust right **Rev:**
Edmonton Oilers logo **Mint:** Royal Canadian Mint

Date	Mintage	F12	VF20	XF40	MS60	MS63
2015	5,000			PF65 75.00		

KM# 1828 15.87 g., 0.999 Silver, 0.5097 oz. ASW
Ruler: Elizabeth II 34mm. **Obv:** Bust right **Rev:**
Montreal Canadiens logo **Mint:** Royal Canadian
Mint

Date	Mintage	F12	VF20	XF40	MS60	MS63
2015	—			PF65 75.00		

KM# 1829 15.87 g., 0.999 Silver, 0.5097 oz. ASW
34mm. **Obv:** Bust right **Rev:** Ottawa Senators logo

Date	Mintage	VF20	XF40	MS60	MS63	MS65
2015	5,000			PF65 75.00		

KM# 1830 15.87 g., 0.999 Silver, 0.5097 oz. ASW
34mm. **Obv:** Bust right **Rev:** Toronto Maple Leaves
logo

Date	Mintage	VF20	XF40	MS60	MS63	MS65
2015	5,000			PF65 75.00		

KM# 1831 15.87 g., 0.999 Silver, 0.5097 oz. ASW
34mm. **Obv:** Bust right **Rev:** Vancouver Canucks
logo

Date	Mintage	VF20	XF40	MS60	MS63	MS65
2015	5,000			PF65 75.00		

KM# 1832 15.87 g., 0.999 Silver, 0.5097 oz. ASW
34mm. **Obv:** Bust right **Rev:** Winnipeg Jets logo

Date	Mintage	VF20	XF40	MS60	MS63	MS65
2015	—			PF65 75.00		

KM# 1841 15.87 g., 0.9999 Silver, 0.5102 oz. ASW
34mm. **Obv:** Bust right **Rev:** Sir John A. McDonald
standing selectively gilt

Date	Mintage	VF20	XF40	MS60	MS63	MS65
2015	—			PF65 85.00		

KM# 1857 15.87 g., 0.9999 Silver, 0.5102 oz. ASW
Ruler: Elizabeth II 34mm. **Subject:** Songbirds of
Canada **Obv:** Bust right **Rev:** Blue Jay in color on
branch **Mint:** Royal Canadian Mint

Date	Mintage	F12	VF20	XF40	MS60	MS63
2015	15,000			PF65 75.00		

KM# 1858 15.87 g., 0.9999 Silver, 0.5102 oz. ASW
Ruler: Elizabeth II 34mm. Subject: First Nations
Art Obv: Bust right Rev: Mother eagle feeding baby
in color Mint: Royal Canadian Mint

Date	Mintage	F12	VF20	XF40	MS60	MS63
2015	10,000		PF65 75.00			

KM# 1888 15.87 g., 0.9999 Silver, 0.5102 oz. ASW
Ruler: Elizabeth II 34mm. Subject: Songbirds of
Canada Obv: Bust right Rev: Northern Cardinal in
color on branch Mint: Royal Canadian Mint

Date	Mintage	F12	VF20	XF40	MS60	MS63
2015	—		PF65 75.00			

KM# 1890 15.87 g., 0.999 Silver, 0.5097 oz. ASW
34mm. Obv: Bust right Rev: Supergirl in color

Date	Mintage	VF20	XF40	MS60	MS63	MS65
2015	—		PF65 60.00			

KM# 1891 15.87 g., 0.999 Silver, 0.5097 oz. ASW
34mm. Subject: NHL Goalies Obv: Bust right
Rev: Jacuqes Plante

Date	Mintage	VF20	XF40	MS60	MS63	MS65
2015	8,000		PF65 75.00			

KM# 1892 15.87 g., 0.999 Silver, 0.5097 oz. ASW
34mm. Subject: NHL Goalies Obv: Bust right
Rev: Terry Sawchuk

Date	Mintage	VF20	XF40	MS60	MS63	MS65
2015	8,000		PF65 75.00			

KM# 1893 15.87 g., 0.999 Silver, 0.5097 oz. ASW
34mm. Subject: NHL Goalies Obv: Bust right
Rev: Glenn Hall

Date	Mintage	VF20	XF40	MS60	MS63	MS65
2015	8,000		PF65 75.00			

15 DOLLARS

KM# 215 33.63 g., 0.925 Silver, 1.0001 oz. ASW
39mm. Subject: 1992 Olympics Obv: Crowned
head right, date at left, denomination below Rev:
Coaching track Rev. Designer: Stewart Sherwood

Date	Mintage	VF20	XF40	MS60	MS63	MS65
1992	—		PF60 32.00			

KM# 216 33.63 g., 0.925 Silver, 1.0001 oz. ASW
Subject: 1992 Olympics Obv: Crowned head right,
date at left, denomination below Rev: High jump,
rings, speed skating Rev. Designer: David Craig

Date	Mintage	VF20	XF40	MS60	MS63	MS65
1992	—		PF60 32.00			

KM# 304 33.63 g., 0.925 Silver with gold insert,
1.0001 oz. ASW 40mm. Subject: Year of the Tiger
Obv: Crowned head right Rev: Tiger within octagon
at center, animal figures surround Rev. Designer:
Harvey Chan

Date	Mintage	VF20	XF40	MS60	MS63	MS65
1998	—		PF60 375			

KM# 331 33.63 g., 0.925 Silver with gold insert,
1.0001 oz. ASW Subject: Year of the Rabbitt Obv:
Crowned head right Rev: Rabbit within octagon at
center, animal figures surround Rev. Designer:
Harvey Chan

Date	Mintage	VF20	XF40	MS60	MS63	MS65
1999	77,791		PF60 100			

KM# 387 33.63 g., 0.925 Silver with gold insert, 1.0001 oz. ASW **Subject:** Year of the Dragon **Obv:** Crowned head right **Rev. Designer:** Harvey Chan

Date	Mintage	VF20	XF40	MS60	MS63	MS65
2000	88,634	**PF60** 150				

KM# 415 33.63 g., 0.925 Silver with gold insert, 1.0001 oz. ASW 40mm. **Subject:** Year of the Snake **Obv:** Crowned head right **Rev:** Snake within circle of lunar calendar signs **Rev. Designer:** Harvey Chain **Edge:** Reeded

Date	Mintage	VF20	XF40	MS60	MS63	MS65
2001	—	**PF63** 75.00	**PF65** 85.00			

KM# 463 33.63 g., 0.925 Silver with gold insert, 1.0001 oz. ASW **Subject:** Year of the Horse **Obv:** Crowned head right **Obv. Designer:** Dora dePédery-Hunt **Rev:** Horse in center with Chinese Lunar calendar around **Rev. Designer:** Harvey Chain

Date	Mintage	VF20	XF40	MS60	MS63	MS65
2002	59,395	**PF63** 75.00	**PF65** 85.00			

KM# 481 33.63 g., 0.925 Silver with gold insert, 1.0001 oz. ASW 40mm. **Subject:** Year of the Sheep **Obv:** Crowned head right **Rev:** Sheep in center with Chinese Lunar calendar around **Rev. Designer:** Harvey Chain

Date	Mintage	VF20	XF40	MS60	MS63	MS65
2003	53,714	**PF63** 75.00	**PF65** 85.00			

KM# 610 33.63 g., 0.925 Silver Gold octagon applique in center, 1.0001 oz. ASW **Subject:** Year of the Monkey **Obv:** Crowned head right **Rev:** Monkey in center with Chinese Lunar calendar around

Date	Mintage	VF20	XF40	MS60	MS63	MS65
2004	46,175	**PF65** 150				

KM# 560 33.63 g., 0.925 Silver with gold insert, 1.0001 oz. ASW **Subject:** Year of the Rooster **Obv:** Crowned head right **Rev:** Rooster in center with Chinese Lunar calendar around

Date	Mintage	VF20	XF40	MS60	MS63	MS65
2005	44,690	**PF65** 125				

KM# 587 33.63 g., 0.925 Silver with gold insert, 1.0001 oz. ASW **Subject:** Year of the Dog **Obv:** Crowned head left **Rev:** Dog in center with Chinese Lunar calendar around

Date	Mintage	VF20	XF40	MS60	MS63	MS65
2006	41,617	**PF63** 85.00	**PF65** 100			

KM# 732 33.63 g., 0.925 Silver with gold insert, 1.0001 oz. ASW 40mm. **Subject:** Year of the Pig **Rev:** Pig at center of lunar characters

Date	Mintage	VF20	XF40	MS60	MS63	MS65
2007	48,888	**PF63** 90.00	**PF65** 100			

KM# 801 33.63 g., 0.925 Silver with gold insert, 1.0001 oz. ASW 40mm. **Subject:** Year of the Rat **Rev:** Rat, gold octagonal insert at center

Date	Mintage	VF20	XF40	MS60	MS63	MS65
2008	48,888	**PF63** 80.00	**PF65** 90.00			

KM# 803 30.00 g., 0.925 Silver, 0.8922 oz. ASW 36.15mm. **Rev:** Queen Victoria's coinage portrait

Date	Mintage	VF20	XF40	MS60	MS63	MS65
2008	3,442	—	—	—	100	—

KM# 804 30.00 g., 0.925 Silver, 0.8922 oz. ASW 36.15mm. **Rev:** Edward VII coinage portrait **Rev. Designer:** G. W. DeSaulles

Date	Mintage	VF20	XF40	MS60	MS63	MS65
2008	6,261	—	—	—	100	—

KM# 805 20.00 g., 0.925 Silver, 0.5948 oz. ASW 36.15mm. **Rev:** George V coinage portrait

Date	Mintage	VF20	XF40	MS60	MS63	MS65
2008	—	—	—	—	100	—

KM# 806 31.56 g., 0.925 Silver, 0.9386 oz. ASW 49.8 x 28.6mm. **Rev:** Queen of Spades, multicolor playing card

Date	Mintage	VF20	XF40	MS60	MS63	MS65
2008	8,714		**PF63** 80.00		**PF65** 90.00	

KM# 807 31.56 g., 0.925 Silver, 0.9386 oz. ASW 28.6x49.8mm. **Rev:** Jack of Hearts, multicolor playing card

Date	Mintage	VF20	XF40	MS60	MS63	MS65
2008	11,362		**PF63** 75.00		**PF65** 85.00	

KM# 866 33.63 g., 0.925 Silver with gold insert, 1.0001 oz. ASW 40mm. **Subject:** Year of the Ox **Rev:** Ox, octagon gold insert

Date	Mintage	VF20	XF40	MS60	MS63	MS65
2009	48,888		**PF63** 80.00		**PF65** 90.00	

KM# 919 31.56 g., 0.925 Silver, 0.9386 oz. ASW 49.8 x 28.6mm. **Obv:** Bust right **Obv. Designer:** Susanna Blunt **Rev:** Ten of spades, multicolor **Shape:** rectangle

Date	Mintage	VF20	XF40	MS60	MS63	MS65
2009	5,921		**PF63** 140		**PF65** 150	

KM# 920 31.56 g., 0.925 Silver, 0.9386 oz. ASW 49.8 x 28.6mm. **Obv:** Bust right **Obv. Designer:** Susanna Blunt **Rev:** King of hearts, multicolor **Shape:** Rectangle

Date	Mintage	VF20	XF40	MS60	MS63	MS65
2009	5,798		**PF63** 110		**PF65** 120	

KM# 922 30.00 g., 0.925 Silver, 0.8922 oz. ASW 36.15mm. **Obv:** Bust right **Obv. Designer:** Susanna Blunt **Rev:** Paget portrait of George VI

Date	Mintage	XF40	MS60	MS63	MS65
2009 (ml) Prooflike	—	—	—	100	—

15 DOLLARS

KM# 923 30.00 g., 0.925 Silver, 0.8922 oz. ASW 36.15mm. **Obv:** Bust right **Obv. Designer:** Susanna Blunt **Rev:** Gillick portrait of Queen Elizabeth II

Date	Mintage	XF40	MS60	MS63	MS65
2009 (ml) Prooflike	2,643	—	—	100	—

KM# 1038 31.39 g., 0.999 Silver, 1.0082 oz. ASW 38mm. **Subject:** Year of the tiger **Rev:** Tiger in forest **Shape:** Scalloped

Date	Mintage	VF20	XF40	MS60	MS63	MS65
2009	10,268		PF63 75.00		PF65 85.00	

KM# 980 34.00 g., 0.925 Silver, 1.0111 oz. ASW 40mm. **Rev:** Tiger in gold octagon insert, zodiac animals around

Date	Mintage	VF20	XF40	MS60	MS63	MS65
2010	48,888		PF63 90.00		PF65 100	

KM# 1032 0.999 Silver, **Subject:** Year of the tiger **Rev:** Tiger walking tiger

Date	Mintage	VF20	XF40	MS60	MS63	MS65
2010	9,999		PF63 75.00		PF65 85.00	

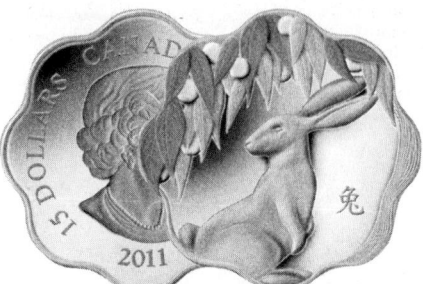

KM# 1055 31.11 g., 0.999 Silver, 0.999 oz. ASW 38mm. **Rev:** Rabbit seated on hind legs, head turned left **Shape:** Scalloped

Date	Mintage	VF20	XF40	MS60	MS63	MS65
2011	19,888		PF63 75.00		PF65 85.00	

KM# 1091 25.11 g., 0.925 Silver, 0.7468 oz. ASW 36.15mm. **Rev:** Prince Charles bust **Rev. Designer:** Laurie McGaw

Date	Mintage	XF40	MS60	MS63	MS65
2011 Prooflike	10,000	—	—	110	—

KM# 1092 25.11 g., 0.925 Silver, 0.7468 oz. ASW 36.15mm. **Rev:** Prince William **Rev. Designer:** Laurie McGaw

Date	Mintage	XF40	MS60	MS63	MS65
2011 Prooflike	10,000	—	—	110	—

KM# 1093 25.18 g., 0.925 Silver, 0.7488 oz. ASW 36.15mm. **Rev:** Prince Harry bust 1/4 right **Rev. Designer:** Laurie McGaw

Date	Mintage	XF40	MS60	MS63	MS65
2011 Prooflike	10,000	—	—	110	—

KM# 1094 31.39 g., 0.999 Silver, 1.0082 oz. ASW 38mm. **Rev:** Rabbit bounding left **Rev. Designer:** Aries Cheung

Date	Mintage	VF20	XF40	MS60	MS63	MS65
2011	9,999		PF63 90.00		PF65 100	

KM# 1152 31.39 g., 0.9999 Silver, 1.0091 oz. ASW 38mm. **Obv:** Bust right **Rev:** Magpie, bird of happiness in flight at top, lotus flowers at bottom, maple leaf hologram at center

Date	Mintage	VF20	XF40	MS60	MS63	MS65
2011	—		PF63 90.00		PF65 100	

KM# 1183 31.11 g., 0.999 Silver, 0.999 oz. ASW 36.5mm. **Subject:** Year of the Dragon **Obv:** Bust right **Rev:** Dragon right

Date	Mintage	VF20	XF40	MS60	MS63	MS65
2012	—		PF63 65.00		PF65 75.00	

KM# 1186 31.11 g., 0.999 Silver, 0.999 oz. ASW 36.5mm. **Subject:** Year of the Dragon **Obv:** Bust right **Rev:** Dragon left **Shape:** Scalloped

Date	Mintage	VF20	XF40	MS60	MS63	MS65
2012	—		PF63 65.00		PF65 75.00	

KM# 1260 31.39 g., 0.999 Silver, 1.0082 oz. ASW 36.5mm. **Subject:** Good Fortune **Rev:** Deer and doe frolicking around central hologram

Date	Mintage	VF20	XF40	MS60	MS63	MS65
2012	—		PF63 65.00		PF65 75.00	

KM# 1358 31.39 g., 0.999 Silver, 1.0082 oz. ASW 36.5mm. **Subject:** Year of the Snake **Rev:** Snake vertically between two Chinese characters **Rev. Designer:** Aries Cheung

Date	Mintage	VF20	XF40	MS60	MS63	MS65
2013	28,888		PF65 100			

KM# 1359 26.70 g., 0.999 Silver, 0.8576 oz. ASW 38mm. **Subject:** Year of the Snake **Rev:** Snake under maple leaves **Rev. Designer:** Three Degrees Creative Group **Shape:** Scalloped

Date	Mintage	VF20	XF40	MS60	MS63	MS65
2013	28,888		PF63 65.00		PF65 75.00	

KM# 1446 15.87 g., 0.999 Silver, 0.5097 oz. ASW 34mm. **Subject:** 75th Anniversary of Superman **Obv:** Superman in color flying forward

Date	Mintage	VF20	XF40	MS60	MS63	MS65
2013	15,000		PF63 60.00		PF65 70.00	

KM# 1514 31.11 g., 0.9999 Silver, 0.9999 oz. ASW 38mm. **Subject:** Year of the Horse **Obv:** Bust right **Rev:** Horse prancing left **Rev. Designer:** Aries Cheung

Date	Mintage	VF20	XF40	MS60	MS63	MS65
2014	28,888		PF63 90.00		PF65 100	

KM# 1516 26.70 g., 0.999 (No Composition), 0.8576 oz. 38mm. **Subject:** Year of the Horse **Obv:** Bust right **Rev:** Horse forepart right **Rev. Designer:** Three Degrees Creative Group **Shape:** Scalloped

Date	Mintage	VF20	XF40	MS60	MS63	MS65
2014	2,888		PF63 90.00		PF65 100	

KM# 1656 31.11 g., 0.9999 Silver, 0.9999 oz. ASW **Ruler:** Elizabeth II 38mm. **Subject:** Year of the Horse **Obv:** Bust right **Rev:** Horse **Mint:** Royal Canadian Mint

Date	Mintage	F12	VF20	XF40	MS60	MS63
2014	—		PF63 90.00		PF65 100	

KM# 1657 23.17 g., 0.999 Silver, 0.7442 oz. ASW **Ruler:** Elizabeth II **Subject:** Exploring Canada - Voyageurs **Obv:** Bust right **Rev. Designer:** John Mantha **Mint:** Royal Canadian Mint

Date	Mintage	F12	VF20	XF40	MS60	MS63
2014	15,000		PF65 80.00			

KM# 1658 23.17 g., 0.999 Silver, 0.7442 oz. ASW **Ruler:** Elizabeth II 36.07mm. **Subject:** Exploring Canada - The Gold Rush **Obv:** Bust right **Rev. Designer:** John Mantha **Mint:** Royal Canadian Mint

Date	Mintage	F12	VF20	XF40	MS60	MS63
2014	15,000		PF65 80.00			

KM# 1659 23.17 g., 0.999 Silver, 0.7442 oz. ASW **Ruler:** Elizabeth II 36.07mm. **Subject:** Exploring Canada - Arctic Expedition **Obv:** Bust right **Rev. Designer:** John Mantha **Mint:** Royal Canadian Mint

Date	Mintage	F12	VF20	XF40	MS60	MS63
2014	15,000		PF65 80.00			

KM# 1660 23.17 g., 0.999 Silver, 0.7442 oz. ASW **Ruler:** Elizabeth II **Subject:** Exploring Canada - Vikings **Obv:** Bust right **Rev. Designer:** John Mantha **Mint:** Royal Canadian Mint

Date	Mintage	F12	VF20	XF40	MS60	MS63
2014	15,000		PF65 80.00			

KM# 1661 23.17 g., 0.999 Silver, 0.7442 oz. ASW **Ruler:** Elizabeth II 36.07mm. **Subject:** Exploring Canada - West Coast Exploration **Obv:** Bust right **Rev. Designer:** John Mantha **Mint:** Royal Canadian Mint

Date	Mintage	F12	VF20	XF40	MS60	MS63
2014	15,000		PF65 80.00			

KM# 1662 23.17 g., 0.999 Silver, 0.7442 oz. ASW **Ruler:** Elizabeth II 36.07mm. **Subject:** Exploring Canada - Wild River Exploration **Obv:** Bust right **Rev. Designer:** John Mantha **Mint:** Royal Canadian Mint

Date	Mintage	F12	VF20	XF40	MS60	MS63
2014	15,000		PF65 80.00			

KM# 1663 23.17 g., 0.999 Silver, 0.7442 oz. ASW **Ruler:** Elizabeth II 36.07mm. **Subject:** Exploring Canada - Pioneering Map makers **Obv:** Bust right **Mint:** Royal Canadian Mint

Date	Mintage	F12	VF20	XF40	MS60	MS63
2015	15,000		PF65 80.00			

KM# 1665 23.17 g., 0.999 Silver, 0.7442 oz. ASW **Ruler:** Elizabeth II 36.07mm. **Subject:** Exploring Canada - Scientific Exploration **Obv:** Bust right **Mint:** Royal Canadian Mint

Date	Mintage	F12	VF20	XF40	MS60	MS63
2014	15,000		PF65 80.00			

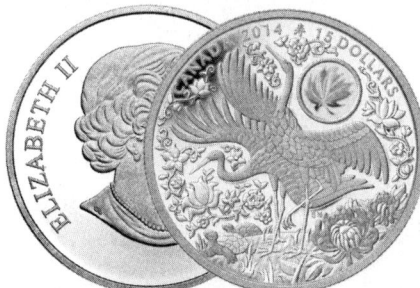

KM# 1667 31.39 g., 0.999 Silver, 1.0082 oz. ASW **Ruler:** Elizabeth II 38mm. **Subject:** Maple of Longevity **Obv:** Bust right **Rev:** Two cranes, chrysanthemums, tortoise, maple leaf in hologram **Mint:** Royal Canadian Mint

Date	Mintage	F12	VF20	XF40	MS60	MS63
2014	8,888	PF63 90.00		PF65 100		

KM# 1749 23.17 g., 0.999 Silver, 0.7442 oz. ASW 36.07mm. **Obv:** Bust right **Rev:** Superman flying upward

Date	Mintage	VF20	XF40	MS60	MS63	MS65
2014	10,000		PF65 80.00			

KM# 1664 23.17 g., 0.999 Silver, 0.7442 oz. ASW **Ruler:** Elizabeth II 36.07mm. **Subject:** Exploring Canada - Building the Canadian Pacific Railway **Obv:** Bust right **Rev. Designer:** John Mantha **Mint:** Royal Canadian Mint

Date	Mintage	F12	VF20	XF40	MS60	MS63
2015	15,000		PF65 80.00			

KM# 1666 23.17 g., 0.999 Silver, 0.7442 oz. ASW **Ruler:** Elizabeth II 36.07mm. **Subject:** Exploring Canada - Space Exploration **Obv:** Bust right **Rev. Designer:** John Mantha **Mint:** Royal Canadian Mint

Date	Mintage	F12	VF20	XF40	MS60	MS63
2015	15,000		PF65 80.00			

KM# 1814 31.39 g., 0.999 Silver, 1.0082 oz. ASW **Ruler:** Elizabeth II 38mm. **Subject:** Year of the Ram **Obv:** Bust right **Rev:** Stylized ram and sun **Rev. Designer:** Aries Cheung **Mint:** Royal Canadian Mint

Date	Mintage	F12	VF20	XF40	MS60	MS63
2015	18,888		PF65 100			

KM# 1816 26.17 g., 0.9999 Silver, 0.8413 oz. ASW 38mm. **Obv:** Bust right **Rev:** Sheep head at right **Shape:** Scalloped

Date	Mintage	VF20	XF40	MS60	MS63	MS65
2015	18,888		PF65 100			

15 DOLLARS

KM# 1859 23.17 g., 0.999 Silver, 0.7442 oz. ASW 36.07mm. **Subject:** Exploring Canada - River Exploration **Obv:** Bust right **Rev:** Three explorers at Hells Gate, date at left, denomination below

Date	Mintage	VF20	XF40	MS60	MS63	MS65
2015	15,000			PF65		80.00

20 DOLLARS

KM# 71 18.27 g., 0.900 Gold, 0.5287 oz. AGW 27.05mm. **Subject:** Centennial **Obv:** Crowned head right **Rev:** Crowned and supported arms **Edge:** Reeded

Date		Mintage	XF40	MS60	MS63	MS65
1967	Specimen	334,288	—	—	900	—

KM# 145 33.63 g., 0.925 Silver, 1.0001 oz. ASW 40mm. **Subject:** 1988 Calgary Olympics **Obv:** Young bust right, maple leaf below, date at right **Rev:** Downhill skier, denomination below **Rev. Designer:** Ian Stewart **Edge:** Lettered

Date	Mintage	VF20	XF40	MS60	MS63	MS65
1985	—	PF60	35.00			
1985	Inc. above	PF60	200			

Note: Plain edge

KM# 146 33.63 g., 0.925 Silver, 1.0001 oz. ASW 40mm. **Subject:** 1988 Calgary Olympics **Obv:** Young bust right, small maple leaf below, date at right **Rev:** Speed skater, denomination below **Rev. Designer:** Friedrich Peter **Edge:** Lettered

Date	Mintage	VF20	XF40	MS60	MS63	MS65
1985	—	PF60	35.00			
1985	Inc. above	PF60	200			

Note: Plain edge

KM# 147 33.63 g., 0.925 Silver, 1.0001 oz. ASW 40mm. **Subject:** 1988 Calgary Olympics **Obv:** Young bust right, small maple leaf below, date at right **Rev:** Biathlon, denomination below **Rev. Designer:** John Mardon **Edge:** Lettered

Date	Mintage	VF20	XF40	MS60	MS63	MS65
1986	—	PF60	35.00			
1986	Inc. above	PF60	200			

Note: Plain edge

KM# 148 33.63 g., 0.925 Silver, 1.0001 oz. ASW 40mm. **Subject:** 1988 Calgary Olympics **Obv:** Young bust right, small maple leaf below, date at right **Rev:** Hockey, denomination below **Rev. Designer:** Ian Stewart **Edge:** Lettered

Date	Mintage	VF20	XF40	MS60	MS63	MS65
1986	—	PF60	35.00			
1986	Inc. above	PF60	200			

Note: Plain edge

KM# 150 33.63 g., 0.925 Silver, 1.0001 oz. ASW 40mm. **Subject:** Calgary 1988 - 15th Winter Olympic Games **Obv:** Young bust right, small maple leaf below, date at right **Rev:** Cross-country skier, denomination below **Rev. Designer:** Ian Stewart **Edge:** Lettered

Date	Mintage	VF20	XF40	MS60	MS63	MS65
1986	—	PF60 35.00				

KM# 156 34.11 g., 0.925 Silver, 1.0143 oz. ASW 40mm. **Subject:** 1988 Calgary Olympics **Obv:** Young bust right, small maple leaf below, date at right **Rev:** Curling, denomination below **Rev. Designer:** Ian Stewart **Edge:** Lettered

Date	Mintage	VF20	XF40	MS60	MS63	MS65
1987	—	PF60 35.00				

KM# 151 33.63 g., 0.925 Silver, 1.0001 oz. ASW 40mm. **Subject:** 1988 Calgary Olympics **Obv:** Young bust right, small maple leaf below, date at right **Rev:** Free-style skier, denomination below **Rev. Designer:** Walter Ott **Edge:** Lettered

Date	Mintage	VF20	XF40	MS60	MS63	MS65
1986	—	PF60 35.00				
1986	Inc. above	PF60 200				

Note: Plain edge

KM# 159 34.11 g., 0.925 Silver, 1.0143 oz. ASW 40mm. **Subject:** 1988 Calgary Olympics **Obv:** Young bust right, small maple leaf below, date at right **Rev:** Ski jumper, denomination below **Rev. Designer:** Raymond Taylor **Edge:** Lettered

Date	Mintage	VF20	XF40	MS60	MS63	MS65
1987	—	PF60 35.00				

KM# 155 34.11 g., 0.925 Silver, 1.0143 oz. ASW 40mm. **Subject:** Calgary 1988 - 15th Winter Olympic Games **Obv:** Young bust right, small maple leaf below, date at right **Rev:** Figure skating pairs event, denomination below **Rev. Designer:** Raymond Taylor **Edge:** Lettered

Date	Mintage	VF20	XF40	MS60	MS63	MS65
1987	—	PF60 35.00				

KM# 160 34.11 g., 0.925 Silver, 1.0143 oz. ASW 40mm. **Subject:** 1988 Calgary Olympics **Obv:** Young bust right, maple leaf below, date at right **Rev:** Bobsled, denomination below **Rev. Designer:** John Mardon **Edge:** Lettered

Date	Mintage	VF20	XF40	MS60	MS63	MS65
1987	—	PF60 35.00				

20 DOLLARS

20 DOLLARS

KM# 172 31.10 g., 0.925 Silver gold cameo insert, 0.925 oz. ASW 38mm. **Subject:** Aviation **Obv:** Crowned head right, date below **Rev:** Lancaster, Fauquier in cameo, denomination below **Rev. Designer:** Robert R. Carmichael

Date	Mintage	VF20	XF40	MS60	MS63	MS65
1990	—	PF60 125				

KM# 173 31.10 g., 0.925 Silver with Gold cameo insert., 0.925 oz. ASW 38mm. **Subject:** Aviation **Obv:** Crowned head right, date below **Rev:** Anson and Harvard, Air Marshal Robert Leckie in cameo, denomination below **Rev. Designer:** Geoff Bennett

Date	Mintage	VF20	XF40	MS60	MS63	MS65
1990	—	PF60 42.00				

KM# 196 31.10 g., 0.925 Silver gold cameo insert, 0.925 oz. ASW 38mm. **Subject:** Aviation **Obv:** Crowned head right, date below **Rev:** Silver Dart, John A. D. McCurdy and F. W. "Casey" Baldwin in cameo, denomination below **Rev. Designer:** George Velinger

Date	Mintage	VF20	XF40	MS60	MS63	MS65
1991	—	PF60 42.00				

KM# 197 31.10 g., 0.925 Silver gold cameo insert, 0.925 oz. ASW 38mm. **Subject:** Aviation **Obv:** Crowned head right, date below **Rev:** de Haviland Beaver, Philip C. Garratt in cameo, denomination below **Rev. Designer:** Peter Massman

Date	Mintage	VF20	XF40	MS60	MS63	MS65
1991	—	PF60 42.00				

KM# 224 31.10 g., 0.925 Silver gold cameo insert, 0.925 oz. ASW 38mm. **Subject:** Aviation **Obv:** Crowned head right, date below **Rev:** Curtiss JN-4 Canick ("Jenny"), Sir Frank W. Baillie in cameo, denomination below **Rev. Designer:** George Velinger

Date	Mintage	VF20	XF40	MS60	MS63	MS65
1992	—	PF60 42.00				

KM# 225 31.10 g., 0.925 Silver with Gold cameo insert., 0.925 oz. ASW 38mm. **Subject:** Aviation **Obv:** Crowned head right, date below **Rev:** de Haviland Gypsy Moth, Murton A. Seymour in cameo, denomination below **Rev. Designer:** John Mardon

Date	Mintage	VF20	XF40	MS60	MS63	MS65
1992	—	PF60 42.00				

KM# 236 31.10 g., 0.925 Silver with Gold cameo insert., 0.925 oz. ASW 38mm. **Subject:** Aviation **Obv:** Crowned head right, date below **Rev:** Fairchild 71C float plane, James A. Richardson, Sr. in cameo, denomination below **Rev. Designer:** Robert R. Carmichael

Date	Mintage	VF20	XF40	MS60	MS63	MS65
1993	—	PF60 42.00				

KM# 237 31.10 g., 0.925 Silver with Gold cameo insert., 0.925 oz. ASW 38mm. **Subject:** Aviation **Obv:** Crowned head right, date below **Rev:** Lockheed 14, Zebulon Lewis Leigh in cameo, denomination below **Rev. Designer:** Robert R. Carmichael

Date	Mintage	VF20	XF40	MS60	MS63	MS65
1993	—	PF60 42.00				

KM# 246 31.10 g., 0.925 Silver with Gold cameo insert., 0.925 oz. ASW 38mm. **Subject:** Aviation **Obv:** Crowned head right, date below **Rev:** Curtiss HS-2L seaplane, Stewart Graham in cameo, denomination below **Rev. Designer:** John Mardon

Date	Mintage	VF20	XF40	MS60	MS63	MS65
1994	—	PF60 42.00				

KM# 247 31.10 g., 0.925 Silver with Gold cameo insert., 0.925 oz. ASW 38mm. **Subject:** Aviation **Obv:** Crowned head right, date below **Rev:** Vickers Vedette, Wilfred T. Reid in cameo, denomination below **Rev. Designer:** Robert R. Carmichael

Date	Mintage	VF20	XF40	MS60	MS63	MS65
1994	—	PF60 42.00				

KM# 271 31.10 g., 0.925 Silver gold cameo insert, 0.925 oz. ASW 38mm. **Subject:** Aviation **Obv:** Crowned head right, date below **Rev:** C-FEA1 Fleet Cannuck, denomination below **Rev. Designer:** Robert Bradford

Date	Mintage	VF20	XF40	MS60	MS63	MS65
1995	17,438	PF60 42.00				

KM# 272 31.10 g., 0.925 Silver gold cameo insert, 0.925 oz. ASW 38mm. **Subject:** Aviation **Obv:** Crowned head right, date below **Rev:** DHC-1 Chipmunk, denomination below **Rev. Designer:** Robert Bradford

Date	Mintage	VF20	XF40	MS60	MS63	MS65
1995	17,722	PF60 42.00				

20 DOLLARS

20 DOLLARS

KM# 276 31.10 g., 0.925 Silver gold cameo insert, 0.925 oz. ASW 38mm. **Subject:** Aviation **Obv:** Crowned head right, date below **Rev:** CF-100 Cannuck, denomination below **Rev. Designer:** Jim Bruce

Date	Mintage	VF20	XF40	MS60	MS63	MS65
1996	18,508	**PF60** 42.00				

KM# 277 31.10 g., 0.925 Silver gold cameo insert, 0.925 oz. ASW 38mm. **Subject:** Aviation **Obv:** Crowned head right, date below **Obv. Legend:** CF-105 Arrow, denomination below **Rev. Designer:** Jim Bruce

Date	Mintage	VF20	XF40	MS60	MS63	MS65
1996	—	**PF60** 100				

KM# 297 31.10 g., 0.925 Silver gold cameo insert, 0.925 oz. ASW 38mm. **Subject:** Aviation **Obv:** Crowned head right, date below **Rev:** Canadair F-86 Sabre, denomination below **Rev. Designer:** Ross Buckland

Date	Mintage	VF20	XF40	MS60	MS63	MS65
1997	14,389	**PF60** 42.00				

KM# 298 31.10 g., 0.925 Silver with Gold cameo insert., 0.925 oz. ASW 38mm. **Subject:** Aviation **Obv:** Crowned head right, date below **Rev:** Canadair CT-114 Tutor, denomination below **Rev. Designer:** Ross Buckland

Date	Mintage	VF20	XF40	MS60	MS63	MS65
1997	15,669	**PF60** 42.00				

KM# 329 31.10 g., 0.925 Silver gold cameo insert, 0.925 oz. ASW 38mm. **Subject:** Aviation **Obv:** Crowned *head*, right, date below **Rev:** CP-107 Argus, denomination below **Rev. Inscription:** Peter Mossman

Date	Mintage	VF20	XF40	MS60	MS63	MS65
1998	Est. 50000	**PF60** 50.00				

KM# 330 31.10 g., 0.925 Silver gold cameo insert, 0.925 oz. ASW 38mm. **Subject:** Aviation **Obv:** Crowned head right, date below **Rev:** CP-215 Waterbomber, denomination below **Rev. Designer:** Peter Mossman

Date	Mintage	VF20	XF40	MS60	MS63	MS65
1998	Est. 50000	**PF60** 75.00				

KM# 339 31.10 g., 0.925 Silver gold cameo insert, 0.925 oz. ASW 38mm. **Subject:** Aviation **Obv:** Crowned head right, date below **Rev:** DHC-6 Twin Otter, denomination below **Rev. Designer:** Neil Aird

Date	Mintage	VF20	XF40	MS60	MS63	MS65
1999	Est. 50000	**PF60** 95.00				

KM# 340 31.10 g., 0.925 Silver gold cameo insert, 0.925 oz. ASW 38mm. **Subject:** Aviation **Obv:** Crowned head right, date below **Rev:** DHC-8 Dash 8, denomination below

Date	Mintage	VF20	XF40	MS60	MS63	MS65
1999	50,000	**PF60** 100				

KM# 395 0.925 Silver, 38mm. **Subject:** First Canadian locomotive **Obv:** Crowned head right, date below **Rev:** Locomotive below multicolored cameo, denomination below

Date	Mintage	VF20	XF40	MS60	MS63	MS65
2000	—	**PF60** 50.00				

KM# 396 0.925 Silver, 38mm. **Subject:** First Canadian self-propelled car **Obv:** Crowned head right, date below **Rev:** Car below multicolored cameo, denomination below

Date	Mintage	VF20	XF40	MS60	MS63	MS65
2000	—	**PF60** 50.00				

KM# 397 0.925 Silver, 38mm. **Subject:** Bluenose sailboat **Obv:** Crowned head right, date below **Rev:** Bluenose sailing left below multicolored cameo, denomination below

Date	Mintage	VF20	XF40	MS60	MS63	MS65
2000	—	**PF60** 150				

KM# 411 31.10 g., 0.925 Silver, 0.925 oz. ASW 38mm. **Subject:** Transportation - Steam Locomotive **Obv:** Crowned head right **Obv. Designer:** Dora dePédery-Hunt **Rev:** First Canadian Steel Steam Locomotive and cameo hologram **Rev. Designer:** Don Curely **Edge:** Segmented reeding

Date	Mintage	VF20	XF40	MS60	MS63	MS65
2001	15,000			**PF63** 32.00	**PF65** 42.00	

KM# 427 31.10 g., 0.925 Silver, 0.925 oz. ASW 38mm. **Obv:** Crowned head right **Rev:** Sailship with hologram cameo **Series:** Transportation - The Marco Polo **Rev. Designer:** J. Franklin Wright **Edge:** Segmented reeding

Date	Mintage	VF20	XF40	MS60	MS63	MS65
2001	15,000		PF63 32.00		PF65 42.00	

KM# 428 31.10 g., 0.925 Silver, 0.925 oz. ASW 38mm. **Obv:** Crowned head right **Rev:** Russell touring car with hologram cameo **Series:** Transportation - Russell Touring Car **Rev. Designer:** John Mardon **Edge:** Segmented reeding

Date	Mintage	VF20	XF40	MS60	MS63	MS65
2001	15,000		PF63 32.00		PF65 42.00	

KM# 464 31.10 g., 0.925 Silver, 0.925 oz. ASW **Obv:** Crowned head right **Obv. Designer:** Dora dePédery-Hunt **Rev:** Gray-Dort Model 25-SM with cameo hologram **Rev. Designer:** John Mardon

Date	Mintage	VF20	XF40	MS60	MS63	MS65
2002	15,000		PF63 32.00		PF65 42.00	

KM# 465 31.10 g., 0.925 Silver, 0.925 oz. ASW **Obv:** Crowned head right **Obv. Designer:** Dora dePédery-Hunt **Rev:** Sailing ship William D. Lawrence **Rev. Designer:** Bonnie Ross

Date	Mintage	VF20	XF40	MS60	MS63	MS65
2002	15,000		PF63 32.00		PF65 42.00	

KM# 482 31.39 g., 0.9999 Silver, 1.0091 oz. ASW 38mm. **Obv:** Crowned head right **Obv. Designer:** Dora dePédery-Hunt **Rev:** Niagara Falls hologram **Rev. Designer:** Gary Corcoran

Date	Mintage	VF20	XF40	MS60	MS63	MS65
2003	29,967		PF63 62.00		PF65 72.00	

KM# 483 31.10 g., 0.925 Silver with selective gold plating, 0.925 oz. ASW **Subject:** The HMCS Bras d'or (FHE-400) **Obv:** Crowned head right **Obv. Designer:** Dora dePédery-Hunt **Rev:** Ship in water **Rev. Designer:** Donald Curley, Stan Witten

Date	Mintage	VF20	XF40	MS60	MS63	MS65
2003	15,000		PF63 32.00		PF65 42.00	

KM# 484 31.10 g., 0.925 Silver with selective gold plating, 0.925 oz. ASW **Subject:** Canadian National FA-1 diesel-electric locomotive **Obv:** Crowned head right **Obv. Designer:** Dora dePédery-Hunt **Rev. Designer:** John Mardon, William Woodruff

Date	Mintage	VF20	XF40	MS60	MS63	MS65
2003	15,000		PF63 32.00		PF65 42.00	

KM# 485 31.10 g., 0.925 Silver with selective gold plating, 0.925 oz. ASW **Obv:** Crowned head right **Obv. Designer:** Dora dePédery-Hunt **Rev:** The Bricklin SV-1 **Rev. Designer:** Brian Hughes, José Oslo

Date	Mintage	VF20	XF40	MS60	MS63	MS65
2003	15,000		PF63 32.00		PF65 42.00	

KM# 523 31.39 g., 0.999 Silver, 1.0082 oz. ASW 38mm. **Obv:** Crowned head right **Obv. Designer:** Dora dePédery-Hunt **Rev:** Canadian Rockies, multicolor

Date	Mintage	VF20	XF40	MS60	MS63	MS65
2003	29,967		PF63 42.00		PF65 47.00	

KM# 611 31.39 g., 0.9999 Silver, 1.0091 oz. ASW 38mm. **Obv:** Head right **Obv. Designer:** Susanna Blunt **Rev:** Iceberg, hologram

Date	Mintage	VF20	XF40	MS60	MS63	MS65
2004	24,879		PF63 37.00		PF65 42.00	

KM# 838 31.39 g., 0.9999 Silver partially gilt, 1.0091 oz. ASW 38mm. **Rev:** Hopewell Rocks, gilt

Date	Mintage	VF20	XF40	MS60	MS63	MS65
2004	16,918		PF63 35.00		PF65 45.00	

KM# 561 31.39 g., 0.9999 Silver, 1.0091 oz. ASW 38mm. **Obv:** Head right **Obv. Designer:** Susanna Blunt **Rev:** Three-masted sailing ship, hologram of the sea **Rev. Designer:** Bonnie Ross

Date	Mintage	VF20	XF40	MS60	MS63	MS65
2005	18,276		PF63 47.00		PF65 52.00	

KM# 562 31.39 g., 0.9999 Silver, 1.0091 oz. ASW 38mm. **Subject:** Northwest Territories Diamonds **Obv:** Head right **Obv. Designer:** Susanna Blunt **Rev:** Multicolor diamond hologram on landscape **Rev. Designer:** José Oslo **Edge:** Reeded

Date	Mintage	VF20	XF40	MS60	MS63	MS65
2005	35,000		PF63 42.00		PF65 47.00	

KM# 563 31.39 g., 0.9999 Silver, 1.0091 oz. ASW 38mm. **Subject:** Mingan Archepalago **Obv:** Head right **Obv. Designer:** Susanna Blunt **Rev:** Cliffs with whale tail out of water **Rev. Designer:** Pierre Leduc

Date	Mintage	VF20	XF40	MS60	MS63	MS65
2005	—		PF63 37.00		PF65 42.00	

KM# 564 31.39 g., 0.9999 Silver, 1.0091 oz. ASW **Subject:** Rainforests of the Pacific Northwest **Obv:** Head right **Rev:** Open winged bird **Designer:** Susanna Blunt

Date	Mintage	VF20	XF40	MS60	MS63	MS65
2005	—		PF63 37.00		PF65 42.00	

KM# 565 31.39 g., 0.9999 Silver, 1.0091 oz. ASW 38mm. **Subject:** Toronto Island National Park **Obv:** Head right **Rev:** Toronto Island Lighthouse, Toronto skyline in background

Date	Mintage	VF20	XF40	MS60	MS63	MS65
2005	—		PF63 47.00		PF65 52.00	

KM# 588 31.39 g., 0.9999 Silver, 1.0091 oz. ASW **Subject:** Georgian Bay National Park **Obv:** Head right **Rev:** Canoe and small trees on island

Date	Mintage	VF20	XF40	MS60	MS63	MS65
2006	—		PF63 47.00		PF65 57.00	

KM# 589 31.10 g., 0.9999 Silver, 0.9998 oz. ASW 38mm. **Obv:** Head right **Rev:** Notre Dame Basilica, Montreal, as a hologram

Date	Mintage	VF20	XF40	MS60	MS63	MS65
2006	15,000		PF63 42.00		PF65 47.00	

KM# 663 31.39 g., 0.9999 Silver, 1.0091 oz. ASW 38mm. **Subject:** Nahanni National Park **Obv:** Head right **Rev:** Bear walking along stream, cliff in background

Date	Mintage	VF20	XF40	MS60	MS63	MS65
2006	—		PF63 52.00		PF65 57.00	

KM# 664 31.39 g., 0.9999 Silver, 1.0091 oz. ASW 38mm. **Subject:** Jasper National Park **Obv:** Head right **Rev:** Cowboy on horseback in majestic scene

Date	Mintage	VF20	XF40	MS60	MS63	MS65
2006	—	PF63 52.00	PF65 57.00			

KM# 665 31.10 g., 0.9999 Silver, 0.9998 oz. ASW 38mm. **Obv:** Head right **Rev:** Holographic rendering of CN Tower

Date	Mintage	VF20	XF40	MS60	MS63	MS65
2006	15,000	PF63 52.00	PF65 57.00			

KM# 666 31.10 g., 0.9999 Silver, 0.9998 oz. ASW **Obv:** Head right **Rev:** Holographic view of Pengrowth Saddledome in Calgary

Date	Mintage	VF20	XF40	MS60	MS63	MS65
2006	15,000	PF63 47.00	PF65 52.00			

KM# 667 31.39 g., 0.9999 Silver, 1.0091 oz. ASW **Subject:** Tall Ship **Obv:** Head right **Rev:** Ketch and holographic image of thunderstorm in sky

Date	Mintage	VF20	XF40	MS60	MS63	MS65
2006	10,299	PF63 55.00	PF65 60.00			

KM# 734 31.10 g., 0.999 Silver, 0.9989 oz. ASW 38mm. **Rev:** Holiday sleigh ride

Date	Mintage	VF20	XF40	MS60	MS63	MS65
2007	6,804	PF63 65.00	PF65 70.00			

KM# 735 31.10 g., 0.999 Silver, 0.9989 oz. ASW 38mm. **Rev:** Snowflake, aquamarine crystal

Date	Mintage	VF20	XF40	MS60	MS63	MS65
2007	4,989	PF65 175				

KM# 737 31.10 g., 0.999 Silver, 0.9989 oz. ASW 38mm. **Subject:** International Polar Year

Date	Mintage	VF20	XF40	MS60	MS63	MS65
2007	9,164	PF63 60.00	PF65 65.00			

KM# 737a 27.78 g., 0.925 Silver, 0.8262 oz. ASW 40mm. **Subject:** International Polar Year **Rev:** Blue plasma coating

Date	Mintage	VF20	XF40	MS60	MS63	MS65
2007	3,005		PF65 250			

KM# 738 31.39 g., 0.9999 Silver, 1.0091 oz. ASW 38mm. **Subject:** Tall ships **Rev:** Brigantine in harbor, hologram

Date	Mintage	VF20	XF40	MS60	MS63	MS65
2007	16,000	PF63 55.00	PF65 60.00			

KM# 839 31.39 g., 0.9999 Silver, 1.0091 oz. ASW **Rev:** Northern lights in hologram

Date	Mintage	VF20	XF40	MS60	MS63	MS65
2007	—	—	—	— 35.00	—	

KM# 808 31.50 g., 0.925 Silver, 0.9368 oz. ASW 38mm. **Subject:** Agriculture trade **Rev:** Team of horses plowing

Date	Mintage	VF20	XF40	MS60	MS63	MS65
2008	5,802	PF63 65.00	PF65 70.00			

KM# 809 31.11 g., 0.999 Silver, 0.999 oz. ASW 38mm. **Rev:** Royal Hudson Steam locomotive

Date	Mintage	VF20	XF40	MS60	MS63	MS65
2008	8,345	PF63 65.00	PF65 70.00			

KM# 810 31.39 g., 0.999 Silver, 1.0082 oz. ASW 38mm. **Rev:** Green leaf and crystal raindrop **Rev. Designer:** Stanley Witten

Date	Mintage	VF20	XF40	MS60	MS63	MS65
2008	15,000	PF63 165	PF65 175			

KM# 811 31.11 g., 0.999 Silver, 0.999 oz. ASW **Rev:** Snowflake, amethyst crystal

Date	Mintage	VF20	XF40	MS60	MS63	MS65
2008	7,172	PF63 90.00	PF65 95.00			

20 DOLLARS

KM# 813 31.11 g., 0.999 Silver, 0.999 oz. ASW 38mm. **Rev:** Carolers around tree

Date	Mintage	VF20	XF40	MS60	MS63	MS65
2008	10,000			PF63 60.00		PF65 70.00

KM# 872 31.11 g., 0.999 Silver, 0.999 oz. ASW 38mm. **Rev:** Snowflake, sapphire crystal

Date	Mintage	VF20	XF40	MS60	MS63	MS65
2008	7,765			PF63 90.00		PF65 95.00

KM# 870 27.78 g., 0.925 Silver, 0.8262 oz. ASW 40mm. **Rev:** Calgary Flames goalie mask multicolor on goal net

Date	Mintage	VF20	XF40	MS60	MS63	MS65
2009	10,000			PF63 60.00		PF65 70.00

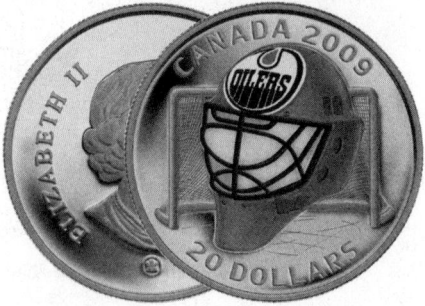

KM# 871 27.78 g., 0.925 Silver, 0.8262 oz. ASW 40mm. **Rev:** Edmonton Oilers goalie mask, multicolor on goal net

Date	Mintage	VF20	XF40	MS60	MS63	MS65
2009	10,000			PF63 60.00		PF65 70.00

KM# A872 27.78 g., 0.925 Silver, 0.8262 oz. ASW 40mm. **Rev:** Montreal Canadians goalie mask multicolor

Date	Mintage	VF20	XF40	MS60	MS63	MS65
2009	10,000			PF63 60.00		PF65 70.00

KM# 873 27.78 g., 0.925 Silver, 0.8262 oz. ASW 40mm. **Rev:** Ottawa Senators goalie mask on goal net

Date	Mintage	VF20	XF40	MS60	MS63	MS65
2009	10,000			PF63 60.00		PF65 70.00

KM# 874 27.78 g., 0.925 Silver, 0.8262 oz. ASW 40mm. **Rev:** Toronto Maple Leafs goalie mask, multicolor on goal net

Date	Mintage	VF20	XF40	MS60	MS63	MS65
2009	10,000			PF63 60.00		PF65 70.00

KM# 875 27.78 g., 0.925 Silver, 0.8262 oz. ASW 40mm. **Rev:** Vancouver Canucks goalie mask, multicolor on goal net

Date	Mintage	VF20	XF40	MS60	MS63	MS65
2009	10,000			PF63 60.00		PF65 70.00

KM# 876 31.50 g., 0.925 Silver, 0.9368 oz. ASW 40mm. **Rev:** Summer moon mask

Date	Mintage	VF20	XF40	MS60	MS63	MS65
2009	2,834			PF65 225		

KM# 891 31.39 g., 0.999 Silver, 1.0082 oz. ASW 38mm. **Subject:** Great Canadian Locomotives - Jubilee **Obv:** Bust right **Obv. Designer:** Susanna Blunt **Rev:** Jubilee locomotive side view **Obv. Legend:** Elizabeth II DG Regina **Rev. Legend:** Canada 20 Dollars **Edge Lettering:** Jubilee

Date	Mintage	VF20	XF40	MS60	MS63	MS65
2009	6,036			PF63 65.00		PF65 70.00

KM# 892 31.39 g., 0.999 Silver, 1.0082 oz. ASW 38mm. **Subject:** Crystal raindrop **Obv:** Bust right **Rev:** Maple leaf and raindrop - fall colors **Rev. Designer:** Celia Godkin

Date	Mintage	VF20	XF40	MS60	MS63	MS65
2009	9,998			PF63 75.00		PF65 85.00

KM# 893 31.39 g., 0.999 Silver, 1.0082 oz. ASW 38mm. **Subject:** Coal mining trade **Obv:** Bust right **Obv. Designer:** Susanna Blunt **Rev:** Miner pushing cart with coal **Obv. Legend:** Elizabeth II DG Regina **Rev. Designer:** John Marder **Rev. Legend:** Canada 20 Dollars

Date	Mintage	VF20	XF40	MS60	MS63	MS65
2009	10,000			PF63 65.00		PF65 75.00

KM# 944 31.11 g., 0.999 Silver, 0.999 oz. ASW 38mm. **Rev:** Snowflake - light blue crystal

Date	Mintage	VF20	XF40	MS60	MS63	MS65
2009	7,477			PF63 95.00		PF65 100

KM# 945 31.11 g., 0.999 Silver, 0.999 oz. ASW 38mm. **Rev:** Snowflake - light red crystal

Date	Mintage	VF20	XF40	MS60	MS63	MS65
2009	7,004			PF63 95.00		PF65 100

KM# 987 31.39 g., 0.9999 Silver, 1.0091 oz. ASW 38mm. **Rev:** Lotus Water Lily in multicolor and crystal **Rev. Designer:** Cladio D'Angelo

Date	Mintage	VF20	XF40	MS60	MS63	MS65
2010	10,000			PF63 110		PF65 120

KM# 1009 31.39 g., 0.999 Silver, 1.0082 oz. ASW
Subject: 75th Anniversary of Canadian Bank Notes
Rev: Female and farmer seated

Date	Mintage	VF20	XF40	MS60	MS63	MS65
2010	7,500		PF63 65.00		PF65 70.00	

KM# 1013 31.39 g., 0.999 Silver, 1.0082 oz. ASW
38mm. **Rev:** Maple leaf and crystal **Rev. Designer:**
Celia Godkin

Date	Mintage	VF20	XF40	MS60	MS63	MS65
2010	10,000		PF63 90.00		PF65 100	

KM# 1018 31.39 g., 0.999 Silver, 1.0082 oz. ASW
38mm. **Rev:** Steam Locomotive Selkirk

Date	Mintage	VF20	XF40	MS60	MS63	MS65
2010	10,000		PF65 80.00			

KM# 1048 31.11 g., 0.9999 Silver, 0.9999 oz. ASW
38mm. **Rev:** Snowflake, blue crystals

Date	Mintage	VF20	XF40	MS60	MS63	MS65
2010	7,500		PF63 85.00		PF65 95.00	

KM# 1049 31.11 g., 0.9999 Silver, 0.9999 oz. ASW
38mm. **Rev:** Snowflake, tanzanite crystals

Date	Mintage	VF20	XF40	MS60	MS63	MS65
2010	7,500		PF63 85.00		PF65 95.00	

KM# 1066 31.99 g., 0.999 Silver, 1.0275 oz. ASW
38mm. **Rev:** Pinecone with ruby crystals **Rev.
Designer:** Susan Taylor

Date	Mintage	VF20	XF40	MS60	MS63	MS65
2010	5,000		PF63 110		PF65 120	

KM# 1067 31.99 g., 0.999 Silver, 1.0275 oz. ASW
38mm. **Rev:** Pinecone with moonlight blue crystals
Rev. Designer: Susan Taylor

Date	Mintage	VF20	XF40	MS60	MS63	MS65
2010	5,000		PF63 110		PF65 120	

KM# 1075 27.78 g., 0.925 Silver, 0.8262 oz. ASW
40mm. **Subject:** Winter Scene **Rev:** Horse pulling
cut Christmas Tree **Rev. Designer:** Rene Clark

Date	Mintage	VF20	XF40	MS60	MS63	MS65
2011	8,000		PF63 60.00		PF65 70.00	

KM# 1111 31.39 g., 0.999 Silver, 1.0082 oz. ASW 40mm. **Subject:** Royal Wedding **Rev:** Portraits of Catherine and William facing each other, crystal insert

Date	Mintage	VF20	XF40	MS60	MS63	MS65
2011	—			PF63 70.00	PF65 80.00	

KM# 1134 31.39 g., 0.9999 Silver, 1.0091 oz. ASW 38mm. **Subject:** Canadian Pacific's D-10 Steam Locomotive **Obv:** Bust right **Rev:** Steam locomotive right **Edge:** Lettered

Date	Mintage	VF20	XF40	MS60	MS63	MS65
2011	10,000			PF63 70.00	PF65 80.00	

KM# 1135 31.39 g., 0.9999 Silver, 1.0091 oz. ASW 38mm. **Obv:** Bust right **Rev:** Tulip in color and Venetian glass lady bug

Date	Mintage	VF20	XF40	MS60	MS63	MS65
2011	5,000				PF65 1,000	

KM# 1145 31.39 g., 0.9999 Silver, 1.0091 oz. ASW 38mm. **Obv:** Bust right **Rev:** Wild rose in color, swarovski crystals

Date	Mintage	VF20	XF40	MS60	MS63	MS65
2011	Est. 10000			PF63 125	PF65 135	

KM# 1147 31.39 g., 0.9999 Silver, 1.0091 oz. ASW 38mm. **Obv:** Bust right **Rev:** Maple leaves, seeds in color, swarovski crystal drop

Date	Mintage	VF20	XF40	MS60	MS63	MS65
2011	—			PF63 100	PF65 110	

KM# 1181 31.39 g., 0.999 Silver, 1.0082 oz. ASW 38mm. **Obv:** Bust right **Rev:** Winnipeg Jets Logo, jet over maple leaf

Date	Mintage	VF20	XF40	MS60	MS63	MS65
2011	15,000			PF63 85.00	PF65 95.00	

KM# 1182 31.99 g., 0.9999 Silver, 1.0284 oz. ASW 38mm. **Obv:** Bust right **Rev:** Christmas tree with six crystals

Date	Mintage	VF20	XF40	MS60	MS63	MS65
2011	—			PF63 65.00	PF65 75.00	

KM# 1187 31.39 g., 0.999 Silver, 1.0082 oz. ASW 38mm. **Obv:** Bust right **Rev:** Snowflake with emerald crystals

Date	Mintage	VF20	XF40	MS60	MS63	MS65
2011	15,000			PF63 75.00	PF65 85.00	

KM# 1188 31.89 g., 0.999 Silver, 1.0243 oz. ASW 38mm. **Obv:** Bust right **Rev:** Snowflake with topaz crystals

Date	Mintage	VF20	XF40	MS60	MS63	MS65
2011	15,000			PF63 75.00	PF65 85.00	

KM# 1189 31.89 g., 0.999 Silver, 1.0243 oz. ASW 38mm. **Obv:** Bust right **Rev:** Three snowflakes with three Hyacinth red crystals

Date	Mintage	VF20	XF40	MS60	MS63	MS65
2011	15,000			PF63 75.00	PF65 85.00	

KM# 1190 31.89 g., 0.999 Silver, 1.0243 oz. ASW 38mm. **Obv:** Bust right **Rev:** Three snowflakes with three Montana blue crystals

Date	Mintage	VF20	XF40	MS60	MS63	MS65
2011	15,000			PF63 75.00	PF65 85.00	

KM# 1137 31.39 g., 0.999 Silver, 1.0082 oz. ASW 38mm. **Subject:** Elizabeth II, 60th Anniversary of reign **Obv:** Bust right **Rev:** Crowned bust right with Swarovski crystal insert **Edge:** Reeded

Date	Mintage	VF20	XF40	MS60	MS63	MS65
1952-2012	15,000			PF63 70.00	PF65 80.00	

KM# 1177 27.78 g., 0.925 Silver, 0.8262 oz. ASW 38mm. **Obv:** Bust right **Rev:** Youthful busts right of Elizabeth II and Prince Philip

Date	Mintage	VF20	XF40	MS60	MS63	MS65
1952-2012	—			PF63 75.00	PF65 85.00	

KM# 1178 27.78 g., 0.925 Silver, 0.8262 oz. ASW 38mm. **Obv:** Bust right **Rev:** Royal cypher, wreath below

Date	Mintage	VF20	XF40	MS60	MS63	MS65
1952-2012	—			PF63 75.00	PF65 85.00	

KM# 1238 30.75 g., 0.9999 Silver, 0.9885 oz. ASW 36mm. **Subject:** Elizabeth II, Diamond Jubilee **Obv:** Bust right **Rev:** Elizabeth II profile left, high releif **Rev. Designer:** Laurie McGaw

Date	Mintage	VF20	XF40	MS60	MS63	MS65
2012	7,500	PF63 65.00	PF65 75.00			

KM# 1239 Silver, **Subject:** Royal visit to Canada **Obv:** Young portrait right **Rev:** Elizabeth II with Mountie and horse

Date	Mintage	VF20	XF40	MS60	MS63	MS65
1952-2012	25,000	PF63 25.00	PF65 30.00			

KM# 1246 31.39 g., 0.999 Silver, 1.0082 oz. ASW 38mm. **Subject:** Coast Guard, 50th Anniversary

Date	Mintage	VF20	XF40	MS60	MS63	MS65
2012	7,500	PF63 90.00	PF65 100			

KM# 1250 31.39 g., 0.999 Silver, 1.0082 oz. ASW 38mm. **Subject:** F.H. Varley

Date	Mintage	VF20	XF40	MS60	MS63	MS65
2012	7,000	PF63 65.00	PF65 75.00			

KM# 1251 27.78 g., 0.925 Silver, 0.8262 oz. ASW 38mm. **Subject:** Arthur Lismer

Date	Mintage	VF20	XF40	MS60	MS63	MS65
2012	—	PF63 65.00	PF65 75.00			

KM# 1266 31.10 g., 0.999 Silver, 0.9989 oz. ASW 38mm. **Subject:** Aster and bee

Date	Mintage	VF20	XF40	MS60	MS63	MS65
2012	—	PF63 90.00	PF65 100			

KM# 1269 31.39 g., 0.999 Silver, 1.0082 oz. ASW 38mm. **Subject:** Sugar Maple Leaf **Rev:** Leaves in color, crystal

Date	Mintage	VF20	XF40	MS60	MS63	MS65
2012	—	PF65 130				

KM# 1270 31.39 g., 0.999 Silver, 1.0082 oz. ASW
38mm. Rev: Rhododendron

Date	Mintage	VF20	XF40	MS60	MS63	MS65
2012	—			PF65 125		

KM# .1280 31.11 g., 0.999 Silver, 0.999 oz. ASW
38mm. Subject: Bateman Moose

Date	Mintage	VF20	XF40	MS60	MS63	MS65
2012	—			PF65 135		

KM# 1283 15.55 g., 0.999 Gold, 0.4994 oz. AGW
25mm. Subject: Year of the Dragon

Date	Mintage	VF20	XF40	MS60	MS63	MS65
2012	—			PF65 900		

KM# 1333 31.11 g., 0.999 Silver, 0.999 oz. ASW
38mm. Rev: Snowstorm

Date	Mintage	VF20	XF40	MS60	MS63	MS65
2012	—		PF63 45.00	PF65 50.00		

KM# 1334 28.02 g., 0.999 Silver, 0.900 oz. ASW
Subject: Christmas Play Rev: Three children as the
Magi, crystal Rev. Designer: Jason Bouwman

Date	Mintage	VF20	XF40	MS60	MS63	MS65
2012	10,000		PF63 110	PF65 115		

KM# 1335 27.78 g., 0.925 Silver, 0.8262 oz. ASW
38mm. Subject: Franklin Carmichael Rev: Snowy
Landscape

Date	Mintage	VF20	XF40	MS60	MS63	MS65
2012	—		PF63 70.00	PF65 75.00		

KM# 1347 31.39 g., 0.999 Silver, 1.0082 oz. ASW
38mm. Rev: Blue flag iris in color with three crystals
Rev. Designer: Celia Godkin

Date	Mintage	VF20	XF40	MS60	MS63	MS65
2013	10,000		PF63 110	PF65 120		

KM# 1361 31.39 g., 0.999 Silver, 1.0082 oz. ASW
35mm. **Rev:** Purple cone flower, butterfly in color
and high relief **Rev. Designer:** Maurice Gervais

Date	Mintage	VF20	XF40	MS60	MS63	MS65
2013	—			PF63 50.00		PF65 60.00

KM# 1363 31.39 g., 0.9999 Silver, 1.0091 oz. ASW
38mm. **Subject:** Canadian Maple Canopy - Spring
Rev: Forest Canopy in Spring, Colorized **Rev.**
Designer: Emily Damstra

Date	Mintage	VF20	XF40	MS60	MS63	MS65
2013	Est. 7500			PF63 90.00		PF65 100

KM# 1374 31.40 g., 0.999 Silver, 1.0084 oz. ASW
38mm. **Subject:** Baseball **Rev:** Baseball Batter
Rev. Designer: Steve Hepburn

Date	Mintage	VF20	XF40	MS60	MS63	MS65
2013	Est. 7500			PF63 110		PF65 115

KM# 1375 31.39 g., 0.999 Silver, 1.0082 oz. ASW
38mm. **Subject:** Baseball **Rev:** Baseball Fielder
Rev. Designer: Steve Hepburn

Date	Mintage	VF20	XF40	MS60	MS63	MS65
2013	Est. 7500			PF63 110		PF65 115

KM# 1376 31.39 g., 0.999 Silver, 1.0082 oz. ASW
38mm. **Subject:** Baseball **Rev:** Baseball Pitcher
Rev. Designer: Steve Hepburn

Date	Mintage	VF20	XF40	MS60	MS63	MS65
2013	—			PF63 110		PF65 115

KM# 1377 31.39 g., 0.999 Silver, 1.0082 oz. ASW
38mm. **Subject:** Baseball **Rev:** Baseball Runner
Rev. Designer: Steve Hepburn

Date	Mintage	VF20	XF40	MS60	MS63	MS65
2013	Est. 7500			PF63 110		PF65 115

KM# 1381 31.11 g., 0.999 Silver, 0.999 oz. ASW 38mm. **Subject:** Snow Flake With Crystal

Date	Mintage	VF20	XF40	MS60	MS63	MS65
2013	—			PF63 110		PF65 120

KM# 1384 31.39 g., 0.999 Silver, 1.0082 oz. ASW 38mm. **Subject:** Frank Johnston - Painter **Rev:** Painting: Guardian of the Gorge **Rev. Designer:** F.H. Varley

Date	Mintage	VF20	XF40	MS60	MS63	MS65
2013	Est. 7000			PF63 80.00		PF65 90.00

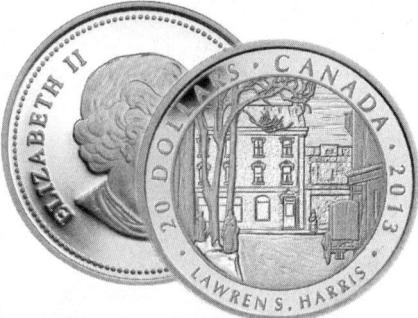

KM# 1385 31.39 g., 0.999 Silver, 1.0082 oz. ASW 38mm. **Subject:** Lauren S. Harris - Painter **Rev:** Painting: Toronto Street, Winter Morning **Rev. Designer:** F.H. Varley

Date	Mintage	VF20	XF40	MS60	MS63	MS65
2013	Est. 7000			PF63 80.00		PF65 90.00

KM# 1397 31.39 g., 0.9999 Silver, 1.0091 oz. ASW 38mm. **Rev:** Beaver gnawing on tree **Rev. Designer:** Glen Loates

Date	Mintage	VF20	XF40	MS60	MS63	MS65
2013	8,500			PF63 90.00		PF65 100

KM# 1404 28.20 g., 0.9999 Silver, 0.9066 oz. ASW 40mm. **Rev:** Arctic Fox and Northern lights in background **Rev. Designer:** Tivadar Bote

Date	Mintage	VF20	XF40	MS60	MS63	MS65
2013	—			PF63 75.00		PF65 85.00

KM# 1447 31.39 g., 0.999 Silver, 1.0082 oz. ASW 38mm. **Rev:** Superman standing right, cape blowing **Rev. Designer:** Jim Lee, DC Comics

Date	Mintage	VF20	XF40	MS60	MS63	MS65
2013	Est. 10000			PF63 100		PF65 110

KM# 1448 31.39 g., 0.999 Silver, 1.0082 oz. ASW 38mm. **Subject:** 75th Anniversary of Superman **Rev:** Superman flying forward, multi-color background hologram **Rev. Designer:** Jim Lee, DC Comics

Date	Mintage	VF20	XF40	MS60	MS63	MS65
2013	Est. 10000			PF63 120		PF65 130

KM# 1449 31.39 g., 0.999 Silver, 1.0082 oz. ASW 38mm. **Subject:** 75th Anniversary of Superman **Rev:** 'S' shield logo in color

Date	Mintage	VF20	XF40	MS60	MS63	MS65
2013	Est. 10000			PF63 110		PF65 120

KM# A1451 7.96 g., 0.9999 Silver, 0.2559 oz. ASW 38mm. **Rev:** Red maple leaf in center of many small maple leaves **Rev. Designer:** Jose Osio

Date	Mintage	VF20	XF40	MS60	MS63	MS65
2013	Est. 10000			PF63 100		PF65 115

20 DOLLARS

KM# 1459 31.39 g., 0.999 Silver, 1.0082 oz. ASW 38mm. **Rev:** Pronghorn Antelope with northern lights in the background **Rev. Designer:** Pierre Leduc

Date	Mintage	VF20	XF40	MS60	MS63	MS65
2013	Est. 8500			PF63 80.00	PF65 90.00	

KM# 1466 31.39 g., 0.9999 Silver, 1.0091 oz. ASW 38mm. **Subject:** Birth of Prince George **Rev:** Baby sleeping in crib **Rev. Designer:** Laurie McGaw

Date	Mintage	VF20	XF40	MS60	MS63	MS65
2013	7,500			PF63 70.00	PF65 80.00	

KM# 1467 31.39 g., 0.9999 Silver, 1.0091 oz. ASW 38mm. **Subject:** Birth of Prince George **Rev:** Parents hands holding baby's hand **Rev. Designer:** Laurie McGaw

Date	Mintage	VF20	XF40	MS60	MS63	MS65
2013	7,500			PF63 70.00	PF65 80.00	

KM# 1468 31.39 g., 0.9999 Silver, 1.0091 oz. ASW 38mm. **Subject:** Mint Mascot Moose and Beaver Mountie plush dolls in crib with sleeping baby **Rev. Designer:** Laurie McGaw

Date	Mintage	VF20	XF40	MS60	MS63	MS65
2013	7,500			PF63 70.00	PF65 80.00	

KM# 1470 31.39 g., 0.9999 Silver, 1.0091 oz. ASW 38mm. **Subject:** A.Y. Jackson, painter **Rev:** Detail of painting, Sant Tile de Caps

Date	Mintage	VF20	XF40	MS60	MS63	MS65
2013	7,000			PF63 90.00	PF65 100	

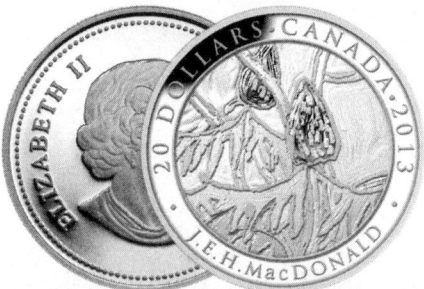

KM# 1471 31.39 g., 0.9999 Silver, 1.0091 oz. ASW 38mm. **Subject:** J.E.H. MacDonald, painter **Rev:** Detail of painting, Sumacs

Date	Mintage	VF20	XF40	MS60	MS63	MS65
2013	7,000			PF63 90.00	PF65 100	

KM# 1474 31.39 g., 0.999 Silver, 1.0082 oz. ASW 38mm. **Subject:** Dinosaurs of Canada **Rev:** Bathygnathus advancing left **Rev. Designer:** Julius Cstonyi

Date	Mintage	VF20	XF40	MS60	MS63	MS65
2013	8,500			PF63 80.00	PF65 90.00	

KM# 1479 31.39 g., 0.999 Silver, 1.0082 oz. ASW 38mm. **Rev:** Eagle in flight left

Date	Mintage	VF20	XF40	MS60	MS63	MS65
2013	—		PF63 80.00		PF65 90.00	

KM# 1484 31.11 g., 0.999 Silver, 0.999 oz. ASW 38mm. **Subject:** Louisbourg Settlement **Rev:** Colonial seaside scene **Rev. Designer:** John Horton

Date	Mintage	VF20	XF40	MS60	MS63	MS65
2013	8,500		PF63 80.00		PF65 90.00	

KM# 1507 0.999 Silver, 38mm. **Subject:** Carlito Dalceggio, artist

Date	Mintage	VF20	XF40	MS60	MS63	MS65
2013	7,500		PF63 80.00		PF65 90.00	

KM# 1510 31.39 g., 0.9999 Silver, 1.0091 oz. ASW 38mm. **Rev:** Two eagles standing on rock **Rev. Designer:** Claudio d'Angelo

Date	Mintage	VF20	XF40	MS60	MS63	MS65
2013	7,500		PF63 75.00		PF65 80.00	

KM# 1513 31.39 g., 0.9999 Silver, 1.0091 oz. ASW 38mm. **Subject:** Northern Lights, the great Hare **Rev:** Hare seated watching hologram of Northern Lights **Rev. Designer:** Nathalie Bertin

Date	Mintage	VF20	XF40	MS60	MS63	MS65
2013	8,500		PF63 100		PF65 110	

KM# 1553 31.39 g., 0.999 Silver, 1.0082 oz. ASW 38mm. **Subject:** Pond Hockey in color **Obv:** Bust right **Rev. Designer:** Richard D. Wolfe

Date	Mintage	VF20	XF40	MS60	MS63	MS65
2014	8,500		PF63 90.00		PF65 100	

KM# 1556 31.39 g., 0.9999 Silver, 1.0091 oz. ASW 38mm. **Obv:** Bust right **Rev:** Polar bear walking on rocks in color **Rev. Designer:** Glen Loates

Date	Mintage	VF20	XF40	MS60	MS63	MS65
2014	8,500		PF63 90.00		PF65 100	

KM# 1558 31.39 g., 0.999 Silver, 1.0082 oz. ASW 38mm. **Obv:** Bust right **Rev:** Canadian UN Peacekeeper with binoculars, blue beret **Rev. Designer:** Selvia Pecota

Date	Mintage	VF20	XF40	MS60	MS63	MS65
2014	8,500			PF65 115		

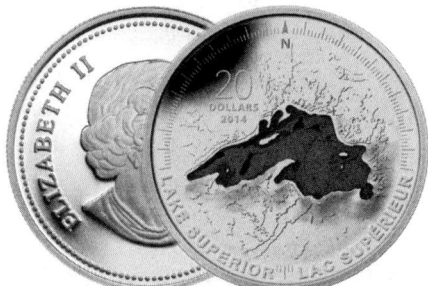

KM# 1565 31.39 g., 0.9999 Silver, 1.0091 oz. ASW 38mm. **Obv:** Bust right **Rev:** Lake Superior in blue color

Date	Mintage	VF20	XF40	MS60	MS63	MS65
2014	10,000			PF63 110	PF65 115	

KM# 1566 31.39 g., 0.999 Silver, 1.0082 oz. ASW 38mm. **Obv:** Bust right **Rev:** Lake Huron in color

Date	Mintage	VF20	XF40	MS60	MS63	MS65
2014	10,000			PF63 110	PF65 115	

KM# 1567 31.39 g., 0.999 Silver, 1.0082 oz. ASW 38mm. **Obv:** Bust right **Rev:** Lake Michigan in color

Date	Mintage	VF20	XF40	MS60	MS63	MS65
2014	10,000			PF63 110	PF65 115	

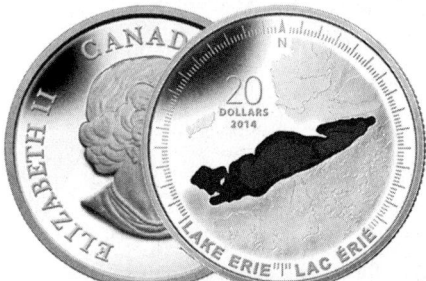

KM# 1568 31.39 g., 0.999 Silver, 1.0082 oz. ASW 38mm. **Obv:** Bust right **Rev:** Lake Erie in color

Date	Mintage	VF20	XF40	MS60	MS63	MS65
2014	10,000			PF63 110	PF65 115	

KM# 1569 31.39 g., 0.999 Silver, 1.0082 oz. ASW 38mm. **Obv:** Bust right **Rev:** Lake Ontario in color

Date	Mintage	VF20	XF40	MS60	MS63	MS65
2014	10,000			PF63 110	PF65 115	

KM# 1570 31.39 g., 0.9999 Silver, 1.0091 oz. ASW 38mm. **Obv:** Bust right **Rev:** Caribou in color **Rev. Designer:** Trevor Tennant

Date	Mintage	VF20	XF40	MS60	MS63	MS65
2014	8,500			PF63 90.00	PF65 100	

KM# 1609 31.39 g., 0.999 Silver, 1.0082 oz. ASW 38mm. **Obv:** Bust right **Rev:** Bison head facing **Rev. Designer:** Doug Comeau

Date	Mintage	VF20	XF40	MS60	MS63	MS65
2014	7,500			PF63 90.00	PF65 100	

20 DOLLARS

KM# 1610 31.39 g., 0.999 Silver, 1.0082 oz. ASW 38mm. **Obv:** Bust right **Rev:** Bison pair advancing left **Rev. Designer:** Trevor Tennant

Date	Mintage	VF20	XF40	MS60	MS63	MS65
2014	7,500	PF63 90.00	PF65 100			

KM# 1614 31.11 g., 0.999 Silver, 0.999 oz. ASW 40mm. **Obv:** Bust right **Rev:** Wolverine with northern lights in background **Rev. Designer:** Tivadar Bote

Date	Mintage	VF20	XF40	MS60	MS63	MS65
2014	8,500	PF63 80.00	PF65 90.00			

KM# 1668 31.39 g., 0.999 Silver partially gilt, 1.0082 oz. ASW **Ruler:** Elizabeth II 38mm. **Obv:** Bust right **Rev:** Nanaboozhoo and the Thunderbird **Rev. Designer:** Cyrill Assinaboine **Mint:** Royal Canadian Mint

Date	Mintage	F12	VF20	XF40	MS60	MS63
2014	8,500	PF63 110	PF65 115			

KM# 1669 31.39 g., 0.9999 Silver, 1.0091 oz. ASW **Ruler:** Elizabeth II 38mm. **Obv:** Bust right **Rev:** Nanaboozhoo and Thunderbird nest **Rev. Designer:** Cyril Assiniboine **Mint:** Royal Canadian Mint

Date	Mintage	F12	VF20	XF40	MS60	MS63
2014	8,500	PF63 85.00	PF65 90.00			

KM# 1670 31.39 g., 0.999 Silver partially gilt, 1.0082 oz. ASW **Ruler:** Elizabeth II 40mm. **Subject:** Sacred Teachings - Love **Obv:** Bust right **Rev:** Figure with arms outstretched, Eagle with wings outstretched **Rev. Designer:** Nathalie Bertin **Mint:** Royal Canadian Mint

Date	Mintage	F12	VF20	XF40	MS60	MS63
2014	7,000	PF65 110				

KM# 1671 31.39 g., 0.999 Silver partially gilt, 1.0082 oz. ASW **Ruler:** Elizabeth II 40mm. **Subject:** Sacred teachings - Respect **Obv:** Bust right **Rev:** Figure lying on back of bison advancing right **Rev. Designer:** Nathalie Bertin **Mint:** Royal Canadian Mint

Date	Mintage	F12	VF20	XF40	MS60	MS63
2014	7,000	PF65 110				

KM# 1672 31.39 g., 0.999 Silver partially gilt, 1.0082 oz. ASW **Ruler:** Elizabeth II 40mm. **Subject:** Sacred teachings - Courage **Obv:** Bust right **Rev:** Bear and figure **Rev. Designer:** Nathalie Bertin **Mint:** Royal Canadian Mint

Date	Mintage	F12	VF20	XF40	MS60	MS63
2014	7,000	PF65 110				

KM# 1673 31.39 g., 0.999 Silver partially gilt, 1.0082 oz. ASW **Ruler:** Elizabeth II 40mm. **Subject:** Sacred teachings - Honesty **Obv:** Bust right **Rev:** Large figure holding bird in hand, against evergreen branch background **Rev. Designer:** Nathalie Bertin **Mint:** Royal Canadian Mint

Date	Mintage	F12	VF20	XF40	MS60	MS63
2014	7,000	PF65 110				

KM# 1674 31.39 g., 0.999 Silver partially gilt, 1.0082 oz. ASW **Ruler:** Elizabeth II 40mm. **Subject:** Sacred teachings - Widsom **Obv:** Bust right **Rev:** Beaver and figure **Rev. Designer:** Nathalie Bertin **Mint:** Royal Canadian Mint

Date	Mintage	F12	VF20	XF40	MS60	MS63
2014	7,000	PF65 110				

KM# 1675 31.39 g., 0.999 Silver partially gilt, 1.0082 oz. ASW **Ruler:** Elizabeth II 40mm. **Subject:** Sacred Teachings - Humility **Obv:** Bust right **Rev:** Wolf and figure against leaf background **Rev. Designer:** Nathalie Bertin **Mint:** Royal Canadian Mint

Date	Mintage	F12	VF20	XF40	MS60	MS63
2014	7,000	PF65 110				

KM# 1676 31.39 g., 0.999 Silver partially gilt, 1.0082 oz. ASW **Ruler:** Elizabeth II 40mm. **Subject:** Sacred Teaching - Truth **Obv:** Bust right **Rev:** Turtle with figures in each segment of shell **Rev. Designer:** Nathalie Bertin **Mint:** Royal Canadian Mint

Date	Mintage	F12	VF20	XF40	MS60	MS63
2014	7,000	PF65 110				

KM# 1677 31.39 g., 0.9999 Silver, 1.0091 oz. ASW **Ruler:** Elizabeth II 38mm. **Obv:** Bust right **Rev:** Floral colored glass from Craigdarroch Castle **Mint:** Royal Canadian Mint

Date	Mintage	F12	VF20	XF40	MS60	MS63
2014	7,500		PF63 125	PF65 130		

KM# 1678 31.39 g., 0.9999 Silver, 1.0091 oz. ASW **Ruler:** Elizabeth II 38mm. **Obv:** Bust right **Rev:** River rapids in color **Rev. Designer:** Robert Ross **Mint:** Royal Canadian Mint

Date	Mintage	F12	VF20	XF40	MS60	MS63
2014	7,500		PF63 90.00	PF65 100		

KM# 1680 31.39 g., 0.9999 Silver, 1.0091 oz. ASW **Ruler:** Elizabeth II 38mm. **Subject:** Royal Ontario Museum, 100th Anniversary **Obv:** Bust right **Rev:** Building façade, partially gilt **Mint:** Royal Canadian Mint

Date	Mintage	F12	VF20	XF40	MS60	MS63
2014	8,500		PF63 110	PF65 115		

KM# 1681 31.11 g., 0.9999 Silver, 0.9999 oz. ASW **Ruler:** Elizabeth II 38mm. **Subject:** Royal visit, 75th Anniversary **Obv:** Bust right **Rev:** George VI and Queen Mary on back of open platform railway car **Mint:** Royal Canadian Mint

Date	Mintage	XF40	MS60	MS63
2014 Antique patina	5,000	—	—	140

KM# 1682 31.11 g., 0.9999 Silver, 0.9999 oz. ASW **Ruler:** Elizabeth II 38mm. **Obv:** Bust right **Rev:** Howling wolf and northern lights hologram **Rev. Designer:** Nathalie Bertin **Mint:** Royal Canadian Mint

Date	Mintage	F12	VF20	XF40	MS60	MS63
2014	8,500		PF63 105	PF65 110		

KM# 1683 31.39 g., 0.9999 Silver, 1.0091 oz. ASW **Ruler:** Elizabeth II 38mm. **Obv:** Bust right **Rev:** Empress of India in color **Mint:** Royal Canadian Mint

Date	Mintage	F12	VF20	XF40	MS60	MS63
2014	.7,000		PF63 105	PF65 110		

20 DOLLARS

KM# 1684 31.39 g., 0.9999 Silver, 1.0091 oz. ASW **Ruler:** Elizabeth II 38mm. **Obv:** Bust right **Rev:** Baby beaver in color **Rev. Designer:** Glen Loates **Mint:** Royal Canadian Mint

Date	Mintage	F12	VF20	XF40	MS60	MS63
2014	7,500		PF63 90.00	PF65 100		

KM# 1685 31.60 g., 0.9999 Silver, 1.0159 oz. ASW **Ruler:** Elizabeth II 40mm. **Subject:** Royal Winnipeg Ballet, 75th Anniversary **Obv:** Bust right **Rev:** Six Ballerinas in circle with tutus in color **Mint:** Royal Canadian Mint

Date	Mintage	F12	VF20	XF40	MS60	MS63
2014	7,500		PF63 90.00	PF65 100		

KM# 1686 31.39 g., 0.9999 Silver partially gilt, 1.0091 oz. ASW **Ruler:** Elizabeth II 38mm. **Obv:** Bust right **Rev:** Nanaboozhoo and eagle in background **Mint:** Royal Canadian Mint

Date	Mintage	F12	VF20	XF40	MS60	MS63
2014	8,500		PF63 110	PF65 115		

KM# 1687 31.39 g., 0.9999 Silver, 1.0091 oz. ASW **Ruler:** Elizabeth II 38mm. **Obv:** Bust right **Rev:** Nanaboozhoo in color **Mint:** Royal Canadian Mint

Date	Mintage	F12	VF20	XF40	MS60	MS63
2014	8,500		PF63 110	PF65 115		

KM# 1709 31.39 g., 0.999 Silver, 1.0082 oz. ASW 38mm. **Obv:** Bust right **Rev:** Royal Family - Elizabeth II, Charles, William, George

Date	Mintage	VF20	XF40	MS60	MS63	MS65
2014	10,000		PF65 80.00			

KM# 1732 31.39 g., 0.999 Silver, 1.0082 oz. ASW 38mm. **Subject:** Autumn Falls **Obv:** Bust right **Rev:** Waterfall and maple leaves **Rev. Designer:** Tony Bianco

Date	Mintage	VF20	XF40	MS60	MS63	MS65
2014	7,500		PF65 100			

KM# 1734 31.39 g., 0.999 Silver, 1.0082 oz. ASW 38mm. **Obv:** Bust right **Rev:** Chickadee on branch with red crystal berries **Rev. Designer:** Steve Hepburn

Date	Mintage	VF20	XF40	MS60	MS63	MS65
2014	7,500		PF65 115			

KM# 1735 31.39 g., 0.999 Silver, 1.0082 oz. ASW 38mm. **Obv:** Bust right **Rev:** Bald Eagle in flight right with fish in talons

Date	Mintage	VF20	XF40	MS60	MS63	MS65
2014	8,500		PF65 100			

KM# 1736 31.39 g., 0.999 Silver partially gilt, 1.0082 oz. ASW 38mm. **Obv:** Bust right **Rev:** Bald Eagle gilt, in flight left with fish in talons

Date	Mintage	VF20	XF40	MS60	MS63	MS65
2014	8,500	PF65 115				

KM# 1737 31.39 g., 0.999 Silver, 1.0082 oz. ASW 38mm. **Obv:** Bust right **Rev:** Bald eagle in color, in flight right

Date	Mintage	VF20	XF40	MS60	MS63	MS65
2014	8,500	PF65 90.00				

KM# 1738 31.39 g., 0.999 Silver, 1.0082 oz. ASW 38mm. **Obv:** Bust right **Rev:** Totem Forest **Rev. Designer:** Emily Carr

Date	Mintage	VF20	XF40	MS60	MS63	MS65
2014	6,000	PF65 90.00				

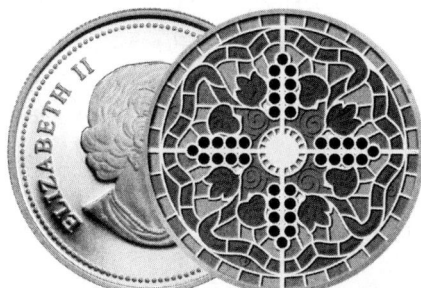

KM# 1742 31.39 g., 0.999 Silver, 1.0082 oz. ASW **Ruler:** Elizabeth II 38mm. **Obv:** Bust right **Rev:** Stained glass window from Casa Loma **Mint:** Royal Canadian Mint

Date	Mintage	F12	VF20	XF40	MS60	MS63
2014	7,500	PF65 100				

KM# 1743 31.39 g., 0.999 Silver, 1.0082 oz. ASW 38mm. **Obv:** Bust right **Rev:** White tail deer - Doe and two fawns

Date	Mintage	VF20	XF40	MS60	MS63	MS65
2014	7,500	PF65 80.00				

KM# 1744 31.39 g., 0.999 Silver, 1.0082 oz. ASW 38mm. **Obv:** Bust right **Rev:** Two white tail deer bucks locking antlers

Date	Mintage	VF20	XF40	MS60	MS63	MS65
2014	7,500	PF65 80.00				

KM# 1745 31.39 g., 0.999 Silver, 1.0082 oz. ASW 38mm. **Obv:** Bust right **Rev:** White tail deer portrait

Date	Mintage	VF20	XF40	MS60	MS63	MS65
2014	7,500	PF65 80.00				

KM# 1746 31.39 g., 0.999 Silver, 1.0082 oz. ASW 38mm. **Obv:** Bust right **Rev:** Two white tail deer bounding left over fallen tree trunk

Date	Mintage	VF20	XF40	MS60	MS63	MS65
2014	7,500	PF65 100				

KM# 1750 31.39 g., 0.999 Silver, 1.0082 oz. ASW 38mm. **Obv:** Bust right **Rev:** Superman breaking thru ice

Date	Mintage	VF20	XF40	MS60	MS63	MS65
2014	10,000	PF65 80.00				

KM# 1753 31.39 g., 0.999 Silver, 1.0082 oz. ASW 38mm. **Obv:** Bust right **Rev:** Cougar advancing left **Rev. Designer:** Glen Loates

Date	Mintage	VF20	XF40	MS60	MS63	MS65
2014	—	PF65 80.00				

KM# 1754 31.39 g., 0.999 Silver, 1.0082 oz. ASW 38mm. **Obv:** Bust right **Rev:** Cougar advancing, partially gilt

Date	Mintage	VF20	XF40	MS60	MS63	MS65
2014	—	PF65 80.00				

KM# 1755 31.39 g., 0.999 Silver, 1.0082 oz. ASW 38mm. **Obv:** Bust right **Rev:** Cougar in tree, fall colors

Date	Mintage	VF20	XF40	MS60	MS63	MS65
2014	—	PF65 100				

KM# 1759 31.39 g., 0.999 Silver, 1.0082 oz. ASW 38mm. **Obv:** Bust right **Rev:** Maple leaf canopy, autumn allure

Date	Mintage	VF20	XF40	MS60	MS63	MS65
2014	7,500		PF65 100			

KM# 1760 31.39 g., 0.999 Silver, 1.0082 oz. ASW 38mm. **Obv:** Bust right **Rev:** Maple leaf impressions, large green leaf in center

Date	Mintage	VF20	XF40	MS60	MS63	MS65
2014	7,500		PF65 100			

KM# 1763 31.39 g., 0.999 Silver, 1.0082 oz. ASW 38mm. **Obv:** Bust right **Rev:** Maple tree canopy, green leaves

Date	Mintage	VF20	XF40	MS60	MS63	MS65
2014	7,500		PF65 100			

KM# 1769 31.39 g., 0.999 Silver, 1.0082 oz. ASW 38mm. **Obv:** Bust right **Rev:** Xenoceratopis Foremostensis dinosaur **Rev. Designer:** Julius Csotonyi

Date	Mintage	VF20	XF40	MS60	MS63	MS65
2014	8,500		PF65 90.00			

KM# 1770.1 31.39 g., 0.9999 Silver, 1.0091 oz. ASW 38mm. **Obv:** Bust right **Rev:** Maple leaves, date above, denomination below

Date	Mintage	VF20	XF40	MS60	MS63	MS65
2014	3,000		PF65 90.00			

KM# 1770.2 31.39 g., 0.9999 Silver, 1.0091 oz. ASW 38mm. **Obv:** Bust right **Rev:** Maple leaves colored, date above, denomination below

Date	Mintage	VF20	XF40	MS60	MS63	MS65
2014	3,000		PF65 100			

KM# 1770.3 31.39 g., 0.9999 Silver, 1.0091 oz. ASW 38mm. **Obv:** Bust right **Rev:** Maple leaves Jade, date above, denomination below

Date	Mintage	VF20	XF40	MS60	MS63	MS65
2014	3,000		PF65 115			

KM# 1771 31.39 g., 0.999 Silver, 1.0082 oz. ASW **Ruler:** Elizabeth II 38mm. **Obv:** Bust right **Rev:** Red Trillum in color and crystal dew drops **Mint:** Royal Canadian Mint

Date	Mintage	F12	VF20	XF40	MS60	MS63
2014	—		PF65 120			

KM# 1776 31.39 g., 0.9999 Silver, 1.0091 oz. ASW 38mm. **Obv:** Bust right **Rev:** Water Lily & Venetian glass frog **Rev. Designer:** Maurice Gervais **Note:** Very high relief.

Date	Mintage	VF20	XF40	MS60	MS63	MS65
2014	12,500		PF65 150			

KM# 1780 31.39 g., 0.999 Silver, 1.0082 oz. ASW **Ruler:** Elizabeth II **Subject:** Canadian Space Agency **Obv:** Bust right **Rev:** Space walk and Canada arm **Mint:** Royal Canadian Mint

Date	Mintage	F12	VF20	XF40	MS60	MS63
2014	—		PF65 120			

KM# 1781 31.39 g., 0.999 Silver, 1.0082 oz. ASW **Ruler:** Elizabeth II 38mm. **Subject:** Interconnections - Land **Obv:** Bust right **Rev:** Beaver hologram **Rev. Designer:** Andy Eveson **Mint:** Royal Canadian Mint

Date	Mintage	F12	VF20	XF40	MS60	MS63
2014	7,500		PF65 115			

KM# 1782 31.39 g., 0.999 Silver, 1.0082 oz. ASW **Ruler:** Elizabeth II 38mm. **Subject:** Interconnections - Air **Obv:** Bust right **Rev:** Thunderbird hologram **Rev. Designer:** Andy Eveson **Mint:** Royal Canadian Mint

Date	Mintage	F12	VF20	XF40	MS60	MS63
2014	7,500		PF65 115			

KM# 1783 31.39 g., 0.999 Silver, 1.0082 oz. ASW **Ruler:** Elizabeth II 38mm. **Subject:** Interconnections - Sea **Obv:** Bust right **Rev:** Orca hologram **Rev. Designer:** Andy Everson **Mint:** Royal Canadian Mint

Date	Mintage	F12	VF20	XF40	MS60	MS63
2014	7,500		PF65 115			

KM# 1788 31.39 g., 0.999 Silver, 1.0082 oz. ASW **Ruler:** Elizabeth II 38mm. **Subject:** Hockey Canada, 100th Anniversary **Obv:** Bust right **Rev:** Hockey player within red and black maple leaf **Mint:** Royal Canadian Mint

Date	Mintage	F12	VF20	XF40	MS60	MS63
2014	—		PF65 120			

KM# 1794 31.39 g., 0.999 Silver, 1.0082 oz. ASW **Ruler:** Elizabeth II 38mm. **Obv:** Bust right **Rev:** Snowman and house, tree in Venetian glass **Mint:** Royal Canadian Mint

Date	Mintage	F12	VF20	XF40	MS60	MS63
2014	10,000		PF65 150			

KM# 1796 31.83 g., 0.999 Silver, 1.0223 oz. ASW **Ruler:** Elizabeth II 40mm. **Subject:** Butterflies of Canada **Obv:** Bust right **Rev:** Red spotted purple butterfly **Rev. Designer:** Gelia Godkin **Mint:** Royal Canadian Mint

Date	Mintage	F12	VF20	XF40	MS60	MS63
2014	10,000		PF65 100			

KM# 1822 31.39 g., 0.999 Silver, 1.0082 oz. ASW
Obv: Bust right **Rev:** Family skating on ice pond

Date	Mintage	VF20	XF40	MS60	MS63	MS65
2015	7,500		PF65 75.00			

KM# 1823 31.39 g., 0.999 Silver, 1.0082 oz. ASW
Ruler: Elizabeth II 38mm. **Obv:** Bust right **Rev:**
Albertosaurus **Rev. Designer:** Julius Csotonyi
Mint: Royal Canadian Mint

Date	Mintage	F12	VF20	XF40	MS60	MS63
2015	8,500		PF65 90.00			

KM# 1825 31.39 g., 0.999 Silver, 1.0082 oz. ASW
38mm. **Obv:** Bust right **Rev:** Beaver at work in
color **Rev. Designer:** John Mardon

Date	Mintage	VF20	XF40	MS60	MS63	MS65
2015	7,500		PF65 100			

KM# 1833 31.39 g., 0.999 Silver, 1.0082 oz. ASW
38mm. **Obv:** Bust right **Rev:** Mother and young
burrowing owl in color

Date	Mintage	VF20	XF40	MS60	MS63	MS65
2015	7,500		PF65 100			

KM# 1844 31.39 g., 0.9999 Silver, 1.0091 oz. ASW
Obv: Bust right **Rev:** UNESCO. Mt. Fuji and Rocky
Mountains

Date	Mintage	VF20	XF40	MS60	MS63	MS65
2015	—		PF65 75.00			

KM# 1860 31.39 g.,   0.9999 Silver, 1.0091 oz.
ASW 38mm. **Subject:** 100th Anniversary - In
Flanders Field **Obv:** Crowned bust of George V
left **Obv. Legend:** GEORGIVS V DEI GRA: REX
ET IND:IMP:

Date	Mintage	VF20	XF40	MS60	MS63	MS65
2015	10,000		PF65 75.00			

KM# 1861 31.39 g., 0.9999 Silver, 1.0091 oz. ASW 38mm. **Subject:** Second Battle of Ypres **Obv:** Crowned bust of George V left, gilt **Rev:** Soldiers firing from trench, gilt statue at bottom **Series:** First World War Battlefronts **Obv. Legend:** GEORGIVS V DEI GRA: REX ET IND:IMP:

Date	Mintage	VF20	XF40	MS60	MS63	MS65
2015	10,000		PF65 115			

KM# 1862 31.39 g., 0.9999 Silver, 1.0091 oz. ASW 38mm. **Subject:** 70th Anniversary - Italian Campaign **Obv:** Head of George VI left **Rev:** Tank and infantry **Obv. Legend:** GEORGIVS VI D: G: REX ET IND: IMP:

Date	Mintage	VF20	XF40	MS60	MS63	MS65
2015	10,000		PF65 75.00			

KM# 1863 31.39 g., 0.9999 Silver, 1.0091 oz. ASW 38mm. **Subject:** Edmund Fitzgerald **Obv:** Bust right **Rev:** Edmund Fitzgerald in storm in color within coastal map

Date	Mintage	VF20	XF40	MS60	MS63	MS65
2015	7,000		PF65 100			

KM# 1864 31.39 g., 0.9999 Silver, 1.0091 oz. ASW 38mm. **Subject:** Battle of Britain **Obv:** Head of George VI left **Rev:** Two planes in air battle **Obv. Legend:** GEORGIVS VI D: G: REX ET IND: IMP:

Date	Mintage	VF20	XF40	MS60	MS63	MS65
2015	10,000		PF65 75.00			

KM# 1865 31.39 g., 0.9999 Silver, 1.0091 oz. ASW 38mm. **Obv:** Bust right **Rev:** Grizzly Bears and cub

Date	Mintage	VF20	XF40	MS60	MS63	MS65
2015	6,500		PF65 95.00			

KM# 1866 31.39 g., 0.9999 Silver, 1.0091 oz. ASW 38mm. **Subject:** Franklin's Lost Expedition **Obv:** Bust right **Rev:** Sailing ship in color with coastal map

Date	Mintage	VF20	XF40	MS60	MS63	MS65
2015	7,000		PF65 100			

KM# 1867 31.39 g., 0.9999 Silver, 1.0091 oz. ASW 38mm. **Subject:** Northern Lights - Raven **Obv:** Bust right **Rev:** Raven flying across Northern Lights in color

Date	Mintage	VF20	XF40	MS60	MS63	MS65
2015	8,500				PF65	100

KM# 1868 31.39 g., 0.9999 Silver, 1.0091 oz. ASW 38mm. **Subject:** Toronto 2015 Pan Am Parapan AM Games - Mokume gane blended metals **Obv:** Bust right **Rev:** Maple leaf and games design

Date	Mintage	VF20	XF40	MS60	MS63	MS65
2015	8,500				PF65	120

KM# 1869 31.50 g., 0.9999 Silver, 1.0126 oz. ASW 43x42mm. **Subject:** The Canadian Maple Leaf **Obv:** Bust right **Rev:** Denomination, date below **Shape:** Leaf

Date	Mintage	VF20	XF40	MS60	MS63	MS65
2015	15,000				PF65	75.00

KM# 1889 31.83 g., 0.999 Silver, 1.0223 oz. ASW **Ruler:** Elizabeth II 40mm. **Subject:** Butterflies of Canada **Obv:** Bust right **Rev:** Giant Sulphur butterfly in green **Mint:** Royal Canadian Mint

Date	Mintage	F12	VF20	XF40	MS60	MS63
2015	—			PF65	100	

KM# 1894 31.39 g., 0.9999 Silver, 1.0091 oz. ASW 38mm. **Subject:** Battlw of Neuve-Chapelle **Obv:** Crowned bust of George V left, gilt **Rev:** Soldiers firing artillery, gilt statue at bottom **Series:** First World War Battlefronts **Obv. Legend:** GEORGIVS V DEI GRA: REX ET IND:IMP:

Date	Mintage	VF20	XF40	MS60	MS63	MS65
2015	—			PF65	115	

KM# 1895 31.39 g., 0.9999 Silver, 1.0091 oz. ASW 38mm. **Obv:** Bust right **Rev:** Coast Shore Pine in color **Note:** Forests of Canada

Date	Mintage	VF20	XF40	MS60	MS63	MS65
2015	8,500				PF65	100

KM# 1896 31.39 g., 0.9999 Silver, 1.0091 oz. ASW 38mm. **Obv:** Bust right **Rev:** Carolinian Tulip Tree in color **Note:** Forests of Canada

Date	Mintage	VF20	XF40	MS60	MS63	MS65
2015	8,500				PF65	100

KM# 1897 31.39 g., 0.9999 Silver, 1.0091 oz. ASW 38mm. **Obv:** Bust right **Rev:** Boreal Balsam Poplar in color **Note:** Forests of Canada

Date	Mintage	VF20	XF40	MS60	MS63	MS65
2015	8,500				PF65	100

KM# 1898 31.39 g., 0.9999 Silver, 1.0091 oz. ASW 38mm. **Obv:** Bust right **Rev:** Rainbow Trout **Note:** North American Sportfish

Date	Mintage	VF20	XF40	MS60	MS63	MS65
2015	8,500				PF65	100

KM# 1899 31.39 g., 0.9999 Silver, 1.0091 oz. ASW 38mm. **Obv:** Bust right **Rev:** Northern Pike **Note:** North American Sportfish

Date	Mintage	VF20	XF40	MS60	MS63	MS65
2015	8,500				PF65	100

KM# 1900 31.39 g., 0.9999 Silver, 1.0091 oz. ASW 38mm. **Obv:** Bust right **Rev:** Walleye **Note:** North American Sportfish

Date	Mintage	VF20	XF40	MS60	MS63	MS65
2015	8,500				PF65	100

KM# 1901 31.39 g., 0.999 Silver, 1.0082 oz. ASW **Ruler:** Elizabeth II 38mm. **Obv:** Bust right **Rev:** Blackeyed Susan in color with crystal dew drops **Mint:** Royal Canadian Mint

Date	Mintage	F12	VF20	XF40	MS60	MS63
2015	10,000			PF65	120	

KM# 1903 31.39 g., 0.9999 Silver, 1.0091 oz. ASW 38mm. **Obv:** Bust right **Rev:** Columbian Yew Tree in color **Note:** Forests of Canada

Date	Mintage	VF20	XF40	MS60	MS63	MS65
2015	8,500				PF65	100

KM# 1904 31.39 g., 0.9999 Silver, 1.0091 oz. ASW 38mm. **Obv:** Bust right **Rev:** Train riding through autumn colored forest **Note:** Autumn Express

Date	Mintage	VF20	XF40	MS60	MS63	MS65
2015	—				PF65	95.00

KM# 1905 31.39 g., 0.9999 Silver, 1.0091 oz. ASW 38mm. **Obv:** Bust right, denomination below **Rev:** The Rockies in color **Note:** Canadian Landscapes

Date	Mintage	VF20	XF40	MS60	MS63	MS65
2016	7,500				PF65	100

KM# 1906 31.39 g., 0.9999 Silver, 1.0091 oz. ASW 38mm. **Obv:** Bust right, denomination below **Rev:** The Lake in color **Note:** Canadian Landscapes

Date	Mintage	VF20	XF40	MS60	MS63	MS65
2016	7,500		PF65 100			

KM# 1911 31.39 g., 0.9999 Silver, 1.0091 oz. ASW **Ruler:** Elizabeth II 38mm. **Subject:** Majestic Animals **Obv:** Bust right **Rev:** Regal Red Tailed Hawk in color **Mint:** Royal Canadian Mint

Date	Mintage	F12	VF20	XF40	MS60	MS63
2016	6,500		PF65 100			

KM# 1912 31.39 g., 0.9999 Silver, 1.0091 oz. ASW 38mm. **Subject:** Diwali Festival of Lights **Obv:** Bust right,date above, denomination below **Rev:** Circular patterns

Date	Mintage	VF20	XF40	MS60	MS63	MS65
2016	8,500		PF65 95.00			

KM# 1914 31.39 g., 0.9999 Silver, 1.0091 oz. ASW **Ruler:** Elizabeth II 38mm. **Subject:** Majestic Animals **Obv:** Bust right **Rev:** Baronial Bald Eagle in color **Mint:** Royal Canadian Mint

Date	Mintage	F12	VF20	XF40	MS60	MS63
2016	6,500		PF65 100			

25 DOLLARS

KM# 742 27.78 g., 0.925 Silver, 0.8262 oz. ASW 40mm. **Subject:** Vancouver Olympics **Rev:** Alpine skiing, hologram

Date	Mintage	VF20	XF40	MS60	MS63	MS65
2007	45,000		PF63 40.00	PF65 45.00		

KM# 743 27.78 g., 0.925 Silver, 0.8262 oz. ASW 40mm. **Subject:** Vancouver Olympics **Rev:** Athletics pride hologram

Date	Mintage	VF20	XF40	MS60	MS63	MS65
2007	45,000		PF63 55.00	PF65 60.00		

KM# 744 27.75 g., 0.925 Silver, 0.8253 oz. ASW 40mm. **Subject:** Vancouver Olympics **Rev:** Biathleon hologram

Date	Mintage	VF20	XF40	MS60	MS63	MS65
2007	54,000		PF63 40.00	PF65 45.00		

KM# 745 27.78 g., 0.925 Silver, 0.8262 oz. ASW 40mm. **Subject:** Vancouver Olympics **Rev:** Curling hologram

Date	Mintage	VF20	XF40	MS60	MS63	MS65
2007	—		PF63 40.00	PF65 45.00		

KM# 746 27.78 g., 0.925 Silver, 0.8262 oz. ASW 40mm. **Subject:** Vancouver Olympics **Rev:** Hockey, hologram

Date	Mintage	VF20	XF40	MS60	MS63	MS65
2007	45,000		PF63 40.00	PF65 45.00		

KM# 814 27.78 g., 0.925 Silver, 0.8262 oz. ASW 40mm. **Subject:** Vancouver Olympics **Rev:** Bobsleigh, hologram

Date	Mintage	VF20	XF40	MS60	MS63	MS65
2008	45,000	PF63 35.00		PF65 45.00		

KM# 815 27.78 g., 0.925 Silver, 0.8262 oz. ASW 40mm. **Subject:** Vancouver Olympics **Rev:** Figure skating, hologram

Date	Mintage	VF20	XF40	MS60	MS63	MS65
2008	45,000	PF63 35.00		PF65 45.00		

KM# 816 27.78 g., 0.925 Silver, 0.8262 oz. ASW 40mm. **Subject:** Vancouver Olympics **Rev:** Freestyle skating, hologram

Date	Mintage	VF20	XF40	MS60	MS63	MS65
2008	45,000	PF63 35.00		PF65 45.00		

KM# 817 27.78 g., 0.925 Silver, 0.8262 oz. ASW 40mm. **Subject:** Vancouver Olympics **Rev:** Snowboarding, hologram

Date	Mintage	VF20	XF40	MS60	MS63	MS65
2008	45,000	PF63 35.00		PF65 45.00		

KM# 818 27.78 g., 0.925 Silver, 0.8262 oz. ASW 40mm. **Subject:** Vancouver Olympics **Rev:** Home of the 2010 Olympics

Date	Mintage	VF20	XF40	MS60	MS63	MS65
2008	45,000	PF63 35.00		PF65 45.00		

KM# 903 27.78 g., 0.925 Silver, 0.8262 oz. ASW 40mm. **Subject:** 2010 Vancouver Olympics **Obv:** Bust right **Obv. Designer:** Susanna Blunt **Rev:** Cross Country Skiing and hologram at left

Date	Mintage	VF20	XF40	MS60	MS63	MS65
2009	45,000	PF63 40.00		PF65 45.00		

KM# 904 27.78 g., 0.925 Silver, 0.8262 oz. ASW 40mm. **Subject:** 2010 Vancouver Olympics **Obv:** Bust right **Obv. Designer:** Susanna Blunt **Rev:** Olympians holding torch, hologram at left

Date	Mintage	VF20	XF40	MS60	MS63	MS65
2009	45,000		PF63 40.00		PF65 45.00	

KM# 905 27.78 g., 0.925 Silver, 0.8262 oz. ASW 40mm. **Subject:** 2010 Vancouver Olympics **Obv:** Bust right **Obv. Designer:** Susanna Blunt **Rev:** Sled, hologram at left

Date	Mintage	VF20	XF40	MS60	MS63	MS65
2009	45,000		PF63 40.00		PF65 45.00	

KM# 906 27.78 g., 0.925 Silver, 0.8262 oz. ASW 40mm. **Subject:** 2010 Vancouver Olympics **Obv:** Bust right **Obv. Designer:** Susanna Blunt **Rev:** Ski Jumper, hologram at left

Date	Mintage	VF20	XF40	MS60	MS63	MS65
2009	45,000		PF63 40.00		PF65 45.00	

KM# 907 27.78 g., 0.925 Silver, 0.8262 oz. ASW 40mm. **Subject:** 2010 Vancouver Olympics **Obv:** Bust right **Obv. Designer:** Susanna Blunt **Rev:** Speed Skaters, hologram at left

Date	Mintage	VF20	XF40	MS60	MS63	MS65
2009	45,000		PF63 40.00		PF65 45.00	

KM# 1146 62.41 g., 0.9999 Silver selectively gilt, 2.0063 oz. ASW 60mm. **Obv:** Bust right **Rev:** Toronto map and skyline, partilly gilt **Edge:** Reeded

Date	Mintage	VF20	XF40	MS60	MS63	MS65
2011	Est. 7500		PF63 170		PF65 180	

KM# 1173 31.39 g., 0.9999 Silver, 1.0091 oz. ASW 38mm. **Obv:** Bust right **Rev:** Wayne Greskey skating right, father's portrait in circle at right, 99 in hologram at lower right

Date	Mintage	VF20	XF40	MS60	MS63	MS65
2011	—		PF63 75.00		PF65 85.00	

KM# 1330 31.11 g., 0.999 Silver, 0.999 oz. ASW 38mm. **Rev:** Grandmother Moon Mask **Rev. Designer:** Richard Cochrane

Date	Mintage	VF20	XF40	MS60	MS63	MS65
2012	—		PF63 70.00		PF65 75.00	

KM# 1398 31.39 g., 0.9999 Silver, 1.0091 oz. ASW 38mm. **Rev:** Beaver with two kits **Rev. Designer:** Pierre Le Duc

Date	Mintage	VF20	XF40	MS60	MS63	MS65
2013	Est. 8500		PF63 80.00		PF65 90.00	

KM# 1403 31.39 g., 0.999 Silver, 1.0082 oz. ASW 38mm. **Rev:** Polar Bear and two cubs **Rev. Designer:** Pierre Le Duc

Date	Mintage	VF20	XF40	MS60	MS63	MS65
2013	Est. 8500		PF63 80.00		PF65 90.00	

KM# 1405 7.77 g., 0.999 Gold, 0.2496 oz. AGW 20mm. **Rev:** Arctic Fox with Northern lights in the background **Rev. Designer:** Tivadar Bote

Date	Mintage	VF20	XF40	MS60	MS63	MS65
2013	Est. 1500		PF65 650			

KM# 1456 31.39 g., 0.999 Silver, 1.0082 oz. ASW 38mm. **Rev:** Caribou mother and calf **Rev. Designer:** Pierre Leduc

Date	Mintage	VF20	XF40	MS60	MS63	MS65
2013	Est. 8500		PF63 80.00		PF65 90.00	

KM# 1457 31.39 g., 0.999 Silver, 1.0082 oz. ASW 38mm. **Rev:** Wolf mother and two pups **Rev. Designer:** Pierre Leduc

Date	Mintage	VF20	XF40	MS60	MS63	MS65
2013	Est. 8500		PF63 80.00		PF65 90.00	

KM# 1458 7.77 g., 0.999 Gold, 0.2496 oz. AGW 20mm. **Rev:** Pronghorn Antelope with northern lights in background **Rev. Designer:** Tony Bianco

Date	Mintage	VF20	XF40	MS60	MS63	MS65
2013	Est. 1500		PF65 650			

KM# 1482 31.11 g., 0.999 Silver, 0.999 oz. ASW 38mm. **Subject:** Banknote Allegory **Rev:** Female seated **Rev. Designer:** Laurie McGaw

Date	Mintage	VF20	XF40	MS60	MS63	MS65
2013	8,500		PF63 80.00		PF65 90.00	

KM# 1483 7.80 g., 0.9999 Gold, 0.2508 oz. AGW 20mm. **Subject:** Banknote Allegory **Rev:** Seated female **Rev. Designer:** Laurie McGaw

Date	Mintage	VF20	XF40	MS60	MS63	MS65
2013	2,000		PF65 650			

KM# 1508 30.76 g., 0.9999 Silver, 0.9889 oz. ASW 36.15mm. **Subject:** Grandmother Moon Mask **Rev:** Mask carving **Rev. Designer:** Richard Cochrane

Date	Mintage	VF20	XF40	MS60	MS63	MS65
2013	6,000		PF63 140		PF65 150	

KM# 1581 31.39 g., 0.999 Silver, 1.0082 oz. ASW 38mm. **Obv:** Bust right **Rev:** Igloo

Date	Mintage	VF20	XF40	MS60	MS63	MS65
2014	—		PF63 65.00		PF65 75.00	

KM# 1608 7.97 g., 0.999 Gold, 0.256 oz. AGW 20mm. **Obv:** Bust right **Rev:** Wolverine with northern lights in background **Rev. Designer:** Tivadar Bote

Date	Mintage	VF20	XF40	MS60	MS63	MS65
2014	1,500		PF65 650			

KM# 1626 31.39 g., 0.999 Silver, 1.0082 oz. ASW 38mm. **Obv:** Bust right **Rev:** Downhill skiing **Rev. Designer:** Kendra Dixon

Date	Mintage	VF20	XF40	MS60	MS63	MS65
2014	—		PF63 80.00		PF65 90.00	

KM# 1688 7.80 g., 0.9999 Gold, 0.2508 oz. AGW
Ruler: Elizabeth II 20mm. **Subject:** Sainthood
Obv: Bust right **Rev:** Pope John Paul II elevating
host **Rev. Designer:** Trevor Tennant **Mint:** Royal
Canadian Mint

Date	Mintage	F12	VF20	XF40	MS60	MS63
2014	1,500	PF63 640	PF65 650			

KM# 1689 30.76 g., 0.9999 Silver, 0.9889 oz. ASW
Ruler: Elizabeth II 36mm. **Subject:** Royal visit,
75th Anniversary **Obv:** Bust right **Rev:** George
VI and Queen Mary in high relief left **Mint:** Royal
Canadian Mint

Date	Mintage	F12	VF20	XF40	MS60	MS63
2014	6,000	PF63 140	PF65 150			

KM# 1690 30.76 g., 0.999 Silver, 0.988 oz. ASW
Ruler: Elizabeth II 36.15mm. **Obv:** Bust right **Rev:**
Matriarch Moon Mask **Rev. Designer:** Carol Young
Mint: Royal Canadian Mint

Date	Mintage	F12	VF20	XF40	MS60	MS63
2014	6,000	PF65 50.00				

KM# 1691 31.39 g., 0.999 Silver, 1.0082 oz. ASW
Ruler: Elizabeth II 38mm. **Subject:** Under the
Maple tree **Obv:** Bust right **Rev. Designer:** Claudio
D'Angelo **Mint:** Royal Canadian Mint

Date	Mintage	F12	VF20	XF40	MS60	MS63
2014	8,500	PF65 90.00				

KM# 1692 31.39 g., 0.9999 Silver, 1.0091 oz. ASW
Ruler: Elizabeth II 38mm. **Obv:** Bust right **Rev:**
Cowboy in the Rockies **Mint:** Royal Canadian Mint

Date	Mintage	F12	VF20	XF40	MS60	MS63
2014	—	PF65 90.00				

KM# 1693 31.39 g., 0.9999 Silver, 1.0091 oz. ASW
Ruler: Elizabeth II 38mm. **Obv:** Bust right **Rev:**
Arctic fox and northern lights **Mint:** Royal Canadian
Mint

Date	Mintage	F12	VF20	XF40	MS60	MS63
2014	—	PF65 90.00				

KM# 1739 30.76 g., 0.999 Silver, 0.988 oz. ASW
Ruler: Elizabeth II 36.15mm. **Obv:** Bust right **Rev:**
Christmas ornament in color **Mint:** Royal Canadian
Mint **Note:** Ultra high relief

Date	Mintage	F12	VF20	XF40	MS60	MS63
2014	6,000	PF65 130				

KM# 1758 30.76 g., 0.999 Silver, 0.988 oz. ASW
36.15mm. **Obv:** Bust right **Rev:** Canadian lynx
head

Date	Mintage	VF20	XF40	MS60	MS63	MS65
2014	6,000				PF65 80.00	

KM# 1870 30.76 g., 0.9999 Silver, 0.9889 oz. ASW
Ruler: Elizabeth II 36.15mm. **Obv:** Bust right **Rev:**
Singing Moon Mask, denomination and date below
Mint: Royal Canadian Mint

Date	Mintage	F12	VF20	XF40	MS60	MS63
2015	3,000				PF65 70.00	

30 DOLLARS

KM# 590 31.50 g., 0.925 Silver, 0.9368 oz. ASW
38mm. **Subject:** Pacific Northwest Wood Carvings
Obv: Head right **Rev:** Welcome figure totem pole

Date	Mintage	VF20	XF40	MS60	MS63	MS65
2006	9,904				PF63 65.00	PF65 75.00

KM# 668 31.50 g., 0.925 Silver, 0.9368 oz. ASW
Subject: Canadarm and Col. C. Hadfield **Obv:**
Head right **Rev:** Hologram of Canadarm

Date	Mintage	VF20	XF40	MS60	MS63	MS65
2006	9,357				PF63 85.00	PF65 90.00

KM# 669 31.50 g., 0.925 Silver, 0.9368 oz. ASW
38mm. **Subject:** National War Memorial **Obv:**
Head right **Rev:** Statue of three soldiers

Date	Mintage	VF20	XF40	MS60	MS63	MS65
2006	8,876				PF63 80.00	PF65 85.00

KM# 670 31.50 g., 0.925 Silver, 0.9368 oz. ASW
38mm. **Subject:** Beaumont Hamel, Newfoundland
Obv: Head right **Rev:** Caribou statue on rock
outcrop

Date	Mintage	VF20	XF40	MS60	MS63	MS65
2006	15,325				PF63 90.00	PF65 95.00

KM# 671 31.50 g., 0.925 Silver, 0.9368 oz. ASW
38mm. **Obv:** Head right **Rev:** Dog Sled Team in
color

Date	Mintage	VF20	XF40	MS60	MS63	MS65
2006	7,384				PF63 80.00	PF65 85.00

KM# 739 31.50 g., 0.925 Silver, 0.9368 oz. ASW
40mm. **Rev:** Niagra Falls panoramic hologram

Date	Mintage	VF20	XF40	MS60	MS63	MS65
2007	7,384				PF63 75.00	PF65 85.00

KM# 741 31.50 g., 0.925 Silver, 0.9368 oz. ASW
40mm. **Rev:** War Memorial, Vimy Ridge

Date	Mintage	VF20	XF40	MS60	MS63	MS65
2007	5,335				PF65 85.00	

KM# 819 31.50 g., 0.925 Silver, 0.9368 oz. ASW 40mm. **Subject:** IMAX **Rev:** Youth reaching out to shark on large screen

Date	Mintage	VF20	XF40	MS60	MS63	MS65
2008	3,861	**PF63** 65.00		**PF65** 75.00		

KM# 895 33.75 g., 0.925 Silver, 1.0037 oz. ASW 40mm. **Subject:** International year of astronomy **Obv:** Bust right **Obv. Designer:** Susanna Blunt **Rev:** Observatory with planets and colored sky **Obv. Legend:** Elizabeth II 30 Dollars DG Regina **Rev. Designer:** Colin Mayne **Rev. Legend:** Canada

Date	Mintage	VF20	XF40	MS60	MS63	MS65
2009	7,174	**PF63** 80.00		**PF65** 90.00		

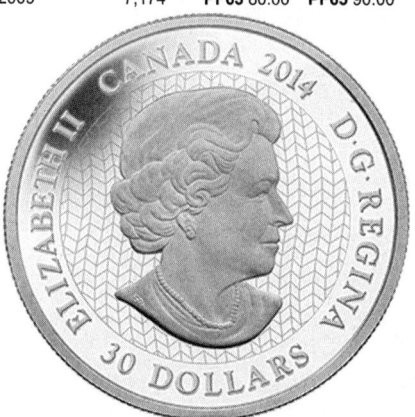

KM# 1623 62.70 g., 0.999 Silver, 2.0138 oz. ASW 54mm. **Subject:** Canada thru the eyes of Tim Barnard **Obv:** Bust right **Rev:** Multitude of designs

Date	Mintage	VF20	XF40	MS60	MS63	MS65
2014	5,000	**PF65** 250				

KM# 1723 62.67 g., 0.999 Silver, 2.0129 oz. ASW 54mm. **Subject:** Grand Trunk Railway **Obv:** Bust right **Rev:** Steam Train on Bridge **Rev. Designer:** Joel Kimmel

Date	Mintage	VF20	XF40	MS60	MS63	MS65
2014	5,000	**PF65** 200				

KM# 1727 62.67 g., 0.999 Silver, 2.0129 oz. ASW 54mm. **Obv:** Bust right **Rev:** Machine gun training **Rev. Designer:** Silvia Pecota

Date	Mintage	VF20	XF40	MS60	MS63	MS65
2014	5,000		PF65 175			

KM# 1765 62.67 g., 0.9999 Silver, 2.0147 oz. ASW 54mm. **Obv:** Bust right **Rev:** Four Aboriginies, Elk, Bear, Bison, Eagle and Wolf

Date	Mintage	VF20	XF40	MS60	MS63	MS65
2014	5,000		PF65 250			

KM# 1871 62.67 g., 0.9999 Silver, 2.0147 oz. ASW 54mm. **Subject:** Battle of the Atlantic **Obv:** Head of George VI left **Rev:** Battleships on Atlantic, denomination and date above **Obv. Legend:** GEORGIVS VI D : G : REX ET IND : IMP :

Date	Mintage	VF20	XF40	MS60	MS63	MS65
2015	5,000		PF65 175			

KM# 1872 62.67 g., 0.9999 Silver, 2.0147 oz. ASW 54mm. **Subject:** Moonlight Fireflies **Obv:** Bust right, date above, denomination below **Rev:** River scene with fireflies and canoe full color **Note:** Both glow in the dark and background darkening elements

Date	Mintage	VF20	XF40	MS60	MS63	MS65
2015	4,000		PF65 200			

50 DOLLARS

KM# 566 12.00 g., 0.5833 Gold, 0.225 oz. AGW 27mm. **Subject:** End of World War II, 60th Anniversary **Obv:** Head right **Rev:** Large V and three portraits

Date	Mintage	VF20	XF40	MS60	MS63	MS65
2005	4,000		PF65 375			
Specimen						

KM# 672 31.16 g., 0.9995 Palladium, 1.0013 oz. APW **Subject:** Constellation in Spring sky position **Rev:** Large Bear at top

Date	Mintage	VF20	XF40	MS60	MS63	MS65
2006	297		PF65 1,250			

KM# 673 31.16 g., 0.9995 Palladium, 1.0013 oz. APW **Subject:** Constellation in Summer sky position **Rev:** Large Bear at left

Date	Mintage	VF20	XF40	MS60	MS63	MS65
2006	296		PF65 1,250			

KM# 674 31.16 g., 0.9995 Palladium, 1.0013 oz. APW **Subject:** Constellation in Autumn sky position **Rev:** Large Bear towards bottom

Date	Mintage	VF20	XF40	MS60	MS63	MS65
2006	296		PF65 1,250			

KM# 675 31.16 g., 0.9995 Palladium, 1.0013 oz. APW **Subject:** Constellation in Winter sky position **Rev:** Large Bear towards right

Date	Mintage	VF20	XF40	MS60	MS63	MS65
2006	293		PF65 1,250			

50 DOLLARS

KM# 709 155.50 g., 0.9999 Silver, 4.9989 oz. ASW **Subject:** Queen's 60th Wedding Anniversary **Rev:** Coat of Arms and Mascots of Elizabeth and Philip

Date	Mintage	VF20	XF40	MS60	MS63	MS65
2007	1,957			PF65 350		

KM# 783 156.77 g., 0.999 Silver, 5.0352 oz. ASW 65mm. **Subject:** Ottawa Mint Centennial 1908-2008 **Rev:** Mint building facade **Note:** Photo reduced.

Date	Mintage	VF20	XF40	MS60	MS63	MS65
2008	2,078			PF65 400		

KM# 896 156.77 g., 0.999 Silver, 5.0352 oz. ASW 65.25mm. **Subject:** 150 Anniversary of the start of construction of the parliament buildings **Obv:** Bust right **Obv. Designer:** Susanna Blunt **Rev:** Incomplete west block, original architecture **Obv. Legend:** Elizabeth II Canada DG Regina **Rev. Legend:** 50 Dollars 1859-2009

Date	Mintage	VF20	XF40	MS60	MS63	MS65
2009	910			PF65 450		

KM# 1008 157.60 g., 0.999 Silver, 5.0619 oz. ASW 65.25mm. **Subject:** 75th Anniverary of Canadian Bank Notes **Rev:** Female seated speaking into microphone **Note:** Photo reduced.

Date	Mintage	VF20	XF40	MS60	MS63	MS65
2010	2,000			PF65 400		

KM# 1243 157.60 g., 0.999 Silver, 5.0619 oz. ASW 65mm. **Subject:** Calgary Stampede

Date	Mintage	VF20	XF40	MS60	MS63	MS65
2012	1,500		PF65 400			

KM# 1284 31.11 g., 0.999 Gold, 0.999 oz. AGW 30mm. **Subject:** Year of the Dragon

Date	Mintage	VF20	XF40	MS60	MS63	MS65
2012	—		PF65 1,750			

KM# 1296 33.17 g., 1.000 Gold, 1.0664 oz. AGW 30mm. **Subject:** Diamond Jubilee **Obv:** Bust right **Obv. Designer:** Susana Blunt **Rev:** High relief bust left **Note:** Ultra high relief

Date	Mintage	VF20	XF40	MS60	MS63	MS65
2012	500	—	—	—	—	—

KM# 1399 155.55 g., 0.999 Silver, 4.996 oz. ASW 65mm. **Rev:** Beaver gnawing standing tree, two others with felled tree

Date	Mintage	VF20	XF40	MS60	MS63	MS65
2013	—		PF65 450			

KM# 1417 155.55 g., 0.9999 Silver, 5.0005 oz. ASW 65.25mm. **Obv:** Four Seasons: Spring/Fall Scene **Rev:** Winter/Summer/Large Tree

Date	Mintage	VF20	XF40	MS60	MS63	MS65
2013	—		PF65 250			

50 DOLLARS

KM# **1429** 157.60 g., 0.999 Silver, 5.0619 oz. ASW 65mm. **Subject:** War of 1812 - Naval Battle **Rev:** HMS Shannon and Chesapeake **Rev. Designer:** John Horton

Date	Mintage	VF20	XF40	MS60	MS63	MS65
2013	Est. 1500		PF65 500			

KM# **1433** 157.60 g., 0.999 Silver, 5.0619 oz. ASW 62.25mm. **Subject:** Coronation Anniversary **Rev:** Elizabeth II in Coronation robes - Loman image in the Victoria & Albert Museum

Date	Mintage	VF20	XF40	MS60	MS63	MS65
2013	Est. 1500		PF65 525			

KM# **1557** 157.60 g., 0.999 Silver, 5.0619 oz. ASW 65mm. **Obv:** Bust right **Rev:** Beaver swimming with birch branch in mouth **Rev. Designer:** Emily Damstra

Date	Mintage	VF20	XF40	MS60	MS63	MS65
2014	1,500		PF65 520			

KM# **1729** 31.10 g., 0.999 Gold, 0.9989 oz. AGW 30mm. **Obv:** Bust right **Rev:** Five Blessings with red highlights

Date	Mintage	VF20	XF40	MS60	MS63	MS65
2014	350		PF65 2,700			

KM# **1764** 155.60 g., 0.999 Silver, 4.9976 oz. ASW **Obv:** Bust right **Rev:** 3 Maple leaves

Date	Mintage	VF20	XF40	MS60	MS63	MS65
2014	2,500		PF65 520			

KM# **1792** 31.39 g., 0.999 Gold, 1.0082 oz. AGW **Ruler:** Elizabeth II 30mm. **Obv:** Bust right by Mary Gilick **Rev:** Two maple leaves **Mint:** Royal Canadian Mint

Date	Mintage	F12	VF20	XF40	MS60	MS63
2014	650		PF65 1,400			

KM# 1843 7.80 g., 0.9999 Gold, 0.2508 oz. AGW
Obv: Bust right **Rev:** UNESCO. Mount Fuji and
Canadian Rockies

Date	Mintage	VF20	XF40	MS60	MS63	MS65
2015	2,000		PF65 600			

75 DOLLARS

KM# 567 31.44 g., 0.4166 Gold, 0.4211 oz. AGW
36.07mm. **Subject:** Pope John Paul II **Obv:** Head
right **Rev:** Pope giving blessing

Date	Mintage	VF20	XF40	MS60	MS63	MS65
2005	1,870		PF65 825			

KM# 747 12.00 g., 0.583 Gold, 0.2249 oz. AGW
27mm. **Subject:** Vancouver Olympics - Athletics
Pride **Rev:** Athletics celebrating, holding flag aloft

Date	Mintage	VF20	XF40	MS60	MS63	MS65
2007	4,524		PF65 440			

KM# 748 12.00 g., 0.583 Gold, 0.2249 oz. AGW
27mm. **Obv:** Bust right **Obv. Designer:** Susanna
Blunt **Rev:** Canada geese in flight left, multicolor

Date	Mintage	VF20	XF40	MS60	MS63	MS65
2007	4,418		PF65 440			

KM# 749 12.00 g., 0.583 Gold, 0.2249 oz. AGW
27mm. **Rev:** Mountie, multicolor

Date	Mintage	VF20	XF40	MS60	MS63	MS65
2007	6,687		PF65 440			

KM# 820 12.00 g., 0.583 Gold partially silver
plated, 0.2249 oz. AGW 27mm. **Rev:** 2010 Olympic
Inukshuk Stone man, partially silver plated

Date	Mintage	VF20	XF40	MS60	MS63	MS65
2008	—		PF65 420			

KM# 821 12.00 g., 0.583 Gold, 0.2249 oz. AGW
27mm. **Rev:** Four Host Nations mask emblems,
colored **Rev. Designer:** Jody Broomfield

Date	Mintage	VF20	XF40	MS60	MS63	MS65
2008	8,000		PF65 440			

KM# 947 12.00 g., 0.583 Gold, 0.2249 oz. AGW
27mm. **Subject:** Vancouver Olympics **Rev:** Tent
building at Olympic site, color

Date	Mintage	VF20	XF40	MS60	MS63	MS65
2008	8,000		PF63 430		PF65 440	

KM# 908 12.00 g., 0.583 Gold, 0.2249 oz. AGW 27mm. **Subject:** 2010 Vancouver Olympics **Obv:** Bust right **Obv. Designer:** Susana Blunt **Rev:** Multicolor moose

Date	Mintage	VF20	XF40	MS60	MS63	MS65
2009	4,075		PF65 440			

KM# 909 12.00 g., 0.583 Gold, 0.2249 oz. AGW 27mm. **Subject:** 2010 Vancouver Olympics **Obv:** Bust right **Obv. Designer:** Susanna Blunt **Rev:** Multicolor athletics and torch

Date	Mintage	VF20	XF40	MS60	MS63	MS65
2009	4,479		PF65 440			

KM# 910 12.00 g., 0.583 Gold, 0.2249 oz. AGW 27mm. **Subject:** 2010 Vancouver Olympics **Obv:** Bust right **Obv. Designer:** Susanna Blunt **Rev:** Wolf, multicolor

Date	Mintage	VF20	XF40	MS60	MS63	MS65
2009	4,161		PF65 440			

KM# 1002 12.00 g., 0.583 Gold, 0.2249 oz. AGW 27mm. **Rev:** Spring color maple leaves

Date	Mintage	VF20	XF40	MS60	MS63	MS65
2010	1,000		PF65 500			

KM# 1003 12.00 g., 0.583 Gold, 0.2249 oz. AGW 27mm. **Rev:** Summer color maple leaves

Date	Mintage	VF20	XF40	MS60	MS63	MS65
2010	1,000		PF65 500			

KM# 1004 12.00 g., 0.583 Gold, 0.2249 oz. AGW 27mm. **Rev:** Fall color maple leaves

Date	Mintage	VF20	XF40	MS60	MS63	MS65
2010	1,000		PF65 500			

KM# 1005 12.00 g., 0.583 Gold, 0.2249 oz. AGW 27mm. **Rev:** Winter color maple leaves

Date	Mintage	VF20	XF40	MS60	MS63	MS65
2010	1,000		PF65 500			

KM# 1378 7.77 g., 0.999 Gold, 0.2496 oz. AGW 20mm. **Subject:** Baseball **Rev:** Baseball Diamond and Crossed Bats **Rev. Designer:** Steve Hepburn

Date	Mintage	VF20	XF40	MS60	MS63	MS65
2013	—		PF65 900			

KM# 1379 7.77 g., 0.999 Gold, 0.2496 oz. AGW 20mm. **Subject:** Baseball **Rev:** Baseball **Rev. Designer:** Steve Hepburn

Date	Mintage	VF20	XF40	MS60	MS63	MS65
2013	Est. 3500		PF65 900			

KM# 1450 12.00 g., 0.583 Gold, 0.2249 oz. AGW 27mm. **Subject:** 75th Anniversary of Superman **Rev:** Superman in color, jumping on rooftop, logo name above **Rev. Designer:** Joe Schuster, DC Comics

Date	Mintage	VF20	XF40	MS60	MS63	MS65
2013	Est. 2000		PF65 750			

100 DOLLARS

KM# 115 13.34 g., 0.583 Gold, 0.250 oz. AGW 27mm. **Subject:** 1976 Montreal Olympics **Obv:** Young bust right, maple leaf below, date at right, beaded borders **Rev:** Past and present Olympic figures, denomination at right **Rev. Designer:** Dora dePedery-Hunt

Date	Mintage	VF20	XF40	MS60	MS63	MS65
1976	650,000	—	—	—	375	—

KM# 116 16.97 g., 0.917 Gold, 0.5002 oz. AGW 25mm. **Subject:** 1976 Montreal Olympics **Obv:** Young bust right, maple leaf below, date at right, plain borders **Rev:** Past and present Olympic figures, denomination at right **Rev. Designer:** Dora dePedery-Hunt

Date	Mintage	VF20	XF40	MS60	MS63	MS65
1976		—	PF63 750			

KM# 119 16.97 g., 0.917 Gold, 0.5002 oz. AGW **Subject:** Queen's silver jubilee **Obv:** Young bust right **Rev:** Bouquet of provincial flowers, denomination below **Rev. Designer:** Raymond Lee

Date	Mintage	VF20	XF40	MS60	MS63	MS65
1952-1977	180,396		PF63 750			

KM# 122 16.97 g., 0.917 Gold, 0.5002 oz. AGW **Subject:** Canadian unification **Obv:** Young bust right, denomination at left, date upper right **Rev:** Geese (representing the provinces) in flight formation **Rev. Designer:** Roger Savage

Date	Mintage	VF20	XF40	MS60	MS63	MS65
1978		—	PF63 750			

KM# 126 16.97 g., 0.917 Gold, 0.5002 oz. AGW **Subject:** International Year of the Child **Obv:** Young bust right **Rev:** Children with hands joined divide denomination and date **Rev. Designer:** Carola Tietz

Date	Mintage	VF20	XF40	MS60	MS63	MS65
1979		—	PF63 750			

KM# 129 16.97 g., 0.917 Gold, 0.5002 oz. AGW **Subject:** Arctic Territories **Obv:** Young bust right, denomination at left, date above right **Rev:** Kayaker **Rev. Designer:** Arnaldo Marchetti

Date	Mintage	VF20	XF40	MS60	MS63	MS65
1980		—	PF63 750			

KM# 131 16.97 g., 0.917 Gold, 0.5002 oz. AGW **Subject:** National anthem **Obv:** Young bust right, denomination at left, date above right **Rev:** Music score on map **Rev. Designer:** Roger Savage

Date	Mintage	VF20	XF40	MS60	MS63	MS65
1981	102,000	PF63 750				

KM# 137 16.97 g., 0.917 Gold, 0.5002 oz. AGW **Subject:** New Constitution **Obv:** Young bust right, denomination at left **Rev:** Open book, maple leaf on right page, date below **Rev. Designer:** Friedrich Peter

Date	Mintage	VF20	XF40	MS60	MS63	MS65
1982	121,708	PF63 750				

KM# 139 16.97 g., 0.917 Gold, 0.5002 oz. AGW **Subject:** 400th Anniversary of St. John's, Newfoundland **Obv:** Young bust right **Rev:** Anchor divides building and ship, denomination below, dates above **Rev. Designer:** John Jaciw

Date	Mintage	VF20	XF40	MS60	MS63	MS65
1583-1983	—	PF63 750				

KM# 142 16.97 g., 0.917 Gold, 0.5002 oz. AGW **Subject:** Jacques Cartier **Obv:** Young bust right **Rev:** Cartier head on right facing left, ship on left, date lower right, denomination above **Rev. Designer:** Carola Tietz

Date	Mintage	VF20	XF40	MS60	MS63	MS65
1534-1984	—	PF63 750				

KM# 144 16.97 g., 0.917 Gold, 0.5002 oz. AGW **Subject:** National Parks **Obv:** Young bust right **Rev:** Bighorn sheep, denomination divides dates below **Rev. Designer:** Hector Greville

Date	Mintage	VF20	XF40	MS60	MS63	MS65
1885-1985	—	PF63 750				

KM# 152 16.97 g., 0.917 Gold, 0.5002 oz. AGW **Subject:** Peace **Obv:** Young bust right **Rev:** Maple leaves and letters intertwined, date at right, denomination below **Rev. Designer:** Dora dePedery-Hunt

Date	Mintage	VF20	XF40	MS60	MS63	MS65
1986	—	PF63 750				

KM# 158 13.34 g., 0.583 Gold, 0.250 oz. AGW **Subject:** 1988 Calgary Olympics **Obv:** Young bust right, maple leaf below, date at right **Rev:** Torch and logo, denomination below **Rev. Designer:** Friedrich Peter **Edge Lettering:** In English and French

Date	Mintage	VF20	XF40	MS60	MS63	MS65
1987 Proof, plain edge	Inc. above	PF65 375				
1987 Proof, letter edge	142,750	PF65 375				

KM# 162 13.34 g., 0.583 Gold, 0.250 oz. AGW **Subject:** Bowhead Whales, balaera mysticetus **Rev:** Whales left, date below, within circle, denomination below **Rev. Designer:** Robert R. Carmichael

Date	Mintage	VF20	XF40	MS60	MS63	MS65
1988	—	PF65 375				

KM# 169 13.34 g., 0.583 Gold, 0.250 oz. AGW **Subject:** Sainte-Marie **Obv:** Young bust right **Rev:** Huron Indian, Missionary and Mission building, denomination below, dates above **Rev. Designer:** D. J. Craig

Date	Mintage	VF20	XF40	MS60	MS63	MS65
1639-1989	—	PF65 375				

KM# 171 13.34 g., 0.583 Gold, 0.250 oz. AGW **Subject:** International Literacy Year **Obv:** Crowned head right, date below **Rev:** Woman with children, denomination below **Rev. Designer:** John Mardon

Date	Mintage	VF20	XF40	MS60	MS63	MS65
1990	—	PF65 375				

KM# 180 13.34 g., 0.583 Gold, 0.250 oz. AGW
Subject: S.S. Empress of India **Obv:** Crowned
head right, date below **Rev:** Ship, "SS Empress",
denomination below **Rev. Designer:** Karsten Smith

Date	Mintage	VF20	XF40	MS60	MS63	MS65
1991	—		PF65 375			

KM# 211 13.34 g., 0.583 Gold, 0.250 oz. AGW
Subject: Montreal **Obv:** Crowned head right,
date below **Rev:** Half figure in foreground with
paper, buildings in back, denomination below **Rev.
Designer:** Stewart Sherwood

Date	Mintage	VF20	XF40	MS60	MS63	MS65
1992	—		PF65 375			

KM# 245 13.34 g., 0.583 Gold, 0.250 oz. AGW
Subject: Antique Automobiles **Obv:** Crowned
head right, date below **Rev:** German Bene Victoria;
Simmonds Steam Carriage; French Panhard-
Levassor's Daimler; American Duryea; Canadian
Featherston Haugh in center, denomination below
Rev. Designer: John Mardon

Date	Mintage	VF20	XF40	MS60	MS63	MS65
1993	—		PF65 375			

KM# 249 13.34 g., 0.583 Gold, 0.250 oz. AGW
Subject: World War II Home Front **Obv:** Crowned
head right, date below **Rev:** Kneeling figure working
on plane, denomination below **Rev. Designer:**
Paraskeva Clark

Date	Mintage	VF20	XF40	MS60	MS63	MS65
1994	16,201		PF65 375			

KM# 260 13.34 g., 0.583 Gold, 0.250 oz. AGW
Subject: Louisbourg **Obv:** Crowned head right,
date below **Rev:** Ship and buildings, dates and
denomination above **Rev. Designer:** Lewis Parker

Date	Mintage	VF20	XF40	MS60	MS63	MS65
1995	16,916		PF65 375			

KM# 273 13.34 g., 0.583 Gold, 0.250 oz. AGW
Subject: Klondike Gold Rush Centennial **Obv:**
Crowned head right, date below **Rev:** Scene of
Kate Carmack panning for gold, dates above,
denomination lower left **Rev. Designer:** John
Mantha

Date	Mintage	VF20	XF40	MS60	MS63	MS65
1896-1996	17,973		PF65 350			

KM# 287 13.34 g., 0.583 Gold, 0.250 oz. AGW
Subject: Alexander Graham Bell **Obv:** Crowned
head right, date below **Rev:** A. G. Bell head right,
globe and telephone, denomination upper right
Rev. Designer: Donald H. Carley

Date	Mintage	VF20	XF40	MS60	MS63	MS65
1997	14,775		PF65 375			

KM# 307 13.34 g., 0.583 Gold, 0.250 oz. AGW
Subject: Discovery of Insulin **Obv:** Crowned head
right, date below **Rev:** Nobel prize award figurine,
dates at left, denomination at right **Rev. Designer:**
Robert R. Carmichael

Date	Mintage	VF20	XF40	MS60	MS63	MS65
1998	11,220		PF65 375			

KM# 341 13.34 g., 0.583 Gold, 0.250 oz. AGW
Subject: 50th Anniversary Newfoundland Unity
With Canada **Obv:** Crowned head right, date below
Rev: Two designs at front, mountains in back,
denomination below **Rev. Designer:** Jackie Gale-
Vaillancourt

Date	Mintage	VF20	XF40	MS60	MS63	MS65
1999	10,242		PF65 375			

KM# 402 13.34 g., 0.583 Gold, 0.250 oz. AGW
27mm. **Subject:** McClure's Arctic expedition
Obv: Crowned head right, date below **Rev:** Six
men pulling supply sled to an icebound ship,
denomination below **Rev. Designer:** John Mardon
Edge: Reeded

Date	Mintage	VF20	XF40	MS60	MS63	MS65
2000	—		PF65 375			

KM# 416 13.34 g., 0.583 Gold alloyed with 5.5579 g
of .999 Silver, .1787 oz ASW, 0.250 oz. AGW 27mm.
Subject: Library of Parliament **Obv:** Crowned head
right **Obv. Designer:** Dora dePedery-Hunt **Rev:**
Statue in domed building **Rev. Designer:** Robert R.
Carmichael **Edge:** Reeded

Date	Mintage	VF20	XF40	MS60	MS63	MS65
2001	—		PF65 375			

KM# 452 13.34 g., 0.583 Gold, 0.250 oz. AGW
27mm. **Subject:** Discovery of Oil in Alberta **Obv:**
Crowned head right **Rev:** Oil well with black oil spill on
ground **Rev. Designer:** John Marden **Edge:** Reeded

Date	Mintage	VF20	XF40	MS60	MS63	MS65
2002	9,994		PF65 375			

KM# 486 13.34 g., 0.583 Gold, 0.250 oz. AGW
Subject: 100th Anniversary of the Discovery of
Marquis Wheat **Obv:** Head right

Date	Mintage	VF20	XF40	MS60	MS63	MS65
2003	9,993		PF65 375			

KM# 528 12.00 g., 0.583 Gold, 0.2249 oz. AGW
Subject: St. Lawrence Seaway, 50th Anniversary
Obv: Head right

Date	Mintage	VF20	XF40	MS60	MS63	MS65
2004	7,454		PF65 325			

KM# 593 12.00 g., 0.5833 Gold, 0.225 oz. AGW
Subject: 130th Anniversary, Supreme Court **Obv:**
Head right

Date	Mintage	VF20	XF40	MS60	MS63	MS65
2005	5,092		PF65 325			

KM# 591 12.00 g., 0.5833 Gold, 0.225 oz. AGW
Subject: 75th Anniversary, Hockey Classic between
Royal Military College and U.S. Military Academy
Obv: Head right

Date	Mintage	VF20	XF40	MS60	MS63	MS65
2006	5,439		PF65 325			

KM# 689 12.00 g., 0.5833 Gold, 0.225 oz. AGW
27mm. **Subject:** 140th Anniversary Dominion **Obv:**
Head right

Date	Mintage	VF20	XF40	MS60	MS63	MS65
2007	4,453		PF65 325			

KM# 823 12.00 g., 0.583 Gold, 0.2249 oz. AGW
27mm. **Rev:** Fraser River

Date	Mintage	VF20	XF40	MS60	MS63	MS65
2008	3,089		PF65 325			

KM# 898 12.00 g., 0.583 Gold, 0.2249 oz. AGW 27mm. **Subject:** 10th Anniversary of Nunavut **Obv:** Bust right **Obv. Designer:** Susanna Blunt **Rev:** Inuit dancer with 3 faces behind **Obv. Legend:** Elizabeth II DG Regina **Rev. Legend:** Canada 100 Dollars 1999-2009

Date	Mintage	VF20	XF40	MS60	MS63	MS65
2009	2,309		PF65 325			

KM# 997 12.00 g., 0.583 Gold, 0.2249 oz. AGW 27mm. **Rev:** Henry Hudson, Map of Hudson's Bay **Rev. Designer:** John Mantha

Date	Mintage	VF20	XF40	MS60	MS63	MS65
2010	Est. 5000		PF65 325			

KM# 1073 12.00 g., 0.583 Gold, 0.2249 oz. AGW 27mm. **Subject:** Canadian Railroads, 175th Anniversary **Rev:** Early steam locomotive

Date	Mintage	VF20	XF40	MS60	MS63	MS65
2011	3,000		PF65 325			

KM# 1389 12.00 g., 0.5833 Gold, 0.225 oz. AGW 27mm. **Subject:** Arctic Exploration - 100th Anniversary **Rev:** Map of the North Pole, Explorers **Rev. Designer:** Bonnie Ross

Date	Mintage	VF20	XF40	MS60	MS63	MS65
2013	2,500		PF65 600			

KM# 1441 31.60 g., 0.999 Silver, 1.0149 oz. ASW 40mm. **Rev:** Three bison advancing left **Rev. Designer:** Claudio d'Angelo

Date	Mintage	VF20	XF40	MS60	MS63	MS65
2013 Matte Proof	Est. 50000		PF63 100			

KM# 1582 12 g., 0.5833 Gold, 0.2250 oz. AGW 27mm. **Subject:** Charlottetown and Quebec 150th Anniversary Conferences of 1864 **Obv:** Bust right **Rev:** Building views, divided by ribbon, denomination and date below

Date	Mintage	VF20	XF40	MS60	MS63	MS65
2014	2,500		PF65 600			

KM# 1751 12.00 g., 0.5833 Gold, 0.3858 oz. AGW 27mm. **Obv:** Bust right **Rev:** Superman chest, black/red logo

Date	Mintage	VF20	XF40	MS60	MS63	MS65
2014	2,000		PF65 750			

100 DOLLARS

KM# 1761 311.50 g., 0.999 Silver, 10.0049 oz. ASW 76.25mm. **Obv:** Bust right **Rev:** Majestic Maple Leaves - Large maple leaf and maple tree branch **Rev. Designer:** Pierre Leduc

Date	Mintage	VF20	XF40	MS60	MS63	MS65
2014	2,000			PF65 900		

KM# 1845 12.00 g., 0.583 Gold, 0.2249 oz. AGW **Obv:** Bust right **Rev:** Sir John A. McDonald and Canadian Pacific locomotive

Date	Mintage	VF20	XF40	MS60	MS63	MS65
2015	—			PF65 350		

KM# 1873 12.00 g., 0.9999 Gold, 0.3858 oz. AGW 27mm. **Obv:** Bust right, country name below **Rev:** Superman in color from 1940 Superman #4 comic book cover

Date	Mintage	VF20	XF40	MS60	MS63	MS65
2015	2,000			PF65 750		

KM# 1874 311.54 g., 0.9999 Silver, 10.0152 oz. ASW 76.25mm. **Subject:** 100th Anniversary - In Flanders Field **Obv:** Crowned bust of King George V left **Rev:** Officer writing amidst gravesites, text as backdrop, anniversary dates and denomination above **Obv. Legend:** GEORGIVS V DEI GRA : REX ET IND : IMP:

Date	Mintage	VF20	XF40	MS60	MS63	MS65
2015	500			PF65 950		

125 DOLLARS

KM# 1696 500.00 g., 0.9999 Silver, 16.0738 oz. ASW **Ruler:** Elizabeth II 85mm. **Obv:** Bust right **Rev:** Wolf head howling **Rev. Designer:** Pierre LeDuc **Mint:** Royal Canadian Mint

Date	Mintage	F12	VF20	XF40	MS60	MS63
2014	1,000			PF65 1,100		

KM# 1824 500.00 g., 0.999 Silver, 16.0593 oz. ASW 85.35mm. **Obv:** Bust right **Rev:** Three horses galloping forwards, maple leaves **Rev. Designer:** Michael Grant

Date	Mintage	VF20	XF40	MS60	MS63	MS65
2015	1,000			PF65 1,100		

150 DOLLARS

KM# 388 13.61 g., 0.750 Gold, 0.3282 oz. AGW **Subject:** Year of the Dragon **Obv:** Crowned head right **Rev. Designer:** Harvey Chan

Date	Mintage	VF20	XF40	MS60	MS63	MS65
2000	—			PF63 625		

KM# 417 13.61 g., 0.750 Gold, 0.3282 oz. AGW 28mm. **Subject:** Year of the Snake **Obv:** Crowned head right **Obv. Designer:** Dora dePedery-Hunt **Rev:** Multicolor snake hologram **Edge:** Reeded

Date	Mintage	VF20	XF40	MS60	MS63	MS65
2001	—			PF65 625		

KM# 604 13.61 g., 0.750 Gold, 0.3282 oz. AGW **Obv:** Head right **Rev:** Stylized horse left

Date	Mintage	VF20	XF40	MS60	MS63	MS65
2002	6,843			PF65 625		

KM# 487 13.61 g., 0.750 Gold, 0.3282 oz. AGW 28mm. **Subject:** Year of the Ram **Obv:** Crowned head right **Rev:** Stylized ram left, hologram **Rev. Designer:** Harvey Chan

Date	Mintage	VF20	XF40	MS60	MS63	MS65
2003	3,927			PF65 625		

KM# 614 13.61 g., 0.750 Gold, 0.3282 oz. AGW **Obv:** Head right **Rev:** Year of the Monkey, hologram

Date	Mintage	VF20	XF40	MS60	MS63	MS65
2004	3,392			PF65 625		

KM# 568 13.61 g., 0.750 Gold, 0.3282 oz. AGW **Subject:** Year of the Rooster **Obv:** Head right **Rev:** Rooster left, hologram

Date	Mintage	VF20	XF40	MS60	MS63	MS65
2005	3,731			PF65 625		

KM# 592 13.61 g., 0.750 Gold, 0.3282 oz. AGW 28mm. **Subject:** Year of the Dog, hologram **Obv:** Head right **Rev:** Stylized dog left

Date	Mintage	VF20	XF40	MS60	MS63	MS65
2006	2,604			PF65 625		

KM# 733 11.84 g., 0.750 Gold, 0.2855 oz. AGW 28mm. **Subject:** Year of the Pig **Obv:** Head right **Rev:** Pig in center with Chinese lunar calendar around, hologram

Date	Mintage	VF20	XF40	MS60	MS63	MS65
2007	826			PF65 675		

KM# 802 11.84 g., 0.750 Gold, 0.2855 oz. AGW 28mm. **Subject:** Year of the Rat **Rev:** Rat, hologram

Date	Mintage	VF20	XF40	MS60	MS63	MS65
2008	582			PF65 675		

KM# 867 11.84 g., 0.750 Gold, 0.2855 oz. AGW 28mm. **Subject:** Year of the Ox **Rev:** Ox, hologram

Date	Mintage	VF20	XF40	MS60	MS63	MS65
2009	486			PF65 550		

KM# 899 10.40 g., 0.999 Gold, 0.334 oz. AGW 22.5mm. **Subject:** Blessings of wealth **Obv:** Bust right **Obv. Designer:** Susanna Blunt **Rev:** Three goldfish surround peony, clouds **Obv. Legend:** Elizabeth II, DG Regina, Fine Gold 99999 or PUR **Rev. Designer:** Harvey Chan **Rev. Legend:** Canada 150 Dollars (Chinese symbols of good fortune) **Edge:** Scalloped

Date	Mintage	VF20	XF40	MS60	MS63	MS65
2009	1,273			PF65 650		

KM# 979 11.84 g., 0.750 Gold, 0.2855 oz. AGW 28mm. **Subject:** Year of the Tiger **Rev:** Tiger in hologram

Date	Mintage	VF20	XF40	MS60	MS63	MS65
2010	1,507			PF65 550		

KM# 1030 10.40 g., 0.9999 Gold, 0.3343 oz. AGW **Subject:** Blessing of Wealth **Shape:** Scalloped

Date	Mintage	VF20	XF40	MS60	MS63	MS65
2010	1,388			PF65 650		

KM# 1031 13.61 g., 0.750 Gold, 0.3282 oz. AGW 28mm. **Subject:** Year of the Tiger **Rev:** Tiger walking

Date	Mintage	VF20	XF40	MS60	MS63	MS65
2010	2,500		PF65 600			

KM# 1053 13.61 g., 0.750 Gold, 0.3282 oz. AGW 28mm. **Subject:** Year of the rabbit **Rev:** Rabbit hologram

Date	Mintage	VF20	XF40	MS60	MS63	MS65
2011	—		PF65 600			

KM# 1184 13.61 g., 0.750 Gold, 0.3282 oz. AGW 28mm. **Subject:** Year of the Dragon **Obv:** Bust right **Rev:** Dragon left

Date	Mintage	VF20	XF40	MS60	MS63	MS65
2012	—		PF65 650			

KM# 1262 10.40 g., 0.999 Gold, 0.334 oz. AGW 22.5mm. **Subject:** Good Fortune Panda **Shape:** Scalloped

Date	Mintage	VF20	XF40	MS60	MS63	MS65
2012	—		PF65 650			

KM# 1362 11.84 g., 0.750 Gold, 0.2855 oz. AGW 28mm. **Subject:** Year of the Snake **Rev:** Snake vertical between two Chinese characters **Rev. Designer:** Aries Cheung

Date	Mintage	VF20	XF40	MS60	MS63	MS65
2013	2,500		PF65 700			

KM# 1418 15.59 g., Gold, 25mm. **Subject:** Baseball **Rev:** Base runner with hands raised **Rev. Designer:** Steve Hepburn

Date	Mintage	VF20	XF40	MS60	MS63	MS65
2013	Est. 3500		PF65 1,550			

KM# 1437 10.40 g., 0.999 Gold, 0.334 oz. AGW 22.5mm. **Subject:** Blessings of Peace **Rev:** Clouds, phoenix and feathers **Rev. Designer:** Aries Cheung **Shape:** Scalloped

Date	Mintage	VF20	XF40	MS60	MS63	MS65
2013	Est. 888		PF65 700			

KM# 1515 11.84 g., 0.750 Gold, 0.2855 oz. AGW 28mm. **Subject:** Year of the Horse **Obv:** Bust right **Rev:** Horse prancing left **Rev. Designer:** Aries Cheung

Date	Mintage	VF20	XF40	MS60	MS63	MS65
2014	2,500		PF65 700			

KM# 1695 10.40 g., 0.999 Gold, 0.334 oz. AGW **Ruler:** Elizabeth II 22.5mm. **Obv:** Bust right **Rev:** Two egrets **Rev. Designer:** Charles Vinh **Mint:** Royal Canadian Mint

Date	Mintage	F12	VF20	XF40	MS60	MS63
2014	888		PF65 700			

KM# 1772 10.40 g., 0.999 Gold, 0.334 oz. AGW **Ruler:** Elizabeth II 22.5mm. **Obv:** Bust right **Rev:** Two Cranes left **Shape:** Scallop **Mint:** Royal Canadian Mint

Date	Mintage	F12	VF20	XF40	MS60	MS63
2014	888		PF65 1,000			

175 DOLLARS

KM# 217 16.97 g., 0.917 Gold, 0.5003 oz. AGW
Subject: 1992 Olympics **Obv:** Crowned head right, date at left, denomination below **Rev:** Passing the torch **Rev. Designer:** Stewart Sherwood **Edge:** Lettered

Date	Mintage	VF20	XF40	MS60	MS63	MS65
1992	—			PF63 750		

200 DOLLARS

KM# 178 17.14 g., 0.9166 Gold, 0.505 oz. AGW 29mm. **Subject:** Canadian flag silver jubilee **Obv:** Crowned head right, date below **Rev:** People with flag, denomination above **Rev. Designer:** Stewart Sherwood

Date	Mintage	VF20	XF40	MS60	MS63	MS65
1990	—			PF63 775		

KM# 202 17.14 g., 0.9166 Gold, 0.505 oz. AGW 29mm. **Subject:** Hockey **Obv:** Crowned head right **Rev:** Hockey players, denomination above **Rev. Designer:** Stewart Sherwood

Date	Mintage	VF20	XF40	MS60	MS63	MS65
1991	10,215			PF63 775		

KM# 230 17.14 g., 0.9166 Gold, 0.505 oz. AGW 29mm. **Subject:** Niagara Falls **Obv:** Crowned head right **Rev:** Niagara Falls, denomination above **Rev. Designer:** John Mardon

Date	Mintage	VF20	XF40	MS60	MS63	MS65
1992	—			PF63 775		

KM# 244 17.14 g., 0.9166 Gold, 0.505 oz. AGW 29mm. **Subject:** Mounted police **Obv:** Crowned head right, date below **Rev:** Mountie with children, denomination above **Rev. Designer:** Stewart Sherwood

Date	Mintage	VF20	XF40	MS60	MS63	MS65
1993	10,807			PF63 775		

KM# 250 17.14 g., 0.9166 Gold, 0.505 oz. AGW 29mm. **Subject:** Interpretation of 1908 novel by Lucy Maud Montgomery, 1874-1942, Anne of Green Gables **Obv:** Crowned head right **Rev:** Figure sitting in window, denomination above **Rev. Designer:** Phoebe Gilman

Date	Mintage	VF20	XF40	MS60	MS63	MS65
1994	10,655			PF63 775		

KM# 265 17.14 g., 0.9166 Gold, 0.505 oz. AGW 29mm. **Subject:** Maple-syrup production **Obv:** Crowned head right, date below **Rev:** Maple syrup making, denomination at right **Rev. Designer:** J. D. Mantha

Date	Mintage	VF20	XF40	MS60	MS63	MS65
1995	—			PF63 775		

KM# 275 17.14 g., 0.9166 Gold, 0.505 oz. AGW 29mm. **Subject:** Transcontinental Canadian Railway **Obv:** Crowned head right, date below **Rev:** Train going through mountains, denomination below **Rev. Designer:** Suzanne Duranceau

Date	Mintage	VF20	XF40	MS60	MS63	MS65
1996	—			PF63 775		

KM# 288 17.14 g., 0.9166 Gold, 0.505 oz. AGW 29mm. **Subject:** Haida mask **Obv:** Crowned head right, date below **Rev:** Haida mask **Rev. Designer:** Robert Davidson

Date	Mintage	VF20	XF40	MS60	MS63	MS65
1997	11,610		PF63 775			

KM# 317 17.14 g., 0.9166 Gold, 0.505 oz. AGW 29mm. **Subject:** Legendary white buffalo **Obv:** Crowned head right, date below **Rev:** Buffalo **Rev. Designer:** Alex Janvler

Date	Mintage	VF20	XF40	MS60	MS63	MS65
1998	—		PF63 775			

KM# 358 17.14 g., 0.9166 Gold, 0.505 oz. AGW 29mm. **Subject:** Mikmaq butterfly **Obv:** Crowned head right **Rev:** Butterfly within design **Rev. Designer:** Alan Syliboy

Date	Mintage	VF20	XF40	MS60	MS63	MS65
1999	—		PF63 775			

KM# 403 17.14 g., 0.9166 Gold, 0.505 oz. AGW 29mm.   **Subject:** Motherhood **Obv:** Crowned head right, date above, denomination at right **Rev:** Inuit mother with infant **Rev. Designer:** Germaine Arnaktauyak **Edge:** Reeded

Date	Mintage	VF20	XF40	MS60	MS63	MS65
2000	—		PF63 775			

KM# 418 17.14 g., 0.9166 Gold, 0.505 oz. AGW 29mm.   **Subject:** Cornelius D. Krieghoff's "The Habitant farm" **Obv:** Queens head right **Edge:** Reeded

Date	Mintage	VF20	XF40	MS60	MS63	MS65
2001	—		PF65 850			

KM# 466 17.14 g., 0.9166 Gold, 0.505 oz. AGW 29mm. **Subject:** Thomas Thompson "The Jack Pine" (1916-17) **Obv:** Crowned head right

Date	Mintage	VF20	XF40	MS60	MS63	MS65
2002	5,264		PF65 850			

KM# 488 17.14 g., 0.9166 Gold, 0.505 oz. AGW **Subject:** Fitzgerald's "Houses" (1929) **Obv:** Crowned head right **Rev:** House with trees

Date	Mintage	VF20	XF40	MS60	MS63	MS65
2003	4,118		PF65 850			

KM# 516 16.00 g., 0.9166 Gold, 0.4715 oz. AGW 29mm. **Subject:** Fragments **Obv:** Crowned head right **Rev:** Fragmented face **Edge:** Reeded

Date	Mintage	VF20	XF40	MS60	MS63	MS65
2004	3,917		PF65 875			

KM# 569 16.00 g., 0.9166 Gold, 0.4715 oz. AGW **Subject:** Fur traders **Obv:** Head right **Rev:** Men in canoe riding wave

Date	Mintage	VF20	XF40	MS60	MS63	MS65
2005	3,669		PF65 875			

KM# 594 16.00 g., 0.9166 Gold, 0.4715 oz. AGW **Subject:** Timber trade **Obv:** Head right **Rev:** Lumberjacks felling tree

Date	Mintage	VF20	XF40	MS60	MS63	MS65
2006	3,218		PF65 875			

KM# 691 16.00 g., 0.9166 Gold, 0.4715 oz. AGW 29mm. **Subject:** Fishing Trade **Obv:** Head right **Rev:** Two fishermen hauling in net

Date	Mintage	VF20	XF40	MS60	MS63	MS65
2007	2,137	**PF65** 900				

KM# 824 16.00 g., 0.917 Gold, 0.4717 oz. AGW 29mm. **Subject:** Commerce **Rev:** Horse drawn plow

Date	Mintage	VF20	XF40	MS60	MS63	MS65
2008	1,951	**PF65** 900				

KM# 894 16.00 g., 0.916 Gold, 0.4712 oz. AGW 29mm. **Subject:** Coal mining trade **Obv:** Bust right **Obv. Designer:** Susanna Blunt **Rev:** Miner pushing cart with black coal **Obv. Legend:** Elizabeth II DG Regina **Rev. Designer:** John Marder **Rev. Legend:** Canada 200 Dollars

Date	Mintage	VF20	XF40	MS60	MS63	MS65
2009	2,241	**PF65** 900				

KM# 1000 16.00 g., 0.916 Gold, 0.4712 oz. AGW 29mm. **Subject:** Petroleum and Oil Trade **Rev:** Oil tank car and well head

Date	Mintage	VF20	XF40	MS60	MS63	MS65
2010	Est. 4000	**PF65** 900				

KM# 1060 16.00 g., 0.9167 Gold, 0.4716 oz. AGW 29mm. **Rev:** Olympic athletics with medal, flag and flowers

Date	Mintage	VF20	XF40	MS60	MS63	MS65
2010	—	**PF65** 900				

KM# 1074 16.00 g., 0.9167 Gold, 0.4716 oz. AGW 29mm. **Rev:** SS Beaver - Steam Sail ship **Rev. Designer:** John Mardon

Date	Mintage	VF20	XF40	MS60	MS63	MS65
2011	2,800	**PF65** 900				

KM# 1143 16.00 g., 0.9167 Gold, 0.4716 oz. AGW 27mm. **Subject:** Wedding, Prince William and Catherine Middleton **Obv:** Bust right **Rev:** Half-length figures facing, Swarovski crystal **Edge:** Reeded

Date	Mintage	VF20	XF40	MS60	MS63	MS65
2011	2,000	**PF65** 900				

KM# 1174 16.00 g., 0.916 Gold, 0.4712 oz. AGW 29mm. **Obv:** Bust right **Rev:** Wayne Greskey skating right, father's portrait in circle at right, 99 in color at lower right **Rev. Designer:** Glen Green

Date	Mintage	VF20	XF40	MS60	MS63	MS65
2011	999	**PF65** 900				

KM# 1219 16.00 g., 0.9167 Gold, 0.4716 oz. AGW
29mm. **Obv:** Bust right **Rev:** Prospector panning
for gold in stream

Date	Mintage	VF20	XF40	MS60	MS63	MS65
2012	—	PF65 900				

KM# 1223 16.00 g., 0.9167 Gold, 0.4716 oz. AGW
29mm. **Obv:** Bust right **Rev:** Vikings and ship

Date	Mintage	VF20	XF40	MS60	MS63	MS65
2012	—	PF65 900				

KM# 1279 31.11 g., 0.999 Gold, 0.999 oz. AGW
30mm. **Subject:** Bateman Moose

Date	Mintage	VF20	XF40	MS60	MS63	MS65
2012	—	PF65 1,850				

KM# 1331 33.33 g., 0.999 Gold, 1.0705 oz. AGW
30mm. **Rev:** Grandmother Moon Mask **Rev.
Designer:** Richard Cochrane

Date	Mintage	VF20	XF40	MS60	MS63	MS65
2012	500	PF65 3,000				

KM# 1390 15.43 g., 0.999 Gold, 0.4956 oz. AGW
29mm. **Subject:** Explorer Jacques Cartier **Rev.
Designer:** Laurie McGaw

Date	Mintage	VF20	XF40	MS60	MS63	MS65
2013	Est. 2000	PF65 1,200				

KM# 1480 31.11 g., 0.999 Gold, 0.999 oz. AGW
30mm. **Rev:** Eagle in nest with two chicks **Rev.
Designer:** Claudio d'Angelo

Date	Mintage	VF20	XF40	MS60	MS63	MS65
2013	350	PF63 2,750	PF65 3,000			

KM# 1500 33.33 g., 0.9999 Gold, 1.0715 oz. AGW
30mm. **Subject:** Grandmother Moon Mask **Rev:**
Mask carving **Rev. Designer:** Richard Cochrane

Date	Mintage	VF20	XF40	MS60	MS63	MS65
2013	500	PF65 3,000				

KM# 1583 16.00 g., 0.9167 Gold, 0.4716 oz. AGW
29mm. **Obv:** Bust right **Rev:** Indian and Samuel de
Champlain standing next to canoes

Date	Mintage	VF20	XF40	MS60	MS63	MS65
2014	—	PF65 900				

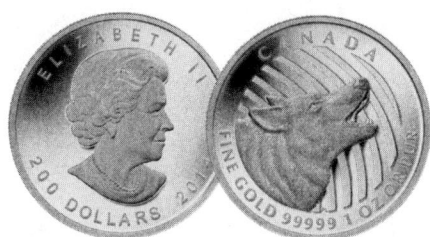

KM# 1616 31.11 g., 0.999 Gold, 0.999 oz. AGW 30mm. **Obv:** Bust right **Rev:** Howling wolf **Rev. Designer:** Pierre Leduc

Date	Mintage	VF20	XF40	MS60	MS63	MS65
2014	2,000		PF65 2,800			

KM# 1697 33.17 g., 0.999 Gold, 1.0654 oz. AGW **Ruler:** Elizabeth II 30mm. **Obv:** Bust right **Rev:** Matriarch Moon Mask **Rev. Designer:** Carol Young **Mint:** Royal Canadian Mint

Date	Mintage	F12	VF20	XF40	MS60	MS63
2014	500		PF65 3,000			

KM# 1698 33.17 g., 0.9999 Gold, 1.0663 oz. AGW **Ruler:** Elizabeth II 30mm. **Subject:** Royal Visit, 75th Anniversary **Obv:** Bust right **Rev:** George VI and Elizabeth busts left in high relief **Mint:** Royal Canadian Mint

Date	Mintage	F12	VF20	XF40	MS60	MS63
2014	500		PF65 3,000			

KM# 1710 31.16 g., 0.999 Gold, 1.0008 oz. AGW 30mm. **Obv:** Bust right **Rev:** Royal Family - Elizabeth II, Charles, William, George

Date	Mintage	VF20	XF40	MS60	MS63	MS65
2014	350		PF65 2,800			

KM# 1741 62.69 g., 0.9999 Silver, 2.0153 oz. ASW 50mm. **Subject:** Forests of Canada **Obv:** Bust right **Rev:** Animals at watering hole, seen from above

Date	Mintage	VF20	XF40	MS60	MS63	MS65
2014	20,000		PF65 150			

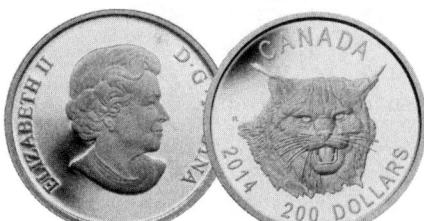

KM# 1757 33.17 g., 1.000 Gold, 1.0664 oz. AGW 30mm. **Obv:** Bust right **Rev:** Canadian lynx head **Rev. Designer:** Pierre Leduc

Date	Mintage	VF20	XF40	MS60	MS63	MS65
2014	500		PF65 3,000			

KM# 1784 15.43 g., 0.999 Gold, 0.4956 oz. AGW **Ruler:** Elizabeth II 29mm. **Subject:** Interconnections - Land **Obv:** Bust right **Rev:** Beaver hologram **Rev. Designer:** Andy Everson **Mint:** Royal Canadian Mint

Date	Mintage	F12	VF20	XF40	MS60	MS63
2014	1,500		PF65 1,300			

KM# 1785 15.43 g., 0.999 Gold, 0.4956 oz. AGW **Ruler:** Elizabeth II 29mm. **Subject:** Interconnections - Air **Obv:** Bust right **Rev:** Thunderbird hologram **Rev. Designer:** Andy Everson **Mint:** Royal Canadian Mint

Date	Mintage	F12	VF20	XF40	MS60	MS63
2014	1,500			PF65 1,300		

KM# 1786 15.43 g., 0.999 Gold, 0.4956 oz. AGW **Ruler:** Elizabeth II 29mm. **Subject:** Interconnections - Sea **Obv:** Bust right **Rev:** Orca hologram **Rev. Designer:** Andy Everson **Mint:** Royal Canadian Mint

Date	Mintage	F12	VF20	XF40	MS60	MS63
2014	1,500			PF65 1,300		

KM# 1846 15.43 g., 0.9999 Gold, 0.496 oz. AGW **Obv:** Bust right **Rev:** Henry Hudson

Date	Mintage	VF20	XF40	MS60	MS63	MS65
2015	2,000		PF65 500			

KM# 1875 31.16 g., 0.9999 Gold, 1.0017 oz. AGW 30mm. **Subject:** Diwali Festival of Lights **Obv:** Bust right, denomination below **Rev:** Circular patterns

Date	Mintage	VF20	XF40	MS60	MS63	MS65
2015	275		PF65 2,700			

KM# 1876 33.17 g., 0.9999 Gold, 1.0663 oz. AGW **Ruler:** Elizabeth II 30mm. **Obv:** Bust right **Rev:** Red colored Singing Moon Mask **Mint:** Royal Canadian Mint

Date	Mintage	F12	VF20	XF40	MS60	MS63
2015	300			PF65 3,200		

KM# 1877 31.16 g., 0.9999 Gold, 1.0017 oz. AGW 30mm. **Obv:** Bust right **Rev:** Maple leaf with reflection and ripples in water

Date	Mintage	VF20	XF40	MS60	MS63	MS65
2015	350		PF65 2,800			

KM# 1878 63.07 g., 0.9999 Silver, 2.0275 oz. ASW 50mm. **Subject:** Coastal Waters of Canada **Obv:** Bust right **Rev:** Ocean life

Date	Mintage	VF20	XF40	MS60	MS63	MS65
2015	25,000	PF65 250				

KM# 1913 31.16 g., 0.9999 Gold, 1.0017 oz. AGW 30mm. **Subject:** Diwali Festival of Lights **Obv:** Bust right, date above, denomination below **Rev:** Floral burst pattern **Edge:** Reeded

Date	Mintage	VF20	XF40	MS60	MS63	MS65
2016	275	PF65 2,800				

250 DOLLARS

KM# 677 45.00 g., 0.5833 Gold, 0.8439 oz. AGW 40mm. **Rev:** Dog Sled Team

Date	Mintage	VF20	XF40	MS60	MS63	MS65
2006	953	PF65 1,625				

KM# 751 1000.00 g., 0.9999 Silver, 32.1475 oz. ASW 101.6mm. **Subject:** Vancouver Olympics, 2010 **Rev:** Early Canada motif **Note:** Illustration reduced.

Date	Mintage	VF20	XF40	MS60	MS63	MS65
2007	2,500	PF65 1,250				

KM# 833 1000.00 g., 0.999 Silver, 32.1186 oz. ASW 101.6mm. **Subject:** Vancouver Olympics 2010 **Rev:** Towards confederation **Note:** Illustration reduced.

Date	Mintage	VF20	XF40	MS60	MS63	MS65
2008	2,500	PF65 1,350				

KM# 913 1000.00 g., 0.9999 Silver, 32.1475 oz. ASW 101.5mm. **Obv:** Bust right **Obv. Designer:** Susanna Blunt **Rev:** Mask with fish - Surviving the flood **Note:** Illustration reduced.

Date	Mintage	VF20	XF40	MS60	MS63	MS65
2009	815	PF65 1,350				

KM# 949 1000.00 g.,   0.999 Silver, 32.1186 oz.
ASW 101.6mm. **Rev:** Modern Canada

Date	Mintage	VF20	XF40	MS60	MS63	MS65
2009	905			PF65 1,350		

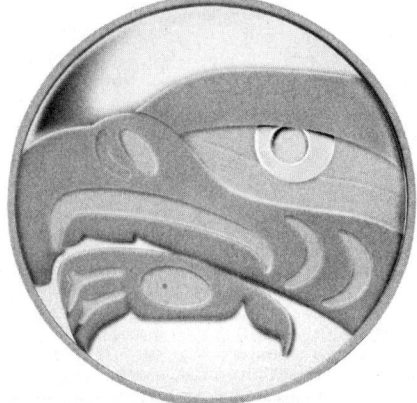

KM# 981 1000.00 g.,   0.999 Silver, 32.1186 oz.
ASW 101.6mm. **Rev:** Eagle head

Date	Mintage	VF20	XF40	MS60	MS63
2010 Antique Patina	500	—	—	—	1,350
2010	500		PF65 1,400		

KM# 981a 1000.00 g.,   0.999 Silver, 32.1186 oz.
ASW 101.6mm. **Rev:** Eagle head, blue enamel

Date	Mintage	VF20	XF40	MS60	MS63	MS65
2010	500			PF65 1,400		

KM# 1044 1000.00 g.,   0.999 Silver, 32.1186 oz.
ASW 101.6mm. **Subject:** Baniff, 125th Anniversary
of resort founding **Rev:** Features of Baniff

Date	Mintage	VF20	XF40	MS60	MS63	MS65
2010	750			PF65 1,650		

KM# 1285 1000.00 g.,   0.999 Silver, 32.1186 oz.
ASW 101mm. **Subject:** Olympic views

Date	Mintage	VF20	XF40	MS60	MS63	MS65
2010	—			PF65 1,350		

KM# 1150 1000.00 g.,   0.9999 Silver, 32.1475 oz.
ASW 100mm. **Rev:** Lacrosse

Date	Mintage	VF20	XF40	MS60	MS63	MS65
2011	—			PF65 1,350		

KM# 1185 1000.00 g., 0.999 Silver, 32.1186 oz. ASW 101.6mm. **Subject:** Year of the Dragon **Obv:** Bust left **Rev:** Dragon left

Date	Mintage	VF20	XF40	MS60	MS63	MS65
2012	—		PF65 1,550			

KM# 1340 1000.00 g., 0.9999 Silver, 32.1475 oz. ASW 102mm. **Subject:** War of 1812, Battle of Queenstown Heights **Rev:** Battle scene

Date	Mintage	VF20	XF40	MS60	MS63	MS65
2012	7,000		PF65 2,250			

KM# 1366 1000.00 g., 0.9999 Silver, 32.1475 oz. ASW **Subject:** Year of the Snake **Rev:** Snake under maple leaves **Rev. Designer:** Three Degrees Creative Group

Date	Mintage	VF20	XF40	MS60	MS63	MS65
2013	Est. 888		PF65 2,250			

KM# 1277 1000.00 g., 0.999 Silver, 32.1186 oz. ASW 101mm. **Subject:** Bateman Moose

Date	Mintage	VF20	XF40	MS60	MS63	MS65
2012	—		PF65 1,650			

250 DOLLARS

KM# 1369 1000.00 g., 0.999 Silver, 32.1186 oz. ASW **Subject:** End of 7 Years War **Rev:** Map of North America with Arms of France and Great Britain **Rev. Designer:** Luc Normandin

Date	Mintage	VF20	XF40	MS60	MS63	MS65
2013	Est. 500		PF65 2,250			

KM# 1371 1000.00 g., 0.999 Silver, 32.1186 oz. ASW 101mm. **Subject:** Arctic Coastline **Rev. Designer:** W. David Ward

Date	Mintage	VF20	XF40	MS60	MS63	MS65
2013	Est. 750		PF65 2,250			

KM# 1438 1000.00 g., 0.9999 Silver, 32.1475 oz. ASW 102.1mm. **Rev:** Two maple leaves - gilt **Rev. Designer:** Emily Damstra

Date	Mintage	VF20	XF40	MS60	MS63	MS65
2013	Est. 600		PF65 2,300			

KM# 1477 1000.00 g., 0.9999 Silver, 32.1475 oz. ASW 102.1mm. **Subject:** Battle of Chateauguay **Rev:** Henri Julien's painting of the battle

Date	Mintage	VF20	XF40	MS60	MS63	MS65
2013	500		PF65 2,250			

KM# 1502 1000.00 g., 0.9999 Silver, 32.1475 oz. ASW 102.1mm. **Rev:** Two caribou advancing left **Rev. Designer:** Trevor Tennant

Date	Mintage	VF20	XF40	MS60	MS63	MS65
2013	500		PF65 2,500			

KM# 1518 1000.00 g., 0.9999 Silver, 32.1475 oz. ASW 102.1mm. **Subject:** Year of the Horse **Obv:** Bust right **Rev:** Horse rearing up left **Designer:** Three Degrees Creative Group

Date	Mintage	VF20	XF40	MS60	MS63	MS65
2014	388		PF65 2,250			

KM# 1622 62.34 g., 0.999 Gold, 2.0023 oz. AGW 42mm. **Subject:** Canada thru the eyes of Tim Barnard **Obv:** Bust right **Rev:** Multitude of designs

Date	Mintage	VF20	XF40	MS60	MS63	MS65
2014	300		PF65 5,200			

KM# 1579 1000.00 g., 0.9999 Silver, 32.1475 oz. ASW 101mm. **Subject:** Year of the Horse **Obv:** Bust right

Date	Mintage	VF20	XF40	MS60	MS63	MS65
2014	—		PF65 1,350			

KM# 1701 62.34 g., 0.9999 Gold, 2.0041 oz. AGW 42mm. **Obv:** Bust right **Rev:** Machine Gunner Training

Date	Mintage	VF20	XF40	MS60	MS63	MS65
2014	200		PF65 5,200			

KM# 1605 1000.00 g., 0.9999 Silver, 32.1475 oz. ASW 101mm. **Obv:** Bust right **Rev:** Snowy owl, yellow eyes

Date	Mintage	VF20	XF40	MS60	MS63	MS65
2014	—		PF65 1,650			

KM# 1722 62.34 g., 0.999 Gold, 2.0023 oz. AGW 42mm. **Subject:** Grand Trunk Railway **Obv:** Bust right **Rev:** Steam Train on Bridge **Rev. Designer:** Joel Kimmel

Date	Mintage	VF20	XF40	MS60	MS63	MS65
2014	300		PF65 5,200			

KM# 1747 31.16 g., 0.999 Silver, 1.0008 oz. ASW 30mm. **Obv:** Bust right **Rev:** White tail deer doe and two fawns

Date	Mintage	VF20	XF40	MS60	MS63	MS65
2014	350		PF65 30.00			

KM# 1762 1000.00 g., 0.999 Silver, 32.1186 oz. ASW 102.1mm. **Obv:** Bust right **Rev:** 2 Maple leaves - one red and one green, rays in background

Date	Mintage	VF20	XF40	MS60	MS63	MS65
2014	600		PF65 2,300			

KM# 1817 1000.00 g., 0.999 Silver, 32.1186 oz. ASW **Ruler:** Elizabeth II 102mm. **Subject:** Year of the Ram **Obv:** Bust right **Rev:** Sheep head at right, red tree, gilt Chinese character **Mint:** Royal Canadian Mint

Date	Mintage	F12	VF20	XF40	MS60	MS63
2015	388		PF65 2,300			

KM# 1834 60.08 g., 0.9999 Gold, 1.9314 oz. AGW 38mm. **Obv:** Bust right **Rev:** Tulip in glass

Date	Mintage	VF20	XF40	MS60	MS63	MS65
2015	100		PF65 4,700			

KM# 1835 60.08 g., 0.9999 Gold, 1.9314 oz. AGW 38mm. **Obv:** Bust right **Rev:** Water Lily in glass

Date	Mintage	VF20	XF40	MS60	MS63	MS65
2015	100		PF65 4,700			

KM# 1836 60.08 g., 0.9999 Gold, 1.9314 oz. AGW 38mm. **Obv:** Bust right **Rev:** Aster in glass

Date	Mintage	VF20	XF40	MS60	MS63	MS65
2015	100		PF65 4,700			

KM# 1837 60.08 g., 0.9999 Gold, 1.9314 oz. AGW 38mm. **Obv:** Bust right **Rev:** Purple Coneflower in glass

Date	Mintage	VF20	XF40	MS60	MS63	MS65
2015	100		PF65 4,700			

300 DOLLARS

KM# 501 60.00 g., 0.5833 Gold, 1.1252 oz. AGW 50mm. **Obv:** Triple cameo portraits of Queen Elizabeth II by Gillick, Machin and de Pedery-Hunt, each in 14K gold, rose in center **Rev:** Dates "1952-2002" and denomination in legend, rose in center **Note:** Housed in anodized gold-colored aluminum box with cherrywood stained siding

Date	Mintage	VF20	XF40	MS60	MS63	MS65
1952-2002	999		PF65 2,150			

KM# 517 60.00 g., 0.5833 Gold, 1.1252 oz. AGW 50mm. **Obv:** Four coinage portraits of Elizabeth II **Rev:** Canadian arms above value **Edge:** Plain

Date	Mintage	VF20	XF40	MS60	MS63	MS65
2004	998	**PF65** 2,150				

KM# 570.1 45.00 g., 0.5833 Gold, 0.8439 oz. AGW 40mm. **Subject:** Standard Time - 4 AM Pacific **Obv:** Head right **Rev:** Roman numeral clock with world inside

Date	Mintage	VF20	XF40	MS60	MS63	MS65
2005	200	**PF65** 1,650				

KM# 570.2 45.00 g., 0.583 Gold, 0.8435 oz. AGW 40mm. **Subject:** Standard Time - Mountian 5 AM **Obv:** Head right **Rev:** Roman numeral clock with world inside.

Date	Mintage	VF20	XF40	MS60	MS63	MS65
2005	200	**PF65** 1,650				

KM# 570.3 45.00 g., 0.583 Gold, 0.8435 oz. AGW 40mm. **Subject:** Standard Time - Central 6 PM **Obv:** Head right **Rev:** Roman numeral clock with world inside

Date	Mintage	VF20	XF40	MS60	MS63	MS65
2005	200	**PF65** 1,650				

KM# 570.4 45.00 g., 0.583 Gold, 0.8435 oz. AGW 40mm. **Subject:** Standard Time - Eastern 7 AM **Obv:** Head right **Rev:** Roman numeral clock with world inside

Date	Mintage	VF20	XF40	MS60	MS63	MS65
2005	200	**PF65** 1,650				

KM# 570.5 45.00 g., 0.583 Gold, 0.8435 oz. AGW 40mm. **Subject:** Standard Time - Atlantic 8 AM **Obv:** Head right **Rev:** Roman numeral clock with world inside

Date	Mintage	VF20	XF40	MS60	MS63	MS65
2005	200	**PF65** 1,650				

KM# 570.6 45.00 g., 0.583 Gold, 0.8435 oz. AGW 40mm. **Subject:** Standard Time - Newfoundland 8:30 **Obv:** Head right **Rev:** Roman numeral clock with world inside

Date	Mintage	VF20	XF40	MS60	MS63	MS65
2005	200	**PF65** 1,650				

KM# 596 60.00 g., 0.5833 Gold, 1.1252 oz. AGW 50mm. **Subject:** Shinplaster **Obv:** Head right **Rev:** Britannia bust, spear over shoulder

Date	Mintage	VF20	XF40	MS60	MS63	MS65
2005	994	**PF65** 2,150				

KM# 600 60.00 g., 0.5833 Gold, 1.1252 oz. AGW 40mm. **Subject:** Welcome Figure Totem Pole **Obv:** Head right **Rev:** Men with totem pole

Date	Mintage	VF20	XF40	MS60	MS63	MS65
2005	948	**PF65** 2,150				

KM# 595 60.00 g., 0.5833 Gold, 1.1252 oz. AGW 50mm. **Subject:** Shinplaster **Obv:** Head right **Rev:** Seated Britannia with shield

Date	Mintage	VF20	XF40	MS60	MS63	MS65
2006	940	**PF65** 2,150				

KM# 678 45.00 g., 0.5833 Gold, 0.8439 oz. AGW 40mm. **Rev:** Hologram of Canadarm, Col. C. Hadfield in spacewalk

Date	Mintage	VF20	XF40	MS60	MS63	MS65
2006	581	**PF65** 1,650				

KM# 679 60.00 g., 0.5833 Gold, 1.1252 oz. AGW 50mm. **Subject:** Queen Elizabeth's 80th Birthday **Rev:** State Crown, colorized

Date	Mintage	VF20	XF40	MS60	MS63	MS65
2006	996	**PF65** 2,150				

KM# 680 60.00 g., 0.5833 Gold, 1.1252 oz. AGW 50mm. **Subject:** Crystal Snowflake

Date	Mintage	VF20	XF40	MS60	MS63	MS65
2006	998	**PF65** 2,150				

KM# 692 60.00 g., 0.5833 Gold, 1.1252 oz. AGW
50mm. **Subject:** Shinplaster **Rev:** 1923 25 cent
bank note

Date	Mintage	VF20	XF40	MS60	MS63	MS65
2007	778		PF65 2,150			

KM# 740 45.00 g., 0.583 Gold, 0.8435 oz. AGW
40mm. **Rev:** Canadian Rockies panoramic
hologram

Date	Mintage	VF20	XF40	MS60	MS63	MS65
2007	511		PF65 1,750			

KM# 752 60.00 g., 0.583 Gold, 1.1246 oz. AGW
50mm. **Subject:** Vancouver Olympics **Rev:**
Olympic ideals, classic figures and torch

Date	Mintage	VF20	XF40	MS60	MS63	MS65
2007	953		PF65 2,150			

KM# 825 45.00 g., 0.583 Gold, 0.8435 oz. AGW
50mm. **Rev:** Alberta Coat of Arms

Date	Mintage	VF20	XF40	MS60	MS63	MS65
2008	344		PF65 1,750			

KM# 826 60.00 g., 0.583 Gold, 1.1246 oz. AGW
50mm. **Rev:** Newfoundland and Labrador Coat of
Arms

Date	Mintage	VF20	XF40	MS60	MS63	MS65
2008	472		PF65 2,150			

KM# 827 45.00 g., 0.583 Gold, 0.8435 oz. AGW
40mm. **Subject:** Canadian achievements IMAX
Rev: Kid in audience reaching out to shark on big
screen

Date	Mintage	VF20	XF40	MS60	MS63	MS65
2008	—		PF65 1,650			

KM# 828 60.00 g., 0.583 Gold, 1.1246 oz. AGW
50mm. **Rev:** Four seasons moon mask in color,
blue design in border

Date	Mintage	VF20	XF40	MS60	MS63	MS65
2008	544		PF65 3,800			

KM# 830 60.00 g., 0.583 Gold, 1.1246 oz. AGW 50mm. **Subject:** Vancouver Olympics **Rev:** Olympic competition, athletics and torch

Date	Mintage	VF20	XF40	MS60	MS63	MS65
2008	334		PF65	2,250		

KM# 877 60.00 g., 0.583 Gold, 1.1246 oz. AGW 50mm. **Rev:** Summer moon mask, enameled

Date	Mintage	VF20	XF40	MS60	MS63	MS65
2009	—		PF65	2,250		

KM# 900 60.00 g., 0.583 Gold, 1.1246 oz. AGW 50mm. **Subject:** Yukon Coat of Arms **Obv:** Bust right **Obv. Designer:** Susanna Blunt **Rev:** Yukon Coat of Arms **Obv. Legend:** Elizabeth II DG Regina **Rev. Legend:** Canada 300 Dollars

Date	Mintage	VF20	XF40	MS60	MS63	MS65
2009	325		PF65	2,150		

KM# 911 60.00 g., 0.583 Gold, 1.1246 oz. AGW 50mm. **Subject:** 2010 Vancouver Olympics **Obv:** Bust right **Obv. Designer:** Susanna Blunt **Rev:** Athletics with torch - Olympic friendship

Date	Mintage	VF20	XF40	MS60	MS63	MS65
2009	880		PF65	2,150		

KM# 999 54.00 g., 0.583 Gold, 1.0122 oz. AGW
50mm. **Rev:** British Columbia Arms

Date	Mintage	VF20	XF40	MS60	MS63	MS65
2010	500		PF65 1,900			

KM# 1047 60.00 g., 0.583 Gold, 1.1246 oz. AGW
50mm. **Rev:** Snowflake, white crystals

Date	Mintage	VF20	XF40	MS60	MS63	MS65
2010	750		PF65 2,150			

KM# 1078 60.00 g., 0.583 Gold, 1.1246 oz. AGW
50mm. **Rev:** New Brunswick Coat of arms

Date	Mintage	VF20	XF40	MS60	MS63	MS65
2010	500		PF65 2,150			

KM# 1095 60.00 g., 0.9167 Gold, 1.7684 oz. AGW
50mm. **Rev:** Manitoba Coat of arms

Date	Mintage	VF20	XF40	MS60	MS63	MS65
2011	500		PF65 3,300			

KM# 1215 60.00 g., 0.917 Gold, 1.7689 oz. AGW
50mm. **Obv:** Bust right **Rev:** Arms of Nova Scotia

Date	Mintage	VF20	XF40	MS60	MS63	MS65
2011	—		PF65 3,300			

KM# 1195 45.00 g., 0.583 Gold, 0.8435 oz. AGW
40mm. **Subject:** Elizabeth II, Diamond Jubilee
Obv: Bust right **Rev:** Youthful bust with crown right,
insert crystal at right

Date	Mintage	VF20	XF40	MS60	MS63	MS65
1952-2012	—		PF65 1,600			

KM# 1224 60.00 g., 0.9167 Gold, 1.7684 oz. AGW
50mm. **Obv:** Bust right **Rev:** Shield of Quebec

Date	Mintage	VF20	XF40	MS60	MS63	MS65
2012	—		PF65 3,300			

KM# 1242 16.00 g., 0.916 Gold, 0.4712 oz. AGW 29mm. **Subject:** Calgary Stampede

Date	Mintage	VF20	XF40	MS60	MS63	MS65
2012	—		PF65 900			

KM# 1278 31.11 g., 0.999 Platinum, 0.9992 oz. APW 30mm. **Subject:** Bateman Moose

Date	Mintage	VF20	XF40	MS60	MS63	MS65
2012	—		PF65 1,750			

KM# 1338 60.00 g., 0.917 Gold, 1.7689 oz. AGW 50mm. **Subject:** Nunavut Province **Rev:** Provincial Arms

Date	Mintage	VF20	XF40	MS60	MS63	MS65
2012	—		PF65 4,000			

KM# 1430 31.16 g., 0.9995 Platinum, 1.0013 oz. APW 30mm. **Subject:** War of 1812 - Naval Battle **Rev:** HMS Shannon and Chesapeake **Rev. Designer:** John Horton

Date	Mintage	VF20	XF40	MS60	MS63	MS65
2013	Est. 250		PF65 3,000			

KM# 1571 60.00 g., 0.917 Gold, 1.7689 oz. AGW 50mm. **Obv:** Bust right **Rev:** Arms of Ontario

Date	Mintage	VF20	XF40	MS60	MS63	MS65
2013	3,300		PF65 4,000			

KM# 1592 60.00 g., 0.999 Gold, 1.9271 oz. AGW 50mm. **Obv:** Bust right **Rev:** Saskashawan coat of arms

Date	Mintage	VF20	XF40	MS60	MS63	MS65
2014	—		PF65 3,300			

KM# 1773 60.00 g., 0.583 Gold, 1.1246 oz. AGW **Ruler:** Elizabeth II 50mm. **Obv:** Bust right **Rev:** National Arms of Canada **Mint:** Royal Canadian Mint

Date	Mintage	F12	VF20	XF40	MS60	MS63
2014	500		PF65 2,700			

350 DOLLARS

KM# 308 38.05 g., 0.9999 Gold, 1.2232 oz. AGW
Subject: Flowers of Canada's Coat of Arms **Obv:**
Crowned head right, date behind, denomination at
bottom **Rev:** Flowers **Rev. Designer:** Pierre Leduc

Date	Mintage	VF20	XF40	MS60	MS63	MS65
1998	—		PF63 2,250			

KM# 370 38.05 g., 0.9999 Gold, 1.2232 oz. AGW
Rev: Lady's slipper **Rev. Designer:** Henry Purdy

Date	Mintage	VF20	XF40	MS60	MS63	MS65
1999	1,990		PF63 2,250			

KM# 404 38.05 g., 0.9999 Gold, 1.2232 oz. AGW
34mm. **Obv:** Crowned head right **Rev:** Three
Pacific Dogwood flowers **Rev. Designer:** Caren
Heine **Edge:** Reeded

Date	Mintage	VF20	XF40	MS60	MS63	MS65
2000	1,506		PF63 2,250			

KM# 433 38.05 g., 0.9999 Gold, 1.2232 oz.
AGW 34mm. **Subject:** The Mayflower Flower
Obv: Crowned head right **Rev:** Two flowers **Rev.
Designer:** Bonnie Ross **Edge:** Reeded

Date	Mintage	VF20	XF40	MS60	MS63	MS65
2001	1,988		PF65 2,250			

KM# 502 38.05 g., 0.9999 Gold, 1.2232 oz. AGW
34mm. **Subject:** The Wild Rose **Obv:** Crowned
head right **Obv. Designer:** Dora de Pedery-Hunt
Rev: Wild rose plant **Rev. Designer:** Dr. Andreas
Kare Hellum

Date	Mintage	VF20	XF40	MS60	MS63	MS65
2002	2,001		PF65 2,250			

KM# 504 38.05 g., 0.9999 Gold, 1.2232 oz. AGW
34mm. **Subject:** The White Trillium **Obv:** Crowned
head right **Obv. Designer:** Dora de Pedery-Hunt
Rev: White Trillium

Date	Mintage	VF20	XF40	MS60	MS63	MS65
2003	1,865		PF65 2,250			

KM# 601 38.05 g., 0.9999 Gold, 1.2232 oz. AGW
Subject: Western Red Lily **Obv:** Head right **Rev:**
Western Red Lilies

Date	Mintage	VF20	XF40	MS60	MS63	MS65
2005	1,634		PF65 2,250			

KM# 626 38.05 g., 0.9999 Gold, 1.2232 oz. AGW
34mm. **Subject:** Iris Vericolor **Obv:** Crowned head
right **Rev:** Iris

Date	Mintage	VF20	XF40	MS60	MS63	MS65
2006	1,995		PF65 2,250			

KM# 754 35.00 g., 0.9999 Gold, 1.1252 oz. AGW
34mm. **Rev:** Purple violet

Date	Mintage	VF20	XF40	MS60	MS63	MS65
2007	1,392		PF65 2,200			

KM# 832 35.00 g., 0.9999 Gold, 1.1252 oz. AGW
34mm. **Rev:** Purple saxifrage

Date	Mintage	VF20	XF40	MS60	MS63	MS65
2008	1,313		PF65 2,200			

KM# 901 35.00 g., 1.000 Gold, 1.1253 oz. AGW
34mm. **Subject:** Pitcher plant **Obv:** Bust right
Obv. Designer: Susana Blunt **Rev:** Cluster of
pitcher flowers **Obv. Legend:** Elizabeth II Canada
DG Regina Fine Gold 350 Dollars or PUR 99999
Rev. Legend: Julie Wilson

Date	Mintage	VF20	XF40	MS60	MS63	MS65
2009	1,003		PF65 2,200			

KM# 1019 35.00 g., 0.999 Gold, 1.1242 oz. AGW 34mm. **Rev:** Praire Crocus **Rev. Designer:** Celia Godkin

Date	Mintage	VF20	XF40	MS60	MS63	MS65
2010	Est. 1400		PF65 2,200			

KM# 1136 35.00 g., 0.9999 Gold, 1.1252 oz. AGW 34mm. **Obv:** Bust right **Rev:** Mountain Avens in bloom **Edge:** Reeded

Date	Mintage	VF20	XF40	MS60	MS63	MS65
2011	1,300		PF65 2,200			

KM# 1327 35.00 g., 0.999 Gold, 1.1242 oz. AGW 34mm. **Subject:** War of 1812 - Sir Issac Brock **Rev:** Putti crowning funeral urn, design of 1816 Half-penny token

Date	Mintage	VF20	XF40	MS60	MS63	MS65
2012	1,000		PF65 2,800			

KM# 1499 35.00 g., 0.9999 Gold, 1.1252 oz. AGW 34mm. **Rev:** Polar Bear **Rev. Designer:** Glen Loates

Date	Mintage	VF20	XF40	MS60	MS63	MS65
2013	600		PF65 2,800			

KM# 1795 35.00 g., 0.999 Gold, 1.1242 oz. AGW **Ruler:** Elizabeth II 34mm. **Obv:** Bust right **Rev:** Moose advancing left **Rev. Designer:** Claudio D'Angelo **Mint:** Royal Canadian Mint

Date	Mintage	F12	VF20	XF40	MS60	MS63
2014	600		PF65 2,800			

500 DOLLARS

KM# 710 156.50 g., 0.9999 Gold, 5.0311 oz. AGW 60mm. **Subject:** Queen's 60th Wedding **Rev:** Coat of Arms and Mascots of Elizabeth and Philip

Date	Mintage	VF20	XF40	MS60	MS63	MS65
2007	198	—	—	—	9,150	—

KM# 782 155.76 g., 0.999 Gold, 5.0028 oz. AGW 60mm. **Subject:** Ottawa Mint Centennial 1908-2008 **Rev:** Mint building facade **Note:** Illustration reduced.

Date	Mintage	VF20	XF40	MS60	MS63	MS65
2008	248	—	—	—	9,150	—

KM# 897 156.05 g., 0.999 Gold, 5.0121 oz. AGW 60mm. **Subject:** 150th Anniversary of the start of construction of the Parliament Buildings **Obv:** Bust right **Rev:** Incomplete west block, original architecture **Rev. Legend:** 500 Dollars 1859-2009

Date	Mintage	VF20	XF40	MS60	MS63	MS65
2009	77		PF65 9,150			

500 DOLLARS

500 DOLLARS

KM# 1007 156.50 g., 0.999 Gold, 5.0266 oz. AGW 60mm. **Subject:** 75th Anniversary of Canadian Bank Notes **Rev:** Abundance seated under tree

Date	Mintage	VF20	XF40	MS60	MS63	MS65
2010	200	PF65 9,150				

KM# 1179 156.50 g., 0.9999 Gold, 5.0311 oz. AGW 60mm. **Obv:** Crowned bust of George V **Rev:** Arms of Canada, dual dates and denomination below **Edge:** Serially numbered

Date	Mintage	VF20	XF40	MS60	MS63	MS65
1912-2012	200	PF65 9,150				

KM# 1431 156.05 g., 0.999 Gold, 5.0121 oz. AGW 60mm. **Subject:** War of 1812 - Naval Battle **Rev:** HMS Shannon and Chesapeake **Rev. Designer:** John Horton

Date	Mintage	VF20	XF40	MS60	MS63	MS65
2013	Est. 200	PF65 12,000				

KM# 1495 156.00 g., 0.9999 Gold, 5.015 oz. AGW 60.15mm. **Subject:** Aboriginal art **Rev:** Artic animals, aboriginal in canoe **Rev. Designer:** Raymond Weizineau

Date	Mintage	VF20	XF40	MS60	MS63	MS65
2013	1,000	PF65 12,000				

KM# 1707 500.00 g., 0.999 Gold, 16.0593 oz. AGW 85.35mm. **Obv:** Bust right **Rev:** Howling Wolf

Date	Mintage	VF20	XF40	MS60	MS63	MS65
2014	25		PF65 32,000			

KM# 1733 156.05 g., 0.999 Gold, 5.0121 oz. AGW 60mm. **Obv:** Bust right **Rev:** Legend of the Spirit Bear

Date	Mintage	VF20	XF40	MS60	MS63	MS65
2014	50		PF65 12,000			

KM# 1766 5000.00 g., 0.999 Silver, 160.5929 oz. ASW 180mm. **Obv:** Bust right **Rev:** Four Aboriginies, Elk, Bear, Bison, Eagle and Wolf

Date	Mintage	VF20	XF40	MS60	MS63	MS65
2014	150		PF65 10,500			

KM# 1879 5000.00 g., 0.9999 Silver, 160.7375 oz. ASW 180mm. **Subject:** The Dance Screen **Obv:** Bust right in circle, denomination above, date below **Rev:** Large native Dance Screen

Date	Mintage	VF20	XF40	MS60	MS63	MS65
2015	100		PF65 11,000			

1000 DOLLARS

KM# 1721 311.50 g., 0.9999 Gold, 10.0139 oz.
AGW 76.1mm. **Obv:** Bust right **Rev:** WWI troops
on ship's stern with last sight of land in distance

Date	Mintage	VF20	XF40	MS60	MS63	MS65
2014	40		PF65 21,000			

2500 DOLLARS

KM# 681 1000.00 g., 0.9999 Gold, 32.1475 oz.
AGW 101.6mm. **Subject:** Kilo **Rev:** Common
Characters, Early Canada

Date	Mintage	VF20	XF40	MS60	MS63	MS65
2007	20	—	—	—57,000	—	

KM# 1288 1000.00 g., 0.999 Gold, 32.1186 oz.
AGW 101mm. **Subject:** Old town view

Date	Mintage	VF20	XF40	MS60	MS63	MS65
2008	—		PF65 57,000			

KM# 902 1000.00 g., 0.999 Silver, 32.1186 oz.
ASW 101.6mm. **Subject:** Modern Canada **Obv:**
Bust right **Obv. Designer:** Susanna Blunt **Rev:**
Canadian landscape with modern elements **Series:**
History and Culture Collection **Obv. Legend:**
Vancouver 2010, 2500 Dollars, Elizabeth II

Date	Mintage	VF20	XF40	MS60	MS63	MS65
2009	2,500		PF65 1,250			

KM# 902a 1000.00 g., 0.999 Gold, 32.1186 oz.
AGW 101.6mm. **Subject:** Modern Canada **Obv:**
Bust right **Obv. Designer:** Susana Blunt **Rev:**
Canadian landscape with modern elements **Series:**
History and Culture Collection **Legend:**
Vancouver 2010, 2500 Dollars, Elizabeth II

Date	Mintage	VF20	XF40	MS60	MS63	MS65
2009	50		PF65 57,000			

KM# 912 1000.00 g., 0.9999 Gold, 32.1475 oz.
AGW 101mm. **Obv:** Bust right **Obv. Designer:**
Susanna Blunt **Rev:** Mask with fish - Surviving the
flood

Date	Mintage	VF20	XF40	MS60	MS63	MS65
2009	40		PF65 58,000			

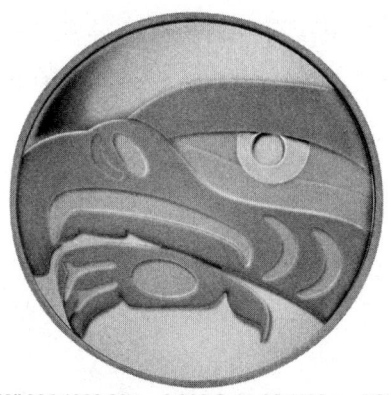

KM# 984 1000.00 g., 0.999 Gold, 32.1186 oz. AGW 101mm.

Date	Mintage	VF20	XF40	MS60	MS63	MS65
2010	20		PF65 60,000			

KM# 1045 1000.00 g., 0.9999 Gold, 32.1475 oz. AGW 101mm. **Subject:** Baniff, 125th Anniversary **Rev:** Highlights of Baniff

Date	Mintage	VF20	XF40	MS60	MS63	MS65
2010	—		PF65 60,000			

KM# 1286 1000.00 g., 0.999 Gold, 32.1186 oz. AGW 101mm. **Subject:** Olympic views

Date	Mintage	VF20	XF40	MS60	MS63	MS65
2010	—		PF65 60,000			

KM# 1197 1000.00 g., 0.9999 Gold, 32.1475 oz. AGW 101mm. **Obv:** Bust right **Rev:** Early lacrosse game

Date	Mintage	VF20	XF40	MS60	MS63	MS65
2011	35		PF65 60,000			

KM# 1276 1000.00 g., 0.999 Gold, 32.1186 oz. AGW 101mm. **Subject:** Bateman Moose

Date	Mintage	VF20	XF40	MS60	MS63	MS65
2012	—		PF65 58,000			

KM# 1339 1000.00 g., 0.9999 Gold, 32.1475 oz. AGW 101mm. **Subject:** War of 1812, Battle of Queenston Heights **Rev:** Battle scene

Date	Mintage	VF20	XF40	MS60	MS63	MS65
2012	20		PF65 69,000			

KM# 1364 1000.00 g., 0.9999 Gold, 32.1475 oz. AGW 101.6mm. **Subject:** Year of the Snake **Rev:** Snake under maple leaves **Rev. Designer:** Three Degrees Creative Group

Date	Mintage	VF20	XF40	MS60	MS63	MS65
2013	Est. 25		PF65	69,000		

KM# 1372 1000.00 g., 0.999 Gold, 32.1186 oz. AGW 101.6mm. **Subject:** Arctic Coastline **Rev. Designer:** W. David Ward

Date	Mintage	VF20	XF40	MS60	MS63	MS65
2013	Est. 20		PF65	69,000		

KM# 1478 1000.00 g., 0.9999 Gold, 32.1475 oz. AGW 101mm. **Subject:** Battle of Chateauguay and Crysler's Farm

Date	Mintage	VF20	XF40	MS60	MS63	MS65
2013	20		PF65	69,000		

KM# 1501 1000.00 g., 0.9999 Gold, 32.1475 oz. AGW 101.6mm. **Rev:** Two caribou advancing left **Rev. Designer:** Trevor Tennant

Date	Mintage	VF20	XF40	MS60	MS63	MS65
2013	20		PF65	69,000		

KM# 1370 1000.00 g., 0.999 Gold, 32.1186 oz. AGW 102mm. **Rev:** Map of North America and Arms of France and Great Britain. **Series:** End of 7 Years War - 250th Anniversary **Rev. Designer:** Luc Normandin

Date	Mintage	VF20	XF40	MS60	MS63	MS65
2013	Est. 20		PF65	69,000		

KM# 1519 1000.00 g., 0.9999 Gold, 32.1475 oz. AGW 101.6mm. **Subject:** Year of the Horse **Obv:** Bust right **Rev:** Horse rearing up left **Rev. Designer:** Three Degrees Creative Group

Date	Mintage	VF20	XF40	MS60	MS63	MS65
2014	18				PF65	69,000

KM# 1606 1000.00 g., 0.9999 Gold, 32.1475 oz. AGW 101mm. **Obv:** Bust right **Rev:** Snowy owl, colored eyes

Date	Mintage	VF20	XF40	MS60	MS63	MS65
2014	—				PF65	60,000

KM# 1708 1000.00 g., 0.999 Gold, 32.1186 oz. AGW 101.6mm. **Obv:** Bust right **Rev:** War of 1812 - Battle of Lundy's Lane **Rev. Designer:** Bonnie Ross

Date	Mintage	VF20	XF40	MS60	MS63	MS65
2014	10				PF65	69,000

KM# 1880 1000.00 g., 0.9999 Gold, 32.1475 oz. AGW 101.6mm. **Subject:** Maple Leaf Forever **Obv:** Bust right, date below **Rev:** Color hologram Maple Leaf

Date	Mintage	VF20	XF40	MS60	MS63	MS65
2015	10				PF65	69,000

2500 DOLLARS

SILVER BULLION COINAGE

DOLLAR

KM# 617 1.56 g., 0.9999 Silver, 0.050 oz. ASW 16mm. **Obv:** Crowned head right **Rev:** Holographic Maple leaf **Edge:** Reeded

Date	Mintage	VF20	XF40	MS60	MS63	MS65
2003	—				PF65 4.50	

KM# 621 1.56 g., 0.9999 Silver, 0.050 oz. ASW 17mm. **Obv:** Crowned head right **Rev:** Maple leaf **Edge:** Reeded

Date	Mintage	VF20	XF40	MS60	MS63	MS65
2004 Mint logo privy mark	13,859				PF63 3.50	PF65 4.50

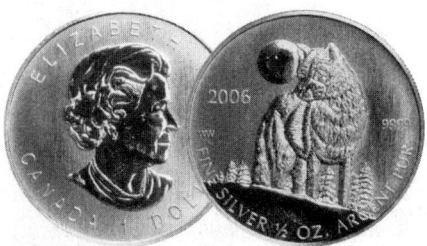

KM# 718 15.55 g., 0.999 Silver, 0.4994 oz. ASW 32mm. **Obv:** Bust right **Rev:** Grey Wolf standing with moon in background **Rev. Designer:** William Woodruff **Edge:** Reeded

Date	Mintage	VF20	XF40	MS60	MS63	MS65
2005	106,800	—	—	—	40.00	—
2006	—	—	—	—	40.00	—
2007	—	—	—	—	40.00	—

KM# 1489 1.000 Silver, **Rev:** Maple leaf tilted left **Note:** Thick planchet.

Date	Mintage	VF20	XF40	MS60	MS63	MS65
2010	—				PF63 65.00	PF65 75.00

KM# 1406 1.55 g., 0.9999 Silver, 0.0498 oz. ASW 17mm. **Obv. Designer:** Arnold Machin **Rev:** Three Maple Leaves **Rev. Designer:** Arnold Nogy

Date	Mintage	VF20	XF40	MS60	MS63	MS65
2013	—				PF63 18.00	PF65 20.00

KM# 1593 1.56 g., 0.9999 Silver Partially gilt, 0.050 oz. ASW 16mm. **Obv:** Bust right **Rev:** Two maple leaves, one gilt

Date	Mintage	VF20	XF40	MS60	MS63	MS65
2014	—	—	—	—	5.00	—

KM# 1805 1.63 g., 0.9999 Silver, 0.0524 oz. ASW 16mm. **Obv:** Bust right **Rev:** Maple Leaf

Date	Mintage	VF20	XF40	MS60	MS63	MS65
2015	9,999				PF65 15.00	

2 DOLLARS

KM# 618 3.11 g., 0.9999 Silver, 0.100 oz. ASW 20.1mm. **Obv:** Crowned head right **Rev:** Holographic Maple leaf **Edge:** Reeded

Date	Mintage	VF20	XF40	MS60	MS63	MS65
2003	—				PF65 7.50	

KM# 622 3.11 g., 0.9999 Silver, 0.100 oz. ASW 21mm. **Obv:** Crowned head right **Rev:** Maple leaf **Edge:** Reeded

Date	Mintage	VF20	XF40	MS60	MS63	MS65
2004 Mint logo privy mark	13,859				PF63 6.50	PF65 7.50

KM# 571 3.11 g., 0.9999 Silver, 0.100 oz. ASW 21mm. **Obv:** Head right **Rev:** Lynx

Date	Mintage	VF20	XF40	MS60	MS63	MS65
2005	—		PF63 6.50			PF65 7.50

KM# 1407 3.11 g., 0.999 Silver, 0.0999 oz. ASW **Obv. Designer:** Arnold Machin **Rev:** Three Maple Leaves **Rev. Designer:** Arnold Nogy

Date	Mintage	VF20	XF40	MS60	MS63	MS65
2013	—		PF63 25.00			PF65 30.00

KM# 1594 3.11 g., 0.9999 Silver partially gilt, 0.100 oz. ASW 20.1mm. **Obv:** Bust right **Rev:** Two maple leaves, one gilt

Date	Mintage	VF20	XF40	MS60	MS63	MS65
2014	—	—	—	—	10.00	—

KM# 1806 3.23 g., 0.9999 Silver, 0.1038 oz. ASW
20mm. **Obv:** Bust right **Rev:** Maple Leaf

Date	Mintage	VF20	XF40	MS60	MS63	MS65
2015	9,999		PF65 30.00			

KM# 1884 3.11 g., 0.9999 Silver, 0.100 oz. ASW
21mm. **Obv:** Bust right, denomination below **Rev:**
Eagle head right, date above

Date	Mintage	VF20	XF40	MS60	MS63	MS65
2015	7,500		PF65 20.00			

KM# 1907 3.11 g., 0.9999 Silver, 0.100 oz. ASW
21mm. **Obv:** Bust right, denomination below **Rev:**
Wolf head right, date above

Date	Mintage	VF20	XF40	MS60	MS63	MS65
2016	7,500		PF65 20.00			

3 DOLLARS

KM# 619 7.78 g., 0.9999 Silver, 0.250 oz.
ASW 26.9mm. **Obv:** Crowned head right **Rev:**
Holographic Maple leaf **Edge:** Reeded

Date	Mintage	VF20	XF40	MS60	MS63	MS65
2003	—		PF65 15.00			

KM# 623 7.78 g., 0.9999 Silver, 0.250 oz. ASW
27mm. **Obv:** Crowned head right **Rev:** Maple leaf
Edge: Reeded

Date	Mintage	VF20	XF40	MS60	MS63	MS65
2004 Mint logo privy mark	13,859		PF63 11.00	PF65 12.50		

KM# 1415 7.77 g., 0.999 Silver, 0.2496 oz. ASW
27mm. **Rev:** Fox

Date	Mintage	VF20	XF40	MS60	MS63	MS65
2004	—		PF63 30.00	PF65 35.00		

KM# 572 7.78 g., 0.9999 Silver, 0.250 oz. ASW
27mm. **Obv:** Head right **Rev:** Lynx

Date	Mintage	VF20	XF40	MS60	MS63	MS65
2005	—		PF63 11.00	PF65 12.50		

KM# 1408 7.78 g., 0.9999 Silver, 0.250 oz. ASW
27mm. **Obv. Designer:** Arnold Machin **Rev:** Three
Maple Leaves **Rev. Designer:** Arnold Nogy

Date	Mintage	VF20	XF40	MS60	MS63	MS65
2012	—		PF63 35.00	PF65 40.00		

KM# 1595 7.77 g., 0.9999 Silver partially gilt,
0.2498 oz. ASW 27mm. **Obv:** Bust right **Rev:** Two
maple leaves, one gilt

Date	Mintage	VF20	XF40	MS60	MS63	MS65
2014	—	—	—	—	15.00	—

KM# 1807 7.96 g., 0.9999 Silver, 0.2559 oz. ASW
Obv: Bust right **Rev:** Maple Leaf

Date	Mintage	VF20	XF40	MS60	MS63	MS65
2015	9,999		PF65 75.00			

KM# 1885 7.77 g., 0.9999 Silver, 0.2498 oz. ASW
27mm. **Obv:** Bust right, denomination below **Rev:**
Eagle head right, date above

Date	Mintage	VF20	XF40	MS60	MS63	MS65
2015	7,500		PF65 30.00			

KM# 1908 7.77 g., 0.9999 Silver, 0.2498 oz. ASW
27mm. **Obv:** Bust right, denomination below **Rev:**
Wolf head right, date above

Date	Mintage	VF20	XF40	MS60	MS63	MS65
2016	7,500		PF65 30.00			

4 DOLLARS

KM# 620 15.55 g.,   0.9999 Silver, 0.4999 oz. ASW 33.9mm. **Obv:** Crowned head right **Rev:** Holographic Maple leaf **Edge:** Reeded

Date	Mintage	VF20	XF40	MS60	MS63	MS65
2003	—		PF63 22.00		PF65 25.00	

KM# 624 15.55 g., 0.9999 Silver, 0.4999 oz. ASW 34mm. **Obv:** Crowned head right **Rev:** Maple leaf **Edge:** Reeded

Date	Mintage	VF20	XF40	MS60	MS63
2004 Mint logo privy mark Reverse Proof	13,859		PF65 22.50		

KM# 573 15.55 g., 0.9999 Silver, 0.4999 oz. ASW 34mm. **Obv:** Head right **Rev:** Lynx

Date	Mintage	VF20	XF40	MS60	MS63	MS65
2005	—		PF63 20.00		PF65 22.50	

KM# 1409 15.55 g., 0.9999 Silver, 0.4999 oz. ASW 33.9mm.   **Obv. Designer:** Arnold Machin **Rev:** Three maple leaves **Rev. Designer:** Arnold Nogy

Date	Mintage	VF20	XF40	MS60	MS63	MS65
2013	—		PF63 35.00		PF65 40.00	

KM# 1596 15.55 g., 0.9999 Silver partially gilt, 0.4999 oz. ASW 34mm. **Obv:** Bust right **Rev:** Two maple leaves, one gilt

Date	Mintage	VF20	XF40	MS60	MS63	MS65
2014	—	—	—	—	22.50	—

KM# 1808 15.87 g., 0.9999 Silver, 0.5102 oz. ASW 34mm. **Obv:** Bust right **Rev:** Maple Leaf

Date	Mintage	VF20	XF40	MS60	MS63	MS65
2015	9,999		PF65 100			

KM# 1886 15.55 g., 0.9999 Silver, 0.4999 oz. ASW 34mm. **Obv:** Bust right, denomination above **Rev:** Eagle head right, date above

Date	Mintage	VF20	XF40	MS60	MS63	MS65
2015	7,500		PF65 50.00			

KM# 1909 15.55 g., 0.9999 Silver, 0.4999 oz. ASW 34mm. **Obv:** Bust right, denomination above **Rev:** Wolf head right, date above

Date	Mintage	VF20	XF40	MS60	MS63	MS65
2016	7,500		PF65 50.00			

5 DOLLARS

KM# 163 31.10 g., 0.9999 Silver, 0.9998 oz. ASW
Obv: Young bust right, denomination and date below **Obv. Designer:** Arnold Machin **Rev:** Maple leaf flanked by 9999

Date	Mintage	VF20	XF40	MS60	MS63	MS65
1988	1,155,931	—	—	—	35.00	37.00
1989	—	PF63	40.00			
1989	3,332,200	—	—	—	35.00	37.00

KM# 187 31.10 g., 0.9999 Silver, 0.9998 oz. ASW
Obv: Crowned head right, date and denomination below **Obv. Designer:** Dora de Pedery-Hunt **Rev:** Maple leaf flanked by 9999

Date	Mintage	VF20	XF40	MS60	MS63	MS65
1990	1,708,800	—	—	—	35.00	37.00
1991	644,300	—	—	—	35.00	37.00
1992	343,800	—	—	—	35.00	37.00
1993	889,946	—	—	—	35.00	37.00
1994	1,133,900	—	—	—	35.00	37.00
1995	326,244	—	—	—	35.00	37.00
1996	250,445	—	—	—	42.50	45.00
1997	100,970	—	—	—	35.00	37.00
1998 90th Anniversary R.C.M. privy mark	13,025	—	—	—	35.00	37.00
1998 R.C.M.P. privy mark	25,000	—	—	—	35.00	37.00
1998 Tiger privy mark	25,000	—	—	—	35.00	37.00

Date	Mintage	VF20	XF40	MS60	MS63	MS65
1998 Titanic privy mark	26,000	—	—	—	85.00	90.00
1998	591,359	—	—	—	35.00	37.00
1999 Rabbit privy mark	25,000	—	—	—	35.00	37.00
1999	1,229,442	—	—	—	35.00	37.00
1999 Y2K privy mark	9,999	—	—	—	37.50	40.00
2000 Dragon privy mark	25,000	—	—	—	35.00	37.00
2000 Expo Hanover privy mark	—	—	—	—	45.00	48.00
2000	403,652	—	—	—	35.00	37.00
2001	398,563	—	—	—	35.00	37.00
2001 Reverse proof, Snake privy mark	25,000	PF63	35.00	PF65	45.00	
2002	576,196	—	—	—	35.00	37.00
2002 Reverse proof, Horse privy mark	25,000	PF63	35.00	PF65	45.00	
2003	—	—	—	—	35.00	37.00
2003 Reverse proof, sheep privy mark	25,000	PF63	35.00	PF65	45.00	

KM# 363 31.10 g., 0.9999 Silver, 0.9998 oz. ASW
Obv: Crowned head right, date and denomination below **Rev:** Maple leaf flanked by 9999

Date	Mintage	VF20	XF40	MS60	MS63	MS65
1999/2000 Fireworks privy mark	298,775	—	—	—	35.00	37.00

KM# 436 31.10 g., 0.9999 Silver, 0.9999 oz. ASW 38mm. **Obv:** Crowned head right, date and denomination below **Rev:** Three maple leaves in autumn colors, 9999 flanks **Rev. Designer:** Debbie Adams **Edge:** Reeded

Date	Mintage	VF20	XF40	MS60	MS63	MS65
2001	49,709		PF63 30.00		PF65 40.00	

KM# 437 31.10 g., 0.9999 Silver, 0.9999 oz. ASW 38mm. **Obv:** Crowned head right, date and denomination below **Rev:** Radiant maple leaf hologram **Edge:** Reeded

Date	Mintage	VF20	XF40	MS60	MS63
2001 Good fortune privy mark	29,906	—	—	—	75.00

KM# 505 31.10 g., 0.9999 Silver, 0.9999 oz. ASW 38mm. **Obv:** Crowned head right, date and denomination below **Rev:** Two maple leaves in spring color (green) **Edge:** Reeded

Date	Mintage	VF20	XF40	MS60	MS63	MS65
2002	29,509	—	—	—	37.50	—

KM# 521 31.10 g., 0.9999 Silver, 0.9999 oz. ASW **Obv:** Head right **Rev:** Maple leaf, summer colors **Rev. Designer:** Stan Witten

Date	Mintage	VF20	XF40	MS60	MS63	MS65
2003	29,416	—	—	—	37.50	—

KM# 508 31.10 g., 0.9999 Silver, 0.9999 oz. ASW 38mm. **Obv:** Crowned head right, date and denomination below **Obv. Designer:** Dora de Pedery-Hunt **Rev:** Holographic Maple leaf flanked by 9999 **Edge:** Reeded

Date	Mintage	VF20	XF40	MS60	MS63	MS65
2003	—		PF63 35.00		PF65 37.50	

KM# 522 31.11 g., 0.9999 Silver, 0.9999 oz. ASW **Obv:** Head right **Rev:** Maple leaf, winter color **Rev. Designer:** Stan Witten

Date	Mintage	VF20	XF40	MS60	MS63	MS65
2004	26,763	—	—	—	35.00	—

KM# 607 31.12 g., 0.9999 Silver, 1.0004 oz. ASW **Obv:** Head right **Rev:** Maple leaf, winter colors

Date	Mintage	VF20	XF40	MS60	MS63	MS65
2004	—	—	—	—	37.50	—

KM# 625 31.10 g., 0.9999 Silver, 0.9999 oz. ASW 38mm. **Obv:** Bust right **Obv. Designer:** Susanna Blunt **Rev:** Maple leaf **Edge:** Reeded

Date	Mintage	VF20	XF40	MS60	MS63
2004 Mint logo privy mark Specimen	13,859		PF65 37.50		
2004 Monkey privy mark Specimen	25,000		PF65 37.50		
2004 D-Day privy mark Specimen	11,698		PF65 37.50		
2004 Desjardins privy mark	15,000	—	—	—	37.50
2004 Capricorn privy Mark Reverse proof	5,000		PF65 37.50		
2004 Aquarius privy mark Reverse proof	5,000		PF65 37.50		
2004 Pisces privy mark Reverse proof	5,000		PF65 37.50		
2004 Aries privy mark Reverse proof	5,000		PF65 37.50		
2004 Taurus privy mark Reverse proof	5,000		PF65 37.50		
2004 Gemini privy mark Reverse proof	5,000		PF65 37.50		
2004 Cancer privy mark Reverse proof	5,000		PF65 37.50		
2004 Leo privy mark Reverse proof	5,000		PF65 37.50		
2004 Virgo privy mark Reverse proof	5,000		PF65 37.50		
2004 Libra privy mark Reverse proof	5,000		PF65 37.50		
2004 Scorpio privy mark Reverse proof	5,000		PF65 37.50		
2004 Sagittarius privy mark Reverse proof	5,000		PF65 50.00		
2005	—	—	—	—	35.00
2005 Tulip privy mark Reverse proof	3,500		PF65 50.00		
2005 Tank privy mark Reverse proof	7,000		PF65 60.00		
2005 USS Missouri privy mark Reverse proof	7,000		PF65 60.00		
2005 Rooster privy mark Reverse proof	15,000		PF65 50.00		
2006	—	—	—	—	35.00
2006 Dog privy mark Reverse proof	—		PF65 50.00		
2007	—	—	—	—	35.00
2007 F12 privy mark Reverse proof	—		PF65 130		
2007 Pig privy mark Reverse proof	—		PF65 50.00		
2008	—	—	—	—	35.00
2008 F12 privy mark Reverse proof	—		PF65 130		
2008 Rat privy mark Reverse proof	—		PF65 50.00		
2009	—	—	—	—	35.00
2009 Brandenberg Gate privy mark Reverse proof	—		PF65 50.00		
2009 Tower Bridge privy mark Reverse proof	—		PF65 50.00		
2009 Ox Privy mark Reverse proof	—		PF65 50.00		
2010	—	—	—	—	35.00
2010 Fabulous 15 privy mark Reverse proof	—		PF65 50.00		
2011	—	—	—	—	35.00
2012	—	—	—	—	35.00
2012 Dragon privy mark Reverse proof	—		PF65 50.00		
2012 Titanic privy mark Reverse proof	—		PF65 50.00		
2012 Pisa privy mark	—	—	—	—	35.00
2012 Fabulous 15 privy mark Reverse proof	—		PF65 75.00		
2013	—	—	—	—	35.00
2014	—	—	—	—	35.00
2014 World Money Fair Berlin privy mark Reverse proof	—		PF65 50.00		

KM# 550 31.10 g., 0.9999 Silver, 0.9999 oz. ASW 38mm. **Obv:** Head right **Rev:** Big Leaf Maple and seed pod, color **Rev. Designer:** Stan Witten

Date	Mintage	VF20	XF40	MS60	MS63	MS65
2005	21,233	—	—	—	35.00	—

KM# 574 31.10 g., 0.9999 Silver, 0.9999 oz. ASW 38mm. **Obv:** Head right **Rev:** Lynx

Date	Mintage	VF20	XF40	MS60	MS63	MS65
2005	—		PF63 35.00		PF65 37.50	

KM# 924 31.11 g., 0.9999 Silver, 0.9999 oz. ASW **Rev:** Maple Leaf, laser engraved **Rev. Designer:** Joan Nguyen

Date	Mintage	VF20	XF40	MS60	MS63	MS65
2005	25,000			PF63 50.00	PF65 60.00	

KM# 660 31.10 g., 0.999 Silver, 0.999 oz. ASW **Obv:** Bust right **Obv. Designer:** Susanna Blunt **Rev:** Silver maple, colorized **Rev. Designer:** Stan Witten

Date	Mintage	VF20	XF40	MS60	MS63	MS65
2006	14,157	—	—	37.50	—	

KM# 625a 31.11 g., 0.9999 Silver, 0.9999 oz. ASW 38mm. **Rev:** Maple leaf, gilt

Date	Mintage	VF20	XF40	MS60	MS63
2007		—	—	—	75.00
2008		—	—	—	75.00
2009		—	—	—	75.00
2009 Tower Bridge Privy Mark					
2010		—	—	—	75.00

KM# 729 31.11 g., 0.999 Silver, 0.999 oz. ASW 38mm. **Obv:** Bust right **Rev:** Maple leaf orange multicolor

Date	Mintage	VF20	XF40	MS60	MS63	MS65
2007		—	PF63 40.00	PF65 45.00		

KM# 925 31.11 g., 0.999 Silver, 0.999 oz. ASW **Obv:** Bust right **Obv. Designer:** Susanna Blunt **Rev:** Sugar maple, colorized **Rev. Designer:** Stan Witten

Date	Mintage	VF20	XF40	MS60	MS63	MS65
2007	11,495	—	—	—	37.50	—

KM# 928 31.39 g., 0.999 Silver, 1.0082 oz. ASW 38mm. **Rev:** Orange sugar maple leaf **Rev. Designer:** Stan Witten

Date	Mintage	VF20	XF40	MS60	MS63	MS65
2007 Specimen	20,000	—	—	—	100	—

KM# 798 31.11 g., 0.999 Silver, 0.999 oz. ASW 38mm. **Subject:** Maple Leaf 20th Anniversary **Rev:** Maple Leaf, selective gold plating

Date	Mintage	VF20	XF40	MS60	MS63	MS65
2008	10,000		PF63 65.00	PF65 75.00		

KM# 799 31.11 g., 0.999 Silver, 0.999 oz. ASW 38mm. **Subject:** Breast Cancer Awareness **Rev:** Multicolor, green maple leaf and pink ribbon

Date	Mintage	VF20	XF40	MS60	MS63	MS65
2008	11,048	—	—	—	85.00	—

KM# 800 31.11 g., 0.999 Silver, 0.999 oz. ASW 38mm. **Subject:** Vancouver Olympics **Obv:** Bust right **Obv. Designer:** Susanna Blunt **Rev:** Maple leaf, Olympic logo at left, turtle

Date	Mintage	VF20	XF40	MS60	MS63	MS65
2008	—	—	—	— 37.50	—
2009	—	—	—	— 37.50	—
2010	—	—	—	— 37.50	—

KM# 800a 31.11 g., 0.9999 Silver partially gilt, 0.9999 oz. ASW 38mm. **Rev:** Maple leaf gilt, Olympic logo at left

Date	Mintage	VF20	XF40	MS60	MS63	MS65
2008	—	—	—	— 50.00	—

KM# 1056 31.11 g., 0.9999 Silver, 0.9999 oz. ASW 38mm. **Rev:** Maple leaf in brown color, card diamond

Date	Mintage	VF20	XF40	MS60	MS63	MS65
2008	—	—	—	— 50.00	—

KM# 1057 31.11 g., 0.9999 Silver, 0.9999 oz. ASW 38mm. **Rev:** Maple Leaf in green color, card heart

Date	Mintage	VF20	XF40	MS60	MS63	MS65
2008	—	—	—	— 50.00	—

KM# 1058 31.11 g., 0.9999 Silver, 0.9999 oz. ASW 38mm. **Rev:** Maple leaf in green color, card club

Date	Mintage	VF20	XF40	MS60	MS63	MS65
2008	—	—	—	— 50.00	—

KM# 1059 31.11 g., 0.9999 Silver, 0.9999 oz. ASW 38mm. **Rev:** Maple Leaf in red color, card spade

Date	Mintage	VF20	XF40	MS60	MS63	MS65
2008	—	—	—	— 50.00	—

KM# 863 31.11 g., 0.9999 Silver, 0.9999 oz. ASW 38mm. **Subject:** Vancouver Olympics **Rev:** Thunderbird Totem **Rev. Designer:** Rick Harry

Date	Mintage	VF20	XF40	MS60	MS63	MS65
2009	—	—	—	—	50.00	—

KM# 863a 31.11 g., 0.9999 Silver partially gilt, 0.9999 oz. ASW 38mm. **Rev:** Thunderbird, gilt

Date	Mintage	VF20	XF40	MS60	MS63	MS65
2009	—	—	—	—	60.00	—

KM# 1061 31.11 g., 0.9999 Silver, 0.9999 oz. ASW 38mm. **Rev:** Maple leaf in red color, support our troops yellow ribbon

Date	Mintage	VF20	XF40	MS60	MS63	MS65
2009	—	—	—	—	70.00	—

KM# 998 31.12 g., 0.999 Silver, 0.9995 oz. ASW 38mm. **Rev:** Olympic Hockey

Date	Mintage	VF20	XF40	MS60	MS63	MS65
2010	—	PF63 38.00		PF65 42.00		

KM# 998a 31.11 g., 0.9999 Silver partially gilt, 0.9999 oz. ASW 38mm. **Rev:** Hockey player, gilt maple leaves flanking

Date	Mintage	VF20	XF40	MS60	MS63	MS65
2010	—	—	—	—	50.00	—

KM# 1077 31.39 g., 0.999 Silver, 1.0082 oz. ASW 34mm. **Rev:** Maple leaf on 45 degree angle left **Note:** Piedfort.

Date	Mintage	VF20	XF40	MS60	MS63
2010 Reverse Proof	9,000		PF65 80.00		

KM# 1289 31.11 g., 0.9999 Silver, 0.9999 oz. ASW 38mm. **Rev:** Maple leaf in green with crystal

Date	Mintage	VF20	XF40	MS60	MS63	MS65
2010	—	—	—	—	65.00	—

KM# 1290 31.11 g., 0.999 Silver, 0.999 oz. ASW 38mm. **Rev:** Maple leaf in red with crystal

Date	Mintage	VF20	XF40	MS60	MS63	MS65
2010	—	—	—	—	65.00	—

KM# 1291 31.11 g., 0.9999 Silver, 0.9999 oz. ASW 38mm. **Rev:** Maple leaf in dark green with crystal

Date	Mintage	VF20	XF40	MS60	MS63	MS65
2010	—	—	—	—	65.00	—

KM# 1292 31.11 g., 0.9999 Silver, 0.9999 oz. ASW 38mm. **Rev:** Maple leaf in color with crystal

Date	Mintage	VF20	XF40	MS60	MS63	MS65
2010	—	—	—	—	65.00	—

KM# 1052 31.11 g., 0.9999 Silver, 0.9999 oz. ASW 38mm. **Rev:** Wolf standing with moonlight in background

Date	Mintage	VF20	XF40	MS60	MS63	MS65
2011	1,000,000	—	—	—	42.00	—

KM# 1109 31.11 g., 0.999 Silver, 0.999 oz. ASW 38mm. **Rev:** Grizzly Bear walking right

Date	Mintage	VF20	XF40	MS60	MS63	MS65
2011	1,000,000	—	—	—	40.00	—

KM# 1164 31.11 g., 0.999 Silver, 0.999 oz. ASW 38mm. **Obv. Designer:** Susanna Blunt **Rev:** Cougar **Rev. Designer:** William Woodruff

Date	Mintage	VF20	XF40	MS60	MS63	MS65
2012	1,000,000	—	—	—	40.00	—

KM# 1241 31.14 g., 0.9999 Silver, 1.0009 oz. ASW 38mm. **Obv:** Bust right **Obv. Designer:** Susana Blunt **Rev:** Moose left **Rev. Designer:** William Woodruff **Edge:** Reeded

Date	Mintage	VF20	XF40	MS60	MS63	MS65
2012	1,000,000	—	—	—	42.00	—

KM# 1297 31.11 g., 0.999 Silver, 0.999 oz. ASW 38mm. **Obv:** Bust right **Rev:** Antelope

Date	Mintage	VF20	XF40	MS60	MS63	MS65
2013	—	—	—	—	42.00	—

KM# 1382 31.11 g., 0.999 Silver, 0.999 oz. ASW 38mm. **Subject:** Silver Maple Leaf - 25th Anniversary **Rev:** Maple leaf and gilt shadow of maple leaf **Rev. Designer:** Jean-Louis Sirois

Date	Mintage	VF20	XF40	MS60	MS63	MS65
2013	Est. 10000		**PF63** 100		**PF65** 110	

KM# 1410 31.11 g., 0.9999 Silver, 0.9999 oz. ASW 38mm. **Obv. Designer:** Arnold Machin **Rev:** Three maple leaves **Rev. Designer:** Arnold Nogy

Date	Mintage	VF20	XF40	MS60	MS63	MS65
2013	—	—	—	—	45.00	—

KM# 1597 31.10 g., 0.9999 Silver partially gilt, 0.9999 oz. ASW 38mm. **Obv:** Bust right **Rev:** Two maple leaves, one gilt

Date	Mintage	VF20	XF40	MS60	MS63	MS65
2014	—	—	—	—	40.00	—

KM# 1601 31.11 g., 0.9999 Silver, 0.9999 oz. ASW 38mm. **Obv:** Bust right, rays in field **Rev:** Maple leaf, rays in field

Date	Mintage	VF20	XF40	MS60	MS63	MS65
2014	—	—	—	—	50.00	—

KM# 1604   5 DOLLARS
31.11 g., 0.9999 Silver, 0.9999 oz. ASW 38mm. **Obv:** Bust right **Rev:** Peregrine falcon in flight left

Date	Mintage	F12	VF20	XF40	AU50	MS63
2014 Matte fields	—	—	—	—	—	40.00
2014	—		**PF63** 45.00		**PF65** 50.00	

KM# 1719 31.39 g., 0.999 Silver, 1.0082 oz. ASW **Ruler:** Elizabeth II 38mm. **Obv:** Bust right **Rev:** Eagle in flight left with fish **Mint:** Royal Canadian Mint

Date	Mintage	F12	VF20	XF40	MS60	MS63
2014	7,500	—	—	—	—	65.00

KM# 1809 31.39 g., 0.9999 Silver, 1.0091 oz. ASW 38mm. **Obv:** Bust right **Rev:** Maple leaf in red color

Date	Mintage	VF20	XF40	MS60	MS63	MS65
2015	9,999		PF65 125			

KM# 1887 31.10 g., 0.9999 Silver, 0.9999 oz. ASW 38mm. **Obv:** Bust right, denomination above **Rev:** Eagle head right, date above

Date	Mintage	VF20	XF40	MS60	MS63	MS65
2015	7,500		PF65 100			

KM# 1910 31.10 g., 0.9999 Silver, 0.9999 oz. ASW 38mm. **Obv:** Bust right, denomination above **Rev:** Wolf head right, date above

Date	Mintage	VF20	XF40	MS60	MS63	MS65
2016	7,500		PF65 100			

10 DOLLARS

KM# 1158 31.11 g., 0.9999 Silver, 0.9999 oz. ASW 38mm. **Obv:** Bust right **Rev:** Branch with three maple leaves

Date	Mintage	VF20	XF40	MS60	MS63	MS65
2011	—		PF63 45.00		PF65 50.00	

KM# 1268 31.11 g., 0.999 Silver, 0.999 oz. ASW 38mm. **Subject:** Maple Leaf Forever

Date	Mintage	VF20	XF40	MS60	MS63	MS65
2012	—		PF63 40.00		PF65 50.00	

KM# 1473 15.87 g., 0.9999 Silver, 0.5102 oz. ASW 34mm. **Rev:** Two maple leaves **Rev. Designer:** Piere Ledec

Date	Mintage	VF20	XF40	MS60	MS63	MS65
2013	5,000		PF63 35.00		PF65 40.00	

KM# 1650 15.57 g., 0.9999 Silver, 0.5005 oz. ASW **Ruler:** Elizabeth II 34mm. **Obv:** Bust right **Rev:** Goose in water about to take flight **Mint:** Royal Canadian Mint

Date	Mintage	F12	VF20	XF40	MS60	MS63
2014	—	—	—	—	—	40.00

KM# 1655 15.87 g., 0.9999 Silver, 0.5102 oz. ASW **Ruler:** Elizabeth II 34mm. **Obv:** Bust right **Rev:** Three silver maple leaves **Mint:** Royal Canadian Mint

Date	Mintage	F12	VF20	XF40	MS60	MS63
2014	50,000	—	—	—	—	40.00

20 DOLLARS

KM# 1062 7.96 g., 0.9999 Silver, 0.2559 oz. ASW 27mm. **Rev:** Five Maple leaves at left

Date	Mintage	VF20	XF40	MS60	MS63	MS65
2011	200,000	—	—	—	25.00	—

KM# 1176 7.96 g., 0.9999 Silver, 0.2559 oz. ASW 27mm. **Obv:** Bust right **Rev:** Canoe and reflection **Rev. Designer:** Jason Bouwman **Edge:** Reeded

Date	Mintage	VF20	XF40	MS60	MS63	MS65
2011	200,000	—	—	—	30.00	—

KM# 1226 7.96 g., 0.9999 Silver, 0.2559 oz. ASW 27mm. **Obv:** Bust right **Rev:** Waterline view of polar bear swimming **Edge:** Reeded

Date	Mintage	VF20	XF40	MS60	MS63	MS65
2012	250,000	—	—	—	25.00	—

BULLION COINS

KM# 1237 7.96 g., 0.9999 Silver, 0.2559 oz. ASW 27mm. **Subject:** Commemorating the end of the Canadian Cent **Obv:** Bust right **Rev:** Maple leaves floating on water

Date	Mintage	VF20	XF40	MS60	MS63	MS65
2012	—	—	—	—	20.00	—

KM# 1337 7.96 g., 0.999 Silver, 0.2557 oz. ASW 27mm. **Rev:** Reindeer

Date	Mintage	VF20	XF40	MS60	MS63	MS65
2012	—	—	—	—	27.50	—

KM# 1350 15.50 g., 0.9999 Silver, 0.4983 oz. ASW 34mm. **Obv:** Bust right **Rev:** Elizabeth II bust at left wearing hat

Date	Mintage	VF20	XF40	MS60	MS63	MS65
2012	—	—	—	—	25.00	30.00

KM# 1365 7.96 g., 0.999 Silver, 0.2557 oz. ASW 27mm. **Subject:** Year of the Snake **Rev:** Snake in Tree

Date	Mintage	VF20	XF40	MS60	MS63	MS65
2013	Est. 128888			**PF63** 25.00	**PF65** 30.00	

KM# 1511 7.96 g., 0.999 Silver, 0.2557 oz. ASW 27mm. **Rev:** Wolf **Rev. Designer:** Glen Loates

Date	Mintage	VF20	XF40	MS60	MS63	MS65
2013	250,000	—	—	—	25.00	30.00

KM# 1512 7.70 g., 0.9999 Silver, 0.2475 oz. ASW 27mm. **Rev:** Iceberg and whale **Rev. Designer:** Emily Damstra

Date	Mintage	VF20	XF40	MS60	MS63	MS65
2013	225,000	—	—	—	25.00	30.00

KM# 1554 7.96 g., 0.999 Silver, 0.2557 oz. ASW 27mm. **Rev:** Santa **Rev. Designer:** Jesse Koreck

Date	Mintage	VF20	XF40	MS60	MS63	MS65
2013	225,000	—	—	—	20.00	25.00

KM# 1561 7.96 g., 0.999 Silver, 0.2557 oz. ASW **Obv:** Bust right **Rev:** Goose in flight right **Rev. Designer:** Trevor Tennant

Date	Mintage	VF20	XF40	MS60	MS63	MS65
2014	225,000	—	—	—	20.00	25.00

KM# 1562 7.96 g., 0.999 Silver, 0.2557 oz. ASW 27mm. **Obv:** Bust right **Rev:** Bobcat

Date	Mintage	VF20	XF40	MS60	MS63	MS65
2014	225,000	—	—	—	20.00	25.00

KM# 1563 7.96 g., 0.999 Silver, 0.2557 oz. ASW 27mm. **Obv:** Bust right **Rev:** Summertime

Date	Mintage	VF20	XF40	MS60	MS63	MS65
2014	225,000	—	—	—	20.00	25.00

KM# 1564 7.96 g., 0.999 Silver, 0.2557 oz. ASW 27mm. **Obv:** Bust right **Rev:** Holiday Candles

Date	Mintage	VF20	XF40	MS60	MS63	MS65
2014	225,000	—	—	—	20.00	25.00

KM# 1714 7.96 g., 0.9999 Silver, 0.2559 oz. ASW 27mm. **Obv:** Bust right **Rev:** Bobcat jumping forward

Date	Mintage	VF20	XF40	MS60	MS63	MS65
2014	—	—	—	—	25.00	30.00

KM# 1715 7.96 g., 0.9999 Silver, 0.2559 oz. ASW 27mm. **Obv:** Bust right **Rev:** Summertime - Boy jumping into lake

Date	Mintage	VF20	XF40	MS60	MS63	MS65
2014	—	—	—	—	25.00	30.00

25 DOLLARS

KM# 1838 7.96 g., 0.9999 Silver, 0.2559 oz. ASW 27mm. **Obv:** Bust right **Rev:** Canadian flag in color **Rev. Designer:** Julius Csotonyi

Date	Mintage	VF20	XF40	MS60	MS63	MS65
2015	—	—	—	—	—	25.00

50 DOLLARS

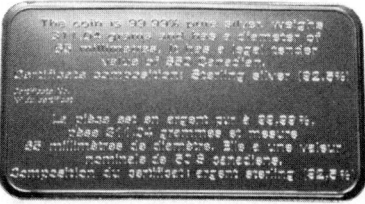

KM# 326 311.04 g., 0.9999 Silver, 9.999 oz. ASW **Subject:** 10th Anniversary Silver Maple Leaf **Obv:** Crowned head right **Rev:** Maple leaf flanked by 9999 **Edge:** 10th ANNIVERSARY 10e ANNIVERSAIRE

Date	Mintage	VF20	XF40	MS60	MS63	MS65
1998	—			PF63 375		

KM# 1509 157.60 g., 0.9999 Silver, 5.0664 oz. ASW 65mm. **Subject:** Maple Leaf Bullion, 25th Anniversary **Rev:** Three maple leaves **Rev. Designer:** Arnold Nogy

Date	Mintage	VF20	XF40	MS60	MS63	MS65
2013	2,500			PF65 500		

KM# 1624 157.60 g., 0.999 Silver, 5.0619 oz. ASW 65.25mm. **Obv:** Bust right **Rev:** Three maple leaves **Rev. Designer:** Luc Normandin

Date	Mintage	VF20	XF40	MS60	MS63	MS65
2014	2,500			PF65 520		

KM# 1637 15.57 g., 0.9999 Silver, 0.5005 oz. ASW **Obv:** Bust right **Rev:** Grizzly bear in stream

Date	Mintage	VF20	XF40	MS60	MS63	MS65
2014	100,000	—	—	—	55.00	60.00

KM# 1717 15.87 g., 0.9999 Silver, 0.5102 oz. ASW 34mm. **Obv:** Bust right **Rev:** Snowy Owl in flight forward **Rev. Designer:** Trevor Tennant

Date	Mintage	VF20	XF40	MS60	MS63	MS65
2014		—	—	—	55.00	60.00

KM# 1718 15.87 g., 0.9999 Silver, 0.5102 oz. ASW 34mm. **Obv:** Bust right **Rev:** Polar Bear at stream

Date	Mintage	VF20	XF40	MS60	MS63	MS65
2014		—	—	—	55.00	60.00

100 DOLLARS

KM# 1555 31.60 g., 0.9999 Silver, 1.0159 oz. ASW 40mm. **Obv:** Bust right **Rev:** Bear eating salmon in river **Rev. Designer:** Claudio D'Angelo

Date	Mintage	VF20	XF40	MS60	MS63	MS65
2014	50,000	—	—	—	100	—

KM# 1620 31.60 g., 0.999 Silver, 1.0149 oz. ASW 40mm. **Obv:** Bust right **Rev:** Eagle in flight **Rev. Designer:** Claudio D'Angelo

Date	Mintage	VF20	XF40	MS60	MS63	MS65
2014 Matte Proof	50,000	PF63 115				

KM# 1621 31.60 g., 0.999 Silver, 1.0149 oz. ASW 40mm. **Obv:** Bust right **Rev:** Two big horn sheep butting heads **Rev. Designer:** Claudio D'Angelo

Date	Mintage	VF20	XF40	MS60	MS63
2014 Matte Proof	45,000	PF63 115			

250 DOLLARS

KM# 676 1000.00 g., 0.9999 Silver, 32.1475 oz. ASW **Subject:** Kilo

Date	Mintage	VF20	XF40	MS60	MS63	MS65
2006	—	—	—	—	1,350	—

KM# 1160 1000.00 g., 0.9999 Silver, 32.1475 oz. ASW 101mm. **Obv:** Bust right **Obv. Designer:** Susana Blunt **Rev:** Three maple leaves on branch **Rev. Designer:** Debbie Adams

Date	Mintage	VF20	XF40	MS60	MS63	MS65
2011	999			PF65 2,000		

BULLION COINS

KM# 1272 1000.00 g., 0.999 Silver, 32.1186 oz.
ASW 101mm. Subject: Maple Leaf Forever

Date	Mintage	VF20	XF40	MS60	MS63	MS65
2012	—			PF65 1,450		

KM# 1472 1000.00 g., 0.999 Silver Partially gilt,
32.1186 oz. ASW 102.1mm. Rev: Two maple
leaves, gilt Rev. Designer: Emily Damstra

Date	Mintage	VF20	XF40	MS60	MS63	MS65
2013	600			PF65 2,300		

500 DOLLARS

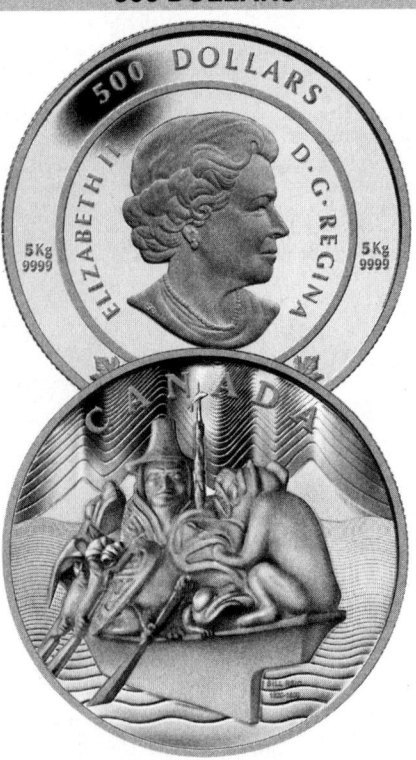

KM# 1245 5000.00 g., 0.9999 Silver, 160.7375 oz.
ASW 180mm. Subject: Haida sculpture

Date	Mintage	VF20	XF40	MS60	MS63	MS65
2012	100			PF65 7,500		

GOLD BULLION COINAGE

50 CENTS

KM# 542 1.27 g., 0.999 Gold, 0.0408 oz. AGW
13.92mm. Rev: Voyagers with northern lights
above Rev. Designer: Emanuel Hahn

Date	Mintage	VF20	XF40	MS60	MS63	MS65
2005	—			PF65 100		

KM# 717 1.24 g., 0.999 Gold, 0.0398 oz. AGW
13.9mm. Rev: Wolf

Date	Mintage	VF20	XF40	MS60	MS63	MS65
2006	—		PF63 90.00	PF65 100		

KM# 926 1.24 g., 0.999 Gold, 0.0398 oz. AGW
13.9mm. Rev: Cowboy and bronco rider

Date	Mintage	VF20	XF40	MS60	MS63	MS65
2006	—		PF63 90.00	PF65 100		

KM# 927 1.24 g., 0.999 Gold, 0.0398 oz. AGW
13.9mm. Subject: Gold Louis

Date	Mintage	VF20	XF40	MS60	MS63	MS65
2007	—		PF63 90.00	PF65 100		

KM# 777 1.24 g., 0.999 Gold, 0.0398 oz. AGW
13.9mm. Subject: DeHavilland beaver

Date	Mintage	VF20	XF40	MS60	MS63	MS65
2008	20,000		PF63 90.00	PF65 100		

KM# 888 1.27 g., 0.999 Gold, 0.0408 oz. AGW
13.92mm. Subject: Red maple Obv: Bust right
Obv. Designer: Susanna Blunt Rev: Two maple
leaves Obv. Legend: Elizabeth II 50 cents Rev.
Legend: Canada, Fine gold 1/25 oz or PUR 9999

Date	Mintage	VF20	XF40	MS60	MS63	MS65
2009	150,000		PF63 75.00	PF65 90.00		

KM# 985 1.24 g., 0.999 Gold, 0.0398 oz. AGW
13.92mm. Subject: RCMP Obv: Bust right Rev:
Mountie on horseback Rev. Designer: Janet
Griffin-Scott

Date	Mintage	VF20	XF40	MS60	MS63	MS65
2010	Est. 14000		PF63 90.00	PF65 100		

KM# 1085 1.27 g., 0.999 Gold, 0.0408 oz. AGW 13.92mm. **Rev:** Geese in flight left **Rev. Designer:** Emily Damstra

Date	Mintage	VF20	XF40	MS60	MS63	MS65
2011	10,000			**PF63** 80.00		**PF65** 90.00

KM# 1214 1.27 g., 1.000 Gold, 0.0408 oz. AGW 13.92mm. **Obv:** Bust right **Rev:** Three maple leaves, 2007-2012 above

Date	Mintage	VF20	XF40	MS60	MS63	MS65
2012	—			**PF63** 80.00		**PF65** 90.00

KM# 1218 1.27 g., 0.9999 Gold, 0.0408 oz. AGW 13.92mm. **Obv:** Bust right **Rev:** Schooner sailing left

Date	Mintage	VF20	XF40	MS60	MS63	MS65
2012	—			**PF65** 90.00		

KM# 1348 1.27 g., 0.9999 Gold, 0.0408 oz. AGW 13.92mm. **Rev:** Bald eagle head left **Rev. Designer:** Trevor Tennant

Date	Mintage	VF20	XF40	MS60	MS63	MS65
2013	10,000			**PF63** 120		**PF65** 130

KM# 1349 1.27 g., 0.9999 Gold, 0.0408 oz. AGW 13.92mm. **Subject:** Inuit Art by Joanassie Nowkawalk

Date	Mintage	VF20	XF40	MS60	MS63	MS65
2013	10,000			**PF63** 120		**PF65** 130

DOLLAR

KM# 238 1.56 g., 0.9999 Gold, 0.050 oz. AGW **Obv:** Crowned head right, denomination and date below **Rev:** Maple leaf flanked by 9999

Date	Mintage	MS63	MS65
1993	37,080	80.00	—
1994	78,860	80.00	—
1995	85,920	80.00	—
1996	56,520	80.00	—
1997	59,720	80.00	—
1998	44,260	80.00	—

Date	Mintage	MS63	MS65
1999 oval "20 YEARS ANS" privy mark		— 83.00	—
2000 oval "2000" privy mark		— 83.00	—
2001		— 83.00	—

KM# 365 1.56 g., 0.9999 Gold, 0.050 oz. AGW **Obv:** Crowned head right **Rev:** Maple leaf hologram

Date	Mintage	VF20	XF40	MS60	MS63	MS65
1999	500	—	—	—	115	—

KM# 438 1.58 g., 0.999 Gold, 0.0508 oz. AGW 14.1mm. **Subject:** Holographic Maple Leaves **Obv:** Crowned head right **Rev:** Three maple leaves multicolor hologram **Edge:** Reeded

Date	Mintage	VF20	XF40	MS60	MS63	MS65
2001	600	—	—	—	85.00	—

KM# 1416 1.55 g., 0.9999 Gold, 0.0498 oz. AGW 14mm. **Obv:** Bust right **Obv. Designer:** Susanna Blunt **Rev:** Maple Leaf

Date	Mintage	VF20	XF40	MS60	MS63	MS65
2009	—			**PF63** 115		**PF65** 125

KM# 1490 1.000 Gold, **Rev:** Maple leaf tilted left **Note:** Thick planchet.

Date	Mintage	VF20	XF40	MS60	MS63	MS65
2010 Proof	—	—	—	—	—	—

KM# 1138 1.56 g., 0.9999 Gold, 0.0502 oz. AGW 14mm. **Obv:** Bust right **Rev:** Maple leaf

Date	Mintage	VF20	XF40	MS60	MS63	MS65
1911-2011	—	—	—	—	100	—

KM# 1213 1.58 g., 1.000 Gold, 0.0508 oz. AGW 14.1mm. **Obv:** Bust right **Rev:** Three maple leaves, 2007-2012 above

Date	Mintage	VF20	XF40	MS60	MS63	MS65
2012	—			**PF63** 100		**PF65** 110

KM# 1411 1.55 g., 0.999 Gold, 0.0498 oz. AGW **Obv. Designer:** Susanna Blunt **Rev:** Two maple leaves **Rev. Designer:** Claudio D'Angelo

Date	Mintage	VF20	XF40	MS60	MS63	MS65
2013	—			**PF63** 115		**PF65** 125

KM# 1506 1.58 g., 0.9999 Gold, 0.0508 oz. AGW 14.1mm. **Rev:** Two maple leaves **Rev. Designer:** Claudio d'Angelo

Date	Mintage	VF20	XF40	MS60	MS63
2013 Reverse proof	—			**PF65** 150	

BULLION COINS

KM# 1703 1.58 g., 0.9999 Gold, 0.0508 oz. AGW 14.1mm. **Obv:** Bust right **Rev:** 3 Sugar Maple Leaves **Rev. Designer:** Pierre Leduc

Date	Mintage	VF20	XF40	MS60	MS63	MS65
2014	600				PF65	175

KM# 1789 1.24 g., 0.999 Gold, 0.0398 oz. AGW **Ruler:** Elizabeth II 14.1mm. **Obv:** Bust right by Mary Glick **Rev:** Two maple leaves **Mint:** Royal Canadian Mint

Date	Mintage	F12	VF20	XF40	MS60	MS63
2014	650				PF65	100

KM# 1801 1.58 g., 0.9999 Gold, 0.0508 oz. AGW 14.1mm. **Obv:** Bust right **Rev:** Silver maple leaf drifting downward **Rev. Designer:** Lilyane Coulombe **Note:** Edge numbered.

Date	Mintage	VF20	XF40	MS60	MS63	MS65
2015	600				PF65	125

2 DOLLARS

KM# 256 2.07 g., 0.9999 Gold, 0.0667 oz. AGW **Obv:** Crowned head right, denomination and date below **Rev:** Maple leaf flanked by 9999

Date	Mintage	VF20	XF40	MS60	MS63	MS65
1994	5,493	—	—	—	140	—

5 DOLLARS

KM# 135 3.12 g., 0.9999 Gold, 0.1003 oz. AGW **Obv:** Young bust right, date and denomination below **Obv. Designer:** Arnold Machin **Rev:** Maple leaf flanked by 9999

Date	Mintage	VF20	XF40	MS60	MS63	MS65
1982	246,000	—	—	—	145	—
1983	304,000	—	—	—	145	—
1984	262,000	—	—	—	145	—
1985	398,000	—	—	—	145	—
1986	529,516	—	—	—	145	—
1987	459,000	—	—	—	145	—
1988	506,500	—	—	—	145	—
1989	16,992	PF63	200			
1989	539,000	—	—	—	145	—

KM# 188 3.12 g., 0.9999 Gold, 0.1003 oz. AGW **Obv:** Elizabeth II effigy **Obv. Designer:** Dora dePedery-Hunt **Rev:** Maple leaf

Date		Mintage	MS63	MS65
1990		476,000	145	—
1991		322,000	145	—
1992		384,000	145	—
1993		248,630	145	—
1994		313,150	145	—
1995		294,890	145	—
1996		179,220	145	—
1997		188,540	145	—
1998		301,940	145	—
1999 oval "20 Years ANS" privy mark		—	152	—
2000 oval "2000" privy mark		—	152	—
2001		—	145	—

KM# 366 3.12 g., 0.9999 Gold, 0.1003 oz. AGW **Rev:** Maple leaf hologram

Date	Mintage	VF20	XF40	MS60	MS63	MS65
1999	500	—	—	—	210	—

KM# 439 3.13 g., 0.9999 Gold, 0.1007 oz. AGW 16mm. **Subject:** Holographic Maple Leaves **Obv:** Crowned head right **Rev:** Three maple leaves multicolor hologram **Edge:** Reeded

Date	Mintage	VF20	XF40	MS60	MS63	MS65
2001	600	—	—	—	200	—

KM# 929 3.13 g., 0.999 Gold, 0.1005 oz. AGW 16mm. **Obv. Designer:** Susan Blunt **Rev:** Maple leaf **Rev. Designer:** Walter Ott

Date	Mintage	VF20	XF40	MS60	MS63	MS65
2007	—			PF65	200	
2008	—			PF65	200	
2009	—			PF65	200	
2010	—			PF65	200	
2011	—			PF65	200	

KM# 1139 3.13 g., 0.999 Gold, 0.1005 oz. AGW 16mm. **Obv:** Bust right **Rev:** Maple leaf

Date	Mintage	VF20	XF40	MS60	MS63	MS65
1911-2011	—	—	—	—	225	—

KM# 1212 3.13 g., 1.000 Gold, 0.1006 oz. AGW 16mm. **Obv:** Bust right **Rev:** Three maple leaves, 2007-2012 above

Date	Mintage	VF20	XF40	MS60	MS63	MS65
2012	—			PF65	200	

KM# 1267 3.13 g., 0.999 Gold, 0.1005 oz. AGW 16mm. **Subject:** Maple Leaf Forever

Date	Mintage	VF20	XF40	MS60	MS63	MS65
2012	—			PF65	200	

KM# 1412 3.11 g., 0.9999 Gold, 0.100 oz. AGW 16mm. **Obv. Designer:** Susanna Blunt **Rev:** Two maple leaves **Rev. Designer:** Claudia D'Angelo

Date	Mintage	VF20	XF40	MS60	MS63	MS65
2013	—			PF65	250	

KM# 1505 3.13 g., 0.9999 Gold, 0.1006 oz. AGW 16mm. **Rev:** Two maple leaves **Rev. Designer:** Claudio d'Angelo

Date	Mintage	VF20	XF40	MS60	MS63
2013 Reverse Proof	—			PF65	225

KM# 1598 3.11 g., 0.9999 Gold, 0.100 oz. AGW 16mm. **Obv:** Bust right **Rev:** Three maple leaves

Date	Mintage	VF20	XF40	MS60	MS63	MS65
2014	—			PF65 200		

KM# 1704 3.13 g., 0.9999 Gold, 0.1006 oz. AGW 16mm. **Obv:** Bust right **Rev:** 3 Sugar Maple Leaves **Rev. Designer:** Pierre Leduc

Date	Mintage	VF20	XF40	MS60	MS63	MS65
2014	600			PF65 400		

KM# 1802 3.14 g., 0.9999 Gold, 0.1009 oz. AGW 16mm. **Obv:** Bust right **Rev:** Silver maple leaf drifting downward **Rev. Designer:** Lilyane Coulombe **Note:** Edge numbered.

Date	Mintage	VF20	XF40	MS60	MS63	MS65
2015	600			PF65 250		

10 DOLLARS

KM# 136 7.79 g., 0.9999 Gold, 0.2503 oz. AGW **Obv:** Young bust right, date and denomination below **Obv. Designer:** Arnold Machin **Rev:** Maple leaf flanked by 9999

Date	Mintage	VF20	XF40	MS60	MS63	MS65
1982	184,000	—	—	—	350	—
1983	308,800	—	—	—	350	—
1984	242,400	—	—	—	350	—
1985	620,000	—	—	—	350	—
1986	915,200	—	—	—	350	—
1987	376,000	—	—	—	350	—
1988	436,000	—	—	—	350	—
1989	—		PF63 500			
1989	328,800	—	—	—	350	—

KM# 189 7.79 g., 0.9999 Gold, 0.2503 oz. AGW **Obv:** Crowned head right, date and denomination below **Obv. Designer:** Dora dePedery-Hunt **Rev:** Maple leaf flanked by 9999

Date	Mintage	MS63	MS65
1990	253,600	350	—
1991	166,400	350	—
1992	179,600	350	—
1993	158,452	350	—
1994	148,792	350	—
1995	127,596	350	—
1996	89,148	350	—
1997	98,104	350	—
1998	85,472	350	—
1999 oval "20 Years ANS" privy mark	—	365	—
2000 oval "2000" privy mark	—	365	—
2001	—	365	—

KM# 367 7.79 g., 0.9999 Gold, 0.2503 oz. AGW **Rev:** Maple leaf hologram

Date	Mintage	VF20	XF40	MS60	MS63	MS65
1999	—	—	—	—	485	—

KM# 440 7.80 g., 0.9999 Gold, 0.2507 oz. AGW 20mm. **Subject:** Holographic Maples Leaves **Obv:** Crowned head right **Rev:** Three maple leaves multicolor hologram **Edge:** Reeded

Date	Mintage	VF20	XF40	MS60	MS63	MS65
2001	15,000	—	—	—	475	—

KM# 1140 7.80 g., 0.9999 Gold, 0.2507 oz. AGW 20mm. **Obv:** Bust right **Rev:** Maple leaf

Date	Mintage	VF20	XF40	MS60	MS63	MS65
1911-2011	—	—	—	—	485	—

KM# 1312 6.22 g., 0.999 Gold, 0.1998 oz. AGW **Obv:** Bust right **Rev:** Maple leaf **Note:** Piedfort

Date	Mintage	VF20	XF40	MS60	MS63	MS65
2011	—	—	—	—	—	400

KM# 1211 7.80 g., 1.000 Gold, 0.2507 oz. AGW 20mm. **Obv:** Bust right **Rev:** Three maple leaves, 2007-2012 above

Date	Mintage	VF20	XF40	MS60	MS63	MS65
2012	—			PF65 475		

KM# 1275 7.77 g., 0.9999 Gold, 0.2498 oz. AGW 20mm. **Subject:** War of 1812

Date	Mintage	VF20	XF40	MS60	MS63	MS65
2012	—			PF65 500		

KM# 1413 7.77 g., 0.9999 Gold, 0.2498 oz. AGW 20mm. **Obv. Designer:** Susanna Blunt **Rev:** Two maple leaves **Rev. Designer:** Claudio D'Angelo

Date	Mintage	VF20	XF40	MS60	MS63	MS65
2013	—			PF65 500		

KM# 1504 7.77 g., 0.999 Gold, 0.2496 oz. AGW 20mm. **Rev:** Two maple leaves **Rev. Designer:** Claudio d'Angelo

Date	Mintage	VF20	XF40	MS60	MS63
2013 Reverse proof	600			PF65 400	

KM# 1599 7.77 g., 0.9999 Gold, 0.2498 oz. AGW 20mm. **Obv:** Bust right **Rev:** Three maple leaves

Date	Mintage	VF20	XF40	MS60	MS63	MS65
2014	—			PF65 475		

KM# 1705 7.80 g., 0.9999 Gold, 0.2508 oz. AGW 20mm. **Obv:** Bust right **Rev:** 3 Sugar Maple Leaves **Rev. Designer:** Pierre Leduc

Date	Mintage	VF20	XF40	MS60	MS63	MS65
2014	600			PF65 800		

KM# 1803 7.80 g., 0.9999 Gold, 0.2508 oz. AGW 20mm. **Obv:** Bust right **Rev:** Silver maple leaf drifting downward **Rev. Designer:** Lilyane Coulombe **Note:** Edge numbered.

Date	Mintage	VF20	XF40	MS60	MS63	MS65
2015	600			PF65 750		

20 DOLLARS

KM# 153 15.55 g., 0.9999 Gold, 0.4999 oz. AGW 32mm. **Obv:** Young bust right, date and denomination below **Obv. Designer:** Arnold Machin **Rev:** Maple leaf flanked by 9999

Date	Mintage	VF20	XF40	MS60	MS63	MS65
1986	529,200	—	—	—	680	—
1987	332,800	—	—	—	680	—
1988	538,400	—	—	—	680	—
1989	—		PF63 935			
1989	259,200	—	—	—	680	—

KM# 190 15.55 g., 0.9999 Gold, 0.4999 oz. AGW **Obv:** Crowned head right, date and denomination below **Obv. Designer:** Dora dePedery-Hunt **Rev:** Maple leaf flanked by 9999

Date	Mintage	MS63	MS65
1990	174,400	680	—
1991	96,200	680	—
1992	108,000	680	—
1993	99,492	680	—
1994	104,766	680	—
1995	103,162	680	—
1996	66,246	680	—
1997	63,354	680	—
1998	65,366	680	—
1999 oval "20 Years ANS" privy mark	—	710	—
2000 oval "2000" privy mark	—	710	—
2001	—	710	—

KM# 368 15.55 g., 0.9999 Gold, 0.4999 oz. AGW **Rev:** Maple leaf hologram

Date	Mintage	VF20	XF40	MS60	MS63	MS65
1999	500	—	—	—	935	—

KM# 441 15.58 g., 0.9999 Gold, 0.501 oz. AGW 25mm. **Subject:** Holographic Maples Leaves **Obv:** Crowned head right **Rev:** Three maple leaves multicolor hologram **Edge:** Reeded

Date	Mintage	VF20	XF40	MS60	MS63	MS65
2001	600	—	—	—	925	—

50 DOLLARS

KM# 125.1 31.10 g., 0.999 Gold, 0.999 oz. AGW **Obv:** Young bust right, denomination and date below **Rev:** Maple leaf flanked by .999

Date	Mintage	VF20	XF40	MS60	MS63	MS65
1979	1,000,000	—	—	—	1,325	—
1980	1,251,500	—	—	—	1,325	—
1981	863,000	—	—	—	1,325	—
1982	883,000	—	—	—	1,325	—

KM# 125.2 31.10 g., 0.9999 Gold, 0.9999 oz. AGW **Obv:** Young bust right, date and denomination below **Rev:** Maple leaf flanked by .9999

Date	Mintage	VF20	XF40	MS60	MS63	MS65
1983	843,000	—	—	—	1,325	—
1984	1,067,500	—	—	—	1,325	—
1985	1,908,000	—	—	—	1,325	—
1986	779,115	—	—	—	1,325	—
1987	978,000	—	—	—	1,325	—
1988	826,500	—	—	—	1,325	—
1989	17,781		PF63 1,900			
1989	856,000	—	—	—	1,325	—

KM# 191 31.10 g., 0.9999 Gold, 0.9999 oz. AGW **Obv:** Crowned head right, date and denomination below **Obv. Designer:** Dora dePedery-Hunt **Rev:** Maple leaf flanked by .9999

Date	Mintage	MS63	MS65
1990	815,000	1,325	—
1991	290,000	1,325	—
1992	368,900	1,325	—
1993	321,413	1,325	—
1994	180,357	1,325	—
1995	208,729	1,325	—
1996	143,682	1,325	—
1997	478,211	1,325	—
1998	593,704	1,325	—
1999 oval "20 Years ANS" privy mark	—	1,375	—
2000 oval "2000" privy mark	—	1,375	—
2000 oval fireworks privy mark	—	1,375	—
2001	—	1,375	—

KM# 305 31.10 g., 0.9999 Gold, 0.9999 oz. AGW **Obv:** Crowned head denomination below, within circle, dates below **Rev:** Mountie at gallop right, within circle **Rev. Designer:** Ago Aarand **Shape:** 10-sided

Date	Mintage	VF20	XF40	MS60	MS63	MS65
1997	12,913	—	—	—	1,850	—

KM# 369 31.10 g., 0.9999 Gold, 0.9999 oz. AGW **Obv:** Crowned head right, date and denomination below **Rev:** Maple leaf hologram flanked by 9999, with fireworks privy mark

Date	Mintage	VF20	XF40	MS60	MS63	MS65
2000	500	—	—	—	1,850	—

KM# 442 31.15 g., 0.9999 Gold, 1.0014 oz. AGW 30mm. **Subject:** Holographic Maples Leaves **Obv:** Crowned head right **Rev:** Three maple leaves multicolor hologram **Edge:** Reeded

Date	Mintage	VF20	XF40	MS60	MS63	MS65
2001	600	—	—	—	1,850	—

KM# 1042 31.11 g., 0.999 Gold, 0.999 oz. AGW 30mm. **Rev:** Vancouver logo and maple leaf **Edge:** Reeded

Date	Mintage	VF20	XF40	MS60	MS63	MS65
2008 P	—	—	—	—	1,850	—

KM# 1042a 31.11 g., 0.9999 Gold, 0.9999 oz. AGW 30mm. **Rev:** Maple leaf in red enamel, Olympic logo at left

Date	Mintage	VF20	XF40	MS60	MS63	MS65
2008	—	—	—	—	1,850	—

KM# 1037 31.11 g., 0.9999 Gold, 0.9999 oz. AGW 30mm. **Rev:** Thunderbird **Edge:** Reeded

Date	Mintage	VF20	XF40	MS60	MS63	MS65
2009	—	—	—	—	1,850	—

KM# 1037a 31.11 g., 0.9999 Gold, 0.9999 oz. AGW 30mm. **Rev:** Thunderbird, stars in red enamel highlights

Date	Mintage	VF20	XF40	MS60	MS63	MS65
2009	—	—	—	—	1,850	—

KM# 1029 31.11 g., 0.9999 Gold, 0.9999 oz. AGW 30mm. **Rev:** Hockey player flanked by maple leaves

Date	Mintage	VF20	XF40	MS60	MS63	MS65
2010	—	—	—	—	1,850	—

KM# 1029a 31.11 g., 0.9999 Gold, 0.9999 oz. AGW 30mm. **Rev:** Hockey player, red enameled maple leaves flanking

Date	Mintage	VF20	XF40	MS60	MS63	MS65
2010	—	—	—	—	1,850	—

BULLION COINS

KM# 1141 31.11 g., 0.9999 Gold, 0.9999 oz. AGW 30mm. **Obv:** Bust right **Rev:** Maple leaf

Date	Mintage	VF20	XF40	MS60	MS63	MS65
1911-2011	—	—	—	—	1,850	—

KM# 1210 31.11 g., 1.000 Gold, 1.000 oz. AGW 30mm. **Obv:** Bust right **Rev:** Three maple leaves, 2007-2012 above

Date	Mintage	VF20	XF40	MS60	MS63	MS65
2012	—		PF65 1,850			

KM# 1414 31.10 g., 0.9999 Gold, 0.9999 oz. AGW 30mm. **Obv. Designer:** Susanna Blunt **Rev:** Two Maple Leaves **Rev. Designer:** Claudio D'Angelo

Date	Mintage	VF20	XF40	MS60	MS63	MS65
2013	—	—	—	—	1,800	—

KM# 1488 31.11 g., 0.9999 Gold, 0.9999 oz. AGW 30mm. **Rev:** Maple Leaf, security feature added

Date	Mintage	VF20	XF40	MS60	MS63	MS65
2013	—	—	—	—	1,325	—
2014	—	—	—	—	1,325	—

KM# 1503 31.11 g., 0.9999 Gold, 0.9999 oz. AGW 30mm. **Rev:** Two maple leaves **Rev. Designer:** Claudio d'Angelo

Date	Mintage	VF20	XF40	MS60	MS63
2013 Reverse Proof	600		PF65 1,800		

KM# 1600 31.11 g., 0.9999 Gold, 0.9999 oz. AGW 30mm. **Obv:** Bust right **Rev:** Three maple leaves

Date	Mintage	VF20	XF40	MS60	MS63	MS65
2014	—		PF65 1,500			

KM# 1706 31.10 g., 0.9999 Gold, 0.9998 oz. AGW 30mm. **Obv:** Bust right **Rev:** 3 Sugar Maple Leaves **Rev. Designer:** Pierre Leduc

Date	Mintage	VF20	XF40	MS60	MS63	MS65
2014	600		PF65 1,600			

KM# 1804 31.16 g., 0.9999 Gold, 1.0017 oz. AGW 30mm. **Obv:** Bust right **Rev:** Silver maple leaf drifting downward **Rev. Designer:** Lilyane Coulombe **Note:** Edge numbered.

Date	Mintage	VF20	XF40	MS60	MS63	MS65
2015	600		PF65 1,400			

200 DOLLARS

KM# 750 31.11 g., 1.000 Gold, 1.000 oz. AGW 30mm. **Rev:** Three maple leaves

Date	Mintage	VF20	XF40	MS60	MS63
2007 Proof, T/E privy mark	500		PF65 1,850		

KM# 786 31.11 g., 1.000 Gold, 1.000 oz. AGW 30mm. **Obv:** Bust right on lathe-work background **Rev:** Two maple leaves on lathe-work background

Date	Mintage	VF20	XF40	MS60	MS63	MS65
2008	—		PF65 1,850			

KM# 1162 31.11 g., 1.000 Gold, 1.000 oz. AGW 30mm. **Rev:** Maple leaf with lathe backgound

Date	Mintage	VF20	XF40	MS60	MS63	MS65
2009	—		PF65 1,850			

KM# 1163 31.11 g., 0.999 Gold, 0.999 oz. AGW 30mm. **Subject:** Celebrating win **Rev:** Three athletics with hands raised

Date	Mintage	VF20	XF40	MS60	MS63	MS65
2010	—		PF65 1,850			

KM# 1165 31.11 g., 1.000 Gold, 1.000 oz. AGW 30mm. **Obv. Designer:** Susanna Blunt **Rev:** Mountie on horseback, lathe backgound **Rev. Designer:** Ago Aarand

Date	Mintage	VF20	XF40	MS60	MS63	MS65
2011	—	—	—	—	1,850	—

KM# 1487 31.11 g., 0.9999 Gold, 0.9999 oz. AGW 30mm. **Rev:** Three maple leaves, engine turned background

Date	Mintage	VF20	XF40	MS60	MS63	MS65
2012	—		PF65 1,800			

500 DOLLARS

KM# 1328 155.55 g., 0.9999 Gold, 5.0005 oz. AGW 55mm. **Rev:** Three Maple Leaves

Date	Mintage	VF20	XF40	MS60	MS63	MS65
2012	—		PF65 10,000			

2500 DOLLARS

KM# 1161 1000.00 g., 0.9999 Gold, 32.1475 oz. AGW 101mm. **Rev:** Three maple leaves on branch

Date	Mintage	VF20	XF40	MS60	MS63	MS65
2011	—		PF65 56,000			

KM# 1271 1000.00 g., 0.999 Gold, 32.1186 oz. AGW 101mm. **Subject:** Maple Leaf Forever

Date	Mintage	VF20	XF40	MS60	MS63	MS65
2012	—		PF65 56,000			

KM# 1486 1000.00 g., 0.9999 Gold, 32.1475 oz. AGW 101mm. **Rev:** Three maple leaves

Date	Mintage	VF20	XF40	MS60	MS63	MS65
2012	—		PF65 69,000			

100,000 DOLLARS

KM# 1209 10000.00 g., 1.000 Gold, 321.504 oz. AGW **Obv:** Bust right **Rev:** Bill Reid's sculpture: Spirit of Haida Gwaii **Note:** The sculpture is at the Canadian Embassy in Washington, D.C.

Date	Mintage	VF20	XF40	MS60	MS63	MS65
2011	—		PF65 565,000			

BULLION COINS

1,000,000 DOLLARS

KM# 755 100000.00 g., 0.9999 Gold, 3214.7508 oz. AGW **Obv:** Bust right **Rev:** Three maple leaves **Note:** Cast

Date	Mintage	VF20	XF40	MS60	MS63
2007	10	—	—	—	5,630,000

PLATINUM BULLION COINAGE

DOLLAR

KM# 239 1.56 g., 0.9995 Platinum, 0.050 oz. APW **Obv:** Crowned head right, date and denomination below **Rev:** Maple leaf flanked by 9995

Date	Mintage	VF20	XF40	MS60	MS63	MS65
1993	2,120	—	—	—	68.00	—
1994	4,260	—	—	—	68.00	—
1995	460	—	—	—	150	—
1996	1,640	—	—	—	68.00	—
1997	1,340	—	—	—	68.00	—
1998	2,000	—	—	—	68.00	—
1999	2,000	—	—	—	68.00	—

2 DOLLARS

KM# 257 2.07 g., 0.9995 Platinum, 0.0666 oz. APW **Obv:** Crowned head right, date and denomination below **Rev:** Maple leaf flanked by 9995

Date	Mintage	VF20	XF40	MS60	MS63	MS65
1994	1,470	—	—	—	240	—

5 DOLLARS

KM# 164 3.12 g., 0.9995 Platinum, 0.1003 oz. APW **Obv:** Young bust right, date and denomination below **Obv. Designer:** Arnold Machin **Rev:** Maple leaf flanked by 9995

Date	Mintage	VF20	XF40	MS60	MS63	MS65
1988	74,000	—	—	—	125	—
1989	11,999	PF63 250				
1989	18,000	—	—	—	125	—

KM# 192 3.12 g., 0.9995 Platinum, 0.1003 oz. APW **Obv. Designer:** dePedery-Hunt **Rev:** Maple leaf

Date	Mintage	VF20	XF40	MS60	MS63	MS65
1990	9,000	—	—	—	125	—
1991	13,000	—	—	—	125	—
1992	16,000	—	—	—	125	—
1993	14,020	—	—	—	125	—
1994	19,190	—	—	—	125	—
1995	8,940	—	—	—	125	—
1996	8,820	—	—	—	125	—
1997	7,050	—	—	—	125	—
1998	5,710	—	—	—	125	—
1999	2,000	—	—	—	125	—

10 DOLLARS

KM# 165 7.79 g., 0.9995 Platinum, 0.2502 oz. APW **Obv:** Young bust right, date and denomination below **Obv. Designer:** Machin **Rev:** Maple leaf flanked by 9995

Date	Mintage	VF20	XF40	MS60	MS63	MS65
1988	93,600	—	—	—	295	—
1989	1,999	PF63 550				
1989	3,200	—	—	—	295	—

KM# 193 7.79 g., 0.9995 Platinum, 0.2502 oz. APW **Obv. Designer:** dePedery-Hunt **Rev:** Maple leaf

Date	Mintage	VF20	XF40	MS60	MS63	MS65
1990	1,600	—	—	—	295	—
1991	7,200	—	—	—	295	—
1992	11,600	—	—	—	295	—
1993	8,048	—	—	—	295	—
1994	9,456	—	—	—	295	—
1995	6,524	—	—	—	295	—
1996	6,160	—	—	—	295	—
1997	4,552	—	—	—	295	—
1998	3,816	—	—	—	295	—
1999	2,000	—	—	—	295	—

20 DOLLARS

KM# 166 15.55 g., 0.9995 Platinum, 0.4998 oz. APW **Obv:** Young bust right, denomination and date below **Obv. Designer:** Machin **Rev:** Maple leaf flanked by 9995

Date	Mintage	VF20	XF40	MS60	MS63	MS65
1988	23,600	—	—	—	570	—
1989	1,999	PF63 1,000				
1989	4,800	—	—	—	570	—

KM# 194 15.55 g., 0.9995 Platinum, 0.4998 oz. APW **Obv. Designer:** dePedery-Hunt **Rev:** Maple leaf

Date	Mintage	VF20	XF40	MS60	MS63	MS65
1990	2,600	—	—	—	570	—
1991	5,600	—	—	—	570	—
1992	12,800	—	—	—	570	—
1993	6,022	—	—	—	570	—
1994	6,710	—	—	—	570	—
1995	6,308	—	—	—	570	—
1996	5,490	—	—	—	570	—
1997	3,990	—	—	—	570	—
1998	5,486	—	—	—	570	—
1999	500	—	—	—	600	—

30 DOLLARS

KM# 174 3.11 g., 0.999 Platinum, 0.0999 oz. APW **Obv:** Crowned head right **Rev:** Polar bear swimming, denomination below **Rev. Designer:** Robert Bateman

Date	Mintage	VF20	XF40	MS60	MS63	MS65
1990	—			PF63	210	

KM# 198 3.11 g., 0.999 Platinum, 0.0999 oz. APW **Obv:** Crowned head right **Rev:** Snowy owl, denomination below **Rev. Designer:** Glen Loates

Date	Mintage	VF20	XF40	MS60	MS63	MS65
1991	—			PF63	210	

KM# 226 3.11 g., 0.999 Platinum, 0.0999 oz. APW **Obv:** Crowned head right **Rev:** Cougar head and shoulders, denomination below **Rev. Designer:** George McLean

Date	Mintage	VF20	XF40	MS60	MS63	MS65
1992	—			PF63	210	

KM# 240 3.11 g., 0.999 Platinum, 0.0999 oz. APW **Obv:** Crowned head right **Rev:** Arctic fox, denomination below **Rev. Designer:** Claude D'Angelo

Date	Mintage	VF20	XF40	MS60	MS63	MS65
1993	—			PF63	210	

KM# 252 3.11 g., 0.999 Platinum, 0.0999 oz. APW **Obv:** Crowned head right, date below **Rev:** Sea otter, denomination below **Rev. Designer:** Ron S. Parker

Date	Mintage	VF20	XF40	MS60	MS63	MS65
1994	1,500			PF63	210	

KM# 266 3.11 g., 0.999 Platinum, 0.0999 oz. APW **Obv:** Crowned head right, date below **Rev:** Canadian lynx, denomination below **Rev. Designer:** Michael Dumas

Date	Mintage	VF20	XF40	MS60	MS63	MS65
1995	—			PF63	210	

KM# 278 3.11 g., 0.999 Platinum, 0.0999 oz. APW **Obv:** Crowned head right, date below **Rev:** Falcon portrait, denomination below **Rev. Designer:** Dwayne Harty

Date	Mintage	VF20	XF40	MS60	MS63	MS65
1996	—			PF63	210	

KM# 300 3.11 g., 0.9995 Platinum, 0.0999 oz. APW **Obv:** Crowned head right, date below **Rev:** Bison head, denomination below **Rev. Designer:** Chris Bacon

Date	Mintage	VF20	XF40	MS60	MS63	MS65
1997	—			PF63	210	

KM# 322 3.11 g., 0.999 Platinum, 0.0999 oz. APW **Obv:** Crowned head right, date below **Rev:** Grey wolf **Rev. Designer:** Kerr Burnett

Date	Mintage	VF20	XF40	MS60	MS63	MS65
1998	—			PF63	210	

KM# 359 3.11 g., 0.9995 Platinum, 0.0999 oz. APW **Obv:** Crowned head right, date below **Rev:** Musk ox **Rev. Designer:** Mark Hobson

Date	Mintage	VF20	XF40	MS60	MS63	MS65
1999	1,500			PF63	210	

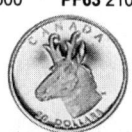

KM# 405 3.11 g., 0.9995 Platinum, 0.0999 oz. APW 16mm. **Obv:** Crowned head right, date below **Rev:** Pronghorn antelope head, denomination below **Rev. Designer:** Mark Hobson **Edge:** Reeded

Date	Mintage	VF20	XF40	MS60	MS63	MS65
2000	—			PF63	210	

BULLION COINS

KM# 429 3.11 g., 0.9995 Platinum, 0.0999 oz. APW 16mm. **Obv:** Crowned head right **Rev:** Harlequin duck's head **Rev. Designer:** Cosme Saffioti and Susan Taylor **Edge:** Reeded

Date	Mintage	VF20	XF40	MS60	MS63	MS65
2001	448				PF65 200	

KM# 1097 3.11 g., 0.9995 Platinum, 0.0999 oz. APW 16mm. **Rev:** Great Blue Heron

Date	Mintage	VF20	XF40	MS60	MS63	MS65
2002	344				PF65 200	

KM# 1101 3.11 g., 0.9995 Platinum, 0.0999 oz. APW 16mm. **Rev:** Atlantic Walrus

Date	Mintage	VF20	XF40	MS60	MS63	MS65
2003	365				PF65 250	

KM# 1105 3.11 g., 0.9995 Platinum, 0.0999 oz. APW 16mm. **Rev:** Grizzly Bear

Date	Mintage	VF20	XF40	MS60	MS63	MS65
2004	380				PF65 250	

50 DOLLARS

KM# 167 31.10 g., 0.9995 Platinum, 0.9995 oz. APW **Obv:** Young bust right, denomination and date below **Obv. Designer:** Machin **Rev:** Maple leaf flanked by 9995

Date	Mintage	VF20	XF40	MS60	MS63	MS65
1988	37,500	—	—	—	1,100	—
1989	—	PF60 1,900				
1989	10,000	—	—	—	1,100	—

KM# 195 31.10 g., 0.9995 Platinum, 0.9995 oz. APW **Obv. Designer:** dePedery-Hunt **Rev:** Maple leaf

Date	Mintage	VF20	XF40	MS60	MS63	MS65
1990	15,100	—	—	—	1,100	—
1991	31,900	—	—	—	1,100	—
1992	40,500	—	—	—	1,100	—
1993	17,666	—	—	—	1,100	—
1994	36,245	—	—	—	1,100	—
1995	25,829	—	—	—	1,100	—
1996	62,273	—	—	—	1,100	—
1997	25,480	—	—	—	1,100	—
1998	10,403	—	—	—	1,100	—
1999	1,300	—	—	—	1,150	—

75 DOLLARS

KM# 175 7.78 g., 0.999 Platinum, 0.2498 oz. APW **Obv:** Crowned head right **Rev:** Polar bear resting, denomination below **Rev. Designer:** Robert Bateman

Date	Mintage	VF20	XF40	MS60	MS63	MS65
1990	—				PF63 520	

KM# 199 7.78 g., 0.999 Platinum, 0.2498 oz. APW **Obv:** Crowned head right **Rev:** Snowy owls perched on branch, denomination below **Rev. Designer:** Glen Loates

Date	Mintage	VF20	XF40	MS60	MS63	MS65
1991	—				PF63 520	

KM# 227 7.78 g., 0.999 Platinum, 0.2498 oz. APW **Obv:** Crowned head right **Rev:** Cougar prowling, denomination below **Rev. Designer:** George McLean

Date	Mintage	VF20	XF40	MS60	MS63	MS65
1992	—				PF63 520	

KM# 241 7.78 g., 0.999 Platinum, 0.2498 oz. APW **Obv:** Crowned head right **Rev:** Two Arctic foxes, denomination below **Rev. Designer:** Claude D'Angelo

Date	Mintage	VF20	XF40	MS60	MS63	MS65
1993	—				PF63 520	

KM# 253 7.78 g., 0.999 Platinum, 0.2498 oz. APW **Obv:** Crowned head right, date below **Rev:** Sea otter eating urchin, denomination below **Rev. Designer:** Ron S. Parker

Date	Mintage	VF20	XF40	MS60	MS63	MS65
1994	1,500				PF63 520	

KM# 267 7.78 g., 0.999 Platinum, 0.2498 oz. APW **Obv:** Crowned head right, date below **Rev:** Two lynx kittens, denomination below **Rev. Designer:** Michael Dumas

Date	Mintage	VF20	XF40	MS60	MS63	MS65
1995	1,500	PF63 520				

KM# 279 7.78 g., 0.999 Platinum, 0.2498 oz. APW **Obv:** Crowned head right, date below **Rev:** Peregrine falcon, denomination below **Rev. Designer:** Dwayne Harty

Date	Mintage	VF20	XF40	MS60	MS63	MS65
1996	1,500	PF63 520				

KM# 301 7.78 g., 0.999 Platinum, 0.2498 oz. APW **Obv:** Crowned head right, date below **Rev:** Two bison calves, denomination below **Rev. Designer:** Chris Bacon

Date	Mintage	VF20	XF40	MS60	MS63	MS65
1997	1,500	PF63 520				

KM# 323 7.78 g., 0.999 Platinum, 0.2498 oz. APW **Obv:** Crowned head right, date below **Rev:** Gray wolf **Rev. Designer:** Kerr Burnett

Date	Mintage	VF20	XF40	MS60	MS63	MS65
1998	1,000	PF63 520				

KM# 360 7.78 g., 0.999 Platinum, 0.2498 oz. APW **Obv:** Crowned head right, date below **Rev:** Musk ox **Rev. Designer:** Mark Hobson

Date	Mintage	VF20	XF40	MS60	MS63	MS65
1999	—	PF63 520				

KM# 406 7.78 g., 0.999 Platinum, 0.2498 oz. APW 20mm. **Obv:** Crowned head right **Rev:** Standing pronghorn antelope, denomination below **Rev. Designer:** Mark Hobson **Edge:** Reeded

Date	Mintage	VF20	XF40	MS60	MS63	MS65
2000	—	PF63 520				

KM# 430 7.78 g., 0.9995 Platinum, 0.2499 oz. APW 20mm. **Obv:** Crowned head right **Rev:** Harlequin duck in flight **Rev. Designer:** Cosme Saffioti and Susan Taylor **Edge:** Reeded

Date	Mintage	VF20	XF40	MS60	MS63	MS65
2001	448	PF65 500				

KM# 1098 7.77 g., 0.9995 Platinum, 0.2497 oz. APW 20mm. **Rev:** Great Blue Heron

Date	Mintage	VF20	XF40	MS60	MS63	MS65
2002	344	PF65 525				

KM# 1102 7.77 g., 0.9995 Platinum, 0.2497 oz. APW 20mm. **Rev:** Atlantic Walrus

Date	Mintage	VF20	XF40	MS60	MS63	MS65
2003	365	PF65 550				

KM# 1106 7.77 g., 0.9995 Platinum, 0.2497 oz. APW 20mm. **Rev:** Grizzly Bear

Date	Mintage	VF20	XF40	MS60	MS63	MS65
2004	380	PF65 550				

150 DOLLARS

KM# 176 15.55 g., 0.999 Platinum, 0.4995 oz. APW **Obv:** Crowned head right **Rev:** Polar bear walking, denomination below **Rev. Designer:** Robert Bateman

Date	Mintage	VF20	XF40	MS60	MS63	MS65
1990	—	PF63 1,000				

KM# 200 15.55 g., 0.999 Platinum, 0.4995 oz. APW **Obv:** Crowned head right **Rev:** Snowy owl flying, denomination below **Rev. Designer:** Glen Loates

Date	Mintage	VF20	XF40	MS60	MS63	MS65
1991	—	PF63 1,000				

KM# 228 15.55 g., 0.999 Platinum, 0.4995 oz. APW **Obv:** Crowned head right **Rev:** Cougar mother and cub, denomination below **Rev. Designer:** George McLean

Date	Mintage	VF20	XF40	MS60	MS63	MS65
1992	—	PF63 1,000				

KM# 242 15.55 g., 0.999 Platinum, 0.4995 oz. APW **Obv:** Crowned head right **Rev:** Arctic fox by lake, denomination below **Rev. Designer:** Claude D'Angelo

Date	Mintage	VF20	XF40	MS60	MS63	MS65
1993	—	PF63 1,000				

KM# 254 15.55 g.,   0.999 Platinum, 0.4995 oz.
APW **Obv:** Crowned head right, date below **Rev:**
Sea otter mother carrying pup, denomination below
Rev. Designer: Ron S. Parker

Date	Mintage	VF20	XF40	MS60	MS63	MS65
1994	—	PF63 1,000				

KM# 268 15.55 g.,   0.999 Platinum, 0.4995 oz.
APW **Obv:** Crowned head right, date below **Rev:**
Prowling lynx, denomination below **Rev. Designer:**
Michael Dumas

Date	Mintage	VF20	XF40	MS60	MS63	MS65
1995	—	PF63 1,000				

KM# 280 15.55 g.,   0.999 Platinum, 0.4995 oz.
APW **Obv:** Crowned head right, date below **Rev:**
Peregrine falcon on branch, denomination below
Rev. Designer: Dwayne Harty

Date	Mintage	VF20	XF40	MS60	MS63	MS65
1996	100	PF63 1,000				

KM# 302 15.55 g., 0.999 Platinum, 0.4995 oz. APW
Obv: Crowned head right, date below **Rev:** Bison
bull, denomination below **Rev. Designer:** Chris
Bacon

Date	Mintage	VF20	XF40	MS60	MS63	MS65
1997	—	PF63 1,000				

KM# 324 15.55 g.,   0.999 Platinum, 0.4995 oz.
APW **Obv:** Crowned head right, date below **Rev:**
Two gray wolf cubs, denomination below   **Rev.
Designer:** Kerr Burnett

Date	Mintage	VF20	XF40	MS60	MS63	MS65
1998	—	PF63 1,000				

KM# 361 15.55 g.,   0.999 Platinum, 0.4995 oz.
APW **Obv:** Crowned head right **Rev:** Musk ox,
denomination below **Rev. Designer:** Mark Hobson

Date	Mintage	VF20	XF40	MS60	MS63	MS65
1999	—	PF63 1,000				

KM# 407 15.55 g.,   0.999 Platinum, 0.4994 oz.
APW 25mm. **Obv:** Crowned head right **Rev:** Two
pronghorn antelope, denomination below   **Rev.
Designer:** Mark Hobson **Edge:** Reeded

Date	Mintage	VF20	XF40	MS60	MS63	MS65
2000	—	PF63 1,000				

KM# 431 15.55 g.,   0.9995 Platinum, 0.4997 oz.
APW 25mm. **Obv:** Crowned head right **Rev:** Two
harlequin ducks **Rev. Designer:** Cosme Saffioti
and Susan Taylor **Edge:** Reeded

Date	Mintage	VF20	XF40	MS60	MS63	MS65
2001	448	PF65 1,000				

KM# 1099 15.55 g.,   0.9995 Platinum, 0.4997 oz.
APW 25mm. **Rev:** Great Blue Heron

Date	Mintage	VF20	XF40	MS60	MS63	MS65
2002	344	PF65 1,000				

KM# 1103 15.55 g.,   0.9995 Platinum, 0.4997 oz.
APW 25mm. **Rev:** Atlantic Walrus

Date	Mintage	VF20	XF40	MS60	MS63	MS65
2003	365	PF65 1,000				

KM# 1107 15.55 g.,   0.9995 Platinum, 0.4997 oz.
APW 25mm. **Rev:** Grizzly Bear

Date	Mintage	VF20	XF40	MS60	MS63	MS65
2004	380	PF65 1,000				

BULLION COINS

300 DOLLARS

KM# 177 31.10 g., 0.999 Platinum, 0.999 oz. APW
Obv: Crowned head right **Rev:** Polar bear mother
and cub, denomination below **Rev. Designer:**
Robert Bateman

Date	Mintage	VF20	XF40	MS60	MS63	MS65
1990	—		PF63	1,950		

KM# 201 31.10 g., 0.999 Platinum, 0.999 oz. APW
Obv: Crowned head right **Rev:** Snowy owl with
chicks, denomination below **Rev. Designer:** Glen
Loates

Date	Mintage	VF20	XF40	MS60	MS63	MS65
1991	—		PF63	1,950		

KM# 229 31.10 g., 0.999 Platinum, 0.999 oz. APW
Obv: Crowned head right **Rev:** Cougar resting in
tree, denomination below **Rev. Designer:** George
McLean

Date	Mintage	VF20	XF40	MS60	MS63	MS65
1992	—		PF63	1,950		

KM# 243 31.10 g., 0.999 Platinum, 0.999 oz. APW
Obv: Crowned head right **Rev:** Mother fox and
three kits, denomination below **Rev. Designer:**
Claude D'Angelo

Date	Mintage	VF20	XF40	MS60	MS63	MS65
1993	—		PF63	1,950		

KM# 255 31.10 g., 0.999 Platinum, 0.999 oz.
APW **Obv:** Crowned head right, date below **Rev:**
Two otters swimming, denomination below **Rev.
Designer:** Ron S. Parker

Date	Mintage	VF20	XF40	MS60	MS63	MS65
1994	—		PF63	1,950		

KM# 269 31.10 g., 0.999 Platinum, 0.999 oz. APW
Obv: Crowned head right, date below **Rev:** Female
lynx and three kittens, denomination below **Rev.
Designer:** Michael Dumas

Date	Mintage	VF20	XF40	MS60	MS63	MS65
1995	1,500		PF63	1,950		

KM# 281 31.10 g., 0.999 Platinum, 0.999 oz.
APW **Obv:** Crowned head right, date below **Rev:**
Peregrine falcon feeding nestlings, denomination
below **Rev. Designer:** Dwayne Harty

Date	Mintage	VF20	XF40	MS60	MS63	MS65
1996	1,500		PF63	1,950		

KM# 303 31.10 g., 0.999 Platinum, 0.999 oz. APW
Obv: Crowned head right, date below **Rev:** Bison
family, denomination below **Rev. Designer:** Chris
Bacon

Date	Mintage	VF20	XF40	MS60	MS63	MS65
1997	1,500		PF63	1,950		

BULLION COINS

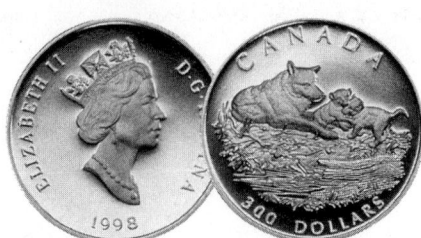

KM# 325 31.10 g.,   0.999 Platinum, 0.999 oz. APW **Obv:** Crowned head right, date below **Rev:** Gray wolf and two cubs, denomination below **Rev. Designer:** Kerr Burnett

Date	Mintage	VF20	XF40	MS60	MS63	MS65
1998	—				PF63 1,950	

KM# 362 31.10 g., 0.999 Platinum, 0.999 oz. APW **Obv:** Crowned head right, date below **Rev:** Musk ox **Rev. Designer:** Mark Hobson

Date	Mintage	VF20	XF40	MS60	MS63	MS65
1999	—				PF63 1,950	

KM# 408 31.10 g., 0.999 Platinum, 0.999 oz. APW 30mm. **Obv:** Crowned head right, date below **Rev:** Four pronghorn antelope, denomination below **Rev. Designer:** Mark Hobson **Edge:** Reeded

Date	Mintage	VF20	XF40	MS60	MS63	MS65
2000	—				PF63 1,950	

KM# 432 31.10 g., 0.9995 Platinum, 0.9995 oz. APW 30mm. **Obv:** Crowned head right **Rev:** Two standing harlequin ducks **Rev. Designer:** Cosme Saffioti and Susan Taylor **Edge:** Reeded

Date	Mintage	VF20	XF40	MS60	MS63	MS65
2001	448				PF65 1,900	

KM# 1100 31.11 g., 0.9995 Platinum, 0.9995 oz. APW 30mm. **Rev:** Great Blue Heron

Date	Mintage	VF20	XF40	MS60	MS63	MS65
2002	344				PF65 1,950	

KM# 1104 31.11 g., 0.9995 Platinum, 0.9995 oz. APW 30mm. **Rev:** Atlantic Walrus

Date	Mintage	VF20	XF40	MS60	MS63	MS65
2003	365				PF65 1,950	

KM# 1108 31.11 g., 0.9995 Platinum, 0.9995 oz. APW 30mm. **Rev:** Grizzly Bear

Date	Mintage	VF20	XF40	MS60	MS63	MS65
2004	380				PF65 1,950	

KM# 753 31.11 g.,   0.9999 Platinum, 0.9999 oz. APW **Rev:** Wooly mammoth

Date	Mintage	VF20	XF40	MS60	MS63	MS65
2007	400				PF65 3,200	

KM# 831 31.11 g., 0.999 Platinum, 0.999 oz. APW 30mm. **Rev:** Saber Tooth Scimitar cat

Date	Mintage	VF20	XF40	MS60	MS63	MS65
2008	200				PF65 3,500	

KM# 951 31.16 g., 0.999 Platinum, 1.0008 oz. APW 30mm. **Rev:** Steppe Bison

Date	Mintage	VF20	XF40	MS60	MS63	MS65
2009	200				PF65 3,500	

KM# 1159 31.11 g., 0.999 Platinum, 0.999 oz. APW 30mm. **Rev:** Ground Sloth

Date	Mintage	VF20	XF40	MS60	MS63	MS65
2010	200				PF65 1,900	

KM# 1175 31.11 g.,   0.9995 Platinum, 0.9995 oz. APW 30mm. **Obv:** Bust right **Rev:** Cougar head left

Date	Mintage	VF20	XF40	MS60	MS63	MS65
2011	200				PF65 1,950	

KM# 1273 31.11 g., 0.999 Platinum, 0.999 oz. APW 30mm. **Subject:** Maple Leaf Forever

Date	Mintage	VF20	XF40	MS60	MS63	MS65
2012	—				PF65 1,950	

KM# 1386 31.11 g., 0.999 Platinum, 0.999 oz. APW 30mm. **Subject:** Maple Leaf - 25th Anniversary **Rev:** Maple Leaf - Gilt Shadow **Rev. Designer:** John Louis Sirois

Date	Mintage	VF20	XF40	MS60	MS63	MS65
2013	Est. 250				PF65	3,000

KM# 1391 31.11 g., 0.999 Platinum, 0.9992 oz. APW 30mm. **Rev:** Two Bald Eagles at Nest

Date	Mintage	VF20	XF40	MS60	MS63	MS65
2013	—				PF65	2,250

KM# 1552 31.16 g., 0.9995 Platinum, 1.0013 oz. APW 30mm. **Obv:** Bust right **Rev:** Two bison with heads butting **Rev. Designer:** Claudio D'Angelo

Date	Mintage	VF20	XF40	MS60	MS63	MS65
2014	200				PF65	3,000

KM# 1560 31.16 g., 0.9995 Platinum, 1.0013 oz. APW 30mm. **Obv:** Bust right **Rev:** Bighorn Sheep **Rev. Designer:** Emily Damstra

Date	Mintage	VF20	XF40	MS60	MS63	MS65
2014	250				PF65	3,000

CUSTOM PROOF-LIKE SETS (CPL)

KM#	Date	Mintage	Identification	Issue Price	Mkt Val
CPL1	1971 (7)	33,517	KM59.1 (2 pcs.), 60.1, 62b, 75.1, 77.1 ,79	6.50	5.00
CPL2	1971 (6)	38,198	KM59.1 (2 pcs.), 60.1, 62b, 75.1, 77.1	6.50	5.00
CPL3	1973 (6)	35,676	KM59.1 (2 pcs.), 60.1, 75.1, 77.1, 81.1 obv. 120 beads, 82	6.50	6.50
CPL4	1973 (7)	Inc. above	KM59.1 (2 pcs.), 60.1, 75.1, 77.1, 81.1 obv. 132 beads, 82	6.50	200
CPL5	1974 (5)	44,296	KM59.1 (2 pcs.), 60.1, 62b-75.1, 88	8.00	5.00
CPL6	1975 (6)	36,851	KM59.1 (2 pcs.), 60.1, 62b-75.1, 76.2, 77.1	8.00	5.00
CPL7	1976 (6)	28,162	KM59.1 (2 pcs.), 60.1, 62b-75.1, 76.2, 77.1	8.00	5.50
CPL8	1977 (6)	44,198	KM59.1 (2 pcs.), 60.1, 62b-75.2, 77.1, 117	8.15	7.50
CPL9	1978 (6)	41,000	KM59.1 (2 pcs.), 60.1, 62b-75.3, 77.1, 120.1	—	5.00
CPL10	1979 (6)	31,174	KM59.2 (2 pcs.), 60.2, 74, 75.3, 77.2, 120.1	10.75	5.00
CPL11	1980 (7)	41,447	KM60.2, 74, 75.3, 77.2, 120.1, 127 (2 pcs.)	10.75	6.00

MINT SETS

KM#	Date	Mintage	Identification	Issue Price	Mkt Val
MS1	1973 (4)	Inc. above	KM84, 85, 86.1, 87; Olympic Commemoratives, Series I	45.00	135
MS2	1974 (4)	Inc. above	KM89, 90, 93, 94; Olympic Commemoratives, Series II	48.00	135
MS3	1974 (4)	Inc. above	KM91-92, 95-96; Olympic Commemorative, Series III	48.00	135
MS4	1975 (4)	Inc. above	KM98, 99, 102, 103; Olympic Commemoratives, Series IV	48.00	135
MS5	1975 (4)	Inc. above	KM100, 101, 104, 105; Olympic Commemoratives, Series V	60.00	135
MS6	1976 (4)	Inc. above	KM107, 108, 111, 112; Olympic Commemoratives, Series VI	60.00	135
MS7	1976 (4)	Inc. above	KM109, 110, 113, 114; Olympic Commemoratives, Series VII	60.00	135
MS8	2001 (5)	600	KM438-442	1,996	2,950
MS9	2002 (7)	135,000	Double-dated 1952-2002, KM#444-449, 467 Elizabeth II Golden Jubilee	11.75	16.00
MS10	2002 (7)	—	KM#444-449, 467, Oh! Canada! 135th Birthday Gift set.	17.00	16.00

SETS

KM#	Date	Mintage	Identification	Issue Price	Mkt Val
MS11	2002 (7)	—	KM#444-449, 467, Tiny Treasures Uncirculated Gift Set	17.00	16.00
MS12	2003 (7)	135,000	KM#289, 182b, 183b, 184b, 290, 186, 270	12.00	16.00
MS13	2003 (7)	75,000	KM490-496	13.25	20.00
MS14	2003 (7)	—	KM289, 182-184, 290, 186, 270, Oh! Canada!	17.75	16.00
MS15	2003 (7)	—	KM289, 182-184, 290, 186, 270, Tiny Treasures Uncirculated Gift Set	17.75	16.00

OLYMPIC COMMEMORATIVES (OCP)

KM#	Date	Mintage	Identification	Issue Price	Mkt Val
OCP1	1973 (4)	Inc. above	KM84-87, Series I	78.50	135
OCP2	1974 (4)	Inc. above	KM89-90, 93-94, Series II	88.50	135
OCP3	1974 (4)	Inc. above	KM91-92, 95-96, Series III	88.50	135
OCP4	1975 (4)	Inc. above	KM98-99, 102-103, Series IV	88.50	135
OCP5	1975 (4)	Inc. above	KM100-101, 104-105, Series V	88.50	135
OCP6	1976 (4)	Inc. above	KM107-108, 111-112, Series VI	88.50	135
OCP7	1976 (4)	Inc. above	KM109-110, 113-114, Series VII	88.50	135

PROOF SETS

KM#	Date	Mintage	Identification	Issue Price	Mkt Val
PS1	1981 (7)	199,000	KM60.2, 74, 75.3, 77.2, 120.1, 127, 130	36.00	30.00
PS2	1982 (7)	180,908	KM60.2a, 74, 75.3, 77.2, 120.1, 132, 133	36.00	37.50
PS3	1983 (7)	166,779	KM60.2a, 74, 75.3, 77.2, 120.1, 132, 138	36.00	27.50
PS4	1984 (7)	161,602	KM60.2a, 74, 75.3, 77.2, 120.1, 132, 140	30.00	27.50
PS5	1985 (7)	157,037	KM60.2a, 74, 75.3, 77.2, 120.1, 132, 143	30.00	30.00
PS6	1986 (7)	175,745	KM60.2a, 74, 75.3, 77.2, 120.1, 132, 149	30.00	29.00
PS7	1987 (7)	179,004	KM60.2a, 74, 75.3, 77.2, 120.1, 132, 154	34.00	30.00
PS8	1988 (7)	175,259	KM60.2a, 74, 75.3, 77.2, 132, 157, 161	37.50	34.00
PS9	1989 (7)	170,928	KM60.2a, 74, 75.3, 77.2, 132, 157, 168	40.00	34.00
PS10	1989 (4)	6,823	KM125.2, 135-136, 153	1,190	2,900
PS11	1989 (4)	1,995	KM164-167	1,700	3,750

KM#	Date	Mintage	Identification	Issue Price	Mkt Val
PS12	1989 (3)	2,550	KM125.2, 163, 167	1,530	3,500
PS13	1989 (3)	9,979	KM135, 163, 164	165	475
PS14	1990 (7)	158,068	KM170, 181, 182, 183, 184, 185, 186	41.00	42.50
PS15	1990 (4)	2,629	KM174-177	1,720	3,700
PS16	1991 (7)	14,629	KM179, 181, 182, 183, 184, 185, 186	—	80.00
PS17	1991 (4)	873	KM198-201	1,760	3,700
PS18	1992 (11)	84,397	KM203a, 212a-214a, 218, 220a-223a, 231a-234a	—	92.50
PS19	1992 (7)	147,061	KM204-210	42.75	65.00
PS20	1992 (4)	3,500	KM226-229	1,680	3,700
PS21	1993 (7)	143,065	KM181, 182, 183, 184, 185, 186, 235	42.75	40.00
PS22	1993 (4)	3,500	KM240-243	1,329	3,700
PS23	1994 (7)	47,303	KM181-186, 248	47.50	30.00
PS24	1994 (7)	99,121	KM181-186, 251	43.00	45.00
PS25	1994 (4)	1,500	KM252-255	915	3,700
PS26	1995 (7)	Inc. above	KM181-186, 259	37.45	52.00
PS27	1995 (7)	50,000	KM181-185, 258, 259	49.45	52.00
PS28	1995 (4)	Inc. above	KM261-264	42.00	95.00
PS29	1995 (4)	682	KM266-269	1,555	3,700
PS30	1995 (2)	Inc. above	KM261-262	22.00	48.00
PS31	1995 (2)	Inc. above	KM263-264	22.00	46.00
PS32	1996 (4)	423	KM278-281	1,555	3,700
PS33	1996 (7)	Inc. above	KM181, 182a, 183a, 184a, 185a, 186, 274	49.00	60.00
PS34	1996 (4)	Inc. above	KM283-286	44.45	80.00
PS35	1997 (7)	Inc. above	KM182a, 183a, 184a, 270c, 282, 289, 290	60.00	75.00
PS36	1997 (4)	Inc. above	KM292-295	44.45	68.00
PS37	1997 (4)	Inc. above	KM300-303	1,530	3,700
PS38	1998 (8)	Inc. above	KM182a, 183a, 184a, 186, 270b, 289, 290a, 306	59.45	80.00
PS39	1998 (5)	25,000	KM309-313	73.50	55.00
PS40	1998 (2)	61,000	KM316 w/China Y-727	72.50	40.00
PS41	1998 (4)	Inc. above	KM318-321	44.45	68.00
PS42	1998 (4)	1,000	KM322-325	1,552	3,700
PS43	1998 (5)	25,000	KM310-313, 332	73.50	68.00
PS44	1999 (7)	Inc. above	KM182a-184a, 186, 270c, 289, 290a,	59.45	55.00
PS45	1999 (4)	Inc. above	KM335-338	39.95	140
PS46	1999 (12)	Inc. above	KM342a-353a	99.45	115
PS47	1999 (4)	Inc. above	KM359-362	1,425	3,700
PS48	2000 (12)	—	KM373a-383a, 384.2a	101	110
PS49	2000 (4)	—	KM389-392	44.00	80.00
PS50	2000 (4)	600	KM405-408	1,416	3,700
PS51	2001 (4)	—	KM429, 430, 431, 432	—	3,600

KM#	Date	Mintage	Identification	Issue Price	Mkt Val
PS52	2002 (8)	100,000	KM#443, 444a,445, 446a-449a, 467 Elizabeth II Golden Jubilee	60.00	125
PS53	2002 (3)	—	KM#459-461 Canadian Folklore and Legends Collection	57.50	35.00
PS54	2002 (2)	—	KM#519, 520	750	1,125
PS56	2003 (6)	30,000	KM#468-473 50th Anniversary of the Coronation of Elizabeth II	75.00	100
PS55	2003 (8)	100,000	KM#182a,183a,1 84a, 186, 270d, 289, 290a, 450 100th Anniversary of the Cobalt Silver Strike	62.50	125
PS57	2004 (8)	—	KM#490, 491a-494a, 495, 496a, 512	—	115
PS58	2004 (5)	25,000	KM#621-625	—	100

PROOF-LIKE DOLLARS

KM#	Date	Mintage	Identification	Issue Price	Mkt Val
D1.1	1951 (1)	—	KM46, Canoe	—	200
D1.2	1951 (1)	—	KM46, Arnprior	—	1,300
D2.1	1952 (1)	—	KM46, water lines	—	1,150
D2.2	1952 (1)	—	KM46, without water lines	—	200
D3	1953 (1)	1,200	KM54, Canoe w/shoulder fold	—	500
D4	1954 (1)	5,300	KM54, Canoe	1.25	175
D5	1955 (1)	7,950	KM54, Canoe	1.25	125
D5a	1955 (1)	Inc. above	KM54, Arnprior	1.25	225
D6	1956 (1)	10,212	KM54, Canoe	1.25	95.00
D7	1957 (1)	16,241	KM54, Canoe	1.25	50.00
D8	1958 (1)	33,237	KM55, British Columbia	1.25	30.00
D9	1959 (1)	45,160	KM54, Canoe	1.25	24.00
D10	1960 (1)	82,728	KM54, Canoe	1.25	22.00
D11	1961 (1)	120,928	KM54, Canoe	1.25	22.00
D12	1962 (1)	248,901	KM54, Canoe	1.25	22.00
D13	1963 (1)	963,525	KM54, Canoe	1.25	22.00
D14	1964 (1)	2,862,441	KM58, Charlottetown	1.25	22.00
D15	1965 (1)	2,904,352	KM64.1, Canoe	—	22.00
D16	1966 (1)	672,514	KM64.1, Canoe	—	22.00
D17	1967 (1)	1,036,176	KM70, Confederation	—	22.00

PROOF-LIKE SETS (PL)

KM#	Date	Mintage	Identification	Issue Price	Mkt Val
PL1	1953 (6)	1,200	KM49 w/o shoulder fold, 50-54	2.20	2,000
PL3	1954 (6)	3,000	KM49-54	2.50	650
PL4	1954 (6)	Inc. above	KM49 w/o shoulder fold, 50-54	2.50	1,600
PL5	1955 (6)	6,300	KM49, 50a, 51-54	2.50	400
PL6	1955 (6)	Inc. above	KM49, 50a, 51-54, Arnprior	2.50	500
PL7	1956 (5)	6,500	KM49, 50a, 51-54	2.50	200

KM#	Date	Mintage	Identification	Issue Price	Mkt Val
PL8	1957 (6)	11,862	KM49, 50a, 51-54	2.50	150
PL9	1958 (6)	18,259	KM49, 50a, 51-53, 55	2.50	125
PL10	1959 (6)	31,577	KM49, 50a, 51, 52, 54, 56	2.50	60.00
PL11	1960 (6)	64,097	KM49, 50a, 51, 52, 54, 56	3.00	45.00
PL12	1961 (6)	98,373	KM49, 50a, 51, 52, 54, 56	3.00	45.00
PL13	1962 (6)	200,950	KM49, 50a, 51, 52, 54, 56	3.00	40.00
PL14	1963 (6)	673,006	KM49, 51, 52, 54, 56, 57	3.00	35.00
PL15	1964 (5)	1,653,162	KM49, 51, 52, 56-58	3.00	35.00
PL16	1965 (4)	2,904,352	KM59.1-60.1, 61-63, 64.1	4.00	35.00
PL17	1966 (5)	672,514	KM59.1-60.1, 61-63, 64.1	4.00	35.00
PL18	1967 (6)	961,887	KM65-70 (plio-film flat pack)	4.00	35.00
PL18A	1967 (6)	70,583	KM65-70 Specimen Quality and Silver Medal (red box)	12.00	55.00
PL18B	1967 (7)	337,688	KM65-71 Specimen Quality (black box)	40.00	850
PL19	1968 (6)	521,641	KM59.1-60.1, 62b, 72a, 75.1-76.1	4.00	2.25
PL20	1969 (4)	326,203	KM59.1-60.1, 62b, 75.1-77.1	4.00	3.00
PL21	1970 (4)	349,120	KM59.1-60.1, 62b, 75.1, 77.1, 78	4.00	3.50
PL22	1971 (4)	253,311	KM59.1-60.1, 62b, 75.1, 77.1, 79	4.00	3.00
PL23	1972 (3)	224,275	KM59.1-60.1, 62b-77.1	4.00	3.00
PL24	1973 (6)	243,695	KM59.1-60.1, 62b-75.1 obv. 120 beads, 77.1, 81.1, 82	4.00	4.00
PL25	1973 (3)	Inc. above	KM59.1-60.1, 62b-75.1 obv. 132 beads, 77.1, 81.2, 82	4.00	250
PL26	1974 (6)	213,589	KM59.1-60.1, 62b-75.1, 77.1, 88	5.00	3.00
PL27.1	1975 (4)	197,372	KM59.1, 60.1, 62b-75.1, 76.2, 77.1	5.00	3.50
PL27.2	1975 (6)	Inc. above	KM59.1, 60.1, 62b-75.1, 76.3, 77.1	5.00	5.00
PL28	1976 (4)	171,737	KM59.1, 60.1, 62b-75.1, 76.2, 77.1	5.15	3.00
PL29	1977 (4)	225,307	KM59.1, 60.1, 62b, 75.2, 77.1, 117.1	5.15	3.00
PL30	1978 (6)	260,000	KM59.1-60.1, 62b, 75.3, 77.1, 120.1	5.25	4.25
PL31	1979 (6)	187,624	KM59.2-60.2, 74, 75.3, 77.2, 120.1	6.25	4.25
PL32	1980 (6)	410,842	KM60.2, 74, 75.3, 77.2, 120.1, 127	6.50	4.50

KM#	Date	Mintage	Identification	Issue Price	Mkt Val
PL33	1981 (5)	186,250	KM60.2, 74, 75.3, 77.2, 120.1, 123	5.00	4.00
PL34	1982 (5)	203,287	KM60.2, 74, 75.3, 77.2, 120.1, 123	6.00	4.00
PL36	1983 (6)	190,838	KM60.2a, 74, 75.3, 77.2, 120.1, 132	5.00	5.00
PL36.1	1983 (6)	Inc. above	KM60.2a, 74, 75.3, 77.2, 120.1, 132; set in folder packaged by British Royal Mint Coin Club	—	10.00
PL37	1984 (6)	181,249	KM60.2a, 74, 75.3, 77.2, 120.1, 132	5.25	5.00
PL38	1985 (6)	173,924	KM60.2a, 74, 75.3, 77.2, 120.1, 132	5.25	24.00
PL39	1986 (6)	167,338	KM60.2a, 74, 75.3, 77.2, 120.1, 132	5.25	6.50
PL40	1987 (6)	212,136	KM60.2a, 74, 75.3, 77.2, 120.1, 132	5.25	7.00
PL41	1988 (6)	182,048	KM60.2a, 74, 75.3, 77.2, 132, 157	6.05	5.50
PL42	1989 (6)	173,622	KM60.2a, 74, 75.3, 77.2, 132, 157	6.60	8.00
PL43	1990 (6)	170,791	KM181-186	7.40	8.00
PL44	1991 (6)	147,814	KM181-186	7.40	25.00
PL45	1992 (6)	217,597	KM204-209	8.25	17.50
PL46	1993 (6)	171,680	KM181-186	8.25	5.00
PL47	1994 (6)	141,676	KM181-185, 258	8.50	5.50
PL48	1994 (6)	18,794	KM181-185, 258 (Oh Canada holder)	—	8.50
PL49	1995 (6)	143,892	KM181-186	6.95	5.50
PL50	1995 (6)	50,927	KM181-186 (Oh Canada holder)	14.65	8.50
PL51	1995 (6)	36,443	KM181-186 (Baby Gift holder)	—	9.00
PL52	1996 (4)	116,736	KM181-186	—	27.00
PL53	1996 (6)	29,747	KM181-186 (Baby Gift holder)	—	14.00
PL54	1996 (10)	Inc. above	KM181a-185a, 186	8.95	65.00
PL55	1996 (6)	Inc. above	KM181a-185a, 186 (Oh Canada holder)	14.65	12.00
PL56	1996 (6)	Inc. above	KM181a-185a, 186 (Baby Gift holder)	—	12.00
PL57	1997 (7)	Inc. above	KM182a-184a, 209, 270, 289-290	10.45	8.00
PL58	1997 (7)	Inc. above	KM182a-184a, 270, 289-291 (Oh Canada holder)	16.45	30.00
PL59	1997 (5)	Inc. above	KM182a-184a, 209, 270, 289-290 (Baby Gift holder)	18.50	25.00
PL60	1998 (7)	Inc. above	KM182-184, 186, 270, 289-290	10.45	25.00

KM#	Date	Mintage	Identification	Issue Price	Mkt Val
PL61	1998 (7)	Inc. above	KM182-184, 186, 270, 289-290 (Oh Canada holder)	16.45	25.00
PL62	1998 (7)	Inc. above	KM182-184, 186, 270, 289-290 (Tiny Treasures holder)	16.45	25.00
PL63	1999 (12)	Inc. above	KM342-353	16.95	10.00
PL64	2000 (12)	—	KM373-384	16.95	10.00

SPECIMEN SETS (SS)

KM#	Date	Mintage	Identification	Issue Price	Mkt Val
SS1	1858 (4)	Inc. above	KM1-4, Reeded edge	—	12,000
SS2	1858 (4)	Inc. above	KM1-4, Plain edge	—	10,000
SS3	1858 (4)	Inc. above	KM1-4; Double Set	—	20,000
SS4	1858 (1)	Inc. above	KM1 (overdate), 2-4; Double Set	—	20,000
SS5	1870 (1)	100	KM2, 3, 5, 6 (reeded edges)	—	40,000
SS6	1870 (1)	Inc. above	KM2, 3, 5, 6; Double Set (plain edges)	—	80,000
SS7	1872 (4)	Inc. above	KM2, 3, 5, 6	—	12,500
SS8	1875 (2)	Inc. above	KM2 (Large date), 3, 5	—	100,000
SS9	1880 (2)	Inc. above	KM2, 3, 5 (Narrow 0)	—	55,000
SS10	1881 (5)	Inc. above	KM7, 2, 3, 5, 6	—	35,000
SS11	1892 (2)	Inc. above	KM3, 5	—	10,000
SS12	1902 (5)	100	KM8-12	—	60,000
SS13	1902 (3)	Inc. above	KM9 (Large H), 10, 11	—	40,000
SS14	1903 (3)	Inc. above	KM10, 12, 13	—	7,000
SS15	1908 (5)	1,000	KM8, 10-13	—	3,500
SS16	1911 (5)	1,000	KM15-19	—	5,500
SS17	1911/12 (7)	5	KM15-20, 26-27	—	75,000
SS18	1921 (5)	Inc. above	KM22a-25a, 28	—	225,000
SS19	1922 (2)	Inc. above	KM28, 29	—	2,500
SS20	1923 (2)	Inc. above	KM28, 29	—	5,000
SS21	1924 (2)	Inc. above	KM28, 29	—	4,000
SS22	1925 (2)	Inc. above	KM28, 29	—	7,000
SS23	1926 (2)	Inc. above	KM28, 29 (Near 6)	—	5,000
SS24	1927 (3)	Inc. above	KM24a, 28, 29	—	8,000
SS25	1928 (4)	Inc. above	KM23a, 24a, 28, 29	—	12,000
SS26	1929 (5)	Inc. above	KM23a,-25a, 28, 29	—	35,000
SS27	1930 (4)	Inc. above	KM23a, 24a. 28, 29	—	35,000
SS28	1931 (5)	Inc. above	KM23a-25a, 28, 29	—	60,000
SS29	1932 (5)	Inc. above	KM23a-25a, 28, 29	—	20,000
SS30	1934 (2)	Inc. above	KM23-25, 28, 29	—	50,000

KM#	Date	Mintage	Identification	Issue Price	Mkt Val
SS31	1936 (5)	Inc. above	KM23a-25a, 28, 29	—	12,000
SS32	1936 (5)	Inc. above	KM23a(dot), 24a(dot), 25a, 28(dot), 29, 30	—	550,000
SS33	1937 (6)	1,025	KM32-37, Matte Finish	—	1,600
SS34	1937 (4)	Inc. above	KM32-35, Mirror Fields	—	1,200
SS35	1937 (6)	75	KM32-37, Mirror Fields	—	3,000
SS36	1938 (6)	Inc. above	KM32-37	—	40,000
SS-A36	1939 (5)	Inc. above	KM32-35, 38, Matte Finish	—	—
SS-B36	1939 (5)	Inc. above	KM32-35, 38, Mirror Fields	—	12,000
SS-C36	1942 (2)	Inc. above	KM32, 33	—	1,000
SS-D36	1943 (2)	Inc. above	KM32, 40	—	1,000
SS37	1944 (5)	3	KM32, 34-37, 40a	—	20,000
SS-A37	1944 (2)	Inc. above	KM32, 40a	—	1,000
SS38	1945 (5)	6	KM32, 34-37, 40a	—	12,500
SS-A38	1945 (2)	Inc. above	KM32, 40a	—	1,000
SS39	1946 (5)	15	KM32, 34-37, 39a	—	9,000
SS40	1947 (6)	Inc. above	KM32, 34-36(7 curved), 37(7 pointed),	—	12,500
SS41	1947 (6)	Inc. above	KM32, 34-36(7 curved), 37(blunt 7), 39a	—	14,000
SS42	1947 (6)	Inc. above	KM32, 34-36(7 curved right), 37, 39a	—	10,000
SS43	1948 (6)	30	KM41-46	—	10,000
SS44	1949 (4)	20	KM41-45, 47	—	8,000
SS44A	1949 (2)	Inc. above	KM47 (Proof)	—	2,600
SS45	1950 (4)	12	KM41-46	—	5,500
SS46	1950 (4)	Inc. above	KM41-45, 46 (Arnprior)	—	7,000
SS47	1951 (5)	12	KM41, 48, 42a, 43-46 (w/water lines)	—	6,500
SS48	1952 (5)	2,317	KM41, 42a, 43-46 (water lines)	—	6,500
SS48A	1952 (5)	Inc. above	KM41, 42a, 43-46 (w/o water lines)	—	6,500
SS49	1953 (6)	28	KM49 w/o straps, 50-54	—	6,500
SS50	1953 (6)	Inc. above	KM49 w/ straps, 50-54	—	6,500
SS51	1964 (5)	Inc. above	KM49, 51, 52, 56-58	—	2,400
SS52	1965 (4)	Inc. above	KM59.1-60.1, 61-63, 64.1	—	2,400
SS56	1971 (6)	66,860	KM59.1-60.1, 62b-75.1, 77.1, (2 pcs.); Double Dollar Prestige Sets	12.00	14.50
SS57	1972 (5)	36,349	KM59.1,-60.1, 62b-75.1, 76.1 (2 pcs.)	12.00	18.00
SS58	1973 (6)	119,819	KM59.1-60.1, 75.1, 77.1, 81.1, 82, 83	12.00	16.00
SS59	1973 (6)	Inc. above	KM59.1-60.1, 75.1, 77.1, 81.2, 82, 83	—	1,600
SS60	1974 (5)	85,230	KM59.1-60.1, 62b-75.1, 77.1, 88, 88a	15.00	12.50
SS61	1975 (5)	97,263	KM59.1-60.1, 62b-75.1, 76.2, 77.1, 97	15.00	12.50
SS62	1976 (5)	87,744	KM59.1-60, 62b-75.1, 76.2, 77.1, 106	16.00	14.00
SS63	1977 (5)	142,577	KM59.1-60.1, 62b, 75.2, 77.1, 117.1, 118	16.50	14.50
SS64	1978 (6)	147,000	KM59.1-60.1, 62b, 75.3, 77.1, 120.1, 121	16.50	10.00
SS65	1979 (6)	155,698	KM59.2-60.2, 74, 75.3, 77.2, 120, 124	18.50	15.50
SS66	1980 (6)	162,875	KM60.2, 74-75.3, 77.2, 120, 127, 128	30.50	25.00
SS67	1981 (6)	71,300	KM60.2, 74, 75.3, 77.2, 120.1, 127; Regular Specimen Sets	10.00	5.50
SS68	1982 (10)	62,298	KM60.2a, 74, 75.3, 77.2, 120.1, 132	11.50	100
SS69	1983 (6)	60,329	KM60.2a, 74, 75.3, 77.2, 120.1, 132	12.75	9.00
SS70	1984 (2)	60,400	KM60.2a, 74, 75.3, 77.2, 120.1, 132	10.00	5.50
SS71	1985 (6)	61,553	KM60.2a, 74, 75.3, 77.2, 120.1, 132	10.00	23.50
SS72	1986 (6)	67,152	KM60.2a, 74, 75.3, 77.2, 120.1, 132	10.00	9.00
SS72A	1987 (6)	75,194	KM60.2a, 74, 75.3, 77.2, 120.1, 132	11.00	7.50
SS73	1988 (6)	70,205	KM60.2a, 74, 75.3, 77.2, 132, 157	12.30	7.50
SS74	1989 (6)	75,306	KM60.2a, 74, 75.3, 77.2, 132, 157	14.50	9.50
SS75	1990 (6)	76,611	KM181-186	15.50	8.50
SS76	1991 (6)	68,552	KM181-186	15.50	17.50
SS77	1992 (6)	78,328	KM204-209	16.25	17.50
SS78	1993 (6)	77,351	KM181-186; Regular Specimen Sets Resumed	16.25	13.00
SS79	1994 (6)	77,349	KM181-186	16.50	9.50
SS80	1995 (6)	Inc. above	KM181-186	13.95	9.50
SS82	1996 (4)	Inc. above	KM181a-185a, 186	18.95	35.00
SS83	1997 (7)	Inc. above	KM182a-184a, 270, 289-291	19.95	47.50
SS84	1998 (7)	Inc. above	KM182-184, 186, 270, 289, 290	19.95	18.00
SS85	1999 (7)	Inc. above	KM182-184, 186, 270, 289a, 290	19.95	20.00
SS90	2002 (7)	75,000	KM#444-449,462 Elizabeth II Golden Jubilee	30.00	65.00
SS91	2003 (3)	75,000	KM#(uncertain), 270, 289, 290	30.00	50.00

SETS

V.I.P. SPECIMEN SETS (VS)

KM#	Date	Mintage	Identification	Issue Price	Mkt Val
VS1	1969 (0)	4		—	2,000
VS2	1970 (0)	100	KM59.1-60.1, 74.1-75.1, 77.1, 78	—	525
VS3	1971 (0)	69	KM59.1-60.1, 74.1-75.1, 77.1, 79(2 pcs.)	—	525
VS4	1972 (0)	25	KM59.1-60.1, 74.1-75.1, 76.1, (2 pcs.), 77.1	—	650

KM#	Date	Mintage	Identification	Issue Price	Mkt Val
VS5	1973 (0)	26	KM59.1-60.1, 75.1, 77.1, 81.1, 82, 83	—	650
VS6	1974 (0)	72	KM59.1-60.1, 74.1-75.1, 77.1, 88, 88a	—	525
VS7	1975 (0)	94	KM59.1-60.1, 74.1-75.1, 76.2, 77.1, 97	—	525
VS8	1976 (0)	Inc. above	KM59.1-60.1, 74.1-75.1, 76.2, 77.1, 106	—	525

NEW BRUNSWICK
PROVINCE
STERLING COINAGE
HALFPENNY TOKEN

KM# 1 Copper, **Obv:** Crowned head left **Rev:** Three masted ship **Obv. Legend:** VICTORIA DEI GRATIA REGINA **Rev. Legend:** NEW BRUNSWICK

Date	Mintage	VG8	F12	VF20	XF40	AU50	MS60	MS63	MS65
1843	480,000	4.00	7.50	15.00	45.00	200	300	400	—
1843	—	**PF60** 750							

KM# 3 Copper, **Obv:** Head left **Rev:** Three masted ship **Obv. Legend:** VICTORIA DEI GRATIA REGINA **Rev. Legend:** NEW BRUNSWICK

Date	Mintage	VG8	F12	VF20	XF40	AU50	MS60	MS63	MS65
1854	864,000	4.00	7.50	15.00	45.00	200	300	400	—

KM# 3a Bronze, **Obv:** Head left **Rev:** Three masted ship **Obv. Legend:** VICTORIA DEI GRATIA REGINA **Rev. Legend:** NEW BRUNSWICK

Date	Mintage	VG8	F12	VF20	XF40	AU50	MS60	MS63	MS65
1854	—	**PF60** 400							

SETS

1 PENNY TOKEN

KM# 2 Copper, **Obv:** Crowned head left **Rev:** Three masted ship **Obv. Legend:** VICTORIA DEI GRATIA REGINA **Rev. Legend:** NEW BRUNSWICK

Date	Mintage	VG8	F12	VF20	XF40	AU50	MS60	MS63	MS65
1843	480,000	5.00	9.50	23.00	65.00	175	250	350	—
1843	—	**PF60** 800							

KM# 4 Copper, **Obv:** Head left **Rev:** Three masted ship **Obv. Legend:** VICTORIA DEI GRATIA REGINA **Rev. Legend:** NEW BRUNSWICK

Date	Mintage	VG8	F12	VF20	XF40	AU50	MS60	MS63	MS65
1854	432,000	3.75	7.50	22.00	65.00	200	300	400	—

DECIMAL COINAGE

HALF CENT

KM# 5 Bronze, **Obv:** Laureate bust left **Rev:** Crown and date within beaded circle, wreath surrounds **Obv. Legend:** VICTORIA D:G: BRITT: REG: F:D:

Date	Mintage	VG8	F12	VF20	XF40	AU50	MS60	MS63	MS65
1861	222,800	125	175	225	350	500	650	1,500	—
1861	—	**PF60** 2,200							

CENT

KM# 6 Bronze, **Obv:** Laureate bust left **Rev:** Crown and date within beaded circle, wreath surrounds **Obv. Legend:** VICTORIA D:G: BRITT: REG: F:D: **Rev. Legend:** NEW BRUNSWICK

Date	Mintage	VG8	F12	VF20	XF40	AU50	MS60	MS63	MS65
1861	1,000,000	3.50	6.00	9.00	14.00	60.00	100	450	3,500

Date	Mintage	VG8	F12	VF20	XF40	AU50	MS60	MS63	MS65
1861	—	PF60 450							
1864 short 6	1,000,000	3.50	6.00	9.00	20.00	75.00	125	550	5,500
1864 long 6	Inc. above	4.00	6.50	13.00	24.00	100	175	650	10,000

5 CENTS

KM# 7 1.16 g., 0.925 Silver, 0.0346 oz. ASW **Obv:** Laureate head left **Rev:** Denomination and date within wreath, crown above **Obv. Legend:** VICTORIA D: G: REG: / NEW BRUNSWICK

Date	Mintage	VG8	F12	VF20	XF40	AU50	MS60	MS63	MS65
1862	100,000	65.00	100	225	500	1,000	1,700	3,200	15,000
1862	—	PF60 3,500							
1864 small 6	100,000	65.00	100	225	1,000	1,500	2,200	4,900	19,000
1864 large 6	Inc. above	75.00	125	300	600	1,600	2,500	5,000	—

10 CENTS

KM# 8 2.32 g., 0.925 Silver, 0.0691 oz. ASW **Obv:** Laureate head left **Rev:** Denomination and date within wreath, crown above **Obv. Legend:** VICTORIA D: G: REG: / NEW BRUNSWICK

Date	Mintage	VG8	F12	VF20	XF40	AU50	MS60	MS63	MS65
1862	150,000	65.00	100	225	450	950	1,600	3,000	10,000
1862 recut 2	Inc. above	95.00	175	350	750	1,800	2,900	6,700	—
1862	—	PF60 2,850							
1864	100,000	65.00	100	225	450	1,600	2,700	6,300	—

20 CENTS

KM# 9 4.65 g., 0.925 Silver, 0.1382 oz. ASW **Obv:** Laureate head left **Rev:** Denomination and date within wreath, crown above **Obv. Legend:** VICTORIA D: G: REG: / NEW BRUNSWICK

Date	Mintage	VG8	F12	VF20	XF40	AU50	MS60	MS63	MS65
1862	150,000	29.00	50.00	100	225	625	1,050	4,400	12,000
1862	—	PF60 2,850							
1864	150,000	29.00	50.00	100	225	825	1,600	4,600	—

NEWFOUNDLAND
PROVINCE

CIRCULATION COINAGE

LARGE CENT

KM# 1 Bronze, **Obv:** Laureate bust left **Rev:** Crown and date within circle, florals surround **Obv. Legend:** VICTORIA D:G: BRITT: REG:F:D: **Rev. Legend:** NEWFOUNDLAND

Date	Mintage	VG8	F12	VF20	XF40	AU50	MS60	MS63	MS65
1865	240,000	3.50	5.50	12.00	30.00	100	175	900	4,000
1872H	200,000	2.50	4.00	7.00	17.00	60.00	125	250	750
1872 H	—	PF60 800							
1873	200,025	4.00	6.50	20.00	40.00	200	500	1,600	—
1873	—	PF60 3,000							
1876H	200,000	3.50	7.00	15.00	60.00	200	500	1,600	9,500
1876H Proof, reported not confirmed	—	—	—	—	—	—	—	—	—
1880 round 0, even date	400,000	3.00	3.50	7.00	20.00	80.00	200	500	3,500

Date	Mintage	VG8	F12	VF20	XF40	AU50	MS60	MS63	MS65
1880 round and low 0	Inc. above	4.50	12.00	20.00	50.00	300	900	2,600	—
1880 oval 0	Inc. above	200	300	500	950	1,850	3,000	6,000	30,000
1880 oval 0 Proof	—	PF60 2,500							
1885	40,000	27.50	50.00	75.00	125	450	900	2,400	16,000
1885	—	PF60 2,500							
1888	50,000	30.00	55.00	80.00	175	650	1,350	4,800	—
1890	200,000	3.00	6.00	15.00	45.00	150	300	1,200	—
1894	200,000	3.00	5.00	10.00	25.00	125	300	1,200	—
1894	—	PF60 1,500							
1896	200,000	3.00	3.50	7.00	27.00	90.00	175	500	4,000
1896	—	PF60 1,500							

KM# 9 Bronze, **Obv:** Crowned bust right **Obv. Designer:** G.W. DeSaulles **Rev:** Crown and date within center circle, wreath surrounds, denomination above **Rev. Designer:** Horace Morehen

Date	Mintage	VG8	F12	VF20	XF40	AU50	MS60	MS63	MS65
1904H	100,000	10.00	18.00	30.00	75.00	175	400	1,300	—
1904 H	—	PF60 6,000							
1907	200,000	3.00	5.00	11.00	35.00	125	250	1,000	—
1909	200,000	3.00	5.00	9.00	27.50	65.00	125	250	—
1909	—	PF60 600							

KM# 16 Bronze, **Obv:** Crowned bust left **Obv. Designer:** E.B. MacKennal **Rev:** Crown and date within center circle, wreath surrounds, denomination above **Rev. Designer:** Horace Morehen

Date	Mintage	VG8	F12	VF20	XF40	AU50	MS60	MS63	MS65
1913	400,000	1.50	2.50	3.50	9.00	30.00	60.00	125	—
1917C	702,350	1.50	2.50	3.50	8.00	30.00	100	400	—
1917 C	—	PF60 950							
1919C	300,000	1.50	2.50	4.00	14.00	50.00	225	750	—
1919 C	—	PF60 2,500							
1920C	302,184	1.50	2.50	6.00	24.00	90.00	350	1,900	—
1929	300,000	1.50	2.50	3.50	7.00	30.00	85.00	175	—
1929 C	—	PF60 3,000							
1936	300,000	1.50	2.00	2.50	5.00	18.00	40.00	100	—

SMALL CENT

KM# 18 3.20 g., Bronze, 19mm. **Obv:** Crowned head left **Obv. Designer:** Percy Metcalfe **Rev:** Pitcher plant divides date, denomination below **Rev. Designer:** Walter J. Newman

Date	Mintage	VG8	F12	VF20	XF40	AU50	MS60	MS63	MS65
1938	500,000	0.45	0.95	1.25	3.50	9.00	24.00	70.00	—
1938	—	PF60 6,000							
1940	300,000	1.25	2.25	4.50	14.00	40.00	95.00	600	—
1940 Re-engraved date	Inc. above	45.00	60.00	85.00	150	300	650	2,400	—
1940	—	PF60 2,500							
1941C	827,662	0.45	0.70	0.95	2.50	9.00	29.00	200	—
1941C Re-engraved date	Inc. above	16.00	24.00	40.00	95.00	175	400	2,000	—
1942	1,996,889	0.45	0.70	0.95	2.50	13.50	40.00	250	—
1943C	1,239,732	0.45	0.70	0.95	2.50	9.00	22.50	100	—
1944C	1,328,776	1.50	2.50	9.00	35.00	100	300	2,000	—

NEWFOUNDLAND

Date	Mintage	VG8	F12	VF20	XF40	AU50	MS60	MS63	MS65
1947C	313,772	1.25	1.75	4.00	19.00	45.00	100	350	—
1947 C	—	PF60 3,000							

5 CENTS

KM# 2 1.18 g., 0.925 Silver, 0.035 oz. ASW **Obv:** Laureate head left **Rev:** Denomination and date within ornamental circle **Obv. Legend:** VICTORIA D: G: REG: / NEWFOUNDLAND **Edge:** Reeded

Date	Mintage	VG8	F12	VF20	XF40	AU50	MS60	MS63	MS65
1865	80,000	35.00	50.00	150	300	800	1,800	3,000	9,000
1865	—	PF60 4,000							
1870	40,000	75.00	125	225	500	1,500	2,500	3,500	12,000
1870	—	PF60 4,000							
1872H	40,000	40.00	70.00	125	175	700	1,250	2,400	5,500
1873	44,260	150	200	450	1,100	4,500	6,000	—	—
1873H	Inc. above	950	1,400	2,000	3,700	9,500	16,000	22,000	—
1873	—	PF60 10,000							
1876H	20,000	125	200	350	650	1,000	1,350	2,750	8,000
1880	40,000	45.00	65.00	150	300	1,100	2,250	2,400	8,500
1880	—	PF60 5,000							
1881	40,000	45.00	65.00	150	300	1,100	1,900	2,500	9,000
1881	—	PF60 5,000							
1882H	60,000	30.00	45.00	90.00	200	650	1,800	3,000	6,000
1882 H	—	PF60 2,000							
1885	16,000	175	210	335	750	1,550	2,400	4,500	17,000
1885	—	PF60 7,500							
1888	40,000	50.00	75.00	225	350	1,600	4,000	8,000	—
1888	—	PF60 7,500							
1890	160,000	11.00	21.00	45.00	125	700	1,300	2,000	9,500
1890	—	PF60 5,000							
1894	160,000	10.00	19.00	30.00	100	500	1,100	2,500	11,000
1894	—	PF60 5,000							
1896	400,000	4.00	8.00	20.00	50.00	450	900	2,700	10,000
1896	—	PF60 5,000							

KM# 7 1.18 g., 0.925 Silver, 0.035 oz. ASW **Obv:** Crowned bust right **Rev:** Denomination and date within circle **Designer:** G.W. DeSaulles

Date	Mintage	VG8	F12	VF20	XF40	AU50	MS60	MS63	MS65
1903	100,000	5.00	11.00	29.00	70.00	175	450	1,700	—
1903	—	PF60 3,000							
1904H	100,000	4.00	7.00	19.00	45.00	90.00	225	450	—
1904 H	—	PF60 1,800							
1908	400,000	4.00	7.00	18.00	45.00	100	250	1,100	—

KM# 13 1.18 g., 0.925 Silver, 0.035 oz. ASW **Obv:** Crowned bust left **Obv. Designer:** E.B. MacKennal **Rev:** Denomination and date within circle **Rev. Designer:** G.W. DeSaulles

Date	Mintage	VG8	F12	VF20	XF40	AU50	MS60	MS63	MS65
1912	300,000	2.00	3.00	6.00	24.00	55.00	125	250	—
1912	—	PF60 2,400							
1917C	300,319	2.00	5.00	8.00	27.00	100	350	1,200	—
1917 C	—	PF60 2,400							
1919C	100,844	6.00	11.00	27.00	100	450	1,200	3,500	—
1919 C	—	PF60 2,400							
1929	300,000	2.00	3.00	4.00	14.00	65.00	175	400	—

KM# 19 1.18 g., 0.925 Silver, 0.035 oz. ASW **Obv:** Crowned head left **Obv. Designer:** Percy Metcalfe **Rev:** Denomination and date within circle **Rev. Designer:** G.W. DeSaulles

Date	Mintage	VG8	F12	VF20	XF40	AU50	MS60	MS63	MS65
1938	100,000	1.50	2.50	3.00	11.00	30.00	100	300	—
1938	—	PF60 1,600							
1940C	200,000	1.50	2.50	3.00	11.00	30.00	100	350	—
1940 C	—	PF60 3,200							
1941C	621,641	0.60	1.75	2.50	4.00	9.00	22.00	35.00	—
1942C	298,348	0.60	1.75	2.50	5.00	13.50	28.00	60.00	—
1943C	351,666	0.60	1.50	2.50	5.00	10.50	22.00	45.00	—

KM# 19a 1.17 g., 0.800 Silver, 0.030 oz. ASW 15.67mm. **Obv:** Crowned head left **Obv. Designer:** Percy Metcalfe **Rev:** Denomination and date within circle **Rev. Designer:** G.W. DeSaulles **Edge:** Reeded

Date	Mintage	VG8	F12	VF20	XF40	AU50	MS60	MS63	MS65
1944C	286,504	1.50	1.75	2.50	9.00	22.00	70.00	150	—
1945C	203,828	1.50	1.75	2.50	4.00	9.00	22.50	35.00	—
1946 C	2,041	PF60 3,000							
1946C Prooflike	—	—	—	—	—	—	—	4,000	—
1946 C	—	PF60 3,500							
1947C	38,400	3.00	5.00	8.00	30.00	45.00	100	250	—
1947C Prooflike	—	—	—	—	—	—	—	2,100	—

10 CENTS

KM# 3 2.36 g., 0.925 Silver, 0.0701 oz. ASW **Obv:** Laureate head left **Rev:** Denomination and date within ornamental circle **Obv. Legend:** VICTORIA D: G: REG: / NEWFOUNDLAND

Date	Mintage	VG8	F12	VF20	XF40	AU50	MS60	MS63	MS65
1865	80,000	27.00	45.00	75.00	250	650	1,100	2,250	8,000
1865 Proof, plain edge	—	PF60 5,500							
1870	30,000	175	250	450	750	1,250	2,500	5,000	13,000
1870	—	PF60 10,000							
1872H	40,000	22.00	35.00	80.00	200	500	800	1,700	4,500
1873 flat 3	23,614	55.00	70.00	250	650	2,000	4,000	5,000	—
1873 round 3	Inc. above	55.00	70.00	250	650	2,000	4,000	5,000	—
1873	—	PF60 12,000							
1876H	10,000	55.00	70.00	225	350	850	1,400	2,500	7,000
1880	10,000	55.00	100	250	400	800	1,800	3,000	12,000
1880	—	PF60 7,500							
1882H	20,000	40.00	55.00	150	700	1,150	2,800	4,000	—
1882 H	—	PF60 3,000							
1885	8,000	100	130	300	800	1,100	2,200	4,500	12,000
1885	—	PF60 8,000							
1888	30,000	45.00	70.00	200	700	2,000	4,000	5,000	—
1888	—	PF60 8,000							
1890	100,000	9.00	19.00	35.00	150	550	1,100	3,500	18,000
1890	—	PF60 5,000							
1894	100,000	8.50	12.00	25.00	125	550	1,200	3,000	10,000
1894	—	PF60 5,000							
1896	230,000	5.00	10.00	25.00	90.00	600	1,200	3,500	—
1896	—	PF60 5,000							

NEWFOUNDLAND

KM# 8 2.36 g., 0.925 Silver, 0.0701 oz. ASW **Obv:** Crowned bust right **Rev:** Denomination and date within circle **Designer:** G.W. DeSaulles

Date	Mintage	VG8	F12	VF20	XF40	AU50	MS60	MS63	MS65
1903	100,000	11.00	30.00	90.00	250	650	2,400	5,500	—
1903	—	PF60 3,750							
1904H	100,000	6.00	14.00	35.00	100	200	350	600	—
1904 H	—	PF60 2,250							

KM# 14 2.36 g., 0.925 Silver, 0.0701 oz. ASW **Obv:** Crowned bust left **Obv. Designer:** E.B. MacKennal **Rev. Designer:** G.W. DeSaulles

Date	Mintage	VG8	F12	VF20	XF40	AU50	MS60	MS63	MS65
1912	150,000	4.00	5.50	14.00	45.00	100	225	350	—
1917C	250,805	3.50	5.00	14.00	45.00	175	450	1,350	—
1919C	54,342	4.00	11.00	22.00	70.00	125	250	350	—

KM# 20 2.36 g., 0.925 Silver, 0.0701 oz. ASW **Obv:** Crowned head left **Obv. Designer:** Percy Metcalfe **Rev:** Denomination and date within circle **Rev. Designer:** G.W. DeSaulles

Date	Mintage	VG8	F12	VF20	XF40	AU50	MS60	MS63	MS65
1938	100,000	3.50	4.00	4.50	18.00	100	200	800	—
1938	—	PF60 3,200							
1940	100,000	3.00	3.50	4.50	14.00	45.00	100	400	—
1940	—	PF60 4,000							
1941C	483,630	1.30	3.00	3.50	7.00	18.00	50.00	125	—
1942C	293,736	1.30	3.00	3.50	7.00	22.00	70.00	200	—
1943C	104,706	1.30	3.00	3.50	9.00	30.00	250	800	—
1944C	151,471	1.30	3.50	11.00	27.00	65.00	350	1,300	—

KM# 20a 2.33 g., 0.800 Silver, 0.060 oz. ASW **Obv:** Crowned head left **Obv. Designer:** Percy Metcalfe **Rev. Designer:** G.W. DeSaulles

Date	Mintage	VG8	F12	VF20	XF40	AU50	MS60	MS63	MS65
1945C	175,833	1.10	2.50	3.00	7.00	22.00	100	400	—
1946 C	—	PF60 1,200							
1946C	38,400	3.50	4.50	9.00	30.00	60.00	125	300	—
1947C	61,988	3.00	3.50	7.00	20.00	45.00	100	350	—

20 CENTS

KM# 4 4.71 g., 0.925 Silver, 0.1402 oz. ASW 23.19mm. **Obv:** Laureate head left **Rev:** Denomination and date within ornamental circle

Date	Mintage	VG8	F12	VF20	XF40	AU50	MS60	MS63	MS65
1865	100,000	16.00	30.00	60.00	225	550	950	2,600	9,000
1865 Proof, plain edge	—	PF60 6,500							
1865 Proof, reeded edge	—	PF60 10,000							
1870	50,000	21.00	45.00	100	250	750	1,250	2,600	9,000
1870 Proof, plain edge	—	PF60 6,500							
1870 Proof, reeded edge	—	PF60 6,500							
1872H	90,000	12.00	25.00	60.00	150	400	750	1,800	5,500
1873	45,797	21.00	65.00	175	550	2,700	5,500	8,000	—
1873	—	PF60 12,000							
1876H	50,000	25.00	50.00	80.00	300	800	1,350	2,700	7,500
1880	30,000	27.00	55.00	100	350	1,000	2,000	3,000	11,000

Note: No longer recognized as 1880/70 overdate

Date	Mintage	VG8	F12	VF20	XF40	AU50	MS60	MS63	MS65
1880	—	PF60 8,000							
1881	60,000	12.00	25.00	80.00	300	750	1,200	2,900	11,000
1881	—	PF60 8,000							
1882H	100,000	12.00	19.00	50.00	175	1,150	2,250	3,500	—
1882 H	—	PF60 3,500							
1885	40,000	20.00	30.00	80.00	300	1,350	2,900	4,500	—
1885	—	PF60 10,000							
1888	75,000	12.00	25.00	70.00	225	800	1,400	4,500	—
1888	—	PF60 10,000							
1890	100,000	10.00	15.00	45.00	225	800	1,400	3,500	22,000
1890	—	PF60 6,500							
1894	100,000	12.00	24.00	50.00	175	600	1,200	3,500	11,000
1894	—	PF60 6,500							
1896 small 96	125,000	9.00	12.00	35.00	150	750	1,400	4,000	—
1896 large 96	Inc. above	10.00	15.00	50.00	200	800	1,700	4,500	—
1896 large 96, Proof	—	PF60 6,500							
1899 hook 99	125,000	27.00	50.00	125	350	1,050	1,800	5,000	—
1899 large 99	Inc. above	8.00	12.00	30.00	125	600	1,400	4,000	—
1900	125,000	5.00	8.00	25.00	80.00	450	1,100	4,500	—
1900	—	PF60 6,500							

KM# 10 4.71 g., 0.925 Silver, 0.1402 oz. ASW **Obv:** Crowned bust right **Obv. Designer:** G.W. DeSaulles **Rev:** Denomination and date within circle **Rev. Designer:** W.H.J. Blakemore

Date	Mintage	VG8	F12	VF20	XF40	AU50	MS60	MS63	MS65
1904H	75,000	13.00	35.00	65.00	300	900	2,700	7,000	—
1904 H	—	PF60 2,400							

KM# 15 4.71 g., 0.925 Silver, 0.1402 oz. ASW **Obv:** Crowned bust left **Obv. Designer:** E.B. MacKennal **Rev:** Denomination and date within circle **Rev. Designer:** W.H.J. Blakemore

Date	Mintage	VG8	F12	VF20	XF40	AU50	MS60	MS63	MS65
1912	350,000	5.50	8.00	18.00	65.00	175	300	750	—
1912	—	PF60 2,500							

25 CENTS

KM# 17 5.83 g., 0.925 Silver, 0.1734 oz. ASW **Obv:** Crowned bust left **Obv. Designer:** E.B. MacKennal **Rev:** Denomination and date within circle **Rev. Designer:** W.H.J. Blakemore

Date	Mintage	VG8	F12	VF20	XF40	AU50	MS60	MS63	MS65
1917C	464,779	7.00	8.00	10.00	18.00	50.00	200	400	—
1917 C	—	PF60 3,000							
1919C	163,939	7.00	8.00	15.00	35.00	125	450	2,000	—
1919 C	—	PF60 3,000							

50 CENTS

KM# 6 11.78 g., 0.925 Silver, 0.3504 oz. ASW 29.85mm. **Obv:** Laureate head left **Rev:** Denomination and date within ornamental circle **Obv. Legend:** VICTORIA DEI GRATIA REGINA NEWFOUNDLAND

Date	Mintage	VG8	F12	VF20	XF40	AU50	MS60	MS63	MS65
1870	50,000	26.00	50.00	150	600	1,800	3,500	8,500	—
1870 Proof, plain edge	—	PF60 25,000							
1870 Proof, reeded edge	—	PF60 25,000							
1872H	48,000	23.00	35.00	90.00	400	950	1,600	4,000	11,000
1873	37,675	40.00	75.00	200	650	2,700	9,500	13,000	—
1873	—	PF60 40,000							
1874	80,000	25.00	45.00	125	550	2,700	13,000	17,500	—
1874	—	PF60 40,000							
1876H	28,000	35.00	85.00	150	450	1,350	2,250	5,500	21,000
1880	24,000	45.00	95.00	250	900	3,000	6,500	16,000	—
1880	—	PF60 40,000							
1881	50,000	25.00	35.00	135	400	1,800	3,500	8,000	—
1881	—	PF60 40,000							
1882H	100,000	21.00	30.00	95.00	350	950	1,600	5,500	—
1882 H	—	PF60 8,000							
1885	40,000	30.00	60.00	175	650	1,700	2,800	7,500	—
1885	—	PF60 40,000							
1888	20,000	50.00	90.00	250	1,350	4,500	11,000	13,000	—
1888	—	PF60 40,000							
1894	40,000	12.00	28.00	75.00	300	1,350	4,000	8,000	—
1896	60,000	11.00	16.00	65.00	300	1,350	3,000	8,500	—
1896	—	PF60 25,000							
1898	76,607	10.00	13.00	60.00	200	1,050	3,500	6,500	—
1899 wide 9s	150,000	10.00	13.00	60.00	200	1,350	2,800	7,500	—
1899 narrow 9s	Inc. above	10.00	13.00	45.00	150	900	2,600	7,000	—
1900	150,000	8.50	13.00	45.00	175	800	2,600	5,500	—

KM# 11 11.78 g., 0.925 Silver, 0.3503 oz. ASW 30mm. **Obv:** Crowned bust right **Obv. Designer:** G.W. DeSaulles **Rev. Designer:** W.H.J. Blakemore

Date	Mintage	VG8	F12	VF20	XF40	AU50	MS60	MS63	MS65
1904H	140,000	14.00	16.00	20.00	60.00	175	350	1,000	—
1904 H	—	PF60 2,900							
1907	100,000	14.00	16.00	25.00	75.00	225	400	1,200	—
1908	160,000	14.00	16.00	20.00	60.00	125	300	800	—
1909	200,000	14.00	16.00	22.00	60.00	150	350	1,000	—

KM# 12 11.78 g., 0.925 Silver, 0.3503 oz. ASW 30mm. **Obv:** Crowned bust left **Obv. Designer:** E.B. MacKennal **Rev:** Denomination and date within circle **Rev. Designer:** W.H.J. Blakemore

Date	Mintage	VG8	F12	VF20	XF40	AU50	MS60	MS63	MS65
1911	200,000	13.50	15.00	18.00	45.00	100	300	775	—
1917C	375,560	13.00	14.00	16.00	40.00	80.00	175	500	—
1917 C	—	PF60 3,250							
1918C	294,824	13.00	14.00	16.00	40.00	80.00	175	500	—
1919C	306,267	13.00	14.00	16.00	42.00	100	300	1,200	—
1919 C	—	PF60 3,250							

2 DOLLARS

KM# 5 3.33 g., 0.917 Gold, 0.0981 oz. AGW **Obv:** Laureate head left **Rev:** Denomination and date within circle **Obv. Legend:** VICTORIA D: G: REG: / NEWFOUNDLAND

Date	Mintage	VG8	F12	VF20	XF40	AU50	MS60	MS63	MS65
1865	10,000	—	150	225	300	400	1,100	8,500	—
1865 plain edge, Specimen-63, 15,000.	Est. 10	—	—	—	—	—	—	—	—
1870	10,000	—	150	225	300	450	1,500	7,500	—
1870 reeded edge, Specimen-63 20,000.	—	—	—	—	—	—	—	—	—
1872	6,050	—	220	400	500	900	2,200	9,000	—
1872 Specimen-63 12,500.	Est. 10	—	—	—	—	—	—	—	—
1880	2,500	—	800	1,000	1,200	2,300	3,000	14,500	—
1880/70	—	—	—	—	—	—	—	—	—
Note: Specimen. Bowers and Merena Norweb sale 11-96, specimen 64 realized $70,400.									
1881	10,000	—	150	200	250	350	1,600	2,500	—
1881 Specimen; Rare	—	—	—	—	—	—	—	—	—
1882H	25,000	—	150	200	250	300	700	2,200	8,500
1882H Specimen 4,250.	—	—	—	—	—	—	—	—	—
1885	10,000	—	150	200	250	300	850	2,750	—
1885 Specimen	—	—	—	—	—	—	—	—	—
Note: Bowers and Merena Norweb sale 11-96, specimen 66 realized $44,000									
1888	25,000	—	150	175	200	250	600	2,000	—
1888 Specimen; Rare	—	—	—	—	—	—	—	—	—

NOVA SCOTIA
PROVINCE

STERLING COINAGE

HALFPENNY TOKEN

KM# 1 Copper, **Obv:** Laureate head left **Rev:** Thistle **Obv. Legend:** PROVINCE OF NOVA SCOTIA

Date	Mintage	VG8	F12	VF20	XF40	AU50	MS60	MS63	MS65
1823	400,000	4.00	6.00	13.00	60.00	150	275	—	—
1823 without hyphen	Inc. above	7.00	10.00	35.00	125	225	325	—	—
1824	118,636	7.00	12.00	27.00	65.00	250	450	—	—
1832	800,000	4.00	5.00	13.50	40.00	125	225	—	—

KM# 1a Copper, **Obv:** Laureate head left, draped collar **Rev:** Thistle **Obv. Legend:** PROVINCE OF NOVA SCOTIA

Date	Mintage	VG8	F12	VF20	XF40	AU50	MS60	MS63	MS65
1382 1382 (error)	—	1,900	3,000	4,000	6,000	—	—	—	—
1832 (imitation)	—	5.50	9.00	27.00	75.00	95.00	125	200	—
1832/1382	—	11.00	15.00	50.00	150	—	—	—	—

KM# 3 Copper, **Obv:** Head left **Rev:** Thistle **Obv. Legend:** PROVINCE OF NOVA SCOTIA

Date	Mintage	VG8	F12	VF20	XF40	AU50	MS60	MS63	MS65
1840 small 0	300,000	6.00	10.00	25.00	65.00	125	185	—	—
1840 large 0	Inc. above	6.00	10.00	40.00	125	185	250	—	—
1840 medium 0	Inc. above	5.50	9.00	25.00	65.00	125	185	—	—
1843	300,000	4.00	6.00	24.00	65.00	125	185	—	—

KM# 5 Copper,

Date	Mintage	VG8	F12	VF20	XF40	AU50	MS60	MS63	MS65
1856 without LCW	720,000	3.75	5.50	7.50	23.00	85.00	175	—	—
1856 without LCW, Proof	—	PF60	600						
1856 without LCW, inverted A for V in PROVINCE, Proof	—	PF60	600						

KM# 5a Bronze,

Date	Mintage	VG8	F12	VF20	XF40	AU50	MS60	MS63	MS65
1856 with LCW, Proof	—	PF60	600						

1 PENNY TOKEN

KM# 2 Copper, **Obv:** Laureate head left **Rev:** Thistle **Obv. Legend:** PROVINCE OF NOVA SCOTIA

Date	Mintage	VG8	F12	VF20	XF40	AU50	MS60	MS63	MS65
1824	217,776	6.00	10.00	26.00	85.00	240	400	—	—
1832	200,000	5.00	8.00	15.00	55.00	190	350	—	—

KM# 2a Copper, **Obv:** Laureate head left **Rev:** Thistle **Obv. Legend:** PROVINCE OF NOVA SCOTIA

Date	Mintage	VG8	F12	VF20	XF40	AU50	MS60	MS63	MS65
1832 (imitation)	—	5.00	7.50	22.50	85.00	—	—	—	—

KM# 4 Copper, 32mm. **Obv:** Head left **Rev:** Thistle **Obv. Legend:** PROVINCE OF NOVA SCOTIA

Date	Mintage	VG8	F12	VF20	XF40	AU50	MS60	MS63	MS65
1840	150,000	5.50	9.00	23.00	65.00	250	450	—	—
1843/0	150,000	95.00	150	250	—	—	—	—	—
1843	Inc. above	7.50	12.00	24.00	65.00	250	450	—	—

KM# 6 Copper, **Obv:** Crowned head left **Rev:** Plant **Obv. Legend:** VICTORIA D: G: BRITANNIA R: REG: F: D: **Rev. Legend:** PROVINCE OF NOVA SCOTIA

Date	Mintage	VG8	F12	VF20	XF40	AU50	MS60	MS63	MS65
1856 without LCW	360,000	7.50	10.00	13.00	35.00	150	300	—	—
1856 with LCW	Inc. above	5.50	8.00	12.00	35.00	200	350	—	—

KM# 6a Bronze, **Obv:** Crowned head left **Rev:** Plant **Obv. Legend:** VICTORIA D: G: BRITANNIA R: REG: F: D: **Rev. Legend:** PROVINCE OF NOVA SCOTIA

Date	Mintage	VG8	F12	VF20	XF40	AU50	MS60	MS63	MS65
1856	—	PF60 400							

DECIMAL COINAGE

HALF CENT

KM# 7 Bronze, **Obv:** Laureate bust left **Rev:** Crown and date within beaded circle, wreath of roses surrounds **Obv. Legend:** VICTORIA D:G: BRITT: REG:F:D: **Rev. Legend:** NOVA SCOTIA

Date	Mintage	VG8	F12	VF20	XF40	AU50	MS60	MS63	MS65
1861	400,000	5.00	7.00	8.00	13.00	35.00	60.00	300	—
1864	400,000	5.00	7.00	8.00	13.00	30.00	55.00	250	—
1864	—	PF60 300							

CENT

KM# 8.1 5.50 g., Bronze, 25.53mm. **Obv:** Laureate bust left **Rev:** Crown and date within beaded circle, wreath of roses surrounds **Obv. Legend:** VICTORIA D:G: BRITT: REG:F:D: **Rev. Legend:** NOVA SCOTIA **Note:** Large rosebud, exists in 1861 only.

Date	Mintage	VG8	F12	VF20	XF40	AU50	MS60	MS63	MS65
1861	—	3.75	5.50	8.50	17.00	45.00	100	500	—

KM# 8.2 Bronze, **Obv:** Laureate bust left **Rev:** Crown and date within beaded circle, wreath of roses surrounds **Obv. Legend:** VICTORIA D:G: BRITT: REG:F:D: **Rev. Legend:** NOVA SCOTIA **Note:** Prev. KM#8. Small rosebud right of SCOTIA. The Royal Mint report records mintage of 1 million for 1862, which is considered incorrect.

Date	Mintage	VG8	F12	VF20	XF40	AU50	MS60	MS63	MS65
1861	800,000	7.00	11.00	19.00	35.00	95.00	175	6,500	—
1862	Est. 1000000	50.00	75.00	150	300	650	1,300	—	—
1864	800,000	5.50	7.50	11.00	16.00	75.00	150	450	—

PRINCE EDWARD ISLAND
PROVINCE
CUT & COUNTERMARKED COINAGE

SHILLING

KM# 1 Silver, **Note:** Countermark on center plug of Spanish or Spanish Colonial 8 Reales.

Date	Mintage	VG8	F12	VF20	XF40	AU50	MS60	MS63	MS65
ND	1,000	9,000	15,000	19,000	—	—	—	—	—

5 SHILLING

KM# 3 Silver, **Note:** Countermark on holed Lima 8 Reales, KM#106.2.

Date	Mintage	VG8	F12	VF20	XF40	AU50	MS60	MS63	MS65
ND1809-11	1,000	9,000	15,000	19,000	—	—	—	—	—

KM# 2.1 Silver, **Note:** Countermark on holed Mexico City 8 Reales, KM#109.

Date	Mintage	VG8	F12	VF20	XF40	AU50	MS60	MS63	MS65
1791-1808	—	5,500	7,500	9,500	—	—	—	—	—

KM# 2.2 Silver, **Note:** Countermark on holed Mexico City 8 Reales, KM#110.

Date	Mintage	VG8	F12	VF20	XF40	AU50	MS60	MS63	MS65
ND1808-11	—	5,500	7,500	9,500	—	—	—	—	—

DECIMAL COINAGE

CENT

KM# 4 Bronze, **Obv:** Crowned head left within beaded circle **Rev:** Trees within beaded circle **Obv. Legend:** VICTORIA QUEEN **Rev. Legend:** PRINCE EDWARD ISLAND

Date	Mintage	VG8	F12	VF20	XF40	AU50	MS60	MS63	MS65
1871	2,000,000	2.50	4.00	6.50	20.00	50.00	100	185	—
1871	—	PF60 2,000							

MEXICO

The United States of Mexico, located immediately south of the United States has an area of 759,529 sq. mi. (1,967,183 sq. km.) and an estimated population of 100 million. Capital: Mexico City. The economy is based on agriculture, manufacturing and mining. Oil, cotton, silver, coffee, and shrimp are exported.

Mexico was the site of highly advanced Indian civilizations 1,500 years before conquistador Hernando Cortes conquered the wealthy Aztec empire of Montezuma, 1519-21, and founded a Spanish colony, which lasted for nearly 300 years. During the Spanish period, Mexico, then called New Spain, stretched from Guatemala to the present states of Wyoming and California, its present northern boundary having been established by the secession of Texas during 1836 and the war of 1846-48 with the United States.

Independence from Spain was declared by Father Miguel Hidalgo on Sept. 16, 1810, (Mexican Independence Day) and was achieved by General Agustin de Iturbide in1821. Iturbide became emperor in 1822 but was deposed when a republic was established a year later. For more than fifty years following the birth of the republic, the political scene of Mexico was characterized by turmoil, which saw two emperors (including the unfortunate Maximilian), several dictators and an average of one new government every nine months passing swiftly from obscurity to oblivion. The land, social, economic and labor reforms promulgated by the Reform Constitution of Feb. 5, 1917 established the basis for sustained economic development and participative democracy that have made Mexico one of the most politically stable countries of modern Latin America.

SPANISH COLONY

COB COINAGE

1/2 REAL

KM# 24 1.69 g., 0.931 Silver, 0.0506 oz. ASW **Ruler:** Philip V **Obv:** Legend around crowned PHILIPVS monogram **Rev:** Legend around cross, lions and castles **Mint:** Mexico City **Note:** Mint mark M, Mo. For this series completeness of date is a stronger determining factor of price than grade. The values listed below reflect a range for examples with an average amount of date visible.

Date	Mintage	G4	VG8	F12	VF20	XF40
ND(1701-28)	—	—	25.00	40.00	65.00	—
Date off flan						
1701 L	—	—	125	200	300	—
1702 L	—	—	125	200	300	—
1703 L	—	—	125	200	300	—
1704 L	—	—	125	200	300	—
1705 L	—	—	125	200	300	—
1706 J	—	—	125	200	300	—
1707 J	—	—	125	200	300	—
1708 J	—	—	125	200	285	—
1709 J	—	—	125	200	285	—
1710 J	—	—	125	200	285	—
1711 J	—	—	125	200	285	—
1712 J	—	—	125	200	285	—
1713 J	—	—	125	200	285	—
1714 J	—	—	125	200	285	—
1715 J	—	—	125	200	285	—
1716 J	—	—	125	200	285	—
1717 J	—	—	125	200	285	—
1718/7	—	—	—	—	—	—
1718 J	—	—	125	200	285	—
1719 J	—	—	125	200	285	—
1720 J	—	—	125	200	285	—
1721 J	—	—	125	200	285	—
1722 J	—	—	125	200	285	—
1723 J	—	—	125	200	285	—
1724 J	—	—	125	200	285	—
1724 D	—	—	125	200	285	—
1725 D	—	—	125	200	285	—
1726 D	—	—	125	200	285	—
1727 D	—	—	125	200	285	—
1728 D	—	—	125	200	285	—

KM# 25 1.69 g., 0.931 Silver, 0.0506 oz. ASW **Ruler:** Luis I **Obv:** Legend around crowned LVDOVICVS monogram **Rev:** Legend around cross, lions and castles **Note:** Mint mark M, Mo.

Date	Mintage	G4	VG8	F12	VF20	XF40
ND(1724-25)	—	—	125	200	250	—
Date off flan						
1724 D Rare	—	—	—	—	—	—
1725 D Rare	—	—	—	—	—	—

KM# 24a 1.69 g., 0.916 Silver, 0.0498 oz. ASW **Ruler:** Philip V **Obv:** Legend around crowned PHILIPVS monogram **Rev:** Legend around cross, lions and castles **Mint:** Mexico City **Note:** Mint mark M, Mo.

Date	Mintage	G4	VG8	F12	VF20	XF40
ND(1729-33)	—	—	25.00	40.00	65.00	—
Date off flan						
1729 R	—	—	90.00	120	150	—
1730 F Rare	—	—	—	—	—	—
1730 R	—	—	90.00	120	150	—
1731 F	—	—	90.00	120	150	—
1732/1 F	—	—	90.00	120	150	—
1732 F	—	—	90.00	120	150	—
1733/2 F	—	—	90.00	120	150	—
1733 F	—	—	90.00	120	150	—

REAL

KM# 30 3.38 g., 0.931 Silver, 0.1012 oz. ASW **Ruler:** Philip V **Obv:** Legend and date around crowned arms **Rev:** Lions and castles in angles of cross **Obv. Legend:** PHILIPVS V DEI G **Mint:** Mexico City **Note:** Mint mark M, Mo. For this series completeness of date is a stronger determining factor of price than grade. The values listed below reflect a range for examples with an average amount of date visible.

Date	Mintage	G4	VG8	F12	VF20	XF40
ND(1701-28)	—	—	35.00	55.00	75.00	—
Date off flan						
1701 L	—	—	165	275	400	—
1702 L	—	—	165	275	400	—
1703 L	—	—	165	275	400	—

Date	Mintage	G4	VG8	F12	VF20	XF40
1704 L	—	—	165	275	400	—
1705 L	—	—	165	275	400	—
1706 J	—	—	165	275	400	—
1707 J	—	—	165	275	400	—
1708 J	—	—	165	275	400	—
1709 J	—	—	165	275	400	—
1710 J	—	—	165	275	400	—
1711 J	—	—	165	275	400	—
1712 J	—	—	165	275	400	—
1713 J	—	—	165	275	400	—
1714 J	—	—	165	275	400	—
1715 J	—	—	150	275	400	—
1716 J	—	—	150	275	400	—
1717 J	—	—	150	275	400	—
1718 J	—	—	150	275	400	—
1719 J	—	—	150	275	400	—
1720/19 J Rare	—	—	—	—	—	—
1720 J	—	—	150	275	400	—
1721 J	—	—	150	275	400	—
1722 J	—	—	150	275	400	—
1723 J	—	—	150	275	400	—
1726 D	—	—	150	275	400	—
1727 D	—	—	150	275	400	—
1728 D	—	—	150	275	400	—

KM# A31 3.38 g., 0.931 Silver, 0.1013 oz. ASW
Ruler: Luis I **Mint:** Mexico City **Note:** A significant portion of the legend must be visibile for proper attribution. Mint mark M, Mo.

Date	Mintage	G4	VG8	F12	VF20	XF40
1724 D Rare	—	—	—	—	—	—
1725 D Rare	—	—	—	—	—	—

KM# 30a 3.38 g., 0.916 Silver, 0.0995 oz. ASW
Ruler: Philip V **Obv:** Legend and date around crowned arms **Rev:** Lions and castles in angles of cross **Obv. Legend:** PHILIPVS V DEI G **Mint:** Mexico City **Note:** Mint mark M, Mo.

Date	Mintage	G4	VG8	F12	VF20	XF40
ND(1729-32) Date off flan	—	—	30.00	50.00	70.00	—
1729 R	—	—	90.00	125	175	—
1730 R	—	—	90.00	125	175	—
1730 F	—	—	90.00	125	175	—
1730 G	—	—	90.00	125	175	—
1731 F	—	—	90.00	125	175	—
1732 F	—	—	90.00	125	175	—

2 REALES

KM# 35 6.77 g., 0.931 Silver, 0.2026 oz. ASW
Ruler: Philip V **Obv:** Legend and date around crowned arms **Rev:** Lions and castles in angles of cross **Obv. Legend:** PHILIPVS V DEI G **Mint:** Mexico City **Note:** Mint mark M, Mo. For this series completeness of date is a stronger determining factor of price than grade. The values listed below reflect a range for examples with an average amount of date visible.

Date	Mintage	G4	VG8	F12	VF20	XF40
ND(1701-28) Date off flan	—	—	45.00	65.00	90.00	—
1701 L	—	—	175	300	450	—
1702 L	—	—	175	300	450	—
1703 L	—	—	175	300	450	—
1704 L	—	—	175	300	450	—
1705 L	—	—	175	300	450	—
1706 J	—	—	175	300	450	—
1707 J	—	—	175	300	450	—
1708 J	—	—	175	300	450	—
1710 J	—	—	175	300	450	—
1711 J	—	—	175	300	450	—

Date	Mintage	G4	VG8	F12	VF20	XF40
1712 J	—	—	175	300	450	—
1713 J	—	—	175	300	450	—
1714 J	—	—	185	325	475	—
1715 J	—	—	185	325	475	—
1716 J	—	—	185	325	475	—
1717 J	—	—	185	325	475	—
1718 J	—	—	185	325	475	—
1719 J	—	—	185	325	475	—
1720 J	—	—	185	325	475	—
1721 J	—	—	185	325	475	—
1722 J	—	—	185	325	475	—
1723 J	—	—	185	325	475	—
1724 J	—	—	185	325	475	—
1725 D Rare	—	—	—	—	—	—
1726 D	—	—	185	325	475	—
1727 D	—	—	185	325	475	—
1728 D	—	—	185	325	475	—

KM# 35a 6.77 g., 0.916 Silver, 0.1994 oz. ASW
Ruler: Philip V **Obv:** Legend and date around crowned arms **Rev:** Lions and castles in angles of cross **Obv. Legend:** PHILIPVS V DEI G **Mint:** Mexico City **Note:** Mint mark M, Mo.

Date	Mintage	G4	VG8	F12	VF20	XF40
ND(1729-32) Date off flan	—	—	40.00	60.00	90.00	—
1729 R	—	—	125	175	225	—
1730 G/R Rare	—	—	—	—	—	—
1730 G Rare	—	—	—	—	—	—
1730 R	—	—	125	175	225	—
1731 F	—	—	125	175	225	—
1731/0 F Requires Confirmation	—	—	—	—	—	—
1732 F	—	—	125	175	225	—
1733 F Rare	—	—	—	—	—	—

4 REALES

KM# 40 13.54 g., 0.931 Silver, 0.4053 oz. ASW
Ruler: Philip V **Obv:** Legend and date around crowned arms **Rev:** Lions and castles in angles of cross **Obv. Legend:** PHILIPVS V DEI G **Mint:** Mexico City **Note:** Mint mark M, Mo. For this series completeness of date is a stronger determining factor of price than grade. The values listed below reflect a range for examples with an average amount of date visible.

Date	Mintage	G4	VG8	F12	VF20	XF40
ND (1701-28) Date off flan	—	—	50.00	75.00	100	—
1701 L	—	—	225	475	800	—
1702 L	—	—	225	475	800	—

Date	Mintage	G4	VG8	F12	VF20	XF40
1703 L	—	—	225	475	800	—
1704 L	—	—	225	475	800	—
1705 L	—	—	225	475	800	—
1706 J	—	—	225	475	800	—
1707 J	—	—	225	475	800	—
1708 J	—	—	225	475	800	—
1709 J	—	—	225	475	800	—
1710 J	—	—	225	475	800	—
1711 J	—	—	200	425	700	—
1712 J	—	—	200	425	700	—
1713 J	—	—	200	425	700	—
1714 J	—	—	200	425	700	—
1715 J Rare	—	—	—	—	—	—
1716 J	—	—	250	600	1,000	—
1717 J	—	—	250	600	1,000	—
1718 J	—	—	250	600	1,000	—
1719 J	—	—	250	600	1,000	—
1720 J	—	—	250	600	1,000	—
1721 J	—	—	250	600	1,000	—
1722 J	—	—	250	600	1,000	—
1723 J	—	—	250	600	1,000	—
1726 D	—	—	250	600	1,000	—
1727 D	—	—	250	600	1,000	—
1728 D	—	—	250	600	1,000	—

KM# 42 13.54 g., 0.931 Silver, 0.4053 oz. ASW
Ruler: Luis I **Obv:** Legend around crowned arms
Rev: Lions and castles in angles of cross, legend
around **Obv. Legend:** LVDOVICVS I DEI G **Mint:**
Mexico City **Note:** A significant portion of the legend
must be visible for proper attribution. Mint mark M,
Mo.

Date	Mintage	G4	VG8	F12	VF20	XF40
1724 D Rare	—	—	—	—	—	—
1725 D Rare	—	—	—	—	—	—

KM# 40a 13.54 g., 0.916 Silver, 0.3988 oz. ASW
Ruler: Philip V **Obv:** Legend and date around
crowned arms **Rev:** Lions and castles in angles
of cross **Obv. Legend:** PHILIPVS V DEI G **Mint:**
Mexico City **Note:** Mint mark M, Mo.

Date	Mintage	G4	VG8	F12	VF20	XF40
ND(1729-33)	—	—	50.00	75.00	100	—
Date off flan						
1729 R	—	—	150	250	350	—
1730 R	—	—	150	250	350	—
1730 F/G	—	—	150	250	375	—
1730 G	—	—	150	250	350	—
1731/0 F	—	—	150	250	375	—
1731 F	—	—	150	250	350	—
1732/1 F	—	—	150	250	350	—
1732 F	—	—	150	250	350	—
1733/2 F Rare	—	—	—	—	—	—
1733 F Rare	—	—	—	—	—	—

KM# 41 13.54 g., 0.916 Silver, 0.3988 oz. ASW
Ruler: Philip V **Obv:** Legend and date around
crowned arms **Rev:** Lions and castles in angles of
cross, legend around **Obv. Legend:** PHILIPVS V
DEI G **Mint:** Mexico City **Note:** Klippe. Similar to
KM#40a. Mint mark M, Mo.

Date	Mintage	G4	VG8	F12	VF20	XF40
1733 MF	—	—	450	600	750	—
1734 MF Rare	—	—	—	—	—	—
1734/3 MF	—	—	450	600	750	—

8 REALES

KM# 46 27.07 g., 0.931 Silver, 0.8103 oz. ASW
Ruler: Charles II **Obv:** Legend and date around
crowned arms **Rev:** Legend around cross, lions and
castles **Obv. Legend:** CAROLVS II DEI G **Note:**
Struck at Mexico City Mint, mint mark M, Mo.

Date	Mintage	G4	VG8	F12	VF20	XF40
ND(1667-1701) Date off flan	—	—	90.00	110	150	—
1667/6 Rare	—	—	—	—	—	—
1667 G	—	—	600	900	1,500	—
1668 G	—	—	600	900	1,500	—
1669 G	—	—	600	900	1,500	—
1670 G	—	—	600	900	1,500	—
1671 G	—	—	700	1,000	1,700	—
1672 G	—	—	700	1,000	1,700	—
1673 G	—	—	700	1,000	1,700	—
1674 G	—	—	600	900	1,500	—
1675 G	—	—	600	900	1,500	—
1676/5 G	—	—	400	600	900	—
1676 G	—	—	400	600	900	—
1677 G	—	—	400	600	900	—
1678 L	—	—	400	600	900	—
1679 L	—	—	400	600	900	—

Date	Mintage	G4	VG8	F12	VF20	XF40
1680 L	—	—	300	400	600	—
1681 L	—	—	600	400	600	—
1682 L Rare	—	—	—	—	—	—
1683 L Rare	—	—	—	—	—	—
1684 L	—	—	600	900	1,500	—
1685 L	—	—	600	900	1,500	—
1686 L Rare	—	—	—	—	—	—
1687 L	—	—	700	1,000	1,700	—
1688 L	—	—	700	1,000	1,700	—
1689 L	—	—	600	900	1,500	—
1690 L Rare	—	—	—	—	—	—
1691 L Rare	—	—	—	—	—	—
1692 L Rare	—	—	—	—	—	—
1693 L Rare	—	—	—	—	—	—
1694 L Rare	—	—	—	—	—	—
1695 L	—	—	600	900	1,500	—
1697 L Rare	—	—	—	—	—	—
1698 L Rare	—	—	—	—	—	—
1699 L	—	—	600	900	1,500	—
1700 L	—	—	700	1,000	1,700	—
1701 L Rare	—	—	—	—	—	—

KM# 47 27.07 g., 0.931 Silver, 0.8103 oz. ASW **Ruler:** Philip V **Obv:** Legend and date around crowned arms **Rev:** Lions and castles in angles of cross, legend around **Obv. Legend:** PHILIPVS V DEI G **Mint:** Mexico City **Note:** Mint mark M, Mo. For this series completeness of date is a stronger determining factor of price than grade. The values listed below reflect a range for examples with an average amount of date visible.

Date	Mintage	G4	VG8	F12	VF20	XF40
ND(1701-28) Date off flan	—	—	70.00	90.00	120	—
1701 L Rare	—	—	—	—	—	—
1702 L Rare	—	—	—	—	—	—
1703 L Rare	—	—	—	—	—	—
1704 L Rare	—	—	—	—	—	—
1705 L Rare	—	—	—	—	—	—
1706 J Rare	—	—	—	—	—	—
1707 J Rare	—	—	—	—	—	—
1708 J Rare	—	—	—	—	—	—
1709 J Rare	—	—	—	—	—	—
1710 J Rare	—	—	—	—	—	—
1711 J	—	—	200	1,100	2,000	—
1712 J	—	—	200	1,100	2,000	—

Date	Mintage	G4	VG8	F12	VF20	XF40
1713 J	—	—	200	1,100	2,000	—
1714 J	—	—	200	1,100	2,000	—
1715 J	—	—	200	1,200	2,250	—
1716 J	—	—	575	2,300	4,500	—
1717 J	—	—	575	2,300	4,500	—
1718/7 J	—	—	575	2,300	4,500	—
1718 J	—	—	525	2,000	4,000	—
1719 J	—	—	525	2,000	4,000	—
1720 J	—	—	525	2,000	4,000	—
1721 J	—	—	525	2,000	4,000	—
1722 J	—	—	525	2,000	4,000	—
1723 J	—	—	525	2,000	4,000	—
1724 D	—	—	525	2,000	4,000	—
1725 D	—	—	525	2,000	4,000	—
1726 D	—	—	525	2,000	4,000	—
1727 D	—	—	525	2,000	4,000	—
1728 D	—	—	600	2,400	5,000	—

KM# 49 27.07 g., 0.931 Silver, 0.8103 oz. ASW **Ruler:** Luis I **Obv:** Legend and date around crowned arms **Rev:** Lions and castles in angles of cross, legend around **Obv. Legend:** LVDOVICVS I DEI G **Rev. Legend:** INDIARVM * REX HISPANIARV ... **Mint:** Mexico City **Note:** A significant portion of the legend must be visible for proper attribution. Mint mark M, Mo.

Date	Mintage	G4	VG8	F12	VF20	XF40
ND(1724-25) Date off flan; Rare	—	—	—	—	—	—
1724 D Rare	—	—	—	—	—	—
1725 D Rare	—	—	—	—	—	—

KM# 47a 27.07 g., 0.916 Silver, 0.7972 oz. ASW **Ruler:** Philip V **Obv:** Legend and date around crowned arms **Rev:** Lions and castles in angles of cross, legend around **Obv. Legend:** PHILIPVS V DEI G **Mint:** Mexico City **Note:** Mint mark M, Mo.

Date	Mintage	G4	VG8	F12	VF20	XF40
ND(1729-33) Date off flan	—	—	70.00	100	125	—
1729 R	—	—	150	225	350	—
1730 G/R	—	—	150	225	350	—
1730 R	—	—	150	225	350	—
1730 G	—	—	150	225	350	—
1730 F Requires Confirmation	—	—	—	—	—	—
1731/0 F	—	—	150	225	350	—
1731/0 F/G Rare	—	—	—	—	—	—
1731 F	—	—	135	210	325	—
1732/1 F	—	—	135	210	325	—
1732 F	—	—	135	210	350	—
1733/2 F	—	—	200	300	400	—
1733 F	—	—	200	300	400	—

KM# 48 0.92 g., Silver, **Ruler:** Philip V **Obv:** Legend around crowned arms **Rev:** Lions and castles in angles of cross, legend around **Mint:** Mexico City **Note:** Klippe. Similar to KM#47a. Mint mark M, Mo.

Date	Mintage	G4	VG8	F12	VF20	XF40
ND(1733-34)	—	—	200	350	500	—
Date off flan						
1733 F	—	—	550	750	1,150	—
1733 MF	—	—	450	650	900	—
1734/3 MF	—	—	500	750	1,000	—
1734 MF	—	—	500	750	1,000	—

ESCUDO

KM# 50 3.38 g., 0.917 Gold, 0.0996 oz. AGW **Ruler:** Charles II **Obv:** Legend and date around crowned arms **Rev:** Lions and castles in angles of cross, legend around **Obv. Legend:** CAROLVS II DEI G **Mint:** Mexico City

Date	Mintage	VG8	F12	VF20	XF40
ND(1679-1701)	—	—	1,200	1,500	2,000
Date off flan					
1679 MXo L Rare	—	—	—	—	—
1690 MXo L	—	—	3,000	4,000	5,000
1695 MXo L	—	—	3,000	4,000	5,000
1697 MXo L	—	—	3,000	4,000	5,000
1698 MXo L	—	—	3,000	4,000	5,000
1699 MXo L	—	—	3,000	4,000	5,000
1700 MXo L	—	—	3,000	4,000	5,000
1701/0 MXo L Rare	—	—	—	—	—

KM# 51.1 3.38 g., 0.917 Gold, 0.0996 oz. AGW **Ruler:** Philip V **Obv:** Legend and date around crowned arms **Rev:** Lions and castles in angles of cross, legend around **Obv. Legend:** PHILIPVS V DEI G **Mint:** Mexico City

Date	Mintage	VG8	F12	VF20	XF40	MS60
ND(1702-13) Date	—	—	1,000	1,350	1,500	—
off flan						
1702 MXo L Rare	—	—	—	—	—	—
1703/2 MXo L Rare	—	—	—	—	—	—
1704 MXo L Rare	—	—	—	—	—	—
1707 MXo J Rare	—	—	—	—	—	—
1708 MXo J Rare	—	—	—	—	—	—
1709 MXo J Rare	—	—	—	—	—	—
1710 MXo J Rare	—	—	—	—	—	—
1711 MXo J	—	—	1,250	2,250	3,250	—
1712 MXo J	—	—	1,250	2,250	3,250	—
1713 MXo J	—	—	1,250	2,250	3,250	—

KM# 51.2 3.38 g., 0.917 Gold, 0.0996 oz. AGW **Ruler:** Philip V **Obv:** Legend and date around crowned arms **Rev:** Lions and castles in angles of cross, legend around **Obv. Legend:** PHILIPVS V DEI G **Mint:** Mexico City

Date	Mintage	VG8	F12	VF20	XF40
1712 Mo J	—	—	2,000	3,000	4,000
1714 Mo J	—	—	1,200	1,650	2,250
1714 Mo J J's 1's	—	—	—	—	—
(J7J4J) Rare					
1715 Mo J	—	—	2,000	3,000	4,000
1727 Mo J Rare	—	—	—	—	—
1728 Mo J Rare	—	—	—	—	—
1731 F Rare	—	—	—	—	—

Note: Die-struck counterfeits of 1731 F exist

2 ESCUDOS

KM# 52 6.77 g., 0.917 Gold, 0.1996 oz. AGW **Ruler:** Philip V **Obv:** Legend and date around crowned arms **Rev:** Legend around cross **Obv. Legend:** CAROLVS II DEI G **Mint:** Mexico City

Date	Mintage	VG8	F12	VF20	XF40
ND(1679-1701)	—	—	1,300	1,750	2,500
Date off flan					
1680 MXo L	—	—	4,000	5,000	6,000
1681 MXo L	—	—	4,000	5,000	6,000
1695 MXo L	—	—	4,000	5,000	6,000
1698 MXo L	—	—	4,000	5,000	6,000
1701 MXo L Rare	—	—	—	—	—

KM# 53.1 6.77 g., 0.917 Gold, 0.1996 oz. AGW **Ruler:** Philip V **Obv:** Legend and date around crowned arms **Rev:** Legend around cross **Obv. Legend:** PHILIPVS V DEI G **Mint:** Mexico City

Date	Mintage	VG8	F12	VF20	XF40
ND(1704-13)	—	—	1,250	1,500	2,000
Date off flan					

Date	VG8	F12	VF20	XF40	
1704 MXo L Rare	—	—	—	—	—
1708 MXo J Rare	—	—	—	—	—
1710 MXo J Rare	—	—	—	—	—
1711 MXo J	—	—	2,500	3,500	4,500
1712 MXo J	—	—	2,500	3,500	4,500
1713 MXo J	—	—	2,500	3,500	4,500

KM# 53.2 6.77 g., 0.917 Gold, 0.1996 oz. AGW
Ruler: Philip V **Obv:** Legend and date around crowned arms **Rev:** Legend around cross **Obv. Legend:** PHILIPVS V DEI G **Mint:** Mexico City **Note:** Struck counterfeits exist for 1731.

Date	Mintage	VG8	F12	VF20	XF40
ND(1714-31)	—	—	1,500	1,750	2,500
Date off flan					
1714 Mo J	—	—	—	2,500	3,500
1715 Mo J	—	—	—	3,000	4,000
1717 Mo J Rare	—	—	—	—	—
1722 Mo J Rare	—	—	—	—	—
1729 Mo R Rare	—	—	—	—	—
1731 Mo F Rare	—	—	—	—	—

KM# A54 6.77 g., 0.917 Gold, 0.1996 oz. AGW
Ruler: Luis I **Obv:** Legend and date around crowned arms **Rev:** Legend around cross **Obv. Legend:** LVDOVICVS I DEI G. **Mint:** Mexico City **Note:** A significant portion of the legend must be visible for proper attribution.

Date	Mintage	VG8	F12	VF20	XF40	MS60
ND Mo D Rare	—	—	—	—	—	—

4 ESCUDOS

KM# 54 13.54 g., 0.917 Gold, 0.3992 oz. AGW
Ruler: Charles II **Obv:** Legend and date around crowned arms **Rev:** Legend around cross **Obv. Legend:** CAROLVS II DEI G **Mint:** Mexico City

Date	Mintage	VG8	F12	VF20	XF40
ND(1679-1701)	—	—	2,500	3,500	4,750
Date off flan					
1680 MXo L Rare	—	—	—	—	—
1681 MXo L	—	—	4,500	6,000	7,500
1683 MXo L	—	—	4,500	6,000	7,500
1693 MXo L	—	—	4,500	6,000	7,500
1694 MXo L	—	—	4,500	6,000	7,500
1695 MXo L	—	—	4,500	6,000	7,500
1696 MXo L	—	—	4,500	6,000	7,500
1697 MXo L	—	—	4,500	6,000	7,500

Date	VG8	F12	VF20	XF40	
1698 MXo L	—	—	4,500	6,000	7,500
1699/8/7 MXo L	—	—	4,500	6,000	7,500
1701 MXo L Rare	—	—	—	—	—

KM# 55.1 13.54 g., 0.917 Gold, 0.3992 oz. AGW
Ruler: Philip V **Obv:** Legend and date around crowned arms **Rev:** Legend around cross **Obv. Legend:** PHILIPVS V DEI G **Mint:** Mexico City

Date	Mintage	VG8	F12	VF20	XF40
ND(1705-13)	—	—	2,500	3,000	4,000
Date off flan					
1705 MXo J Rare	—	—	—	—	—
1706 MXo L Rare	—	—	—	—	—
1711 MXo J	—	—	3,500	4,750	6,000
1712 MXo J	—	—	3,500	4,750	6,000
1713 MXo J	—	—	3,500	4,750	6,000

KM# 55.2 13.54 g., 0.917 Gold, 0.3992 oz. AGW
Ruler: Philip V **Obv:** Legend and date around crowned arms **Rev:** Legend around cross **Obv. Legend:** PHILIPVS V DEI G **Mint:** Mexico City

Date	Mintage	VG8	F12	VF20	XF40
ND(1714-20)	—	—	2,500	3,500	4,500
Date off flan					
1714 Mo J	—	—	—	5,500	7,000
1715 Mo J	—	—	—	5,500	7,000
1720 Mo J Rare	—	—	—	—	—

8 ESCUDOS

KM# 57.1 27.07 g., 0.917 Gold, 0.7981 oz. AGW
Ruler: Philip V **Obv:** Legend and date around crowned arms **Rev:** Legend around cross **Obv. Legend:** PHILIPVS V DEI G **Mint:** Mexico City

Date	Mintage	VG8	F12	VF20	XF40
ND(1701-13)	—	—	2,500	3,500	4,500
Date off flan					
1701 MXo L Rare	—	—	—	—	—
1703 MXo L Rare	—	—	—	—	—
1706 MXo J Rare	—	—	—	—	—
1708 MXo J Rare	—	—	—	—	—

1709 MXo J Rare	—	—	—	—	—
1710 MXo J Rare	—	—	—	—	—
1711 MXo J	—	—	3,500	4,500	6,500
1712 MXo J	—	—	3,500	4,500	6,500
1713 MXo J	—	—	3,500	4,500	6,500

KM# 57.2 27.07 g., 0.917 Gold, 0.7981 oz. AGW
Ruler: Philip V **Obv:** Legend and date around crowned arms **Rev:** Legend around cross **Obv. Legend:** PHILIPVS V DEI G **Mint:** Mexico City

Date	Mintage	VG8	F12	VF20	XF40
ND(1714-32) Mo Date off flan	—	—	2,750	3,750	5,000
1714 Mo J	—	—	4,000	5,500	7,500
1714 Mo Date over GRAT on obverse	—	—	6,000	7,500	9,000
1715 Mo J	—	—	5,000	6,500	8,000
1717/6 Mo J Rare	—	—	—	—	—
1720/19 Mo J Rare	—	—	—	—	—
1723 Mo J Rare	—	—	—	—	—
1727/6 Mo D Rare	—	—	—	—	—
1728/7 Mo D Rare	—	—	—	—	—
1729 Mo R	—	—	5,000	6,500	8,000
1730 Mo R	—	—	5,000	6,500	8,000
1730 Mo F Rare	—	—	—	—	—
1731 Mo F Rare	—	—	—	—	—
1732 Mo F Rare	—	—	—	—	—

KM# 57.3 27.07 g., 0.917 Gold, 0.7981 oz. AGW
Ruler: Philip V **Obv:** Date around crowned arms **Rev:** Legend and date around cross **Obv. Legend:** PHILIPVS V DEI G **Mint:** Mexico City

Date	Mintage	VG8	F12	VF20	XF40
1714 Mo J Date on reverse	—	—	6,000	7,500	9,000

KM# 58 27.07 g., 0.917 Gold, 0.7981 oz. AGW
Ruler: Luis I **Obv:** Legend and date around crowned arms **Rev:** Legend around cross **Obv. Legend:** LVDOVICVS I DEI G **Mint:** Mexico City **Note:** A significant portion of the legend must be visible for proper attribution.

Date	Mintage	VG8	F12	VF20	XF40	MS60
ND(1724-25) Mo D Rare	—	—	—	—	—	—

ROYAL COINAGE

Struck on specially prepared round planchets using well centered dies in excellent condition to prove the quality of the minting to the Viceroy or even to the King.

1/2 REAL

KM# R24 1.69 g., 0.931 Silver, 0.0506 oz. ASW **Ruler:** Philip V **Mint:** Mexico City **Note:** Normally found holed. Mint mark Mo.

Date	Mintage	G4	VG8	F12	VF20	XF40
1715Mo J	—	—	250	400	575	750
1719Mo J	—	—	250	400	575	750
1721Mo J	—	—	250	400	575	750
1722Mo J	—	—	250	400	575	750
1726Mo D	—	—	250	400	575	750
1727Mo D	—	—	250	400	575	750

KM# R25 1.69 g., 0.931 Silver, 0.0506 oz. ASW **Ruler:** Luis I **Obv:** Legend around crowned LVDOVICVS monogram **Rev:** Lions and castles in angles of cross, legend around **Mint:** Mexico City **Note:** Mint mark Mo.

Date	Mintage	G4	VG8	F12	VF20
1724Mo D Rare	—	—	—	—

KM# R24a 1.69 g., 0.917 Silver, 0.0499 oz. ASW **Ruler:** Philip V **Mint:** Mexico City **Note:** Normally found holed. Mint mark Mo.

Date	Mintage	G4	VG8	F12	VF20	XF40
1730Mo D	—	—	250	400	575	750

REAL

KM# R30 3.38 g., 0.931 Silver, 0.1013 oz. ASW **Ruler:** Philip V **Obv. Legend:** PHILIPVS V DEI G **Mint:** Mexico City **Note:** Mint mark Mo.

Date	Mintage	G4	VG8	F12	VF20
1715Mo J Rare	—	—	—	—
1716Mo J Rare	—	—	—	—
1718Mo J Rare	—	—	—	—

2 REALES

KM# R35 6.77 g., 0.931 Silver, 0.2025 oz. ASW **Ruler:** Philip V **Obv. Legend:** PHILIPVS V DEI G **Mint:** Mexico City **Note:** Mint mark Mo.

Date	Mintage	G4	VG8	F12	VF20
1715Mo J Rare	—	—	—	—

KM# R35a 6.77 g., 0.917 Silver, 0.1995 oz. ASW **Ruler:** Philip V **Mint:** Mexico City **Note:** Mint mark Mo.

Date	Mintage	G4	VG8	F12
1730Mo R Rare	—	—	—

4 REALES

KM# R40 13.53 g., 0.931 Silver, 0.4051 oz. ASW **Ruler:** Philip V **Obv. Legend:** PHILIPVS V DEI G **Mint:** Mexico City **Note:** Mint mark Mo.

Date	Mintage	G4	VG8	F12	VF20	XF40
1716Mo J Rare	—	—	—	—	—	—
1719Mo J Rare	—	—	—	—	—	—
1721Mo J Rare	—	—	—	—	—	—
1722Mo J Rare	—	—	—	—	—	—
1723Mo J Rare	—	—	—	—	—	—

SPANISH COLONIAL - ROYAL COINAGE

8 REALES

KM# R47 27.07 g., 0.931 Silver, 0.8102 oz. ASW
Ruler: Philip V **Obv. Legend:** PHILIPVS V DEI G
Mint: Mexico City **Note:** Struck at Mexico City Mint, mint mark Mo.

Date	Mintage	G4	VG8	F12	VF20
1702Mo L Rare	—	—	—	—	—
1703Mo L Rare	—	—	—	—	—
1705Mo J Rare	—	—	—	—	—
1706Mo J Rare	—	—	—	—	—
1709Mo J Rare	—	—	—	—	—
1711Mo J Rare	—	—	—	—	—
1714Mo J Rare	—	—	—	—	—
1715Mo J Rare	—	—	—	—	—
1716Mo J Rare	—	—	—	—	—
1717Mo J Rare	—	—	—	—	—
1719Mo J Rare	—	—	—	—	—
1721Mo J Rare	—	—	—	—	—
1722Mo J Rare	—	—	—	—	—
1723Mo J Rare	—	—	—	—	—
1724Mo D Rare	—	—	—	—	—
1725Mo D Rare	—	—	—	—	—
1726/5Mo D Rare	—	—	—	—	—
1726Mo D Rare	—	—	—	—	—
1727Mo D Rare	—	—	—	—	—

KM# R49 27.07 g., 0.931 Silver, 0.8102 oz. ASW
Ruler: Luis I **Note:** Mint mark Mo.

Date	Mintage	G4	VG8	F12	VF20	XF40
1724 D Rare	—	—	—	—	—	—
1725 D Rare	—	—	—	—	—	—

KM# R47a 27.07 g., 0.917 Silver, 0.798 oz. ASW
Ruler: Philip V **Mint:** Mexico City **Note:** Mint mark Mo.

Date	Mintage	G4	VG8	F12	VF20
1729Mo R Rare	—	—	—	—	—
1730Mo R/D Rare	—	—	—	—	—
1730Mo G Rare	—	—	—	—	—

ESCUDO

KM# R51.2 3.38 g., 0.917 Gold, 0.0998 oz. AGW
Ruler: Philip V **Mint:** Mexico City

Date	Mintage	G4	VG8	F12	VF20	XF40
1714Mo J Rare	—	—	—	—	—	—
1715Mo J Rare	—	—	—	—	—	—

2 ESCUDOS

KM# R53.1 6.77 g., 0.917 Gold, 0.1995 oz. AGW
Ruler: Philip V **Mint:** Mexico City

Date	Mintage	G4	VG8	F12	VF20	XF40
1711MXo J Rare	—	—	—	—	—	—
1712MXo J Rare	—	—	—	—	—	—

4 ESCUDOS

KM# R55.1 13.53 g., 0.917 Gold, 0.399 oz. AGW
Ruler: Philip V **Mint:** Mexico City **Note:** Mint mark M, Mo.

Date	Mintage	G4	VG8	F12	VF20	XF40
1711 Rare	—	—	—	—	—	—

KM# R55.2 13.53 g., 0.917 Gold, 0.399 oz. AGW
Ruler: Philip V **Mint:** Mexico City **Note:** Mint mark M, Mo.

Date	Mintage	G4	VG8	F12	VF20	XF40
1714 Rare	—	—	—	—	—	—

8 ESCUDOS

KM# R57.1 27.07 g., 0.917 Gold, 0.798 oz. AGW
Ruler: Philip V **Mint:** Mexico City

Date	Mintage	G4	VG8	F12	VF20
1702MXo L Rare	—	—	—	—	—
1711MXo J Rare	—	—	—	—	—
1712MXo J Rare	—	—	—	—	—
1713MXo J Rare	—	—	—	—	—

KM# R57.3 27.07 g., 0.917 Gold, 0.798 oz. AGW
Ruler: Philip V **Mint:** Mexico City

Date	Mintage	G4	VG8	F12	VF20	XF40
1714Mo J Rare	—	—	—	—	—	—
1715Mo J Rare	—	—	—	—	—	—
1717Mo J Rare	—	—	—	—	—	—
1718Mo J Rare	—	—	—	—	—	—
1723Mo J Rare	—	—	—	—	—	—

MILLED COINAGE

1/8 PILON (1/16 REAL)

KM# 59 Copper, **Ruler:** Ferdinand VII **Obv:** Crowned monogram **Rev:** Castles and lions in wreath **Mint:** Mexico City **Note:** Mint mark Mo.

Date	Mintage	VG8	F12	VF20	XF40	MS60
1814	—	12.00	25.00	55.00	145	—
1815	—	12.00	25.00	55.00	145	—

1/4 TLACO (1/8 REAL)

KM# 63 Copper, **Ruler:** Ferdinand VII **Obv:** Crowned monogram flanked by value and mint mark **Rev:** Arms without shield within wreath **Obv. Legend:** FERDIN. VII... **Mint:** Mexico City **Note:** Mint mark Mo.

Date	Mintage	VG8	F12	VF20	XF40	MS60
1814	—	14.00	30.00	60.00	180	—
1815	—	14.00	30.00	60.00	180	—
1816	—	14.00	30.00	60.00	180	—

1/4 REAL

KM# 62 0.85 g., 0.896 Silver, 0.0244 oz. ASW **Ruler:** Charles IV **Obv:** Crowned rampant lion, left **Rev:** Castle **Mint:** Mexico City **Note:** Mint mark Mo.

Date	Mintage	VG8	F12	VF20	XF40	MS60
1796	—	35.00	65.00	125	200	—
1797	—	35.00	65.00	125	200	—
1798	—	35.00	65.00	125	200	—
1799/8	—	35.00	65.00	125	200	—
1799	—	35.00	65.00	125	200	—
1800	—	35.00	65.00	125	200	—
1801/0	—	10.00	20.00	40.00	70.00	—
1801	—	10.00	20.00	40.00	70.00	—
1802	—	10.00	20.00	40.00	70.00	—
1803	—	10.00	20.00	40.00	70.00	—
1804	—	10.00	20.00	40.00	75.00	—
1805/4	—	12.50	25.00	55.00	85.00	—
1805	—	10.00	22.00	50.00	75.00	—
1806	—	10.00	22.00	50.00	80.00	—
1807/797	—	15.00	30.00	55.00	85.00	—
1807	—	12.50	25.00	50.00	80.00	—
1808	—	12.50	25.00	50.00	80.00	—
1809/8	—	12.50	25.00	50.00	80.00	—
1809	—	12.50	25.00	50.00	80.00	—
1810	—	12.50	25.00	50.00	75.00	—
1811	—	12.50	25.00	50.00	75.00	—
1812	—	12.50	25.00	50.00	75.00	—
1813	—	10.00	20.00	40.00	70.00	—
1815	—	12.50	22.00	50.00	75.00	—
1816	—	10.00	20.00	40.00	70.00	—

2/4 SENAL (1/4 REAL)

KM# 64 Copper, **Ruler:** Ferdinand VII **Obv:** Legend around crowned monogram flanked by mint mark and value **Rev:** Arms without shield within wreath **Obv. Legend:** FERDIN. VII... **Mint:** Mexico City **Note:** Mint mark Mo.

Date	Mintage	VG8	F12	VF20	XF40	MS60
1814	—	14.00	30.00	60.00	180	—
1815/4	—	18.00	36.00	70.00	200	—
1815	—	14.00	30.00	60.00	180	—
1816	—	14.00	30.00	60.00	180	—
1821	—	25.00	48.00	90.00	240	—

1/2 REAL

KM# 65 1.69 g., 0.917 Silver, 0.0499 oz. ASW **Ruler:** Philip V **Obv:** Crowned shield flanked by M F, rosettes and small cross **Rev:** Crowned globes flanked by crowned pillars with banner, date below **Obv. Legend:** PHILIP • V • D • G • HISPAN • ET IND • REX **Mint:** Mexico City **Note:** Mint mark M, Mo, MX.

Date	Mintage	VG8	F12	VF20	XF40	MS60
1732 Rare	—	—	—	—	—	—
1732 F	—	500	800	1,250	2,000	—

Note: Heritage Rudman Collection ANA Sale 3048, 8-16, holed, scratched XFdetails realized $4,200

1733 MF (MX)	—	400	600	1,100	1,800	—
1733 F Rare	—	—	—	—	—	—
1733/2 MF	—	400	600	1,100	1,800	—

Note: Heritage Rudman Collection ANA Sale 3048, 8-16, holed, scratched XFdetails realized $4,200

1733 MF	—	300	500	1,100	1,800	—
1734/3 MF	—	20.00	50.00	100	175	500
1734 MF	—	20.00	50.00	100	175	450
1735/4 MF	—	20.00	50.00	100	175	450
1735 MF	—	20.00	50.00	100	175	450
1736/5 MF	—	20.00	50.00	100	175	450
1736 F	—	2,500	—	—	—	—
1736 MF	—	20.00	50.00	100	175	450
1737/6 MF	—	20.00	50.00	100	175	—
1737 MF	—	20.00	50.00	100	175	350
1738/7 MF	—	20.00	50.00	100	175	—
1738 MF	—	20.00	50.00	100	175	350
1739 MF	—	20.00	50.00	100	175	350
1740/30 MF	—	20.00	50.00	100	175	350
1740 MF	—	20.00	50.00	100	175	375
1741 MF	—	20.00	50.00	100	175	300

KM# 66 1.69 g., 0.917 Silver, 0.0498 oz. ASW **Ruler:** Philip V **Obv:** Crowned shield flanked by stars **Rev:** Crowned globes flanked by crowned pillars with banner, date below **Obv. Legend:** PHS • V • D • G • HISP • ET IND • R **Mint:** Mexico City **Note:** Mint mark M, Mo.

Date	Mintage	VG8	F12	VF20	XF40	MS60
1742 M	—	15.00	40.00	75.00	150	250
1743 M	—	15.00	40.00	75.00	150	250
1744/3 M	—	15.00	40.00	75.00	150	—
1744 M	—	15.00	40.00	75.00	150	250
1745 M Rare	—	—	—	—	—	—

Note: Legend variation: PHS. V. D. G. HISP. EST IND. R

1745 M	—	15.00	40.00	75.00	150	350
1746/5 M	—	15.00	40.00	75.00	150	—
1746 M	—	15.00	40.00	75.00	150	250
1747 M	—	15.00	40.00	75.00	150	250

KM# 67.1 1.69 g., 0.917 Silver, 0.0498 oz. ASW **Ruler:** Ferdinand VI **Obv:** Royal crown **Obv. Legend:** FRD • VI • D • G • HIPS • ET IND • R **Mint:** Mexico City **Note:** Mint mark M, Mo.

Date	Mintage	VG8	F12	VF20	XF40	MS60
1747/6 M	—	15.00	40.00	75.00	150	—

Date	Mintage	VG8	F12	VF20	XF40	MS60
1747 M	—	15.00	40.00	75.00	150	—
1748/7 M	—	15.00	40.00	75.00	150	—
1748 M	—	15.00	40.00	75.00	150	—
1749 M	—	15.00	40.00	75.00	150	—
1750 M	—	15.00	40.00	75.00	150	—
1751 M	—	15.00	40.00	75.00	150	—
1752 M	—	15.00	40.00	75.00	150	—
1753 M	—	15.00	40.00	75.00	150	—
1754 M	—	15.00	40.00	75.00	150	—
1755/6 M	—	15.00	40.00	75.00	150	—
1755 M	—	15.00	40.00	75.00	150	—
1756/5 M	—	15.00	40.00	75.00	150	—
1756 M	—	15.00	40.00	75.00	150	—
1757/6 M	—	15.00	40.00	75.00	150	—
1757 M	—	15.00	40.00	75.00	150	—

KM# 67.2 1.69 g., 0.917 Silver, 0.0499 oz. ASW **Ruler:** Ferdinand VI **Obv:** Different crown **Mint:** Mexico City **Note:** Mint mark M, Mo.

Date	Mintage	VG8	F12	VF20	XF40	MS60
1757 M	—	15.00	40.00	75.00	150	—
1758/7 M	—	15.00	40.00	75.00	150	—
1758 M	—	15.00	40.00	75.00	150	—
1759 M	—	15.00	40.00	75.00	150	—
1760/59 M	—	15.00	40.00	75.00	150	—
1760 M	—	15.00	40.00	75.00	150	—

KM# 68 1.69 g., 0.917 Silver, 0.0498 oz. ASW **Ruler:** Charles III **Obv:** Crowned shield flanked by stars **Rev:** Crowned globes flanked by crowned pillars with banner, date below **Obv. Legend:** CAR • III • D • G • HISP • ET IND • R **Mint:** Mexico City **Note:** Mint mark M, Mo.

Date	Mintage	VG8	F12	VF20	XF40	MS60
1760/59 M	—	15.00	40.00	75.00	150	—
1760 M	—	15.00	40.00	75.00	150	—
1761 M	—	15.00	40.00	75.00	150	—
1762 M	—	15.00	40.00	75.00	150	—
1763/2 M	—	15.00	40.00	75.00	150	—
1763 M	—	15.00	40.00	75.00	150	—
1764 M	—	15.00	40.00	75.00	150	—
1765/4 M	—	15.00	40.00	75.00	150	—
1765 M	—	15.00	40.00	75.00	150	—
1766 M	—	15.00	40.00	75.00	150	—
1767 M	—	15.00	40.00	75.00	150	—
1768/6 M	—	15.00	40.00	75.00	150	—
1768 M	—	15.00	40.00	75.00	150	—
1769 M	—	15.00	40.00	75.00	150	—
1770 M	—	15.00	40.00	75.00	150	—
1770 F	—	15.00	40.00	75.00	150	—
1771 F	—	15.00	40.00	75.00	150	—

KM# 69.1 1.69 g., 0.903 Silver, 0.0491 oz. ASW **Ruler:** Charles III **Rev:** Inverted FM and mint mark **Obv. Legend:** CAROLUS • III • DEI • GRATIA **Mint:** Mexico City **Note:** Mint mark Mo.

Date	Mintage	VG8	F12	VF20	XF40	MS60
1772 Mo FM	—	12.00	35.00	60.00	125	—
1773 Mo FM	—	10.00	25.00	50.00	100	—

KM# 69.2 1.69 g., 0.903 Silver, 0.0491 oz. ASW **Ruler:** Charles III **Obv:** Armored bust of Charles III, right **Rev:** Crown above shield flanked by pillars with banner, normal initials and mint mark **Obv. Legend:** CAROLUS • III • DEI • GRATIA **Mint:** Mexico City **Note:** Mint mark Mo.

Date	Mintage	VG8	F12	VF20	XF40
1772 Mo FF	—	15.00	40.00	70.00	135
1773 Mo FM	—	12.00	35.00	60.00	120
1773 Mo FM	—	75.00	150	250	400
CAROLS (error)					
1774 Mo FM	—	10.00	25.00	50.00	100
1775 Mo FM	—	10.00	25.00	50.00	100
1776 Mo FM	—	20.00	40.00	70.00	135
1777/6 Mo FM	—	10.00	25.00	50.00	100
1777 Mo FM	—	10.00	25.00	50.00	100
1778 Mo FF	—	10.00	25.00	50.00	100
1779 Mo FF	—	10.00	25.00	50.00	100
1780/79 Mo FF	—	10.00	25.00	50.00	100
1780 Mo FF	—	10.00	25.00	50.00	100
1781 Mo FF	—	10.00	25.00	50.00	100
1782/1 Mo FF	—	10.00	25.00	50.00	100
1782 Mo FF	—	10.00	25.00	50.00	100
1783 Mo FF	—	10.00	25.00	50.00	100
1783 Mo FM	—	10.00	25.00	50.00	100
1784 Mo FF	—	10.00	25.00	50.00	100
1784 Mo FM	—	10.00	25.00	50.00	100

KM# 69.2a 1.69 g., 0.896 Silver, 0.0487 oz. ASW **Ruler:** Charles III **Rev:** Normal initials and mint mark **Note:** Mint mark M, Mo.

Date	Mintage	VG8	F12	VF20	XF40	MS60
1785/4 FM	—	10.00	25.00	50.00	100	—
1785 FM	—	10.00	25.00	50.00	100	—
1786 FM	—	10.00	25.00	50.00	100	—
1787 FM	—	10.00	25.00	50.00	100	—
1788 FM	—	10.00	25.00	50.00	100	—
1789 FM	—	12.00	35.00	60.00	110	—

KM# 70 1.69 g., 0.896 Silver, 0.0487 oz. ASW **Ruler:** Charles IV **Obv:** Armored bust of Charles IV, right **Rev:** Crown above shield flanked by pillars with banner **Obv. Legend:** CAROLUS • IV •... **Mint:** Mexico City **Note:** Mint mark M, Mo.

Date	Mintage	VG8	F12	VF20	XF40	MS60
1789 FM	—	12.00	35.00	60.00	110	—
1790 FM	—	12.00	35.00	60.00	110	—

KM# 71 1.69 g., 0.896 Silver, 0.0487 oz. ASW **Ruler:** Charles IV **Obv:** Armored bust of Charles IIII, right **Rev:** Crown above shield flanked by pillars with banner **Obv. Legend:** CAROLUS • IIII •... **Mint:** Mexico City **Note:** Mint mark M, Mo.

Date	Mintage	VG8	F12	VF20	XF40	MS60
1790 FM	—	12.00	35.00	60.00	110	—

KM# 72 1.69 g., 0.903 Silver, 0.0491 oz. ASW
Ruler: Charles IV **Obv:** Armored bust of Charles IIII, right **Rev:** Crowned shield flanked by pillars with banner **Obv. Legend:** CAROLUS • IIII • ... **Rev. Legend:** IND • R • ... **Mint:** Mexico City **Note:** Mint mark Mo.

Date	Mintage	VG8	F12	VF20	XF40	MS60
1792 FM	—	10.00	20.00	55.00	95.00	—
1793 FM	—	10.00	20.00	55.00	95.00	—
1794/3 FM	—	10.00	20.00	55.00	95.00	—
1794 FM	—	10.00	20.00	55.00	95.00	—
1795 FM	—	10.00	20.00	55.00	95.00	—
1796 FM	—	10.00	20.00	55.00	95.00	—
1797 FM	—	10.00	20.00	55.00	95.00	—
1798/7 FM	—	10.00	20.00	55.00	95.00	—
1798 FM	—	10.00	20.00	55.00	95.00	—
1799 FM	—	10.00	20.00	55.00	95.00	—
1800/799 FM	—	10.00	20.00	55.00	95.00	—
1800 FM	—	10.00	20.00	55.00	95.00	—
1801 FM	—	9.00	18.00	45.00	95.00	—
1801 FT	—	5.00	12.00	35.00	70.00	—
1802 FT	—	5.00	12.00	35.00	70.00	—
1803 FT	—	7.00	14.00	37.50	75.00	—
1804 TH	—	5.00	12.00	35.00	70.00	—
1805 TH	—	5.00	12.00	35.00	70.00	—
1806 TH	—	5.00	12.00	35.00	70.00	—
1807/6 TH	—	7.00	14.00	37.50	75.00	—
1807 TH	—	5.00	12.00	35.00	70.00	—
1808/7 TH	—	7.00	14.00	37.50	75.00	—
1808 TH	—	5.00	12.00	35.00	70.00	—

KM# 73 1.69 g., 0.8958 Silver, 0.0487 oz. ASW
Ruler: Ferdinand VII **Obv:** Armored laureate bust right **Rev:** Crowned shield flanked by pillars **Obv. Legend:** FERDIN • VII... **Rev. Legend:** IND • R... **Mint:** Mexico City **Note:** Mint mark Mo.

Date	Mintage	VG8	F12	VF20	XF40	MS60
1808 TH	—	4.00	9.00	22.50	40.00	—
1809 TH	—	4.00	9.00	22.50	40.00	—
1810 TH	—	6.00	11.00	25.00	50.00	—
1810 HJ	—	4.00	9.00	22.50	40.00	—
1811 HJ	—	4.00	9.00	22.50	40.00	—
1812/1 HJ	—	8.00	17.00	38.50	85.00	—
1812 HJ	—	4.00	9.00	22.50	40.00	—
1812 JJ	—	13.00	27.50	49.50	105	—
1813/2 JJ	—	13.00	27.50	49.50	105	—
1813 TH	—	4.00	9.00	22.50	40.00	—
1813 JJ	—	7.00	13.00	27.50	80.00	—
1813 HJ	—	8.00	17.00	38.50	95.00	—
1814/3 JJ	—	8.00	17.00	38.50	95.00	—
1814 JJ	—	6.00	11.00	25.00	50.00	—

KM# 74 1.69 g., 0.903 Silver, 0.0491 oz. ASW
Ruler: Ferdinand VII **Obv:** Draped laureate bust right **Rev:** Crowned shield flanked by pillars **Obv. Legend:** FERDIN • VII... **Rev. Legend:** IND • R... **Mint:** Mexico City **Note:** Mint mark Mo.

Date	Mintage	VG8	F12	VF20	XF40	MS60
1815 JJ	—	4.00	9.00	22.50	45.00	—
1816 JJ	—	4.00	9.00	22.50	45.00	—
1817/6 JJ	—	13.00	27.50	55.00	125	—
1817 JJ	—	4.00	9.00	30.75	50.00	—
1818/7 JJ	—	4.00	9.00	27.50	50.00	—
1818 JJ	—	4.00	9.00	27.50	55.00	—
1819/8 JJ	—	7.00	13.00	38.50	95.00	—
1819 JJ	—	4.00	9.00	22.50	45.00	—
1820 JJ	—	4.00	9.00	27.50	55.00	—
1821 JJ	—	4.00	9.00	22.50	45.00	—

REAL

KM# 75.1 3.38 g., 0.917 Silver, 0.0998 oz. ASW
Ruler: Philip V **Obv:** Crowned shield flanked by MF I ** **Rev:** Crowned globes flanked by crowned pillars with banner, date below **Obv. Legend:** PHILIP • V • D • G • HISPAN • ET IND • REX **Mint:** Mexico City **Note:** Mint mark M, Mo, (MX).

Date	Mintage	VG8	F12	VF20	XF40	MS60
1732 Rare	—	—	—	—	—	—

Note: Heritage Rudman Collection ANA Sale 3048, 8-16, saltwater damaged XF details realized $5,000

| 1732 F Rare | — | — | — | — | — | — |

Note: Heritage Rudman Collection ANA Sale 3048, 8-16, saltwater damaged VG details realized $1,600

| 1733 F (MX) Rare | — | — | — | — | — | — |

Note: Heritage Rudman Collection ANA Sale 3048, 8-16, plugged XF details realized $1,250

Date	Mintage	VG8	F12	VF20	XF40	MS60
1733/2 MF/F	—	500	750	1,000	—	—
1733 MF (MX)	—	150	350	500	950	2,250
1733 F Rare	—	—	—	—	—	—
1733 MF	—	100	200	300	500	—
1734/3 MF	—	35.00	60.00	125	200	—
1734 MF	—	35.00	60.00	125	175	—
1735 MF	—	35.00	60.00	125	175	750
1735/3 MF	—	35.00	60.00	125	200	—
1736 MF	—	35.00	60.00	125	175	—
1737 MF	—	35.00	60.00	125	175	—
1738 MF	—	35.00	60.00	125	175	—
1739 MF	—	35.00	60.00	125	175	—
1740 MF	—	35.00	60.00	125	175	750
1740/39 MF	—	45.00	75.00	150	—	—
1741 MF	—	35.00	60.00	125	175	350

KM# 75.2 3.38 g., 0.917 Silver, 0.0998 oz. ASW
Ruler: Philip V **Obv. Legend:** PHS • V • D • G • HISP • ET • IND • R **Note:** Mint mark M, Mo.

Date	Mintage	VG8	F12	VF20	XF40	MS60
1742 M	—	35.00	60.00	110	165	300
1743 M	—	35.00	60.00	110	165	350
1744/3 M	—	35.00	60.00	110	165	350
1744 M	—	35.00	60.00	110	185	500
1745 M	—	35.00	60.00	110	165	300
1746/5 M	—	35.00	60.00	110	175	375
1746 M	—	35.00	60.00	110	165	285
1747 M	—	35.00	60.00	110	165	285

KM# 76.1 3.38 g., 0.917 Silver, 0.0996 oz. ASW
Ruler: Ferdinand VI **Obv:** Crowned shield flanked by R I **Rev:** Crowned globes flanked by crowned pillars with banner, date below **Obv. Legend:** FRD • VI • D • G • HISP • ET IND • R **Mint:** Mexico City **Note:** Mint mark M, Mo.

Date	Mintage	VG8	F12	VF20	XF40	MS60
1747 M	—	30.00	50.00	100	150	—
1748/7 M	—	30.00	50.00	100	150	—
1748 M	—	30.00	50.00	100	150	—
1749 M	—	30.00	50.00	100	150	—
1750/40 M	—	30.00	50.00	100	150	—
1750 M	—	30.00	50.00	100	150	—
1751 M	—	30.00	50.00	100	150	—
1752 M	—	30.00	50.00	100	150	—
1753 M	—	30.00	50.00	100	150	—
1754 M	—	30.00	50.00	100	150	—
1755/4 M	—	30.00	50.00	100	150	—
1755 M	—	30.00	50.00	100	150	—
1756 M	—	30.00	50.00	100	150	—
1757 M	—	30.00	50.00	100	150	—
1758/5 M	—	30.00	50.00	100	150	—
1758 M	—	30.00	50.00	100	150	—

KM# 76.2 3.38 g., 0.917 Silver, 0.0998 oz. ASW
Ruler: Ferdinand VI **Obv:** Royal and Imperial crowns **Note:** Mint mark M, Mo.

Date	Mintage	VG8	F12	VF20	XF40	MS60
1757 M	—	30.00	50.00	100	150	—
1758/7 M	—	30.00	50.00	100	150	—
1758 M	—	30.00	50.00	100	150	—
1759 M	—	30.00	50.00	100	150	—
1760 M	—	30.00	50.00	100	150	—

KM# 77 3.38 g., 0.917 Silver, 0.0996 oz. ASW
Ruler: Charles III **Obv:** Crowned shield flanked by R I **Rev:** Crowned globes flanked by crowned pillars with banner, date below **Obv. Legend:** CAR • III • D • G • HISP • ET IND • R **Mint:** Mexico City **Note:** Mint mark M, Mo.

Date	Mintage	VG8	F12	VF20	XF40	MS60
1760 M	—	30.00	50.00	100	150	—
1761/0 M	—	30.00	50.00	100	150	—
1761 M	—	30.00	50.00	100	150	—
1762 M	—	30.00	50.00	100	150	—
1763/2 M	—	30.00	50.00	100	150	—
1763 M	—	30.00	50.00	100	150	—
1764 M	—	30.00	50.00	100	150	—
1765 M	—	30.00	50.00	100	150	—
1766 M	—	30.00	50.00	100	150	—
1767 M	—	30.00	50.00	100	150	—
1768 M	—	30.00	50.00	100	150	—
1769 M	—	30.00	50.00	100	150	—
1769/70 M	—	30.00	50.00	100	150	—
1770 M	—	30.00	50.00	100	150	—
1770 F	—	30.00	50.00	100	200	—
1771 F	—	30.00	50.00	100	200	—

KM# 78.1 3.38 g., 0.903 Silver, 0.0982 oz. ASW
Ruler: Charles III **Rev:** Inverted FM and mint mark
Obv. Legend: CAROLUS • III • DEI • GRATIA
Note: Mint mark M, Mo.

Date	Mintage	VG8	F12	VF20	XF40	MS60
1772 FM	—	25.00	40.00	80.00	125	—
1773 FM	—	25.00	40.00	80.00	125	—

KM# 78.2 3.38 g., 0.903 Silver, 0.0981 oz. ASW
Ruler: Charles III **Obv:** Armored bust of Charles III, right **Obv. Legend:** CAROLUS • III • DEI • GRATIA **Rev. Legend:** Crowned shield flanked by pillars with banner, normal initials and mint mark **Mint:** Mexico City **Note:** Mint mark M, Mo.

Date	Mintage	VG8	F12	VF20	XF40	MS60
1774 FM	—	20.00	35.00	65.00	100	—
1775/4 FM	—	20.00	35.00	65.00	100	—
1775 FM	—	20.00	35.00	65.00	100	—
1776 FM	—	20.00	35.00	65.00	100	—
1777 FM	—	20.00	35.00	65.00	100	—
1778 FF/M	—	20.00	35.00	65.00	100	—
1778 FF	—	20.00	35.00	65.00	100	—
1779 FF	—	20.00	35.00	65.00	100	—
1780 FF	—	20.00	35.00	65.00	100	—
1780 F F/M	—	20.00	35.00	65.00	100	—
1781 FF	—	20.00	35.00	65.00	100	—
1782 FF	—	20.00	35.00	65.00	100	—
1783 FF	—	20.00	35.00	65.00	100	—
1784 FF	—	20.00	35.00	65.00	100	—

KM# 78.2a 3.38 g., 0.896 Silver, 0.0975 oz. ASW
Ruler: Charles III **Rev:** Normal initials and mint mark **Note:** Mint mark M, Mo.

Date	Mintage	VG8	F12	VF20	XF40	MS60
1785 FF	—	20.00	35.00	65.00	100	—
1785 FM	—	20.00	35.00	65.00	100	—
1786 FM	—	20.00	35.00	65.00	100	—
1787 FF	—	20.00	35.00	65.00	125	—
1787 FM	—	20.00	35.00	65.00	100	—
1788 FF	—	50.00	100	200	—	—
1788 FM	—	20.00	35.00	65.00	100	—
1789 FM	—	20.00	35.00	65.00	100	—

KM# 79 3.38 g., 0.903 Silver, 0.0981 oz. ASW
Ruler: Charles IV **Obv:** Armored bust of Charles III, right **Rev:** Crown above shield flanked by pillars with banner **Obv. Legend:** CAROLUS • IV • ... **Mint:** Mexico City **Note:** Mint mark M, Mo.

Date	Mintage	VG8	F12	VF20	XF40	MS60
1789 FM	—	20.00	35.00	65.00	150	—
1790 FM	—	20.00	35.00	65.00	150	—

KM# 80 3.38 g., 0.903 Silver, 0.0981 oz. ASW
Ruler: Charles IV **Obv:** Armored bust of Charles IIII, right **Rev:** Crowned shield flanked by pillars with banner **Obv. Legend:** CAROLUS • IIII • ... **Mint:** Mexico City **Note:** Mint mark M, Mo.

Date	Mintage	VG8	F12	VF20	XF40	MS60
1790 FM	—	20.00	35.00	70.00	165	—

KM# 81 3.38 g., 0.896 Silver, 0.0975 oz. ASW
Ruler: Charles IV **Obv:** Armored bust of Charles
IIII, right **Rev:** Crowned shield flanked by pillars with
banner **Obv. Legend:** CAROLUS • IIII • ... **Rev.**
Legend: IND • REX ... **Mint:** Mexico City **Note:** Mint
mark Mo.

Date	Mintage	VG8	F12	VF20	XF40	MS60
1792 FM	—	15.00	30.00	60.00	90.00	—
1793 FM	—	15.00	30.00	60.00	150	—
1794 FM	—	25.00	50.00	100	250	—
1795 FM	—	15.00	30.00	60.00	150	—
1796 FM	—	15.00	30.00	60.00	90.00	—
1797/6 FM	—	15.00	30.00	60.00	90.00	—
1797 FM	—	15.00	30.00	60.00	90.00	—
1798/7 FM	—	15.00	30.00	60.00	90.00	—
1798 FM	—	15.00	30.00	60.00	90.00	—
1799 FM	—	15.00	30.00	60.00	90.00	—
1800 FM	—	15.00	30.00	60.00	90.00	—
1801 FT/M	—	7.00	12.00	37.50	75.00	—
1801 FM	—	10.00	18.00	40.75	75.00	—
1801 FT	—	7.00	12.00	37.50	75.00	—
1802 FM	—	7.00	12.00	37.50	75.00	—
1802 FT	—	7.00	12.00	37.50	75.00	—
1802/1 FT	—	7.00	12.00	37.50	75.00	—
1802 FT/M	—	7.00	12.00	37.50	75.00	—
1803 FT	—	7.00	12.00	37.50	75.00	—
1804 TH	—	7.00	12.00	37.50	75.00	—
1805 TH	—	7.00	12.00	37.50	75.00	—
1806 TH	—	7.00	12.00	37.50	75.00	—
1807/6 TH	—	7.00	12.00	37.50	75.00	—
1807 TH	—	7.00	12.00	37.50	75.00	—
1808/7 TH	—	7.00	12.00	37.50	75.00	—
1808 FM	—	7.00	12.00	37.50	75.00	—

KM# 82 3.38 g., 0.903 Silver, 0.0981 oz. ASW
Ruler: Ferdinand VII **Obv:** Armored laureate bust
right **Rev:** Crowned shield flanked by pillars **Obv.**
Legend: FERDIN • VII... **Rev. Legend:** IND • REX...
Mint: Mexico City **Note:** Mint mark Mo.

Date	Mintage	VG8	F12	VF20	XF40	MS60
1809 TH	—	10.00	18.00	32.00	95.00	—
1810/09 TH	—	10.00	18.00	32.00	95.00	—
1810 TH	—	10.00	18.00	32.00	95.00	—
1811 TH	—	27.50	38.50	65.00	250	—
1811 HJ	—	10.00	18.00	32.00	95.00	—
1812 HJ	—	6.00	12.00	32.00	85.00	—
1812 JJ	—	12.00	22.50	45.00	135	—
1813 HJ	—	12.00	22.50	45.00	135	—
1813 JJ	—	55.00	110	165	250	—
1814 HJ	—	17.00	33.00	165	155	—
1814 JJ	—	55.00	110	195	300	—

KM# 83 3.38 g., 0.903 Silver, 0.0981 oz. ASW
Ruler: Ferdinand VII **Obv:** Draped laureate bust
right **Rev:** Crowned shield flanked by pillars **Obv.**
Legend: FERDIN.VII... **Rev. Legend:** IND.REX...
Mint: Mexico City **Note:** Mint mark Mo.

Date	Mintage	VG8	F12	VF20	XF40	MS60
1814 JJ	—	27.50	55.00	110	350	—
1815 HJ	—	17.00	33.00	65.00	150	—
1815 JJ	—	12.00	22.50	45.00	125	—
1816 JJ	—	6.00	12.00	27.50	75.00	—
1817 JJ	—	6.00	12.00	27.50	75.00	—
1818 JJ	—	33.00	65.00	140	500	—
1819 JJ	—	6.00	12.00	27.50	75.00	—
1820 JJ	—	6.00	12.00	27.50	75.00	—
1821/0 JJ	—	10.00	18.00	33.00	115	—
1821 JJ	—	6.00	12.00	27.50	55.00	—

2 REALES

KM# 84 6.77 g., 0.917 Silver, 0.1995 oz. ASW
Ruler: Philip V **Obv:** Crowned shield flanked by M
F 2 **Rev:** Crowned globes flanked by crowned pillars
with banner, date below **Obv. Legend:** PHILIP • V
• D • G • HISPAN • ET IND • REX **Rev. Legend:**
VTRAQUE VNUM **Mint:** Mexico City **Note:** Mint
mark M, Mo, (MX).

Date	Mintage	VG8	F12	VF20	XF40	MS60
1732 Rare	—	—	—	—	—	—
Note: Heritage Rudman Collection ANA Sale 3048, 8-16, damaged Fine details realized $3,400						
1732 Rare	—	—	—	—	—	—
Note: Heritage Rudman Collection ANA Sale 3048, 8-16, VF realized $7,750						
1733 F Rare	—	—	—	—	—	—
Note: Heritage Rudman Collection ANA Sale 3048, 8-16, VF35 realized $3,400						
1733 MF (MX) Rare	—	—	—	—	—	—
Note: Heritage Rudman Collection ANA Sale 3048, 8-16, tooled Fine details realized $6,000						
1733 MF	—	600	900	1,500	2,500	—
1734/3 MF	—	45.00	75.00	150	300	2,500
1734/3 MF/F	—	175	300	500	—	—
1734 MF	—	45.00	75.00	135	200	—
1735/3 MF	—	45.00	75.00	135	200	—
1735/4/3 MF	—	100	150	350	600	—
1735/4 MF	—	45.00	75.00	135	200	—
1735 MF	—	45.00	75.00	135	200	—
1736/3 MF	—	45.00	75.00	135	200	—
1736/4 MF	—	45.00	75.00	135	200	—
1736/5 MF	—	45.00	75.00	135	200	—
1736 MF	—	45.00	75.00	135	200	—
1737/3 MF	—	45.00	75.00	135	200	—

Date		VG8	F12	VF20	XF40	MS60
1737 MF		— 45.00	75.00	135	200	—
1738/7 MF		— 45.00	75.00	150	300	500
1738 MF		— 45.00	75.00	135	250	450
1739 MF		— 45.00	75.00	150	300	550
1740/30 MF		— 45.00	75.00	150	350	750
1740 MF		— 45.00	75.00	135	200	—
1741 MF		— 45.00	75.00	135	200	—
1741/31 MF		— 45.00	75.00	135	250	450

KM# 85 6.77 g., 0.917 Silver, 0.1996 oz. ASW
Ruler: Philip V **Obv:** Crowned shield flanked by R
2 **Rev:** Crowned globes flanked by crowned pillars
with banner, date below **Obv. Legend:** PHS • V • D
• G • HISP • ET IND • R * **Rev. Legend:** VTRA QUE
VNUM **Mint:** Mexico City **Note:** Mint mark M, Mo.

Date	Mintage	F12	VF20	XF40	MS60
1742 M	—	75.00	145	275	500
1743/2 M	—	125	250	—	—
1743 M	—	75.00	150	350	—
1744/3 M	—	125	250	—	—
1744 M	—	75.00	150	350	650
1745/4 M	—	125	250	—	—
1745 M	—	75.00	150	350	750
1745 M HIP	—	125	200	350	—
1746/5 M	—	125	250	—	—
1746 M	—	75.00	150	350	650
1747 M	—	75.00	150	350	—
1750 M Rare	—	—	—	—	—

Note: Posthumous mule.

KM# 86.1 6.77 g., 0.917 Silver, 0.1995 oz. ASW
Ruler: Ferdinand VI **Obv:** Crowned shield flanked by
R 2 **Rev:** Crowned globes flanked by crowned pillars
with banner, date below **Obv. Legend:** FRD • VI • D
• G • HISP • ET IND • R **Rev. Legend:** VTRA QUE
VNUM **Mint:** Mexico City **Note:** Mint mark M, Mo.

Date	Mintage	VG8	F12	VF20	XF40	MS60
1747 M	—	35.00	60.00	115	185	—
1748/7 M	—	35.00	60.00	115	185	—
1748 M	—	35.00	60.00	115	185	—
1749 M	—	35.00	60.00	115	185	—
1750 M	—	35.00	60.00	115	185	—
1751/41 M	—	35.00	60.00	115	185	—
1751 M	—	35.00	60.00	115	185	—
1752 M	—	35.00	60.00	115	185	—
1753/2 M	—	35.00	60.00	115	185	—
1753 M	—	35.00	60.00	115	185	—
1754 M	—	35.00	60.00	115	185	—
1755/4 M	—	35.00	60.00	115	185	—
1755 M	—	35.00	60.00	115	185	—
1756/55 M	—	35.00	60.00	115	185	—
1756 M	—	35.00	60.00	115	185	—

Date	Mintage	VG8	F12	VF20	XF40	MS60
1757/6 M	—	35.00	60.00	115	185	—
1757 M	—	35.00	60.00	115	185	—

KM# 86.2 6.77 g., 0.917 Silver, 0.1995 oz. ASW
Ruler: Ferdinand VI **Obv:** Royal and Imperial
crowns **Note:** Mint mark M, Mo.

Date	Mintage	VG8	F12	VF20	XF40	MS60
1757 M	—	35.00	60.00	115	185	—
1758 M	—	35.00	60.00	115	185	—
1759/8 M	—	35.00	60.00	115	185	—
1759 M	—	35.00	60.00	115	185	—
1760 M	—	35.00	60.00	115	185	—

KM# 87 6.77 g., 0.917 Silver, 0.1996 oz. ASW
Ruler: Charles III **Obv:** Crowned shield flanked
by R 2 **Rev:** Crowned globes flanked by crowned
pillars with banner, date below **Obv. Legend:** CAR •
III • D • G • HISP • ET IND • R **Rev. Legend:** VTRA
QUE VNUM **Mint:** Mexico City **Note:** Mint mark M,
Mo.

Date	Mintage	VG8	F12	VF20	XF40	MS60
1760 M	—	35.00	60.00	115	185	—
1761 M	—	35.00	60.00	115	185	—
1762/1 M	—	35.00	60.00	115	185	—
1762 M	—	35.00	60.00	115	185	—
1763/2 M	—	35.00	60.00	115	185	—
1763 M	—	35.00	60.00	115	185	—
1764 M	—	35.00	60.00	115	185	—
1765 M	—	35.00	60.00	115	185	—
1766 M	—	35.00	60.00	115	185	—
1767 M	—	35.00	60.00	115	185	—
1768/6 M	—	35.00	60.00	115	185	—
1768 M	—	35.00	60.00	115	185	—
1769 M	—	35.00	60.00	115	185	—
1770 M	—	350	550	—	—	—
1770 F Rare	—	—	—	—	—	—
1771 F	—	35.00	60.00	115	185	—

KM# 88.1 6.77 g., 0.903 Silver, 0.1965 oz. ASW
Ruler: Charles III **Obv:** Armored bust of Charles
III, right **Rev:** Inverted FM and mint mark **Obv.
Legend:** CAROLUS • III • DEI • GRATIA **Note:** Mint
mark M, Mo.

Date	Mintage	VG8	F12	VF20	XF40	MS60
1772 FM	—	30.00	50.00	100	150	—
1773 FM	—	30.00	50.00	100	150	—

KM# 88.2 6.77 g., 0.903 Silver, 0.1965 oz. ASW
Ruler: Charles III **Obv:** Armored bust of Charles III, right **Rev:** Crowned shield flanked by pillars with banner, normal initials and mint mark **Obv. Legend:** CAROLUS • III • DEI • GRATIA • **Rev. Legend:** • HISPAN • ET IND • REX • ... **Mint:** Mexico City **Note:** Mint mark M, Mo.

Date	Mintage	VG8	F12	VF20	XF40
1773 FM	—	25.00	40.00	80.00	135
1774 FM	—	25.00	40.00	80.00	135
1775 FM	—	25.00	40.00	80.00	135
1776 FM	—	25.00	40.00	80.00	135
1777 FM	—	25.00	40.00	80.00	135
1778/7 FF	—	25.00	40.00	80.00	135
1778 FF	—	25.00	40.00	80.00	135
1778 F F/M	—	25.00	40.00	80.00	135
1779/8 FF	—	25.00	40.00	80.00	135
1779 FF	—	25.00	40.00	80.00	135
1780 FF	—	25.00	40.00	80.00	135
1781 FF	—	25.00	40.00	80.00	135
1782/1 FF	—	25.00	40.00	80.00	135
1782 FF	—	25.00	40.00	80.00	135
1783 FF	—	25.00	40.00	80.00	135
1784 FF	—	25.00	40.00	80.00	135
1784 FF DEI GRTIA (error)	—	100	150	250	600
1784 FM	—	70.00	120	225	575

KM# 88.2a 6.77 g., 0.896 Silver, 0.1949 oz. ASW
Ruler: Charles III **Obv:** Armored bust of Charles III, right **Rev:** Crowned shield flanked by pillars with banner **Mint:** Mexico City **Note:** Mint mark Mo.

Date	Mintage	VG8	F12	VF20	XF40
1785 Mo FM	—	25.00	40.00	80.00	135
1786 Mo FF	—	200	350	550	950
1786 Mo FM	—	25.00	40.00	80.00	135
1787 Mo FM	—	25.00	40.00	80.00	135
1788/98 Mo FM	—	25.00	40.00	80.00	135
1788 Mo FM	—	25.00	40.00	80.00	135
1789 Mo FM	—	25.00	40.00	80.00	150

KM# 89 6.77 g., 0.903 Silver, 0.1965 oz. ASW
Ruler: Charles IV **Obv:** Armored bust of Charles IV, right **Rev:** Crowned shield flanked by pillars with banner **Obv. Legend:** CAROLUS • IV • DEI • GRATIA • **Rev. Legend:** • HISPAN • ET IND • REX • ... **Mint:** Mexico City **Note:** Mint mark M, Mo.

Date	Mintage	VG8	F12	VF20	XF40	MS60
1789 FM	—	25.00	40.00	75.00	200	—
1790 FM	—	25.00	40.00	75.00	200	—

KM# 90 6.77 g., 0.903 Silver, 0.1965 oz. ASW
Ruler: Charles IV **Obv:** Armored bust of Charles IIII, right **Rev:** Crowned shield flanked by pillars with banner **Obv. Legend:** CAROLUS • IIII • DEI • GRATIA • **Rev. Legend:** • HISPAN • ET IND REX • ... **Mint:** Mexico City **Note:** Mint mark M, Mo.

Date	Mintage	VG8	F12	VF20	XF40	MS60
1790 FM	—	25.00	40.00	80.00	200	—

KM# 91 6.77 g., 0.896 Silver, 0.1949 oz. ASW
Ruler: Charles IV **Obv:** Armored bust of Charles IIII, right **Rev:** Crowned shield flanked by pillars with banner **Obv. Legend:** CAROLUS • IIII • DEI • GRATIA • **Rev. Legend:** • HISPAN • ET IND REX • ... **Mint:** Mexico City **Note:** Mint mark Mo.

Date	Mintage	VG8	F12	VF20	XF40	MS60
1792 FM	—	20.00	35.00	60.00	200	—
1793 FM	—	20.00	35.00	60.00	200	—
1794/3 FM	—	50.00	100	200	450	—
1794 FM	—	40.00	75.00	150	400	—
1795 FM	—	20.00	35.00	70.00	120	—
1796 FM	—	20.00	35.00	70.00	120	—
1797 FM	—	20.00	35.00	70.00	120	—
1798 FM	—	20.00	35.00	70.00	120	—
1799/8 FM	—	20.00	35.00	70.00	120	—
1799 FM	—	20.00	35.00	70.00	120	—
1800 FM	—	20.00	35.00	70.00	120	—
1801 FT/M	—	10.00	20.00	50.00	100	—
1801 FT	—	10.00	20.00	50.00	100	—
1801 FM	—	27.00	50.00	100	300	—
1802 FT	—	10.00	20.00	50.00	100	—
1803 FT	—	10.00	20.00	50.00	100	—
1804/3 TH	—	10.00	20.00	50.00	100	—
1804 TH	—	10.00	20.00	50.00	100	—
1805 TH	—	10.00	20.00	50.00	100	—
1806/5 TH	—	10.00	20.00	55.00	110	—
1806 TH	—	10.00	20.00	50.00	100	—
1807/5 TH	—	10.00	20.00	55.00	110	—
1807/6 TH	—	20.00	38.00	80.00	240	—
1807 TH	—	10.00	20.00	50.00	100	—
1808/7 TH	—	10.00	20.00	55.00	110	—
1808 TH	—	10.00	20.00	50.00	100	—

KM# 92 6.77 g., 0.903 Silver, 0.1965 oz. ASW
Ruler: Ferdinand VII **Obv:** Armored laureate bust
right **Rev:** Crowned shield flanked by pillars **Obv.**
Legend: FERDIN • VII... **Rev. Legend:** IND • REX...
Mint: Mexico City **Note:** Mint mark Mo.

Date	Mintage	VG8	F12	VF20	XF40
1809 TH	—	15.00	30.00	75.00	200
181/00 TH	—	15.00	30.00	75.00	200
1810 TH	—	15.00	30.00	75.00	200
181/00 HJ/TH	—	15.00	30.00	75.00	200
181/00 HJ	—	15.00	30.00	75.00	200
1810 HJ	—	15.00	30.00	75.00	200
1811 TH	—	150	250	350	750
1811/0 HJ/TH	—	40.00	80.00	150	300
1811 HJ/TH	—	40.00	80.00	150	300
1811 HJ	—	15.00	30.00	75.00	200

KM# 93 6.77 g., 0.903 Silver, 0.1965 oz. ASW
Ruler: Ferdinand VII **Obv:** Draped laureate bust
right **Rev:** Crowned shield flanked by pillars **Obv.**
Legend: FERDIN • VII... **Rev. Legend:** IND • REX...
Mint: Mexico City **Note:** Mint mark Mo.

Date	Mintage	VG8	F12	VF20	XF40	MS60
1812 TH	—	60.00	125	250	550	—
1812 HJ	—	40.00	100	200	500	—
1812 JJ	—	10.00	20.00	60.00	200	—
1813 TH	—	15.00	30.00	100	400	—
1813 JJ	—	20.00	60.00	125	350	—
1813 HJ	—	40.00	100	200	500	—
1814/2 JJ	—	15.00	30.00	100	400	—
1814/3 JJ	—	15.00	30.00	100	400	—
1814 JJ	—	15.00	30.00	100	400	—
1815 JJ	—	7.00	15.00	30.00	85.00	—
1816 JJ	—	7.00	15.00	30.00	85.00	—
1817 JJ	—	7.00	15.00	30.00	85.00	—
1818 JJ	—	7.00	15.00	30.00	85.00	—
1819/8 JJ	—	7.00	15.00	30.00	85.00	—
1819 JJ	—	7.00	15.00	30.00	85.00	—
1820 JJ	—	175	—	—	—	—
1821/0 JJ	—	8.00	16.00	32.00	90.00	—
1821 JJ	—	7.00	15.00	30.00	85.00	—

4 REALES

KM# 94 13.53 g., 0.917 Silver, 0.399 oz. ASW
Ruler: Philip V **Obv:** Crowned shield flanked by F
4 **Rev:** Crowned globes flanked by crowned pillars
with banner, date below **Obv. Legend:** PHILLIP •
V • D • G • HISPAN • ET IND • REX **Rev. Legend:**
VTRAQUE VNUM **Mint:** Mexico City **Note:** Mint
mark M, Mo, MX.

Date	Mintage	VG8	F12	VF20	XF40	MS60
1732 Rare	—	—	—	—	—	—

Note: Heritage Rudman Collection ANA Sale 3048, 8-16,
AU58 realized $23,000

| 1732 F Rare | — | — | — | — | — | — |

Note: Heritage Rudman Collection ANA Sale 3048, 8-16,
AU58 realized $30,000

| 1733 F (MX) | — | — | — | — | — | — |

Unique
Note: Heritage Rudman Collection ANA Sale 3048, 8-16,
VF30 realized $11,000

1733/2 F	—	2,000	3,500	5,500	—	—
1733/2 MF	—	600	1,000	1,650	3,000	—
1733 MF	—	1,100	1,750	2,750	5,000	—
1733 MF (MX)	—	—	—	—	—	—
1733 MX/XM	—	—	—	—	—	—

Rare
Note: Heritage Rudman Collection ANA Sale 3048, 8-16,
MS62 realized $24,000

1734/3 MF	—	150	300	600	1,200	—
1734 MF	—	150	250	500	1,000	—
1735/4 MF	—	125	200	350	650	—
1735 MF	—	125	200	350	650	—
1736 MF	—	125	200	375	700	—
1736/5 MF	—	125	200	350	650	—
1736/33 MF	—	125	200	350	650	—
1737 MF	—	125	200	350	650	—
1737/6 MF	—	125	200	350	650	—
1737/3 MF	—	150	250	500	1,000	—
1738/7 MF	—	125	200	350	650	—
1738 MF	—	125	200	350	650	—
1739 MF	—	125	200	350	650	1,800
1740/30 MF	—	125	200	375	700	2,000
1740 MF	—	125	200	350	650	—
1741 MF	—	125	200	375	700	2,000
1742/1 MF	—	125	200	350	650	—
1742/32 MF	—	125	200	350	650	—
1742 MF	—	110	185	350	650	1,800
1743 MF	—	110	185	300	600	—
1744/3 MF	—	125	200	350	650	—
1744 MF	—	110	185	300	600	2,000
1745 MF	—	110	185	300	600	—
1746 MF	—	110	185	300	600	—
1747 MF	—	150	275	400	650	—

KM# 95 13.54 g., 0.917 Silver, 0.3992 oz. ASW
Ruler: Ferdinand VI **Obv:** Crowned shield flanked by M F 4 **Rev:** Crowned globes flanked by crowned pillars with banner, date below **Obv. Legend:** FERDND • VI • D • G • HISPAN • ET IND • REX **Rev. Legend:** ...QUE VNUM **Mint:** Mexico City **Note:** Struck at Mexico City Mint, mint mark M, Mo.

Date	Mintage	VG8	F12	VF20	XF40	MS60
1747 MF	—	125	175	300	550	—
1748/7 MF	—	125	175	300	550	—
1748 MF	—	125	175	250	500	—
1749 MF	—	150	225	350	650	—
1750/40 MF	—	125	175	250	500	—
1751/41 MF	—	125	175	250	500	—
1751 MF	—	125	175	250	500	—
1752 MF	—	125	175	250	500	—
1753 MF	—	125	175	300	550	—
1754 MF	—	250	375	500	850	—
1755 MM	—	125	175	250	500	—
1756 MM	—	125	175	300	550	—
1757 MM	—	125	175	300	550	—
1758 MM	—	125	175	250	500	—
1759 MM	—	125	175	250	500	—
1760/59 MM	—	125	175	350	600	—
1760 MM	—	125	175	350	600	—

KM# 96 13.54 g., 0.917 Silver, 0.3992 oz. ASW
Ruler: Charles III **Obv:** Crowned shield flanked by F M 4 **Rev:** Crowned globes flanked by crowned pillars with banner, date below **Obv. Legend:** CAROLVS • III • D • G • HISPAN • ET IND • REX **Rev. Legend:** ...AQUE VNUM **Mint:** Mexico City **Note:** Mint mark M, Mo.

Date	Mintage	VG8	F12	VF20	XF40
1760 MM	—	125	175	250	900
1761 MM	—	125	175	250	900
1761 MM Cross between H and I	—	125	175	250	900
1762 MM	—	125	175	250	500
1763/1 MM	—	125	175	300	600
1763 MM	—	125	175	300	600
1764 MM	—	400	600	1,000	2,000
1764 MF	—	350	500	1,000	2,000
1765 MF	—	350	500	1,000	2,000
1766 MF	—	250	350	550	1,250
1767 MF	—	125	175	300	600
1768 MF	—	125	175	250	500

Date	Mintage	VG8	F12	VF20	XF40	MS60
1769 MF	—	125	175	250	500	
1770 MF	—	125	175	250	500	
1771 MF	—	125	200	325	700	

KM# 97.1 13.53 g., 0.903 Silver, 0.3929 oz. ASW
Ruler: Charles III **Obv:** Armored bust of Charles III, right **Rev:** Crowned shield flanked by pillars with banner, inverted FM and mint mark **Obv. Legend:** CAROLUS • III • DEI • GRATIA • **Rev. Legend:** • HISPAN • ET IND REX • ... **Mint:** Mexico City **Note:** Mint mark M, Mo.

Date	Mintage	VG8	F12	VF20	XF40	MS60
1772 FM	—	100	125	250	500	—
1773 FM	—	100	175	300	650	—

KM# 97.2 13.54 g., 0.903 Silver, 0.3931 oz. ASW
Ruler: Charles III **Obv:** Armored bust of Charles III, right **Rev:** Crowned shield flanked by pillars with banner, normal initials and mint mark **Obv. Legend:** CAROLUS • III • DEI • GRATIA • **Rev. Legend:** • HISPAN • ET IND REX • ... **Mint:** Mexico City **Note:** Mint mark M, Mo.

Date	Mintage	VG8	F12	VF20	XF40	MS60
1774 FM	—	70.00	100	200	500	—
1775 FM	—	70.00	100	200	500	—
1776 FM	—	70.00	100	200	500	—
1777 FM	—	70.00	100	200	500	—
1778 FF	—	70.00	100	200	500	—
1779 FF	—	70.00	100	200	500	—
1780 FF	—	70.00	100	200	500	—
1781 FF	—	70.00	100	200	500	—
1782 FF	—	70.00	100	200	500	—
1783 FF	—	70.00	100	200	500	—
1784 FF	—	70.00	100	200	500	—
1784 FM	—	100	200	350	600	—

KM# 97.2a 13.53 g., 0.896 Silver, 0.3899 oz. ASW
Ruler: Charles III **Obv:** Armored bust of Charles III, right **Rev:** Crowned shield flanked by pillars with banner, normal initials and mint mark **Obv. Legend:** CAROLUS • III • DEI • GRATIA • **Rev. Legend:** • HISPAN • ET IND REX • ... **Note:** Mint mark M, Mo.

Date	Mintage	VG8	F12	VF20	XF40	MS60
1785 FM	—	100	200	350	600	—
1786 FM	—	70.00	100	200	500	—
1787 FM	—	70.00	100	200	500	—
1788 FM	—	70.00	100	200	500	—
1789 FM	—	70.00	100	200	500	—

KM# 98 13.54 g., 0.903 Silver, 0.3931 oz. ASW **Ruler:** Charles IV **Obv:** Armored bust of Charles III, right **Rev:** Crowned shield flanked by pillars with banner **Obv. Legend:** CAROLUS • IV • DEI • GRATIA • **Rev. Legend:** • HISPAN • ET IND REX • ... **Mint:** Mexico City **Note:** Mint mark M, Mo, using old bust punch.

Date	Mintage	VG8	F12	VF20	XF40	MS60
1789 FM	—	75.00	125	250	550	—
1790 FM	—	70.00	100	200	500	—

KM# 99 13.54 g., 0.903 Silver, 0.3931 oz. ASW **Ruler:** Charles IV **Obv:** Armored bust of Charles III, right **Rev:** Crowned shield flanked by pillars with banner **Obv. Legend:** CAROLUS • IIII • DEI • GRATIA • **Rev. Legend:** • HISPAN • ET IND • REX • ... **Mint:** Mexico City **Note:** Mint mark M, Mo, using old bust punch.

Date	Mintage	VG8	F12	VF20	XF40	MS60
1790 FM	—	75.00	125	250	550	—

KM# 100 13.53 g., 0.896 Silver, 0.3899 oz. ASW **Ruler:** Charles IV 26.5mm. **Obv:** Armored bust of Charles IIII, right **Rev:** Crowned shield flanked by pillars with banner **Obv. Legend:** CAROLUS • IIII • DEI • GRATIA • **Rev. Legend:** • HISPAN • ET IND • REX • ... **Mint:** Mexico City **Note:** Mint mark Mo.

Date	Mintage	VG8	F12	VF20	XF40	MS60
1792 FM	—	65.00	95.00	165	450	—
1793 FM	—	85.00	140	220	550	—
1794/3 FM	—	65.00	95.00	165	450	—
1794 FM	—	65.00	95.00	165	450	—
1795 FM	—	65.00	95.00	165	450	—

Date	Mintage	VG8	F12	VF20	XF40	MS60
1796 FM	—	165	275	450	875	—
1797 FM	—	75.00	130	220	550	—
1798/7 FM	—	65.00	95.00	165	450	—
1798 FM	—	65.00	95.00	165	450	—
1799 FM	—	65.00	95.00	165	450	—
1800 FM	—	65.00	95.00	165	450	—
1801 FM	—	38.50	70.00	165	475	—
1801 FT	—	65.00	130	220	575	—
1802 FT	—	220	325	550	1,100	—
1803 FT	—	85.00	150	250	625	—
1803 FM	—	220	325	550	1,100	—
1804 TH	—	44.00	85.00	195	525	—
1805 TH	—	38.50	70.00	165	475	—
1806 TH	—	38.50	70.00	165	475	—
1807 TH	—	38.50	70.00	165	475	—
1808/7 TH	—	44.00	85.00	195	525	—
1808 TH	—	44.00	85.00	195	525	—

KM# 101 13.54 g., 0.903 Silver, 0.3931 oz. ASW **Ruler:** Ferdinand VII **Obv:** Armored laureate bust right **Rev:** Crowned shield flanked by pillars **Obv. Legend:** FERDIN • VII... **Rev. Legend:** IND • REX... **Mint:** Mexico City **Note:** Mint mark Mo.

Date	Mintage	VG8	F12	VF20	XF40	MS60
1809 HJ	—	75.00	135	250	775	—
1810 HJ	—	75.00	135	250	775	—
1811 HJ	—	75.00	135	250	775	—
1812 HJ	—	400	650	900	1,850	—

KM# 102 13.54 g., 0.903 Silver, 0.3931 oz. ASW **Ruler:** Ferdinand VII **Obv:** Draped laureate bust right **Rev:** Crowned shield flanked by pillars **Obv. Legend:** FERDIN • VII... **Rev. Legend:** IND • REX... **Mint:** Mexico City **Note:** Mint mark Mo.

Date	Mintage	VG8	F12	VF20	XF40	MS60
1816 JJ	—	150	200	325	800	—
1817 JJ	—	250	400	500	1,000	—
1818/7 JJ	—	250	400	500	1,000	—
1819 JJ	—	175	250	325	800	—
1820 JJ	—	175	250	325	800	—
1821 JJ	—	75.00	135	250	700	—

8 REALES

KM# 103 27.07 g., 0.917 Silver, 0.798 oz. ASW
Ruler: Philip V **Obv:** Crowned shield flanked by
M F 8 **Rev:** Crowned globes flanked by crowned
pillars with banner, date below **Obv. Legend:**
PHILIP • V • D • G • HISPAN • ET IND • REX **Rev.
Legend:** ...VNUM **Mint:** Mexico City **Note:** Mint
mark M, Mo, MX.

Date	Mintage	VG8	F12	VF20	XF40
1732 F	—	2,750	4,750	9,500	20,000

Note: Heritage Rudman Collection ANA Sale 3048, 8-16,
MS63 realized $130,000

| 1733/2 F (MX) | — | 2,250 | 3,500 | 7,500 | 14,000 |

Note: Heritage Rudman Collection ANA Sale 3048, 8-16,
MS63 realized $28,000

| 1733 F | — | 2,000 | 3,000 | 6,500 | 12,000 |

Note: Heritage Rudman Collection ANA Sale 3048, 8-16,
MS62 realized $20,000

| 1733 MF | — | — | — | — | — |

Large crown;
Rare
Note: Heritage Rudman Collection ANA Sale 3048, 8-16,
MS62 realized 24,000

| 1733 F (MX) | — | — | — | — | — |

Rare
Note: Heritage Rudman Collection ANA Sale 3048, 8-16,
XF realized $13,000. Bonhams Patterson sale 7-96 VF
1733 F (MX) realized $11,710

| 1733 MF (MX) | — | — | — | — | — |

Rare
Note: Heritage Rudman Collection ANA Sale 3048, 8-16,
AU58 realized $22,000

| 1733 MF | — | 650 | 1,250 | 2,250 | 4,250 |

Small crown
Note: Heritage Rudman Collection ANA Sale 3048, 8-16,
MS64 realized $19,000

Date	Mintage	VG8	F12	VF20	XF40
1734/3 MF	—	125	175	275	700
1734 MF	—	125	175	250	600
1735 MF	—	125	175	250	550
1736/5 MF	—	125	175	275	700
1736 MF	—	125	175	250	550
Small planchet					
1736 MF	—	125	175	250	550
1737 MF	—	100	150	250	475
1738/6 MF	—	100	150	250	475
1738/7 MF	—	100	150	250	475
1738 MF	—	100	150	250	475
1739/6 MF 9	—	125	200	325	875
over inverted 6					
1739 MF	—	100	150	250	475
1739/7 MF	—	125	175	250	550
1740/30 MF	—	100	150	275	600
1740/39 MF	—	100	150	275	550
1740 MF	—	100	150	250	475
1741/31 MF	—	100	150	275	550
1741 MF	—	100	150	250	475
1742/32 MF	—	100	150	275	600
1742/1 MF	—	100	150	250	475
1742 MF	—	100	150	250	475
1743/2 MF	—	100	150	275	700
1743 MF	—	100	150	250	475
1744/34 MF	—	100	150	275	650
1744/3 MF	—	100	150	250	475
1744 MF	—	100	150	250	475
1745/4 MF	—	150	350	550	—
1745 MF	—	100	150	250	475
1746/5 MF	—	100	150	275	700
1746 MF	—	100	150	250	475
1747 MF	—	100	150	250	475

KM# 104.1 27.07 g., 0.917 Silver, 0.798 oz. ASW
Ruler: Ferdinand VI **Obv:** Crowned shield flaned
by M F 8 **Rev:** Crowned globes flanked by crowned
pillars with banner, date below **Obv. Legend:**
FERDND • VI • D • G • HISPAN • ET IND • REX
Rev. Legend: ...VNUM M **Mint:** Mexico City **Note:**
Mint mark M, Mo.

Date	Mintage	VG8	F12	VF20	XF40	MS60
1747 MF	—	100	140	200	350	—
1748/7 MF	—	100	140	200	550	—
1748 MF	—	100	140	200	350	—
1749 MF	—	100	140	200	350	—
1749/8 MF	—	100	140	200	350	—
1750 MF	—	100	140	200	350	—
1751/0 MF	—	100	140	200	350	—
1751 MF	—	100	140	200	350	—
1752/1 MF	—	100	140	200	350	—
1752 MF	—	100	140	200	350	—
1753/2 MF	—	100	140	200	350	—
1753 MF	—	100	140	200	350	—
1754/3 MF	—	100	140	200	400	—
1754 MF	—	100	140	200	350	—
1754 MM/MF	—	300	700	1,500	4,200	—
1754 MM	—	300	700	1,500	4,200	—

KM# 104.2 27.07 g., 0.917 Silver, 0.798 oz. ASW
Ruler: Ferdinand VI **Obv:** Crowned shield flanked
by M M 8 **Rev:** Imperial crown on left pillar **Obv.
Legend:** FERDND • VI • D • G • HISPAN • ET IND
• REX **Rev. Legend:** ...VNUM M **Mint:** Mexico City
Note: Mint mark M, Mo.

Date	Mintage	VG8	F12	VF20	XF40	MS60
1754 MM	—	100	140	200	450	—

1754 MM/MF	—	100	140	250	600	—
1754 MF	—	150	285	550	1,150	—
1755/4 MM	—	100	140	200	400	—
1755 MM	—	100	140	200	350	—
1756/5 MM	—	100	140	200	350	—
1756 MM	—	100	140	200	350	—
1757/6 MM	—	100	140	200	350	—
1757 MM	—	100	140	200	400	—
1758 MM	—	100	140	200	350	—
1759 MM	—	100	140	200	350	—
1760/59 MM	—	100	140	200	350	—
1760 MM	—	100	140	200	350	—

1767/6 MF	—	100	140	200	300	—
1767 MF	—	100	140	200	300	—
1768/7 MF	—	100	165	250	725	—
1768 MF	—	100	140	200	300	—
1769 MF	—	100	140	200	300	—
1770/60 MF	—	100	185	300	775	—
1770 MF	—	100	140	200	300	—
1770/60 FM	—	100	185	300	775	—
1770/69 FM	—	100	185	300	775	—
1770 FM/F	—	100	140	200	300	—
1770 FM	—	100	140	200	300	—
1771/0 FM	—	100	140	200	300	—
1771 FM	—	100	140	200	300	—

KM# 105 27.07 g., 0.917 Silver, 0.798 oz. ASW
Ruler: Charles III **Obv:** Crowned shield flanked by M M 8 **Rev:** Crowned globes flanked by crowned pillars with banner, date below **Obv. Legend:** CAROLUS • III • D • G • HISPAN • ET IND • REX **Rev. Legend:** ...E VNUM M **Mint:** Mexico City **Note:** Mint mark M, Mo.

Date	Mintage	VG8	F12	VF20	XF40	MS60
1760/59 MM	—	450	700	—	—	—

Note: CAROLUS. III/Ferdin. Vi

1760 MM	—	100	140	200	400	—

Note: CAROLUS. III/FERDIN. VI. recut die

1760 MM	—	100	140	200	350	—
1761/50 MM	—	100	140	200	400	—

Note: Tip of cross between I and S in legend

1761/51 MM	—	100	140	200	400	—

Note: Tip of cross between I and S in legend

1761/0 MM	—	100	140	200	400	—

Note: Tip of cross between H and I in legend

1761 MM	—	100	140	200	325	—

Note: Cross under I in legend

1761 MM	—	100	140	200	325	—

Note: Tip of cross between H and I in legend

1761 MM	—	100	140	200	400	—

Note: Tip of cross between I and S in legend

1762/1 MM	—	100	140	200	550	—

Note: Tip of cross between H and I in legend

1762/1 MM	—	100	140	200	550	—
1762 MM	—	100	140	200	325	—

Note: Tip of cross between H and I in legend

1762 MM	—	100	140	200	300	—

Note: Tip of cross between I and S in legend

1762 MF	—	500	750	1,250	2,750	—
1763/2 MM	—	300	450	750	1,600	—
1763 MM	—	450	650	1,150	2,700	—
1763/1 MF	—	100	140	200	300	—
1763/2 MF	—	100	140	200	300	—
1763 MF	—	100	140	200	300	—
1764 MF	—	100	140	200	325	—

Note: CAR/CRA

1764 MF	—	100	140	200	300	—
1765 MF	—	100	140	200	300	—
1766/5 MF	—	100	150	200	700	—
1766 MF	—	100	140	200	300	—

KM# 106.1 27.07 g., 0.903 Silver, 0.7858 oz. ASW
Ruler: Charles III **Obv:** Armored bust of Charles III, right **Rev:** Crowned shield flanked by pillars with banner, Assayer initials and mint mark inverted from remainder of legend **Obv. Legend:** CAROLUS • III • DEI • GRATIA • **Rev. Legend:** • HISPAN • ET IND • REX • ... **Mint:** Mexico City **Note:** Mint mark M, Mo. Mintmark and assayer initials bottom facing rim.

Date	Mintage	VG8	F12	VF20	XF40	MS60
1772 FM	—	100	150	225	425	—
1772 MF	—	150	350	750	1,500	—
1773 FM	—	75.00	100	160	290	—

KM# 106.2 27.07 g., 0.903 Silver, 0.7858 oz. ASW
Ruler: Charles III **Obv:** Armored bust of Charles III, right **Rev:** Crowned shield flanked by pillars with banner, normal initials and mint mark **Obv. Legend:** CAROLUS • III • DEI • GRATIA • **Rev. Legend:** • HISPAN • ET IND • REX • ... **Note:** Mint mark M, Mo.

Date	Mintage	VG8	F12	VF20	XF40	MS60
1773 FM	—	75.00	100	150	270	—
1774 FM	—	75.00	100	150	270	—
1775 FM	—	75.00	100	150	270	—
1776 FM	—	100	150	225	425	—
1776 FF	—	75.00	100	150	270	—
1777/6 FM	—	75.00	100	150	270	—
1777 FM	—	75.00	100	150	270	—
1777 FF	—	75.00	100	150	270	—

Date	Mintage	VG8	F12	VF20	XF40	MS60
1778 FM	—	—	—	—	—	—

Note: Superior Casterline sale 5-89 VF realized $17,600

Date	Mintage	VG8	F12	VF20	XF40	MS60
1778/7 FF	—	75.00	100	150	270	—
1778 FF	—	75.00	100	150	270	—
1779 FF	—	75.00	100	150	270	—
1780 FF	—	75.00	100	150	270	—
1781 FF	—	75.00	100	150	270	—
1782 FF	—	75.00	100	150	270	—
1783 FF	—	75.00	100	150	270	—
1783 FM	—	4,000	6,000	9,000	—	—
1784 FF	—	150	300	600	1,500	—
1784 FM	—	75.00	100	150	270	—

KM# 106.2a 27.07 g., 0.896 Silver, 0.7797 oz. ASW **Ruler:** Charles III **Obv:** Armored bust of Charles III, right **Rev:** Crowned shield flanked by pillars with banner, normal initials and mint mark **Obv. Legend:** CAROLUS • III • DEI • GRATIA • **Rev. Legend:** • HISPAN • ET IND • REX • ... **Note:** Mint mark M, Mo.

Date	Mintage	VG8	F12	VF20	XF40	MS60
1785 FM	—	75.00	100	140	200	—
1786/5 FM	—	75.00	100	200	400	—
1786 FM	—	75.00	100	140	200	—
1787/6 FM	—	100	250	450	1,200	—
1787 FM	—	75.00	100	140	200	—
1788 FM	—	75.00	100	140	200	—
1789 FM	—	75.00	100	150	225	—

KM# 107 27.07 g., 0.903 Silver, 0.7858 oz. ASW **Ruler:** Charles IV **Obv:** Armored bust of Charles III, right **Rev:** Crowned shield flanked by pillars with banner **Obv. Legend:** CAROLUS • IV • DEI • GRATIA • **Rev. Legend:** • HISPAN • ET IND • REX • ... **Mint:** Mexico City **Note:** Mint mark M, Mo, using old bust punch.

Date	Mintage	VG8	F12	VF20	XF40	MS60
1789 FM	—	75.00	100	160	300	—
1790 FM	—	75.00	100	150	270	—

KM# 108 27.07 g., 0.903 Silver, 0.7858 oz. ASW **Ruler:** Charles IV **Obv:** Armored bust of Charles III, right **Rev:** Crowned shield flanked by pillars with banner **Obv. Legend:** CAROLUS • IIII • DEI • GRATIA • **Rev. Legend:** • HISPAN • ET IND • REX • ... **Mint:** Mexico City **Note:** Mint mark M, Mo, using old portait punch.

Date	Mintage	VG8	F12	VF20	XF40	MS60
1790 FM	—	75.00	100	150	270	—

KM# 109 27.07 g., 0.896 Silver, 0.7797 oz. ASW **Ruler:** Charles IV **Obv:** Armored bust of Charles IIII, right **Rev:** Crowned shield flanked by pillars with banner **Obv. Inscription:** CAROLUS • IIII • DEI • GRATIA • **Rev. Legend:** • HISPAN • ET IND • REX • ... **Mint:** Mexico City **Note:** Mint mark Mo.

Date	Mintage	VG8	F12	VF20	XF40	MS60
1791 FM	—	60.00	90.00	135	210	—
1792 FM	—	60.00	90.00	135	210	—
1793 FM	—	60.00	90.00	135	210	—
1794 FM	—	60.00	90.00	135	210	—
1795/4 FM	—	60.00	90.00	135	210	—
1795 FM	—	60.00	90.00	135	210	—
1796 FM	—	60.00	90.00	135	210	—
1797 FM	—	60.00	90.00	135	210	—
1798 FM	—	60.00	90.00	135	210	—
1799 FM	—	60.00	90.00	135	210	—
1800/700 FM	—	60.00	90.00	135	210	—
1800 FM	—	60.00	90.00	135	210	—
1801/0 FT/FM	—	60.00	90.00	135	210	—
1801/791 FM	—	45.00	80.00	130	400	—
1801/0 FM	—	45.00	80.00	130	400	—
1801 FM	—	27.50	55.00	135	400	—
1801 FT/M	—	45.00	80.00	150	425	—
1801 FT	—	27.50	45.00	65.00	170	—
1802/1 FT	—	45.00	80.00	150	425	—
1802 FT	—	27.50	45.00	65.00	170	—
1802 FT/M	—	27.50	45.00	65.00	170	—
1803 FT	—	27.50	45.00	65.00	180	—
1803 FT/M	—	27.50	45.00	65.00	170	—
1803 TH	—	100	200	325	725	—
1804/3 TH	—	45.00	80.00	150	425	—

Date	Mintage	VG8	F12	VF20	XF40	MS60
1804 TH	—	27.50	45.00	65.00	170	—
Note: CARLUS (error)						
1805/4 TH	—	55.00	110	175	450	—
1805 TH	—	27.50	45.00	65.00	170	—
Note: Narrow date						
1805 TH	—	27.50	45.00	65.00	170	—
Note: Wide date						
1806 TH	—	27.50	45.00	65.00	170	—
1807/6 TH	—	200	325	475	1,100	—
1807 TH	—	27.50	45.00	65.00	170	—
1808/7 TH	—	27.50	45.00	65.00	170	—
1808 TH	—	27.50	45.00	65.00	170	—

KM# 110 27.07 g., 0.896 Silver, 0.7797 oz. ASW **Ruler:** Ferdinand VII **Obv:** Armored laureate bust right **Rev:** Crowned shield flanked by pillars **Obv. Legend:** FERDIN • VII... **Rev. Legend:** IND • REX... **Mint:** Mexico City **Note:** Mint mark Mo.

Date	Mintage	VG8	F12	VF20	XF40	MS60
1808 TH	—	33.00	55.00	100	240	—
1809/8 TH	—	33.00	55.00	100	240	—
1809 TH	—	27.50	47.50	70.00	200	—
1809 HJ	—	33.00	55.00	100	240	—
1809 HJ/TH	—	27.50	47.50	70.00	200	—
1810/09 HJ	—	33.00	55.00	100	240	—
1810 TH	—	100	200	400	950	—
1810 HJ/TH	—	33.00	55.00	100	240	—
1810 HJ	—	33.00	55.00	100	240	—
1811/0 HJ	—	27.50	47.50	70.00	200	—
1811 HJ	—	27.50	47.50	70.00	200	—
1811 HJ/TH	—	27.50	45.00	65.00	170	—

KM# 111 27.07 g., 0.903 Silver, 0.7859 oz. ASW **Ruler:** Ferdinand VII **Obv:** Draped laureate bust right **Rev:** Crowned shield flanked by pillars **Obv. Legend:** FERDIN • VII... **Rev. Legend:** IND • REX... **Mint:** Mexico City **Note:** Mint mark Mo.

Date	Mintage	VG8	F12	VF20	XF40	MS60
1811 HJ	—	27.50	55.00	80.00	210	—
1812 HJ	—	65.00	100	170	425	—
1812 JJ/HJ	—	27.50	45.00	65.00	170	—
1812 JJ	—	27.50	45.00	65.00	170	—
1813 HJ	—	65.00	100	170	425	—

Date	Mintage	VG8	F12	VF20	XF40	MS60
1813 JJ	—	27.50	45.00	65.00	170	—
1814/3 HJ	—	1,550	3,300	6,600	—	—
1814/3 JJ	—	27.50	45.00	65.00	170	—
1814 JJ	—	27.50	45.00	65.00	170	—
1815/4 JJ	—	27.50	45.00	65.00	170	—
1815 JJ	—	27.50	45.00	65.00	170	—
1816/5 JJ	—	27.50	45.00	65.00	150	—
1816 JJ	—	27.50	45.00	65.00	150	—
1817 JJ	—	27.50	45.00	65.00	150	—
1818 JJ	—	27.50	45.00	65.00	150	—
1819 JJ	—	27.50	45.00	65.00	150	—
1820 JJ	—	27.50	45.00	65.00	150	—
1821 JJ	—	27.50	45.00	65.00	150	—

1/2 ESCUDO

KM# 112 1.69 g., 0.875 Gold, 0.0476 oz. AGW **Ruler:** Ferdinand VII **Obv:** Laureate head right **Rev:** Crowned oval shield **Obv. Legend:** FERD • VII • D • G • HISP • ET IND **Mint:** Mexico City **Note:** Mint mark Mo.

Date	Mintage	VG8	F12	VF20	XF40	MS60
1814 JJ	—	100	150	225	375	550
1815/4 JJ	—	150	200	250	400	875
1815 JJ	—	150	200	250	400	—
1816 JJ	—	100	150	225	375	550
1817 JJ	—	150	200	250	400	—
1818 JJ	—	150	200	250	400	—
1819 JJ	—	150	200	250	400	—
1820 JJ	—	200	300	400	550	—

ESCUDO

KM# 113 3.38 g., 0.917 Gold, 0.0998 oz. AGW **Ruler:** Philip V **Obv:** Armored bust right **Rev:** Crowned shield flanked by M F I **Obv. Legend:** PHILIP • V • D • G • HISPAN • ET IND • REX **Mint:** Mexico City

Date	Mintage	VG8	F12	VF20	XF40
1732 F	—	1,000	2,000	3,000	4,000
1733/2 F	—	1,000	2,000	3,000	4,000
1734/3 MF	—	200	300	400	850
1735/4 MF	—	200	300	400	850
1735 MF	—	200	300	400	850
1736/5 MF	—	200	300	400	850
1736 MF	—	200	300	400	850
1737 MF	—	200	300	600	1,200
1738/7 MF	—	200	300	600	1,200
1738 MF	—	200	300	600	1,200
1739 MF	—	200	300	600	1,200
1740/30 MF	—	200	300	600	1,200
1741 MF	—	200	300	600	1,200
1742 MF	—	200	300	600	1,200
1743/2 MF	—	200	300	450	800
1743 MF	—	200	300	400	700
1744/3 MF	—	200	300	400	700
1744 MF	—	200	300	400	700
1745 MF	—	200	300	400	700

| 1746/5 MF | — | 200 | 300 | 400 | 700 |
| 1747 MF Rare | — | — | — | — | — |

KM# 114 3.38 g., 0.917 Gold, 0.0998 oz. AGW
Ruler: Ferdinand VI **Obv:** Armored bust right **Rev:**
Crowned shield flanked by M F I **Obv. Legend:**
FERD • VI • D • G • HISPAN • ET IND • REX **Mint:**
Mexico City **Note:** Mint mark M, Mo.

Date	Mintage	VG8	F12	VF20	XF40	MS60
1747 MF	—	1,650	3,000	5,000	7,500	—

KM# 115.1 3.38 g., 0.917 Gold, 0.0998 oz. AGW
Ruler: Ferdinand VI **Obv:** Short armored bust right
Rev: Crowned shield **Obv. Legend:** FERD • VI •
D • G • HISPAN • ET IND • REX **Mint:** Mexico City
Note: Mint mark M, Mo.

Date	Mintage	VG8	F12	VF20	XF40	MS60
1748 MF	—	250	350	550	950	—
1749 MF	—	300	450	700	1,150	—
1750 MF	—	200	300	400	800	—
1751 MF	—	200	300	400	800	—

KM# 115.2 3.38 g., 0.917 Gold, 0.0998 oz. AGW
Ruler: Ferdinand VI **Obv:** Short armored bust
right **Rev:** Without 1 S flanking crowned shield **Obv.
Legend:** FERD • VI • D • G • HISPAN • ET IND •
REX **Mint:** Mexico City

Date	Mintage	VG8	F12	VF20	XF40	MS60
1752 MF	—	200	300	375	750	—
1753/2 MF	—	200	300	400	800	—
1753 MF	—	200	300	400	800	—
1754 MF	—	200	300	400	800	—
1755 MM	—	200	300	400	800	—
1756 MM	—	200	300	400	800	—

KM# A116 3.38 g., 0.917 Gold, 0.0998 oz. AGW
Ruler: Ferdinand VI **Obv:** Armored bust right **Rev:**
Crowned shield **Obv. Legend:** FERDIND • VI • D
• G • HISPAN • ETIND • REX • **Rev. Legend:** M •
NOMINA MAGNA SEQUOR • M **Mint:** Mexico City

Date	Mintage	VG8	F12	VF20	XF40	MS60
1757 MM	—	200	300	400	800	—
1759 MM	—	200	300	400	800	—

KM# 116 3.38 g., 0.917 Gold, 0.0998 oz. AGW
Ruler: Charles III **Obv:** Armored bust right **Rev:**
Crowned shield **Obv. Legend:** CAROLVS • III • D
• G • HISPAN • ET IND • REX **Rev. Legend:** M •
NOMINA MAGNA SEQUOR • M • **Mint:** Mexico City
Note: Mint mark M, Mo.

Date	Mintage	VG8	F12	VF20	XF40	MS60
1760 MM	—	400	800	1,500	2,500	—
1761/0 MM	—	400	800	1,500	2,500	—
1761 MM	—	400	800	1,500	2,500	—

KM# 117 3.38 g., 0.917 Gold, 0.0998 oz. AGW
Ruler: Charles III **Obv:** Large armored bust right
Rev: Crowned shield **Obv. Legend:** CAR • III • D •
G • HISP • ET IND • R **Rev. Legend:** IN • UTROQ •
FELIX • **Mint:** Mexico City **Note:** Mint mark M, Mo.

Date	Mintage	VG8	F12	VF20	XF40	MS60
1762 MM	—	250	375	600	1,000	—
1763 MM	—	275	425	700	1,100	—
1764 MM	—	250	375	600	1,000	—
1765 MF	—	250	375	600	1,000	—
1766 MF	—	250	375	600	1,000	—
1767 MF	—	250	375	600	1,000	—
1768 MF	—	250	375	600	1,000	—
1769 MF	—	250	375	600	1,000	—
1770 MF	—	250	375	600	1,000	—
1771 MF	—	250	375	600	1,000	—

KM# 118.1 3.38 g., 0.901 Gold, 0.098 oz. AGW
Ruler: Charles III **Obv:** Large armored bust right
Rev: Crowned shield flanked by 1 S within order
chain **Obv. Legend:** CAROL • III • D • G • HISPAN
• ET IND • R **Rev. Legend:** FELIX • A • D • ... **Mint:**
Mexico City **Note:** Mint mark M, Mo.

Date	Mintage	VG8	F12	VF20	XF40	MS60
1772 MF	—	175	250	350	475	—
1772 FM	—	175	250	275	475	—
1773 FM	—	175	250	275	475	—

KM# 118.2 3.38 g., 0.901 Gold, 0.098 oz. AGW
Ruler: Charles III **Obv:** Large armored bust right
Rev: crowned shield in order chain, initials and mint
mark inverted **Obv. Legend:** CAROL • III • D • G •
HISPAN • ET IND • R **Rev. Legend:** FELIX • A • D •
... **Mint:** Mexico City **Note:** Mint mark M, Mo.

Date	Mintage	VG8	F12	VF20	XF40	MS60
1773 FM	—	175	250	350	475	—

Date	Mintage	VG8	F12	VF20	XF40	MS60
1774 FM	—	175	250	350	475	—
1775 FM	—	175	250	350	475	—
1776 FM	—	225	300	400	575	—
1777 FM	—	175	250	350	475	—
1778 FF	—	175	250	350	475	—
1779 FF	—	175	250	350	475	—
1780 FF	—	175	250	350	475	—
1781 FF	—	175	250	350	475	—
1782 FF	—	175	250	350	475	—
1783/2 FF	—	175	250	350	475	—
1783 FF	—	175	250	350	475	—
1784/3 FF	—	175	250	350	475	—
1784/3 FM/F	—	175	250	350	475	—

KM# 118.2a 3.38 g., 0.875 Gold, 0.0951 oz. AGW
Ruler: Charles III **Obv:** Large armored bust right
Rev: Crowned shield in order chain, initials and mint
mark inverted **Obv. Legend:** CAROL • III • D • G •
HISPAN • ET IND • R • **Rev. Legend:** FELIX • A • D •
... **Mint:** Mexico City **Note:** Mint mark M, Mo.

Date	Mintage	VG8	F12	VF20	XF40	MS60
1785 FM	—	175	250	350	475	—
1786 FM	—	175	250	350	475	—
1787 FM	—	175	250	350	475	—
1788 FM	—	175	250	350	475	—

KM# 118.1a 3.38 g., 0.875 Gold, 0.0952 oz. AGW
Ruler: Charles III **Obv:** Large armored bust right
Rev: Crowned shield in order chain, initial letters
and mint mark upright **Obv. Legend:** CAROL • III •
D • G • HISPAN • ET IND • R **Rev. Legend:** FELIX •
A • D • ... **Mint:** Mexico City **Note:** Mint mark M, Mo.

Date	Mintage	VG8	F12	VF20	XF40	MS60
1788 FM	—	175	250	350	475	—

KM# 119 3.38 g., 0.875 Gold, 0.0952 oz. AGW
Ruler: Charles IV **Obv:** Armored bust of Charles
III, right **Rev:** Crowned shield in order chain, initial
letters and mint mark upright **Obv. Legend:** CAROL
• IV • D • G • ... **Rev. Legend:** FELIX • A • D • ...
Mint: Mexico City **Note:** Mint mark M, Mo, using old
portrait punch.

Date	Mintage	VG8	F12	VF20	XF40	MS60
1789 FM	—	300	550	1,000	2,000	—
1790 FM	—	300	550	1,000	2,000	—

KM# 120 3.38 g., 0.875 Gold, 0.0952 oz. AGW
Ruler: Charles IV **Obv:** Armored bust right **Rev:**
Crowned shield in order chain, initial letters and
mint mark upright **Obv. Legend:** CAROL • IIII • D •
G • ... **Rev. Legend:** FELIX • A • D • ... **Mint:** Mexico
City **Note:** Mint mark Mo.

Date	Mintage	VG8	F12	VF20	XF40	MS60
1792 MF	—	150	225	300	375	—

Date	Mintage	VG8	F12	VF20	XF40	MS60
1793 FM	—	150	225	300	375	—
1794 FM	—	150	225	300	375	—
1795 FM	—	150	225	300	375	—
1796 FM	—	150	225	300	375	—
1797 FM	—	150	225	300	375	—
1798 FM	—	150	225	300	375	—
1799 FM	—	150	225	300	375	—
1800 FM	—	150	225	300	375	—
1801 FM	—	155	185	265	375	—
1801 FT	—	155	185	265	375	700
1802 FT	—	155	185	265	375	—
1803 FT	—	155	185	265	375	—
1804/3 TH	—	155	185	265	375	800
1804 TH	—	155	185	265	375	800
1805 TH	—	155	185	265	375	—
1806/5 TH	—	155	185	265	375	—
1806 TH	—	155	185	265	375	—
1807 TH	—	155	185	265	375	—
1808 TH	—	155	185	265	375	—

KM# 121 3.38 g., 0.875 Gold, 0.0952 oz. AGW
Ruler: Ferdinand VII **Obv:** Armored bust right
Rev: Crowned shield divides designed wreath **Obv.**
Legend: FERDIN • VII... **Rev. Legend:** FELIX • A •
D, initial letters and mint mark upright **Mint:** Mexico
City **Note:** Mint mark Mo.

Date	Mintage	VG8	F12	VF20	XF40	MS60
1809 HJ/TH	—	150	180	235	400	750
1809 HJ	—	150	180	235	400	750
1811/0 HJ	—	150	180	235	400	—
1812 HJ	—	165	250	300	500	—

KM# 122 3.38 g., 0.875 Gold, 0.0952 oz. AGW
Ruler: Ferdinand VII **Obv:** Laureate head right
Rev: Crowned shield divides designed wreath,
initial letters and mint mark upright **Obv. Legend:**
FERDIN • VII • D • G... **Rev. Legend:** FELIX • A •
D... **Mint:** Mexico City **Note:** Mint mark Mo.

Date	Mintage	VG8	F12	VF20	XF40	MS60
1814 HJ	—	165	250	300	500	900
1815 HJ	—	165	250	300	500	900
1815 JJ	—	165	250	300	500	900
1816 JJ	—	180	275	325	550	950
1817 JJ	—	165	250	300	500	900
1818 JJ	—	165	250	300	500	900
1819 JJ	—	165	250	300	500	900
1820 JJ	—	165	250	300	500	900

2 ESCUDOS

SPANISH COLONIAL - MILLED COINAGE

KM# 124 6.77 g., 0.917 Gold, 0.1995 oz. AGW **Ruler:** Philip V **Obv:** Armored bust right **Rev:** Crowned shield flanked by M F 2 **Obv. Legend:** PHILIP • V • D • G • HISPAN • ET IND • REX **Rev. Legend:** INITIUM SAPIENTIAE TIMOR DOMINI **Mint:** Mexico City

Date	Mintage	VG8	F12	VF20	XF40	MS60
1732 F	—	1,000	1,500	2,000	3,000	—
1733 F	—	750	1,000	1,500	2,500	—
1734/3 MF	—	400	500	900	1,400	—
1735 MF	—	400	500	900	1,400	—
1736/5 MF	—	400	500	900	1,400	—
1736 MF	—	400	500	900	1,400	—
1737 MF	—	400	500	900	1,400	—
1738/7 MF	—	400	500	900	1,400	—
1739 MF	—	400	500	900	1,400	—
1740/30 MF	—	400	500	900	1,400	—
1741 MF	—	400	500	900	1,400	—
1742 MF	—	400	500	900	1,400	—
1743 MF	—	400	500	900	1,400	—
1744/2 MF	—	400	500	900	1,400	—
1744 MF	—	400	500	900	1,400	—
1745 MF	—	400	500	900	1,400	—
1746/5 MF	—	400	500	900	1,400	—
1747 MF	—	400	500	900	1,400	—

KM# 125 6.77 g., 0.917 Gold, 0.1995 oz. AGW **Ruler:** Ferdinand VI **Obv:** Large armored bust right **Rev:** Crowned shield flanked by M F 2 **Obv. Legend:** FERD • VI • D • G • ... **Rev. Legend:** INITIUM... **Mint:** Mexico City

Date	Mintage	VG8	F12	VF20	XF40	MS60
1747 MF	—	3,000	5,500	9,000	15,000	—

KM# 126.1 6.77 g., 0.917 Gold, 0.1995 oz. AGW **Ruler:** Ferdinand VI **Obv:** Head right **Rev:** Crowned shield **Obv. Legend:** FERD • VI • D • G • ... **Rev. Legend:** NOMINA MAGNA SEQUOR **Mint:** Mexico City **Note:** Mint mark M, Mo.

Date	Mintage	VG8	F12	VF20	XF40	MS60
1748 MF	—	450	750	1,500	3,000	—
1749/8 MF	—	450	750	1,500	3,000	—
1750 MF	—	400	700	1,400	2,850	—
1751 MF	—	400	700	1,400	2,850	—

KM# 126.2 6.77 g., 0.917 Gold, 0.1995 oz. AGW **Ruler:** Ferdinand VI **Obv:** Head right **Rev:** Without 2 S by crowned shield **Obv. Legend:** FERD • VI • D • G • ... **Rev. Legend:** NOMINA MAGNA SEQUOR **Mint:** Mexico City **Note:** Mint mark M, Mo.

Date	Mintage	VG8	F12	VF20	XF40	MS60
1752 MF	—	400	700	1,400	2,850	—
1753 MF	—	400	700	1,400	2,850	—
1754 MF	—	600	850	1,750	3,500	—
1755 MM	—	400	700	1,400	2,850	—
1756 MM	—	600	850	1,750	3,500	—

KM# 127 6.77 g., 0.917 Gold, 0.1995 oz. AGW **Ruler:** Ferdinand VI **Obv:** Armored bust right **Rev:** Without 2 S by crowned shield **Obv. Legend:** FERDIND • VI • D • G • ... **Rev. Legend:** NOMINA MAGNA SEQUOR **Mint:** Mexico City **Note:** Mint mark M, Mo.

Date	Mintage	VG8	F12	VF20	XF40	MS60
1757 MM	—	450	750	1,500	3,000	—
1759 MM	—	450	750	1,500	3,000	—

KM# 128 6.77 g., 0.917 Gold, 0.1995 oz. AGW **Ruler:** Charles III **Obv:** Armored bust right **Rev:** Without 2 S by crowned shield **Obv. Legend:** CAROLVS • III • D • G • ... **Rev. Legend:** NOMINA MAGNA SEQUOR **Mint:** Mexico City **Note:** Mint mark M, Mo.

Date	Mintage	VG8	F12	VF20	XF40	MS60
1760 MM	—	550	1,000	2,000	4,000	—
1761 MM	—	550	1,000	2,000	4,000	—

KM# 129 6.77 g., 0.917 Gold, 0.1995 oz. AGW **Ruler:** Charles III **Obv:** Large armored bust right **Rev:** Without 2 S by crowned shield **Obv. Legend:** CAROLUS • III • D • G • ... **Rev. Legend:** IN • UTROQ • FELIX • AUSPICE • DEO **Mint:** Mexico City **Note:** Mint mark M, Mo.

Date	Mintage	VG8	F12	VF20	XF40	MS60
1762 MF	—	500	900	1,850	3,750	—
1763 MF	—	500	900	1,850	3,750	—
1764/3 MF	—	500	900	1,850	3,750	—
1765 MF	—	500	900	1,850	3,750	—
1766 MF	—	500	900	1,850	3,750	—
1767 MF	—	500	900	1,850	3,750	—
1768 MF	—	500	900	1,850	3,750	—
1769 MF	—	500	900	1,850	3,750	—
1770 MF	—	500	900	1,850	3,750	—
1771 MF	—	500	900	1,850	3,750	—

KM# 130.1 6.77 g., 0.901 Gold, 0.196 oz. AGW
Ruler: Charles III **Obv:** Older, armored bust right
Rev: Crowned shield in order chain, initials and mint
mark upright **Obv. Legend:** CAROLUS • III • D • G
• ... **Rev. Legend:** IN • UTROQ • FELIX • AUSPICE
• DEO **Mint:** Mexico City **Note:** Mint mark M, Mo.

Date	Mintage	VG8	F12	VF20	XF40	MS60
1772 FM	—	300	400	550	1,000	—
1773 FM	—	300	400	550	1,000	—

KM# 130.2 6.77 g., 0.901 Gold, 0.196 oz. AGW
Ruler: Charles III **Obv:** Older, armored bust right
Rev: Crowned shield in order chain, initials and mint
mark inverted **Obv. Legend:** CAROLUS • III • D • G
• ... **Rev. Legend:** IN • UTROQ • FELIX • AUSPICE
• DEO **Mint:** Mexico City **Note:** Mint mark M, Mo.

Date	Mintage	VG8	F12	VF20	XF40	MS60
1773 FM	—	300	400	550	1,000	—
1774 FM	—	300	400	550	1,000	—
1775 FM	—	300	400	550	1,000	—
1776 FM	—	350	500	675	1,000	—
1777 FM	—	300	400	500	900	—
1778 FF	—	300	400	500	900	—
1779 FF	—	300	400	500	900	—
1780 FF	—	300	400	500	900	—
1781 FM/M	—	300	400	500	900	—
1781 FF	—	300	400	500	900	—
1782 FF	—	300	400	500	900	—
1783 FF	—	300	400	500	900	—
1784 FF	—	300	400	500	900	—
1784 FM/F	—	300	400	500	900	—

KM# 130.2a 6.77 g., 0.875 Gold, 0.1904 oz. AGW
Ruler: Charles III **Obv:** Older, armored bust right
Rev: Crowned shield in order chain, initials and mint
mark inverted **Obv. Legend:** CAROLUS • III • D • G
• ... **Rev. Legend:** IN • UTROQ • FELIX • AUSPICE
• DEO **Mint:** Mexico City **Note:** Mint mark M, Mo.

Date	Mintage	VG8	F12	VF20	XF40	MS60
1785 FM	—	300	400	500	900	—
1786 FM	—	300	400	500	900	—
1787 FM	—	300	400	500	900	—
1788 FM	—	300	400	500	900	—

KM# 130.1a 6.77 g., 0.875 Gold, 0.1904 oz. AGW
Ruler: Charles III **Obv:** Older, armored bust right
Rev: Crowned shield in order chain, initials and mint
mark upright **Obv. Legend:** CAROLUS • III • D • G
• ... **Rev. Legend:** IN • UTROQ • FELIX • AUSPICE
• DEO **Mint:** Mexico City **Note:** Mint mark M, Mo.

Date	Mintage	VG8	F12	VF20	XF40	MS60
1788 FM	—	300	400	500	900	—

KM# 131 6.77 g., 0.875 Gold, 0.1904 oz. AGW
Ruler: Charles IV **Obv:** Armored bust of Charles
III, right **Rev:** Crowned shield in order chain, initials
and mint mark upright **Obv. Legend:** CAROL • IV
• D • G • ... **Rev. Legend:** IN • UTROQ • FELIX •
AUSPICE • DEO **Mint:** Mexico City **Note:** Mint mark
M, Mo, using old portrait punch.

Date	Mintage	VG8	F12	VF20	XF40	MS60
1789 FM	—	650	1,200	2,000	3,500	—
1790 FM	—	650	1,200	2,000	3,500	—

KM# 132 6.77 g., 0.875 Gold, 0.1904 oz. AGW
Ruler: Charles IV **Obv:** Armored bust of Charles
IIII, right **Rev:** Crowned shield flanked by 2 S in
order chain **Obv. Legend:** CAROL • IIII • D • G •
... **Rev. Legend:** IN • UTROQ • FELIX • AUSPICE
• DEO; initials and mint mark upright **Mint:** Mexico
City **Note:** Mint mark Mo.

Date	Mintage	VG8	F12	VF20	XF40	MS60
1791 FM Mo	—	300	400	600	950	—
over inverted Mo						
1792 FM	—	250	350	450	575	—
1793 FM	—	250	350	450	575	—
1794 FM	—	250	350	450	575	—
1795 FM	—	250	350	450	575	—
1796 FM	—	250	350	450	575	—
1797 FM	—	250	350	450	575	—
1798 FM	—	250	350	450	575	—
1799 FM	—	250	350	450	575	—
1800 FM	—	250	350	450	575	—
1801 FT	—	300	350	425	600	—
1802 FT	—	300	350	425	600	1,000
1803 FT	—	300	350	425	600	—
1804 TH	—	300	350	425	600	—
1805 TH	—	300	350	425	600	—
1806/5 TH	—	300	350	425	600	—
1807 TH	—	300	350	425	600	—
1808 TH	—	300	350	425	600	1,500

KM# 134 6.77 g., 0.875 Gold, 0.1904 oz. AGW
Ruler: Ferdinand VII **Obv:** Laureate head right
Rev: Crowned shield divides designed wreath,
initials and mint mark upright **Obv. Legend:**
FERDIN • VII • D • G... **Rev. Legend:** IN • UTROQ
• FELIX • AUSPICE • DEO **Mint:** Mexico City **Note:**
Mint mark Mo.

Date	Mintage	VG8	F12	VF20	XF40	MS60
1814 Mo HJ	—	300	450	750	1,250	—
1815 JJ	—	300	450	750	1,250	—
1816 JJ	—	300	450	750	1,250	—
1817 JJ	—	300	450	750	1,250	—
1818 JJ	—	300	450	750	1,250	3,750
1819 JJ	—	300	450	750	1,250	—
1820 JJ	—	300	450	750	1,250	—
1821 JJ	—	300	450	750	1,250	—

4 ESCUDOS

KM# 135 13.53 g., 0.917 Gold, 0.399 oz. AGW
Ruler: Philip V **Obv:** Armored bust right **Rev:**
Crowned shield flanked by F 4 **Obv. Legend:**
PHILIP • V • D • G • HISPAN • ET IND • REX **Rev.**
Legend: INITIUM SAPIENTIAE TIMOR DOMINI
Mint: Mexico City

Date	Mintage	VG8	F12	VF20	XF40	MS60
1732 Rare	—	—	—	—	—	—
1732 F Rare	—	—	—	—	—	—
1733 F Rare	—	—	—	—	—	—
1734/3 F	—	1,200	1,800	3,350	5,500	—
1734 MF	—	1,000	1,600	3,000	5,200	—
1735 MF	—	1,000	1,600	3,000	5,400	—
1736 MF	—	1,000	1,600	3,000	5,400	—
1737 MF	—	900	1,500	2,800	4,800	—
1738/7 MF	—	900	1,500	2,800	4,800	—
1738 MF	—	900	1,500	2,800	4,800	—
1739 MF	—	900	1,500	2,800	4,800	—
1740/30 MF	—	900	1,500	2,800	4,800	—
1740 MF	—	900	1,500	2,800	4,800	—
1741 MF	—	900	1,500	2,800	4,800	—
1742/32 MF	—	900	1,500	2,800	4,800	—
1743 MF	—	900	1,500	2,800	4,800	—
1744 MD	—	900	1,500	2,800	4,800	—
1745 MF	—	900	1,500	2,800	4,800	—
1746 MF	—	900	1,500	2,800	4,800	—
1747 MF	—	900	1,500	2,800	4,800	—
1746/5 MF	—	900	1,500	2,800	4,800	—

KM# 136 13.53 g., 0.917 Gold, 0.399 oz. AGW
Ruler: Ferdinand VI **Obv:** Large, armored bust
right **Rev:** Crowned shield flanked by F 4 **Obv.**
Legend: FERDND • VI • D • G • ... **Rev. Legend:**
INITIUM SAPIENTIAE TIMOR DOMINI **Mint:**
Mexico City **Note:** Mint mark M, Mo.

Date	Mintage	VG8	F12	VF20	XF40	MS60
1747 MF	—	7,500	13,500	20,000	30,000	—

KM# 137 13.53 g., 0.917 Gold, 0.399 oz. AGW
Ruler: Ferdinand VI **Obv:** Armored bust right
Rev: Crowned shield flanked by 4 S **Obv. Legend:**
FERDND • VI • D • G • ... **Rev. Legend:** NOMINA
MAGNA SEQUOR **Mint:** Mexico City **Note:** Mint
mark M, Mo.

Date	Mintage	VG8	F12	VF20	XF40	MS60
1748 MF	—	1,500	3,000	5,000	8,000	—
1749 MF	—	1,500	3,000	5,000	8,000	—
1750/48 MF	—	1,500	3,000	5,000	8,000	—
1750 MF	—	1,500	3,000	5,000	8,000	—
1751 MF	—	1,500	3,000	5,000	8,000	—

KM# 138 13.53 g., 0.917 Gold, 0.399 oz. AGW
Ruler: Ferdinand VI **Obv:** Small, armored bust
right **Rev:** Crowned shield, without value **Obv.**
Legend: FERDND • VI • D • G • ... **Rev. Legend:**
NOMINA MAGNA... **Mint:** Mexico City **Note:** Mint
mark M, Mo.

Date	Mintage	VG8	F12	VF20	XF40	MS60
1752 MF	—	1,000	2,000	3,500	6,000	—
1753 MF	—	1,000	2,000	3,500	6,000	—
1754 MF	—	1,000	2,000	3,500	6,000	—
1755 MM	—	1,000	2,000	3,500	6,000	—
1756 MM	—	1,000	2,000	3,500	6,000	—

KM# 139 13.53 g., 0.917 Gold, 0.399 oz. AGW
Ruler: Ferdinand VI **Obv:** Armored bust right
Rev: Crowned shield, without value **Obv. Legend:**
FERDND • VI • D • G • ... **Rev. Legend:** NOMINA
MAGNA... **Mint:** Mexico City **Note:** Mint mark M,
Mo.

Date	Mintage	VG8	F12	VF20	XF40	MS60
1757 MM	—	1,250	2,500	4,000	6,500	—
1759 MM	—	1,250	2,500	4,000	6,500	—

KM# 140 13.53 g., 0.917 Gold, 0.399 oz. AGW
Ruler: Charles III **Obv:** Armored bust right **Rev:**
Crowned shield, without value **Obv. Legend:**
CAROLVS • III • D • G • ... **Rev. Legend:** NOMINA
MAGNA SEQUOR **Mint:** Mexico City **Note:** Mint
mark M, Mo.

Date	Mintage	VG8	F12	VF20	XF40	MS60
1760 MM	—	3,500	6,500	10,000	20,000	—
1761 MM	—	3,500	6,500	10,000	20,000	—

KM# 141 13.53 g., 0.917 Gold, 0.399 oz. AGW
Ruler: Charles III **Obv:** Large, armored bust right
Rev: Crowned shield in order chain, without value
Obv. Legend: CAROLUS • III • D • G • ... **Rev.
Legend:** IN • UTROQ • FELIX • AUSPICE • DEO
Mint: Mexico City **Note:** Mint mark M, Mo.

Date	Mintage	VG8	F12	VF20	XF40	MS60
1762 MF	—	2,500	4,500	7,500	15,000	—
1763 MF	—	2,500	4,500	7,500	15,000	—
1764 MF	—	2,500	4,500	7,500	15,000	—
1765 MF	—	2,500	4,500	7,500	15,000	—
1766/5 MF	—	2,500	4,500	7,500	15,000	—
1767 MF	—	2,500	4,500	7,500	15,000	—
1768 MF	—	2,500	4,500	7,500	15,000	—
1769 MF	—	2,500	4,500	7,500	15,000	—
1770 MF	—	2,500	4,500	7,500	15,000	—
1771 MF	—	2,500	4,500	7,500	15,000	—

KM# 142.1 13.53 g., 0.901 Gold, 0.392 oz. AGW
Ruler: Charles III **Obv:** Large, armored bust right
Rev: Crowned shield in order chain, initials and mint
mark upright **Obv. Legend:** CAROL • III • D • G •
... **Rev. Legend:** IN • UTROQ • FELIX • AUSPICE
• DEO **Mint:** Mexico City **Note:** Mint mark M, Mo.

Date	Mintage	VG8	F12	VF20	XF40	MS60
1772 FM	—	600	975	1,500	3,000	—
1773 FM	—	600	975	1,500	3,000	—

KM# 142.2 13.53 g., 0.901 Gold, 0.392 oz. AGW
Ruler: Charles III **Obv:** Large, armored bust
right **Rev:** Crowned shield flanked by 4 S in order
chain, initials and mint mark inverted **Obv. Legend:**
CAROL • III • D • G • ... **Rev. Legend:** IN • UTROQ
• FELIX • AUSPICE • DEO **Mint:** Mexico City **Note:**
Mint mark M, Mo.

Date	Mintage	VG8	F12	VF20	XF40
1773 FM	—	525	725	1,100	2,200
1774 FM	—	525	725	1,100	2,200
1775 FM	—	525	725	1,100	2,200
1776 FM	—	525	725	1,100	2,200
1777 FM	—	525	725	1,100	2,200
1778 FF	—	525	725	1,100	2,200
1779 FF	—	525	725	1,100	2,200
1780 FF	—	525	725	1,100	2,200
1781 FF	—	525	725	1,100	2,200
1782 FF	—	525	725	1,100	2,200
1783 FF	—	525	725	1,100	2,200
1784 FF	—	525	725	1,100	2,200
1784/3 FM/F	—	525	725	1,100	2,200

KM# 142.2a 13.53 g., 0.875 Gold, 0.3807 oz. AGW
Ruler: Charles III **Obv:** Large, armored bust right
Rev: Crowned shield in order chain, initials and mint
mark inverted **Obv. Legend:** CAROL • III • D • G •
... **Rev. Legend:** IN • UTROQ • FELIX • AUSPICE
• DEO **Mint:** Mexico City **Note:** Mint mark M, Mo.

Date	Mintage	VG8	F12	VF20	XF40	MS60
1785 FM	—	525	725	1,100	2,200	—
1786 FM/F	—	525	725	1,100	2,200	—
1786 FM	—	525	725	1,100	2,200	—
1787 FM	—	525	725	1,100	2,200	—
1788 FM	—	525	725	1,100	2,200	—

KM# 142.1a 13.53 g., 0.875 Gold, 0.3807 oz. AGW
Ruler: Charles III **Obv:** Large, armored bust right
Rev: Crowned shield in order chain, initials and mint
mark upright **Obv. Legend:** CAROL • III • D • G •
... **Rev. Legend:** IN • UTROQ • FELIX • AUSPICE
• DEO **Mint:** Mexico City **Note:** Mint mark M, Mo.

Date	Mintage	VG8	F12	VF20	XF40	MS60
1788 FM	—	600	975	1,500	3,000	—

KM# 143.1 13.53 g., 0.875 Gold, 0.3807 oz. AGW
Ruler: Charles IV **Obv:** Armored bust of Charles
III, right **Rev:** Crowned shield in order chain, initials
and mint mark upright **Obv. Legend:** CAROL • IV
• D • G • ... **Rev. Legend:** IN • UTROQ • FELIX •
AUSPICE • DEO **Mint:** Mexico City **Note:** Mint mark
M, Mo, using old portrait punch.

Date	Mintage	VG8	F12	VF20	XF40	MS60
1789 FM	—	550	750	1,100	2,150	—
1790 FM	—	550	750	1,100	2,150	—

KM# 143.2 13.53 g., 0.875 Gold, 0.3807 oz. AGW
Ruler: Charles IV **Obv:** Armored bust of Charles
III, right **Rev:** Crowned shield in order chain, initials
and mint mark upright **Obv. Legend:** CAROL • IIII
• D • G • ... **Rev. Legend:** IN • UTROQ • FELIX •
AUSPICE • DEO **Mint:** Mexico City **Note:** Mint mark
M, Mo, using old portrait punch.

Date	Mintage	VG8	F12	VF20	XF40	MS60
1790 FM	—	600	1,000	1,800	3,000	—

KM# 144 13.53 g., 0.875 Gold, 0.3807 oz. AGW **Ruler:** Charles IV **Obv:** Armored bust of Charles IIII, right **Rev:** Crowned shield flanked by 4 S in order chain **Obv. Legend:** CAROL • IIII • D • G • ... **Rev. Legend:** IN • UTROQ • FELIX • AUSPICE • DEO; initials and mint mark upright **Mint:** Mexico City **Note:** Mint mark Mo.

Date	Mintage	VG8	F12	VF20	XF40	MS60
1792 FM	—	525	600	750	1,500	—
1793 FM	—	525	600	750	1,500	—
1794/3 FM	—	525	600	750	1,500	—
1795 FM	—	525	600	750	1,500	—
1796 FM	—	525	600	750	1,500	—
1797 FM	—	525	600	750	1,500	—
1798/7 FM	—	525	600	750	1,500	—
1798 FM	—	525	600	750	1,500	—
1799 FM	—	525	600	750	1,500	—
1800 FM	—	525	600	750	1,500	—
1801 FM	—	600	650	800	1,500	—
1801 FT	—	600	650	800	1,500	—
1802 FT	—	600	700	800	1,650	—
1803 FT	—	600	650	800	1,500	—
1803/2	—	600	750	900	1,500	—
1804/3 TH	—	600	650	800	1,500	—
1804 TH	—	600	650	800	1,500	—
1805 TH	—	600	650	800	1,500	—
1806/5 TH	—	600	650	800	1,500	—
1807 TH	—	600	700	900	1,650	—
1808/0 TH	—	600	650	800	1,500	—
1808 TH	—	600	650	800	1,500	—

KM# 145 13.53 g., 0.875 Gold, 0.3807 oz. AGW **Ruler:** Ferdinand VII **Obv:** Armored bust right **Rev:** Crowned shield divides designed wreath, initials and mint mark upright **Obv. Legend:** FERDIN • VII D • G... **Rev. Legend:** IN • UTROQ • FELIX • AUSPICE • DEO **Mint:** Mexico City **Note:** Mint mark Mo.

Date	Mintage	VG8	F12	VF20	XF40	MS60
1810 HJ	—	650	750	1,150	2,500	—
1811 HJ	—	650	750	1,150	2,500	—
1812 HJ	—	650	750	1,150	2,500	—

KM# 146 13.53 g., 0.875 Gold, 0.3807 oz. AGW **Ruler:** Ferdinand VII **Obv:** Laureate head right **Rev:** Crowned shield designed wreath **Obv. Legend:** FERDIN • VII D • G... **Rev. Legend:** IN • UTROQ • FELIX • AUSPICE • DEO; initials and mint mark upright **Mint:** Mexico City **Note:** Mint mark Mo.

Date	Mintage	VG8	F12	VF20	XF40	MS60
1814 HJ	—	675	800	1,250	2,700	—
1815 HJ	—	675	800	1,250	2,700	—
1815 JJ	—	675	800	1,250	2,700	—
1816 JJ	—	675	800	1,250	2,700	—
1817 JJ	—	675	800	1,250	2,700	—
1818 JJ	—	675	800	1,250	2,700	—
1819 JJ	—	675	800	1,250	2,700	—
1820 JJ	—	675	800	1,250	2,700	—

8 ESCUDOS

KM# 148 27.07 g., 0.917 Gold, 0.798 oz. AGW **Ruler:** Philip V **Obv:** Large, armored bust right **Rev:** Crowned shield flanked by M F 8 in order chain **Obv. Legend:** PHILIP • V • D • G • HISPAN • ET IND • REX **Rev. Legend:** INITIUM SAPIENTIAE TIMOR DOMINI **Mint:** Mexico City **Note:** Mint mark M, Mo.

Date	Mintage	VG8	F12	VF20	XF40	MS60
1732 Rare	—	—	—	—	—	—
1732 F Rare	—	—	—	—	—	—
1733 F Rare	—	—	—	—	—	—
Note: Heritage World Coin Auctions #3004, 1-09, MS64 realized $54,625						
1734 MF	—	1,500	2,000	3,300	5,800	—
1734 MF/F	—	1,500	2,000	3,300	5,800	—
1735 MF	—	1,500	1,800	3,000	5,400	—
1736 MF	—	1,500	1,800	3,000	5,400	—
1737 MF	—	1,500	1,800	3,000	5,400	—
1738/7 MF	—	1,500	1,800	3,000	5,400	—
1738 MF	—	1,500	1,800	3,000	5,400	—
1739 MF	—	1,500	1,800	3,000	5,400	—
1740 MF	—	1,500	1,800	3,000	5,400	—
1740/30 MF	—	1,500	1,800	3,000	5,400	—
1741 MF	—	1,500	1,800	3,000	5,400	—
1742 MF	—	1,500	1,800	3,000	5,400	—
1743 MF	—	1,500	1,800	3,000	5,400	—
1744 MF	—	1,500	1,800	3,000	5,400	—
1744/3 MF	—	1,500	1,800	3,000	5,400	—
1745 MF	—	1,500	1,800	3,000	5,400	—

1745/4 MF	— 1,500 1,800 3,000 5,400	—
1746 MF	— 1,500 1,800 3,000 5,400	—
1746/5 MF	— 1,500 1,800 3,000 5,400	—
1747 MF	— 1,500 2,100 3,500 6,500 12,500

KM# 149 27.07 g., 0.917 Gold, 0.798 oz. AGW
Ruler: Ferdinand VI **Obv:** Large, armored bust right **Rev:** Crowned shield flanked by M F 8 in order chain **Obv. Legend:** FERDND • VI • D • G • ... **Rev. Legend:** INITIUM SAPIENTIAE TIMOR DOMINI **Mint:** Mexico City **Note:** Mint mark M, Mo.

Date	Mintage	VG8	F12	VF20	XF40	MS60
1747 MF	—	7,500	12,500	16,500	27,500	55,000

KM# 150 27.07 g., 0.917 Gold, 0.798 oz. AGW
Ruler: Ferdinand VI **Obv:** Small, armored bust right **Rev:** Crowned shield flanked by 8 S in order chain **Obv. Legend:** FERDND • VI • D • G • ... **Rev. Legend:** NOMINA MAGNA SEQUOR **Mint:** Mexico City **Note:** Mint mark M, Mo.

Date	Mintage	VG8	F12	VF20	XF40	MS60
1748 MF	—	1,500	2,400	4,200	7,200	—
1749/8 MF	—	1,500	2,400	4,200	7,200	—
1749 MF	—	1,500	2,400	4,200	7,200	—
1750 MF	—	1,500	2,400	4,200	7,200	—
1751/0 MF	—	1,800	2,400	4,200	7,200	—
1751 MF	—	1,500	2,400	4,200	7,200	—

KM# 151 27.07 g., 0.917 Gold, 0.798 oz. AGW
Ruler: Ferdinand VI **Obv:** Armored bust right **Rev:** Crowned shield in order chain **Obv. Legend:** FERDND • VI • D • G • ... **Rev. Legend:** NOMINA MAGNA SEQUOR **Mint:** Mexico City **Note:** Mint mark M, Mo.

Date	Mintage	VG8	F12	VF20	XF40	MS60
1752 MF	—	1,500	2,400	4,200	7,200	—
1753 MF	—	1,500	2,400	4,200	7,200	—
1754 MF	—	1,500	2,400	4,200	7,200	—
1755 MM	—	1,500	2,400	4,200	7,200	—
1756 MM	—	1,500	2,400	4,200	7,200	—

KM# 152 27.07 g., 0.917 Gold, 0.798 oz. AGW
Ruler: Ferdinand VI **Obv:** Armored bust right **Rev:** Crowned shield in order chain **Obv. Legend:** FERDND • VI • D • G • ... **Rev. Legend:** NOMINA MAGNA SEQUOR **Mint:** Mexico City **Note:** Mint mark M, Mo.

Date	Mintage	VG8	F12	VF20	XF40	MS60
1757 MM	—	1,500	2,400	4,200	7,200	—
1758 MM	—	1,500	2,400	4,200	7,200	—
1759 MM	—	1,500	2,400	4,200	7,200	—

KM# 153 27.07 g., 0.917 Gold, 0.798 oz. AGW
Ruler: Charles III **Obv:** Armored bust right **Rev:** Crowned shield in order chain **Obv. Legend:** CAROLVS • III • D • G • ... **Rev. Legend:** NOMINA MAGNA SEQUOR **Mint:** Mexico City **Note:** Mint mark M, Mo.

Date	Mintage	VG8	F12	VF20	XF40	MS60
1760 MM	—	2,100	3,600	6,000	11,000	—

Date	Mintage	VG8	F12	VF20	XF40	MS60
1761/0 MM	—	2,400	4,200	6,600	12,000	—
1761 MM	—	2,400	4,200	6,600	12,000	—

KM# 154 27.07 g., 0.917 Gold, 0.798 oz. AGW **Ruler:** Charles III **Obv:** Armored bust right **Rev:** Crowned shield in order chain **Obv. Legend:** CAROLVS • III • D • G • ... **Rev. Legend:** NOMINA MAGNA SEQUOR **Mint:** Mexico City **Note:** Mint mark M, Mo.

Date	Mintage	VG8	F12	VF20	XF40	MS60
1761 MM	—	2,100	3,600	6,300	11,500	—

KM# 155 27.07 g., 0.917 Gold, 0.798 oz. AGW **Ruler:** Charles III **Obv:** Large, armored bust right **Rev:** Crowned shield in order chain **Obv. Legend:** CAROLUS • III • D • G • ... **Rev. Legend:** IN • UTROQ • FELIX • AUSPICE • DEO • **Mint:** Mexico City **Note:** Mint mark M, Mo.

Date	Mintage	VG8	F12	VF20	XF40	MS60
1762 MM	—	2,000	3,450	5,600	9,000	—
1763 MM	—	2,000	3,450	5,600	9,000	—
1764 MF	—	2,200	3,750	6,200	9,500	—
1764/2 MF	—	2,200	3,750	6,200	9,500	—
1764 MM	—	2,200	3,750	6,200	9,500	—
1765/4 MF	—	2,200	3,750	6,200	9,500	—
1765/4 MM	—	2,200	3,750	6,200	9,500	—
1765 MF	—	2,200	3,750	6,200	9,500	—
1765 MM	—	1,900	3,150	5,000	9,000	—
1766 MF	—	1,900	3,150	5,000	9,000	—
1767/6 MF	—	1,900	3,150	5,000	9,000	—
1767 MF	—	1,900	3,150	5,000	9,000	—
1768/7 MF	—	1,900	3,150	5,000	9,000	—
1768 MF	—	1,900	3,150	5,000	9,000	—
1769 MF	—	1,900	3,150	5,000	9,000	—
1770 MF	—	1,900	3,150	5,000	9,000	—
1771 MF	—	2,200	3,750	6,200	9,500	—

KM# 156.1 27.07 g., 0.901 Gold, 0.7841 oz. AGW **Ruler:** Charles III **Obv:** Large, armored bust right **Rev:** Crowned shield flanked by 8 S in order chain, initials and mint mark upright **Obv. Legend:** CAROL • III • D • G • ... **Rev. Legend:** ... AUSPICE • DEO • **Mint:** Mexico City **Note:** Mint mark M, Mo.

Date	Mintage	VG8	F12	VF20	XF40	MS60
1772 FM	—	1,100	1,500	1,950	2,800	—
1773 FM	—	1,100	1,500	1,950	2,800	—

KM# 156.2 27.07 g., 0.901 Gold, 0.7841 oz. AGW **Ruler:** Charles III **Obv:** Large, armored bust right **Rev:** Crowned shield flanked by 8 S in order chain, initials and mint mark inverted **Obv. Legend:** CAROL • III • D • G • ... **Rev. Legend:** ... AUSPICE • DEO • **Mint:** Mexico City **Note:** Mint mark M, Mo.

Date	Mintage	VG8	F12	VF20	XF40	MS60
1773 FM	—	1,100	1,350	1,800	2,400	—
1774 FM	—	1,100	1,350	1,800	2,400	—
1775 FM	—	1,100	1,350	1,800	2,400	—
1776 FM	—	1,500	1,850	2,250	3,000	—
1777/6 FM	—	1,100	1,350	1,500	2,250	—
1777 FM	—	1,100	1,350	1,500	2,250	—
1778 FF	—	1,100	1,350	1,500	2,250	—
1779 FF	—	1,100	1,350	1,500	2,250	—
1780 FF	—	1,100	1,350	1,500	2,250	—
1781 FF	—	1,100	1,350	1,500	2,250	—
1782 FF	—	1,100	1,350	1,500	2,250	—
1783 FF	—	1,100	1,350	1,500	2,250	—
1784 FF	—	1,100	1,350	1,500	2,250	—
1784 FM/F	—	1,100	1,350	1,500	2,250	—
1784 FM	—	1,100	1,350	1,500	2,250	—
1785 FM	—	1,100	1,350	1,500	2,250	—

KM# 156.2a 27.07 g.,   0.875 Gold, 0.7615 oz. AGW **Ruler:** Charles III **Obv:** Large, armored bust right **Rev:** Crowned shield flanked by 8 S in order chain, initials and mint mark inverted **Obv. Legend:** CAROL • III • D • G • ... **Rev. Legend:** ... AUSPICE • DEO • **Mint:** Mexico City **Note:** Mint mark M, Mo.

Date	Mintage	VG8	F12	VF20	XF40	MS60
1786 FM	—	1,100	1,350	1,800	2,400	—
1787 FM	—	1,100	1,350	1,800	2,400	—
1788 FM	—	1,100	1,350	1,800	2,400	—

KM# 156.1a 27.07 g., 0.875 Gold, 0.7615 oz. AGW **Ruler:** Charles III **Obv:** Large, armored bust right **Rev:** Crowned shield flanked by 8 S in order chain, initials and mint mark upright **Obv. Legend:** CAROL • III • D • G • ... **Rev. Legend:** ... AUSPICE • DEO • **Mint:** Mexico City **Note:** Mint mark M, Mo.

Date	Mintage	VG8	F12	VF20	XF40	MS60
1788 FM	—	1,100	1,300	1,500	2,400	—

KM# 157 27.07 g.,   0.875 Gold, 0.7615 oz. AGW **Ruler:** Charles IV **Obv:** Armored bust of Charles III, right **Rev:** Crowned shield flanked by 8 S in order chain **Obv. Legend:** CAROL • IV • D • G • ... **Rev. Legend:** IN • UTROQ • ... **Mint:** Mexico City **Note:** Mint mark M, Mo, using old portrait punch.

Date	Mintage	VG8	F12	VF20	XF40	MS60
1789 FM	—	1,100	1,500	2,000	2,750	—
1790 FM	—	1,100	1,500	2,000	2,750	—

KM# 158 27.07 g.,   0.875 Gold, 0.7615 oz. AGW **Ruler:** Charles IV **Obv:** Armored bust of Charles III, right **Rev:** Crowned shield flanked by 8 S in order chain **Obv. Legend:** CAROL • IIII • D • G • ... **Rev. Legend:** IN • UTROQ • ... **Mint:** Mexico City **Note:** Mint mark M, Mo, using old portrait punch.

Date	Mintage	VG8	F12	VF20	XF40	MS60
1790 FM	—	1,100	1,500	2,000	2,750	—

KM# 159 27.07 g.,   0.875 Gold, 0.7615 oz. AGW **Ruler:** Charles IV **Obv:** Armored bust right **Rev:** Crowned shield flanked by 8 S in order chain **Obv. Legend:** CAROL • IIII • D • G • ... **Rev. Legend:** IN • UTROQ • ... **Mint:** Mexico City **Note:** Mint mark Mo.

Date	Mintage	VG8	F12	VF20	XF40	MS60
1791 FM	—	1,100	1,250	1,500	2,000	—
1792 FM	—	1,100	1,250	1,500	2,000	—
1793 FM	—	1,100	1,250	1,500	2,000	—
1794 FM	—	1,100	1,250	1,500	2,000	—
1795 FM	—	1,100	1,250	1,500	2,000	—
1796/5 FM	—	1,100	1,250	1,500	2,000	—
1796 FM	—	1,100	1,250	1,500	2,000	—
1797 FM EPLIX	—	1,100	1,250	1,500	2,000	—
1797 FM	—	1,100	1,250	1,500	2,000	—
1798 FM	—	1,100	1,250	1,500	2,000	—
1799 FM	—	1,100	1,250	1,500	2,000	—
1800 FM	—	1,100	1,250	1,500	2,000	—
1801/0 FT	—	1,100	1,250	1,375	1,950	—
1801 FM	—	1,100	1,250	1,350	1,700	—
1801 FT	—	1,100	1,250	1,350	1,700	—
1802 FT	—	1,100	1,250	1,350	1,700	—
1803 FT	—	1,100	1,250	1,350	1,700	—
1804/3 TH	—	1,100	1,250	1,375	1,950	—
1804 TH	—	1,100	1,250	1,350	1,700	5,300
1805 TH	—	1,100	1,250	1,350	1,700	—
1806 TH	—	1,100	1,250	1,350	1,700	5,300
1807 TH Mo over inverted Mo	—	1,100	1,250	1,375	1,950	—
1807/6 TH	—	1,100	1,250	1,375	1,950	—
1808/7 TH	—	1,100	1,250	1,350	2,100	—
1807 TH	—	1,100	1,250	1,350	1,700	—
1808 TH	—	1,100	1,250	1,450	2,100	—

KM# 160 27.07 g., 0.875 Gold, 0.7615 oz. AGW
Ruler: Ferdinand VII **Obv:** Armored bust right
Rev: Crowned shield divides designed wreath **Obv.
Legend:** FERDIN • VII • D • G... **Rev. Legend:** IN
UTROQ • FELIX **Mint:** Mexico City **Note:** Mint mark
Mo.

Date	Mintage	VG8	F12	VF20	XF40
1808 TH	—	1,225	1,250	1,400	2,250
1809 HJ	—	1,225	1,250	1,400	2,250
1810 HJ	—	1,225	1,250	1,400	2,250
1811/0 HJ	—	1,225	1,250	1,400	2,250
1811 HJ H/T	—	1,225	1,250	1,400	2,250
1811 HJ	—	1,225	1,250	1,400	2,250
1811 JJ	—	1,225	1,250	1,400	2,250
1812 JJ	—	1,225	1,250	1,400	2,250

KM# 161 27.07 g., 0.875 Gold, 0.7615 oz. AGW
Ruler: Ferdinand VII **Obv:** Laureate head right
Rev: Crowned shield divides designed wreath **Obv.
Legend:** FERDIN • VII • D • G... **Rev. Legend:** IN
UTROQ • FELIX **Mint:** Mexico City **Note:** Mint mark
Mo.

Date	Mintage	VG8	F12	VF20	XF40	MS60
1814 JJ	—	1,225	1,275	1,400	2,000	—
1815/4 JJ	—	1,225	1,275	1,400	2,150	—
1815/4 HJ	—	1,225	1,275	1,400	2,150	—
1815 JJ	—	1,225	1,275	1,400	2,000	—
1815 HJ	—	1,225	1,275	1,400	2,000	—
1816 JJ	—	1,225	1,275	1,400	2,000	—
1817 JJ	—	1,225	1,275	1,400	2,150	—
1818/7 JJ	—	1,225	1,275	1,400	2,100	—
1818 JJ	—	1,225	1,275	1,400	2,100	—
1819 JJ	—	1,225	1,275	1,400	2,100	—
1820 JJ	—	1,225	1,275	1,400	2,100	—
1821 JJ	—	1,225	1,275	1,400	2,250	—

PROCLAMATION MEDALLIC COINAGE

1/2 REAL

KM# Q22 1.60 g., Silver, **Issuer:** Mexico City
Obv: Crowned shield flanked by crowned pillars
with banner **Rev:** Legend, date within wreath **Obv.
Legend:** A CARLOS IV REY DE ESPANA Y DE
LAS YNDIAS **Rev. Legend:** PROCLAMADO EN
MEXICO ANO DE 1789

Date	Mintage	F12	VF20	XF40	MS60	MS63
1789	—	40.00	70.00	120	—	—

KM# Q22a Bronze, **Issuer:** Mexico City **Obv:**
Crowned shield flanked by crowned pillars with
banner **Rev:** Legend, date within wreath **Obv.
Legend:** A CARLOS IV REY DE ESPANA Y DE
LAS YNDIAS **Rev. Legend:** PROCLAMADO EN
MEXICO ANO DE 1789

Date	Mintage	F12	VF20	XF40	MS60	MS63
1789	—	45.00	90.00	150	—	—

KM# Q23 Silver, **Issuer:** Mexico City **Obv:**
Crowned arms in double-lined circle **Obv. Legend:**
A CARLOS IV REY DE ESPANA Y DE LAS YNDIAS
Rev. Legend: PROCLAMADO EN MEXICO ANO
DE 1789

Date	Mintage	F12	VF20	XF40	MS60	MS63
1789	—	40.00	70.00	120	—	—

KM# Q23a Bronze, **Issuer:** Mexico City **Obv:**
Crowned arms in double-lined circle **Obv. Legend:**
A CARLOS IV REY DE ESPANA Y DE LAS YNDIAS
Rev. Legend: PROCLAMADO EN MEXICO ANO
DE 1789

Date	Mintage	F12	VF20	XF40	MS60	MS63
1789	—	45.00	90.00	150	—	—

REAL

KM# Q24 Silver, **Issuer:** Mexico City **Obv:**
Crowned shield flanked by crowned pillars with
banner **Obv. Legend:** A CARLOS IV REY DE ESPANA Y
DE LAS YNDIAS **Rev. Legend:** PROCLAMADO
EN MEXICO ANO DE 1789

Date	Mintage	F12	VF20	XF40	MS60	MS63
1789	—	40.00	70.00	120	—	—

KM# Q24a Bronze, **Issuer:** Mexico City **Obv:**
Crowned shield flanked by crowned pillars with
banner **Rev:** Legend, date, value within wreath
Obv. Legend: A CARLOS IV REY DE ESPANA Y
DE LAS YNDIAS **Rev. Legend:** PROCLAMADO
EN MEXICO ANO DE 1789

Date	Mintage	F12	VF20	XF40	MS60	MS63
1789	—	45.00	90.00	150	—	—

KM# QA24 Silver, **Issuer:** Mexico City **Obv:** Crowned arms in double-lined circle **Obv. Legend:** A CARLOS IV REY DE ESPANA Y DE LAS YNDIAS **Rev. Legend:** PROCLAMADO EN MEXICO ANO DE 1789

Date	Mintage	F12	VF20	XF40	MS60	MS63
1789	—	40.00	70.00	120	—	—

KM# QA24a Copper, **Issuer:** Mexico City **Obv:** Crowned arms in double-lined circle **Obv. Legend:** A CARLOS IV REY DE ESPANA Y DE LAS YNDIAS **Rev. Legend:** PROCLAMADO EN MEXICO ANO DE 1789

Date	Mintage	F12	VF20	XF40	MS60	MS63
1789	—	45.00	90.00	150	—	—

KM# Q8 Silver, **Issuer:** Chiapa **Obv:** Crowned shield flanked by pillars **Rev:** Legend within wreath **Obv. Legend:** FERNANDO. VII. REY DE ESPAÑA. Y DE SUS IND. **Rev. Legend:** PROCLA/MADO ENCUID•R•DE/ CHIAPA•/•A1808•

Date	Mintage	F12	VF20	XF40	MS60	MS63
1808	—	25.00	40.00	70.00	125	—

2 REALES

KM# Q25 6.70 g., Silver, **Issuer:** Mexico City **Obv:** Crowned shield flanked by crowned pillars with banner **Rev:** Legend, date, value within wreath **Obv. Legend:** A CARLOS IV REY DE ESPANA Y DE LAS YNDIAS **Rev. Legend:** PROCLAMADO EN MEXICO ANO DE 1789

Date	Mintage	F12	VF20	XF40	MS60	MS63
1789	—	70.00	125	225	—	—

KM# Q25a 6.70 g., Bronze, **Issuer:** Mexico City **Obv:** Crowned shield flanked by crowned pillars with banner **Rev:** Legend, date, value within wreath **Obv. Legend:** A CARLOS IV REY DE ESPANA Y DE LAS YNDIAS **Rev. Legend:** PROCLAMADO EN MEXICO ANO DE 1789

Date	Mintage	F12	VF20	XF40	MS60	MS63
1789	—	60.00	115	180	—	—

KM# Q10 Silver, **Issuer:** Chiapa **Obv:** Crowned shield flanked by pillars **Rev:** Legend, date within wreath **Obv. Legend:** FERNANDO VII REY DE ESPANA Y DE SUS INDIAS

Date	Mintage	F12	VF20	XF40	MS60	MS63
1808	—	45.00	70.00	100	175	—

KM# Q64 Silver, **Issuer:** Queretaro **Obv:** Crowned shield flanked by pillars **Rev:** Legend, date within wreath **Obv. Legend:** FERNANDO VII REY DE ESPANA

Date	Mintage	F12	VF20	XF40	MS60	MS63
1808	—	25.00	45.00	90.00	150	—

4 REALES

KM# Q27 13.60 g., Silver, **Issuer:** Mexico City **Obv:** Crowned shield flanked by crowned pillars with banner **Rev:** Legend date, value within wreath **Obv. Legend:** A CARLOS IV REY DE ESPANA Y DE LAS YNDIAS **Rev. Legend:** PROCLAMADO EN MEXICO ANO DE 1789

Date	Mintage	F12	VF20	XF40	MS60	MS63
1789	—	200	375	675	1,150	—

KM# Q27a 13.60 g., Bronze, **Issuer:** Mexico City **Obv:** Crowned shield flanked by crowned pillars with banner **Rev:** Legend, date, value within wreath **Obv. Legend:** A CARLOS IV REY DE ESPANA Y DE LAS YNDIAS **Rev. Legend:** PROCLAMADO EN MEXICO ANO DE 1789

Date	Mintage	F12	VF20	XF40	MS60	MS63
1789	—	140	250	450	—	—

KM# QA66 Silver, **Issuer:** Queretaro **Obv:** Crowned shield flanked by pillars **Rev:** Legend, date within wreath **Obv. Legend:** FERNANDO VII REY DE ESPANA

Date	Mintage	F12	VF20	XF40	MS60	MS63
1808	—	100	160	295	475	—

8 REALES

KM# Q28 27.00 g., Silver, **Issuer:** Mexico City **Obv:** Crowned shield flanked by crowned pillars with banner **Rev:** Legend, date, value within wreath **Obv. Legend:** A CARLOS IV REY DE ESPANA Y DE LAS YNDIAS **Rev. Legend:** PROCLAMADO EN MEXICO ANO DE 1789

Date	Mintage	F12	VF20	XF40	MS60	MS63
1789	—	400	700	1,200	2,000	—

KM# Q28a 27.00 g., Bronze, **Issuer:** Mexico City **Obv:** Crowned shield flanked by crowned pillars with banner **Rev:** Legend, date, value within wreath **Obv. Legend:** A CARLOS IV REY DE ESPANA Y DE LAS YNDIAS **Rev. Legend:** PROCLAMADO EN MEXICO ANO DE 1789

Date	Mintage	F12	VF20	XF40	MS60	MS63
1789	—	140	250	450	—	—

KM# Q68 Silver, **Issuer:** Queretaro **Obv:** Crowned shield flanked by pillars **Rev:** Legend, date within wreath **Obv. Legend:** FERNANDO VII REY DE ESPANA

Date	Mintage	F12	VF20	XF40	MS60	MS63
1808	—	220	425	575	950	—

WAR OF INDEPENDENCE

CHIHUAHUA

The Chihuahua Mint was established by a decree of October 8, 1810 as a temporary mint. Their first coins were cast 8 Reales using Mexico City coins as patterns and obliterating/changing the mint mark and moneyer initials. Two c/m were placed on the obverse - on the left, a T designating receipt by the Royal Treasurer, crowned pillars of Hercules on the right with pomegranate beneath, the comptrollers symbol.

In 1814, standard dies were made available, thus machine struck 8 Reales were produced until 1822. Only the one denomination was made at Chihuahua.

Mint mark: CA.

ROYALIST COINAGE

8 REALES

KM# 123 Cast Silver, **Ruler:** Ferdinand VII **Obv:** Armored bust right **Rev:** Crowned shield flanked by pillars **Obv. Legend:** FERDIN• VII • DEI • GRATIA **Mint:** Chihuahua **Countermark:** T at left, pillars at right, pomegranate below

CM Date	Host Date	G4	VG8	F12	VF20	XF40
CA RP	1810 Rare	—	—	—	—	—
CA RP	1811	45.00	70.00	120	200	—
CA RP	1812	40.00	65.00	90.00	175	—
CA RP	1813	35.00	50.00	70.00	120	—

KM# 111.1 27.07 g., 0.903 Silver, 0.7859 oz. ASW **Ruler:** Ferdinand VII **Obv:** Draped bust right **Rev:** Crowned shield flanked by pillars **Obv. Legend:** FERDIN • VII • DEI • GRATIA

Date	Mintage	VG8	F12	VF20	XF40	MS60
1815 RP	—	220	300	525	750	—
1816 RP	—	90.00	140	225	425	—
1817 RP	—	110	165	280	425	—
1818 RP	—	110	165	280	425	—
1819/8 RP	—	140	195	375	525	—
1819 RP	—	140	195	375	525	—
1820 RP	—	220	300	525	750	—
1821 RP	—	220	300	525	750	—
1822 RP	—	450	650	1,200	1,650	—

Note: KM#111.1 is normally found struck over earlier cast 8 Reales, KM#123 and Monclova (MVA) 1812 cast countermark 8 Reales, KM#202 and Zacatecas 8 Reales, KM#190

DURANGO

The Durango mint was authorized as a temporary mint on the same day as the Chihuahua Mint, October 8, 1810. The mint opened in 1811 and made coins of 6 denominations between 1811 and 1822. Mint mark: D.

ROYALIST COINAGE

1/8 REAL

KM# 60 Copper, **Ruler:** Ferdinand VII **Obv:** Crowned monogram **Rev:** EN DURANGO, value, date **Mint:** Durango

Date	Mintage	VG8	F12	VF20	XF40	MS60
1812 D	—	40.00	75.00	125	250	—
1813 D	—	65.00	135	185	375	—
1814 D Rare	—	—	—	—	—	—

WAR OF INDEPENDENCE

KM# 61 Copper, **Ruler:** Ferdinand VII **Obv:** Crowned monogram **Rev:** Value within spray, date below **Rev. Legend:** ENDURANGO. **Mint:** Durango

Date	Mintage	VG8	F12	VF20	XF40	MS60
1814 D	—	18.00	32.50	55.00	95.00	—
1815 D	—	18.00	35.00	60.00	100	—
1816 D	—	18.00	35.00	60.00	100	—
1817 D	—	15.00	30.00	50.00	95.00	—
1818 D	—	15.00	30.00	50.00	95.00	—
1818 D	—	45.00	80.00	125	225	—

Note: OCTAVO DD REAL, error

1/2 REAL

KM# 74.1 1.69 g., 0.903 Silver, 0.0491 oz. ASW **Ruler:** Ferdinand VII **Obv:** Draped laureate bust right **Rev:** Crowned shield flanked by pillars **Mint:** Durango

Date	Mintage	VG8	F12	VF20	XF40	MS60
1813 D RM	—	275	500	825	2,050	—
1814 D MZ	—	275	500	825	2,050	—
1816 D MZ	—	275	500	825	2,050	—

REAL

KM# 83.1 3.38 g., 0.903 Silver, 0.0981 oz. ASW **Ruler:** Ferdinand VII **Obv:** Draped laureate bust right **Rev:** Crowned shield flanked by pillars **Obv. Legend:** FERDIN • VII... **Rev. Legend:** IND • REX... **Mint:** Durango

Date	Mintage	VG8	F12	VF20	XF40	MS60
1813 D RM	—	275	500	725	1,800	—
1814 D MZ	—	275	500	725	1,800	—
1815 D MZ	—	275	500	725	1,800	—

2 REALES

KM# 92.2 6.77 g., 0.903 Silver, 0.1965 oz. ASW **Ruler:** Ferdinand VII **Obv:** Armored bust right **Rev:** Crowned shield flanked by pillars **Rev. Legend:** MON PROV DE DURANGO... **Mint:** Durango

Date	Mintage	VG8	F12	VF20	XF40	MS60
1811 D RM	—	700	800	1,550	3,200	—

KM# 92.3 6.77 g., 0.903 Silver, 0.1965 oz. ASW **Ruler:** Ferdinand VII **Obv:** Armored bust right **Rev:** Crowned shield flanked by pillars **Rev. Legend:** HISPAN ET IND REX...

Date	Mintage	VG8	F12	VF20	XF40	MS60
1812 RM	—	425	650	1,250	2,750	—

KM# 93.1 6.77 g., 0.903 Silver, 0.1965 oz. ASW **Ruler:** Ferdinand VII **Obv:** Draped laureate bust right **Rev:** Crowned shield flanked by pillars **Obv. Legend:** FERDIN • VII... **Rev. Legend:** IND • REX... **Mint:** Durango

Date	Mintage	VG8	F12	VF20	XF40	MS60
1812 D RM	—	375	600	1,150	2,550	—
1813 D RM	—	475	925	1,550	4,250	—
1813 D MZ	—	475	925	1,550	4,250	—
1814 D MZ	—	475	925	1,550	4,250	—
1815 D MZ	—	475	925	1,550	4,250	—
1816 D MZ	—	475	925	1,550	4,250	—
1817 D MZ	—	475	925	1,550	4,250	—

4 REALES

KM# 102.1 13.54 g., 0.903 Silver, 0.3931 oz. ASW **Ruler:** Ferdinand VII **Obv:** Draped laureate bust right **Rev:** Crowned shield flanked by pillars **Obv. Legend:** FERDIN • VII... **Rev. Legend:** IND • REX... **Mint:** Durango

Date	Mintage	VG8	F12	VF20	XF40	MS60
1814 D MZ	—	850	1,550	2,550	6,900	—
1816 D MZ	—	700	1,400	2,150	6,200	—
1817 D MZ	—	700	1,400	2,150	6,200	—

8 REALES

KM# 110.1 27.07 g., 0.903 Silver, 0.7859 oz. ASW
Ruler: Ferdinand VII **Obv:** Armored bust right **Rev:**
Crowned shield flanked by pillars **Obv. Legend:**
FERD • VII... **Rev. Legend:** DURANGO • 8R R •
M... **Mint:** Durango

Date	Mintage	VG8	F12	VF20	XF40	MS60
1811 D RM	—	2,800	5,500	9,000	—	—
1812 D RM	—	450	825	1,250	4,400	—
1814 D MZ	—	450	825	1,250	4,400	—

KM# 111.2 27.07 g., 0.903 Silver, 0.7859 oz. ASW
Ruler: Ferdinand VII **Obv:** Draped laureate bust
right **Rev:** Crowned shield flanked by pillars **Obv.
Legend:** FERDIN • VII... **Rev. Legend:** IND • REX...
Mint: Durango

Date	Mintage	VG8	F12	VF20	XF40	MS60
1812 D RM	—	175	245	375	1,150	—
1813 D RM	—	210	280	450	1,250	—
1813 D MZ	—	175	245	375	1,100	—
1814/2 D MZ	—	210	280	425	1,100	—
1814 D MZ	—	210	280	425	1,100	—
1815 D MZ	—	105	175	325	875	—
1816 D MZ	—	70.00	105	175	500	—
1817 D MZ	—	42.00	70.00	125	375	—
1818 D MZ	—	70.00	105	175	525	—
1818 D RM	—	70.00	105	175	500	—
1818 D CG/RM	—	140	175	210	525	—
1818 D CG	—	70.00	105	175	500	—
1819 D CG/RM	—	70.00	140	210	450	—
1819 D CG	—	42.00	85.00	140	375	—
1820 D CG	—	42.00	85.00	140	375	—
1821 D CG	—	42.00	55.00	110	325	—
1822 D CG	—	42.00	70.00	125	375	—

Note: Occasionally these are found struck over cast Chi-
huahua 8 reales and are very rare in general, speci-
mens dated prior to 1816 are rather crudely struck

GUADALAJARA

The Guadalajara Mint made its first coins in 1812
and the mint operated until April 30, 1815. It was to
reopen in 1818 and continue operations until 1822. It
was the only Royalist mint to strike gold coins, both
4 and 8 Escudos. In addition to these it struck the
standard 5 denominations in silver.
Mint mark: GA.

ROYALIST COINAGE

1/2 REAL

KM# 74.2 1.69 g., 0.903 Silver, 0.0491 oz. ASW
Ruler: Ferdinand VII **Obv:** Draped laureate bust
right **Rev:** Crowned shield flanked by pillars **Obv.
Legend:** FERDIN • VII... **Rev. Legend:** IND... **Mint:**
Guadalajara

Date	Mintage	VG8	F12	VF20	XF40
1812 GA MR Rare	—	—	—	—	—
1814 GA MR	—	60.00	145	290	425
1815 GA MR	—	290	500	725	1,450

REAL

KM# 83.2 3.38 g., 0.903 Silver, 0.0981 oz. ASW
Ruler: Ferdinand VII **Obv:** Draped laureate bust
right **Rev:** Crowned shield flanked by pillars **Obv.
Legend:** FERDIN • VII... **Rev. Legend:** IND • REX...
Mint: Guadalajara

Date	Mintage	VG8	F12	VF20	XF40	MS60
1813 GA MR	—	425	725	1,150	—	—
1814 GA MR	—	215	290	500	925	—
1815 GA MR	—	425	725	1,150	—	—

2 REALES

KM# 93.2 6.77 g., 0.903 Silver, 0.1965 oz. ASW
Ruler: Ferdinand VII **Obv:** Draped laureate bust
right **Rev:** Crowned shield flanked by pillars **Obv.
Legend:** FERDIN • VII... **Rev. Legend:** IND • REX...
Mint: Guadalajara

Date	Mintage	VG8	F12	VF20	XF40	MS60
1812 GA MR	—	350	600	950	3,000	—
1814/2 GA MR	—	90.00	150	300	775	—
1814 GA MR	—	90.00	150	300	775	—
1815/4 GA MR	—	500	875	1,300	4,300	—
1815 GA MR	—	475	850	1,200	4,200	—
1821 GA FS	—	240	300	425	1,150	—

4 REALES

KM# 102.2 13.54 g., 0.903 Silver, 0.3931 oz. ASW
Ruler: Ferdinand VII **Obv:** Draped laureate bust
right **Rev:** Crowned shield flanked by pillars **Obv.**
Legend: FERDIN • VII... **Rev. Legend:** IND • REX...
Mint: Guadalajara

Date	Mintage	VG8	F12	VF20	XF40	MS60
1814 GA MR	—	65.00	105	245	425	—
1815 GA MR	—	130	245	500	825	—

KM# 102.3 13.54 g., 0.903 Silver, 0.3931 oz. ASW
Ruler: Ferdinand VII **Obv:** Draped laureate bust
right **Rev:** Crowned shield flanked by pillars **Obv.**
Legend: FERDIN • VII... **Rev. Legend:** IND • REX...
Mint: Guadalajara

Date	Mintage	VG8	F12	VF20	XF40	MS60
1814 GA MR	—	85.00	165	325	650	—

KM# 102.4 13.54 g., 0.903 Silver, 0.3931 oz. ASW
Ruler: Ferdinand VII **Obv:** Draped laureate bust
right **Rev:** Crowned shield flanked by pillars **Obv.**
Legend: FERDIN • VII... **Rev. Legend:** IND • REX...
Mint: Guadalajara

Date	Mintage	VG8	F12	VF20	XF40	MS60
1814 GA MR	—	100	195	425	750	—

8 REALES

KM# 111.3 27.07 g., 0.903 Silver, 0.7859 oz. ASW
Ruler: Ferdinand VII **Obv:** Draped laureate bust
right **Rev:** Crowned shield flanked by pillars **Obv.**
Legend: FERDIN • VII... **Rev. Legend:** IND • REX...
Mint: Guadalajara

Date	Mintage	VG8	F12	VF20	XF40	MS60
1812 GA MR	—	2,700	4,500	6,500	9,500	—
1813/2 GA MR	—	110	180	270	725	—
1813 GA MR	—	110	180	270	725	—
1814 GA MR	—	36.00	65.00	110	325	—

Note: Several bust varieties exist for the 1814 issue

1815 GA MR	—	230	300	550	1,150	—
1818 GA FS	—	55.00	90.00	140	350	—
1821/18 GA FS	—	55.00	90.00	140	350	—
1821 GA FS	—	45.00	65.00	110	300	—
1821/2 GA FS	—	55.00	90.00	140	350	—
1822/1 GA FS	—	55.00	90.00	140	350	—
1822 GA FS	—	45.00	80.00	115	300	—

Note: Die varieties exist. Early dates are also
encountered struck over other types

4 ESCUDOS

KM# 147 13.54 g., 0.875 Gold, 0.3809 oz. AGW
Ruler: Ferdinand VII **Obv:** Uniformed bust right
Rev: Crowned shield divides designed wreath **Mint:**
Guadalajara

Date	Mintage	VG8	F12	VF20	XF40	MS60
1812 GA MR Rare	—	—	—	—	—	—

8 ESCUDOS

KM# 162 27.07 g., 0.875 Gold, 0.7615 oz. AGW **Ruler:** Ferdinand VII **Obv:** Large uniformed bust right **Rev:** Crowned shield divides designed wreath **Obv. Legend:** FERDIN • VII • D • G... **Rev. Legend:** UTROQ • FELIX... **Mint:** Guadalajara

Date	Mintage	VG8	F12	VF20	XF40	MS60
1812 GA	—	—	—	—	—	—
MR Rare						
1813 GA	—	6,000	9,000	15,000	25,000	—
MR						

Note: Heritage Long Beach sale 5-08, Choice AU realized $37,500. American Numismatic Rarities Eliasberg sale 4-05, VF-30 realized $23,000.

KM# 163 27.07 g., 0.875 Gold, 0.7615 oz. AGW **Ruler:** Ferdinand VII **Obv:** Small uniformed bust right **Rev:** Crowned shield divides designed wreath **Obv. Legend:** FERDIN • VII... **Rev. Legend:** UTROQ • FELIX... **Mint:** Guadalajara

Date	Mintage	VG8	F12	VF20	XF40
1813 GA MR	—	10,000	16,000	30,000	45,000

Note: Spink America Gerber sale 6-96 VF or better realized $46,200

KM# 161.1 27.07 g., 0.875 Gold, 0.7615 oz. AGW **Ruler:** Ferdinand VII **Obv:** Laureate head right **Rev:** Crowned shield divides designed wreath **Obv. Legend:** FERDIN • VII • D • G... **Rev. Legend:** UTROQ • FELIX... **Mint:** Guadalajara

Date	Mintage	VG8	F12	VF20	XF40
1821 GA FS	—	2,000	4,000	10,000	17,000

Note: American Numismatic Rarities Eliasberg sale 4-05, AU-55 realized $20,700.

KM# 164 27.07 g., 0.875 Gold, 0.7615 oz. AGW **Ruler:** Ferdinand VII **Obv:** Draped laureate bust right **Rev:** Crowned shield flanked by pillars **Mint:** Guadalajara

Date	Mintage	VG8	F12	VF20	XF40
1821 GA FS	—	5,500	8,000	14,500	23,500

GUANAJUATO

The Guanajuato Mint was authorized December 24, 1812 and started production shortly thereafter; closing for unknown reasons on May 15, 1813. The mint was reopened in April, 1821 by the insurgents, who struck coins of the old royal Spanish design to pay their army, even after independence, well into 1822.

Only the 2 and 8 Reales coins were made.
Mint mark: Go.

ROYALIST COINAGE

2 REALES

KM# 93.3 6.77 g., 0.903 Silver, 0.1965 oz. ASW **Ruler:** Ferdinand VII **Obv:** Draped laureate bust right **Rev:** Crowned shield flanked by pillars **Obv. Legend:** FERDIN • VII... **Rev. Legend:** IND • REX... **Mint:** Guanajuato

Date	Mintage	VG8	F12	VF20	XF40	MS60
1821 Go JM	—	50.00	95.00	145	265	—
1822 Go JM	—	43.25	70.00	110	210	—

8 REALES

KM# 111.4 27.07 g., 0.903 Silver, 0.7859 oz. ASW **Ruler:** Ferdinand VII **Obv:** Draped laureate bust right **Rev:** Crowned shield flanked by pillars **Obv. Legend:** FERDIN • VII... **Rev. Legend:** IND • REX... **Mint:** Guanajuato

Date	Mintage	VG8	F12	VF20	XF40	MS60
1812 Go JJ	—	3,700	6,500	—	—	—
1813 Go JJ	—	180	250	400	875	—
1821 Go JM	—	36.00	70.00	110	290	—
1822 Go JM	—	30.00	50.00	85.00	265	—

NUEVA VISCAYA

(Later became Durango State)

This 8 Reales, intended for the province of Nueva Viscaya, was minted in the newly-opened Durango Mint during February and March of 1811, before the regular coinage of Durango was started.

ROYALIST COINAGE

8 REALES

KM# 181 27.07 g., 0.903 Silver, 0.7859 oz. ASW **Ruler:** Ferdinand VII **Obv:** Crowned shield within sprays **Rev:** Crowned shield flanked by pillars **Obv. Legend:** MON • PROV • DE NUEV • VIZCAYA

Date	Mintage	G4	VG8	F12	VF20	XF40
1811 RM	—	1,250	2,800	3,550	6,900	—

Note: Several varieties exist.

OAXACA

The city of Oaxaca was in the midst of a coin shortage when it became apparent the city would be taken by the Insurgents. Royalist forces under Lt. Gen. Saravia had coins made. They were cast in a blacksmith shop. 1/2, 1, and 8 Reales were made only briefly in 1812 before the Royalists surrendered the city.

ROYALIST COINAGE

1/2 REAL

KM# 166 0.903 Silver, **Ruler:** Ferdinand VII **Obv:** Cross separating castle, lion, Fo, 7o **Rev:** Legend around shield **Rev. Legend:** PROV • D • OAXACA

Date	Mintage	G4	VG8	F12	VF20	XF40
1812	—	1,250	1,900	3,150	4,400	—

REAL

KM# 167 0.903 Silver, **Ruler:** Ferdinand VII **Obv:** Cross separating castle, lion, Fo, 7o **Rev:** Legend around shield **Rev. Legend:** PROV • D • OAXACA

Date	Mintage	G4	VG8	F12	VF20	XF40
1812	—	450	825	1,500	3,150	—

8 REALES

KM# 168 0.903 Silver, **Obv:** Cross separating castle, lion, Fo, 7o **Rev:** Shield, authorization mark above **Obv. Legend:** OAXACA 1812... **Note:** These issues usually display a second mark 'O' between the crowned pillars on the obverse. Varieties of large and small lion in shield also exist.

Date	Mintage	G4	VG8	F12	VF20	XF40
1812 A	—	1,500	2,100	3,500	5,700	—
1812 B	—	1,500	2,100	3,500	5,700	—
1812 C	—	1,500	2,100	3,500	5,700	—
1812 D	—	1,500	2,100	3,500	5,700	—
1812 K	—	1,500	2,100	3,500	5,700	—
1812 L	—	1,500	2,100	3,500	5,700	—
1812 Mo	—	1,500	2,100	3,500	5,700	—
1812 N	—	1,500	2,100	3,500	5,700	—
1812 O	—	1,500	2,100	3,500	5,700	—
1812 R	—	1,500	2,100	3,500	5,700	—
1812 V	—	1,500	2,100	3,500	5,700	—
1812 Z	—	1,500	2,100	3,500	5,700	—

REAL DEL CATORCE

(City in San Luis Potosi)

Real del Catorce is an important mining center in the Province of San Luis Potosi. In 1811 an 8 Reales coin was issued under very primitive conditions while the city was still in Royalist hands. Few survive.

ROYALIST COINAGE

8 REALES

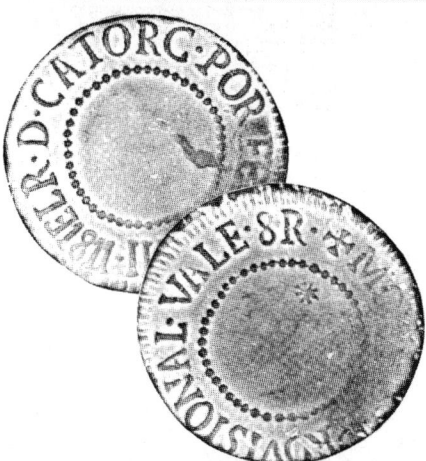

KM# 169 0.903 Silver, **Ruler:** Ferdinand VII **Obv. Legend:** EL R • D • CATORC • POR FERNA • VII **Rev. Legend:** MONEDA • PROVISIONAL • VALE • 8R

Date	Mintage	VG8	F12	VF20	XF40	MS60
1811	—	8,400	18,000	42,000	78,000	—

Note: Spink America Gerber Sale 6-96 VF or XF realized $63,800

SAN FERNANDO DE BEXAR

TOKEN COINAGE

1/2 REAL (JOLA)

KM# Tn1 Copper, **Ruler:** Ferdinand VII **Note:** Prev. KM#170.

Date	Mintage	G4	VG8	F12	VF20	XF40
1818	8,000	—	—	—	28,000	37,000

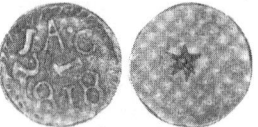

KM# Tn2 Copper, **Ruler:** Ferdinand VII **Note:** Prev. KM#171.

Date	Mintage	G4	VG8	F12	VF20	XF40
1818	Inc. above	—	—	—	25,000	35,000

SAN LUIS POTOSI

ROYALIST COINAGE

1/4 REAL

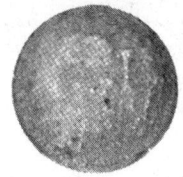 

KM# A172 Copper, **Ruler:** Ferdinand VII

Date	Mintage	G4	VG8	F12	VF20	XF40
1814	—	125	190	325	500	—

KM# A172a Silver, **Ruler:** Ferdinand VII

Date	Mintage	G4	VG8	F12	VF20	XF40
1814 Rare	—	—	—	—	—	—

SOMBRERETE

(Under Royalist Vargas)

The Sombrerete Mint opened on October 8, 1810 in an area that boasted some of the richest mines in Mexico. The mint operated only until July 16, 1811, only to reopen in 1812 and finally close for good at the end of the year. Mines Administrator Fernando Vargas, was also in charge of the coining, all coins bear his name.

ROYALIST COINAGE

1/2 REAL

KM# 172 0.903 Silver, **Ruler:** Ferdinand VII **Obv:** Legend around crowned globes **Rev:** Legend above lys in oval, sprays, date below **Obv. Legend:** FERDIN • VII • SOMBRERETE... **Rev. Legend:** VARGAS

Date	Mintage	G4	VG8	F12	VF20	XF40
1811	—	55.00	85.00	180	325	—
1812	—	60.00	110	210	350	—

REAL

KM# 173 0.903 Silver, **Ruler:** Ferdinand VII **Obv:** Legend around crowned globes **Rev:** Legend above lys in oval with denomination flanking, sprays, date below **Obv. Legend:** FERDIN • VII • SOMBRERETE... **Rev. Legend:** VARGAS

Date	Mintage	G4	VG8	F12	VF20	XF40
1811	—	55.00	85.00	180	325	—

Date	Mintage	G4	VG8	F12	VF20	XF40

Note: For 1811, denomination reads as '1R' or 'R1'

Date	Mintage	G4	VG8	F12	VF20	XF40
1812	—	60.00	110	210	350	—

2 REALES

KM# 174 0.903 Silver, **Ruler:** Ferdinand VII **Obv:** Royal arms **Rev:** 1811, S between crowned pillars **Obv. Legend:** R • CAXA • DE • SOMBRERETE **Countermark:** VARGAS

CM Date	Host Date	G4	VG8	F12	VF20	XF40
SE	1811	120	300	550	900	—

4 REALES

KM# 175 0.903 Silver, **Ruler:** Ferdinand VII **Obv:** Crowned Royal arms **Rev:** Large legend **Obv. Legend:** R • CAXA • DE • SOMBRERETE **Rev. Legend:** VARGAS / 1812 **Note:** Prev. KM#172.

Date	Mintage	G4	VG8	F12	VF20	XF40
1812	—	60.00	120	240	600	—

8 REALES

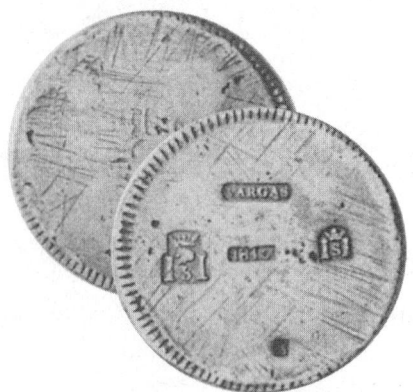

KM# 176 0.903 Silver, **Ruler:** Ferdinand VII **Obv:** Royal arms **Rev:** Several countermarks between crowned pillars **Obv. Legend:** R • CAXA • DE • SOMBRERETE **Countermark:** VARGAS, date, S

CM Date	Host Date	G4	VG8	F12	VF20	XF40
	1810	1,200	2,100	3,300	5,400	10,500
	1811	270	400	550	725	—

KM# 177 0.903 Silver, **Ruler:** Ferdinand VII **Obv:** Crowned Royal arms **Obv. Legend:** R • CAXA • DE SOMBRETE **Rev. Legend:** VARGAS / date /3, S between crowned pillars

Date	Mintage	G4	VG8	F12	VF20	XF40
1811	—	170	240	475	950	—
1812	—	150	220	450	925	—

VALLADOLID MICHOACAN

ROYALIST COINAGE

8 REALES

KM# 178 0.903 Silver, **Ruler:** Ferdinand VII **Obv:** Royal arms in wreath, value at sides **Rev. Legend:** PROVISIONAL / DE VALLADOLID / 1813

Date	Mintage	G4	VG8	F12	VF20	XF40
1813 Rare		—	—	—	—	—

KM# 179 0.903 Silver, **Ruler:** Ferdinand VII **Obv:** Draped laureate bust right **Rev:** Crowned shield flanked by pillars, P. D. V. in legend **Obv. Legend:** FERDIN • VII •... **Rev. Legend:** REX • P • D • V...

Date	Mintage	G4	VG8	F12	VF20	XF40
1813 Rare		—	—	—	—	—

Note: Spink America Gerber sale 6-96 good realized $23,100

ZACATECAS

The city of Zacatecas, in a rich mining region has provided silver for the world since mid-1500. On November 14, 1810 a mint began production for the Royalist cause. Zacatecas was the most prolific during the War of Independence. Four of the 5 standard silver denominations were made here, 4 Reales were not. The first, a local type showing mountains of silver on the coins were made only in 1810 and 1811. Some 1811 coins were made by the Insurgents who took the city on April 15, 1811, later retaken by the Royalists on May 21, 1811. Zacatecas struck the standard Ferdinand VII bust type until 1822.

Mint marks: Z, ZS, Zs.

ROYALIST COINAGE

1/2 REAL

KM# 180 0.903 Silver, **Ruler:** Ferdinand VII **Obv:** Crowned shield flanked by pillars **Rev:** Mountain within beaded circle **Obv. Legend:** FERDIN • VII... **Mint:** Zacatecas **Note:** Mint marks: Z, ZS, Zs.

Date	Mintage	G4	VG8	F12	VF20	XF40
1810	—	90.00	150	240	475	—
1811	—	36.00	60.00	110	240	—

Note: Date aligned with legend

KM# 181 0.903 Silver, **Ruler:** Ferdinand VII **Obv:** Crowned shield flanked by pillars **Rev:** Mountain within beaded circle **Rev. Legend:** MONEDA PROVISIONAL DE ZACATECAS **Mint:** Zacatecas **Note:** Mint marks: Z, ZS, Zs.

Date	Mintage	G4	VG8	F12	VF20	XF40
1811	—	36.00	60.00	110	240	—

KM# 182 0.903 Silver, **Ruler:** Ferdinand VII **Obv:** Provincial bust right **Rev:** Crowned shield flanked by pillars **Obv. Legend:** FERDIN • VII **Rev. Legend:** MONEDA PROVISIONAL DE ZACATECAS **Mint:** Zacatecas **Note:** Mint marks: Z, ZS, Zs.

Date	Mintage	G4	VG8	F12	VF20	XF40
1811	—	36.00	48.00	80.00	170	—
1812	—	30.00	42.00	70.00	150	—

KM# 73.1 1.69 g., 0.903 Silver, 0.0491 oz. ASW **Ruler:** Ferdinand VII **Obv:** Armored laureate bust right **Rev:** Crowned shield flanked by pillars **Obv. Legend:** FERDIN • VII... **Rev. Legend:** IND... **Mint:** Zacatecas **Note:** Mint marks: Z, ZS, Zs.

Date	Mintage	G4	VG8	F12	VF20	XF40
1813 AG	—	25.00	48.00	70.00	130	—
1813 FP	—	30.00	55.00	100	220	—
1814 AG	—	18.00	36.00	70.00	130	—
1815 AG	—	15.00	30.00	48.00	85.00	—
1816 AG	—	12.00	18.00	30.00	65.00	—
1817 AG	—	12.00	18.00	30.00	65.00	—
1818 AG	—	12.00	18.00	30.00	65.00	—
1819 AG	—	12.00	18.00	30.00	65.00	—

KM# 74.3 1.69 g., 0.903 Silver, 0.0491 oz. ASW **Ruler:** Ferdinand VII **Obv:** Draped laureate bust right **Rev:** Crowned shield flanked by pillars **Obv. Legend:** FERDIN • VII... **Rev. Legend:** IND... **Mint:** Zacatecas **Note:** Mint marks: Z, ZS, Zs.

Date	Mintage	VG8	F12	VF20	XF40	MS60
1819 AG	—	10.00	14.00	30.00	60.00	—
1820 AG	—	10.00	14.00	30.00	60.00	—
1820 RG	—	6.00	12.00	25.00	55.00	—
1821 AG	—	180	300	550	1,000	—
1821 RG	—	6.00	12.00	25.00	55.00	—

REAL

KM# 183 0.903 Silver, **Ruler:** Ferdinand VII **Obv:** Crowned shield flanked by pillars **Rev:** Mountain within beaded circle **Mint:** Zacatecas **Note:** Mint marks: Z, ZS, Zs.

Date	Mintage	G4	VG8	F12	VF20	XF40
1810	—	120	180	350	600	—
1811	—	25.00	48.00	90.00	180	—

Note: Date aligned with legend

KM# 184 0.903 Silver, **Ruler:** Ferdinand VII **Obv:** Crowned shield flanked by pillars **Rev:** Mountain within beaded circle **Rev. Legend:** MONEDA PROVISIONAL DE ZACATECAS **Mint:** Zacatecas **Note:** Mint marks: Z, ZS, Zs.

Date	Mintage	G4	VG8	F12	VF20	XF40
1811	—	18.00	36.00	70.00	160	—

KM# 185 0.903 Silver, **Ruler:** Ferdinand VII **Obv:** Provincial bust right **Rev:** Crowned shield flanked by pillars **Obv. Legend:** FERDIN • VII... **Rev. Legend:** MONEDA PROVISIONAL DE ZACATECAS **Mint:** Zacatecas **Note:** Mint marks: Z, ZS, Zs.

Date	Mintage	G4	VG8	F12	VF20	XF40
1811	—	60.00	100	155	265	—
1812	—	48.00	85.00	130	235	—

KM# 82.1 3.38 g., 0.903 Silver, 0.0981 oz. ASW **Ruler:** Ferdinand VII **Obv:** Armored laureate bust right **Rev:** Crowned shield flanked by pillars **Obv. Legend:** FERDIN • VII... **Rev. Legend:** IND • REX... **Mint:** Zacatecas **Note:** Mint marks: Z, ZS, Zs.

Date	Mintage	G4	VG8	F12	VF20	XF40
1813 FP	—	60.00	120	180	300	—
1814 FP	—	25.00	42.00	60.00	100	—
1814 AG	—	25.00	42.00	60.00	100	—
1815 AG	—	25.00	42.00	60.00	100	—
1816 AG	—	14.00	25.00	36.00	80.00	—
1817 AG	—	10.00	15.00	25.00	55.00	—
1818 AG	—	10.00	15.00	25.00	55.00	—
1819 AG	—	7.00	13.00	22.50	42.00	—

KM# 83.3 3.38 g., 0.903 Silver, 0.0981 oz. ASW **Ruler:** Ferdinand VII **Obv:** Draped laureate bust right **Rev:** Crowned shield flanked by pillars **Obv. Legend:** FERDIN • VII... **Rev. Legend:** REX • Z... **Mint:** Zacatecas **Note:** Mint marks: Z, ZS, Zs.

Date	Mintage	VG8	F12	VF20	XF40	MS60
1820 AG	—	7.00	14.00	25.00	70.00	—
1820 RG	—	7.00	14.00	25.00	70.00	—
1821 AG	—	22.50	36.00	55.00	110	—
1821 AZ	—	14.00	25.00	48.00	100	—

Date	Mintage	VG8	F12	VF20	XF40	MS60
1821 RG	—	8.00	15.00	30.00	80.00	—
1822 AZ	—	8.00	15.00	30.00	80.00	—
1822 RG	—	22.50	36.00	55.00	110	—

2 REALES

KM# 186 0.903 Silver, **Ruler:** Ferdinand VII **Obv:** Crowned shield flanked by pillars **Rev:** Mountain within beaded circle **Obv. Legend:** FERDIN • VII... **Rev. Legend:** MONEDA • PROVISION... **Mint:** Zacatecas **Note:** Mint marks: Z, ZS, Zs.

Date	Mintage	G4	VG8	F12	VF20	XF40
1810 Rare	—	—	—	—	—	—
1811	—	36.00	60.00	100	175	—

Note: Date aligned with legend

KM# 187 0.903 Silver, **Ruler:** Ferdinand VII **Obv:** Crowned shield flanked by pillars **Rev:** Mountain above L. V. O within beaded circle **Rev. Legend:** MONEDA PROVISIONAL DE ZACATECAS **Mint:** Zacatecas **Note:** Mint marks: Z, ZS, Zs.

Date	Mintage	G4	VG8	F12	VF20	XF40
1811	—	22.50	43.25	85.00	145	—

KM# 188 0.903 Silver, **Ruler:** Ferdinand VII **Obv:** Armored bust right **Rev:** Crowned shield flanked by pillars **Obv. Legend:** FERDIN • VII... **Rev. Legend:** MONEDA PROVISIONAL DE ZACATECAS **Mint:** Zacatecas **Note:** Mint marks: Z, ZS, Zs.

Date	Mintage	G4	VG8	F12	VF20	XF40
1811	—	46.25	85.00	180	300	—
1812	—	39.50	80.00	170	265	—

KM# 92.1 6.77 g., 0.903 Silver, 0.1965 oz. ASW **Ruler:** Ferdinand VII **Obv:** Large armored bust right **Rev:** Crowned shield flanked by pillars **Obv. Legend:** FERDIN • VII **Rev. Inscription:** MONEDA • PROVISION... **Mint:** Zacatecas **Note:** Mint marks: Z, ZS, Zs.

Date	Mintage	G4	VG8	F12	VF20	XF40
1813 FP	—	42.00	60.00	90.00	150	—
1814 FP	—	42.00	60.00	90.00	150	—
1814 AG	—	42.00	60.00	90.00	150	—
1815 AG	—	9.00	18.00	36.00	65.00	—
1816 AG	—	9.00	18.00	36.00	65.00	—
1817 AG	—	9.00	18.00	36.00	65.00	—
1818 AG	—	9.00	18.00	36.00	65.00	—

KM# 93.4 6.77 g., 0.903 Silver, 0.1965 oz. ASW **Ruler:** Ferdinand VII **Obv:** Draped laureate bust right **Rev:** Crowned shield flanked by pillars **Obv. Legend:** FERDIN • VII **Rev. Legend:** IND • REX... **Mint:** Zacatecas **Note:** Mint marks: Z, ZS, Zs.

Date	Mintage	VG8	F12	VF20	XF40	MS60
1818 AG	—	9.00	18.00	36.00	65.00	—
1819 AG	—	12.00	25.00	48.00	100	—
1819 AG	—	12.00	25.00	48.00	100	—
Note: Reversed 'S' in HISPAN						
1820 AG	—	12.00	25.00	48.00	100	—
1820 RG	—	12.00	25.00	48.00	100	—
1821 AG	—	12.00	25.00	48.00	100	—
1821 AZ/RG	—	12.00	25.00	48.00	100	—
1821 AZ	—	12.00	25.00	48.00	100	—
1821 RG	—	12.00	25.00	48.00	100	—
1822 AG	—	12.00	25.00	48.00	100	—
1822 RG	—	12.00	25.00	48.00	100	—

KM# A92 6.77 g., 0.903 Silver, 0.1965 oz. ASW **Ruler:** Ferdinand VII **Obv:** Small armored bust right **Rev:** Crowned shield flanked by pillars **Obv. Legend:** FERDIN • VII **Rev. Legend:** IND • REX... **Mint:** Zacatecas **Note:** Mint marks: Z, ZS, Zs.

Date	Mintage	G4	VG8	F12	VF20	XF40
1819 AG	—	55.00	120	240	475	—

8 REALES

KM# 189 0.903 Silver, **Ruler:** Ferdinand VII **Obv:** Crowned shield flanked by pillars **Rev:** Mountain above L.V.O. within beaded circle **Rev. Legend:** MONEDA.PROVISION... **Mint:** Zacatecas **Note:** Mint Zacatecas.

Date	Mintage	G4	VG8	F12	VF20	XF40
1810	—	350	600	900	1,500	—
1811	—	120	180	270	425	—

Note: Date aligned with legend. Also exists with incomplete date

KM# 191 0.903 Silver, **Ruler:** Ferdinand VII **Obv:** Armored bust right **Rev:** Crowned shield flanked by pillars **Obv. Legend:** FERDIN • VII • 8 •R • DEI... **Rev. Legend:** MONEDA PROVISIONAL DE ZACATECAS **Mint:** Zacatecas

Date	Mintage	G4	VG8	F12	VF20	XF40
1811	—	55.00	90.00	175	325	—
1812	—	60.00	100	190	350	—

KM# 192 0.903 Silver, **Ruler:** Ferdinand VII **Obv:** Draped laureate bust right **Rev:** Crowned shield flanked by pillars **Obv. Legend:** FERDIN • VII • DEI... **Rev. Legend:** MONEDA PROVISIONAL DE ZACATECAS **Mint:** Zacatecas

Date	Mintage	G4	VG8	F12	VF20	XF40
1812	—	90.00	180	325	550	—

KM# 190 0.903 Silver, **Ruler:** Ferdinand VII **Obv:** Crowned shield flanked by pillars **Rev:** Mountain above L. V. O within beaded circle **Obv. Legend:** FERDIN • VII • DEI... **Rev. Legend:** MONEDA PROVISIONAL DE ZACATECAS **Mint:** Zacatecas

Date	Mintage	G4	VG8	F12	VF20	XF40
1811	—	80.00	120	160	425	775

Note: Date aligned with legend

Date	Mintage	G4	VG8	F12	VF20	XF40
1811 Error FERDIN • VI	—	—	—	—	3,600	6,000

KM# 111.5 27.07 g., 0.903 Silver, 0.7859 oz. ASW **Ruler:** Ferdinand VII **Obv:** Draped laureate bust right **Rev:** Crowned shield flanked by pillars **Obv. Legend:** FERDIN • VII • DEI • GRATIA **Rev. Legend:** HISPAN • ET IND • REX **Mint:** Zacatecas **Note:** Mint mark: Zs. Several bust types exist for the 1821 issues.

Date	Mintage	VG8	F12	VF20	XF40	MS60
1813 FP	—	90.00	150	210	325	—
1814 FP	—	180	300	425	550	—
1814 AG	—	120	180	240	350	—
1814 AG	—	150	210	270	400	—
Note: D over horizontal D in IND						
1814 AG/FP	—	120	180	240	350	—
1815 AG	—	60.00	120	180	300	—
1816 AG	—	42.00	60.00	80.00	150	—

Date	Mintage	VG8	F12	VF20	XF40	MS60
1817 AG	—	42.00	60.00	80.00	150	—
1818 AG	—	36.00	48.00	60.00	120	—
1819 AG	—	36.00	48.00	60.00	120	—
1819 AG 'GRATIA' error	—	120	240	350	475	—
1820 AG 18/11 error	—	120	240	350	475	—
1820 AG	—	36.00	48.00	60.00	120	600
1820 RG	—	36.00	48.00	60.00	120	—
1821/81 RG	—	90.00	180	270	350	—
1821 RG	—	18.00	30.00	42.00	80.00	—
1821 AZ/RG	—	60.00	120	180	240	—
1821 AZ	—	60.00	120	180	240	—
1822 RG	—	48.00	70.00	120	210	775

KM# 111.6 27.07 g., 0.903 Silver, 0.7859 oz. ASW **Ruler:** Ferdinand VII **Obv:** Draped laureate bust right **Rev:** Crowned shield flanked by pillars **Obv. Legend:** FERDIN • VII • DEI • GRATIA **Rev. Legend:** HISAV • ET IND • REX **Mint:** Zacatecas

Date	Mintage	VG8	F12	VF20	XF40	MS60
1821 Zs	—	190	375	650	900	—

LCM - LA COMANDANCIA MILITAR

Crown and Flag
This countermark exists in 15 various sizes.

ROYALIST COUNTERMARKED COINAGE

2 REALES

KM# 193.1 0.903 Silver, **Countermark:** LCM **Note:** Countermark on Mexico KM#92.

CM Date	Host Date	G4	VG8	F12	VF20	XF40
ND TH	1809	100	200	300	550	—

KM# 193.2 0.903 Silver, **Countermark:** LCM **Note:** Countermark on Mexico KM#186.

CM Date	Host Date	G4	VG8	F12	VF20	XF40
ND	1811	100	200	300	550	—

8 REALES

KM# 194.1 Cast Silver, **Countermark:** LCM **Note:** Countermark on Chihuahua KM#123.

CM Date	Host Date	G4	VG8	F12	VF20	XF40
ND RP	1811	120	240	350	600	—
ND RP	1812	120	240	350	600	—

KM# 194.1 0.903 Silver, **Countermark:** LCM **Note:** Countermark on Zacatecas KM#111.5.

CM Date	Host Date	G4	VG8	F12	VF20	XF40
ND FP	1813	—	—	—	—	—
ND AG	1814	—	—	—	—	—
ND RG	1822	—	—	—	—	—

KM# 194.2 0.903 Silver,   **Countermark:** LCM
Note: Countermark on Chihuahua KM#111.1 struck over KM#123.

CM Date	Host Date	G4	VG8	F12	VF20	XF40
ND	1815 RP	240	325	475	725	—
ND	1817 RP	150	210	270	425	—
ND	1820 RP	150	210	270	425	—
ND	1821 RP	150	210	270	425	—

KM# 194.3 0.903 Silver,   **Countermark:** LCM
Note: Countermark on Durango KM#111.2.

CM Date	Host Date	G4	VG8	F12	VF20	XF40
ND	1812 RM	85.00	150	240	350	—
ND	1821 CG	85.00	150	240	350	—

KM# 194.4 0.903 Silver,   **Countermark:** LCM
Note: Countermark on Guadalajara KM#111.3.

CM Date	Host Date	G4	VG8	F12	VF20	XF40
ND MR	1813	180	270	350	600	—

KM# 194.5 0.903 Silver,   **Countermark:** LCM
Note: Countermark on Guanajuato KM#111.4.

CM Date	Host Date	G4	VG8	F12	VF20	XF40
ND JJ	1813	270	425	575	850	—

KM# 194.6 0.903 Silver,   **Countermark:** LCM
Note: Countermark on Nueva Viscaya KM#165.

CM Date	Host Date	G4	VG8	F12	VF20	XF40
ND RM	1811 Rare	—	—	—	—	—

KM# 194.7 0.903 Silver,   **Countermark:** LCM
Note: Countermark on Mexico KM#111.

CM Date	Host Date	G4	VG8	F12	VF20	XF40
ND HJ	1811	150	270	425	775	—
ND JJ	1812	130	160	240	425	—
ND JJ	1817	60.00	80.00	100	210	—
ND JJ	1818	60.00	80.00	100	210	—
ND JJ	1820	—	—	—	—	—

KM# 194.8 0.903 Silver,   **Countermark:** LCM
Note: Countermark on Sombrerete KM#176.

CM Date	Host Date	G4	VG8	F12	VF20	XF40
ND	1811 Rare	—	—	—	—	—
ND	1812 Rare	—	—	—	—	—

KM# 194.9 0.903 Silver,   **Countermark:** LCM
Note: Countermark on Zacatecas KM#190.

CM Date	Host Date	G4	VG8	F12	VF20	XF40
ND	1811	270	425	600	—	—

LCV - LAS CAJAS DE VERACRUZ

The Royal Treasury of the City of Veracruz

7 REALES

KM# 195 Silver,   **Countermark:** LCV **Note:** Countermark and 7 on underweight 8 Reales.

CM Date	Host Date	G4	VG8	F12	VF20	XF40
ND	ND Rare	—	—	—	—	—

Note: Most examples are counterfeit

7-1/4 REALES

KM# 196 Silver,   **Countermark:** LCV **Note:** Countermark and 7-1/4 on underweight 8 Reales.

CM Date	Host Date	G4	VG8	F12	VF20	XF40
ND	ND Rare	—	—	—	—	—

Note: Most examples are counterfeit

7-1/2 REALES

KM# 197 Silver,   **Countermark:** LCV **Note:** Countermark and 7-1/2 on underweight 8 Reales.

CM Date	Host Date	G4	VG8	F12	VF20	XF40
ND	ND Rare	—	—	—	—	—

Note: Most examples are counterfeit

WAR OF INDEPENDENCE

7-3/4 REALES

KM# 198 Silver, **Countermark:** LCV **Note:** Countermark and 7-3/4 on underweight 8 Reales.

CM Date	Host Date	G4	VG8	F12	VF20	XF40
ND	ND	350	450	550	850	—

Note: Many examples are counterfeit

8 REALES

KM# A198 Cast Silver, **Countermark:** LCV **Note:** Countermark on Chihuahua KM#123.

CM Date	Host Date	G4	VG8	F12	VF20	XF40
ND RP	1811	180	300	475	725	—

KM# 199 Silver, **Countermark:** LCV **Note:** Countermark on Zacatecas KM#191.

CM Date	Host Date	G4	VG8	F12	VF20	XF40
ND	1811	210	270	325	450	—
ND	1812	210	270	325	450	—

MS (MONOGRAM) - MANUEL SALCEDO

KM# 200 Silver, **Countermark:** MS monogram **Note:** Countermark on Mexico KM#110.

CM Date	Host Date	G4	VG8	F12	VF20	XF40
ND TH	1809	180	300	475	725	—
ND HJ	1810	180	300	475	725	—

CM Date	Host Date	G4	VG8	F12	VF20	XF40
ND HJ	1811	180	300	475	725	—

MVA - MONCLOVA

KM# 202.3 Silver, **Countermark:** MVA/1812 **Note:** Countermark on cast Mexico KM#110.

CM Date	Host Date	G4	VG8	F12	VF20	XF40
1812 HJ	1809	120	180	300	450	—
1812 TH	1809	120	180	300	450	—
1812 HJ	1810	120	180	300	450	—

KM# 201 Silver, **Countermark:** MVA/1811 **Note:** Countermark on Chihuahua KM#111.1; struck over cast Mexico KM#110.

CM Date	Host Date	G4	VG8	F12	VF20	XF40
ND	1809	300	550	850	1,200	—
ND	1816 RP	300	550	850	1,200	—
ND	1821 RP	300	550	850	1,200	—

KM# 202.1 Silver, **Countermark:** MVA/1812 **Note:** Countermark on Chihuahua KM#111.1; struck over cast Mexico KM#109.

CM Date	Host Date	G4	VG8	F12	VF20	XF40
1812	1810	150	210	300	450	—

KM# 202.2 Silver, **Countermark:** MVA/1812 **Note:** Countermark on cast Mexico KM#109.

CM Date	Host Date	G4	VG8	F12	VF20	XF40
1812 FM	1798	120	180	300	450	—
1812 FT	1802	120	180	300	450	—

KM# 202.5 Silver, **Countermark:** MVA/1812 **Note:** Countermark on Zacatecas KM#189.

CM Date	Host Date	G4	VG8	F12	VF20	XF40
1812	1813	350	425	550	850	—

AMERICAN CONGRESS

INSURGENT COINAGE

REAL

KM# 216 0.903 Silver, **Obv:** Eagle on cactus **Rev:** F. 7 on spread mantle **Obv. Legend:** CONGRESO AMERICANO **Rev. Legend:** DEPOSIT D.L. AUCTORI J **Mint:** Mexico City

Date	Mintage	G4	VG8	F12	VF20	XF40
ND(1813)	—	42.00	90.00	150	270	—

KM# 217 0.903 Silver, **Obv:** Eagle on cactus **Rev:** F. 7 on spread mantle **Obv. Legend:** CONGR. AMER. **Rev. Legend:** DEPOS. D. L. AUT. D. **Mint:** Mexico City

Date	Mintage	G4	VG8	F12	VF20	XF40
ND(1813)	—	42.00	90.00	150	270	—

NATIONAL CONGRESS

INSURGENT COINAGE

1/2 REAL

KM# 209 Struck Copper, **Obv:** Eagle on bridge **Rev:** Value, bow quiver, etc **Obv. Legend:** VICE FERD. VII DEI GRATIA ET **Rev. Legend:** S. P. CONG. NAT. IND.

Date	Mintage	G4	VG8	F12	VF20	XF40
1811	—	55.00	100	180	300	—
1812	—	33.00	70.00	120	210	—
1813	—	33.00	70.00	120	210	—
1814	—	55.00	100	180	300	—

KM# 210 0.903 Silver, **Obv:** Eagle on bridge **Rev:** Value, bow quiver, etc **Obv. Legend:** VICE FERD. VII DEI GRATIA ET **Rev. Legend:** S. P. CONG. NAT. IND.

Date	Mintage	G4	VG8	F12	VF20	XF40
1812	—	33.00	70.00	120	210	—

Date	Mintage	G4	VG8	F12	VF20	XF40
1813	—	55.00	110	210	325	—

Note: 1812 exists with the date reading inwards and outwards

REAL

KM# 211 0.903 Silver, **Obv:** Eagle on bridge **Rev:** Value, bow quiver, etc **Obv. Legend:** VICE FERD. VII DEI GRATIA ET **Rev. Legend:** S. P. CONG. NAT. IND.

Date	Mintage	G4	VG8	F12	VF20	XF40
1812	—	27.50	55.00	95.00	180	—
1813	—	27.50	55.00	95.00	180	—

Note: 1812 exists with the date reading either inward or outward

2 REALES

KM# 212 Struck Copper, **Obv:** Eagle on bridge **Rev:** Value, bow quiver, etc **Obv. Legend:** VICE FERD. VII DEI GRATIA ET **Rev. Legend:** S. P. CONG. NAT. IND.

Date	Mintage	G4	VG8	F12	VF20	XF40
1812	—	120	180	270	425	—
1813	—	27.50	60.00	90.00	180	—
1814	—	39.00	90.00	130	220	—

KM# A213 Struck Silver, **Obv:** Eagle on bridge **Rev:** Value, bow, quiver, etc **Obv. Legend:** VICE FERD. VII DEI GRATIA ET **Rev. Legend:** S. P. CONG. NAT. IND.

Date	Mintage	G4	VG8	F12	VF20	XF40
1813	—	1,050	1,950	3,300	5,500	—

KM# 213 0.903 Silver, Obv: Eagle on bridge in shield, denomination at sides Rev: Canon, quiver, arm, etc Obv. Legend: VICE FERD. VII DEI GRATIA ET

Date	Mintage	G4	VG8	F12	VF20	XF40
1813	—	95.00	200	350	500	—

Note: These dies were believed to be intended for the striking of 2 Escudos

4 REALES

KM# 215 0.903 Silver, Obv: Eagle on bridge Rev: Value, bow, quiver, etc Obv. Legend: VICE FERD. VII DEI GRATIA ET Rev. Legend: S. P. CONG. NAT. IND. Mint: Mexico City

Date	Mintage	G4	VG8	F12	VF20	XF40
1813	—	650	1,300	2,700	5,200	—

8 REALES

KM# 215.1 0.903 Silver, Obv: Small crowned eagle Rev: Value, bow, quiver, etc Obv. Legend: VICE FERD. VII DEI GRATIA ET Rev. Legend: S. P. CONG. NAT. IND. Mint: Mexico City

Date	Mintage	G4	VG8	F12	VF20	XF40
1812Mo	—	650	1,250	2,600	4,950	—

KM# 215.2 0.903 Silver, Obv: Large crowned eagle Rev: Value, bow, quiver, etc Obv. Legend: VICE FERD. VII DEI GRATIA ET Rev. Legend: S. P. CONG. NAT. IND. Mint: Mexico City

Date	Mintage	G4	VG8	F12	VF20	XF40
1813Mo	—	650	1,250	2,600	4,950	—

SUPREME NATIONAL CONGRESS OF AMERICA

INSURGENT COINAGE

PDV - Provisional de Valladolid
VTIL - Util = useful
(Refer to Multiple countermarks)

1/2 REAL

KM# 203 Struck Copper, Obv: Eagle on bridge Rev: Value, bow, quiver, etc Obv. Legend: FERDIN. VII DEI GRATIA Rev. Legend: S. P. CONG. NAT. IND. GUV.T.

Date	Mintage	G4	VG8	F12	VF20	XF40
1811	—	34.50	55.00	80.00	150	—
1812	—	34.50	55.00	80.00	150	—
1813	—	34.50	55.00	80.00	150	—
1814	—	34.50	55.00	80.00	150	—

REAL

KM# 204 Struck Copper, Obv: Eagle on bridge Rev: Value, bow, quiver, etc Obv. Legend: FERDIN. VII DEI GRATIA Rev. Legend: S. P. CONG. NAT. IND. GUV.T.

Date	Mintage	G4	VG8	F12	VF20	XF40
1811	—	55.00	95.00	155	250	—

2 REALES

KM# 205 Struck Copper, Obv: Eagle on bridge Rev: Value, bow, quiver, etc Obv. Legend: FERDIN. VII DEI GRATIA

Date	Mintage	G4	VG8	F12	VF20	XF40
1812	—	280	400	600	950	—

8 REALES

KM# 206 Cast Silver, Obv: Eagle on bridge Rev: Value, bow, quiver, etc Obv. Legend: FERDIN. VII DEI GRATIA

Date	Mintage	G4	VG8	F12	VF20	XF40
1811	—	190	325	450	700	—
1812	—	190	325	475	700	—

KM# 207 Struck Silver, **Obv:** Eagle on bridge **Rev:** Value, bow, quiver, etc **Obv. Legend:** FERDIN. VII DEI GRATIA

Date	Mintage	G4	VG8	F12	VF20	XF40
1811	—	—	—	—	—	—

Note: Ira & Larry Goldberg Millennia Sale 5-08, QU-55 realized $55,000.

Date	Mintage	G4	VG8	F12	VF20	XF40
1812	—	625	1,250	1,900	3,150	—

KM# 208 Struck Copper, **Obv:** Eagle on bridge **Rev:** Bow, sword and quiver **Obv. Legend:** FERDIN. VII... **Rev. Legend:** PROVICIONAL POR LA SUPREMA JUNTA DE AMERICA

Date	Mintage	G4	VG8	F12	VF20	XF40
1811	—	125	190	280	600	—
1812	—	125	190	280	600	—

NUEVA GALICIA

(Later became Jalisco State)

In early colonial times, Nueva Galicia was an extensive province which substantially combined later provinces of Zacatecas and Jalisco. These are states of Mexico today although the name was revived during the War of Independence. The only issue was 2 Reales of rather enigmatic origin. No decrees or other authorization to strike this coin has yet been located or reported.

INSURGENT COINAGE

2 REALES

KM# 218 0.903 Silver, **Obv:** N. G. in center, date **Rev:** 2R in center **Obv. Legend:** PROVYCIONAL... **Rev. Legend:** ... A. JUNIANA...

Date	Mintage	G4	VG8	F12	VF20	XF40
1813	—	1,250	3,150	5,600	—	—

Note: Excellent struck counterfeits exist

OAXACA

INSURGENT COINAGE

Oaxaca was the hub of Insurgent activity in the south where coinage started in July 1811 and continued until October 1814. The Oaxaca issues represent episodic strikings, usually under dire circumstances by various individuals. Coins were commonly made of copper due to urgency and were intended to be redeemed at face value in gold or silver once silver was available to the Insurgents. Some were later made in silver, but most appear to be of more recent origin, to satisfy collectors.

1/2 REAL

KM# 219 Struck Copper, **Obv:** Bow, arrow, SUD **Rev:** Morelos monogram Mo, date

Date	Mintage	G4	VG8	F12	VF20	XF40
1811	—	6.75	11.50	20.00	35.00	—
1812	—	6.75	11.50	20.00	35.00	—
1813	—	5.50	9.00	17.50	30.00	—
1814	—	9.00	16.50	25.00	40.00	—

Note: Uniface strikes exist of #219

KM# 220.1 Struck Silver, **Obv:** Bow, arrow, SUD **Rev:** Morelos monogram Mo, date

Date	Mintage	G4	VG8	F12	VF20	XF40
1811	—	—	—	—	—	—
1812	—	—	—	—	—	—
1813	—	—	—	—	—	—

KM# 220.2 Struck Silver, **Obv:** Bow, arrow, SUD **Rev:** Morelos monogram Mo, date

Date	Mintage	G4	VG8	F12	VF20	XF40
1811	—	—	—	—	—	—
1812	—	—	—	—	—	—
1813	—	33.00	65.00	130	200	—

Note: Use caution as silver specimens appear questionable and may be considered spurious

KM# 221 Struck Silver, **Obv:** Bow, arrow **Rev:** Lion **Obv. Legend:** PROVICIONAL DE OAXACA **Rev. Legend:** AMERICA MORELOS

Date	Mintage	G4	VG8	F12	VF20	XF40
1812	—	46.25	80.00	130	200	—
1813	—	46.25	80.00	130	200	—

KM# 221a Struck Copper, **Obv:** Bow, arrow **Rev:** Lion **Obv. Legend:** PROVICIONAL DE OAXACA **Rev. Legend:** AMERICA MORELOS

Date	Mintage	G4	VG8	F12	VF20	XF40
1812	—	36.25	55.00	90.00	130	—
1813	—	27.50	46.25	80.00	115	—

KM# A222 Struck Copper, **Obv:** Similar to KM#220 **Rev:** Similar to KM#221 but with 1/2 at left of lion **Rev. Legend:** AMERICA MORELOS

Date	Mintage	G4	VG8	F12	VF20	XF40
1813	—	36.25	55.00	90.00	130	—

KM# 243 Struck Copper, **Obv:** Bow, T.C., SUD **Rev:** Morelos monogram, value, date

Date	Mintage	G4	VG8	F12	VF20	XF40
1813	—	49.50	90.00	170	265	—

REAL

KM# 222 Struck Copper, **Obv:** Bow, arrow, SUD **Rev:** Morelos monogram, 1 R., date

Date	Mintage	G4	VG8	F12	VF20	XF40
1811	—	6.00	12.00	25.00	50.00	—
1812	—	5.00	10.00	18.00	39.50	—
1813	—	5.00	10.00	18.00	39.50	—

KM# 222a Struck Silver, **Obv:** Bow, arrow, SUD **Rev:** Morelos monogram, 1 R., date

Date	Mintage	G4	VG8	F12	VF20	XF40
1812	—	—	—	—	—	—
1813	—	—	—	—	—	—

KM# 223 Cast Silver, **Obv:** Bow, arrow, SUD with floral ornaments **Rev:** Morelos monogram, 1 R., date

Date	Mintage	G4	VG8	F12	VF20	XF40
1812	—	—	—	—	—	—
1813	—	36.25	80.00	150	210	—

Note: Use caution as many silver specimens appear questionable and may be considered spurious

KM# 224 Struck Copper, **Obv:** Bow, arrow/SUD **Rev:** Lion **Rev. Legend:** AMERICA MORELOS

Date	Mintage	G4	VG8	F12	VF20	XF40
1813	—	36.25	55.00	100	145	—

KM# 225 Silver, **Obv:** Bow, arrow/SUD **Rev:** Lion **Rev. Legend:** AMERICA MORELOS

Date	Mintage	G4	VG8	F12	VF20	XF40
1813 Rare	—	—	—	—	—	—

KM# 244 Struck Copper, **Obv:** Bow, T.C., SUD **Rev:** Morelos monogram, value, date

Date	Mintage	G4	VG8	F12	VF20	XF40
1813	—	18.00	33.00	65.00	110	—

2 REALES

KM# 226.1 Struck Copper, **Obv:** Bow, arrow/SUD **Rev:** Morelos monogram, .2.R., date

Date	Mintage	G4	VG8	F12	VF20	XF40
1811	—	17.00	33.00	70.00	130	—
1811 inverted 2	—	20.00	39.50	80.00	155	—
1812	—	3.00	5.00	8.00	16.00	—
1813	—	4.00	7.00	11.00	20.00	—
1814	—	18.00	37.00	85.00	155	—

KM# 226.1a Struck Silver, **Obv:** Bow, arrow/SUD **Rev:** Morelos monogram, .2.R., date

Date	Mintage	G4	VG8	F12	VF20	XF40
1812	—	215	350	600	900	—

KM# 229 Cast Silver, **Obv:** Bow, arrow, SUD **Rev:** Morelos monogram, value, date in center with ornamentation around

Date	Mintage	G4	VG8	F12	VF20	XF40
1812 Filled in D in SUD	—	80.00	130	200	300	—

Note: Use caution as many silver specimens appear questionable and may be considered spurious

1812	—	80.00	130	200	300	—

KM# 227 Struck Silver, **Obv:** Bow, arrow **Rev:** Morelos monogram, value, date **Obv. Legend:** SUD-OXA

Date	Mintage	G4	VG8	F12	VF20	XF40
1813	—	80.00	130	265	400	—
1814	—	80.00	130	265	400	—

KM# 245 Struck Copper, **Obv:** Bow, T.C., SUD **Rev:** Morelos monogram, value, date

Date	Mintage	G4	VG8	F12	VF20	XF40
1813	—	12.00	30.00	46.25	65.00	—

KM# 226.2 Struck Silver, **Obv:** Three large stars added **Rev:** Morelos monogram, .2.R., date

Date	Mintage	G4	VG8	F12	VF20	XF40
1814	—	13.00	27.50	55.00	80.00	—

KM# 228 Struck Silver, **Obv:** Bow, arrow **Rev:** Morelos monogram, value, date **Obv. Legend:** SUD. OAXACA

Date	Mintage	G4	VG8	F12	VF20	XF40
1814	—	80.00	130	265	425	—

KM# 246 Struck Copper, **Obv:** Bow, T.C., SUD **Rev:** Morelos monogram, value, date

Date	Mintage	G4	VG8	F12	VF20	XF40
1814	—	33.00	70.00	145	250	—

8 REALES

KM# 234 Copper, **Obv:** Bow, arrow, SUD in floral ornamentation **Rev:** Morelos monogram, .8.R., date surrounded by ornate flowery fields

Date	Mintage	G4	VG8	F12	VF20	XF40
1811	—	115	190	225	350	—
1812	—	10.00	15.00	25.00	50.00	—
1813	—	10.00	15.00	25.00	50.00	—
1814	—	19.00	27.50	47.00	95.00	—

KM# 234a Struck Silver, **Obv:** Bow, arrow, SUD in floral ornamentation **Rev:** Morelos monogram, .8.R., date surrounded by ornate flowery fields

Date	Mintage	G4	VG8	F12	VF20	XF40
1811	—	—	—	3,150	5,000	—
1812	—	—	—	1,500	2,500	—

KM# 235 Cast Silver, **Obv:** Bow, arrow, SUD in floral ornamentation **Rev:** Morelos monogram, value, date surrounded by ornate flowery fields

Date	Mintage	G4	VG8	F12	VF20	XF40
1811	—	—	—	—	—	—
1812	—	115	190	300	525	—
1813	—	90.00	150	265	450	—
1814	—	—	—	—	—	—

Note: Most silver specimens available in today's market are considered spurious

KM# 233.1 Copper, **Obv:** Bow, arrow, SUD **Rev:** Morelos monogram, 8.R., date, plain fields

Date	Mintage	G4	VG8	F12	VF20	XF40
1812	—	27.50	55.00	115	170	—

KM# 233.1a Struck Silver, **Obv:** Bow, arrow, SUD **Rev:** Morelos monogram, 8.R., date, plain fields

Date	Mintage	G4	VG8	F12	VF20	XF40
1812	—	150	225	375	700	—

KM# 233.2 Copper, **Obv:** Bow, arrow, SUD **Rev:** Morelos monogram, 8 R, date, plain fields

Date	Mintage	G4	VG8	F12	VF20	XF40
1812	—	15.00	20.00	31.25	37.50	—
1813	—	15.00	20.00	31.25	37.50	—
1814	—	25.00	31.25	37.50	50.00	—

Note: Similar to KM#233.4 but lines below bow slant left

KM# 233.5a Silver, **Obv:** 8 dots below bow, SUD, plain fields **Rev:** Morelos monogram, 8.R., date

Date	Mintage	G4	VG8	F12	VF20	XF40
1812	—	—	—	—	1,500	2,500	—

KM# 236 0.903 Struck Silver, **Obv:** M monogram **Rev:** Lion shield with or without bow above **Obv. Legend:** PROV • D • OAXACA

Date	Mintage	G4	VG8	F12	VF20	XF40
1812 Rare	—	—	—	—	—	—

KM# 242 Copper, **Obv:** Legend around bow, arrow/ SUD **Obv. Legend:** MONEDA PROVI • CIONAL PS • ES • **Rev. Legend:** FABRICADO EN HUAUTLA

Date	Mintage	G4	VG8	F12	VF20	XF40
1812	—	1,250	1,900	2,500	—	—

KM# 233.2a Silver, **Obv:** bow, arrow, SUD **Rev:** Morelos monogram, 8R, date, plain fields

Date	Mintage	G4	VG8	F12	VF20	XF40
1813	—	—	—	1,500	2,500	—

KM# 233.3 Struck Copper, **Obv:** Bow, arrow, SUD, with left slant lines below bow **Rev:** Morelos monogram, 8.R., date, plain fields

Date	Mintage	G4	VG8	F12	VF20	XF40
1813	—	19.00	34.50	55.00	95.00	—

KM# 233.4 Struck Copper, **Obv:** Bow, arrow, SUD, with right slant lines below bow **Rev:** Morelos monogram, 8.R., date, plain fields

Date	Mintage	G4	VG8	F12	VF20	XF40
1813	—	19.00	34.50	55.00	95.00	—

KM# 237 0.925 Silver, **Obv:** M monogram, without legend **Rev:** Lion shield with or without bow above

Date	Mintage	G4	VG8	F12	VF20	XF40
1813 Rare	—	—	—	—	—	—

KM# 238 0.903 Struck Silver, **Obv:** Bow/M/SUD **Rev:** PROV. DE. ... arms

Date	Mintage	G4	VG8	F12	VF20	XF40
1813 Rare	—	—	—	—	—	—

KM# 248 Struck Copper, **Obv:** Bow, T.C., SUD **Rev:** Morelos monogram, value, date

Date	Mintage	G4	VG8	F12	VF20	XF40
1813	—	18.00	37.50	75.00	145	—

KM# 249 Cast Silver, **Obv:** Bow, T.C., SUD **Rev:** Morelos monogram, value, date

Date	Mintage	G4	VG8	F12	VF20	XF40
1813	—	—	—	—	—	—

Note: Use caution as many silver specimens appear questionable and may be considered spurious

KM# 239 Cast Silver, **Obv:** Bow, arrow **Rev:** Morelos monogram **Obv. Legend:** SUD-OXA

Date	Mintage	G4	VG8	F12	VF20	XF40
1814 Rare	—	—	—	—	—	—

KM# 240 Copper, **Obv:** Bow, arrow **Rev:** Morelos monogram, 8.R., date **Obv. Legend:** SUD-OXA

Date	Mintage	G4	VG8	F12	VF20	XF40
1814	—	55.00	105	225	375	—

KM# 241 Copper, **Obv:** Bow, arrow **Rev:** Morelos monogram, 8.R., date **Obv. Legend:** SUD-OAXACA

Date	Mintage	G4	VG8	F12	VF20	XF40
1814	—	125	250	450	700	—

PUEBLA

INSURGENT COINAGE

1/2 REAL

KM# 250 Copper, **Obv:** Osorno monogram, ZACATLAN, date **Rev:** Crossed arrows, wreath, value

Date	Mintage	G4	VG8	F12	VF20	XF40
1813 Rare	—	—	—	—	—	—

REAL

KM# 251 Copper, **Obv:** Osorno monogram, ZACATLAN, date **Rev:** Crossed arrows, wreath, value

Date	Mintage	G4	VG8	F12	VF20	XF40
1813	—	140	210	300	625	—

2 REALES

KM# 252 Copper, **Obv:** Osorno monogram, ZACATLAN, date **Rev:** Crossed arrows, wreath, value

Date	Mintage	G4	VG8	F12	VF20	XF40
1813	—	170	240	375	700	—

VERACRUZ

In Zongolica, in the province of Veracruz, 2 priests and a lawyer decided to raise an army to fight for independence. Due to isolation from other Insurgent forces, they decided to make their own coins. Records show that they intended to mint coins of 1/2, 1, 2, 4, and 8 Reales, but specimens are extant of only the three higher denominations.

INSURGENT COINAGE

2 REALES

KM# 253 0.903 Silver, **Obv:** Bow and arrow **Rev:** Value, crossed palm branch, sword, date **Obv. Legend:** VIVA FERNANDO VII Y AMERICA **Rev. Legend:** ZONGOLICA

Date	Mintage	G4	VG8	F12	VF20	XF40
1812	—	120	240	425	775	—

8 REALES

KM# 255 0.903 Silver, **Obv:** Bow and arrow **Rev:** Value, crossed palm branch, sword, date **Obv. Legend:** VIVA FERNANDO VII Y AMERICA **Rev. Legend:** ZONGOLICA **Note:** Similar to 2 Reales, KM#253.

Date	Mintage	G4	VG8	F12	VF20	XF40
1812 Rare	—	—	—	—	—	—

Note: Spink America Gerber sale 6-96 VF to XF realized $57,200

INSURGENT COUNTERMARKED COINAGE

CONGRESS OF CHILPANZINGO

Type A: Hand holding bow and arrow between quiver
with arrows, sword and bow.

Type B: Crowned eagle on bridge.
Congress of Chilpanzingo

1/2 REAL

KM# 256.1 Silver,   **Countermark:** Type A hand
holding bow and arrow between quiver with arrows,
sword and bow **Note:** Countermark on cast Mexico
City KM#72.

CM Date	Host Date	G4	VG8	F12	VF20	XF40
ND	1812	50.00	85.00	110	170	—

KM# 256.2 Silver,   **Countermark:** Type A hand
holding bow and arrow between quiver with arrows,
sword and bow **Note:** Countermark on Zacatecas
KM#181.

CM Date	Host Date	G4	VG8	F12	VF20	XF40
ND	1811	60.00	90.00	120	180	—

REAL

KM# A257 Cast Silver,   **Countermark:** Type A
hand holding bow and arrow between quiver with
arrows, sword and bow **Note:** Countermark on cast
Mexico City KM#81.

CM Date	Host Date	G4	VG8	F12	VF20	XF40
ND	1803	22.50	36.00	60.00	100	—

2 REALES

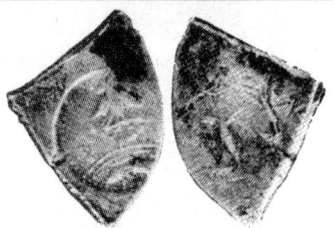

KM# 257.1 Silver, **Countermark:** Type B crowned
eagle on bridge **Note:** Countermark on 1/4 cut of
8 Reales.

CM Date	Host Date	G4	VG8	F12	VF20	XF40
	Unique	—	—	—	—	—

KM# 257.2 Silver,   **Countermark:** Type B crowned
eagle on bridge **Note:** Countermark on Zacatecas
KM#186.

CM Date	Host Date	G4	VG8	F12	VF20	XF40
ND	1811 Unique	—	—	—	—	—

8 REALES

KM# 258.1 Silver,   **Countermark:** Type A hand
holding bow and arrow between quiver with arrows,
sword and bow **Note:** Countermark on cast Mexico
City KM#109.

CM Date	Host Date	G4	VG8	F12	VF20	XF40
ND	1805	55.00	80.00	100	180	—

Note: A countermark appears on coins dated 1805 TH

KM# 258.2 Silver,   **Countermark:** Type A hand
holding bow and arrow between quiver with arrows,
sword and bow **Note:** Countermark on cast Mexico
City KM#110.

CM Date	Host Date	G4	VG8	F12	VF20	XF40
ND HJ	1810	60.00	90.00	120	210	—

KM# 258.3 Silver,   **Countermark:** Type A hand
holding bow and arrow between quiver with arrows,
sword and bow **Note:** Countermark on cast Mexico
City KM#111.

CM Date	Host Date	G4	VG8	F12	VF20	XF40
ND HJ	1812	120	150	210	325	—
ND HJ	1811	55.00	80.00	100	180	—

KM# 259.1 Silver, **Countermark:** Type B crowned
eagle on bridge **Note:** Countermark on Chihuahua
KM#111.1.

CM Date	Host Date	G4	VG8	F12	VF20	XF40
ND RP	1816	240	300	350	475	—

KM# 259.2 Silver,   **Countermark:** Type B crowned
eagle on bridge **Note:** Countermark on cast Mexico
City KM#111.

CM Date	Host Date	G4	VG8	F12	VF20	XF40
ND HJ	1811	155	180	210	300	—

KM# 259.3 Silver, **Countermark:** Type B crowned eagle on bridge **Note:** Countermark on Valladolid KM#178.

CM Date	Host Date	G4	VG8	F12	VF20	XF40
ND	1813	1,250	2,500	3,750	6,300	—

KM# 259.4 Silver, **Countermark:** Type B crowned eagle on bridge **Note:** Countermark on Zacatecas KM#190.

CM Date	Host Date	G4	VG8	F12	VF20	XF40
ND	1810	500	625	750	975	—

DON JOSE MARIA DE LINARES

KM# 263.1 Silver, **Countermark:** LINA/RES* **Note:** Countermark on Mexico City KM#110.

CM Date	Host Date	G4	VG8	F12	VF20	XF40
ND TH	1808	325	375	475	700	—

KM# 263.2 Silver, **Countermark:** LINA/RES * **Note:** Countermark on Zacatecas KM#190.

CM Date	Host Date	G4	VG8	F12	VF20	XF40
ND	1811	375	475	575	825	—

KM# 263.3 Silver, **Countermark:** LINA/RES* **Note:** Countermark on Zacatecas KM#191.

CM Date	Host Date	G4	VG8	F12	VF20	XF40
ND	1812	325	375	475	700	—

KM# 263.4 Silver, **Issuer:** Don Jose Maria De Linares **Note:** Countermark on Zacatecas KM#190.

CM Date	Host Date	F12	VF20	XF40	MS60	MS63
ND	1811	—	—	—	—	—

KM# 263.5 Silver, **Issuer:** Don Jose Maria De Linares **Note:** Countermark on Zacatecas KM#192.

CM Date	Host Date	F12	VF20	XF40	MS60	MS63
ND	1812	—	—	—	—	—

GENERAL VICENTE GUERRERO

1/2 REAL

KM# 276 Silver, **Countermark:** Eagle **Note:** Countermark on Mexico City KM#72.

CM Date	Host Date	G4	VG8	F12	VF20	XF40
ND	ND	48.00	70.00	95.00	210	—

REAL

KM# 277 Silver, **Countermark:** Eagle **Note:** Countermark on Mexico City KM#78.

CM Date	Host Date	G4	VG8	F12	VF20	XF40
ND FM	1772	43.75	65.00	95.00	205	—

2 REALES

KM# 278.1 Silver, **Countermark:** Eagle **Note:** Countermark on Mexico City KM#88.

CM Date	Host Date	G4	VG8	F12	VF20	XF40
ND FM	1784	40.00	60.00	100	225	—
ND	1798	40.00	60.00	100	225	—

KM# 278.2 Silver, **Countermark:** Eagle **Note:** Countermark on Mexico City KM#91.

CM Date	Host Date	G4	VG8	F12	VF20	XF40
ND PJ	1807	36.00	60.00	95.00	240	—

8 REALES

KM# 279 Silver, **Countermark:** Eagle **Note:** Countermark on Zacatecas KM#191.

CM Date	Host Date	G4	VG8	F12	VF20	XF40
ND	1811	120	180	240	425	—

ENSAIE

KM# 260.3 Silver,   Countermark: Eagle over ENSAIE, crude sling below Note: Countermark on Zacatecas KM#190.

CM Date	Host Date	G4	VG8	F12	VF20	XF40
ND	1810	—	—	—	—	—
ND	1811	120	180	240	400	—

KM# 260.4 Silver,   Countermark: Eagle over ENSAIE, crude sling below Note: Countermark on Zacatecas KM#191.

CM Date	Host Date	G4	VG8	F12	VF20	XF40
ND	1810	600	850	1,100	1,500	—
ND	1811	300	350	450	650	—
ND	1812	240	300	350	550	—

KM# 260.1 Silver,   Countermark: Eagle over ENSAIE, crude sling below Note: Countermark on Mexico City KM#110.

CM Date	Host Date	G4	VG8	F12	VF20	XF40
ND HJ	1811	180	240	325	450	—

KM# 260.2 Silver,   Countermark: Eagle over ENSAIE, crude sling below Note: Countermark on Zacatecas KM#189.

CM Date	Host Date	G4	VG8	F12	VF20	XF40
ND	1811	240	475	725	1,000	—

JOSE MARIA LICEAGA

J.M.L. with banner on cross, crossed olive branches.
(J.M.L./V., D.s, S.M., S.Y.S.L., Ve, A.P., s.r.a., Sea, P.G., S., S.M., El)

1/2 REAL

KM# A260 Silver,   Countermark: JML/SM with banner on cross, crossed olive branches Note: Countermark on cast Mexico City 1/2 Real.

CM Date	Host Date	G4	VG8	F12	VF20	XF40
ND	ND	125	190	250	375	—

2 REALES

KM# 261.1 Silver,   Countermark: J.M.L./Ve with banner on cross, crossed olive branches Note: Countermark on 1/4 cut of 8 Reales.

CM Date	Host Date	G4	VG8	F12	VF20	XF40
ND	ND	210	270	400	—	—

KM# 261.2 Silver,   Countermark: J.M.L./V with banner on cross, crossed olive branchs Note: Countermark on Zacatecas KM#186.

CM Date	Host Date	G4	VG8	F12	VF20	XF40
ND	1811	250	280	325	400	—

KM# 261.3 Silver,   Countermark: J.M.L./DS with banner on cross, crossed olive branches Note: Countermark on Zacatecas KM#186.

CM Date	Host Date	G4	VG8	F12	VF20	XF40
ND	1811	250	295	350	450	—

KM# 261.4 Silver,   Countermark: J.M.L./S.M. with banner on cross, crossed olive branches Note: Countermark on Zacatecas KM#186.

CM Date	Host Date	G4	VG8	F12	VF20	XF40
ND	1811	250	295	350	450	—

KM# 261.5 Silver,   Countermark: J.M.L./S.Y. with banner on cross, crossed olive branches Note: Countermark on Zacatecas KM#186.

CM Date	Host Date	G4	VG8	F12	VF20	XF40
ND	1811	250	295	350	450	—

KM# 261.6 Silver,   Countermark: J.M.L./V. with banner on cross, crossed olive branches Note: Countermark on Zacatecas KM#187.

CM Date	Host Date	G4	VG8	F12	VF20	XF40
ND	1811	250	280	325	400	—

KM# 261.7 Silver,   Countermark: J.M.L./DS with banner on cross, crossed olive branches Note: Countermark on Zacatecas KM#187.

CM Date	Host Date	G4	VG8	F12	VF20	XF40
ND	1811	250	295	350	450	—

KM# 261.8 Silver, **Countermark:** J.M.L./S.M. with banner on cross, crossed olive branches **Note:** Countermark on Zacatecas KM#187.

CM Date	Host Date	G4	VG8	F12	VF20	XF40
ND	1811	240	280	325	425	—

KM# 261.9 Silver, **Countermark:** J.M.L./S.Y. with banner on cross, crossed olive branches **Note:** Countermark on Zacatecas KM#187.

CM Date	Host Date	G4	VG8	F12	VF20	XF40
ND	1811	240	280	325	425	—

8 REALES

KM# 262.1 Silver, **Countermark:** J.M.L./D.S. with banner on cross, crossed olive branches **Note:** Countermark on Zacatecas KM#190.

CM Date	Host Date	G4	VG8	F12	VF20	XF40
ND	1811	325	400	525	775	—

KM# 262.1 Silver, **Countermark:** J.M.L./S.M. **Note:** Countermark on Zacatecas KM#190.

CM Date	Host Date	G4	VG8	F12	VF20	XF40
ND	1811	—	—	—	—	—

KM# 262.2 Silver, **Countermark:** J.M.L./E with banner on cross, crossed olive branches **Note:** Countermark on Zacatecas KM#190.

CM Date	Host Date	G4	VG8	F12	VF20	XF40
ND	1811	280	375	500	750	—

KM# 262.3 Silver, **Countermark:** J.M.L./P.G. with banner on cross, crossed olive branches **Note:** Countermark on Durango KM#111.2.

CM Date	Host Date	G4	VG8	F12	VF20	XF40
ND RM	1813	250	350	475	725	—

KM# 262.4 Silver, **Countermark:** J.M.L./S.F. with banner on cross, crossed olive branches **Note:** Countermark on Zacatecas KM#190.

CM Date	Host Date	G4	VG8	F12	VF20	XF40
ND	1811	250	350	475	725	—

KM# 262.5 Silver, **Countermark:** J.M.L./S.M. with banner on cross, crossed olive branches **Note:** Countermark on Zacatecas KM#190.

CM Date	Host Date	G4	VG8	F12	VF20	XF40
ND	1811	250	350	475	700	—

KM# 262.6 Silver, **Countermark:** J.M.L./V.E. with banner on cross, cross olive branches **Note:** Countermark on Zacatecas KM#190.

CM Date	Host Date	G4	VG8	F12	VF20	XF40
ND	1811	250	350	475	700	—

KM# 262.7 Silver, **Countermark:** J.M.L./D.S. **Note:** Countermark on Zacatecas KM#190.

CM Date	Host Date	G4	VG8	F12	VF20	XF40
ND	1811	—	—	—	—	—

KM# 262.8 Silver, **Note:** Countermark on Zacatecas KM#190.

Date	Mintage	G4	VG8	F12	VF20	XF40
1811	—	—	—	—	—	—

KM# 262.9 Silver, **Countermark:** J.M.L./S.F. **Note:** Countermark on Zacatecas KM#190.

CM Date	Host Date	G4	VG8	F12	VF20	XF40
ND	1811	—	—	—	—	—

KM# 262.11 Silver, **Countermark:** J.M.L./V.E. **Note:** Countermark on Zacatecas KM#190.

CM Date	Host Date	G4	VG8	F12	VF20	XF40
ND	1811	—	—	—	—	—

KM# 262.12 Silver, **Countermark:** J.M.L. / P.G. **Note:** Countermark on Guanajuato 8 Reales, KM#111.4.

CM Date	Host Date	G4	VG8	F12	VF20	XF40
ND	1813	190	325	575	—	—

L.V.S. - LABOR VINCIT SEMPER

Some authorities believe L.V.S. is for La Villa de Sombrerete.

KM# 264.1 Cast Silver, **Countermark:** L.V.S. **Note:** Countermark on Chihuahua KM#123.

CM Date	Host Date	G4	VG8	F12	VF20	XF40
ND RP	1811	350	450	575	750	—
ND RP	1812	250	325	375	500	—

KM# 264.2 Silver, **Countermark:** L.V.S. **Note:** Countermark on Chihuahua KM#111.1 overstruck on KM#123.

CM Date	Host Date	G4	VG8	F12	VF20	XF40
ND RP	1816	325	375	400	525	—
ND RP	1817	325	375	400	525	—
ND RP	1818	325	375	400	525	—
ND RP	1819	500	575	625	875	—
ND RP	1820	575	625	700	450	—

KM# 264.3 Silver, **Countermark:** L.V.S. **Note:** Countermark on Guadalajara KM#111.3.

CM Date	Host Date	G4	VG8	F12	VF20	XF40
ND	1817	230	275	325	450	—

KM# 264.4 Silver, **Countermark:** L.V.S. **Note:** Countermark on Nueva Vizcaya KM#165.

CM Date	Host Date	G4	VG8	F12	VF20	XF40
ND RM	1811	1,250	3,450	5,800	9,100	—

KM# 264.5 Silver, **Countermark:** L.V.S. **Note:** Countermark on Sombrerete KM#177.

CM Date	Host Date	G4	VG8	F12	VF20	XF40
ND	1811	375	450	575	825	—
ND	1812	375	450	575	825	—

KM# 264.6 Silver, **Countermark:** L.V.S. **Note:** Countermark on Zacatecas KM#190.

CM Date	Host Date	G4	VG8	F12	VF20	XF40
ND	1811	450	500	575	825	—

KM# 264.7 Silver, **Countermark:** L.V.S. **Note:** Countermark on Zacatecas KM#192.

CM Date	Host Date	G4	VG8	F12	VF20	XF40
ND	1813	450	500	575	825	—

KM# 264.8 Cast Silver, **Issuer:** Labor Vincit Semper **Note:** Countermark on Zacatecas KM#190.

CM Date	Host Date	F12	VF20	XF40	MS60	MS63
ND	1811	—	—	—	—	—

MORELOS

Morelos monogram

Type A: Stars above and below monogram in circle.

Type B: Dots above and below monogram in oval.

Type C: Monogram in rectangle.
Note: Many specimens of Type C available in today's market are considered spurious.

2 REALES

KM# A265 Copper,   **Countermark:** Type A stars above and below monogram in circle **Note:** Countermark on Oaxaca Sud, KM#226.1.

CM Date	Host Date	G4	VG8	F12	VF20	XF40
ND	1812	—	—	—	—	—

8 REALES

KM# 265.1 Silver, **Countermark:** Type A star above and below monogram in circle **Note:** Countermark on Mexico City KM#109.

CM Date	Host Date	G4	VG8	F12	VF20	XF40
ND FM	1797	55.00	65.00	75.00	120	—
ND FM	1798	55.00	65.00	75.00	120	—
ND FM	1800	55.00	65.00	75.00	120	—
ND TH	1807	55.00	65.00	75.00	120	—

KM# 265.2 Silver,   **Countermark:** Type A stars above and below monogram in circle **Note:** Countermark on Mexico City KM#110.

CM Date	Host Date	G4	VG8	F12	VF20	XF40
ND TH	1809	70.00	95.00	150	250	—
ND HJ	1811	70.00	95.00	150	250	—

KM# 265.3 Silver,   **Countermark:** Type A stars above and below monogram in circle **Note:** Countermark on Mexico City KM#111.

CM Date	Host Date	G4	VG8	F12	VF20	XF40
ND JJ	1812	65.00	75.00	95.00	155	—

KM# 265.4 Copper,   **Countermark:** Type A stars above and below monogram in circle **Note:** Countermark on Oaxaca Sud KM#233.2.

CM Date	Host Date	G4	VG8	F12	VF20	XF40
ND	1812	25.00	35.75	48.75	80.00	—
ND	1813	25.00	35.75	48.75	80.00	—
ND	1814	25.00	35.75	48.75	80.00	—

KM# 265.5 Cast Silver,   **Countermark:** Type A stars above and below monogram in circle **Note:** Countermark on Supreme National Congress KM#206.

CM Date	Host Date	G4	VG8	F12	VF20	XF40
ND	1811	250	325	475	750	—

KM# 265.6 Silver,   **Countermark:** Type A stars above and below monogram in circle **Note:** Countermark on Zacatecas KM#190.

CM Date	Host Date	G4	VG8	F12	VF20	XF40
ND	1811	450	750	1,100	—	—

KM# 265.7 Silver,   **Countermark:** Type A stars above and below monogram in circle **Note:** Countermark on Zacatecas KM#191.

CM Date	Host Date	G4	VG8	F12	VF20	XF40
ND	1811	240	300	450	725	—

KM# 265.8 Silver,   **Issuer:**   Morelos   **Note:** Countermark on Zacatecas KM#190.

CM Date	Host Date	F12	VF20	XF40	MS60	MS63
ND	1811	—	—	—	—	—

KM# 266.1 Silver, **Countermark:** Type B dots above and below monogram in oval **Note:** Countermark on Guatamala 8 Reales, C#67.

CM Date	Host Date	G4	VG8	F12	VF20	XF40
ND M	1810	—	—	—	—	—
	Rare					

KM# 266.2 Silver, **Countermark:** Type B dots above and below monogram in oval **Note:** Countermark on Mexico City KM#110.

CM Date	Host Date	G4	VG8	F12	VF20	XF40
ND TH	1809	55.00	70.00	80.00	125	—

KM# A267 Silver, **Note:** Countermark Type C on Zacatecas KM#190.

Date	Mintage	G4	VG8	F12	VF20	XF40
1811	—	375	450	575	950	—

KM# 267.1 Silver, **Countermark:** Type C monogram in rectangle **Note:** Countermark on Zacatecas KM#189. Many specimens of Type C available in today's market are considered spurious.

CM Date	Host Date	G4	VG8	F12	VF20	XF40
ND	1811	375	450	575	950	—

KM# 267.2 Silver, **Countermark:** Type C: monogram in rectangle **Note:** Countermark Type C on Zacatecas KM#190. Many specimens of Type C available in today's market are considered spurious.

CM Date	Host Date	G4	VG8	F12	VF20	XF40
ND	1811	375	450	575	950	—

SUPREME NATIONAL CONGRESS AND THE ARMY OF THE NORTH

Issued by the Supreme National Congress and the Army of the North.

Countermark:
Eagle on cactus; star to left; NORTE below.

1/2 REAL

KM# 268 Silver, **Countermark:** Eagle on cactus; star to left; NORTE below **Note:** Countermark on Zacatecas KM#180.

CM Date	Host Date	G4	VG8	F12	VF20	XF40
ND	1811	275	325	425	550	—

2 REALES

KM# A269 Silver, **Countermark:** Eagle on cactus; star to left; NORTE below **Note:** Countermark on Zacatecas KM#188.

CM Date	Host Date	G4	VG8	F12	VF20	XF40
ND	1812	—	—	—	—	—

KM# 269 Silver, **Countermark:** Eagle on cactus; star to left; NORTE below **Note:** Countermark on Zacatecas KM#187.

CM Date	Host Date	G4	VG8	F12	VF20	XF40
ND	1811	250	300	350	500	—

4 REALES

KM# B269 Silver, **Countermark:** Eagle on cactus; star to left; NORTE below **Note:** Countermark on Sombrerete KM#175.

CM Date	Host Date	G4	VG8	F12	VF20	XF40
ND	1812	110	165	220	325	—

8 REALES

KM# 270.1 Silver, **Countermark:** Eagle on cactus; star to left; NORTE below **Note:** Countermark on Chihuahua KM#111.1.

CM Date	Host Date	G4	VG8	F12	VF20	XF40
ND RP	1813	275	375	500	600	—

KM# 270.2 Silver, **Countermark:** Eagle on cactus; star to left; NORTE below **Note:** Countermark on Guanajuato KM#111.4.

CM Date	Host Date	G4	VG8	F12	VF20	XF40
ND JM	1813	450	625	800	975	—

KM# 270.3 Silver, **Countermark:** Eagle on cactus; star to left; NORTE below **Note:** Countermark on Zacatecas KM#190.

CM Date	Host Date	G4	VG8	F12	VF20	XF40
ND	1811	350	450	575	775	—

KM# 270.4 Silver, **Countermark:** Eagle on cactus; star to left; NORTE below **Note:** Countermark on Zacatecas KM#191.

CM Date	Host Date	G4	VG8	F12	VF20	XF40
ND	1811	220	325	450	600	—
ND	1811	220	325	450	600	—
ND	1812	220	325	450	600	—

KM# 270.5 Silver, **Countermark:** Eagle on cactus; star to left; NORTE below **Note:** Countermark on Zacatecas KM#190.

CM Date	Host Date	G4	VG8	F12	VF20	XF40
ND	1811	—	—	—	—	—

KM# 270.6 Silver, **Countermark:** Eagle on cactus; star to left; NORTE below. **Note:** Countermark on Sombrerete KM# 177.

CM Date	Host Date	G4	VG8	F12	VF20	XF40
ND	1812	1,250	1,600	2,000	—	—

JOSE FRANCISCO OSORNO

Countermark: Osorno monogram.
(Jose Francisco Osorno)

1/2 REAL

KM# 271.1 Silver, **Countermark:** Osorno monogram **Note:** Countermark on Mexico City KM#72.

CM Date	Host Date	G4	VG8	F12	VF20	XF40
ND FM	1798	80.00	120	180	270	—
ND FT	1802	80.00	120	180	270	—
ND	1806	80.00	120	180	270	—

KM# 271.2 Silver, **Countermark:** Osorno monogram **Note:** Countermark on Mexico City KM#73.

CM Date	Host Date	G4	VG8	F12	VF20	XF40
ND TH	1809	80.00	120	180	270	—

REAL

KM# 272.1 Silver, **Countermark:** Osorno monogram **Note:** Countermark on Mexico City KM#81.

CM Date	Host Date	G4	VG8	F12	VF20	XF40
ND FT	1803	80.00	120	180	300	—

 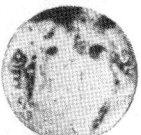

KM# 272.2 Silver, **Countermark:** Osorno monogram **Note:** Countermark on Potosi KM#70.

CM Date	Host Date	G4	VG8	F12	VF20	XF40
ND	ND	90.00	140	210	325	—

KM# 272.3 Silver, **Countermark:** Osorno monogram **Note:** Countermark on Guatemala KM#54.

CM Date	Host Date	G4	VG8	F12	VF20	XF40
ND	1804	90.00	140	210	325	—

2 REALES

KM# A272.1 Silver, **Countermark:** Osorno monogram **Note:** Countermark on Mexico City KM#88.2.

CM Date	Host Date	G4	VG8	F12	VF20	XF40
ND FM	1788	90.00	150	210	325	—

KM# A272.2 Silver, **Countermark:** Osorno monogram **Note:** Countermark on Mexico City KM#91.

CM Date	Host Date	G4	VG8	F12	VF20	XF40
ND TH	1808	90.00	150	210	325	—

KM# A272.3 Silver,   **Countermark:** Osorno monogram **Note:** Countermark on Mexico City KM#92.

CM Date	Host Date	G4	VG8	F12	VF20	XF40
ND TH	1809	90.00	150	210	325	—

KM# A272.4 Silver,   **Countermark:** Osorno monogram **Note:** Countermark on Zacatlian KM#252.

CM Date	Host Date	G4	VG8	F12	VF20	XF40
ND	1813	180	240	425	600	—

4 REALES

KM# 273.1 Silver,   **Countermark:** Osorno monogram **Note:** Countermark on Mexico City KM#97.2.

CM Date	Host Date	G4	VG8	F12	VF20	XF40
ND FF	1782	100	180	240	350	—

KM# 273.2 Silver,   **Countermark:** Osorno monogram **Note:** Countermark on Mexico City KM#100.

CM Date	Host Date	G4	VG8	F12	VF20	XF40
ND FM	1799	100	180	240	350	—

8 REALES

KM# 274.1 Silver,   **Countermark:** Osorno monogram **Note:** Countermark on Lima 8 Reales, C#101.

CM Date	Host Date	G4	VG8	F12	VF20	XF40
ND JP	1811	240	270	300	425	—

KM# 274.2 Silver,   **Countermark:** Osorno monogram **Note:** Countermark on Mexico City KM#110.

CM Date	Host Date	G4	VG8	F12	VF20	XF40
ND TH	1809	150	180	270	450	—
ND HJ	1810	150	180	270	450	—
ND HJ	1811	150	180	270	450	—

JULIAN VILLAGRAN

(Julian Villagran)

2 REALES

KM# 298 Cast Silver, **Countermark:** VILLA/GRAN **Note:** Countermark on cast Mexico City KM#91.

CM Date	Host Date	G4	VG8	F12	VF20	XF40
ND FM	1799	180	240	300	425	—
ND FT	1802	180	240	300	425	—

8 REALES

KM# 275 Cast Silver, **Countermark:** VILLA/GRAN **Note:** Countermark on cast Mexico City KM#109.

CM Date	Host Date	G4	VG8	F12	VF20	XF40
ND FM	1796	240	300	425	600	—
ND TH	1806	240	300	425	600	—

ZMY

UNKNOWN, PRESUMED INSURGENT

KM# 286 Silver,   **Countermark:** ZMY **Note:** Countermark on Zacatecas KM#191.

CM Date	Host Date	G4	VG8	F12	VF20	XF40
ND	1812	120	180	240	425	—

WAR OF INDEPENDENCE

C.M.S. AND S.C.M.

MULTIPLE COUNTERMARKS

Many combinations of Royalist and Insurgent countermarks are usually found on the cast copies produced by Chihuahua and Mexico City and on the other crude provisional issues of this period. Struck Mexico City coins were used to make molds for casting necessity issues and countermarked afterwards to show issuing authority. Some were marked again by either both or separate opposing friendly forces to authorize circulation in their areas of occupation. Some countermarks are only obtainable with companion markings.

2 REALES

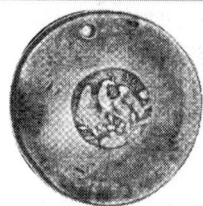

KM# 289 Silver, Countermark: C.M.S. (Comandancia Militar Suriana) and eagle with S.C.M. (Soberano Congreso Mexicano) Note: Countermark on Mexico City KM#91.

CM Date	Host Date	G4	VG8	F12	VF20	XF40
ND	ND	—	—	—	—	—

MILITAR DEL SUR AND SOBERANO CONGRESO MEXICANO

2 REALES

KM# 295 Silver, Countermark: M.d.S. and eagle with S.C.M Note: Countermark on Mexico City KM#91.

CM Date	Host Date	G4	VG8	F12	VF20	XF40
ND	ND	180	300	550	—	—

JOSE FRANCISCO OSORNO AND JULIAN VILLAGRAN

2 REALES

KM# 296 Silver, Countermark: Osorno monogram and VILLA/GRAN Note: Countermark on cast Mexico City KM#110.

CM Date	Host Date	G4	VG8	F12	VF20	XF40
ND TH	1809	—	—	—	—	—

JOSE MARIA LICEAGA AND VTIL

2 REALES

KM# A286 Silver, Countermark: J.M.L./D.S. AND VTIL Note: Countermark on Zacatecas KM#186.

CM Date	Host Date	G4	VG8	F12	VF20	XF40
ND	1811	90.00	150	210	325	—

KM# B286 Silver, Countermark: J.M.L./V.E. and VTIL Note: Countermark on Zacatecas KM#186.

CM Date	Host Date	G4	VG8	F12	VF20	XF40
ND	1810	90.00	150	210	325	—
ND	1811	90.00	150	210	325	—

CHILPANZINGO AND MORELOS

8 REALES

KM# 285.2 Silver, Countermark: Chilpanzingo Type A and Morelos monogram Type A Note: Countermark on cast Mexico City KM#110.

CM Date	Host Date	G4	VG8	F12	VF20	XF40
ND HJ	1810	42.00	55.00	70.00	180	—
ND HJ	1811	42.00	55.00	70.00	180	—

CHILPANZINGO AND MORELOS AND LVS

8 REALES

KM# C286 Silver,   **Countermark:** Chilpanzingo
Type A, Morelos Type A and LVS monogram on cast
Mexico City KM#110

CM Date	Host Date	G4	VG8	F12	VF20	XF40
ND HJ	1809	60.00	90.00	150	400	—

S.J.N.G. AND VTIL

8 REALES

KM# A298 Silver,   **Countermark:** S.J.N.G and
VTIL on Zacatecas KM#191

CM Date	Host Date	G4	VG8	F12	VF20	XF40
ND	ND	42.00	60.00	90.00	240	—

CHILPANZINGO AND LVS

8 REALES

KM# 281 Silver,   **Countermark:** Chilpanzingo Type
A and script LVS **Note:** Countermark on cast Mexico
City KM#110.

CM Date	Host Date	G4	VG8	F12	VF20	XF40
ND HJ	1809	55.00	80.00	160	350	—

LA COMANDANCIA MILITAR AND MORELOS

8 REALES

KM# 282 Silver, **Countermark:** L.C.M and Morelos
monogram Type A **Note:** Countermark on cast
Mexico City KM#109.

CM Date	Host Date	G4	VG8	F12	VF20	XF40
ND FM	1792	—	—	—	—	—

MORELOS AND MORELOS

8 REALES

KM# 283 Silver,   **Countermark:** Morelos Type A
and C **Note:** Countermark on cast Mexico City
KM#109.

CM Date	Host Date	G4	VG8	F12	VF20	XF40
ND TH	1806	—	—	—	—	—

CHILPANZINGO AND SUPREMA JUNTA NACIONAL GUBERNATIVA

8 REALES

KM# 288.2 Silver,   **Countermark:** Chilpanzingo
Type B **Note:** Countermark on Zacatecas KM#190.
Prev. KM#288.

CM Date	Host Date	G4	VG8	F12	VF20	XF40
ND	1811	—	—	—	—	—

ENSAIE AND VTIL

8 REALES

KM# 290.2 Silver, **Countermark:** ENSAIE and VTIL **Note:** Countermark on Zacatecas KM#190. Prev. KM#290.

CM Date	Host Date	G4	VG8	F12	VF20	XF40
ND	1811	125	220	350	475	—

JOSE MARIA LICEAGA AND VTIL

8 REALES

KM# 291 Silver, **Countermark:** J.M.L./D.S. and VTIL **Note:** Countermark on Mexico City KM#110.

CM Date	Host Date	G4	VG8	F12	VF20	XF40
ND HJ	1810	105	190	325	575	—

CHILPANZINGO AND ENSAIE

8 REALES

KM# A297 Silver, **Countermark:** Chilpanzingo Type B and ENSAIE **Note:** Countermark on Zacatecas KM#189.

CM Date	Host Date	G4	VG8	F12	VF20	XF40
ND	ND	210	300	425	—	—

CHILPANZINGO AND LVA

8 REALES

KM# 297 Silver, **Countermark:** Chilpanzingo Type A and LVA **Note:** Countermark on Mexico City KM#109.

CM Date	Host Date	G4	VG8	F12	VF20	XF40
ND TH	1805	55.00	90.00	175	350	—

CHILPANZINGO AND CROWN AND FLAG

8 REALES

KM# 280.1 Silver, **Countermark:** Chilpanzingo Type B and Crown and flag **Note:** Countermark on Zacatecas KM#189.

CM Date	Host Date	G4	VG8	F12	VF20	XF40
ND	1811	—	—	—	—	—

CHILPANZINGO AND CROWN AND FLAG

8 REALES

KM# 280.2 Silver, **Countermark:** Chilpanzingo Type B and crown and flag **Note:** Countermark on Zacatecas KM#190.

CM Date	Host Date	G4	VG8	F12	VF20	XF40
ND	1811	—	—	—	—	—

CHILPANZINGO AND MORELOS

8 REALES

KM# 284 Silver, **Countermark:** Chilpanzingo Type A and Morelos monogram Type A **Note:** Countermark on cast Mexico City KM#109.

CM Date	Host Date	G4	VG8	F12	VF20	XF40
ND TH	1806	43.75	65.00	125	280	—
ND TH	1807	43.75	65.00	125	280	—

KM# 285.1 Silver, **Countermark:** Chilpanzingo Type A and Morelos monogram Type A **Note:** Countermark on struck Mexico City KM#110.

CM Date	Host Date	G4	VG8	F12	VF20	XF40
ND TH	1809	55.00	80.00	170	375	—

KM# 285.3 Silver, **Countermark:** Chilpanzingo Type A and Morelos monogram Type A **Note:** Countermark on cast Mexico City KM#111.

CM Date	Host Date	G4	VG8	F12	VF20	XF40
ND HJ	1811	95.00	150	220	450	—

CHILPANZINGO AND SUPREMA JUNTA NACIONAL GUBERNATIVA

8 REALES

KM# 288.1 Silver, **Countermark:** Chilpanzingo Type B and S.J.N.G **Note:** Countermark on Zacatecas KM#189.

CM Date	Host Date	G4	VG8	F12	VF20	XF40
ND	1811	—	—	—	—	—

ENSAIE AND JOSE MARIA LICEAGA

8 REALES

KM# A290 Silver, Countermark: ENSAIE and J.M.L. Note: Countermark on Zacatecas KM#190.

CM Date	Host Date	G4	VG8	F12	VF20	XF40
ND	1811	125	220	350	600	—

ENSAIE AND VTIL

8 REALES

KM# 290.1 Silver, Countermark: ENSAIE and VTIL Note: Countermark on Zacatecas KM#189.

CM Date	Host Date	G4	VG8	F12	VF20	XF40
ND	1811	125	220	350	600	—

L.V.A. AND MORELOS

8 REALES

KM# 294 Silver, Countermark: Script LVA and Morelos monogram Type A Note: Countermark on cast Mexico City KM#110.

CM Date	Host Date	G4	VG8	F12	VF20	XF40
ND HJ	ND	55.00	95.00	170	375	—

CHILPANZINGO - PROVISIONAL DE VALLADOLID

8 REALES

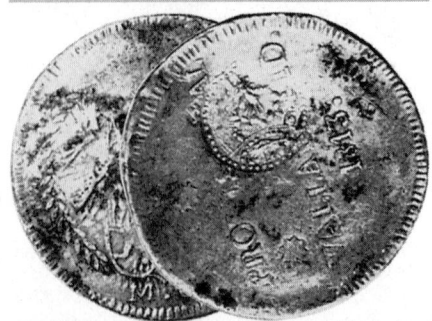

KM# 287 Silver, Countermark: Chilpanzingo Type B and P.D.V Note: Countermark on Valladolid KM#178.

CM Date	Host Date	G4	VG8	F12	VF20	XF40
ND	1813	—	—	—	—	—

LOCAL COINAGE

SPANISH COLONY
AHUALULCO

1/8 REAL (OCTAVO)

KM# L2 Copper, Obv: Script AHO, 1/8 below Note: Uniface.

Date	Mintage	G4	VG8	F12	VF20	XF40
ND	—	12.00	20.00	40.00	70.00	—

KM# L1 Copper, Obv: AHUALULCO and 1813 around 1/8 in circle Note: Uniface.

Date	Mintage	G4	VG8	F12	VF20	XF40
1813	—	18.00	30.00	52.00	90.00	—

AMECA

1/8 REAL (OCTAVO)

KM# L10 Copper, Obv: F 1/8 Z within wavy circle Note: Octagonal planchet.

Date	Mintage	G4	VG8	F12	VF20	XF40
ND	—	20.00	30.00	52.00	90.00	—

KM# L8 Copper, Obv: AME/CA 1811 in circle Note: Uniface.

Date	Mintage	G4	VG8	F12	VF20	XF40
1811	—	18.00	30.00	52.00	85.00	—

KM# L9 Copper, Obv: AME/CA 1811 in circle Note: Octagonal planchet.

Date	Mintage	G4	VG8	F12	VF20	XF40
1811	—	20.00	35.00	60.00	100	—

KM# L7 Copper, Obv: QTG monogram in toothed circle Obv. Legend: TLACO DE AMECA

Date	Mintage	G4	VG8	F12	VF20	XF40
ND-1812	—	12.00	20.00	40.00	68.00	—

KM# L6 Copper, Obv: Church flanked by trees Note: Uniface.

Date	Mintage	G4	VG8	F12	VF20	XF40
1824	—	12.00	20.00	40.00	68.00	—

KM# L11 Copper, Obv: T.Z. AMECA 1833 around value Note: Octagonal planchet.

Date	Mintage	G4	VG8	F12	VF20	XF40
1833	—	12.00	18.00	37.00	65.00	—

KM# L12 Copper, **Obv:** V.F AMECA 1858 below value **Note:** Octagonal planchet.

Date	Mintage	G4	VG8	F12	VF20	XF40
1858	—	15.00	20.00	40.00	68.00	—

AMESCUA

1/8 REAL (OCTAVO)

KM# L15 Copper, **Obv:** Mexican eagle

Date	Mintage	G4	VG8	F12	VF20	XF40
1828	—	12.00	18.00	40.00	68.00	—

KM# L16 Copper, **Obv:** Darte below eagle

Date	Mintage	G4	VG8	F12	VF20	XF40
1838	—	16.00	25.00	46.00	80.00	—

ATENCINCO

KM# L19 Copper, **Obv:** ATENCINCO in outer border, 8-leaved rosette above branch in center

Date	Mintage	G4	VG8	F12	VF20	XF40
ND	—	16.00	25.00	46.00	80.00	—

ATOTONILCO

KM# L22 Copper, **Obv:** ATOTONILCO ANO DE 1808 in outer border, L. S. S. / JUSU/ESES in circle

Date	Mintage	G4	VG8	F12	VF20	XF40
1808	—	30.00	45.00	75.00	120	—

KM# L24 Copper, **Obv:** Legend in outer border, 1826 in center **Rev:** Legend in center, stars in outer border **Obv. Legend:** VILL ATOTONILCO **Rev. Legend:** 8-Jan

Date	Mintage	G4	VG8	F12	VF20	XF40
1826	—	18.00	30.00	52.00	85.00	—

1/4 REAL (OCTAVO)

KM# L23 Copper, **Obv:** Legend in outer border, 1821 in center **Rev:** Legend around outer border **Obv. Legend:** ATOTONILCO ANO DE **Rev. Legend:** V.F.7.q.D.C...

Date	Mintage	G4	VG8	F12	VF20	XF40
1821	—	18.00	30.00	52.00	85.00	—

CAMPECHE

CENTAVO

KM# L27 Brass,

Date	Mintage	G4	VG8	F12	VF20	XF40
1861	—	8.00	12.00	30.00	55.00	—

CATORCE

1/4 REAL

KM# L30 Copper, **Obv:** Legend around border, 1/4 below flower and raised rectangle **Rev:** Legend around border, eagle on cactus **Obv. Legend:** FONDOS PUBLICOS **Rev. Legend:** DE CATORCE 1822

Date	Mintage	G4	VG8	F12	VF20	XF40
1822	—	14.00	22.00	46.00	80.00	—

CELAYA

1/8 REAL (OCTAVO)

KM# L33 Copper, **Rev:** Branches below legend, flower above **Obv. Legend:** EN/CELAYA/DE/1803 **Rev. Legend:** LUIS/VASQUE S

Date	Mintage	G4	VG8	F12	VF20	XF40
1803	—	30.00	45.00	75.00	120	—

KM# L34 Copper, **Rev:** Branches below legend, flower above **Obv. Legend:** VIDERI/QUE/CELALLA/1808 **Rev. Legend:** LUIS/VASQUE S **Note:** Uniface.

Date	Mintage	G4	VG8	F12	VF20	XF40
1808	—	30.00	45.00	75.00	120	—

KM# L35 Copper, **Rev:** Branches below legend, flower above **Obv. Legend:** VISCARA/CELAYA/1814 with ornament above **Rev. Legend:** LUIS/VASQUE S **Note:** Uniface.

Date	Mintage	G4	VG8	F12	VF20	XF40
1814	—	20.00	30.00	52.00	90.00	—

CHILCHOTA

1/8 REAL (OCTAVO)

KM# L38 Copper, **Obv:** Head to right, date below legend **Rev:** Wreath in center **Obv. Legend:** CHILCHOTA UN OCTAVO **Rev. Legend:** RESPONSAVILIDAD DE MURGVIA

Date	Mintage	G4	VG8	F12	VF20	XF40
1858	—	18.00	30.00	52.00	90.00	—

COLIMA

1/8 REAL (OCTAVO)

KM# L41 Copper, **Obv:** Legend around border as continuous legend **Rev:** Blank **Obv. Legend:** VILLA DE COLIMA

Date	Mintage	G4	VG8	F12	VF20	XF40
1813	—	15.00	20.00	40.00	75.00	—

KM# L42 Copper, **Obv:** Legend and date in three lines **Rev:** Blank **Obv. Legend:** VILLA DE COLIMA

Date	Mintage	G4	VG8	F12	VF20	XF40
1814	—	15.00	20.00	40.00	70.00	—

KM# L44 Copper, **Obv:** Legend and date in three lines **Rev:** Date **Obv. Legend:** OCT. DE COLI

Date	Mintage	G4	VG8	F12	VF20	XF40
1819	—	18.00	28.00	47.00	80.00	—

KM# L46 Copper, **Obv:** Legend around border, date in center circle **Rev:** Legend within wreath, pellet in center **Obv. Legend:** OCTO DE COLIMA **Rev. Legend:** OCTAVO

Date	Mintage	G4	VG8	F12	VF20	XF40
1824	—	16.00	20.00	40.00	75.00	—

KM# L47 Copper, **Obv:** Legend in three lines **Rev:** Legend within wreath, pellet in center **Obv. Legend:** OCTO DE COLA **Rev. Legend:** OCTAVO

Date	Mintage	G4	VG8	F12	VF20	XF40
1824	—	16.00	20.00	40.00	75.00	—
1828	—	16.00	20.00	40.00	75.00	—

KM# L48 Copper, **Obv:** Legend in three lines **Rev:** Legend in three lines **Obv. Legend:** OCTO DE COLIMA **Rev. Legend:** ANO DE 1830

Date	Mintage	G4	VG8	F12	VF20	XF40
1830	—	16.00	20.00	40.00	75.00	—

1/4 REAL (QUARTO)

KM# L43 Copper, **Obv:** Legend in three lines in wreath **Rev:** Colima monogram in wreath **Obv. Legend:** QUART COLIMA 1816

Date	Mintage	G4	VG8	F12	VF20	XF40
1816	—	12.00	20.00	38.00	70.00	—

KM# L45 Copper, **Obv:** Legend around border, date in center circle **Rev:** Colima monogram in wreath **Obv. Legend:** QUARTo DE COLIMA

Date	Mintage	G4	VG8	F12	VF20	XF40
1824	—	15.00	22.00	40.00	75.00	—

COTIJA

1/8 REAL (OCTAVO)

KM# L51 Copper, **Obv:** Seated Liberty with staff and liberty cap **Rev:** Value and date in wreath **Obv. Legend:** DE. D. JOSE NUNES **Rev. Legend:** COMMERCIO. D. COTIJA

Date	Mintage	G4	VG8	F12	VF20	XF40
ND	—	15.00	22.50	40.00	75.00	—

CUIDO

1/8 REAL (OCTAVO)

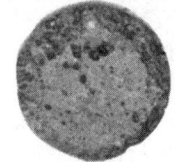

KM# L52 Copper, **Note:** Uniface. "CUIDO" above "1/8" in spray.

Date	Mintage	G4	VG8	F12	VF20	XF40
ND	—	15.00	25.00	45.00	75.00	—

GUADALAJARA

1/8 REAL (OCTAVO)

KM# L57 Copper, **Obv:** Eagle with wings spread **Obv. Legend:** GUADALAXARA **Note:** Uniface.

Date	Mintage	G4	VG8	F12	VF20	XF40
ND	—	33.00	45.00	75.00	125	—

LAGOS

1/4 REAL

KM# L59 Bronze, **Obv:** 2 globes with crown above, wreath and 1/4 below **Rev:** Coat of arms of Lagos

Date	Mintage	G4	VG8	F12	VF20	XF40
ND	—	70.00	90.00	160	250	—

KM# L59a Silver, **Obv:** 2 globes with crown above, wreath and 1/4 below **Rev:** Coat of arms of Lagos

Date	Mintage	G4	VG8	F12	VF20	XF40
ND	—	180	240	360	625	—

MERIDA

1/2 GRANO

KM# L60 Lead, **Obv:** First part of legend in center, second part of legend around border, 1859 below **Obv. Legend:** PART/DE LA SO/CIED • MERIDADE YUCATAN **Rev. Legend:** 1/2/GRANO/DE PESO/ FUERTE

Date	Mintage	G4	VG8	F12	VF20	XF40
1859	—	12.00	20.00	50.00	85.00	—

PAZCUARO

1/8 REAL (OCTAVO)

KM# L63 Copper, **Obv:** Town at base of mountains, lake in foreground, value 1/8 above **Rev:** Woman walking right, carrying bag, fish net and fish

Date	Mintage	G4	VG8	F12	VF20	XF40
ND	—	13.00	20.00	38.00	62.00	—

Note: Also in brass and cast in bronze; minor die varieties have been observed

KM# L64 Copper, **Obv:** 1/8 PAZCUARO **Rev:** Crude rendering of woman walking right, carrying bag, fish net and fish.

Date	Mintage	G4	VG8	F12	VF20	XF40
ND	—	15.00	20.00	40.00	75.00	—

PROGRESO

1/8 REAL (OCTAVO)

KM# L66 Copper, **Obv:** Radiant star above open book **Rev:** Value 1/8 in double wreath

Date	Mintage	G4	VG8	F12	VF20	XF40
1858	—	18.00	28.00	52.00	90.00	—

CENTAVO

KM# L67 Lead, **Obv:** Legend and 1873 in center **Rev:** Flank in oval band **Obv. Legend:** MUNICIPALIDAD DE PROGRESO UN CENT

Date	Mintage	G4	VG8	F12	VF20	XF40
1873	—	15.00	25.00	45.00	80.00	—

QUITUPAN

1/8 REAL (OCTAVO)

KM# L69 Copper, **Obv:** Bow and two arrows in center **Rev:** 1/8 in center, mongram countermark **Obv. Legend:** QUITUPAN ... 1854 **Rev. Legend:** YGNACIO BUENROSTRO

Date	Mintage	G4	VG8	F12	VF20	XF40
1854	—	18.00	28.00	49.00	85.00	—

TACAMBARO

1/8 REAL (OCTAVO)

KM# L72 Copper, **Obv:** Winged caduceus in sprays **Rev:** Value 1/8 in sprays

Date	Mintage	G4	VG8	F12	VF20	XF40
ND	—	15.00	25.00	45.00	80.00	—

TARETAN

1/8 REAL (OCTAVO)

KM# L75 Copper, **Obv:** Head of man right **Rev:** Tree

Date	Mintage	G4	VG8	F12	VF20	XF40
1858	—	18.00	30.00	55.00	100	—

TLAZASALCA

1/8 REAL (OCTAVO)

KM# L78 Copper, **Obv:** Two mountains, date below **Rev:** Value 1/8 in wreath

Date	Mintage	G4	VG8	F12	VF20	XF40
1853	—	20.00	30.00	52.00	90.00	—

XALOSTOTITLAN

KM# L54 Copper, **Obv:** Crown in center **Rev:** 4 in center **Obv. Legend:** ILVSTRE AYVNTAMIENTO **Rev. Legend:** DE XALOS.TOTITAN. 1820

Date	Mintage	G4	VG8	F12	VF20	XF40
1820	—	28.00	45.00	75.00	125	—

ZAMORA

1/8 REAL (OCTAVO)

KM# L80 Copper,

Date	Mintage	G4	VG8	F12	VF20	XF40
1842	—	7.00	15.00	38.00	65.00	—
1848	—	7.00	15.00	38.00	65.00	—
1854	—	7.00	15.00	38.00	65.00	—
1858	—	7.00	15.00	38.00	65.00	—

KM# L81 Copper or Bronze, **Obv:** Eagle on cactus above sprays **Rev:** Liberty cap, bow and arrows above sprays. With or without various countermarks

Date	Mintage	G4	VG8	F12	VF20	XF40
1852	—	7.00	15.00	38.00	65.00	—
1853	—	7.00	15.00	38.00	65.00	—
1854	—	7.00	15.00	38.00	65.00	—
1856	—	7.00	15.00	38.00	65.00	—
1857	—	7.00	15.00	38.00	65.00	—
1858	—	7.00	15.00	38.00	65.00	—

Note: These pieces are also found with various countermarks; "Za" in a dentilated circle is the most common; "1/8" in a circular countermark is also encountered

ZAPOTLAN

1/8 REAL (OCTAVO)

KM# L84 Copper, **Obv. Legend:** ZAPO/TLAN/1813

Date	Mintage	G4	VG8	F12	VF20	XF40
1813	—	20.00	35.00	60.00	100	—

EMPIRE OF ITURBIDE

MILLED COINAGE

1/8 REAL

KM# 299 Copper, **Ruler:** Augustin I Iturbide **Obv:** Crowned shield within sprays **Rev:** Inscription, date **Rev. Inscription:** DE LA PROVINCIA DE NUEVA VISCAYA **Mint:** Durango

Date	Mintage	G4	VG8	F12	VF20	XF40
1821D	—	22.50	50.00	85.00	150	—
1822D	—	7.50	13.50	28.50	60.00	—
1823D	—	9.00	13.50	26.50	55.00	—

1/4 REAL

KM# 300 Copper, **Ruler:** Augustin I Iturbide **Obv:** Crowned shield within sprays **Rev:** Inscription, date **Rev. Inscription:** DE LA PROVINCIA DE NUEVA VISCAYA **Mint:** Durango

Date	Mintage	G4	VG8	F12	VF20	XF40
1822D	—	160	275	400	550	—

1/2 REAL

KM# 301 0.903 Silver, **Ruler:** Augustin I Iturbide **Obv:** Head right **Rev:** Crowned eagle **Obv. Legend:** AUGUSTINUS DEI... **Rev. Legend:** I • M • E • X • I... **Mint:** Mexico City

Date	Mintage	F12	VF20	XF40	MS60	MS63
1822Mo JM	—	22.50	55.00	110	375	700
1823Mo JM	—	17.00	42.00	85.00	325	—

REAL

KM# 302 0.903 Silver, **Ruler:** Augustin I Iturbide **Obv:** Head right **Rev:** Crowned eagle **Obv. Legend:** AUGUSTINUS DEI... **Rev. Legend:** MEX • I • IMPERATOR... **Mint:** Mexico City

Date	Mintage	VG8	F12	VF20	XF40	MS60
1822 Mo JM	—	100	175	350	550	1,150

2 REALES

KM# 303 6.77 g., 0.903 Silver, 0.1965 oz. ASW **Ruler:** Augustin I Iturbide **Obv:** Head right **Rev:** Crowned eagle **Obv. Legend:** AUGUSTINUS DEI... **Rev. Legend:** MEX • I • IMPERATOR... **Mint:** Mexico City

Date	Mintage	F12	VF20	XF40	MS60	MS63
1822Mo JM	—	60.00	120	350	1,000	—
1823Mo JM	—	40.00	80.00	250	850	1,600

8 REALES

KM# 304 27.07 g., 0.903 Silver, 0.7858 oz. ASW
Ruler: Augustin I Iturbide **Obv:** Head right **Rev:**
Crowned eagle **Obv. Legend:** AUGUST.... **Rev.**
Legend: ...MEX • I • IMPERATOR... **Mint:** Mexico
City

Date	Mintage	F12	VF20	XF40	MS60	MS63
1822Mo JM	—	75.00	150	375	1,300	—
1822Mo JM	—	—	—	—	—	—
Proof, 3 known

Note: Ponterio & Associates Sale #86, 04-97, choice
AU Proof realized $12,650

KM# 305 0.903 Silver, **Ruler:** Augustin I Iturbide
Obv: Bust similar to 8 Escudos, KM#131 **Rev:**
Crowned eagle **Mint:** Mexico City

Date	Mintage	F12	VF20	XF40	MS60	MS63
1822Mo JM Rare	—	—	—	—	—	—

KM# 306.1 0.903 Silver, **Ruler:** Augustin I Iturbide
Obv: Head right **Rev:** Crowned eagle, 8 R.J.M. at
upper left of eagle **Obv. Legend:** AUGUST... **Rev.**
Legend: MEX • I • IMPERATOR... **Mint:** Mexico
City **Note:** Type I.

Date	Mintage	F12	VF20	XF40	MS60	MS63
1822Mo JM	—	100	200	475	1,800	—

KM# 306.2 0.903 Silver, **Ruler:** Augustin I Iturbide
Obv: Head right **Rev:** Cross on crown **Mint:** Mexico
City **Note:** Type I.

Date	Mintage	F12	VF20	XF40	MS60	MS63
1822Mo JM	—	650	1,100	—	—	—

KM# 307 0.903 Silver, **Ruler:** Augustin I Iturbide
Obv: Head right **Rev:** Crowned eagle **Mint:** Mexico
City **Note:** Type II.

Date	Mintage	F12	VF20	XF40	MS60	MS63
1822Mo JM	—	150	350	850	3,750	—

KM# 308 0.903 Silver, **Ruler:** Augustin I Iturbide
Obv: Head right, continuous legend with long
smooth truncation **Rev:** Crowned eagle **Obv.**
Legend: AUGUSTINUS DEI... **Mint:** Mexico City
Note: Type III.

Date	Mintage	F12	VF20	XF40	MS60	MS63
1822Mo JM	—	175	500	1,150	3,750	—

Note: Variety with long, straight truncation is valued at
$5,000 in uncirculated condition

KM# 309 0.903 Silver, **Ruler:** Augustin I Iturbide
Obv: Head right **Rev:** Crowned eagle **Obv.**
Legend: AUGUSTINUS DEI... **Rev. Legend:** MEX •
I • IMPERATOR... **Mint:** Mexico City **Note:** Type IV.

Date	Mintage	F12	VF20	XF40	MS60	MS63
1822Mo JM	—	50.00	120	300	1,300	—

KM# 310 0.903 Silver, **Ruler:** Augustin I Iturbide **Obv:** Head right, continuous legend with short irregular truncation **Rev:** Crowned eagle, 8 R • J • M • below eagle **Obv. Legend:** AUGUSTINUS DEI... **Rev. Legend:** MEX • I • IMPERATOR... **Mint:** Mexico City **Note:** Type V.

Date	Mintage	F12	VF20	XF40	MS60	MS63
1822Mo JM	—	50.00	120	300	1,500	—
1823Mo JM	—	50.00	120	300	1,500	—

KM# 311 0.903 Silver, **Ruler:** Augustin I Iturbide **Obv:** Head right, long truncation **Rev:** Crowned eagle **Mint:** Mexico City **Note:** Type VI.

Date	Mintage	F12	VF20	XF40	MS60	MS63
1822Mo JM Rare	—	—	—	—	—	—

4 SCUDOS

KM# 312 13.53 g., 0.875 Gold, 0.3807 oz. AGW **Ruler:** Augustin I Iturbide **Obv:** Head right **Rev:** Crowned eagle within ornate shield **Obv. Legend:** AUGUSTINUS DEI... **Rev. Legend:** CONSTITUT • 4 • S • I • M... **Mint:** Mexico City

Date	Mintage	F12	VF20	XF40	MS60	MS63
1823Mo JM	—	1,350	2,750	6,250	12,000	—

8 SCUDOS

KM# 313.1 27.07 g., 0.875 Gold, 0.7615 oz. AGW **Ruler:** Augustin I Iturbide **Obv:** Head right **Rev:** Crowned eagle **Obv. Legend:** AUGUSTINUS • DEI • PROVIDENTIA **Rev. Legend:** CONSTITUT • 8 • S • I • M... **Mint:** Mexico City

Date	Mintage	F12	VF20	XF40	MS60	MS63
1822Mo JM	—	1,500	3,500	6,500	12,000	15,000

Note: American Numismatic Rarities Eliasberg sale 4-05, MS-62 realized $20,700. Superior Casterline sale 5-89 choice AU realized $11,000

KM# 313.2 0.875 Gold, **Ruler:** Augustin I Iturbide **Obv:** Head right, error in legend **Rev:** Crowned eagle **Obv. Legend:** AUGSTINUS • DEI... **Rev. Legend:** CONSTITUT • 8 • S • I • M... **Mint:** Mexico City

Date	Mintage	F12	VF20	XF40	MS60	MS63
1822Mo JM	—	1,350	3,650	6,750	12,500	16,000

KM# 314 0.875 Gold, **Ruler:** Augustin I Iturbide **Obv:** Head right **Rev:** Crowned eagle within ornate shield **Obv. Legend:** AUGUSTINUS DEI... **Rev. Legend:** CONSTITUT • 8 • S • I • M... **Mint:** Mexico City

Date	Mintage	F12	VF20	XF40	MS60	MS63
1823Mo JM	—	1,300	2,700	6,000	11,000	—

REPUBLIC
FIRST

MINT MARKS
A, AS - Alamos
CE - Real de Catorce
CA,CH - Chihuahua
C, Cn, Gn(error) - Culiacan
D, Do - Durango
EoMo - Estado de Mexico
Ga - Guadalajara
GC - Guadalupe y Calvo
G, Go - Guanajuato
H, Ho - Hermosillo
M, Mo - Mexico City
O, OA - Oaxaca
SLP, PI, P, I/P - San Luis Potosi
Z, Zs – Zacatecas

ASSAYERS' INITIALS

ALAMOS MINT
PG	1862-68	Pascual Gaxiola
DL, L	1866-79	Domingo Larraguibel
AM	1872-74	Antonio Moreno
ML, L	1878-95	Manuel Larraguibel

REAL DE CATORCE MINT
ML	1863	Mariano Cristobal Ramirez

CHIHUAHUA MINT
MR	1831-34	Mariano Cristobal Ramirez
AM	1833-39	Jose Antonio Mucharraz
MJ	1832	Jose Mariano Jimenez
RG	1839-56	Rodrigo Garcia
JC	1856-65	Joaquin Campa
BA	1858	Bruno Arriada
FP	1866	Francisco Potts
JC	1866-1868	Jose Maria Gomez del Campo
MM, M	1868-95	Manuel Merino
AV	1873-80	Antonio Valero
EA	1877	Eduardo Avila
JM	1877	Jacobo Mucharraz
GR	1877	Guadalupe Rocha
MG	1880-82	Manuel Gameros

CULIACAN MINT
CE	1846-70	Clemente Espinosa de los Monteros
C	1870	???
PV	1860-61	Pablo Viruega
MP, P	1871-76	Manuel Onofre Parodi
GP	1876	Celso Gaxiola & Manuel Onofre Parodi
CG, G	1876-78	Celso Gaxiola
JD, D	1878-82	Juan Dominguez
AM, M	1882-1899	Antonio Moreno
F	1870	Fernando Ferrari
JQ, Q	1899-1903	Jesus S. Quiroz

DURANGO MINT
RL	1825-1832	???
RM	1830-48	Ramon Mascarenas
OMC	1840	Octavio Martinez de Castro
CM	1848-76	Clemente Moron
JMR	1849-52	Jose Maria Ramirez
CP, P	1853-64, 1867-73	Carlos Leon de la Pena
LT	1864-65	???
JMP, P	1877	Carlos Miguel de la Palma
PE, E	1878	Pedro Espejo

TB, B	1878-80	Trinidad Barrera
JP	1880-94	J. Miguel Palma
MC, C,	1882-90	Manuel M. Canseco or Melchor Calderon
JB	1885	Jocobo Blanco
ND, D	1892-95	Norberto Dominguez

ESTADO DE MEXICO MINT
L	1828-30	Luis Valazquez de la Cadena
F	1828-30	Francisco Parodi

GUADALAJARA MINT
FS	1818-35	Francisco Suarez
JM	1830-32	???
JG	1836-39, 1842-67	Juan de Dios Guzman
MC	1839-46	Manuel Cueras
JM	1867-69	Jesus P. Manzano
IC, C	1869-77	Ignacio Canizo y Soto
MC	1874-75	Manuel Contreras
JA, A	1877-81	Julio Arancivia
FS, S	1880-82	Fernando Sayago
TB, B	1883-84	Trinidad Barrera
AH, H	1884-85	Antonio Hernandez y Prado
JS, S	1885-95	Jose S. Schiafino

GUADALUPE Y CALVO MINT
MP	1844-52	Manuel Onofre Parodi

GUANAJUATO MINT
JJ	1825-26	Jose Mariano Jimenez
MJ, MR, JM, PG, PJ, PF		???
PM	1841-48, 1853-61	Patrick Murphy
YF	1862-68	Yldefonso Flores
YE	1862-63	Ynocencio Espinoza
FR	1870-78	Faustino Ramirez
SB, RR		???
RS	1891-1900	Rosendo Sandoval

HERMOSILLO MINT
PP	1835-36	Pedro Peimbert
FM	1871-76	Florencio Monteverde
MP	1866	Manuel Onofre Parodi
PR	1866-75	Pablo Rubio
R	1874-75	Pablo Rubio
GR	1877	Guadalupe Rocha
AF, F	1876-77	Alejandro Fourcade
JA, A	1877-83	Jesus Acosta
FM, M	1883-86	Fernando Mendez
FG, G	1886-95	Fausto Gaxiola

MEXICO CITY MINT
Because of the great number of assayers for this mint (Mexico City is a much larger mint than any of the others) there is much confusion as to which initial stands for which assayer at any one time. Therefore we feel that it would be of no value to list the assayers.

OAXACA MINT
AE	1859-91	Agustin Endner
E	1889-90	Agustin Endner
FR	1861-64	Francisco de la Rosa
EN	1890	Eduardo Navarro Luna
N	1890	Eduardo Navarro Luna

POTOSI MINT
JS	1827-42	Juan Sanabria
AM	1838, 1843-49	Jose Antonio Mucharraz
PS	1842-43, 1848-49, 1857-61, 1867-70	Pompaso Sanabria
S	1869-70	Pomposo Sanabria
MC	1849-59	Mariano Catano

FIRST REPUBLIC

RO	1859-65	Romualdo Obregon
MH, H	1870-85	Manuel Herrera Razo
O	1870-73	Juan R. Ochoa
CA, G	1867-70	Carlos Aguirre Gomez
BE, E	1879-81	Blas Escontria
LC, C	1885-86	Luis Cuevas
MR, R	1886-93	Mariano Reyes

ZACATECAS MINT

A	1825-29	Adalco
Z	1825-26	Mariano Zaldivar
V	1824-31	Jose Mariano Vela
O	1829-67	Manuel Ochoa
M	1831-67	Manuel Miner
VL	1860-66	Vicente Larranaga
JS	1867-68, 1876-86	J.S. de Santa Ana
YH	1868-74	Ygnacio Hierro
JA	1874-76	Juan H. Acuna
FZ	18861905	Francisco de P. Zarate

DIE VARIETIES

Similar basic designs were utilized by all the Mexican mints, but many variations are noticeable, particularly in the eagle, cactus and sprays.

1835 Durango, 8 Escudos
Illustration enlarged.
A large winged eagle was portrayed on the earlier coinage of the new republic.

1849 Mexico City, 8 Escudos
Illustration enlarged.
The later eagle featured undersized wings.

1844 Durango, 8 Escudos
Illustration enlarged.
The early renditions of the hand held Liberty cap over open book were massive in the gold escudo series.

1864 Durango, 8 Escudos
Illustration enlarged.
A finer, more petite style was adopted later on in the gold escudo series.

PROFILE EAGLE COINAGE

The first coins of the Republic were of the distinctive Profile Eagle style, sometimes called the "Hooked Eagle". They were struck in the Mexico City in 1823 in denominations of eight reales and eight escudos. In 1824, they were produced at the Durango and Guanajuato mints in addition to Mexico City. Denominations included the one half, one, two and eight reales. no gold escudos of this design were struck n 1824. In 1825, only the eight reales were struck briefly at the Guanajuato mint.

Note: For a more extensive examination of Profile Eagle Coinage, please refer to Hookneck - El Aguila de Perfil by Clyde Hubbard and David O Harrow.

1/2 REAL

KM# 369 1.69 g., 0.903 Silver, 0.0491 oz. ASW **Obv:** Full breast Profile eagle **Rev:** Cap and rays **Mint:** Mexico City **Note:** Die varieties exist.

Date	Mintage	F12	VF20	XF40	MS60	MS63
1824Mo JM	—	45.00	75.00	175	750	—

REAL

KM# 371.1 3.38 g.,   0.903 Silver, 0.0981 oz.
ASW **Obv:** Thin Profile eagle **Rev:** Superscript S
reversed **Mint:** Durango

Date	Mintage	F12	VF20	XF40	MS60	MS63
1824Do RL	—	5,500	9,500	13,000	—	—

KM# 371.2 3.38 g., 0.903 Silver, 0.0981 oz. ASW
Obv: Thin Profile eagle **Rev:** Superscript S normal
Mint: Durango

Date	Mintage	VF20	XF40	MS60	MS63
1824Do RL 3 known	—	—	—	—	—

2 REALES

Mint mark: Do

KM# 373.1 6.76 g., 0.903 Silver, 0.1963 oz. ASW
Obv: Profile eagle, snake in beak **Rev:** Radiant
cap **Obv. Legend:** REPUBLICA • MEXICANA **Mint:**
Durango **Note:** Die varieties exist.

Date	Mintage	F12	VF20	XF40	MS60	MS63
1824Do RL	—	60.00	135	850	2,200	—

KM# 373.2 6.76 g., 0.903 Silver, 0.1963 oz. ASW
Obv: Profile eagle, snake in beak **Rev:** Radiant
cap **Obv. Legend:** Thin profile **Rev. Legend:** Type
1, dot before 2R in legend **Mint:** Durango

Date	Mintage	F12	VF20	XF40	MS60	MS63
1824D RL	—	120	250	1,000	3,000	—

KM# 373.3 6.76 g., 0.903 Silver, 0.1963 oz. ASW
Obv: Profile eagle, snake in beak **Rev:** Radiant cap
Obv. Legend: Thin profile **Rev. Legend:** Type II, no
dot before 2R in legend **Mint:** Durango

Date	Mintage	F12	VF20	XF40	MS60	MS63
1824D RL	—	120	250	1,000	3,000	—

KM# 373.4 6.76 g., 0.903 Silver, 0.1963 oz. ASW
Obv: Profile eagle, snake in beak **Rev:** Radiant
cap **Obv. Legend:** REPUBLICA • MEXICANA **Mint:**
Mexico City **Note:** Varieties exist.

Date	Mintage	F12	VF20	XF40	MS60	MS63
1824Mo JM	—	40.00	90.00	450	2,000	—

Note: No coins are known with visible feather details on
the eagle's breast

8 REALES

KM# A376.1 27.07 g.,   0.903 Silver, 0.7859 oz.
ASW **Obv:** Full breast profile eagle, snake in
beak **Rev:** Radiant cap **Obv. Legend:** REPUBLICA
MEXICANA. **Mint:** Guanajuato

Date	Mintage	F12	VF20	XF40	MS60
1824Go JM	—	250	400	1,100	3,500
1825/4Go JJ	—	600	1,200	2,750	7,000
1825Go JJ	—	500	750	1,400	5,500

KM# A376.2 27.07 g., 0.903 Silver, 0.7859 oz.
ASW **Obv:** Full breast profile eagle, snake in
beak **Rev:** Radiant cap **Obv. Legend:** REPUBLICA
MEXICANA **Edge:** Standard or Republic **Mint:**
Mexico City

Date	Mintage	F12	VF20	XF40	MS60	MS63
1823Mo JM	—	150	300	800	4,500	—
1824Mo JM	—	125	250	700	4,000	—

KM# A376.3 27.07 g., 0.903 Silver, 0.7859 oz. ASW **Obv:** Full breast profile eagle, snake in beak **Rev:** Radiant cap **Edge:** Colonial or circle and rectangle **Mint:** Mexico City

Date	Mintage	VF20	XF40	MS60	MS63
1823Mo JM Rare	—	—	—	—	—

The Round-Topped Three

KM# A376.4 27.07 g., 0.903 Silver, 0.7859 oz. ASW **Obv:** Full breast profile eagle, snake in beak **Rev:** Radiant cap, round topped three **Edge:** Standard or Republic **Mint:** Mexico City

Date	Mintage	F12	VF20	XF40	MS60	MS63
1823Mo JM	—	2,000	4,000	6,000	8,000	—

Note: Many die varieties exist; Illustrations of one of the die differences is the size of the snake loop at the eagle's beak; This difference is not apparent except on the 1824 Mo 8 Reales

KM# A376.5 27.07 g., 0.903 Silver, 0.7859 oz. ASW **Obv:** Full breast profile eagle, snake in beak, REPULICA (error) **Rev:** Radiant cap **Mint:** Mexico City

Date	Mintage	F12	VF20	XF40	MS60	MS63
1824Mo JM	—	6,000	9,000	11,000	—	—

Note: Legible Libertads on the cap are not as prevalent on the Mexico City 8 Reales as on the Durango 8 Reales; They are much more numerous than on the Guanajuato 8 Reales

Typical Submissive
Snake Obverse

Typical Folded
Snake Obverse

NOTE: Legible Libertads on the Cap are common on Durango eight reales.

Med. Libertad   Small Libertad   Large Libertad
Cap Reverse   Cap Reverse   Cap Reverse

NOTE: The three styles of obverses and the three styles of reverses were combined to make six distinct varieties of coins.

KM# 376.1 27.07 g., 0.903 Silver, 0.7859 oz. ASW **Obv:** Thin profile eagle, defiant snake **Rev:** Radiant cap, medium Libertad **Mint:** Durango

Date	Mintage	F12	VF20	XF40	MS60
1824Do RL	—	500	1,200	5,400	10,500

Note: Five die varieties are known, all are rare. Ira & Larry Goldberg Millennia Sale 5-08, MS-64 realized $25,000.

KM# 376.2 27.07 g., 0.903 Silver, 0.7859 oz. ASW **Obv:** Thin profile eagle, defiant snake **Rev:** Radiant cap, small Libertad **Obv. Legend:** REPUBLICA MEXICANA **Mint:** Durango

Date	Mintage	F12	VF20	XF40	MS60	MS63
1824Do RL	—	300	500	1,900	5,300	—

Note: Eleven die varieties are known, some are rare

KM# 376.3 27.07 g., 0.903 Silver, 0.7859 oz. ASW **Obv:** Thin profile eagle, submissive snake **Rev:** Radiant cap, small Libertad **Obv. Legend:** REPUBLICA • MEXICANA **Mint:** Durango

Date	Mintage	F12	VF20	XF40	MS60	MS63
1824Do RL	—	200	400	1,500	4,150	—

Note: Seven die varieties are known, some are rare

KM# 376.4 27.07 g., 0.903 Silver, 0.7859 oz. ASW **Obv:** Thin profile eagle, submissive snake **Rev:** Radiant cap, large Libertad **Mint:** Durango

Date	Mintage	F12	VF20	XF40	MS60	MS63
1824Do RL	—	200	400	1,500	4,150	—

Note: Twelve die varieties known, some are rare

KM# 376.5 27.07 g., 0.903 Silver, 0.7859 oz. ASW **Obv:** Thin profile eagle, folded snake **Rev:** Radiant cap, small Libertad **Mint:** Durango

Date	Mintage	F12	VF20	XF40	MS60	MS63
1824Do RL	—	200	400	1,450	3,750	—

Note: Only one die variety is known

KM# 376.6 27.07 g., 0.903 Silver, 0.7859 oz. ASW **Obv:** Thin profile eagle, folded snake **Rev:** Radiant cap, large Libertad **Mint:** Durango

Date	Mintage	F12	VF20	XF40	MS60	MS63
1824Do RL	—	200	450	1,800	4,500	—

Note: Eleven die varieties known, some are rare

8 ESCUDOS

Type I Obverse/Reverse

NOTE: The cap on the reverse of the curved tail Type I points to the "A" of LIBERTAD.

KM# 382.1 27.07 g., 0.875 Gold, 0.7615 oz. AGW **Obv:** Profile eagle, snake's tail curved **Rev:** Open book, hand holding stick with cap, cap points to "A" of LIBERTAD **Obv. Legend:** REPUBLICA MEXICANA **Rev. Legend:** LIBERTAD EN... **Mint:** Mexico City

Date	Mintage	F12	VF20	XF40	MS60	MS63
1823Mo JM	— 7,000	10,000	20,000	35,000	—

Note: American Numismatic Rarities Eliasberg sale 4-05, MS-61 realized $55,200.

KM# 382.2 27.07 g., 0.875 Gold, 0.7615 oz. AGW **Obv:** Profile eagle, snake's tail looped **Rev:** Open book, hand holding stick with cap, cap points to "T" of LIBERTAD **Obv. Legend:** REPUBLICA MEXICANA **Rev. Legend:** LIBERTAD EN... **Mint:** Mexico City

Date	Mintage	F12	VF20	XF40	MS60	MS63
1823Mo JM	— 6,000	9,000	18,000	35,000	—

Note: The quality of the strikes of Type I coins is almost always superior to that of the Type II; Details of the eagle feathers, cactus and lettering on the open book are better on most Type I coins but the Type II coins are scarcer; Type I coins outnumber Type II coins by about two to one

STATE COINAGE

1/16 REAL (MEDIO OCTAVO)

KM# 316 4.75 g., Copper, 21mm. **Obv:** Bow, quiver and flag **Rev:** Seated figure, left, cap on pole **Obv. Legend:** DEPARTAMENTO DE JALISCO **Edge:** Oblique reeding **Mint:** Guadalajara

Date	Mintage	G4	VG8	F12	VF20	XF40
1860	—	5.00	12.00	28.00	85.00	

KM# 317 4.75 g., Copper, 21mm. **Obv. Legend:** ESTADO LIBRE DE JALISCO **Edge:** Oblique reeding **Mint:** Guadalajara

Date	Mintage	G4	VG8	F12	VF20	XF40
1861	—	4.00	9.00	20.00	50.00	

1/8 REAL (OCTAVO REAL)

KM# 320 Copper, **Obv:** Facing eagle, snake in beak, value at lower left **Rev:** Radiant Libertad above date within wreath **Rev. Legend:** LIBERTAD **Edge:** Oblique reeding **Mint:** Durango **Note:** Size varies 17-18mm. Weight varies 2.5-4 g. These pieces were frequently struck over 1/8 Real, dated 1821-23 of Nueva Vizcaya. All known examples struck over these coins are believed to be contemporary counterfeits.

Date	Mintage	G4	VG8	F12	VF20	XF40
1824D	—	8.00	19.00	55.00	130	—
1828D	—	225	375	600	1,500	—

KM# 338 4.00 g., Brass, 21mm. **Obv:** Monument **Rev:** Floating angel holding radiant cap **Obv. Legend:** ESTo LIBe FEDo DE ZACATECAS **Edge:** Oblique reeding **Mint:** Zacatecas

Date	Mintage	G4	VG8	F12	VF20
1825	—	5.00	8.00	18.00	40.00
1827	—	5.00	8.00	18.00	40.00
1827	—	18.00	30.00	60.00	150
Note: Inverted A for V in OCTAVO					
1827	—	22.50	37.50	75.00	180
Note: OCTAVA (error)					
1827 Inverted 1	—	18.00	30.00	60.00	150
1829 Rare	—	—	—	—	—
1830	—	4.00	8.00	12.00	30.00
1831	—	7.00	10.00	20.00	42.00
1832	—	4.00	8.00	12.00	30.00
1833	—	4.00	8.00	12.00	30.00
1835	—	5.00	9.00	15.00	38.00
1846	—	5.00	9.00	15.00	38.00
1851	—	55.00	110	175	325
1852	—	5.00	9.00	15.00	38.00
1858	—	4.00	8.00	12.00	30.00
1859	—	4.00	8.00	12.00	30.00
1862	—	4.00	8.00	12.00	30.00
1863 Reversed 6 in date	—	4.00	8.00	12.00	30.00

KM# 321 3.30 g., Copper, **Obv:** Child holding bow, right, small tree **Rev:** Radiant cap **Rev. Legend:** OCTo. DE. R. DE DO **Edge:** Oblique reeding **Mint:** Durango **Note:** Size varies 18-19mm.

Date	Mintage	G4	VG8	F12	VF20	XF40
1828D	—	11.00	27.50	60.00	175	—

KM# 329 4.80 g., Copper, 21mm. **Obv:** Bow, quiver and flag **Rev** Seated figure, left, cap on pole **Obv. Legend:** ESTADO LIBRE DE JALISCO **Edge:** Oblique reeding **Mint:** Guadalajara

Date	Mintage	G4	VG8	F12	VF20	XF40
1828	—	5.00	8.00	12.00	35.00	—
1831	—	95.00	150	280	425	—
1832/28	—	7.00	10.00	17.00	42.00	—
1832	—	7.00	9.00	15.00	38.00	—
1833	—	5.00	8.00	14.00	35.00	—
1834	—	55.00	120	225	350	—

KM# 335 Copper, **Obv. Legend:** ESTADO DE OCCIDENTE **Edge:** Oblique reeding **Mint:** Alamos **Note:** Size varies: 17-18mm, weight varies: 2-3 g. The C before date on reverse may be a mint mark standing for Concepcion de Alamos.

Date	Mintage	G4	VG8	F12	VF20	XF40
1828 Reverse S	—	55.00	100	180	—	—
1829	—	45.00	90.00	165	—	—

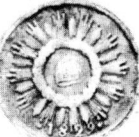

KM# 326 3.50 g., Copper, 21mm. **Obv:** Seated figure **Rev:** Cap within center wreath of stylized rays, date below **Obv. Legend:** ESTADO LIBRE DE GUANAJUATO **Edge:** Ornamented with incuse dots **Mint:** Guanajuato

Date	Mintage	G4	VG8	F12	VF20	XF40
1829	—	5.00	8.00	15.00	40.00	—
1829	—	6.00	10.00	20.00	42.00	—
Note: Error with GUANJUATO						
1830	—	12.00	20.00	50.00	100	—

KM# 336 Copper, 21mm. **Obv:** Value above divides wreath, open book within **Rev:** Seated figure **Obv. Legend:** ESTADO LIBRE DE SAN LUIS POTOSI **Edge:** Oblique reeding **Mint:** San Luis Potosi **Note:** Weight varies (1829-31) 4.5-5.5 g; (1859) 4-4.5 g.

Date	Mintage	G4	VG8	F12	VF20	XF40
1829	—	9.00	17.00	40.00	95.00	—
1830	—	13.00	22.50	45.00	110	—
1831	—	9.00	14.00	28.00	70.00	—
1859	—	8.00	12.00	25.00	70.00	—
1865/1	—	—	—	—	—	—
Note: Requires Confirmation						

KM# 318 3.54 g., Copper, 20mm. **Obv. Legend:** ESTADO SOBERANO DE CHIHUAHUA **Edge:** Plain **Mint:** Chihuahua

Date	Mintage	G4	VG8	F12	VF20	XF40
1833	—	525	1,150	—	—	—
1834	—	525	1,150	—	—	—
1835/3	—	525	1,150	—	—	—

KM# 322 3.50 g., Copper, 20mm. **Obv:** Profile eagle, snake in beak **Rev:** Value and date within circle and wreath **Obv. Legend:** ESTADO DE DURANGO **Mint:** Durango

Date	Mintage	G4	VG8	F12	VF20	XF40
1833	—	525	—	—	—	—

KM# 339 4.00 g., Copper, 21mm. **Obv:** Monument **Rev:** Floating angel holding radiant cap **Obv. Legend:** DEPARTAMENTO DE ZACATECAS **Edge:** Oblique reeding **Mint:** Zacatecas

Date	Mintage	G4	VG8	F12	VF20	XF40
1836	—	8.00	13.00	27.50	60.00	—
1845	—	11.00	19.00	35.00	75.00	—
1846	—	13.00	15.00	30.00	70.00	—

KM# 323 3.50 g., Copper, **Obv:** Facing eagle, snake in beak **Rev:** Value and date within circle and wreath **Obv. Legend:** REPUBLICA MEXICANA **Mint:** Durango **Note:** Size varies: 19-23mm.

Date	Mintage	G4	VG8	F12	VF20	XF40
1842/33	—	19.00	35.00	65.00	175	—
1842	—	13.00	22.50	50.00	150	—

KM# 324 Copper, 19mm. **Obv:** Facing eagle, snake in beak **Rev:** Value within circle **Obv. Legend:** REPUBLICA MEXICANA **Rev. Legend:** DEPARTAMENTO DE DURANGO **Edge:** Ornamented with arc and dot pattern **Mint:** Durango **Note:** Weight varies: 3.5-3.8 g.

Date	Mintage	G4	VG8	F12	VF20	XF40
1845	—	35.00	85.00	175	375	—
1846 Rare	—	—	—	—	—	—
1847	—	5.00	11.00	27.50	55.00	—

KM# 325 Copper, 19mm. **Obv:** Facing eagle, snake in beak **Rev:** Value within circle **Obv. Legend:** REPUBLICA MEXICANA **Rev. Legend:** ESTADO DE DURANGO **Edge:** Ornamented with arc and dot pattern **Mint:** Durango **Note:** Weight varies: 3.5-3.8 g.

Date	Mintage	G4	VG8	F12	VF20	XF40
1851	—	5.00	12.00	20.00	50.00	—
1852/1	—	5.00	10.00	20.00	50.00	—
1852	—	5.00	8.00	12.00	45.00	—
1854	—	11.00	20.00	45.00	95.00	—

KM# 319 3.54 g., Copper, 20mm. **Obv:** Standing figure facing holding bow and arrow **Rev:** Date and value within wreath **Obv. Legend:** ESTADO DE CHIHUAHUA **Edge:** Plain **Mint:** Chihuahua

Date	Mintage	G4	VG8	F12	VF20	XF40
1855	—	8.00	13.00	37.50	115	—

KM# 327 7.20 g., Brass, 29mm. **Obv:** Facing eagle, snake in beak **Rev:** Oval arms within sprays below radiant cap **Obv. Legend:** ESTADO LIBRE DE GUANAJUATO **Edge:** Plain **Mint:** Guanajuato

Date	Mintage	G4	VG8	F12	VF20	XF40
1856	—	11.00	18.00	30.00	115	—

KM# 328 Brass, 25mm. **Obv:** Facing eagle, snake in beak **Rev:** Oval arms within sprays below radiant cap **Obv. Legend:** ESTADO LIBRE DE GUANAJUATO **Edge:** Plain **Mint:** Guanajuato **Note:** Weight varies: 7.1-7.2 g.

Date	Mintage	G4	VG8	F12	VF20	XF40
1856	—	6.00	11.00	20.00	55.00	—
1857	—	5.00	9.00	15.00	45.00	—

KM# 330 9.50 g., Copper, 28mm. **Rev:** Seated figure, left, cap on pole **Obv. Legend:** ESTADO LIBRE DE JALISCO **Edge:** Oblique reeding **Mint:** Guadalajara

Date	Mintage	G4	VG8	F12	VF20	XF40
1856	—	5.00	9.00	14.00	28.00	—
1857	—	5.00	9.00	14.00	28.00	—
1858	—	5.00	9.00	14.00	28.00	—
1861	—	115	205	300	450	—
1862/1	—	6.00	11.00	15.00	35.00	—
1862	—	6.00	11.00	15.00	35.00	—

KM# 328a Copper, 25mm. **Obv:** Facing eagle, snake in beak **Rev:** Oval arms within sprays below radiant cap **Obv. Legend:** ESTADO LIBRE DE GUANAJUATO **Edge:** Plain **Mint:** Guanajuato **Note:** Weight varies: 7.1-7.2 g.

Date	Mintage	G4	VG8	F12	VF20	XF40
1857	—	11.00	25.00	48.00	85.00	—

KM# 331 9.50 g., Copper, 28mm. **Obv:** Bow, quiver and flag **Obv. Legend:** DEPARTAMENTO DE JALISCO **Edge:** Oblique reeding **Mint:** Guadalajara

Date	Mintage	G4	VG8	F12	VF20	XF40
1858	—	6.00	11.00	20.00	42.00	—
1859	—	5.00	9.00	12.00	30.00	—
1860/59	—	5.00	9.00	14.00	35.00	—
1860	—	5.00	9.00	14.00	35.00	—
1862	—	6.00	12.00	27.50	55.00	—

KM# 337 6.70 g., Copper, 28mm. **Obv. Legend:** ESTO LIBE Y SOBO DE SONORA **Edge:** Reeded **Mint:** Hermosillo

Date	Mintage	G4	VG8	F12	VF20	XF40
1859 Rare	—	—	—	—	—	—

1/4 REAL (UN QUARTO/UNA QUARTILLA)

KM# 366 8.00 g., Brass, **Obv:** Monument **Rev:** Floating angel with radiant cap on tip of arrow **Obv. Legend:** ESTO LIBE FEDO DE ZACATECAS **Edge:** Oblique reeding **Mint:** Zacatecas **Note:** Size varies: 28-29mm.

Date	Mintage	G4	VG8	F12	VF20	XF40
1824 Rare	—	—	—	—	—	—
1825	—	4.00	8.00	15.00	30.00	—
1826	—	115	195	325	500	—
1827/17	—	4.00	8.00	14.00	30.00	—
1829	—	4.00	8.00	14.00	30.00	—
1830	—	4.00	8.00	13.00	30.00	—
1831	—	60.00	130	210	325	—

Date	Mintage	G4	VG8	F12	VF20	XF40
1832	—	4.00	8.00	14.00	30.00	—
1833	—	4.00	8.00	14.00	30.00	—
1834 Rare	—	—	—	—	—	—
1835	—	4.00	8.00	14.00	30.00	—
1846	—	4.00	8.00	13.00	30.00	—
1847	—	4.00	8.00	13.00	30.00	—
1852	—	4.00	8.00	13.00	30.00	—
1853	—	4.00	8.00	13.00	30.00	—
1855	—	7.00	16.00	40.00	100	—
1858	—	4.00	8.00	13.00	30.00	—
1859	—	4.00	8.00	13.00	30.00	—
1860	—	115	190	300	475	—
1862/57	—	4.00	8.00	13.00	30.00	—
1862/59/7	—	12.00	27.50	55.00	115	—
1862	—	4.00	8.00	12.00	30.00	—
1863/2	—	4.00	8.00	12.00	30.00	—
1863	—	4.00	8.00	12.00	30.00	—
1864	—	6.00	15.00	37.50	90.00	—

KM# 351 7.00 g., Copper, 27mm. **Obv:** Seated figure with head right **Rev:** Cap within radiant wreath **Obv. Legend:** ESTADO LIBRE DE GUANAJUATO **Edge:** Ornamented with incuse dots **Mint:** Guanajuato

Date	Mintage	G4	VG8	F12	VF20	XF40
1828	—	6.00	12.00	27.50	60.00	—
1828	—	6.00	14.00	30.00	65.00	—
Note: Error with GUANJUATO						
1829	—	8.00	18.00	35.00	70.00	—

KM# 353 9.35 g., Copper, 28mm. **Obv:** Oblique reeding **Rev:** Seated figure, left, cap on pole **Obv. Legend:** ESTADO LIBRE DE JALISCO **Mint:** Guadalajara

Date	Mintage	G4	VG8	F12	VF20	XF40
1828	—	6.00	11.00	22.50	55.00	—
1829/8	—	5.00	9.00	20.00	50.00	—
1829	—	5.00	9.00	20.00	50.00	—
1830/20	—	5.00	8.00	15.00	42.00	—
1830/29	—	5.00	8.00	15.00	42.00	—
1830	—	5.00	8.00	15.00	42.00	—
1831 Rare	—	—	—	—	—	—
1832/20	—	5.00	8.00	15.00	42.00	—
1832/28	—	5.00	8.00	15.00	42.00	—
1832	—	4.00	8.00	14.00	40.00	—
1833/2	—	5.00	8.00	14.00	40.00	—
1834	—	4.00	8.00	14.00	40.00	—
1835/3	—	5.00	8.00	14.00	40.00	—
1835	—	4.00	8.00	14.00	40.00	—
1836 Rare	—	—	—	—	—	—

KM# 359 Copper, **Obv:** Value above divides wreath, open book within **Rev:** Seated figure with cap on tip of arrow **Obv. Legend:** ESTADO LIBRE DE SAN LUIS POTOSI **Rev. Legend:** MEXICO LIBRE **Edge:** Oblique reeding **Mint:** San Luis Potosi **Note:** Size varies: 25-31mm, weight varies: (1828-32) 9-10 g.; (1859-60) 8-9 g.

Date	Mintage	G4	VG8	F12	VF20	XF40
1828	—	3.00	6.00	14.00	28.00	—
1829	—	5.00	8.00	14.00	30.00	—
1830	—	3.00	6.00	12.00	25.00	—
1832	—	6.00	9.00	15.00	35.00	—
1859 Large LIBRE	—	4.00	6.00	12.00	28.00	—
1859 Small LIBRE	—	4.00	6.00	12.00	28.00	—
1860	—	4.00	6.00	12.00	28.00	—

KM# 364 Copper, **Obv:** Arrow divides quivers **Rev:** Stylized radiant cap **Obv. Legend:** EST. D. SONORA UNA CUART **Edge:** Oblique reeding **Mint:** Hermosillo **Note:** Size varies: 21-22mm. Weight varies: 2.3-5.5 g.

Date	Mintage	G4	VG8	F12	VF20	XF40
1831 L.S. Rare	—	—	—	—	—	—
1832 L.S.	—	4.00	8.00	22.50	75.00	—
1833/2 L.S.	—	3.00	6.00	20.00	55.00	—
1833 L.S.	—	3.00	6.00	20.00	55.00	—
1834 L.S.	—	3.00	6.00	20.00	55.00	—
1835/3 L.S.	—	4.00	8.00	22.50	60.00	—
1835 L.S.	—	3.00	6.00	20.00	55.00	—
1836 L.S.	—	3.00	6.00	20.00	55.00	—

KM# 340 Copper, 27mm. **Obv:** Child facing, holding bow and arrow **Rev:** Value and date within palm wreath **Obv. Legend:** ESTADO SOBERANO DE CHIHUAHUA **Edge:** Herringbone pattern **Mint:** Chihuahua

Date	Mintage	G4	VG8	F12	VF20	XF40
1833	—	11.00	25.00	55.00	130	—
1834	—	10.00	20.00	42.00	85.00	—
1835	—	8.00	15.00	33.00	75.00	—
1835 Plain edge	—	8.00	12.00	20.00	75.00	—

KM# 354 9.35 g., Copper, 28mm. **Obv. Legend:** DEPARTAMENTO DE JALISCO **Edge:** Oblique reeding **Mint:** Guadalajara

Date	Mintage	G4	VG8	F12	VF20	XF40
1836	—	180	300	525	—	—

KM# 367 8.00 g., Brass, **Obv:** Monument **Rev:** Floating angel with radiant cap on tip of arrow **Obv. Legend:** DEPARTAMENTO DE ZACATECAS **Edge:** Oblique reeding **Mint:** Zacatecas **Note:** Size varies: 28-29mm.

Date	Mintage	G4	VG8	F12	VF20	XF40
1836	—	6.00	13.00	20.00	38.00	—
1845 Rare	—	—	—	—	—	—
1846	—	5.00	10.00	14.00	30.00	—

KM# 345 7.00 g., Copper, 27mm. **Obv:** Facing eagle, snake in beak **Rev:** Value and date within circle, DURANGO above in wreath **Obv. Legend:** REPUBLICA MEXICANA **Mint:** Durango

Date	Mintage	G4	VG8	F12	VF20	XF40
1845 Rare	—	—	—	—	—	—

KM# 341 7.08 g., Copper, 27mm. **Obv:** Stylized figure facing, holding bow and arrow **Rev:** Value and date within designed wreath **Obv. Legend:** ESTADO LIBRE DE CHIHUAHUA **Edge:** Plain **Mint:** Chihuahua

Date	Mintage	G4	VG8	F12	VF20	XF40
1846	—	5.00	9.00	20.00	55.00	—
Note: With fraction bar						
1846	—	8.00	13.00	22.50	70.00	—
Note: Without fraction bar						

KM# 363 Copper, 27mm. **Obv:** Head left within wreath **Rev:** Value and date within wreath **Obv. Legend:** ESTADO LIBRE Y SOBERANO DE SINALOA **Edge:** Réeded **Mint:** Culiacan

Date	Mintage	G4	VG8	F12	VF20	XF40
1847	—	5.00	8.00	18.00	35.00	—
1848	—	5.00	8.00	17.00	35.00	—
1859	—	5.00	7.00	11.00	25.00	—
1861	—	2.75	5.00	6.00	15.00	—
1862	—	2.75	5.00	6.00	17.00	—
1863	—	4.00	6.00	8.00	17.00	—
1864/3	—	4.00	6.00	8.00	18.00	—
1864	—	2.75	5.00	7.00	15.00	—
1865	—	5.00	8.00	13.00	28.00	—
1866/5	7,401,000	4.00	5.00	8.00	18.00	—
1866	Inc. above	2.75	5.00	6.00	15.00	—

KM# 363a 7.00 g., Brass, 27mm. **Obv:** Head left within wreath **Rev:** Value and date within wreath **Obv. Legend:** ESTADO LIBRE Y SOBERANO DE SINALOA **Edge:** Reeded **Mint:** Culiacan

Date	Mintage	G4	VG8	F12	VF20	XF40
1847	—	8.00	15.00	27.50	60.00	—

KM# 342 7.08 g., Copper, 27mm. **Obv:** Stylized figure facing, holding bow and arrow **Rev:** Value and date within designed wreath **Obv. Legend:** ESTADO DE CHIHUAHUA **Edge:** Plain **Mint:** Chihuahua

Date	Mintage	G4	VG8	F12	VF20	XF40
1855	—	4.00	9.00	20.00	60.00	—
1856	—	4.00	9.00	20.00	60.00	—

KM# 343 7.08 g., Copper, 27mm. **Obv:** Stylized figure facing, holding bow and arrow **Rev:** Value and date within designed wreath **Obv. Legend:** DEPARTAMENTO DE CHIHUAHUA **Edge:** Plain **Mint:** Chihuahua

Date	Mintage	G4	VG8	F12	VF20	XF40
1855	—	5.00	9.00	20.00	55.00	—
1855 DE (reversed D)	—	7.00	13.00	28.00	60.00	—

KM# 352 14.00 g., Copper, 32mm. **Obv:** Facing eagle, snake in beak **Rev:** Oval arms within sprays below radiant cap **Obv. Legend:** EST. LIB. DE GUANAXUATO **Rev. Legend:** OMNIA VINCIT LABOR **Edge:** Plain **Mint:** Guanajuato

Date	Mintage	G4	VG8	F12	VF20	XF40
1856	—	11.00	27.50	55.00	110	—
1857	—	10.00	20.00	42.00	75.00	—

KM# 352a 14.00 g., Brass, 32mm. **Obv:** Facing eagle, snake in beak **Rev:** Oval arms within sprays below radiant cap **Obv. Legend:** EST. LIB. DE GUANAXUATO **Rev. Legend:** OMNIA VINCIT LABOR **Edge:** Plain **Mint:** Guanajuato

Date	Mintage	G4	VG8	F12	VF20	XF40
1856	—	5.00	10.00	20.00	45.00	—
1857	—	5.00	10.00	20.00	45.00	—

KM# 346 7.50 g., Copper, 27mm. **Obv:** Facing eagle, snake in beak **Rev:** Date, value **Obv. Legend:** REPUBLICA MEXICANA **Rev. Legend:** DURANGO **Edge:** Ornamented with arc and dot pattern **Mint:** Durango

Date	Mintage	G4	VG8	F12	VF20	XF40
1858 Rare	—	—	—	—	—	—

KM# 347 7.50 g., Copper, 27mm. **Obv:** Facing eagle, snake in beak **Rev:** Radiant cap above value and date within stylized sprays **Obv. Legend:** ESTADO DE DURANGO **Rev. Legend:** CONSTITUCION **Edge:** Ornamented with arc and dot pattern **Mint:** Durango **Note:** Brass examples have been reported, but not confirmed.

Date	Mintage	G4	VG8	F12	VF20	XF40
1858	—	6.00	13.00	33.00	75.00	—

KM# 355 19.00 g., Copper, 32mm. Obv: Bow, quiver and flag Rev: Seated figure, left, cap on pole Obv. Legend: ESTADO LIBRE DE JALISCO Edge: Oblique reeding Mint: Guadalajara

Date	Mintage	G4	VG8	F12	VF20	XF40
1858	—	5.00	9.00	17.00	37.00	—
1861	—	6.00	12.00	25.00	50.00	—
1862	—	5.00	9.00	17.00	37.00	—

KM# 356 19.00 g., Copper, 32mm. Obv: Bow, quiver and flag Rev: Seated figure, left, cap on pole Obv. Legend: DEPARTAMENTO DE JALISCO Edge: Oblique reeding Mint: Guadalajara

Date	Mintage	G4	VG8	F12	VF20	XF40
1858	—	5.00	9.00	14.00	30.00	—
1859/8	—	5.00	9.00	14.00	30.00	—
1859	—	5.00	9.00	14.00	30.00	—
1860	—	5.00	9.00	14.00	30.00	—

KM# 365 14.30 g., Copper, 32mm. Obv: Facing eagle, snake in beak Rev: Seated figure, left, cap on pole Obv. Legend: ESTO. LIBE. Y SOBO. DE SONORA Edge: Reeded Mint: Hermosillo

Date	Mintage	G4	VG8	F12	VF20	XF40
1859	—	5.00	12.00	18.00	45.00	—
1861/59	—	6.00	15.00	25.00	55.00	—
1861	—	5.00	12.00	18.00	45.00	—
1862	—	5.00	12.00	18.00	45.00	—
1863/2	—	12.00	27.50	55.00	130	—

KM# 344 Copper, 28mm. Obv: Seated figure, right Rev: Value and date within wreath Obv. Legend: E. CHIHA LIBERTAD Edge: Plain Mint: Chihuahua Note: Weight varies 11-11.5 g.

Date	Mintage	G4	VG8	F12	VF20	XF40
1860	—	3.00	6.00	17.00	37.00	—
1861	—	3.00	6.00	17.00	37.00	—
1865/1	—	4.00	8.00	20.00	45.00	—
1865	—	9.00	20.00	42.00	100	—
1866/5	—	8.00	14.00	40.00	90.00	—
1866	—	3.00	6.00	17.00	37.00	—
Note: Coin rotation						
1866	—	3.00	6.00	17.00	37.00	—
Note: Medal rotation						

KM# 348 Copper, 27mm. Obv: Facing eagle, snake in beak Rev: Value and date within circular legend and wreath Obv. Legend: DEPARTAMENTO DE DURANGO Rev. Legend: LIBERTAD EN EL ORDEN Edge: Ornamented with arc and dot pattern Mint: Durango Note: Weight varies: 7-7.5 g.

Date	Mintage	G4	VG8	F12	VF20	XF40
1860	—	4.00	11.00	25.00	65.00	—
1866	—	5.00	12.00	27.50	70.00	—

KM# 360 Copper, Obv: Value above divides wreath, open book within Rev: Seated figure with cap on tip of arrow Obv. Legend: ESTADO LIBRE DE SAN LUIS POTOSI Rev. Legend: REPUBLICA MEXICANA Edge: Oblique reeding Mint: San Luis Potosi Note: Size varies: 25-31mm.

Date	Mintage	G4	VG8	F12	VF20	XF40
1862	1,367	4.00	6.00	12.00	25.00	—
1862 LIBR	Inc. above	6.00	9.00	14.00	28.00	—

KM# 349 7.00 g., Copper, **Obv:** Facing eagle, snake in beak **Rev:** Value and date above sprays **Obv. Legend:** ESTADO DE DURANGO **Rev. Legend:** INDEPENDENCIA Y LIBERTAD **Edge:** Ornamented with arc and dot pattern **Mint:** Durango **Note:** Size varies: 26-27mm.

Date	Mintage	G4	VG8	F12	VF20	XF40
1866	—	6.00	14.00	38.00	85.00	—

KM# 361 Copper, **Rev:** Radiant cap and value within wreath, date below **Obv. Legend:** ESTADO LIBRE Y SOBERANO DE S.L. POTOSI **Rev. Legend:** LIBERTAD Y REFORMA **Edge:** Reeded or plain **Mint:** San Luis Potosi **Note:** Size varies: 27-28mm. Weight varies: 9-10 g.

Date	Mintage	G4	VG8	F12	VF20	XF40
1867	3,177,000	4.00	6.00	11.00	25.00	—
1867 AFG	Inc. above	4.00	6.00	11.00	25.00	—

Note: "AFG" are the coin designer/engraver initials

KM# 362 Copper, **Obv. Legend:** ESTADO LIBRE Y SOBERANO DE S.L. POTOSI **Rev. Legend:** LIBERTAD Y REFORMA **Edge:** Plain **Mint:** San Luis Potosi

Date	Mintage	G4	VG8	F12	VF20	XF40
1867	Inc. above	4.00	6.00	11.00	25.00	—
1867 AFG	Inc. above	4.00	6.00	11.00	25.00	—

Note: "AFG" are the coin designer/engraver initials

KM# 350 7.50 g., Copper, 27mm. **Obv:** Facing eagle, snake in beak **Rev:** Date and circular legend, value within **Obv. Legend:** ESTADO DE DURANGO **Rev. Legend:** SUFRAGIO LIBRE **Edge:** Ornamented with arc and dot pattern **Mint:** Durango **Note:** Brass examples have been reported, but not confirmed.

Date	Mintage	G4	VG8	F12	VF20	XF40
1872	—	3.00	6.00	14.00	30.00	—

FEDERAL COINAGE

1/16 REAL (MEDIO OCTAVO)

KM# 315 1.75 g., Copper, 17mm. **Obv. Legend:** REPUBLICA MEXICANA **Edge:** Ornamented with small incuse rectangles **Mint:** Mexico City

Date	Mintage	VG8	F12	VF20	XF40	MS60
1831	—	10.00	20.00	50.00	100	—
1832/1	—	12.00	22.00	55.00	125	—
1832	—	10.00	20.00	50.00	100	—
1833	—	10.00	20.00	50.00	100	—

KM# 315a 1.75 g., Brass, 17mm. **Obv. Legend:** REPUBLICA MEXICANA **Edge:** Ornamented with small incuse rectangles **Mint:** Mexico City

Date	Mintage	F12	VF20	XF40	MS60
1832	—	13.50	22.50	65.00	175	650
1833	—	10.00	17.50	50.00	150	—
1835	—	400	800	1,250	2,500	—

1/8 REAL (OCTAVO REAL)

KM# 332 7.00 g., Copper, 27mm. **Obv. Legend:** REPUBLICA MEXICANA **Edge:** Ornamented with small incuse rectangles **Mint:** Mexico City

Date	Mintage	VG8	F12	VF20	XF40	MS60
1829	—	450	900	1,500	2,500	—

KM# 333 3.50 g., Copper, 21mm. **Obv:** Facing eagle, snake in beak **Rev:** Value and date within wreath **Obv. Legend:** REPUBLICA MEXICANA **Edge:** Ornamented with small incuse rectangles **Mint:** Mexico City

Date	Mintage	G4	VG8	F12	VF20	XF40
1829	—	7.50	12.00	25.00	55.00	—
1830	—	1.00	2.00	6.00	20.00	—
1831	—	1.50	3.50	7.00	25.00	—
1832	—	1.50	3.50	7.00	25.00	—
1833/2	—	1.50	3.50	7.00	25.00	—
1833	—	1.50	2.75	6.00	20.00	—
1834	—	1.50	2.75	6.00	20.00	—
1835	—	1.50	2.75	6.00	20.00	—
1835/4	—	1.75	3.50	7.00	25.00	—

KM# 334 14.00 g., Copper, **Obv:** Seated figure, right **Rev:** Value and date within wreath **Obv. Legend:** LIBERTAD **Edge:** Lettered (1841-42); Plain (1850-61) **Edge Lettering:** REPUBLICA MEXICANA **Mint:** Mexico City **Note:** Size varies: 29-30mm.

Date	Mintage	G4	VG8	F12	VF20	XF40
1841	—	6.00	15.00	30.00	75.00	—
1842	—	2.50	5.00	10.00	30.00	—

Date	Mintage	G4	VG8	F12	VF20	XF40
1850	—	12.50	20.00	30.00	80.00	175
1861	—	5.00	12.00	25.00	70.00	—

1/4 REAL (UN QUARTO/UNA QUARTILLA)

KM# 357 14.00 g., Copper, 33mm. **Obv:** Facing eagle, snake in beak **Rev:** Value and date within wreath **Obv. Legend:** REPUBLICA MEXICANA **Edge:** Ornamented with small incuse rectangles **Mint:** Mexico City

Date	Mintage	VG8	F12	VF20	XF40	MS60
1829	—	12.00	36.00	90.00	275	—

KM# 358 7.00 g., Copper, 27mm. **Obv:** Facing eagle, snake in beak **Rev:** Value and date within wreath **Obv. Legend:** REPUBLICA MEXICANA **Edge:** Ornamented with small incuse rectangles **Mint:** Mexico City **Note:** Reduced size.

Date	Mintage	VG8	F12	VF20	XF40	MS60
1829	—	12.00	25.00	50.00	180	—
1830	—	1.50	2.75	5.00	12.00	—
1831	—	1.50	2.75	5.00	12.00	—
1832	—	5.50	10.00	20.00	42.00	—
1833	—	1.50	2.75	5.00	12.00	—
1834/3	—	1.75	3.00	6.00	14.00	—
1834	—	1.50	2.75	5.00	12.00	—
1835	—	1.50	2.75	5.00	12.00	—
1836/5	—	1.75	3.00	6.00	14.00	—
1836	—	1.50	2.75	5.00	12.00	—
1837	—	6.50	13.50	22.50	55.00	—

KM# 358a.1 7.00 g., Brass, 27mm. **Obv. Legend:** REPUBLICA MEXICANA **Edge:** Ornamented with small incuse rectangles **Mint:** Mexico City **Note:** Reduced size.

CM Date	Host Date	VG8	F12	VF20	XF40	MS60
	1831	8.00	14.00	28.00	60.00	—

KM# 358a.2 7.00 g., Brass, 27mm. **Obv. Legend:** REPUBLICA MEXICANA **Edge:** Ornamented with small incuse rectangles **Mint:** Mexico City **Note:** Without countermark.

Date	Mintage	VG8	F12	VF20	XF40	MS60
1831	—	—	—	—	—	—

KM# 368 0.85 g., 0.903 Silver, 0.0245 oz. ASW **Obv:** Head left **Rev:** Value **Mint:** Chihuahua **Note:** Mint mark CA.

Date	Mintage	VG8	F12	VF20	XF40	MS60
1843 CA RG	—	75.00	125	300	550	2,000

KM# 368.1 0.85 g., 0.903 Silver, 0.0245 oz. ASW **Mint:** Culiacan **Note:** Mint mark C.

Date	Mintage	VG8	F12	VF20	XF40	MS60
1855 C LR	—	50.00	100	225	525	1,500

KM# 368.2 0.85 g., 0.903 Silver, 0.0245 oz. ASW **Mint:** Durango **Note:** Struck at Durango Mint, mint mark Do.

Date	Mintage	VG8	F12	VF20	XF40	MS60
1842 Do LR	—	12.00	20.00	40.00	140	600
1843 Do	—	20.00	40.00	125	300	1,000

KM# 368.3 0.85 g., 0.903 Silver, 0.0245 oz. ASW **Mint:** Guadalajara **Note:** Mint mark Ga.

Date	Mintage	VG8	F12	VF20	XF40
1842 Ga JG	—	3.00	7.00	10.00	25.00
1843 Ga JG	—	15.00	50.00	200	300
1843 Ga MC	—	5.00	15.00	25.00	35.00
1844 Ga MC	—	5.00	15.00	25.00	35.00
1844 Ga LR	—	3.00	6.00	12.00	30.00
1845 Ga LR	—	10.00	25.00	60.00	125
1846 Ga LR	—	20.00	50.00	100	250
1847 Ga LR	—	7.00	12.00	25.00	50.00
1848 Ga LR Rare	—	—	200	600	1,000
1850 Ga LR Rare	—	100	200	350	600
1851 Ga LR	—	15.00	50.00	200	350
1852 Ga LR	—	60.00	120	200	300
1854/3 Ga LR	—	60.00	120	160	300
1854 Ga LR	—	20.00	50.00	100	250
1855 Ga LR	—	20.00	50.00	100	250
1857 Ga LR	—	30.00	60.00	150	400
1862 Ga LR	—	20.00	50.00	100	250

KM# 368.4 0.85 g., 0.903 Silver, 0.0245 oz. ASW **Mint:** Guadalupe y Calvo **Note:** Mint mark GC.

Date	Mintage	VG8	F12	VF20	XF40	MS60
1844 GC LR	—	50.00	75.00	200	500	2,000

KM# 368.5 0.85 g., 0.903 Silver, 0.0245 oz. ASW **Mint:** Guanajuato **Note:** Mint mark Go.

Date	Mintage	VG8	F12	VF20	XF40	MS60
1842 Go PM	—	5.00	15.00	35.00	90.00	300
1842 Go LR	—	2.00	4.00	8.00	18.00	90.00
1843/2 Go LR	—	4.00	6.00	10.00	25.00	300
1843 Go LR	—	4.00	15.00	40.00	60.00	125
1844 Go LR	—	10.00	25.00	100	200	700
1845 Go LR	—	8.00	17.00	30.00	60.00	275
1846 Go LR	—	6.00	15.00	30.00	60.00	—
1847 Go LR	—	4.00	15.00	40.00	60.00	125
1848/7 Go LR	—	2.00	4.00	10.00	20.00	90.00
1848 Go LR	—	4.00	15.00	40.00	60.00	125
1849/7 Go LR	—	8.00	10.00	20.00	40.00	—
1849 Go LR	—	4.00	8.00	20.00	50.00	—
1850 Go LR	—	2.00	4.00	8.00	15.00	100
1851/0 Go LR R in REPUBLICA backward	—	—	60.00	100	—	—
1851 Go LR	—	4.00	10.00	30.00	80.00	—
1852 Go LR	—	2.00	4.00	25.00	40.00	250
1853 Go LR	—	5.00	15.00	35.00	90.00	—
1856/4 Go LR	—	50.00	125	300	500	—
1856 Go LR	—	5.00	15.00	30.00	75.00	—

Date	Mintage	VG8	F12	VF20	XF40	MS60
1862/1 Go LR	—	3.00	5.00	10.00	25.00	100
1862 Go LR	—	2.00	4.00	10.00	20.00	100
1863 Go	—50.00	125	300	500	—

KM# 368.6 0.85 g., 0.903 Silver, 0.0245 oz. ASW **Mint:** Mexico City **Note:** Mint mark Mo.

Date	Mintage	VG8	F12	VF20	XF40	MS60
1842 Mo LR	—	2.00	4.00	8.00	18.00	100
1843 Mo LR	—	2.00	4.00	8.00	18.00	100
1844/3 Mo LR	—75.00	125	200	400	1,200
1845 Mo LR	—	6.00	15.00	25.00	60.00	250
1846 Mo LR	—10.00	15.00	30.00	60.00	—
1850 Mo LR	—	100	200	350	700	2,000
1858 Mo LR	—	4.00	8.00	15.00	36.00	150
1859 Mo LR	—	4.00	6.00	10.00	25.00	100
1860 Mo LR	—	4.00	6.00	10.00	25.00	100
1861 Mo LR	—	4.00	6.00	10.00	25.00	100
1862 Mo LR	—	4.00	6.00	10.00	25.00	100
1863/53 Mo LR	—	4.00	6.00	10.00	25.00	100
1863 Mo LR	—	4.00	6.00	10.00	25.00	100

KM# 368.7 0.85 g., 0.903 Silver, 0.0245 oz. ASW **Mint:** San Luis Potosi **Note:** Mint mark SLP, PI, P, I/P.

Date	Mintage	VG8	F12	VF20	XF40	MS60
1842 S.L.Pi	—	2.00	5.00	10.00	40.00	160
1843/2 S.L.Pi	—	4.00	10.00	25.00	50.00	—
1843 S.L.Pi	—	2.00	4.00	8.00	25.00	—
1844 S.L.Pi	—	2.00	10.00	25.00	50.00	—
1845/3 S.L.Pi	—	4.00	10.00	25.00	50.00	—
1845/4 S.L.Pi	—	4.00	10.00	25.00	50.00	—
1845 S.L.Pi	—	2.00	10.00	25.00	50.00	—
1847/5 S.L.Pi	—	4.00	9.00	20.00	48.00	160
1847 S.L.Pi	—	3.00	6.00	12.00	40.00	160
1851/47 S.L.Pi	—30.00	80.00	200	300	1,100
1854 S.L.Pi	—75.00	125	275	475	—
1856 S.L.Pi	—10.00	25.00	60.00	120	—
1857 S.L.Pi	—30.00	60.00	200	350	1,400
1862/57 S.L.Pi	—10.00	20.00	40.00	100	—
1863 S.L.Pi Rare	—	—	—	—	—

KM# 368.8 0.85 g., 0.903 Silver, 0.0245 oz. ASW **Mint:** Zacatecas **Note:** Mint mark Zs.

Date	Mintage	VG8	F12	VF20	XF40	MS60
1842/1 Zs LR	—	4.00	8.00	15.00	36.00	250
1842 Zs LR	—	4.00	8.00	15.00	36.00	250

1/2 REAL

KM# 370 1.69 g., 0.903 Silver, 0.0491 oz. ASW **Obv:** Hooked-neck eagle **Mint:** Alamos

Date	Mintage	F12	VF20	XF40	MS60	MS63
1862A PG Rare	—	—	—	—	—	—

KM# 370.1 1.69 g., 0.903 Silver, 0.0491 oz. ASW **Obv:** Facing eagle **Mint:** Chihuahua

Date	Mintage	F12	VF20	XF40	MS60	MS63
1844Ca RG	—	75.00	125	195	325	—
1845Ca RG	—	75.00	125	165	300	—

KM# 370.2 1.69 g., 0.903 Silver, 0.0491 oz. ASW **Obv:** Facing eagle, snake in beak **Rev:** Radiant cap **Obv. Legend:** REPUBLICA MEXICANA **Mint:** Culiacan **Note:** Mint mark C.

Date	Mintage	F12	VF20	XF40	MS60	MS63
1846 CE	—30.00	50.00	85.00	165	—

Date	Mintage	F12	VF20	XF40	MS60	MS63
1848/7 CE	—15.00	25.00	49.50	100	—
1849/8 CE	—15.00	25.00	49.50	100	—
1849 CE	—	—	—	—	—
1852 CE	—12.50	20.00	44.00	90.00	—
1853/1 CE	—12.50	20.00	44.00	90.00	—
1854 CE	—20.00	35.00	55.00	110	—
1856 CE	—12.50	20.00	44.00	90.00	—
1857/6 CE	—20.00	35.00	55.00	110	—
1857 CE	—15.00	25.00	49.50	100	—
1858 CE Error 1 for 1/2	—12.50	20.00	44.00	90.00	—
1860/59 PV	—20.00	35.00	55.00	110	—
1860 PV	—12.50	20.00	44.00	90.00	—
1861 PV	—12.50	20.00	44.00	90.00	—
1863 CE Error 1 for 1/2	—15.00	25.00	49.50	100	—
1867 CE	—12.50	20.00	44.00	90.00	—
1870 1/5 CE Error 1 for 1/2	—12.50	20.00	44.00	90.00	—

KM# 370.3 1.69 g., 0.903 Silver, 0.0491 oz. ASW **Obv:** Facing eagle, snake in beak **Mint:** Durango **Note:** Mint mark D, Do.

Date	Mintage	F12	VF20	XF40	MS60	MS63
1832 RM	—	125	225	375	650	—
1832 RM/L	—	—	—	—	—	—
1833/2 RM/L	—	75.00	100	165	250	—
1833/1 RM/L	—	12.50	20.00	44.00	90.00	—
1833 RM	—	25.00	40.00	85.00	165	—
1834/1 RM	—	25.00	40.00	85.00	165	—
1834 RM	—	12.50	20.00	44.00	90.00	—
1837/1 RM	—	12.50	30.00	65.00	220	—
1837/4 RM	—	12.50	30.00	65.00	220	—
1837/6 RM	—	12.50	30.00	65.00	220	—
1841/33 RM	—	15.00	30.00	65.00	275	—
1842/32 RM	—	12.50	20.00	44.00	90.00	—
1842 RM	—	12.50	20.00	44.00	90.00	—
1842 RM 8R Error	—	12.50	20.00	44.00	90.00	—
1842 1/2 RM 8R Error	—	12.50	20.00	44.00	90.00	—
1843/33 RM	—	15.00	25.00	55.00	110	—
1843 RM	—	15.00	25.00	55.00	110	—
1845/31 RM	—	12.50	20.00	44.00	90.00	—
1845/34 RM	—	12.50	20.00	44.00	90.00	—
1845/35 RM	—	12.50	20.00	44.00	90.00	—
1845 RM	—	15.00	25.00	55.00	110	—
1846 RM	—	30.00	50.00	90.00	220	—
1848/5 RM	—	35.00	55.00	120	275	—
1848/36 RM	—	25.00	40.00	85.00	220	—
1849 JMR	—	25.00	40.00	85.00	220	—
1850 RM Rare	—	—	—	—	—	—
1850 JMR	—	25.00	40.00	85.00	220	—
1851 JMR	—	20.00	35.00	55.00	110	—
1852/1 JMR	—	65.00	125	275	650	—
1852 JMR	—	30.00	50.00	90.00	220	—
1853 CP	—	12.50	20.00	44.00	90.00	—
1854 CP	—	150	250	450	—	—
1855 CP	—	25.00	40.00	65.00	165	—
1856/5 CP	—	20.00	35.00	55.00	110	—

Date	Mintage	F12	VF20	XF40	MS60	MS63
1857 CP	—	20.00	35.00	55.00	110	—
1858/7 CP	—	20.00	35.00	55.00	110	—
1859 CP	—	20.00	35.00	55.00	110	—
1860/59 CP	—	40.00	65.00	150	325	—
1861 CP	—	125	250	450	775	—
1862 CP	—	25.00	40.00	65.00	140	—
1864 LT	—	100	300	550	1,100	—
1869 CP	—	40.00	65.00	140	300	—

KM# 370.4 1.69 g., 0.903 Silver, 0.0491 oz. ASW **Obv:** Facing eagle, snake in beak **Mint:** Estado de Mexico

Date	Mintage	F12	VF20	XF40	MS60	MS63
1829EoMo LF	—	175	300	550	1,650	—

KM# 370.5 1.69 g., 0.903 Silver, 0.0491 oz. ASW **Obv:** Facing eagle, snake in beak **Mint:** Guadalajara

Date	Mintage	F12	VF20	XF40	MS60	MS63
1825Ga FS	—25.00	40.00	85.00	220	—	
1826Ga FS	—10.00	15.00	38.50	90.00	—	
1828/7Ga FS	—12.50	20.00	40.00	90.00	—	
1829Ga FS	— 7.50	15.00	33.00	75.00	—	
1830/29Ga FS	—40.00	60.00	110	220	—	
1831Ga LP	—	350	—	—	—	—
1832Ga FS	—	100	200	450	—	—
1834/3Ga FS	—65.00	100	195	275	—	
1834Ga FS	—	100	200	450	—	—
1835/4/3Ga FS/LP	—15.00	25.00	45.00	100	—	
1837/6Ga JG	—	100	200	450	850	1,500
1838/7Ga JG	—75.00	150	300	—	—	
1839/8Ga JG/FS	—35.00	75.00	165	275	—	
1839Ga MC	—10.00	20.00	38.50	90.00	—	
1840/39Ga MC/JG	—	—	—	—	—	—
1840Ga MC	—15.00	25.00	45.00	100	—	
1841Ga MC	—20.00	35.00	55.00	110	—	
1842/1Ga JG	—15.00	25.00	45.00	100	—	
1842Ga JG	—10.00	20.00	38.50	90.00	—	
1843/2Ga JG	—15.00	30.00	55.00	110	—	
1843Ga JG	—10.00	20.00	38.50	90.00	—	
1843Ga MC/JG	—10.00	20.00	38.50	90.00	—	
1843Ga MC	—10.00	20.00	38.50	90.00	—	
1844Ga MC	—10.00	20.00	38.50	90.00	—	
1845Ga MC	—10.00	20.00	38.50	90.00	—	
1845Ga JG	—10.00	20.00	38.50	90.00	—	
1846Ga MC	—10.00	20.00	38.50	90.00	—	
1846Ga JG	—10.00	20.00	38.50	90.00	—	
1847Ga JG	—10.00	20.00	38.50	90.00	—	
1848/7Ga JG	—10.00	20.00	38.50	90.00	—	
1849Ga JG	—10.00	20.00	38.50	90.00	—	
1850/49Ga JG	—	—	—	—	—	—
1850Ga JG	—10.00	20.00	38.50	90.00	—	
1851/0Ga JG	—10.00	20.00	38.50	90.00	—	
1852Ga JG	—10.00	20.00	38.50	90.00	—	
1853Ga JG	—10.00	20.00	38.50	90.00	—	
1854Ga JG	—10.00	20.00	38.50	90.00	—	
1855/4Ga JG	—10.00	20.00	38.50	90.00	—	
1855Ga JG	—10.00	20.00	38.50	90.00	—	
1856Ga JG	—10.00	20.00	38.50	90.00	—	
1857Ga JG	—10.00	20.00	38.50	90.00	—	
1858/7Ga JG	—10.00	20.00	38.50	90.00	—	
1858Ga JG	—10.00	20.00	38.50	90.00	—	
1859/7Ga JG	—10.00	20.00	38.50	90.00	—	
1860/59Ga JG	—10.00	20.00	38.50	90.00	—	
1861Ga JG	—	5.00	12.50	27.50	65.00	—
1862/1Ga JG	—15.00	25.00	45.00	100	—	

KM# 370.6 1.69 g., 0.903 Silver, 0.0491 oz. ASW **Obv:** Facing eagle, snake in beak **Mint:** Guadalupe y Calvo

Date	Mintage	F12	VF20	XF40	MS60	MS63
1844GC MP	—	50.00	100	165	425	—
1845GC MP	—	25.00	50.00	110	240	—
1846GC MP	—	25.00	50.00	110	240	—
1847GC MP	—	25.00	50.00	110	350	—
1848GC MP	—	20.00	40.00	85.00	180	—
1849GC MP	—	25.00	50.00	110	240	—
1850GC MP	—	30.00	60.00	140	300	—
1851GC MP	—	25.00	50.00	110	240	—

KM# 370.7 1.69 g., 0.903 Silver, 0.0491 oz. ASW **Obv:** Facing eagle, snake in beak **Mint:** Guanajuato **Note:** Varieties exist.

Date	Mintage	F12	VF20	XF40	MS60
1826Go MJ	—	125	250	450	1,100
1827/6Go MJ	—	7.50	15.00	33.00	85.00
1828/7Go MJ	—	7.50	15.00	33.00	85.00
1828Go MJ	—	—	—	—	—
Note: Denomination 2/1					
1828Go JG	—	—	—	—	—
1828Go MR	—	50.00	100	165	275
1829/8Go MJ	—	5.00	10.00	27.50	55.00
1829Go MJ	—	5.00	10.00	27.50	55.00
1829Go MJ	—	5.00	10.00	27.50	55.00
Note: Reversed N in MEXICANA					
1830Go MJ	—	5.00	10.00	27.50	55.00
1831/29Go MJ	—	15.00	30.00	65.00	165
1831Go MJ	—	10.00	20.00	44.00	90.00
1832/1Go MJ	—	7.50	15.00	33.00	85.00
1832Go MJ	—	7.50	15.00	33.00	85.00
1833Go MJ	—	10.00	20.00	44.00	90.00
Round top 3					
1833Go MJ Flat top 3	—	10.00	20.00	44.00	90.00
1834Go PJ	—	5.00	10.00	27.50	55.00
1835Go PJ	—	5.00	10.00	27.50	55.00
1836/5Go PJ	—	7.50	15.00	33.00	85.00
1836Go PJ	—	5.00	10.00	27.50	55.00
1837Go PJ	—	5.00	10.00	27.50	55.00
1838/7Go PJ	—	5.00	10.00	27.50	55.00
1839Go PJ	—	5.00	10.00	27.50	55.00
1839Go PJ	—	5.00	10.00	27.50	55.00
Note: Error: REPUBLIGA					
1840/39Go PJ	—	7.50	10.00	27.50	85.00
1840Go PJ Straight J	—	5.00	10.00	27.50	55.00
1840Go PJ Curved J	—	5.00	10.00	27.50	55.00
1841/31Go PJ	—	5.00	10.00	27.50	55.00
1841Go PJ	—	5.00	10.00	27.50	55.00
1842/1Go PJ	—	5.00	10.00	27.50	55.00
1842Go PM/J	—	5.00	10.00	27.50	55.00
1842Go PJ	—	5.00	10.00	27.50	55.00
1842Go PM	—	5.00	10.00	27.50	55.00
1843/33Go PM 1/2 over 8	—	5.00	10.00	27.50	55.00
1843Go PM	—	5.00	10.00	27.50	55.00
Note: Convex wings					
1843Go PM	—	5.00	10.00	27.50	55.00
Note: Concave wings					
1844/3Go PM	—	5.00	10.00	27.50	55.00
1844Go PM	—	10.00	20.00	45.00	100
1845/4Go PM	—	5.00	10.00	27.50	55.00
1845Go PM	—	5.00	10.00	27.50	55.00
1846/4Go PM	—	5.00	10.00	27.50	55.00
1846/5Go PM	—	5.00	10.00	27.50	55.00
1846Go PM	—	5.00	10.00	27.50	55.00

Date	Mintage	F12	VF20	XF40	MS60
1847/6Go PM	—	7.50	15.00	33.00	65.00
1847Go PM	—	7.50	15.00	33.00	65.00
1848/35Go PM	—	5.00	10.00	27.50	55.00
1848Go PM	—	5.00	10.00	27.50	55.00
1848Go PF/M	—	5.00	10.00	27.50	55.00
1849/39Go PF	—	5.00	10.00	27.50	55.00
1849Go PF	—	5.00	10.00	27.50	55.00
1849Go PF	—	5.00	10.00	27.50	55.00
Note: Error: MEXCANA					
1850Go PF	—	5.00	10.00	27.50	55.00
1851Go PF	—	5.00	10.00	27.50	55.00
1852/1Go PF	—	5.00	10.00	27.50	55.00
1852Go PF	—	2.50	7.50	20.00	45.00
1853Go PF/R	—	5.00	10.00	27.50	55.00
1853Go PF	—	5.00	10.00	27.50	55.00
1854Go PF	—	5.00	10.00	27.50	55.00
1855Go PF	—	5.00	10.00	27.50	55.00
1856/4Go PF	—	5.00	10.00	27.50	55.00
1856/5Go PF	—	5.00	10.00	27.50	55.00
1856Go PF	—	5.00	10.00	27.50	55.00
1857/6Go PF	—	5.00	10.00	27.50	55.00
1857Go PF	—	5.00	10.00	27.50	55.00
1858/7Go PF	—	7.50	15.00	33.00	65.00
1858Go PF	—	5.00	10.00	27.50	55.00
1859Go PF	—	5.00	10.00	27.50	55.00
1860Go PF Small 1/2	—	5.00	10.00	27.50	55.00
1860Go PF Large 1/2	—	5.00	10.00	27.50	55.00
1860/59Go PF	—	5.00	10.00	27.50	55.00
1861Go PF Small 1/2	—	5.00	10.00	27.50	55.00
1861Go PF Large 1/2	—	5.00	10.00	27.50	55.00
1862/1Go YE	—	5.00	10.00	27.50	55.00
1862Go YE	—	2.50	7.50	20.00	45.00
1862Go YF	—	5.00	10.00	27.50	55.00
1867Go YF	—	2.50	7.50	20.00	45.00
1868Go YF	—	2.50	7.50	20.00	45.00

KM# 370.8 1.69 g., 0.903 Silver, 0.0491 oz. ASW
Obv: Facing eagle, snake in beak **Mint:** Hermosillo

Date	Mintage	F12	VF20	XF40	MS60	MS63
1839Ho PP Unique	—	—	—	—	—	—
1862Ho FM	—	500	650	1,100	—	—
1867Ho PR/ FM Inverted 6, and 7/1	—	100	175	275	600	—

KM# 370.9 1.69 g., 0.903 Silver, 0.0491 oz. ASW
Obv: Facing eagle, snake in beak **Mint:** Mexico City

Date	Mintage	F12	VF20	XF40	MS60
1825Mo JM Short top 5	—	10.00	20.00	44.00	90.00
1825Mo JM Long top 5	—	10.00	20.00	44.00	90.00
1826/5Mo JM	—	10.00	20.00	44.00	90.00
1826Mo JM	—	5.00	10.00	22.50	65.00
1827/6Mo JM	—	5.00	10.00	22.50	65.00
1827Mo JM	—	5.00	10.00	22.50	65.00
1828/7Mo JM	—	7.50	15.00	27.50	95.00
1828Mo JM	—	10.00	20.00	45.00	100
1829Mo JM	—	7.50	15.00	27.50	85.00

Date	Mintage	F12	VF20	XF40	MS60
1830Mo JM	—	5.00	10.00	22.50	65.00
1831Mo JM	—	5.00	10.00	22.50	65.00
1832Mo JM	—	7.50	12.50	30.00	65.00
1833Mo MJ	—	7.50	12.50	30.00	65.00
1834Mo ML	—	5.00	10.00	22.50	65.00
1835Mo ML	—	5.00	10.00	22.50	65.00
1836/5Mo ML/ MF	—	7.50	15.00	27.50	70.00
1836Mo ML	—	7.50	15.00	27.50	70.00
1838Mo ML	—	5.00	10.00	22.50	65.00
1839/8Mo ML	—	5.00	10.00	27.50	70.00
1839Mo ML	—	5.00	10.00	22.50	55.00
1840Mo ML	—	5.00	10.00	22.50	55.00
1841Mo ML	—	5.00	10.00	22.50	55.00
1842Mo ML	—	15.00	35.00	90.00	220
1842Mo MM	—	5.00	10.00	22.50	55.00
1843Mo MM	—	10.00	20.00	44.00	90.00
1844Mo MF	—	5.00	10.00	22.50	55.00
1845/4Mo MF	—	5.00	10.00	27.50	65.00
1845Mo MF	—	5.00	10.00	22.50	55.00
1846Mo MF	—	5.00	10.00	22.50	55.00
1847Mo RC	—	10.00	20.00	44.00	90.00
1847Mo RC R/M	—	10.00	20.00	44.00	90.00
1848/7Mo GC/ RC	—	5.00	10.00	22.50	55.00
1849Mo GC	—	5.00	10.00	22.50	55.00
1850Mo GC	—	5.00	10.00	22.50	55.00
1851Mo GC	—	5.00	10.00	22.50	55.00
1852Mo GC	—	5.00	10.00	22.50	55.00
1853Mo GC	—	5.00	10.00	22.50	55.00
1854Mo GC	—	5.00	10.00	22.50	55.00
1855Mo GC	—	5.00	10.00	22.50	55.00
1855Mo GF/GC	—	7.50	12.50	27.50	70.00
1856/5Mo GF	—	7.50	12.50	27.50	70.00
1857Mo GF	—	5.00	10.00	22.50	55.00
1858Mo FH	—	3.00	5.00	15.00	45.00
1858Mo FH F/G	—	5.00	10.00	22.50	55.00
1858/9Mo FH	—	5.00	10.00	22.50	55.00
1859Mo FH/GC	—	5.00	10.00	22.50	55.00
1859Mo FH	—	3.00	6.00	18.00	55.00
1860Mo FH/GC	—	5.00	10.00	22.50	55.00
1860Mo FH	—	3.00	6.00	18.00	55.00
1860Mo TH	—	25.00	50.00	110	220
1860/59Mo FH	—	7.50	12.50	27.50	70.00
1861Mo CH	—	3.00	6.00	18.00	50.00
1862/52Mo CH	—	5.00	10.00	22.50	55.00
1862Mo CH	—	3.00	6.00	18.00	50.00
1863/55Mo TH/ GC	—	5.00	10.00	22.50	55.00
1863Mo CH/GC	—	5.00	10.00	22.50	55.00
1863Mo CH	—	3.00	6.00	18.00	50.00

KM# 370.10 1.69 g., 0.903 Silver, 0.0491 oz. ASW
Obv: Facing eagle, snake in beak **Mint:** San Luis Potosi

Date	Mintage	F12	VF20	XF40	MS60
1831Pi JS	—	7.50	12.50	27.50	70.00
1841/36Pi JS	—	100	200	450	—
1842/1Pi PS	—	20.00	40.00	85.00	140
1842/1Pi PS P/J	—	100	200	450	—
1842Pi PS/PJ	—	50.00	75.00	140	275
1842 PS	—	60.00	80.00	165	325
1842Pi JS	—	20.00	40.00	85.00	140
1843/2Pi PS	—	17.50	25.00	44.00	90.00

Date	Mintage	F12	VF20	XF40	MS60
1843Pi PS	—	15.00	25.00	38.50	75.00
1843Pi AM	—	10.00	15.00	27.50	65.00
1844Pi AM	—	10.00	15.00	33.00	70.00
1845Pi AM	—	250	375	550	1,650
1846/5Pi AM	—	40.00	75.00	140	220
1847/6Pi AM	—	15.00	25.00	44.00	90.00
1848Pi AM	—	15.00	25.00	44.00	90.00
1849Pi MC/AM	—	15.00	25.00	44.00	90.00
1849Pi MC	—	12.50	20.00	38.50	75.00
1850/49Pi MC	—	—	—	—	—
1850Pi MC	—	10.00	15.00	27.50	65.00
1850P MC	—	—	—	—	—
1851Pi MC	—	10.00	15.00	27.50	65.00
1852Pi MC	—	10.00	20.00	35.00	70.00
1853Pi MC	—	7.50	12.50	22.50	65.00
1854Pi MC	—	7.50	12.50	22.50	65.00
1855Pi MC	—	15.00	20.00	38.50	75.00
1856Pi MC	—	15.00	25.00	55.00	110
1856PI (no I)	—	—	—	—	—
1857Pi MC	—	7.50	12.50	22.50	65.00
1857Pi PS	—	250	500	1,000	—
1858Pi MC	—	12.50	20.00	38.50	75.00
1858Pi PS	—	12.50	20.00	38.50	75.00
1859Pi MC Rare	—	—	—	—	—
1860/59Pi PS	—	125	200	650	—
1861Pi RO	—	10.00	15.00	33.00	65.00
1862/1Pi RO	—	15.00	25.00	55.00	140
1862Pi RO	—	15.00	25.00	55.00	140
1863/2Pi RO	—	15.00	25.00	50.00	110

KM# 370.11 1.69 g., 0.903 Silver, 0.0491 oz. ASW
Obv: Facing eagle, snake in beak **Mint:** Zacatecas
Note: Mint mark Z, Zs.

Date	Mintage	F12	VF20	XF40	MS60
1826 AZ	—	5.00	10.00	22.50	65.00
1826 AO	—	5.00	10.00	22.50	65.00
1827 AO	—	5.00	10.00	22.50	65.00
1828/7 AO	—	5.00	10.00	22.50	65.00
1829 AO	—	5.00	10.00	22.50	65.00
1830 OV	—	5.00	10.00	22.50	65.00
1831 OV	—	25.00	50.00	85.00	165
1831 OM	—	5.00	10.00	22.50	65.00
1832 OM	—	5.00	10.00	22.50	65.00
1833 OM	—	5.00	10.00	22.50	65.00
1834 OM	—	5.00	10.00	22.50	65.00
1835/4 OM	—	5.00	10.00	22.50	65.00
1835 OM	—	5.00	10.00	22.50	65.00
1836 OM	—	5.00	10.00	22.50	65.00
1837 OM	—	10.00	20.00	44.00	90.00
1838 OM	—	5.00	10.00	22.50	65.00
1839 OM	—	7.50	15.00	35.00	70.00
1840 OM	—	10.00	25.00	50.00	100
1841 OM	—	10.00	25.00	50.00	100
1842/1 OM	—	5.00	10.00	22.50	65.00
1842 OM	—	5.00	10.00	22.50	65.00
1843 OM	—	40.00	75.00	125	275
1844 OM	—	5.00	10.00	22.50	65.00
1845 OM	—	5.00	10.00	22.50	65.00
1846 OM	—	7.50	15.00	35.00	70.00
1847 OM	—	5.00	10.00	22.50	55.00
1848 OM	—	5.00	10.00	22.50	55.00
1849 OM	—	5.00	10.00	22.50	55.00
1850 OM	—	5.00	10.00	22.50	55.00

Date	Mintage	F12	VF20	XF40	MS60
1851 OM	—	5.00	10.00	22.50	55.00
1852 OM	—	5.00	10.00	22.50	55.00
1853 OM	—	5.00	10.00	22.50	55.00
1854/3 OM	—	5.00	10.00	22.50	55.00
1854 OM	—	5.00	10.00	22.50	55.00
1855/3 OM	—	7.50	15.00	35.00	70.00
1855 OM	—	5.00	10.00	22.50	55.00
1856 OM	—	5.00	10.00	22.50	55.00
1857 MO	—	5.00	10.00	22.50	55.00
1858 MO	—	5.00	10.00	22.50	55.00
1859 MO	—	6.00	8.50	19.00	38.50
1859 VL	—	6.00	8.50	20.00	45.00
1860/50 VL Inverted A for V	—	5.00	10.00	22.50	55.00
1860/59 VL Inverted A for V	—	5.00	10.00	22.50	55.00
1860 MO	—	5.00	10.00	22.50	55.00
1860 VL	—	5.00	10.00	22.50	55.00
1861/0 VL Inverted A for V	—	7.50	15.00	35.00	70.00
1861 VL Inverted A for V	—	5.00	10.00	22.50	55.00
1862 VL Inverted A for V	—	5.00	10.00	22.50	55.00
1863/1 VL Inverted A for V	—	7.50	15.00	35.00	70.00
1863 VL Inverted A for V	—	5.00	10.00	22.50	55.00
1869 YH	—	5.00	10.00	22.50	55.00

REAL

KM# 372 3.38 g., 0.903 Silver, 0.0981 oz. ASW
Obv: Facing eagle, snake in beak **Mint:** Chihuahua

Date	Mintage	F12	VF20	XF40	MS60	MS63
1844Ca RG	—	600	1,200	1,800	3,300	—
1845Ca RG	—	600	1,200	1,800	3,300	—
1855Ca RG	—	120	180	270	575	—

KM# 372.1 3.38 g., 0.903 Silver, 0.0981 oz. ASW
Obv: Facing eagle, snake in beak **Mint:** Culiacan

Date	Mintage	F12	VF20	XF40	MS60	MS63
1846C CE	—	14.00	27.50	45.00	120	—
1848C CE	—	14.00	27.50	45.00	120	—
1850C CE	—	14.00	27.50	45.00	120	—
1851/0C CE	—	14.00	27.50	45.00	120	—
1852/1C CE	—	8.00	17.00	35.00	110	—
1853/2C CE	—	8.00	17.00	35.00	110	—
1854C CE	—	8.00	17.00	35.00	110	—
1856C CE	—	44.00	70.00	110	250	—
1857/4C CE	—	11.00	22.50	40.00	110	—
1857/6C CE	—	11.00	22.50	40.00	110	—
1858C CE	—	6.00	10.00	20.00	110	—
1859C CE	—	—	—	—	—	—
1860/9C PV/N	—	7.00	12.00	22.00	130	—
1860C PV	—	6.00	10.00	20.00	110	—
1861C PV	—	6.00	10.00	20.00	110	—
1863C CE	—	—	—	1,800	2,500	—
Note: 3 known						
1869C CE	—	6.00	10.00	20.00	110	—

KM# 372.2 3.38 g., 0.903 Silver, 0.0981 oz. ASW
Obv: Facing eagle, snake in beak **Mint:** Durango

Date	Mintage	F12	VF20	XF40	MS60
1832/1Do RM	—	6.00	11.00	22.50	100
1832Do RM/RL	—	11.00	17.00	35.00	110
1832Do RM	—	6.00	11.00	22.50	110
1834/24Do RM/RL	—	17.00	27.50	55.00	165
1834/3Do RM/RL	—	17.00	27.50	55.00	165
1834Do RM	—	11.00	22.50	45.00	120

Date	Mintage	F12	VF20	XF40	MS60
1836/4Do RM	—	6.00	10.00	20.00	110
1836Do RM	—	6.00	10.00	20.00	110
1837Do RM 3/2	—	14.00	22.50	45.00	120
1837Do RM	—	14.00	22.50	45.00	120
1841Do RM	—	8.00	17.00	35.00	110
1842/32Do RM	—	11.00	22.50	45.00	120
1842Do RM	—	8.00	17.00	35.00	110
1843/37Do RM	—	11.00	22.50	45.00	120
1843Do RM	—	6.00	10.00	20.00	110
1844/34Do RM	—	17.00	27.50	50.00	140
1845Do RM	—	6.00	10.00	20.00	110
1846Do RM	—	8.00	17.00	35.00	110
1847Do RM	—	11.00	17.00	38.50	110
1848/31Do RM	—	11.00	17.00	40.00	110
1848/33Do RM	—	11.00	17.00	40.00	110
1848/5Do RM	—	11.00	17.00	40.00	110
1848Do RM	—	8.00	14.00	22.50	110
1849/8Do CM	—	11.00	17.00	35.00	110
1850Do JMR	—	22.50	42.00	85.00	195
1851Do JMR	—	22.50	44.00	85.00	195
1852Do JMR	—	22.50	44.00	85.00	195
1853Do CP	—	14.00	22.50	40.00	110
1854/1Do CP	—	11.00	17.00	27.50	110
1854Do CP	—	8.00	14.00	22.50	110
1855Do CP	—	11.00	17.00	27.50	110
1856Do CP	—	14.00	22.50	40.00	110
1857Do CP	—	14.00	22.50	40.00	110
1858Do CP	—	14.00	22.50	40.00	110
1859Do CP	—	8.00	14.00	25.00	110
1860/59Do CP	—	11.00	17.00	28.00	110
1861Do CP	—	17.00	27.50	45.00	120
1862/1Do CP	—	250	325	500	1,400
1864Do LT	—	17.00	27.50	45.00	120

KM# 372.3 3.38 g., 0.903 Silver, 0.0981 oz. ASW **Obv:** Facing eagle, snake in beak **Mint:** Estado de Mexico

Date	Mintage	F12	VF20	XF40	MS60
1828EoMo LF	—	240	350	550	1,900

KM# 372.4 3.38 g., 0.903 Silver, 0.0981 oz. ASW **Obv:** Facing eagle, snake in beak **Mint:** Guadalajara

Date	Mintage	F12	VF20	XF40	MS60
1826Ga FS	—	17.00	33.00	55.00	140
1828/7Ga FS	—	17.00	33.00	55.00	140
1829/8/7Ga FS	—	—	—	—	—
1829Ga FS	—	17.00	33.00	55.00	140
1830Ga FS	—	275	475	650	—
1831Ga LP	—	17.00	33.00	55.00	140
1831Ga LP/FS	—	325	500	650	—
1832Ga FS	—	275	375	550	—
1833/2Ga G FS	—	110	165	300	600
1833Ga FS	—	85.00	140	250	550
1834/3Ga FS	—	85.00	140	250	550
1835Ga FS	—	—	—	—	—
1837/6Ga JG/FS	—	14.00	22.50	40.00	110
1838/7Ga JG/FS	—	110	220	450	—
1839Ga JG	—	275	375	550	—
1840Ga JG	—	14.00	22.50	40.00	110
1840Ga MC	—	8.00	14.00	27.50	75.00
1841Ga MC	—	55.00	85.00	140	275
1842/0Ga JG/MC	—	11.00	17.00	35.00	110
1842Ga JG	—	8.00	14.00	25.00	110
1843Ga JG	—	165	220	325	825
1843Ga MC	—	6.00	10.00	20.00	110
1844Ga MC	—	8.00	14.00	22.50	110
1845Ga MC	—	11.00	17.00	28.00	110
1845Ga JG	—	6.00	10.00	22.50	110

Date	Mintage	F12	VF20	XF40	MS60
1846Ga JG	—	14.00	22.50	40.00	110
1847/6Ga JG	—	11.00	17.00	28.00	110
1847Ga JG	—	11.00	17.00	28.00	110
1848Ga JG	—	450	600	775	—
1849Ga JG	—	8.00	14.00	25.00	110
1850Ga JG	—	195	300	450	—
1851Ga JG	—	11.00	17.00	28.00	110
1852Ga JG	—	11.00	17.00	28.00	110
1853/2Ga JG	—	11.00	17.00	28.00	110
1854Ga JG	—	11.00	17.00	28.00	110
1855Ga JG	—	17.00	27.50	45.00	110
1856Ga JG	—	8.00	14.00	25.00	110
1857/6Ga JG	—	14.00	22.50	40.00	110
1858/7Ga JG	—	17.00	27.50	45.00	120
1859/8Ga JG	—	27.50	55.00	85.00	165
1860/59Ga JG	—	33.00	65.00	100	250
1861/0Ga JG	—	22.50	32.00	55.00	140
1861Ga JG	—	27.50	55.00	110	275
1862Ga JG	—	8.00	14.00	22.50	110

KM# 372.5 3.38 g., 0.903 Silver, 0.0981 oz. ASW **Obv:** Facing eagle, snake in beak **Rev:** Radiant cap **Obv. Legend:** REPUBLICA MEXICANA **Mint:** Guadalupe y Calvo

Date	Mintage	F12	VF20	XF40	MS60
1844GC MP	—	40.00	60.00	110	325
1845GC MP	—	40.00	60.00	110	325
1846GC MP	—	40.00	60.00	110	325
1847GC MP	—	40.00	60.00	110	325
1848GC MP	—	40.00	60.00	110	325
1849/7GC MP	—	40.00	60.00	110	325
1849/8GC MP	—	40.00	60.00	110	325
1849GC MP	—	40.00	60.00	110	325
1850GC MP	—	40.00	60.00	110	325
1851GC MP	—	40.00	60.00	110	325

KM# 372.6 3.38 g., 0.903 Silver, 0.0981 oz. ASW **Obv:** Facing eagle, snake in beak **Mint:** Guanajuato

Date	Mintage	F12	VF20	XF40	MS60
1826/5Go JJ	—	6.00	8.00	18.00	95.00
1826Go MJ	—	4.00	7.00	18.00	95.00
1827Go MJ	—	4.00	7.00	17.00	70.00
1827Go JM	—	11.00	17.00	27.50	85.00
1828/7Go MR	—	4.00	7.00	18.00	95.00
1828Go MJ	—	4.00	7.00	18.00	95.00
Note: Straight J, small 8					
1828Go MJ	—	4.00	7.00	18.00	95.00
Note: Full J, large 8					
1828/6G MR/JJ	—	4.00	7.00	18.00	95.00
1828G MR/JJ	—	4.00	7.00	18.00	95.00
1828Go MR	—	4.00	7.00	18.00	95.00
1829/8Go MG	—	4.00	7.00	18.00	95.00
Small eagle					
1829Go MJ	—	4.00	7.00	18.00	95.00
Small eagle					
1829Go MJ	—	4.00	7.00	18.00	95.00
Large eagle					
1830Go MJ	—	4.00	7.00	18.00	95.00
Small initials					
1830Go MJ	—	4.00	7.00	18.00	95.00
Medium initials					
1830Go MJ	—	4.00	7.00	18.00	95.00
Large initials					

Date	Mintage	F12	VF20	XF40	MS60
1830Go MJ	—	4.00	7.00	18.00	95.00
Note: Reversed N in MEXICANA					
1830 MJ 3/2	—	4.00	7.00	18.00	95.00
1831/0Go MJ	—	4.00	7.00	18.00	95.00
Note: Reversed N in MEXICANA					
1831Go MJ	—	4.00	7.00	18.00	95.00
1832/1Go MJ	—	17.00	33.00	55.00	140
1832Go MJ	—	17.00	33.00	55.00	140
1833Go MJ Top of 3 round	—	4.00	7.00	18.00	95.00
1833Go MJ Top of 3 flat	—	4.00	7.00	18.00	95.00
1834Go PJ	—	4.00	7.00	18.00	95.00
1835Go PJ	—	8.00	14.00	22.50	95.00
1836Go PJ	—	4.00	7.00	18.00	95.00
1837Go PJ	—	17.00	33.00	55.00	140
1838/7Go PJ	—	11.00	22.50	38.50	95.00
1839Go PJ	—	4.00	7.00	18.00	95.00
1840/39Go PJ	—	4.00	7.00	18.00	95.00
1840Go PJ	—	4.00	7.00	18.00	95.00
1841/31Go PJ	—	11.00	22.50	38.50	95.00
1841Go PJ	—	4.00	7.00	18.00	95.00
1842Go PJ	—	4.00	7.00	18.00	95.00
1842Go PM	—	4.00	7.00	18.00	95.00
1843Go PM Convex wings	—	4.00	7.00	18.00	95.00
1843Go PM Concave wings	—	4.00	7.00	18.00	95.00
1844Go PM	—	4.00	7.00	18.00	95.00
1845/4Go PM	—	4.00	7.00	18.00	95.00
1845Go PM	—	4.00	7.00	18.00	95.00
1846/5Go PM	—	8.00	14.00	22.50	95.00
1846Go PM	—	4.00	7.00	18.00	95.00
1847/6Go PM	—	4.00	7.00	18.00	95.00
1847Go PM	—	4.00	7.00	18.00	95.00
1848Go PM	—	4.00	7.00	18.00	95.00
1849Go PF	—	11.00	22.50	38.50	95.00
1850Go PF	—	4.00	7.00	18.00	95.00
1851Go PF	—	11.00	22.50	40.00	110
1853/2Go PF	—	8.00	14.00	22.50	85.00
1853Go PF	—	4.00	7.00	17.00	85.00
1853Go PF/M 5/4	—	8.00	14.00	22.50	85.00
1854/3Go PF	—	4.00	7.00	17.00	85.00
1854Go PF Large eagle	—	4.00	7.00	17.00	85.00
1854Go PF Small eagle	—	4.00	7.00	17.00	85.00
1855/3Go PF	—	4.00	7.00	17.00	85.00
1855/4Go PF	—	4.00	7.00	17.00	85.00
1855Go PF	—	4.00	7.00	17.00	85.00
1856/5Go PF	—	4.00	7.00	17.00	85.00
1856Go PF	—	4.00	7.00	18.00	85.00
1857/6Go PF	—	4.00	7.00	18.00	85.00
1857Go PF	—	4.00	7.00	17.00	85.00
1858Go PF	—	4.00	7.00	17.00	85.00
1859Go PF	—	4.00	7.00	17.00	85.00
1860/50Go PF	—	4.00	7.00	17.00	85.00
1860Go PF	—	4.00	7.00	17.00	85.00
1861Go PF	—	4.00	7.00	17.00	85.00
1862Go YE	—	4.00	7.00	17.00	85.00
1862/1Go YF	—	8.00	14.00	22.50	85.00
1862Go YF	—	4.00	7.00	17.00	85.00
1867Go YF	—	4.00	7.00	17.00	85.00
1868/7Go YF	—	4.00	7.00	17.00	85.00

KM# 372.7 3.38 g., 0.903 Silver, 0.0981 oz. ASW **Obv:** Facing eagle, snake in beak **Mint:** Hermosillo

Date	Mintage	F12	VF20	XF40	MS60	MS63
1867Ho PR	—	46.25	90.00	145	300	—
Note: Small 7/1						
1867Ho PR	—	46.25	90.00	145	300	—
Note: Large 7/ small 7						
1868Ho PR	—	46.25	90.00	145	300	—

KM# 372.8 3.38 g., 0.903 Silver, 0.0981 oz. ASW **Obv:** Facing eagle, snake in beak **Mint:** Mexico City

Date	Mintage	F12	VF20	XF40	MS60	MS63
1825Mo JM	—	11.00	22.50	45.00	140	—
1826Mo JM	—	8.00	17.00	35.00	125	—
1827/6Mo JM	—	8.00	17.00	32.00	400	—
1827Mo JM	—	6.00	12.00	25.00	400	—
1828Mo JM	—	8.00	17.00	35.00	120	—
1830/29Mo JM	—	6.00	11.00	22.50	120	—
1830Mo JM	—	6.00	14.00	27.50	120	—
1831Mo JM	—	110	220	325	875	—
1832Mo JM	—	6.00	11.00	22.50	120	—
1833/2Mo MJ	—	6.00	11.00	22.50	120	—
1850Mo GC	—	6.00	11.00	22.50	120	—
1852Mo GC	—	300	475	625	—	—
1854Mo GC	—	11.00	22.50	45.00	120	—
1855Mo GF	—	6.00	11.00	22.50	100	—
1856Mo GF	—	110	220	450	1,100	—
1857Mo GF	—	6.00	11.00	22.50	100	—
1858Mo FH	—	6.00	11.00	22.50	100	—
1859Mo FH	—	6.00	11.00	22.50	100	—
1861Mo CH	—	6.00	11.00	22.50	100	—
1862Mo CH	—	6.00	11.00	22.50	100	—
1863/2Mo CH	—	8.00	14.00	27.50	100	—

KM# 372.9 3.38 g., 0.903 Silver, 0.0981 oz. ASW **Obv:** Facing eagle, snake in beak **Mint:** San Luis Potosi

Date	Mintage	F12	VF20	XF40	MS60
1831Pi JS	—	6.00	11.00	22.50	140
1837Pi JS	—	650	825	1,100	—
1838/7Pi JS	—	275	325	425	—
1838Pi JS	—	22.50	38.50	65.00	140
1840/39Pi JS	—	8.00	17.00	35.00	140
1840Pi JS	—	8.00	17.00	35.00	140
1841Pi JS	—	8.00	17.00	35.00	140
1842Pi JS	—	17.00	33.00	60.00	165
1842Pi PS	—	6.00	11.00	22.50	140
1843Pi PS	—	14.00	22.50	38.50	140
1843Pi AM	—	44.00	65.00	90.00	165
1844Pi AM	—	45.00	65.00	95.00	175
1845Pi AM	—	8.00	17.00	35.00	140
1846/5Pi AM	—	8.00	17.00	35.00	140
1847/6Pi AM	—	8.00	17.00	35.00	140
1847Pi AM	—	8.00	17.00	35.00	140
1848/7Pi AM	—	8.00	17.00	35.00	140
1849Pi PS	—	8.00	17.00	35.00	140
1849/8Pi SP	—	65.00	110	165	—
1849Pi SP	—	17.00	27.50	45.00	140
1850Pi MC	—	6.00	11.00	22.50	140
1851/0Pi MC	—	8.00	17.00	35.00	140
1851Pi MC	—	8.00	17.00	35.00	140
1852/1/0Pi MC	—	11.00	22.50	38.50	140
1852Pi MC	—	8.00	17.00	35.00	140
1853/1Pi MC	—	14.00	22.50	38.50	140
1853Pi MC	—	11.00	22.50	38.50	140
1854/2Pi MO	—	33.00	65.00	110	—
1854/3Pi MC	—	22.50	44.00	65.00	165
1855Pi MC	—	17.00	27.50	50.00	140
1855/4Pi MC	—	22.50	44.00	65.00	165
1856Pi MC	—	17.00	27.50	50.00	140
1857Pi PS	—	22.50	38.50	60.00	150
1857Pi MC	—	22.50	44.00	65.00	165
1858Pi MC	—	14.00	22.50	38.50	140
1859Pi PS	—	11.00	17.00	35.00	140

Date	Mintage	F12	VF20	XF40	MS60
1860/59Pi PS	—	11.00	17.00	35.00	140
1861Pi PS	—	8.00	14.00	22.50	140
1861Pi RO	—	14.00	22.50	38.50	140
1862/1Pi RO	—	14.00	22.50	38.50	100
1862Pi RO	—	8.00	14.00	22.50	140

KM# 372.10 3.38 g., 0.903 Silver, 0.0981 oz. ASW
Obv: Facing eagle, snake in beak **Mint:** Zacatecas

Date	Mintage	F12	VF20	XF40	MS60
1826Zs AZ	—	6.00	14.00	38.50	130
1826Zs AO	—	6.00	14.00	38.50	130
1827Zs AO	—	6.00	14.00	38.50	130
1828/7Zs AO	—	6.00	14.00	38.50	130
1828Zs AO	—	6.00	14.00	38.50	130
1828Zs AO	—	6.00	14.00	38.50	130
Inverted V for A					
1829Zs AO	—	6.00	14.00	38.50	130
1830Zs ZsOV	—	6.00	14.00	38.50	130
1830Zs ZOV	—	6.00	14.00	38.50	130
1831Zs OV	—	6.00	14.00	38.50	130
1831Zs OM	—	6.00	14.00	35.00	130
1832Zs OM	—	6.00	14.00	35.00	130
1833/2Zs OM	—	6.00	14.00	35.00	130
1833/2Zs OM/V	—	6.00	14.00	35.00	130
1833Zs OM	—	6.00	14.00	35.00	130
1834/3Zs OM	—	6.00	14.00	35.00	130
1834Zs OM	—	6.00	14.00	35.00	130
1835/4Zs OM	—	22.50	38.50	65.00	165
1835Zs OM	—	4.00	9.00	22.50	70.00
1836/5Zs OM	—	4.00	9.00	22.50	95.00
1836Zs OM	—	4.00	9.00	22.50	95.00
1837Zs OM	—	4.00	9.00	22.50	95.00
1838Zs OM	—	4.00	9.00	22.50	95.00
1839Zs OM	—	4.00	9.00	22.50	95.00
1840Zs OM	—	4.00	9.00	22.50	95.00
1841Zs OM	—	22.50	44.00	65.00	165
1842/1Zs OM	—	4.00	9.00	22.50	95.00
1842Zs OM	—	4.00	9.00	22.50	95.00
1843Zs OM	—	4.00	9.00	22.50	95.00
1844Zs OM	—	4.00	9.00	22.50	95.00
1845/4Zs OM	—	6.00	14.00	35.00	110
1845Zs OM	—	4.00	9.00	22.50	95.00
1846Zs OM	—	4.00	9.00	22.50	95.00
Note: Old font and obverse					
1846Zs OM	—	4.00	9.00	22.50	95.00
Note: New font and obverse					
1847Zs OM	—	4.00	9.00	22.50	95.00
1848Zs OM	—	4.00	9.00	22.50	95.00
1849Zs OM	—	11.00	27.50	55.00	140
1850Zs OM	—	4.00	7.00	18.00	95.00
1851Zs OM	—	4.00	7.00	18.00	95.00
1852Zs OM	—	4.00	7.00	18.00	95.00
1853Zs OM	—	4.00	7.00	18.00	95.00
1854/2Zs OM	—	4.00	7.00	18.00	95.00
1854/3Zs OM	—	4.00	7.00	18.00	95.00
1854Zs OM	—	4.00	7.00	18.00	95.00
1855/4Zs OM	—	4.00	7.00	18.00	95.00
1855Zs OM	—	4.00	7.00	18.00	95.00
1855Zs MO	—	4.00	7.00	18.00	95.00
1856Zs MO	—	4.00	7.00	18.00	95.00
1856Zs MO/OM	—	4.00	7.00	18.00	95.00
1857Zs MO	—	4.00	7.00	18.00	95.00
1858Zs MO	—	4.00	7.00	18.00	95.00
1859Zs MO	—	4.00	7.00	17.00	85.00
1860 MO	—	275	—	—	—
1860Zs VL	—	4.00	7.00	17.00	85.00
1860Zs VL	—	4.00	7.00	17.00	85.00
Inverted A for V					
1861Zs VL	—	4.00	7.00	17.00	85.00

Date	Mintage	F12	VF20	XF40	MS60
1861Zs VL	—	4.00	7.00	17.00	85.00
Inverted A for V					
1862Zs VL	—	6.00	14.00	33.00	110
1868Zs JS	—	27.50	49.50	100	195
1869Zs YH	—	4.00	9.00	22.50	85.00

2 REALES

KM# 374 6.76 g., 0.903 Silver, 0.1963 oz. ASW
Obv: Facing eagle, snake in beak **Edge:** Reeded
Mint: Alamos

Date	Mintage	F12	VF20	XF40	MS60	MS63
1872A AM	15,000	70.00	145	290	700	—

KM# 374.1 6.76 g., 0.903 Silver, 0.1963 oz. ASW
Obv: Facing eagle, snake in beak **Edge:** Reeded
Mint: Real de Catorce

Date	Mintage	F12	VF20	XF40	MS60	MS63
1863Ce ML	—	145	230	375	800	—

KM# 374.2 6.76 g., 0.903 Silver, 0.1963 oz. ASW
Obv: Facing eagle, snake in beak **Edge:** Reeded
Mint: Chihuahua

Date	Mintage	F12	VF20	XF40	MS60
1832Ca MR	—	34.50	70.00	115	230
1833Ca MR	—	34.50	70.00	145	575
1834Ca MR	—	40.25	85.00	145	575
1834Ca AM	—	40.25	85.00	145	575
1835Ca AM	—	40.25	85.00	145	575
1836Ca AM	—	22.50	46.00	90.00	230
1844Ca AM	—	—	—	—	—
Rare					
1844Ca RG	—	—	—	—	—
Unique					
1845Ca RG	—	22.50	46.00	90.00	230
1855Ca RG	—	22.50	46.00	90.00	230

KM# 374.3 6.76 g., 0.903 Silver, 0.1963 oz. ASW
Obv: Facing eagle, snake in beak **Edge:** Reeded
Mint: Culiacan

Date	Mintage	F12	VF20	XF40	MS60
1846/1146C	—	30.00	60.00	115	260
CE					
1847C CE	—	14.00	22.50	46.00	230
1848C CE	—	14.00	22.50	46.00	230
1850C CE	—	30.00	60.00	85.00	230
1851C CE	—	14.00	22.50	46.00	230
1852/1C CE	—	14.00	22.50	46.00	230
1853/2C CE	—	14.00	22.50	46.00	230
1854C CE	—	17.00	34.50	60.00	230
1856C CE	—	22.50	40.25	80.00	230
1857C CE	—	14.00	22.50	46.00	230
1860C PV	—	14.00	22.50	46.00	230
1861C PV	—	14.00	22.50	46.00	230
1869C CE	—	14.00	22.50	46.00	230

KM# 374.4 6.76 g., 0.903 Silver, 0.1963 oz. ASW
Obv: Facing eagle, snake in beak **Edge:** Reeded
Mint: Durango

Date	Mintage	F12	VF20	XF40	MS60
1826Do RL	—	22.50	46.00	70.00	230
1832Do RM	—	22.50	46.00	70.00	230
Note: Style of pre-1832					

Date	Mintage	F12	VF20	XF40	MS60
1832Do RM	—	22.50	46.00	70.00	230
Note: Style of post-1832					
1834/2Do RM	—	22.50	46.00	70.00	230
1834/3Do RM	—	22.50	46.00	70.00	230
1835/4Do RM/RL	—	230	350	575	—
1841/31Do RM	—	60.00	85.00	145	290
1841Do RM	—	60.00	85.00	145	290
1842/32Do RM	—	14.00	22.50	46.00	230
1843Do RM/RL	—	14.00	22.50	46.00	230
1844Do RM	—	40.25	60.00	90.00	230
1845/34Do RM/RL	—	14.00	22.50	46.00	230
1846/36Do RM	—	115	175	230	400
1848/36Do RM	—	14.00	22.50	46.00	230
1848/37Do RM	—	14.00	22.50	46.00	230
1848/7Do RM	—	14.00	22.50	46.00	230
1848Do RM	—	14.00	22.50	46.00	230
1849Do CM/RM	—	14.00	22.50	46.00	230
1849Do CM	—	14.00	22.50	46.00	230
1851Do JMR/RL	—	14.00	22.50	46.00	230
1852Do JMR	—	14.00	22.50	46.00	230
1854Do CP/CR	—	34.50	60.00	90.00	230
1855Do CP	—	290	400	575	—
1856Do CP	—	115	175	290	575
1858Do CP	—	14.00	22.50	46.00	230
1859/8Do CP	—	14.00	22.50	46.00	230
1861Do CP	—	14.00	22.50	46.00	230

KM# 374.5 6.76 g., 0.903 Silver, 0.1963 oz. ASW
Obv: Facing eagle, snake in beak **Edge:** Reeded
Mint: Estado de Mexico

Date	Mintage	F12	VF20	XF40	MS60	MS63
1828EoMo LF	—	375	600	1,050	2,900	—

KM# 374.6 6.76 g., 0.903 Silver, 0.1963 oz. ASW
Obv: Facing eagle, snake in beak **Edge:** Reeded
Mint: Guadalajara

Date	Mintage	F12	VF20	XF40	MS60
1825Ga FS	—	22.50	46.00	90.00	230
1826Ga FS	—	22.50	46.00	90.00	230
1828/7Ga FS	—	115	175	260	450
1829Ga FS Rare	—	—	—	—	—
1832/0Ga FS/LP	—	115	175	260	400
1832Ga FS	—	14.00	22.50	46.00	230
1833/2Ga FS/LP	—	14.00	22.50	46.00	230
1834/27Ga FS Rare	—	—	—	—	—
1834Ga FS	—	14.00	22.50	46.00	230
1835Ga FS	—	2,400	—	—	—
1837Ga JG	—	14.00	22.50	46.00	230
1838Ga JG	—	14.00	22.50	46.00	230
1840/30Ga MC	—	14.00	22.50	46.00	230
1841Ga MC	—	34.50	60.00	230	575
1842/32Ga JG/MC	—	40.25	60.00	115	230
1842Ga JG	—	22.50	46.00	90.00	230
1843Ga JG	—	14.00	22.50	46.00	230
1843Ga MC/JG	—	14.00	22.50	46.00	230
1844Ga MC	—	14.00	22.50	46.00	230

Date	Mintage	F12	VF20	XF40	MS60
1845/3Ga MC/JG	—	14.00	22.50	46.00	230
1845/4Ga MC/JG	—	14.00	22.50	46.00	230
1845Ga JG	—	14.00	22.50	46.00	230
1846Ga JG	—	14.00	22.50	46.00	230
1847/6Ga JG	—	30.00	46.00	90.00	230
1848/7Ga JG	—	14.00	22.50	46.00	230
1849Ga JG	—	14.00	22.50	46.00	230
1850/40Ga JG	—	14.00	22.50	46.00	230
1851Ga JG	—	290	400	575	—
1852Ga JG	—	275	550	—	—
1853/1Ga JG	—	14.00	22.50	46.00	230
1854/3Ga JG	—	290	400	575	—
1855Ga JG	—	40.25	60.00	90.00	230
1856Ga JG	—	14.00	22.50	46.00	230
1857Ga JG	—	290	400	575	—
1859/8Ga JG	—	14.00	22.50	46.00	230
1859Ga JG	—	14.00	22.50	46.00	230
1862/1Ga JG	—	14.00	22.50	46.00	230

KM# 374.7 6.76 g., 0.903 Silver, 0.1963 oz. ASW
Obv: Facing eagle, snake in beak **Edge:** Reeded
Mint: Guadalupe y Calvo

Date	Mintage	F12	VF20	XF40	MS60
1844GC MP	—	46.00	70.00	145	325
1845GC MP	—	46.00	70.00	145	325
1846GC MP	—	60.00	115	175	350
1847GC MP	—	40.25	60.00	115	290
1848GC MP	—	60.00	115	175	350
1849GC MP	—	60.00	115	175	350
1850GC MP	—	145	290	—	—
1851/0GC MP	—	60.00	115	175	350
1851GC MP	—	60.00	115	175	350

KM# 374.8 6.76 g., 0.903 Silver, 0.1963 oz. ASW
Obv: Facing eagle, snake in beak **Edge:** Reeded
Mint: Guanajuato **Note:** Varieties exist.

Date	Mintage	F12	VF20	XF40	MS60
1825Go JJ	—	9.00	17.00	35.00	175
1826/5Go JJ	—	9.00	17.00	35.00	175
1826Go JJ	—	9.00	12.00	30.00	175
1826Go MJ	—	9.00	12.00	30.00	175
1827/6Go MJ	—	9.00	12.00	30.00	175
1827Go MJ	—	9.00	12.00	30.00	175
1828/7Go MR	—	9.00	17.00	34.50	175
1828Go MJ	—	9.00	12.00	22.50	175
1828Go JM	—	9.00	12.00	22.50	175
1829Go MJ	—	9.00	12.00	22.50	175
1831Go MJ	—	9.00	12.00	22.50	175
1832Go MJ	—	9.00	12.00	22.50	175
1833Go MJ	—	9.00	12.00	22.50	175
1834Go PJ	—	9.00	12.00	22.50	175
1835/4Go PJ	—	9.00	17.00	35.00	175
1835Go PJ	—	9.00	12.00	22.50	175
1836Go PJ	—	9.00	12.00	22.50	175
1837/6Go PJ	—	9.00	12.00	22.50	175
1837Go PJ	—	9.00	12.00	22.50	175
1838/7Go PJ	—	9.00	12.00	22.50	175
1838Go PJ	—	9.00	12.00	22.50	175
1839/8Go PJ	—	9.00	17.00	35.00	175
1839Go PJ	—	9.00	12.00	22.50	175
1840Go PJ	—	9.00	12.00	22.50	175
1841Go PJ	—	9.00	12.00	22.50	175
1842Go PJ	—	9.00	12.00	22.50	175
1842Go PM/PJ	—	9.00	12.00	22.50	175
1842Go PM	—	9.00	12.00	22.50	175
1843/2Go PM	—	9.00	12.00	22.50	175
Note: Concave wings, thin rays, small letters					
1843Go PM	—	9.00	12.00	22.50	175

Date	Mintage	F12	VF20	XF40	MS60
Note: Convex wings, thick rays, large letters					
1844Go PM	—	9.00	12.00	22.50	175
1845/4Go PM	—	9.00	12.00	22.50	175
1845Go PM	—	9.00	12.00	22.50	175
1846/5Go PM	—	12.00	17.00	40.00	175
1846Go PM	—	9.00	12.00	22.50	175
1847Go PM	—	9.00	12.00	22.50	175
1848/7Go PM	—	9.00	17.00	35.00	175
1848Go PM	—	9.00	17.00	34.50	175
1848Go PF	—	115	175	290	575
1849/8Go PF/ PM	—	9.00	12.00	22.50	175
1849Go PF	—	9.00	12.00	22.50	175
1850/40Go PF	—	9.00	12.00	22.50	175
1850Go PF	—	9.00	12.00	22.50	175
1851Go PF	—	9.00	12.00	22.50	175
1852/1Go PF	—	9.00	12.00	22.50	175
1852Go PF	—	9.00	12.00	22.50	175
1853Go PF	—	9.00	12.00	22.50	175
1854/3Go PF	—	9.00	12.00	22.50	175
1854Go PF	—	9.00	12.00	22.50	175
Note: Old font and obverse					
1854Go PF	—	9.00	12.00	22.50	175
Note: New font and obverse					
1855Go PF	—	9.00	12.00	22.50	175
1855Go PF	—	9.00	12.00	22.50	175
Note: Star in G of mint mark					
1856/5Go PF	—	12.00	17.00	40.00	175
1856Go PF	—	12.00	17.00	30.00	175
1857/6Go PF	—	9.00	12.00	22.50	175
1857Go PF	—	9.00	12.00	22.50	175
1858/7Go PF	—	9.00	12.00	22.50	175
1858Go PF	—	9.00	12.00	22.50	175
1859/7Go PF	—	9.00	12.00	22.50	175
1859Go PF	—	9.00	12.00	22.50	175
1860/7Go PF	—	9.00	12.00	22.50	175
1860/50Go PF	—	9.00	12.00	22.50	175
1860/59Go PF	—	9.00	12.00	22.50	175
1860Go PF	—	9.00	12.00	22.50	175
1861/51Go PF	—	9.00	12.00	22.50	175
1861/57Go PF	—	9.00	12.00	22.50	175
1861/0Go PF	—	9.00	12.00	22.50	175
1861Go PF	—	9.00	12.00	22.50	175
1862/1Go YE	—	9.00	12.00	22.50	145
1862Go YE	—	9.00	12.00	22.50	145
1862/57Go YE	—	9.00	12.00	22.50	145
1862Go YE/PF	—	9.00	12.00	22.50	145
1862/57Go YF/E	—	9.00	12.00	22.50	145
1862/57Go YF	—	9.00	12.00	22.50	145
1862Go YF	—	9.00	12.00	22.50	145
1863/52Go YF/PE	—	9.00	12.00	22.50	145
1863/52Go YF	—	9.00	12.00	22.50	145
1863Go YF	—	9.00	12.00	22.50	145
1867/57Go YF	—	9.00	12.00	22.50	145
1868/57Go YF	—	12.00	17.00	30.00	145

KM# 374.9 6.76 g., 0.903 Silver, 0.1963 oz. ASW **Obv:** Facing eagle, snake in beak **Edge:** Reeded **Mint:** Hermosillo

Date	Mintage	F12	VF20	XF40	MS60
1861Ho FM	—	230	350	450	750
1862/52Ho FM/C. CE	—	290	400	625	—
1867/1Ho PR/ FM	—	85.00	175	290	575

KM# 374.10 6.76 g., 0.903 Silver, 0.1963 oz. ASW **Obv:** Facing eagle, snake in beak **Rev:** Radiant cap **Obv. Legend:** REPUBLICA MEXICANA. **Edge:** Reeded **Mint:** Mexico City **Note:** Varieties exist.

Date	Mintage	F12	VF20	XF40	MS60
1825Mo JM	—	12.00	17.00	35.00	200
1826Mo JM	—	12.00	17.00	35.00	200
1827Mo JM	—	12.00	17.00	35.00	200
1828Mo JM	—	12.00	17.00	35.00	200
1829/8Mo JM	—	12.00	17.00	35.00	200
1829Mo JM	—	12.00	17.00	35.00	200
1830Mo JM	—	46.00	70.00	145	290
1831Mo JM	—	12.00	17.00	35.00	200
1832Mo JM	—	115	230	450	—
1833/2Mo MJ/ JM	—	12.00	17.00	35.00	200
1834Mo ML	—	60.00	115	230	450
1836Mo MF	—	12.00	17.00	35.00	200
1837Mo ML	—	12.00	17.00	34.50	200
1840/7Mo ML	—	175	260	400	—
1840Mo ML	—	175	260	400	—
1841Mo ML	—	17.00	46.00	115	290
1842 ML Rare	—	—	—	—	—
1847Mo RC Narrow date	—	12.00	17.00	35.00	200
1847Mo RC Wide date	—	12.00	17.00	35.00	200
1848Mo GC	—	12.00	17.00	35.00	200
1849Mo GC	—	12.00	17.00	35.00	200
1850Mo GC	—	12.00	17.00	35.00	200
1851Mo GC	—	46.00	70.00	145	290
1852Mo GC	—	12.00	17.00	35.00	200
1853Mo GC	—	12.00	17.00	35.00	200
1854/44Mo GC	—	12.00	17.00	35.00	200
1855Mo GC	—	12.00	17.00	35.00	200
1855Mo GF/GC	—	12.00	17.00	35.00	200
1855Mo GF	—	12.00	17.00	35.00	200
1856/5Mo GF/ GC	—	12.00	17.00	35.00	200
1857Mo GF	—	12.00	17.00	35.00	200
1858Mo FH	—	9.00	14.00	30.00	175
1858Mo FH/GF	—	9.00	14.00	30.00	175
1859Mo FH	—	9.00	14.00	30.00	175
1860Mo FH	—	9.00	14.00	30.00	175
1860Mo TH	—	9.00	14.00	30.00	175
1861Mo CH	—	9.00	14.00	30.00	175
1862Mo CH	—	9.00	14.00	30.00	175
1863Mo CH	—	9.00	14.00	30.00	175
1863Mo TH	—	9.00	14.00	30.00	175
1867Mo CH	—	9.00	14.00	30.00	175
1868Mo CH	—	12.00	17.00	35.00	175
1868Mo PH	—	9.00	14.00	30.00	175

KM# 374.11 6.76 g., 0.903 Silver, 0.1963 oz. ASW **Obv:** Facing eagle, snake in beak **Edge:** Reeded **Mint:** San Luis Potosi

Date	Mintage	F12	VF20	XF40	MS60
1829Pi JS	—	12.00	17.00	35.00	230
1830/20Pi JS	—	22.50	34.50	70.00	230
1837Pi JS	—	12.00	17.00	35.00	230
1841Pi JS	—	12.00	17.00	35.00	230
1842/1Pi JS	—	12.00	17.00	35.00	230

Date	Mintage	F12	VF20	XF40	MS60
1842Pi JS	—	12.00	17.00	35.00	230
1842Pi PS	—	22.50	40.25	70.00	230
1843Pi PS	—	14.00	22.50	46.00	230
1843Pi AM	—	12.00	17.00	35.00	230
1844Pi AM	—	12.00	17.00	35.00	230
1845Pi AM	—	12.00	17.00	35.00	230
1846Pi AM	—	12.00	17.00	35.00	230
1849Pi MC	—	12.00	17.00	35.00	230
1850Pi MC	—	12.00	17.00	35.00	230
1856Pi MC	—	46.00	70.00	145	290
1857Pi MC	—	—	—	—	—
1858Pi MC	—	14.00	22.50	46.00	230
1859Pi MC	—	60.00	80.00	115	230
1861Pi PS	—	12.00	17.00	35.00	230
1862Pi RO	—	14.00	22.50	46.00	230
1863Pi RO	—	115	290	400	575
1868Pi PS	—	12.00	17.00	35.00	230
1869/8Pi PS	—	12.00	17.00	35.00	230
1869Pi PS	—	12.00	17.00	35.00	230

KM# 374.12 6.76 g., 0.903 Silver, 0.1963 oz. ASW
Obv: Facing eagle, snake in beak **Edge:** Reeded
Mint: Zacatecas **Note:** Varieties exist.

Date	Mintage	F12	VF20	XF40	MS60
1825Zs AZ	—	12.00	17.00	35.00	175
1826Zs AV	—	9.00	12.00	30.00	175
Note: A is inverted V					
1826Zs AZ	—	9.00	12.00	30.00	175
Note: A is inverted V					
1826Zs AO	—	12.00	17.00	35.00	175
1827Zs AO	—	7.00	9.00	14.00	175
Note: A is inverted V					
1827Zs AO	—	7.00	9.00	14.00	175
1828/7Zs AO	—	17.00	35.00	70.00	200
1828Zs AO	—	9.00	12.00	30.00	115
1828Zs AO	—	9.00	12.00	30.00	175
Note: A is inverted V					
1829Zs AO	—	9.00	12.00	30.00	175
1829Zs OV	—	9.00	12.00	30.00	175
1830Zs OV	—	9.00	12.00	30.00	175
1831Zs OV	—	9.00	12.00	30.00	175
1831Zs OM/OV	—	9.00	12.00	30.00	175
1831Zs OM	—	9.00	12.00	30.00	175
1832/1Zs OM	—	17.00	35.00	70.00	175
1832Zs OM	—	9.00	12.00	30.00	175
1833/27Zs OM	—	9.00	12.00	30.00	175
1833/2Zs OM	—	9.00	12.00	30.00	175
1833Zs OM	—	9.00	12.00	30.00	175
1834Zs OM	—	46.00	70.00	145	230
1835Zs OM	—	9.00	12.00	30.00	175
1836Zs OM	—	9.00	12.00	30.00	175
1837Zs OM	—	9.00	12.00	30.00	175
1838Zs OM	—	17.00	35.00	70.00	175
1839Zs OM	—	9.00	12.00	22.50	175
1840Zs OM	—	9.00	12.00	22.50	175
1841/0Zs OM	—	9.00	12.00	22.50	175
1841Zs OM	—	9.00	12.00	22.50	175
1842Zs OM	—	9.00	12.00	22.50	175
Narrow date					
1842Zs OM	—	9.00	12.00	22.50	175
Wide date					
1843Zs OM	—	9.00	12.00	22.50	175
1844Zs OM	—	9.00	12.00	22.50	175
1845Zs OM	—	9.00	12.00	22.50	175
Note: Small letters with leaves					
1845Zs OM	—	9.00	12.00	22.50	175
Note: Large letters with leaves					
1846Zs OM	—	9.00	12.00	22.50	175
1847Zs OM	—	9.00	12.00	22.50	175
1848Zs OM	—	9.00	12.00	22.50	175

Date	Mintage	F12	VF20	XF40	MS60
1849Zs OM	—	9.00	12.00	22.50	175
1850Zs OM	—	9.00	12.00	22.50	175
1851Zs OM	—	9.00	12.00	22.50	175
1852Zs OM	—	9.00	12.00	22.50	175
1853Zs OM	—	9.00	12.00	22.50	175
1854/3Zs OM	—	9.00	12.00	22.50	175
1854Zs OM	—	9.00	12.00	22.50	175
1855/4Zs OM	—	9.00	12.00	22.50	175
1855Zs OM	—	9.00	12.00	22.50	175
1855Zs MO	—	9.00	12.00	22.50	175
1856/5Zs MO	—	9.00	12.00	22.50	175
1856Zs MO	—	9.00	12.00	22.50	175
1857Zs MO	—	9.00	12.00	22.50	175
1858Zs MO	—	9.00	12.00	22.50	175
1859Zs MO	—	9.00	12.00	22.50	175
1860/59Zs MO	—	9.00	12.00	22.50	175
1860Zs MO	—	9.00	12.00	22.50	115
1860Zs VL	—	9.00	12.00	22.50	175
1861Zs VL	—	9.00	12.00	22.50	175
1862Zs VL	—	9.00	12.00	22.50	115
1863Zs MO	—	14.00	22.50	46.00	175
1863Zs VL	—	9.00	12.00	22.50	175
1864Zs MO	—	9.00	12.00	22.50	175
1864Zs VL	—	9.00	12.00	22.50	175
1865Zs MO	—	9.00	12.00	22.50	175
1867Zs JS	—	9.00	12.00	22.50	175
1868Zs JS	—	12.00	17.00	40.00	175
1868Zs YH	—	9.00	12.00	22.50	175
1869Zs YH	—	9.00	12.00	22.50	175
1870Zs YH	—	9.00	12.00	22.50	175

4 REALES

KM# 375 13.54 g., 0.903 Silver, 0.3931 oz. ASW
Obv: Facing eagle, snake in beak **Rev:** Radiant
cap **Obv. Legend:** REPUBLICA MEXICANA. **Mint:**
Real de Catorce

Date	Mintage	F12	VF20	XF40	MS60	MS63
1863Ce ML	—	250	625	1,050	—	—
Large C						
1863Ce ML	—	280	825	1,900	—	—
Small C						

KM# 375.1 13.54 g., 0.903 Silver, 0.3931 oz. ASW
Obv: Facing eagle, snake in beak **Mint:** Culiacan

Date	Mintage	F12	VF20	XF40	MS60
1846C CE	—	500	700	1,200	—
1850C CE	—	95.00	155	325	—
1852C CE	—	250	375	625	—
1857C CE Rare	—	—	—	—	—
1858C CE	—	125	250	450	—
1860C PV	—	32.00	65.00	155	—

KM# 375.2 13.54 g., 0.903 Silver, 0.3931 oz. ASW **Obv:** Facing eagle, snake in beak **Mint:** Guadalajara

Date	Mintage	F12	VF20	XF40	MS60
1843Ga MC	—	25.00	50.00	100	—
1844/3Ga MC	—	37.50	75.00	155	—
1844Ga MC	—	25.00	50.00	100	—
1845Ga MC	—	25.00	50.00	100	—
1845Ga JG	—	25.00	50.00	100	—
1846Ga JG	—	25.00	50.00	100	—
1847Ga JG	—	50.00	100	190	—
1848/7Ga JG	—	50.00	100	190	—
1849Ga JG	—	50.00	100	190	—
1850Ga JG	—	80.00	155	325	—
1852Ga JG Rare	—	—	—	—	—
1854Ga JG Rare	—	—	—	—	—
1855Ga JG	—	125	250	500	—
1856Ga JG Rare	—	—	—	—	—
1857/6Ga JG	—	80.00	155	325	—
1858Ga JG	—	155	325	575	—
1859/8Ga JG	—	155	325	575	—
1860Ga JG	—	1,050	1,800	—	—
1863/2Ga JG	—	190	375	1,550	—
1863Ga JG	—	190	375	1,550	—

KM# 375.3 13.54 g., 0.903 Silver, 0.3931 oz. ASW **Obv:** Facing eagle, snake in beak **Mint:** Guadalupe y Calvo

Date	Mintage	F12	VF20	XF40	MS60
1844GC MP	—	3,750	6,300	—	—
1845GC MP	—	8,100	10,000	—	—
1846GC MP	—	2,150	3,500	—	—
1847GC MP	—	1,900	3,150	—	—
1849GC MP	—	3,750	5,000	—	—
1850GC MP	—	1,900	3,150	—	—

KM# 375.4 13.54 g., 0.903 Silver, 0.3931 oz. ASW **Obv:** Facing eagle, snake in beak **Rev:** Radiant cap **Obv. Legend:** REPUBLICA MEXICANA **Mint:** Guanajuato **Note:** Varieties exist. Some 1862 dates appear to be 1869 because of weak dies.

Date	Mintage	F12	VF20	XF40	MS60
1835Go PJ	—	16.00	32.00	75.00	—
1836/5Go PJ	—	19.00	37.50	95.00	—
1836Go PJ	—	19.00	37.50	95.00	—
1837Go PJ	—	16.00	32.00	75.00	—
1838/7Go PJ	—	19.00	37.50	95.00	—

Date	Mintage	F12	VF20	XF40	MS60
1838Go PJ	—	16.00	37.50	95.00	—
1839Go PJ	—	16.00	32.00	75.00	—
1840/30Go PJ	—	25.00	65.00	125	—
1840 PJ	—	25.00	65.00	125	—
1841/30 PJ	—	250	400	750	—
1841/31Go PJ	—	190	325	575	—
1842Go PJ Rare	—	—	—	—	—
1842Go PM	—	19.00	37.50	95.00	—
1843/2Go PM	—	16.00	32.00	75.00	—
Note: Eagle with convex wings, thick rays					
1843Go PM	—	16.00	32.00	75.00	—
Note: Eagle with concave wings, thin rays					
1844/3Go PM	—	19.00	37.50	95.00	—
1844Go PM	—	25.00	65.00	125	—
1845/4Go PM	—	25.00	65.00	125	—
1845Go PM	—	25.00	65.00	125	—
1846/5Go PM	—	19.00	37.50	95.00	—
1846Go PM	—	19.00	37.50	95.00	—
1847/6Go PM	—	19.00	37.50	95.00	—
1847Go PM	—	19.00	37.50	95.00	—
1848/7Go PM	—	25.00	65.00	125	—
1848Go PM	—	25.00	65.00	125	—
1849Go PF	—	25.00	65.00	125	—
1850Go PF	—	16.00	32.00	75.00	—
1851Go PF	—	16.00	32.00	75.00	—
1852Go PF	—	19.00	37.50	95.00	—
1852Go PF 5/4	—	25.00	65.00	125	—
1853Go PF	—	19.00	37.50	95.00	—
1854Go PF	—	19.00	37.50	95.00	—
Note: Large eagle					
1854Go PF	—	19.00	37.50	95.00	—
Note: Small eagle					
1855/4Go PF	—	19.00	37.50	95.00	—
1855Go PF	—	16.00	32.00	75.00	—
1856Go PF	—	16.00	32.00	75.00	—
1857Go PF	—	25.00	65.00	125	—
1858Go PF	—	25.00	65.00	125	—
1859Go PF	—	25.00	65.00	125	—
1860/59Go PF	—	19.00	37.50	95.00	—
1860Go PF	—	19.00	37.50	95.00	—
1861/51Go PF	—	19.00	37.50	95.00	—
1861Go PF	—	25.00	65.00	125	—
1862/1Go YE	—	19.00	37.50	95.00	—
1862/1Go YF	—	19.00	37.50	95.00	—
1862Go YE/PF	—	19.00	37.50	95.00	—
1862Go YE	—	19.00	37.50	95.00	—
1862Go YF	—	19.00	37.50	95.00	—
1863/53Go YF	—	19.00	37.50	95.00	—
1863Go YF/PF	—	19.00	37.50	95.00	—
186/53Go YF	—	19.00	37.50	95.00	—
1863Go YF	—	19.00	37.50	95.00	—
1867/57Go YF/PF	—	19.00	37.50	95.00	—
1868/58Go YF/PF	—	19.00	37.50	95.00	—
1870Go FR	—	19.00	37.50	95.00	—

KM# 375.5 13.54 g., 0.903 Silver, 0.3931 oz. ASW **Obv:** Facing eagle, snake in beak **Mint:** Hermosillo

Date	Mintage	F12	VF20	XF40	MS60
1861Ho FM	—	250	450	625	—
1867/1Ho PR/FM	—	190	350	500	—

KM# 375.6 13.54 g., 0.903 Silver, 0.3931 oz. ASW
Obv: Facing eagle, snake in beak **Mint:** Mexico City

Date	Mintage	F12	VF20	XF40	MS60
1827/6Mo JM	—	250	500	1,000	—
1850Mo GC Rare	—	—	—	—	—
1852Mo GC Rare	—	—	—	—	—
1854Mo GC Rare	—	—	—	—	—
1855Mo GF/GC	—	65.00	125	250	—
1855Mo GF	—	125	250	450	—
1856Mo GF/GC	—	65.00	155	500	—
1856Mo GF Rare	—	—	—	—	—
1859Mo FH	—	25.00	65.00	190	—
1861Mo CH	—	19.00	45.00	155	—
1862Mo CH	—	25.00	65.00	190	—
1863/2Mo CH	—	25.00	65.00	190	—
1863Mo CH	—	95.00	190	375	—
1867Mo CH	—	25.00	65.00	190	—
1868Mo CH/PH	—	37.50	95.00	190	—
1868Mo CH	—	25.00	65.00	190	—
1868Mo PH	—	37.50	95.00	250	—

KM# 375.7 13.54 g., 0.903 Silver, 0.3931 oz. ASW
Obv: Facing eagle, snake in beak **Rev:** Radiant cap **Obv. Legend:** REPUBLICA MEXICANA. **Mint:** Oaxaca

Date	Mintage	F12	VF20	XF40	MS60	MS63
1861O FR	—	280	575	950	—	—
Note: Ornamental edge						
1861O FR	—	375	700	1,050	—	—
Note: Herringbone edge						
1861O FR	—	250	500	875	—	—
Note: Obliquely reeded edge						

KM# 375.8 13.54 g., 0.903 Silver, 0.3931 oz. ASW
Obv: Facing eagle, snake in beak **Mint:** San Luis Potosi

Date	Mintage	F12	VF20	XF40	MS60
1837Pi JS	—	250	450	—	—
1838Pi JS	—	190	325	500	—
1842Pi PS	—	65.00	125	250	—
1843/2Pi PS	—	65.00	125	250	—
1843/2Pi PS	—	65.00	125	250	—
Note: 3 cut from 8 punch					
1843Pi AM	—	37.50	95.00	190	—
1843Pi PS	—	65.00	125	250	—
1844Pi AM	—	37.50	95.00	190	—
1845/4Pi AM	—	25.00	65.00	125	—
1845Pi AM	—	25.00	65.00	125	—
1846Pi AM	—	25.00	65.00	125	—
1847Pi AM	—	95.00	190	325	—
1848Pi AM Rare	—	—	—	—	—
1849Pi MC/AM	—	25.00	65.00	125	—
1849Pi MC	—	25.00	65.00	125	—
1849Pi PS	—	25.00	65.00	125	—
1850Pi MC	—	25.00	65.00	125	—
1851Pi MC	—	25.00	65.00	125	—
1852Pi MC	—	25.00	65.00	125	—
1853Pi MC	—	25.00	65.00	125	—
1854Pi MC	—	125	250	500	—
1855Pi MC	—	220	375	950	—
1856Pi MC	—	325	500	875	—
1857Pi MC Rare	—	—	—	—	—
1857Pi PS Rare	—	—	—	—	—
1858Pi MC	—	125	250	500	—
1859Pi MC	—	2,500	3,750	—	—
1860Pi PS	—	375	575	875	—
1861Pi PS	—	190	375	750	—
1861/0Pi PS	—	375	750	—	—
1861Pi RO/PS	—	37.50	95.00	190	—
1861Pi RO	—	65.00	125	250	—
1862Pi RO	—	37.50	95.00	190	—
1863Pi RO	—	37.50	95.00	190	—
1864Pi RO	—	3,150	4,400	—	—
1868Pi PS	—	37.50	95.00	190	—
1869/8Pi PS	—	37.50	95.00	190	—
1869Pi PS	—	37.50	95.00	190	—

KM# 375.9 13.54 g., 0.903 Silver, 0.3931 oz. ASW
Obv: Facing eagle, snake in beak **Mint:** Zacatecas

Date	Mintage	F12	VF20	XF40	MS60
1830Zs OM	—	25.00	65.00	125	—
1831Zs OM	—	19.00	37.50	95.00	—
1832/1Zs OM	—	25.00	65.00	125	—
1832Zs OM	—	25.00	65.00	125	—
1833/2Zs OM	—	25.00	65.00	125	—
1833/27Zs OM	—	19.00	37.50	95.00	—
1833Zs OM	—	19.00	37.50	95.00	—
1834/3Zs OM	—	25.00	65.00	125	—
1834Zs OM	—	19.00	37.50	95.00	—
1835Zs OM	—	19.00	37.50	95.00	—
1836Zs OM	—	19.00	37.50	95.00	—
1837/5Zs OM	—	25.00	65.00	125	—
1837/6Zs OM	—	25.00	65.00	125	—
1837Zs OM	—	25.00	65.00	125	—
1838/7Zs OM	—	19.00	37.50	95.00	—
1839Zs OM	—	325	475	625	—
1840Zs OM	—	625	1,650	—	—
1841Zs OM	—	19.00	37.50	95.00	—
1842Zs OM Small letters	—	19.00	50.00	105	—
1842Zs OM Large letters	—	19.00	37.50	95.00	—
1843Zs OM	—	19.00	37.50	95.00	—
1844Zs OM	—	25.00	65.00	125	—
1845Zs OM	—	25.00	65.00	125	—
1846/5Zs OM	—	32.00	75.00	155	—
1846Zs OM	—	25.00	65.00	125	—
1847Zs OM	—	19.00	37.50	95.00	—
1848/6Zs OM	—	65.00	95.00	155	—
1848Zs OM	—	25.00	65.00	125	—
1849Zs OM	—	25.00	65.00	125	—
1850Zs OM	—	25.00	65.00	125	—
1851Zs OM	—	19.00	37.50	95.00	—
1852Zs OM	—	19.00	37.50	95.00	—

Date	Mintage	F12	VF20	XF40	MS60
1853Zs OM	—	25.00	65.00	125	—
1854/3Zs OM	—	37.50	95.00	190	—
1855/4Zs OM	—	25.00	65.00	125	—
1855Zs OM	—	19.00	37.50	95.00	—
1856Zs OM	—	19.00	37.50	95.00	—
1856Zs MO	—	25.00	65.00	125	—
1857/5Zs MO	—	25.00	65.00	125	—
1857Zs O/M	—	25.00	65.00	125	—
1857Zs MO	—	19.00	37.50	95.00	—
1858Zs MO	—	25.00	65.00	125	—
1859Zs MO	—	19.00	37.50	95.00	—
1860/59Zs MO	—	25.00	65.00	125	—
1860Zs MO	—	19.00	37.50	95.00	—
1860Zs VL	—	25.00	65.00	125	—
1861/0Zs VL	—	25.00	65.00	125	—
1861Zs VL	—	19.00	37.50	95.00	—
1861Zs VL 6/5	—	25.00	65.00	125	—
1862/1Zs VL	—	25.00	65.00	125	—
1862Zs VL	—	25.00	65.00	125	—
1863Zs VL	—	25.00	65.00	125	—
1863Zs MO	—	25.00	65.00	125	—
1864Zs VL	—	19.00	37.50	95.00	—
1868Zs JS	—	25.00	65.00	125	—
1868Zs YH	—	19.00	37.50	95.00	—
1869Zs YH	—	19.00	37.50	95.00	—
1870Zs YH	—	19.00	37.50	95.00	—

Date	Mintage	F12	VF20	XF40	MS60
1876 DL	—	30.00	42.00	80.00	350
1877 DL	515,000	42.00	38.50	80.00	350
1878 DL	513,000	30.00	42.00	80.00	350
1879 DL	—	32.00	50.00	110	400
1879 ML	—	45.00	75.00	175	750
1880 ML	—	27.50	30.00	50.00	325
1881 ML	966,000	27.50	30.00	50.00	325
1882 ML	480,000	27.50	32.00	50.00	325
1883 ML	464,000	27.50	32.00	50.00	325
1884 ML	—	27.50	32.00	50.00	325
1885 ML	280,000	27.50	32.00	50.00	325
1886 ML	857,000	27.50	30.00	45.00	270
1886/0As/Cn ML/JD	Inc. above	30.00	35.00	60.00	350
1887 ML	650,000	27.50	30.00	50.00	270
1888/7 ML	508,000	45.00	75.00	145	850
1888 ML	Inc. above	27.50	30.00	45.50	270
1889 ML	427,000	27.50	30.00	50.00	270
1890 ML	450,000	27.50	30.00	45.00	270
1891 ML	533,000	27.50	30.00	45.00	270
1892/0 ML	—	32.00	45.00	90.00	350
1892 ML	465,000	27.50	30.00	45.00	270
1893 ML	734,000	27.50	30.00	42.00	230
1894 ML	725,000	27.50	30.00	42.00	230
1895 ML	477,000	27.50	30.00	42.50	230

8 REALES

KM# 377 27.07 g., 0.903 Silver, 0.7859 oz. ASW
Obv: Facing eagle, snake in beak **Rev:** Radiant cap **Obv. Legend:** REPUBLICA MEXICANA. **Mint:** Alamos **Note:** Mint mark A, As. Varieties exist.

Date	Mintage	F12	VF20	XF40	MS60
1864 PG	—	825	1,400	2,600	—
1865/4 PG Rare	—	—	—	—	—
1865 PG	—	550	825	1,300	—
1866/5 PG Rare	—	—	—	—	—
1866 PG	—	1,400	2,500	—	—
1866 DL Rare	—	—	—	—	—
1867 DL	—	1,250	2,350	—	—
1868 DL	—	65.00	110	210	650
1869/8 DL	—	65.00	110	210	—
1869 DL	—	65.00	100	170	650
1870 DL	—	45.00	75.00	170	650
1871 DL	—	32.00	50.00	110	450
1872 AM/DL	—	38.50	65.00	145	650
1872 AM	—	38.50	65.00	145	550
1873 AM	509,000	30.00	42.00	80.00	350
1874/3As DL	—	38.50	65.00	145	550
1874 DL	—	30.00	42.00	80.00	350
1875A DL 7/7	—	55.00	100	170	650
1875A DL	—	30.00	38.50	80.00	350
1875As DL	—	45.00	75.00	155	550

KM# 377.1 27.07 g., 0.903 Silver, 0.7859 oz. ASW
Obv: Facing eagle, snake in beak **Rev:** Radiant cap **Obv. Legend:** REPUBLICA MEXICANA. **Mint:** Real de Catorce

Date	Mintage	F12	VF20	XF40	MS60	MS63
1863Ce ME	—	575	975	2,200	7,500	—
1863Ce /PI ML/MC	—	575	1,050	2,450	8,000	—

KM# 377.2 27.07 g., 0.903 Silver, 0.7859 oz. ASW
Obv: Facing eagle, snake in beak **Rev:** Radiant cap **Obv. Legend:** REPUBLICA MEXICANA. **Mint:** Chihuahua **Note:** Varieties exist.

Date	Mintage	F12	VF20	XF40	MS60
1831Ca MR	—	1,100	1,950	2,950	6,500
1832Ca MR	—	140	220	400	1,200
1833Ca MR	—	275	600	1,300	—

Date	Mintage	F12	VF20	XF40	MS60
1834Ca MR	—	325	650	1,500	—
1834Ca AM	—	375	550	900	—
1835Ca AM	—	165	275	625	1,800
1836Ca AM	—	110	220	400	1,200
1837Ca AM	—	600	1,250	—	—
1838Ca AM	—	110	220	400	1,200
1839Ca RG	—	825	1,400	3,250	—
1840Ca RG	—	325	550	1,050	3,000
Note: 1 dot after date					
1840Ca RG	—	325	550	1,050	3,000
Note: 3 dots after date					
1841Ca RG	—	65.00	120	210	650
1842Ca RG	—	38.00	55.00	110	350
1843Ca RG	—	55.00	100	175	550
1844/1Ca RG	—	50.00	90.00	145	450
1844Ca RG	—	38.00	55.00	110	350
1845Ca RG	—	38.00	55.00	110	350
1846Ca RG	—	44.00	75.00	145	550
1847Ca RG	—	55.00	100	175	550
1848Ca RG	—	50.00	90.00	175	550
1849Ca RG	—	44.00	75.00	145	450
1850/40Ca RG	—	55.00	100	175	550
1850Ca RG	—	44.00	75.00	145	450
1851/41Ca RG	—	120	230	400	1,050
1851Ca RG	—	175	285	525	1,550
1852/42Ca RG	—	175	285	525	1,550
1852Ca RG	—	175	285	525	1,550
1853/43Ca RG	—	175	285	525	1,550
1853Ca RG	—	175	285	450	1,450
1854/44Ca RG	—	120	230	400	1,050
1854Ca RG	—	65.00	120	210	650
1855/45Ca RG	—	120	230	450	1,350
1855Ca RG	—	65.00	120	210	650
1856/45Ca RG	—	325	500	975	2,500
1856/5Ca RG	—	450	775	1,950	7,000
1857Ca JC/RG	—	55.00	100	175	550
1857Ca JC	—	65.00	120	210	550
1858Ca JC	—	50.00	90.00	175	550
1858Ca BA	—	2,200	3,850	—	—
1859Ca JC	—	55.00	100	175	550
1860Ca JC	—	33.00	55.00	130	400
1861Ca JC	—	30.00	40.00	85.00	300
1862Ca JC	—	30.00	40.00	85.00	300
1863Ca JC	—	33.00	50.00	110	350
1864Ca JC	—	33.00	50.00	110	350
1865Ca JC	—	120	230	450	1,250
1865Ca FP	—	1,400	2,350	4,250	—
1866Ca JC	—	825	1,250	2,950	—
1866Ca FP	—	1,100	2,200	4,250	10,000
1866Ca JG	—	925	1,800	3,600	8,500
1867Ca JG	—	110	220	450	1,200
1868Ca JG	—	85.00	165	325	800
1868Ca MM	—	70.00	140	260	700
1869Ca MM	—	33.00	50.00	100	325
1870Ca MM	—	33.00	50.00	100	325
1871/0Ca MM	—	30.00	40.00	85.00	300
1871Ca MM	—	30.00	40.00	85.00	300
1871Ca MM	—	33.00	50.00	100	325
Note: Known with first M over inverted M and second M over inverted M					
1873/5Ca MM	—	33.00	50.00	100	325
1873Ca MM	—	33.00	50.00	100	325
1873Ca MM/T	—	30.00	40.00	85.00	300
1874Ca MM	—	27.00	30.00	50.00	260
1875Ca MM	—	27.00	30.00	50.00	260
1876Ca MM	—	27.00	30.00	50.00	260
1877Ca EA E/G	—	33.00	55.00	125	450
1877Ca EA	472,000	33.00	55.00	125	450
1877Ca GR	Inc. above	38.00	60.00	100	350

Date	Mintage	F12	VF20	XF40	MS60
1877Ca JM	Inc. above	27.00	30.00	50.00	260
1877Ca AV	Inc. above	120	230	450	1,550
1878Ca AV	439,000	27.00	30.00	45.00	220
1879Ca AV	—	27.00	30.00	45.00	220
1880Ca AV	—	220	375	775	2,500
1880Ca PM	—	550	875	1,650	5,000
1880Ca MG	—	27.00	30.00	45.00	260
Note: Normal initials					
1880Ca MG	—	27.00	30.00	45.00	260
Note: Tall initials					
1880Ca MM	—	27.00	30.00	45.00	260
1881Ca MG	1,085,000	27.00	30.00	42.00	220
1882Ca MG	779,000	27.00	30.00	42.00	220
1882Ca MM	Inc. above	27.00	30.00	42.00	220
1882Ca MM	Inc. above	33.00	60.00	145	400
Note: Second M over sideways M					
1883Ca MM	818,000	—	—	—	—
Note: Sideways M					
1883/2Ca MM/G	—	27.00	30.00	50.00	230
1883Ca MM	Inc. above	27.00	30.00	42.00	220
1884/3Ca MM	—	27.00	30.00	50.00	220
1884Ca MM	—	27.00	30.00	42.00	220
1885/4Ca MM	1,345,000	30.00	40.00	85.00	300
1885/6Ca MM	Inc. above	30.00	40.00	85.00	300
1885Ca MM	Inc. above	27.00	30.00	42.00	220
1886Ca MM	2,483,000	27.00	30.00	42.00	220
1887Ca MM	2,625,000	27.00	30.00	42.00	220
1888/7Ca MM	2,434,000	30.00	45.00	100	325
1888Ca MM	Inc. above	27.00	30.00	42.00	220
1889Ca MM	2,681,000	27.00	30.00	42.00	220
1890/89Ca MM	—	30.00	40.00	85.00	300
1890Ca MM	2,137,000	27.00	30.00	42.00	220
1891/0Ca MM	2,268,000	30.00	40.00	85.00	300
1891Ca MM	Inc. above	27.00	30.00	42.00	230
1892Ca MM	2,527,000	27.00	30.00	42.00	220
1893Ca MM	2,632,000	27.00	30.00	42.00	220
1894Ca MM	2,642,000	27.00	30.00	42.00	220
1895Ca MM	1,112,000	27.00	30.00	42.00	220

KM# 377.3 27.07 g., 0.903 Silver, 0.7859 oz. ASW **Obv:** Facing eagle, snake in beak **Rev:** Radiant cap **Obv. Legend:** REPUBLICA MEXICANA **Mint:** Culiacan **Note:** Mint mark C, Cn. Varieties exist.

Date	Mintage	F12	VF20	XF40	MS60
1846 CE	—	165	325	1,050	3,000
1846 CE	—	195	425	1,150	3,300
Note: Dot after G					
1846 CE	—	140	290	975	2,900
Note: No dot after G					
1847 CE	—	450	775	1,950	—
1848 CE	—	140	275	575	2,000
1849 CE C/G	—	85.00	140	260	800
1849 CE	—	85.00	140	260	800
1850 CE	—	85.00	140	260	800
1851 CE	—	140	275	575	2,000

Date	Mintage	F12	VF20	XF40	MS60
1852/1 CE	—	110	165	325	1,000
1852 CE	—	110	220	400	1,200
1853/0 CE	—	220	375	900	2,600
1853/2/0	—	220	450	975	2,800
1853 CE	—	110	195	400	1,200
Note: Thick rays					
1853 CE	—	220	375	850	—
Note: Error: MEXIGANA					
1854 CE	—	825	1,400	—	—
1854 CE	—	195	375	975	2,400
Note: Large eagle and hat					
1855/6 CE	—	55.00	75.00	145	450
1855 CE	—	38.00	55.00	110	350
1856 CE	—	65.00	120	240	750
1857 CE	—	33.00	50.00	110	350
1858 CE	—	44.00	55.00	110	350
1859 CE	—	33.00	50.00	110	350
1860/9 PV/CV	—	65.00	90.00	145	450
1860/9 PV/E	—	65.00	90.00	145	450
1860 CE	—	38.50	55.00	110	350
1860/9 PV	—	55.00	75.00	130	400
1860 PV	—	55.00	75.00	130	400
1861/0 CE	—	65.00	100	170	550
1861 PV/CE	—	95.00	150	275	750
1861 CE	—	33.00	50.00	90.00	350
1862 CE	—	33.00	50.00	90.00	350
1863/2 CE	—	44.00	65.00	110	450
1863 CE	—	33.00	45.00	90.00	350
1864 CE	—	44.00	75.00	145	650
1865 CE	—	150	230	425	1,350
1866 CE	—	450	825	1,650	4,500
1867 CE	—	150	230	450	1,450
1868/7 CE	—	44.00	55.00	110	350
1868/8	—	65.00	120	210	650
1868 CE	—	44.00	55.00	110	350
1869 CE	—	44.00	55.00	110	400
1870 CE	—	65.00	120	210	750
1873 MP	—	65.00	120	210	650
1874/3 MP	—	44.00	55.00	110	350
1874C MP	—	33.00	44.00	70.00	290
1874CN MP	—	150	230	400	1,250
1875 MP	—	27.50	30.00	42.00	230
1876 GP	—	27.50	30.00	50.00	240
1876 CG	—	27.50	30.00	42.00	230
1877 CG	339,000	27.50	30.00	42.00	230
1877Gn CG Error	—	85.00	150	275	850
1877 JA	Inc. above	50.00	95.00	175	550
1878/7 CG	483,000	50.00	95.00	175	550
1878 CG	Inc. above	30.00	40.00	60.00	290
1878 JD/CG	—	38.00	50.00	80.00	350
1878 JD	Inc. above	30.00	35.00	50.00	290
1878 JD	Inc. above	33.00	44.00	65.00	350
Note: D over retrograde D					
1879 JD	—	27.50	30.00	50.00	300
1880/70 JD	—	30.00	35.00	50.00	240
1880 JD	—	27.50	30.00	42.00	280
1881/0 JD	1,032,000	30.00	33.00	50.00	240
1881C JD	Inc. above	27.50	30.00	42.00	230
1881Cn JD	Inc. above	55.00	75.00	130	350
1882 JD	397,000	27.50	30.00	42.00	230
1882 AM	Inc. above	27.50	30.00	42.00	230
1883 AM	333,000	27.50	30.00	42.00	290
1884 AM	—	27.50	30.00	42.00	230
1885/6 AM	227,000	33.00	44.00	70.00	290
1885C AM	Inc. above	49.50	90.00	210	750
1885Cn AM	Inc. above	27.50	30.00	42.00	230
1885Gn AM Error	Inc. above	38.50	65.00	145	600
1886 AM	571,000	27.50	30.00	42.00	230
1887 AM	732,000	27.50	30.00	42.00	230
1888 AM	768,000	27.50	30.00	42.00	230
1889 AM	1,075,000	27.50	30.00	42.00	230
1890 AM	874,000	27.50	30.00	42.00	220
1891 AM	777,000	27.50	30.00	42.00	220
1892 AM	681,000	27.50	30.00	42.00	220
1893 AM	1,144,000	27.50	30.00	42.00	220
1894 AM	2,118,000	27.50	30.00	42.00	220
1895 AM	1,834,000	27.50	30.00	42.00	220
1896 AM	2,134,000	27.50	30.00	42.00	220
1897 AM	1,580,000	27.50	30.00	42.00	220

KM# 377.4 27.07 g., 0.903 Silver, 0.7859 oz. ASW **Obv:** Facing eagle, snake in beak **Mint:** Durango **Note:** Varieties exist.

Date	Mintage	F12	VF20	XF40	MS60
1825Do RL	—	44.00	85.00	210	800
1826Do RL	—	55.00	105	275	1,000
1827/6Do RL	—	49.50	75.00	125	450
1827/8Do RL	—	175	325	650	—
1827Do RL	—	44.00	65.00	130	450
1828/7Do RL	—	49.50	75.00	130	450
1828Do RL	—	38.50	65.00	115	400
1829Do RL	—	38.50	65.00	115	400
1830Do RM	—	38.50	65.00	130	450
Note: B on eagle's claw					
1831Do RM	—	33.00	45.00	90.00	350
Note: B on eagle's claw					
1832Do RM	—	49.50	75.00	170	650
Note: Mexican dies, B on eagle's claw					
1832/1Do RM/RL	—	38.50	50.00	110	375
Note: French dies, REPUB MEX spaced					
1833/2Do RM/RL	—	33.00	50.00	110	375
1833Do RM	—	30.00	45.00	90.00	350
1834/3/2Do RM/RL	—	32.00	50.00	110	375
1834Do RM	—	30.00	38.50	80.00	350
1835/4Do RM/RL	—	33.00	50.00	100	350
1835Do RM	—	33.00	50.00	100	350
Note: Mexican dies, REPUBMEX not spaced					
1836/1Do RM	—	33.00	50.00	100	350
1836/4Do RM	—	33.00	50.00	100	350
1836/5/4Do RM/RL	—	95.00	175	350	1,050
1836Do RM	—	33.00	44.00	85.00	350
1836Do RM	—	33.00	44.00	85.00	350
Note: M on snake					
1837/1Do RM	—	33.00	44.00	85.00	350
1837Do RM	—	33.00	44.00	85.00	350

Date	Mintage	F12	VF20	XF40	MS60
1838/1Do RM	—	33.00	45.00	90.00	375
1838/7Do RM	—	33.00	45.00	90.00	375
1838Do RM	—	33.00	44.00	85.00	350
1839/1Do RM/RL	—	33.00	44.00	85.00	350
1839/1Do RM	—	33.00	44.00	85.00	350
1839Do RM	—	33.00	44.00	85.00	350
1840/38/31Do RM	—	33.00	44.00	85.00	350
1840/39Do RM	—	33.00	44.00	85.00	350
1840Do RM	—	33.00	44.00	85.00	350
1841/31Do RM	—	85.00	150	375	950
1841/39Do RM/L	—	38.50	65.00	125	450
1841/39Do RM	—	38.50	65.00	125	450
1842/31Do RM	—	150	285	525	1,550
Note: B below cactus					
1842/31Do RM	—	55.00	100	175	550
1842/32Do RM	—	55.00	100	175	550
1842Do RM	—	33.00	44.00	85.00	350
Note: Eagle of 1832-41					
1842Do RM	—	33.00	44.00	85.00	350
Note: Pre-1832 eagle resumed					
1842Do RM	—	55.00	100	175	550
1843/33Do RM	—	65.00	110	210	550
1843Do RM	—	65.00	110	210	550
1844/34Do RM	—	120	230	400	1,050
1844/35Do RM	—	120	230	400	1,050
1844/43Do RM	—	75.00	145	300	900
1845/31Do RM	—	120	230	400	1,050
1845/34Do RM	—	49.50	95.00	175	550
1845/35Do RM	—	49.50	95.00	175	550
1845Do RM	—	33.00	44.00	85.00	350
1846/31Do RM	—	33.00	44.00	85.00	350
1846/36Do RM	—	33.00	44.00	85.00	350
1846Do RM	—	33.00	44.00	85.00	350
1847Do RM	—	38.50	65.00	115	400
1848/7Do RM	—	150	285	525	1,550
1848/7Do CM/RM	—	120	230	450	1,450
1848Do CM/RM	—	120	230	450	1,450
1848Do RM	—	120	230	400	1,250
1848Do CM	—	65.00	120	275	850
1849/39Do CM	—	120	230	450	1,450
1849Do CM	—	85.00	150	350	1,150
1849Do JMR/CM Oval 0	—	230	450	575	1,650
1849Do JMR Oval 0	—	230	350	575	1,650
1849Do JMR Round 0	—	230	450	775	2,000
1850Do JMR	—	120	175	350	1,050
1851/0Do JMR	—	85.00	150	300	1,000
1851Do JMR	—	120	175	350	1,050
1852Do CP/JMR	—	500	900	1,950	—
1852Do CP	—	825	1,350	2,950	—
1852Do JMR	—	205	285	500	1,350
1853Do CP/JMR	—	150	270	450	1,250
1853Do CP	—	230	375	775	2,400
1854Do CP	—	38.50	50.00	100	650
1855Do CP	—	65.00	120	240	750
Note: Eagle type of 1854					
1855Do CP	—	65.00	120	240	750
Note: Eagle type of 1856					
1856Do CP	—	65.00	120	240	750
1857Do CP	—	49.50	85.00	175	550
1858/7Do CP	—	38.50	50.00	105	375
1858Do CP	—	33.00	45.00	90.00	375
1859Do CP	—	33.00	45.00	90.00	375
1860/59Do CP	—	44.00	65.00	145	450
1860Do CP	—	33.00	45.00	90.00	375
1861/0Do CP	—	33.00	45.00	90.00	375
1861Do CP	—	33.00	44.00	80.00	290
1862/1Do CP	—	38.50	50.00	90.00	290
1862Do CP	—	33.00	45.00	90.00	400
1863/1Do CP	—	44.00	75.00	130	450
1863/2Do CP	—	38.50	65.00	110	400
1863/53Do CP	—	44.00	75.00	130	450
1863Do CP	—	38.50	65.00	110	400
1864Do CP	—	120	175	350	1,050
1864Do LT	—	38.50	55.00	115	400
1864Do LT/T	—	38.50	55.00	115	400
1864Do LT/CP	—	65.00	120	240	750
1865Do LT Rare	—	—	—	—	—
1866/4Do CM	—	3,050	6,100	—	—
1866Do CM	—	1,950	3,600	7,200	17,000
1867Do CM	—	3,850	—	—	—
1867/6Do CP	—	220	450	775	2,400
1867Do CP	—	195	325	650	2,000
1867Do CP/CM	—	140	275	525	1,800
1867Do CP/LT	—	220	450	850	2,500
1868Do CP	—	38.50	55.00	115	400
1869Do CP	—	33.00	44.00	80.00	300
1870/69Do CP	—	33.00	44.00	80.00	290
1870/9Do CP	—	33.00	44.00	80.00	290
1870Do CP	—	33.00	44.00	80.00	290
1873Do CP	—	150	260	425	1,250
1873Do CM	—	44.00	65.00	145	450
1874/3Do CM	—	27.50	30.00	45.00	290
1874Do CM	—	27.50	30.00	45.00	290
1874Do JH	—	1,250	1,950	3,600	—
1875Do CM	—	27.50	30.00	45.00	290
1875Do JH	—	100	175	350	950
1876Do CM	—	27.50	30.00	45.00	290
1877Do CM	431,000	1,600	2,750	—	—
1877Do CP	Inc. above	27.50	30.00	45.00	290
1877Do JMP	Inc. above	825	1,400	2,600	—
1878Do PE	409,000	30.00	40.00	65.00	290
1878Do TB	Inc. above	27.50	30.00	45.00	290
1879Do TB	—	27.50	30.00	45.00	290
1880/70Do TB	—	75.00	120	240	750
1880/70Do TB/JP	—	175	285	500	1,350
1880/70Do JP	—	30.00	40.00	65.00	290
1880Do TB	—	175	285	500	1,350
1880Do JP	—	27.50	30.00	45.00	290
1881Do JP	928,000	27.50	30.00	45.00	290
1882Do JP	414,000	27.50	30.00	45.00	290
1882Do MC/JP	Inc. above	44.00	75.00	145	450
1882Do MC	Inc. above	38.50	65.00	110	350
1883/73Do MC	452,000	30.00	40.00	65.00	290
1883Do MC	Inc. above	27.50	30.00	45.00	290
1884/3Do MC	—	30.00	40.00	65.00	290
1884Do MC	—	27.50	30.00	45.00	290
1885Do MC M/J	—	30.00	40.00	65.00	290
1885Do JB	Inc. above	38.50	48.00	80.00	300
1885Do MC	547,000	27.50	30.00	42.00	290
1886/5Do MC	—	30.00	40.00	65.00	240
1886/3Do MC	955,000	30.00	40.00	65.00	240
1886Do MC	Inc. above	27.50	30.00	42.00	220
1887Do MC	1,004,000	27.50	30.00	42.00	220
1888/7Do MC	—	85.00	150	350	950
1888Do MC	996,000	27.50	30.00	42.00	220
1889Do MC	874,000	27.50	30.00	42.00	220
1890Do MC	1,119,000	27.50	30.00	42.00	220
1890Do JP	Inc. above	27.50	30.00	42.00	220
1891Do JP	1,487,000	27.50	30.00	42.00	220
1892Do JP	1,597,000	27.50	30.00	42.00	220
1892Do ND	Inc. above	38.50	65.00	145	450
1893Do ND	1,617,000	27.50	30.00	42.00	220
1894Do ND	1,537,000	27.50	30.00	42.00	220
1895/3Do ND	761,000	30.00	40.00	65.00	240
1895Do ND	Inc. above	27.50	30.00	42.00	220
1895Do ND/P	—	30.00	40.00	65.00	240

KM# 377.5 27.07 g., 0.903 Silver, 0.7859 oz. ASW
Obv: Facing eagle, snake in beak **Rev:** Radiant cap **Mint:** Estado de Mexico

Date	Mintage	F12	VF20	XF40	MS60
1828EoMo LF/LP	—	375	925	2,850	—
1828EoMo LF	—	375	925	2,850	9,600
1829EoMo LF	—	325	825	2,400	7,700
1830/20EoMo LF	—	1,400	3,050	5,900	—
1830EoMo LF	—	1,100	2,200	4,250	10,500

KM# 377.6 27.07 g., 0.903 Silver, 0.7859 oz. ASW
Obv: Facing eagle, snake in beak **Rev:** Radiant cap **Obv. Legend:** REPUBLICA MEXICANA. **Mint:** Guadalajara **Note:** Varieties exist.

Date	Mintage	F12	VF20	XF40	MS60
1825Ga FS	—	165	300	625	2,000
1826/5Ga FS	—	140	275	575	2,000
1826Ga FS	—	140	275	575	2,000
1827/87Ga FS	—	140	275	575	2,000
1827Ga FS	—	140	275	575	2,000
1287Ga FS Error	—	9,400	10,500	—	—
1828Ga FS	—	220	425	725	2,400
1829/8Ga FS	—	220	425	725	2,400
1829Ga FS	—	195	350	625	1,900
1830/29Ga FS	—	110	195	400	1,200
1830Ga FS	—	110	195	400	1,200
1830Ga LP/FS	—	875	1,600	—	—

Note: The 1830 LP/FS is currently only known with a Philippine countermark

Date	Mintage	F12	VF20	XF40	MS60
1831Ga LP	—	220	450	775	2,400
1831Ga FS/LP	—	325	550	975	3,000
1831Ga FS	—	140	300	525	—
1832/1Ga FS	—	65.00	120	240	650
1832/1Ga FS/LP	—	65.00	120	240	650
1832Ga FS/LP	—	95.00	175	375	1,150
1832Ga FS	—	38.50	65.00	145	500
1833/2/1Ga FS/LP	—	60.00	95.00	175	550
1833/2Ga FS	—	38.50	65.00	145	500
1834/2Ga FS	—	75.00	150	275	750
1834/3Ga FS	—	75.00	150	275	750
1834/0Ga FS	—	65.00	120	210	650
1834Ga FS	—	65.00	120	210	650

Date	Mintage	F12	VF20	XF40	MS60
1835Ga FS	—	38.50	65.00	145	500
1836/5Ga FS	—	205	375	—	—
1836/1Ga JG/FS	—	55.00	100	175	550
1836Ga FS	—	325	500	975	—
1836Ga JG/FS	—	38.50	65.00	145	500
1836Ga JG	—	38.50	65.00	145	500
1837/6Ga JG/FS	—	65.00	120	240	650
1837/6Ga JG	—	60.00	110	220	600
1837Ga JG	—	55.00	100	175	550
1838/7Ga JG	—	120	205	400	1,150
1838Ga JG	—	120	175	375	1,050
1839Ga MC	—	120	230	450	1,250
1839Ga MC/JG	—	120	230	400	1,150
1839Ga JG	—	75.00	150	275	750
1840/30Ga MC	—	65.00	95.00	210	600
1840Ga MC	—	44.00	75.00	175	550
1841Ga MC	—	44.00	75.00	175	550
1842/1Ga JG/MG	—	120	175	350	950
1842/1Ga JG/MC	—	120	175	350	950
1842Ga JG	—	38.50	65.00	145	500
1842Ga JG/MG	—	38.50	65.00	145	500
1843/2Ga MC/JG	—	38.50	65.00	145	500
1843Ga MC/JG	—	38.50	65.00	145	500
1843Ga JG	—	450	650	1,150	3,600
1843Ga MC	—	65.00	120	210	650
1844Ga MC	—	65.00	120	210	650
1845Ga MC	—	95.00	175	400	1,450
1845Ga JG	—	550	925	1,650	3,700
1846Ga JG	—	55.00	100	210	650
1847Ga JG	—	120	175	300	850
1848/7Ga JG	—	70.00	105	175	550
1848Ga JG	—	65.00	95.00	145	500
1849Ga JG	—	110	150	240	700
1849/39Ga JG	—	275	550	—	—
1850Ga JG	—	65.00	120	210	650
1851Ga JG	—	140	220	450	1,300
1852Ga JG	—	110	165	325	900
1853/2Ga JG	—	140	195	325	950
1853Ga JG	—	110	150	240	650
1854/3Ga JG	—	85.00	110	175	550
1854Ga JG	—	65.00	95.00	155	500
1855/4Ga JG	—	65.00	120	210	600
1855Ga JG	—	38.50	65.00	145	500
1856/4Ga JG	—	75.00	150	240	650
1856/5Ga 56	—	75.00	150	240	650
1856Ga JG	—	65.00	120	210	600
1857Ga JG	—	65.00	120	300	950
1858Ga JG	—	120	175	400	1,050
1859/7Ga JG	—	38.50	65.00	155	500
1859/8Ga JG	—	38.50	65.00	145	450
1859Ga JG	—	33.00	55.00	115	400
1860Ga JG	—	375	825	1,550	4,500
Without dot					
1860Ga JG	—	2,200	3,600	5,900	—

Note: Dot in loop of snake's tail, base alloy

Date	Mintage	F12	VF20	XF40	MS60
1861Ga JG	—	2,400	6,300	—	—
1862Ga JG	—	925	1,500	3,600	9,000
1863/52Ga JG	—	—	—	—	—
1863/59Ga JG	—	60.00	65.00	125	325
1863/2Ga JG	—	44.00	65.00	130	400
1863/4Ga JG	—	55.00	95.00	210	550
1863Ga JG	—	38.50	60.00	110	350
1863Ga FV Rare	—	—	—	—	—
1867Ga JM Rare	—	—	—	—	—
1868/7Ga JM	—	65.00	95.00	175	450
1868Ga JM	—	65.00	95.00	175	450
1869Ga JM	—	65.00	95.00	175	450
1869Ga IC	—	95.00	150	275	800
1870/60Ga IC	—	75.00	110	210	600

Date	Mintage	F12	VF20	XF40	MS60
1870Ga IC	—	75.00	110	210	600
1873Ga IC	—	27.50	40.00	80.00	300
1874Ga IC	—	27.50	30.00	42.00	220
1874Ga MC	—	38.50	65.00	145	450
1875Ga IC	—	30.00	45.00	90.00	300
1875Ga MC	—	27.50	30.00	42.00	290
1876Ga IC	559,000	30.00	44.00	80.00	290
1876Ga MC	Inc. above	150	200	350	800
1877Ga IC	928,000	27.50	30.00	45.00	290
1877/6Ga JA	—	27.50	30.00	45.00	290
1877Ga JA	Inc. above	27.50	30.00	45.00	290
1878Ga JA	764,000	27.50	30.00	45.00	290
1879Ga JA	—	27.50	30.00	45.00	290
1880/70Ga FS	—	30.00	40.00	80.00	300
1880Ga JA	—	27.50	30.00	45.00	290
1880Ga FS	—	27.50	30.00	45.00	290
1881Ga FS	1,300,000	27.50	30.00	45.00	290
1882/1Ga FS	537,000	30.00	40.00	80.00	300
1882Ga FS	Inc. above	27.50	30.00	45.00	290
1882Ga TB/FS	Inc. above	65.00	120	240	650
1882Ga TB	Inc. above	65.00	120	240	650
1883Ga TB	561,000	30.00	38.50	65.00	300
1884Ga TB	—	27.50	30.00	42.00	290
1884Ga AH	—	27.50	30.00	42.00	290
1885Ga AH	443,000	27.50	30.00	42.00	290
1885Ga JS	Inc. above	27.50	30.00	145	450
1886Ga JS/H	—	27.50	30.00	42.00	290
1886Ga JS	1,038,999	27.50	30.00	42.00	290
1887Ga JS	878,000	27.50	30.00	42.00	290
1888Ga JS	1,159,000	27.50	30.00	42.00	290
1889Ga JS	1,583,000	27.50	30.00	42.00	290
1890Ga JS	1,658,000	27.50	30.00	42.00	260
1891Ga JS	1,507,000	27.50	30.00	42.00	260
1892/1Ga JS	1,627,000	30.00	40.00	80.00	290
1892Ga JS	Inc. above	27.50	30.00	42.00	260
1893Ga JS	1,952,000	27.50	30.00	42.00	260
1894Ga JS	2,045,999	27.50	30.00	42.00	260
1895/3Ga JS	—	27.50	33.00	60.00	270
1895Ga JS	1,146,000	27.50	30.00	42.00	260

KM# 377.7 27.07 g., 0.903 Silver, 0.7859 oz. ASW
Obv: Facing eagle, snake in beak **Rev:** Radiant cap **Obv. Legend:** REPUBLICA MEXICANA. **Mint:** Guadalupe y Calvo

Date	Mintage	F12	VF20	XF40	MS60	MS63
1844GC MP	—	425	600	1,450	3,850	—
1844GC MP	—	500	725	1,700	4,300	—
Note: Error, reversed S in Ds, Gs						
1845GC MP	—	155	240	450	1,350	—
Note: Eagle's tail square						
1845GC MP	—	215	425	950	2,300	—
Note: Eagle's tail round						
1846GC MP	—	215	425	1,050	3,200	—
Note: Eagle's tail square						
1846GC MP	—	155	240	500	1,450	—
Note: Eagle's tail round						

Date	Mintage	F12	VF20	XF40	MS60	MS63
1847GC MP	—	180	300	575	1,500	—
1848GC MP	—	215	350	725	1,750	—
1849GC MP	—	215	350	750	1,900	—
1850GC MP	—	215	350	825	2,100	—
1851GC MP	—	350	600	1,300	3,050	—
1852GC MP	—	425	725	1,800	4,800	—

KM# 377.8 27.07 g., 0.903 Silver, 0.7859 oz. ASW
Obv: Facing eagle, snake in beak **Rev:** Radiant cap **Obv. Legend:** REPUBLICA MEXICANA. **Mint:** Guanajuato **Note:** Varieties exist.

Date	Mintage	F12	VF20	XF40	MS60
1825Go JJ	—	55.00	90.00	210	650
1825G JJ	—	1,400	1,800	—	—
Note: Error mint mark G					
1826Go JJ	—	55.00	100	240	750
Note: Straight J's					
1826Go JJ	—	44.00	75.00	175	550
Note: Full J's					
1826Go MJ	—	275	500	1,100	—
1827Go MJ	—	55.00	95.00	175	550
1827Go MJ/JJ	—	—	—	—	—
1827Go MR	—	120	230	450	1,250
1828Go MJ	—	—	—	—	—
Note: Error mint mark Goo					
1828Go MJ	—	44.00	75.00	175	550
1828/7Go MR	—	165	325	775	2,400
1828Go MR	—	165	325	775	2,400
1829Go MJ	—	33.00	49.50	85.00	375
1830Go MJ	—	33.00	44.00	85.00	375
Note: Oblong beading and narrow J					
1830Go MJ	—	33.00	44.00	85.00	375
Note: Regular beading and wide J					
1831Go MJ	—	27.50	33.00	65.00	350
Note: Colon after date					
1831Go MJ	—	27.50	33.00	65.00	350
Note: 2 stars after date					
1832Go MJ	—	27.50	33.00	65.00	300
1832Go MJ	—	33.00	50.00	100	400
Note: 1 of date over inverted 1					
1833Go MJ/1	—	33.00	50.00	100	400
1833Go MJ	—	27.50	33.00	65.00	350
1833Go JM	—	450	825	1,650	5,000
1834Go PJ	—	27.50	33.00	65.00	350
1835Go PJ	—	27.50	33.00	65.00	350
Note: Star on cap					
1835Go PJ	—	27.50	33.00	65.00	350
Note: Dot on cap					
1836Go PJ	—	27.50	33.00	65.00	350
1837Go PJ	—	27.50	33.00	65.00	350
1838Go PJ	—	27.50	33.00	65.00	350
1839Go PJ/JJ	—	27.50	33.00	65.00	350
1839Go PJ	—	27.50	33.00	65.00	350
1840/30Go PJ	—	33.00	44.00	80.00	350
1840Go PJ	—	27.50	33.00	60.00	290
1841/31Go PJ	—	27.50	33.00	60.00	290
1841Go PJ	—	27.50	33.00	60.00	290

Date	Mintage	F12	VF20	XF40	MS60
1842/1Go PM	—	33.00	44.00	80.00	290
1842/31Go PM/PJ	—	38.50	50.00	90.00	350
1842/1Go PJ	—	33.00	44.00	80.00	290
1842Go PJ	—	33.00	44.00	80.00	290
1842Go PM/PJ	—	27.50	33.00	60.00	290
1842Go PM	—	27.50	33.00	60.00	290
1843Go PM	—	27.50	33.00	60.00	290
Note: Dot after date					
1843Go PM	—	27.50	33.00	60.00	290
Note: Triangle of dots after date					
1844Go PM	—	27.50	33.00	60.00	290
1845Go PM	—	27.50	33.00	60.00	290
1846/5Go PM	—	33.00	44.00	80.00	350
Note: Eagle type of 1845					
1846Go PM	—	33.00	44.00	80.00	350
Note: Eagle type of 1845					
1846Go PM	—	30.00	40.00	65.00	300
Note: Eagle type of 1847					
1847Go PM	—	27.50	33.00	60.00	290
Narrow date					
1847Go PM Wide date	—	27.50	33.00	60.00	290
1848/7Go PM	—	27.50	50.00	100	350
1848Go PM	—	33.00	50.00	100	350
1848Go PF	—	27.50	33.00	60.00	290
1849Go PF	—	27.50	33.00	60.00	290
1850Go PF	—	27.50	33.00	60.00	290
1851/0Go PF	—	33.00	44.00	80.00	350
1851Go PF	—	27.50	33.00	60.00	290
1852/1Go PF	—	33.00	44.00	80.00	350
1852Go PF	—	27.50	33.00	60.00	290
1853/2Go PF	—	33.00	44.00	80.00	350
1853Go PF	—	27.50	33.00	60.00	290
1854Go PF	—	27.50	33.00	60.00	290
1855Go PF Large letters	—	27.50	33.00	60.00	290
1855Go PF Small letters	—	27.50	33.00	60.00	290
1856/5Go PF	—	33.00	44.00	80.00	350
1856Go PF	—	27.50	33.00	60.00	290
1857/5Go PF	—	33.00	44.00	80.00	350
1857/6Go PF	—	33.00	50.00	105	450
1857Go PF	—	27.50	30.00	42.00	220
1858/7Go PI	—	27.50	33.00	60.00	290
Narrow date					
1858Go PF Wide date	—	27.50	33.00	60.00	290
1859/7Go PF	—	27.50	33.00	60.00	290
1859/8Go PF	—	33.00	44.00	80.00	350
1859Go PF	—	27.50	33.00	60.00	290
1860/50Go PF	—	33.00	44.00	80.00	350
1860/59Go PF	—	27.50	30.00	45.00	230
1860Go PF	—	27.50	30.00	42.00	220
1861/51Go PF	—	27.50	33.00	50.00	240
Note: Narrow and wide dates exist					
1861/0Go PF	—	27.50	30.00	42.00	220
1861Go PF	—	27.50	30.00	42.00	220
186/52Go YE	—	30.00	33.00	50.00	240
1862Go YE/PF	—	27.50	30.00	42.00	220
186/52Go YF	—	30.00	33.00	50.00	240
1862Go YE	—	27.50	30.00	42.00	220
1862Go YF	—	27.50	30.00	42.00	220
1862Go YF/PF	—	27.50	30.00	42.00	220
1863/53Go YF	—	27.50	30.00	45.00	220
1863/54Go YF	—	30.00	33.00	50.00	240
1863Go YE Rare	—	—	—	—	—
1863Go YF	—	27.50	30.00	42.00	220
1867/57Go YF	—	30.00	33.00	50.00	240
1867Go YF	—	27.50	30.00	42.00	220
1868/58Go YF	—	30.00	33.00	50.00	240

Date	Mintage	F12	VF20	XF40	MS60
1868/7Go YF	—	30.00	33.00	50.00	240
1868Go YF	—	27.50	30.00	42.00	220
1870/60Go FR	—	33.00	44.00	80.00	350
1870Go YF	—	2,000	3,300	6,500	15,000
1870Go FR/YF	—	33.00	50.00	105	450
1870Go FR	—	27.50	30.00	42.00	220
1873Go FR	—	27.50	30.00	42.00	220
1874/3Go FR	—	30.00	33.00	50.00	230
1874Go FR	—	30.00	40.00	60.00	240
1875/3Go FR	—	30.00	33.00	50.00	230
1875/6Go FR	—	30.00	33.00	50.00	230
1875Go FR	—	27.50	30.00	42.00	220
Note: Small circle with dot on eagle					
1876/5Go FR	—	30.00	33.00	50.00	230
1876Go FR	—	27.50	30.00	42.00	220
1877Go FR	—	27.50	30.00	42.00	220
Narrow date					
1877Go FR Wide date	2,477,000	27.50	30.00	42.00	220
1878/7Go FR	2,273,000	30.00	33.00	50.00	220
1878/7Go SM S/F	—	30.00	33.00	50.00	220
1878/7Go SM	—	30.00	33.00	50.00	220
1878Go FR	Inc. above	27.50	30.00	42.00	220
1878Go SM S/F	—	30.25	33.00	45.00	220
1878Go SM	—	27.50	30.00	42.00	220
1879/7Go SM	—	30.00	33.00	50.00	220
1879/8Go SM	—	30.00	33.00	50.00	220
1879/8Go SM/FR	—	30.00	33.00	50.00	220
1879Go SM	—	27.50	30.00	42.00	220
1879Go SM/FR	—	30.00	33.00	50.00	220
1880/70Go SB	—	30.00	33.00	50.00	220
1880Go SB/SM	—	27.50	30.00	42.00	220
1880Go SB	—	27.50	30.00	42.00	220
1881/71Go SB	3,974,000	30.00	33.00	50.00	220
1881/0Go SB	Inc. above	30.00	33.00	50.00	220
1881Go SB	Inc. above	27.50	30.00	42.00	220
1882Go SB	2,015,000	27.50	30.00	42.00	220
1883Go SB	2,100,000	49.50	95.00	175	550
1883Go BR	Inc. above	27.50	30.00	42.00	220
1883Go BR/SR	—	27.50	30.00	42.00	220
1883Go BR/SB	Inc. above	27.50	30.00	42.00	220
1884/73Go BR	—	33.00	44.00	65.00	240
1884/74Go BR	—	33.00	44.00	65.00	240
1884/3Go BR	—	33.00	44.00	90.00	350
1884Go BR	—	27.50	30.00	42.00	220
1884/74Go RR	—	65.00	120	240	750
1884Go RR	—	38.50	65.00	145	550
1885/75Go RR/BR	—	30.00	33.00	400	220
1885/75Go RR	2,363,000	30.00	33.00	50.00	220
1885Go RR	Inc. above	27.50	30.00	42.00	220
1886/75Go RR/BR	—	30.00	33.00	45.00	220
1886/75Go RR	4,127,000	30.00	33.00	45.00	220
1886/76Go RR/BR	—	27.50	30.00	42.00	220
1886/76Go RR	Inc. above	27.50	30.00	42.00	220
1886/5Go RR/BR	Inc. above	27.50	30.00	42.00	220
1886Go RR	Inc. above	27.50	30.00	42.00	220
1887Go RR	4,205,000	27.50	30.00	42.00	220
1888Go RR	3,985,000	27.50	30.00	42.00	220
1889Go RR	3,646,000	27.50	30.00	42.00	220
1890Go RR	3,615,000	27.50	30.00	42.00	220
1891Go RS/R	—	27.50	30.00	42.00	220
1891Go RS	3,197,000	27.50	30.00	42.00	220
1892/0Go/A RS	—	27.50	30.00	42.00	220
1892/0Go RS	—	27.50	30.00	42.00	220
1892Go RS	3,672,000	27.50	30.00	42.00	220
1892Go/A RS	—	27.50	30.00	42.00	220
1893Go RS	3,854,000	27.50	30.00	42.00	220

Date	Mintage	F12	VF20	XF40	MS60
1894Go RS	4,127,000	27.50	30.00	42.00	220
1895/1Go RS	3,768,000	30.00	33.00	42.00	220
1895/3Go RS	Inc. above	30.00	33.00	45.00	220
1895Go RS	Inc. above	27.50	30.00	42.00	220
1896/1Go/As RS/ML	5,229,000	30.00	33.00	45.00	220
1896/1Go RS	Inc. above	27.50	30.00	42.00	220
1896Go/Ga RS	Inc. above	—	—	—	—
1896Go RS	Inc. above	27.50	30.00	40.00	220
1897Go RS	4,344,000	27.50	30.00	42.00	220

KM# 377.9 27.07 g., 0.903 Silver, 0.7859 oz. ASW
Obv: Facing eagle, snake in beak **Rev:** Radiant cap **Mint:** Hermosillo **Note:** Varieties exist.

Date	Mintage	F12	VF20	XF40	MS60
1835Ho PP Rare	—	—	—	—	—
1836Ho PP Rare	—	—	—	—	—
1839Ho PR Unique	—	—	—	—	—
1861Ho FM	—	4,950	8,300	—	—
Note: Reeded edge					
1862Ho FM Rare	—	—	—	—	—
Note: Plain edge, snakes tail left, long ray over *8R					
1862Ho FM	—	1,700	2,950	—	—
Note: Plain edge, snake's tail left					
1862Ho FM	—	1,800	3,050	—	—
Note: Reeded edge, snakes tail right					
1863Ho FM	—	165	325	1,050	—
1864Ho FM	—	925	1,800	3,600	—
1864Ho PR/FM	—	1,300	2,400	—	—
1864Ho PR	—	725	1,400	2,800	6,700
1865Ho FM	—	275	550	1,250	3,700
1866Ho FM	—	1,250	2,350	4,550	11,000
1866Ho MP	—	1,050	1,950	3,900	9,300
1867Ho PR	—	110	195	350	1,000
1868Ho PR	—	33.00	50.00	100	400
1869Ho PR	—	55.00	75.00	175	550
1870Ho PR	—	120	205	375	1,150
1871/0Ho PR	—	65.00	95.00	175	550
1871Ho PR	—	44.00	65.00	130	450
1872/1Ho PR	—	49.50	75.00	130	450
1872Ho PR	—	44.00	65.00	110	400
1873Ho PR	351,000	44.00	65.00	125	350
1874Ho PR	—	30.00	35.00	65.00	290
1875Ho PR	—	30.00	35.00	65.00	290
1876Ho AF	—	30.00	35.00	65.00	290
1877Ho AF	410,000	33.00	44.00	80.00	350
1877Ho GR	Inc. above	120	175	300	850
1877Ho JA	Inc. above	38.50	65.00	125	400
1878Ho JA	451,000	30.00	35.00	65.00	280
1879Ho JA	—	30.00	35.00	65.00	280
1880Ho JA	—	30.00	35.00	65.00	280
1881Ho JA	586,000	30.00	35.00	65.00	280
1882Ho JA	240,000	38.50	55.00	100	290
Note: O above H					
1882Ho JA	Inc. above	38.50	55.00	100	290

Date	Mintage	F12	VF20	XF40	MS60
Note: O after H					
1883/2Ho JA	204,000	230	400	675	2,050
1883/2Ho FM/JA	Inc. above	38.50	55.00	110	350
1883Ho FM/JA	—	40.00	60.00	125	375
1883Ho FM	Inc. above	33.00	44.00	90.00	290
1883Ho JA	Inc. above	325	500	1,050	3,050
1884/3Ho FM	—	33.00	40.00	80.00	290
1884Ho FM	—	30.00	35.00	65.00	280
1885Ho FM	132,000	30.00	35.00	65.00	280
1886Ho FM	225,000	33.00	44.00	70.00	290
1886Ho FG	Inc. above	33.00	44.00	70.00	290
1887/6Ho FG	—	33.00	50.00	100	350
1887Ho FG	150,000	33.00	50.00	100	350
1888Ho FG	364,000	27.50	33.00	50.00	260
1889Ho FG	490,000	27.50	33.00	50.00	260
1890Ho FG	565,000	27.50	33.00	50.00	260
1891Ho FG	738,000	27.50	33.00	50.00	260
1892Ho FG	643,000	27.50	33.00	50.00	260
1893Ho FG	518,000	27.50	33.00	50.00	260
1894Ho FG	504,000	27.50	33.00	50.00	260
1895Ho FG	320,000	27.50	33.00	50.00	260

KM# 377.10 27.07 g., 0.903 Silver, 0.7859 oz. ASW
Obv: Facing eagle, snake in beak **Rev:** Radiant cap **Obv. Legend:** REPUBLICA MEXICANA. **Mint:** Mexico City **Note:** Varieties exist. 1874 CP is a die struck counterfeit.

Date	Mintage	F12	VF20	XF40	MS60
1824Mo JM Round tail	—	95.00	150	350	1,050
1824Mo JM Square tail	—	95.00	150	350	1,050
1825Mo JM	—	38.50	55.00	110	450
1826/5Mo JM	—	38.50	55.00	110	450
1826Mo JM	—	33.00	44.00	85.00	375
1827Mo JM	—	38.50	50.00	90.00	400
Note: Medal alignment					
1827Mo JM	—	38.50	50.00	90.00	400
Note: Coin alignment					
1828Mo JM	—	44.00	75.00	145	550
1829Mo JM	—	33.00	45.00	130	475
1830/20Mo JM	—	49.50	85.00	210	650
1830Mo JM	—	44.00	65.00	130	475
1831Mo JM	—	44.00	65.00	145	525
1832/1Mo JM	—	38.50	55.00	100	400
1832Mo JM	—	33.00	44.00	85.00	375
1833Mo MJ	—	38.50	55.00	115	450
1833Mo ML	—	500	725	1,250	4,000
1834/3Mo ML	—	38.50	50.00	90.00	400
1834Mo ML	—	33.00	44.00	85.00	375
1835Mo ML Narrow date	—	33.00	44.00	85.00	375
1835Mo ML Wide date	—	33.00	44.00	85.00	375
1836Mo ML	—	65.00	120	210	700
1836Mo ML/MF	—	65.00	120	210	700

FIRST REPUBLIC

Date	Mintage	F12	VF20	XF40	MS60
1836Mo MF	—	44.00	65.00	130	475
1836Mo MF/ML	—	49.50	75.00	145	525
1837/6Mo ML	—	44.00	65.00	115	450
1837/6Mo MM	—	44.00	65.00	115	450
1837/6Mo MM/ML	—	44.00	65.00	115	450
1837/6Mo MM/MF	—	44.00	65.00	115	450
1837Mo ML	—	44.00	65.00	115	450
1837Mo MM	—	95.00	150	240	700
1838Mo MM	—	44.00	65.00	115	450
1838Mo ML	—	33.00	50.00	90.00	400
1838Mo ML/MM	—	33.00	50.00	90.00	400
1839Mo ML Narow date	—	30.00	40.00	80.00	375
1839Mo ML Wide date	—	30.00	40.00	80.00	375
1840Mo ML	—	30.00	40.00	80.00	375
1841Mo ML	—	30.00	38.50	70.00	350
1842Mo ML	—	30.00	38.50	70.00	350
1842Mo MM	—	30.00	38.50	70.00	350
1843Mo MM	—	30.00	38.50	70.00	350
1844Mo MF/MM	—	—	—	—	—
1844Mo MF	—	30.00	38.50	70.00	350
1845/4Mo MF	—	30.00	38.50	70.00	350
1845Mo MF	—	30.00	38.50	70.00	350
1846/5Mo MF	—	30.00	40.00	80.00	375
1846Mo MF	—	30.00	38.50	80.00	375
1847/6Mo MF	—	2,200	3,900	—	—
1847Mo MF	—	1,650	3,050	6,500	15,000
1847Mo RC	—	33.00	44.00	85.00	375
1847Mo RC/MF	—	30.00	38.50	70.00	350
1848Mo GC	—	30.00	38.50	70.00	350
1849/8Mo GC	—	33.00	50.00	90.00	400
1849Mo GC	—	30.00	38.50	70.00	350
1850/40Mo GC	—	38.50	65.00	145	525
1850/49Mo GC	—	38.50	65.00	145	525
1850Mo GC	—	33.00	55.00	110	450
1851Mo GC	—	33.00	55.00	90.00	400
1852Mo GC	—	33.00	55.00	110	450
1853Mo GC	—	30.00	40.00	80.00	350
1854Mo GC	—	27.50	30.00	50.00	290
1855Mo GC	—	33.00	50.00	100	400
1855Mo GF	—	27.50	30.00	50.00	290
1855Mo GF/GC	—	27.50	30.00	50.00	290
1856/4Mo GF	—	30.00	38.50	70.00	325
1856/5Mo GF	—	30.00	38.50	70.00	325
1856Mo GF	—	27.50	30.00	50.00	290
1857Mo GF	—	27.50	30.00	50.00	290
1858Mo FH Narrow date	—	27.50	30.00	50.00	290
1858/7Mo FH/GF	—	27.50	30.00	50.00	290
1858Mo FH Wide date	—	27.50	30.00	50.00	290
1859Mo FH	—	27.50	30.00	50.00	290
1859/8Mo FH	—	38.50	65.00	145	525
1860/59Mo FH	—	30.00	33.00	50.00	290
1860Mo FH	—	27.50	30.00	50.00	290
1860Mo TH	—	27.50	30.00	65.00	325
1861Mo TH	—	27.50	30.00	65.00	325
1861Mo CH	—	27.50	30.00	42.00	220
1862Mo CH	—	27.50	30.00	42.00	220
1863Mo CH	—	27.50	30.00	42.00	220
1863Mo CH/TH	—	27.50	30.00	42.00	220
1863Mo TH	—	27.50	30.00	42.00	220
1867Mo CH	—	27.50	30.00	42.00	220
1867Mo CH/TH	—	33.00	60.00	105	400
1868Mo CH	—	27.50	30.00	42.00	220
1868Mo PH	—	27.50	30.00	42.00	220
1868Mo CH/PH	—	27.50	30.00	42.00	220
1868Mo PH Narrow date	—	27.50	30.00	42.00	220

Date	Mintage	F12	VF20	XF40	MS60
1868Mo PH Wide date	—	27.50	30.00	42.00	220
1869Mo CH	—	27.50	30.00	42.00	220
1873Mo MH	—	27.50	30.00	42.00	220
1873Mo MH/HH	—	27.50	30.00	45.00	230
1874/69Mo MH	—	33.00	60.00	105	400
1874Mo MH	—	27.50	30.00	45.00	230
1874Mo BH/MH	—	27.50	30.00	45.00	230
1874Mo BH	—	27.50	30.00	45.00	230
1875Mo BH	—	27.50	30.00	42.00	220
1876/4Mo BH	—	27.50	30.00	45.00	230
1876/5Mo BH	—	27.50	30.00	45.00	230
1876Mo BH	—	27.50	30.00	42.00	220
1877Mo MH	898,000	27.50	30.00	42.00	220
1877Mo MH/BH	Inc. above	27.50	30.00	45.00	230
1878Mo MH	2,154,000	27.50	30.00	42.00	220
1879/8Mo MH	—	27.50	30.00	42.00	230
1879Mo MH	—	27.50	30.00	42.00	220
1880/79Mo MH	—	30.00	33.00	50.00	240
1880Mo MH	—	27.50	30.00	42.00	220
1881Mo MH	5,712,000	27.50	30.00	42.00	220
1882/1Mo MH	2,746,000	27.50	30.00	42.00	220
1882Mo MH	Inc. above	27.50	30.00	42.00	220
1883/2Mo MH	2,726,000	27.50	30.00	45.00	230
1883Mo MH Narrow date	Inc. above	27.50	30.00	42.00	220
1883Mo MH Wide date	—	27.50	30.00	42.00	220
1884/3Mo MH	—	30.00	33.00	50.00	240
1884Mo MH	—	27.50	30.00	42.00	220
1885Mo MH	3,649,000	27.50	30.00	42.00	220
1886Mo MH	7,558,000	27.50	30.00	42.00	220
1887Mo MH	7,681,000	27.50	30.00	42.00	220
1888Mo MH Narrow date	7,179,000	27.50	30.00	42.00	220
1888Mo MH Wide date	—	27.50	30.00	42.00	220
1889Mo MH	7,332,000	27.50	30.00	42.00	220
1890Mo MH Narrow date	7,412,000	27.50	30.00	42.00	220
1890Mo AM Wide date	—	27.50	30.00	42.00	220
1890Mo AM	Inc. above	27.50	30.00	42.00	220
1891Mo AM	8,076,000	27.50	30.00	42.00	220
1892Mo AM	9,392,000	27.50	30.00	42.00	220
1893Mo AM	10,773,000	27.50	30.00	42.00	220
1894Mo AM	12,394,000	27.50	30.00	42.00	220
1895Mo AM	10,474,000	27.50	30.00	42.00	220
1895Mo AB	Inc. above	27.50	30.00	42.00	220
1896Mo AB	9,327,000	27.50	30.00	42.00	220
1896Mo AM	Inc. above	27.50	30.00	42.00	220
1897Mo AM	8,621,000	27.50	30.00	42.00	220

KM# 377.11 27.07 g., 0.903 Silver, 0.7859 oz. ASW **Obv:** Facing eagle, snake in beak **Rev:** Radiant cap **Mint:** Oaxaca **Note:** Mint mark O, Oa. Varieties exist.

Date	Mintage	F12	VF20	XF40	MS60
1858O AE	—2,750	4,500	—	—	
1858Oa AE	—	—	—	—	
Unique					
1859 AE	—	550	1,000	2,300	—
Note: A in O of mint mark					
1860 AE	—	220	500	1,050	—
Note: A in O of mint mark					
1861O FR	—	140	275	725	2,700
1861Oa FR	—	165	375	975	—
1862O FR	—55.00	100	275	800	
1862Oa FR	—85.00	150	350	950	
1863O FR	—45.00	75.00	145	550	
1863O AE	—45.00	75.00	145	550	
1863Oa AE	—	120	175	350	950
Note: A in O of mint mark					
1863Oa AE	—1,100	1,950	3,600	—	
Note: A above O in mint mark					
1864 FR	—38.50	65.00	110	450	
1865 AE	—2,050	3,300	—	—	
1867 AE	—55.00	100	210	850	
1868 AE	—55.00	100	210	850	
1869 AE	—45.00	75.00	145	550	
1873 AE	—	220	325	725	2,700
1874 AE	142,000	32.00	45.00	80.00	450
1875/4 AE	131,000	38.50	65.00	110	450
1875 AE	Inc. above	32.00	44.00	65.00	300
1876 AE	140,000	33.00	50.00	85.00	450
1877 AE	139,000	33.00	45.00	80.00	450
1878 AE	125,000	33.00	45.00	80.00	450
1879 AE	153,000	33.00	45.00	80.00	450
1880 AE	143,000	32.00	44.00	70.00	350
1881 AE	134,000	33.00	50.00	90.00	350
1882 AE	100,000	33.00	50.00	90.00	350
1883 AE	122,000	32.00	44.00	70.00	350
1884 AE	142,000	32.00	45.00	80.00	450
1885 AE	158,000	30.00	40.00	65.00	300
1886 AE	120,000	32.00	44.00	70.00	350
1887/6 AE	115,000	38.50	65.00	115	450
1887 AE	Inc. above	30.00	44.00	65.00	300
1888 AE	145,000	30.00	40.00	65.00	300
1889 AE	150,000	33.00	45.00	90.00	400
1890 AE	181,000	33.00	50.00	90.00	400
1891 EN	160,000	30.00	40.00	65.00	300
1892 EN	120,000	30.00	40.00	65.00	300
1893 EN	66,000	60.00	95.00	165	650

KM# 377.12 27.07 g., 0.903 Silver, 0.7859 oz. ASW
Obv: Facing eagle, snake in beak **Rev:** Radiant
cap **Obv. Legend:** REPUBLICA MEXICANA **Mint:**
San Luis Potosi **Note:** Varieties exist.

Date	Mintage	F12	VF20	XF40	MS60
1827Pi JS	—	4,200	—	—	—
Note: Heritage World Coin Auction #3004, 1-09, MS63 realized $63,250					
1827Pi SA	—	6,600	9,900	—	—
1828/7Pi JS	—	300	475	850	2,700
1828Pi JS	—	250	425	725	2,400

Date	Mintage	F12	VF20	XF40	MS60
1829Pi JS	—	50.00	85.00	175	550
1830Pi JS	—	42.00	65.00	145	450
Note: Varities with low cap or centered cap					
1831/0Pi JS	—	50.00	95.00	275	750
1831Pi JS	—	38.00	50.00	110	450
1832/22Pi JS	—	38.00	50.00	100	375
18/032Pi JS	—	55.00	100	240	650
1832Pi JS	—	38.00	50.00	100	375
1833/2Pi JS	—	42.00	60.00	115	550
1833Pi JS Narrow	—	33.00	44.00	80.00	350
date					
Note: Planchet diameter 37.5 mm					
1833Pi JS Wide	—	33.00	44.00	80.00	350
date					
Note: Planchet diameter 38.5 mm					
1834/3Pi JS	—	50.00	85.00	175	650
1834Pi JS	—	30.00	40.00	80.00	350
Note: Varieties with low cap or centered cap					
1835/4Pi JS	—	75.00	150	350	1,050
1835Pi JS	—	33.00	45.00	100	400
Note: Denomination as 8R					
1835Pi JS	—	30.00	40.00	80.00	350
Note: Denomination as 8Rs					
1836Pi JS	—	32.00	44.00	85.00	350
1837Pi JS	—	42.00	65.00	125	450
1838Pi JS	—	33.00	44.00	85.00	350
1839Pi JS	—	33.00	55.00	105	350
Note: Varieties with small low cap or large high cap					
1840Pi JS	—	33.00	44.00	90.00	350
184/31Pi JS	—	38.00	55.00	125	450
1841Pi JS	—	38.00	55.00	125	450
1841iP JS Error	—	230	400	725	—
1842/1Pi JS	—	55.00	85.00	175	650
1842/1Pi JS/PS	—	48.00	70.00	130	450
1842Pi JS	—	42.00	65.00	115	400
Note: Eagle type of 1843					
1842Pi PS	—	44.00	65.00	115	400
1842Pi PS/JS	—	44.00	65.00	115	400
Note: Eagle type of 1841					
1843/2Pi PS	—	65.00	95.00	210	650
Round-top 3					
1843Pi PS Flat-top 3	—	75.00	120	275	1,000
1843Pi AM	—	32.00	44.00	85.00	350
Round-top 3					
1843Pi AM Flat-top 3	—	32.00	44.00	85.00	350
1844Pi AM	—	32.00	44.00	85.00	350
1845/4Pi AM	—	48.00	70.00	170	550
1845Pi AM	—	38.00	65.00	145	500
1846/5Pi AM	—	55.00	85.00	175	650
1846Pi AM	—	30.00	40.00	80.00	350
1847Pi AM	—	42.00	65.00	125	400
1848/7Pi AM	—	44.00	75.00	145	450
1848Pi AM	—	42.00	65.00	125	400
1849/8Pi PS/AM	—	1,050	1,950	—	—
1849Pi PS	—	1,050	1,950	—	—
1849Pi MC/PS	—	75.00	150	350	1,050
1849Pi AM	—	2,050	3,600	6,500	—
1849Pi MC	—	75.00	150	350	1,050
1850Pi MC	—	55.00	100	210	650
185/41Pi MC	—	95.00	175	375	1,150
1851Pi MC	—	95.00	175	375	1,150
1852Pi MC	—	95.00	150	275	850
1853Pi MC	—	175	325	525	1,750
1854Pi MC	—	120	175	350	1,050
1855Pi MC	—	120	175	350	1,050
1856Pi MC	—	85.00	120	275	850
1857Pi MC	—	450	775	1,650	—
1857Pi PS/MC	—	165	275	575	2,000

Date	Mintage	F12	VF20	XF40	MS60
1857Pi PS	—	140	220	450	1,300
1858Pi MC/PS	—	275	450	850	2,400
1858Pi MC	—	275	450	850	2,400
1858Pi PS	—	725	1,250	2,300	—
1859/8Pi MC/PS	—	4,000	6,300	—	—
1859Pi MC/PS	—	1,000	1,950	—	—
1859Pi MC	—	2,200	3,850	6,500	—
1859Pi PS/MC	—	875	1,650	3,250	—
1860Pi FC Rare	—	—	—	—	—
1860Pi FE Rare	—	—	—	—	—
1860Pi MC	—	1,950	3,050	7,800	—
1860Pi PS/FE	—	550	1,100	—	—
1860Pi RO Rare	—	—	—	—	—

Note: Spink America Gerber sale 6-96 cleaned VF or better realized $33,000

Date	Mintage	F12	VF20	XF40	MS60
1860Pi PS	—	450	650	1,150	3,500
1861Pi PS	—	44.00	75.00	130	400
1861Pi RO	—	38.00	50.00	90.00	300
1862/1Pi RO	—	33.00	40.00	80.00	300
1862Pi RO	—	30.00	35.00	70.00	280

Note: Round O/M

1862Pi RO	—	30.00	35.00	70.00	280

Note: Oval O in RO

1862Pi RO	—	32.00	44.00	80.00	300

Note: Round O in RO, 6 is an inverted 9

1863/2Pi RO	—	38.00	50.00	100	350
1863Pi RO/MO/FC	—	33.00	44.00	80.00	350
1863/5Pi RO	—	33.00	38.00	70.00	350
1863Pi RO	—	30.00	33.00	65.00	300
1863	—	38.00	50.00	90.00	300

Note: 6 over inverted 6

1863Pi FC	—	3,050	5,200	—	—
1864Pi RO Rare	—	—	—	—	—
1867Pi CA	—	325	550	—	—
1867Pi LR	—	275	450	850	—
1867Pi PS/CA	—	925	—	—	—
1867Pi PS	—	44.00	75.00	175	600
1868/7Pi PS	—	44.00	75.00	175	550
1868Pi PS	—	32.00	44.00	80.00	300
1869/8Pi PS	—	32.00	38.00	70.00	300
1869Pi PS	—	30.00	35.00	70.00	300
1870/69Pi PS	—	825	1,600	4,550	—
1870Pi PS	—	725	1,400	3,250	—
1873Pi MH	—	30.00	38.50	70.00	350
1874/3Pi MH	—	38.00	65.00	170	550
1874Pi MH	—	27.00	30.00	42.00	280
1875Pi MH	—	27.00	30.00	42.00	260
1876/5Pi MH	—	30.00	38.50	70.00	350
1876Pi MH	—	27.00	30.00	42.00	260
1877/6Pi MH	—	195	375	725	—
1877Pi MH	1,018,000	27.00	30.00	42.00	280
1878Pi MH	1,046,000	30.00	45.00	145	500
1879/8Pi MH	—	30.00	35.00	50.00	290
1879Pi MH	—	27.00	30.00	42.00	260
1879Pi BE	—	38.50	65.00	110	350
1879Pi MR	—	44.00	65.00	145	450
1880Pi MR	—	285	425	1,000	—
1880/70Pi MH/R	—	27.00	30.00	42.00	260
1880Pi MH/R	—	27.00	30.00	42.00	260
1880Pi MH	—	27.00	30.00	42.00	260
1881/71Pi MH/R	—	27.00	30.00	42.00	260
1881Pi MH/R	—	27.00	30.00	42.00	260
1881Pi MH	2,100,000	27.00	30.00	42.00	260
1882/1Pi MH	1,602,000	30.00	35.00	50.00	290
1882Pi MH	Inc. above	27.00	30.00	42.00	260
1883/2Pi MH	—	30.00	35.00	50.00	290
1883Pi MH	1,545,000	27.00	30.00	42.00	260
1884/3Pi MH	—	30.00	35.00	50.00	290
1884Pi MH/MM	—	27.00	30.00	42.00	230

Date	Mintage	F12	VF20	XF40	MS60
1884Pi MH	—	27.00	30.00	42.00	220
1885/4Pi MH	1,736,000	30.00	35.00	50.00	290
1885/8Pi MH	Inc. above	30.00	35.00	50.00	290
1885Pi MH	Inc. above	27.00	30.00	42.00	220
1885Pi LC	Inc. above	27.00	32.00	45.00	260
1886Pi LC	3,347,000	27.00	30.00	42.00	220
1886Pi MR	Inc. above	27.00	30.00	42.00	220
1887Pi MR	2,922,000	27.00	30.00	42.00	220
1888/7Pi MR	—	30.00	35.00	50.00	290
1888Pi MR	2,438,000	27.00	30.00	42.00	220
1889Pi MR	2,103,000	27.00	30.00	42.00	220
1890Pi MR	1,562,000	27.00	30.00	42.00	220
1891Pi MR	1,184,000	27.00	30.00	42.00	220
1892Pi MR	1,336,000	27.00	30.00	42.00	220
1893Pi MR	530,000	27.00	30.00	42.00	220

KM# 377.13 27.07 g., 0.903 Silver, 0.7859 oz. ASW **Obv:** Facing eagle, snake in beak **Rev:** Radiant cap **Obv. Legend:** REPUBLICA MEXICANA. **Mint:** Zacatecas **Note:** Varieties exist.

Date	Mintage	F12	VF20	XF40	MS60
1825Zs AZ	—	38.00	50.00	100	400
1826/5Zs AZ	—	38.00	60.00	125	450
1826Zs AZ	—	110	220	525	1,600
1826Zs AV	—	195	375	775	3,000
1826/5Zs AO/AZ	—	325	650	1,300	4,000
1826Zs AO	—	220	375	975	4,000
1827Zs AO/AZ	—	49.50	65.00	175	550
1827Zs AO	—	38.00	60.00	125	450
1828Zs AO	—	30.00	35.00	70.00	375

Note: Wide and narrow date varieties exist

1829Zs AO	—	30.00	35.00	70.00	375
1829Zs OV	—	65.00	110	210	650
1830Zs OM	—	—	—	—	—
1830Zs OV	—	30.00	35.00	70.00	375
1831Zs OV	—	38.00	65.00	130	450
1831Zs OM	—	30.00	40.00	85.00	375
1832/1Zs OM	—	33.00	38.00	70.00	375
1832Zs OM	—	30.00	35.00	65.00	350
1833/2Zs OM	—	33.00	44.00	70.00	375
1833Zs OM/MM	—	30.00	38.00	65.00	350
1833Zs OM	—	30.00	35.00	60.00	350
1834Zs OM	—	30.00	35.00	60.00	350

Note: Known with large, medium and small "34" in date

1835Zs OM	—	30.00	35.00	65.00	350
1836/4Zs OM	—	33.00	44.00	80.00	375
1836/5Zs OM	—	33.00	44.00	80.00	375
1836Zs OM	—	30.00	35.00	60.00	350
1837Zs OM	—	30.00	35.00	60.00	350
1838/7Zs OM	—	33.00	44.00	70.00	375
1838Zs OM	—	30.00	35.00	60.00	350
1839Zs OM	—	30.00	35.00	60.00	350
1840Zs OM	—	30.00	35.00	60.00	350
1841Zs OM	—	30.00	35.00	60.00	350
1842Zs OM	—	30.00	35.00	60.00	350

Note: Eagle type of 1841

Date	Mintage	F12	VF20	XF40	MS60
1842Zs OM	—	30.00	35.00	60.00	350
Note: Eagle type of 1843					
1843Zs OM	—	30.00	35.00	60.00	350
1844Zs OM	—	30.00	35.00	60.00	350
1845Zs OM	—	30.00	35.00	60.00	350
1846Zs OM	—	30.00	35.00	60.00	350
1847Zs OM	—	30.00	35.00	60.00	350
1848/7Zs OM	—	33.00	44.00	70.00	375
1848Zs OM	—	30.00	35.00	60.00	350
1849Zs OM	—	30.00	35.00	60.00	350
1850Zs OM	—	30.00	35.00	60.00	350
1851Zs OM	—	30.00	35.00	60.00	350
1852Zs OM	—	30.00	35.00	60.00	350
1853Zs OM	—	44.00	60.00	110	450
1854/3Zs OM	—	33.00	44.00	90.00	400
1854Zs OM	—	30.00	38.00	70.00	375
1855Zs OM	—	33.00	44.00	90.00	400
1855Zs MO	—	44.00	75.00	130	450
1856/5Zs MO	—	33.00	44.00	70.00	375
1856Zs MO	—	30.00	35.00	60.00	350
1857/5Zs MO	—	33.00	38.00	70.00	375
1857Zs MO	—	30.00	35.00	60.00	350
1858/7Zs MO	—	30.00	35.00	60.00	350
1858Zs MO	—	30.00	35.00	60.00	350
1859/8Zs MO	—	30.00	35.00	60.00	350
1859Zs MO	—	30.00	35.00	60.00	350
1859Zs VL/MO	—	38.00	65.00	110	400
1859Zs VL	—	33.00	55.00	90.00	375
1860/50Zs MO	—	27.00	30.00	42.00	220
1860/59Zs MO	—	27.00	30.00	42.00	220
1860Zs MO	—	27.00	30.00	42.00	220
1860Zs VL/MO	—	27.00	30.00	42.00	220
1860Zs VL	—	27.00	30.00	42.00	220
1861/0Zs VL/MO	—	27.00	30.00	42.00	220
1861Zs VL	—	27.00	30.00	42.00	220
1861/0Zs VL	—	27.00	30.00	42.00	220
1862/1Zs VL	—	27.00	30.00	60.00	260
1862Zs VL	—	27.00	30.00	42.00	220
1863Zs VL	—	27.00	30.00	42.00	220
1863Zs MO	—	27.00	30.00	42.00	220
1864/3Zs VL	—	27.00	32.00	60.00	260
1864Zs VL	—	27.00	30.00	42.00	220
1864Zs MO	—	28.00	35.00	60.00	260
1865/4Zs MO	—	220	500	1,050	3,100
1865Zs MO	—	165	325	775	2,500
1866Zs VL	—	—	—	—	—
Note: Contemporary counterfeit					
1867Zs JS Rare	—	—	—	—	—
1868Zs JS	—	27.00	30.00	42.00	220
1868Zs YH	—	27.00	30.00	42.00	220
1869Zs YH	—	27.00	30.00	42.00	220
1870Zs YH Rare	—	—	—	—	—
1873Zs YH	—	27.00	30.00	42.00	220
1874Zs YH	—	27.00	30.00	42.00	220
1874Zs JA/YA	—	27.00	30.00	42.00	220
1874Zs JA	—	27.00	30.00	42.00	220
1875Zs JA	—	27.00	30.00	42.00	220
1876Zs JA	—	27.00	30.00	42.00	220
1876Zs JS	—	27.00	30.00	42.00	220
1877Zs JS	2,700,000	27.00	30.00	42.00	220
1878Zs JS	2,310,000	27.00	30.00	42.00	220
1879/8Zs JS	—	30.00	35.00	60.00	260
1879Zs JS	—	27.00	30.00	42.00	220
1880Zs JS	—	27.00	30.00	42.00	220
1881Zs JS	5,592,000	27.00	30.00	42.00	220
1882/1Zs JS	2,485,000	30.00	35.00	60.00	260
1882Zs JS Straight J	Inc. above	27.00	30.00	42.00	220
1882Zs JS Full J	Inc. above	27.00	30.00	42.00	220

Date	Mintage	F12	VF20	XF40	MS60
1883/2Zs JS	2,563,000	30.00	32.00	60.00	260
1883Zs JS	Inc. above	27.00	30.00	42.00	220
1884Zs JS	—	27.00	30.00	42.00	220
1885Zs JS	2,252,000	27.00	30.00	42.00	220
1886/5Zs JS	5,303,000	30.00	35.00	60.00	260
1886/8Zs JS	Inc. above	30.00	35.00	60.00	260
1886Zs JS	Inc. above	27.00	30.00	42.00	220
1886Zs FZ	Inc. above	27.00	30.00	42.00	220
1887Zs FZ	4,733,000	27.00	30.00	42.00	220
1887Z FZ	Inc. above	33.00	44.00	80.00	260
1888/7Zs FZ	5,132,000	27.00	30.00	45.00	230
1888Zs FZ	Inc. above	27.00	30.00	42.00	220
1889Zs FZ	4,344,000	27.00	30.00	42.00	220
1890Zs FZ	3,887,000	27.00	30.00	42.00	220
1891Zs FZ	4,114,000	27.00	30.00	42.00	220
1892/1Zs FZ	4,238,000	27.00	30.00	45.00	230
1892Zs FZ Narrow date	Inc. above	27.00	30.00	42.00	220
1892Zs FZ Wide date	—	27.00	30.00	42.00	220
1893Zs FZ	3,872,000	27.00	30.00	42.00	220
1894Zs FZ	3,081,000	27.00	30.00	42.00	220
1895Zs FZ	4,718,000	27.00	30.00	42.00	220
1896Zs FZ	4,226,000	27.00	30.00	42.00	220
1897Zs FZ	4,877,000	27.00	30.00	42.00	220

1/2 ESCUDO

KM# 378 1.69 g., 0.875 Gold, 0.0475 oz. AGW **Obv:** Facing eagle, snake in beak **Rev:** Hand holding cap on stick, open book **Obv. Legend:** REPUBLICA MEXICANA **Rev. Legend:** LIBERTAD... **Mint:** Culiacan

Date	Mintage	VG8	F12	VF20	XF40	MS60
1848 C CE	—	85.00	95.00	125	215	375
1853 C CE	—	85.00	95.00	125	215	—
1854 C CE	—	85.00	95.00	125	215	—
Revised eagle						

Note: Dates 1854-1870 of this type display the revised eagle

Date	Mintage	VG8	F12	VF20	XF40	MS60
1856 C CE	—	95.00	155	215	325	—
1857 C CE	—	85.00	95.00	125	215	300
1859 C CE	—	85.00	95.00	125	215	—
1860 C CE	—	85.00	95.00	125	215	300
1862 C CE	—	85.00	95.00	125	185	—
1863 C CE	—	85.00	95.00	125	185	375
1866 C CE	—	85.00	95.00	125	185	—
1867 C CE	—	85.00	95.00	125	185	325
1870 C CE	—	125	215	350	575	1,850

KM# 378.1 1.69 g., 0.875 Gold, 0.0475 oz. AGW **Obv:** Facing eagle, snake in beak **Rev:** Hand holding cap on stick, open book **Mint:** Durango

Date	Mintage	VG8	F12	VF20	XF40	MS60
1833 Do RM/RL	—	85.00	95.00	125	215	—
1834/1 Do RM	—	85.00	95.00	125	215	900
1834/3 Do RM	—	85.00	95.00	125	215	—
1835/2 Do RM	—	85.00	95.00	125	215	—
1835/3 Do RM	—	85.00	95.00	125	215	—
1835/4 Do RM	—	85.00	95.00	125	215	—
1836/5/4 Do RM/L	—	90.00	105	155	245	575
1836/4 Do RM	—	85.00	95.00	125	215	—
1837 Do RM	—	85.00	95.00	125	215	—
1838 Do RM	—	90.00	105	155	245	—

Date	Mintage	VG8	F12	VF20	XF40	MS60
1843 Do RM	—	90.00	105	155	245	—
1844/33 Do RM	—	90.00	105	155	245	—
1844/33 Do R/RL	—	115	185	350	575	—
1845 Do CM	—	90.00	105	155	245	—
1846 Do RM	—	90.00	105	155	245	—
1848 Do RM	—	90.00	105	155	245	—
1850/33 Do JMR	—	90.00	105	155	245	600
1851 Do JMR	—	90.00	105	155	275	—
1852 Do JMR	—	90.00	105	155	245	—
1853/33 Do CP	—	125	215	375	625	—
1853 Do CP	—	95.00	120	215	325	675
1854 Do CP	—	85.00	95.00	125	215	—
1855 Do CP	—	85.00	95.00	125	215	—
1859 Do CP	—	85.00	95.00	125	215	—
1861 Do CP	—	85.00	95.00	125	215	—
1862 Do CP	—	85.00	95.00	125	215	—
1864 Do LT	—	125	185	325	500	—

KM# 378.2 1.69 g., 0.875 Gold, 0.0475 oz. AGW **Obv:** Facing eagle, snake in beak **Rev:** Hand holding cap on stick, open book **Obv. Legend:** REPUBLICA MEXICANA **Rev. Legend:** LIBERTAD... **Mint:** Guadalajara

Date	Mintage	VG8	F12	VF20	XF40	MS60
1825 Ga FS	—	90.00	105	155	245	600
1829 Ga FS	—	90.00	105	155	245	—
1831 Ga FS	—	90.00	105	155	245	—
1834 Ga FS	—	100	125	200	450	2,500
1835 Ga FS	—	90.00	105	155	245	—
1837 Ga JG	—	90.00	105	155	245	—
1838 Ga JG	—	90.00	105	155	245	—
1839 Ga JG	—	—	—	—	—	—
1840 Ga MC Unique						

Note: Ponterio & Associates Sale 157, 1-11, AU realized $12,000

Date	Mintage	VG8	F12	VF20	XF40	MS60
1842 Ga JG	—	—	—	—	—	—
1847 Ga JG	—	90.00	105	155	245	—
1850 Ga JG	—	90.00	115	185	300	—
1852 Ga JG	—	85.00	115	125	215	—
1859 Ga JG	—	90.00	105	155	245	—
1861 Ga JG	—	85.00	100	125	215	600

KM# 378.3 1.69 g., 0.875 Gold, 0.0475 oz. AGW **Obv:** Facing eagle, snake in beak **Rev:** Hand holding cap on stick, open book **Obv. Legend:** REPUBLICA MEXICANA. **Rev. Legend:** LIBERTAD... **Mint:** Guadalupe y Calvo

Date	Mintage	VG8	F12	VF20	XF40	MS60
1846 GC MP	—	95.00	125	155	245	—
1847 GC MP	—	95.00	125	155	245	600
1848/7 GC MP	—	95.00	125	155	275	800
1850 GC MP	—	95.00	125	155	245	—
1851 GC MP	—	95.00	125	155	245	—

Revised eagle

KM# 378.4 1.69 g., 0.875 Gold, 0.0475 oz. AGW **Obv:** Facing eagle, snake in beak **Rev:** Hand holding cap on stick, open book **Mint:** Guanajuato

Date	Mintage	VG8	F12	VF20	XF40	MS60
1845 Go PM	—	75.00	90.00	115	185	—
1849 Go PF	—	75.00	95.00	145	245	775
1851/41 Go PF	—	75.00	90.00	115	185	—
1851 Go PF	—	75.00	90.00	115	185	—
1852 Go PF	—	75.00	90.00	115	185	—
1852 Go PF/FF	—	—	—	—	—	—
1853 Go PF	—	75.00	90.00	115	185	—
1855 Go PF	—	75.00	95.00	130	215	—
1857 Go PF	—	75.00	90.00	115	185	—
1858/7 Go PF	—	75.00	90.00	115	185	—
1859 Go PF	—	75.00	90.00	115	185	450
1860 Go PF	—	75.00	90.00	115	185	—
1861 Go PF	—	75.00	90.00	115	185	—
1862/1 Go YE	—	75.00	90.00	150	220	—
1863 Go PF	—	75.00	95.00	130	215	—
1863 Go YF	—	75.00	90.00	115	185	—

KM# 378.5 1.69 g., 0.875 Gold, 0.0475 oz. AGW **Obv:** Facing eagle, snake in beak **Rev:** Hand holding cap on stick, open book **Obv. Legend:** REPUBLICA MEXICANA. **Rev. Legend:** LIBERTAD... **Mint:** Mexico City

Date	Mintage	VG8	F12	VF20	XF40	MS60
1825/1 Mo JM	—	90.00	120	180	270	—
1825/4 Mo JM	—	90.00	120	180	270	—
1825 Mo JM	—	75.00	90.00	125	210	450
1827/6 Mo JM	—	75.00	90.00	125	210	—
1827 Mo JM	—	75.00	90.00	125	210	450
1829 Mo JM	—	75.00	90.00	125	210	—
1831/0 Mo JM	—	75.00	90.00	125	210	—
1831 Mo JM	—	75.00	85.00	110	180	—
1832 Mo	—	75.00	85.00	110	180	—
1833 Mo MJ	—	75.00	90.00	140	240	575

Note: Olive and oak branches reversed

Date	Mintage	VG8	F12	VF20	XF40	MS60
1834 Mo ML	—	75.00	85.00	120	210	500
1835 Mo ML	—	75.00	85.00	125	210	500
1838 Mo ML	—	70.00	90.00	140	240	—
1839 Mo ML	—	75.00	85.00	140	240	—
1840 Mo ML	—	75.00	85.00	110	180	—
1841 Mo ML	—	75.00	85.00	110	180	—
1842 Mo ML	—	75.00	85.00	125	210	—
1842 Mo MM	—	75.00	85.00	125	210	—
1843 Mo MM	—	75.00	85.00	110	180	400
1844 Mo MF	—	75.00	85.00	110	180	325
1845 Mo MF	—	75.00	85.00	110	180	350
1846/5 Mo MF	—	75.00	85.00	110	180	—
1846 Mo MF	—	75.00	85.00	110	180	—
1848 Mo GC	—	75.00	90.00	140	240	575
1850 Mo GC	—	75.00	85.00	110	180	—
1851 Mo GC	—	75.00	85.00	110	180	—
1852 Mo GC	—	75.00	85.00	110	180	350
1853 Mo GC	—	80.00	100	150	270	800
1854 Mo GC	—	75.00	85.00	110	180	600
1855 Mo GF	—	75.00	85.00	120	210	450
1856/4 Mo GF	—	75.00	85.00	110	180	350
1857 Mo GF	—	75.00	85.00	110	180	—
1858/7 Mo FH/GF	—	75.00	90.00	120	210	—
1858 Mo FH	—	75.00	85.00	110	180	—
1859 Mo FH	—	75.00	85.00	110	180	—
1860/59 Mo FH	—	75.00	85.00	110	180	325

FIRST REPUBLIC

Date	Mintage	VG8	F12	VF20	XF40	MS60
1861 Mo CH/FH	—75.00	85.00	125	210	—
1862 Mo CH	—75.00	85.00	110	180	270
1863/57 Mo CH/GF	—75.00	85.00	110	180	325
1868/58 Mo PH	—75.00	85.00	125	210	—
1869/59 Mo CH	—75.00	85.00	125	210	—

KM# 378.6 1.69 g., 0.875 Gold, 0.0475 oz. AGW **Obv:** Facing eagle, snake in beak **Rev:** Hand holding cap on stick, open book **Obv. Legend:** REPUBLICA MEXICANA. **Rev. Legend:** LIBERTAD... **Mint:** Zacatecas

Date	Mintage	VG8	F12	VF20	XF40	MS60
1860 Zs VL	—85.00	95.00	125	215	350
1862/1 Zs VL	—85.00	95.00	125	215	350
1862 Zs VL	—75.00	90.00	115	185	325

ESCUDO

KM# 379 3.38 g., 0.875 Gold, 0.0951 oz. AGW **Obv:** Facing eagle, snake in beak **Rev:** Hand holding cap on stick, open book **Mint:** Culiacan

Date	Mintage	VG8	F12	VF20	XF40	MS60
1846 C CE	—	170	190	290	475	—
1847 C CE	—	150	160	200	260	—
1848 C CE	—	150	160	200	260	850
1849/8 C CE	—	155	190	230	325	—
1850 C CE	—	150	160	200	260	—
1851 C CE	—	155	190	230	325	—
1853/1 C CE	—	155	190	230	325	—
1854 C CE	—	150	160	200	260	—
1856/5/4 C CE	—	155	190	230	325	—
1856 C CE	—	150	160	200	260	—
1857/1 C CE	—	155	190	230	325	—
1857 C CE	—	150	160	200	260	—
1861 C PV	—	150	160	200	260	—
1862 C CE	—	150	160	200	260	—
1863 C CE	—	150	160	200	260	—
1866 C CE	—	150	160	200	260	—
1870 C CE	—	150	160	200	260	—

KM# 379.1 3.38 g., 0.875 Gold, 0.0951 oz. AGW **Obv:** Facing eagle, snake in beak **Rev:** Hand holding cap on stick, open book **Obv. Legend:** REPUBLICA MEXICANA. **Rev. Legend:** LIBERTAD... **Mint:** Durango

Date	Mintage	VG8	F12	VF20	XF40	MS60
1832 Do R.L.	—	—	—	—	—	—
1833/2 Do RM/R.L.	—	170	220	290	400	—
1834 Do RM	—	155	190	230	350	—
1835 Do RM	—	—	—	—	—	—
1836 Do RM/RL	—	155	190	230	350	—

Date	Mintage	VG8	F12	VF20	XF40	MS60
1838 Do RM	—	155	190	230	350	—
1846/38 Do RM	—	170	220	290	400	—
1850 Do JMR	—	170	220	260	375	—
1851/31 Do JMR	—	170	220	290	400	—
1851 Do JMR	—	170	220	260	375	—
1853 Do CP	—	170	220	260	375	—
1854/34 Do CP	—	170	220	260	375	—
1854/44 Do CP/RP	—	170	220	260	375	—
1855 Do CP	—	170	220	260	375	—
1859 Do CP	—	170	220	260	375	—
1861 Do CP	—	170	220	260	375	—
1864 Do LT/CP Rare	—	—	—	—	—	—

KM# 379.2 3.38 g., 0.875 Gold, 0.0951 oz. AGW **Obv:** Facing eagle, snake in beak **Rev:** Hand holding cap on stick, open book **Obv. Legend:** REPUBLICA MEXICANA. **Mint:** Guadalajara

Date	Mintage	VG8	F12	VF20	XF40	MS60
1825 Ga FS	—	155	180	200	290	—
1826 Ga FS	—	155	180	200	290	—
1829 Ga FS	—	—	—	—	—	—
1831 Ga FS	—	155	180	200	290	—
1834 Ga FS	—	155	180	200	290	—
1835 Ga JG	—	155	180	200	290	—
1842 Ga JG/MC	—	155	180	200	290	—
1843 Ga MC	—	155	180	200	290	—
1847 Ga JG	—	155	180	200	290	—
1848/7 Ga JG	—	155	180	200	290	—
1849 Ga JG	—	155	180	200	290	—
1850/40 Ga JG	—	160	220	325	450	—
1850 Ga JG	—	155	180	200	290	—
1852/1 Ga JG	—	155	180	200	290	1,150
1856 Ga JG	—	155	180	200	290	—
1857 Ga JG	—	155	180	200	290	—
1859/7 Ga JG	—	155	180	200	290	—
1860/59 Ga JG	—	160	190	260	375	—
1860 Ga	—	155	180	200	290	—

KM# 379.3 3.38 g., 0.875 Gold, 0.0951 oz. AGW **Obv:** Facing eagle, snake in beak **Rev:** Hand holding cap on stick, open book **Obv. Legend:** REPUBLICA MEXICANA. **Mint:** Guadalupe y Calvo

Date	Mintage	VG8	F12	VF20	XF40	MS60
1844 GC MP	—	170	190	260	350	—
1845 GC MP	—	170	190	260	350	—
1846 GC MP	—	170	190	260	350	—
1847 GC MP	—	170	190	260	350	—
1848 GC MP	—	170	190	260	350	—
1849 GC MP	—	170	190	260	350	—
1850 GC MP	—	200	250	350	650	2,400
1851 GC MP	—	170	190	260	350	—
Revised eagle						

KM# 379.4 3.38 g., 0.875 Gold, 0.0951 oz. AGW
Obv: Facing eagle, snake in beak Rev: Hand
holding cap on stick, open book Mint: Guanajuato

Date	Mintage	VG8	F12	VF20	XF40	MS60
1845 Go PM	—	155	165	200	290	—
1849 Go PF	—	155	165	200	290	—
1851 Go PF	—	155	165	200	290	—
1853 Go PF	—	155	165	200	290	—
1860 Go PF	—	170	220	290	400	—
1862 Go YE	—	155	165	200	290	725

KM# 379.5 3.38 g., 0.875 Gold, 0.0951 oz. AGW
Obv: Facing eagle, snake in beak Rev: Hand
holding cap on stick, open book Obv. Legend:
REPUBLICA MEXICANA. Mint: Mexico City

Date	Mintage	VG8	F12	VF20	XF40	MS60
1825 Mo JM/FM	—	150	155	170	230	475
1825 Mo JM	—	150	155	170	230	—
1827/6 Mo JM	—	150	155	170	230	—
1827 Mo JM	—	150	155	170	230	—
1830/29 Mo JM	—	150	155	170	230	—
1831 Mo JM	—	150	160	200	260	650
1832 Mo JM	—	150	160	200	260	—
1833 Mo MJ	—	150	155	170	230	—
1834 Mo ML	—	150	160	200	260	—
1841 Mo ML	—	150	160	200	260	—
1843 Mo MM	—	150	160	200	260	1,050
1845 Mo MF	—	150	155	170	230	—
1846/5 Mo MF	—	150	155	170	230	—
1848 Mo GC	—	150	160	200	260	—
1850 Mo GC	—	150	160	200	260	—
1856/4 Mo GF	—	150	155	170	230	—
1856/5 Mo GF	—	150	155	170	230	—
1856 Mo GF	—	150	155	170	230	—
1858 Mo FH	—	150	160	200	260	—
1859 Mo FH	—	150	160	200	260	900
1860 Mo TH	—	150	160	200	260	—
1861 Mo CH	—	150	160	200	260	1,200
1862 Mo CH	—	150	160	200	260	—
1863 Mo TH	—	150	155	170	230	475
1869 Mo CH	—	150	160	200	260	775

KM# 379.6 3.38 g., 0.875 Gold, 0.0951 oz. AGW
Obv: Facing eagle, snake in beak Rev: Hand
holding cap on stick, open book Mint: Zacatecas
Note: Struck at Zacatecas Mint, mint mark Zs.

Date	Mintage	VG8	F12	VF20	XF40	MS60
1853 Zs OM	—	200	220	290	400	—
1860/59 Zs VL V is inverted A	—	170	190	290	475	—
1860 Zs VL	—	170	190	230	290	—
1862 Zs VL	—	170	190	230	290	—

2 ESCUDOS

KM# 380 6.77 g., 0.875 Gold, 0.1905 oz. AGW
Obv: Facing eagle, snake in beak Rev: Hand
holding cap on stick, open book Obv. Legend:
REPUBLICA MEXICANA. Mint: Culiacan

Date	Mintage	VG8	F12	VF20	XF40	MS60
1846 C CE	—	325	350	400	525	—
1847 C CE	—	325	350	400	525	—
1848 C CE	—	325	350	400	525	—
1852 C CE	—	325	350	400	525	—
1854 C CE	—	325	350	425	575	—
1856/4 C CE	—	325	350	425	575	—
1857 C CE	—	325	350	400	525	—

KM# 380.1 6.77 g., 0.875 Gold, 0.1905 oz.
AGW Obv: Facing eagle, snake in beak Rev:
Hand holding cap on stick, open book Obv.
Legend: REPUBLICA MEXICANA. Rev. Legend:
LIBERTAD... Mint: Durango

Date	Mintage	VG8	F12	VF20	XF40	MS60
1833 Do RM	—	550	700	975	1,600	—
1837/4 Do RM	—	—	—	—	—	—
1837 Do RM	—	—	—	—	—	—
1844 Do RM	—	500	625	850	1,350	—

KM# 380.2 6.77 g., 0.875 Gold, 0.1905 oz.
AGW Obv: Facing eagle, snake in beak Rev:
Hand holding cap on stick, open book Obv.
Legend: REPUBLICA MEXICANA. Rev. Legend:
LIBERTAD... Mint: Estado de Mexico

Date	Mintage	VG8	F12	VF20	XF40	MS60
1828 EoMo LF	—	1,000	1,350	2,200	3,700	—

KM# 380.3 6.77 g., 0.875 Gold, 0.1905 oz.
AGW Obv: Facing eagle, snake in beak Rev:
Hand holding cap on stick, open book Obv.
Legend: REPUBLICA MEXICANA. Rev. Legend:
LIBERTAD... Mint: Guadalajara

Date	Mintage	VG8	F12	VF20	XF40	MS60
1835 Ga FS	—	325	350	400	525	—

Date	Mintage	VG8	F12	VF20	XF40	MS60
1836/5 Ga JG	—	350	400	600	725	—
1839/5 Ga JG	—	—	—	—	—	—
1839 Ga JG	—	325	325	375	475	—
1840 Ga MC	—	325	325	375	475	—
1841 Ga MC	—	325	350	425	600	—
1847/6 Ga JG	—	325	350	400	475	—
1848/7 Ga JG	—	325	350	400	475	—
1850/40 Ga JG	—	325	325	375	475	—
1851 Ga JG	—	325	325	375	475	—
1852 Ga JG	—	325	350	400	525	—
1853 Ga JG	—	325	325	375	475	—
1854/2 Ga JG	—	—	—	—	—	—
1858 Ga JG	—	325	325	375	475	—
1859/8 Ga JG	—	325	350	400	475	—
1859 Ga JG	—	325	350	400	475	—
1860/50 Ga JG	—	325	350	400	475	—
1860 Ga JG	—	325	350	400	475	950
1861/59 Ga JG	—	325	325	375	475	—
1861/0 Ga JG	—	325	325	375	475	—
1863/2 Ga JG	—	325	350	400	475	975
1863/1 Ga JG	—	325	325	375	475	—
1870 Ga IC	—	325	325	375	475	—

KM# 380.4 6.77 g., 0.875 Gold, 0.1905 oz. AGW **Obv:** Facing eagle, snake in beak **Rev:** Hand holding cap on stick, open book **Mint:** Guadalupe y Calvo

Date	Mintage	VG8	F12	VF20	XF40	MS60
1844 GC MP	—	450	700	1,300	2,500	—
1845 GC MP	—	1,050	1,650	2,500	3,700	—
1846 GC MP	—	1,050	1,650	2,500	3,700	—
1847 GC MP	—	750	1,350	2,500	3,700	—
1848 GC MP	—	350	400	575	825	—
1849 GC MP	—	1,050	1,650	—	—	—
1850 GC MP	—	450	700	1,300	2,500	—

KM# 380.5 6.77 g., 0.875 Gold, 0.1905 oz. AGW **Obv:** Facing eagle, snake in beak **Rev:** Hand holding cap on stick, open book **Mint:** Guanajuato

Date	Mintage	VG8	F12	VF20	XF40	MS60
1845 Go PM	—	325	350	425	600	—
1849 Go PF	—	325	350	425	600	—
1853 Go PF	—	350	500	900	1,350	—
1856 Go PF	—	—	—	—	—	—
1859 Go PF	—	350	500	900	1,350	—
1860/59 Go PF	—	—	—	—	—	—
1860 Go PF	—	325	350	425	600	—
1862 Go YE	—	325	350	425	600	—

KM# 380.6 6.77 g., 0.875 Gold, 0.1905 oz. AGW **Obv:** Facing eagle, snake in beak **Rev:** Hand holding cap on stick, open book **Mint:** Hermosillo

Date	Mintage	VG8	F12	VF20	XF40	MS60
1861 Ho FM	—	750	1,350	1,950	2,800	—

KM# 380.7 6.77 g., 0.875 Gold, 0.1905 oz. AGW **Obv:** Facing eagle, snake in beak **Rev:** Hand holding cap on stick, open book **Obv. Legend:** REPUBLICA MEXICANA **Rev. Legend:** LIBERTAD... **Mint:** Mexico City

Date	Mintage	VG8	F12	VF20	XF40	MS60
1825 Mo JM	—	315	325	375	475	—
1827/6 Mo JM	—	315	325	375	475	—
1827 Mo JM	—	315	325	375	475	—

Date	Mintage	VG8	F12	VF20	XF40	MS60
1830/29 Mo JM	—	315	325	375	475	—
1831 Mo JM	—	315	325	375	475	—
1833 Mo ML	—	315	325	375	475	—
1841 Mo ML	—	315	325	375	475	—
1844 Mo MF	—	315	325	375	475	—
1845 Mo MF	—	315	325	375	475	—
1846 Mo MF	—	315	400	600	850	—
1848 Mo GC	—	315	325	375	475	—
1850 Mo GC	—	315	325	375	475	—
1856/5 Mo GF	—	315	325	375	475	—
1856 Mo GF	—	315	325	375	475	—
1858 Mo FH	—	315	325	375	475	—
1859 Mo FH	—	315	325	375	475	—
1861 Mo TH	—	315	325	375	475	—
1861 Mo CH	—	315	325	375	475	—
1862 Mo CH	—	315	325	375	475	—
1863 Mo TH	—	315	325	375	475	950
1868 Mo PH	—	315	325	375	475	—
1869 Mo CH	—	315	325	375	475	—

KM# 380.8 6.77 g., 0.875 Gold, 0.1905 oz. AGW **Obv:** Facing eagle, snake in beak **Rev:** Hand holding cap on stick, open book **Obv. Legend:** REPUBLICA MEXICANA. **Rev. Legend:** LA LIBERTAD... **Mint:** Zacatecas

Date	Mintage	VG8	F12	VF20	XF40	MS60
1860 Zs VL	—	350	500	850	1,600	—
1862 Zs VL	—	475	750	1,100	1,600	—
1864 Zs MO	—	350	500	850	1,600	—

4 ESCUDOS

KM# 381 13.54 g., 0.875 Gold, 0.3809 oz. AGW **Obv:** Facing eagle, snake in beak **Rev:** Hand holding cap on stick, open book **Obv. Legend:** REPUBLICA MEXICANA. **Rev. Legend:** LA LIBERTAD... **Mint:** Culiacan

Date	Mintage	VG8	F12	VF20	XF40	MS60
1846 C CE	—	1,650	2,350	—	—	—
1847 C CE	—	750	1,050	1,250	2,050	—
1848 C CE	—	900	1,300	1,700	2,650	—

KM# 381.1 13.54 g., 0.875 Gold, 0.3809 oz. AGW **Obv:** Facing eagle, snake in beak **Rev:** Hand holding cap on stick, open book **Obv. Legend:** REPUBLICA MEXICANA. **Rev. Legend:** LA LIBERTAD.... **Mint:** Durango

Date	Mintage	VG8	F12	VF20	XF40
1832 Do RM/LR Rare	—	—	—	—	—
1832 Do RM	—	900	1,300	1,700	2,650
1833 Do RM/RL Rare	—	—	—	—	—
1852 Do JMR Rare	—	—	—	—	—

KM# 381.2 13.54 g., 0.875 Gold, 0.3809 oz. AGW **Obv:** Facing eagle, snake in beak **Rev:** Hand holding cap on stick, open book **Obv. Legend:** REPUBLICA MEXICANA. **Rev. Legend:** LA LIBERTAD... **Mint:** Guadalajara

Date	Mintage	VG8	F12	VF20	XF40
1844 Ga MC	—	875	1,200	1,450	2,150
1844 Ga JG	—	750	1,050	1,250	1,850

KM# 381.3 13.54 g., 0.875 Gold, 0.3809 oz. AGW **Obv:** Facing eagle, snake in beak **Rev:** Hand holding cap on stick, open book **Obv. Legend:** REPUBLICA MEXICANA **Rev. Legend:** LA LIBERTAD... **Mint:** Guadalupe y Calvo

Date	Mintage	VG8	F12	VF20	XF40
1844 GC MP	—	750	1,050	1,250	1,850
1845 GC MP	—	700	875	1,100	1,450
1846 GC MP	—	750	1,050	1,250	1,850
1848 GC MP	—	750	1,050	1,250	1,850
1850 GC MP	—	825	1,100	1,450	2,150

KM# 381.4 13.54 g., 0.875 Gold, 0.3809 oz. AGW **Obv:** Facing eagle, snake in beak **Rev:** Hand holding cap on stick, open book **Obv. Legend:** REPUBLICA MEXICANA. **Rev. Legend:** LA LIBERTAD... **Mint:** Guanajuato

Date	Mintage	VG8	F12	VF20	XF40	MS60
1829/8 Go MJ	—	625	700	800	1,250	—

Date	Mintage	VG8	F12	VF20	XF40	MS60
1829 Go JM	—	625	700	800	1,250	—
1829 Go MJ	—	625	700	800	1,250	—
1831 Go MJ	—	625	700	800	1,250	—
1832 Go MJ	—	625	700	800	1,250	—
1833 Go MJ	—	625	725	850	1,350	—
1834 Go PJ	—	650	900	1,050	1,450	—
1835 Go PJ	—	650	900	1,050	1,450	—
1836 Go PJ	—	625	725	850	1,350	—
1837 Go PJ	—	625	725	850	1,350	3,500
1838 Go PJ	—	625	725	850	1,350	—
1839 Go PJ	—	650	900	1,050	1,450	—
1840 Go PJ	—	625	725	900	1,450	—
1841 Go PJ	—	650	900	1,050	1,450	—
1845 Go PM	—	625	725	850	1,350	—
1847/5 Go YE	—	650	900	1,050	1,450	—
1847 Go PM	—	650	900	1,050	1,450	—
1849 Go PF	—	650	900	1,050	1,450	—
1851 Go PF	—	650	900	1,050	1,450	—
1852 Go PF	—	625	725	850	1,350	—
1855 Go PF	—	625	725	850	1,350	—
1857/5 Go PF	—	625	725	850	1,350	—
1858/7 Go PF	—	625	725	850	1,350	—
1858 Go PF	—	625	725	850	1,350	—
1859/7 Go PF	—	650	900	1,050	1,450	—
1860 Go PF	—	650	950	1,150	1,700	—
1862 Go YE	—	625	725	850	1,350	—
1863 Go YF	—	625	725	850	1,350	—

KM# 381.5 13.54 g., 0.875 Gold, 0.3809 oz. AGW **Obv:** Facing eagle, snake in beak **Rev:** Hand holding cap on stick, open book **Mint:** Hermosillo

Date	Mintage	VG8	F12	VF20	XF40	MS60
1861 Ho FM	—	1,400	2,000	3,250	5,000	—

KM# 381.6 13.54 g., 0.875 Gold, 0.3809 oz. AGW **Obv:** Facing eagle, snake in beak **Rev:** Hand holding cap on stick, open book **Obv. Legend:** REPUBLICA MEXICANA. **Rev. Legend:** LA LIBERTAD... **Mint:** Mexico City

Date	Mintage	VG8	F12	VF20	XF40	MS60
1825 Mo JM	—	625	725	875	1,400	—
1827/6 Mo JM	—	625	725	850	1,350	—
1829 Mo JM	—	625	775	1,050	1,450	—
1831 Mo JM	—	625	775	1,050	1,450	—
1832 Mo JM	—	650	950	1,150	1,700	—
1844 Mo MF	—	625	775	1,050	1,450	—
1850 Mo GC	—	625	775	1,050	1,450	—
1856 Mo GF	—	625	725	850	1,350	—
1857/6 Mo GF	—	625	725	850	1,350	—
1857 Mo GF	—	625	725	850	1,350	—
1858 Mo FH	—	625	775	1,050	1,450	—
1859/8 Mo FH	—	625	775	1,050	1,450	—
1861 Mo CH	—	750	1,300	1,650	2,300	—
1863 Mo CH	—	625	775	1,050	1,450	2,500
1868 Mo PH	—	625	725	850	1,350	—
1869 Mo CH	—	625	725	850	1,350	1,950

KM# 381.7 13.54 g., 0.875 Gold, 0.3809 oz. AGW **Obv:** Facing eagle, snake in beak **Rev:** Hand holding cap on stick, open book **Obv. Legend:** REPUBLICA MEXICANA. **Rev. Legend:** LA LIBERTAD EN LA LEY... **Mint:** Oaxaca **Note:** Mint mark O, Oa.

Date	Mintage	VG8	F12	VF20	XF40	MS60
1861 O FR	—	2,000	3,250	5,000	9,000	—

KM# 381.8 13.54 g., 0.875 Gold, 0.3809 oz. AGW **Obv:** Facing eagle, snake in beak **Rev:** Hand holding cap on stick, open book **Obv. Legend:** REPUBLICA MEXICANA. **Rev. Legend:** LA LIBERTAD... **Mint:** Zacatecas

Date	Mintage	VG8	F12	VF20	XF40
1860 Zs VL Rare	—	—	—	—	—
1862 Zs VL	—	1,000	1,650	2,850	4,800

Note: American Numismatic Rarities Eliasberg sale 4-05, MS-64 realized $18,400.

8 ESCUDOS

KM# 383 27.07 g., 0.875 Gold, 0.7615 oz. AGW **Obv:** Facing eagle, snake in beak **Rev:** Hand holding cap on stick, open book **Obv. Legend:** REPUBLICA MEXICANA **Rev. Legend:** LA LIBERTAD... **Mint:** Alamos

Date	Mintage	F12	VF20	XF40	MS60
1864A PG	—	1,400	2,050	3,000	—
1866A DL	—	—	—	9,000	—
1868/7A DL	—	2,500	4,400	6,600	—
1869A DL	—	—	5,000	7,200	—
1870A DL	—	—	3,150	6,000	—
1872A AM Rare	—	—	—	—	—

KM# 383.1 27.07 g., 0.875 Gold, 0.7615 oz. AGW **Obv:** Facing eagle, snake in beak **Rev:** Hand holding cap on stick, open book **Obv. Legend:** REPUBLICA MEXICANA. **Rev. Legend:** LA LIBERTAD.... **Mint:** Chihuahua

Date	Mintage	F12	VF20	XF40	MS60
1841Ca RG	—	1,300	1,600	1,950	2,700
1842Ca RG	—	1,250	1,400	1,650	2,350
1843Ca RG	—	1,250	1,400	1,650	2,350
1844Ca RG	—	1,250	1,400	1,650	2,350
1845Ca RG	—	1,250	1,400	1,650	2,350
1846Ca RG	—	1,450	2,300	2,300	3,000
1847Ca RG	—	1,950	4,150	—	—
1848Ca RG	—	1,250	1,400	1,650	2,350
1849Ca RG	—	1,250	1,400	1,650	2,350
1850/40Ca RG	—	1,250	1,400	1,650	2,350
1851/41Ca RG	—	1,250	1,400	1,650	2,350
1852/42Ca RG	—	1,250	1,400	1,650	2,350
1853/43Ca RG	—	1,250	1,400	1,650	2,350
1854/44Ca RG	—	1,250	1,400	1,650	2,350
1855/43Ca RG	—	1,250	1,400	1,650	2,350
1856/46Ca RG	—	1,250	1,450	1,950	2,700
1857Ca JC/RG	—	1,250	1,300	1,400	2,050
1858Ca JC	—	1,250	1,300	1,400	2,050
1858Ca BA/RG	—	1,250	1,300	1,400	2,050
1859Ca JC/RG	—	1,250	1,300	1,400	2,050
1860Ca JC/RG	—	1,250	1,400	1,650	2,350
1861Ca JC	—	1,250	1,300	1,400	2,050
1862Ca JC	—	1,250	1,300	1,400	2,050
1863Ca JC	—	1,400	1,950	2,600	3,350
1864Ca JC	—	1,300	1,600	1,950	2,700
1865Ca JC	—	1,600	2,700	3,550	4,950
1866Ca JC	—	1,250	1,300	1,650	2,350
1866Ca FP	—	1,450	2,300	2,900	3,650
1866Ca JG	—	1,250	1,400	1,650	2,350
1867Ca JG	—	1,250	1,300	1,400	2,050
1868Ca JG	—	1,250	1,300	1,400	2,050
Concave wings					
1869Ca MM	—	1,250	1,300	1,400	2,050
Regular eagle					
1870/60Ca MM	—	1,250	1,300	1,400	2,050
1871/61Ca MM	—	1,250	1,300	1,400	2,050

KM# 383.2 27.07 g., 0.875 Gold, 0.7615 oz. AGW
Obv: Facing eagle, snake in beak **Rev:** Hand holding cap on stick, open book **Obv. Legend:** REPUBLICA MEXICANA. **Rev. Legend:** LA LIBERTAD... **Mint:** Culiacan

Date	Mintage	F12	VF20	XF40	MS60
1846C CE	—	1,250	1,400	1,650	2,700
1847C CE	—	1,250	1,300	1,400	2,050
1848C CE	—	1,250	1,400	1,650	2,700
1849C CE	—	1,250	1,300	1,400	2,050
1850C CE	—	1,250	1,300	1,400	2,050
1851C CE	—	1,250	1,300	1,400	2,050
1852C CE	—	1,250	1,300	1,400	2,050
1853/1C CE	—	1,250	1,300	1,350	1,950
1854C CE	—	1,250	1,300	1,350	1,950
1855/4C CE	—	1,250	1,250	1,650	2,700
1855C CE	—	1,250	1,300	1,400	2,050
1856C CE	—	1,250	1,300	1,350	1,950
1857C CE	—	1,250	1,300	1,350	1,950
1857C CE	—	—	—	—	—
Note: Without periods after C's					
1858C CE	—	1,250	1,300	1,350	1,950
1859C CE	—	1,250	1,300	1,350	1,950
1860/58C CE	—	1,250	1,300	1,400	2,050
1860C CE	—	1,250	1,300	1,400	2,050
1860C PV	—	1,250	1,300	1,350	1,950
1861C PV	—	1,250	1,300	1,400	2,050
1861C CE	—	1,250	1,300	1,400	2,050
1862C CE	—	1,250	1,300	1,400	2,050
1863C CE	—	1,250	1,300	1,400	2,050
1864C CE	—	1,250	1,300	1,350	1,950
1865C CE	—	1,250	1,300	1,350	1,950
1866/5C CE	—	1,250	1,300	1,350	1,950
1866C CE	—	1,250	1,300	1,350	1,950
1867C CB Error	—	1,250	1,300	1,350	1,950
1867C CE/CB	—	1,250	1,300	1,350	1,950
1868C CB Error	—	1,250	1,300	1,350	1,950
1869C CE	—	1,250	1,300	1,350	1,950
1870C CE	—	1,250	1,300	1,400	2,050

KM# 383.3 27.07 g., 0.875 Gold, 0.7615 oz. AGW
Obv: Facing eagle, snake in beak **Rev:** Hand holding cap on stick, open book **Obv. Legend:** REPUBLICA MEXICANA **Rev. Legend:** LA LIBERTAD.... **Mint:** Durango

Date	Mintage	F12	VF20	XF40	MS60	MS63
1832Do RM	—	1,250	1,300	2,900	4,300	—
1833Do RM/RL	—	1,250	1,300	1,400	2,050	—
1834Do RM	—	1,250	1,300	1,400	2,050	—
1835Do RM	—	1,250	1,300	1,400	2,050	—
1836Do RM/RL	—	1,250	1,300	1,400	2,050	—
1836Do RM	—	1,250	1,300	1,400	2,050	—
Note: M on snake						

Date	Mintage	F12	VF20	XF40	MS60	MS63
1837Do RM	—	1,250	1,300	1,400	2,050	—
1838/6Do RM	—	1,250	1,300	1,400	2,050	—
1838Do RM	—	1,250	1,300	1,400	2,050	—
1839Do RM	—	1,250	1,300	1,400	2,050	2,600
1840/30Do RM/RL	—	1,250	1,450	1,650	2,700	—
1841/30Do RM	—	1,300	1,600	1,400	3,000	—
1841/0Do RM	—	1,250	1,300	1,350	2,050	—
1841/31Do RM	—	1,250	1,300	1,400	2,050	—
1841/34Do RM	—	1,250	1,300	1,400	2,050	—
1841Do RM/RL	—	1,250	1,300	1,400	2,050	—
1842/32Do RM	—	1,250	1,300	1,400	2,050	—
1843/33Do RM	—	1,300	1,600	1,950	3,000	—
1843/1Do RM	—	1,250	1,300	1,400	2,050	—
1843Do RM	—	1,250	1,300	1,400	2,050	—
1844/34Do RM/RL	—	1,400	1,950	2,300	3,650	—
1844Do RM	—	1,300	1,650	1,950	3,000	—
1845/36Do RM	—	1,250	1,450	1,650	2,700	—
1845Do RM	—	1,250	1,450	1,650	2,700	—
1846Do RM	—	1,250	1,300	1,400	2,050	—
1847/37Do RM	—	1,250	1,300	1,400	2,050	—
1848/37Do RM	—	—	—	—	—	—
1848/38Do CM	—	1,250	1,300	1,400	2,050	—
1849/39Do CM	—	1,250	1,300	1,400	2,050	—
1849Do J.M.R. Rare	—	—	—	—	—	—
1850Do .JMR.	—	1,250	1,600	1,950	3,000	—
1851Do JMR	—	1,250	1,600	1,950	3,000	—
1852/1Do JMR	—	1,250	1,650	1,950	3,000	—
1852Do CP	—	1,250	1,650	1,950	3,000	—
1853Do CP	—	1,250	1,650	1,950	3,000	—
1854Do CP	—	1,250	1,450	1,650	2,700	—
1855/4Do CP	—	1,250	1,300	1,400	2,050	—
1855Do CP	—	1,250	1,300	1,400	2,050	—
1856Do CP	—	1,250	1,400	1,550	2,550	—
1857Do CP	—	1,250	1,300	1,400	2,050	—
Note: French style eagle, 1832-57						
1857Do CP	—	1,250	1,300	1,400	2,050	—
Note: Mexican style eagle						
1858Do CP	—	1,250	1,400	1,550	2,550	—
1859Do CP	—	1,250	1,300	1,400	2,050	—
1860/59Do CP	—	1,250	1,600	1,950	3,250	—
1861/0Do CP	—	1,250	1,450	1,650	2,700	—
1862/52Do CP	—	1,250	1,300	1,400	2,050	—
1862/1Do CP	—	1,250	1,300	1,400	2,050	—
1862Do CP	—	1,250	1,300	1,400	2,050	—
1863/53Do CP	—	1,250	1,300	1,400	2,050	—
1864Do LT	—	1,250	1,300	1,400	2,050	3,000
1865/4Do LT	—	1,400	1,950	2,450	4,000	—
1866/4Do CM	—	2,300	3,400	3,550	—	—
1866Do CM	—	1,250	1,450	1,650	2,700	—
1867/56Do CP	—	1,250	1,450	1,650	2,700	—
1867/4Do CP	—	1,250	1,300	1,400	2,050	—
1868/4Do CP/LT	—	—	—	—	—	—
1869Do CP	—	1,450	2,300	2,600	4,000	—
1870Do CP	—	1,250	1,450	1,650	2,700	—

KM# 383.4 27.07 g., 0.875 Gold, 0.7615 oz. AGW
Obv: Facing eagle, snake in beak **Rev:** Hand holding cap on stick, open book **Obv. Legend:** REPUBLICA MEXICANA **Rev. Legend:** LA LIBERTAD... **Mint:** Estado de Mexico

Date	Mintage	F12	VF20	XF40	MS60
1828EoMo LF Rare	—	—	—	—	—
1829EoMo LF	—	4,850	7,600	11,500	—

KM# 383.5 27.07 g., 0.875 Gold, 0.7615 oz. AGW
Obv: Facing eagle, snake in beak **Rev:** Hand holding cap on stick, open book **Obv. Legend:** REPUBLICA MEXICANA **Rev. Legend:** LA LIBERTAD... **Mint:** Guadalajara

Date	Mintage	F12	VF20	XF40	MS60
1825Ga FS	—	1,400	1,800	1,950	2,700
1826Ga FS	—	1,400	1,800	1,950	2,700
1830Ga FS	—	1,400	1,800	1,950	2,700
1836Ga FS	—	1,600	2,700	2,900	4,300
1836Ga JG	—	1,950	4,150	4,800	—
1837Ga JG	—	1,950	4,150	4,800	—
1840Ga MC Rare	—	—	—	—	—
1841/31Ga MC	—	1,950	4,150	—	—
1841Ga MC	—	1,750	2,900	3,100	—
1842Ga JG Rare	—	—	4,850	6,900	—
1843Ga MC	—	—	4,150	8,900	—
1845Ga MC Rare	—	—	—	—	—
1847Ga JG	—	3,250	—	—	—
1849Ga JG	—	1,400	1,800	1,950	2,700
1850Ga JG	—	1,300	1,700	1,800	2,550
1851Ga JG	—	1,950	4,150	4,800	—
1852/1Ga JG	—	1,400	1,800	1,950	2,700
1855Ga JG	—	1,950	4,150	4,800	—
1856Ga JG	—	1,300	1,700	1,800	2,550

Date	Mintage	F12	VF20	XF40	MS60
1857Ga JG	—	1,300	1,700	1,800	2,550
1861/0Ga JG	—	1,400	1,800	1,950	2,700
1861Ga JG	—	1,250	1,500	1,900	2,700
1863/1Ga JG	—	1,400	1,800	1,950	2,700
1866Ga JG	—	1,300	1,700	1,800	2,550

KM# 383.6 27.07 g., 0.875 Gold, 0.7615 oz. AGW
Obv: Facing eagle, snake in beak **Rev:** Hand holding cap on stick, open book **Obv. Legend:** REPUBLICA MEXICANA **Rev. Legend:** LA LIBERTAD... **Mint:** Guadalupe y Calvo

Date	Mintage	F12	VF20	XF40	MS60	MS63
1844GC MP	—	1,300	1,600	1,950	3,000	—
1845GC MP	—	1,300	1,600	1,950	3,000	—
Note: Eagle's tail square						
1845GC MP	—	1,300	1,600	1,950	3,000	—
Note: Eagle's tail round						
1846GC MP	—	1,250	1,450	1,650	2,700	—
Note: Eagle's tail square						
1846GC MP	—	1,250	1,450	1,650	2,700	—
Note: Eagle's tail round						
1847GC MP	—	1,250	1,450	1,650	2,700	—
1848GC MP	—	1,300	1,600	1,950	3,000	—
1849GC MP	—	1,300	1,600	1,950	3,000	—
1850GC MP	—	1,250	1,450	1,650	2,700	—
1851GC MP	—	1,250	1,450	1,650	2,700	—
1852GC MP	—	1,300	1,600	1,950	3,000	—

KM# 383.7 27.07 g., 0.875 Gold, 0.7615 oz. AGW **Obv:** Facing eagle, snake in beak **Rev:** Hand holding cap on stick, open book **Obv. Legend:** REPUBLICA   MEXICANA   **Rev.   Legend:**   LA LIBERTAD... **Mint:** Guanajuato

Date	Mintage	F12	VF20	XF40	MS60	MS63
1828Go MJ	—	1,600	3,050	3,200	4,300	—
1829Go MJ	—	1,450	2,700	2,900	4,000	—
1830Go MJ	—	1,250	1,300	1,350	1,700	—
1831Go MJ	—	1,450	2,700	2,900	4,000	—
1832Go MJ	—	1,300	1,950	2,300	3,650	—
1833Go MJ	—	1,250	1,300	1,350	1,700	—
1834Go PJ	—	1,250	1,300	1,350	1,700	—
1835Go PJ	—	1,250	1,300	1,350	1,700	—
1836Go PJ	—	1,250	1,450	1,550	2,050	—
1837Go PJ	—	1,250	1,450	1,550	2,050	—
1838/7Go PJ	—	1,250	1,300	1,350	1,700	—
1838Go PJ	—	1,250	1,300	1,400	1,950	—
1839/8Go PJ	—	1,250	1,300	1,350	1,700	—
1839Go PJ	—	1,250	1,300	1,400	1,950	—
Note: Regular eagle						
1840Go PJ	—	1,250	1,300	1,350	1,700	—
Note: Concave wings						
1841Go PJ	—	1,250	1,300	1,350	1,700	—
1842Go PJ	—	1,250	1,300	1,350	1,550	—
1842Go PM	—	1,250	1,300	1,350	1,700	—
1843Go PM	—	1,250	1,300	1,350	1,700	—
Note: Small eagle						
1844/3Go PM	—	1,250	1,450	1,550	2,050	—
1844Go PM	—	1,250	1,300	1,350	1,700	—
1845Go PM	—	1,250	1,300	1,350	1,700	—
1846/5Go PM	—	1,250	1,300	1,400	1,950	—
1846Go PM	—	1,250	1,300	1,350	1,700	—
1847Go PM	—	1,250	1,450	1,550	2,050	—
1848/7Go PM	—	1,250	1,300	1,350	1,700	—
1848Go PM	—	1,250	1,300	1,350	1,700	—
1848Go PF	—	1,250	1,300	1,350	1,700	—
1849Go PF	—	1,250	1,300	1,350	1,650	—
1850Go PF	—	1,250	1,300	1,350	1,650	—
1851Go PF	—	1,250	1,300	1,350	1,700	—
1852Go PF	—	1,250	1,300	1,350	1,700	—
1853Go PF	—	1,250	1,300	1,350	1,700	—
1854Go PF	—	1,250	1,300	1,350	1,700	—
Note: Eagle of 1853						
1854Go PF	—	1,250	1,300	1,350	1,700	—
Note: Eagle of 1855						
1855/4Go PF	—	1,250	1,300	1,350	1,700	—
1855Go PF	—	1,250	1,300	1,350	1,700	—
1856Go PF	—	1,250	1,300	1,350	1,700	—
1857Go PF	—	1,250	1,300	1,350	1,700	—
1858Go PF	—	1,250	1,300	1,350	1,700	—
1859Go PF	—	1,250	1,300	1,350	1,550	—
1860/50Go PF	—	1,250	1,300	1,350	1,550	—
1860/59Go PF	—	1,250	1,300	1,350	1,850	—
1860Go PF	—	1,250	1,300	1,350	1,850	—
1861/0Go PF	—	1,250	1,300	1,350	1,500	—
1861Go PF	—	1,250	1,300	1,350	1,500	—
1862/1Go YE	—	1,250	1,300	1,350	1,700	—
1862Go YE	—	1,250	1,300	1,350	1,650	—
1862Go YF	—	—	—	—	—	—
1863/53Go YF	—	1,250	1,300	1,350	1,700	3,650
1863Go PF	—	1,250	1,300	1,350	1,700	—
1867/57Go YF/PF	—	1,250	1,300	1,350	1,700	—
1867Go YF	—	1,250	1,300	1,350	1,650	—
1868/58Go YF	—	1,250	1,300	1,350	1,700	2,700
1870Go FR	—	1,250	1,300	1,350	1,550	—

KM# 383.8 27.07 g., 0.875 Gold, 0.7615 oz. AGW **Obv:** Facing eagle, snake in beak **Rev:** Hand holding cap on stick, open book **Obv. Legend:** REPUBLICA   MEXICANA.   **Rev.   Legend:**   LA LIBERTAD... **Mint:** Hermosillo

Date	Mintage	F12	VF20	XF40	MS60	MS63
1863Ho FM	—	1,300	1,500	1,650	3,000	—
1864Ho FM	—	1,450	2,300	2,600	4,000	—
1864Ho PR/FM	—	1,300	1,500	1,650	3,000	—
1865Ho FM/PR	—	1,400	1,650	1,950	3,650	—
1867/57Ho PR	—	1,300	1,500	1,650	3,000	—
1868Ho PR	—	1,400	1,650	1,950	3,650	—
1868Ho PR/FM	—	1,400	1,650	1,950	3,650	—
1869Ho PR/FM	—	1,300	1,500	1,650	3,000	—
1869Ho PR	—	1,300	1,500	1,650	3,000	—
1870Ho PR	—	1,400	1,650	1,950	4,000	7,600
1871/0Ho PR	—	1,400	1,650	1,950	3,650	—
1871Ho PR	—	1,400	1,650	1,950	3,650	—
1872/1Ho PR	—	1,450	2,300	2,600	4,000	—
1873Ho PR	—	1,300	1,500	1,650	3,000	—

KM# 383.9 27.07 g.,   0.875 Gold, 0.7615 oz. AGW **Obv:** Facing eagle, snake in beak **Rev:** Hand holding cap on stick, open book **Obv. Legend:** REPUBLICA MEXICANA **Rev. Legend:** LA LIBERTAD... **Mint:** Mexico City **Note:** Formerly reported 1825/3 JM is merely a reworked 5.

Date	Mintage	F12	VF20	XF40	MS60	MS63
1824Mo JM	—	1,400	1,750	1,950	3,000	—
Note: Large book reverse						

Date	Mintage	F12	VF20	XF40	MS60	MS63
1825Mo JM	—	1,250	1,300	1,350	1,700	3,000
Note: Small book reverse						
1826/5Mo JM	—	1,600	2,850	3,200	4,300	—
1827/6Mo JM	—	1,250	1,300	1,350	1,700	—
1827Mo JM	—	1,250	1,300	1,350	1,700	—
1828Mo JM	—	1,250	1,300	1,350	1,700	—
1829Mo JM	—	1,250	1,300	1,350	1,700	—
1830Mo JM	—	1,250	1,300	1,350	1,700	—
1831Mo JM	—	1,250	1,300	1,350	1,700	—
1832/1Mo JM	—	1,250	1,300	1,350	1,700	—
1832Mo JM	—	1,250	1,300	1,350	1,700	—
1833Mo MJ	—	1,300	1,600	1,700	2,350	—
1833Mo ML	—	1,250	1,300	1,350	1,700	—
1834Mo ML	—	1,300	1,600	1,700	2,350	—
1835/4Mo ML	—	1,400	1,750	1,950	3,000	—
1836Mo ML	—	1,250	1,300	1,250	1,700	—
1836Mo MF	—	1,300	1,600	1,900	3,000	—
1837/6Mo ML	—	1,250	1,300	1,350	1,700	—
1838Mo ML	—	1,250	1,300	1,350	1,700	—
1839Mo ML	—	1,250	1,300	1,350	1,700	—
1840Mo ML	—	1,250	1,300	1,350	1,700	—
1841Mo ML	—	1,250	1,300	1,350	1,700	—
1842/1Mo ML	—	—	—	—	—	—
1842Mo ML	—	1,250	1,300	1,350	1,700	—
1842Mo MM	—	—	—	—	—	—
1843Mo MM	—	1,250	1,300	1,350	1,700	—
1844Mo MF	—	1,250	1,300	1,350	1,700	—
1845Mo MF	—	1,250	1,300	1,350	1,700	—
1846Mo MF	—	1,400	1,750	1,950	3,000	—
1847Mo MF	—	1,950	3,750	—	—	—
1847Mo RC	—	1,250	1,400	1,550	2,050	—
1848Mo GC	—	1,250	1,300	1,350	1,700	—
1849Mo GC	—	1,250	1,300	1,350	1,700	—
1850Mo GC	—	1,250	1,300	1,350	1,700	3,000
1851Mo GC	—	1,250	1,300	1,350	1,700	—
1852Mo GC	—	1,250	1,300	1,350	1,700	—
1853Mo GC	—	1,250	1,300	1,350	1,700	—
1854/44Mo GC	—	1,250	1,300	1,350	1,700	—
1854/3Mo GC	—	1,250	1,300	1,350	1,700	—
1855Mo GF	—	1,250	1,300	1,350	1,700	—
1856/5Mo GF	—	1,250	1,300	1,350	1,650	—
1856Mo GF	—	1,250	1,300	1,350	1,650	—
1857Mo GF	—	1,250	1,300	1,350	1,650	—
1858Mo FH	—	1,250	1,300	1,350	1,650	—
1859Mo FH	—	1,300	1,600	1,700	2,350	—
1860Mo FH	—	1,250	1,300	1,350	1,650	—
1860Mo TH	—	1,250	1,300	1,350	1,650	—
1861/51Mo CH	—	1,250	1,300	1,350	1,650	—
1862Mo CH	—	1,250	1,300	1,350	1,650	—
1863/53Mo CH	—	1,250	1,300	1,350	1,650	6,600
1863/53Mo TH	—	1,250	1,300	1,350	1,650	—
1867Mo CH	—	1,250	1,300	1,350	1,650	—
1868Mo CH	—	1,250	1,300	1,350	1,650	—
1868Mo PH	—	1,250	1,300	1,350	1,650	—
1869Mo CH	—	1,250	1,300	1,350	1,650	—

KM# 383.10 27.07 g., 0.875 Gold, 0.7615 oz. AGW **Obv:** Facing eagle, snake in beak **Rev:** Hand holding cap on stick, open book **Obv. Legend:** REPUBLICA MEXICANA **Rev. Legend:** LA LIBERTAD... **Mint:** Oaxaca

Date	Mintage	F12	VF20	XF40	MS60	MS63
1858Oa AE	—	3,200	4,800	5,500	8,600	—
1859O AE	—	1,950	4,150	5,100	7,600	—
1860O AE	—	1,950	4,150	5,100	7,600	—
1861O FR	—	1,400	1,750	1,950	4,000	—
1862O FR	—	1,400	1,750	1,950	4,000	—
1863O FR	—	1,400	1,750	1,950	4,000	—
1864O FR	—	1,400	1,750	1,950	4,000	—
1867O AE	—	1,400	1,750	1,950	4,000	—
1868O AE	—	1,400	1,750	1,950	4,000	—
1869O AE	—	1,400	1,750	1,950	4,000	—

KM# 383.11 27.07 g., 0.875 Gold, 0.7615 oz. AGW **Obv:** Facing eagle, snake in beak **Rev:** Hand holding cap on stick, open book **Obv. Legend:** REPUBLICA MEXICANA **Rev. Legend:** LA LIBERTAD... **Mint:** Zacatecas

Date	Mintage	F12	VF20	XF40	MS60	MS63
1858Zs MO	—	1,300	1,600	1,650	3,000	—
1859Zs MO	—	1,250	1,300	1,350	1,700	—
1860/59Zs VL/MO	—	3,200	4,800	5,500	—	—
1860/9Zs MO	—	1,300	1,600	1,650	3,000	—
1860Zs MO	—	1,250	1,300	1,400	1,850	—
1861/0Zs VL	—	1,250	1,300	1,400	1,850	—
1861Zs VL	—	1,250	1,300	1,400	1,850	4,300
1862Zs VL	—	1,250	1,300	1,400	1,900	—
1863Zs VL	—	1,250	1,300	1,400	1,950	—
1863Zs MO	—	1,250	1,300	1,400	1,850	—
1864Zs MO	—	1,600	1,950	2,300	4,950	—
1865Zs MO	—	1,600	1,950	2,400	5,300	—
1868Zs JS	—	1,250	1,400	1,550	2,050	—
1868Zs YH	—	1,250	1,400	1,550	2,050	—
1869Zs YH	—	1,250	1,400	1,550	2,050	—
1870Zs YH	—	1,250	1,400	1,550	2,050	—
1871Zs YH	—	1,250	1,400	1,550	2,050	—

EMPIRE OF MAXIMILIAN

RULER
Maximilian, Emperor, 1864-1867

MINT MARKS
Refer To Republic Coinage

MONETARY SYSTEM
100 Centavos = 1 Peso (8 Reales)

MILLED COINAGE

CENTAVO

KM# 384 Copper, **Ruler:** Maximilian **Obv:** Crowned facing eagle, snake in beak **Rev:** Value and date within wreath **Obv. Legend:** IMPERIO MEXICANO **Edge:** Coarsely reeded **Mint:** Mexico City

Date	Mintage	F12	VF20	XF40	MS60	MS63
1864M	—	50.00	100	250	1,250	1,850

5 CENTAVOS

KM# 385 1.35 g., 0.903 Silver, 0.0393 oz. ASW **Ruler:** Maximilian **Mint:** Guanajuato

Date	Mintage	F12	VF20	XF40	MS60	MS63
1864G	90,000	17.50	35.00	85.00	320	—
1865G	—	20.00	30.00	65.00	300	—
1866G	—	75.00	150	300	2,000	—

KM# 385.1 1.35 g., 0.903 Silver, 0.0393 oz. ASW **Ruler:** Maximilian **Mint:** Mexico City

Date	Mintage	F12	VF20	XF40	MS60	MS63
1864M	—	12.50	20.00	55.00	300	—
1866/4M	—	25.00	40.00	75.00	425	—
1866M	—	20.00	35.00	65.00	400	—

KM# 385.2 1.35 g., 0.903 Silver, 0.0393 oz. ASW **Ruler:** Maximilian **Mint:** San Luis Potosi

Date	Mintage	F12	VF20	XF40	MS60	MS63
1864P	—	150	400	1,500	2,500	—

KM# 385.3 1.35 g., 0.903 Silver, 0.0393 oz. ASW **Ruler:** Maximilian **Obv:** Crowned facing eagle, snake in beak **Rev:** Value and date within wreath **Obv. Legend:** IMPERIO MEXICANO **Mint:** Zacatecas

Date	Mintage	F12	VF20	XF40	MS60	MS63
1865Z	—	25.00	45.00	150	450	650

10 CENTAVOS

KM# 386 2.71 g., 0.903 Silver, 0.0786 oz. ASW **Ruler:** Maximilian **Obv:** Crowned facing eagle, snake in beak **Rev:** Value and date within wreath **Obv. Legend:** IMPERIO MEXICANO **Mint:** Guanajuato

Date	Mintage	F12	VF20	XF40	MS60	MS63
1864G	45,000	20.00	45.00	90.00	325	—
1865G	—	30.00	60.00	110	375	—

KM# 386.1 2.71 g., 0.903 Silver, 0.0786 oz. ASW **Ruler:** Maximilian **Obv:** Crowned facing eagle, snake in beak **Rev:** Value and date within wreath **Obv. Legend:** IMPERIO MEXICANO **Mint:** Mexico City **Note:** Struck at Mexico City Mint, mint mark M.

Date	Mintage	F12	VF20	XF40	MS60	MS63
1864M	—	15.00	25.00	55.00	285	—
1866/4M	—	25.00	35.00	70.00	320	—
1866/5M	—	25.00	40.00	85.00	375	—
1866M	—	25.00	35.00	75.00	375	—

KM# 386.2 2.71 g., 0.903 Silver, 0.0786 oz. ASW **Ruler:** Maximilian **Mint:** San Luis Potosi

Date	Mintage	F12	VF20	XF40	MS60	MS63
1864P	—	70.00	150	300	700	—

KM# 386.3 2.71 g., 0.903 Silver, 0.0786 oz. ASW **Ruler:** Maximilian **Mint:** Zacatecas

Date	Mintage	F12	VF20	XF40	MS60	MS63
1865Z	—	22.50	55.00	165	525	750

50 CENTAVOS

KM# 387 13.54 g., 0.903 Silver, 0.393 oz. ASW
Ruler: Maximilian **Obv:** Head right, with beard **Rev:**
Crowned oval shield **Obv. Legend:** MAXIMILIANO
EMPERADOR **Rev. Legend:** IMPERIO MEXICANO
Designer: S. Navalon **Mint:** Mexico City

Date	Mintage	F12	VF20	XF40	MS60	MS63
1866Mo	31,000	40.00	95.00	225	850	2,250

PESO

KM# 388 27.07 g., 0.903 Silver, 0.7859 oz. ASW
Ruler: Maximilian **Obv:** Head right, with beard
Rev: Crowned arms with supporters **Obv. Legend:**
MAXIMILIANO EMPERADOR **Rev. Legend:**
IMPERIO MEXICANO **Designer:** S. Navalon **Mint:**
Guanajuato

Date	Mintage	F12	VF20	XF40	MS60	MS63
1866Go	—	375	575	1,200	3,750	—

KM# 388.1 27.07 g., 0.903 Silver, 0.7859 oz. ASW
Ruler: Maximilian **Obv:** Head right, with beard
Rev: Crowned arms with supporters **Obv. Legend:**
MAXIMILIANO EMPERADOR **Rev. Legend:**
IMPERIO MEXICANO **Designer:** S. Navalon **Mint:**
Mexico City

Date	Mintage	F12	VF20	XF40	MS60	MS63
1866Mo	2,148,000	36.00	55.00	175	400	—
1867Mo	1,238,000	48.00	80.00	240	450	—

KM# 388.2 27.07 g., 0.903 Silver, 0.7859 oz. ASW
Ruler: Maximilian **Obv:** Head right, with beard
Rev: Crowned arms with supporters **Obv. Legend:**
MAXIMILIANO EMPERADOR **Rev. Legend:**
IMPERIO MEXICANO **Designer:** S. Navalon **Mint:**
San Luis Potosi

Date	Mintage	F12	VF20	XF40	MS60	MS63
1866Pi	—	55.00	110	350	800	—

20 PESOS

KM# 389 33.84 g., 0.875 Gold, 0.952 oz. AGW
Ruler: Maximilian **Obv:** Head right, with beard
Rev: Crowned arms with supporters **Obv. Legend:**
MAXIMILIANO EMPERADOR **Rev. Legend:**
IMPERIO MEXICANO **Designer:** S. Navalon **Mint:**
Mexico City

Date	Mintage	F12	VF20	XF40	MS60	MS63
1866Mo	8,274	1,650	2,000	3,200	5,000	—

REPUBLIC
SECOND

DECIMAL COINAGE

CENTAVO

KM# 390 Copper, 25mm. **Obv:** Seated Liberty
Rev: Thick wreath. **Mint:** Mexico City

Date	Mintage	F12	VF20	XF40	MS60	MS63
1863Mo	—	13.50	32.50	75.00	500	—
Note: Round-top 3, reeded edge						
1863Mo	—	13.50	32.50	75.00	500	—
Note: Round-top 3, plain edge						
1863Mo	—	10.00	30.00	70.00	500	—
Note: Flat-top 3, reeded edge						

KM# 390.1 Copper, 26.5mm. **Obv:** Seated liberty
Rev: Value and date within wreath **Obv. Legend:**
LIBERTAD V REFORMA. **Mint:** San Luis Potosi

Date	Mintage	F12	VF20	XF40	MS60	MS63
1863SLP	1,024,999	15.00	32.50	75.00	425	—

KM# 391 Copper, **Obv:** Facing eagle, snake in
beak **Rev:** Value and date within wreath **Edge:**
Reeded. **Mint:** Alamos

Date	Mintage	F12	VF20	XF40	MS60
1875As Rare	—	—	—	—	—

Date	Mintage	F12	VF20	XF40	MS60
1876As	50,000	100	200	300	650
1880As	—	25.00	50.00	200	500
1881As	—	30.00	60.00	125	350

KM# 391.1 Copper, **Obv:** Facing eagle, snake in beak **Rev:** Value and date within wreath **Obv. Legend:** REPUBLICA MEXICANA **Edge:** Plain **Mint:** Culiacan

Date	Mintage	F12	VF20	XF40	MS60
1874Cn	266,000	12.50	17.50	35.00	250
1875/4Cn	153,000	15.00	20.00	45.00	250
1875Cn	Inc. above	10.00	15.00	25.00	250
1876Cn	154,000	5.00	8.00	15.00	200
1877/6Cn	993,000	7.50	11.50	17.50	200
1877Cn	Inc. above	6.00	9.00	15.00	200
1880Cn	142,000	7.50	10.00	12.50	200
1881Cn	167,000	7.50	10.00	25.00	200
1897Cn	300,000	2.50	5.00	12.00	50.00
Note: Large N in mint mark					
1897Cn	Inc. above	2.50	5.00	9.00	45.00
Note: Small N in mint mark					

KM# 391.2 Copper, **Obv:** Facing eagle, snake in beak **Rev:** Value and date within wreath **Mint:** Durango

Date	Mintage	F12	VF20	XF40	MS60	MS63
1879Do	110,000	10.00	35.00	60.00	200	—
1880Do	69,000	40.00	90.00	175	500	—
1891Do	—	8.00	25.00	50.00	200	—
1891Do/Mo	—	8.00	25.00	50.00	200	—

KM# 391.3 Copper, **Obv:** Facing eagle, snake in beak **Rev:** Value and date within wreath **Obv. Legend:** REPUBLICA MEXICANA **Mint:** Guadalajara

Date	Mintage	F12	VF20	XF40	MS60	MS63
1872Ga	263,000	15.00	30.00	60.00	225	—
1873Ga	333,000	6.00	9.00	25.00	200	—
1874Ga	76,000	15.00	25.00	50.00	200	—
1875Ga	—	10.00	15.00	30.00	200	—
1876Ga	303,000	3.00	6.00	17.50	200	—
1877Ga	108,000	4.00	6.00	20.00	200	—
1878Ga	543,000	4.00	6.00	15.00	200	—
1881/71Ga	975,000	7.00	9.00	20.00	—	—
1881Ga	Inc. above	7.00	9.00	20.00	200	—
1889Ga/Mo	—	3.50	5.00	25.00	200	—
1890Ga	—	4.00	7.50	20.00	200	—

KM# 391.4 Copper, **Obv:** Facing eagle, snake in beak **Rev:** Value and date within wreath **Mint:** Guanajuato

Date	Mintage	F12	VF20	XF40	MS60
1874Go	—	20.00	40.00	80.00	250

Date	Mintage	F12	VF20	XF40	MS60
1875Go	190,000	11.50	20.00	60.00	200
1876Go	—	125	200	350	750
1877Go Rare	—	—	—	—	—
1878Go	576,000	8.00	11.00	30.00	200
1880Go	890,000	6.00	10.00	25.00	200

KM# 391.5 Copper, **Obv:** Facing eagle, snake in beak **Rev:** Value and date within wreath **Obv. Inscription:** REPUBLICA MEXICANA **Mint:** Hermosillo

Date	Mintage	F12	VF20	XF40	MS60
1875Ho	3,500	450	—	—	—
1876Ho	8,508	50.00	100	225	500
1880Ho Short H, round O	102,000	7.50	15.00	50.00	200
1880Ho Tall H, oval O	Inc. above	7.50	15.00	50.00	200
1881Ho	459,000	5.00	10.00	50.00	200

KM# 391.6 7.40 g., Copper, **Obv:** Facing eagle, snake in beak **Rev:** Value and date within wreath **Obv. Legend:** REPUBLICA MEXICANA **Mint:** Mexico City **Note:** Varieties exist.

Date	Mintage	F12	VF20	XF40	MS60
1869Mo	1,874,000	7.50	25.00	60.00	200
1870/69Mo	1,200,000	10.00	25.00	60.00	225
1870Mo	Inc. above	8.00	20.00	50.00	200
1871Mo	918,000	8.00	15.00	40.00	200
1872/1Mo	1,625,000	6.50	10.00	30.00	200
1872Mo	Inc. above	6.00	9.00	25.00	200
1873Mo	1,605,000	4.00	7.50	20.00	200
1874/3Mo	1,700,000	5.00	7.00	15.00	100
1874Mo	Inc. above	3.00	5.50	15.00	100
1874Mo	Inc. above	5.00	10.00	25.00	200
1875Mo	1,495,000	6.00	8.00	30.00	100
1876Mo	1,600,000	3.00	5.50	12.50	100
1877Mo	1,270,000	3.00	5.50	13.50	100
1878/5Mo	1,900,000	7.50	11.00	22.50	125
1878/6Mo	Inc. above	7.50	11.00	22.50	125
1878/7Mo	Inc. above	7.50	11.00	20.00	125
1878Mo	Inc. above	6.00	9.00	13.50	100
1879/8Mo	1,505,000	4.50	6.50	13.50	100
1879Mo	Inc. above	3.00	5.50	12.50	75.00
1880/70Mo	1,130,000	5.50	7.50	15.00	100
1880/72Mo	Inc. above	20.00	50.00	100	250
1880/79Mo	Inc. above	15.00	35.00	75.00	175
1880Mo	Inc. above	4.25	6.00	12.50	75.00
1881Mo	1,060,000	4.50	7.00	15.00	75.00
1886Mo	12,687,000	1.50	2.00	10.00	40.00
1887Mo	7,292,000	1.50	2.00	10.00	35.00
1888/78Mo	9,984,000	2.50	3.00	10.00	30.00
1888/7Mo	Inc. above	2.50	3.00	10.00	30.00

Date	Mintage	F12	VF20	XF40	MS60
1888Mo	Inc. above	1.50	2.00	10.00	30.00
1889Mo	19,970,000	2.00	3.00	10.00	30.00
1890/89Mo	18,726,000	2.50	3.00	12.00	40.00
1890/990Mo	Inc. above	2.50	3.00	12.00	40.00
1890Mo	Inc. above	1.50	2.00	10.00	30.00
1891Mo	14,544,000	1.50	2.00	10.00	30.00
1892Mo	12,908,000	1.50	2.00	10.00	30.00
1893/2Mo	5,078,000	2.50	3.00	12.00	35.00
1893Mo	Inc. above	1.50	2.00	10.00	30.00
1894/3Mo	1,896,000	3.00	6.00	15.00	50.00
1894Mo	Inc. above	2.00	3.00	12.00	35.00
1895/3Mo	3,453,000	3.00	4.50	12.50	35.00
1895/85Mo	Inc. above	3.00	6.00	15.00	50.00
1895Mo	Inc. above	2.00	3.00	10.00	30.00
1896Mo	3,075,000	2.00	3.00	10.00	30.00
1897Mo	4,150,000	1.50	2.00	10.00	30.00

KM# 391.7 Copper, Obv: Facing eagle, snake in beak **Rev:** Value and date within wreath **Obv. Legend:** REPUBLICA MEXICANA **Mint:** Oaxaca

Date	Mintage	F12	VF20	XF40	MS60	MS63
1872Oa	16,000	300	500	1,200	—	—
1873Oa	11,000	350	600	—	—	—
1874Oa	4,835	450	—	—	—	—
1875Oa	2,860	500	—	—	—	—

KM# 391.8 Copper, Obv: Facing eagle, snake in beak **Rev:** Value and date within wreath **Obv. Legend:** REPUBLICA MEXICANA **Mint:** San Luis Potosi

Date	Mintage	F12	VF20	XF40	MS60	MS63
1871Pi Rare	—	—	—	—	—	—
1877Pi	249,000	15.00	50.00	200	—	—
1878Pi	751,000	12.50	25.00	50.00	200	—
1878	—	—	—	—	—	—
Note: Pp error mintmark - rare						
1891Pi/Mo	—	10.00	50.00	150	300	—
1891Pi	—	8.00	25.00	125	250	—

KM# 391.9 Copper, Obv: Facing eagle, snake in beak **Rev:** Value and date within wreath **Mint:** Zacatecas **Note:** Struck at Zacatecas Mint, mint mark Zs.

Date	Mintage	F12	VF20	XF40	MS60
1872Zs	55,000	22.50	30.00	100	300
1873Zs	1,460,000	4.00	8.00	25.00	150
1874/3Zs	685,000	5.50	11.00	30.00	250
1874Zs	Inc. above	4.00	8.00	25.00	200
1875/4Zs	200,000	8.50	17.00	45.00	250
1875Zs	Inc. above	7.00	14.00	35.00	200
1876Zs	—	5.00	10.00	25.00	200
1877Zs	—	50.00	125	300	750
1878Zs	—	4.50	9.00	25.00	200

Date	Mintage	F12	VF20	XF40	MS60
1880Zs	100,000	5.00	10.00	30.00	200
1881Zs	1,200,000	4.25	8.00	25.00	150

KM# 392 Copper-Nickel, Obv: Crossed bow and quiver above date **Rev:** Value within wreath **Obv. Legend:** REPUBLICA MEXICANA **Mint:** Mexico City

Date	Mintage	F12	VF20	XF40	MS60	MS63
1882Mo	99,955,000	7.50	12.50	17.50	35.00	—
1883Mo	Inc. above	0.50	0.75	1.50	2.50	4.00

KM# 393 Copper, Obv: Facing eagle, snake in beak **Rev:** Value and date within wreath **Obv. Legend:** REPUBLICA MEXICANA **Mint:** Mexico City **Note:** Varieties exist.

Date	Mintage	F12	VF20	XF40	MS60	MS63
1898Mo	1,529,000	4.00	6.00	15.00	50.00	—

KM# 394.1 2.61 g., Copper, Obv: Facing eagle, snake in beak **Rev:** Value below date within wreath **Obv. Legend:** REPUBLICA MEXICANA **Mint:** Mexico City **Note:** Reduced size. Varieties exist.

Date	Mintage	F12	VF20	XF40	MS60
1899M	51,000	150	175	300	800
1900M Wide date	4,010,000	2.50	4.00	8.00	28.00
1900M Narrow date	Inc. above	2.50	4.00	8.00	28.00
1901M	1,494,000	3.00	8.00	25.00	100
1902/899M	2,090,000	30.00	75.00	200	600
1902M	Inc. above	2.25	4.00	10.00	40.00
1903M	8,400,000	1.50	3.00	7.00	20.00
1904/3M	10,250,000	1.50	10.00	20.00	55.00
1904M	Inc. above	1.50	3.00	8.00	25.00
1905M	3,643,000	2.25	4.00	10.00	40.00

KM# 394 Copper, Obv: National arms **Rev:** Value below date within wreath **Mint:** Culiacan **Note:** Reduced size. Varieties exist.

Date	Mintage	F12	VF20	XF40	MS60	MS63
1901C	220,000	15.00	22.50	60.00	150	—
1902C	320,000	15.00	22.50	50.00	90.00	—
1903C	536,000	7.50	12.50	20.00	50.00	—

Date	Mintage	F12	VF20	XF40	MS60	MS63
1904/3C	148,000	35.00	50.00	150	350	—
1905C	110,000	100	150	300	600	—

2 CENTAVOS

KM# 395 Copper-Nickel, **Obv:** Crossed bow and quiver above date **Rev:** Value within wreath **Obv. Legend:** REPUBLICA MEXICANA **Mint:** Mexico City

Date	Mintage	F12	VF20	XF40	MS60
1882	50,023,000	2.00	3.00	7.50	15.00
1883/2	Inc. above	2.00	3.00	7.50	15.00
1883	Inc. above	0.50	0.75	1.00	2.50

5 CENTAVOS

KM# 396 1.35 g., 0.903 Silver, 0.0393 oz. ASW **Obv:** Facing eagle, snake in beak **Rev:** Value within wreath **Obv. Legend:** REPUBLICA MEXICANA **Mint:** Chihuahua

Date	Mintage	F12	VF20	XF40	MS60	MS63
1868Ca	—	40.00	65.00	125	450	—
1869Ca	30,000	25.00	40.00	100	400	—
1870/69Ca	—	35.00	55.00	120	425	—
1870Ca	35,000	30.00	50.00	100	400	—

KM# 396.1 1.35 g., 0.903 Silver, 0.0393 oz. ASW **Obv:** Facing eagle, snake in beak **Rev:** Value within wreath **Mint:** San Luis Potosi

Date	Mintage	F12	VF20	XF40	MS60	MS63
1863SLP	—	37.50	135	350	1,200	—

KM# 397 1.35 g., 0.903 Silver, 0.0393 oz. ASW **Obv:** Facing eagle, snake in beak **Rev:** Radiant cap **Obv. Legend:** REPUBLICA MEXICANA **Mint:** Mexico City **Note:** Varieties exist.

Date	Mintage	F12	VF20	XF40	MS60	MS63
1867Mo	—	20.00	45.00	110	400	—
1867/3Mo	—	22.50	50.00	125	425	—
1868/7Mo	—	22.50	50.00	150	500	—
1868Mo	—	18.50	42.50	100	400	—

KM# 397.1 1.35 g., 0.903 Silver, 0.0393 oz. ASW **Obv:** Facing eagle, snake in beak **Rev:** Radiant cap **Mint:** San Luis Potosi

Date	Mintage	F12	VF20	XF40	MS60	MS63
1868P	Inc. above	20.00	45.00	100	400	—
1868/7P	34,000	25.00	50.00	125	450	—
1869P	14,000	150	300	600	—	—

KM# 398 1.35 g., 0.903 Silver, 0.0393 oz. ASW **Obv:** Facing eagle, snake in beak **Rev:** Value within 1/2 wreath **Mint:** Alamos

Date	Mintage	F12	VF20	XF40	MS60	MS63
1874As DL	—	10.00	20.00	40.00	150	—
1875As DL	—	10.00	20.00	40.00	150	—

Date	Mintage	F12	VF20	XF40	MS60	MS63
1876As L	—	22.00	45.00	70.00	160	—
1878As L	—	250	350	650	950	—
Note: Mule, gold peso reverse						
1879As L	—	40.00	65.00	120	275	—
Note: Mule, gold peso obverse						
1880As L	12,000	55.00	85.00	165	325	—
Note: Mule, gold peso obverse						
1886As L	43,000	12.00	25.00	50.00	165	—
1886As L	Inc. above	55.00	85.00	165	300	—
Note: Mule, gold peso obverse						
1887As L	20,000	25.00	50.00	75.00	165	—
1888As L	32,000	12.00	25.00	50.00	125	—
1889As L	16,000	25.00	50.00	100	200	—
1890As L	30,000	25.00	50.00	85.00	175	—
1891As L	8,000	65.00	125	200	400	—
1892As L	13,000	20.00	40.00	60.00	125	—
1893As L	24,000	10.00	20.00	45.00	90.00	—
1895As L	20,000	10.00	20.00	45.00	90.00	—

KM# 398.1 1.35 g., 0.903 Silver, 0.0393 oz. ASW **Obv:** Facing eagle, snake in beak **Rev:** Value within 1/2 wreath **Mint:** Chihuahua **Note:** Mint mark: *Ca or Ch*.

Date	Mintage	F12	VF20	XF40	MS60
1871* M	14,000	20.00	40.00	100	250
1873* M Crude date	—	100	150	250	500
1874* M Crude date	—	25.00	50.00	75.00	150
1886* M	25,000	7.50	15.00	30.00	100
1887* M	37,000	7.50	15.00	30.00	100
1887* Ca/MoM	Inc. above	10.00	20.00	40.00	125
1888* M	145,000	1.50	3.00	6.00	25.00
1889* M	44,000	5.00	10.00	20.00	50.00
1890* M	102,000	1.50	3.00	6.00	25.00
1891* M	164,000	1.50	3.00	6.00	25.00
1892* M	85,000	1.50	3.00	6.00	25.00
1892* M/U	—	2.00	4.00	7.50	30.00
1892* M 9/ inverted 9	Inc. above	2.00	4.00	7.50	30.00
1893* M	133,000	1.50	3.00	6.00	25.00
1894* M	108,000	1.50	3.00	6.00	25.00
1895* M	74,000	2.00	4.00	7.50	30.00

KM# 398.2 1.35 g., 0.903 Silver, 0.0393 oz. ASW **Obv:** Facing eagle, snake in beak **Rev:** Value within 1/2 wreath **Mint:** Culiacan

Date	Mintage	F12	VF20	XF40	MS60
1871Cn P	—	125	200	350	—
1873Cn P	4,992	50.00	100	200	400
1874Cn P	—	25.00	50.00	100	200
1875Cn P Rare	—	—	—	—	—
1876Cn P	—	25.00	50.00	100	200
1886Cn M	10,000	25.00	50.00	100	200
1887Cn M	10,000	25.00	50.00	100	200
1888Cn M	119,000	1.50	3.00	6.00	30.00
1889Cn M	66,000	4.00	7.50	15.00	50.00
189/80Cn M	—	2.00	4.00	8.00	40.00
1890Cn M	180,000	1.50	3.00	6.00	25.00
1890/9Cn M	—	2.00	4.00	8.00	40.00
1890Cn D Error	Inc. above	175	275	400	—
1891Cn M	87,000	2.00	4.00	7.50	25.00
1894Cn M	24,000	4.00	7.50	15.00	40.00
1896Cn M	16,000	7.50	12.50	25.00	75.00
1897Cn M	223,000	1.50	2.50	5.00	20.00

KM# 398.3 1.35 g., 0.903 Silver, 0.0393 oz. ASW **Obv:** Facing eagle, snake in beak **Rev:** Value within 1/2 wreath **Mint:** Durango

Date	Mintage	F12	VF20	XF40	MS60	MS63
1874Do M	—	100	150	225	500	—
1877Do P	4,795	75.00	125	225	450	—
1878/7Do E/P	4,300	200	300	450	—	—
1879Do B	—	125	200	350	—	—
1880Do B Rare	—	—	—	—	—	—
1881Do P	3,020	300	500	800	—	—
1887Do C	42,000	5.00	8.00	17.50	60.00	—
1888/9Do C	91,000	6.00	10.00	20.00	70.00	—
1888Do C	Inc. above	4.00	7.50	15.00	55.00	125
1889Do C	49,000	3.50	6.00	12.50	50.00	—
1890Do C	136,000	4.00	7.50	15.00	55.00	—
1890Do P	Inc. above	5.00	8.00	17.50	60.00	—
1891/0Do P	48,000	3.50	6.00	12.50	50.00	—
1891Do P	Inc. above	3.00	5.00	10.00	45.00	—
1894Do D	38,000	3.50	6.00	12.50	50.00	—

KM# 398.4 1.35 g., 0.903 Silver, 0.0393 oz. ASW **Obv:** Facing eagle, snake in beak **Rev:** Value within 1/2 wreath **Mint:** Guadalajara

Date	Mintage	F12	VF20	XF40	MS60
1877Ga A	—	15.00	30.00	60.00	150
1881Ga S	156,000	4.00	7.50	15.00	60.00
1886Ga S	87,000	2.00	4.00	7.50	25.00
1888Ga S Large G	262,000	2.00	4.00	10.00	30.00
1888Ga S Small G	Inc. above	2.00	4.00	10.00	30.00
1889Ga S	178,000	1.50	3.00	7.50	25.00
1890Ga S	68,000	4.00	7.50	12.50	35.00
1891Ga S	50,000	4.00	6.50	10.00	35.00
1892Ga S	78,000	2.00	4.00	7.50	25.00
1893Ga S	44,000	4.00	7.50	15.00	45.00

KM# 398.5 1.35 g., 0.903 Silver, 0.0393 oz. ASW **Obv:** Facing eagle, snake in beak **Rev:** Value within 1/2 wreath **Obv. Legend:** REPUBLICA MEXICANA **Mint:** Guanajuato

Date	Mintage	F12	VF20	XF40	MS60	MS63
1869Go S	80,000	15.00	30.00	75.00	175	—
1871Go S	100,000	5.00	10.00	25.00	75.00	—
1872Go S	30,000	30.00	60.00	125	250	—
1873Go S	40,000	30.00	60.00	125	250	—
1874Go S	—	7.00	12.00	25.00	75.00	—
1875Go S	—	8.00	15.00	30.00	75.00	—
1876Go S	—	8.00	15.00	30.00	75.00	—
1877Go S	—	7.00	12.00	20.00	75.00	—
1878/7Go S	20,000	8.00	15.00	25.00	75.00	—
1879Go S	—	8.00	15.00	25.00	75.00	—
1880Go S	55,000	15.00	30.00	60.00	200	—
1881/0Go S	160,000	5.00	8.00	17.50	60.00	150
1881Go S	Inc. above	4.00	6.00	12.00	45.00	110
1886Go R	230,000	1.50	3.00	6.00	30.00	75.00
1887Go R/S	—	1.50	3.00	6.00	30.00	75.00
1887Go R	230,000	1.50	2.50	5.00	30.00	75.00
1888Go R	320,000	1.50	2.50	5.00	20.00	60.00
1889Go R/S	—	4.00	6.00	12.00	45.00	110
1889Go R	60,000	4.00	6.00	12.00	45.00	110

Date	Mintage	F12	VF20	XF40	MS60	MS63
1890/5Go R/S	—	1.50	3.00	6.00	30.00	75.00
1890Go R	250,000	1.50	2.50	5.00	20.00	60.00
1891/0Go R	168,000	1.80	3.00	6.00	30.00	75.00
1891Go R	Inc. above	1.50	2.50	5.00	20.00	60.00
1892Go R	138,000	1.50	3.00	6.00	25.00	65.00
1893Go R	200,000	1.25	2.50	5.00	20.00	60.00
1894Go R	200,000	1.25	2.50	5.00	20.00	60.00
1896Go R	525,000	1.25	2.00	4.00	15.00	50.00
1896Go R/S	—	1.50	3.00	6.00	25.00	65.00
1897Go R	596,000	1.50	2.00	4.00	15.00	50.00
1898Go R	—	—	—	—	—	—

KM# 398.6 1.35 g., 0.903 Silver, 0.0393 oz. ASW **Obv:** Facing eagle, snake in beak **Rev:** Value within 1/2 wreath **Mint:** Hermosillo

Date	Mintage	F12	VF20	XF40	MS60
1874/69Ho R	—	125	225	350	—
1874Ho R	—	100	200	325	—
1878/7Ho A Rare	22,000	—	—	—	—
1878Ho A	Inc. above	20.00	40.00	80.00	175
1878Ho A	Inc. above	40.00	80.00	150	300
Note: Mule, gold peso obverse					
1880Ho A	43,000	7.50	15.00	30.00	75.00
1886Ho G	44,000	5.00	10.00	20.00	75.00
1887Ho G	20,000	5.00	10.00	20.00	75.00
1888Ho G	12,000	7.50	15.00	30.00	85.00
1889Ho G	67,000	3.00	6.00	12.50	40.00
1890Ho G	50,000	3.00	6.00	12.50	40.00
1891Ho G	46,000	3.00	6.00	12.50	40.00
1893Ho G	84,000	2.50	5.00	10.00	30.00
1894Ho G	68,000	2.00	4.00	10.00	30.00

KM# 398.7 1.35 g., 0.903 Silver, 0.0393 oz. ASW **Obv:** Facing eagle, snake in beak **Rev:** Value within 1/2 wreath **Obv. Legend:** REPUBLICA MEXICANA **Mint:** Mexico City **Note:** Mint mark Mo. Varieties exist.

Date	Mintage	F12	VF20	XF40	MS60
1869/8Mo C	40,000	8.00	15.00	40.00	120
1870Mo C	140,000	4.00	7.00	20.00	60.00
1871Mo C	103,000	9.00	20.00	40.00	100
1871Mo M	Inc. above	7.50	12.50	25.00	60.00
1872Mo M	266,000	5.00	8.00	20.00	55.00
1873Mo M	20,000	40.00	60.00	100	225
1874/69Mo M	—	7.50	15.00	30.00	75.00
1874Mo M	—	4.00	7.00	17.50	50.00
1874/3Mo B	—	5.00	8.00	22.50	55.00
1874Mo B	—	5.00	8.00	22.50	55.00
1875Mo B	—	4.00	7.00	15.00	50.00
1875Mo B/M	—	6.00	9.00	17.50	60.00
1876/5Mo B	—	4.00	7.00	12.50	50.00
1876Mo B	—	4.00	7.00	12.50	50.00
1877/6Mo M	—	4.00	7.00	15.00	60.00
1877Mo M	80,000	4.00	7.00	15.00	60.00
1877Mo M	Inc. above	4.00	7.00	12.50	60.00
1878/7Mo M	100,000	4.00	7.00	15.00	55.00
1878Mo M	Inc. above	2.50	5.00	12.50	45.00
1879/8Mo M	—	8.00	12.50	22.50	55.00
1879Mo M	—	4.50	7.00	15.00	50.00
1879Mo M 9/ inverted 9	—	10.00	15.00	25.00	75.00

Date	Mintage	F12	VF20	XF40	MS60
1880/76Mo M/B	—	5.00	7.50	15.00	50.00
1880/76Mo M	—	5.00	7.50	15.00	50.00
1880Mo M	—	4.00	6.00	12.00	40.00
1881/0Mo M	180,000	4.00	6.00	10.00	35.00
1881Mo M	Inc. above	3.00	4.50	9.00	35.00
1886/0Mo M	398,000	2.00	2.75	7.50	25.00
1886/1Mo M	Inc. above	2.00	2.75	7.50	25.00
1886Mo M	Inc. above	1.75	2.25	6.00	20.00
1887Mo m	720,000	1.75	2.00	5.00	20.00
1887Mo M/m	Inc. above	1.75	2.00	6.00	20.00
1888/7Mo M	1,360,000	2.25	2.50	6.00	20.00
1888Mo M	Inc. above	1.75	2.00	5.00	20.00
1889/8Mo M	1,242,000	2.25	2.50	6.00	20.00
1889Mo M	Inc. above	1.75	2.00	5.00	20.00
1890/00Mo M	1,694,000	1.75	2.75	6.00	20.00
1890Mo M	Inc. above	1.50	2.00	5.00	20.00
1891Mo M	1,030,000	1.75	2.00	5.00	20.00
1892Mo M	1,400,000	1.75	2.00	5.00	20.00
1892Mo M 9/ inverted 9	Inc. above	2.00	2.75	7.50	20.00
1893Mo M	220,000	1.75	2.00	5.00	15.00
1894Mo M	320,000	1.75	2.00	5.00	15.00
1895Mo M	78,000	3.00	5.00	8.00	25.00
1896Mo B	80,000	1.75	2.00	5.00	20.00
1897Mo B	160,000	1.75	2.00	5.00	15.00

KM# 398.8 1.35 g., 0.903 Silver, 0.0393 oz. ASW **Obv:** Facing eagle, snake in beak **Rev:** Value within 1/2 wreath **Obv. Legend:** REPUBLICA MEXICANA **Mint:** Oaxaca

Date	Mintage	F12	VF20	XF40	MS60
1890Oa E Rare	48,000	—	—	—	—
1890Oa N	Inc. above	65.00	125	200	350

KM# 398.9 1.35 g., 0.903 Silver, 0.0393 oz. ASW **Obv:** Facing eagle, snake in beak **Rev:** Value within 1/2 wreath **Mint:** San Luis Potosi **Note:** Varieties exist.

Date	Mintage	F12	VF20	XF40	MS60
1869Pi S	—	375	500	625	—
1870Pi G/MoC	20,000	190	325	500	—
1870Pi O	Inc. above	250	375	575	—
1871Pi O Rare	5,400	—	—	—	—
1872Pi O	—	75.00	100	175	400
1873Pi Rare	5,000	—	—	—	—
1874Pi H	—	30.00	50.00	100	225
1875Pi H	—	7.50	12.50	30.00	75.00
1876Pi H	—	10.00	20.00	45.00	100
1877Pi H	—	7.50	12.50	20.00	60.00
1878/7Pi H Rare	—	—	—	—	—
1878Pi H	—	60.00	90.00	150	300
1879 H	—	200	400	—	—
1880Pi H Rare	6,200	—	—	—	—
1881Pi H Rare	4,500	—	—	—	—
1886Pi R	33,000	12.50	25.00	50.00	125
1887/0Pi R	169,000	4.00	7.50	15.00	45.00
1887Pi R	Inc. above	3.00	5.00	10.00	32.00
1888Pi R	210,000	2.00	4.00	9.00	30.00
1889/7Pi R	197,000	2.50	5.00	10.00	32.00
1889Pi R	Inc. above	2.00	4.00	9.00	30.00
1890Pi R	221,000	2.00	3.00	6.00	25.00
1891/89Pi R/B	176,000	2.00	4.00	8.00	25.00
1891/0Pi R/B	—	2.00	4.00	8.00	25.00
1891Pi R	Inc. above	2.00	3.00	6.00	20.00
1892/89Pi R	182,000	2.00	4.00	8.00	25.00
1892/0Pi R	Inc. above	2.00	4.00	8.00	25.00

Date	Mintage	F12	VF20	XF40	MS60
1892Pi R	Inc. above	2.00	3.00	6.00	20.00
1893Pi R	41,000	5.00	10.00	20.00	60.00

KM# 398.10 1.35 g., 0.903 Silver, 0.0393 oz. ASW **Obv:** Facing eagle, snake in beak **Rev:** Value within 1/2 wreath **Mint:** Zacatecas

Date	Mintage	F12	VF20	XF40	MS60
1870Zs H	40,000	12.50	25.00	50.00	125
1871Zs H	40,000	12.50	25.00	50.00	125
1872Zs H	40,000	12.50	25.00	50.00	125
1873/2Zs H	20,000	35.00	65.00	125	275
1873Zs H	Inc. above	25.00	50.00	100	250
1874Zs H	—	7.50	12.50	25.00	75.00
1874Zs A	—	40.00	75.00	150	300
1875Zs A	—	7.50	12.50	25.00	75.00
1876Zs A	—	50.00	75.00	150	500
1876/5Zs S	—	15.00	30.00	60.00	150
1876Zs S	—	12.50	25.00	50.00	125
1877Zs S	—	3.00	6.00	12.00	40.00
1878Zs S	60,000	3.00	6.00	12.00	40.00
1879/8Zs S	—	3.00	6.00	15.00	50.00
1879Zs S	—	3.00	6.00	12.00	40.00
1880/79Zs S	130,000	6.00	10.00	20.00	60.00
1880Zs S	Inc. above	5.00	8.00	16.00	45.00
1881Zs S	210,000	2.50	5.00	10.00	35.00
1886/4Zs S	360,000	6.00	10.00	20.00	60.00
1886Zs S	Inc. above	2.00	3.00	6.00	20.00
1886Zs Z	Inc. above	5.00	10.00	25.00	65.00
1887Zs Z	400,000	2.00	3.00	6.00	25.00
1888/7Zs Z	500,000	2.00	3.00	6.00	25.00
1888Zs Z	Inc. above	2.00	3.00	6.00	25.00
1889Zs Z	520,000	2.00	3.00	6.00	25.00
1889Zs Z 9/ inverted 9	Inc. above	2.00	3.00	6.00	25.00
1889Zs Z/MoM	Inc. above	2.00	3.00	6.00	25.00
1890Zs Z	580,000	1.75	2.50	5.00	20.00
1890Zs Z/MoM	Inc. above	2.00	3.00	6.00	25.00
1890Zs ZsZ 9/8	—	2.00	3.00	6.00	25.00
1890Zs ZsZ 0/9 Z/M	—	2.00	3.00	6.00	25.00
1891Zs Z	420,000	1.75	2.50	5.00	20.00
1892Zs Z	346,000	1.75	2.50	5.00	20.00
1893Zs Z	258,000	1.75	2.50	5.00	20.00
1894Zs ZoZ Error	Inc. above	2.00	4.00	8.00	30.00
1894Zs Z	228,000	1.75	2.50	5.00	20.00
1895Zs Z	260,000	1.75	2.50	5.00	20.00
1895/4Zs ZsZ	—	2.00	3.00	6.00	25.00
1896Zs Z	200,000	1.75	2.50	5.00	20.00
1896Zs 6/ inverted 6	Inc. above	2.00	3.00	6.00	25.00
1897/6Zs Z	200,000	2.00	3.00	6.00	25.00
1897Zs Z	Inc. above	1.75	2.50	5.00	20.00

KM#399 Copper-Nickel, **Obv:** Crossed bow and quiver above date **Rev:** Value within wreath **Obv. Legend:** REPUBLICA MEXICANA **Mint:** Mexico City

Date	Mintage	F12	VF20	XF40	MS60
1882	Inc. above	0.50	1.00	2.50	7.50

Date	Mintage	F12	VF20	XF40	MS60
1883	Inc. above	25.00	50.00	80.00	250

KM# 400 1.35 g., 0.9027 Silver, 0.0393 oz. ASW 14mm. **Obv:** Facing eagle, snake in beak **Rev:** Value within 1/2 wreath **Obv. Legend:** REPUBLICA MEXICANA **Mint:** Culiacan **Note:** Varieties exist.

Date	Mintage	F12	VF20	XF40	MS60	MS63
1898Cn M	44,000	2.00	5.00	10.00	25.00	—
1899Cn M	111,000	7.00	10.00	25.00	60.00	—
1899Cn Q	Inc. above	2.00	3.00	5.00	18.00	—
1900/800Cn Q	239,000	4.00	6.00	15.00	36.00	—
1900Cn Q	Inc. above	2.00	4.00	7.00	20.00	—
Note: Round Q, single tail						
1900Cn Q	Inc. above	2.00	4.00	7.00	20.00	—
Note: Narrow C, oval Q						
1900Cn Q	Inc. above	2.00	4.00	7.00	20.00	—
Note: Wide C, oval Q						
1901Cn Q	148,000	2.00	4.00	7.00	25.00	30.00
1902Cn Q	262,000	2.00	4.00	7.00	20.00	25.00
Note: Narrow C, heavy serifs						
1902Cn Q	Inc. above	2.00	4.00	7.00	20.00	25.00
Note: Wide C, light serifs						
1903/1Cn Q	331,000	2.50	4.00	7.00	20.00	25.00
1903Cn Q	Inc. above	2.00	3.00	5.00	18.00	23.00
1903Cn V	Inc. above	2.00	3.00	5.00	18.00	23.00
1904Cn H	352,000	2.00	2.75	6.00	20.00	25.00
1904Cn H/C Cn	—	2.00	3.00	6.00	20.00	25.00

KM# 400.1 1.35 g., 0.9027 Silver, 0.0393 oz. ASW **Obv:** Facing eagle, snake in beak **Rev:** Value within 1/2 wreath **Mint:** Guanajuato **Note:** Varieties exist.

Date	Mintage	F12	VF20	XF40	MS60	MS63
1898Go R	180,000	7.50	15.00	30.00	75.00	—
Note: Mule, gold peso obverse						
1899Go R	260,000	1.75	2.50	4.50	15.00	—
1900Go R	200,000	1.75	2.50	4.50	15.00	—

KM# 400.2 1.35 g., 0.9027 Silver, 0.0393 oz. ASW 15mm. **Obv:** Facing eagle, snake in beak **Rev:** Value within 1/2 wreath **Edge:** Reeded **Mint:** Mexico City

Date	Mintage	F12	VF20	XF40	MS60	MS63
1898Mo M	80,000	2.50	5.00	8.00	30.00	—
1899Mo M	168,000	2.00	3.00	5.00	18.00	—
1900/800Mo M	300,000	5.00	8.00	12.00	36.00	—
1900Mo M	Inc. above	2.00	3.00	5.00	18.00	—
1901Mo M	100,000	2.00	3.00	8.00	23.00	25.00
1902/1Mo MoM	—	2.00	4.00	10.00	23.00	25.00
1902Mo M	144,000	1.50	2.50	7.00	18.00	20.00
1903Mo M	500,000	1.50	2.50	6.00	15.00	18.00
1904/804Mo M	1,090,000	2.00	4.00	7.00	18.00	18.00
1904Mo M	Inc. above	2.00	4.00	7.00	15.00	20.00
1905Mo M	344,000	2.00	4.00	8.00	18.00	20.00

KM# 400.3 1.35 g., 0.9027 Silver, 0.0393 oz. ASW **Obv:** Facing eagle, snake in beak **Rev:** Value within 1/2 wreath **Mint:** Zacatecas

Date	Mintage	F12	VF20	XF40	MS60	MS63
1898Zs Z	100,000	2.00	2.75	5.00	15.00	—
1899Zs Z	50,000	2.50	4.00	8.00	25.00	—
1900Zs Z	55,000	2.00	3.00	6.00	20.00	—

Date	Mintage	F12	VF20	XF40	MS60	MS63
1901Zs Z	40,000	2.50	5.00	11.00	30.00	35.00
1902/1Zs Z	34,000	2.50	5.00	11.00	28.00	30.00
1902Zs Z	Inc. above	2.00	5.00	11.00	35.00	40.00
1903Zs Z	217,000	1.50	2.50	7.00	18.00	22.00
1904Zs Z	191,000	2.00	3.00	7.00	18.00	22.00
1904Zs M	Inc. above	4.00	10.00	18.00	60.00	75.00
1905Zs M	46,000	10.00	25.00	50.00	200	250
1905Zs M Repullica; Rare	Inc. above	75.00	125	250	600	900

10 CENTAVOS

KM# 402 2.71 g., 0.903 Silver, 0.0786 oz. ASW **Obv:** Facing eagle, snake in beak **Rev:** Radiant cap **Mint:** Mexico City

Date	Mintage	F12	VF20	XF40	MS60	MS63
1867/3Mo	—	50.00	100	200	550	—
1867Mo	—	20.00	50.00	150	450	—
1868/7Mo	—	20.00	50.00	175	500	—
1868Mo	—	20.00	55.00	175	500	—

KM# 402.1 2.71 g., 0.903 Silver, 0.0786 oz. ASW **Obv:** Facing eagle, snake in beak **Rev:** Radiant cap **Obv. Legend:** REPUBLICA MEXICANA **Mint:** San Luis Potosi

Date	Mintage	F12	VF20	XF40	MS60
1868/7P	38,000	50.00	95.00	200	675
1868P	Inc. above	25.00	45.00	125	575
1869/7P	4,900	60.00	130	275	825

KM# 401.1 2.71 g., 0.903 Silver, 0.0786 oz. ASW **Obv:** Facing eagle, snake in beak **Rev:** Value within wreath **Mint:** Chihuahua **Note:** Previous KM#401.

Date	Mintage	F12	VF20	XF40	MS60	MS63
1868/7Ca	—	30.00	60.00	150	550	—
1868Ca	—	30.00	60.00	150	550	—
1869Ca	15,000	25.00	50.00	125	600	—
1870Ca	17,000	22.50	45.00	100	550	—

KM# 401.2 2.71 g., 0.903 Silver, 0.0786 oz. ASW **Obv:** Facing eagle, snake in beak **Rev:** Value and date within wreath **Obv. Legend:** REPUBLICA MEXICANA **Mint:** San Luis Potosi

Date	Mintage	F12	VF20	XF40	MS60	MS63
1863SLP	—	75.00	150	275	900	—

KM# 403 2.71 g., 0.903 Silver, 0.0786 oz. ASW **Obv:** Facing eagle, snake in beak **Rev:** Value within 1/2 wreath **Mint:** Alamos **Note:** Varieties exist.

Date	Mintage	F12	VF20	XF40	MS60	MS63
1874As DL	—	20.00	40.00	80.00	175	—
1875As L	—	5.00	10.00	25.00	90.00	—
1876As L	—	10.00	18.00	40.00	110	—
1878As L	—	5.00	10.00	30.00	100	—
1878/7As L	—	10.00	18.00	45.00	120	—
1879As L	—	10.00	18.00	40.00	110	—
1880As L	13,000	10.00	18.00	40.00	110	—

Date	Mintage	F12	VF20	XF40	MS60	MS63
1882As L	22,000	10.00	18.00	40.00	110	—
1883As L	8,520	25.00	50.00	100	225	—
1884As L	—	7.50	12.50	35.00	100	—
1885As L	15,000	7.50	12.50	35.00	100	—
1886As L	45,000	7.50	12.50	35.00	100	—
1887As L	15,000	7.50	12.50	35.00	100	—
1888As L	38,000	7.50	12.50	35.00	100	—
1889As L	20,000	7.50	12.50	35.00	100	—
1890As L	40,000	7.50	12.50	35.00	100	—
1891As L	38,000	7.50	12.50	35.00	100	—
1892As L	57,000	5.00	10.00	25.00	90.00	—
1893As L	70,000	10.00	18.00	40.00	110	—

Note: An 1891 As L over 1889 HoG exists which was evidently produced at the Alamos Mint using dies sent from the Hermosillo Mint.

KM# 403.1 2.71 g., 0.903 Silver, 0.0786 oz. ASW **Obv:** Facing eagle, snake in beak **Rev:** Value within 1/2 wreath **Mint:** Chihuahua **Note:** Mint mark CH, Ca. Varieties exist.

Date	Mintage	F12	VF20	XF40	MS60
1871 M	8,150	15.00	30.00	60.00	150
1873 M Crude date	—	35.00	75.00	125	175
1874 M	—	10.00	17.50	35.00	100
1880/70 G	7,620	20.00	40.00	80.00	175
1880 G/g	Inc. above	15.00	25.00	50.00	125
1881 Rare	340	—	—	—	—
1883 M	9,000	10.00	20.00	40.00	125
1884/73	—	5.00	30.00	60.00	150
1884 M	—	10.00	20.00	40.00	125
1886 M	45,000	7.50	12.50	30.00	100
1887/3 M/G	96,000	5.00	10.00	20.00	75.00
1887 M/G	—	4.00	6.00	12.00	75.00
1887 M	Inc. above	4.00	6.00	12.00	75.00
1888 M/G	—	4.00	6.00	12.00	75.00
1888 M	299,000	3.00	5.00	9.00	75.00
1888 Ca/Mo	Inc. above	3.00	5.00	9.00	75.00
1889 M	Inc. above	4.00	6.00	12.00	75.00

Note: Small 89 (5 Centavo font)

1889/8 M	115,000	4.00	6.00	12.00	75.00
1890/80 M	140,000	4.00	6.00	12.00	75.00
1890/89 M	Inc. above	4.00	6.00	12.00	75.00
1890 M	Inc. above	3.00	5.00	11.00	75.00
1891 M	163,000	3.00	5.00	11.00	75.00
1892 M 9/inverted 9	Inc. above	4.00	6.00	12.00	75.00
1892 M	169,000	3.00	5.00	11.00	75.00
1893 M	246,000	3.00	5.00	11.00	75.00
1894 M	163,000	3.00	5.00	11.00	75.00
1895 M	127,000	3.00	5.00	11.00	75.00

KM# 403.2 2.71 g., 0.903 Silver, 0.0786 oz. ASW **Obv:** Facing eagle, snake in beak **Rev:** Value within 1/2 wreath **Mint:** Culiacan

Date	Mintage	F12	VF20	XF40	MS60
1871Cn P Rare	—	—	—	—	—
1873Cn P	8,732	20.00	50.00	100	225
1881Cn D	9,440	75.00	175	325	500
1882Cn D	12,000	75.00	125	200	400
1885Cn M	18,000	25.00	50.00	100	200

Note: Mule, gold 2-1/2 peso obverse

| 1886Cn M | 13,000 | 50.00 | 100 | 150 | 300 |

Note: Mule, gold 2-1/2 peso obverse

1887Cn M	11,000	20.00	40.00	75.00	175
1888Cn M	56,000	5.00	10.00	25.00	125
1889Cn M	42,000	5.00	10.00	20.00	75.00
1890Cn M	132,000	4.00	6.00	12.00	75.00
1891Cn M	84,000	5.00	10.00	20.00	75.00
1892/1Cn M	37,000	5.00	9.00	17.00	75.00
1892Cn M	Inc. above	4.00	7.00	14.00	75.00
1894Cn M	43,000	4.00	7.00	14.00	75.00
1895Cn M	23,000	4.00	7.00	14.00	60.00

Date	Mintage	F12	VF20	XF40	MS60
1896Cn M	121,000	3.00	5.00	9.00	50.00

KM# 403.3 2.71 g., 0.903 Silver, 0.0786 oz. ASW **Obv:** Facing eagle, snake in beak **Rev:** Value within 1/2 wreath **Mint:** Durango

Date	Mintage	F12	VF20	XF40	MS60
1878Do E	2,500	100	175	300	600
1879Do B Rare	—	—	—	—	—
1880/70Do B Rare	—	—	—	—	—
1880/79Do B Rare	—	—	—	—	—
1884Do C	—	30.00	60.00	100	225
1886Do C	13,000	75.00	150	300	500
1887Do C	81,000	5.00	9.00	17.00	100
1888Do C	31,000	7.00	13.00	32.00	100
1889Do C	55,000	5.00	9.00	17.00	100
1890Do C	50,000	5.00	9.00	17.00	100
1891Do P	139,000	3.00	5.00	10.00	80.00
1892Do P	212,000	3.00	5.00	10.00	80.00
1892Do D	Inc. above	3.00	5.00	10.00	80.00
1893Do D	258,000	3.00	5.00	10.00	80.00
1893Do D/C	Inc. above	4.00	6.00	12.00	80.00
1894Do D	184,000	2.50	4.00	8.00	80.00
1894Do D/C	Inc. above	3.00	5.00	10.00	80.00
1895Do D	142,000	2.50	4.00	8.00	80.00

KM# 403.4 2.71 g., 0.903 Silver, 0.0786 oz. ASW **Obv:** Facing eagle, snake in beak **Rev:** Value within 1/2 wreath **Mint:** Guadalajara **Note:** Varieties exist.

Date	Mintage	F12	VF20	XF40	MS60
1871Ga C	4,734	75.00	125	200	500
1873/1Ga C	25,000	10.00	15.00	35.00	150
1873Ga C	Inc. above	10.00	15.00	35.00	150
1874Ga C	—	10.00	15.00	35.00	150
1877Ga A	—	10.00	15.00	30.00	150
1881Ga S	115,000	6.00	11.00	27.50	150
1883Ga B	90,000	5.00	9.00	17.00	90.00
1884Ga B	—	6.00	11.00	22.50	90.00
1884Ga H	—	4.00	6.00	12.00	90.00
1884Ga B/S	—	7.00	14.00	27.50	90.00
1885Ga H	93,000	4.00	6.00	12.00	90.00
1886Ga S	151,000	4.00	5.00	11.00	90.00
1887Ga S	162,000	2.50	4.00	8.00	90.00
1888Ga S	225,000	2.50	4.00	8.00	90.00
1888Ga GaS/HoG	Inc. above	2.50	4.00	8.00	90.00
1889Ga S	310,000	2.50	4.00	8.00	40.00
1890Ga S	303,000	2.50	4.00	8.00	40.00
1891Ga S	199,000	6.00	11.00	22.50	45.00
1892Ga S	329,000	2.50	4.00	8.00	40.00
1893Ga S	225,000	2.50	4.00	8.00	40.00
1894Ga S	243,000	4.00	7.00	14.00	40.00
1895Ga S	80,000	2.50	4.00	8.00	40.00

KM# 403.5 2.71 g., 0.903 Silver, 0.0786 oz. ASW **Obv:** Facing eagle, snake in beak **Rev:** Value within 1/2 wreath **Mint:** Guanajuato **Note:** Varieties exist.

Date	Mintage	F12	VF20	XF40	MS60
1869Go S	7,000	20.00	40.00	80.00	200
1871/0Go S	60,000	15.00	25.00	50.00	125
1872Go S	60,000	15.00	25.00	50.00	125
1873Go S	50,000	15.00	25.00	50.00	125
1874Go S	—	15.00	25.00	50.00	125
1875Go S	—	250	350	500	800
1876Go S	—	10.00	20.00	40.00	100
1877Go S	—	80.00	120	200	400
1878/7Go S	10,000	10.00	20.00	45.00	110
1878Go S	Inc. above	7.50	12.00	20.00	75.00
1879Go S	—	7.50	12.00	20.00	75.00
1880Go S	—	100	200	300	450
1881/71Go S	100,000	4.00	6.00	12.00	75.00
1881/0Go S	Inc. above	5.00	6.00	12.00	75.00
1881Go S	Inc. above	4.00	6.00	12.00	75.00
1882/1Go S	40,000	4.00	7.00	14.00	75.00

Date	Mintage	F12	VF20	XF40	MS60
1883Go B	—	4.00	6.00	12.00	75.00
1884Go B	—	2.50	4.00	8.00	75.00
1884Go S	—	7.00	14.00	27.50	90.00
1885Go R	100,000	2.50	4.00	8.00	75.00
1886Go R	95,000	4.00	6.00	12.00	75.00
1887Go R	330,000	4.00	6.00	12.00	75.00
1888Go R	270,000	2.50	4.00	8.00	75.00
1889Go R	205,000	3.00	5.00	10.00	75.00
1889Go GoR/HoG	Inc. above	4.00	6.00	12.00	75.00
1890Go R	270,000	2.50	4.00	8.00	35.00
1890Go GoR/Cn M	Inc. above	2.50	4.00	8.00	35.00
1891Go R	523,000	2.50	4.00	8.00	35.00
1891Go R/G	—	2.50	4.00	8.00	35.00
1891Go GoR/HoG	Inc. above	2.50	4.00	8.00	35.00
1892Go R	440,000	2.50	4.00	8.00	35.00
1893/1Go R	389,000	4.00	6.00	12.00	35.00
1893Go R	Inc. above	2.50	4.00	8.00	35.00
1894Go R	400,000	2.50	4.00	7.00	35.00
1895Go R	355,000	2.50	4.00	7.00	35.00
1896Go R	190,000	2.50	4.00	7.00	35.00
1897Go R	205,000	2.50	4.00	7.00	35.00

KM# 403.6 2.71 g., 0.903 Silver, 0.0786 oz. ASW **Obv:** Facing eagle, snake in beak **Rev:** Value within 1/2 wreath **Mint:** Hermosillo

Date	Mintage	F12	VF20	XF40	MS60
1874Ho R	—	30.00	60.00	100	200
1876Ho F	3,140	200	300	450	750
1878Ho A	—	6.00	11.00	17.00	85.00
1879Ho A	—	25.00	50.00	90.00	175
1880Ho A	—	5.00	8.00	16.00	85.00
1881Ho A	28,000	5.00	9.00	19.00	85.00
1882/1Ho A	25,000	6.00	11.00	22.50	85.00
1882/1Ho a	Inc. above	7.00	14.00	27.50	85.00
1882Ho A	Inc. above	5.00	9.00	19.00	85.00
1883Ho	7,000	65.00	100	200	400
1884/3Ho M	—	10.00	20.00	40.00	90.00
1884Ho A	—	35.00	75.00	150	300
1884/3Ho M	—	7.50	15.00	30.00	85.00
1884Ho M	—	7.50	15.00	30.00	85.00
1885Ho M	21,000	12.50	25.00	50.00	100
1886Ho M Rare	10,000	—	—	—	—
1886Ho G	Inc. above	7.50	12.50	25.00	85.00
1887Ho G	—	25.00	50.00	75.00	150
1888Ho G	25,000	7.00	14.00	27.50	85.00
1889Ho G	42,000	5.00	8.00	14.00	85.00
1890Ho G	48,000	5.00	8.00	14.00	85.00
1891/80Ho G	136,000	5.00	8.00	14.00	85.00
1891/0Ho G	Inc. above	5.00	8.00	14.00	85.00
1891Ho G	Inc. above	5.00	8.00	14.00	85.00
1892Ho G	67,000	5.00	8.00	14.00	85.00
1893Ho G	67,000	5.00	8.00	14.00	85.00

KM# 403.7 2.71 g., 0.902 Silver, 0.0785 oz. ASW **Obv:** Facing eagle, snake in beak **Rev:** Value within 1/2 wreath **Obv. Legend:** REPUBLICA MEXICANA **Mint:** Mexico City **Note:** Varieties exist.

Date	Mintage	F12	VF20	XF40	MS60
1869/8Mo C	30,000	10.00	20.00	40.00	100
1869Mo C	Inc. above	8.00	17.50	30.00	90.00
1870Mo C	110,000	5.00	9.00	17.00	50.00
1871Mo C	84,000	50.00	75.00	125	250
1871Mo M	Inc. above	12.00	17.50	45.00	125
1872/69Mo M	198,000	10.00	20.00	35.00	100

Date	Mintage	F12	VF20	XF40	MS60
1872Mo M	Inc. above	5.00	9.00	17.00	65.00
1873Mo M	40,000	10.00	15.00	30.00	75.00
1874Mo M	—	6.00	11.00	22.50	65.00
1874Mo M/C	—	6.00	11.00	22.50	65.00
1874/64Mo B	—	6.00	11.00	22.50	65.00
1874Mo B/M	—	20.00	40.00	60.00	125
1874Mo B	—	6.00	11.00	17.00	65.00
1875Mo B	—	20.00	40.00	60.00	125
1876/5Mo B	—	5.00	7.00	12.00	65.00
1876/5Mo B/M	—	5.00	7.00	12.00	65.00
1877/6Mo M	—	5.00	7.00	12.00	65.00
1877/6Mo M/B	—	5.00	7.00	12.00	65.00
1877Mo M	—	5.00	7.00	12.00	65.00
1878/7Mo M	100,000	5.00	7.00	12.00	65.00
1878Mo M	Inc. above	5.00	7.00	12.00	65.00
1879/69Mo M	—	5.00	7.00	12.00	65.00
1879Mo M/C	—	5.00	7.00	12.00	65.00
1880/79Mo M	—	5.00	7.00	12.00	65.00
1881/0Mo M	510,000	5.00	7.00	12.00	35.00
1881Mo M	Inc. above	5.00	7.00	12.00	35.00
1882/1Mo M	550,000	5.00	7.00	12.00	35.00
1882Mo M	Inc. above	5.00	7.00	12.00	35.00
1883/2Mo M	250,000	5.00	7.00	12.00	35.00
1884Mo M	—	5.00	7.00	12.00	35.00
1885Mo M	470,000	5.00	7.00	12.00	35.00
1886Mo M	603,000	5.00	7.00	12.00	35.00
1887/6Mo M	—	5.00	7.00	12.00	35.00
1887Mo M	580,000	5.00	7.00	12.00	35.00
1888/7Mo MoM	710,000	5.00	7.00	12.00	35.00
1888Mo MoM	Inc. above	5.00	7.00	12.00	35.00
1888Mo MOM	Inc. above	5.00	7.00	12.00	35.00
1889/8Mo M	622,000	5.00	7.00	12.00	35.00
1889Mo M	Inc. above	5.00	7.00	12.00	35.00
1890/89Mo M	815,000	5.00	7.00	12.00	35.00
1890Mo M	Inc. above	5.00	7.00	12.00	35.00
1891Mo M	859,000	3.00	5.00	10.00	25.00
1892Mo M	1,030,000	3.00	5.00	10.00	25.00
1893Mo M	310,000	3.00	5.00	10.00	25.00
1893Mo M/C	Inc. above	3.00	5.00	10.00	25.00
1893Mo Mo/Ho M/G	—	3.00	5.00	10.00	25.00
1894/3Mo M	—	6.00	11.00	22.50	60.00
1894Mo M	350,000	6.00	11.00	22.50	60.00
1895Mo M	320,000	3.00	5.00	10.00	25.00
1896Mo B/G	340,000	3.00	5.00	10.00	25.00
1896Mo M	Inc. above	35.00	70.00	100	150
1897Mo M	170,000	3.00	5.00	8.00	22.00

KM# 403.8 2.71 g., 0.903 Silver, 0.0786 oz. ASW **Obv:** Facing eagle, snake in beak **Rev:** Value within 1/2 wreath **Mint:** Oaxaca

Date	Mintage	F12	VF20	XF40	MS60
1889Oa E	21,000	225	425	650	—
1890Oa N Rare	Inc. above	—	—	—	—
1890Oa E	31,000	125	175	275	550

KM# 403.9 2.71 g., 0.903 Silver, 0.0786 oz. ASW **Obv:** Facing eagle, snake in beak **Rev:** Value within 1/2 wreath **Mint:** San Luis Potosi **Note:** Varieties exist.

Date	Mintage	F12	VF20	XF40	MS60
1869/8Pi S Rare	4,000	—	—	—	—
1870/69Pi O Rare	18,000	—	—	—	—
1870Pi G	Inc. above	125	200	325	600
1871Pi O	21,000	50.00	100	150	300
1872Pi O	16,000	150	225	350	650
1873Pi O Rare	4,750	—	—	—	—
1874Pi H	—	25.00	50.00	100	200
1875Pi H	—	75.00	125	200	400
1876Pi H	—	75.00	125	200	400
1877Pi H	—	75.00	125	200	400

Date	Mintage	F12	VF20	XF40	MS60
1878Pi H	—	250	500	750	—
1879Pi H	—	—	—	—	—
1880Pi H	—	150	250	350	—
1881Pi H	7,600	250	350	500	—
1882Pi H Rare	4,000	—	—	—	—
1883Pi H	—	125	200	300	500
1884Pi H	—	25.00	50.00	100	200
1885Pi H	51,000	25.00	50.00	100	200
1885Pi C Rare	Inc. above	—	—	—	—
1886Pi C	52,000	15.00	30.00	60.00	150
1886Pi R	Inc. above	6.00	11.00	22.50	65.00
1887Pi R	118,000	4.00	7.00	14.00	50.00
1888Pi R	136,000	4.00	7.00	14.00	50.00
1889/8Pi R/G	—	9.00	14.00	22.50	60.00
1889/7Pi R	131,000	9.00	14.00	22.50	60.00
1890Pi R/G	—	4.00	6.00	12.00	40.00
1890Pi R	204,000	3.00	5.00	11.00	40.00
1891/89Pi R	163,000	4.00	7.00	14.00	40.00
1891Pi R	Inc. above	3.00	6.00	10.00	30.00
1892/0Pi R/G	—	4.00	6.00	12.00	40.00
1892/0Pi R	200,000	4.00	6.00	12.00	40.00
1892Pi R	Inc. above	3.00	4.00	7.00	40.00
1892Pi R/G	—	4.00	6.00	12.00	40.00
1893Pi R	48,000	9.00	11.00	20.00	60.00
1893Pi R/G	—	3.00	11.00	20.00	60.00

KM# 403.10 2.71 g., 0.903 Silver, 0.0786 oz. ASW **Obv:** Facing eagle, snake in beak **Rev:** Value within 1/2 wreath **Obv. Legend:** REPUBLICA MEXICANA **Mint:** Zacatecas **Note:** Varieties exist.

Date	Mintage	F12	VF20	XF40	MS60
1870Zs H	20,000	100	150	200	400
1871Zs H	Inc. above	—	—	—	—
1871/0Zs H	10,000	—	—	—	—
1872Zs H	10,000	150	200	275	500
1873Zs H	10,000	250	350	600	—
1874/3Zs H	—	50.00	75.00	150	300
1874Zs A	—	200	300	500	—
1875Zs A	—	6.00	11.00	27.50	100
1876Zs A	—	6.00	11.00	27.50	100
1876Zs S	—	100	200	300	500
1877Zs S Small S	—	7.50	12.50	25.00	100
1877Zs Regular S over small S	—	7.50	12.50	25.00	100
1877Zs S Regular S	—	7.50	12.50	25.00	100
1878Zs S	Inc. above	6.00	11.00	22.50	80.00
1878/7Zs S	30,000	6.00	11.00	22.50	80.00
1879Zs S	—	6.00	11.00	22.50	80.00
1880Zs S	—	6.00	11.00	22.50	80.00
1881/0Zs S	120,000	5.00	8.00	15.00	50.00
1881Zs S	Inc. above	5.00	8.00	15.00	50.00
1882/1Zs S	64,000	12.50	25.00	50.00	125
1882Zs S	Inc. above	12.50	25.00	50.00	125
1883/73Zs S	102,000	4.00	6.00	12.00	50.00
1883Zs S	Inc. above	4.00	6.00	12.00	50.00
1884/3Zs S	—	4.00	6.00	12.00	50.00
1884Zs S	—	4.00	6.00	12.00	50.00
1885Zs S Small S in mint mark	Inc. above	4.00	6.00	12.00	50.00
1885Zs S	297,000	3.00	5.00	9.00	50.00
1885Zs Z	Inc. above	5.00	10.00	19.00	65.00

Note: Without assayers initials, error

Date	Mintage	F12	VF20	XF40	MS60
1886Zs S	274,000	3.00	5.00	9.00	30.00
1886Zs Z	Inc. above	12.50	25.00	50.00	125

Date	Mintage	F12	VF20	XF40	MS60
1887Zs Z Z Error	Inc. above	5.00	11.00	27.50	100
1887Zs ZsZ	233,000	3.00	5.00	9.00	30.00
1888Zs Z Z Error	Inc. above	5.00	11.00	27.50	100
1888Zs ZsZ	270,000	3.00	5.00	9.00	30.00
1889/7Zs Z/S	240,000	6.00	9.00	15.00	40.00
1889Zs ZS	Inc. above	3.00	6.00	12.00	30.00
1889Zs Z/G	—	3.00	6.00	12.00	30.00
1889Zs Z	Inc. above	3.00	5.00	9.00	30.00
1890Zs Z Z Error	Inc. above	5.00	11.00	27.50	100
1890Zs ZsZ	410,000	3.00	5.00	9.00	30.00
1891Zs ZsZ Double s	Inc. above	4.00	6.00	11.00	30.00
1891Zs Z	1,105,000	3.00	5.00	9.00	30.00
1892Zs Z	1,102,000	3.00	5.00	9.00	30.00
1892Zs Z/G	—	4.00	6.00	11.00	30.00
1893/2Zs Z	—	4.00	6.00	12.00	40.00
1893Zs Z	1,010,999	3.00	5.00	9.00	25.00
1894Zs Z	892,000	3.00	5.00	9.00	30.00
1895Zs Z 9/5	—	4.00	6.00	12.00	30.00
1895Zs Z	920,000	3.00	5.00	9.00	30.00
1896/5Z S/O Z/G	—	4.00	6.00	12.00	30.00
1896/5Zs Z/G	—	3.00	6.00	9.00	30.00
1896Zs Z/G	—	3.00	5.00	9.00	30.00
1896/5Zs ZsZ	700,000	3.00	5.00	9.00	30.00
1896Zs ZsZ	Inc. above	3.00	5.00	9.00	30.00
1896Zs Z Z Error	Inc. above	5.00	11.00	27.50	100
1897/6Zs Z Z Error	Inc. above	5.00	11.00	27.50	100
1897/6Zs ZsZ	900,000	4.00	7.00	12.00	30.00
1897Zs Z	Inc. above	3.00	5.00	9.00	30.00

KM# 404 2.71 g., 0.903 Silver, 0.0786 oz. ASW **Obv:** Facing eagle, snake in beak **Rev:** Value within 1/2 wreath **Obv. Legend:** REPUBLICA MEXICANA **Mint:** Culiacan **Note:** Varieties exist.

Date	Mintage	F12	VF20	XF40	MS60	MS63
1898Cn M	9,870	50.00	100	200	500	—
1899Cn Q Oval Q, double tail	Inc. above	5.00	7.50	25.00	100	—
1899Cn Q Round Q, single tail	80,000	5.00	7.50	25.00	100	—
1900Cn Q	160,000	3.75	4.25	9.50	30.00	—
1901Cn Q	235,000	2.75	3.25	7.00	25.00	28.00
1902Cn Q	186,000	2.75	3.25	7.00	25.00	28.00
1903Cn Q	256,000	2.75	3.25	7.00	25.00	28.00
1903Cn V	Inc. above	2.75	3.25	7.00	25.00	28.00
1904Cn H	307,000	2.75	3.25	7.00	25.00	28.00

KM# 404.1 2.71 g., 0.903 Silver, 0.0786 oz. ASW **Obv:** Facing eagle, snake in beak **Rev:** Value within 1/2 wreath **Mint:** Guanajuato

Date	Mintage	F12	VF20	XF40	MS60	MS63
1898Go R	435,000	3.00	4.50	9.00	20.00	—
1899Go R	270,000	3.00	4.50	9.00	25.00	—
1900Go R	130,000	7.50	12.50	25.00	60.00	—

KM# 404.2 2.71 g., 0.903 Silver, 0.0786 oz. ASW **Obv:** Facing eagle, snake in beak **Rev:** Value within 1/2 wreath **Obv. Legend:** REPUBLICA MEXICANA **Mint:** Mexico City

Date	Mintage	F12	VF20	XF40	MS60	MS63
1898Mo M	130,000	3.75	6.00	10.00	27.50	—
1899Mo M	190,000	3.75	6.00	10.00	27.50	—
1900Mo M	311,000	3.75	6.00	10.00	27.50	—

Date	Mintage	F12	VF20	XF40	MS60	MS63
1901Mo M	80,000	2.75	3.50	8.00	27.00	30.00
1902Mo M	181,000	2.75	3.50	8.00	25.00	28.00
1903Mo M	581,000	2.75	3.50	8.00	22.00	25.00
1904Mo MM (Error)	Inc. above	3.00	7.00	14.00	35.00	40.00
1904Mo M	1,266,000	2.75	3.50	6.00	22.00	25.00
1905Mo M	266,000	3.00	5.00	10.00	25.00	28.00

KM# 404.3 2.71 g., 0.902 Silver, 0.0785 oz. ASW **Obv:** Facing eagle, snake in beak **Rev:** Value within 1/2 wreath **Mint:** Zacatecas

Date	Mintage	F12	VF20	XF40	MS60	MS63
1898Zs Z	240,000	3.75	6.00	15.00	30.00	—
1899Zs Z	105,000	3.75	6.00	18.00	35.00	—
1900Zs Z	219,000	10.00	14.00	27.50	60.00	—
1901Zs Z	70,000	3.00	7.00	18.00	45.00	60.00
1902Zs Z	120,000	3.00	7.00	14.00	30.00	35.00
1903Zs Z	228,000	2.75	4.00	12.00	25.00	28.00
1904Zs Z	368,000	2.75	4.00	12.00	25.00	28.00
1904Zs M	Inc. above	2.75	4.00	15.00	60.00	85.00
1905Zs M	66,000	10.00	27.50	70.00	200	275

20 CENTAVOS

KM# 405 5.42 g., 0.903 Silver, 0.1572 oz. ASW **Obv:** Facing eagle, snake in beak **Rev:** Value within 1/2 wreath **Mint:** Culiacan

Date	Mintage	F12	VF20	XF40	MS60	MS63
1898Cn M	114,000	5.50	11.50	36.00	145	—
1899Cn M	44,000	12.00	20.00	45.00	225	—
1899Cn Q	Inc. above	20.00	35.00	100	250	—
1900Cn Q	68,000	6.50	12.50	35.00	140	—
1901Cn Q	185,000	6.00	12.00	25.00	130	150
1902/802Cn Q	98,000	6.00	12.00	25.00	130	150
1902Cn Q	Inc. above	6.00	12.00	25.00	130	150
1903Cn Q	93,000	6.00	12.00	25.00	130	150
1904Cn H	258,000	6.00	12.00	25.00	130	150

KM# 405.1 5.42 g., 0.9027 Silver, 0.1572 oz. ASW **Obv:** Facing eagle, snake in beak **Rev:** Value within 1/2 wreath **Obv. Legend:** REPUBLICA MEXICANA **Mint:** Guanajuato

Date	Mintage	F12	VF20	XF40	MS60
1898Go R	135,000	7.00	12.00	25.00	115
1899Go R	215,000	7.00	12.00	25.00	115
1900/800Go R	38,000	12.00	22.00	65.00	265

KM# 405.2 5.42 g., 0.903 Silver, 0.1572 oz. ASW **Obv:** Facing eagle, snake in beak **Rev:** Value within 1/2 wreath **Mint:** Mexico City **Note:** Varieties exist.

Date	Mintage	F12	VF20	XF40	MS60	MS63
1898Mo M	150,000	7.50	12.00	25.00	140	—
1899Mo M	425,000	7.50	12.00	25.00	140	—
1900/800Mo M	295,000	7.50	12.00	25.00	140	—
1901Mo M	110,000	6.00	12.00	25.00	110	125
1902Mo M	120,000	6.00	12.00	25.00	110	125

Date	Mintage	F12	VF20	XF40	MS60	MS63
1903Mo M	213,000	6.00	12.00	25.00	110	125
1904Mo M	276,000	6.00	12.00	25.00	110	125
1905Mo M	117,000	6.00	20.00	45.00	160	190

KM# 405.3 5.42 g., 0.9027 Silver, 0.1572 oz. ASW **Obv:** Facing eagle, snake in beak **Rev:** Value within 1/2 wreath **Obv. Legend:** REPUBLICA MEXICANA **Mint:** Zacatecas

Date	Mintage	F12	VF20	XF40	MS60	MS63
1898Zs Z	195,000	8.00	14.00	30.00	115	—
1899Zs Z	210,000	8.00	14.00	30.00	115	—
1900/800Zs Z	97,000	8.00	14.00	50.00	215	—
1901Zs Z	Inc. above	6.00	12.00	25.00	130	150
1901/0Zs Z	130,000	50.00	75.00	175	500	600
1902Zs Z	105,000	6.00	12.00	50.00	400	550
1903Zs Z	143,000	6.00	12.00	25.00	130	150
1904Zs Z	246,000	6.00	12.00	25.00	130	150
1904Zs M	Inc. above	6.00	15.00	40.00	300	350
1904/804Zs	—	20.00	50.00	125	350	500
1905Zs M	59,000	12.00	85.00	125	1,100	1,400

25 CENTAVOS

KM# 406 6.77 g., 0.903 Silver, 0.1965 oz. ASW **Obv:** Facing eagle, snake in beak **Rev:** Radiant cap above scales **Mint:** Alamos **Note:** Mint mark A, As.

Date	Mintage	F12	VF20	XF40	MS60
1874 L	—	20.00	40.00	90.00	200
1875 L	—	15.00	30.00	70.00	200
1876 L	—	30.00	50.00	100	200
1877 L	11,000	200	300	500	—
1877.	Inc. above	10.00	25.00	60.00	200
1878 L	25,000	10.00	25.00	60.00	200
1879 L	—	10.00	25.00	60.00	200
1880 L	—	10.00	25.00	60.00	200
1880. L	—	10.00	25.00	60.00	200
1881 L	8,800	500	700	—	—
1882 L	7,777	15.00	35.00	80.00	200
1883 L	28,000	10.00	25.00	60.00	200
1884 L	—	10.00	25.00	60.00	200
1885 L	—	20.00	40.00	90.00	200
1886 L	46,000	15.00	30.00	70.00	200
1887 L	12,000	12.50	27.50	65.00	200
1888 L	20,000	12.50	27.50	65.00	200
1889 L	14,000	12.50	27.50	65.00	200
1890 L	23,000	10.00	25.00	60.00	200

KM# 406.1 6.77 g., 0.903 Silver, 0.1965 oz. ASW **Obv:** Facing eagle, snake in beak **Rev:** Radiant cap above scales **Mint:** Chihuahua **Note:** Mint mark CA, CH, Ca.

Date	Mintage	F12	VF20	XF40	MS60
1871 M	18,000	25.00	50.00	100	200

Date	Mintage	F12	VF20	XF40	MS60
1872 M Very crude date	24,000	50.00	100	150	300
1883 M	12,000	10.00	25.00	50.00	175
1885/3 M	35,000	10.00	25.00	50.00	175
1885 M	Inc. above	10.00	25.00	50.00	175
1886 M	22,000	10.00	25.00	50.00	175
1887/6 M	26,000	10.00	15.00	30.00	175
1887 M	Inc. above	10.00	15.00	30.00	175
1888 M	14,000	10.00	25.00	50.00	175
1889 M	50,000	10.00	15.00	30.00	175

KM# 406.2 6.77 g., 0.903 Silver, 0.1965 oz. ASW **Obv:** Facing eagle, snake in beak **Rev:** Radiant cap above scales **Mint:** Culiacan

Date	Mintage	F12	VF20	XF40	MS60
1871Cn P	—	250	500	750	—
1872Cn P	2,780	300	550	800	—
1873Cn P	20,000	100	150	250	500
1874Cn P	—	20.00	50.00	125	250
1875Cn P	—	250	500	750	—
1876Cn P Rare	—	—	—	—	—
1878/7Cn D/S	—	100	150	250	500
1878Cn Cn/Go D/S	—	100	150	250	500
1878Cn D	—	100	150	250	500
1879Cn D	—	15.00	35.00	70.00	175
1880Cn D	—	250	500	750	—
1881/0Cn D	18,000	15.00	30.00	60.00	175
1882Cn D	—	200	350	600	—
1882Cn M Rare	—	—	—	—	—
1883Cn M	15,000	50.00	100	150	300
1884Cn M	—	20.00	40.00	80.00	175
1885/4Cn M	19,000	20.00	40.00	80.00	175
1886Cn M	22,000	12.50	20.00	50.00	175
1887Cn M	32,000	12.50	20.00	50.00	175
1888Cn M	86,000	8.00	15.00	30.00	175
1888Cn M Cn/Mo	—	—	—	—	—
1889Cn M	50,000	10.00	25.00	50.00	175
1890Cn M 9/8	—	9.00	17.50	40.00	175
1890Cn M	91,000	9.00	17.50	40.00	175
1892/0Cn M	16,000	20.00	40.00	80.00	200
1892Cn M	Inc. above	20.00	40.00	80.00	200

KM# 406.3 6.77 g., 0.903 Silver, 0.1965 oz. ASW **Obv:** Facing eagle, snake in beak **Rev:** Radiant cap above scales **Mint:** Durango

Date	Mintage	F12	VF20	XF40	MS60
1873Do P Rare	892	—	—	—	—
1877Do P	—	25.00	50.00	100	200
1878/7Do E	—	250	500	750	—
1878Do B Rare	—	—	—	—	—
1879Do B	—	50.00	75.00	125	250
1880Do B Rare	—	—	—	—	—
1882Do C	17,000	25.00	50.00	100	225
1884/3Do C	—	25.00	50.00	100	200
1885Do C	15,000	20.00	40.00	80.00	200
1885Do C/S	—	20.00	40.00	80.00	200
1886Do C	33,000	15.00	30.00	60.00	200
1887Do C	27,000	10.00	20.00	50.00	200
1888Do C	25,000	10.00	20.00	50.00	200
1889Do C	29,000	10.00	20.00	50.00	200
1890Do C	68,000	8.00	15.00	40.00	200

KM# 406.4 6.77 g., 0.903 Silver, 0.1965 oz. ASW **Obv:** Facing eagle, snake in beak **Rev:** Radiant cap above scales **Mint:** Guadalajara

Date	Mintage	F12	VF20	XF40	MS60
1880Ga A	38,000	25.00	50.00	100	200
1881/0Ga S	39,000	25.00	50.00	100	200
1881Ga S	Inc. above	25.00	50.00	100	200
1882Ga S	18,000	25.00	50.00	100	200
1883/2Ga B/S	—	50.00	100	150	300
1884Ga B	—	20.00	40.00	80.00	150
1889Ga S	30,000	20.00	40.00	80.00	150

KM# 406.5 6.77 g., 0.903 Silver, 0.1965 oz. ASW **Obv:** Facing eagle, snake in beak **Rev:** Radiant cap above scales **Mint:** Guanajuato **Note:** Varieties exist.

Date	Mintage	F12	VF20	XF40	MS60
1870Go S	128,000	10.00	20.00	50.00	125
1871Go S	172,000	10.00	20.00	50.00	125
1872/1Go S	178,000	10.00	20.00	50.00	125
1872Go S	Inc. above	10.00	20.00	50.00	125
1873Go S	120,000	10.00	20.00	50.00	125
1874Go S	—	15.00	30.00	60.00	150
1875/4Go S	—	15.00	30.00	60.00	150
1875Go S	—	10.00	20.00	50.00	125
1876Go S	—	20.00	40.00	80.00	175
1877Go S	124,000	10.00	20.00	50.00	125
1878Go S	146,000	10.00	20.00	50.00	125
1879Go S	—	10.00	20.00	50.00	125
1880Go S	—	20.00	40.00	80.00	175
1881Go S	408,000	9.00	17.50	45.00	125
1882Go S	204,000	9.00	17.50	45.00	125
1883Go B	168,000	9.00	17.50	45.00	125
1884/69Go B	—	9.00	17.50	45.00	125
1884/3Go B	—	9.00	17.50	45.00	125
1884/3Go B/R	—	9.00	17.50	45.00	125
1884Go B	—	9.00	17.50	45.00	125
1885/65Go R	300,000	9.00	17.50	45.00	125
1885/69Go R	Inc. above	9.00	17.50	45.00	125
1885Go R	Inc. above	9.00	17.50	45.00	125
1886/65Go R	—	9.00	17.50	45.00	125
1886/66Go R	322,000	9.00	17.50	45.00	125
1886/69Go R/S	Inc. above	9.00	17.50	45.00	125
1886/5/69Go R	Inc. above	9.00	15.00	45.00	125
1886Go R	Inc. above	9.00	15.00	45.00	125
1887Go R	254,000	9.00	15.00	45.00	125
1887Go/Cn R/D	Inc. above	9.00	15.00	45.00	125
1888Go R	312,000	8.00	15.00	45.00	125
1889/8Go R RS inverted B	—	—	—	—	—
1889/8Go R	304,000	8.00	15.00	45.00	125
1889/8Go/Cn R/D	Inc. above	8.00	15.00	45.00	125
1889Go R	Inc. above	8.00	15.00	45.00	125
1890Go R	236,000	8.00	15.00	45.00	125

KM# 406.6 6.77 g., 0.903 Silver, 0.1965 oz. ASW **Obv:** Facing eagle, snake in beak **Rev:** Radiant cap above scales **Mint:** Hermosillo **Note:** Varieties exist.

Date	Mintage	F12	VF20	XF40	MS60
1874/64Ho R	Inc. above	10.00	20.00	40.00	125
1874/69Ho R	—	10.00	20.00	40.00	125
1874Ho R	23,000	10.00	20.00	40.00	125
1875Ho R Rare	—	—	—	—	—
1876/4Ho F/R	34,000	10.00	20.00	50.00	150
1876Ho F/R	Inc. above	10.00	25.00	60.00	150
1876Ho F	Inc. above	10.00	25.00	55.00	135
1877Ho F	—	10.00	20.00	50.00	125
1878Ho A	23,000	10.00	20.00	50.00	125
1879Ho A	—	10.00	20.00	50.00	125

Date	Mintage	F12	VF20	XF40	MS60
1880Ho A	—	15.00	30.00	60.00	125
1881Ho A	19,000	15.00	30.00	60.00	125
1882Ho A	8,120	20.00	40.00	80.00	150
1883Ho M	2,000	100	200	300	600
1884Ho M	—	12.50	25.00	50.00	150
1885Ho M	—	10.00	20.00	50.00	125
1886Ho G	6,400	30.00	60.00	125	250
1887Ho G	12,000	10.00	20.00	40.00	125
1888Ho G	20,000	10.00	20.00	40.00	125
1889Ho G	28,000	10.00	20.00	40.00	125
1890/80Ho G	18,000	25.00	50.00	100	125
1890Ho G	Inc. above	25.00	50.00	100	125

KM# 406.7 6.77 g., 0.9027 Silver, 0.1964 oz. ASW **Obv:** Facing eagle, snake in beak **Rev:** Radiant cap above scales **Obv. Legend:** REPUBLICA MEXICANA **Mint:** Mexico City **Note:** Varieties exist.

Date	Mintage	F12	VF20	XF40	MS60
1869Mo C	76,000	10.00	25.00	50.00	125
1870/69Mo C	—	6.50	12.00	30.00	125
1870/9Mo C	136,000	6.50	12.00	30.00	125
1870Mo C	Inc. above	6.50	12.00	30.00	125
1871Mo M	138,000	6.50	12.00	30.00	125
1872Mo M	220,000	6.50	12.00	30.00	125
1873/1Mo M	48,000	10.00	25.00	50.00	125
1873Mo M	Inc. above	10.00	25.00	50.00	125
1874/69Mo B/M	—	10.00	25.00	50.00	125
1874/3Mo M	—	10.00	25.00	50.00	125
1874/3Mo B	—	10.00	25.00	50.00	125
1874/3Mo B/M	—	10.00	25.00	50.00	125
1874Mo M	—	6.50	12.00	30.00	125
1874Mo B/M	—	10.00	25.00	50.00	125
1875Mo B	—	6.50	12.00	30.00	125
1876/5Mo B	—	8.00	15.00	40.00	125
1876Mo B	—	6.50	12.00	30.00	125
1877Mo M	56,000	10.00	25.00	50.00	125
1878/1Mo M	120,000	10.00	25.00	50.00	125
1878/7Mo M	Inc. above	10.00	25.00	50.00	125
1878Mo M	Inc. above	6.50	12.00	30.00	125
1879Mo M	—	10.00	20.00	40.00	125
1880Mo M	—	8.00	15.00	35.00	125
1881/0Mo M	300,000	10.00	25.00	50.00	125
1881Mo M	Inc. above	10.00	25.00	50.00	125
1882Mo M	212,000	8.00	15.00	35.00	125
1883Mo M	108,000	8.00	15.00	35.00	125
1884/3Mo M	—	10.00	25.00	50.00	125
1884Mo M	—	10.00	20.00	40.00	125
1885Mo M	216,000	10.00	20.00	40.00	125
1886/5Mo M	436,000	8.00	15.00	35.00	125
1886Mo M	Inc. above	8.00	15.00	35.00	125
1887Mo M	376,000	8.00	15.00	35.00	125
1888Mo M	192,000	8.00	15.00	35.00	125
1889Mo M	132,000	8.00	15.00	35.00	125
1890Mo M	60,000	10.00	20.00	40.00	125

KM# 406.8 6.77 g., 0.903 Silver, 0.1965 oz. ASW **Obv:** Facing eagle, snake in beak **Rev:** Radiant cap above scales **Mint:** San Luis Potosi **Note:** Varieties exist.

Date	Mintage	F12	VF20	XF40	MS60
1869Pi S	—	25.00	75.00	150	300

Date	Mintage	F12	VF20	XF40	MS60
1870Pi G	50,000	10.00	30.00	75.00	150
1870Pi O	Inc. above	15.00	35.00	85.00	175
1871Pi O	30,000	10.00	30.00	75.00	150
1872Pi O	46,000	10.00	30.00	75.00	150
1873Pi O	13,000	15.00	40.00	90.00	175
1874Pi H	—	15.00	40.00	90.00	200
1875Pi H	—	10.00	20.00	60.00	150
1876/5Pi H	—	15.00	30.00	80.00	175
1876Pi H	—	10.00	25.00	65.00	150
1877Pi H	19,000	10.00	25.00	65.00	150
1878Pi H	—	15.00	30.00	60.00	150
1879/8Pi H	—	10.00	25.00	60.00	150
1879Pi H	—	10.00	25.00	60.00	150
1879Pi E	—	100	200	300	600
1880Pi H	—	20.00	40.00	100	200
1880Pi H/M	—	20.00	40.00	100	200
1881Pi H	50,000	20.00	40.00	80.00	175
1881Pi E Rare	Inc. above	—	—	—	—
1882Pi H	20,000	10.00	20.00	60.00	150
1883Pi H	17,000	10.00	25.00	65.00	150
1884Pi H	—	10.00	25.00	65.00	150
1885/4Pi H	—	10.00	20.00	60.00	150
1885Pi H	43,000	10.00	20.00	60.00	150
1886Pi C	78,000	10.00	25.00	65.00	150
1886Pi R	Inc. above	9.00	20.00	50.00	150
1886Pi R 6/ inverted 6	Inc. above	9.00	20.00	50.00	150
1887Pi/ZsR	92,000	9.00	20.00	50.00	150
1887Pi/ZsB	Inc. above	100	150	300	500
1887Pi R	—	9.00	20.00	50.00	150
1888Pi R	106,000	9.00	20.00	50.00	150
1888Pi/ZsR	Inc. above	10.00	20.00	50.00	150
1888Pi R/B	Inc. above	10.00	20.00	50.00	150
1889Pi R	115,000	8.00	15.00	40.00	150
1889Pi/ZsR	Inc. above	10.00	20.00	50.00	150
1889Pi R/B	Inc. above	10.00	20.00	50.00	150
1890Pi R	64,000	10.00	20.00	50.00	150
1890Pi/ZsR/B	Inc. above	8.00	15.00	40.00	150
1890Pi R/B	Inc. above	10.00	20.00	50.00	150

KM# 406.9 6.77 g., 0.903 Silver, 0.1965 oz. ASW **Obv:** Facing eagle, snake in beak **Rev:** Radiant cap above scales **Mint:** Zacatecas **Note:** Varieties exist.

Date	Mintage	F12	VF20	XF40	MS60
1870Zs H	152,000	8.00	15.00	50.00	125
1871Zs H	250,000	8.00	15.00	50.00	125
1872Zs H	260,000	8.00	15.00	50.00	125
1872Zs/Cn H	—	—	—	—	—
1872Zs H	—	—	—	—	—
1873Zs H	132,000	8.00	15.00	50.00	125
1874Zs H	—	10.00	20.00	60.00	125
1874Zs A	—	10.00	20.00	60.00	125
1875Zs A	—	9.00	20.00	60.00	125
1876Zs A	—	8.00	15.00	50.00	125
1876Zs S	—	8.00	15.00	50.00	125
1877Zs S	350,000	8.00	15.00	50.00	125
1878Zs S	252,000	8.00	15.00	50.00	125
1878/7Zs S	—	9.00	20.00	60.00	125
1878/1Zs S	—	9.00	20.00	60.00	125
1879Zs S	—	8.00	15.00	50.00	125
1880Zs S	—	8.00	15.00	50.00	125
1881/0Zs S	570,000	8.00	15.00	50.00	125
1881Zs S	Inc. above	8.00	15.00	50.00	125
1882/1Zs S	300,000	10.00	17.50	55.00	125
1882Zs S	Inc. above	8.00	15.00	50.00	125
1883/2Zs S	193,000	10.00	17.50	55.00	125
1883Zs S	Inc. above	8.00	15.00	50.00	125
1884/3Zs S	—	10.00	17.50	55.00	125
1884Zs S	—	8.00	15.00	50.00	125

Date	Mintage	F12	VF20	XF40	MS60
1885Zs S	309,000	8.00	15.00	50.00	125
1886/2Zs S	—	10.00	17.50	55.00	125
1886/5Zs S	613,000	8.00	15.00	50.00	125
1886Zs S	Inc. above	8.00	15.00	50.00	125
1886Zs Z	Inc. above	8.00	15.00	55.00	125
1887Zs Z	389,000	8.00	15.00	50.00	125
1888Zs Z	408,000	8.00	15.00	50.00	125
1889Zs Z	400,000	8.00	15.00	50.00	125
1890Zs Z	269,000	8.00	15.00	50.00	125

50 CENTAVOS

KM# 407 13.54 g., 0.903 Silver, 0.393 oz. ASW
Obv: Facing eagle, snake in beak **Rev:** Radiant
cap above scales **Mint:** Alamos **Note:** Mint mark A,
As.

Date	Mintage	F12	VF20	XF40	MS60	MS63
1875 L	—	14.00	27.50	75.00	400	—
1876/5 L	—	27.50	50.00	125	450	—
1876 L	—	14.00	27.50	75.00	400	—
1876. L	—	14.00	27.50	75.00	400	—
1877 L	26,000	17.00	32.00	90.00	450	—
1878 L	—	14.00	27.50	75.00	400	—
1879 L	—	27.50	52.00	125	450	—
1880 L	57,000	14.00	27.50	75.00	400	—
1881 L	18,000	17.00	32.00	85.00	450	—
1884 L	6,286	65.00	120	250	650	—
1885As/HoL	21,000	17.00	37.00	95.00	450	—
1888 L	—	4,000	5,000	7,000	—	—

KM# 407.1 13.54 g., 0.903 Silver, 0.393 oz. ASW
Obv: Facing eagle, snake in beak **Rev:** Radiant
cap above scales **Mint:** Chihuahua **Note:** Mint mark
Ca, CHa.

Date	Mintage	F12	VF20	XF40	MS60	MS63
1883 M	12,000	32.00	62.00	130	500	—
1884 M	—	27.50	52.00	130	500	—
1885 M	13,000	17.00	37.00	95.00	400	—
1886 M	18,000	22.50	42.00	105	450	—
1887 M	26,000	27.50	67.00	155	500	—

KM# 407.2 13.54 g., 0.903 Silver, 0.393 oz. ASW
Obv: Facing eagle, snake in beak **Rev:** Radiant
cap above scales **Obv. Legend:** REPUBLICA
MEXICANA **Mint:** Culiacan

Date	Mintage	F12	VF20	XF40	MS60
1871Cn P	—	400	550	750	1,500
1873Cn P	—	400	550	750	1,500
1874Cn P	—	200	300	500	1,000
1875/4Cn P	—	22.50	42.00	80.00	450
1875Cn P	—	14.00	27.50	55.00	450
1876Cn P	—	17.00	32.00	65.00	450
1877/6Cn G	—	17.00	32.00	65.00	450
1877Cn G	—	14.00	27.50	55.00	450
1878Cn G	18,000	22.50	42.00	80.00	450
1878Cn/Mo D	Inc. above	32.00	62.00	105	450
1878Cn D	Inc. above	17.00	37.00	80.00	450
1879Cn D	—	14.00	27.50	55.00	450
1879Cn D/G	—	14.00	27.50	55.00	450
1880/8Cn D	—	17.00	32.00	65.00	450
1880Cn D	—	17.00	32.00	65.00	450

Date	Mintage	F12	VF20	XF40	MS60
1881/0Cn D	188,000	17.00	32.00	65.00	450
1881Cn D	Inc. above	17.00	32.00	65.00	450
1881Cn G	Inc. above	125	175	275	550
1882Cn D	—	175	300	500	2,000
1882Gn G	—	100	250	300	1,000
1883 D	19,000	27.50	82.00	110	500
1885Cn M/M/G	—	32.00	62.00	110	500
1885/3Cn M/H	9,254	32.00	62.00	110	500
1886Cn M/G	7,030	50.00	100	300	1,500
1886Cn M	Inc. above	42.00	82.00	160	800
1887Cn M	76,000	22.50	42.00	110	450
1888Cn M	—	4,000	6,000	—	—
1892Cn M	8,200	42.00	82.00	155	650

KM# 407.3 13.54 g., 0.903 Silver, 0.393 oz. ASW
Obv: Facing eagle, snake in beak **Rev:** Radiant
cap above scales **Obv. Legend:** REPUBLICA
MEXICANA **Mint:** Durango

Date	Mintage	F12	VF20	XF40	MS60
1871Do P Rare	591	—	—	—	—
1873Do P	4,010	150	250	500	1,250
1873Do M/P	Inc. above	150	250	500	1,250
1874Do M	—	22.50	42.00	180	750
1875Do M	—	22.50	42.00	85.00	350
1875Do H	—	150	250	450	1,000
1876/5Do M	—	37.00	72.00	155	500
1876Do M	—	37.00	72.00	155	500
1877Do P	2,000	32.00	47.00	155	1,250
1878Do B Rare	—	—	—	—	—
1879Do B Rare	—	—	—	—	—
1880Do P	—	32.00	62.00	130	500
1881Do P	10,000	42.00	82.00	155	550
1882Do C	8,957	32.00	77.00	205	800
1884/2Do C	—	22.50	52.00	130	600
1884Do C	—	—	—	—	—
1885Do B	—	17.00	42.00	110	500
1885Do B/P	—	17.00	42.00	110	500
1886Do C	16,000	17.00	42.00	110	500
1887Do C	—	17.00	42.00	110	500
1887Do/Mo C	28,000	17.00	42.00	110	500

KM# 407.4 13.54 g., 0.903 Silver, 0.393 oz. ASW
Obv: Facing eagle, snake in beak **Rev:** Radiant
cap above scales **Mint:** Guanajuato **Note:** Struck
at Guanajuato Mint, mitn mark Go. Varieties exist.

Date	Mintage	F12	VF20	XF40	MS60
1869Go S	—	17.00	37.00	80.00	550
1870Go S	166,000	14.00	27.50	55.00	450
1871Go S	148,000	14.00	27.50	55.00	450
1872/1Go S	144,000	17.00	32.00	65.00	500
1872Go S	Inc. above	14.00	27.50	55.00	450
1873Go S	50,000	14.00	27.50	55.00	450
1874Go S	—	14.00	27.50	55.00	450
1875Go S	—	17.00	37.00	80.00	450
1876/5Go S	—	14.00	27.50	55.00	450
1877Go S	76,000	14.00	27.50	55.00	450
1878Go S	37,000	17.00	32.00	80.00	550
1879/8Go S	—	17.00	32.00	65.00	500
1879Go S	—	14.00	27.50	55.00	450
1880Go S	—	14.00	27.50	55.00	450

Date	Mintage	F12	VF20	XF40	MS60
1881/79Go S	32,000	17.00	32.00	65.00	500
1881Go S	Inc. above	14.00	27.50	55.00	450
1882Go S	18,000	14.00	27.50	55.00	450
1883/2Go B/S	—	17.00	32.00	65.00	500
1883Go B	—	14.00	27.50	55.00	450
1883Go S Rare	—	—	—	—	—
1884Go B/S	—	17.00	32.00	65.00	500
1885/4Go R/B	—	17.00	32.00	65.00	500
1885Go R	53,000	14.00	27.50	55.00	450
1886/5Go R/B	59,000	17.00	32.00	65.00	500
1886/5Go R/S	Inc. above	22.50	42.00	80.00	500
1886Go R	Inc. above	22.50	42.00	80.00	450
1887Go R	18,000	22.50	42.00	80.00	550
1888Go R 1 known; Rare	—	—	—	—	—

KM# 407.5 13.54 g., 0.903 Silver, 0.393 oz. ASW **Obv:** Facing eagle, snake in beak **Rev:** Radiant cap above scales **Mint:** Hermosillo **Note:** With and without dot after 50 of denomination, in medal and coin alignment.

Date	Mintage	F12	VF20	XF40	MS60
1874Ho R	—	22.50	42.00	110	600
1875/4Ho R	—	22.50	52.00	135	600
1875Ho R	—	22.50	52.00	135	600
1876/5Ho F/R	—	17.00	37.00	110	550
1876Ho F	—	17.00	37.00	110	550
1877Ho F	—	52.00	77.00	160	650
1880/70Ho A	—	17.00	37.00	110	550
1880Ho A	—	17.00	37.00	110	550
1881Ho A	13,000	17.00	37.00	110	550
1882Ho A	—	75.00	150	250	750
1888Ho G	—	2,000	3,000	6,000	—
1894Ho G	59,000	17.00	32.00	110	450
1895Ho G	8,000	250	350	700	1,500

KM# 407.6 13.54 g., 0.9027 Silver, 0.3928 oz. ASW **Obv:** Facing eagle, snake in beak **Rev:** Radiant cap above scales **Obv. Legend:** REPUBLICA MEXICANA **Mint:** Mexico City

Date	Mintage	F12	VF20	XF40	MS60
1869Mo C	46,000	17.00	37.00	100	600
1870Mo C	52,000	17.00	32.00	95.00	550
1871Mo C	14,000	42.00	77.00	155	650
1871Mo M/C	Inc. above	37.00	77.00	155	600
1872/1Mo M	60,000	37.00	77.00	155	550
1872Mo M	Inc. above	37.00	77.00	155	550
1873Mo M	6,000	37.00	77.00	155	600
1874/3Mo M	—	200	400	600	1,250
1874/2Mo B	—	17.00	32.00	80.00	500
1874/2Mo B/M	—	17.00	32.00	80.00	500
1874/3Mo B/M	—	17.00	32.00	80.00	500
1874Mo B	—	17.00	32.00	80.00	500
1875Mo B	—	17.00	32.00	80.00	550
1876Mo B	—	14.00	27.50	80.00	500
1876/5Mo B	—	17.00	32.00	80.00	500
1877Mo M	—	17.00	32.00	95.00	500
1877/2Mo M	—	22.50	42.00	105	550
1878Mo M	Inc. above	17.00	37.00	105	550
1878/7Mo M	8,000	27.50	52.00	130	600

Date	Mintage	F12	VF20	XF40	MS60
1879Mo M	—	27.50	52.00	130	550
1880Mo M	—	100	150	250	750
1881Mo M	16,000	27.50	52.00	130	600
1881/0Mo M	—	32.00	52.00	130	600
1882/1Mo M	2,000	32.00	62.00	155	750
1883/2Mo M	4,000	150	225	350	1,000
1884Mo M	—	150	225	350	1,000
1885Mo M	12,000	32.00	62.00	155	600
1886/5Mo M	66,000	17.00	37.00	95.00	475
1886Mo M	Inc. above	14.00	27.50	80.00	450
1887Mo M	Inc. above	17.00	37.00	80.00	475
1887/6Mo M	88,000	17.00	37.00	95.00	475
1888Mo M	—	3,000	4,000	6,000	—

KM# 407.7 13.54 g., 0.903 Silver, 0.393 oz. ASW **Obv:** Facing eagle, snake in beak **Rev:** Radiant cap above scales **Mint:** San Luis Potosi

Date	Mintage	F12	VF20	XF40	MS60
1870Pi G	Inc. above	22.50	42.00	105	450
1870/780Pi G	50,000	22.50	47.00	115	500
1870Pi O	Inc. above	22.50	42.00	105	450
1871Pi O	—	17.00	32.00	85.00	400
1871Pi O/G	64,000	17.00	32.00	85.00	400
1872Pi O	52,000	17.00	32.00	85.00	400
1872Pi O/G	Inc. above	17.00	32.00	85.00	400
1873Pi O	32,000	22.50	42.00	105	450
1873Pi H	Inc. above	27.50	52.00	130	550
1874Pi H/O	—	17.00	32.00	85.00	400
1875/3Pi H	—	17.00	32.00	85.00	400
1875Pi H	—	17.00	32.00	85.00	400
1876Pi H	—	32.00	62.00	155	700
1877Pi H	34,000	22.50	42.00	105	450
1878Pi H	9,700	22.50	42.00	105	450
1879/7Pi H	—	17.00	37.00	95.00	450
1879Pi H	—	17.00	37.00	95.00	400
1880Pi H	—	22.50	42.00	105	450
1881Pi H	28,000	22.50	42.00	105	450
1882Pi H	22,000	17.00	32.00	85.00	400
1883Pi H 8/8	29,000	50.00	100	200	750
1883Pi H	Inc. above	17.00	32.00	85.00	400
1884Pi H	—	50.00	100	175	600
1885/3Pi H	—	22.50	42.00	105	450
1885/0Pi H	45,000	22.50	42.00	105	450
1885/4Pi H	Inc. above	22.50	42.00	105	450
1885Pi H	Inc. above	27.50	52.00	130	450
1885Pi C	Inc. above	17.00	32.00	85.00	400
1886/1Pi R	92,000	50.00	100	175	600
1886/1Pi C	—	27.50	42.00	105	450
1886Pi C	Inc. above	17.00	32.00	85.00	400
1886Pi R	Inc. above	17.00	32.00	85.00	400
1887Pi R	32,000	17.00	32.00	95.00	450

KM# 407.8 13.54 g., 0.903 Silver, 0.393 oz. ASW **Obv:** Facing eagle, snake in beak **Rev:** Radiant cap above scales **Mint:** Zacatecas **Note:** Varieties exist.

Date	Mintage	F12	VF20	XF40	MS60
1870Zs H	86,000	14.00	27.50	65.00	450
1871Zs H	146,000	14.00	27.50	55.00	400

Date	Mintage	F12	VF20	XF40	MS60
1872Zs H	132,000	14.00	27.50	55.00	400
1873Zs H	56,000	14.00	27.50	55.00	400
1874Zs A Rare	—	—	—	—	—
1874Zs H	—	14.00	27.50	55.00	400
1875Zs A	—	14.00	27.50	55.00	400
1876Zs S	—	100	200	350	750
1876/5Zs A	—	17.00	32.00	65.00	450
1876Zs A	—	14.00	27.50	55.00	400
1877Zs S	100,000	14.00	27.50	55.00	400
1878/7Zs S	254,000	17.00	32.00	65.00	450
1878Zs S	Inc. above	17.00	32.00	65.00	400
1879Zs S	—	14.00	27.50	55.00	400
1880Zs S	—	14.00	27.50	55.00	400
1881Zs S	201,000	14.00	27.50	55.00	400
1882/1Zs S	2,000	60.00	110	260	660
1882Zs S	Inc. above	60.00	110	260	660
1883Zs S	Inc. above	27.50	52.00	105	450
1883Zs/Za S	31,000	32.00	62.00	105	450
1884/3Zs S	—	17.00	32.00	65.00	450
1884Zs S	—	14.00	27.50	55.00	400
1885Zs S	Inc. above	27.50	52.00	130	450
1885/4Zs S	2,000	27.50	52.00	130	450
1886Zs Z	2,000	150	275	400	1,000
1887Zs Z	63,000	32.00	62.00	130	450

PESO

KM# 408 27.07 g., 0.903 Silver, 0.786 oz. ASW
Obv: Facing eagle, snake in beak **Rev:** Radiant
cap above scales **Mint:** Chihuahua

Date	Mintage	F12	VF20	XF40	MS60
1872CH P/M	747,000	750	1,500	3,500	—
1872CH P	Inc. above	350	700	1,500	—
1872/1CH M	Inc. above	35.00	55.00	100	525
1872CH M	Inc. above	27.50	38.50	70.00	325
1873CH M	320,000	30.00	44.00	85.00	350
1873CH M/P	Inc. above	35.00	55.00	100	450

KM# 408.1 27.07 g., 0.903 Silver, 0.786 oz. ASW
Obv: Facing eagle, snake in beak **Rev:** Radiant
cap above scales **Mint:** Culiacan

Date	Mintage	F12	VF20	XF40	MS60
1870Cn E	—	49.50	95.00	185	650
1871/11Cn P	478,000	33.00	55.00	125	575
1871Cn P	Inc. above	27.50	49.50	95.00	400
1872/1Cn P	—	27.50	49.50	95.00	400
1872Cn P	209,000	27.50	49.50	95.00	400
1873Cn P Narrow date	527,000	27.50	49.50	95.00	400
1873Cn P Wide date	Inc. above	27.50	49.50	95.00	400

KM# 408.2 27.07 g., 0.9027 Silver, 0.7857 oz. ASW
Obv: Facing eagle, snake in beak **Rev:** Radiant
cap above scales **Obv. Legend:** REPUBLICA
MEXICANA **Mint:** Durango

Date	Mintage	F12	VF20	XF40	MS60
1870Do P	—	60.00	115	215	575

Date	Mintage	F12	VF20	XF40	MS60
1871Do P	427,000	35.00	65.00	100	400
1872Do P	296,000	30.00	50.00	100	450
1872Do PT	Inc. above	110	195	300	1,100
1873Do P	203,000	35.00	60.00	115	450

KM# 408.3 27.07 g., 0.903 Silver, 0.786 oz. ASW
Obv: Facing eagle, snake in beak **Rev:** Radiant
cap above scales **Obv. Legend:** REPUBLICA
MEXICANA **Mint:** Guadalajara

Date	Mintage	F12	VF20	XF40	MS60
1870Ga C	—	850	1,100	—	—
1871Ga C	829,000	37.00	85.00	175	775
1872Ga C	485,000	50.00	110	220	850
1873/2Ga C	277,000	50.00	110	220	900
1873Ga C	Inc. above	37.00	85.00	175	775

KM# 408.4 27.07 g., 0.9027 Silver, 0.7857 oz. ASW
Obv: Facing eagle, snake in beak **Rev:** Radiant
cap above scales **Obv. Legend:** REPUBLICA
MEXICANA **Mint:** Guanajuato

Date	Mintage	F12	VF20	XF40	MS60
1871/0Go S	3,946,000	35.00	60.00	115	450
1871/3Go S	Inc. above	26.00	44.00	90.00	350
1871Go S	Inc. above	14.50	27.50	55.00	285
1872Go S	4,067,000	14.50	27.50	55.00	325
1873/2Go S	1,560,000	26.00	33.00	65.00	325
1873Go S	Inc. above	14.50	27.50	60.00	325
1873Go/Mo/S/M	Inc. above	14.50	27.50	60.00	325

KM# 408.5 27.07 g., 0.903 Silver, 0.786 oz. ASW
Obv: Facing eagle, snake in beak **Rev:** Radiant
cap above scales **Mint:** Mexico City

Date	Mintage	F12	VF20	XF40	MS60
1869Mo C	—	50.00	90.00	180	775
1870Mo M/C	Inc. above	30.00	47.25	100	400
1870/69Mo C	5,115,000	27.50	42.00	85.00	350
1870Mo C	Inc. above	26.00	36.00	65.00	325
1870Mo M	Inc. above	30.00	47.25	100	400
1871/0Mo M	6,974,000	27.50	42.00	85.00	350
1871Mo M	Inc. above	26.00	36.00	65.00	325
1872/1Mo M	—	27.50	41.50	80.00	350
1872/1Mo M/C	4,801,000	27.50	41.50	80.00	350
1872Mo M	Inc. above	26.00	36.00	65.00	325
1873Mo M	1,765,000	26.00	36.00	65.00	325

Note: The 1869 C with large LEY on the scroll is a pattern

KM# 408.6 27.07 g., 0.903 Silver, 0.786 oz. ASW **Obv:** Facing eagle, snake in beak **Rev:** Radiant cap above scales **Obv. Legend:** REPUBLICA MEXICANA **Mint:** Oaxaca

Date	Mintage	F12	VF20	XF40	MS60
1869Oa E	—	300	450	725	2,600
1870Oa E Small A	Inc. above	26.00	44.00	100	525
1870OA E Large A	Inc. above	110	165	350	1,150
1871/69Oa E	140,000	42.00	65.00	160	725
1871Oa E Small A	Inc. above	27.50	44.00	85.00	400
1871Oa E Large A	Inc. above	27.50	44.00	100	525
1872Oa E Small A	180,000	27.50	44.00	100	525
1872Oa E Large A	Inc. above	60.00	110	240	575
1873Oa E	105,000	27.50	44.00	100	450

KM# 408.7 27.07 g., 0.903 Silver, 0.786 oz. ASW **Obv:** Facing eagle, snake in beak **Rev:** Radiant cap above scales **Mint:** San Luis Potosi **Note:** Varieties exist.

Date	Mintage	F12	VF20	XF40	MS60
1870Pi S	1,967,000	220	375	600	1,300
1870Pi S/A	Inc. above	220	375	650	1,550
1870Pi G	Inc. above	37.00	55.00	100	725
1870Pi H	Inc. above	—	—	—	—
Note: Contemporary counterfeits					
1870Pi O/G	Inc. above	37.00	55.00	100	725
1870Pi O	Inc. above	30.00	44.00	130	525
1871/69Pi O	2,103,000	90.00	120	265	650
1871Pi O/G	Inc. above	27.50	44.00	85.00	650
1871Pi O	—	27.50	44.00	85.00	650
1872Pi O	1,873,000	27.50	44.00	85.00	650
1873Pi H	Inc. above	27.50	44.00	85.00	650
1873Pi O	893,000	27.50	44.00	85.00	650

KM# 408.8 27.07 g., 0.903 Silver, 0.786 oz. ASW **Obv:** Facing eagle, snake in beak **Rev:** Radiant cap above scales **Mint:** Zacatecas **Note:** Varieties exist.

Date	Mintage	F12	VF20	XF40	MS60
1870Zs H	4,519,000	27.00	47.00	65.00	285
1871Zs H	4,459,000	26.00	36.00	65.00	285
1872Zs H	4,039,000	26.00	36.00	65.00	285
1873/1Zs H	Inc. above	26.00	36.00	65.00	285
1873Zs H	1,782,000	26.00	36.00	65.00	285

KM# 409 27.07 g., 0.903 Silver, 0.786 oz. ASW 39mm. **Obv:** Facing eagle, snake in beak **Rev:** Radiant cap **Mint:** Culiacan

Date	Mintage	F12	VF20	XF40	MS60
1898Cn/MoAM	Inc. above	28.00	40.00	110	185
1898Cn AM	1,720,000	28.00	30.00	55.00	120
1899Cn AM	1,722,000	32.50	55.00	110	215
1899Cn JQ	Inc. above	28.00	30.00	70.00	155
1900Cn JQ	1,804,000	28.00	30.00	55.00	120
1901Cn JQ	1,473,000	28.00	30.00	65.00	160
1902Cn JQ	1,194,000	28.00	30.00	75.00	240
1903Cn JQ	1,514,000	28.00	30.00	55.00	160
1903Cn FV	Inc. above	40.00	80.00	175	425
1904Cn MH	1,554,000	28.00	30.00	44.00	145
1904Cn RP	Inc. above	80.00	160	265	650
1905Cn RP	598,000	40.00	80.00	175	475

KM# 409.1 27.07 g., 0.903 Silver, 0.786 oz. ASW 39mm. **Obv:** Facing eagle, snake in beak **Rev:** Radiant cap **Mint:** Guanajuato **Note:** Varieties exist.

Date	Mintage	F12	VF20	XF40	MS60
1898Go/MoRS	Inc. above	27.50	35.00	70.00	150
1898Go RS	4,256,000	14.50	26.00	47.00	100
1899Go RS	3,207,000	14.50	26.00	42.00	95.00
1900Go RS	1,489,000	32.50	55.00	120	300

KM# 409.2 27.07 g., 0.9027 Silver, 0.7857 oz. ASW 39mm. **Obv:** Facing eagle, snake in beak **Rev:** Radiant cap **Obv. Legend:** REPUBLICA MEXICANA **Mint:** Mexico City **Note:** Varieties exist.

Date	Mintage	F12	VF20	XF40	MS60
1898Mo AM	10,250,000	28.00	30.00	35.00	75.00
Note: Restrike (1949) - reverse with 134 beads					
1898Mo AM	10,156,000	28.00	30.00	35.00	85.00
Note: Original strike - reverse with 139 beads					
1899Mo AM	7,930,000	28.00	30.00	37.00	95.00
1900Mo AM	8,226,000	28.00	30.00	37.00	95.00
1901Mo AM	14,505,000	28.00	30.00	37.00	80.00
1902/1Mo AM	16,224,000	240	475	875	1,800
1902Mo AM	Inc. above	28.00	30.00	37.00	130
1903Mo AM	22,396,000	28.00	30.00	37.00	130
1903Mo MA (Error)	Inc. above	1,500	2,500	3,850	9,000

Date	Mintage	F12	VF20	XF40	MS60
1904Mo AM	14,935,000	28.00	30.00	37.00	130
1905Mo AM	3,557,000	28.00	40.00	100	240
1908Mo AM	7,575,000	28.00	30.00	37.00	115
1908Mo GV	Inc. above	28.00	30.00	37.00	80.00
1909Mo GV	2,924,000	28.00	30.00	37.00	80.00

KM# 409.3 27.07 g., 0.903 Silver, 0.786 oz. ASW 39mm. **Obv:** Facing eagle, snake in beak **Rev:** Radiant cap **Mint:** Zacatecas **Note:** Mint mark Zs. Varieties exist.

Date	Mintage	F12	VF20	XF40	MS60
1898Zs FZ	5,714,000	27.50	32.50	49.50	130
1899Zs FZ	5,618,000	27.50	32.50	49.50	140
1900Zs FZ	5,357,000	27.50	32.50	49.50	140
1901Zs FZ	Inc. above	28.00	30.00	36.00	110
1901Zs AZ	5,706,000	4,000	6,000	11,000	—
1902Zs FZ	7,134,000	28.00	30.00	36.00	110
1903/2Zs FZ	3,080,000	28.00	30.00	90.00	240
1903Zs FZ	Inc. above	28.00	30.00	37.00	125
1904Zs FZ	2,423,000	28.00	30.00	50.00	160
1904Zs FM	Inc. above	28.00	30.00	45.00	145
1905Zs FM	995,000	32.00	65.00	110	290

KM# 410 1.69 g., 0.875 Gold, 0.0476 oz. AGW **Obv:** Facing eagle, snake in beak **Rev:** Value within 1/2 wreath **Obv. Legend:** REPUBLICA MEXICANA **Mint:** Alamos

Date	Mintage	F12	VF20	XF40	MS60
1888AsL/MoM Rare	—	—	—	—	—
1888As L Rare	—	—	—	—	—

KM# 410.1 1.69 g., 0.875 Gold, 0.0476 oz. AGW **Obv:** Facing eagle, snake in beak **Rev:** Value within 1/2 wreath **Obv. Legend:** REPUBLICA MEXICANA **Mint:** Chihuahua

Date	Mintage	F12	VF20	XF40	MS60
1888Ca/MoM Rare	104	—	—	—	—

KM# 410.2 1.69 g., 0.875 Gold, 0.0476 oz. AGW **Obv:** Facing eagle, snake in beak **Rev:** Value within 1/2 wreath **Obv. Legend:** REPUBLICA MEXICANA **Mint:** Culiacan

Date	Mintage	F12	VF20	XF40	MS60	MS63
1873Cn P	1,221	105	125	165	250	—
1875Cn P	—	115	150	165	250	—
1878Cn G	248	130	200	240	500	—
1879Cn D	—	130	175	215	475	—
1881/0Cn D	338	130	175	215	475	—
1882Cn D	340	130	175	215	475	—
1883Cn D	—	130	175	215	475	—
1884Cn M	—	130	175	215	475	—
1886/4Cn M	277	130	175	240	500	—
1888/7Cn M	2,586	130	175	215	450	—
1888Cn M	Inc. above	95.00	125	165	265	—
1889Cn M Rare						
1891/89Cn M	969	105	125	165	275	—
1892Cn M	780	105	125	165	275	—
1893Cn M	498	115	150	165	275	—
1894Cn M	493	110	150	165	275	—
1895Cn M	1,143	95.00	125	165	250	350
1896/5Cn M	1,028	95.00	125	165	250	350
1897Cn M	785	95.00	125	165	250	350
1898Cn M	3,521	95.00	125	165	225	325
1898Cn/MoM	Inc. above	95.00	125	165	250	350
1899Cn Q	2,000	95.00	125	165	225	325
1901Cn Q	Inc. above	90.00	110	150	225	325
1901/0Cn Q	2,350	90.00	110	150	225	325
1902Cn Q	2,480	90.00	110	150	225	325
1902Cn/MoQ/C	Inc. above	90.00	110	150	225	325
1904Cn H	3,614	90.00	110	150	225	325
1904Cn/Mo/ H	Inc. above	90.00	110	150	250	350
1905Cn P	1,000	—	—	—	—	—
Note: Requires Confirmation						

KM# 410.3 1.69 g., 0.875 Gold, 0.0476 oz. AGW **Obv:** Facing eagle, snake in beak **Rev:** Value within 1/2 wreath **Obv. Legend:** REPUBLICA MEXICANA **Mint:** Guanajuato

Date	Mintage	F12	VF20	XF40	MS60	MS63
1870Go S	—	130	150	165	265	—
1871Go S	500	130	200	240	475	—
1888Go R	210	165	225	265	550	—
1890Go R	1,916	100	125	165	265	—
1892Go R	533	130	175	190	350	—
1894Go R	180	195	225	265	550	—
1895Go R	676	130	175	190	325	—
1896/5Go R	4,671	85.00	125	165	250	—
1897/6Go R	4,280	85.00	125	165	250	—
1897Go R	Inc. above	85.00	125	165	250	—
1898Go R	5,193	85.00	125	165	250	750
Note: Regular obverse						
1898Go R	Inc. above	100	125	165	250	750
Note: Mule, 5 Centavos obverse, normal reverse						
1899Go R	2,748	85.00	125	165	250	—
1900/800Go R	864	100	150	165	285	—

KM# 410.4 1.69 g., 0.875 Gold, 0.0476 oz. AGW **Obv:** Facing eagle, snake in beak **Rev:** Value within 1/2 wreath **Obv. Legend:** REPUBLICA MEXICANA **Mint:** Hermosillo

Date	Mintage	F12	VF20	XF40	MS60
1875Ho R Rare	310	—	—	—	—
1876Ho F Rare	—	—	—	—	—
1888Ho G/MoM Rare	—	—	—	—	—

KM# 410.5 1.69 g., 0.875 Gold, 0.0476 oz. AGW
Obv: Facing eagle, snake in beak **Rev:** Value within
1/2 wreath **Obv. Legend:** REPUBLICA MEXICANA
Mint: Mexico City

Date	Mintage	F12	VF20	XF40	MS60	MS63
1870Mo C	2,540	85.00	95.00	110	185	250
1871Mo M/C	1,000	95.00	120	165	250	250
1872Mo M/C	3,000	85.00	95.00	110	185	300
1873/1Mo M	2,900	85.00	95.00	115	200	250
1873Mo M	Inc. above	85.00	95.00	110	185	250
1874Mo M	—	85.00	95.00	110	185	250
1875Mo B/M	—	85.00	95.00	110	185	250
1876/5Mo B/M	—	85.00	95.00	110	185	250
1877Mo M	—	85.00	95.00	110	185	250
1878Mo M	2,000	85.00	95.00	110	185	250
1879Mo M	—	85.00	95.00	110	185	250
1880/70Mo M	—	85.00	95.00	110	185	250
1881/71Mo M	1,000	85.00	95.00	110	185	250
1882/72Mo M	—	85.00	95.00	110	185	250
1883/72Mo M	1,000	85.00	95.00	110	185	250
1884Mo M	—	85.00	95.00	110	185	250
1885/71Mo M	—	85.00	95.00	110	185	250
1885Mo M	—	85.00	95.00	110	185	250
1886Mo M	1,700	85.00	95.00	110	185	250
1887Mo M	2,200	85.00	95.00	110	185	250
1888Mo M	1,000	85.00	95.00	110	185	250
1889Mo M	500	125	170	215	285	—
1890Mo M	570	125	170	215	285	—
1891Mo M	746	125	170	215	285	—
1892/0Mo M	2,895	85.00	95.00	110	185	250
1893Mo M	5,917	85.00	95.00	110	185	250
1894/3MMo	—	85.00	95.00	110	185	250
1894Mo M	6,244	85.00	95.00	110	185	250
1895Mo M	8,994	85.00	95.00	110	185	250
1895Mo B	Inc. above	85.00	95.00	110	185	250
1896Mo B	7,166	85.00	95.00	110	185	250
1896Mo M	Inc. above	85.00	95.00	110	185	250
1897Mo M	5,131	85.00	95.00	110	185	250
1898/7Mo M	5,368	85.00	95.00	110	185	250
1899Mo M	9,515	85.00	95.00	110	185	250
1900/800Mo M	9,301	85.00	95.00	110	185	250
1900/880Mo M	Inc. above	85.00	95.00	110	185	250
1900/890Mo M	Inc. above	85.00	95.00	110	185	250
1900Mo M	Inc. above	85.00	95.00	110	185	250
1901Mo M Small date	Inc. above	90.00	100	115	205	270
1901/801Mo M Large date	8,293	90.00	100	115	205	270
1902Mo M Large date	11,000	90.00	100	115	205	270
1902Mo M Small date	Inc. above	90.00	100	115	205	270
1903Mo M Large date	10,000	90.00	100	115	205	270
1903Mo M Small date	Inc. above	90.00	100	145	220	325
1904Mo M	9,845	90.00	100	115	205	270
1905Mo M	3,429	90.00	100	115	205	270

KM# 410.6 1.69 g., 0.875 Gold, 0.0476 oz. AGW
Obv: Facing eagle, snake in beak **Rev:** Value within
1/2 wreath **Obv. Legend:** REPUBLICA MEXICANA
Mint: Zacatecas

Date	Mintage	F12	VF20	XF40	MS60	MS63
1872Zs H	2,024	155	175	190	295	—
1875/3Zs A	—	155	175	215	350	—
1878Zs S	—	155	175	190	295	—
1888Zs Z	280	205	250	350	725	—
1889Zs Z	492	180	200	240	475	—
1890Zs Z	738	180	200	240	475	—

2-1/2 PESOS

KM# 411 4.23 g., 0.875 Gold, 0.119 oz. AGW **Obv:**
Facing eagle, snake in beak **Rev:** Value within 1/2
wreath **Obv. Legend:** REPUBLICA MEXICANA
Mint: Alamos

Date	Mintage	F12	VF20	XF40	MS60
1888As/MoL Rare	—	—	—	—	—

KM# 411.1 4.23 g., 0.875 Gold, 0.119 oz. AGW
Obv: Facing eagle, snake in beak **Rev:** Value
within 1/2 wreath **Mint:** Culiacan

Date	Mintage	F12	VF20	XF40	MS60	MS63
1893Cn M	141	1,500	2,000	2,500	3,500	—

KM# 411.2 4.23 g., 0.875 Gold, 0.119 oz. AGW
Obv: Facing eagle, snake in beak **Rev:** Value
within 1/2 wreath **Mint:** Durango

Date	Mintage	F12	VF20	XF40	MS60
1888Do C Rare	—	—	—	—	—

KM# 411.3 4.23 g., 0.875 Gold, 0.119 oz. AGW
Obv: Facing eagle, snake in beak **Rev:** Value within
1/2 wreath **Obv. Legend:** REPUBLICA MEXICANA
Mint: Guanajuato

Date	Mintage	F12	VF20	XF40	MS60
1871Go S	600	1,250	2,000	2,500	3,250
1888Go/MoR	110	1,750	2,250	2,750	3,500

KM# 411.4 4.23 g., 0.875 Gold, 0.119 oz. AGW
Obv: Facing eagle, snake in beak **Rev:** Value within
1/2 wreath **Obv. Legend:** REPUBLICA MEXICANA
Mint: Hermosillo

Date	Mintage	F12	VF20	XF40	MS60
1874Ho R Rare	—	—	—	—	—
1888Ho G Rare	—	—	—	—	—

KM# 411.5 4.23 g., 0.875 Gold, 0.119 oz. AGW
Obv: Facing eagle, snake in beak **Rev:** Value within 1/2 wreath **Mint:** Mexico City

Date	Mintage	F12	VF20	XF40	MS60	MS63
1870Mo C	820	215	300	400	800	—
1872Mo M/C	800	215	300	400	800	—
1873/2Mo M	—	250	400	800	1,400	—
1874Mo M	—	250	400	800	1,400	—
1874Mo B/M	—	250	400	800	1,400	—
1875Mo B	—	250	400	800	1,400	—
1876Mo B	—	300	550	1,050	1,900	—
1877Mo M	—	250	400	800	1,400	—
1878Mo M	400	250	400	800	1,400	—
1879Mo M	—	250	400	800	1,400	—
1880/79Mo M	—	250	400	800	1,400	—
1881Mo M	400	250	400	800	1,400	—
1882Mo M	—	275	450	900	1,550	2,000
1883/73Mo M	400	250	400	800	1,400	—
1884Mo M	—	300	550	1,050	1,650	—
1885Mo M	—	450	900	1,800	3,050	—
1886Mo M	400	250	400	800	1,400	—
1887Mo M	400	250	400	800	1,400	—
1888Mo M	540	250	400	800	1,400	—
1889Mo M	240	200	350	575	1,000	—
1890Mo M	420	250	400	800	1,400	—
1891Mo M	188	250	400	800	1,400	—
1892Mo M	240	250	400	800	1,400	—

KM# 411.6 4.23 g., 0.875 Gold, 0.119 oz. AGW
Obv: Facing eagle, snake in beak **Rev:** Value within 1/2 wreath **Obv. Legend:** REPUBLICA MEXICANA **Mint:** Zacatecas

Date	Mintage	F12	VF20	XF40	MS60
1872Zs H	1,300	250	400	550	1,250
1873Zs H	—	225	375	525	950
1875/3Zs A	—	250	400	800	1,400
1877Zs S	—	250	400	800	1,400
1878Zs S	300	250	400	800	1,400
1888Zs/MoS	80	350	550	1,050	1,850
1889Zs/Mo Z	184	300	500	1,000	1,650
1890Zs Z	326	250	400	800	1,400

5 PESOS

KM# 412 8.46 g., 0.875 Gold, 0.238 oz. AGW
Obv: Facing eagle, snake in beak **Rev:** Radiant cap above scales **Obv. Legend:** REPUBLICA MEXICANA **Mint:** Alamos

Date	Mintage	F12	VF20	XF40	MS60	MS63
1875As L	—	—	—	—	—	—
1878As L	383	900	1,700	3,000	4,500	—

KM# 412.1 8.46 g., 0.875 Gold, 0.238 oz. AGW
Obv: Facing eagle, snake in beak **Rev:** Radiant cap above scales **Obv. Legend:** REPUBLICA MEXICANA **Mint:** Chihuahua

Date	Mintage	F12	VF20	XF40	MS60
1888Ca M Rare	120	—	—	—	—

KM# 412.2 8.46 g., 0.875 Gold, 0.238 oz. AGW
Obv: Facing eagle, snake in beak **Rev:** Radiant cap above scales **Obv. Legend:** REPUBLICA MEXICANA **Mint:** Culiacan

Date	Mintage	F12	VF20	XF40	MS60
1873Cn P	—	450	750	1,200	2,200
1874Cn P	—	—	—	—	—
1875Cn P	—	450	650	1,000	1,950
1876Cn P	—	450	650	1,000	1,950
1877Cn G	—	450	650	1,000	1,950
1882Cn Rare	174	—	—	—	—
1888Cn M	—	650	1,150	1,450	2,200
1890Cn M	435	475	650	950	1,800
1891Cn M	1,390	450	550	750	1,200
1894Cn M	484	475	650	950	1,800
1895Cn M	142	650	900	1,500	2,700
1900Cn Q	1,536	450	500	675	1,100
1903Cn Q	1,000	450	475	550	1,000

KM# 412.3 8.46 g., 0.875 Gold, 0.238 oz. AGW
Obv: Facing eagle, snake in beak **Rev:** Radiant cap above scales **Obv. Legend:** REPUBLICA MEXICANA **Mint:** Durango

Date	Mintage	F12	VF20	XF40	MS60	MS63
1873/2Do P	—	750	1,250	1,850	3,000	—
1877Do P	—	750	1,250	1,850	3,000	—
1878Do E	—	750	1,250	1,850	3,000	—
1879Do B	—	750	1,250	1,850	3,000	—
1879/7Do B	—	750	1,250	1,850	3,000	—

KM# 412.4 8.46 g., 0.875 Gold, 0.238 oz. AGW
Obv: Facing eagle, snake in beak **Rev:** Radiant cap above scales **Obv. Legend:** REPUBLICA MEXICANA **Mint:** Guanajuato

Date	Mintage	F12	VF20	XF40	MS60
1871Go S	1,600	550	950	1,450	2,450

Date	Mintage	F12	VF20	XF40	MS60
1887Go R	140	750	1,350	1,750	3,200
1888Go R Rare	65	—	—	—	—
1893Go R Rare	16	—	—	—	—

KM# 412.5 8.46 g., 0.875 Gold, 0.238 oz. AGW
Obv: Facing eagle, snake in beak **Rev:** Radiant cap above scales **Obv. Legend:** REPUBLICA MEXICANA **Mint:** Hermosillo

Date	Mintage	F12	VF20	XF40	MS60
1874Ho R	—	1,950	2,700	3,200	4,700
1877Ho R	990	800	1,150	1,800	2,800
1877Ho A	Inc. above	700	1,350	1,950	2,950
1888Ho G Rare	—	—	—	—	—

KM# 412.6 8.46 g., 0.875 Gold, 0.238 oz. AGW
Obv: Facing eagle, snake in beak **Rev:** Radiant cap above scales **Obv. Legend:** REPUBLICA MEXICANA **Mint:** Mexico City

Date	Mintage	F12	VF20	XF40	MS60	MS63
1870Mo C	550	475	550	750	1,650	—
1871/69Mo M	1,600	475	525	600	850	—
1871Mo M	Inc. above	475	525	600	850	—
1872Mo M	1,600	475	525	600	850	—
1873/2Mo M	—	475	550	700	1,000	—
1874Mo M	—	475	550	700	1,000	—
1875/3Mo B/M	—	475	550	700	1,100	—
1875Mo B	—	475	550	700	1,100	—
1876/5Mo B/M	—	475	550	700	1,150	—
1877Mo M	—	475	600	900	1,800	—
1878/7Mo M	400	475	550	700	1,400	—
1878Mo M	Inc. above	475	550	700	1,400	—
1879/8Mo M	—	475	550	700	1,400	—
1880Mo M	—	475	550	700	1,400	—
1881Mo M	—	475	550	700	1,400	—
1882Mo M	200	475	600	900	1,800	—
1883Mo M	200	475	600	900	1,800	—
1884Mo M	—	475	600	900	1,800	—
1886Mo M	200	475	600	900	1,800	—
1887Mo M	200	475	600	900	1,800	—
1888Mo M	250	475	550	700	1,800	—
1889Mo M	190	475	600	900	1,800	—
1890Go M	149	475	600	900	1,800	—
1891Mo M	156	475	600	900	1,800	—
1892Mo M	214	475	600	900	1,800	—
1893Mo M	1,058	450	550	650	950	—
1897Mo M	370	475	550	700	1,150	—
1898Mo M	376	475	550	700	1,150	—
1900Mo M	1,014	450	475	500	850	1,200
1901Mo M	1,071	450	475	500	850	1,300
1902Mo M	1,478	450	475	500	850	1,300
1903Mo M	1,162	450	475	500	850	1,300
1904Mo M	1,415	450	475	500	850	1,300
1905Mo M	563	450	500	600	1,550	2,050

KM# 412.7 8.46 g., 0.875 Gold, 0.238 oz. AGW
Obv: Facing eagle, snake in beak **Rev:** Radiant cap above scales **Obv. Legend:** REPUBLICA MEXICANA **Mint:** Zacatecas

Date	Mintage	F12	VF20	XF40	MS60	MS63
1874Zs A	—	475	650	900	1,650	—
1875Zs A	—	450	550	650	1,150	—
1877Zs S/A	—	450	550	700	1,150	—
1878/7Zs S/A	—	450	550	700	1,150	—
1883Zs S	—	425	450	600	900	—
1888Zs Z	70	1,150	1,650	2,150	3,150	—
1889Zs Z	373	425	450	650	1,000	—
1892Zs Z	1,229	425	450	600	900	1,400

10 PESOS

KM# 413 16.92 g., 0.875 Gold, 0.476 oz. AGW
Obv: Facing eagle, snake in beak **Rev:** Radiant cap above scales **Obv. Legend:** REPUBLICA MEXICANA **Mint:** Alamos

Date	Mintage	F12	VF20	XF40	MS60
1874As DL Rare	—	—	—	—	—
1875As L	642	950	1,500	2,750	3,850
1878As L	977	900	1,250	2,250	3,350
1879As L	1,078	900	1,250	2,250	3,350
1880As L	2,629	900	1,250	2,250	3,350
1881As L	2,574	900	1,250	2,250	3,350
1882As L	3,403	900	1,250	2,250	3,350
1883As L	3,597	900	1,250	2,250	3,350
1884As L Rare	—	—	—	—	—
1885As L	4,562	900	1,250	2,250	3,350
1886As L	4,643	900	1,250	2,250	3,350
1887As L	3,667	900	1,250	2,250	3,350
1888As L	4,521	900	1,250	2,250	3,350
1889As L	5,615	900	1,250	2,250	3,350
1890As L	4,920	900	1,250	2,250	3,350
1891As L	568	900	1,250	2,250	3,350
1892As L	—	—	—	—	—
1893As L	817	900	1,250	2,250	3,350
1894/3As L	1,658	—	—	—	—
1894As L	Inc. above	900	1,250	2,250	3,350
1895As L	1,237	900	1,250	2,250	3,350

KM# 413.1 16.92 g., 0.875 Gold, 0.476 oz. AGW
Obv: Facing eagle, snake in beak **Rev:** Radiant cap above scales **Obv. Legend:** REPUBLICA MEXICANA **Mint:** Chihuahua

Date	Mintage	F12	VF20	XF40	MS60	MS63
1888Ca M	175	—	—	7,500	—	—

KM# 413.2 16.92 g., 0.875 Gold, 0.476 oz. AGW
Obv: Facing eagle, snake in beak **Rev:** Radiant cap above scales **Obv. Legend:** REPUBLICA MEXICANA **Mint:** Culiacan

Date	Mintage	F12	VF20	XF40	MS60
1881Cn D	—	875	900	1,300	2,050
1882Cn D	874	875	900	1,300	2,050
1882Cn E	Inc. above	875	900	1,300	2,050
1883Cn D	221	—	—	—	—
1883Cn M	Inc. above	875	900	1,300	2,050
1884Cn D	—	875	900	1,300	2,050
1884Cn M	—	875	900	1,300	2,050
1885Cn M	1,235	875	900	1,300	2,050
1886Cn M	981	875	900	1,300	2,050
1887Cn M	2,289	875	900	1,300	2,050
1888Cn M	767	875	900	1,300	2,050
1889Cn M	859	875	900	1,300	2,050
1890Cn M	1,427	875	900	1,300	2,050
1891Cn M	670	875	900	1,300	2,050
1892Cn M	379	875	900	1,300	2,050
1893Cn M	1,806	875	900	1,300	2,050
1895Cn M	179	900	1,300	1,800	2,800
1903Cn Q	774	875	950	1,100	2,100

KM# 413.3 16.92 g., 0.875 Gold, 0.476 oz. AGW
Obv: Facing eagle, snake in beak **Rev:** Radiant cap above scales **Obv. Legend:** REPUBLICA MEXICANA **Mint:** Durango

Date	Mintage	F12	VF20	XF40	MS60	MS63
1872Do P	1,755	875	950	1,100	1,550	—
1873/2Do P	1,091	875	950	1,150	1,650	—
1873/2Do M/P	Inc. above	875	950	1,200	1,750	—
1874Do M	—	875	950	1,200	1,750	—
1875Do M	—	875	950	1,200	1,750	—
1876Do M	—	900	1,050	1,550	2,300	—
1877Do P	—	875	950	1,200	1,750	—
1878Do E	582	875	950	1,200	1,750	—
1879/8Do B	—	875	950	1,200	1,750	—
1879Do B	—	875	950	1,200	1,750	—
1880Do P	2,030	875	950	1,200	1,750	4,050
1881/79Do P	2,617	875	950	1,200	1,750	—
1882Do P	1,528	—	—	—	—	—
Rare						
1882Do C	Inc. above	875	950	1,200	1,750	—
1883Do C	793	900	1,050	1,550	2,300	—

Date	Mintage	F12	VF20	XF40	MS60	MS63
1884Do C	108	900	1,050	1,550	2,300	—

KM# 413.4 16.92 g., 0.875 Gold, 0.476 oz. AGW
Obv: Facing eagle, snake in beak **Rev:** Radiant cap above scales **Obv. Legend:** REPUBLICA MEXICANA **Mint:** Guadalajara

Date	Mintage	F12	VF20	XF40	MS60	MS63
1870Ga C	490	875	1,100	1,250	2,100	—
1871Ga C	1,910	875	1,100	1,500	2,600	—
1872Ga C	780	900	1,250	2,250	2,850	—
1873Ga C	422	900	1,250	2,250	3,350	—
1874/3Ga C	477	900	1,250	2,250	3,350	—
1875Ga C	710	900	1,250	2,250	3,350	—
1878Ga A	183	925	1,450	2,750	3,850	—
1879Ga A	200	925	1,450	2,750	3,850	—
1880Ga S	404	900	1,250	2,250	3,350	—
1881Ga S	239	925	1,450	2,750	3,850	—
1891Ga S	196	925	1,450	2,750	3,850	—

KM# 413.5 16.92 g., 0.875 Gold, 0.476 oz. AGW
Obv: Facing eagle, snake in beak **Rev:** Radiant cap above scales **Obv. Legend:** REPUBLICA MEXICANA **Mint:** Guanajuato

Date	Mintage	F12	VF20	XF40	MS60
1872Go S	1,400	2,000	4,000	6,500	10,000
1887Go R Rare	80	—	—	—	—

Note: Stack's Rio Grande Sale 6-93, P/L AU realized, $12,650

1888Go R Rare	68	—	—	—	—

KM# 413.6 16.92 g., 0.875 Gold, 0.476 oz. AGW
Obv: Facing eagle, snake in beak **Rev:** Radiant cap above scales **Obv. Legend:** REPUBLICA MEXICANA **Mint:** Hermosillo

Date	Mintage	F12	VF20	XF40	MS60
1874Ho R Rare	—	—	—	—	—
1876Ho F Rare	357	—	—	—	—
1878Ho A	814	1,750	3,000	3,500	5,500
1879Ho A	—	1,000	2,000	2,500	4,000
1880Ho A	—	1,000	2,000	2,500	4,000
1881Ho A Rare	—	—	—	—	—

Note: American Numismatic Rarities Eliasberg sale 4-05, MS-62 realized $34,500.

KM# 413.7 16.92 g., 0.875 Gold, 0.476 oz. AGW
Obv: Facing eagle, snake in beak **Rev:** Radiant cap above scales **Obv. Legend:** REPUBLICA MEXICANA **Mint:** Mexico City

Date	Mintage	F12	VF20	XF40	MS60	MS63
1870Mo C	480	875	1,200	1,500	2,300	—
1872/1Mo M/C	2,100	875	900	1,200	1,650	—
1873Mo M	—	875	900	1,250	1,750	—
1874/3Mo M	—	875	900	1,250	1,750	—
1875Mo B/M	—	875	900	1,250	1,750	—
1876Mo B Rare	—	—	—	—	—	—
1878Mo M	300	875	900	1,250	1,750	—
1879Mo M	—	—	—	—	—	—
1881Mo M	100	900	1,300	1,900	2,800	—
1882Mo M	—	875	900	1,250	1,750	—
1883Mo M	100	900	1,300	1,900	2,800	—
1884Mo M	—	900	1,300	1,900	2,800	—
1885Mo M	—	875	900	1,250	1,750	—
1886Mo M	100	900	1,300	1,900	2,800	—
1887Mo M	100	900	1,300	1,950	3,050	—
1888Mo M	144	875	1,050	1,250	2,300	—
1889Mo M	88	900	1,300	1,900	2,800	—
1890Mo M	137	900	1,300	1,900	2,800	—
1891Mo M	133	900	1,300	1,900	2,800	—
1892Mo M	45	900	1,300	1,900	2,800	—
1893Mo M	1,361	875	900	1,200	1,650	—
1897Mo M	239	875	900	1,250	1,750	—
1898/7Mo M	244	875	925	1,300	2,050	—
1900Mo M	733	875	900	1,250	1,750	—
1901Mo M	562	875	900	950	1,600	—
1902Mo M	719	875	900	950	1,600	2,800
1903Mo M	713	875	900	950	1,600	2,800
1904Mo M	694	875	900	950	1,600	—
1905Mo M	401	875	900	1,100	1,800	—

KM# 413.8 16.92 g., 0.875 Gold, 0.476 oz. AGW
Obv: Facing eagle, snake in beak **Rev:** Radiant cap above scales **Obv. Legend:** REPUBLICA MEXICANA **Mint:** Oaxaca

Date	Mintage	F12	VF20	XF40	MS60	MS63
1870Oa E	4,614	850	900	1,200	1,900	—
1871Oa E	2,705	850	900	1,250	1,950	—
1872Oa E	5,897	850	900	1,150	1,800	—
1873Oa E	3,537	850	900	1,150	1,800	—
1874Oa E	2,205	875	950	1,500	2,150	—
1875Oa E	312	875	1,050	1,700	2,550	—
1876Oa E	766	875	1,050	1,700	2,550	—
1877Oa E	463	875	1,050	1,700	2,550	—
1878Oa E	229	875	1,050	1,700	2,550	—
1879Oa E	210	875	1,050	1,700	2,550	—
1880Oa E	238	875	1,050	1,700	2,550	—
1881Oa E	961	875	950	1,500	2,300	—

Date	Mintage	F12	VF20	XF40	MS60	MS63
1882Oa E	170	900	1,300	1,800	2,800	—
1883Oa E	111	900	1,300	1,800	2,800	—
1884Oa E	325	875	1,050	1,700	2,550	—
1885Oa E	370	875	1,050	1,700	2,550	—
1886Oa E	400	875	1,050	1,700	2,550	—
1887Oa E	—	1,000	1,550	2,550	4,300	—
1888Oa E	—	—	—	—	—	—

KM# 413.9 16.92 g., 0.875 Gold, 0.476 oz. AGW
Obv: Facing eagle, snake in beak **Rev:** Radiant cap above scales **Obv. Legend:** REPUBLICA MEXICANA **Mint:** Zacatecas

Date	Mintage	F12	VF20	XF40	MS60	MS63
1871Zs H	2,000	850	900	1,100	1,550	—
1872Zs H	3,092	850	900	1,050	1,450	—
1873Zs H	936	875	925	1,250	1,750	—
1874Zs H	—	875	925	1,250	1,750	—
1875/3Zs A	—	875	950	1,300	2,050	—
1876/5Zs S	—	875	950	1,300	2,050	—
1877Zs S/H	506	875	950	1,300	2,050	—
1878Zs S	711	875	950	1,300	2,050	—
1879/8Zs S	—	900	1,050	1,700	2,550	—
1879Zs S	—	900	1,050	1,700	2,550	—
1880Zs S	2,089	875	925	1,250	1,750	—
1881Zs S	736	875	950	1,300	2,050	—
1882/1Zs Z	—	875	950	1,300	2,050	2,800
1882Zs S	1,599	875	925	1,250	1,750	—
1883/2Zs S	256	875	950	1,300	2,050	—
1884/3Zs S	—	875	925	1,250	1,900	—
1884Zs S	—	875	925	1,250	1,900	—
1885Zs S	1,588	875	925	1,250	1,750	—
1886Zs S	5,364	875	925	1,250	1,750	—
1887Zs Z	2,330	875	925	1,250	1,750	—
1888Zs Z	4,810	875	925	1,250	1,750	—
1889Zs Z	6,154	850	875	1,050	1,550	—
1890Zs Z	1,321	850	925	1,250	1,750	—
1891Zs Z	1,930	850	925	1,250	1,750	3,550
1892Zs Z	1,882	850	925	1,250	1,750	—
1893Zs Z	2,899	850	925	1,250	1,750	—
1894Zs Z	2,501	850	925	1,250	1,750	—
1895Zs Z	1,217	850	925	1,250	1,750	—

20 PESOS

KM# 414 33.84 g., 0.875 Gold, 0.952 oz. AGW
Obv: Facing eagle, snake in beak **Rev:** Radiant cap above scales **Mint:** Alamos

Date	Mintage	F12	VF20	XF40	MS60
1876As L Rare	276	—	—	—	—
1877As L Rare	166	—	—	—	—
1878As L	—	—	—	—	—
1888As L Rare	—	—	—	—	—

KM# 414.1 33.84 g., 0.875 Gold, 0.952 oz. AGW
Obv: Facing eagle, snake in beak **Rev:** Radiant cap above scales **Mint:** Chihuahua **Note:** Mint mark CH, Ca.

Date	Mintage	F12	VF20	XF40	MS60
1872CH M	995	1,225	1,750	1,850	3,500
1873CH M	950	1,225	1,750	1,850	3,500
1874CH M	1,116	1,225	1,750	1,850	3,500
1875CH M	750	1,225	1,750	1,850	3,500

Date	Mintage	F12	VF20	XF40	MS60
1876CH M	600	1,225	1,800	2,000	3,750
1877CH Rare	55	—	—	—	—
1882CH M	1,758	1,225	1,750	1,850	3,500
1883CH M	161	1,750	1,850	2,500	4,000
1884CH M	496	1,225	1,750	1,850	3,500
1885CH M	122	1,750	1,850	2,500	4,000
1887Ca M	550	1,225	1,750	1,850	3,500
1888Ca M	351	1,225	1,750	1,850	3,500
1889Ca M	464	1,225	1,750	1,850	3,500
1890Ca M	1,209	1,225	1,750	1,850	3,500
1891Ca M	2,004	1,225	1,750	1,800	3,250
1893Ca M	418	1,225	1,750	1,850	3,500
1895Ca M	133	1,750	1,850	2,500	4,000

KM# 414.2 33.84 g., 0.875 Gold, 0.952 oz. AGW
Obv: Facing eagle, snake in beak **Rev:** Radiant cap above scales **Obv. Legend:** REPUBLICA MEXICANA **Mint:** Culiacan

Date	Mintage	F12	VF20	XF40	MS60
1870Cn E	3,749	1,225	1,750	1,850	2,950
1871Cn P	3,046	1,225	1,750	1,850	2,950
1872Cn P	972	1,225	1,750	1,850	2,950
1873Cn P	1,317	1,225	1,750	1,850	2,950
1874Cn P	—	1,225	1,750	1,850	2,950
1875Cn P	—	1,750	2,000	2,750	3,500
1876Cn P	—	1,225	1,750	1,850	2,950
1876Cn G	—	1,225	1,750	1,850	2,950
1877Cn G	167	1,750	1,850	2,200	3,200
1878Cn Rare	842	—	—	—	—
1881/0Cn D	2,039	—	—	—	—
1881Cn D	Inc. above	1,225	1,750	1,850	2,950
1882/1Cn D	736	1,225	1,750	1,850	2,950
1883Cn M	1,836	1,225	1,750	1,850	2,950
1884Cn M	—	1,225	1,750	1,850	2,950
1885Cn M	544	1,225	1,750	1,850	2,950
1886Cn M	882	1,225	1,750	1,850	2,950
1887Cn M	837	1,225	1,750	1,850	2,950
1888Cn M	473	1,225	1,750	1,850	2,950
1889Cn M	1,376	1,225	1,750	1,850	2,950
1890Cn M	—	1,750	2,450	4,600	11,500
1891Cn M	237	1,225	1,800	2,000	3,200
1892Cn M	526	1,225	1,750	1,850	2,950
1893Cn M	2,062	1,225	1,750	1,850	2,950
1894Cn M	4,516	1,225	1,750	1,850	2,950
1895Cn M	3,193	1,225	1,750	1,850	2,950
1896Cn M	4,072	1,225	1,750	1,850	2,950
1897/6Cn M	959	1,225	1,750	1,850	2,950
1897Cn M	Inc. above	1,225	1,750	1,850	2,950
1898Cn M	1,660	1,225	1,750	1,850	2,950
1899Cn M	1,243	1,225	1,750	1,850	2,950
1899Cn Q	Inc. above	1,225	1,800	2,000	3,200
1900Cn Q	1,558	1,225	1,750	1,850	2,950
1901Cn Q	1,496	1,225	1,750	1,850	2,950
1901/0Cn Q	Inc. above	—	—	—	—
1902Cn Q	1,059	1,225	1,750	1,850	2,950
1903Cn Q	1,121	1,225	1,750	1,850	2,950
1904Cn H	4,646	1,225	1,750	1,700	2,950

Date	Mintage	F12	VF20	XF40	MS60
1905Cn P	1,738	1,225	1,750	1,850	3,150

KM# 414.3 33.84 g., 0.875 Gold, 0.952 oz. AGW
Obv: Facing eagle, snake in beak **Rev:** Radiant cap above scales **Obv. Legend:** REPUBLICA MEXICANA **Mint:** Durango

Date	Mintage	F12	VF20	XF40	MS60
1870Do P	416	1,800	2,100	2,950	3,600
1871Do P	Inc. above	1,800	2,100	2,950	3,600
1871/0Do P	1,073	1,800	2,400	3,250	3,900
1872/1Do PT	—	2,000	3,750	6,100	9,300
1876Do M	—	1,800	2,100	2,950	3,600
1877Do P	94	2,000	2,950	3,900	4,500
1878Do Rare	258	—	—	—	—

KM# 414.4 33.84 g., 0.875 Gold, 0.952 oz. AGW
Obv: Facing eagle, snake in beak **Rev:** Radiant cap above scales **Obv. Legend:** REPUBLICA MEXICANA **Mint:** Guanajuato

Date	Mintage	F12	VF20	XF40	MS60	MS63
1870Go S	3,250	1,225	1,700	1,750	2,300	—
1871Go S	20,000	1,225	1,700	1,750	2,300	2,950
1872Go S	18,000	1,225	1,700	1,750	2,300	—
1873Go S	7,000	1,225	1,700	1,750	2,300	—
1874Go S	—	1,225	1,700	1,750	2,300	—
1875Go S	—	1,225	1,700	1,750	2,300	—
1876Go S	—	1,225	1,700	1,750	2,300	—
1876Go M/S	—	—	—	—	—	—
1877Go M/S Rare	15,000	—	—	—	—	—
1877Go R	Inc. above	1,225	1,700	1,750	2,300	—
1877Go S Rare	Inc. above	—	—	—	—	—
1878/7Go M/S	13,000	1,500	2,150	2,900	3,900	—
1878Go M	Inc. above	1,500	2,150	2,900	3,900	—
1878Go S	Inc. above	1,225	1,700	1,750	2,300	—
1879Go S	8,202	1,225	1,700	1,750	3,300	—
1880Go S	7,375	1,225	1,700	1,750	2,300	—
1881Go S	4,909	1,225	1,700	1,750	2,300	—
1882Go S	4,020	1,225	1,700	1,750	2,300	—
1883/2Go B	3,705	1,225	1,700	1,950	3,200	—

Date	Mintage	F12	VF20	XF40	MS60	MS63
1883Go B	Inc. above	1,225	1,700	1,750	2,300	—
1884Go B	1,798	1,225	1,700	1,750	2,300	—
1885Go R	2,660	1,225	1,700	1,750	2,300	—
1886Go R	1,090	1,500	1,750	1,750	3,550	—
1887Go R	1,009	1,500	1,750	1,950	3,550	—
1888Go R	1,011	1,500	1,750	1,950	3,550	—
1889Go R	956	1,500	1,750	1,950	3,550	—
1890Go R	879	1,500	1,750	1,950	3,550	—
1891Go R	818	1,500	1,750	1,950	3,550	—
1892Go R	730	1,500	1,750	1,950	3,550	—
1893Go R	3,343	1,225	1,700	1,850	2,700	—
1894/3Go R	6,734	1,225	1,700	1,750	2,300	—
1894Go R	Inc. above	1,225	1,700	1,750	2,300	—
1895/3Go R	7,118	1,225	1,700	1,750	2,300	—
1895Go R	Inc. above	1,225	1,700	1,750	2,300	—
1896Go R	9,219	1,225	1,700	1,750	2,300	7,200
1897/6Go R	6,781	1,225	1,700	1,750	2,300	—
1897Go R	Inc. above	1,225	1,700	1,750	2,300	—
1898Go R	7,710	1,225	1,700	1,750	2,300	—
1899Go R	8,527	1,225	1,700	1,750	2,300	—
1900Go R	4,512	1,225	1,750	1,950	3,350	—

KM# 414.5 33.84 g., 0.875 Gold, 0.952 oz. AGW
Obv: Facing eagle, snake in beak **Rev:** Radiant cap above scales **Obv. Legend:** REPUBLICA MEXICANA **Mint:** Hermosillo

Date	Mintage	F12	VF20	XF40	MS60
1874Ho R Rare	—	—	—	—	—
Note: Stack's Bowers & Ponterio Sale 161, 8-11, AU55 realized $6,500.					
1875Ho R Rare	—	—	—	—	—
1876Ho F Rare	—	—	—	—	—
1888Ho g Rare	—	—	—	—	—

KM# 414.6 33.84 g., 0.875 Gold, 0.952 oz. AGW
Obv: Facing eagle, snake in beak **Rev:** Radiant cap above scales **Obv. Legend:** REPUBLICA MEXICANA **Mint:** Mexico City

Date	Mintage	F12	VF20	XF40	MS60
1870Mo C	14,000	1,225	1,750	1,850	2,450
1871Mo M	21,000	1,225	1,750	1,850	2,450
1872/1Mo M	11,000	1,225	1,750	1,850	2,550
1872Mo M	Inc. above	1,225	1,750	1,850	2,450
1873Mo M	5,600	1,225	1,750	1,850	2,450

Date	Mintage	F12	VF20	XF40	MS60
1874/2Mo M	—	1,225	1,750	1,850	2,450
1874/2Mo B	—	1,225	1,750	1,950	2,550
1875Mo B	—	1,225	1,750	1,950	2,500
1876Mo B	—	1,225	1,750	1,950	2,500
1876Mo M	—	—	—	—	—
Note: Requires Confirmation					
1877Mo M	2,000	1,225	1,800	2,200	3,000
1878Mo M	7,000	1,225	1,750	1,850	2,500
1879Mo M	—	1,225	1,750	1,850	2,700
1880Mo M	—	1,225	1,750	1,850	2,700
1881/0Mo M	11,000	1,225	1,750	1,850	2,450
1881Mo M	Inc. above	1,225	1,750	1,850	2,450
1882/1Mo M	5,800	1,225	1,750	1,850	2,450
1882Mo M	Inc. above	1,225	1,750	1,850	2,450
1883/1Mo M	4,000	1,225	1,750	1,850	2,450
1883Mo M	Inc. above	1,225	1,750	1,850	2,450
1884/3Mo M	—	1,225	1,750	1,850	2,500
1884Mo M	—	1,225	1,750	1,850	2,500
1885Mo M	6,000	1,225	1,750	1,850	2,700
1886Mo M	10,000	1,225	1,750	1,850	2,450
1887Mo M	12,000	1,225	1,800	2,600	3,500
1888Mo M	7,300	1,225	1,750	1,850	2,450
1889Mo M	6,477	1,225	1,800	2,750	5,000
1890Mo M	7,852	1,225	1,750	1,850	2,500
1891/0Mo M	8,725	1,225	1,750	1,850	2,500
1891Mo M	Inc. above	1,225	1,750	1,850	2,500
1892Mo M	11,000	1,225	1,750	1,850	2,450
1893Mo M	15,000	1,225	1,750	1,850	2,450
1894Mo M	14,000	1,225	1,750	1,850	2,450
1895Mo M	13,000	1,225	1,750	1,850	2,450
1896Mo B	14,000	1,225	1,750	1,850	2,450
1897/6Mo M	12,000	1,225	1,750	1,850	2,450
1897Mo M	Inc. above	1,225	1,750	1,850	2,450
1898Mo M	20,000	1,225	1,750	1,850	2,450
1899Mo M	23,000	1,225	1,750	1,850	2,450
1900Mo M	21,000	1,225	1,750	1,850	2,450
1901Mo M	29,000	1,225	1,750	1,850	2,450
1902Mo M	38,000	1,225	1,750	1,850	2,450
1903/2Mo M	31,000	1,225	1,750	1,850	2,450
1903Mo M	Inc. above	1,225	1,750	1,850	2,450
1904Mo M	52,000	1,225	1,750	1,850	2,450
1905Mo M	9,757	1,225	1,750	1,850	2,450

KM# 414.7 33.84 g., 0.875 Gold, 0.952 oz. AGW
Obv: Facing eagle, snake in beak **Rev:** Radiant cap above scales **Obv. Legend:** REPUBLICA MEXICANA **Mint:** Oaxaca

Date	Mintage	F12	VF20	XF40	MS60
1870Oa E	1,131	1,800	2,500	3,600	6,800
1871Oa E	1,591	1,800	2,500	4,000	6,800
1872Oa E	255	1,800	2,200	4,200	9,300
1888Oa E	170	2,450	3,950	6,800	—

KM# 414.8 33.84 g., 0.875 Gold, 0.952 oz. AGW
Obv: Facing eagle, snake in beak **Rev:** Radiant cap above scales **Mint:** Zacatecas

Date	Mintage	F12	VF20	XF40	MS60
1871Zs H	1,000	3,850	6,900	9,200	12,000
1875Zs A	—	4,350	6,400	9,800	12,500
1878Zs S	441	4,350	6,400	9,800	12,500
1888Zs Z Rare	50	—	—	—	—
1889Zs Z	640	3,900	5,900	9,200	12,000

ESTADOS UNIDOS MEXICANOS

DECIMAL COINAGE

CENTAVO

KM# 415 3.00 g., Bronze, 20mm. **Obv:** National arms **Rev:** Value below date within wreath **Mint:** Mexico City **Note:** Mint mark Mo.

Date	Mintage	F12	VF20	XF40	MS60	MS63
1905 Narrow date	6,040,000	4.00	6.50	14.00	75.00	—
1905 Wide date	—	4.00	6.50	14.00	75.00	—
1906 Narrow date	Est. 67505000	0.50	0.75	1.25	14.00	25.00

Note: 50,000,000 pcs. were struck at the Birmingham Mint

Date	Mintage	F12	VF20	XF40	MS60	MS63
1906 Wide date	Inc. above	0.75	1.50	2.50	22.00	—
1910 Narrow date	8,700,000	2.00	3.00	6.50	65.00	95.00
1910 Wide date	—	2.00	3.00	6.50	65.00	95.00
1911 Narrow date	16,450,000	0.60	1.00	2.75	22.50	—
1911 Wide date	Inc. above	0.75	1.00	4.00	35.00	—
1912	12,650,000	1.00	1.35	3.25	35.00	—
1913	12,850,000	0.75	1.25	3.00	35.00	—
1914 Narrow date	17,350,000	0.75	1.00	3.00	15.00	20.00
1914 Wide date	Inc. above	0.75	1.00	3.00	15.00	20.00
1915	2,277,000	11.00	25.00	65.00	250	—
1916	500,000	45.00	80.00	170	1,200	—
1920	1,433,000	22.00	50.00	115	400	—
1921	3,470,000	5.50	15.50	47.00	260	—
1922	1,880,000	9.00	17.00	50.00	240	—
1923	4,800,000	0.75	1.25	1.75	13.50	—
1924/3	2,000,000	65.00	170	275	525	—
1924	Inc. above	4.50	11.00	22.00	245	300
1925	1,550,000	4.50	10.00	25.00	215	—
1926	5,000,000	1.00	2.00	4.00	20.00	28.00
1927/6	6,000,000	25.00	40.00	65.00	175	—
1927	Inc. above	0.75	1.25	4.50	30.00	45.00
1928	5,000,000	0.75	1.00	3.25	16.50	28.00
1929	4,500,000	0.75	1.00	1.75	15.00	25.00
1930	7,000,000	0.75	1.00	2.50	20.00	—
1933	10,000,000	0.25	0.35	1.75	15.00	22.00
1934	7,500,000	0.25	0.95	3.25	40.00	—
1935	12,400,000	0.15	0.25	0.40	10.00	15.00
1936	20,100,000	0.15	0.20	0.30	9.00	—
1937	20,000,000	0.15	0.25	0.35	4.00	6.00
1938	10,000,000	0.10	0.15	0.30	2.00	3.00
1939	30,000,000	0.10	0.20	0.30	1.00	2.50
1940	10,000,000	0.20	0.30	0.60	4.50	8.50
1941	15,800,000	0.15	0.25	0.35	2.00	3.00
1942	30,400,000	0.15	0.20	0.30	1.25	2.00
1943	4,310,000	0.30	0.50	0.75	8.00	12.50
1944	5,645,000	0.15	0.25	0.50	5.50	8.50
1945	26,375,000	0.10	0.15	0.25	1.00	1.75
1946	42,135,000	—	0.15	0.20	0.60	1.50
1947	13,445,000	—	0.10	0.15	0.80	1.50
1948	20,040,000	0.10	0.15	0.30	1.10	2.25
1949	6,235,000	0.10	0.15	0.30	1.25	3.00

Note: Varieties exist

KM# 416 1.50 g., Bronze, 16mm. **Obv:** National arms **Rev:** Value below date within wreath **Mint:** Mexico City **Note:** Zapata issue. Struck at Mexico City Mint, mint mark Mo. Reduced size. Weight varies 1.39-1.5g.

Date	Mintage	F12	VF20	XF40	MS60	MS63
1915	179,000	18.00	30.00	60.00	85.00	—

KM# 417 2.00 g., Brass, 16mm. **Obv:** National arms, eagle left **Rev:** Oat sprigs **Mint:** Mexico City **Note:** Mint mark Mo.

Date	Mintage	F12	VF20	XF40	MS60	MS63
1950	12,815,000	—	0.15	0.35	1.65	2.25
1951	25,740,000	—	0.15	0.35	0.65	1.25
1952	24,610,000	—	0.10	0.25	0.40	0.85
1953	21,160,000	—	0.10	0.25	0.40	0.85
1954	25,675,000	—	0.10	0.15	0.85	1.50
1955	9,820,000	—	0.15	0.25	0.85	1.75
1956	11,285,000	—	0.15	0.25	0.80	1.75
1957	9,805,000	—	0.15	0.25	0.85	1.50
1958	12,155,000	—	0.10	0.25	0.45	0.75
1959	11,875,000	—	0.10	0.25	0.75	1.50
1960	10,360,000	—	0.10	0.15	0.40	0.65
1961	6,385,000	—	0.10	0.15	0.45	0.85
1962	4,850,000	—	0.10	0.15	0.55	0.90
1963	7,775,000	—	0.10	0.15	0.25	0.45
1964	4,280,000	—	0.10	0.15	0.20	0.30
1965	2,255,000	—	0.10	0.15	0.25	0.40
1966	1,760,000	—	0.10	0.25	0.60	1.00
1967	1,290,000	—	0.10	0.15	0.40	0.75
1968	1,000,000	—	0.10	0.20	0.85	1.45
1969	1,000,000	—	0.10	0.15	0.65	0.85

KM# 418 1.50 g., Brass, 13mm. **Obv:** National arms, eagle left **Rev:** Oat sprigs **Mint:** Mexico City **Note:** Reduced size.

Date	Mintage	F12	VF20	XF40	MS60	MS63
1970Mo	1,000,000	—	0.20	0.40	1.45	2.25
1972Mo	1,000,000	—	0.20	0.45	2.50	4.00
1972/2Mo	—	—	0.50	1.25	3.50	5.00
1973Mo	1,000,000	—	1.65	2.75	8.50	17.50

2 CENTAVOS

KM# 419 6.00 g., Bronze, 25mm. **Obv:** National arms **Rev:** Value below date within wreath **Mint:** Mexico City **Note:** Mint mark Mo.

Date	Mintage	F12	VF20	XF40	MS60	MS63
1905	50,000	150	300	500	1,150	1,350
1906 Inverted 6	9,998,000	30.00	55.00	120	375	—
1906 Wide date	Inc. above	5.00	11.00	28.00	85.00	110
1906 Narrow date	Inc. above	6.50	14.00	30.00	95.00	—

Note: 5,000,000 pieces were struck at the Birmingham Mint

Date	Mintage	F12	VF20	XF40	MS60	MS63
1920	1,325,000	6.50	17.50	75.00	200	350
1921	4,275,000	2.50	4.75	15.00	100	—
1922	—	225	550	1,750	5,500	—
1924	750,000	8.50	27.50	75.00	450	—
1925	3,650,000	2.50	3.50	7.50	35.00	40.00
1926	4,750,000	1.00	2.25	5.50	40.00	—
1927	7,250,000	0.60	1.00	4.50	22.00	35.00
1928	3,250,000	0.75	1.50	4.75	25.00	38.00
1929	250,000	85.00	225	550	1,200	—
1935	1,250,000	4.25	9.25	65.00	195	275
1939	5,000,000	0.60	0.90	2.25	20.00	30.00
1941	3,550,000	0.45	0.60	1.25	18.00	28.00

KM# 420 3.00 g., Bronze, 20mm. **Obv:** National arms **Rev:** Value below date within wreath **Mint:** Mexico City **Note:** Zapata issue. Mint mark Mo. Reduced size. Weight varies 3-3.03g.

Date	Mintage	F12	VF20	XF40	MS60	MS63
1915	487,000	7.50	9.00	17.50	75.00	—

5 CENTAVOS

KM# 421 5.00 g., Nickel, 20mm. **Obv:** National arms **Rev:** Value and date within beaded circle **Mint:** Mexico City **Note:** Mint mark Mo. Varieties exist.

Date	Mintage	F12	VF20	XF40	MS60	MS63
1905	1,420,000	7.00	10.00	28.00	295	385
1906/5	10,615,000	13.00	30.00	70.00	375	—
1906	Inc. above	0.75	1.35	3.25	50.00	75.00
1907	4,000,000	1.25	4.00	35.00	350	450
1909	2,052,000	3.25	10.00	50.00	370	—

Date	Mintage	F12	VF20	XF40	MS60	MS63
1910	6,181,000	1.30	3.50	9.00	75.00	125
1911 Narrow date	4,487,000	1.00	3.00	7.00	85.00	135
1911 Wide date	Inc. above	2.50	5.00	9.00	110	170
1912 Small mint mark	420,000	90.00	100	230	725	—
1912 Large mint mark	Inc. above	70.00	95.00	200	575	—
1913	2,035,000	1.75	4.25	30.00	200	300

Note: Wide and narrow dates exist for 1913

Date	Mintage	F12	VF20	XF40	MS60	MS63
1914	2,000,000	1.00	2.00	5.00	70.00	110

Note: 5,000,000 pieces appear to have been struck at the Birmingham Mint in 1914 and all of 1909-1911. The Mexican Mint report does not mention receiving the 1914 dated coins

KM# 422 9.00 g., Bronze, 28mm. **Obv:** National arms **Rev:** Value below date within wreath **Mint:** Mexico City

Date	Mintage	F12	VF20	XF40	MS60	MS63
1914Mo	2,500,000	10.00	23.00	65.00	300	—
1915Mo	11,424,000	3.00	5.00	35.00	165	265
1916Mo	2,860,000	15.00	35.00	175	650	—
1917Mo	800,000	75.00	225	400	900	—
1918Mo	1,332,000	35.00	90.00	250	675	—
1919Mo	400,000	115	225	360	950	—
1920Mo	5,920,000	3.00	8.00	45.00	250	350
1921Mo	2,080,000	10.00	24.00	75.00	275	—
1924Mo	780,000	40.00	95.00	275	700	—
1925Mo	4,040,000	5.50	11.00	45.00	225	—
1926Mo	3,160,000	5.50	11.00	48.00	325	—
1927Mo	3,600,000	4.00	7.00	35.00	230	350
1928Mo Large date	1,740,000	11.00	18.00	65.00	250	375
1928Mo Small date	Inc. above	30.00	45.00	100	385	—
1929Mo	2,400,000	5.50	12.00	50.00	245	—
1930Mo	2,600,000	5.00	8.00	28.00	225	—

Note: Large oval O in date

Date	Mintage	F12	VF20	XF40	MS60	MS63
1930Mo	Inc. above	65.00	125	250	565	—

Note: Small square O in date

Date	Mintage	F12	VF20	XF40	MS60	MS63
1931Mo	—	475	750	1,450	4,000	—
1933Mo	8,000,000	1.50	2.25	3.50	27.50	45.00
1934Mo	10,000,000	1.25	1.75	2.75	25.00	50.00
1935Mo	21,980,000	0.75	1.20	2.50	22.50	40.00

ESTADOS UNIDOS

KM# 423 4.00 g., Copper-Nickel, 20.5mm. **Obv:** National arms, eagle left **Rev:** Value and date within circle **Mint:** Mexico City

Date	Mintage	F12	VF20	XF40	MS60	MS63
1936M	46,700,000	—	0.65	1.25	7.50	8.50
1937M	49,060,000	—	0.50	1.00	7.00	8.00
1938M	3,340,000	—	4.00	10.00	80.00	200
1940M	22,800,000	—	0.75	1.25	8.00	10.00
1942M	7,100,000	—	1.50	3.00	30.00	50.00

KM# 424 6.50 g., Bronze, 25.5mm. **Obv:** National arms, eagle left **Rev:** Head left **Mint:** Mexico City

Date	Mintage	F12	VF20	XF40	MS60	MS63
1942Mo	900,000	—	25.00	75.00	375	550
1943Mo	54,660,000	—	0.50	0.75	2.50	3.50
1944Mo	53,463,000	—	0.25	0.35	0.75	1.00
1945Mo	44,262,000	—	0.25	0.35	0.75	1.25
1946Mo	49,054,000	—	0.50	1.00	2.00	3.00
1951Mo	50,758,000	—	0.75	0.90	3.00	5.00
1952Mo	17,674,000	—	1.50	2.50	9.50	11.50
1953Mo	31,568,000	—	1.25	2.00	6.00	9.00
1954Mo	58,680,000	—	0.40	1.00	2.75	4.00
1955Mo	31,114,000	—	2.00	3.00	11.00	14.00

KM# 425 4.00 g., Copper-Nickel, 20.5mm. **Obv:** National arms, eagle left **Rev:** Bust right flanked by date and value **Mint:** Mexico City

Date	Mintage	F12	VF20	XF40	MS60	MS63
1950Mo	5,700,000	—	0.75	1.50	6.00	7.00

Note: 5,600,000 pieces struck at Connecticut melted

KM# 426 4.00 g., Brass, 20.4mm. **Obv:** National arms, eagle left **Rev:** Bust right **Mint:** Mexico City

Date	Mintage	F12	VF20	XF40	MS60	MS63
1954Mo Dot	—	—	10.00	50.00	290	375
1954Mo Without dot	—	—	15.00	35.00	265	325
1955Mo	12,136,000	—	0.75	1.50	7.50	12.50
1956Mo	60,216,000	—	0.20	0.30	0.75	1.25
1957Mo	55,288,000	—	0.15	0.20	0.90	1.50
1958Mo	104,624,000	—	0.15	0.20	0.60	1.00

Date	Mintage	F12	VF20	XF40	MS60	MS63
1959Mo	106,000,000	—	0.15	0.25	0.75	1.25
1960Mo	99,144,000	—	0.10	0.15	0.50	0.75
1961Mo	61,136,000	—	0.10	0.15	0.50	0.75
1962Mo	47,232,000	—	0.10	0.15	0.25	0.35
1963Mo	156,680,000	—	—	0.15	0.25	0.40
1964Mo	71,168,000	—	—	0.15	0.20	0.40
1965Mo	155,720,000	—	—	0.15	0.25	0.35
1966Mo	124,944,000	—	—	0.15	0.40	0.65
1967Mo	118,816,000	—	—	0.15	0.25	0.40
1968Mo	189,588,000	—	—	0.15	0.50	0.75
1969Mo	210,492,000	—	—	0.15	0.55	0.80

KM# 426a Copper-Nickel, 20.5mm. **Obv:** National arms, eagle left **Rev:** Bust right **Mint:** Mexico City

Date	Mintage	F12	VF20	XF40	MS60	MS63
1960Mo	—	—	250	300	375	—
1962Mo	19	—	250	300	375	—
1965Mo	—	—	250	300	375	—

KM# 427 2.75 g., Brass, 18mm. **Obv:** National arms, eagle left **Rev:** Bust right **Note:** Due to some minor alloy variations this type is often encountered with a bronze-color toning. Reduced size.

Date	Mintage	F12	VF20	XF40	MS60	MS63
1970Mo	163,368,000	—	0.10	0.15	0.35	0.45
1971Mo	198,844,000	—	0.10	0.15	0.25	0.30
1972Mo	225,000,000	—	0.10	0.15	0.25	0.30
1973Mo Flat top 3	595,070,000	—	0.10	0.15	0.25	0.40
1973Mo Round top 3	Inc. above	—	0.10	0.15	0.20	0.30
1974Mo	401,584,000	—	0.10	0.15	0.30	0.40
1975Mo	342,308,000	—	0.10	0.15	0.25	0.35
1976Mo	367,524,000	—	0.10	0.15	0.40	0.60

10 CENTAVOS

KM# 428 2.50 g., 0.800 Silver, 0.0643 oz. ASW 18mm. **Obv:** National arms **Rev:** Value and date within 3/4 wreath with Liberty cap above **Mint:** Mexico City **Note:** Mint mark Mo.

Date	Mintage	F12	VF20	XF40	MS60	MS63
1905	3,920,000	2.50	6.00	8.00	37.00	50.00
1906	8,410,000	2.50	5.50	7.50	27.00	40.00
1907/6	5,950,000	15.00	50.00	135	310	375
1907	Inc. above	2.50	5.50	6.25	35.00	50.00
1909	2,620,000	2.75	8.50	13.00	75.00	110
1910/00	3,450,000	3.00	10.00	25.00	60.00	85.00
1910	Inc. above	2.50	7.00	15.00	25.00	40.00
1911 Narrow date	2,550,000	3.00	11.00	17.00	80.00	125
1911 Wide date	Inc. above	2.50	7.50	10.00	45.00	65.00
1912	1,350,000	3.00	10.00	18.00	125	175
1912 Low 2	Inc. above	3.00	10.00	18.00	110	155
1913/2	1,990,000	3.00	10.00	25.00	40.00	70.00
1913	Inc. above	2.50	7.00	10.00	30.00	45.00
1914	3,110,000	2.50	5.50	7.00	15.00	25.00

Note: Wide and narrow dates exist for 1914

KM# 429 1.81 g., 0.800 Silver, 0.0466 oz. ASW 15mm. **Obv:** National arms **Rev:** Value and date within 3/4 wreath with Liberty cap above **Mint:** Mexico City **Note:** Mint mark Mo. Reduced size.

Date	Mintage	F12	VF20	XF40	MS60	MS63
1919	8,360,000	3.00	10.00	15.00	85.00	125

KM# 430 12.00 g., Bronze, 30.5mm. **Obv:** National arms **Rev:** Value below date within wreath **Mint:** Mexico City **Note:** Mint mark Mo.

Date	Mintage	F12	VF20	XF40	MS60	MS63
1919	1,232,000	7.00	25.00	85.00	455	550
1920	6,612,000	5.00	15.00	50.00	385	475
1921	2,255,000	10.00	35.00	95.00	650	800
1935	5,970,000	4.50	14.00	35.00	125	200

KM# 431 1.66 g., 0.720 Silver, 0.0384 oz. ASW 15mm. **Obv:** National arms **Rev:** Value and date within wreath with Liberty cap above **Mint:** Mexico City **Note:** Mint mark Mo.

Date	Mintage	F12	VF20	XF40	MS60	MS63
1925/15	5,350,000	10.00	30.00	75.00	115	175
1925/3	Inc. above	8.00	20.00	40.00	110	175
1925	Inc. above	0.70	2.00	5.00	40.00	50.00
1926/16	2,650,000	10.00	30.00	75.00	115	175
1926	Inc. above	1.80	3.50	7.50	60.00	95.00
1927	2,810,000	0.70	2.25	3.00	17.50	25.00
1928	5,270,000	0.70	2.00	2.75	13.50	20.00
1930	2,000,000	1.75	3.75	5.00	18.50	28.00
1933	5,000,000	0.70	1.50	3.00	10.00	17.00
1934	8,000,000	0.70	1.75	2.50	8.00	16.00
1935	3,500,000	1.50	2.75	5.00	11.00	18.00

KM# 432 5.50 g., Copper-Nickel, 23.5mm. **Obv:** National arms, eagle left **Rev:** Value and date within circle **Mint:** Mexico City **Note:** Mint mark Mo.

Date	Mintage	F12	VF20	XF40	MS60	MS63
1936	33,030,000	—	0.75	2.50	10.00	14.00
1937	3,000,000	2.00	10.00	50.00	200	250
1938	3,650,000	1.25	2.00	7.00	65.00	90.00
1939	6,920,000	—	1.00	3.50	27.50	35.00

Date	Mintage	F12	VF20	XF40	MS60	MS63
1940	12,300,000	—	0.40	1.25	5.00	8.00
1942	14,380,000	—	0.60	1.50	7.00	12.00
1945	9,558,000	—	0.40	0.70	3.50	5.00
1946	46,230,000	—	0.40	0.60	2.50	4.00

KM# 433 5.50 g., Bronze, 23.5mm. **Obv:** National arms, eagle left **Rev:** Bust left **Mint:** Mexico City **Note:** Mint mark Mo.

Date	Mintage	F12	VF20	XF40	MS60	MS63
1955	1,818,000	—	0.75	3.25	22.00	35.00
1956	5,255,000	—	0.75	3.25	20.00	32.00
1957	11,925,000	—	0.20	0.40	5.00	9.00
1959	26,140,000	—	0.30	0.45	0.65	1.25
1966	5,873,000	—	0.15	0.25	1.00	1.75
1967	32,318,000	—	0.10	0.15	0.30	0.40

  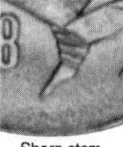

Sharp stem

KM# 434.1 1.50 g., Copper-Nickel, **Obv:** National arms, eagle left **Rev:** Upright ear of corn **Edge:** Reeded **Mint:** Mexico City **Note:** Variety I- Sharp stem and wide date

Date	Mintage	F12	VF20	XF40	MS60	MS63
1974Mo	6,000,000	—	—	0.35	0.75	1.00
1975Mo	5,550,000	—	0.10	0.35	0.75	1.00
1976Mo	7,680,000	—	0.10	0.20	0.30	0.40
1977Mo	144,650,000	—	1.25	2.25	3.50	5.50
1978Mo	271,870,000	—	—	1.00	1.50	2.25
1979Mo	375,660,000	—	—	0.50	1.00	1.75
1980/79Mo	21,290,000	—	2.45	3.75	6.50	10.00
1980Mo	Inc. above	—	1.50	2.00	4.50	7.00

  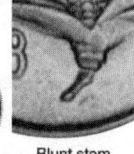

Blunt stem

KM# 434.2 1.50 g., Copper-Nickel, **Obv:** National arms, eagle left **Rev:** Upright ear of corn **Edge:** Reeded **Mint:** Mexico City **Note:** Variety II- Blunt stem and narrow date

Date	Mintage	F12	VF20	XF40	MS60	MS63
1974Mo	Inc. above	—	—	0.10	0.20	0.30
1977Mo	Inc. above	—	0.15	0.50	1.25	2.25
1978Mo	Inc. above	—	—	0.10	0.30	0.40
1979Mo	Inc. above	—	0.15	0.35	0.85	1.50
1980Mo	Inc. above	—	—	0.10	0.20	0.30

KM# 434.3 1.50 g., Copper-Nickel, **Obv:** National arms, eagle left **Rev:** Upright ear of corn **Edge:** Reeded **Mint:** Mexico City **Note:** Variety III- Blunt stem and wide date

Date	Mintage	F12	VF20	XF40	MS60	MS63
1980/79Mo	—	—	—	2.50	7.00	9.00

KM# 434.4 1.50 g., Copper-Nickel, **Obv:** National arms, eagle left **Rev:** Upright ear of corn **Edge:** Reeded **Mint:** Mexico City **Note:** Variety IV- Sharp stem and narrow date

Date	Mintage	F12	VF20	XF40	MS60	MS63
1974Mo	—	—	—	—	1.50	2.50
1979Mo	—	—	—	—	1.50	2.50

20 CENTAVOS

KM# 435 5.00 g., 0.800 Silver, 0.1286 oz. ASW 22mm. **Obv:** National arms **Rev:** Value and date within wreath with Liberty cap above **Mint:** Mexico City **Note:** Mint mark Mo.

Date	Mintage	F12	VF20	XF40	MS60	MS63
1905	2,565,000	5.00	12.00	25.00	145	195
1906	6,860,000	4.75	9.00	16.50	50.00	85.00
1907 Straight 7	4,000,000	5.00	11.50	22.00	65.00	125
1907 Curved 7	5,435,000	4.50	7.50	15.00	60.00	120
1908	350,000	50.00	95.00	250	1,800	—
1910	1,135,000	5.00	11.00	16.00	75.00	110
1911	1,150,000	12.00	15.00	40.00	125	175
1912	625,000	20.00	40.00	70.00	325	420
1913	1,000,000	5.00	14.50	30.00	85.00	125
1914	1,500,000	5.00	10.00	22.50	60.00	90.00

KM# 436 3.63 g., 0.800 Silver, 0.0932 oz. ASW 19mm. **Obv:** National arms **Rev:** Value and date within wreath with Liberty cap above **Mint:** Mexico City **Note:** Mint mark Mo. Reduced size.

Date	Mintage	F12	VF20	XF40	MS60	MS63
1919	4,155,000	10.00	30.00	65.00	185	275

KM# 437 15.00 g., Bronze, 32.5mm. **Obv:** National arms **Rev:** Value below date within wreath **Mint:** Mexico City **Note:** Mint mark Mo.

Date	Mintage	F12	VF20	XF40	MS60	MS63
1920	4,835,000	12.00	35.00	125	550	775
1935	20,000,000	2.00	6.00	10.00	75.00	145

KM# 438 3.33 g., 0.720 Silver, 0.0772 oz. ASW 19mm. **Obv:** National arms **Rev:** Value and date within wreath with Liberty cap above **Mint:** Mexico City **Note:** Mint mark Mo.

Date	Mintage	F12	VF20	XF40	MS60	MS63
1920	3,710,000	3.00	9.00	20.00	165	220
1921	6,160,000	3.00	7.00	14.00	90.00	150
1925	1,450,000	4.00	12.00	20.00	135	165
1926/5	1,465,000	7.00	20.00	70.00	335	375
1926	Inc. above	2.75	5.00	11.00	80.00	110
1927	1,405,000	2.75	5.00	12.00	85.00	115
1928	3,630,000	2.75	6.00	8.00	18.00	28.00
1930	1,000,000	2.75	8.00	12.00	28.00	42.00
1933	2,500,000	2.75	3.00	5.00	10.00	16.00
1934	2,500,000	2.75	3.00	6.00	12.00	20.00
1935	2,460,000	2.75	3.00	6.00	12.00	20.00
1937	10,000,000	1.50	2.75	3.00	6.00	9.00
1939	8,800,000	1.50	2.75	3.00	6.00	9.00
1940	3,000,000	1.50	2.75	3.00	5.00	9.00
1941	5,740,000	1.50	2.25	3.00	5.00	8.00
1942	12,460,000	1.50	2.25	3.00	5.00	8.00
1943	3,955,000	1.50	3.00	4.00	6.00	9.00

KM# 439 10.00 g., Bronze, 28.5mm. **Obv:** National arms, eagle left **Rev:** Liberty cap divides value above Pyramid of the Sun at Teotihuacán, volcanos Ixtaccihuatl and Popocatepet in background **Edge:** Plain **Mint:** Mexico City **Note:** Mint mark Mo.

Date	Mintage	F12	VF20	XF40	MS60	MS63
1943	46,350,000	—	1.25	3.00	18.00	28.00
1944	83,650,000	—	0.40	0.65	7.00	12.00
1945	26,801,000	—	1.25	3.50	8.50	15.00
1946	25,695,000	—	1.10	2.25	6.00	9.00
1951	11,385,000	0.50	3.00	8.75	85.00	120
1952	6,560,000	0.50	3.00	5.00	22.00	35.00
1953	26,948,000	—	0.35	0.80	7.00	15.00
1954	40,108,000	—	0.35	0.80	7.00	15.00
1955	16,950,000	0.50	2.75	7.00	55.00	75.00

KM# 440 10.00 g., Bronze, 28.5mm. **Obv:** National arms, eagle left **Rev:** Liberty cap divides value above Pyramid of the Sun at Teotihuacán, volcanos Ixtaccihuatl and Popocatepet in background **Edge:** Plain **Mint:** Mexico City **Note:** Mint mark Mo.

Date	Mintage	F12	VF20	XF40	MS60	MS63
1955 Inc. KM#439	Inc. above	—	0.75	1.75	16.00	22.00

Date	Mintage	F12	VF20	XF40	MS60	MS63
1956	22,431,000	—	0.30	0.35	3.00	5.00
1957	13,455,000	—	0.45	1.25	7.00	13.00
1959	6,017,000	0.75	4.50	9.00	65.00	100
1960	39,756,000	—	0.15	0.25	0.75	1.00
1963	14,869,000	—	0.25	0.35	0.80	1.00
1964	28,654,000	—	0.25	0.40	0.90	1.25
1965	74,162,000	—	0.20	0.35	0.80	1.00
1966	43,745,000	—	0.15	0.25	0.75	1.00
1967	46,487,000	—	0.20	0.50	1.00	1.25
1968	15,477,000	—	0.30	0.55	1.35	1.65
1969	63,647,000	—	0.20	0.35	0.80	1.00
1970	76,287,000	—	0.15	0.20	0.90	1.30
1971	49,892,000	—	0.30	0.50	1.25	2.00

KM# 441 10.00 g., Bronze, 28.5mm. **Obv:** National arms, eagle left **Rev:** Liberty cap divides value above Pyramid of the Sun at Teotihuacán, volcanos Ixtaccihuatl and Popocatepet in background **Edge:** Plain **Mint:** Mexico City

Date	Mintage	F12	VF20	XF40	MS60	MS63
1971Mo Inc. KM#440	Inc. above	—	0.20	0.35	1.85	2.50
1973Mo	78,398,000	—	0.25	0.35	0.95	1.65
1974Mo	34,200,000	—	0.20	0.35	1.25	2.00

KM# 442 3.00 g., Copper-Nickel, 20mm. **Obv:** National arms, eagle left **Rev:** Bust 3/4 facing flanked by value and date **Edge:** Reeded **Mint:** Mexico City

Date	Mintage	F12	VF20	XF40	MS60	MS63
1974Mo	112,000,000	—	0.10	0.15	0.25	0.30
1975Mo	611,000,000	—	0.10	0.15	0.30	0.35
1976Mo	394,000,000	—	0.10	0.15	0.35	0.45
1977Mo	394,350,000	—	0.10	0.15	0.40	0.50
1978Mo	527,950,000	—	0.10	0.15	0.25	0.30
1979Mo	524,615,000	—	0.10	0.15	0.25	0.30
1979Mo	—	—	1.25	2.00	4.00	8.00

Note: Doubled die obv. small letters

1979Mo	—	—	1.25	2.00	4.00	8.00

Note: Doubled die obv. large letters

1980Mo	326,500,000	—	0.15	0.20	0.30	0.40
1981Mo Open 8	106,205,000	—	0.30	0.50	1.00	2.00
1981Mo Closed 8, high date	248,500,000	—	0.30	0.50	1.00	2.00
1981Mo Closed 8, low date	—	—	1.00	1.50	3.50	4.25
1981/1982Mo	—	10.00	40.00	75.00	165	195

Note: The 1981/1982 overdate is often mistaken as 1982/1981

1982Mo	286,855,000	—	0.40	0.60	0.90	1.10

Date	Mintage	F12	VF20	XF40	MS60	MS63
1983Mo Round top 3	100,930,000	—	0.25	0.40	1.75	2.25
1983Mo Flat top 3	Inc. above	—	0.25	0.50	1.25	1.75
1983 Mo	998	PF63 45.00				

KM# 491 3.00 g., Bronze, 20mm. **Subject:** Olmec Culture **Obv:** National arms, eagle left **Rev:** Mask 3/4 right with value below

Date	Mintage	VF20	XF40	MS60	MS63	MS65
1983 Mo	53	PF63 185				
1983 Mo	260,000,000	0.20	0.25	1.25	1.75	—
1984 Mo	180,320,000	0.20	0.35	1.85	2.25	—

25 CENTAVOS

KM# 443 3.33 g., 0.300 Silver, 0.0321 oz. ASW 21.5mm. **Obv:** National arms, eagle left **Rev:** Scale below Liberty cap **Edge:** Reeded **Mint:** Mexico City **Note:** Mint mark Mo.

Date	Mintage	F12	VF20	XF40	MS60	MS63
1950	77,060,000	—	1.25	1.50	2.00	2.50
1951	41,172,000	—	1.25	1.50	2.00	2.50
1952	29,264,000	—	1.25	1.50	2.25	2.75
1953	38,144,000	—	1.25	1.25	2.00	2.50

KM# 444 5.50 g., Copper-Nickel, 23mm. **Obv:** National arms, eagle left **Rev:** Bust 3/4 facing **Edge:** Reeded **Mint:** Mexico City

Date	Mintage	F12	VF20	XF40	MS60	MS63
1964Mo	20,686,000	—	—	0.15	0.20	0.30
1966Mo Closed beak	180,000	—	0.75	1.25	3.00	4.50
1966Mo Open beak	Inc. above	—	2.00	4.00	12.00	15.00

50 CENTAVOS

KM# 445 12.50 g., 0.800 Silver, 0.3215 oz. ASW 30mm. **Obv:** National arms **Rev:** Value and date within 3/4 wreath with Liberty cap above **Mint:** Mexico City **Note:** Mint mark Mo.

Date	Mintage	F12	VF20	XF40	MS60	MS63
1905	2,446,000	12.00	20.00	35.00	170	250
1906	16,966,000	6.25	12.00	15.00	50.00	85.00
Open 9						
1906	Inc. above	6.25	9.50	14.00	48.00	70.00
Closed 9						
1907	18,920,000	6.25	9.00	13.50	32.00	42.00
Straight 7						
1907	14,841,000	6.25	9.50	14.00	35.00	45.00
Curved 7						
1908	488,000	25.00	80.00	175	525	675
1912	3,736,000	12.00	22.50	20.00	50.00	85.00
1913/07	10,510,000	15.00	40.00	90.00	225	300
1913/2	Inc. above	11.00	20.00	27.50	70.00	100
1913	Inc. above	6.25	9.00	12.50	32.00	42.00
1914	7,710,000	6.25	12.50	20.00	42.00	65.00
1916	480,000	20.00	60.00	85.00	245	350
Narrow date						
1916 Wide date	Inc. above	20.00	60.00	85.00	245	350
1917	37,112,000	6.25	9.50	14.00	27.00	33.00
1918	1,320,000	20.00	70.00	135	300	425

KM# 446 9.06 g., 0.800 Silver, 0.2331 oz. ASW 27mm. **Obv:** National arms **Rev:** Value and date within 3/4 wreath with Liberty cap above **Mint:** Mexico City **Note:** Mint mark Mo. Reduced size.

Date	Mintage	F12	VF20	XF40	MS60	MS63
1918/7	2,760,000	175	525	700	1,450	—
1918	Inc. above	9.00	20.00	70.00	325	450
1919	29,670,000	4.50	12.00	25.00	140	180

KM# 447 8.33 g., 0.720 Silver, 0.1929 oz. ASW 27mm. **Obv:** National arms **Rev:** Value and date within 3/4 wreath with Liberty cap above **Edge Lettering:** INDEPENDENCIA Y LIBERTAD **Mint:** Mexico City **Note:** Mint mark Mo.

Date	Mintage	F12	VF20	XF40	MS60	MS63
1919	10,200,000	3.75	12.00	22.00	95.00	130
1920	27,166,000	3.75	7.50	17.00	70.00	90.00
1921	21,864,000	3.75	7.50	17.00	90.00	120
1925	3,280,000	6.50	17.50	35.00	145	185
1937	20,000,000	3.75	6.00	9.00	13.00	18.00
1938	100,000	15.00	50.00	95.00	245	365
1939	10,440,000	3.75	6.00	9.00	16.00	25.00
1942	800,000	3.75	6.50	10.00	18.00	22.00
1943	41,512,000	3.75	6.00	9.00	12.00	15.00
1944	55,806,000	3.75	6.00	9.00	12.00	15.00
1945	56,766,000	3.75	6.00	9.00	12.00	15.00

KM# 448 7.97 g., 0.420 Silver, 0.1077 oz. ASW 27mm. **Obv:** National arms **Rev:** Value and date within 3/4 wreath with Liberty cap above **Mint:** Mexico City **Note:** Mint mark Mo.

Date	Mintage	F12	VF20	XF40	MS60	MS63
1935	70,800,000	2.75	4.00	5.00	9.00	12.00

KM# 449 6.66 g., 0.300 Silver, 0.0642 oz. ASW 26mm. **Obv:** National arms, eagle left **Rev:** Head with head covering right **Mint:** Mexico City **Note:** Mint mark Mo.

Date	Mintage	F12	VF20	XF40	MS60	MS63
1950	13,570,000	—	2.50	2.75	5.00	8.00
1951	3,650,000	—	3.00	4.00	6.00	9.00

KM# 450 14.00 g., Bronze, 33mm. **Obv:** National arms, eagle left **Rev:** Head with headdress left **Edge:** Reeded **Mint:** Mexico City **Note:** Mint mark Mo.

Date	Mintage	F12	VF20	XF40	MS60	MS63
1955	3,502,000	—	1.50	3.00	4.00	8.00
1956	34,643,000	—	0.75	1.50	7.00	9.00
1957	9,675,000	—	1.00	2.00	6.50	8.00
1959	4,540,000	—	0.50	0.75	2.00	3.50

KM# 451 6.50 g., Copper-Nickel, 25mm. **Obv:** National arms, eagle left **Rev:** Head with headdress left **Edge:** Reeded **Mint:** Mexico City

Date	Mintage	F12	VF20	XF40	MS60	MS63
1964Mo	43,806,000	—	0.15	0.20	0.40	0.60
1965Mo	14,326,000	—	0.20	0.25	0.45	0.65
1966Mo	1,726,000	—	0.20	0.40	1.50	2.00
1967Mo	55,144,000	—	0.20	0.30	0.75	1.25
1968Mo	80,438,000	—	0.15	0.30	0.65	1.00
1969Mo	87,640,000	—	0.20	0.35	0.80	1.25

KM# 452 6.50 g., Copper-Nickel, 25mm. **Obv:** National arms, eagle left **Rev:** Head with headdress left **Edge:** Reeded **Mint:** Mexico City **Note:** Coins dated 1975 and 1976 exist with and without dots in centers of three circles on plumage on reverse. Edge varieties exist.

Date	Mintage	F12	VF20	XF40	MS60	MS63
1970Mo	76,236,000	—	0.15	0.20	0.80	1.35
1971Mo	125,288,000	—	0.15	0.20	0.90	1.45
1972Mo	16,000,000	—	1.25	2.00	3.50	5.50
1975Mo Dots	177,958,000	—	0.65	1.75	3.50	6.00
1975Mo No dots	Inc. above	—	0.15	0.20	0.75	1.25
1976Mo Dots	37,480,000	—	0.75	1.50	5.00	7.00
1976Mo No dots	Inc. above	—	0.15	0.20	0.50	0.90
1977Mo	12,410,000	—	6.50	10.00	32.50	45.00
1978Mo	85,400,000	—	0.15	0.25	0.50	1.20
1979Mo Round 2nd 9 in date	229,000,000	—	0.15	0.25	0.50	1.00
1979Mo Square 9's in date	Inc. above	—	0.20	0.40	1.60	2.25
1980Mo Narrow date, square 9	89,978,000	—	0.45	0.75	1.75	2.50
1980Mo Wide date, round 9	178,188,000	—	0.20	0.25	1.00	2.25
1981Mo Rectangular 9, narrow date	142,212,000	—	0.50	0.75	1.75	2.50
1981Mo Round 9, wide date	Inc. above	—	0.30	0.50	1.25	1.75
1982Mo	45,474,000	—	0.20	0.40	1.95	1.75
1983Mo	90,318,000	—	0.50	0.75	1.75	2.50
1983 Mo	998	PF63 45.00				

KM# 492 4.40 g., Stainless Steel, 22mm. **Subject:** Palenque Culture **Obv:** National arms, eagle left **Rev:** Head with headdress 3/4 left

Date	Mintage	VF20	XF40	MS60	MS63	MS65
1983 Mo	99,540,000	—	0.30	1.50	2.50	—
1983 Mo	53	PF63 195				

PESO

KM# 453 27.07 g., 0.903 Silver, 0.7859 oz. ASW 39mm. **Subject:** Caballito **Obv:** National arms **Rev:** Horse and rider facing left among sun rays **Designer:** Charles Pillet **Mint:** Mexico City **Note:** Mint mark Mo.

Date	Mintage	F12	VF20	XF40	MS60	MS63
1910	3,814,000	15.50	45.00	50.00	185	275
1911	1,227,000	15.50	45.00	75.00	200	300

Note: Long lower left ray on reverse

1911	Inc. above	50.00	145	250	750	950

Note: Short lower left ray on reverse

1912	322,000	35.00	100	210	365	500
1913/2	2,880,000	15.50	45.00	75.00	300	450
1913	Inc. above	15.50	45.00	70.00	195	300

Note: 1913 coins exist with even and unevenly spaced date

1914	120,000	300	700	1,200	4,000	—

KM# 454 18.13 g., 0.800 Silver, 0.4663 oz. ASW 34mm. **Obv:** National arms **Rev:** Value and date within 3/4 wreath with Liberty cap above **Mint:** Mexico City **Note:** Mint mark Mo.

Date	Mintage	F12	VF20	XF40	MS60	MS63
1918/7	—	250	350	—		
1918	3,050,000	20.00	45.00	150	1,350	2,500
1919	6,151,000	18.00	30.00	125	950	1,750

KM# 455 16.66 g., 0.720 Silver, 0.3857 oz. ASW 34mm. **Obv:** National arms **Rev:** Value and date within 3/4 wreath with Liberty cap above **Edge Lettering:** INDEPENDENCIA Y LIBERTAD **Mint:** Mexico City **Note:** Mint mark Mo.

Date	Mintage	F12	VF20	XF40	MS60	MS63
1920/10	8,830,000	18.00	50.00	90.00	325	—
1920	Inc. above	7.50	15.00	35.00	195	325
1921	5,480,000	7.50	15.00	35.00	195	275
1922	33,620,000	—	7.50	12.00	20.00	35.00
1923	35,280,000	—	7.50	12.00	20.00	35.00
1924	33,060,000	—	7.50	12.00	20.00	35.00
1925	9,160,000	—	7.50	12.00	60.00	85.00
1926	28,840,000	—	7.50	12.00	25.00	40.00
1927	5,060,000	7.50	12.00	16.00	70.00	90.00
1932 Open 9	50,770,000	—	—	7.50	12.00	16.00
1932 Closed 9	Inc. above	—	—	7.50	12.00	16.00
1933/2	43,920,000	14.00	20.00	35.00	100	—
1933	Inc. above	—	7.50	12.50	16.50	18.00
1934	22,070,000	—	—	7.50	15.00	22.00
1935	8,050,000	—	7.50	12.00	16.00	24.00
1938	30,000,000	—	—	7.50	12.00	16.50
1940	20,000,000	—	—	7.50	12.00	16.50
1943	47,662,000	—	—	7.50	12.00	16.50
1944	39,522,000	—	—	7.50	12.00	16.50
1945	37,300,000	—	—	7.50	12.00	16.50

KM# 456 14.00 g., 0.500 Silver, 0.2251 oz. ASW 32mm. **Obv:** National arms, eagle left **Rev:** Head with headcovering right **Edge:** Reeded **Mint:** Mexico City **Note:** Mint mark Mo.

Date	Mintage	F12	VF20	XF40	MS60	MS63
1947	61,460,000	—	—	4.25	7.00	10.00
1948	22,915,000	—	—	4.25	7.00	10.00
1949	—	PF63 4,500				
1949	4,000,000	350	650	1,300	1,700	2,700
Note: Not released for circulation						

KM# 457 13.33 g., 0.300 Silver, 0.1286 oz. ASW 32mm. **Obv:** National arms, eagle left **Rev:** Armored bust 3/4 left **Mint:** Mexico City **Note:** Mint mark Mo.

Date	Mintage	F12	VF20	XF40	MS60	MS63
1950	3,287,000	—	5.00	6.00	10.00	15.00

KM# 458 16.00 g., 0.100 Silver, 0.0514 oz. ASW 34.5mm. **Subject:** 100th Anniversary of Constitution **Obv:** National arms, eagle left within wreath **Obv. Designer:** Manuel L. Negrete **Rev:** Head left **Edge Lettering:** INDEPENDENCIA Y LIBERTAD **Mint:** Mexico City **Note:** Mint mark Mo.

Date	Mintage	F12	VF20	XF40	MS60	MS63
1957	500,000	—	4.00	6.00	12.50	16.50

KM# 459 16.00 g., 0.100 Silver, 0.0514 oz. ASW 34.5mm. **Obv:** National arms, eagle left within wreath **Rev:** Armored bust right within wreath **Edge Lettering:** INDEPENDENCIA Y LIBERTAD **Mint:** Mexico City **Note:** Mint mark Mo.

Date	Mintage	F12	VF20	XF40	MS60	MS63
1957	28,273,000	—	1.00	2.00	3.00	10.00
1958	41,899,000	—	—	1.00	2.00	3.00
1959	27,369,000	—	1.00	2.00	5.50	8.00
1960	26,259,000	—	1.00	2.00	3.50	6.00
1961	52,601,000	—	—	1.00	2.50	5.00
1962	61,094,000	—	—	1.00	2.00	4.00
1963	26,394,000	—	—	1.00	2.00	2.50
1964	15,615,000	—	—	1.00	2.00	2.50
1965	5,004,000	—	—	1.00	2.00	2.50
1966	30,998,000	—	—	1.00	2.00	2.25
1967	9,308,000	—	—	1.00	2.75	4.50

Tall date

KM# 460 9.00 g., Copper-Nickel, 29mm. **Obv:** National arms, eagle left **Rev:** Head left **Edge:** Reeded **Mint:** Mexico City

Date	Mintage	F12	VF20	XF40	MS60	MS63
1970Mo Narrow date	102,715,000	—	0.25	0.35	0.65	0.80
1970Mo Wide date	Inc. above	—	1.25	2.50	7.50	10.00
1971Mo	426,222,000	—	0.20	0.25	0.55	0.75
1972Mo	120,000,000	—	0.20	0.25	0.40	0.65
1974Mo	63,700,000	—	0.20	0.25	0.65	0.90
1975Mo Tall narrow date	205,979,000	—	0.25	0.45	1.00	1.35
1975Mo Short wide date	Inc. above	—	0.30	0.40	0.75	1.00
1976Mo	94,489,000	—	0.15	0.20	0.50	0.75
1977Mo Thick date close to rim	94,364,000	—	0.25	0.45	1.00	1.25
1977Mo Thin date, space between sideburns and collar	Inc. above	—	1.00	2.50	8.50	16.50
1978Mo Closed 8	208,300,000	—	0.20	0.30	1.00	1.50
1978Mo Open 8	55,140,000	—	1.00	2.50	14.00	20.00
1979Mo Thin date	117,884,000	—	0.20	0.30	1.15	1.50
1979Mo Thick date	Inc. above	—	0.20	0.30	1.25	1.75
1980Mo Closed 8	318,800,000	—	0.25	0.35	1.00	1.25
1980Mo Open 8	23,865,000	—	0.75	1.50	8.00	15.00
1981Mo Closed 8	413,349,000	—	0.20	0.30	0.75	0.90
1981Mo Open 8	58,616,000	—	0.50	1.25	6.50	9.00
1982Mo Closed 8	235,000,000	—	0.25	0.75	2.25	2.50
1982Mo Open 8	—	—	0.75	1.50	8.00	15.00
1983Mo Wide date	100,000,000	—	0.30	0.45	3.00	3.50
1983Mo Narrow date	Inc. above	—	0.30	0.45	3.00	4.50
1983 Mo	1,051,000		PF63 38.00			

KM# 496 5.70 g., Stainless Steel, 24.5mm. **Obv:** National arms, eagle left **Rev:** Armored bust right

Date	Mintage	VF20	XF40	MS60	MS63	MS65
1984 Mo	722,802,000	0.10	0.25	0.65	1.45	—
1985 Mo	985,000,000	0.10	0.25	0.50	1.25	—
1986 Mo	740,000,000	0.10	0.25	0.50	1.25	—
1987 Mo	250,000,000	0.10	0.25	0.50	1.25	—

Date	Mintage	VF20	XF40	MS60	MS63	MS65
1987 Mo Proof; 2 known	—	PF63 1,000				

2 PESOS

KM# 461 1.67 g., 0.900 Gold, 0.0482 oz. AGW 13mm. **Obv:** National arms **Rev:** Date above value within wreath **Mint:** Mexico City **Note:** Mint mark Mo.

Date	Mintage	F12	VF20	XF40	MS60	MS63
1919	1,670,000	—	65.00	90.00	110	—
1920/10	—	65.00	90.00	100	145	—
1920	4,282,000	—	65.00	90.00	110	—
1944	10,000	65.00	90.00	100	130	—
1945	Est. 140000	—	—	—	74.00	—
1946	168,000	65.00	90.00	110	165	—
1947	25,000	65.00	90.00	110	145	—
1948 No specimens known	45,000	—	—	—	—	—

Note: During 1951-1972 a total of 4,590,493 pieces were restruck, most likely dated 1945. In 1996 matte restrikes were produced. An additional 260,000 pieces dated 1945 were struck during 2000-2013

KM# 462 26.67 g., 0.900 Silver, 0.7716 oz. ASW 39mm. **Subject:** Centennial of Independence **Obv:** National arms, eagle left within wreath **Rev:** Winged Victory **Designer:** Emilio del Moral **Mint:** Mexico City **Note:** Mint mark Mo.

Date	Mintage	F12	VF20	XF40	MS60	MS63
1921	1,278,000	25.00	40.00	75.00	400	675

2-1/2 PESOS

KM# 463 2.08 g., 0.900 Gold, 0.0603 oz. AGW 15.5mm. **Obv:** National arms **Rev:** Miguel Hidalgo y Costilla **Mint:** Mexico City **Note:** Mint mark Mo.

Date	Mintage	F12	VF20	XF40	MS60	MS63
1918	1,704,000	—	81.00	100	130	—
1919	984,000	—	81.00	100	130	—
1920/10	607,000	—	81.00	110	180	—
1920	Inc. above	—	81.00	100	125	—
1944	20,000	—	81.00	110	145	—
1945	Est. 180000	—	—	—	91.00	—

Date	Mintage	F12	VF20	XF40	MS60	MS63
1946	163,000	—	81.00	110	145	—
1947	24,000	225	300	425	750	—
1948	63,000	—	81.00	110	145	—

Note: During 1951-1972 a total of 5,025,087 pieces were restruck, most likely dated 1945. In 1996 matte restrikes were produced. An additional 539,000 pieces dated 1945 were struck during 2000-2013

5 PESOS

KM# 464 4.17 g., 0.900 Gold, 0.1206 oz. AGW 19mm. **Obv:** National arms **Rev:** Miguel Hidalgo y Costilla **Mint:** Mexico City **Note:** Mint mark Mo.

Date	Mintage	F12	VF20	XF40	MS60	MS63
1905	18,000	200	230	325	700	—
1906	4,638,000	—	—	162	190	—
1907/6	—	—	—	—	—	—
1907	1,088,000	—	—	162	190	—
1910	100,000	—	—	162	210	—
1918/7	609,000	—	—	162	245	—
1918	Inc. above	—	—	162	210	—
1919	506,000	—	—	162	190	—
1920	2,385,000	—	—	162	190	—
1955	—	—	—	—	172	—

Note: During 1955-1972 a total of 1,767,645 pieces were restruck, most likely dated 1955. In 1996 matte restrikes were produced. An additional 96,300 pieces dated 1955 were struck during 2000-2013

KM# 465 30.00 g., 0.900 Silver, 0.8681 oz. ASW 40mm. **Obv:** National arms, eagle left **Rev:** Head with headdress left **Edge:** Reeded **Mint:** Mexico City **Note:** Mint mark Mo.

Date	Mintage	F12	VF20	XF40	MS60	MS63
1947	5,110,000	—	—	17.00	28.00	32.00
1948	26,740,000	—	—	17.00	28.00	32.00

KM# 466 27.78 g., 0.720 Silver, 0.6431 oz. ASW 40mm. **Subject:** Opening of Southern Railroad **Obv:** National arms, eagle left **Rev:** Radiant sun flanked by palm trees above train **Edge Lettering:** COMERCIO - AGRICULTURA - INDUSTRIA **Designer:** Manuel L. Negrete **Mint:** Mexico City **Note:** Mint mark Mo.

Date	Mintage	F12	VF20	XF40	MS60	MS63
1950	200,000	—	25.00	45.00	65.00	75.00

Note: It is recorded that 100,000 pieces were melted to be used for the 1968 Mexican Olympic 25 Pesos

KM# 467 27.78 g., 0.720 Silver, 0.6431 oz. ASW 40mm. **Obv:** National arms, eagle left **Rev:** Head left within wreath **Edge Lettering:** COMERCIO - AGRICULTURA - INDUSTRIA **Mint:** Mexico City **Note:** Mint mark Mo.

Date	Mintage	F12	VF20	XF40	MS60	MS63
1951	4,958,000	—	—	12.50	20.00	23.00
1952	9,595,000	—	—	12.50	20.00	23.00
1953	20,376,000	—	—	12.50	20.00	23.00
1954	30,000	—	30.00	60.00	70.00	85.00

KM# 468 27.78 g., 0.720 Silver, 0.6431 oz. ASW 40mm. **Subject:** Bicentennial of Hidalgo's Birth **Obv:** National arms, eagle left **Rev:** Half-length figure facing to right of building and dates **Edge Lettering:** COMERCIO - AGRICULTURA - INDUSTRIA **Designer:** Manuel L. Negrete **Mint:** Mexico City **Note:** Mint mark Mo.

Date	Mintage	F12	VF20	XF40	MS60	MS63
1953	1,000,000	—	—	12.50	22.00	25.00

KM# 469 18.05 g., 0.720 Silver, 0.4178 oz. ASW 36mm. **Obv:** National arms, eagle left **Rev:** Head left **Mint:** Mexico City **Note:** Mint mark Mo.

Date	Mintage	F12	VF20	XF40	MS60	MS63
1955	4,271,000	—	—	8.00	13.50	17.00
1956	4,596,000	—	—	8.00	13.50	17.00
1957	3,464,000	—	—	8.00	13.50	17.00

KM# 470 18.05 g., 0.720 Silver, 0.4178 oz. ASW 36mm. **Subject:** 100th Anniversary of Constitution **Obv:** National arms, eagle left **Rev:** Head left **Edge Lettering:** INDEPENDENCIA Y LIBERTAD **Designer:** Manuel L. Negrete **Mint:** Mexico City **Note:** Mint mark Mo.

Date	Mintage	F12	VF20	XF40	MS60	MS63
1957	200,000	—	8.00	13.00	16.00	18.00

KM# 471 18.05 g., 0.720 Silver, 0.4178 oz. ASW 36mm. **Subject:** Centennial of Carranza's Birth **Obv:** National arms, eagle left **Rev:** Head left **Edge:** Plain **Designer:** Manuel L. Negrete **Mint:** Mexico City **Note:** Mint mark Mo.

Date	Mintage	F12	VF20	XF40	MS60	MS63
1959	1,000,000	—	—	8.00	13.50	17.00

Large date

KM# 472 14.00 g., Copper-Nickel, 33mm. **Obv:** National arms, eagle left **Rev:** Armored bust right **Edge Lettering:** INDEPENDENCIA Y LIBERTAD **Mint:** Mexico City **Note:** Small date, large date varieties.

Date	Mintage	F12	VF20	XF40	MS60	MS63
1971Mo	28,457,000	—	0.50	0.95	2.50	3.25
1972Mo	75,000,000	—	0.60	1.25	2.00	2.50
1973Mo	19,405,000	—	1.25	2.00	4.50	5.50
1974Mo	34,500,000	—	0.50	0.80	1.75	2.25
1976Mo	26,121,000	—	0.75	1.45	3.25	4.00
Small date						
1976Mo	121,550,000	—	0.35	0.50	1.50	1.75
Large date						
1977Mo	102,000,000	—	0.35	0.50	1.50	1.75
1978Mo	25,700,000	—	1.00	1.50	4.50	6.25

KM# 485 10.20 g., Copper-Nickel, 27mm. **Subject:** Quetzalcoatl **Obv:** National arms, eagle left **Rev:** Native sculpture to lower right of value and dollar sign **Edge Lettering:** LIBERTAD Y INDEPENDENCIA **Note:** Inverted and normal edge legend varieties exist for the 1980 and 1981 dates.

Date	Mintage	VF20	XF40	MS60	MS63	MS65
1980 Mo	266,899,999	0.25	0.50	1.75	2.25	—
1981 Mo	30,500,000	0.45	0.65	2.75	3.25	—
1982 Mo	20,000,000	1.50	2.35	4.25	5.25	—
1982 Mo	1,051	PF63 50.00				
1983 Mo	—	PF63 1,200				
Proof; 7 known						
1984 Mo	16,300,000	1.25	2.00	4.75	6.00	—
1985 Mo	76,900,000	2.00	3.25	4.25	5.00	—

KM# 502 3.10 g., Brass, 17mm. **Obv:** National arms, eagle left **Rev:** Date and value **Edge:** Reeded

Date	Mintage	VF20	XF40	MS60	MS63	MS65
1985 Mo	30,000,000	—	0.15	0.35	0.50	—
1987 Mo	81,900,000	8.00	9.50	12.50	16.50	—
1988 Mo	76,600,000	—	0.10	0.25	0.35	—

ESTADOS UNIDOS

Date	Mintage	VF20	XF40	MS60	MS63	MS65
1988 Mo Proof; 2 known	—	PF63 600				

10 PESOS

KM# 473 8.33 g., 0.900 Gold, 0.2411 oz. AGW 22.5mm. **Obv:** National arms **Rev:** Miguel Hidalgo y Costilla **Mint:** Mexico City **Note:** Mint mark Mo.

Date	Mintage	F12	VF20	XF40	MS60	MS63
1905	39,000	—	325	375	450	500
1906	2,949,000	—	325	375	450	500
1907	1,589,000	—	325	375	450	500
1908	890,000	—	325	375	450	500
1910	451,000	—	325	375	450	500
1916	26,000	—	325	420	475	525
1917	1,967,000	—	325	375	450	500
1919	266,000	—	325	375	450	500
1920	12,000	—	325	500	900	1,000
1959	Est. 50000	—	—	—	330	—

Note: *During 1961-1972 a total of 954,983 pieces were restruck, most likely dated 1959. In 1996 matte re-strikes were produced. An additional 67,300 pieces dated 1959 were struck during 2000-2013

KM# 474 28.89 g., 0.900 Silver, 0.8359 oz. ASW 40mm. **Obv:** National arms **Rev:** Head left **Edge:** Reeded **Mint:** Mexico City **Note:** Mint mark Mo.

Date	Mintage	F12	VF20	XF40	MS60	MS63
1955	585,000	—	—	16.00	30.00	35.00
1956	3,535,000	—	—	16.00	28.00	32.00

KM# 475 28.88 g., 0.900 Silver, 0.8357 oz. ASW 40mm. **Subject:** 100th Anniversary of Constitution **Obv:** National arms, eagle left **Rev:** Head left **Edge Lettering:** INDEPENDENCIA Y LIBERTAD **Designer:** Manuel L. Negrete **Mint:** Mexico City **Note:** Mint mark Mo.

Date	Mintage	F12	VF20	XF40	MS60	MS63
1957	100,000	16.00	30.00	40.00	55.00	60.00

KM# 476 28.89 g., 0.900 Silver, 0.8359 oz. ASW 40mm. **Subject:** 150th Anniversary - War of Independence **Obv:** National arms, eagle left **Rev:** Conjoined busts facing flanked by dates **Edge:** Reeded **Designer:** Manuel L. Negrete **Mint:** Mexico City **Note:** Mint mark Mo.

Date	Mintage	F12	VF20	XF40	MS60	MS63
1960	1,000,000	—	—	16.00	30.00	35.00

KM# 477.1 10.00 g., Copper-Nickel, 30.5mm. **Subject:** Miguel Hidalgo y Costilla **Obv:** National arms, eagle left **Rev:** Head left **Shape:** 7-sided **Mint:** Mexico City **Note:** Thin flan - 1.6mm

Date	Mintage	F12	VF20	XF40	MS60	MS63
1974Mo	3,900,000	—	0.50	1.00	3.00	4.50
1974 Mo	—	PF63 650				
1975Mo	1,000,000	—	2.25	3.25	7.50	8.50
1976Mo	74,500,000	—	0.25	0.75	1.75	2.75
1977Mo	79,620,000	—	0.50	1.00	2.00	3.00

KM# 477.2 11.50 g., Copper-Nickel, 30.5mm. **Subject:** Miguel Hidalgo y Costilla **Obv:** National arms, eagle left **Rev:** Head left **Shape:** 7-sided **Mint:** Mexico City **Note:** Thick flan - 2.3mm

Date	Mintage	F12	VF20	XF40	MS60	MS63
1978Mo	124,850,000	—	0.50	0.75	2.50	2.75
1979Mo	57,200,000	—	0.50	0.75	2.50	2.75

Date	Mintage	F12	VF20	XF40	MS60	MS63
1980Mo	55,200,000	—	0.50	0.75	2.50	3.75
1981Mo	222,768,000	—	0.40	0.60	2.25	2.75
1982 Mo	1,051	PF63 45.00				
1982Mo	151,770,000	—	0.50	0.80	2.50	3.50
1983 Mo Proof; 3 known	—	PF63 1,800				
1985Mo	58,000,000	—	1.25	1.75	5.75	8.00

KM# 512 3.84 g., Stainless Steel, 19mm. **Obv:** National arms, eagle left **Rev:** Head facing with diagonal value at left **Note:** Date varieties exist.

Date	Mintage	VF20	XF40	MS60	MS63	MS65
1985 Mo	257,000,000	—	0.15	0.50	0.75	—
1986 Mo	392,000,000	—	0.15	0.50	1.50	—
1987 Mo	305,000,000	—	0.15	0.35	0.50	—
1988 Mo	500,300,000	—	0.15	0.25	0.35	—
1989 Mo	336,900,000	0.20	0.25	0.75	1.50	—
1990 Mo Proof; 2 known	—	PF63 550				
1990 Mo	101,000,000	—	0.25	0.75	1.25	—

20 PESOS

KM# 478 16.67 g., 0.900 Gold, 0.4823 oz. AGW 27.5mm. **Obv:** National arms, eagle left **Rev:** Aztec Sunstone with denomination below **Edge:** Lettered **Edge Lettering:** INDEPEDENCIA Y LIBERTAD **Note:** Mint mark Mo.

Date	Mintage	VF20	XF40	MS60	MS63	MS65
1917	852,000	—	650	710	830	920
1918	2,831,000	—	650	710	830	920
1919	1,094,000	—	650	710	830	920
1920/10	462,000	—	650	710	830	920
1920	Inc. above	—	650	710	830	920
1921/11	922,000	—	650	710	830	920
1921/10	—	—	770	830	975	1,850
1921	Inc. above	—	650	710	830	920
1959	Est. 13000	—	—	660	—	—

Note: During 1960-1971 a total of 1,158,414 pieces were restruck, most likely dated 1959. In 1996 matte restrikes were produced. An additional 95,300 pieces dated 1959 were struck in 2000-2013

KM# 486 15.20 g., Copper-Nickel, 32mm. **Obv:** National arms, eagle left **Rev:** Figure with headdress facing left within circle **Edge Lettering:** INDEPENDENCIA Y LIBERTAD

Date	Mintage	VF20	XF40	MS60	MS63
1980 Mo	84,900,000	0.50	0.85	2.25	3.25
1981 Mo	250,573,000	0.60	0.80	2.25	3.25
1982 Mo	236,892,000	1.00	1.75	2.50	3.75
1982 Mo	1,051	PF63 50.00			
1983 Mo Proof; 3 known	—	PF63 575			
1984 Mo	55,000,000	1.00	1.50	2.50	4.75

KM# 508 6.00 g., Brass, 21mm. **Obv:** National arms, eagle left **Rev:** Bust facing with diagonal value at left **Edge:** Reeded

Date	Mintage	VF20	XF40	MS60	MS63
1985 Mo Wide date	25,000,000	0.10	0.20	1.00	1.50
1985 Mo Narrow date	Inc. above	0.10	0.25	1.50	2.25
1986 Mo	10,000,000	1.00	1.75	5.00	6.00
1988 Mo	355,200,000	0.10	0.20	0.45	0.75
1989 Mo	289,100,000	0.15	0.30	1.50	2.00
1990 Mo	126,550,000	0.15	0.30	1.50	2.50
1990 Mo Proof; 3 known	—	PF63 600			

25 PESOS

Snake's tongue straight

KM# 479.1 22.50 g., 0.720 Silver, 0.5208 oz. ASW 38mm. **Obv:** National arms, eagle left **Rev:** Olympic rings below dancing native left, numeral design in background **Designer:** Lorenzo Rafael **Note:** Type I, Rings aligned.

Date	Mintage	F12	VF20	XF40	MS60	MS63
1968Mo	27,182,000	—	—	10.00	16.00	20.00

KM# 479.2 22.50 g., 0.720 Silver, 0.5208 oz. ASW 38mm. **Subject:** Summer Olympics - Mexico City **Obv:** National arms, eagle left **Rev:** Olympic rings below dancing native left, numeral design in background **Mint:** Mexico City **Note:** Type II, center ring low.

Date	Mintage	F12	VF20	XF40	MS60	MS63
1968Mo	Inc. above	—	10.00	16.00	18.00	20.00

Snake's tongue curved

KM# 479.3 22.50 g., 0.720 Silver, 0.5208 oz. ASW 38mm. **Subject:** Summer Olympics - Mexico City **Obv:** National arms, eagle left **Rev:** Olympic rings below dancing native left, numeral design in background **Mint:** Mexico City **Note:** Snake with long curved or normal tongue. Type III, center rings low.

Date	Mintage	F12	VF20	XF40	MS60	MS63
1968Mo	Inc. above	—	10.00	16.00	20.00	22.50

KM# 480 22.50 g., 0.720 Silver, 0.5208 oz. ASW 38mm. **Obv:** National arms, eagle left **Rev:** Bust facing **Mint:** Mexico City

Date	Mintage	F12	VF20	XF40	MS60	MS63
1972Mo	2,000,000	—	10.00	16.00	18.00	20.00

KM# 497 7.78 g., 0.720 Silver, 0.180 oz. ASW **Subject:** 1986 World Cup Soccer Games **Obv:** National arms, eagle left **Rev:** Value above soccer ball with date below, with fineness

Date	Mintage	VF20	XF40	MS60	MS63	MS65
1985 Mo	473,605	—	—	10.00	—

KM# 497a 8.41 g., 0.925 Silver, 0.250 oz. ASW **Subject:** 1986 World Cup Soccer Games **Obv:** National arms, eagle left **Rev:** Value above soccerball with date below **Note:** Without fineness statement- reverse description

Date	Mintage	VF20	XF40	MS60	MS63	MS65
1986 Mo	22,552		PF63 14.00		

KM# 503 8.41 g., 0.925 Silver, 0.250 oz. ASW **Subject:** 1986 World Cup Soccer Games **Obv:** National arms, eagle left **Rev:** Pre-Columbian hieroglyphs, ojo de buey, and soccer ball

Date	Mintage	VF20	XF40	MS60	MS63	MS65
1985 Mo	52,002		PF63 14.00		

KM# 514 8.41 g., 0.925 Silver, 0.250 oz. ASW **Subject:** 1986 World Cup Soccer Games **Obv:** National arms, eagle left **Rev:** Value above soccer ball

Date	Mintage	VF20	XF40	MS60	MS63	MS65
1985 Mo	21,260		PF63 14.00		

KM# 519 8.41 g., 0.925 Silver, 0.250 oz. ASW **Subject:** 1986 World Cup Soccer Games **Obv:** National arms, eagle left **Rev:** Soccer ball within net, date and value to left

Date	Mintage	VF20	XF40	MS60	MS63	MS65
1986 Mo	20,172		PF63 14.00		

50 PESOS

KM# 481 41.67 g., 0.900 Gold, 1.2057 oz. AGW 37mm. **Subject:** Centennial of Independence **Obv:** National arms **Rev:** Winged Victory **Edge:** Reeded **Designer:** Emilio del Moral **Note:** During 1949-1972 a total of 3,975,654 pieces were restruck, most likely dated 1947 and an additional 388,800 pieces dated 1947 were struck during 2000-2013. In 1996 matte restrikes were produced. Mint mark Mo.

Date	Mintage	VF20	XF40	MS60	MS63	MS65
1921	180,000	—	1,625	1,700	2,000	2,650
1922	463,000	—	1,625	1,650	1,850	2,150
1923	432,000	—	1,625	1,650	1,850	2,150
1924	439,000	—	1,625	1,650	1,850	2,150
1925	716,000	—	1,625	1,650	1,850	2,150
1926	600,000	—	1,625	1,650	1,850	2,150
1927	606,000	—	1,625	1,650	1,850	2,150
1928	538,000	—	1,625	1,650	1,850	2,150
1929	458,000	—	1,625	1,650	1,850	2,150
1930	372,000	—	1,625	1,650	1,850	2,150
1931	137,000	—	1,625	1,650	1,900	2,250
1944	593,000	—	1,625	1,650	1,850	2,000
1945	1,012,000	—	1,625	1,650	1,850	2,000
1946	1,588,000	—	1,625	1,650	1,850	2,000
1947	309,000	—	—	—	1,650	—
1947	—	—	—	—	—	—
Specimen						

Note: Value, $6,500

KM# 481a Platinum, APW **Subject:** Centennial of Independence **Obv:** National arms **Rev:** Winged Victory **Edge:** Reeded

Date	Mintage	VF20	XF40	MS60	MS63	MS65
1947 Mo	Est. 5	—	—	—	—	13,500

KM# 482 41.67 g., 0.900 Gold, 1.2057 oz. AGW 37mm. **Obv:** National arms **Rev:** Winged Victory

Date	Mintage	VF20	XF40	MS60	MS63	MS65
1943 Mo	89,000	—	—	1,650	1,850	2,000

KM# 490 19.84 g., Copper-Nickel, 39mm. **Subject:** Coyolxauhqui **Obv:** National arms, eagle left **Rev:** Value to right of artistic designs **Edge:** Reeded **Note:** Doubled die examples of 1982 and 1983 dates exist.

Date	Mintage	VF20	XF40	MS60	MS63
1982 Mo	222,890,000	1.00	2.50	5.00	6.50
1983 Mo	45,000,000	1.50	3.00	6.00	7.00
1983 Mo	1,051	PF63 55.00			
1984 Mo	73,537,000	1.00	1.35	3.50	4.50
1984 Mo Proof;	—	PF63 750			
4 known					

KM# 495 8.60 g., Copper-Nickel, 23.5mm. **Subject:** Benito Juarez **Obv:** National arms, eagle left **Rev:** Bust 1/4 left with diagonal value at left **Edge:** Reeded

Date	Mintage	VF20	XF40	MS60	MS63	MS65
1984 Mo	94,216,000	0.65	1.25	2.70	3.25	—
1985 Mo	296,000,000	0.25	0.45	1.25	2.25	—
1986 Mo	50,000,000	6.00	10.00	12.00	14.00	—
1987 Mo	210,000,000	0.25	0.45	1.00	1.25	—
1988 Mo	80,200,000	6.25	9.00	13.50	16.00	—

KM# 495a 7.10 g., Stainless Steel, 23.5mm. **Subject:** Benito Juarez **Obv:** National arms, eagle left **Rev:** Bust 1/4 left with diagonal value at left **Edge:** Plain

Date	Mintage	VF20	XF40	MS60	MS63	MS65
1988 Mo	353,300,000	—	0.20	1.25	1.75	—
1989 Mo	20,000	—	—	—	—	—
Note: Reported not confirmed.						
1990 Mo	180,000,000	—	0.30	1.00	2.00	—
1992 Mo	84,520,000	—	0.25	1.00	2.75	—

KM# 498 15.55 g., 0.720 Silver, 0.360 oz. ASW
Subject: 1986 World Cup Soccer Games **Obv:**
National arms, eagle left **Rev:** Pair of feet and
soccer ball, with fineness

Date	Mintage	VF20	XF40	MS60	MS63	MS65
1985 Mo	439,763	—	—	—	16.00	—

KM# 504 16.83 g., 0.925 Silver, 0.5005 oz. ASW
Subject: 1986 World Cup Soccer Games **Obv:**
National arms, eagle left **Rev:** Stylized athlete as
soccer forerunner

Date	Mintage	VF20	XF40	MS60	MS63	MS65
1985 Mo	41,255	PF63 22.00				

KM# 515 16.83 g., 0.925 Silver, 0.5005 oz. ASW
Subject: 1986 World Cup Soccer Games **Obv:**
National arms, eagle left **Rev:** Value to right of
soccer player

Date	Mintage	VF20	XF40	MS60	MS63	MS65
1985 Mo	24,907	PF63 22.00				

KM# 498a 16.83 g., 0.925 Silver, 0.5005 oz. ASW
Subject: 1986 World Cup Soccer Games **Obv:**
National arms, eagle left **Rev:** Without fineness
statement

Date	Mintage	VF20	XF40	MS60	MS63	MS65
1986 Mo	19,564	PF63 22.00				

KM# 523 16.83 g., 0.925 Silver, 0.5005 oz. ASW
Subject: 1986 World Cup Soccer Games **Obv:**
National arms, eagle left **Rev:** Value to left of soccer
balls

Date	Mintage	VF20	XF40	MS60	MS63	MS65
1986 Mo	18,653	PF63 22.00				

KM# 532 15.55 g., 0.999 Silver, 0.4994 oz. ASW
Subject: 50th Anniversary - Nationalization of
Oil Industry **Obv:** National arms, eagle left **Rev:**
Monument

Date	Mintage	VF20	XF40	MS60	MS63	MS65
ND-1988 Mo	20,000	—	—	20.00	24.00	—

100 PESOS

Low 7's

KM# 483.1 27.77 g., 0.720 Silver, 0.6428 oz. ASW
39mm. **Obv:** National arms, eagle left **Rev:** Bust
facing, sloping right shoulder, round left shoulder with
no clothing folds **Edge:** Reeded **Mint:** Mexico City

Date	Mintage	F12	VF20	XF40	MS60	MS63
1977Mo Low 7's	5,225,000	—	—	12.50	22.00	25.00

Date	Mintage	F12	VF20	XF40	MS60	MS63
1977Mo High 7's Inc. above	—	—	12.50	22.00	25.00

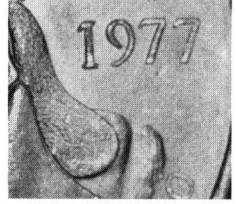

High 7's

KM# 483.2 27.77 g., 0.720 Silver, 0.6428 oz. ASW 39mm. **Obv:** National arms, eagle left **Rev:** Bust facing, higher right shoulder, left shoulder with clothing folds. **Mint:** Mexico City **Note:** Mintage inc. KM#483.1

Date	Mintage	F12	VF20	XF40	MS60	MS63
1977Mo Date in line	—	—	—	12.50	22.00	25.00
1978Mo	9,879,000	—	—	12.50	22.00	25.00
1979Mo	784,000	—	—	12.50	22.00	25.00
1979 Mo	—	PF63 650				

KM# 493 11.70 g., Aluminum-Bronze, 26.5mm. **Obv:** National arms, eagle left **Rev:** Head 1/4 right with diagonal value at right **Edge:** Segmented reeding

Date	Mintage	VF20	XF40	MS60	MS63	MS65
1984 Mo	227,809,000	0.45	0.60	2.50	4.00	—
1985 Mo	377,423,000	0.30	0.50	2.00	3.00	—
1986 Mo	43,000,000	1.00	2.50	4.75	7.50	—
1987 Mo	165,000,000	0.60	1.25	2.25	3.00	—
1988 Mo	433,100,000	0.30	0.50	2.00	2.75	—
1989 Mo	135,630,000	0.35	0.65	2.00	2.75	—
1990 Mo	248,350,000	0.15	0.40	1.50	2.50	—
1990 Mo Proof; 1 known	—	PF63 650				
1991 Mo	189,900,000	0.15	0.25	1.00	2.50	—
1992 Mo	277,310,000	0.30	0.75	1.75	3.00	—

KM# 499 31.10 g., 0.720 Silver, 0.720 oz. ASW **Subject:** 1986 World Cup Soccer Games - Prehispanic **Obv:** National arms, eagle left **Rev:** Value above artistic designs and soccer ball

Date	Mintage	VF20	XF40	MS60	MS63	MS65
1985 Mo	449,247	—	—	—	27.00	—

KM# 499a 32.63 g., 0.925 Silver, 0.9702 oz. ASW **Subject:** 1986 World Cup Soccer Games - Prehispanic **Obv:** National arms, eagle left **Rev:** Without fineness statement

Date	Mintage	VF20	XF40	MS60	MS63	MS65
1985 Mo	26,964	PF63 47.00		PF65 52.00		

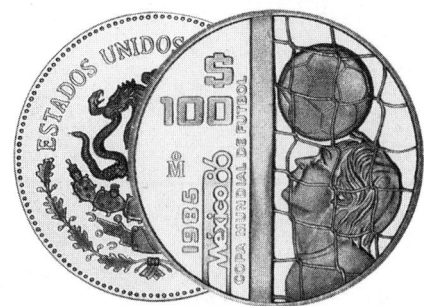

KM# 505 32.63 g., 0.925 Silver, 0.9702 oz. ASW 38mm. **Subject:** 1986 World Cup Soccer Games - Nat Player **Obv:** National arms, eagle left **Rev:** Without fineness statement

Date	Mintage	VF20	XF40	MS60	MS63	MS65
1985 Mo	71,718	PF63 42.00		PF65 47.00		

KM# 521 32.63 g.,   0.925 Silver, 0.9702 oz. ASW **Subject:** 1986 World Cup Soccer Games - Goalkeeper **Obv:** National arms, eagle left **Rev:** Without fineness statement

Date	Mintage	VF20	XF40	MS60	MS63	MS65
1986 Mo	19,279		PF63 47.00		PF65 52.00	

KM# 524 32.63 g.,   0.925 Silver, 0.9702 oz. ASW **Subject:** 1986 World Cup Soccer Games - Ball World **Obv:** National arms, eagle left **Rev:** Without fineness statement

Date	Mintage	VF20	XF40	MS60	MS63	MS65
1986 Mo	18,510		PF63 47.00		PF65 52.00	

KM# 537 32.63 g.,   0.720 Silver, 0.7552 oz. ASW **Subject:** World Wildlife Fund **Obv:** National arms, eagle left **Rev:** Monarch butterflies

Date	Mintage	VF20	XF40	MS60	MS63	MS65
1987 Mo	28,500		PF63 57.00		PF65 62.00	

KM# 533 31.10 g.,   0.999 Silver, 0.999 oz. ASW **Subject:** 50th Anniversary - Nationalization of Oil Industry **Obv:** National arms, eagle left **Rev:** Bust facing above sprigs and dates

Date	Mintage	VF20	XF40	MS60	MS63	MS65
1988 Mo	20,000	—	—	—	42.00	47.00

KM# 539 33.63 g.,   0.925 Silver, 1.000 oz. ASW **Subject:** Save the Children **Obv:** National arms, eagle left **Rev:** Child flying kite, two others sitting and playing

Date	Mintage	VF20	XF40	MS60	MS63	MS65
1991 Mo	11,000		PF63 42.00		PF65 47.00	

KM# 540 27.00 g.,   0.925 Silver, 0.803 oz. ASW 40mm. **Obv:** National arms, eagle left within center of assorted arms **Rev:** Maps within circles flanked by pillars above sailboats **Series:** Ibero - America

Date	Mintage	VF20	XF40	MS60	MS63	MS65
1991 Mo	30,000		PF63 77.00		PF65 82.00	
1992 Mo	20,000		PF63 32.00		PF65 37.00	

KM# 566 31.10 g., 0.999 Silver, 0.999 oz. ASW
Subject: Save the Vaquita Porpoise **Obv:** National
arms, eagle left **Rev:** Swimming vaquita porpoise

Date	Mintage	VF20	XF40	MS60	MS63	MS65
1992 Mo	28,007	PF63 52.00		PF65 57.00		

200 PESOS

KM# 509 Copper-Nickel, 29.5mm. **Subject:** 175th
Anniversary of Independence **Obv:** National arms,
eagle left **Rev:** Conjoined busts left

Date	Mintage	VF20	XF40	MS60	MS63	MS65
1985 Mo	75,000,000	—	2.00	3.50	5.50	—

KM# 510 Copper-Nickel, 29.5mm. **Subject:** 75th
Anniversary of 1910 Revolution **Obv:** National arms,
eagle left **Rev:** Conjoined heads left below building

Date	Mintage	VF20	XF40	MS60	MS63	MS65
1985 Mo	98,590,000	—	2.00	4.00	6.00	—

KM# 525 Copper-Nickel, 29.5mm. **Subject:** 1986
World Cup Soccer Games **Obv:** National arms,
eagle left **Rev:** Soccer players **Edge:** Reeded

Date	Mintage	VF20	XF40	MS60	MS63	MS65
1986 Mo	50,000,000	—	2.50	4.00	6.00	—

KM# 526 62.21 g., 0.999 Silver, 1.998 oz. ASW
Subject: 1986 World Cup Soccer Games **Obv:**
National arms, eagle left **Rev:** Value above 3 soccer
balls

Date	Mintage	VF20	XF40	MS60	MS63	MS65
1986 Mo	23,489	—	—	—	75.00	85.00

250 PESOS

KM# 500.1 8.64 g., 0.900 Gold, 0.250 oz. AGW
Subject: 1986 World Cup Soccer Games **Obv:**
National arms, eagle left **Rev:** Soccer ball within top
1/2 of design with value, date, and state below

Date	Mintage	VF20	XF40	MS60	MS63	MS65
1985 Mo	54,770	—	—	—	450	—
1986 Mo	Inc. above	—	—	—	450	—

KM# 500.2 8.64 g., 0.900 Gold, 0.250 oz. AGW
Subject: 1986 World Cup Soccer Games **Obv:**
National arms, eagle left **Rev:** Without fineness
statement

Date	Mintage	VF20	XF40	MS60	MS63	MS65
1985 Mo	Incl. above	PF63 475				
1986 Mo	Inc. above	PF63 475				

ESTADOS UNIDOS

KM# 506.1 8.64 g., 0.900 Gold, 0.250 oz. AGW
Subject: 1986 World Cup Soccer Games **Obv:**
National arms, eagle left **Rev:** Equestrian left within
circle

Date	Mintage	VF20	XF40	MS60	MS63	MS65
1985 Mo	44,595	—	—	—	450	—

KM# 506.2 8.64 g., 0.900 Gold, 0.250 oz. AGW
Subject: 1986 World Cup Soccer Games **Obv:**
National arms, eagle left **Rev:** Without fineness
statement

Date	Mintage	VF20	XF40	MS60	MS63	MS65
1985 Mo	Inc. above		PF63 450			

500 PESOS

KM# 501.1 17.28 g., 0.900 Gold, 0.500 oz. AGW
Subject: 1986 World Cup Soccer Games **Obv:**
National arms, eagle left **Rev:** Soccer player to right
within emblem

Date	Mintage	VF20	XF40	MS60	MS63	MS65
1985 Mo	51,776	—	—	—	900	—
1986 Mo	Inc. above	—	—	—	900	—

KM# 501.2 17.28 g., 0.900 Gold, 0.500 oz. AGW
Subject: 1986 World Cup Soccer Games **Obv:**
National arms, eagle left **Rev:** Without fineness
statement

Date	Mintage	VF20	XF40	MS60	MS63	MS65
1985 Mo	Inc. above		PF63 900			
1986 Mo	Inc. above		PF63 900			

KM# 507.1 17.28 g., 0.900 Gold, 0.500 oz. AGW
Subject: 1986 World Cup Soccer Games **Obv:**
National arms, eagle left **Rev:** Soccer ball within
emblem flanked by value and date

Date	Mintage	VF20	XF40	MS60	MS63	MS65
1985 Mo	6,267	—	—	—	900	—

KM# 507.2 17.28 g., 0.900 Gold, 0.500 oz. AGW
Subject: 1986 World Cup Soccer Games **Obv:**
National arms, eagle left **Rev:** Without fineness
statement

Date	Mintage	VF20	XF40	MS60	MS63	MS65
1985 Mo	Inc. above		PF63 900			

KM# 511 33.45 g., 0.925 Silver, 0.9948 oz. ASW
Subject: 75th Anniversary of 1910 Revolution **Obv:**
National arms, eagle left **Rev:** Conjoined heads left
below building

Date	Mintage	VF20	XF40	MS60	MS63	MS65
1985 Mo	40,002		PF65 60.00			

KM# 529 12.60 g., Copper-Nickel, 28.5mm. **Obv:**
National arms, eagle left **Rev:** Head 1/4 right **Edge:**
Reeded

Date	Mintage	VF20	XF40	MS60	MS63	MS65
1986 Mo	20,000,000	—	1.00	3.25	4.00	—
1987 Mo	180,000,000	—	0.75	2.25	3.00	—
1988 Mo	230,000,000	—	0.50	2.25	3.00	—
1988 Mo Proof; 2 known	—		PF63 650			
1989 Mo	40,000,000	—	0.75	2.25	3.50	—
1992 Mo	20,000,000	—	1.00	2.25	4.00	—

KM# 534 17.28 g., 0.900 Gold, 0.500 oz. AGW
Subject: 50th Anniversary - Nationalization of
Oil Industry **Obv:** National arms, eagle left **Rev:**
Monument **Note:** Similar to 5000 Pesos, KM#531.

Date	Mintage	VF20	XF40	MS60	MS63	MS65
1988 Mo	611	—	—	—	925	—

1000 PESOS

KM# 513 17.28 g., 0.900 Gold, 0.500 oz. AGW
Subject: 175th Anniversary of Independence **Obv:**
National arms, eagle left **Rev:** Conjoined heads left
below value

Date	Mintage	VF20	XF40	MS60	MS63	MS65
1985 Mo	3,721		PF63 925			

KM# 527 31.11 g., 0.999 Gold, 0.999 oz. AGW
Subject: 1986 World Cup Soccer Games **Obv:**
National arms, eagle left **Rev:** Value above soccer
ball and two hemispheres

Date	Mintage	VF20	XF40	MS60	MS63	MS65
1986 Mo	1,279	—	—	—	1,800	1,950

KM# 535 34.56 g., 0.900 Gold, 1.000 oz. AGW
Subject: 50th Anniversary - Nationalization of Oil
Industry **Obv:** National arms, eagle left **Rev:** Portrait
of Cardenas **Note:** Similar to 5000 Pesos, KM#531.

Date	Mintage	VF20	XF40	MS60	MS63	MS65
1988 Mo	657		PF63	2,000		

KM# 536 15.00 g., Aluminum-Bronze, 30.5mm.
Subject: Juana de Asbaje **Obv:** National arms,
eagle left **Rev:** Bust 1/4 left with diagonal value at
left **Edge:** Reeded

Date	Mintage	VF20	XF40	MS60	MS63	MS65
1988 Mo	229,300,000	0.85	2.00	4.25	5.75	—
1989 Mo	215,716,000	0.85	2.00	4.25	5.75	—
1990 Mo	41,291,000	0.85	2.00	4.00	5.50	—
1990 Mo Proof; 2 known	—	PF63	550			
1991 Mo	42,468,000	1.00	2.00	3.00	7.00	—
1992 Mo	84,725,000	1.00	2.00	3.50	7.50	—

2000 PESOS

KM# 528 62.20 g., 0.999 Gold, 1.9978 oz. AGW
Subject: 1986 World Cup Soccer Games **Obv:**
National arms, eagle left **Rev:** Value above soccer
ball and two hemispheres

Date	Mintage	VF20	XF40	MS60	MS63	MS65
1986 Mo	964	—	—	—	3,750	4,000

5000 PESOS

KM# 531 Copper-Nickel, 33.5mm. **Subject:** 50th
Anniversary - Nationalization of Oil Industry **Obv:**
National arms, eagle left **Rev:** Monument above
dates with diagonal value at left

Date	Mintage	VF20	XF40	MS60	MS63
ND-1988 Mo	50,000,000	—	4.75	7.75	10.00

REFORM COINAGE

1 NEW PESO = 1000 OLD PESOS

5 CENTAVOS

KM# 546 1.58 g., Stainless Steel, 15.5mm. **Obv:**
National arms **Rev:** Large value **Edge:** Plain

Date	Mintage	VF20	XF40	MS60	MS63	MS65
1992 Mo	136,800,000	—	0.15	0.20	0.50	—
1993 Mo	234,000,000	—	0.15	0.20	0.50	—
1994 Mo	125,000,000	—	0.15	0.20	0.50	—
1995 Mo	195,000,000	—	0.15	0.20	0.50	—
1995 Mo	6,981		PF63	2.00		
1996 Mo	104,831,000	—	0.15	0.20	0.50	—
1997 Mo	153,675,000	—	0.15	0.20	0.50	—
1998 Mo	64,417,000	—	0.15	0.20	0.50	—
1999 Mo	9,949,000	—	0.20	0.75	1.00	—
2000 Mo	10,871,000	—	0.20	0.75	1.00	—
2001 Mo	34,811,000	—	0.15	0.20	0.50	—
2002 Mo	14,901,000	—	0.20	0.75	1.00	—

10 CENTAVOS

KM# 547 2.08 g., Stainless Steel, 17mm. **Obv:**
National arms, eagle left **Rev:** Large value

Date	Mintage	VF20	XF40	MS60	MS63	MS65
1992 Mo	121,250,000	—	0.20	0.25	0.60	—
1993 Mo	755,000,000	—	0.20	0.25	0.60	—
1994 Mo	557,000,000	—	0.20	0.25	0.60	—
1995 Mo	560,000,000	—	0.20	0.25	0.60	—
1995 Mo	6,981		PF63	2.00		
1996 Mo	594,216,000	—	0.20	0.25	0.60	—
1997 Mo	581,622,000	—	0.20	0.25	0.60	—
1998 Mo	602,667,000	—	0.20	0.25	0.60	—
1999 Mo	488,346,000	—	0.20	0.25	0.60	—
2000 Mo	577,546,000	—	0.20	0.30	0.75	—

Date	Mintage	VF20	XF40	MS60	MS63	MS65
2001 Mo	618,061,000	—	0.20	0.25	0.30	—
2002 Mo	463,968,000	—	0.20	0.25	0.30	—
2003 Mo	378,938,000	—	0.20	0.25	0.30	—
2004 Mo	393,705,000	—	0.20	0.25	0.30	—
2005 Mo	488,594,000	—	0.20	0.25	0.30	—
2006 Mo	473,261,000	—	0.20	0.25	0.30	—
2007 Mo	498,735,000	—	0.20	0.25	0.30	—
2008 Mo	433,951,000	—	0.20	0.25	0.30	—
2009 Mo	90,968,000	—	0.20	0.25	0.30	—

KM# 934 1.75 g., Stainless Steel, 14mm. **Obv:** National arms **Rev:** Large value **Edge:** Grooved

Date	Mintage	VF20	XF40	MS60	MS63	MS65
2009 Mo	343,772,000	—	—	0.10	0.25	—
2010 Mo	453,849,000	—	—	0.10	0.25	—
2011 Mo	463,960,000	—	—	0.10	0.25	—
2012 Mo	419,017,000	—	—	0.10	0.25	—
2013 Mo	399,143,000	—	—	0.10	0.25	—
2014 Mo	195,442,000	—	—	0.10	0.25	—
2015 Mo	202546000	—	—	0.10	0.25	—
2016 Mo	—	—	—	0.10	0.25	—

20 CENTAVOS

KM# 548 3.04 g., Aluminum-Bronze, 19.5mm. **Obv:** National arms, eagle left **Rev:** Value and date within 3/4 wreath **Shape:** 12-sided

Date	Mintage	VF20	XF40	MS60	MS63	MS65
1992 Mo	95,000,000	—	0.25	0.35	1.00	—
1993 Mo	95,000,000	—	0.25	0.35	1.00	—
1994 Mo	105,000,000	—	0.25	0.35	11.00	—
1995 Mo	180,000,000	—	0.25	0.35	1.00	—
1995 Mo	6,981		PF63 3.00			
1996 Mo	54,896,000	—	0.25	0.35	1.00	—
1997 Mo	178,807,000	—	0.25	0.35	1.00	—
1998 Mo	223,847,000	—	0.25	0.35	1.00	—
1999 Mo	233,753,000	—	0.25	0.35	1.00	—
2000 Mo	223,973,000	—	0.25	0.35	1.00	—
2001 Mo	234,360,000	—	0.25	0.35	0.40	—
2002 Mo	229,256,000	—	0.25	0.35	0.40	—
2003 Mo	149,518,000	—	0.25	0.35	0.40	—
2004 Mo	174,351,000	—	0.25	0.35	0.40	—
2005 Mo	204,426,000	—	0.25	0.35	0.40	—
2006 Mo	234,263,000	—	0.25	0.35	0.40	—
2007 Mo	234,301,000	—	0.25	0.35	0.40	—
2008 Mo	214,313,000	—	0.25	0.35	0.40	—
2009 Mo	41,167,000	—	0.25	0.35	0.40	—

50 CENTAVOS

KM# 549 4.39 g., Aluminum-Bronze, 22mm. **Obv:** National arms, eagle left **Rev:** Value and date within 1/2 designed wreath **Shape:** 12-sided

Date	Mintage	VF20	XF40	MS60	MS63	MS65
1992 Mo	120,150,000	—	0.45	0.85	1.75	—
1993 Mo	330,000,000	—	0.45	0.75	1.50	—
1994 Mo	100,000,000	—	0.45	0.75	1.50	—
1995 Mo	60,000,000	—	0.45	0.75	1.50	—
1995 Mo	6,981		PF63 5.00			
1996 Mo	69,956,000	—	0.45	0.75	1.50	—
1997 Mo	129,029,000	—	0.45	0.75	1.50	—
1998 Mo	223,605,000	—	0.45	0.75	1.50	—
1999 Mo	89,516,000	—	0.45	0.75	1.50	—
2000 Mo	135,112,000	—	0.45	0.75	1.50	—
2001 Mo	199,006,000	—	0.45	0.75	1.00	—
2002 Mo	94,552,000	—	0.45	0.75	1.00	—
2003 Mo	124,522,000	—	0.45	0.75	1.00	—
2004 Mo	154,434,000	—	0.45	0.75	1.00	—
2005 Mo	179,296,000	—	0.45	0.75	1.00	—
2006 Mo	234,142,000	—	0.45	0.75	1.00	—
2007 Mo	253,634,000	—	0.45	0.75	1.00	—
2008 Mo	249,279,000	—	0.45	0.75	1.00	—
2009 Mo	90,602,000	—	0.45	0.75	1.00	—

KM# 936 3.10 g., Stainless Steel, 17mm. **Obv:** National arms **Rev:** Value and date within wreath **Edge:** Reeded

Date	Mintage	VF20	XF40	MS60	MS63	MS65
2009 Mo	19,910,000	—	—	0.75	1.00	—
2010 Mo	114,567,000	—	—	0.75	1.00	—
2011 Mo	194,480,000	—	—	0.75	1.00	—
2012 Mo	359,183,000	—	—	0.60	0.75	—
2013 Mo	359,338,000	—	—	0.60	0.75	—
2014 Mo	316,132,000	—	—	0.50	0.60	—
2015 Mo	371,136,000	—	—	0.50	0.60	—
2016 Mo	—	—	—	0.50	0.60	—

NUEVOS PESO

KM# 550 3.95 g., Bi-Metallic Aluminum-Bronze center in Stainless Steel ring, 21mm. **Obv:** National arms, eagle left **Rev:** Value

Date	Mintage	VF20	XF40	MS60	MS63	MS65
1992 Mo	144,000,000	—	0.60	1.50	2.75	—
1993 Mo	329,860,000	—	0.60	1.50	2.75	—
1994 Mo	221,000,000	—	0.60	1.50	2.75	—
1995 Mo	125,000,000	—	0.60	1.50	2.75	—
Small date						
1995 Mo	Inc. above	—	0.60	1.50	2.75	—
Large date						
1995 Mo	6,981		PF63 6.00			

PESO

KM# 603 3.95 g., Bi-Metallic Aluminum-Bronze center in Stainless Steel ring, 21mm. **Obv:** National arms, eagle left within circle **Rev:** Value and date within circle **Note:** Similar to KM#550 but without N.

Date	Mintage	VF20	XF40	MS60	MS63	MS65
1996 Mo	169,510,000	—	—	1.25	2.25	—
1997 Mo	222,870,000	—	—	1.25	2.25	—
1998 Mo	261,942,000	—	—	1.25	2.25	—
1999 Mo	99,168,000	—	—	1.25	2.25	—
2000 Mo	158,379,000	—	—	1.25	2.25	—
2001 Mo	208,576,000	—	—	1.25	2.75	—
2002 Mo	119,514,000	—	—	1.25	2.75	—
2003 Mo	169,320,000	—	—	1.25	2.75	—
2004 Mo	208,611,000	—	—	1.25	2.75	—
2005 Mo	253,923,000	—	—	1.25	2.75	—
2006 Mo	289,834,000	—	—	1.25	2.75	—
2007 Mo	368,408,000	—	—	1.25	2.75	—
2008 Mo	363,878,000	—	—	1.25	2.75	—
2009 Mo	239,229,000	—	—	1.25	2.75	—
2010 Mo	209,313,000	—	—	0.75	1.25	—
2011 Mo	199,283,000	—	—	0.75	1.00	—
2012 Mo	383,908,000	—	—	0.75	1.00	—
2013 Mo	264,288,000	—	—	0.75	1.00	—
2014 Mo	402,812,000	—	—	0.60	0.75	—
2015 Mo	373,818,000	—	—	0.60	0.75	—
2016 Mo	—	—	—	0.60	0.75	—

2 NUEVOS PESOS

KM# 551 5.19 g., Bi-Metallic Aluminum-Bronze center in Stainless Steel ring, 23mm. **Obv:** National arms, eagle left within circle **Rev:** Value and date within circle with assorted emblems around border

Date	Mintage	VF20	XF40	MS60	MS63	MS65
1992 Mo	60,000,000	—	1.00	2.50	4.00	—
1993 Mo	77,000,000	—	1.00	2.50	4.00	—
1994 Mo	44,000,000	—	1.00	2.50	4.00	—
1995 Mo	20,000,000	—	1.00	2.50	4.00	—
1995 Mo	6,981	PF63 6.00				

2 PESOS

KM# 604 5.19 g., Bi-Metallic Aluminum-Bronze center in Stainless Steel ring, 23mm. **Obv:** National arms, eagle left within circle **Rev:** Value and date within center circle of assorted emblems **Note:** Similar to KM#551, but denomination without N.

Date	Mintage	VF20	XF40	MS60	MS63	MS65
1996 Mo	24,902,000	—	—	2.50	4.00	—
1997 Mo	34,560,000	—	—	2.50	4.00	—
1998 Mo	104,138,000	—	—	2.50	4.00	—
1999 Mo	34,713,000	—	—	2.50	4.00	—
2000 Mo	69,322,000	—	—	2.50	4.00	—
2001 Mo	74,563,000	—	—	2.35	4.00	—
2002 Mo	74,547,000	—	—	2.35	4.00	—
2003 Mo	39,814,000	—	—	2.35	4.00	—
2004 Mo	89,496,000	—	—	2.35	4.00	—

Date	Mintage	VF20	XF40	MS60	MS63	MS65
2005 Mo	94,532,000	—	—	2.35	4.00	—
2006 Mo	144,123,000	—	—	2.35	4.00	—
2007 Mo	129,422,000	—	—	2.35	4.00	—
2008 Mo	134,235,000	—	—	2.35	4.00	—
2009 Mo	64,650,000	—	—	2.35	4.00	—
2010 Mo	34,878,000	—	—	1.00	1.50	—
2011 Mo	114,522,000	—	—	1.00	1.50	—
2012 Mo	134,445,000	—	—	0.75	1.00	—
2013 Mo	104,596,000	—	—	0.75	1.00	—
2015 Mo	29,859,000	—	—	0.75	1.00	—
2016 Mo	—	—	—	0.75	1.00	—

5 NUEVOS PESOS

KM# 552 7.07 g., Bi-Metallic Aluminum-Bronze center in Stainless Steel ring, 25.5mm. **Obv:** National arms, eagle left within circle **Rev:** Value and date within circle with bow below

Date	Mintage	VF20	XF40	MS60	MS63	MS65
1992 Mo	70,000,000	—	2.00	6.00	8.50	—
1993 Mo	168,240,000	—	2.00	6.00	8.50	—
1994 Mo	58,000,000	—	2.00	6.00	8.50	—
1995 Mo	6,981	PF63 25.00				

KM# 588 27.00 g., 0.925 Silver, 0.803 oz. ASW **Subject:** Environmental Protection **Obv:** National arms, eagle left within center of past and present arms **Rev:** Pacific Ridley Sea Turtle **Series:** Ibero-America

Date	Mintage	VF20	XF40	MS60	MS63	MS65
1994 Mo	11,005	PF65 47.00				

5 PESOS

KM# 605 7.07 g., Bi-Metallic Aluminum-Bronze center in Stainless Steel ring, 25.5mm. **Obv:** National arms, eagle left within circle **Rev:** Value within circle **Note:** Similar to KM#552 but denomination without N.

Date	Mintage	VF20	XF40	MS60	MS63	MS65
1997 Mo	39,468,000	—	2.00	4.00	7.00	—

Date	Mintage	VF20	XF40	MS60	MS63	MS65
1998 Mo	103,729,000	—	2.00	4.00	7.00	—
1999 Mo	59,427,000	—	2.00	4.00	7.00	—
2000 Mo	20,869,000	—	2.00	4.50	7.00	—
2001 Mo	79,169,000	—	2.00	3.50	8.00	—
2002 Mo	34,754,000	—	2.00	3.50	6.00	—
2003 Mo	54,676,000	—	2.00	3.50	6.00	—
2004 Mo	89,518,000	—	2.00	3.50	6.00	—
2005 Mo	94,482,000	—	2.00	3.50	6.00	—
2006 Mo	89,447,000	—	2.00	3.50	6.00	—
2007 Mo	123,382,000	—	2.00	3.50	6.00	—
2008 Mo	9,939,000	—	2.50	4.00	6.00	—
2009 Mo	9,898,000	—	2.50	4.00	6.00	—
2010 Mo	6,929,000	—	2.50	3.00	3.50	—
2011 Mo	209,214,000	—	1.00	1.75	2.00	—
2012 Mo	159,398,000	—	—	1.75	2.00	—
2013 Mo	129,464,000	—	—	1.75	2.00	—
2014 Mo	105,614,000	—	—	1.25	1.50	—
2015 Mo	121,570,000	—	—	1.25	1.50	—
2016 Mo	—	—	—	1.25	1.50	—

KM# 627 31.10 g., 0.999 Silver, 0.999 oz. ASW **Subject:** World Wildlife Fund **Obv:** National arms, eagle left **Rev:** Wolf with pup

Date	Mintage	VF20	XF40	MS60	MS63	MS65
1997 Mo	—	—	—	—	—	—
1998 Mo	13,004	PF65 85.00				

KM# 629 27.00 g., 0.925 Silver, 0.803 oz. ASW 40mm. **Subject:** Jarabe Tapatio **Obv:** National arms, eagle left within center of assorted arms **Rev:** Mexican dancers **Series:** Ibero-America

Date	Mintage	VF20	XF40	MS60	MS63	MS65
1997 Mo	8,011	PF65 300				
1998 Mo	3,000	PF65 300				

KM# 630 31.18 g., 0.999 Silver, 1.0015 oz. ASW **Subject:** Millennium Series **Obv:** National arms, eagle left within center of past and present arms **Rev:** Butterfly flanked by sprigs above hands **Rev. Designer:** Francisco Ortega Romero

Date	Mintage	VF20	XF40	MS60	MS63	MS65
1999-2000 Mo	47,435	PF65 55.00				

KM# 631 31.18 g., 0.999 Silver, 1.0015 oz. ASW **Subject:** Millennium Series **Obv:** National arms, eagle left within center of past and present arms **Rev:** Stylized dove as hand of peace **Rev. Designer:** Omar Jiminez Torres

Date	Mintage	VF20	XF40	MS60	MS63	MS65
1999-2000 Mo	47,389	PF65 42.00				

KM# 632 31.18 g., 0.999 Silver, 1.0015 oz. ASW **Subject:** Millennium Series **Obv:** National arms, eagle left within center of past and present arms **Rev:** Aztec bird design and value

Date	Mintage	VF20	XF40	MS60	MS63	MS65
1999-2000 Mo	48,080	PF65 42.00				

REFORM COINAGE

KM# 635 19.60 g., 0.925 Silver, 0.5829 oz. ASW **Subject:** Millennium Series **Obv:** National arms, eagle left **Rev:** Naval training ship Cuauhtemoc sailing into world globe

Date	Mintage	VF20	XF40	MS60	MS63	MS65
1999 Mo	15,504		PF65 35.00			

KM# 640 31.10 g., 0.999 Silver, 0.999 oz. ASW 40mm. **Subject:** UNICEF **Obv:** National arms, eagle left **Rev:** Two children flying kite **Edge:** Reeded

Date	Mintage	VF20	XF40	MS60	MS63	MS65
1999 Mo	4,010		PF65 60.00			

KM# 652 31.10 g., 0.999 Silver, 0.999 oz. ASW 40mm. **Subject:** Aguila Real **Obv:** National arms, eagle left within center of past and present arms **Rev:** Golden Eagle on branch, value and date **Series:** Endangered Wildlife

Date	Mintage	VF20	XF40	MS60	MS63	MS65
2000 Mo	30,000	—	—	—	40.00	45.00

KM# 655 31.10 g., 0.999 Silver, 0.999 oz. ASW 40mm. **Subject:** Cocodrilo de Rio **Obv:** National arms, eagle left within center of past and present arms **Rev:** American Crocodile, value and date **Series:** Endangered Wildlife

Date	Mintage	VF20	XF40	MS60	MS63	MS65
2000 Mo	30,000	—	—	—	40.00	45.00

KM# 656 31.10 g., 0.999 Silver, 0.999 oz. ASW 40mm. **Subject:** Nutria de Rio **Obv:** National arms, eagle left within center of past and present arms **Rev:** Neotropical River Otter, value and date **Series:** Endangered Wildlife

Date	Mintage	VF20	XF40	MS60	MS63	MS65
2000 Mo	30,000	—	—	—	40.00	45.00

KM# 657 31.10 g., 0.999 Silver, 0.999 oz. ASW 40mm. **Subject:** Endangered Wildlife - American Antelope **Obv:** National arms, eagle left within center of past and present arms **Rev:** Peninsular Pronghorn, giant cardon cactus in back, value and date

Date	Mintage	VF20	XF40	MS60	MS63	MS65
2000 Mo	30,000	—	—	—	40.00	45.00

KM# 670 27.00 g., 0.925 Silver, 0.803 oz. ASW
40mm. **Obv:** National arms, eagle left within center
of past and present arms **Rev:** Cowboy trick riding
two horses **Series:** Ibero-American **Edge:** Reeded

Date	Mintage	VF20	XF40	MS60	MS63	MS65
2000 Mo	9,000		PF65 95.00			

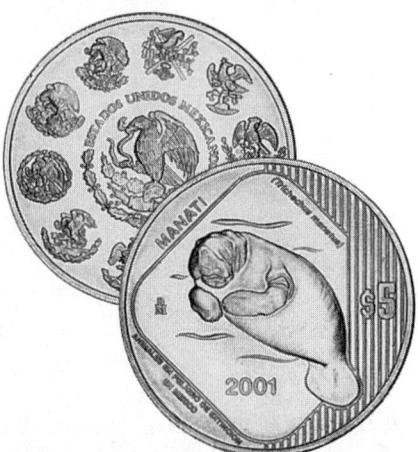

KM# 651 31.10 g., 0.999 Silver, 0.999 oz. ASW
40mm. **Subject:** Endangered Wildlife - Manatee
Obv: National arms in center of past and present
arms **Rev:** Manatee, value and date **Edge:** Reeded

Date	Mintage	VF20	XF40	MS60	MS63	MS65
2001 Mo	30,000	—	—	—	40.00	45.00

KM# 653 31.10 g., 0.999 Silver, 0.999 oz. ASW
40mm. **Subject:** Harpy Eagle (Aguila Arpia) **Obv:**
National arms in center of past and present arms
Rev: Crowned Harpy Eagle perched on branch,
value and date **Series:** Endangered Wildlife

Date	Mintage	VF20	XF40	MS60	MS63	MS65
2001 Mo	30,000	—	—	—	40.00	45.00

KM# 654 31.10 g., 0.999 Silver, 0.999 oz. ASW
40mm. **Subject:** Black Bear (Oso Negro) **Obv:**
National arms in center of past and present
arms **Rev:** Black bear, value and date **Series:**
Endangered Wildlife

Date	Mintage	VF20	XF40	MS60	MS63	MS65
2001 Mo	30,000	—	—	—	40.00	45.00

KM# 658 31.10 g., 0.999 Silver, 0.999 oz. ASW
40mm. **Subject:** Endangered Wildlife - Jaguar
Obv: National arms in center of past and present
arms **Rev:** Jaguar, value and date

Date	Mintage	VF20	XF40	MS60	MS63	MS65
2001 Mo	30,000	—	—	—	40.00	45.00

KM# 659 31.10 g., 0.999 Silver, 0.999 oz. ASW
40mm. **Subject:** Endangered Wildlife - Prairie Dog
Obv: National arms in center of past and present
arms **Rev:** Prairie dog, value and date

Date	Mintage	VF20	XF40	MS60	MS63	MS65
2001 Mo	30,000	—	—	—	40.00	45.00

KM# 660 31.10 g., 0.999 Silver, 0.999 oz. ASW 40mm. **Subject:** Endangered Wildlife - Volcano Rabbit **Obv:** National arms in center of past and present arms **Rev:** Volcano rabbit, value and date

Date	Mintage	VF20	XF40	MS60	MS63	MS65
2001 Mo	30,000	—	—	—	40.00	45.00

KM# 678 27.00 g., 0.925 Silver, 0.803 oz. ASW 40mm. **Subject:** Acapulco Galleon **Obv:** National arms in center of past and present arms **Rev:** Spanish galleon with Pacific Ocean background and trading scene in foreground **Series:** Ibero-America **Edge:** Reeded

Date	Mintage	VF20	XF40	MS60	MS63	MS65
2003 Mo	17,015		PF65 55.00			

KM# 765 31.10 g., 0.925 Silver, 0.925 oz. ASW 40mm. **Subject:** Palacio de Bellas Artes **Obv:** Mexican Eagle and Snake **Rev:** Palace of Fine Arts **Series:** Ibero-America **Edge:** Reeded

Date	Mintage	VF20	XF40	MS60	MS63	MS65
2005 Mo	8,005		PF65 85.00			

KM# 770 31.10 g., 0.999 Silver, 0.999 oz. ASW 40mm. **Subject:** World Cup Soccer **Obv:** Mexican Eagle and Snake **Rev:** Mayan Pelota player and soccer ball

Date	Mintage	VF20	XF40	MS60	MS63	MS65
2006 Mo	40,005		PF65 80.00			

KM# 805 31.11 g., 0.925 Silver, 0.925 oz. ASW 40mm. **Obv:** Eagle on cactus within shields **Rev:** Mayan ball game **Series:** Ibero-America

Date	Mintage	VF20	XF40	MS60	MS63	MS65
2008 Mo	8,013		PF65 75.00			

KM# 894 7.07 g., Bi-Metallic Aluminum-bronze center in stainless steel ring, 25.5mm. **Subject:** Ignacio Rayon **Obv:** National Arms - Eagle left **Rev:** Ignacio Rayon bust left **Series:** Mexican Independence, 200th Anniversary

Date	Mintage	VF20	XF40	MS60	MS63
2008 Mo	9,934,397	—	0.75	1.50	—
2008 Mo Prooflike	4,267	—	—	—	7.50

KM# 895 7.07 g., Bi-Metallic Aluminum-bronze center in stainless steel ring, 25.5mm. **Subject:** Alvaro Obregon **Obv:** National Arms - Eagle left **Rev:** Alvaro Obregon bust 3/4 facing left **Series:** Mexican Revolution 100th Anniversary

Date	Mintage	VF20	XF40	MS60	MS63
2008 Mo	9,948,722	—	0.75	1.50	—
2008 Mo Prooflike	4,727	—	—	—	7.50

KM# 896 7.07 g., Bi-Metallic Aluninum-bronze center in stainless steel ring, 25.5mm. **Subject:** Carlos Maria de Bustamante **Obv:** National Arms - Eagle left **Rev:** Carlos Maria de Bustamante bust left **Series:** Mexican Independence 200th Anniversary

Date	Mintage	VF20	XF40	MS60	MS63
2008 Mo	9,941,302	—	0.75	1.50	—

Date	Mintage	VF20	XF40	MS60	MS63
2008 Mo Prooflike	4,852	—	—	—	7.50

KM# 897 7.07 g., Bi-Metallic Aluminum-bronze center in stainless steel ring, 25.5mm. **Subject:** Jose Vasconcelos **Obv:** National Arms - Eagle left **Rev:** Jose Vasconcelos bust left **Series:** Mexican Revolution 100th Anniversary

Date	Mintage	VF20	XF40	MS60	MS63
2008 Mo	9,939,839	—	0.75	1.50	—
2008 Mo Prooflike	4,767	—	—	—	7.50

KM# 898 7.07 g., Bi-Metallic Aluminum-bronze center in stainless steel ring, 25.5mm. **Subject:** Francisco Xavier Mina **Obv:** National Arms - Eagle left **Rev:** Francisco Mina bust 3/4 facing left **Series:** Mexican Independence 200th Anniversary

Date	Mintage	VF20	XF40	MS60	MS63
2008 Mo	9,914,938	—	0.75	1.50	—
2008 Mo Prooflike	4,523	—	—	—	7.50

KM# 899 7.07 g., Bi-Metallic Aluminum-bronze center in stainless steel ring, 25.5mm. **Subject:** Francisco Villa **Obv:** National Arms - Eagle left **Rev:** Francisco Villa on horseback left **Series:** Mexican Revolution 100th Anniversary

Date	Mintage	VF20	XF40	MS60	MS63
2008 Mo	9,917,084	—	0.75	1.50	—
2008 Mo Prooflike	4,866	—	—	—	7.50

KM# 900.1 7.07 g., Bi-Metallic Aluminum-Bronze center in Stainless Steel ring, 25.5mm. **Subject:** Francisco Primo de Verdad y Ramos **Obv:** National Arms - Eagle left **Rev:** Francisco Primode Verdad y Ramos bust right **Series:** Mexican Independence 200th Anniversary **Note:** Pellets at 4 and 7 o'clock in legend.

Date	Mintage	VF20	XF40	MS60	MS63
2008 Mo	9,937,000	—	0.75	1.50	—

Date	Mintage	VF20	XF40	MS60	MS63
2008 Mo Prooflike	4,279	—	—	—	7.50

KM# 900.2 7.07 g., Bi-Metallic Aluminum-Bronze center in Stainless Steel ring, 25.5mm. **Subject:** Francisco Primode Verdad y Ramos **Obv:** National arms - Eagle left **Rev:** Francisco Primode Verdad y Ramos bust right **Series:** Mexican Independence 200th Anniversary **Note:** No pellets at 4 and 7 o'clock in legend.

Date	Mintage	VF20	XF40	MS60	MS63
2008 Mo	Inc. above	—	—	10.00	15.00

KM# 901 7.07 g., Bi-Metallic Aluminum-Bronze center in Stainless Steel ring, 25.5mm. **Subject:** Heriberto Jara **Obv:** National Arms - Eagle left **Rev:** Heriberto Jara bust 3/4 left **Series:** Mexican Revolution 100th Anniversary

Date	Mintage	VF20	XF40	MS60	MS63
2008 Mo	9,936,333	—	0.75	1.50	—
2008 Mo Prooflike	4,870	—	—	—	7.50

KM# 902 7.07 g., Bi-Metallic Aluminum-Bronze center in Stainless Steel ring, 25.5mm. **Subject:** Mariano Matamoros **Obv:** National Arms - Eagle left **Rev:** Mariano Matamoros bust 3/4 facing right **Series:** Mexican Independence 200th Anniversary

Date	Mintage	VF20	XF40	MS60	MS63
2008 Mo	9,947,802	—	0.75	1.50	—
2008 Mo Prooflike	4,820	—	—	—	7.50

KM# 903 7.07 g., Bi-Metallic Aluminum-Bronze center in Stainless Steel ring, 25.5mm. **Subject:** Ricardo Magon **Obv:** National Arms - Eagle left **Rev:** Ricardo Magon bust right **Series:** Mexican Revolution 100th Anniversary

Date	Mintage	VF20	XF40	MS60	MS63
2008 Mo	9,940,278	—	0.75	1.50	—
2008 Mo Prooflike	4,690	—	—	—	7.50

KM# 904 7.07 g., Bi-Metallic Aluminum-Bronze center in Stainless Steel ring, 25.5mm. **Subject:** Miguel Ramos Arizpe **Obv:** National Arms - Eagle left **Rev:** Miguel Ramos Arizpe bust right **Series:** Mexican Independence 200th Anniversary

Date	Mintage	VF20	XF40	MS60	MS63
2008 Mo	9,927,433	—	0.75	1.50	—
2008 Mo Prooflike	4,863	—	—	—	7.50

KM# 905 7.07 g., Bi-Metallic Aluminum-Bronze center in Stainless Steel ring, 25.5mm. **Subject:** Francisco J. Mugica **Obv:** National arms, eagle left **Rev:** Francisco J. Mugica bust 3/4 facing left **Series:** Mexican Revolution 100th Anniversary

Date	Mintage	VF20	XF40	MS60	MS63
2008 Mo	9,926,537	—	0.75	1.50	—
2008 Mo Prooflike	4,588	—	—	—	7.50

KM# 906 7.07 g., Bi-Metallic Aluminum-Bronze center in Stainless Steel ring, 25.5mm. **Subject:** Hermenegildo Galeana **Obv:** National Arms, eagle left **Rev:** Hermenegildo Galeana bust 3/4 facing left **Series:** Mexican Independence 200th Anniversary

Date	Mintage	VF20	XF40	MS60	MS63
2008 Mo	9,935,901	—	0.75	1.50	—
2008 Mo Prooflike	4,966	—	—	—	7.50

KM# 907 7.07 g., Bi-Metallic Aluminum-Bronze center in Stainless Steel ring, 25.5mm. **Subject:** Filomeno Mata **Obv:** National arms, eagle left **Rev:** Filomeno Mata bust facing left **Series:** Mexican Revolution, 100th Anniversary

Date	Mintage	VF20	XF40	MS60	MS63
2009 Mo	9,935,689	—	0.75	1.50	—
2009 Mo Prooflike	4,920	—	—	—	7.50

KM# 908 7.07 g., Bi-Metallic Aluminum-Bronze cetner in Stainless Steel ring, 25.5mm. **Subject:** Jose Maria Cos **Obv:** National arms, eagle left. **Rev:** Jose Maria Cos bust right **Series:** Mexican Independence 200th Anniversary

Date	Mintage	VF20	XF40	MS60	MS63
2009 Mo	9,935,040	—	0.75	1.50	—
2009 Mo Prooflike	4,950	—	—	—	7.50

KM# 909 7.07 g., Bi-Metallic Aluminum-Bronze center in Stainless Steel ring, 25.5mm. **Subject:** Carmen Serdan **Obv:** National arms, Eagle left **Rev:** Carmen Serdan bust facing slightly right **Series:** Mexican Revolution 100th Anniversary

Date	Mintage	VF20	XF40	MS60	MS63
2009 Mo	7,160,841	—	0.75	1.50	—
2009 Mo Prooflike	4,787	—	—	—	7.50

KM# 910 7.07 g., Bi-Metallic Aluminum-Bronze center in Stainless Steel ring, 25.5mm. **Subject:** Pedro Moreno **Obv:** National arms, eagle left **Rev:** Pedro Moreno bust 3/4 right **Series:** Mexican Independence, 200th Anniversary

Date	Mintage	VF20	XF40	MS60	MS63
2009 Mo	6,942,480	—	0.75	1.50	—
2009 Mo Prooflike	4,940	—	—	—	7.50

KM# 911 7.07 g., Bi-Metallic Aluminum-Bronze center in Stainless Steel ring, 25.5mm. **Subject:** Andres Molina Enriquez **Obv:** National arms, eagle left **Rev:** Andres Molina Enriquez, bust 3/4 right **Series:** Mexican Revolution 100th Anniversary

Date	Mintage	VF20	XF40	MS60	MS63
2009 Mo	6,942,763	—	0.75	1.50	—
2009 Mo Prooflike	4,666	—	—	—	7.50

KM# 912 7.07 g., Bi-Metallic Aluminum-Bronze center in Stainless Steel ring, 25.5mm. **Subject:** Agustin de Iturbide **Obv:** National arms, eagle left **Rev:** Agustin de Iturbide bust left **Series:** Mexican Independence, 200th Anniversary

Date	Mintage	VF20	XF40	MS60	MS63
2009 Mo	6,944,222	—	0.75	1.50	—
2009 Mo Prooflike	4,838	—	—	—	7.50

KM# 913 7.07 g., Bi-Metallic Aluminumn-Bronze center in Stainless Steel ring, 25.5mm. **Subject:** Luis Cabrera **Obv:** National Arms, eagle left **Rev:** Luis Cabrera bust 3/4 facing left **Series:** Mexican Revolution 100th Anniversary

Date	Mintage	VF20	XF40	MS60	MS63
2009 Mo	6,902,593	—	0.75	1.50	—
2009 Mo Prooflike	4,656	—	—	—	7.50

KM# 914 7.07 g., Bi-Metallic Aluminum-Bronze center Stainless Steel ring, 25.5mm. **Subject:** Nicolas Bravo **Obv:** National Arms, Eagle left **Rev:** Nicolas Bravo bust 3/4 facing left **Series:** Mexican Independence 200th Anniversary

Date	Mintage	VF20	XF40	MS60	MS63
2009 Mo	6,930,174	—	0.75	0.50	—
2009 Mo Prooflike	4,780	—	—	—	7.50

KM# 915 7.07 g., Bi-Metallic Aluminum-bronze center in Stainless steel ring, 25.5mm. **Subject:** Eulalio Gutierrez **Obv:** National Arms, eagle left **Rev:** Eulalio Gutierrez bust 3/4 right **Series:** Mexican Revolution 100th Anniversary

Date	Mintage	VF20	XF40	MS60	MS63
2009 Mo	6,908,760	—	0.75	1.50	—
2009 Mo Prooflike	4,862	—	—	—	7.50

KM# 916 7.07 g., Bi-Metallic Aluminum-Bronze center in Stainless Steel ring, 25.5mm. **Subject:** Servando Teresa de Mier **Obv:** National Arms, eagle left **Rev:** Servando Teresa de Mier bust left **Series:** Mexican Independence 200th Anniversary

Date	Mintage	VF20	XF40	MS60	MS63
2009 Mo	6,937,421	—	0.75	1.50	—
2009 Mo Prooflike	4,675	—	—	—	7.50

KM# 917 7.07 g., Bi-Metallic Aluminum-Bronze center in Stainless Steel ring, 25.5mm. **Subject:** Otilio Montano **Obv:** National Arms, eagle left **Rev:** Otilio Montano bust left **Series:** Mexican Revolution 100th Anniversary

Date	Mintage	VF20	XF40	MS60	MS63
2009 Mo	6,890,052	—	0.75	1.50	—
2009 Mo Prooflike	4,923	—	—	—	7.50

KM# 918 7.07 g., Bi-Metallic Aluminum-Bronze center in Stainless Steel ring, 25.5mm. **Subject:** Belisario Dominguez **Obv:** National Arms, eagle left **Rev:** Belisario Dominguez bust 3/4 left **Series:** Mexican Revolution 100th Anniversary

Date	Mintage	VF20	XF40	MS60	MS63
2009 Mo	6,926,606	—	0.75	1.50	—
2009 Mo Prooflike	4,773	—	—	—	7.50

KM# 919 7.07 g., Bi-Metallic Aluminum-Bronze center in Stainless Steel ring, 25.5mm. **Subject:** Leona Vicario **Obv:** National Arms, eagle left **Rev:** Leona Vicario bust left **Series:** Mexican Independence 200th Anniversary

Date	Mintage	VF20	XF40	MS60	MS63
2009 Mo	6,937,872	—	0.75	1.50	—
2009 Mo Prooflike	4,730	—	—	—	7.50

KM# 920 7.07 g., Bi-Metallic Aluminum-Bronze center in Stainless Steel ring, 25.5mm. **Subject:** Miguel Hidalgo y Costilla **Obv:** National Arms, eagle left **Rev:** Miguel Hidalgo y Costilla bust **Series:** Mexican Independence 200th Anniversary

Date	Mintage	VF20	XF40	MS60	MS63
2010 Mo	6,932,486	—	0.75	1.50	—
2010 Mo Prooflike	4,763	—	—	—	7.50

KM# 926 7.07 g., Bi-Metallic Aluminum-Bronze center in Stainless Steel ring, 25.5mm. **Subject:** Venustiano Carranza **Rev:** Venustiano Carranza head 1/4 facing left **Series:** Mexican Revolution 100th Anniversary

Date	Mintage	VF20	XF40	MS60	MS63
2010 Mo	6,936,993	—	0.75	1.50	—
2010 Mo Prooflike	4,837	—	—	—	7.50

KM# 962 27.00 g., 0.925 Silver, 0.803 oz. ASW 40mm. **Obv:** National arms within circle of other national arms **Rev:** Horse Peso **Series:** Ibero-American Series

Date	Mintage	VF20	XF40	MS60	MS63	MS65
2011 Mo	8,000		PF65 80.00			

KM# 977 27.00 g., 0.925 Silver, 0.803 oz. ASW 40mm. **Subject:** 20th Anniversary of Ibero-American Coin Series **Obv:** Old national arms (eagle and snake facing right) **Rev:** Maps of America and Europe, Columbus' ships on water **Edge:** Reeded

Date	Mintage	VF20	XF40	MS60	MS63	MS65
2012	2,000		PF63 80.00			

10 NUEVOS PESOS

KM# 553 11.18 g., Bi-Metallic 0.925 Silver center, .1667 oz. ASW within Aluminum-Bronze ring, 28mm. **Obv:** National arms **Rev:** Assorted shields within circle **Obv. Legend:** Estados Unidos Mexicanos **Edge:** Grooved

Date	Mintage	VF20	XF40	MS60	MS63	MS65
1992 Mo	20,000,000	—	7.00	10.00	14.00	—
1993 Mo	47,981,000	—	7.00	10.00	14.00	—
1994 Mo	15,000,000	—	7.00	10.00	14.00	—
1995 Mo	6,981		PF63 20.00			
1995 Mo	15,000,000	—	7.00	10.00	14.00	—

10 PESOS

KM# 616 10.33 g., Bi-Metallic Copper-Nickel-Zinc center in Aluminum-Bronze ring, 28mm. **Obv:** National arms **Rev:** Aztec design of Tonatiuh with the Fire Mask **Obv. Legend:** ESTADOS UNIDOS MEXICANOS

Date	Mintage	VF20	XF40	MS60	MS63	MS65
1997 Mo	44,837,000	—	2.50	4.00	8.00	—
1998 Mo	203,735,000	—	2.50	4.00	8.00	—
1999 Mo	29,842,000	—	2.50	4.00	8.00	—
2002 Mo	44,721,000	—	2.50	4.00	8.00	—
2004 Mo	74,739,000	—	2.50	4.00	8.00	—
2005 Mo	64,616,000	—	2.50	4.00	8.00	—
2006 Mo	84,575,000	—	2.50	4.00	8.00	—
2007 Mo	89,678,000	—	2.50	4.00	8.00	—
2008 Mo	64,744,000	—	2.50	4.00	8.00	—
2009 Mo	54,812,000	—	2.00	3.00	6.00	—
2010 Mo	54,822,000	—	2.00	3.00	6.00	—
2011 Mo	69,731,000	—	—	3.00	6.00	—
2012 Mo	89,732,000	—	—	3.00	6.00	—
2013 Mo	44,769,000	—	—	2.50	3.00	—
2014 Mo	99,962,000	—	—	2.00	2.50	—
2015 Mo	157,406,000	—	—	1.75	2.00	—
2016 Mo	—	—	—	1.75	2.00	—

KM# 633 62.03 g., 0.999 Silver, 1.9923 oz. ASW **Subject:** Millennium Series **Obv:** National arms, eagle left within center of past and present arms **Rev:** Ancient and modern buildings within circle

Date	Mintage	VF20	XF40	MS60	MS63	MS65
1999-2000 Mo	47,641		PF65 80.00			

KM# 636 10.33 g., Bi-Metallic Copper-Nickel-Zinc center in Aluminum-Bronze ring, 28mm. **Obv:** National arms **Rev:** Aztec carving **Series:** Millennium **Obv. Legend:** ESTADOS UNIDOS MEXICANOS **Edge Lettering:** ANO (year) repeated 3 times

Date	Mintage	VF20	XF40	MS60	MS63	MS65
2000 Mo	24,839,000	—	3.50	4.50	8.50	—
2001 Mo	44,768,000	—	3.00	4.00	8.00	—

KM# 679 31.10 g., 0.999 Silver, 0.999 oz. ASW 39.9mm. **Subject:** 180th Anniversary of Federation **Obv:** National arms **Rev:** State Arms **Series:** First **Obv. Legend:** ESTADOS UNIDOS MEXICANOS **Rev. Legend:** ESTADO DE ZACATECAS **Edge:** Reeded

Date	Mintage	VF20	XF40	MS60	MS63	MS65
2003 Mo	10,000		PF65 65.00			

KM# 680 31.10 g., 0.999 Silver, 0.999 oz. ASW 39.9mm. **Subject:** 180th Anniversary of Federation **Obv:** National arms **Rev:** State arms **Series:** First **Obv. Legend:** ESTADO UNIDOS MEXICANOS **Rev. Legend:** ESTADO DE YUCATÁN **Edge:** Reeded

Date	Mintage	VF20	XF40	MS60	MS63	MS65
2003 Mo	10,000		PF65 55.00			

KM# 681 31.10 g., 0.999 Silver, 0.999 oz. ASW 39.9mm. **Subject:** 180th Anniversary of Federation **Obv:** National arms **Rev:** State arms **Series:** First **Obv. Legend:** ESTADOS UNIDOS MEXICANOS **Rev. Legend:** ESTADO DE VERACRUZ-LLAVE **Edge:** Reeded

Date	Mintage	VF20	XF40	MS60	MS63	MS65
2003 Mo	10,000		PF65 55.00			

KM# 682 31.10 g., 0.999 Silver, 0.999 oz. ASW 39.9mm. **Subject:** 180th Anniversary of Frederation **Obv:** National arms **Rev:** State arms **Series:** First **Obv. Legend:** ESTADOS UNIDOS MEXICANOS **Rev. Legend:** ESTADO DE TLAXCALA **Edge:** Reeded

Date	Mintage	VF20	XF40	MS60	MS63	MS65
2003 Mo	10,000		PF65 55.00			

KM# 683 31.10 g., 0.999 Silver, 0.999 oz. ASW 39.9mm. **Subject:** 180th Anniversary of Federation **Obv:** National arms **Rev:** State arms **Series:** First **Obv. Legend:** ESTADOS UNIDOS MEXICANOS **Rev. Legend:** ESTADO DE TAMAULIPAS **Edge:** Reeded

Date	Mintage	VF20	XF40	MS60	MS63	MS65
2004 Mo	10,000		PF65 55.00			

KM# 684 31.10 g., 0.999 Silver, 0.999 oz. ASW 39.9mm. **Subject:** 180th Anniversary of Federation **Obv:** National arms **Rev:** State arms **Series:** First **Obv. Legend:** ESTADOS UNIDOS DE MEXICANOS **Rev. Legend:** ESTADO DE TABASCO **Edge:** Reeded

Date	Mintage	VF20	XF40	MS60	MS63	MS65
2004 Mo	10,000		PF65 55.00			

KM# 685 31.10 g., 0.999 Silver, 0.999 oz. ASW 39.9mm. **Subject:** 180th Anniversary of Federation **Obv:** National arms **Rev:** State arms **Series:** First **Obv. Legend:** ESTADOS UNIDOS MEXICANOS **Rev. Legend:** ESTADO DE SONORA **Edge:** Reeded **Note:** Mexican States: Sonora

Date	Mintage	VF20	XF40	MS60	MS63	MS65
2004 Mo	10,000		PF65 55.00			

KM# 686 31.10 g., 0.999 Silver, 0.999 oz. ASW 39.9mm. **Subject:** 180th Anniversary of Federation **Obv:** National arms **Rev:** State arms **Series:** First **Obv. Legend:** ESTADOS UNIDOS DE MEXICANOS **Rev. Legend:** ESTADO DE SINALOA **Edge:** Reeded **Note:** Mexican States: Sinaloa

Date	Mintage	VF20	XF40	MS60	MS63	MS65
2004 Mo	10,000		PF65 55.00			

KM# 687 31.10 g., 0.999 Silver, 0.999 oz. ASW 39.9mm. **Subject:** 180th Anniversary of Federation **Obv:** National arms **Rev:** State arms **Series:** First **Obv. Legend:** ESTADOS UNIDOS MEXICANOS **Rev. Legend:** ESTADO DE SAN LUIS POTOSÍ **Edge:** Reeded

Date	Mintage	VF20	XF40	MS60	MS63	MS65
2004 Mo	10,000		PF65 55.00			

KM# 733 31.10 g., 0.999 Silver, 0.999 oz. ASW 39.9mm. **Subject:** 180th Anniversary of Federation **Obv:** National arms **Rev:** State arms **Series:** First **Obv. Legend:** ESTADOS UNIDOS MEXICANOS **Rev. Legend:** ESTADO DE QUERÉTARO ARTEAGA **Edge:** Reeded

Date	Mintage	VF20	XF40	MS60	MS63	MS65
2004 Mo	10,000		PF65 55.00			

KM# 735 31.10 g., 0.999 Silver, 0.999 oz. ASW 39.9mm. **Subject:** 180th Anniversary of Federation **Obv:** National arms **Rev:** State arms **Series:** First **Obv. Legend:** ESTADOS UNIDOS MEXICANOS **Rev. Legend:** ESTADO DE QUINTANA ROO

Date	Mintage	VF20	XF40	MS60	MS63	MS65
2004 Mo	10,000		PF65 55.00			

ESTADOS UNIDOS

KM# 737 31.10 g., 0.999 Silver, 0.999 oz. ASW 39.9mm. **Subject:** 180th Anniversary of Federation **Obv:** National arms **Rev:** State arms **Series:** First **Obv. Legend:** ESTADOS UNIDOS MEXICANOS **Rev. Legend:** ESTADO DE PUEBLA **Edge:** Reeded

Date	Mintage	VF20	XF40	MS60	MS63	MS65
2004 Mo	10,000		PF65 55.00			

KM# 739 31.10 g., 0.999 Bi-Metallic, 0.999 oz. 39.9mm. **Subject:** 180th Anniversary of Federation **Obv:** National arms **Rev:** State arms **Series:** First **Obv. Legend:** ESTADOS UNIDOS MEXICANOS **Rev. Legend:** ESTADO DE OAXACA **Edge:** Reeded

Date	Mintage	VF20	XF40	MS60	MS63	MS65
2004 Mo	10,000		PF65 55.00			

KM# 741 31.10 g., 0.999 Silver, 0.999 oz. ASW 39.9mm. **Subject:** 180th Anniversary of Federation **Obv:** National arms **Rev:** State arms **Series:** First **Obv. Legend:** ESTADOS UNIDOS MEXICANOS **Rev. Legend:** ESTADO DE NUEVO LEÓN **Edge:** Reeded

Date	Mintage	VF20	XF40	MS60	MS63	MS65
2004 Mo	10,000		PF65 55.00			

KM# 743 31.10 g., 0.999 Silver, 0.999 oz. ASW 39.9mm. **Subject:** 180th Anniversary of Federation **Obv:** National arms **Rev:** State arms **Series:** First **Obv. Legend:** ESTADOS UNIDOS MEXICANOS **Rev. Legend:** ESTADO DE NAYARIT **Edge:** Reeded

Date	Mintage	VF20	XF40	MS60	MS63	MS65
2004 Mo	10,000		PF65 55.00			

KM# 745 31.10 g., 0.999 Silver, 0.999 oz. ASW 39.9mm. **Subject:** 180th Anniversary of Federation **Obv:** National arms **Rev:** State arms **Series:** First **Obv. Legend:** ESTADOS UNIDOS MEXICANOS **Rev. Legend:** ESTADO DE MORELOS **Edge:** Reeded

Date	Mintage	VF20	XF40	MS60	MS63	MS65
2004 Mo	10,000		PF65 55.00			

KM# 747 31.10 g., 0.999 Silver, 0.999 oz. ASW 39.9mm. **Subject:** 180th Anniversary of Federation **Obv:** National arms **Rev:** State arms **Series:** First **Obv. Legend:** ESTADOS UNIDOS MEXICANOS **Rev. Legend:** ESTADO DE MÉXICO **Edge:** Reeded

Date	Mintage	VF20	XF40	MS60	MS63	MS65
2004 Mo	10,000		PF65 55.00			

KM# 749 31.10 g., 0.999 Silver, 0.999 oz. ASW
39.9mm. **Subject:** 180th Anniversary of Federation
Obv: National arms **Rev:** State arms **Series:** First
Obv. Legend: ESTADOS UNIDOS MEXICANOS
Rev. Legend: ESTADO DE JALISCO **Edge:**
Reeded

Date	Mintage	VF20	XF40	MS60	MS63	MS65
2004 Mo	10,000		PF65 55.00			

KM# 796 31.10 g., 0.999 Silver, 0.999 oz. ASW
39.9mm. **Subject:** 180th Anniversary of Federation
Obv: National arms **Rev:** State arms **Series:** First
Obv. Legend: ESTADOS UNIDOS MEXICANOS
Rev. Legend: ESTADO DE MICHOACÁN DE
OCAMPO **Edge:** Reeded

Date	Mintage	VF20	XF40	MS60	MS63	MS65
2004 Mo	10,000		PF65 55.00			

KM# 961 31.10 g., 0.999 Silver, 0.9989 oz.
ASW 40mm. **Subject:** National University, 75th
Anniversary

Date	Mintage	VF20	XF40	MS60	MS63	MS65
2004	—		PF65 100			

KM# 706 31.10 g., 0.999 Silver, 0.999 oz. ASW
39.9mm. **Subject:** 180th Anniversary of Federation
Obv: National arms **Rev:** State arms **Series:** First
Obv. Legend: ESTADOS UNIDOS MEXICANOS
Rev. Legend: ESTADO DE CHIAPAS **Edge:**
Reeded

Date	Mintage	VF20	XF40	MS60	MS63	MS65
2005 Mo	10,000		PF65 55.00			

KM# 707 31.10 g., 0.999 Silver, 0.999 oz. ASW
39.9mm. **Subject:** 180th Anniversary of Federation
Obv: National arms **Rev:** Federal District arms
Series: First **Obv. Legend:** ESTADOS UNIDOS
MEXICANOS **Rev. Legend:** DISTRITO FEDERAL
Edge: Reeded

Date	Mintage	VF20	XF40	MS60	MS63	MS65
2005 Mo	10,000		PF65 55.00			

KM# 708 31.10 g., 0.999 Silver, 0.999 oz. ASW
39.9mm. **Subject:** 180th Anniversary of Federation
Obv: National arms **Rev:** State arms **Series:** First
Obv. Legend: ESTADOS UNIDOS MEXICANOS
Rev. Legend: ESTADO DE DURANGO **Edge:**
Reeded

Date	Mintage	VF20	XF40	MS60	MS63	MS65
2005 Mo	10,000		PF65 55.00			

KM# 709 31.10 g., 0.999 Silver, 0.999 oz. ASW 39.9mm. **Subject:** 180th Anniversary of Federation **Obv:** National arms **Rev:** State arms **Series:** First **Obv. Legend:** ESTADOS UNIDOS MEXICANOS **Rev. Legend:** ESTADO DE GUANAJUATO **Edge:** Reeded

Date	Mintage	VF20	XF40	MS60	MS63	MS65
2005 Mo	10,000			PF65 55.00		

KM# 710 31.10 g., 0.999 Silver, 0.999 oz. ASW 39.9mm. **Subject:** 180th Anniversary of Federation **Obv:** National arms **Rev:** State arms **Series:** First **Obv. Legend:** ESTADOS UNIDOS MEXICANOS **Rev. Legend:** ESTADO DE GUERRERO **Edge:** Reeded

Date	Mintage	VF20	XF40	MS60	MS63	MS65
2005 Mo	10,000			PF65 55.00		

KM# 711 31.10 g., 0.999 Silver, 0.999 oz. ASW 39.9mm. **Subject:** 180th Anniversary of Federation **Obv:** National arms **Rev:** State arms **Series:** First **Obv. Legend:** ESTADOS UNIDOS MEXICANOS **Rev. Legend:** ESTADO DE HIDALGO **Edge:** Reeded

Date	Mintage	VF20	XF40	MS60	MS63	MS65
2005 Mo	10,000			PF65 55.00		

KM# 718 31.10 g., 0.999 Silver, 0.999 oz. ASW 40mm. **Obv:** National arms **Rev:** Facade of the San Marcos garden above sculpture of national emblem at left, San Antonio Temple at right **Series:** Second **Obv. Legend:** ESTADOS UNIDOS MEXICANOS **Rev. Legend:** AGUASCALIENTES **Edge:** Reeded

Date	Mintage	VF20	XF40	MS60	MS63	MS65
2005 Mo	6,000			PF65 60.00		

KM# 720 31.10 g., 0.999 Silver, 0.999 oz. ASW 39.9mm. **Subject:** 180th Anniversary of Federation **Obv:** National arms **Rev:** State arms **Series:** First **Obv. Legend:** ESTADOS UNIDOS MEXICANOS **Rev. Legend:** ESTADO DE AGUASCALIENTES **Edge:** Reeded

Date	Mintage	VF20	XF40	MS60	MS63	MS65
2005 Mo	10,000			PF65 55.00		

KM# 722 31.10 g., 0.999 Silver, 0.999 oz. ASW 39.9mm. **Subject:** 180th Anniversary of Federation **Obv:** National arms **Rev:** State arms **Series:** First **Obv. Legend:** ESTADOS UNIDOS MEXICANOS **Rev. Legend:** ESTADO DE BAJA CALIFORNIA **Edge:** Reeded

Date	Mintage	VF20	XF40	MS60	MS63	MS65
2005 Mo	10,000			PF65 55.00		

KM# 724 31.10 g., 0.999 Silver, 0.999 oz. ASW 39.9mm. **Subject:** 180th Anniversary of Federation **Obv:** National arms **Rev:** State arms **Series:** First **Obv. Legend:** ESTADOS UNIDOS MEXICANOS **Rev. Legend:** ESTADO DE BAJA CALIFORNIA SUR **Edge:** Reeded

Date	Mintage	VF20	XF40	MS60	MS63	MS65
2005 Mo	10,000		PF65 55.00			

KM# 726 31.10 g., 0.999 Silver, 0.999 oz. ASW 39.9mm. **Subject:** 180th Anniversary of Federation **Obv:** National arms **Rev:** State arms **Series:** First **Obv. Legend:** ESTADOS UNIDOS MEXICANOS **Rev. Legend:** ESTADO DE CAMPECHE **Edge:** Reeded

Date	Mintage	VF20	XF40	MS60	MS63	MS65
2005 Mo	10,000		PF65 55.00			

KM# 728 31.10 g., 0.999 Silver, 0.999 oz. ASW 39.9mm. **Subject:** 180th Anniversary of Federation **Obv:** National arms **Rev:** State arms **Series:** First **Obv. Legend:** ESTADOS UNIDOS MEXICANOS **Rev. Legend:** ESTADO DE COLIMA **Edge:** Reeded

Date	Mintage	VF20	XF40	MS60	MS63	MS65
2005 Mo	10,000		PF65 55.00			

KM# 751 31.10 g., 0.999 Silver, 0.999 oz. ASW 39.9mm. **Subject:** 180th Anniversary of Federation **Obv:** National arms **Rev:** State arms **Series:** First **Obv. Legend:** ESTADOS UNIDOS MEXICANOS **Rev. Legend:** ESTADO DE COAHUILA DE ZARAGOZA **Edge:** Reeded

Date	Mintage	VF20	XF40	MS60	MS63	MS65
2005 Mo	10,000		PF65 55.00			

KM# 753 31.10 g., 0.999 Silver, 0.999 oz. ASW 39.9mm. **Subject:** 180th Anniversary of Federation **Obv:** National arms **Rev:** State arms **Series:** First **Obv. Legend:** ESTADOS UNIDOS MEXICANOS **Rev. Legend:** ESTADO DE CHIHUAHUA **Edge:** Reeded

Date	Mintage	VF20	XF40	MS60	MS63	MS65
2005 Mo	10,000		PF65 55.00			

KM# 755 31.10 g., 0.999 Silver, 0.999 oz. ASW 40mm. **Obv:** National arms **Rev:** Baja California del Norte arms

Date	Mintage	VF20	XF40	MS60	MS63	MS65
2005 Mo	—		PF65 70.00			

KM# 757 31.10 g., 0.999 Silver, 0.999 oz. ASW 40mm. **Obv:** National arms **Rev:** Rams head, mountain outline in background **Series:** Second **Obv. Legend:** ESTADOS UNIDOS MEXICANOS **Rev. Legend:** BAJA CALIFORNIA - GOBIERNO DEL ESTADO **Edge:** Reeded

Date	Mintage	VF20	XF40	MS60	MS63	MS65
2005 Mo	6,000		PF65 60.00			

KM# 759 31.10 g., 0.999 Silver, 0.999 oz. ASW
40mm. **Obv:** National arms **Rev:** Jade mask
- Calakmul, Campeche **Series:** Second **Obv.**
Legend: ESTADOS UNIDOS MEXICANOS **Rev.**
Legend: ESTADO DE CAMPECHE **Edge:** Reeded

Date	Mintage	VF20	XF40	MS60	MS63	MS65
2006 Mo	6,000		PF65 60.00			

KM# 761 31.10 g., 0.999 Silver, 0.999 oz. ASW
40mm. **Obv:** National arms **Rev:** Outlined map of
peninsula at center, cave painting of deer behind,
cactus at right **Series:** Second **Obv. Legend:**
ESTADOS UNIDOS MEXICANOS **Rev. Legend:**
ESTADO DE BAJA CALIFORNIA SUR **Edge:**
Reeded

Date	Mintage	VF20	XF40	MS60	MS63	MS65
2006 Mo	6,000		PF65 60.00			

KM# 763 31.10 g., 0.999 Silver, 0.999 oz. ASW
40mm. **Obv:** National arms **Rev:** Benito Juarez
Edge: Reeded

Date	Mintage	VF20	XF40	MS60	MS63	MS65
2006 Mo	—		PF65 70.00			

KM# 772 31.10 g., 0.999 Silver, 0.999 oz. ASW
40mm. **Obv:** National arms **Rev:** Head of Pakal,
ancient Mayan king, Palenque **Series:** Second **Obv.**
Legend: ESTADOS UNIDOS MEXICANOS **Rev.**
Legend: ESTADO DE CHIAPAS - CABEZA MAYA
DEL REY PAKAL, PALENQUE **Edge:** Reeded

Date	Mintage	VF20	XF40	MS60	MS63	MS65
2006 Mo	6,000		PF65 60.00			

KM# 774 31.10 g., 0.999 Silver, 0.999 oz. ASW
40mm. **Obv:** National arms **Rev:** Angel of Liberty
Series: Second **Obv. Legend:** ESTADOS UNIDOS
MEXICANOS **Rev. Legend:** MÉXICO - ANGEL DE
LA LIBERTAD, CHIHUAHUA **Edge:** Reeded

Date	Mintage	VF20	XF40	MS60	MS63	MS65
2006 Mo	6,000		PF65 60.00			

KM# 776 31.10 g., 0.999 Silver, 0.999 oz. ASW
40mm. **Obv:** National arms **Rev:** State arms at
lower center, Nevado de Colima and Volcan de
Fuego volcanos in background **Series:** Second **Obv.**
Legend: ESTADOS UNIDOS MEXICANOS **Rev.**
Legend: Colima **Rev. Inscription:** GENEROSO
Edge: Reeded

Date	Mintage	VF20	XF40	MS60	MS63	MS65
2006 Mo	6,000		PF65 60.00			

KM# 778 31.10 g., 0.999 Silver, 0.999 oz. ASW 40mm. **Obv:** National arms **Rev:** National Palace **Series:** Second **Obv. Legend:** ESTADOS UNIDOS MEXICANOS **Rev. Legend:** DISTRITO FEDERAL - ANTIGUO AYUNTAMIENTO **Edge:** Reeded

Date	Mintage	VF20	XF40	MS60	MS63	MS65
2006 Mo	6,000		PF65 60.00			

KM# 780 31.10 g., 0.999 Silver, 0.999 oz. ASW 40mm. **Obv:** National arms **Rev:** Outlined map with turtle, mine cart above grapes at center, Friendship dam above Christ of the Nodas at left, chimneys above crucibles and bell tower of Santiago's cathedral at right **Series:** Second **Obv. Legend:** ESTADOS UNIDOS MEXICANOS **Rev. Inscription:** COAHUILA DE ZARAGOZA **Edge:** Reeded

Date	Mintage	VF20	XF40	MS60	MS63	MS65
2006 Mo	6,000		PF65 60.00			

KM# 786 31.10 g., 0.999 Silver, 0.999 oz. ASW 40mm. **Obv:** National arms **Rev:** Tree **Series:** Second **Obv. Legend:** ESTADOS UNIDOS MEXICANOS **Rev. Legend:** PRIMERA RESERVA NACIONAL FORESTAL - DURANGO **Edge:** Reeded

Date	Mintage	VF20	XF40	MS60	MS63	MS65
2006 Mo	6,000		PF65 60.00			

KM# 788 31.10 g., 0.999 Silver, 0.999 oz. ASW 40mm. **Obv:** National arms **Rev:** State arms at center, statue of Miguel Hidalgo at left, monument to Pípila at lower right **Series:** Second **Obv. Legend:** ESTADOS UNIDOS MEXICANOS **Rev. Inscription:** Guanajuato **Edge:** Reeded

Date	Mintage	VF20	XF40	MS60	MS63	MS65
2006 Mo	6,000		PF65 60.00			

KM# 790 31.10 g., 0.999 Silver, 0.999 oz. ASW 40mm. **Obv:** National arms **Rev:** Stylized portrait of Vicente Guerrero at left, church of Taxco at upper center, Acapulco's la Quebrada with diver above Christmas Eve flower and mask **Series:** Second **Obv. Legend:** ESTADOS UNIDOS MEXICANOS **Rev. Legend:** GUERRERO **Edge:** Reeded

Date	Mintage	VF20	XF40	MS60	MS63	MS65
2006 Mo	6,000		PF65 60.00			

KM# 792 31.10 g., 0.999 Silver, 0.999 oz. ASW 40mm. **Obv:** National arms **Rev:** Monument of Pachuca Hidalgo **Series:** Second **Obv. Legend:** ESTADOS UNIDOS MEXICANOS **Rev. Inscription:** RELOJ / MONUMENTAL / DE / PACHUCA / HIDALGO - La / Bella / Airosa **Edge:** Reeded

Date	Mintage	VF20	XF40	MS60	MS63	MS65
2006 Mo	6,000		PF65 60.00			

KM# 794 31.10 g., 0.999 Silver, 0.999 oz. ASW 40mm. **Obv:** National arms **Rev:** Hospicio Cabañas orphanage **Series:** Second **Obv. Legend:** ESTADOS UNIDOS MEXICANOS **Rev. Legend:** ESTADO DE JALISCCO **Edge:** Reeded

Date	Mintage	VF20	XF40	MS60	MS63	MS65
2006 Mo	6,000		PF65 60.00			

KM# 830 31.10 g., 0.999 Silver, 0.999 oz. ASW 40mm. **Obv:** National arms **Rev:** Pyramid de la Loona (Moon) **Series:** Second **Obv. Legend:** ESTADOS UNIDOS MEXICANOS **Rev. Legend:** ESTADO DE MÉXICO **Edge:** Reeded

Date	Mintage	VF20	XF40	MS60	MS63	MS65
2006 Mo	6,000		PF65 60.00			

KM# 831 31.10 g., 0.999 Silver, 0.999 oz. ASW 40mm. **Obv:** National arms **Rev:** Four Monarch butterflies **Series:** Second **Obv. Legend:** ESTADOS UNIDOS MEXICANOS **Rev. Legend:** ESTADO DE MICHOACÁN **Edge:** Reeded

Date	Mintage	VF20	XF40	MS60	MS63	MS65
2006 Mo	6,000		PF65 60.00			

KM# 832 31.10 g., 0.999 Silver, 0.999 oz. ASW 40mm. **Obv:** National arms **Rev:** 1/2 length figure of Chinelo (local dancer) at right, Palacio de Cortes in background **Series:** Second **Obv. Legend:** ESTADOS UNIDOS MEXICANOS **Rev. Inscription:** ESTADO DE / MORELOS **Edge:** Reeded

Date	Mintage	VF20	XF40	MS60	MS63	MS65
2006 Mo	6,000		PF65 60.00			

KM# 833 31.10 g., 0.999 Silver, 0.999 oz. ASW 40mm. **Obv:** National arms **Rev:** Isle de Mexcaltitlán **Series:** Second **Obv. Legend:** ESTADOS UNIDOS MEXICANOS **Rev. Legend:** ESTADO DE NAYARIT **Edge:** Reeded

Date	Mintage	VF20	XF40	MS60	MS63	MS65
2007 Mo	6,000		PF65 60.00			

KM# 834 31.10 g., 0.999 Silver, 0.999 oz. ASW 40mm. **Obv:** National arms **Rev:** Old foundry in Pargue Fundidora (public park) at right, Cerro de la Silla (Saddle Hill) in background **Series:** Second **Obv. Legend:** ESTADOS UNIDOS MEXICANOS **Rev. Legend:** ESTADO DE NUEVO LEÓN **Edge:** Reeded

Date	Mintage	VF20	XF40	MS60	MS63	MS65
2007 Mo	6,000		PF65 60.00			

KM# 835 31.10 g., 0.999 Silver, 0.999 oz. ASW 40mm. **Obv:** National arms **Rev:** Teatro Macedonio Alcala (theater) **Series:** Second **Obv. Legend:** ESTADOS UNIDOS MEXICANOS **Rev. Legend:** OAXACA **Edge:** Reeded

Date	Mintage	VF20	XF40	MS60	MS63	MS65
2007 Mo	6,000		PF65 60.00			

KM# 836 31.10 g., 0.999 Silver, 0.999 oz. ASW 40mm. **Obv:** National arms **Rev:** Talavera porcelain dish **Series:** Second **Obv. Legend:** ESTADOS UNIDOS MEXICANOS **Rev. Legend:** ESTADO DE PUEBLA **Edge:** Reeded

Date	Mintage	VF20	XF40	MS60	MS63	MS65
2007 Mo	6,000		PF65 60.00			

KM# 837 31.10 g., 0.999 Silver, 0.999 oz. ASW 40mm. **Obv:** National arms **Rev:** Mask at left, rays above state arms at center, Mayan ruins at right **Series:** Second **Obv. Legend:** ESTADOS UNIDOS MEXICANOS **Rev. Legend:** QUINTANA ROO **Edge:** Reeded

Date	Mintage	VF20	XF40	MS60	MS63	MS65
2007 Mo	6,000		PF65 60.00			

KM# 838 31.10 g., 0.999 Silver, 0.999 oz. ASW 40mm. **Obv:** National arms **Rev:** Acqueduct of Querétaro at left, church of Santa Rosa de Viterbo at right **Series:** Second **Obv. Legend:** ESTADOS UNIDOS MEXICANOS **Rev. Legend:** ESTADO DE QUERÉTARO ARTEAGA **Edge:** Reeded

Date	Mintage	VF20	XF40	MS60	MS63	MS65
2007 Mo	6,000		PF65 60.00			

KM# 839 31.10 g., Silver, 40mm. **Obv:** National arms **Rev:** Facade of Caja Real **Series:** Second **Obv. Legend:** ESTADOS UNIDOS MEXICANOS **Rev. Legend:** • SAN LUIS POTOSÍ • **Edge:** Reeded

Date	Mintage	VF20	XF40	MS60	MS63	MS65
2007 Mo	6,000		PF65 60.00			

KM# 840 31.10 g., 0.999 Silver, 0.999 oz. ASW 40mm. **Obv:** National arms **Rev:** Shield on pile of cactus fruits **Series:** Second **Obv. Legend:** ESTADOS UNIDOS MEXICANOS **Rev. Legend:** ESTADO DE SINALOA - LUGAR DE PITAHAYAS **Edge:** Reeded

Date	Mintage	VF20	XF40	MS60	MS63	MS65
2007 Mo	6,000		PF65 60.00			

ESTADOS UNIDOS

KM# 841 31.10 g., 0.999 Silver, 0.999 oz. ASW 40mm. **Obv:** National arms **Rev:** Local in Dance of the Deer at left, cactus at right, mountains in background **Series:** Second **Obv. Legend:** ESTADOS UNIDOS MEXICANOS **Rev. Legend:** ESTADO DE SONORA **Edge:** Reeded

Date	Mintage	VF20	XF40	MS60	MS63	MS65
2007 Mo	6,000		PF65 60.00			

KM# 842 31.10 g., 0.999 Silver, 0.999 oz. ASW 40mm. **Obv:** National arms **Rev:** Fuente de los Pescadores (fisherman fountain) at lower left, giant head from the Olmec-pre-Hispanic culture at right, Planetario Tabasco in background **Series:** Second **Obv. Legend:** ESTADOS UNIDOS MEXICANOS **Rev. Legend:** TABASCO **Edge:** Reeded

Date	Mintage	VF20	XF40	MS60	MS63	MS65
2007 Mo	6,000		PF65 60.00			

KM# 843 31.10 g., 0.999 Silver, 0.999 oz. ASW 40mm. **Obv:** National arms **Rev:** Ridge - Cerro Del Bernal, Gonzáles **Series:** Second **Obv. Legend:** ESTADOS UNIDOS MEXICANOS **Rev. Legend:** TAMAULIPAS **Edge:** Reeded

Date	Mintage	VF20	XF40	MS60	MS63	MS65
2007 Mo	6,000		PF65 60.00			

KM# 844 31.10 g., 0.999 Silver, 0.999 oz. ASW 40mm. **Obv:** National arms **Rev:** Basilica de Ocotlán at left, state arms above Capilla Abierta, Plaza de Toros Ranchero Aguilar below, Exconvento de San Francisco at right **Series:** Second **Obv. Legend:** ESTADOS UNIDOS MEXICANOS **Rev. Legend:** ESTADO DE TLAXCALA **Edge:** Reeded

Date	Mintage	VF20	XF40	MS60	MS63	MS65
2007 Mo	6,000		PF65 60.00			

KM# 845 31.10 g., 0.999 Silver, 0.999 oz. ASW 40mm. **Obv:** National arms **Rev:** Pyramid of El Tajín **Series:** Second **Obv. Legend:** ESTADOS UNIDOS MEXICANOS **Rev. Legend:** • VERACRUZ • - • DE IGNACIO DE LA LLAVE • **Edge:** Reeded

Date	Mintage	VF20	XF40	MS60	MS63	MS65
2007 Mo	6,000		PF65 60.00			

KM# 846 31.10 g., 0.999 Silver, 0.999 oz. ASW 40mm. **Obv:** National arms **Rev:** Stylized pyramid of Chichén-Itzá **Series:** Second **Obv. Legend:** ESTADOS UNIDOS MEXICANOS **Rev. Legend:** Castillo de Chichén Itzá **Rev. Inscription:** YUCATÁN **Edge:** Reeded

Date	Mintage	VF20	XF40	MS60	MS63	MS65
2007 Mo	6,000		PF65 60.00			

KM# 847 31.10 g., 0.999 Silver, 0.999 oz. ASW 40mm. **Obv:** National arms **Rev:** Cable car above Monumento al Minero at left, Cathedral de Zacatecas at center right **Series:** Second **Obv. Legend:** ESTADOS UNIDOS MEXICANOS **Rev. Legend:** Zacatecas **Edge:** Reeded

Date	Mintage	VF20	XF40	MS60	MS63	MS65
2007 Mo	6,000		PF65 60.00			

20 NUEVOS PESOS

KM# 561 16.92 g., Bi-Metallic 0.925 Silver (.250 oz. ASW) center within Aluminum-Bronze ring, 31.86mm. **Obv:** National arms **Rev:** Head of Hidalgo left within wreath **Obv. Legend:** ESTADOS UNIDOS MEXICANOS **Edge:** Reeded

Date	Mintage	VF20	XF40	MS60	MS63	MS65
1993 Mo	25,000,000	—	10.00	12.00	15.00	—
1994 Mo	5,000,000	—	10.00	12.00	15.00	—
1995 Mo	5,000,000	—	10.00	12.00	15.00	—

20 PESOS

KM# 641 6.22 g., 0.999 Gold, 0.1998 oz. AGW 21.9mm. **Subject:** UNICEF **Obv:** National arms, eagle left **Rev:** Child playing with lasso **Edge:** Reeded

Date	Mintage	VF20	XF40	MS60	MS63	MS65
1999 Mo	1,510		PF65 375			

KM# 637 Bi-Metallic Copper-Nickel center within Brass ring, 32mm. **Subject:** Xiuhtecuhtli **Obv:** National arms, eagle left within circle **Rev:** Aztec with torch within spiked circle

Date	Mintage	VF20	XF40	MS60	MS63	MS65
2000 Mo	14,850,000	2.50	3.50	15.00	18.50	—

Date	Mintage	VF20	XF40	MS60	MS63	MS65
2001 Mo	2,478,000	2.50	3.50	16.00	18.00	—

KM# 638 Bi-Metallic Copper-Nickel center within Brass ring, 32mm. **Subject:** Octavio Paz **Obv:** National arms, eagle left within circle **Rev:** Head 1/4 right within circle

Date	Mintage	VF20	XF40	MS60	MS63	MS65
2000 Mo	14,943,000	2.50	3.50	15.00	18.50	—
2001 Mo	2,515,000	2.50	3.50	16.00	18.50	—

KM# 704 62.40 g., 0.999 Silver, 2.0042 oz. ASW 48.1mm. **Subject:** 400th Anniversary of Don Quijote de la Manchia **Obv:** National arms **Rev:** Skeletal figure horseback with spear galloping right **Edge:** Plain

Date	Mintage	VF20	XF40	MS60	MS63	MS65
ND-2005 Mo	3,605		PF65 85.00			

KM# 767 62.40 g., 0.999 Silver, 2.0042 oz. ASW 48mm. **Subject:** 80th Anniversary - Bank of Mexico **Obv:** National arms **Rev:** 100 Peso banknote design of 1925

Date	Mintage	VF20	XF40	MS60	MS63	MS65
2005 Mo	—	—	—	—	75.00	80.00
2005 Mo	3,005		PF65 90.00			

KM# 969 15.95 g., Bi-Metallic Copper-Nickel center in Aluminum-Bronze ring, 32mm. **Subject:** Armed Forces, 100th Anniversary **Obv:** National arms **Rev:** Silhouette of soldier with a helmet **Edge:** Segmented reeding

Date	Mintage	VF20	XF40	MS60	MS63	MS65
2013 Mo	4,956,000	—	—	3.50	4.00	—

ESTADOS UNIDOS

50 NUEVOS PESOS

KM# 571 34.11 g., Bi-Metallic 0.925 Silver .500 ASW center within Brass ring, 38.87mm. **Subject:** Nino Heroes **Obv:** National arms **Rev:** Six heads facing with date at upper right, all within circle and 1/2 wreath **Obv. Legend:** ESTADOS UNIDOS MEXICANOS **Edge:** Reeded

Date	Mintage	VF20	XF40	MS60	MS63	MS65
1993 Mo	2,000,000	—	18.00	25.00	32.50	—
1994 Mo	1,500,000	—	18.00	25.00	32.50	—
1995 Mo	1,500,000	—	18.00	25.00	32.50	—

100 PESOS

KM# 688 33.94 g., Bi-Metallic .925 Silver 16.812g center in Aluminum-Bronze ring, 39.04mm. **Subject:** 180th Anniversary of Federation **Obv:** National arms **Rev:** State arms **Series:** First **Obv. Legend:** ESTADOS UNIDOS MEXICANOS **Rev. Legend:** ESTADO DE ZACATECAS **Edge:** Segmented reeding

Date	Mintage	VF20	XF40	MS60	MS63	MS65
2003 Mo	244,900	—	—	35.00	45.00	—

KM# 689 33.94 g., Bi-Metallic .925 Silver 16.812g center in Aluminum-Bronze ring, 39.04mm. **Subject:** 180th Anniversary of Federation **Obv:** National arms **Rev:** State arms **Series:** First **Obv. Legend:** ESTADOS UNIDOS MEXICANOS **Rev. Legend:** ESTADO DE YUCATÁN **Edge:** Segmented reeding

Date	Mintage	VF20	XF40	MS60	MS63	MS65
2003 Mo	235,763	—	—	35.00	45.00	—

KM# 690 33.94 g., Bi-Metallic .925 Silver 16.812g center in Aluminum-Bronze ring, 39.04mm. **Subject:** 180th Anniversary of Federation **Obv:** National arms **Rev:** State arms **Series:** First **Obv. Legend:** ESTADOS UNIDOS MEXICANOS **Rev. Legend:** ESTADO DE VERACRUZ-LLAVE **Edge:** Segmented reeding

Date	Mintage	VF20	XF40	MS60	MS63	MS65
2003 Mo	248,810	—	—	35.00	45.00	—

KM# 691 33.94 g., Bi-Metallic .925 Silver 16.812g center in Aluminum-Bronze ring, 39.9mm. **Subject:** 180th Anniversary of Federation **Obv:** National arms **Rev:** State arms **Series:** First **Obv. Legend:** ESTADOS UNIDOS MEXICANOS **Rev. Legend:** ESTADO DE TLAXCALA **Edge:** Segmented reeding

Date	Mintage	VF20	XF40	MS60	MS63	MS65
2003 Mo	248,976	—	—	30.00	35.00	—

KM# 696 29.17 g., Bi-Metallic .999 Gold 17.154g center in .999 Silver 12.015g ring, 34.5mm. **Subject:** 180th Anniversary of Federation **Obv:** National arms **Rev:** State arms **Series:** First **Obv. Legend:** ESTADOS UNIDOS MEXICANOS **Rev. Legend:** ESTADO DE ZACATECAS **Edge:** Segmented reeding

Date	Mintage	VF20	XF40	MS60	MS63	MS65
2003 Mo	1,000		PF65 1,200			

KM# 697 29.17 g., Bi-Metallic .999 Gold 17.154g center in .999 Silver 12.015g ring, 34.5mm. **Subject:** 180th Anniversary of Federation **Obv:** National arms **Rev:** State arms **Series:** First **Obv. Legend:** ESTADOS UNIDOS MEXICANOS **Rev. Legend:** ESTADO DE YUCATÁN **Edge:** Segmented reeding

Date	Mintage	VF20	XF40	MS60	MS63	MS65
2003 Mo	1,000		**PF65** 1,200			

KM# 698 29.17 g., Bi-Metallic .999 Gold 17.154g center in .999 Silver 12.015g ring, 34.5mm. **Subject:** 180th Anniversary of Federation **Obv:** National arms **Rev:** State arms **Series:** First **Obv. Legend:** ESTADOS UNIDOS MEXICANOS **Rev. Legend:** ESTADO DE VERACRUZ-LLAVE **Edge:** Segmented reeding

Date	Mintage	VF20	XF40	MS60	MS63	MS65
2003 Mo	1,000		**PF65** 1,200			

KM# 699 29.17 g., Bi-Metallic .999 Gold 17.154g center in .999 Silver 12.015g ring, 34.5mm. **Subject:** 180th Anniversary of Federation **Obv:** National arms **Rev:** State arms **Series:** First **Obv. Legend:** ESTADOS UNIDOS MEXICANOS **Rev. Legend:** ESTADO DE TLAXCALA **Edge:** Segmented reeding

Date	Mintage	VF20	XF40	MS60	MS63	MS65
2003 Mo	1,000		**PF65** 1,200			

KM# 692 33.94 g., Bi-Metallic .925 Silver 16.812g center in Aluminum-Bronze ring, 39.04mm. **Subject:** 180th Anniversay of Federation **Obv:** National arms **Rev:** State arms **Series:** First **Obv. Legend:** ESTADOS UNIDOS MEXICANOS **Rev. Legend:** ESTADO DE TAMAULIPAS **Edge:** Segmented reeding

Date	Mintage	VF20	XF40	MS60	MS63	MS65
2004 Mo	249,398	—	—	30.00	35.00	—

KM# 693 33.94 g., Bi-Metallic .925 Silver 16.812g center in Aluminum-Bronze ring, 39.04mm. **Subject:** 180th Anniversary of Federation **Obv:** National arms **Rev:** State arms **Series:** First **Obv. Legend:** ESTADOS UNIDOS MEXICANOS **Rev. Legend:** ESTADO DE TABASCO **Edge:** Segmented reeding

Date	Mintage	VF20	XF40	MS60	MS63	MS65
2004 Mo	249,318	—	—	30.00	35.00	—

KM# 694 33.94 g., Bi-Metallic .925 Silver 16.812g center in Aluminum-Bronze ring, 39.04mm. **Subject:** 180th Anniversary of Federation **Obv:** National arms **Rev:** State arms **Series:** First **Obv. Legend:** ESTADOS UNIDOS MEXICANOS **Rev. Legend:** ESTADO DE SONORA **Edge:** Segmented reeding

Date	Mintage	VF20	XF40	MS60	MS63	MS65
2004 Mo	249,300	—	—	30.00	35.00	—

KM# 695 33.94 g., Bi-Metallic .925 Silver 16.812g center in Aluminum-Bronze ring, 39.04mm. **Subject:** 180th Anniversary of Federation **Obv:** National arms **Rev:** State arms **Series:** First **Obv. Legend:** ESTADOS UNIDOS MEXICANOS **Rev. Legend:** ESTADO DE SINALOA **Edge:** Segmented reeding

Date	Mintage	VF20	XF40	MS60	MS63	MS65
2004 Mo	244,722	—	—	30.00	35.00	—

KM# 700 29.17 g., Bi-Metallic .999 Gold 17.154g center in .999 Silver 12.015g ring, 34.5mm. **Subject:** 180th Anniversary of Federation **Obv:** National arms **Rev:** State arms **Series:** First **Obv. Legend:** ESTADOS UNIDOS MEXICANOS **Rev. Legend:** ESTADO DE TAMAULIPAS **Edge:** Segmented reeding

Date	Mintage	VF20	XF40	MS60	MS63	MS65
2004 Mo	1,000		**PF65** 1,200			

ESTADOS UNIDOS

KM# 701 29.17 g., Bi-Metallic .999 Gold 17.154g center in .999 Silver 12.015g ring, 34.5mm. **Subject:** 180th Anniversary of Federation **Obv:** National arms **Rev:** State arms **Series:** First **Obv. Legend:** ESTADOS UNIDOS MEXICANOS **Rev. Legend:** ESTADO DE TABASCO **Edge:** Segmented reeding

Date	Mintage	VF20	XF40	MS60	MS63	MS65
2004 Mo	1,000		PF65 1,200			

KM# 702 29.17 g., Bi-Metallic .999 Gold 17.154g center in .999 Silver 12.015g ring, 34.5mm. **Subject:** 180th Anniversary of Federation **Obv:** National arms **Rev:** State arms **Series:** First **Obv. Legend:** ESTADOS UNIDOS MEXICANOS **Rev. Legend:** ESTADO DE SONORA **Edge:** Segmented reeding

Date	Mintage	VF20	XF40	MS60	MS63	MS65
2004 Mo	1,000		PF65 1,200			

KM# 703 29.17 g., Bi-Metallic .999 Gold 17.154g center in .999 Silver 12.015g ring, 34.5mm. **Subject:** 180th Anniversary of Federation **Obv:** National arms **Rev:** State arms **Series:** First **Obv. Legend:** ESTADOS UNIDOS MEXICANOS **Rev. Legend:** ESTADO DE SINALOA **Edge:** Segmented reeding

Date	Mintage	VF20	XF40	MS60	MS63	MS65
2004 Mo	1,000		PF65 1,200			

KM# 734 33.94 g., Bi-Metallic .925 Silver 16.812g center in Aluminum-Bronze ring, 39.04mm. **Subject:** 180th Anniversary of Federation **Obv:** National arms **Rev:** State arms **Series:** First **Obv. Legend:** ESTADOS UNIDOS MEXICANOS **Rev. Legend:** ESTADO DE QUERÉTARO ARTEAGA **Edge:** Segmented reeding

Date	Mintage	VF20	XF40	MS60	MS63	MS65
2004 Mo	249,263	—	—	30.00	35.00	—

KM# 736 33.94 g., Bi-Metallic .925 Silver 16.812g center in Aluminum-Bronze ring, 39.04mm. **Subject:** 180th Anniversary of Federation **Obv:** National arms **Rev:** State arms **Series:** First **Obv. Legend:** ESTADOS UNIDOS MEXICANOS **Rev. Legend:** ESTADO DE QUINTANA ROO **Edge:** Segmented reeding

Date	Mintage	VF20	XF40	MS60	MS63	MS65
2004 Mo	249,134	—	—	30.00	35.00	—

KM# 738 33.94 g., Bi-Metallic .925 Silver 16.812g center in Aluminum-Bronze ring, 39.04mm. **Subject:** 180th Anniversary of Federation **Obv:** National arms **Rev:** State arms **Series:** First **Obv. Legend:** ESTADOS UNIDOS MEXICANOS **Rev. Legend:** ESTADO DE PUEBLA **Edge:** Segmented reeding

Date	Mintage	VF20	XF40	MS60	MS63	MS65
2004 Mo	248,850	—	—	30.00	35.00	—

KM# 740 33.94 g., Bi-Metallic .925 Silver 16.812g center in Aluminum-Bronze ring, 39.04mm. **Subject:** 180th Anniversary of Federation **Obv:** National arms **Rev:** State arms **Series:** First **Obv. Legend:** ESTADOS UNIDOS MEXICANOS **Rev. Legend:** ESTADO DE OAXACA **Edge:** Segmented reeding

Date	Mintage	VF20	XF40	MS60	MS63	MS65
2004 Mo	249,589	—	—	30.00	35.00	—

KM# 742 33.94 g., Bi-Metallic .925 Silver 16.812g center in Aluminum-Bronze ring, 39.04mm. **Subject:** 180th Anniversary of Federation **Obv:** National arms **Rev:** State arms **Series:** First **Obv. Legend:** ESTADOS UNIDOS MEXICANOS **Rev. Legend:** ESTADO DE NUEVO LEÓN **Edge:** Segmented reeding

Date	Mintage	VF20	XF40	MS60	MS63	MS65
2004 Mo	249,199	—	—	30.00	35.00	—

KM# 748 33.94 g., Bi-Metallic .925 Silver 16.812g center in Aluminum-Bronze ring, 39.04mm. **Subject:** 180th Anniversary of Federation **Obv:** National arms **Rev:** State arms **Series:** First **Obv. Legend:** ESTADOS UNIDOS MEXICANOS **Rev. Legend:** ESTADO DE MÉXICO **Edge:** Segmented reeding

Date	Mintage	VF20	XF40	MS60	MS63	MS65
2004 Mo	249,800	—	—	30.00	35.00	—

KM# 744 33.94 g., Bi-Metallic .925 Silver 16.812g center in Aluminum-Bronze ring, 39.04mm. **Subject:** 180th Anniversary of Federation **Obv:** National arms **Rev:** State arms **Series:** First **Obv. Legend:** ESTADOS UNIDOS MEXICANOS **Rev. Legend:** ESTADO DE NAYARIT **Edge:** Segmented reeding

Date	Mintage	VF20	XF40	MS60	MS63	MS65
2004 Mo	248,305	—	—	30.00	35.00	—

KM# 750 33.94 g., Bi-Metallic .925 Silver 16.812g center in Aluminum-Bronze ring, 39.04mm. **Subject:** 180th Anniversary of Federation **Obv:** National arms **Rev:** State arms **Series:** First **Obv. Legend:** ESTADOS UNIDOS MEXICANOS **Rev. Legend:** ESTADO DE JALISCO **Edge:** Segmented reeding

Date	Mintage	VF20	XF40	MS60	MS63	MS65
2004 Mo	249,115	—	—	30.00	35.00	—

KM# 746 33.94 g., Bi-Metallic .925 Silver 16.812g center in Aluminum-Bronze ring, 39.04mm. **Subject:** 180th Anniversary of Federation **Obv:** National arms **Rev:** State arms **Series:** First **Obv. Legend:** ESTADOS UNIDOS MEXICANOS **Rev. Legend:** ESTADO DE MORELOS **Edge:** Segmented reeding

Date	Mintage	VF20	XF40	MS60	MS63	MS65
2004 Mo	249,260	—	—	30.00	35.00	—

KM# 803 33.94 g., Bi-Metallic .925 Silver 16.812g center in Aluminum-Bronze ring, 39.04mm. **Subject:** 180th Anniversary of Federation **Obv:** National arms **Rev:** State arms **Series:** First **Obv. Legend:** ESTADOS UNIDOS MEXICANOS **Rev. Legend:** ESTADO DE SAN LUIS POTOSÍ **Edge:** Segmented reeding

Date	Mintage	VF20	XF40	MS60	MS63	MS65
2004 Mo	249,662	—	—	30.00	35.00	—

KM# 804 33.94 g., Bi-Metallic .925 Silver 16.812g center in Aluminum-Bronze ring, 39.04mm. **Subject:** 180th Anniversary of Federation **Obv:** National arms **Rev:** State arms **Series:** First **Obv. Legend:** ESTADOS UNIDOS MEXICANOS **Rev. Legend:** ESTADO DE MICHOACÁN DE OCAMPO **Edge:** Segmented reeding

Date	Mintage	VF20	XF40	MS60	MS63	MS65
2004 Mo	249,492	—	—	30.00	35.00	—

KM# 806 29.17 g., Bi-Metallic .999 Gold 17.154g center in .999 silver 12.015 ring, 34.5mm. **Subject:** 180th Anniversary of Federation **Obv:** National arms **Rev:** State arms **Series:** First **Obv. Legend:** ESTADOS UNIDOS MEXICANOS **Rev. Legend:** ESTADO DE SAN LUIS POTOSÍ **Edge:** Segmented reeding

Date	Mintage	VF20	XF40	MS60	MS63	MS65
2004 Mo	1,000		PF65 1,200			

KM# 807 29.17 g., Bi-Metallic .999 Gold 17.154g center in .999 Silver 12.015g ring, 34.5mm. **Subject:** 180th Anniversary of Federation **Obv:** National arms **Rev:** State arms **Series:** First **Obv. Legend:** ESTADOS UNIDOS MEXICANOS **Rev. Legend:** ESTADO DE QUINTANA ROO **Edge:** Segmented reeding

Date	Mintage	VF20	XF40	MS60	MS63	MS65
2004 Mo	1,000		PF65 1,200			

KM# 808 29.17 g., Bi-Metallic .999 Gold 17.154g center in .999 Silver 12.015g ring, 34.5mm. **Subject:** 180th Anniversary of Federation **Obv:** National arms **Rev:** State arms **Series:** First **Obv. Legend:** ESTADOS UNIDOS MEXICANOS **Rev. Legend:** ESTADO DE QUERÉTARO ARTEAGA **Edge:** Segmented reeding

Date	Mintage	VF20	XF40	MS60	MS63	MS65
2004 Mo	1,000		PF65 1,200			

KM# 809 29.17 g., Bi-Metallic .999 Gold 17.154g center in .999 Silver 12.015g ring, 34.5mm. **Subject:** 180th Anniversary of Federation **Obv:** National arms **Rev:** State arms **Series:** First **Obv. Legend:** ESTADOS UNIDOS MEXICANOS **Rev. Legend:** ESTADO DE PUEBLA **Edge:** Segmented reeding

Date	Mintage	VF20	XF40	MS60	MS63	MS65
2004 Mo	1,000		PF65 1,200			

KM# 810 29.17 g., Bi-Metallic .999 Gold 17.154g center in .999 Silver 12.015g ring, 34.5mm. **Subject:** 180th Anniversary of Federation **Obv:** National arms **Rev:** State arms **Series:** First **Obv. Legend:** ESTADOS UNIDOS MEXICANOS **Rev. Legend:** ESTADO DE OAXACA **Edge:** Segmented reeding

Date	Mintage	VF20	XF40	MS60	MS63	MS65
2004 Mo	1,000		PF65 1,200			

KM# 811 29.17 g., Bi-Metallic .999 Gold 17.154g center in .999 Silver 12.015g ring, 34.5mm. **Subject:** 180th Anniversary of Federation **Obv:** National arms **Rev:** State arms **Series:** First **Obv. Legend:** ESTADOS UNIDOS MEXICANOS **Rev. Legend:** ESTADO DE NUEVO LEÓN **Edge:** Segmented reeding

Date	Mintage	VF20	XF40	MS60	MS63	MS65
2004 Mo	1,000		PF65 1,200			

KM# 812 29.17 g., Bi-Metallic .999 Gold 17.154g center in .999 Silver 12.015g ring, 34.5mm. **Subject:** 180th Anniversary of Federation **Obv:** National arms **Rev:** State arms **Series:** First **Obv. Legend:** ESTADOS UNIDOS MEXICANOS **Rev. Legend:** ESTADO DE NAYARIT **Edge:** Segmented reeding

Date	Mintage	VF20	XF40	MS60	MS63	MS65
2004 Mo	1,000		PF65 1,200			

KM# 813 29.17 g., Bi-Metallic .999 Gold 17.154g center in .999 Silver 12.015g ring, 34.5mm. **Subject:** 180th Anniversary of Federation **Obv:** National arms **Rev:** State arms **Series:** First **Obv. Legend:** ESTADOS UNIDOS MEXICANOS **Rev. Legend:** ESTADO DE MORELOS **Edge:** Segmented reeding

Date	Mintage	VF20	XF40	MS60	MS63	MS65
2004 Mo	1,000		PF65 1,200			

KM# 814 29.17 g., Bi-Metallic .999 Gold 17.154g center in .999 12.015g ring, 34.5mm. **Subject:** 180th Anniversary of Federation **Obv:** National arms **Rev:** State arms **Series:** First **Obv. Legend:** ESTADOS UNIDOS MEXICANOS **Rev. Legend:** ESTADO DE MICHOACÁN DE OCAMPO **Edge:** Segmented reeding

Date	Mintage	VF20	XF40	MS60	MS63	MS65
2004 Mo	1,000		PF65 1,200			

KM# 815 29.17 g., Bi-Metallic .999 Gold 17.154 center in .999 Silver 12.015 ring, 34.5mm. **Subject:** 180th Anniversary of Federation **Obv:** National arms **Rev:** State arms **Series:** First **Obv. Legend:** ESTADOS UNIDOS MEXICANOS **Rev. Legend:** ESTADO DE MÉXICO **Edge:** Segmented reeding

Date	Mintage	VF20	XF40	MS60	MS63	MS65
2004 Mo	1,000		PF65 1,200			

KM# 816 29.17 g., Bi-Metallic .999 Gold 17.154g center in .999 Silver 12.015g ring, 34.5mm. **Subject:** 180th Anniversary of Federation **Obv:** National arms **Rev:** State arms **Series:** First **Obv. Legend:** ESTADOS UNIDOS MEXICANOS **Rev. Legend:** ESTADO DE JALISCO **Edge:** Segmented reeding

Date	Mintage	VF20	XF40	MS60	MS63	MS65
2004 Mo	1,000		PF65 1,200			

KM# 705 33.74 g., Bi-Metallic .925 16.812g Silver center in Aluminum-Bronze ring, 39mm. **Subject:** 400th Anniversary of Don Quijote de la Manchia **Obv:** National arms **Rev:** Skeletal figure on horseback with spear galloping right **Obv. Legend:** ESTADOS UNIDOS MEXICANOS **Edge:** Segmented reeding

Date	Mintage	VF20	XF40	MS60	MS63
2005 Mo	726,833	—	—	25.00	32.00
2005 Mo Prooflike	3,761	—	—	—	75.00
2006 Mo Prooflike	5,201	—	—	—	60.00

KM# 712 33.94 g., Bi-Metallic .925 Silver 16.812g center in Brass ring, 39.04mm. **Subject:** 180th Anniversary of Federation **Obv:** National arms **Rev:** State arms **Series:** First **Obv. Legend:** ESTADOS UNIDOS MEXICANOS **Rev. Legend:** ESTADO DE CHIAPAS **Edge:** Segmented reeding

Date	Mintage	VF20	XF40	MS60	MS63	MS65
2005 Mo	249,417	—	—	30.00	35.00	—

KM# 713 33.94 g., Bi-Metallic .925 Silver 16.812g center in Brass ring, 39.04mm. **Subject:** 180th Anniversary of Federation **Obv:** National arms **Rev:** Federal District arms **Series:** First **Obv. Legend:** ESTADOS UNIDOS MEXICANOS **Rev. Legend:** DISTRITO FEDERAL **Edge:** Segmented reeding

Date	Mintage	VF20	XF40	MS60	MS63	MS65
2005 Mo	249,461	—	—	30.00	35.00	—

KM# 714 33.94 g., Bi-Metallic .925 Silver 16.812g center in Brass ring, 39.04mm. **Subject:** 180th Anniversary of Federation **Obv:** National arms **Rev:** State arms **Series:** First **Obv. Legend:** ESTADOS UNIDOS MEXICANOS **Rev. Legend:** ESTADO DE DURANGO **Edge:** Segmented reeding

Date	Mintage	VF20	XF40	MS60	MS63	MS65
2005 Mo	249,774	—	—	30.00	35.00	—

KM# 715 33.94 g., Bi-Metallic .925 Silver 16.812g center in Brass ring, 39.04mm. **Subject:** 180th Anniversary of Federation **Obv:** National arms **Rev:** State arms **Series:** First **Obv. Legend:** ESTADOS UNIDOS MEXICANOS **Rev. Legend:** ESTADO DE GUANAJUATO **Edge:** Segmented reeding

Date	Mintage	VF20	XF40	MS60	MS63	MS65
2005 Mo	249,489	—	—	30.00	35.00	—

KM# 716 33.94 g., Bi-Metallic .925 Silver 16.812g center in Brass ring, 39.04mm. **Subject:** 180th Anniversary of Federation **Obv:** National arms **Rev:** State arms **Series:** First **Obv. Legend:** ESTADOS UNIDOS MEXICANOS **Rev. Legend:** ESTADO DE GUERRERO **Edge:** Segmented reeding

Date	Mintage	VF20	XF40	MS60	MS63	MS65
2005 Mo	248,850	—	—	30.00	35.00	—

KM# 717 33.94 g., Bi-Metallic .925 Silver 16.812g center in Brass ring, 39.04mm. **Subject:** 180th Anniversary of Federation **Obv:** National arms **Rev:** State arms **Series:** First **Obv. Legend:** ESTADOS UNIDOS MEXICANOS **Rev. Legend:** ESTADO DE HIDALGO **Edge:** Segmented reeding

Date	Mintage	VF20	XF40	MS60	MS63	MS65
2005 Mo	249,820	—	—	30.00	35.00	—

KM# 719 33.83 g., Bi-Metallic .925 Silver 16.812g center in Aluminum-Bronze ring, 39.04mm. **Obv:** National arms **Rev:** Facade of the San Marcos garden above sculpture of national emblem at left, San Antonio Temple at right **Series:** Second **Obv. Legend:** ESTADOS UNIDOS MEXICANOS **Rev. Legend:** AGUASCALIENTES **Edge:** Segmented reeding

Date	Mintage	VF20	XF40	MS60	MS63	MS65
2005 Mo	149,705	—	—	20.00	25.00	—

KM# 721 33.94 g., Bi-Metallic .925 Silver 16.812g center in Aluminum-Bronze ring, 39.04mm. **Subject:** 180th Anniversary of Federation **Obv:** National arms **Rev:** Estados de Aguascalientes state arms **Series:** First **Obv. Legend:** ESTADOS UNIDOS MEXICANOS **Rev. Legend:** ESTADO DE AGUASCALIENTES **Edge:** Segmented reeding

Date	Mintage	VF20	XF40	MS60	MS63	MS65
2005 Mo	248,410	—	—	30.00	35.00	—

KM# 723 33.94 g., Bi-Metallic .925 Silver 16.812g center in Aluminum-Bronze ring, 39.04mm. **Subject:** 180th Anniversary of Federation **Obv:** National arms **Rev:** State arms **Series:** First **Obv. Legend:** ESTADOS UNIDOS MEXICANOS **Rev. Legend:** ESTADO DE BAJA CALIFORNIA **Edge:** Segmented reeding

Date	Mintage	VF20	XF40	MS60	MS63	MS65
2005 Mo	249,263	—	—	30.00	35.00	—

KM# 725 33.94 g., Bi-Metallic .925 Silver 16.812g center in Aluminum-Bronze ring, 39.04mm. **Subject:** 180th Anniversary of Federation **Obv:** National arms **Rev:** State arms **Series:** First **Obv. Legend:** ESTADOS UNIDOS MEXICANOS **Rev. Legend:** ESTADO DE BAJA CALIFORNIA SUR **Edge:** Segmented reeding

Date	Mintage	VF20	XF40	MS60	MS63	MS65
2005 Mo	249,585	—	—	30.00	35.00	—

KM# 727 33.94 g., Bi-Metallic .925 Silver 16.812g center in Aluminum-Bronze ring, 39.04mm. **Subject:** 180th Anniversary of Federation **Obv:** National arms **Rev:** State arms **Series:** First **Obv. Legend:** ESTADOS UNIDOS MEXICANOS **Rev. Legend:** ESTADO DE CAMPECHE **Edge:** Segmented reeding

Date	Mintage	VF20	XF40	MS60	MS63	MS65
2005 Mo	249,040	—	—	30.00	35.00	—

KM# 729 33.83 g., Bi-Metallic .925 Silver 16.812g center in Aluminum-Bronze ring, 39.04mm. **Subject:** 180th Anniversary of Federation **Obv:** National arms **Rev:** State arms **Series:** First **Obv. Legend:** ESTADOS UNIDOS MEXICANOS **Rev. Legend:** ESTADO DE COLIMA **Edge:** Segmented reeding

Date	Mintage	VF20	XF40	MS60	MS63	MS65
2005 Mo	248,850	—	—	30.00	35.00	—

KM# 730 33.83 g., Bi-Metallic .925 Silver 16.812g center in Aluminum-Bronze ring, 39.9mm. **Subject:** Monetary Reform Centennial **Obv:** National arms **Rev:** Radiant Liberty Cap divides date above value within circle **Edge:** Segmented reeding

Date	Mintage	VF20	XF40	MS60	MS63	MS65
2005 Mo	49,716	—	—	35.00	40.00	—
2005 Mo	—	PF65 75.00				

KM# 731 33.83 g., Bi-Metallic .925 Silver 16.812g center in Aluminum-Bronze ring, 39.9mm. **Subject:** Mexico City Mint's 470th Anniversary **Obv:** National arms **Rev:** Screw press, value and date within circle **Edge:** Segmented reeding

Date	Mintage	VF20	XF40	MS60	MS63	MS65
2005 Mo	49,895	—	—	35.00	40.00	—
2005 Mo	—	PF65 95.00				

KM# 732 33.83 g., Bi-Metallic .925 Silver 16.812g center in Aluminum-Bronze ring, 39.9mm. **Subject:** Bank of Mexico's 80th Anniversary **Obv:** National arms **Rev:** Back design of the 1925 hundred peso note **Edge:** Segmented reeding

Date	Mintage	VF20	XF40	MS60	MS63	MS65
2005 Mo	49,712	—	—	35.00	40.00	—
2005 Mo	—	PF65 95.00				

KM# 752 33.94 g., Bi-Metallic .925 Silver 16.812g center in Aluminum-Bronze ring, 39.04mm. **Subject:** 180th Anniversary of Federation **Obv:** National arms **Rev:** State arms **Series:** First **Obv. Legend:** ESTADOS UNIDOS MEXICANOS **Rev. Legend:** ESTADO DE COAHUILA DE ZARAGOZA **Edge:** Segmented reeding

Date	Mintage	VF20	XF40	MS60	MS63	MS65
2005 Mo	247,991	—	—	30.00	35.00	—

KM# 754 33.94 g., Bi-Metallic .925 Silver 16.812g center in Aluminum-Bronze ring, 39.04mm. **Subject:** 180th Anniversary of Federation **Obv:** National arms **Rev:** State arms **Series:** First **Obv. Legend:** ESTADOS UNIDOS MEXICANOS **Rev. Legend:** ESTADO DE CHIHUAHUA **Edge:** Segmented reeding

Date	Mintage	VF20	XF40	MS60	MS63	MS65
2005 Mo	249,102	—	—	30.00	35.00	—

ESTADOS UNIDOS

KM# 758 33.94 g., Bi-Metallic .925 Silver 16.812g center in Aluminum-Bronze ring, 39.04mm. **Obv:** National arms **Rev:** Ram's head and value within circle **Series:** Second **Obv. Legend:** ESTADOS UNIDOS MEXICANOS **Rev. Legend:** BAJA CALIFORNIA - GOBIERNO DEL ESTADO **Edge:** Segmented reeding

Date	Mintage	VF20	XF40	MS60	MS63	MS65
2005 Mo	149,771	—	—	25.00	30.00	—

KM# 762 33.94 g., Bi-Metallic .925 Silver 16.812g center in Aluminum-Bronze ring, 39.04mm. **Obv:** National arms **Rev:** Outlined map of peninsula at center, cave painting of deer behind, cactus at right **Series:** Second **Obv. Legend:** ESTADOS UNIDOS MEXICANOS **Rev. Legend:** ESTADO DE BAJA CALIFORNIA SUR **Edge:** Segmented reeding

Date	Mintage	VF20	XF40	MS60	MS63	MS65
2005 Mo	149,152	—	—	25.00	30.00	—

KM# 817 29.17 g., Bi-Metallic .999 Gold 17.154g center in .999 Silver 12.015g ring, 34.5mm. **Subject:** 180th Anniversary of Federation **Obv:** National arms **Rev:** State arms **Series:** First **Obv. Legend:** ESTADOS UNIDOS MEXICANOS **Rev. Legend:** ESTADO DE HIDALGO **Edge:** Segmented reeding

Date	Mintage	VF20	XF40	MS60	MS63	MS65
2005 Mo	1,000		PF65 1,200			

KM# 818 29.17 g., Bi-Metallic .999 Gold 17.154g center in .999 Silver 12.015 ring, 34.5mm. **Subject:** 180th Anniversary of Federation **Obv:** National arms **Rev:** State arms **Series:** First **Obv. Legend:** ESTADOS UNIDOS MEXICANOS **Rev. Legend:** ESTADO DE GUERRERO **Edge:** Segmented reeding

Date	Mintage	VF20	XF40	MS60	MS63	MS65
2005 Mo	1,000		PF65 1,200			

KM# 819 29.17 g., Bi-Metallic .999 Gold 17.154g center in .999 Silver 12.015g ring, 34.5mm. **Subject:** 180th Anniversary of Federation **Obv:** National arms **Rev:** State arms **Series:** First **Obv. Legend:** ESTADOS UNIDOS MEXICANOS **Rev. Legend:** ESTADO DE GUANAJUATO **Edge:** Segmented reeding

Date	Mintage	VF20	XF40	MS60	MS63	MS65
2005 Mo	1,000		PF65 1,200			

KM# 820 29.17 g., Bi-Metallic .999 Gold 17.154g center in .999 silver 12.015g ring, 34.5mm. **Subject:** 180th Anniversary of Federation **Obv:** National arms **Rev:** State arms **Series:** First **Obv. Legend:** ESTADOS UNIDOS MEXICANOS **Rev. Legend:** ESTADO DE DURANGO **Edge:** Segmented reeding

Date	Mintage	VF20	XF40	MS60	MS63	MS65
2005 Mo	1,000		PF65 1,200			

KM# 821 29.17 g., Bi-Metallic .999 Gold 17.154g center in .999 Silver 12.015g ring, 34.5mm. **Subject:** 180th Anniversary of Federation **Obv:** National arms **Rev:** Federal District arms **Series:** First **Obv. Legend:** ESTADOS UNIDOS MEXICANOS **Rev. Legend:** DISTRITO FEDERAL **Edge:** Segmented reeding

Date	Mintage	VF20	XF40	MS60	MS63	MS65
2005 Mo	1,000		PF65 1,200			

KM# 822 29.17 g., Bi-Metallic .999 Gold 17.154g center in .999 Silver 12.015g ring, 34.5mm. **Subject:** 180th Anniversary of Federation **Obv:** National arms **Rev:** State arms **Series:** First **Obv. Legend:** ESTADOS UNIDOS MEXICANOS **Rev. Legend:** ESTADO DE CHIHUAHUA **Edge:** Segmented reeding

Date	Mintage	VF20	XF40	MS60	MS63	MS65
2005 Mo	1,000		PF65 1,200			

KM# 823 29.17 g., Bi-Metallic .999 Gold 17.154g center in .999 Silver 12.015g ring, 34.5mm. **Subject:** 180th Anniversary of Federation **Obv:** National arms **Rev:** State arms **Series:** First **Obv. Legend:** ESTADOS UNIDOS MEXICANOS **Rev. Legend:** ESTADO DE CHIAPAS **Edge:** Segmented reeding

Date	Mintage	VF20	XF40	MS60	MS63	MS65
2005 Mo	1,000		PF65 1,200			

KM# 824 29.17 g., Bi-Metallic .999 Gold 17.154g center in .999 Silver 12.015g ring, 34.5mm. **Subject:** 180th Anniversary of Federation **Obv:** National arms **Rev:** State arms **Series:** First **Obv. Legend:** ESTADOS UNIDOS MEXICANOS **Rev. Legend:** ESTADO DE COLIMA **Edge:** Segmented reeding

Date	Mintage	VF20	XF40	MS60	MS63	MS65
2005 Mo	1,000		PF65 1,200			

KM# 825 29.17 g., Bi-Metallic .999 Gold 17.154g center in .999 Silver 12.015g ring, 34.5mm. **Subject:** 180th Anniversary of Federation **Obv:** National arms **Rev:** State arms **Series:** First **Obv. Legend:** ESTADOS UNIDOS MEXICANOS **Rev. Legend:** ESTADO DE COAHUILA DE ZARAGOZA **Edge:** Segmented reeding

Date	Mintage	VF20	XF40	MS60	MS63	MS65
2005 Mo	1,000		PF65 1,200			

KM# 826 29.17 g., Bi-Metallic .999 Gold 17.154g center in .999 Silver 12.015g ring, 34.5mm. **Subject:** 180th Anniversary of Federation **Obv:** National arms **Rev:** State arms **Series:** First **Obv. Legend:** ESTADOS UNIDOS MEXICANOS **Rev. Legend:** ESTADO DE CAMPECHE **Edge:** Segmented reeding

Date	Mintage	VF20	XF40	MS60	MS63	MS65
2005 Mo	1,000		PF65 1,200			

KM# 827 29.17 g., Bi-Metallic .999 Gold 17.154g center in .999 Silver 12.015g ring, 34.5mm. **Subject:** 180th Anniversary of Federation **Obv:** National arms **Rev:** State arms **Series:** First **Obv. Legend:** ESTADOS UNIDOS MEXICANOS **Rev. Legend:** ESTADO DE BAJA CALIFORNIA SUR **Edge:** Segmented reeding

Date	Mintage	VF20	XF40	MS60	MS63	MS65
2005 Mo	1,000	PF65 1,200				

KM# 828 29.17 g., Bi-Metallic .999 Gold 17.154g center in .999 Silver 12.015g ring, 34.5mm. **Subject:** 180th Anniversary of Federation **Obv:** National arms **Rev:** State arms **Series:** First **Obv. Legend:** ESTADOS UNIDOS MEXICANOS **Rev. Legend:** ESTADO DE BAJA CALIFORNIA **Edge:** Segmented reeding

Date	Mintage	VF20	XF40	MS60	MS63	MS65
2005 Mo	1,000	PF65 1,200				

KM# 829 29.17 g., Bi-Metallic .999 Gold 17.154g center in .999 Silver 12.015g ring, 34.5mm. **Subject:** 180th Anniversary of Federation **Obv:** National arms **Rev:** State arms **Series:** First **Obv. Legend:** ESTADOS UNIDOS MEXICANOS **Rev. Legend:** ESTADO DE AGUASCALIENTES **Edge:** Segmented reeding

Date	Mintage	VF20	XF40	MS60	MS63	MS65
2005 Mo	1,000	PF65 1,200				

KM# 862 29.17 g., Bi-Metallic .999 Gold 17.154g center in .999 Silver 12.015g ring, 34.5mm. **Obv:** National arms **Rev:** Facade of the San Marcos garden above sculpture of national emblem at left, San Antonio temple at right **Series:** Second **Obv. Legend:** ESTADOS UNIDOS MEXICANOS **Rev. Legend:** AGUASCALIENTES **Edge:** Segmented reeding

Date	Mintage	VF20	XF40	MS60	MS63	MS65
2005 Mo	600	PF65 1,200				

KM# 863 29.17 g., Bi-Metallic .999 Gold 17.154g center in .999 Silver 12.015g ring, 34.5mm. **Obv:** National arms **Rev:** Ram's head, mountain outline in background **Series:** Second **Obv. Legend:** ESTTADOS UNIDOS MEXICANOS **Rev. Legend:** BAJA CALIFORNIA - GOBIERNO DEL ESTADO **Edge:** Segmented reeding

Date	Mintage	VF20	XF40	MS60	MS63	MS65
2005 Mo	600	PF65 1,200				

KM# 760 33.94 g., Bi-Metallic .925 Silver 16.812g center in Aluminum-Bronze ring, 39.04mm. **Subject:** Estado de Campeche **Obv:** National arms **Rev:** Jade mask - Calakmul, Campeche **Series:** Second **Obv. Legend:** ESTADOS UNIDOS MEXICANOS **Rev. Legend:** ESTADO DE CAMPECHE **Edge:** Segmented reeding

Date	Mintage	VF20	XF40	MS60	MS63	MS65
2006 Mo	149,803	—	—	25.00	30.00	—

KM# 764 33.70 g., Bi-Metallic .925 Silver 16.812g center in Aluminum-Bronze ring, **Subject:** 200th Anniversary Birth of Benito Juarez Garcia **Obv:** National arms **Rev:** Bust 1/4 left within circle

Date	Mintage	VF20	XF40	MS60	MS63	MS65
2006 Mo	49,913	—	—	35.00	40.00	—

KM# 773 33.94 g., Bi-Metallic .925 Silver 16.812g center in Aluminum-Bronze ring, 39.04mm. **Obv:** National arms **Rev:** Head of Pakal, ancient Mayan king, Palenque **Series:** Second **Obv. Legend:** ESTADOS UNIDOS MEXICANOS **Rev. Legend:** ESTADO DE CHIAPAS - CABEZA MAYA DEL REY PAKAL, PALENQUE **Edge:** Segmented reeding

Date	Mintage	VF20	XF40	MS60	MS63	MS65
2006 Mo	149,491	—	—	25.00	30.00	—

KM# 775 33.94 g., Bi-Metallic .925 Silver 16.812g center in Aluminum-Bronze ring, 39.04mm. **Obv:** National arms **Rev:** Angel of Liberty **Series:** Second **Obv. Legend:** ESTADOS UNIDOS MEXICANOS **Rev. Legend:** MÉXICO - ANGEL DE LA LIBERTAD, CHIHUAHUA **Edge:** Segmented reeding

Date	Mintage	VF20	XF40	MS60	MS63	MS65
2006 Mo	149,557	—	—	25.00	30.00	—

KM# 777 33.94 g., Bi-Metallic .925 Silver 16.812g center in Aluminum-Bronze ring, 39.04mm. **Obv:** National arms **Rev:** State arms at lower center, Nevado de Colima and Volcan de Fuego volcanos in background **Series:** Second **Obv. Legend:** ESTADOS UNIDOS MEXICANOS **Rev. Legend:** Colima **Rev. Inscription:** GENEROSO **Edge:** Segmented reeding

Date	Mintage	VF20	XF40	MS60	MS63	MS65
2006 Mo	149,041	—	—	25.00	30.00	—

KM# 779 33.94 g., Bi-Metallic .925 Silver 16.812g center in Aluminum-Bronze ring, 39.04mm. **Obv:** National arms **Rev:** National Palace **Series:** Second **Obv. Legend:** ESTADOS UNIDOS MEXICANOS **Rev. Legend:** DISTRITO FEDERAL - ANTIGUO AYUNTAMIENTO **Edge:** Segmented reeding

Date	Mintage	VF20	XF40	MS60	MS63	MS65
2006 Mo	149,525	—	—	25.00	30.00	—

KM# 781 33.70 g., Bi-Metallic .925 Silver 16.812g center in Aluminum-Bronze ring, 39.04mm. **Obv:** National arms **Rev:** Outlined map with turtle, mine cart above grapes at center, Friendship Dam above Christ of the Nodas at left, chimneys above crucibles and bell tower of Santiago's cathedral at right **Series:** Second **Obv. Legend:** ESTADOS UNIDOS MEXICANOS **Rev. Legend:** COAHUILA DE ZARAGOZA **Edge:** Segmented reeding

Date	Mintage	VF20	XF40	MS60	MS63	MS65
2006 Mo	149,560	—	—	25.00	30.00	—

KM# 785 33.94 g., Bi-Metallic .925 Silver 16.812g center in Aluminum-Bronze ring, 39.04mm. **Obv:** National arms **Rev:** Four Monarch butterflies **Series:** Second **Obv. Legend:** ESTADOS UNIDOS MEXICANOS **Rev. Legend:** ESTADO DE MICHOACÁN **Edge:** Segmented reeding

Date	Mintage	VF20	XF40	MS60	MS63	MS65
2006 Mo	149,730	—	—	25.00	30.00	—

KM# 787 33.94 g., Bi-Metallic .925 Silver 16.812g center in Brass ring, 39.04mm. **Obv:** National arms **Rev:** Tree **Series:** Second **Obv. Legend:** ESTADOS UNIDOS MEXICANOS **Rev. Legend:** PRIMERA RESERVA NACIONAL FORESTAL - DURANGO **Edge:** Segmented reeding

Date	Mintage	VF20	XF40	MS60	MS63	MS65
2006 Mo	149,034	—	—	25.00	30.00	—

KM# 789 33.94 g., Bi-Metallic .925 Silver 16.812g center in Brass ring, 39.04mm. **Obv:** National arms **Rev:** State arms at center, statue of Miguel Hidalgo at left, monument to Pipla at lower right **Series:** Second **Obv. Legend:** ESTADOS UNIDOS MEXICANOS **Rev. Inscription:** Guanajuato **Edge:** Segmented reeding

Date	Mintage	VF20	XF40	MS60	MS63	MS65
2006 Mo	149,921	—	—	25.00	30.00	—

KM# 791 33.94 g., Bi-Metallic .925 Silver 16.812g center in Brass ring, 39.04mm. **Obv:** National arms **Rev:** Stylized portrait of Vicente Guerrero at left, church of Taxco at upper center, Acapulco's la Quebrada with diver above Christmas Eve flower and mask **Series:** Second **Obv. Legend:** ESTADOS UNIDOS MEXICANOS **Rev. Legend:** GUERRERO **Edge:** Segmented reeding

Date	Mintage	VF20	XF40	MS60	MS63	MS65
2006 Mo	149,675	—	—	25.00	30.00	—

KM# 793 33.94 g., Bi-Metallic .925 Silver 16.812g center in Aluminum-Bronze ring, 39.04mm. **Obv:** National arms **Rev:** Monument of Pachuca Hidalgo **Series:** Second **Obv. Legend:** ESTADOS UNIDOS MEXICANOS **Rev. Inscription:** RELOJ / MONUMENTAL / DE / PACHUCA / HIDALGO - La / Bella / Airosa **Edge:** Segmented reeding

Date	Mintage	VF20	XF40	MS60	MS63	MS65
2006 Mo	149,273	—	—	25.00	30.00	—

KM# 795 33.94 g., Bi-Metallic .925 Silver 16.812g center in Brass ring, 39.04mm. **Obv:** National arms **Rev:** Hospicio Cabañas orphanage **Series:** Second **Obv. Legend:** ESTADOS UNIDOS MEXICANOS **Rev. Legend:** ESTADO DE JALISCO **Edge:** Segmented reeding

Date	Mintage	VF20	XF40	MS60	MS63	MS65
2006 Mo	149,750	—	—	25.00	30.00	—

KM# 800 33.94 g., Bi-Metallic .925 Silver 16.812g center in Aluminum-Bronze ring, 39.04mm. **Obv:** National arms **Rev:** 1/2 length figure of Chinelo (local dancer) at right, Palacio de Cortes in background **Series:** Second **Obv. Legend:** ESTADOS UNIDOS MEXICANOS **Rev. Inscription:** ESTADO DE / MORELOS **Edge:** Segmented reeding

Date	Mintage	VF20	XF40	MS60	MS63	MS65
2006 Mo	149,648	—	—	25.00	30.00	—

KM# 802 33.94 g., Bi-Metallic .925 Silver 16.812g center in Aluminum-Bronze ring, 39.04mm. **Obv:** National arms **Rev:** Pyramid de la Loona (moon) **Series:** Second **Obv. Legend:** ESTADOS UNIDOS MEXICANOS **Rev. Legend:** ESTADO DE MÉXICO **Edge:** Segmented reeding

Date	Mintage	VF20	XF40	MS60	MS63	MS65
2006 Mo	149,377	—	—	25.00	30.00	—

KM# 864 29.17 g., Bi-Metallic .999 Gold 17.154g center in .999 Silver 12.015g ring, 34.5mm. **Obv:** National arms **Rev:** Outlined map of peninsula at center, cave painting of deer behind, cactus at right **Series:** Second **Obv. Legend:** ESTADOS UNIDOS MEXICANOS **Rev. Legend:** ESTADO DE BAJA CALIFORNIA SUR **Edge:** Segmented reeding

Date	Mintage	VF20	XF40	MS60	MS63	MS65
2006 Mo	600		PF65 1,200			

KM# 865 29.17 g., Bi-Metallic .999 Gold 17.154g center in .999 Silver 12.015g ring, 34.5mm. **Obv:** National arms **Rev:** Jade mask - Calakmul, Campeche **Series:** Second **Obv. Legend:** ESTADOS UNIDOS MEXICANOS **Rev. Legend:** ESTADO DE CAMPECHE **Edge:** Segmented reeding

Date	Mintage	VF20	XF40	MS60	MS63	MS65
2006 Mo	600		PF65 1,200			

KM# 866 29.17 g., Bi-Metallic .999 Gold 17.154g center in .999 Silver 12.015g ring, 34.5mm. **Obv:** National arms **Rev:** Outlined map with turtle, mine cart above grapes at center, Friendship dam above Christ of the Nodas at left, chimneys above crucibles and bell tower of Santiago's cathedral at right **Series:** Second **Obv. Legend:** ESTADOS UNIDOS MEXICANOS **Rev. Inscription:** COAHUILA DE ZARAGOZA **Edge:** Segmented reeding

Date	Mintage	VF20	XF40	MS60	MS63	MS65
2006 Mo	600	PF65 1,200				

KM# 867 29.17 g., Bi-Metallic .999 Gold 17.154g center in .999 Silver 12.015 ring, 34.5mm. **Obv:** National arms **Rev:** State arms at lower center, Nevado de Colima and Volcan de Fuego volcanos in background **Series:** Second **Obv. Legend:** ESTADOS UNIDOS MEXICANOS **Rev. Legend:** Colima **Rev. Inscription:** GENEROSO **Edge:** Segmented reeding

Date	Mintage	VF20	XF40	MS60	MS63	MS65
2006 Mo	600	PF65 1,200				

KM# 868 29.17 g., Bi-Metallic .999 Gold 17.154g center in .999 Silver 12.015g ring, 34.5mm. **Obv:** National arms **Rev:** Head of Pakal, ancient Mayan king, Palenque **Series:** Second **Obv. Legend:** ESTADOS UNIDOS MEXICANOS **Rev. Legend:** ESTADO DE CHIAPAS - CABEZA MAYA DEL REY PAKAL, PALENQUE **Edge:** Segmented reeding

Date	Mintage	VF20	XF40	MS60	MS63	MS65
2006 Mo	600	PF65 1,200				

KM# 869 29.17 g., Bi-Metallic .999 Gold 17.154g center in .999 Silver 12.015g ring, 34.5mm. **Obv:** National arms **Rev:** Angel of Liberty **Series:** Second **Obv. Legend:** ESTADOS UNIDOS MEXICANOS **Rev. Legend:** MÉXICO - ANGEL DE LA LIBERTAD, CHIHUAHUA **Edge:** Segmented reeding

Date	Mintage	VF20	XF40	MS60	MS63	MS65
2006 Mo	600	PF65 1,200				

KM# 870 29.17 g., Bi-Metallic .999 Gold 17.154g center in .999 Silver 12.015g ring, 34.5mm. **Obv:** National arms **Rev:** National palace **Series:** Second **Obv. Legend:** ESTADOS UNIDOS MEXICANOS **Rev. Legend:** DISTRITO FEDERAL - ANTIGUO AYUNTAMIENTO **Edge:** Segmented reeding

Date	Mintage	VF20	XF40	MS60	MS63	MS65
2006 Mo	600	PF65 1,200				

KM# 871 29.17 g., Bi-Metallic .999 Gold 17.154g center in .999 Silver 12.015g ring, 34.5mm. **Obv:** National arms **Rev:** Tree **Series:** Second **Obv. Legend:** ESYADOS UNIDOS MEXICANOS **Rev. Legend:** PRIMERA RESERVA NACIONAL RORESTAL - DURANGO **Edge:** Segmented reeding

Date	Mintage	VF20	XF40	MS60	MS63	MS65
2006 Mo	600	PF65 1,200				

KM# 872 29.17 g., Bi-Metallic .999 Gold 17.154g center in .999 Silver 12.015g ring, 34.50mm. **Obv:** National arms **Rev:** State arms at lower center, statue of Miguel Hidalgo at left, monument to Pipila at lower right **Series:** Second **Obv. Legend:** ESTADOS UNIDOS MEXICANOS **Rev. Inscription:** Guanajauto **Edge:** Segmented reeding

Date	Mintage	VF20	XF40	MS60	MS63	MS65
2006 Mo	600	PF65 1,200				

KM# 873 29.17 g., Bi-Metallic .999 Gold 17.154g center in .999 Silver 12.015g ring, 34.5mm. **Obv:** National arms **Rev:** Stylized portrait of Vicente Guerrero at left, church of Taxco at upper center, Acapulco's la Quebrada with diver over Christmas Eve flower and mask **Series:** Second **Obv. Legend:** ESTADOS UNIDOS MEXICANOS **Rev. Legend:** GUERRERO **Edge:** Segmented reeding

Date	Mintage	VF20	XF40	MS60	MS63	MS65
2006 Mo	600	PF65 1,200				

KM# 874 29.17 g., Bi-Metallic .999 Gold 17.154g center in .999 Silver 12.015g ring, 34.5mm. **Obv:** National arms **Rev:** Monument of Pachuca Hidalgo **Series:** Second **Obv. Legend:** ESTADOS UNIDOS MEXICANOS **Rev. Inscription:** RELOJ / MONUMENTAL / DE / PACHUCA / HIDALGO **Edge:** Segmented reeding

Date	Mintage	VF20	XF40	MS60	MS63	MS65
2006 Mo	600	PF65 1,200				

KM# 875 29.17 g., Bi-Metallic .999 Gold 17.154g center in .999 Silver 12.015g ring, 34.5mm. **Obv:** National arms **Rev:** Hospicio Cabañas orphanage **Series:** Second **Obv. Legend:** ESTADOS UNIDOS MEXICANOS **Rev. Legend:** ESTADO DE JALISCO **Edge:** Segmented reeding

Date	Mintage	VF20	XF40	MS60	MS63	MS65
2006 Mo	600	PF65 1,200				

KM# 876 29.17 g., Bi-Metallic .999 Gold 17.154g center in .999 Silver 12.015g ring, 34.5mm. **Obv:** National arms **Rev:** Pyramid de la Looona (moon) **Series:** Second **Obv. Legend:** ESTADOS UNIDOS MEXICANOS **Rev. Legend:** ESTADO DE MÉXICO **Edge:** Segmented reeding

Date	Mintage	VF20	XF40	MS60	MS63	MS65
2006 Mo	600	PF65 1,200				

KM# 877 29.17 g., Bi-Metallic .999 Gold 17.154g center in .999 Silver 12.015g ring, 34.5mm. **Obv:** National arms **Rev:** Four Monarch butterflies **Series:** Second **Obv. Legend:** ESTADOS UNIDOS MEXICANOS **Rev. Legend:** ESTADO DE MICHOACÁN **Edge:** Segmented reeding

Date	Mintage	VF20	XF40	MS60	MS63	MS65
2006 Mo	600	PF65 1,200				

KM# 878 29.17 g., Bi-Metallic .999 Gold 17.154g center in .999 Silver 12.015g ring, 34.5mm. **Obv:** National arms **Rev:** 1/2 length figure of Chinelo (local dancer) at right, Palacio de Cortes in background **Series:** Second **Obv. Legend:** ESTADOS UNIDOS MEXICANOS **Rev. Inscription:** ESTADO DE / MORELOS **Edge:** Segmented reeding

Date	Mintage	VF20	XF40	MS60	MS63	MS65
2006 Mo	600	PF65 1,200				

KM# 798 33.94 g., Bi-Metallic .925 Silver 16.812g center in Aluminum-Bronze ring, 39.04mm. **Obv:** National arms **Rev:** Isle de Mexcaltitlán **Series:** Second **Obv. Legend:** ESTADOS UNIDOS MEXICANOS **Rev. Legend:** ESTADO DE NAYARIT **Edge:** Segmented reeding

Date	Mintage	VF20	XF40	MS60	MS63	MS65
2007 Mo	149,560	—	—	25.00	30.00	—

KM# 848 33.94 g., Bi-Metallic .925 Silver 20.1753 center in Aluminum-Bronze ring, 39.04mm. **Obv:** National arms **Rev:** Old foundry in Parque Fundidora (public park) at right, Cerro de la Silla (Saddle Hill) in background **Series:** Second **Obv. Legend:** ESTADOS UNIDOS MEXICANOE **Rev. Legend:** ESTADO DE NUEVO LÉON **Edge:** Segmented reeding

Date	Mintage	VF20	XF40	MS60	MS63	MS65
2007 Mo	149,425	—	—	25.00	30.00	—

KM# 849 33.94 g., Bi-Metallic .925 Silver 20.1753g center in Aluminum-Bronze ring, 39.04mm. **Obv:** National arms **Rev:** Teatro Macedonio Alcala (theater) **Series:** Second **Obv. Legend:** ESTADOS UNIDOS MEXICANOS **Rev. Legend:** OAXACA **Edge:** Segmented reeding

Date	Mintage	VF20	XF40	MS60	MS63	MS65
2007 Mo	149,892	—	—	25.00	30.00	—

KM# 850 33.94 g., Bi-Metallic .925 Silver 20.1753g center in Aluminum-Bronze ring, 39.04mm. **Obv:** National arms **Rev:** Talavera porcelain dish **Series:** Second **Obv. Legend:** ESTADOS UNIDOS MEXICANOS **Rev. Legend:** ESTADO DE PUEBLA **Edge:** Segmented reeding

Date	Mintage	VF20	XF40	MS60	MS63	MS65
2007 Mo	149,474	—	—	25.00	30.00	—

KM# 851 33.94 g., Bi-Metallic .925 Silver 20.1753g center in Aluminum-Bronze ring, 39.04mm. **Obv:** National arms **Rev:** Mask at left, rays above state arms at center, Mayan ruins at right **Series:** Second **Obv. Legend:** ESTADOS UNIDOS MEXICANOS **Rev. Legend:** QUINTANA ROO **Edge:** Segmented reeding

Date	Mintage	VF20	XF40	MS60	MS63	MS65
2007 Mo	149,582	—	—	25.00	30.00	—

KM# 852 33.94 g., Bi-Metallic .925 Silver 20.1753 center in Aluminum-Bronze ring, 39.04mm. **Obv:** National arms **Rev:** Aqueduct of Querétaro at left, church of Santa Rosa de Viterbo at right **Series:** Second **Obv. Legend:** ESTADOS UNIDOS MEXICANOS **Rev. Legend:** ESTADO DE QUERÉTARO ARTEAGA **Edge:** Segmented reeding

Date	Mintage	VF20	XF40	MS60	MS63	MS65
2007 Mo	149,127	—	—	25.00	30.00	—

KM# 853 33.94 g., Bi-Metallic .925 Silver 20.1753g center in Aluminum-Bronze ring, 39.04mm. **Obv:** National arms **Rev:** Facade of Caja Real **Series:** Second **Obv. Legend:** ESTADOS UNIDOS MEXICANOS **Rev. Legend:** • SAN LUIS POTOSÍ • **Edge:** Segmented reeding

Date	Mintage	VF20	XF40	MS60	MS63	MS65
2007 Mo	148,750	—	—	25.00	30.00	—

KM# 854 33.94 g., Bi-Metallic .925 Silver 20.1753g center in Aluminum-Bronze ring, 39.04mm. **Obv:** National arms **Rev:** Shield on pile of cactus fruits **Series:** Second **Obv. Legend:** ESTADOS UNIDOS MEXICANOS **Rev. Legend:** ESTADO DE SINALOA - LUGAR DE PITAHAYAS **Edge:** Segmented reeding

Date	Mintage	VF20	XF40	MS60	MS63	MS65
2007 Mo	149,032	—	—	25.00	30.00	—

KM# 855 33.94 g., Bi-Metallic .925 Silver 20.1753g center in Aluminum-Bronze ring, 39.04mm. **Obv:** National arms **Rev:** Local in Dance of the Deer at left, cactus at right, mountains in background **Series:** Second **Obv. Legend:** ESTADOS UNIDOS MEXICANOS **Rev. Legend:** ESTADO DE SONORA **Edge:** Segmented reeding

Date	Mintage	VF20	XF40	MS60	MS63	MS65
2007 Mo	149,891	—	—	25.00	30.00	—

KM# 856 33.94 g., Bi-Metallic .925 Silver 20.1753 center in Aluminum-Bronze ring, 39.04mm. **Obv:** National arms **Rev:** Fuente de los Pescadores (fisherman fountain) at lower left, giant head from the Olmec-pre-Hispanic culture at right, Planetario Tabasco in background **Series:** Second **Obv. Legend:** ESTADOS UNIDOS MEXICANOS **Rev. Legend:** TABASCO **Edge:** Segmented reeding

Date	Mintage	VF20	XF40	MS60	MS63	MS65
2007 Mo	149,715	—	—	25.00	30.00	—

KM# 857 33.94 g., Bi-Metallic .925 Silver 20.1753g center in Aluminum-Bronze ring, 39.04mm. **Obv:** National arms **Rev:** Ridge - Cerro Del Bermal, Gonzáles **Series:** Second **Obv. Legend:** ESTADOS UNIDOS MEXICANOS **Rev. Legend:** TAMAULIPAS **Edge:** Segmented reeding

Date	Mintage	VF20	XF40	MS60	MS63	MS65
2007 Mo	149,776	—	—	25.00	30.00	—

KM# 858 33.94 g., Bi-Metallic .925 Silver 20.1753g center in Aluminum-Bronze ring, 39.04mm. **Obv:** National arms **Rev:** Basilica de Ocotlán at left, state arms above Capilla Abierta, Plaza de Toros Ranchero Aguilar below, Exconvento de San Francisco at right **Series:** Second **Obv. Legend:** ESTADOS UNIDOS MEXICANOS **Rev. Legend:** ESTADO DE TLAXCALA **Edge:** Segmented reeding

Date	Mintage	VF20	XF40	MS60	MS63	MS65
2007 Mo	149,465	—	—	25.00	30.00	—

KM# 859 33.94 g., Bi-Metallic .912 Silver 20.1753g center in Aluminum-Bronze ring, 39.04mm. **Obv:** National arms **Rev:** Pyramid of El Tajín **Series:** Second **Obv. Legend:** ESTADOS UNIDOS MEXICANOS **Rev. Legend:** • VERACRUZ • - • DE IGNACIO DE LA LLAVE • **Edge:** Segmented reeding

Date	Mintage	VF20	XF40	MS60	MS63	MS65
2007 Mo	149,703	—	—	25.00	30.00	—

ESTADOS UNIDOS

KM# 860 33.94 g., Bi-Metallic .925 Silver 20.1753 center in Aluminum-Bronze ring, 39.04mm. **Obv:** National arms **Rev:** Stylized pyramid of Chichén Itzá **Series:** Second **Obv. Legend:** ESTADOS UNIDOS MEXICANOS **Rev. Legend:** Castillo de Chichén Itzá **Edge:** Segmented reeding

Date	Mintage	VF20	XF40	MS60	MS63	MS65
2007 Mo	149,579	—	—	25.00	30.00	—

KM# 861 33.94 g., Bi-Metallic .925 Silver 20.1753g center in Aluminum-Bronze ring, 39.04mm. **Obv:** National arms **Rev:** Cable car above Monumento al Minero at left, Cathedral de Zacatecas at center right **Series:** Second **Obv. Legend:** ESTADOS UNIDOS MEXICANOS **Rev. Legend:** ZACATECAS **Edge:** Segmented reeding

Date	Mintage	VF20	XF40	MS60	MS63	MS65
2007 Mo	148,833	—	—	25.00	30.00	—

KM# 879 29.17 g., Bi-Metallic .999 Gold 17.154g center in .999 12.015g ring, 34.5mm. **Obv:** National arms **Rev:** Isle de Mexcaltitlán **Series:** Second **Obv. Legend:** ESTADOS UNIDOS MEXICANOS **Rev. Legend:** ESTADO DE NAYARIT **Edge:** Segmented reeding

Date	Mintage	VF20	XF40	MS60	MS63	MS65
2007 Mo	600		PF65 1,200			

KM# 880 29.17 g., Bi-Metallic .999 Gold 17.154g center in .999 Silver 12.015g ring, 34.5mm. **Obv:** National arms **Rev:** Old foundry in Parque Fundidora (public park) at right, Cerro de la Silla (Saddle hill) in background **Series:** Second **Obv. Legend:** ESTADOS UNIDOS MEXICANOS **Rev. Legend:** ESTADO DE NUEVO LEÓN **Edge:** Segmented reeding

Date	Mintage	VF20	XF40	MS60	MS63	MS65
2007 Mo	600		PF65 1,200			

KM# 881 29.17 g., Bi-Metallic .999 Gold 17.154g center in .999 Silver 12.015g ring, 34.50mm. **Obv:** National arms **Rev:** Teatro Macedonio Alcala (theater) **Series:** Second **Obv. Legend:** ESTADOS UNIDOS MEXICANOS **Rev. Legend:** OAXACA **Edge:** Segmented reeding

Date	Mintage	VF20	XF40	MS60	MS63	MS65
2007 Mo	600		PF65 1,200			

KM# 882 29.17 g., Bi-Metallic .999 Gold 17.154g center in .999 Silver 12.015g ring, 34.5mm. **Obv:** National arms **Rev:** Talavera porcelain dish **Series:** Second **Obv. Legend:** ESTADOS UNIDOS MEXICANOS **Rev. Legend:** ESTADO DE PUEBLA **Edge:** Segmented reeding

Date	Mintage	VF20	XF40	MS60	MS63	MS65
2007 Mo	600		PF65 1,200			

KM# 883 29.17 g., Bi-Metallic .999 Gold 17.154g center in .999 Silver 12.015g ring, 34.5mm. **Obv:** National arms **Rev:** Mask at left, rays above state arms at center, Mayan ruins at right **Series:** Second **Obv. Legend:** ESTADOS UNIDOS MEXICANOS **Rev. Legend:** QUINTANA ROO **Edge:** Segmented reeding

Date	Mintage	VF20	XF40	MS60	MS63	MS65
2007 Mo	600		PF65 1,200			

KM# 884 29.17 g., Bi-Metallic .999 Gold 17.154g center in .999 Silver 12.015g ring, 34.5mm. **Obv:** National arms **Rev:** Aqueduct of Querétaro at left, church of Santa Rosa de Viterbo at right **Series:** Second **Obv. Legend:** ESTADOS UNIDOS MEXICANOS **Rev. Legend:** ESTADO DE QUERÉTARO ARTEAGA **Edge:** Segmented reeding

Date	Mintage	VF20	XF40	MS60	MS63	MS65
2007 Mo	600		PF65 1,200			

KM# 885 29.17 g., Bi-Metallic .999 Gold 17.154g center in .999 Silver 12.015 ring, 34.5mm. **Obv:** National arms **Rev:** Facade of Caja Real **Series:** Second **Obv. Legend:** ESTADOS UNIDOS MEXICANOS **Rev. Legend:** • SAN LUIS POTOSÍ • **Edge:** Segmented reeding

Date	Mintage	VF20	XF40	MS60	MS63	MS65
2007 Mo	600		PF65 1,200			

KM# 886 29.17 g., Bi-Metallic .999 Gold 17.154 center in .999 Silver 12.015g ring, 34.5mm. **Obv:** National arms **Rev:** Shield on pile of cactus fruits **Series:** Second **Obv. Legend:** ESTADOS UNIDOS MEXICANOS **Rev. Legend:** ESTADO DE SINALOA - LUGAR DE PITAHAYES **Edge:** Segmented reeding

Date	Mintage	VF20	XF40	MS60	MS63	MS65
2007 Mo	600		PF65 1,200			

KM# 887 29.17 g., Bi-Metallic .999 Gold 17.154g center in .999 Silver 12.015g ring, 34.5mm. **Obv:** National arms **Rev:** Local in Dance of the Deer at left, cactus at right, mountains in background **Series:** Second **Obv. Legend:** ESTADOS UNIDOS MEXICANOS **Rev. Legend:** ESTADO DE SONORA **Edge:** Segmented reeding

Date	Mintage	VF20	XF40	MS60	MS63	MS65
2007 Mo	600		PF65 1,200			

KM# 888 29.17 g., Bi-Metallic .999 Gold 17.154g center in .999 Silver 12.015g ring, 34.5mm. **Obv:** National arms **Rev:** Fuente de los Pescadores (fisherman fountain) at lower left, giant head from the Olmec-pre-Hispanic culture at right, Planetario Tabasco in background **Series:** Second **Obv. Legend:** ESTADOS UNIDOS MEXICANOS **Rev. Legend:** TABASCO **Edge:** Segmented reeding

Date	Mintage	VF20	XF40	MS60	MS63	MS65
2007 Mo	600		PF65 1,200			

KM# 889 29.17 g., Bi-Metallic .999 Gold 17.154g center in .999 Silver 12.015g ring, 34.5mm. **Obv:** National arms **Rev:** Ridge - Cerro Del Bemal, Gonzáles **Series:** Second **Obv. Legend:** ESTADOS DE MEXICANOS **Rev. Legend:** TAMAULIPAS **Edge:** Segmented reeding

Date	Mintage	VF20	XF40	MS60	MS63	MS65
2007 Mo	600		PF65 1,200			

ESTADOS UNIDOS

KM# 890 29.17 g., Bi-Metallic .999 Gold 17.154g center in .999 Silver 12.015g ring, 34.5mm. **Obv:** National arms **Rev:** Basilica de Ocotlán at left, state arms above Capilla Abierta, Plaza de Toros Ranchero Aguilar below, Exconvento de San Francisco at right **Series:** Second **Obv. Legend:** ESTADOS UNIDOS MEXICANOS **Rev. Legend:** ESTADO DE TLAXCALA **Edge:** Segmented reeding

Date	Mintage	VF20	XF40	MS60	MS63	MS65
2007 Mo	600				PF65	1,200

KM# 891 29.17 g., Bi-Metallic .999 Gold 17.154g center in .999 Silver 12.015g ring, 34.5mm. **Obv:** National arms **Rev:** Pyramid of El Tajin **Series:** Second **Obv. Legend:** ESTADOS UNIDOS MEXICANOS **Rev. Legend:** • VERACRUZ • - • DE IGNACIO DE LA LLAVE • **Edge:** Segmented reeding

Date	Mintage	VF20	XF40	MS60	MS63	MS65
2007 Mo	600				PF65	1,200

KM# 892 29.17 g., Bi-Metallic .999 Gold 17.154g center in .999 Silver 12.015g ring, 34.5mm. **Obv:** National arms **Rev:** Stylized pyramid of Chichén-Itzá **Series:** Second **Obv. Legend:** ESTADOS UNIDOS MEXICANOS **Rev. Inscription:** YUCATÁN **Edge:** Segmented reeding

Date	Mintage	VF20	XF40	MS60	MS63	MS65
2007 Mo	600				PF65	1,200

KM# 893 29.17 g., Bi-Metallic .999 Gold 17.154g center in .999 Silver 12.015g ring, 34.5mm. **Obv:** National arms **Rev:** Cable car above Monumento al Minero at left, Cathedral de Zacatecas at center right **Series:** Second **Obv. Legend:** ESTADOS UNIDOS MEXICANOS **Rev. Legend:** Zacatecas **Edge:** Segmented reeding

Date	Mintage	VF20	XF40	MS60	MS63	MS65
2007 Mo	600				PF65	1,200

KM# 963 33.97 g., Bi-Metallic .925 Silver 0.500 oz. ASW center in Aluminum-Bronze ring, 39mm. **Subject:** Numismatic Heritage of Mexico **Obv:** National arms **Rev:** Obverse of 1804Mo 8 Reale coin with chopmarks **Edge:** Segmented reeding

Date	Mintage	VF20	XF40	MS60	MS63
2012 Mo Prooflike	8,000	—	—	—	40.00

KM# 964 Bi-Metallic 33.97 g., .925 Silver 0.500 oz., ASW center in Aluminum-Bronze ring, 39mm. **Subject:** Numismatic Heritage of Mexico **Obv:** National arms **Rev:** 1608Mo 8 Reales Cob coin of Philip III **Edge:** Segmented reeding

Date	Mintage	VF20	XF40	MS60	MS63
2012 Mo Prooflike	8,000	—	—	—	40.00

KM# 965 33.97 g., Bi-Metallic .925 Silver 0.500 oz. ASW center in Aluminum-Bronze ring, 39mm. **Subject:** Numismatic Heritage of Mexico **Obv:** National arms **Rev:** 1811Zs 8 Reale Royalist Provisional Coin **Edge:** Segmented reeding

Date	Mintage	VF20	XF40	MS60	MS63
2012 Mo Prooflike	8,000	—	—	—	40.00

KM# 966 33.97 g., Bi-Metallic .925 Silver 0.500 oz., ASW center in Aluminum-Bronze ring, 39mm. **Subject:** Numismatic Heritage of Mexico **Obv:** National arms **Rev:** 1866Mo 1 Peso coin **Edge:** Segmented reeding

Date	Mintage	VF20	XF40	MS60	MS63
2012 Mo Prooflike	8,000	—	—	—	40.00

KM# 967 33.97 g., Bi-Metallic .925 Silver 0.500 oz., ASW center in Aluminum-Bronze ring, 39mm. **Subject:** Numismatic Heritage of Mexico **Obv:** National arms **Rev:** 1828Mo 8 Escudo coin **Edge:** Segmented reeding

Date	Mintage	VF20	XF40	MS60	MS63
2012 Mo Prooflike	8,000	—	—	—	40.00

KM# 968 33.97 g., Bi-Metallic .925 Silver 0.500 oz., ASW center in Aluminum-Bronze ring, 39mm. **Subject:** Numismatic Heritage of Mexico **Obv:** National arms **Rev:** 1950Mo 5 Peso Southeast Railway Inauguration coin **Edge:** Segmented reeding

Date	Mintage	VF20	XF40	MS60	MS63
2012 Mo Prooflike	8,000	—	—	—	40.00

KM# 971 33.97 g., Bi-Metallic .925 Silver 0.500 oz., ASW center in Aluminum-Bronze ring, 39mm. **Subject:** Numismatic Heritage of Mexico **Obv:** National arms **Rev:** 1915Gro. 2 Peso Zapatista coin from Suriana **Edge:** Segmented reeding

Date	Mintage	VF20	XF40	MS60	MS63
2013 Mo Prooflike	8,000	—	—	—	40.00

KM# 972 33.97 g., Bi-Metallic .925 Silver 0.500 oz. ASW center in Aluminum-Bronze ring, 39mm. **Subject:** Numismatic Heritage of Mexico **Obv:** National arms **Rev:** Early MoR Charles and Joanna 3 Reale coin **Edge:** Segmented reeding

Date	Mintage	VF20	XF40	MS60	MS63
2013 Mo Prooflike	8,000	—	—	—	40.00

KM# 973 33.97 g., Bi-Metallic .925 Silver 0.500 oz. ASW center in Aluminum-Bronze ring, 39mm. **Subject:** Numismatic Heritage of Mexico **Obv:** National arms **Rev:** Zs 1 Peso Scale of Justice coin

Date	Mintage	VF20	XF40	MS60	MS63
2013 Mo Prooflike	8,000	—	—	—	40.00

KM# 974 33.97 g., Bi-Metallic .925 Silver 0.500 oz. ASW center in Aluminum-Bronze ring, 39mm. **Subject:** Numismatic Heritage of Mexico **Obv:** National arms **Rev:** Ca M.M. 8 Reale Republican coin with counterstamp **Edge:** Segmented reeding

Date	Mintage	VF20	XF40	MS60	MS63
2013 Mo Prooflike	8,000	—	—	—	40.00

KM# 975 33.97 g., Bi-Metallic .925 Silver 0.500 oz. ASW center in Aluminum-Bronze ring, 39mm. **Subject:** Numismatic Heritage of Mexico **Obv:** National arms **Rev:** 1811 8 Reale insurgent coin of the Supreme American Governing Board **Edge:** Segmented reeding

Date	Mintage	VF20	XF40	MS60	MS63
2013 Mo Prooflike	8,000	—	—	—	40.00

KM# 976 33.97 g., Bi-Metallic .925 Silver 0.500 oz. ASW center in Aluminum-Bronze ring, 39mm. **Subject:** Numismatic Heritage of Mexico **Obv:** National arms **Rev:** 1822Mo 8 Escudo **Edge:** Segmented reeding

Date	Mintage	VF20	XF40	MS60	MS63
2013 Mo Prooflike	8,000	—	—	—	40.00

KM# 980 33.96 g., Bi-Metallic .925 Silver 16.812g center in Aluminum-Bronze ring, 33.96mm. **Subject:** Numismatic Heritage of Mexico **Obv:** National arms **Rev:** 1806 Charles IV 8 Reales with British Guiana counterstamp **Obv. Legend:** HERENCIA NUMISMATICA DE MEXICO **Edge:** Segmented reeding

Date	Mintage	VF20	XF40	MS60	MS63
2014 Prooflike	8,000	—	—	—	40.00

KM# 981 33.96 g., Bi-Metallic .925 Silver 16.812g center in Aluminum-Bronze ring, 33.96mm. **Subject:** Numismatic Heritage of Mexico **Obv:** National arms **Rev:** 1748 Ferdinand VI 8 Escudo coin **Obv. Legend:** HERENCIA NUMISMATICA DE MEXICO **Edge:** Segmented reeding

Date	Mintage	VF20	XF40	MS60	MS63
2014 Prooflike	8,000	—	—	—	40.00

KM# 982 33.96 g., Bi-Metallic .925 Silver 16.812g center in Aluminum-Bronze ring, 33.96mm. **Subject:** Numismatic Heritage of Mexico **Obv:**

National arms **Rev:** 1916 60 Peso Oaxaca State revolutionary coin **Obv. Legend:** HERENCIA NUMISMATICA DE MEXICO **Edge:** Segmented reeding

Date	Mintage	VF20	XF40	MS60	MS63
2014 Prooflike	8,000	—	—	— 40.00	

KM# 983 33.96 g., Bi-Metallic .925 Silver 16.812g center in Aluminum-Bronze ring, 33.96mm. **Subject:** Numismatic Heritage of Mexico **Obv:** National arms **Rev:** 1812 8 Reales Oaxaca provisional coin **Obv. Legend:** HERENCIA NUMISMATICA DE MEXICO **Edge:** Segmented reeding

Date	Mintage	VF20	XF40	MS60	MS63
2014 Prooflike	8,000	—	—	— 40.00	

KM# 984 33.96 g., Bi-Metallic .925 Silver 16.812g center in Aluminum-Bronze ring, 33.96mm. **Subject:** Numismatic Heritage of Mexico **Obv:** National arms **Rev:** 1834A Republican 1/4 Real coin **Obv. Legend:** HERENCIA NUMISMATICA DE MEXICO **Edge:** Segmented reeding

Date	Mintage	VF20	XF40	MS60	MS63
2014 Prooflike	8,000	—	—	— 40.00	

KM# 985 33.96 g., Bi-Metallic .925 Silver 16.812g center in Aluminum-Bronze ring, 33.96mm. **Subject:** Numismatic Heritage of Mexico **Obv:** National arms **Rev:** 1914 Peso Villa revolutionary coin **Obv. Legend:** HERENCIA NUMISMATICA DE MEXICO **Edge:** Segmented reeding

Date	Mintage	VF20	XF40	MS60	MS63
2014 Prooflike	8,000	—	—	— 40.00	

50000 PESOS

KM# 771 7.77 g., 0.999 Gold, 0.2496 oz. AGW 23mm. **Subject:** World Cup Soccer **Obv:** Mexican Eagle and Snake **Rev:** Kneeling Mayan Pelota player and soccer ball

Date	Mintage	VF20	XF40	MS60	MS63	MS65
2006 Mo	9,505		PF65 600			

SILVER BULLION COINAGE

100 PESOS

KM# 921 1000.00 g., 0.999 Silver, 32.1186 oz. ASW 110mm. **Obv:** National arms in center of past and present arms **Rev:** Aztec Calendar **Edge:** Plain

Date	Mintage	VF20	XF40	MS60	MS63
2007 Mo Prooflike	303	—	—	— 1,800	
2008 Mo Prooflike	1,000	—	—	— 1,500	
2009 Mo Prooflike	1,500	—	—	— 1,200	
2010 Mo Prooflike	1,500	—	—	— 1,200	
2011 Mo Prooflike	1,500	—	—	— 1,200	
2012 Mo Prooflike	1,500	—	—	— 1,200	
2013 Mo Prooflike	500	—	—	— 1,500	
2014 Mo Prooflike	500	—	—	— 1,500	
2015 Mo Prooflike	800	—	—	— 1,500	

1/20 ONZA
(1/20 TROY OUNCE OF SILVER)

KM# 542 1.56 g., 0.999 Silver, 0.0499 oz. ASW 16mm. **Obv:** National arms, eagle left **Rev:** Winged Victory

Date	Mintage	VF20	XF40	MS60	MS63	MS65
1991 Mo	50,017	—	—	—	— 5.50	

Date	Mintage	VF20	XF40	MS60	MS63	MS65
1992 Mo	295,783	—	—	—	— 4.50
1992 Mo	5,000		PF65 10.00			
1993 Mo	100,000	—	—	—	— 4.50
1993 Mo	5,002		PF65 10.00			
1994 Mo	90,100	—	—	—	— 4.50
1994 Mo	5,002		PF65 10.00			
1995 Mo	50,000	—	—	—	— 5.50
1995 Mo	2,000		PF65 12.00			

KM# 609 1.56 g., 0.999 Silver, 0.0499 oz. ASW 16mm. **Obv:** National arms, eagle left **Rev:** Winged Victory

Date	Mintage	VF20	XF40	MS60	MS63	MS65
1996 Mo	50,000	—	—	—	— 20.00
1996 Mo	1,000		PF65 30.00			
1997 Mo	20,000	—	—	—	— 20.00
1997 Mo	800		PF65 30.00			
1998 Mo	6,400	—	—	—	— 30.00
1998 Mo	300		PF65 37.00			
1999 Mo	8,001	—	—	—	— 25.00
1999 Mo	600		PF65 32.00			
2000 Mo	57,500	—	—	—	— 25.00
2000 Mo	900		PF65 32.00			
2001 Mo	25,000	—	—	—	— 25.00
2001 Mo	1,500		PF65 30.00			
2002 Mo	45,000	—	—	—	— 16.00
2002 Mo	2,800		PF65 25.00			
2003 Mo	50,000	—	—	—	— 16.00
2003 Mo	4,400		PF65 25.00			
2004 Mo	30,000	—	—	—	— 16.00
2004 Mo	2,700		PF65 25.00			
2005 Mo	15,000	—	—	—	— 16.00
2005 Mo	2,600		PF65 25.00			
2006 Mo	20,000	—	—	—	— 16.00
2006 Mo	3,300		PF65 25.00			
2007 Mo	3,500	—	—	—	— 16.00
2007 Mo	4,000		PF65 25.00			
2008 Mo	7,000	—	—	—	— 16.00
2008 Mo	3,300		PF65 25.00			
2009 Mo	10,000	—	—	—	— 10.00
2009 Mo	5,000		PF65 12.00			
2010 Mo	12,000	—	—	—	— 10.00
2010 Mo	10,000		PF65 12.00			
2011 Mo	15,000	—	—	—	— 10.00
2011 Mo	10,000		PF65 12.00			
2013 Mo	13,500	—	—	—	— 8.00
2013 Mo	4,200		PF65 12.00			
2014 Mo	5,700	—	—	—	— 8.00
2014 Mo	1,850		PF65 12.00			
2015 Mo	18,400	—	—	—	— 8.00
2015 Mo	2,200		PF65 12.00			
2016 Mo	—		PF65 12.00			
2016 Mo	Est. 22900	—	—	—	— 8.00

1/10 ONZA
(1/10 TROY OUNCE OF SILVER)

KM# 543 3.11 g., 0.999 Silver, 0.0999 oz. ASW 20mm. **Obv:** National arms, eagle left **Rev:** Winged Victory

Date	Mintage	VF20	XF40	MS60	MS63	MS65
1991 Mo	50,017	—	—	—	—	7.50
1992 Mo	299,983	—	—	—	—	6.50
1992 Mo	5,000		PF65 12.00			
1993 Mo	100,000	—	—	—	—	6.50
1993 Mo	5,002		PF65 12.00			
1994 Mo	90,100	—	—	—	—	6.50
1994 Mo	5,002		PF65 12.00			
1995 Mo	50,000	—	—	—	—	7.50
1995 Mo	2,000		PF65 13.50			

KM# 610 3.11 g., 0.999 Silver, 0.0999 oz. ASW 20mm. **Obv:** National arms, eagle left **Rev:** Winged Victory

Date	Mintage	VF20	XF40	MS60	MS63	MS65
1996 Mo	50,000	—	—	—	—	25.00
1996 Mo	1,000		PF65 35.00			
1997 Mo	20,000	—	—	—	—	25.00
1997 Mo	800		PF65 35.00			
1998 Mo	6,400	—	—	—	—	33.00
1998 Mo	300		PF65 45.00			
1999 Mo	8,000	—	—	—	—	27.50
1999 Mo	600		PF65 40.00			
2000 Mo	27,500	—	—	—	—	27.50
2000 Mo	1,000		PF65 40.00			
2001 Mo	25,000	—	—	—	—	27.50
2001 Mo	1,500		PF65 36.00			
2002 Mo	35,000	—	—	—	—	20.00
2002 Mo	2,800		PF65 30.00			
2003 Mo	20,000	—	—	—	—	20.00
2003 Mo	4,900		PF65 30.00			
2004 Mo	15,000	—	—	—	—	20.00
2004 Mo	2,500		PF65 30.00			
2005 Mo	9,277	—	—	—	—	20.00
2005 Mo	3,000		PF65 27.50			
2006 Mo	15,000	—	—	—	—	20.00
2006 Mo	3,000		PF65 27.50			
2007 Mo	3,500	—	—	—	—	20.00
2007 Mo	4,000		PF65 27.50			
2008 Mo	10,000	—	—	—	—	20.00
2008 Mo	5,000		PF65 27.50			
2009 Mo	10,000	—	—	—	—	20.00
2009 Mo	5,000		PF65 27.50			
2010 Mo	12,000	—	—	—	—	12.00
2010 Mo	10,000		PF65 15.00			
2011 Mo	15,000	—	—	—	—	12.00
2011 Mo	10,000		PF65 15.00			
2012 Mo	3,300	—	—	—	—	15.00
2013 Mo	18,900	—	—	—	—	10.00
2013 Mo	4,100		PF65 15.00			
2014 Mo	6,350	—	—	—	—	10.00
2014 Mo	1,950		PF65 15.00			
2015 Mo	19,900	—	—	—	—	10.00
2015 Mo	5,300		PF65 15.00			
2016 Mo	Est. 22400	—	—	—	—	10.00
2016 Mo	—		PF65 15.00			

1/4 ONZA
(1/4 TROY OUNCE OF SILVER)

KM# 544 7.78 g., 0.999 Silver, 0.2497 oz. ASW 25mm. **Obv:** National arms, eagle left **Rev:** Winged Victory

Date	Mintage	VF20	XF40	MS60	MS63	MS65
1991 Mo	50,017	—	—	—	—	11.50
1992 Mo	104,000	—	—	—	—	10.00
1992 Mo	5,000		PF65 16.50			
1993 Mo	90,500	—	—	—	—	10.00
1993 Mo	5,002		PF65 16.50			
1994 Mo	90,100	—	—	—	—	10.00
1994 Mo	5,002		PF65 16.50			
1995 Mo	50,000	—	—	—	—	11.50
1995 Mo	2,000		PF65 17.50			

KM# 611 7.78 g., 0.999 Silver, 0.2497 oz. ASW 27mm. **Obv:** National arms, eagle left **Rev:** Winged Victory

Date	Mintage	VF20	XF40	MS60	MS63	MS65
1996 Mo	50,000	—	—	—	—	30.00
1996 Mo	1,000		PF65 40.00			
1997 Mo	20,000	—	—	—	—	32.00
1997 Mo	800		PF65 40.00			
1998 Mo	6,400	—	—	—	—	40.00
1998 Mo	300		PF65 65.00			
1999 Mo	7,000	—	—	—	—	35.00
1999 Mo	600		PF65 50.00			
2000 Mo	21,000	—	—	—	—	35.00
2000 Mo	700		PF65 50.00			
2001 Mo	25,000	—	—	—	—	35.00
2001 Mo	1,000		PF65 42.00			
2002 Mo	35,000	—	—	—	—	27.50
2002 Mo	2,800		PF65 40.00			
2003 Mo	22,000	—	—	—	—	27.50
2003 Mo	3,900		PF65 40.00			
2004 Mo	15,000	—	—	—	—	27.50
2004 Mo	2,500		PF65 40.00			
2005 Mo	15,000	—	—	—	—	27.50
2005 Mo	2,400		PF65 37.00			
2006 Mo	15,000	—	—	—	—	25.00
2006 Mo	2,900		PF65 37.00			
2007 Mo	3,500	—	—	—	—	25.00
2007 Mo	3,000		PF65 37.00			
2008 Mo	9,000	—	—	—	—	25.00
2008 Mo	2,900		PF65 37.00			
2009 Mo	10,000	—	—	—	—	25.00
2009 Mo	3,000		PF65 37.00			
2010 Mo	15,500	—	—	—	—	25.00
2010 Mo	5,000		PF65 37.00			

Date	Mintage	VF20	XF40	MS60	MS63	MS65
2011 Mo	15,500	—	—	—	—	25.00
2011 Mo	5,000		PF65 37.00			
2012 Mo	16,700	—	—	—	—	25.00
2013 Mo	9,600	—	—	—	—	12.00
2013 Mo	3,200		PF65 30.00			
2014 Mo	6,950	—	—	—	—	12.00
2014 Mo	1,700		PF65 30.00			
2015 Mo	17,900	—	—	—	—	12.00
2015 Mo	2,400		PF65 30.00			
2016 Mo	Est. 17700	—	—	—	—	12.00
2016 Mo	—		PF65 30.00			

1/2 ONZA
(1/2 TROY OUNCE OF SILVER)

KM# 545 15.55 g., 0.999 Silver, 0.4995 oz. ASW 30mm. **Obv:** National arms, eagle left **Rev:** Winged Victory

Date	Mintage	VF20	XF40	MS60	MS63	MS65
1991 Mo	50,618	—	—	—	—	24.00
1992 Mo	119,000	—	—	—	—	22.00
1992 Mo	5,000		PF65 27.00			
1993 Mo	90,500	—	—	—	—	22.00
1993 Mo	5,002		PF65 27.00			
1994 Mo	90,100	—	—	—	—	22.00
1994 Mo	5,002		PF65 27.00			
1995 Mo	50,000	—	—	—	—	22.00
1995 Mo	2,000		PF65 28.00			

KM# 612 15.55 g., 0.999 Silver, 0.4995 oz. ASW 33mm. **Obv:** National arms, eagle left **Rev:** Winged Victory

Date	Mintage	VF20	XF40	MS60	MS63	MS65
1996 Mo	50,000	—	—	—	—	35.00
1996 Mo	1,000		PF65 60.00			
1997 Mo	20,000	—	—	—	—	40.00
1997 Mo	800		PF65 60.00			
1998 Mo	6,400	—	—	—	—	60.00
1998 Mo	2,500		PF65 90.00			
1999 Mo	7,000	—	—	—	—	45.00
1999 Mo	600		PF65 70.00			
2000 Mo	20,000	—	—	—	—	45.00
2000 Mo	700		PF65 70.00			
2001 Mo	20,000	—	—	—	—	45.00
2001 Mo	1,000		PF65 60.00			
2002 Mo	35,000	—	—	—	—	37.00

Date	Mintage	VF20	XF40	MS60	MS63	MS65
2002 Mo	2,800		PF65 50.00			
2003 Mo	28,000	—	—	—	—	37.00
2003 Mo	3,400		PF65 50.00			
2004 Mo	20,000	—	—	—	—	37.00
2004 Mo	2,500		PF65 50.00			
2005 Mo	10,000	—	—	—	—	37.00
2005 Mo	2,800		PF65 45.00			
2006 Mo	15,000	—	—	—	—	37.00
2006 Mo	2,900		PF65 45.00			
2007 Mo	3,500	—	—	—	—	37.00
2007 Mo	1,500		PF65 45.00			
2008 Mo	9,000	—	—	—	—	37.00
2008 Mo	2,500		PF65 45.00			
2009 Mo	10,000	—	—	—	—	37.00
2009 Mo	3,000		PF65 45.00			
2010 Mo	20,000	—	—	—	—	37.00
2010 Mo	5,000		PF65 45.00			
2011 Mo	30,000	—	—	—	—	37.00
2011 Mo	5,000		PF65 45.00			
2012 Mo	17,000	—	—	—	—	37.00
2013 Mo	24,500	—	—	—	—	20.00
2013 Mo	3,000		PF65 45.00			
2014 Mo	23,000	—	—	—	—	20.00
2014 Mo	1,750		PF65 45.00			
2015 Mo	16,000	—	—	—	—	20.00
2015 Mo	2,500		PF65 45.00			
2016 Mo	Est. 30900	—	—	—	—	20.00
2016 Mo	—		PF65 45.00			

ONZA
(TROY OUNCE OF SILVER)

KM# 494.1 31.10 g., 0.999 Silver, 0.9989 oz. ASW 36mm. **Subject:** Libertad **Obv:** National arms, eagle left **Rev:** Winged Victory **Edge:** Plain

Date	Mintage	VF20	XF40	MS60	MS63	MS65
1982 Mo	1,049,680	—	—	—	—	35.00
1983 Mo	1,001,768	—	—	—	—	35.00
1983 Mo	998		PF65 600			
1984 Mo	1,014,000	—	—	—	—	32.00
1985 Mo	2,017,000	—	—	—	—	32.00
1986 Mo	1,699,426	—	—	—	—	35.00
1986 Mo	30,006		PF65 45.00			
1987 Mo	500,000	—	—	—	—	70.00
1987 Mo	Inc. above	—	—	—	—	70.00
Doubled die						
1987 Mo	12,000		PF65 60.00			
1988 Mo	1,500,500	—	—	—	—	80.00
1989 Mo	1,396,500	—	—	—	—	45.00
1989 Mo	10,000		PF65 95.00			

KM# 494.2 31.10 g., 0.999 Silver, 0.9989 oz. ASW 36mm. **Obv:** National arms, eagle left **Rev:** Winged Victory **Edge:** Reeded

Date	Mintage	VF20	XF40	MS60	MS63	MS65
1988 Mo	10,000		PF65 100			
1990 Mo	1,200,000	—	—	—	—	60.00

Date	Mintage	VF20	XF40	MS60	MS63	MS65
1990 Mo	10,000	PF65 90.00				
1991 Mo	1,650,518	—	—	—	—	52.00

KM# 494.5 31.10 g., 0.999 Silver, 0.9989 oz. ASW **Subject:** Libertad **Obv:** National arms, eagle left, KM#494.3 **Rev:** Winged Victory, KM#494.2 **Edge:** Reeded **Note:** Mule

Date	Mintage	VF20	XF40	MS60	MS63	MS65
1991 Mo	10,000	PF65 85.00				

KM# 494.3 31.10 g., 0.999 Silver, 0.9989 oz. ASW 36mm. **Subject:** Libertad **Obv:** National arms, eight dots below eagle's left talons **Rev:** Winged Victory with revised design and lettering **Edge:** Reeded

Date	Mintage	VF20	XF40	MS60	MS63	MS65
1991 Mo	Inc. above	—	—	—	—	50.00
1991 Mo	10,000	PF65 85.00				
1992 Mo	2,458,000	—	—	—	—	50.00
1992 Mo	10,000	PF65 85.00				

KM# 494.4 31.10 g., 0.999 Silver, 0.9989 oz. ASW 36mm. **Subject:** Libertad **Obv:** National arms, Seven dots below eagle's left talon, dull claws on right talon, thick lettering **Rev:** Winged Victory with revised design and lettering **Edge:** Reeded

Date	Mintage	VF20	XF40	MS60	MS63	MS65
1993 Mo	1,000,000	—	—	—	—	45.00
1993 Mo	5,002	PF65 90.00				
1994 Mo	400,000	—	—	—	—	45.00
1994 Mo	5,002	PF65 85.00				
1995 Mo	500,000	—	—	—	—	45.00
1995 Mo	2,000	PF65 85.00				

KM# 613 31.11 g., 0.999 Silver, 0.999 oz. ASW 40mm. **Obv:** National arms, eagle left **Rev:** Winged Victory

Date	Mintage	VF20	XF40	MS60	MS63	MS65
1996 Mo	300,000	—	—	—	—	48.00
1996 Mo	2,000	PF65 90.00				
1997 Mo	100,000	—	—	—	—	80.00
1997 Mo	1,500	PF65 70.00				
1998 Mo	67,000	—	—	—	—	135
1998 Mo	500	PF65 200				
1999 Mo	95,000	—	—	—	—	140
1999 Mo	600	PF65 95.00				

KM# 639 31.10 g., 0.999 Silver, 0.9989 oz. ASW 40mm. **Subject:** Libertad **Obv:** National arms, eagle left within center of past and present arms **Rev:** Winged Victory **Edge:** Reeded

Date	Mintage	VF20	XF40	MS60	MS63	MS65
2000 Mo	340,000	—	—	—	—	55.00
2000 Mo	1,600	PF65 140				
2001 Mo	725,000	—	—	—	—	55.00
2001 Mo	2,000	PF65 140				
2002 Mo	850,000	—	—	—	—	55.00
2002 Mo	3,800	PF65 150				
2003 Mo	805,000	—	—	—	—	60.00
2003 Mo	5,400	PF65 120				
2004 Mo	450,000	—	—	—	—	50.00
2004 Mo	3,000	PF65 125				
2005 Mo	698,281	—	—	—	—	50.00
2005 Mo	3,300	PF65 125				
2006 Mo	300,000	—	—	—	—	50.00
2006 Mo	4,000	PF65 140				
2007 Mo	200,000	—	—	—	—	100
2007 Mo	5,800	PF65 150				
2008 Mo	950,000	—	—	—	—	60.00
2008 Mo	11,000	PF65 120				
2009 Mo	1,650,000	—	—	—	—	40.00
2009 Mo	10,000	PF65 100				
2010 Mo	1,000,000	—	—	—	—	50.00
2010 Mo	10,000	PF65 125				
2011 Mo	1,200,000	—	—	—	—	30.00

Date	Mintage	VF20	XF40	MS60	MS63	MS65
2011 Mo	10,000		PF65 80.00			
2012 Mo	746,400	—	—	—	—	30.00
2012 Mo	4,200		PF65 80.00			
2013 Mo	774,100	—	—	—	—	30.00
2013 Mo	9,100		PF65 40.00			
2014 Mo	429,200	—	—	—	—	30.00
2014 Mo	4,700		PF65 40.00			
2015 Mo	901,500	—	—	—	—	30.00
2015 Mo Prooflike	1,500	—	—	—	—	35.00
2015 Mo	6,400		PF65 40.00			
2016 Mo	Est. 1437500	—	—	—	—	30.00
2016 Mo	—		PF65 40.00			

2 ONZAS
(2 TROY OUNCES OF SILVER)

KM# 614 62.21 g., 0.999 Silver, 1.998 oz. ASW 48mm. **Subject:** Libertad **Obv:** National arms, eagle left within center of past and present arms **Rev:** Winged Victory **Edge:** Reeded

Date	Mintage	VF20	XF40	MS60	MS63	MS65
1996 Mo	50,000	—	—	—	—	90.00
1996 Mo	1,200		PF65 275			
1997 Mo	15,000	—	—	—	—	100
1997 Mo	1,300		PF65 150			
1998 Mo	7,000	—	—	—	—	100
1998 Mo	400		PF65 450			
1999 Mo	5,000	—	—	—	—	110
1999 Mo	280		PF65 7,000			
2000 Mo	7,500	—	—	—	—	100
2000 Mo	500		PF65 300			
2001 Mo	6,700	—	—	—	—	120
2001 Mo	500		PF65 300			
2002 Mo	8,700	—	—	—	—	110
2002 Mo	1,000		PF65 225			
2003 Mo	9,500	—	—	—	—	110
2003 Mo	800		PF65 225			

Date	Mintage	VF20	XF40	MS60	MS63	MS65
2004 Mo	8,000	—	—	—	—	100
2004 Mo	1,000		PF65 175			
2005 Mo	3,549	—	—	—	—	100
2005 Mo	600		PF65 500			
2006 Mo	5,800	—	—	—	—	100
2006 Mo	1,100		PF65 175			
2007 Mo	8,000	—	—	—	—	100
2007 Mo	500		PF65 250			
2008 Mo	17,000	—	—	—	—	110
2008 Mo	1,000		PF65 170			
2009 Mo	46,000	—	—	—	—	90.00
2009 Mo	6,200		PF65 100			
2010 Mo	14,000	—	—	—	—	75.00
2010 Mo	1,300		PF65 120			
2011 Mo	14,000	—	—	—	—	110
2011 Mo	1,000		PF65 140			
2012 Mo	18,600	—	—	—	—	70.00
2013 Mo	17,400	—	—	—	—	60.00
2013 Mo	1,300		PF65 110			
2014 Mo	9,000	—	—	—	—	60.00
2014 Mo	750		PF65 110			
2015 Mo	20,100	—	—	—	—	60.00
2015 Mo	1,300		PF65 110			
2016 Mo	Est. 17600	—	—	—	—	60.00
2016 Mo	—		PF65 110			

5 ONZAS
(5 TROY OUNCES OF SILVER)

KM# 615 155.52 g., 0.999 Silver, 4.995 oz. ASW 65mm. **Subject:** Libertad **Obv:** National arms, eagle left within center of past and present arms **Rev:** Winged Victory **Edge:** Reeded **Note:** Illustration reduced.

Date	Mintage	VF20	XF40	MS60	MS63	MS65
1996 Mo	20,000	—	—	—	—	265

Date	Mintage	VF20	XF40	MS60	MS63	MS65
1996 Mo	1,200	PF65 295				
1997 Mo	10,000	—	—	—	—	265
1997 Mo	1,300	PF65 295				
1998 Mo	3,500	—	—	—	—	325
1998 Mo	400	PF65 1,000				
1999 Mo	2,800	—	—	—	—	255
1999 Mo	100	PF65 1,250				
2000 Mo	4,000	—	—	—	—	255
2000 Mo	500	PF65 375				
2001 Mo	4,000	—	—	—	—	190
2001 Mo	600	PF65 325				
2002 Mo	5,200	—	—	—	—	190
2002 Mo	1,000	PF65 325				
2003 Mo	6,000	—	—	—	—	180
2003 Mo	1,500	PF65 250				
2004 Mo	3,923	—	—	—	—	180
2004 Mo	800	PF65 225				
2005 Mo	2,401	—	—	—	—	205
2005 Mo	1,000	PF65 225				
2006 Mo	3,000	—	—	—	—	180
2006 Mo	700	PF65 265				
2007 Mo	3,000	—	—	—	—	180
2007 Mo	500	PF65 205				
2008 Mo	9,000	—	—	—	—	205
2008 Mo	900	PF65 270				
2009 Mo	21,000	—	—	—	—	250
2009 Mo	5,000	PF65 270				
2010 Mo	9,500	—	—	—	—	220
2010 Mo	2,000	PF65 230				
2011 Mo	10,000	—	—	—	—	220
2011 Mo	2,000	PF65 230				
2012 Mo	9,500	—	—	—	—	220
2013 Mo	10,400	—	—	—	—	150
2013 Mo	1,600	PF65 220				
2014 Mo	6,400	—	—	—	—	150
2014 Mo	800	PF65 220				
2015 Mo	9,500	—	—	—	—	150
2015 Mo	1,600	PF65 220				
2016 Mo	Est. 11400	—	—	—	—	150
2016 Mo	—	PF65 220				

KILO (32.15 TROY OUNCES OF SILVER)

KM# 677 999.98 g., 0.999 Silver, 32.1178 oz. ASW 110mm. **Subject:** Collector Bullion **Obv:** National arms in center of past and present arms **Rev:** Winged Victory **Edge:** Reeded

Date	Mintage	VF20	MS63	MS65
2001 Mo Prooflike	—	—	—	2,200
2002 Mo Prooflike	1,820	—	—	1,750
2003 Mo Prooflike	1,514	—	—	1,650
2004 Mo Prooflike	1,501	—	—	1,800
2005 Mo Prooflike	500	—	—	1,750
2006 Mo Prooflike	874	—	—	1,650
2007 Mo Prooflike	700	—	—	1,650
2008 Mo	2,003	—	—	1,200
2008 Mo Prooflike	1,700	—	—	1,500
2009 Mo	4,000	—	—	1,200
2009 Mo Prooflike	1,700	—	—	1,500
2010 Mo	4,000	—	—	1,200
2010 Mo Prooflike	1,500	—	—	1,500
2011 Mo	6,000	—	—	1,200
2011 Mo Prooflike	1,000	—	—	1,500
2012 Mo	2,300	—	—	1,200
2012 Mo Prooflike	500	—	—	1,500
2013 Mo Prooflike	400	—	—	1,500
2014 Mo Prooflike	500	—	—	1,500
2015 Mo	2,000	—	—	1,200

Date	Mintage	VF20	MS63	MS65
2015 Mo Prooflike	800	—	—	1,500

GOLD BULLION COINAGE

1/25 ONZA (1/25 OUNCE OF PURE GOLD)

KM# 957 1.67 g., 0.0402 Gold, 0.0022 oz. AGW 13mm. **Subject:** Spaniard and Indigenous **Obv:** National arms (eagle and snake facing left) and legend **Rev:** Heads in profile, mail, woman with a plume **Series:** Cultural Fusion **Obv. Legend:** ESTADOS UNIDOS MEXICANOS **Rev. Legend:** FUSIÓN CULTURAL and 1.25 g DE ORO PURO LEY 0.750

Date	Mintage	VF20	XF40	MS60	MS63	MS65
2011 Mo	2,000	PF65 110				

KM# 958 1.67 g., 0.750 Gold, 0.0402 oz. AGW 13mm. **Subject:** Architecture **Obv:** National arms (eagle and snake facing left) and legend **Rev:** Pyramid, aquedect, church dome and cacao fruit **Series:** Cultural fusion **Obv. Legend:** ESTADOS UNIDOS MEXICANOS **Rev. Legend:** FUSIÓN CULTURAL and 1.25 g DE ORO PURO LEY 0.750

Date	Mintage	VF20	XF40	MS60	MS63	MS65
2011 Mo	2,000	PF65 110				

KM# 959 1.67 g., 0.750 Gold, 0.0402 oz. AGW 13mm. **Subject:** Cacao **Obv:** National arms (eagle and snake facing left) and legend **Rev:** Aztec scuplture of a man carrying a cacao husk, legend **Series:** Cultural Fusion **Obv. Legend:** ESTADOS UNIDOS MEXICANOS **Rev. Legend:** XOCOLATL PARA EL MUNDS, EL CACAO and 1.25 g DE ORO PURO LEY

Date	Mintage	VF20	XF40	MS60	MS63	MS65
2011 Mo	2,000	PF65 110				

KM# 960 1.67 g., 0.750 Gold, 0.0402 oz. AGW 13mm. **Subject:** Merchandise **Obv:** National arms (eagle and snake facing left) and legend **Rev:** Allegory of Mesoamerican and Spanish cultural fusion. **Series:** Cultural Fusion **Obv. Legend:** ESTADOS UNIDOS MEXICANOS **Rev. Legend:** FUSIÒN CULTURAL and 1.25 g DE ORO PURO LEY

Date	Mintage	VF20	XF40	MS60	MS63	MS65
2011 Mo	2,000	PF65 110				

1/20 ONZA (1/20 OUNCE OF PURE GOLD)

KM# 530 1.75 g., 0.900 Gold, 0.0506 oz. AGW **Obv:** Winged Victory **Rev:** Calendar stone

Date	Mintage	VF20	XF40	MS60	MS63	MS65
1987 Mo	—	—	—	—	—	275
1988 Mo	—	—	—	—	—	—

KM# 589 1.56 g., 0.999 Gold, 0.0499 oz. AGW 13mm. **Obv:** Winged Victory **Rev:** National arms, eagle left

Date	Mintage	VF20	XF40	MS60	MS63	MS65
1991 Mo	10,000	—	—	—	—	83.00
1992 Mo	65,225	—	—	—	—	83.00

Note: According to Mexican mint records combined mintages of 1991 and 1992 BU and proof coins are 73,858.

Date	Mintage	VF20	XF40	MS60	MS63	MS65
1993 Mo	10,000	—	—	—	—	83.00
1994 Mo	10,000	—	—	—	—	83.00

KM# 642 1.56 g., 0.999 Gold, 0.0499 oz. AGW
Obv: National arms, eagle left **Rev:** Native working

Date	Mintage	VF20	XF40	MS60	MS63	MS65
2000 Mo	—		PF65 100			

KM# 671 1.56 g., 0.999 Gold, 0.0499 oz. AGW
13mm. **Obv:** National arms, eagle left **Rev:** Winged Victory **Edge:** Reeded **Note:** Design similar to KM#609. Value estimates do not include the high taxes and surcharges added to the issue prices by the Mexican Government.

Date	Mintage	VF20	XF40	MS60	MS63	MS65
2000 Mo	5,300	—	—	—	—	83.00
2002 Mo	5,000	—	—	—	—	83.00
2003 Mo	800	—	—	—	—	84.00
2004 Mo	4,000					
2005 Mo	3,200	—	—	—	—	83.00
2005 Mo	400					
2006 Mo	3,000	—	—	—	—	83.00
2006 Mo	520					
2007 Mo	1,200	—	—	—	—	83.00
2007 Mo	500					
2008 Mo	800	—	—	—	—	83.00
2008 Mo	500					
2009 Mo	2,000	—	—	—	—	83.00
2009 Mo	600					
2010 Mo	1,500	—	—	—	—	83.00
2010 Mo	600					
2011 Mo	2,500	—	—	—	—	83.00
2011 Mo	1,100					
2013 Mo	650	—	—	—	—	83.00
2013 Mo	300					
2014 Mo	1,050	—	—	—	—	83.00
2014 Mo	250					
2015 Mo	1,300	—	—	—	—	—
2015 Mo	500					
2016 Mo	Est. 2900	—	—	—	—	83.00
2016 Mo	—					

1/15 ONZA
(1/15 OUNCE OF PURE GOLD)

KM# 628 0.999 Gold, **Obv:** Winged Victory above legend **Rev:** National arms, eagle left within circle

Date	Mintage	VF20	XF40	MS60	MS63	MS65
1987 Mo	—	—	—	—	—	250

1/10 ONZA
(1/10 OUNCE OF PURE GOLD)

KM# 541 3.11 g., 0.999 Gold, 0.0999 oz. AGW
16mm. **Obv:** National arms, eagle left **Rev:** Winged Victory

Date	Mintage	VF20	XF40	MS60	MS63	MS65
1991 Mo	10,000	—	—	—	—	152

Date	Mintage	VF20	XF40	MS60	MS63	MS65
1992 Mo	50,777	—	—	—	—	152
1993 Mo	10,000	—	—	—	—	152
1994 Mo	10,000	—	—	—	—	152

Note: According to Mexican mint records combined mintages of 1991 and 1992 coins are 60,592.

KM# 672 3.11 g., 0.999 Gold, 0.0999 oz. AGW
16mm. **Obv:** National arms, eagle left **Rev:** Winged Victory **Edge:** Reeded **Note:** Design similar to KM#610. Value estimates do not include the high taxes and surcharges added to the issue prices by the Mexican Government.

Date	Mintage	VF20	XF40	MS60	MS63	MS65
2000 Mo	3,500	—	—	—	—	152
2002 Mo	5,000	—	—	—	—	152
2003 Mo	300	—	—	—	—	155
2004 Mo	2,000	—	—	—	—	152
2005 Mo	500	—	—	—	—	152
2005 Mo	400					
2006 Mo	2,500				—	152
2006 Mo	520					
2007 Mo	1,200				—	152
2007 Mo	500					
2008 Mo	2,500				—	152
2008 Mo	500					
2009 Mo	9,000				—	152
2009 Mo	600					
2010 Mo	4,500				—	152
2010 Mo	600					
2011 Mo	6,500				—	152
2011 Mo	1,100					
2013 Mo	2,150				—	152
2013 Mo	300					
2014 Mo	2,450				—	152
2014 Mo	250					
2015 Mo	4,100				—	152
2015 Mo	500					
2016 Mo	Est. 3800	—	—	—	—	152
2016 Mo	—					

1/4 ONZA
(1/4 OUNCE OF PURE GOLD)

KM# 487 8.64 g., 0.900 Gold, 0.250 oz. AGW **Obv:** National arms, eagle left **Rev:** Winged Victory **Note:** Similar to KM#488.

Date	Mintage	VF20	XF40	MS60	MS63	MS65
1981 Mo	313,000	—	—	—	—	355
1982 Mo	—	—	—	—	—	355

KM# 590 7.78 g., 0.999 Gold, 0.2497 oz. AGW
23mm. **Obv:** Winged Victory above legend **Rev:** National arms, eagle left

Date	Mintage	VF20	XF40	MS60	MS63	MS65
1991 Mo	10,000	—	—	—	—	355
1992 Mo	28,106	—	—	—	—	355
1993 Mo	2,500	—	—	—	—	355
1994 Mo	2,500	—	—	—	—	355

Note: According to Mexican mint records, combined mintages of 1991 and 1992 are 37,321.

KM# 673 7.78 g., 0.999 Gold, 0.2497 oz. AGW
23mm. **Obv:** National arms, eagle left **Rev:** Winged Victory **Edge:** Reeded **Note:** Design similar to KM#611. Value estimates do not include the high taxes and surcharges added to the issue prices by the Mexican Government.

Date	Mintage	VF20	XF40	MS60	MS63	MS65
2000 Mo	2,500	—	—	—	—	355
2002 Mo	5,000	—	—	—	—	355

Date	Mintage	VF20	XF40	MS60	MS63	MS65
2003 Mo	300	—	—	—	—	365
2004 Mo	1,500	—	—	—	—	355
2004 Mo	1,000					
2005 Mo	500	—	—	—	—	365
2005 Mo	2,600					
2006 Mo	1,500	—	—	—	—	355
2006 Mo	2,120					
2007 Mo	500	—	—	—	—	365
2007 Mo	1,500					
2008 Mo	800	—	—	—	—	365
2008 Mo	800					
2009 Mo	3,000	—	—	—	—	355
2009 Mo	1,700					
2010 Mo	1,500	—	—	—	—	355
2010 Mo	1,000					
2011 Mo	1,500	—	—	—	—	355
2011 Mo	2,000					
2013 Mo	750	—	—	—	—	355
2013 Mo	600					
2014 Mo	1,000	—	—	—	—	355
2014 Mo	250					
2015 Mo	1,300	—	—	—	—	355
2015 Mo	500					
2016 Mo	Est. 1000	—	—	—	—	355
2016 Mo	—					

1/2 ONZA
(1/2 OUNCE OF PURE GOLD)

KM# 488 17.28 g., 0.900 Gold, 0.500 oz. AGW **Obv:** National arms, eagle left **Rev:** Winged Victory

Date	Mintage	VF20	XF40	MS60	MS63	MS65
1981 Mo	193,000	—	—	—	—	690
1982 Mo	—	—	—	—	—	690
1989 Mo	704	PF65 850				

KM# 591 15.55 g., 0.999 Gold, 0.4995 oz. AGW 29mm. **Obv:** Winged Victory above legend **Rev:** National arms, eagle left

Date	Mintage	VF20	XF40	MS60	MS63	MS65
1991 Mo	10,000	—	—	—	—	690
1992 Mo	25,220	—	—	—	—	690
1993 Mo	2,500	—	—	—	—	690
1994 Mo	2,500	—	—	—	—	690

Note: According to Mexican mint records, combined mintages of 1981-1992 BU and proof coins are 35,047.

KM# 674 15.55 g., 0.999 Gold, 0.4995 oz. AGW 29mm. **Obv:** National arms, eagle left **Rev:** Winged Victory **Edge:** Reeded **Note:** Design similar to KM#612. Value estimates do not include the high taxes and surcharges added to the issue prices by the Mexican Government.

Date	Mintage	VF20	XF40	MS60	MS63	MS65
2000 Mo	1,500	—	—	—	—	690
2002 Mo	5,000	—	—	—	—	690
2003 Mo	300	—	—	—	—	700
2004 Mo	500	—	—	—	—	690
2005 Mo	500	—	—	—	—	700

Date	Mintage	VF20	XF40	MS60	MS63	MS65
2005 Mo	400					
2006 Mo	500	—	—	—	—	700
2006 Mo	520					
2007 Mo	500	—	—	—	—	700
2007 Mo	500					
2008 Mo	300	—	—	—	—	700
2008 Mo	500					
2009 Mo	3,000	—	—	—	—	690
2009 Mo	600					
2010 Mo	1,500	—	—	—	—	690
2010 Mo	600					
2011 Mo	1,500	—	—	—	—	690
2011 Mo	1,100					
2013 Mo	500	—	—	—	—	690
2013 Mo	300					
2014 Mo	1,000	—	—	—	—	690
2014 Mo	250					
2015 Mo	1,100	—	—	—	—	690
2015 Mo	500					
2016 Mo	Est. 1200	—	—	—	—	690
2016 Mo	—					

ONZA (OUNCE OF PURE GOLD)

KM# 489 34.56 g., 0.900 Gold, 1.000 oz. AGW **Obv:** National arms, eagle left **Rev:** Winged Victory **Note:** Similar to KM#488.

Date	Mintage	VF20	XF40	MS60	MS63	MS65
1981 Mo	596,000	—	—	—	—	1,325
1985 Mo	—	—	—	—	—	1,325
1988 Mo	—	—	—	—	—	1,325

KM# 592 31.10 g., 0.999 Gold, 0.999 oz. AGW 34.5mm. **Obv:** Winged Victory above legend **Rev:** National arms, eagle left

Date	Mintage	VF20	XF40	MS60	MS63	MS65
1991 Mo	109,193	—	—	—	—	1,300
1992 Mo	46,281	—	—	—	—	1,300
1993 Mo	73,881	—	—	—	—	1,300
1994 Mo	1,000	—	—	—	—	1,325

Note: According to Mexican mint records, combined mintages of 1981-1992 BU and proof coins are 90,384.

KM# 675 31.10 g., 0.999 Gold, 0.999 oz. AGW 34.5mm. **Obv:** National arms, eagle left **Rev:** Winged Victory **Edge:** Reeded **Note:** Design similar to KM#639. Value estimates do not include the high taxes and surcharges added to the issue prices by the Mexican Government.

Date	Mintage	VF20	XF40	MS60	MS63	MS65
2000 Mo	2,370	—	—	—	—	1,300
2002 Mo	15,000	—	—	—	—	1,300
2003 Mo	500	—	—	—	—	1,325
2004 Mo	3,000	—	—	—	—	1,300
2005 Mo	3,000	—	—	—	—	1,300
2005 Mo	250					
2006 Mo	4,000	—	—	—	—	1,300
2006 Mo	520					
2007 Mo	2,500	—	—	—	—	1,300
2007 Mo	500					
2008 Mo	800	—	—	—	—	1,300
2008 Mo	500					
2009 Mo	6,200	—	—	—	—	1,300
2009 Mo	600					
2010 Mo	4,000	—	—	—	—	1,300
2010 Mo	600					
2011 Mo	3,000	—	—	—	—	1,300
2011 Mo	1,100					
2012 Mo	3,000	—	—	—	—	1,300
2013 Mo	2,350	—	—	—	—	1,300
2013 Mo	400					
2014 Mo	4,050	—	—	—	—	1,300

ESTADOS UNIDOS

Date	Mintage	VF20	XF40	MS60	MS63	MS65
2014 Mo	250					
2015 Mo	4,800	—	—	—	—	1,300
2015 Mo	500					
2016 Mo	Est. 4100	—	—	—	—	1,300
2016 Mo	—					

PLATINUM BULLION COINAGE

1/4 ONZA (1/4 OUNCE)

KM# 538 7.78 g., 0.999 Platinum, 0.2498 oz. APW
Obv: National arms, eagle left **Rev:** Winged Victory

Date	Mintage	VF20	XF40	MS60	MS63	MS65
1989 Mo	3,500			PF65 550		

BULLION COINAGE AZTEC SERIES

NUEVOS PESO

KM# 644 7.77 g., 0.999 Silver, 0.2496 oz. ASW 27mm. **Subject:** Eagle Warrior **Obv:** National arms, eagle left within D-shaped circle and dotted border **Rev:** Eagle warrior within D-shaped circle and dotted border **Edge:** Reeded

Date	Mintage	VF20	XF40	MS60	MS63	MS65
1993 Mo	1,500	—	—	—	—	18.00
1993 Mo	900		PF65 30.00			

2 NUEVOS PESOS

KM# 645 15.42 g., 0.999 Silver, 0.4953 oz. ASW 33mm. **Subject:** Eagle Warrior **Obv:** National arms, eagle left **Rev:** Eagle warrior **Edge:** Reeded

Date	Mintage	VF20	XF40	MS60	MS63	MS65
1993 Mo	1,500	—	—	—	—	20.00
1993 Mo	800		PF65 40.00			

5 NUEVOS PESOS

KM# 646 31.05 g., 0.999 Silver, 0.9973 oz. ASW 40mm. **Subject:** Eagle Warrior **Obv:** National arms, eagle left **Rev:** Eagle warrior **Edge:** Reeded

Date	Mintage	VF20	XF40	MS60	MS63	MS65
1993 Mo	2,000	—	—	—	—	35.00
1993 Mo	1,000		PF65 70.00			

KM# 647 31.00 g., 0.999 Silver, 0.9957 oz. ASW 40mm. **Subject:** Xochipilli **Obv:** National arms, eagle left within D-shaped circle and flower blossom border **Rev:** Seated figure sculpture within D-shaped circle and flower blossom border **Edge:** Reeded

Date	Mintage	VF20	XF40	MS60	MS63	MS65
1993 Mo	2,000	—	—	—	—	35.00
1993 Mo	800		PF65 75.00			

KM# 648 31.00 g., 0.999 Silver, 0.9957 oz. ASW 40mm. **Subject:** Brasero Efigie **Obv:** National arms, eagle left within D-shaped circle and designed border **Rev:** Sculpture within D-shaped circle and designed border **Edge:** Reeded

Date	Mintage	VF20	XF40	MS60	MS63	MS65
1993 Mo	2,000	—	—	—	—	35.00
1993 Mo	500		PF65 75.00			

KM# 649 31.00 g., 0.999 Silver, 0.9957 oz. ASW 40mm. **Subject:** Huchucteotl **Obv:** National arms, eagle left within D-shaped circle and designed border **Rev:** Aztec sculpture within D-shaped circle and designed border **Edge:** Reeded

Date	Mintage	VF20	XF40	MS60	MS63	MS65
1993 Mo	5,000	—	—	—	—	25.00
1993 Mo	800	PF65 75.00				

10 NUEVOS PESOS

KM# 650 155.31 g., 0.999 Silver, 4.9883 oz. ASW 65mm. **Subject:** Piedra de Tizoc **Obv:** National arms, eagle left **Rev:** Warrior capturing woman **Edge:** Reeded **Note:** Illustration reduced, similar to 100 Pesos, KM# 557

Date	Mintage	VF20	XF40	MS60	MS63	MS65
1992 Mo	—	PF65 300				

Date	Mintage	VF20	XF40	MS60	MS63	MS65
1993 Mo	1,000	PF65 200				
1993 Mo	1,000	—	—	—	—	175

25 PESOS

KM# 554 7.78 g., 0.999 Silver, 0.2497 oz. ASW 27mm. **Obv:** National arms, eagle left within D-shaped circle and designed border **Rev:** Eagle warrior right within D-shaped circle and a designed border

Date	Mintage	VF20	XF40	MS60	MS63	MS65
1992 Mo	50,000	—	—	—	—	15.00
1992 Mo	3,000	PF65 30.00				

Note: Combined mintages of KM#554 and KM#644 through 2013 are 54,005 Unc. and 2,700 Proof.

50 PESOS

KM# 555 15.55 g., 0.999 Silver, 0.4995 oz. ASW 33mm. **Obv:** National arms, eagle left within D-shaped circle designed border **Rev:** Eagle warrior right within D-shaped circle and designed border

Date	Mintage	VF20	XF40	MS60	MS63	MS65
1992 Mo	50,000	—	—	—	—	20.00
1992 Mo	3,000	PF65 40.00				

Note: Combined mintages for KM#555 and #645 through 2013 are 52,000 Unc. and 4,300 Proof.

100 PESOS

KM# 556 31.10 g., 0.999 Silver, 0.999 oz. ASW 40mm. **Obv:** National arms, eagle left **Rev:** Eagle warrior

Date	Mintage	VF20	XF40	MS60	MS63	MS65
1992 Mo	205,000	—	—	—	—	35.00
1992	4,000	**PF65** 75.00				

Note: KM#556 and #646 have a combined mintage through 2013 of 208,400 Unc and 7,000 Proof.

KM# 562 31.10 g., 0.999 Silver, 0.999 oz. ASW 40mm. **Obv:** National arms, eagle left within D-shaped circle and designed border **Rev:** Seated figure sculpture within D-shaped circle and designed border

Date	Mintage	VF20	XF40	MS60	MS63	MS65
1992 Mo	4,000	**PF65** 90.00				

Note: KM#562 and #647 have a combined mintage through 2013 of 3,511 Unc and 6,200 Proof.

KM# 563 31.10 g., 0.999 Silver, 0.999 oz. ASW 40mm. **Obv:** National arms, eagle left within D-shaped circle and designed border **Rev:** Brasero Efigie - The God of Rain within D-shaped circle and designed border

Date	Mintage	VF20	XF40	MS60	MS63	MS65
1992 Mo	4,000	**PF65** 60.00				

Note: KM#563 and #648 have combined mintage through 2013 of 4,580 Unc. and 6,400 Proof.

KM# 564 31.10 g., 0.999 Silver, 0.999 oz. ASW 40mm. **Obv:** National arms, eagle left within D-shaped circle and designed border **Rev:** Huehueteotl - The God of Fire within D-shaped circle and designed border

Date	Mintage	VF20	XF40	MS60	MS63	MS65
1992 Mo	4,000	**PF65** 70.00				

Note: KM#564 and #649 have combined mintage through 2013 of 6,105 Unc. and 6,400 Proof.

250 PESOS

KM# 558 7.78 g., 0.999 Gold, 0.2497 oz. AGW 23mm. **Subject:** Native Culture **Obv:** National arms, eagle left within D-shaped circle and designed border **Rev:** Sculpture of Jaguar head within D-shaped circle and designed border

Date	Mintage	VF20	XF40	MS60	MS63	MS65
1992 Mo	12,000	—	—	—	—	475
1992 Mo	2,000	**PF65** 450				

500 PESOS

KM# 559 15.55 g., 0.999 Gold, 0.4995 oz. AGW 29mm. **Subject:** Native Culture **Obv:** National arms, eagle left within D-shaped circle and designed border **Rev:** Sculpture of Jaguar head within D-shaped circle and designed border

Date	Mintage	VF20	XF40	MS60	MS63	MS65
1992 Mo	12,000	—	—	—	—	900
1992 Mo	2,000	**PF65** 925				

1000 PESOS

KM# 560 31.10 g., 0.999 Gold, 0.999 oz. AGW 34.5mm. **Subject:** Native Culture **Obv:** National arms, eagle left within D-shaped circle and designed border **Rev:** Sculpture of Jaguar head within D-shaped circle and designed border

Date	Mintage	VF20	XF40	MS60	MS63	MS65
1992 Mo	19,850	—	—	—	—	1,750
1992 Mo	2,000		PF65 1,800			

10000 PESOS

KM# 557 155.52 g., 0.999 Silver, 4.995 oz. ASW 64mm. **Subject:** Pieora De Tizoc **Obv:** National arms, eagle left within D-shaped circle and designed border **Rev:** Native warriors within D-shaped circle and designed border **Note:** Similar to 10 Nuevo Pesos, KM#650

Date	Mintage	VF20	XF40	MS60	MS63	MS65
1992 Mo	51,900	—	—	—	—	175

Date	Mintage	VF20	XF40	MS60	MS63	MS65
1992 Mo	3,300		PF65 275			

Note: KM#557 and #650 have combined mintage through 2013 of 54,305 Unc. and 5,400 Proof.

CENTRAL VERACRUZ SERIES

NUEVOS PESO

KM# 567 7.76 g., 0.999 Silver, 0.2492 oz. ASW 27mm. **Subject:** Bajo relieve de el Tajin **Obv:** National arms, eagle left within D-shaped circle and designed border **Rev:** Design within D-shaped circle and designed border

Date	Mintage	VF20	XF40	MS60	MS63	MS65
1993 Mo	100,005	—	—	—	—	20.00
1993 Mo	4,305		PF65 35.00			

2 NUEVOS PESOS

KM# 568 15.55 g., 0.999 Silver, 0.4995 oz. ASW 33mm. **Subject:** Bajo relieve de el Tajin **Obv:** National arms, eagle left within D-shaped circle and designed border **Rev:** Design within D-shaped circle and designed border

Date	Mintage	VF20	XF40	MS60	MS63	MS65
1993 Mo	100,005	—	—	—	—	25.00
1993 Mo	3,005		PF65 35.00			

5 NUEVOS PESOS

ESTADOS UNIDOS

KM# 569 31.10 g., 0.999 Silver, 0.999 oz. ASW 40mm. **Subject:** Bajo relieve de el Tajin **Obv:** National arms, eagle left within D-shaped circle and designed border **Rev:** Design within D-shaped circle and designed border

Date	Mintage	VF20	XF40	MS60	MS63	MS65
1993 Mo	101,005	—	—	—	—	37.50
1993 Mo	4,405	PF65 70.00				

KM# 582 31.10 g., 0.999 Silver, 0.999 oz. ASW 40mm. **Subject:** Palma Con Cocodrilo **Obv:** National arms, eagle left within D-shaped circle and designed border **Rev:** Aerial view of crocodile within D-shaped circle and designed border

Date	Mintage	VF20	XF40	MS60	MS63	MS65
1993 Mo	5,105	—	—	—	—	37.50
1993 Mo	3,855	PF65 75.00				

KM# 583 31.10 g., 0.999 Silver, 0.999 oz. ASW 40mm. **Subject:** Anciano Con Brasero **Obv:** National arms, eagle left within D-shaped circle and designed border **Rev:** Kneeling figure sculpture within D-shaped circle and designed border

Date	Mintage	VF20	XF40	MS60	MS63	MS65
1993 Mo	3,800	—	—	—	—	37.50
1993 Mo	4,160	PF65 75.00				

KM# 584 31.10 g., 0.999 Silver, 0.999 oz. ASW 40mm. **Subject:** Carita Sonriente **Obv:** National arms, eagle left **Rev:** Sculptured head

Date	Mintage	VF20	XF40	MS60	MS63	MS65
1993 Mo	5,105	—	—	—	—	37.50
1993 Mo	4,705	PF65 75.00				

10 NUEVOS PESOS

KM# 570 155.52 g., 0.999 Silver, 4.995 oz. ASW 65mm. **Subject:** Piramide Del El Tajin **Obv:** National arms, eagle left within flat shaped circle and designed border **Rev:** Pyramid within flat shaped circle and designed border **Note:** Illustration reduced.

Date	Mintage	VF20	XF40	MS60	MS63	MS65
1993 Mo	50,905	—	—	—	—	175
1993 Mo	4,148	PF65 190				

25 NUEVOS PESOS

KM# 585 7.78 g., 0.999 Gold, 0.2497 oz. AGW 23mm. **Subject:** Hacha Ceremonial **Obv:** National arms, eagle left **Rev:** Mask left **Note:** Similar to 100 New Pesos, KM#587.

Date	Mintage	VF20	XF40	MS60	MS63	MS65
1993 Mo	802	PF65 500				
1993 Mo	15,508	—	—	—	—	475

50 NUEVOS PESOS

KM# 586 15.55 g., 0.999 Gold, 0.4995 oz. AGW 29mm. **Subject:** Hacha Ceremonial **Obv:** National arms, eagle left **Rev:** Mask left **Note:** Similar to 100 New Pesos, KM#587.

Date	Mintage	VF20	XF40	MS60	MS63	MS65
1993 Mo	15,508	—	—	—	—	900
1993 Mo	802	PF65 925				

100 NUEVOS PESOS

KM# 587 31.10 g., 0.999 Gold, 0.999 oz. AGW 34.5mm. **Subject:** Hacha Ceremonial **Obv:** National arms, eagle left **Rev:** Mask left

Date	Mintage	VF20	XF40	MS60	MS63	MS65
1993 Mo	7,160	—	—	—	—	1,800
1993 Mo	500	PF65 1,850				

MAYAN SERIES

NUEVOS PESO

KM# 572 7.76 g., 0.999 Silver, 0.2492 oz. ASW 27mm. **Subject:** Chaac Mool **Obv:** National arms, eagle left within six sided shield and designed border **Rev:** Reclining figure within six sided shield and designed border

Date	Mintage	VF20	XF40	MS60	MS63	MS65
1994 Mo	53,505	—	—	—	—	20.00
1994 Mo	2,700	PF65 35.00				

2 NUEVOS PESOS

KM# 573 15.55 g., 0.999 Silver, 0.4995 oz. ASW 33mm. **Subject:** Chaac Mool **Obv:** National arms, eagle left within six sided shield and designed border **Rev:** Reclining figure within six sided shield and designed border

Date	Mintage	VF20	XF40	MS60	MS63	MS65
1994 Mo	51,500	—	—	—	—	25.00
1994 Mo	4,300	PF65 35.00				

5 NUEVOS PESOS

KM# 574 31.10 g., 0.999 Silver, 0.999 oz. ASW 40mm. **Subject:** Chaac Mool **Obv:** National arms, eagle left within six sided shield and designed border **Rev:** Reclining figure within six sided shield and designed border

Date	Mintage	VF20	XF40	MS60	MS63	MS65
1994 Mo	208,300	—	—	—	—	37.00
1994 Mo	6,700	PF65 70.00				

KM# 575 31.10 g., 0.999 Silver, 0.999 oz. ASW 40mm. **Subject:** Chaac Mool **Obv:** National arms, eagle left within six sided shield and designed border **Rev:** Tomb of Palenque Memorial Stone within six sided shield and designed border

Date	Mintage	VF20	XF40	MS60	MS63	MS65
1994 Mo	5,905	—	—	—	—	37.00
1994 Mo	6,300	PF65 70.00				

KM# 577 31.10 g., 0.999 Silver, 0.999 oz. ASW 40mm. **Subject:** Mascaron Del Dios Chaac **Rev:** Elaborately carved wall segment

Date	Mintage	VF20	XF40	MS60	MS63	MS65
1994 Mo	3,011	—	—	—	—	37.00
1994 Mo	6,300	PF65 70.00				

KM# 578 31.10 g., 0.999 Silver, 0.999 oz. ASW 40mm. **Subject:** Lintel 26 **Obv:** National arms, eagle left within six sided shield and designed border **Rev:** Two seated figures wall carving within six sided shield and designed border

Date	Mintage	VF20	XF40	MS60	MS63	MS65
1994 Mo	4,080	—	—	—	—	45.00
1994 Mo	6,000	PF65 75.00				

10 NUEVOS PESOS

KM# 676 155.52 g., 0.999 Silver, 4.995 oz. ASW 65mm. **Subject:** Piramide Del Castillo **Obv:** National arms, eagle left above metal content statement **Rev:** Pyramid above two-line inscription **Rev. Inscription:** PIRAMIDE DEL CASTILLO / CHICHEN-ITZA **Edge:** Reeded

Date	Mintage	VF20	XF40	MS60	MS63	MS65
1993 Mo	—	PF65 650				

KM# 576 155.70 g., 0.999 Silver, 5.0009 oz. ASW 65mm. **Subject:** Piramide del Castillo **Obv:** National arms, eagle left **Rev:** Pyramid **Note:** Illustration reduced.

Date	Mintage	VF20	XF40	MS60	MS63	MS65
1994 Mo	54,305	—	—	—	—	175
1994 Mo	5,500	PF65 225				

25 NUEVOS PESOS

KM# 579 7.78 g., 0.999 Gold, 0.2497 oz. AGW 23mm. **Subject:** Personaje de Jaina **Rev:** Seated figure

Date	Mintage	VF20	XF40	MS60	MS63	MS65
1994 Mo	501	PF65 500				
1994 Mo	2,000	—	—	—	—	475

50 NUEVOS PESOS

KM# 580 15.55 g., 0.999 Gold, 0.4995 oz. AGW 29mm. **Subject:** Personaje de Jaina **Rev:** Seated figure

Date	Mintage	VF20	XF40	MS60	MS63	MS65
1994 Mo	1,000	—	—	—	—	900
1994 Mo	501	PF65 925				

100 NUEVOS PESOS

KM# 581 31.10 g., 0.999 Gold, 0.999 oz. AGW 34.5mm. **Subject:** Personaje de Jaina **Obv:** National arms, eagle left within six sided shield and designed border **Rev:** Seated figure within six sided shield and designed border

Date	Mintage	VF20	XF40	MS60	MS63	MS65
1994 Mo	1,000	—	—	—	—	1,800
1994 Mo	501	PF65 1,850				

OLMEC SERIES

PESO

KM# 593 7.78 g., 0.999 Silver, 0.2497 oz. ASW 27mm. **Subject:** Senor De Las Limas **Obv:** National arms, eagle left within square and designed border **Rev:** Sitting figure facing within square and designed border **Note:** Similar to 5 Pesos, KM#595.

Date	Mintage	VF20	XF40	MS60	MS63	MS65
1996 Mo	6,400	—	—	—	—	20.00
1996 Mo	3,700	PF65 35.00				
1998 Mo Matte	2,400	—	—	—	—	22.00

ESTADOS UNIDOS

2 PESOS

KM# 594 15.55 g., 0.999 Silver, 0.4995 oz. ASW 33mm. **Subject:** Senor De Las Limas **Obv:** National arms, eagle left within square and designed border **Rev:** Sitting figure facing within square and designed border **Note:** Similar to 5 Pesos, KM#595.

Date	Mintage	VF20	XF40	MS60	MS63	MS65
1996 Mo	6,500	—	—	—	—	25.00
1996 Mo	2,200		PF65 35.00			
1998 Mo Matte	2,400	—	—	—	—	28.00

5 PESOS

KM# 595 31.10 g., 0.999 Silver, 0.999 oz. ASW 40mm. **Subject:** Senor De Las Limas **Obv:** National arms, eagle left within square and designed border **Rev:** Seated figure facing within square and designed border

Date	Mintage	VF20	XF40	MS60	MS63	MS65
1996 Mo	9,200	—	—	—	—	37.50
1996 Mo	4,100		PF65 70.00			
1998 Matte	3,400	—	—	—	—	40.00

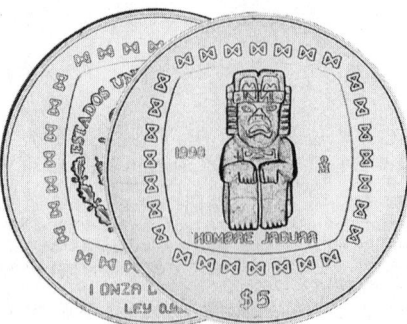

KM# 596 31.10 g., 0.999 Silver, 0.999 oz. ASW 40mm. **Subject:** Hombre Jaguar **Obv:** National arms, eagle left within square and designed border **Rev:** Statue facing within square and designed border

Date	Mintage	VF20	XF40	MS60	MS63	MS65
1996 Mo	6,000	—	—	—	—	90.00
1996 Mo	4,200		PF65 70.00			
1998 Mo Matte	6,000	—	—	—	—	37.50
1998 Mo	4,800		PF65 75.00			

KM# 597 31.10 g., 0.999 Silver, 0.999 oz. ASW 40mm. **Subject:** El Luchador **Obv:** National arms, eagle left **Rev:** El Luchador

Date	Mintage	VF20	XF40	MS60	MS63	MS65
1996 Mo	7,100	—	—	—	—	37.50
1996 Mo	3,800		PF65 70.00			
1998 Matte	2,000	—	—	—	—	40.00

KM# 598 31.10 g., 0.999 Silver, 0.999 oz. ASW 40mm. **Subject:** Hacha Ceremonial **Obv:** National arms, eagle left within square and designed border **Rev:** Statue within square and designed border

Date	Mintage	VF20	XF40	MS60	MS63	MS65
1996 Mo	7,500	—	—	—	—	37.50
1996 Mo	3,700		PF65 70.00			
1998 Mo Matte	2,000	—	—	—	—	40.00

10 PESOS

KM# 599 155.52 g., 0.999 Silver, 4.995 oz. ASW 65mm. **Subject:** Cabeza Olmeca **Obv:** National arms, eagle left **Rev:** Native mask **Note:** Illustration reduced.

Date	Mintage	VF20	XF40	MS60	MS63	MS65
1996 Mo	5,560	—	—	—	—	180
1996 Mo	3,900	PF65 190				
1998 Matte	2,150	—	—	—	—	180

25 PESOS

KM# 600 7.78 g., 0.999 Gold, 0.2497 oz. AGW 23mm. **Subject:** Sacerdote **Obv:** National arms, eagle left **Rev:** Sculpture **Note:** Similar to 100 Pesos, KM#602.

Date	Mintage	VF20	XF40	MS60	MS63	MS65
1996 Mo	500	—	—	—	—	475
1996 Mo	750	PF65 500				

50 PESOS

KM# 601 15.55 g., 0.999 Gold, 0.4995 oz. AGW 29mm. **Subject:** Sacerdote **Obv:** National arms, eagle left **Rev:** Sculpture **Note:** Similar to 100 Pesos, KM#602.

Date	Mintage	VF20	XF40	MS60	MS63	MS65
1996 Mo	500	PF65 925				
1996 Mo	500	—	—	—	—	900

100 PESOS

KM# 602 31.10 g., 0.999 Gold, 0.999 oz. AGW 34.5mm. **Subject:** Sacerdote **Obv:** National arms, eagle left within square and designed border **Rev:** Sculpture within square and designed border

Date	Mintage	VF20	XF40	MS60	MS63	MS65
1996 Mo	500	—	—	—	—	1,800
1996 Mo	500	PF65 1,850				

TEOTIHUACAN SERIES

PESO

KM# 617 7.78 g., 0.999 Silver, 0.2498 oz. ASW 27mm. **Subject:** Disco De La Muerte **Obv:** National arms, eagle left within oblong circle and designed border **Rev:** Sculpture within oblong circle and designed border

Date	Mintage	VF20	XF40	MS60	MS63	MS65
1997 Mo	3,100	—	—	—	—	20.00
1997 Mo	1,906	PF65 35.00				
1998 Mo Matte	2,400	—	—	—	—	25.00
1998 Mo	500	PF65 45.00				

2 PESOS

KM# 618 15.55 g., 0.999 Silver, 0.4995 oz. ASW 33mm. **Subject:** Disco De La Muerte **Obv:** National arms, eagle left within oblong circle and designed border **Rev:** Sculpture within oblong circle and designed border

Date	Mintage	VF20	XF40	MS60	MS63	MS65
1997 Mo	3,500	—	—	—	—	25.00

ESTADOS UNIDOS

Date	Mintage	VF20	XF40	MS60	MS63	MS65
1997 Mo	1,606	PF65 35.00				
1998 Mo	500	PF65 50.00				
1998 Mo	2,400	—	—	—	—	30.00

5 PESOS

KM# 619 31.10 g., 0.999 Silver, 0.999 oz. ASW 40mm. **Subject:** Teotihuacan - Disco de la Muerte **Obv:** National arms, eagle left within oblong circle and designed border **Rev:** Sculpture within oblong circle and designed border

Date	Mintage	VF20	XF40	MS60	MS63	MS65
1997 Mo	4,700	—	—	—	—	37.50
1997 Mo	3,206	PF65 75.00				
1998 Mo	3,400	—	—	—	—	40.00
1998 Mo	500	PF65 150				

KM# 620 31.10 g., 0.999 Silver, 0.999 oz. ASW 40mm. **Subject:** Teotihuacan - Mascara **Obv:** National arms, eagle left within oblong circle and designed border **Rev:** Face sculpture within oblong circle and designed border

Date	Mintage	VF20	XF40	MS60	MS63	MS65
1997 Mo	5,200	—	—	—	—	37.50
1997 Mo	2,906	PF65 75.00				
1998 Mo	2,000	—	—	—	—	40.00
1998 Mo	500	PF65 150				

KM# 621 31.10 g., 0.999 Silver, 0.999 oz. ASW 40mm. **Subject:** Teotihuacan - Vasija **Obv:** National arms, eagle left within oval and designed border **Rev:** Seated woman joined to pottery vase within oval and designed border

Date	Mintage	VF20	XF40	MS60	MS63	MS65
1997 Mo	3,006	PF65 75.00				
1997 Mo	5,300	—	—	—	—	42.00
1998 Mo Matte	2,000	—	—	—	—	42.00
1998 Mo	3,006	PF65 150				

KM# 622 31.10 g., 0.999 Silver, 0.999 oz. ASW 40mm. **Subject:** Teotihuacan - Jugador de Pelota **Obv:** National arms, eagle left

Date	Mintage	VF20	XF40	MS60	MS63	MS65
1997 Mo	3,206	PF65 75.00				
1997 Mo	5,400	—	—	—	—	37.50
1998 Mo Matte	2,000	—	—	—	—	40.00
1998 Mo	500	PF65 150				

10 PESOS

KM# 623 155.52 g., 0.999 Silver, 4.995 oz. ASW 65mm. **Subject:** Piramide Del Sol **Obv:** National arms, eagle left within oblong circle and designed border **Rev:** Pyramid within oblong circle and designed border **Note:** Illustration reduced.

Date	Mintage	VF20	XF40	MS60	MS63	MS65
1997 Mo	3,306		PF65 225			
1997 Mo	3,136	—	—	—	—	200
1998 Mo Matte	2,150	—	—	—	—	200

25 PESOS

KM# 624 7.78 g., 0.999 Gold, 0.2497 oz. AGW 23mm. **Subject:** Serpiente Emplumada **Obv:** National arms, eagle left **Note:** Similar to 100 Pesos, KM#626.

Date	Mintage	VF20	XF40	MS60	MS63	MS65
1997 Mo	500	—	—	—	—	475
1997 Mo	206		PF65 525			

50 PESOS

KM# 625 15.55 g., 0.999 Gold, 0.4995 oz. AGW 29mm. **Subject:** Serpiente Emplumada **Obv:** National arms, eagle left **Note:** Similar to 100 Pesos, KM#626.

Date	Mintage	VF20	XF40	MS60	MS63	MS65
1997 Mo	206		PF65 950			
1997 Mo	500	—	—	—	—	925

100 PESOS

KM# 626 31.10 g., 0.999 Gold, 0.999 oz. AGW 24.5mm. **Subject:** Teotihuacan - Serpiente Emplumada **Obv:** National arms, eagle left

Date	Mintage	VF20	XF40	MS60	MS63	MS65
1997 Mo	206		PF65 1,900			
1997 Mo	500	—	—	—	—	1,850

TOLTECA SERIES

PESO

KM# 661 7.78 g., 0.999 Silver, 0.2498 oz. ASW 27mm. **Subject:** Jaguar **Obv:** National arms, eagle left **Rev:** Jaguar carving **Edge:** Reeded

Date	Mintage	VF20	XF40	MS60	MS63	MS65
1998 Mo	6,400	—	—	—	—	20.00
1998 Mo	4,000		PF65 30.00			

2 PESOS

KM# 662 15.55 g., 0.999 Silver, 0.4995 oz. ASW 33mm. **Subject:** Jaguar **Obv:** National arms, eagle left **Rev:** Jaguar carving **Edge:** Reeded

Date	Mintage	VF20	XF40	MS60	MS63	MS65
1998 Mo	6,600	—	—	—	—	25.00
1998 Mo	2,200		PF65 35.00			

5 PESOS

KM# 663 31.10 g., 0.999 Silver, 0.999 oz. ASW 40mm. **Subject:** Jaguar **Obv:** National arms, eagle left within shield and designed border **Rev:** Jaguar carving within shield and designed border **Edge:** Reeded

Date	Mintage	VF20	XF40	MS60	MS63	MS65
1998 Mo	5,800	—	—	—	—	37.50
1998 Mo	4,300		PF65 75.00			

KM# 664 31.10 g., 0.999 Silver, 0.999 oz. ASW 40mm. **Obv:** National arms, eagle left **Rev:** Sacerdote sculpture **Edge:** Reeded

Date	Mintage	VF20	XF40	MS60	MS63	MS65
1998 Mo	7,800	—	—	—	—	35.00
1998 Mo	3,800		PF65 75.00			

KM# 665 31.10 g., 0.999 Silver, 0.999 oz. ASW 40mm. **Subject:** Quetzalcoatl **Obv:**   National arms, eagle left **Rev:** Quetzalcoatl sculpture **Edge:** Reeded

Date	Mintage	VF20	XF40	MS60	MS63	MS65
1998 Mo	7,100	—	—	—	—	37.50
1998 Mo	3,900	**PF65** 75.00				

KM# 666 31.10 g., 0.999 Silver, 0.999 oz. ASW 40mm. **Subject:** Serpiente con Craneo **Obv:** National arms, eagle left **Rev:** Large sculpture **Edge:** Reeded

Date	Mintage	VF20	XF40	MS60	MS63	MS65
1998 Mo	8,700	—	—	—	—	37.50
1998 Mo	4,100	**PF65** 75.00				

10 PESOS

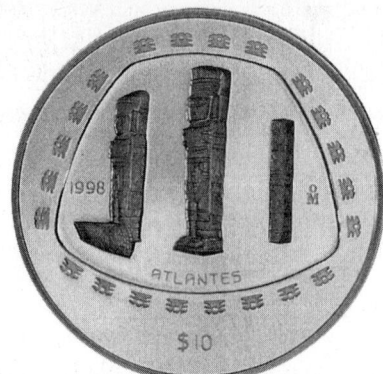

KM# 634 155.73 g., 0.999 Silver, 5.0018 oz. ASW 65mm. **Subject:** Atlantes **Obv:** National arms, eagle left within shield and designed border **Rev:** Three carved statues within shield and designed border

Date	Mintage	VF20	XF40	MS60	MS63	MS65
1998 Mo	5,560	—	—	—	—	180
1998 Mo	3,650	**PF65** 200				

25 PESOS

KM# 667 7.78 g., 0.999 Gold, 0.2498 oz. AGW 23mm. **Subject:** Aguila **Obv:** National arms, eagle left **Rev:** Eagle sculpture **Edge:** Reeded

Date	Mintage	VF20	XF40	MS60	MS63	MS65
1998 Mo	303	**PF65** 525				
1998 Mo	303	—	—	—	—	500

50 PESOS

KM# 668 15.55 g., 0.999 Gold, 0.4995 oz. AGW 29mm. **Subject:** Aguila **Obv:** National arms, eagle left **Rev:** Eagle sculpture **Edge:** Reeded

Date	Mintage	VF20	XF40	MS60	MS63	MS65
1998 Mo	303	**PF65** 950				
1998 Mo	303	—	—	—	—	925

100 PESOS

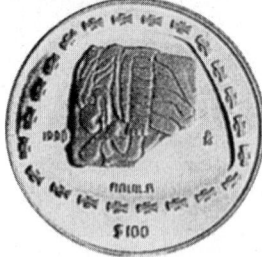

KM# 669 31.10 g., 0.999 Gold, 0.999 oz. AGW 34.5mm. **Subject:** Aguila **Obv:** National arms, eagle left within designed shield **Rev:** Eagle sculpture within designed shield **Edge:** Reeded

Date	Mintage	VF20	XF40	MS60	MS63	MS65
1998 Mo	303	**PF65** 1,900				
1998 Mo	303	—	—	—	—	1,850

MEDALLIC SILVER BULLION COINAGE

ONZA

KM# M49a 33.63 g., 0.925 Silver, 1.000 oz. ASW
41mm. **Obv:** Mint mark above coin press

Date	Mintage	VF20	XF40	MS60	MS63	MS65
1949	1,000,000	32.00	40.00	45.00	60.00	—

KM# M49b.1 33.63 g., 0.925 Silver, 1.000 oz. ASW
41mm. **Obv:** Wide spacing between DE MONEDA
Rev: Mint mark below balance scale **Note:** Type I

Date	Mintage	VF20	XF40	MS60	MS63	MS65
1978 Mo	280,000	—	19.50	35.00	45.00	—

KM# M49b.2 33.63 g., 0.925 Silver, 1.000 oz. ASW
41mm. **Obv:** Close spacing between DE MONEDA
Rev: Mint mark below balance scale **Note:** Type II

Date	Mintage	VF20	XF40	MS60	MS63	MS65
1978 Mo	Inc. above	—	19.50	36.00	48.00	—

KM# M49b.3 33.63 g., 0.925 Silver, 1.000 oz. ASW
41mm. **Obv:** Close spacing between DE MONEDA
Rev: Left scale pan points to U in UNA **Note:** Type
III

Date	Mintage	VF20	XF40	MS60	MS63	MS65
1979 Mo	4,508,000	—	19.50	35.00	42.00	—

KM# M49b.4 33.63 g., 0.925 Silver, 1.000 oz. ASW
41mm. **Obv:** Close spacing between DE MONEDA
Rev: Left scale pan points between U and N of UNA
Note: Type IV

Date	Mintage	VF20	XF40	MS60	MS63	MS65
1979 Mo	Inc. above	—	19.50	35.00	42.00	—

KM# M49b.5 33.63 g., 0.925 Silver, 1.000 oz. ASW
41mm. **Obv:** Close spacing between DE MONEDA
Rev: Left scale pan points between U and N of UNA
Note: Type V

Date	Mintage	VF20	XF40	MS60	MS63	MS65
1980/70 Mo	Inc. above	—	19.50	36.00	46.00	—
1980 Mo	6,104,000	—	19.50	35.00	42.00	—

MEDALLIC GOLD COINAGE

10 PESOS

KM# M91a 8.33 g., 0.900 Gold, 0.2411 oz. AGW
Subject: 200th Anniversary - Birth of Hidalgo

Date	Mintage	VF20	XF40	MS60	MS63	MS65
1953	—	—	—	325	425	

KM# M123a 8.33 g., 0.900 Gold, 0.2411 oz. AGW
Subject: Centennial of Constitution

Date	Mintage	VF20	XF40	MS60	MS63	MS65
1957	—	—	—	325	425	

Note: Mintage includes #M122a

20 PESOS

KM# M92a 16.67 g., 0.900 Gold, 0.4823 oz. AGW
Subject: 200th Anniversary - Birth of Hidalgo

Date	Mintage	VF20	XF40	MS60	MS63	MS65
1953	—	—	—	650	800	

50 PESOS

KM# M122a 41.67 g., 0.900 Gold, 1.2057 oz. AGW
Subject: Centennial of Constitution

Date	Mintage	VF20	XF40	MS60	MS63	MS65
1957	—	—	—	1,625	2,000	

Note: Mintage included in total for KM#M123a

MEXICO
REVOLUTIONARY

AGUASCALIENTES

Aguascalientes is a state in central Mexico. Its coin issues, struck by authority of Pancho Villa, represent his deepest penetration into the Mexican heartland. Lack of silver made it necessary to make all denominations in copper.

FRANCISCO
PANCHO VILLA

REVOLUTIONARY COINAGE

CENTAVO

KM# 601 3.55 g., Copper, 17mm. **Obv:** Liberty cap **Rev:** Value within 3/4 wreath below date **Note:** Large date weight 3.55g.

Date	Mintage	VG8	F12	VF20	XF40	MS60
1915	—	30.00	60.00	100	300	—
Note: Large date, reeded edge						
1915	—	30.00	60.00	100	300	—
Note: Small date, plain edge						
1915	—	250	350	450	—	—
Note: Large date, plain edge						
1915	—	30.00	60.00	80.00	250	—
Note: Small date, reeded edge						

2 CENTAVOS

KM# 602.1 4.28 g., Copper, **Obv:** Liberty cap **Rev:** Value within 3/4 wreath below date

Date	Mintage	VG8	F12	VF20	XF40	MS60
1915	—	40.00	100	300	450	—
Note: Round front 2, plain edge						

KM# 602.2 3.35 g., Copper, 19mm. **Obv:** Liberty cap **Rev:** Value within 1/2 wreath below date

Date	Mintage	VG8	F12	VF20	XF40	MS60
1915 Plain edge	—	50.00	90.00	200	500	—
Note: Square front 2						
1915	—	35.00	60.00	85.00	300	—

Date	Mintage	VG8	F12	VF20	XF40	MS60

Note: Square front 2, reeded edge

5 CENTAVOS

KM# 603 Copper, 25mm. **Obv:** National arms **Rev:** Liberty cap and value above sprigs

Date	Mintage	VG8	F12	VF20	XF40
1915 Plain edge; Rare	—	—	—	—	—
1915 Reeded edge	—	10.00	20.00	30.00	75.00

KM# 604.1 7.13 g., Copper, 25mm. **Obv:** National arms **Rev:** Vertically shaded 5 within sprigs

Date	Mintage	VG8	F12	VF20	XF40	MS60
1915	—	20.00	40.00	50.00	175	—
Note: Reeded edge						
1915	—	100	150	225	400	—
Note: Plain edge						

KM# 604.2 Copper, 25mm. **Obv:** National arms **Rev:** Horizontally shaded 5 within sprigs

Date	Mintage	VG8	F12	VF20	XF40	MS60
1915	—	25.00	40.00	65.00	150	—
Note: Reeded edge						
1915	—	35.00	60.00	90.00	275	—
Note: Plain edge						

20 CENTAVOS

KM# 600 Copper, **Obv:** National arms **Rev:** Value below Liberty cap within sprigs **Edge:** Reeded

Date	Mintage	VG8	F12	VF20	XF40	MS60
1915	—	15.00	20.00	50.00	100	—

Note: Varieties exist with both plain and milled edges and many variations in the shading of the numerals

KM# 605 Copper, 29mm. **Obv:** National arms **Rev:** Value below Liberty cap within sprigs

Date	Mintage	VG8	F12	VF20	XF40
1915 Reeded edge	—	11.00	30.00	85.00	150

KM# 606 Copper, 29mm. **Obv:** National arms **Rev:** Value below Liberty cap within sprigs

Date	Mintage	VG8	F12	VF20	XF40
1915 Reeded edge	—	10.00	20.00	60.00	100

CHIHUAHUA

Chihuahua is a northern state of Mexico bordering the U.S. It was the arena that introduced Pancho Villa to the world. Villa, an outlaw, was given a title when asked by Madero to participate in maintaining order during Madero's presidency. After Madero's death in February 1913, Villa became a persuasive leader. Chihuahua was where he made his first coins - the Parral series. The Army of the North pesos also came from this state. This coin helped Villa recruit soldiers because of his ability to pay in silver while others were paying in worthless paper money.

ARMY OF THE NORTH

REVOLUTIONARY COINAGE

PESO

KM# 619 29.27 g., Silver, **Obv:** National arms **Rev:** Liberty cap

Date	Mintage	VG8	F12	VF20	XF40	MS60
1915	—	25.00	40.00	75.00	200	800

KM# 619a Copper, **Obv:** National arms **Rev:** Liberty cap

Date	Mintage	VG8	F12	VF20	XF40	MS60
1915	—	500	1,000	1,500	3,500	—

KM# 619b Brass, **Obv:** National arms **Rev:** Liberty cap **Note:** Uniface obverse

Date	Mintage	VG8	F12	VF20	XF40	MS60
1915 Rare	—	—	—	—	—	—

CONSTITUTIONALIST ARMY

5 CENTAVOS

 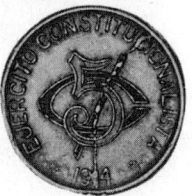

KM# 612 Copper, **Obv:** Liberty cap **Rev:** Value above date

Date	Mintage	VG8	F12	VF20	XF40	MS60
1914	—	25.00	45.00	100	250	—

KM# 613 6.60 g., Copper, 25mm. **Obv:** Liberty cap **Rev:** Value above date **Note:** Numerous varieties exist. Weight varies 6.3-6.93g.

Date	Mintage	VG8	F12	VF20	XF40	MS60
1914	—	1.00	2.50	4.00	10.00	—
1915	—	1.00	2.50	4.00	10.00	—

KM# 613a Brass, **Obv:** Liberty cap **Rev:** Value above date **Note:** Numerous varieties exist.

Date	Mintage	VG8	F12	VF20	XF40	MS60
1914	—	2.00	3.00	8.00	10.00	—
1915	—	2.00	3.00	8.00	10.00	—

KM# 613b Cast Copper, **Obv:** Liberty cap **Rev:** Value above date

Date	Mintage	VG8	F12	VF20	XF40	MS60
1914	—	75.00	200	300	450	—

KM# 614 Copper, **Obv:** National arms **Rev:** Value below date within sprigs with double-lined V

Date	Mintage	VG8	F12	VF20	XF40	MS60
1915 SS	—	—	—	—	—	—
Unique						

KM# 614a Copper, **Obv:** National arms **Rev:** Value below date within sprigs with solid V

Date	Mintage	VG8	F12	VF20	XF40	MS60
1915 Rare	—	—	—	—	—	—

KM# 614b Copper, **Obv:** National arms **Rev:** Value above date **Note:** Mule.

Date	Mintage	VG8	F12	VF20	XF40	MS60
1915	—	—	500	—	—	—

KM# 614c Copper, **Obv:** National arms **Rev:** Liberty cap **Note:** Mule.

Date	Mintage	VG8	F12	VF20	XF40	MS60
1915 Rare	—	—	—	—	—	—

10 CENTAVOS

KM# 615 8.79 g., Copper, 27.5mm. **Obv:** Liberty cap **Rev:** Value above date

Date	Mintage	VG8	F12	VF20	XF40	MS60
1915	—	1.25	2.50	3.50	8.00	20.00

KM# 615a 8.89 g., Brass, 27.5mm. **Obv:** Liberty cap **Rev:** Value above date

Date	Mintage	VG8	F12	VF20	XF40	MS60
1915	—	5.00	10.00	30.00	50.00	—

Note: Many varieties exist

HIDALGO DEL PARRAL

2 CENTAVOS

KM# 607 6.85 g., Copper, 25mm. **Obv:** Liberty cap within circle flanked by sprigs **Rev:** Value flanked by sprigs within circle

Date	Mintage	VG8	F12	VF20	XF40	MS60
1913	—	5.00	10.00	25.00	50.00	—

KM# 607a Brass, **Obv:** Liberty cap within circle flanked by sprigs **Rev:** Value flanked by sprigs within circle

Date	Mintage	VG8	F12	VF20	XF40	MS60
1913	—	95.00	150	200	400	—

50 CENTAVOS

KM# 608 12.65 g., Silver, **Obv:** Liberty cap **Rev:** Value flanked by sprigs below Liberty cap **Edge:** Reeded

Date	Mintage	VG8	F12	VF20	XF40	MS60
1913	—	18.00	40.00	80.00	150	—

KM# 609 12.17 g., Silver, 30mm. **Edge:** Plain

Date	Mintage	VG8	F12	VF20	XF40	MS60
1913	—	50.00	70.00	125	250	—

KM# 609a Copper, **Edge:** Plain

Date	Mintage	VG8	F12	VF20	XF40	MS60
1913 rare	—	200	500	800	1,000	—

PESO

KM# 610 30.00 g., Silver, **Obv:** Inscription **Rev:** 1 through PESO and small circle above sprigs **Note:** Weight varies 29.18-30.9g.

Date	Mintage	VG8	F12	VF20	XF40	MS60
1913	—	1,200	2,000	3,000	6,500	14,000

KM# 611 Silver, 38mm. **Obv:** Inscription **Rev:** Value above sprigs **Note:** Well struck counterfeits of this coin exist with the dot at the end of the word Peso even with the bottom of the O. On legitimate pieces the dot is slightly higher. Weight varies 27.3-28.85g.

Date	Mintage	VG8	F12	VF20	XF40	MS60
1913	—	35.00	45.00	125	275	475

DURANGO

A state in north central Mexico. Another area of operation for Pancho Villa. The Muera Huerta peso originates in this state. The coins were made in Cuencame under the orders of Generals Cemceros and Contreras.

CUENCAME

REVOLUTIONARY COINAGE

PESO

KM# 620 Silver, 38mm. **Obv:** National arms **Rev:** Liberty cap with written value flanked by stars

Date	Mintage	VG8	F12	VF20	XF40	MS60
1914	—	1,000	2,000	4,000	8,000	15,000

KM# 621 23.20 g., Silver, 39mm. **Obv:** National arms with continuous border **Rev:** Liberty cap with continuous border

Date	Mintage	VG8	F12	VF20	XF40	MS60
1914	—	75.00	150	300	700	1,200

KM# 621a Copper, **Obv:** National arms with continuous border **Rev:** Liberty cap with continuous border **Note:** Varieties exist.

Date	Mintage	VG8	F12	VF20	XF40	MS60
1914	—	400	600	2,000	3,000	—

KM# 621b Brass, **Obv:** National arms **Rev:** Liberty cap

Date	Mintage	VG8	F12	VF20	XF40	MS60
1914	—	—	2,000	3,000	4,000	—

KM# 622 23.40 g., Silver, 38.5mm. **Obv:** National arms with dot and dash border **Rev:** Liberty cap with continuous border **Note:** The so-called 20 Pesos gold Muera Huerta pieces are modern fantasies. Refer to *Unusual World Coins*, 4th edition, ©2005, KP Books, Inc.

Date	Mintage	VG8	F12	VF20	XF40	MS60
1914	—	65.00	120	300	600	1,100

ESTADO DE DURANGO
CENTAVO

KM# 624 Lead, **Obv:** Date **Rev:** Value within wreath **Note:** Cast.

Date	Mintage	VG8	F12	VF20	XF40	MS60
1914	—	45.00	75.00	100	200	—

KM# 625 3.29 g., Copper, 20mm. **Obv:** Large date in center **Rev:** Value within wreath

Date	Mintage	VG8	F12	VF20	XF40	MS60
1914	—	2.00	4.00	10.00	20.00	—

KM# 625a Brass, **Obv:** Large date in center **Rev:** Value within wreath

Date	Mintage	VG8	F12	VF20	XF40	MS60
1914	—	75.00	200	400	500	—

KM# 625b Lead, **Obv:** Large date in center **Rev:** Value within wreath

Date	Mintage	VG8	F12	VF20	XF40	MS60
1914	—	20.00	40.00	65.00	90.00	—

KM# 625c Copper, **Obv:** Large date in center **Rev:** Value within wreath

Date	Mintage	VG8	F12	VF20	XF40	MS60
1914	—	25.00	50.00	80.00	125	—

KM# 626 2.80 g., Copper, 20mm. **Obv:** Date **Rev:** Value within wreath **Note:** Weight varies 2.46-2.78g.

Date	Mintage	VG8	F12	VF20	XF40	MS60
1914	—	15.00	20.00	40.00	50.00	—

KM# 626a Brass, **Obv:** Date **Rev:** Value within wreath

Date	Mintage	VG8	F12	VF20	XF40	MS60
1914	—	75.00	100	300	500	—

KM# 626b Lead, **Obv:** Date **Rev:** Value within wreath

Date	Mintage	VG8	F12	VF20	XF40	MS60
1914	—	20.00	40.00	70.00	125	—

Note: Varieties in size exist

KM# 627 Copper, 20mm. **Obv:** Stars below date **Rev:** Value with retrograde N

Date	Mintage	VG8	F12	VF20	XF40	MS60
1914	—	6.00	12.00	30.00	45.00	—

KM# 627a Lead, 20mm. **Obv:** Stars below date **Rev:** Value with retrograde N

Date	Mintage	VG8	F12	VF20	XF40	MS60
1914	—	20.00	40.00	60.00	125	—

KM# 628 Aluminum, **Obv:** National arms within sprigs **Rev:** Value

Date	Mintage	VG8	F12	VF20	XF40	MS60
1914	—	0.65	1.00	2.00	4.00	12.00

5 CENTAVOS

KM# 629 6.20 g., Copper, 24mm. **Obv:** Date above sprigs **Rev:** Value within designed wreath **Obv. Legend:** ESTADO DE DURANGO

Date	Mintage	VG8	F12	VF20	XF40	MS60
1914	—	2.00	3.00	8.00	15.00	—

KM# 630 Copper, **Obv:** Date above sprigs **Rev:** Value within designed wreath **Obv. Legend:** E. DE DURANGO

Date	Mintage	VG8	F12	VF20	XF40	MS60
1914	—	125	275	450	700	—

KM# 631 5.05 g., Copper, 23.5mm. **Obv:** Date above sprigs **Rev:** Value within designed wreath **Obv. Legend:** E. DE DURANGO

Date	Mintage	VG8	F12	VF20	XF40	MS60
1914	—	1.25	3.00	6.00	15.00	—

KM# 631a Brass, **Obv:** Date above sprigs **Rev:** Value within designed wreath **Obv. Legend:** E. DE DURANGO

Date	Mintage	VG8	F12	VF20	XF40	MS60
1914	—	30.00	40.00	70.00	100	—

KM# 631b Lead, **Obv:** Date above sprigs **Rev:** Value within designed wreath **Obv. Legend:** E. DE DURANGO

Date	Mintage	VG8	F12	VF20	XF40	MS60
1914	—	45.00	70.00	100	180	—

KM# 632 4.61 g., Copper, 23.5mm. **Obv:** Date above sprigs **Rev:** Roman numeral value **Obv. Legend:** E. DE DURANGO

Date	Mintage	VG8	F12	VF20	XF40	MS60
1914	—	4.00	8.00	20.00	50.00	—

KM# 632a Lead, **Obv:** Date above sprigs **Rev:** Roman numeral value **Obv. Legend:** E. DE DURANGO

Date	Mintage	VG8	F12	VF20	XF40	MS60
1914	—	50.00	75.00	100	150	—

KM# 633 Lead, **Obv:** Three stars below 1914 **Rev:** 5 CVS **Note:** Counterfeits are prevalent in the market

Date	Mintage	VG8	F12	VF20	XF40	MS60
1914	—	—	600	2,000	—	—

KM# 634 Brass, **Obv:** National arms above sprigs **Rev:** Value **Obv. Legend:** REPUBLICA MEXICANA **Rev. Legend:** ESTADO DE DURANGO

Date	Mintage	VG8	F12	VF20	XF40	MS60
1914	—	0.50	1.00	2.50	6.00	12.00

KM# 634a Copper, **Obv:** National arms above sprigs **Rev:** Value **Obv. Legend:** REPUBLICA MEXICANA **Rev. Legend:** ESTADO DE DURANGO **Note:** There are numerous varieties of these general types of the Durango 1 and 5 Centavo pieces.

Date	Mintage	VG8	F12	VF20	XF40	MS60
1914	—	75.00	125	175	250	—

KM# 634b 6.89 g., Copper-Nickel, 25.53mm. **Obv:** National arms above sprigs **Rev:** Value **Obv. Legend:** REPUBLICA MEXICANA **Rev. Legend:** ESTADO DE DURANGO **Edge:** Plain

Date	Mintage	F12	VF20	XF40	MS60	MS63
1914	—	25.00	50.00	85.00	135	200

GUERRERO

Guerrero is a state on the southwestern coast of Mexico. It was one of the areas of operation of Zapata and his forces in the south of Mexico. The Zapata forces operated seven different mints in this state. The date ranges were from 1914 to 1917 and denominations from 2 Centavos to 2 Pesos. Some were cast but most were struck and the rarest coin of the group is the Suriana 1915 2 Pesos.

EMILIANO ZAPATA
REVOLUTIONARY COINAGE
2 CENTAVOS

KM# 638 6.00 g., Copper, 22mm. **Obv:** National arms **Rev:** Value within wreath **Obv. Legend:** REPUBLICA H MEXICANA **Note:** Weight varies 5.4-6.03g.

Date	Mintage	VG8	F12	VF20	XF40	MS60
1915	—	75.00	125	175	250	—

3 CENTAVOS

KM# 635 Copper, 25mm. **Obv:** National arms **Rev:** Value within wreath **Obv. Legend:** REPUBLICA MEXICANA **Note:** Weight varies 4.63-6.87g.

Date	Mintage	VG8	F12	VF20	XF40	MS60
1915	—	500	1,500	2,000	3,000	—

5 CENTAVOS

KM# 636 Copper, 26mm. **Obv:** National arms **Rev:** Value within wreath **Mint:** Guerrero

Date	Mintage	VG8	F12	VF20	XF40	MS60
1915 GRO	—	800	1,200	2,000	3,000	—

10 CENTAVOS

KM# 637.1 Copper, 27-28.5mm. **Obv:** National arms, snake head ends at L in REPUBLICA **Rev:** Date and value within wreath **Obv. Legend:** REPUBLICA MEXICANA **Mint:** Guerrero **Note:** Size varies.

Date	Mintage	VG8	F12	VF20	XF40	MS60
1915 GRO	—	600	1,000	1,500	2,000	—

KM# 637.2 Copper, 27-28.5mm. **Obv:** National arms, snake head ends at C in REPUBLICA **Rev:** Value within wreath **Obv. Legend:** REPUBLICA MEXICANA **Mint:** Guerrero **Note:** Size varies.

Date	Mintage	VG8	F12	VF20	XF40	MS60
1915 GRO	—	3.00	5.00	8.00	15.00	—

KM# 637.2a 8.23 g., Brass, 26mm. **Obv:** National arms, snake head ends at C in REPUBLICA **Rev:** Value within wreath **Obv. Legend:** REPUBLICA MEXICANA **Mint:** Guerrero

Date	Mintage	VG8	F12	VF20	XF40	MS60
1915 GRO	—	8.00	15.00	25.00	50.00	—

KM# 637.2b Lead, **Obv:** National arms, snake head ends at C in REPUBLICA **Rev:** Value within wreath **Obv. Legend:** REPUBLICA MEXICANA **Mint:** Guerrero

Date	Mintage	VG8	F12	VF20	XF40	MS60
1915 GRO	—	50.00	75.00	175	275	—

KM# 637.3 Copper, **Obv:** National arms, snake head ends before A in REPUBLICA **Rev:** Date and value within wreath **Obv. Legend:** REPUBLICA MEXICANA **Mint:** Guerrero

Date	Mintage	VG8	F12	VF20	XF40	MS60
1915. GRO	—	3.00	5.00	8.00	15.00	—

KM# 637.3a Brass, **Obv:** National arms, snake head ends before A in REPUBLICA **Rev:** Value and date within wreath **Obv. Legend:** REPUBLICA MEXICANA **Mint:** Guerrero

Date	Mintage	VG8	F12	VF20	XF40	MS60
1915. GRO	—	12.00	20.00	50.00	100	—

25 CENTAVOS

KM# 639 7.50 g., Silver, 25mm. **Obv:** Liberty cap **Rev:** Value above date **Obv. Legend:** Mexicana REPUbLICA **Note:** Weight varies 7.41-7.5g.

Date	Mintage	VG8	F12	VF20	XF40	MS60
1915	—	125	300	800	1,200	—

50 CENTAVOS

KM# 640 14.80 g., Silver, 34mm. **Obv:** Liberty cap **Rev:** Date and value within beaded border **Note:** Weight varies 14.5-14.8g.

Date	Mintage	VG8	F12	VF20	XF40	MS60
1915	—	1,000	2,000	6,000	15,000	—

PESO (UN)

KM# 641 0.300 Gold with Silver, 29-31mm. **Obv:** National arms **Rev:** Liberty cap and rays within sprigs **Obv. Legend:** REPUBLICA MEXICANA - * UN PESO **Rev. Legend:** REFORMA LIBERTAD JUSTICIA Y LEY **Rev. Inscription:** Oro:0,300 **Mint:** Guerrero **Note:** Many die varieties exist. Size varies. Weight varies 10.28-14.84g.

Date	Mintage	VG8	F12	VF20	XF40	MS60
1914 GRO	—	20.00	30.00	40.00	85.00	—

KM# 641a Copper, **Obv:** National arms **Rev:** Liberty cap and rays within sprigs **Obv. Legend:** REPUBLICA MEXICANA - * UN PESO **Rev. Legend:** REFORMA LIBERTAD JUSTICIA Y LEY **Mint:** Guerrero

Date	Mintage	G4	VG8	F12	VF20	XF40
1914GRO	—	32.00	80.00	200	500	1,500

KM# 642 0.300 Gold with Silver, 30.5-31mm. **Obv:** National arms **Rev:** Liberty cap and rays within sprigs **Obv. Legend:** REPUBLICA MEXICANA - * UN PESO * **Rev. Legend:** REFORMA.LIBERTAD. JUSTICIA Y LEY **Rev. Inscription:** Oro:0,300 **Mint:** Guerrero **Note:** Weight varies 12.93-14.66g.

Date	Mintage	VG8	F12	VF20	XF40	MS60
1914 GRO	—	50.00	75.00	100	180	—
1915 GRO	—	600	1,000	1,500	1,850	—

2 PESOS (DOS)

KM# 643 Gold with Silver, 38.25-39.6mm. **Obv:** National arms **Rev:** Radiant sun face above high mountain peaks **Obv. Legend:** REPUBLICA MEXICANA **Rev. Legend:** REFORMA LIBERTAD, JUSTICIA Y LEY", **Rev. Inscription:** Oro:0,595 **Mint:** Guerrero **Note:** Many varieties exist. Coin is 0.595g fine Gold.

Date	Mintage	VG8	F12	VF20	XF40	MS60
1914 GRO	—	25.00	45.00	125	200	600

KM# 643a Copper, 38-38.5mm. **Obv:** National arms **Rev:** Radiant sun face above high mountain peaks **Obv. Legend:** REPUBLICA MEXICANA **Rev. Legend:** REFORMA, LIBERTAD, JUSTICIA Y LEY **Mint:** Guerrero **Note:** Size varies.

Date	Mintage	G4	VG8	F12	VF20	XF40
1914GRO	—	—	—	1,400	1,800	4,000

KM# 644 Gold with Silver, 39-40mm. **Obv:** National arms **Rev:** Radiant sun face above high and low mountain peaks **Obv. Legend:** REPUBLICA MEXICANA **Rev. Legend:** REFORMA, LIBERTAD, JUSTICIA Y LEY **Rev. Inscription:** Oro:0,595 **Mint:** Guerrero **Note:** Weight varies 21.71-26.54g. Coin is 0.595g fine Gold.

Date	Mintage	VG8	F12	VF20	XF40	MS60
1915 GRO	—	65.00	85.00	160	250	550

KM# 644a Copper, **Obv:** National arms **Rev:** Radiant sun face above high and low mountain peaks **Obv. Legend:** REPUBLICA MEXICANA **Rev. Legend:** REFORMA, LIBERTAD, JUSTICIA Y LEY **Mint:** Guerrero

Date	Mintage	VG8	F12	VF20	XF40	MS60
1915 GRO	—	400	1,000	1,500	2,500	—

ATLIXTAC

10 CENTAVOS

KM# 645 Copper, 27.5-28mm. **Obv:** National arms **Rev:** Value within sprigs **Obv. Legend:** REPUBLICA MEXICANA **Note:** Size varies. Weight varies 4.76-9.74g.

Date	Mintage	VG8	F12	VF20	XF40	MS60
1915	—	3.00	5.00	8.00	15.00	—

KM# 646 Copper, 27.55-28mm. **Obv:** National arms **Rev:** Value within sprigs **Obv. Legend:** REPUBLICA ★ MEXICANA **Note:** Size varies. Weight varies 6.13-7.94g.

Date	Mintage	VG8	F12	VF20	XF40	MS60
1915	—	3.00	5.00	8.00	15.00	—

CACAHUATEPEC

5 CENTAVOS

KM# 648 12.19 g., Copper, 28mm. **Obv:** National arms **Rev:** Value within wreath **Obv. Legend:** ESTADOS UNIDOS MEXICANOS

Date	Mintage	VG8	F12	VF20	XF40	MS60
1917	—	12.00	25.00	40.00	75.00	—

20 CENTAVOS

KM# 649 Silver, 21-23.8mm. **Obv:** National arms **Rev:** Value within sprigs below liberty cap and rays **Obv. Legend:** ESTADOS UNIDOS MEXICANOS **Note:** Size varies. Weight varies 3.99-6.2g.

Date	Mintage	VG8	F12	VF20	XF40	MS60
1917	—	100	200	350	400	—

50 CENTAVOS

KM# 650 13.80 g., Silver, 30-30.3mm. **Obv:** National arms **Rev:** Value and date within sprigs below Liberty cap **Obv. Legend:** ESTADOS UNIDOS MEXICANOS **Note:** Size varies. Weight varies 13.45-13.78g.

Date	Mintage	VG8	F12	VF20	XF40	MS60
1917	—	25.00	65.00	150	375	—

PESO (UN)

KM# 651 Silver, 38mm. **Obv:** National arms **Rev:** Liberty cap **Note:** Weight varies 26.81-32.05g.

Date	Mintage	VG8	F12	VF20	XF40
1917 L.V. Go	—	2,000	4,000	10,000	12,000

CACALOTEPEC

20 CENTAVOS

KM# 652 Silver, 22.5mm. **Obv:** National arms **Rev:** Date and value within sprigs below Liberty cap and rays **Obv. Legend:** ESTADOS UNIDOS MEXICANOS **Note:** Weight varies 3.89-5.73g.

Date	Mintage	VG8	F12	VF20	XF40	MS60
1917	—	1,000	1,800	4,000	8,000	—

CAMPO MORADO

5 CENTAVOS

KM# 653 4.37 g., Copper, 23.5-24mm. **Obv:** National arms **Rev:** Value within wreath **Note:** Size varies.

Date	Mintage	VG8	F12	VF20	XF40	MS60
1915 C.M.	—	9.00	15.00	22.50	50.00	—

10 CENTAVOS

KM# 654 Copper, 25.25-26mm. **Obv:** National arms **Rev:** Value and date within wreath **Note:** Size varies. Weight varies. 4.48-8.77g.

Date	Mintage	VG8	F12	VF20	XF40
1915 C.M. GRO	—	6.00	10.00	20.00	30.00

20 CENTAVOS

KM# 655 Copper, 28mm. **Obv:** National arms **Rev:** Date above star and value within wreath **Note:** Weight varies 4.48-9g.

Date	Mintage	VG8	F12	VF20	XF40
1915 C.M. GRO	—	15.00	25.00	35.00	50.00

50 CENTAVOS

KM# 656 Copper, 29-31mm. **Obv:** National arms **Rev:** Date and value within wreath **Note:** Size varies. Weight varies 9.81-16.77g.

Date	Mintage	VG8	F12	VF20	XF40
1915 C.M. GRO	—	12.00	20.00	30.00	60.00

KM# 657 Copper, 30-31mm. **Obv:** National arms **Rev:** Date and value within wreath **Note:** Regular obverse. Size varies. Weight varies 6.49-13.19g.

Date	Mintage	VG8	F12	VF20	XF40
1915 C.M. GRO	—	6.00	10.00	15.00	50.00

KM# 657a Billon, **Obv:** National arms **Rev:** Date and value within wreath **Note:** Regular obverse.

Date	Mintage	VG8	F12	VF20	XF40
1915 C.M. GRO	—	200	300	500	1,000

PESO (UN)

KM# 658 Gold with Silver, 32-32.5mm. **Obv:** National arms **Rev:** Liberty cap **Rev. Inscription:** Oro:0,300 **Note:** Weight varies 12.42-16.5g. Coin is 0.300g fine Gold.

Date	Mintage	VG8	F12	VF20	XF40
1914 Co Mo Gro	—	500	600	1,000	1,200

KM# 658a Brass, **Obv:** National arms **Rev:** Liberty cap

Date	Mintage	VG8	F12	VF20	XF40
1914 Co Mo Gro	—	—	—	—	10,000
Unique					

KM# 659 Gold with Silver, 30-31mm. **Obv:** National arms **Rev:** Liberty cap within sprigs **Rev. Inscription:** Oro:0,300 **Note:** Weight varies 12.26-15.81g. Coin is 0.300g fine Gold.

Date	Mintage	VG8	F12	VF20	XF40
1914 CAMPO Mo	—	20.00	35.00	50.00	85.00

2 PESOS (DOS)

KM# 660 Gold with Silver, 38.9-39mm. **Obv:** National arms **Rev:** Sun over mountains **Rev. Inscription:** Oro:0,595 **Note:** Weight varies 20.6-26.02g. Coin is 0.595g fine Gold.

Date	Mintage	VG8	F12	VF20	XF40	MS60
1915 Co. Mo.	—	18.00	22.00	40.00	85.00	425

KM# 660a Copper, **Obv:** National arms **Rev:** Sun over mountains

Date	Mintage	VG8	F12	VF20	XF40
1915 Co. Mo.	—	—	800	1,000	1,200

KM# 661 29.44 g., Gold with Silver, 39mm. **Obv:** National arms **Rev:** Sun and mountains **Rev. Inscription:** Oro:0,595 **Note:** Coin is 0.595g fine Gold.

Date	Mintage	VG8	F12	VF20	XF40
1915 Co. Mo.	—	2,500	5,000	9,000	15,000

KM# 662 0.60 g., 1.000 Gold with Silver, 0.0191 oz. 34.5-35mm. **Obv:** National arms **Rev:** Liberty cap **Note:** Size varies. Weight varies 18.27-20.08g.

Date	Mintage	VG8	F12	VF20	XF40
1915 C. M. GRO	—	25.00	35.00	65.00	125

KM# 662a.1 Copper, **Obv:** National arms **Rev:** Liberty cap

Date	Mintage	VG8	F12	VF20	XF40
1915 C. M. GRO	—	—	—	—	1,200

KM# 662a.2 Copper, **Obv:** National arms **Rev:** Liberty cap

Date	Mintage	VG8	F12	VF20	XF40
1915 C. M. GRO	—	—	—	—
Unique					

CHILPANCINGO
10 CENTAVOS

KM# 663 2.52 g., Cast Silver, 18mm. **Obv:** National arms **Rev:** Sun above value and sprigs

Date	Mintage	VG8	F12	VF20	XF40	MS60
1914	—	700	1,000	1,200	1,500	—

Note: Many counterfeits exist

20 CENTAVOS

KM# 664 4.94 g., Cast Silver, 21.5mm. **Obv:** National arms **Rev:** Sun above value and sprigs

Date	Mintage	VG8	F12	VF20	XF40	MS60
1914	—	700	1,000	1,200	1,500	—

Note: Many counterfeits exist

SURIANA
2 PESOS (DOS)

KM# 665 22.93 g., Gold with Silver, 39mm. **Obv:** National arms **Rev:** Sun over mountains **Rev. Inscription:** Oro:0,595 **Note:** Coin is 0.595g fine Gold.

Date	Mintage	VG8	F12	VF20	XF40	MS60
1915 Rare	—	—	—	20,000	35,000	—

Note: Ira & Larry Goldberg - Millenia sale, 5-08 AU-55 replica. Ponterio & Associates sale, 4-09 VF realized $17,000. Spink America Gerber sale part 2, 6-96 VF realized $16,500

TAXCO
2 CENTAVOS

KM# 667 Copper, 25.25-26mm. **Obv:** National arms **Rev:** Value within sprigs **Obv. Legend:** EDO. DE.GRO **Note:** Size varies. Weight varies 6.81-8.55g.

Date	Mintage	VG8	F12	VF20	XF40	MS60
1915 O/T	—	25.00	40.00	60.00	90.00	—

REVOLUTIONARY COINAGE

5 CENTAVOS

KM# 668 Copper,   **Obv:**   National arms **Rev:**
Value within sprigs **Obv. Legend:** REPUBLICA *
MEXICANA **Note:** Weight varies 7.13-7.39g.

Date	Mintage	VG8	F12	VF20	XF40	MS60
1915	—	10.00	20.00	40.00	80.00	—

10 CENTAVOS

KM# 669 Copper, 27-28mm. **Obv:** National arms
Rev: Date and value within sprigs **Obv. Legend:**
REPUBLICA * MEXICANA   **Note:** Size varies.
Weight varies 7.51-8.67g.

Date	Mintage	VG8	F12	VF20	XF40	MS60
1915	—	9.00	20.00	35.00	50.00	—

50 CENTAVOS

KM# 670 5.45 g., Copper, 27-28mm. **Obv:** National
arms with legend in large letters **Rev:** Value within
sprigs **Note:** Size varies.

Date	Mintage	VG8	F12	VF20	XF40	MS60
1915	—	15.00	25.00	50.00	65.00	—

KM# 671 Silver, 27.6-28mm. **Obv:** National arms
Rev: Sun above value and sprigs   **Note:** Size
varies. Weight varies 8.95-10.85g.

Date	Mintage	VG8	F12	VF20	XF40	MS60
1915	—	25.00	40.00	80.00	150	—

PESO (UN)

KM# 672 Gold with Silver,   30-31mm.   **Obv:**
National arms **Rev:** Liberty cap within sprigs **Rev.**
Inscription: Oro:0,300 **Note:** Weight varies 30-
31g. Coin is 0.300g fine Gold.

Date	Mintage	VG8	F12	VF20	XF40	MS60
1915	—	18.00	22.00	50.00	90.00	—

KM# 672a Brass, **Obv:** National arms **Rev:** Liberty
cap within sprigs

Date	Mintage	VG8	F12	VF20	XF40	MS60
1915	—	300	500	700	1,000	—

KM# 672b Lead, **Obv:** National arms **Rev:** Liberty
cap within sprigs

Date	Mintage	VG8	F12	VF20	XF40	MS60
1915	—	50.00	200	300	500	—

KM# 672c Copper,   **Obv:**   National arms **Rev:**
Liberty cap within sprigs

Date	Mintage	VG8	F12	VF20	XF40	MS60
1915	—	200	300	400	650	—

KM# 673 11.60 g., Gold with Silver, 30mm. **Obv:**
National arms **Rev:** Liberty cap within sprigs **Rev.**
Inscription: Oro:0,300 **Note:** Coin is 0.300g fine
Gold.

Date	Mintage	VG8	F12	VF20	XF40	MS60
1915	—	250	500	800	1,000	—

KM# 674 Gold with Silver, 30mm. **Obv:** National
arms **Rev:** Liberty cap within sprigs   **Rev.**
Inscription: Oro:0,300 **Note:** Weight varies 10.51-
12.79g. Coin is 0.300g fine Gold.

Date	Mintage	VG8	F12	VF20	XF40	MS60
1915	—	100	200	300	550	—

JALISCO

Jalisco is a state on the west coast of Mexico. The few coins made for this state show that the Army of the North did not restrict their operations to the northern border states. The coins were made in Guadalajara under the watchful eye of General Dieguez, commander of this segment of Villa's forces.

GUADALAJARA

REVOLUTIONARY COINAGE

CENTAVO

KM# 675 Copper, **Obv:** Liberty cap **Rev:** Value

Date	Mintage	VG8	F12	VF20	XF40	MS60
1915	—	9.50	15.00	20.00	30.00	—

KM# 675a Brass, **Obv:** Liberty cap **Rev:** Value

Date	Mintage	VG8	F12	VF20	XF40	MS60
1915	—	—	—	400	550	—

KM# A676 Copper, **Obv:** Liberty cap **Rev:** Retrograde value **Note:** Varieties exist.

Date	Mintage	VG8	F12	VF20	XF40	MS60
1915	—	100	300	600	1,000	—

2 CENTAVOS

KM# 676.1 Copper, 20mm. **Obv:** Liberty cap **Rev:** Value

Date	Mintage	VG8	F12	VF20	XF40	MS60
1915	—	10.00	18.00	20.00	35.00	—

Note: Varieties exist.

KM# 676.2 Copper, **Obv:** Sm. Liberty cap **Rev:** Value

Date	Mintage	VG8	F12	VF20	XF40	MS60
1915	—	200	300	500	800	—

5 CENTAVOS

KM# 677 Copper, 24mm. **Obv:** Liberty cap **Rev:** Value

Date	Mintage	VG8	F12	VF20	XF40	MS60
1915	—	6.50	20.00	40.00	60.00	—

KM# 677a Brass, **Obv:** Liberty cap **Rev:** Value

Date	Mintage	VG8	F12	VF20	XF40	MS60
1915 rare	—	—	—	—	—	—

10 CENTAVOS

KM# 678 Copper, **Obv:** Liberty cap above value and date **Rev:** Crowned shield

Date	Mintage	VG8	F12	VF20	XF40	MS60
1915	—	—	—	5,000	12,000	—

PESO

KM# A678 Copper, **Obv:** Liberty cap above value and date **Rev:** Crowned shield

Date	Mintage	VG8	F12	VF20	XF40	MS60
1915	—	—	—	—	20,000	—

MEXICO, ESTADO DE

Estado de Mexico is a state in central Mexico that surrounds the Federal District on three sides. The issues by the Zapata forces in this state have two distinctions – the Amecameca pieces are the crudest and the Toluca cardboard piece is the most unusual. General Tenorio authorized the crude incuse Amecameca pieces.

AMECAMECA

REVOLUTIONARY COINAGE

5 CENTAVOS

KM# 679 12.55 g., Brass, 24.5mm. **Obv:** Legend **Rev:** Value above cent sign **Obv. Legend:** EJERCITO CONVENCIONISTA

Date	Mintage	VG8	F12	VF20	XF40	MS60
ND unique	—	—	—	—	—	—

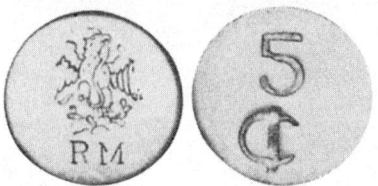

KM# 680 12.77 g., Brass, 24.6mm. **Obv:** National arms above RM **Rev:** Value above cent sign **Note:** Hand stamped.

Date	Mintage	VG8	F12	VF20	XF40	MS60
ND	—	300	500	800	1,000	—

10 CENTAVOS

KM# 681 15.00 g., Brass, 24.5-24.8mm. **Obv:** National arms above RM **Rev:** Value above cent sign **Note:** Hand stamped. Varieties exist. Size varies.

Date	Mintage	VG8	F12	VF20	XF40	MS60
ND	—	60.00	90.00	150	200	—

KM# 681a Copper, **Obv:** National arms above RM **Rev:** Value above cent sign **Note:** Hand stamped.

Date	Mintage	VG8	F12	VF20	XF40	MS60
ND	—	75.00	125	225	350	—

20 CENTAVOS

KM# 682 Brass, 24-25mm. **Obv:** National arms above RM **Rev:** Value above cent sign **Note:** Hand stamped. Varieties exist. Size varies. Weight varies 11.34-12.86g.

Date	Mintage	VG8	F12	VF20	XF40	MS60
ND	—	15.00	22.50	35.00	60.00	—

KM# 682a Copper, **Obv:** National arms above RM **Rev:** Value above cent sign **Note:** Hand stamped.

Date	Mintage	VG8	F12	VF20	XF40	MS60
ND	—	25.00	50.00	175	250	—

KM# 683 Copper, 19-20mm. **Obv:** National arms above A. D. J. **Rev:** Value **Note:** Size varies. Weight varies 3.99-5.35g.

Date	Mintage	VG8	F12	VF20	XF40	MS60
ND	—	7.50	12.50	20.00	35.00	—

KM# 683a Brass, **Obv:** National arms above A. D. J. **Rev:** Value

Date	Mintage	VG8	F12	VF20	XF40	MS60
ND	—	—	—	300	500	—

25 CENTAVOS

KM# 684 Brass, **Obv:** Legend **Rev:** Value above cent sign **Obv. Legend:** EJERCITO CONVENCIONISTA

Date	Mintage	VG8	F12	VF20	XF40	MS60
ND unique	—	—	—	—	—	—

KM# 685 Copper, 25mm. **Obv:** National arms above sprigs **Rev:** Large numeral value **Note:** Hand stamped. Many modern counterfeits exist in all metals. Weight varies 6.32-6.99g.

Date	Mintage	VG8	F12	VF20	XF40	MS60
ND	—	15.00	20.00	30.00	40.00	—

KM# 685a 7.92 g., Brass, 25mm. **Obv:** National arms above sprigs **Rev:** Large numeral value **Note:** Hand stamped.

Date	Mintage	VG8	F12	VF20	XF40	MS60
ND	—	—	—	100	300	—

KM# 685b Silver, **Obv:** National arms above sprigs **Rev:** Large numeral value **Note:** Hand stamped.

Date	Mintage	VG8	F12	VF20	XF40	MS60
ND	—	—	—	300	500	—

50 CENTAVOS

KM# 686 Copper, 28-28.5mm. **Obv:** Eagle over sprays **Note:** Hand stamped. Size varies.

Date	Mintage	VG8	F12	VF20	XF40	MS60
ND	—	8.00	10.00	18.00	30.00	—

KM# 686a 16.04 g., Brass, 28.5mm. **Obv:** National arms above sprigs **Rev:** Large numeral value **Note:** Hand stamped.

Date	Mintage	VG8	F12	VF20	XF40	MS60
ND	—	100	200	300	400	—

Note: Stem of "¢" above the 5

KM# 687 Copper, 23.5-29mm. **Obv:** National arms above sprigs **Rev:** Large numeral value **Note:** Contemporary counterfeit, hand engraved. Size varies. Weight varies 8.8-10.8g.

Date	Mintage	VG8	F12	VF20	XF40	MS60
ND	—	12.00	30.00	50.00	80.00	—

Note: ¢" clears top of 5

TENANCINGO, TOWN

2 CENTAVOS

KM# 688.1 Copper, **Obv:** National arms **Rev:** Value within wreath without TM below value

Date	Mintage	VG8	F12	VF20	XF40	MS60
1915	—	—	400	2,000	6,000	—

KM# 688.2 Copper, **Obv:** National arms **Rev:** Value within wreath with TM below value

Date	Mintage	VG8	F12	VF20	XF40	MS60
1915	—	—	400	1,000	5,000	—

5 CENTAVOS

KM# 689.1 Copper, 19mm. **Obv:** National arms **Rev:** Numeral value over lined C within wreath **Note:** Weight varies 2.83-2.84g.

Date	Mintage	VG8	F12	VF20	XF40	MS60
1915	—	10.00	20.00	40.00	60.00	—

KM# 689.2 Copper, 19mm. **Obv:** National arms **Rev:** Numeral value over solid C within wreath **Note:** Weight varies 2.83-2.84g.

Date	Mintage	VG8	F12	VF20	XF40	MS60
1915	—	200	400	800	1,200	—

10 CENTAVOS

KM# 690.1 Copper, 25.25mm. **Obv:** National arms **Rev:** Value over lined C within wreath below date **Note:** Weight varies 4.27-5.64g.

Date	Mintage	VG8	F12	VF20	XF40	MS60
1916	—	10.00	20.00	40.00	80.00	—

KM# 690.2 Copper, 25.25mm. **Obv:** National arms **Rev:** Value over lined C within wreath **Note:** Weight varies 4.27-5.64g.

Date	Mintage	VG8	F12	VF20	XF40	MS60
1916	—	100	300	500	800	—

20 CENTAVOS

KM# 691 Copper, 27.5-28mm. **Obv:** National arms **Rev:** Value and date above sprigs **Note:** Size varies. Weight varies 8.51-11.39g.

Date	Mintage	VG8	F12	VF20	XF40	MS60
1915	—	25.00	40.00	55.00	85.00	—

TOLUCA, CITY
5 CENTAVOS

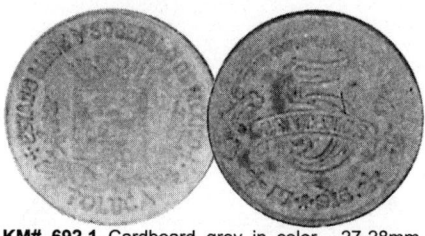

KM# 692.1 Cardboard grey in color, 27-28mm. **Obv:** Crowned shield within sprigs **Rev:** Banner accross large numeral value **Note:** Size varies. Weight varies 1.04-1.16g.

Date	Mintage	VG8	F12	VF20	XF40	MS60
1915	—	15.00	30.00	50.00	100	—

KM# 692.2 Cardboard grey in color, 27-28mm. **Obv:** Crowned shield within sprigs **Rev:** Banner accross large numeral value **Note:** Size varies. Weight varies 1.04-1.16g.

Date	Mintage	VG8	F12	VF20	XF40	MS60
1915	—	15.00	30.00	50.00	100	—

COUNTERMARKED COINAGE
20 CENTAVOS

KM# 693.1 Copper, 20mm. **Obv:** National arms **Rev:** Numeral 20 within C and inner circle within sprigs **Note:** Countermark on 1 Centavo, KM#415. Varieties exist. Weight varies 2.65-2.95g.

CM Date	Host Date	VG8	F12	VF20	XF40	MS60
ND(1915)		20.00	40.00	55.00	95.00	—

KM# 693.2 Copper, 20mm. **Obv:** National arms **Rev:** Numeral 20 within C and inner circle within 3/4 wreath **Note:** Countermark on 1 Centavo, KM#394.1. Weight varies 2.65-2.95g.

CM Date	Host Date	VG8	F12	VF20	XF40	MS60
ND(1915)	1904	30.00	50.00	90.00	165	—

40 CENTAVOS

KM# 694 5.86 g., Copper, 24.75-25mm. **Obv:** National arms **Rev:** Numeral 40 within C and inner circle within wreath **Note:** Countermark on 2 Centavos, KM#419. Varieties exist. Size varies.

CM Date	Host Date	VG8	F12	VF20	XF40	MS60
ND(1915)		25.00	60.00	80.00	150	—

MORELOS

Morelos is a state in south central Mexico, adjoining the federal district on the south. It was the headquarters of Emiliano Zapata. His personal quarters were at Tlatizapan in Morelos. The Morelos coins from 2 Centavos to 1 Peso were all copper except one type of 1 Peso in silver. The two operating Zapatista mints in Morelos were Atlihuayan and Tlaltizapan.

EMILIANO ZAPATA
REVOLUTIONARY COINAGE
2 CENTAVOS

KM# 695 Copper, 23mm. **Obv:** National arms **Rev:** Value within wreath **Obv. Legend:** E.L. DE MORELOS

Date	Mintage	VG8	F12	VF20	XF40	MS60
1915	—	1,000	1,400	1,800	2,750	—

5 CENTAVOS

KM# 696 9.00 g., Copper, 25.9mm. Obv: National arms Rev: Value within 3/4 wreath Rev. Legend: E. DE MOR. 1915

Date	Mintage	VG8	F12	VF20	XF40	MS60
1915	—	300	800	2,000	5,000	—

10 CENTAVOS

KM# 697 8.69 g., Copper, 24mm. Obv: National arms Rev: Value within lined C and wreath

Date	Mintage	VG8	F12	VF20	XF40	MS60
1915	—	12.00	20.00	30.00	40.00	—

KM# 698 Copper, 24-24.5mm. Obv: National arms Rev: Value within lined C and wreath with date effaced from die Note: Size varies. Weight varies 4.83-6.8g.

Date	Mintage	VG8	F12	VF20	XF40	MS60
ND	—	12.00	20.00	35.00	55.00	—

KM# 699 Copper, Obv: National arms Rev: Date and value within wreath Rev. Legend: E. DE MOR

Date	Mintage	VG8	F12	VF20	XF40	MS60
1915	—	1,000	2,000	3,000	8,000	—

KM# 700 Copper, 28mm. Obv: National arms Rev: Date and value within wreath Rev. Legend: MOR Note: Weight varies 5.56-8.36g.

Date	Mintage	VG8	F12	VF20	XF40	MS60
1916	—	5.00	20.00	40.00	60.00	—

20 CENTAVOS

KM# 701 Copper, 23.75-24.75mm. Obv: National arms Rev: Value within lined C and 3/4 wreath Note: Size varies. Weight varies 3.88-4.15g.

Date	Mintage	VG8	F12	VF20	XF40	MS60
1915	—	9.00	15.00	25.00	35.00	—

50 CENTAVOS

KM# 702 Copper, 28.8mm. Obv: National arms with MOR beneath eagle Rev: 50C monogram

Date	Mintage	VG8	F12	VF20	XF40	MS60
1915	—	300	500	900	1,450	—

KM# 703 Copper, 28-29.5mm. Obv: National arms Rev: Numeral value within lined C and 1/2 wreath Note: This coin exists with a silver and also a brass wash. Size varies. Weight varies 5.73-13.77g.

Date	Mintage	VG8	F12	VF20	XF40	MS60
1915	—	12.50	17.50	30.00	50.00	—

KM# 703a Brass, Obv: National arms above sprigs Rev: 50C monogram

Date	Mintage	VG8	F12	VF20	XF40	MS60
1915	—	100	200	400	600	—

KM# 706 Copper, 28mm. **Obv:** National arms **Rev:** Date above large numeral value **Rev. Legend:** REFORMA LIBERTAD JUSTICIA Y LEY

Date	Mintage	VG8	F12	VF20	XF40	MS60
1915	—	400	600	1,000	1,800	—

KM# 704 Copper, 29-30mm. **Obv:** National arms with Morelos written below **Rev:** Value within wreath **Note:** Size varies. Weight varies 8.56-11.47g.

Date	Mintage	VG8	F12	VF20	XF40	MS60
1916	—	12.50	20.00	40.00	60.00	—

PESO (UN)

KM# 708 Silver, **Obv:** National arms **Rev:** Liberty cap within wreath

Date	Mintage	VG8	F12	VF20	XF40	MS60
1916	—	450	750	1,150	1,850	—

KM# 708a 10.00 g., Copper, 30mm. **Obv:** National arms **Rev:** Liberty cap within wreath

Date	Mintage	VG8	F12	VF20	XF40	MS60
1916	—	500	1,000	1,200	2,300	—

OAXACA

Oaxaca is one of the southern states in Mexico. The coins issued in this state represent the most prolific series of the Revolution. Most of the coins bear the portrait of Benito Juarez, have corded or plain edges and were issued by a provisional government in the state. The exceptions are the rectangular 1 and 3 Centavos pieces that begin the series.

PROVISIONAL GOVERNMENT

REVOLUTIONARY COINAGE

CENTAVO (UN)

 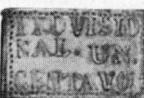

KM# 709 Copper, 19mm. **Obv:** Legend within beaded rectangle **Rev:** Legend within beaded rectangle **Note:** Rectangular flan.

Date	Mintage	VG8	F12	VF20	XF40	MS60
1915	—	90.00	125	400	650	—

KM# 710 Copper, 18mm. **Obv:** Bust left with date flanked by stars below **Rev:** Value within lined C and 1/2 wreath

Date	Mintage	VG8	F12	VF20	XF40	MS60
1915	—	12.00	17.50	25.00	40.00	—

KM# 710a Brass, **Obv:** Head left with date flanked by stars below **Rev:** Value within lined C and 1/2 wreath

Date	Mintage	VG8	F12	VF20	XF40	MS60
1915	—	50.00	100	200	350	—

3 CENTAVOS (TRES)

KM# 711 Copper, 24mm. **Obv:** Legend within rectangle with date below, stars in corners **Rev:** Legend within rectangle with stars in corners **Rev. Legend:** PROVISIO... **Note:** Rectangular flan.

Date	Mintage	VG8	F12	VF20	XF40	MS60
1915	—	100	200	400	600	—

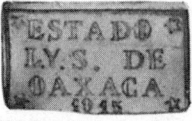 

KM# 712 Copper, **Obv:** Legend within rectangle with date below, stars in corners **Rev:** Legend within rectangle with stars in corners **Rev. Legend:** PROVISI... **Note:** Rectangular flan.

Date	Mintage	VG8	F12	VF20	XF40	MS60
1915	—	2,000	4,000	6,000	10,000	—

KM# 713.1 2.25 g., Copper, 20mm. **Obv:** Bust left flanked by stars below **Rev:** Value above sprigs **Note:** Without TM below value

Date	Mintage	VG8	F12	VF20	XF40	MS60
1915	—	3.00	5.00	12.00	50.00	—

KM# 713.2 2.25 g., Copper, 20mm. **Obv:** Bust left flanked by stars below **Rev:** Value above sprigs **Edge:** Plain **Note:** Without TM below value

Date	Mintage	VG8	F12	VF20	XF40	MS60
1915	—	—	—	70.00	100	—

KM# 713.3 2.25 g., Copper, 20mm. **Obv:** Bust left flanked by stars below **Rev:** Value above sprigs **Note:** With TM below value

Date	Mintage	VG8	F12	VF20	XF40	MS60
1915	—	100	200	500	600	—

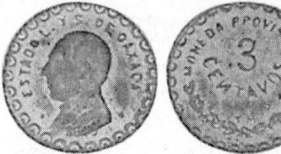

KM# 714 Copper, 20mm. **Obv:** Bust left **Rev:** Value above sprigs **Note:** Small 3

Date	Mintage	VG8	F12	VF20	XF40	MS60
1915	—	6.00	10.00	15.00	30.00	—

5 CENTAVOS

KM# 715 Copper, **Note:** JAN. 15 1915. incuse lettering

Date	Mintage	VG8	F12	VF20	XF40	MS60
1915 Rare	—	—	—	—	—	—

KM# 717 Copper, 22mm. **Obv:** Low relief bust left with date flanked by stars below **Rev:** Value above sprigs **Note:** Low relief with long, pointed truncation

Date	Mintage	VG8	F12	VF20	XF40	MS60
1915	—	1.50	3.00	4.50	12.00	—

KM# 718 Copper, 22mm. **Obv:** Raised bust left with date flanked by stars below **Rev:** Value above sprigs **Note:** Heavy with short unfinished lapels

Date	Mintage	VG8	F12	VF20	XF40	MS60
1915	—	1.50	2.50	4.00	12.00	—

KM# 719 Copper, 22mm. **Obv:** Raised bust left with date flanked by stars below **Rev:** Value above sprigs **Note:** Curved bottom

Date	Mintage	VG8	F12	VF20	XF40	MS60
1915	—	1.50	2.50	4.00	12.00	—

KM# 720 Copper, 22mm. **Obv:** Bust left with date flanked by stars below **Rev:** Value above sprigs **Note:** Short truncation with closed lapels

Date	Mintage	VG8	F12	VF20	XF40	MS60
1915	—	1.50	3.00	4.50	12.00	—

KM# 721 Copper, 22mm. **Obv:** Bust left with date flanked by stars below **Rev:** Value above sprigs **Note:** Short curved truncation

Date	Mintage	VG8	F12	VF20	XF40	MS60
1915	—	1.50	2.50	5.00	12.00	—

KM# 716 Copper, **Obv:** Bust facing within circle **Rev:** Value above sprigs

Date	Mintage	VG8	F12	VF20	XF40	MS60
1915	—	—	—	—	12,000	—

10 CENTAVOS

KM# 722 Copper, **Obv:** Low relief bust left with date flanked by stars below **Rev:** Value above sprigs **Note:** Low relief with long pointed truncation

Date	Mintage	VG8	F12	VF20	XF40	MS60
1915	—	1.50	2.50	5.00	12.00	—

KM# 723 Copper, **Obv:** Bust left with date flanked by stars below **Rev:** Value above sprigs **Note:** Obverse and reverse legend retrograde.

Date	Mintage	VG8	F12	VF20	XF40	MS60
1915 Rare	—	—	—	—	—	—

KM# 724 Copper, 26.5mm. **Obv:** Raised bust left with date flanked by stars below **Rev:** Value above sprigs **Note:** Bold and unfinished truncation using 1 peso obverse die of km#740

Date	Mintage	VG8	F12	VF20	XF40	MS60
1915	—	3.00	5.00	8.00	12.00	—

KM# 725 Copper, 26.5mm. **Obv:** Bust left with date flanked by stars below **Rev:** Value above sprigs **Note:** Heavy with short unfinished lapels centered high

Date	Mintage	VG8	F12	VF20	XF40	MS60
1915	—	1.50	2.50	4.00	12.00	—

KM# 726 Copper, **Obv:** Raised bust left with date flanked by stars below **Rev:** Value above sprigs **Note:** Curved bottom

Date	Mintage	VG8	F12	VF20	XF40	MS60
1915	—	1.50	2.50	4.00	12.00	—

KM# 727.1 Copper, **Obv:** Raised bust left with date flanked by stars below **Rev:** Value above sprigs **Note:** Short truncation with closed lapels

Date	Mintage	VG8	F12	VF20	XF40	MS60
1915	—	1.50	2.50	4.00	12.00	—

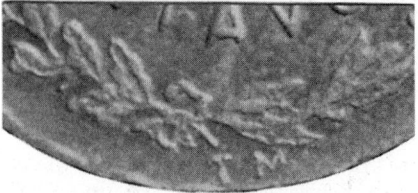

KM# 727.2 Copper, **Obv:** Bust left with date flanked by stars below **Rev:** Value above sprigs **Note:** At present, only four pieces of this type are known. All are VF or better; T below bow with M below first leaf

Date	Mintage	VG8	F12	VF20	XF40	MS60
1915	—	—	—	500	700	—

KM# 727.3 Copper, **Obv:** Raised bust left flanked by letters GV with date flanked by stars below **Rev:** Value above sprigs **Note:** This counterstamp appears on several different type host 10 cent coins.

Date	Mintage	VG8	F12	VF20	XF40	MS60
1915	—	100	200	400	500	—

Note: Letters GV correspond to General Garcia Vigil

20 CENTAVOS

KM# 728 Silver, 19mm. **Obv:** Low relief bust left with date flanked by stars below **Rev:** Value above sprigs **Note:** Low relief with long pointed truncation

Date	Mintage	VG8	F12	VF20	XF40	MS60
1915	—	800	2,000	4,000	6,000	—

KM# 728a Copper, 19mm. **Obv:** Bust left with date flanked by stars below **Rev:** Value above sprigs **Note:** Low relief with long pointed truncation

Date	Mintage	VG8	F12	VF20	XF40	MS60
1915 Rare	—	—	—	—	—	—

KM# 729.1 Copper, **Obv:** Raised bust left with date flanked by stars below **Rev:** Value above sprigs **Note:** Unfinished truncation using 1 peso obverse die

Date	Mintage	VG8	F12	VF20	XF40	MS60
1915	—	1.50	3.00	4.50	12.00	—

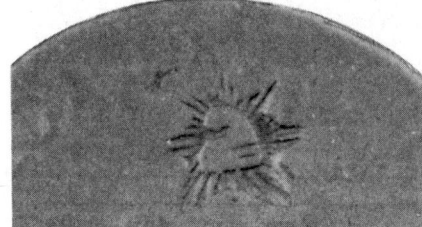

KM# 729.2 Copper, **Obv:** Bust left with date flanked by stars below **Rev:** Value above sprigs **Note:** Counterstamp: Liberty cap and rays with bold unfinished truncation using 1 peso obverse die

Date	Mintage	VG8	F12	VF20	XF40	MS60
1915	—	100	150	300	375	—

KM# 730 Copper, **Obv:** Bust left with date flanked by stars below **Rev:** Value above sprigs **Note:** 5th bust, heavy with short unfinished lapels using 20 Pesos obverse die

Date	Mintage	VG8	F12	VF20	XF40	MS60
1915	—	5.00	7.00	10.00	15.00	—

KM# 731.1 Copper, 31mm. **Obv:** Raised bust left with date flanked by stars below **Rev:** Value above sprigs **Note:** Curved bottom

Date	Mintage	VG8	F12	VF20	XF40	MS60
1915	—	1.50	2.50	5.00	12.00	—

KM# 731.2 Copper, **Obv:** Raised bust left with date flanked by stars below **Rev:** Value above sprigs **Note:** Similar to KM#731.1 but with fourth bust.

Date	Mintage	VG8	F12	VF20	XF40
1915 Unique	—	—	—	—	—

KM# 732 Copper, **Obv:** Raised bust left with date flanked by stars below **Rev:** Value above sprigs

Date	Mintage	VG8	F12	VF20	XF40	MS60
1915	—	1.50	2.50	4.00	12.00	—

KM# 733 Copper, **Obv:** Bust left with date flanked by stars below **Rev:** Value above sprigs **Note:** 7th bust, short truncation with closed lapels

Date	Mintage	VG8	F12	VF20	XF40	MS60
1915	—	1.50	3.00	4.50	12.00	—

50 CENTAVOS

KM# 734 4.07 g., Silver, 22mm. **Obv:** Raised bust left with date flanked by stars below **Rev:** Value above sprigs **Note:** Heavy with short unfinished lapels

Date	Mintage	VG8	F12	VF20	XF40	MS60
1915	—	10.00	20.00	50.00	100	—

KM# 735 Silver, 22mm. **Obv:** Raised bust left with date flanked by stars below **Rev:** Value above sprigs **Note:** Curved bottom

Date	Mintage	VG8	F12	VF20	XF40	MS60
1915	—	8.00	15.00	30.00	75.00	—

KM# 736 Silver, **Obv:** Bust left with date flanked by stars below **Rev:** Value above sprigs **Note:** Short truncation with closed lapels

Date	Mintage	VG8	F12	VF20	XF40	MS60
1915	—	8.00	15.00	30.00	75.00	—

KM# 737 4.54 g., Silver, 22mm. **Obv:** Bust left with date flanked by stars below **Rev:** Value above sprigs **Note:** Short truncation with pronounced curve

Date	Mintage	VG8	F12	VF20	XF40	MS60
1915	—	10.00	15.00	25.00	75.00	—

KM# 739 Billon, 28mm. **Obv:** Raised bust left with date flanked by stars below **Rev:** Value above sprigs **Note:** Ninth bust, high nearly straight truncation

Date	Mintage	VG8	F12	VF20	XF40	MS60
1915	—	—	—	—	8,000	—

KM# 739a Copper, 28mm. **Obv:** Raised bust left with date flanked by stars below **Rev:** Value above sprigs **Note:** Ninth bust, high nearly straight truncation

Date	Mintage	VG8	F12	VF20	XF40	MS60
1915	—	—	—	—	8,000	—

PESO (UN)

KM# 740.1 Silver, 26mm. **Obv:** Raised bust left with date flanked by stars below **Rev:** Written value above sprigs **Note:** Fourth bust with heavy unfinished truncation

Date	Mintage	VG8	F12	VF20	XF40	MS60
1915	—	7.00	12.00	30.00	50.00	—

KM# 740.2 Silver, 26mm. **Obv:** Raised bust left with date flanked by stars below **Rev:** Written value above sprigs **Note:** Fourth bust with heavy unfinished truncation w/TM.

Date	Mintage	VG8	F12	VF20	XF40	MS60
1915	—	150	300	400	1,000	—

KM# 741 Silver, **Obv:** Raised bust with date flanked by stars below **Rev:** Value above sprigs **Note:** Fifth bust, heavy with short unfinished lapels, centered high

Date	Mintage	VG8	F12	VF20	XF40	MS60
1915	—	8.00	10.00	35.00	45.00	—

KM# 742 Silver, **Obv:** Low relief bust left with date flanked by stars below **Rev:** Value above sprigs **Note:** Sixth bust; Curved bottom line

Date	Mintage	VG8	F12	VF20	XF40	MS60
1915	—	10.00	15.00	30.00	50.00	—

KM# 742a Copper, **Obv:** Low relief bust left with date flanked by stars below **Rev:** Value above sprigs **Note:** Sixth bust; Curved bottom line

Date	Mintage	VG8	F12	VF20	XF40	MS60
1915	—	—	—	—	600	—

KM# 743 Silver, **Obv:** Low relief bust left with date flanked by stars below **Rev:** Value above sprigs **Note:** Seventh bust, short truncation with closed lapels

Date	Mintage	VG8	F12	VF20	XF40	MS60
1915	—	10.00	20.00	30.00	50.00	—

KM# 743a Silver, **Obv:** Low relief bust left with date flanked by stars below **Rev:** Value above sprigs **Note:** Seventh bust, short truncation with closed lapels

Date	Mintage	VG8	F12	VF20	XF40	MS60
1915	—	35.00	75.00	150	200	—

2 PESOS (DOS)

KM# 744 Silver, 30mm. **Obv:** Raised bust left with date flanked by stars below **Rev:** Value above sprigs **Note:** Fourth bust, using 1 peso obverse die

Date	Mintage	VG8	F12	VF20	XF40	MS60
1915	—	18.00	28.00	45.00	75.00	—

KM# 744a Copper, **Obv:** Raised bust left with date flanked by stars below **Rev:** Value above sprigs **Note:** Fourth bust, using 1 peso obverse die

Date	Mintage	VG8	F12	VF20	XF40	MS60
1915 Rare	—	—	—	—	—	—

KM# 745 Gold with Silver, 22mm. **Obv:** Low relief bust left with date flanked by stars below **Rev:** Value above sprigs **Note:** 0.902 Silver, 0.010 Gold. Fifth bust, curved bottom 2 over pesos

Date	Mintage	VG8	F12	VF20	XF40	MS60
1915	—	15.00	25.00	50.00	110	—

KM# 745a Copper, **Obv:** Low relief bust left with date flanked by stars below **Rev:** Value above sprigs **Note:** Fifth bust, curved bottom 2 over pesos

Date	Mintage	VG8	F12	VF20	XF40	MS60
1915	—	75.00	100	200	400	—

KM# A746 Copper, **Obv:** Raised bust left with date flanked by stars below **Rev:** Balance scale below liberty cap **Note:** Seventh bust, short truncation with closed lapels

Date	Mintage	VG8	F12	VF20	XF40
1915 Unique	—	—	—	—	—

KM# 746 Silver, **Obv:** Raised bust left with date flanked by stars below **Rev:** Balance scale below liberty cap

Date	Mintage	VG8	F12	VF20	XF40	MS60
1915	—	22.00	28.00	50.00	75.00	—

KM# 746a Copper, **Obv:** Bust left with date flanked by stars below **Rev:** Balance scale below liberty cap

Date	Mintage	G4	VG8	F12	VF20	XF40
1915	—	—	150	200	600	1,000

KM# A747 Silver, **Obv:** Bust left with date flanked by stars below **Rev:** Balance scale below liberty cap **Note:** Obverse die is free hand engraved.

Date	Mintage	VG8	F12	VF20	XF40	MS60
1915	—	—	—	185	275	—

KM# 747.1 13.44 g., Silver, 33mm. **Obv:** Bust left with date flanked by stars below **Rev:** Balance scale below liberty cap

Date	Mintage	VG8	F12	VF20	XF40	MS60
1915	—	20.00	25.00	55.00	95.00	—

KM# 747.2 13.44 g., Silver, 33mm. **Obv:** Bust left with date flanked by stars below **Rev:** Balance scale below liberty cap

Date	Mintage	VG8	F12	VF20	XF40	MS60
1915	—	22.00	28.00	60.00	100	—

KM# 747.3 13.44 g., Silver, 33mm. **Obv:** Bust left with date flanked by stars below **Rev:** Balance scale below liberty cap

Date	Mintage	VG8	F12	VF20	XF40	MS60
1915	—	20.00	30.00	60.00	100	—

KM# 748 0.902 Silver, 22mm. **Obv:** Bust left with date flanked by stars below **Rev:** Value above sprigs

Date	Mintage	VG8	F12	VF20	XF40	MS60
1915	—	20.00	30.00	60.00	100	—

KM# 749 Silver, **Obv:** Head left with date flanked by stars below **Rev:** Value above sprigs

Date	Mintage	VG8	F12	VF20	XF40
1915 Unique	—	—	—	—	5,000

5 PESOS

KM# 750 0.175 Gold, 19mm. **Obv:** Bust left **Rev:** Value above sprigs **Note:** Third bust, heavy, with short unfinished lapels

Date	Mintage	VG8	F12	VF20	XF40	MS60
1915	—	175	225	350	550	900

KM# 750a Copper, **Obv:** Bust left **Rev:** Value above sprigs **Note:** Third bust, heavy, with short unfinished lapels

Date	Mintage	VG8	F12	VF20	XF40
1915 Unique	—	—	—	—	—

KM# 751 16.77 g., Silver, 30mm. **Obv:** Low relief bust left with date flanked by stars below **Rev:** Value above sprigs **Note:** Seventh bust, short truncation with closed lapels

Date	Mintage	VG8	F12	VF20	XF40	MS60
1915	—	50.00	80.00	175	275	—

KM# 751a Copper, **Obv:** Low relief bust left with date flanked by stars below **Rev:** Value above sprigs **Note:** Seventh bust, short truncation with closed lapels

Date	Mintage	VG8	F12	VF20	XF40	MS60
1915	—	125	200	300	1,000	—

10 PESOS

KM# A752 0.150 Gold, **Obv:** Bust left with date flanked by stars below **Rev:** Value above sprigs

Date	Mintage	VG8	F12	VF20	XF40	MS60
1915 Rare	—	—	—	—	—	

KM# 752 0.175 Gold, 23mm. **Obv:** Bust left with date flanked by stars below **Rev:** Value above sprigs

Date	Mintage	VG8	F12	VF20	XF40	MS60
1915	—	225	350	450	650	1,000

KM# 752a Copper, **Obv:** Bust left with date flanked by stars below **Rev:** Value above sprigs

Date	Mintage	VG8	F12	VF20	XF40	MS60
1915	—	800	1,500	2,000	4,000	—

20 PESOS

KM# A753 0.150 Gold, **Obv:** Bust left with date flanked by stars below **Rev:** Value above sprigs
Note: Fourth bust

Date	Mintage	VG8	F12	VF20	XF40
1915 Unique	—	—	—	—	—

KM# 753 0.175 Gold, **Obv:** Bust left with date flanked by stars below **Rev:** Value above sprigs

Date	Mintage	VG8	F12	VF20	XF40	MS60
1915	—	400	500	800	1,000	1,500

KM# 754 0.175 Gold, 27mm. **Obv:** Bust left with date flanked by stars below **Rev:** Value above sprigs

Date	Mintage	VG8	F12	VF20	XF40	MS60
1915	—	250	450	650	950	1,700

60 PESOS

KM# 755 50.00 g., 0.859 Gold, 1.3809 oz. AGW **Obv:** Head left within 3/4 wreath **Rev:** Balance scale below liberty cap **Edge:** Reeded

Date	Mintage	F12	VF20	XF40	MS60	MS63
1916 Rare	—	—	10,000	20,000	35,000	—

KM# 755a Silver, **Obv:** Head left within 3/4 wreath **Rev:** Balance scales below liberty cap **Edge:** Reeded

Date	Mintage	F12	VF20	XF40	MS60	MS63
1916	—	—	—	—	15,000	—

KM# 755b Copper, **Obv:** Head left within 3/4 wreath **Rev:** Balance scales below liberty cap **Edge:** Plain

Date	Mintage	F12	VF20	XF40	MS60	MS63
1916	—	—	—	2,000	5,000	—

PUEBLA

A state of central Mexico. Puebla was a state that occasionally saw Zapata forces active within its boundaries. Also active, and an issuer of coins, was the Madero brigade who issued coins with their name two years after Madero's death. The state issue of 2, 5, 10 and 20 Centavos saw limited circulation and recent hoards have been found of some values.

CHICONCUAUTLA
REVOLUTIONARY COINAGE
10 CENTAVOS

KM# 756 6.73 g., Copper, 27mm. **Obv:** Date below national arms **Rev:** Letters X and C entwined

Date	Mintage	VG8	F12	VF20	XF40	MS60
1915	—	7.50	12.50	17.50	25.00	—

20 CENTAVOS

KM# 757 Copper, 28mm. **Obv:** Date below national arms **Rev:** Value **Note:** Varieties exist.

Date	Mintage	VG8	F12	VF20	XF40	MS60
1915	—	2.50	4.00	6.50	12.00	—

KM# 758 Copper, 28mm. **Obv:** Date below national arms **Rev:** Value

Date	Mintage	VG8	F12	VF20	XF40	MS60
1915	—	2.50	4.00	6.50	12.00	—

TETELA DEL ORO Y OCAMPO
2 CENTAVOS

KM# 759 Copper, 16mm. **Obv:** National arms above date **Rev:** Value

Date	Mintage	VG8	F12	VF20	XF40
1915	—	12.50	20.00	28.00	45.00
1915 Restrikes	—	—	1.00	1.50	2.00

KM# 760 Copper, 20mm. **Obv:** National arms within beaded circle **Rev:** Value within beaded circle **Rev. Legend:** E. DE PU.

Date	Mintage	VG8	F12	VF20	XF40	MS60
1915	—	15.00	25.00	35.00	90.00	—

KM# 761 Copper, 20mm. **Obv:** National arms within beaded circle **Rev:** Value within beaded circle **Rev. Legend:** E. DE PUE.

Date	Mintage	VG8	F12	VF20	XF40	MS60
1915	—	9.00	20.00	25.00	50.00	—

5 CENTAVOS

KM# 762 Copper, 21mm. **Obv:** National arms within beaded circle **Rev:** Value within beaded circle

Date	Mintage	VG8	F12	VF20	XF40	MS60
1915	—	100	200	300	400	—

20 CENTAVOS

KM# 764 Copper, 24mm. **Obv:** National arms **Rev:** Value above sprigs

Date	Mintage	VG8	F12	VF20	XF40	MS60
1915	—	50.00	100	150	225	—

SINALOA

A state along the west coast of Mexico. The cast pieces of this state have been attributed to two people - Generals Rafael Buelna and Juan Carrasco. The cap and rays 8 Reales is usually attributed to General Buelna and the rest of the series to Carrasco. Because of their crude nature it is questionable whether separate series or mints can be determined.

BUELNA / CARRASCO

CAST COINAGE

Revolutionary

50 CENTAVOS

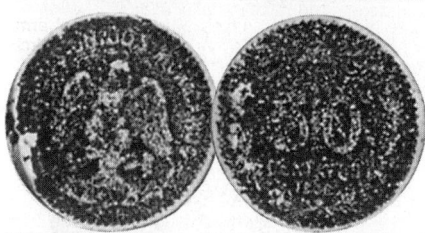

KM# 766 Cast Silver, 29-31mm. **Obv:** National arms **Rev:** Numeral value within wreath **Note:** Sand molded using regular 50 Centavos, KM#445. Size varies. Weight varies 12.81-14.8g.

Date	Mintage	G4	VG8	F12	VF20
ND(1905-1918)	—	200	300	—	—

COUNTERMARKED COINAGE

Revolutionary

These are all crude sand cast coins using regular coins to prepare the mold. Prices below give a range for how much of the original coin from which the mold was prepared is visible.

20 CENTAVOS

KM# 765 Cast Silver, **Obv:** National arms within beaded circle **Rev:** Value within beaded circle **Note:** Sand molded using regular 20 Centavos.

Date	Mintage	G4	VG8	F12	VF20
ND(1898-1905)	—	200	300	—	—

50 CENTAVOS

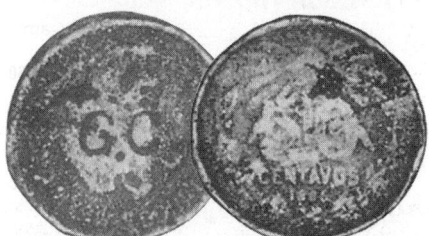

KM# 767 Cast Silver, **Obv:** National arms with additional countermark **Rev:** Value and date within wreath with liberty cap above **Countermark:** G.C. **Note:** Sand molded using regular 50 Centavos, KM#445.

CM Date	Host Date	G4	VG8	F12	VF20
ND0	(1905-1918)	100	150	200	300

PESO

KM# 768.1 Cast Silver, 38.8-39mm. **Note:** Sand molded using regular 8 Reales, KM#377. Size varies. Weight varies 26-33.67g.

Date	Mintage	G4	VG8	F12	VF20
ND(1824-97)	—	20.00	35.00	45.00	60.00

KM# 768.2 Cast Silver, 38.5-39mm. **Obv:** With additional countermark **Countermark:** G.C. **Note:** Sand molded using regular 8 Reales, KM#377. Size varies. Weight varies 26-33.67g.

CM Date	Host Date	G4	VG8	F12	VF20
ND(ca.1915)	(1824-97)	25.00	45.00	100	150

KM# 769 Cast Silver, **Note:** Sand molded using regular Peso, KM#409.

Date	Mintage	G4	VG8	F12	VF20
ND(1898-1909)	—	15.00	25.00	40.00	55.00

KM# 770 Cast Silver, 38.5mm. **Obv:** National arms with additional countermark **Rev:** Liberty cap with additional countermark **Countermark:** G.C **Note:** Sand molded using regular Peso, KM#409.

CM Date	Host Date	G4	VG8	F12	VF20
ND(ca.1915)	(1898-1909)	35.00	65.00	150	185

Note: Many C/S counterfeits exist

Resources

The following list contains industry contact information pertaining to each country included in *North American Coins & Prices*. We have provided lists for each country containing national mint, auction and dealer information to help you seek out additional information based upon your needs. We have also included information on some of the organizations, grading services and publications that round out the North American numismatic community. We hope that this guide will help in your enjoyment of coin collecting.

United States	**Canada**	**Mexico**
www.usmint.gov	www.mint.ca	www.cmm.gob.mx
www.ha.com	www.canadiancoinsandpaper money.com	www.SedwickCoins.com
www.goldbergcoins.com	www.stacksbowers.com	www.elmundodelamoneda.com
www.lccoins.com	www.cdncoin.com	www.donbailey-mexico.com
www.coastcoin.com	www.TalismanCoins.com	www.blackmountaincoins.com
www.apmex.com	www.gatewestcoin.com	www.worldnumismatics.com

ORGANIZATIONS:

American Numismatic Association (ANA)

American Numismatic Association
818 North Cascade Avenue
Colorado Springs, CO 80903
General Phone: 800-367-9723
Membership Phone: 800-514-2646
Email the Membership Department:
    membership@money.org
Email the ANA: ana@money.org
Fax: 719-634-4085
Website: www.money.org
Facebook: www.facebook.com/numismatics

The Royal Canadian Numismatic Association (RCNA)

The Royal Canadian Numismatic Association
5694 Highway #7 East, Suite 432 Markham
* ON Canada L3P 1B4*
Telephone / Téléphone: 647-401-4014
Email / Courriel: info@rcna.ca
Website: www.rcna.ca
Facebook: www.facebook.com/TheRCNA

U.S. Mexican Numismatic Association

Produce a quarterly journal of scholarly articles –
membership is required for full access.
Website: www.usmex.org

GRADING COMPANIES:

NGC

NGC
United States
P.O. Box 4776
Sarasota, FL 34230

Phone: 1-800-NGC-COIN toll free
    (+1) 941 360 3990
    (+1) 941 360 2553 fax
Email: Service@NGCcoin.com
Website: www.ngccoin.com

PCGS

PCGS
P.O. Box 9458
Newport Beach, CA 92658
Phone: 800-447-8848;
    Outside the Unites States: 949-833-0600
Fax: (949) 567-1253
Email: info@pcgs.com
Website: www.pcgs.com
Facebook: www.facebook.com/PCGSCOIN/

International Coin Certification Service

Specializes in grading Canadian dollars
Website: www.iccscoins.webs.com

PUBLICATIONS:

Numismatic News
700 E. State St.
Iola, WI 54990-0001
(715) 445-2214
Website: www.numismaticnews.net
Facebook: www.facebook.com/kpnumismatics/

Canadian Coin News
PO Box 28103
Lakeport PO
600 Ontario St
St. Catharines, Ontario L2N 7P8
Phone: (905) 646-7744
Website: www.canadiancoinnews.com
Facebook: www.facebook.com/CanadianCoinNews

THE BEST BOOKS
THE BEST INFORMATION
THE BEST TIPS

For Coin & Paper Money Collectors

kp krause publications
A Division of F+W Media, Inc.

700 East State Street • Iola, WI 54990-0001

SHOPNUMIS**MASTER**.com
A wealth of information

AWARD WINNING ARTICLES
AND
THE LATEST FACTS & VALUES

From Longtime Leaders in Coins & Paper Money